MANFRED GERWING

VOM ENDE DER ZEIT

DER TRAKTAT
DES ARNALD VON VILLANOVA
ÜBER DIE ANKUNFT DES ANTICHRIST

IN DER AKADEMISCHEN AUSEINANDERSETZUNG
ZU BEGINN DES 14. JAHRHUNDERTS

ASCHENDORFF MÜNSTER

BEITRÄGE ZUR GESCHICHTE DER PHILOSOPHIE
UND THEOLOGIE DES MITTELALTERS

Texte und Untersuchungen

Begründet von Clemens Baeumker
Fortgeführt von Martin Grabmann und Michael Schmaus

Im Auftrag der Görresgesellschaft
herausgegeben von Ludwig Hödl und Wolfgang Kluxen

Neue Folge
Band 45

BT
985
. G47
1996

Als Habilitationsschrift
gedruckt mit Unterstützung der Görres-Gesellschaft
zur Pflege der Wissenschaft

© 1996 Aschendorffsche Verlagsbuchhandlung GmbH & Co., Münster

Das Werk ist urheberrechtlich geschützt. Die dadurch begründeten Rechte,
insbesondere die der Übersetzung, des Nachdrucks, der Entnahme von Abbildungen,
der Funksendung, der Wiedergabe auf fotomechanischem oder ähnlichem Wege
und der Speicherung in Datenverarbeitungsanlagen bleiben, auch bei nur auszugsweiser
Verwertung, vorbehalten. Die Vergütungsansprüche des § 54, Abs. 2, UrhG,
werden durch die Verwertungsgesellschaft Wort wahrgenommen.

Gesamtherstellung: Druckhaus Aschendorff, Münster, 1996

Gedruckt auf säurefreiem, alterungsbeständigem Papier ∞

ISBN 3-402-03996-6

INHALTSVERZEICHNIS

ANHANG

VORWORT

Genau zu der Zeit, in der die Nationalsozialisten sich anschickten, die Macht in Deutschland zu ergreifen, wies Heinrich Schlier darauf hin, daß es bei der apokalyptischen Rede generell wie bei der über den Antichrist speziell keineswegs nur um ein innerkirchliches oder gar rein religiöses Geschehen, sondern vielmehr um einen durchaus säkularen, ja im eigentlichen Wortverstand politischen Vorgang gehe. So müsse Römer 13 und Apokalypse 13 synoptisch gelesen werden: Während der Römerbrief jene „gute" *civitas* beschreibe, die ihre dem Menschen dienende Funktion wahrnimmt, werde in der Apokalypse jenes staatliche Monstrum signiert, das sich in verblendeter Selbstüberschätzung als den Urheber von Wahrheit und Recht aufspiele, sich selbst für göttlich halte und aus eigenem Gutdünken definiere, was gut und böse sei.[1] Joseph Kardinal Ratzinger rekurrierte ausdrücklich auf diese Auslegung Schliers, als er keineswegs ohne aktuellen Bezug feststellte, daß jegliches Staatswesen seine Möglichkeiten überschätze, wenn es versuche, „die Welt in ein Paradies zu verwandeln". Ein solcher Staat setzt „sich absolut und verläßt dann seine Grenzen. Er benimmt sich dann, als ob er Gott wäre, und wird dadurch – wie die Apokalypse zeigt – zum Tier aus dem Abgrund, zur Macht des Antichrist."[2]

Johann B. Metz formulierte schon vor etlichen Jahren in kritischer Relecture der eschatologischen Frage die Aktualität der Apokalyptik. So impliziere die Rede von der Herrschaft des Antichrist die Überzeugung, daß, wenn überhaupt eine Vorstellung vom Ende der Geschichte gedacht werde, man sich nicht bloß auf ein gutes, sondern auch, menschlich gesprochen, auf ein böses, ein „katastrophisches" Ende der Welt- und Menschheitsgeschichte, der Zeit insgesamt, gefaßt machen müsse. Die Rede von der Herrschaft des Antichrist protestiert nicht zuletzt gegen eine „Fortschritts"-Philosophie, die absieht von der Apokalypse und – denkerisch einfach und pragmatisch naiv – einer alles mit sich reißenden Progredienz zum Besseren der Menschen in der Geschichte voraussetzt oder gar nur einer Entwicklungslogik nachsinnt, die selbst einer „bis ins Mythische reichende[n] Verallgemeine-

---

[1] Schlier, Heinrich: Die Beurteilung des Staates im Neuen Testament. In: Die Zeit der Kirche. Hrsg. von Heinrich Schlier. Freiburg²1958, 1–6. (Erstmals veröffentlicht 1932). Bendemann, Reinhard von: Heinrich Schlier. Gütersloh 1995, 340f.

[2] Ratzinger, Joseph: Die Bedeutung religiöser und sittlicher Werte in der pluralistischen Gesellschaft. *(Com(D)* 21 (1992) 500–512, hier 504.

rung des Symbols einer ungerichteten Evolution" auf den Leim geht.[3]

Das heißt aber nicht, daß die theologische Reflexion über den Antichrist und seine kommende Herrschaft einer die innergeschichtliche Aktivität lähmenden Trostlosigkeit das Wort redet. Die theologische Rede vom Antichrist bleibt vielmehr definiertes Moment einer von Hoffnung signierten Geschichtstheologie, die im Blick auf den gekreuzigt Auferstandenen das Ende der Zeit als außerzeitliche Vollendung und gerade deswegen das Zeitliche der Zeit wahrnimmt und dabei erkennt, daß es „Zeit für die Zeit" wird.[4]

Bemerkenswerterweise wird dieser christliche Protest heute von kritischen Geistern unterschiedlicher Provenienz ergänzt, ja vielfach gar übertönt. Diese sind um so wirkungsvoller, als sie nunmehr nicht bloß, euphorische Klänge neutralisierend, einer bestimmten Gesamtentwicklung Maß und Richtung geben – solch eine Kulturkritik ist von Beginn der Neuzeit an in vielfältigen Variationen zu beobachten –, sondern zunehmend den zum Lehrsatz avancierten Fortschritts-Optimismus durchschauen und dem vorwiegend auf mathematischer Rationalität basierenden, technisch-ökonomisch funktionierenden und determinierten Lebensraum gerade als *Lebens*raum mißtrauen.[5] „Nun zittern wir in der Nacktheit eines Nihilismus, in der größte Macht sich mit größter Leere paart, größtes Können mit geringstem Wissen davon, wozu."[6]

Da überdies die wissenschaftlich-technischen Möglichkeiten des Menschen seinen spirituellen Erkenntnis- und ethischen Entscheidungsfähigkeiten schon seit langem so sehr davoneilen, daß jene von diesen kaum mehr einzuholen sind, ist, nach der Ansicht einer, wie mir scheint, wachsenden Zahl scharfsichtiger Skeptiker wie mutiger Intellektueller, eine Entwicklung im Gang, an deren Ende etwas steht, das nur als Inferno bezeichnet werden kann: der *homo faber*. Er ist derjenige, der von seiner eigenen technischen und sozialen Apparaturen zunächst domestiziert und zum *homo orwellensis* denaturiert, schließlich sich selbst das Ende bereitet.[7] Für viele Zeitgenossen hat die Menschheit offensichtlich einen Punkt der Entwicklung erreicht, an dem, bei gleichzeitiger Unterentwicklung der Regulative zur Anwendung des

---

[3] Metz, Johann Baptist: Glaube in Geschichte und Gesellschaft. Studien zu eine praktischen Fundamentaltheologie. Mainz 1977, 149–158, hier 151.

[4] Metz 1977, 154 (nach einem Wort von Paul Celan).

[5] Dazu etwa der Bericht des „Club of Rome" 1991. Hrsg. von Rudolf Augstein. *Spiegel Spezial* 2, Hamburg 1991, bes. 74 und, zu Lösungsstrategien, bes. 120–130.

[6] Jonas, Hans: Das Prinzip Verantwortung. Versuch einer Ethik für die technische Zivilisation. Frankfurt a. M. 1984, 57. Ratzinger, Joseph: Réponse. In: Installation du Cardinal Joseph Ratzinger comme associé étranger. Hrsg. von der Académie des sciences morales et politiques. Paris 1992, 19–23, hier 22 (= Institut de France 11).

[7] Jonas 1984, 31f.

Machbaren, die physische Existenz des Menschengeschlechts und zugleich die Menschenwürde im Kern und global zur Disposition stehen. So sprach noch kurz vor seinem Tod Karl Rahner davon, daß die Menschheit vor lauter Konsumieren, Planen und Habenwollen insgesamt Gefahr laufe, ihr Menschsein zu verlieren. Die Warnung liegt in der Konsequenz seiner bekannten „anthropologischen Kurzformel", die besagt, daß der Mensch nur „in echtem Selbstvollzug zu sich komme, „wenn er sich radikal an den anderen wegwagt."[8]
Die zeitgenössische Rede von der Apokalyptik bedarf allerdings der stärkeren Differenzierung. So machte Ulrich Körtner darauf aufmerksam, daß zumindest zwischen einer „negativen" und einer „positiven Apokalyptik" unterschieden werden müsse. Jene begreift das Weltende ebenso schlicht wie hoffnungslos als „Metapher der Katastrophalität gegenwärtiger Wirklichkeit",[9] jene als Appell zum Aufbau resistenter Hoffnung und bestärkender Solidarität im Einsatz für eine bessere Zukunft.[10] Auch die Aktualität der Rede vom Antichrist ist Moment innerhalb eines hermeneutisch zwar oft unzureichend reflektierten, aber durchaus zeitkritischen (positive Apokalyptik), mitunter gar angstvollen Rekurses auf die Apokalyptik biblischer wie außerbiblischer Provenienz überhaupt (negative Apokalyptik). Die aktualisierte Apokalyptik generell und die Warnung vor dem Antichrist speziell artikulieren den grundlegenden Protest, nicht selten auch das angstvollresignierende Veto des Menschen gegen das sich vermeindlich zunehmend abzeichnende Böse in der Welt und das böse Ende der Welt:[11] ob dieses Ende nun der entropische Wärmetod der physikalischen Natur, der atomare Holocaust, die Zerstörung der Umwelt und damit des Lebensraumes durch hemmungsloses Industriewachstum oder die katastrophische Endstation der „Antiquiertheit des Menschen" und das ziellose Ende der Geschichte sei.
Die Antichristvorstellungen in der mittelalterlichen Gesellschaft tragen – bei allem minutiös beobachteten Wandel ihrer konkreten Ausprägungen wie ihres soziokulturellen Bezugssystems – ebenfalls diese

---

[8] Rahner, Karl: Grundkurs des Glaubens. Einführend in den Begriff des Christentums. Freiburg/Basel/Wien 1976, 437; ders.: Erfahrungen eines katholischen Theologen. Ansprache anläßlich seines 80. Geburtstages am 5. März 1984. Schillebeeckx, Edward: Menschen. Die Geschichte von Gott. Freiburg/Basel/Wien 1990, 27–29; Pastoralkonstitution *Gaudium et spes* 24; Papst Johannes-Paul II: Gratissimam sane 11. *AAS* 86 (1991) 883–886.

[9] Körtner, Ulrich H. J.: Weltangst und Weltende. Eine theologische Interpretation der Apokalyptik. Göttingen 1988, 290.

[10] Ebenda 307.

[11] Winkler, Gerhard B.: Chiliastische Ideen und christliche Wirlichkeit. *ThPQ* 137 (1989) 360–368.

„Angst- und Hoffnungssignatur" an sich.[12] Wer sich unter theologischer Perspektive mit ihnen beschäftigt, darf die aktuellen eschatologischen Fragen nicht ausblenden. Im Gegenteil: Er muß in ihnen leben, sie gleichzeitig aber auch – nicht zuletzt um der Zukunft willen – „radikal", d. h. von ihren historischen Wurzeln her reflektieren und nicht das bloß zur Zeit Gefragte und punktuell Modische wahrnehmen. Beiden Aufgaben muß der Theologe gerecht werden. In einer dogmengeschichtlich ausgerichteten Studie allerdings muß er sich beschränken und sich entsprechend den Methoden der historischen Wissenschaft darum bemühen, das Vergangene mit den Augen der Vergangenheit zu schauen. Nur so kann er, den jeweiligen „Sitz im Leben" erkennend, früheren theologischen Konzepten gerecht werden, nur so dazu beitragen, daß die Dogmengeschichte tatsächlich das „kritische Gewissen" der systematischen Theologie wird.

All diese hier nur angedeuteten Überlegungen haben die vorliegende Arbeit entstehen lassen. Angeregt und vielfach gefördert wurde sie von Herrn Prälaten Prof. Dr. Ludwig Hödl, inzwischen emeritierter Ordinarius für Dogmatik und Dogmengeschichte an der Ruhr-Universität Bochum. Zusammen mit Herrn Prof. Dr. Wendelin Knoch, ebenfalls Ordinarius für Dogmatik und Dogmengeschichte, hat er sie der Katholisch-Theologischen Fakultät der genannten Universität zur Annahme als Habilitationsschrift vorgeschlagen. Am Fest- und Gedenktag des Anselm von Canterbury 1995 wurde mir die Lehrbefugnis für Dogmatik und Dogmengeschichte erteilt, nachdem ich bereits zuvor die Lehrerlaubnis für diese theologische Disziplin erhalten hatte. Ihnen und allen, die am Habilitationsverfahren beteiligt waren, gilt mein geziemender Dank.

Die Herausgeber der „Beiträge zur Geschichte der Philosophie und Theologie des Mittelalters" haben sich bereit erklärt, meine Untersuchung in die renommierte Reihe aufzunehmen. Die Görresgesellschaft zur Pflege der Wissenschaft hat die Publikation des Buches durch einen beachtlichen Druckkostenzuschuß unterstützt. Auch für dieses Wohlwollen sage ich aufrichtigen Dank.

Herzlich danken möchte ich auch meinen Freunden, Frau Gertrud und Herrn Norbert Jehle, lic. rer. fam., die die mühevolle Arbeit des Korrekturlesens auf sich genommen haben und bei der Erstellung des Registers sehr behilflich waren, auch Herrn Matthias Laarmann und Herrn Ralf Hetzler, die sich vor allem der Druckfahnen annahmen.

Doch dieses Buch wäre nicht zustande gekommen, ohne die Ermutigung, den Beistand und die Anregungen, die mir von Anfang an sowie

---

[12] Heimann, Heinz-Dieter: Antichristvorstellungen im Wandel der mittelalterlichen Gesellschaft. *ZRGG* 47 (1995) 99–113.

in den verschiedenen Phasen meiner Arbeit zahlreiche Fachgelehrte im In- und Ausland mündlich wie schriftlich gaben. Als ich nach langer Zeit meinen dickleibigen Ordner „Korrespondenz" durchblätterte, war ich selbst erstaunt darüber, wievielen ich doch zu Dank verpflichtet bin: Horst Dieter Rauh, Bernard McGinn, Bernhard Töpfer, Josep-Ignasi Saranyana, Miquel Batllori, Robert E. Kaske (dessen Todesanzeige ich ebenfalls verwahre), Malcolm Lambert, Juan Antonio Paniagua, Josep Perarnau und Jaume Mensa i Valls, um nur einige in wahlloser Reihenfolge zu nennen. Zahlreiche Gespräche, die weiterführten und fast en passant neue Perspektiven erkennen ließen, konnte ich mit Professor DDr. Ferdinand Seibt und Prof. Dr. Winfried Eberhard in Bochum führen, auch mit meinen Freunden und Kollegen in den Niederlanden, vor allem mit Prof. Dr. Jan Ambaum, Prof. Dr. Klaus Hedwig und Prof. Dr. Rolf Stein.

Und schließlich soll nicht unerwähnt bleiben, daß die vorliegende Arbeit unter vielfacher Belastung durch die Lehr- und Aufbautätigkeit am 1990 von der „Congregatio de institutione catholica" (Rom) errichteten und feierlich eröffneten Internationalen Institut für Ehe und Familie in Kerkrade (NL) geschrieben wurde, einem Institut, dem trotz seiner vielfach betonten exponierten Bedeutung für Kirche und Welt, trotz seiner nach „Sapientia Christiana" ausgerichteten Studienordnung und trotz der hochmotivierten Studenten aus zahlreichen Teilen Europas, ja sogar aus Asien, die finanzielle Ausstattung und damit der weitere Bestand verwehrt wird. Meiner Frau, meinen Kindern und jenen Studierenden an diesem Institut, die oft mit größerem Eifer bei der Sache waren, als manch ein von Amts wegen dazu Berufener, sei diese Arbeit gewidmet.

Bochum, den 31. Juli 1995   *Manfred Gerwing*

EINLEITUNG

0. Der Konflikt im Überblick

Martin George hat in einer bemerkenswerten Studie 1991 darauf hingewiesen, daß Reflexionen und Spekulationen über den Antichrist,
über sein Wesen wie seine Gestalt, aber auch über die Zeit seines Kommens und seine Herrschaftsweise beileibe nicht nur ein Phänomen des
„finsteren" Mittelalters,[1] sondern durchaus noch ein Thema der Neuzeit, der jüngsten Vergangenheit mit breiter Strahlkraft bis in die Gegenwart hinein sei.[2] Mit dem Thema „Antichrist", „Apokalypse" und
„Weltende" lassen sich heute eben nicht nur kassenfüllende Kino-, Vi-
deo- und Fernsehfilmerfolge erzielen, die zugleich zu Kultfilmen des
Horror-Genres avancieren,[3] sondern durchaus auch ernstzunehmende
Fragen des Menschen und der Menschheitsgeschichte verbinden: Fragen nach seiner Angst, seiner Bedrohung, nach dem Tod, dem Wozu
seines Lebens und dem Ende der Geschichte überhaupt. Denn zweifellos klingt zwar die Rede vom „Antichrist" für moderne Ohren be-
fremdlich, doch ist das damit Gemeinte alles andere als phantastisch
und unvorstellbar.
So ist mit *Antichrist* nach den Zeugnissen des Neuen Testamentes und
der europäisch-christlichen Denktradition „eine gegen die Ordnung
Gottes und die Botschaft Christi gerichtete Einzelpersönlichkeit oder

---

[1] Zur Problematik und zur Funktion des Begriffs „finsteres" Mittelalter Oexle, Otto Ger-
hard: Das entzweite Mittelalter. In: Die Deutschen und ihr Mittelalter. Themen und
Funktionen moderner Geschichtsbilder vom Mittelalter. Hrsg. von Gerd Althoff.
Darmstadt 1992, 7–28, 168–177 (= Ausblicke); Brieskorn, Norbert: Finsteres Mittel-
alter? Über das Lebensgefühl einer Epoche. Mainz 1991, bes. 13–39; Arnold, Klaus:
Das „finstere" Mittelalter. Zur Genese und Phänomenologie eines Fehlurteils. *Saeculum*
32 (1981) 287–300; vgl. auch Gerwing, Manfred/Ruppert, Godehard: Renovatio et
Reformatio. Wider das Bild vom „finsteren" Mittelalter. Festschrift für Ludwig Hödl.
Münster 1985, Vf.

[2] George, Martin: Die Fälschung der Wahrheit und des Guten. Gestalt und Wesen des
Antichrist im 19. Jahrhundert. *ZKG* 102 (1991) 76–103. Balthasar, Hans Urs von:
Herrlichkeit. Eine theologische Ästhetik. Bd. 2: Fächer der Stile. Teil 2: Laikale Stile.
Einsiedeln 1962, 648. Er verweist besonders auf Vladimir Sergej Solov'ev und seine
„Kurze Erzählung vom Antichrist".

[3] Emmerson, Richard K.: Antichrist in the Middle Ages. A Study of Medievals Apoka-
lypticism, Art und Literature. Seattle ²1984. Schulze, Gerhard: Die Erlebnisgesellschaft. Kultursoziologie der Gegenwart. Frankfurt/New York ²1992, 542, 549.

die ihr zugeordnete Institution" gemeint.[4] Karl Rahner betonte über-dies, daß der Name „Antichrist" auch als Sammelbezeichnung für *„alle von Menschen getragenen widergöttlichen Geschichtsmächte samt de-ren Anhänger"* fungiere. Demnach ist *Antichrist* „nicht einfach etwas bloß Zukünftiges", dem „jetzt keine aktuelle Bedeutung für das christ-liche Dasein zukommt", sondern Kennzeichnung von konkreten Men-schen und Mächten, die stets das „christliche Dasein" gefährden, für ausgesprochen Widerchristliches eintreten sowie Widerchristliches re-präsentieren. Dabei rekurriert Rahner auf den „antagonistischen Cha-rakter dieser Geschichte", die sich „auf das Ende hin [. . .] naturgemäß verschärft".[5] Karl Rahner weist der Rede vom Antichrist ihren legiti-men Ort innerhalb einer Geschichtskonzeption zu, die den Menschen nicht entmündigt, wohl aber davon ausgeht, daß Gott in Jesus Christus ein für allemal auf den Plan seiner Geschichte getreten sei: nicht um einen fixierten Plan, sondern seinen guten Willen gegen Lug und Trug in der Welt-Zeit durchzusetzen.[6]

Damit ist bereits das Thema der vorliegenden Untersuchung tangiert. Es geht um „aktualisierte Apokalyptik",[7] näherhin um die Erwartung

---

[4] Finkenzeller, Josef: Antichrist. In: Lexikon der katholischen Dogmatik. Hrsg. von Wolfgang Beinert. Freiburg/Basel/Wien [3]1991, 18f.; vgl. 1 Joh 2,18–22; 1 Joh 4,2f.; 2 Joh 7.

[5] Rahner, Karl: Antichrist. In: LThK[2] I, 1957, 635f., hier 636. Dazu auch Benrath, Gu-stav A.: Antichrist. In: TRE III, 1978, 20–50. Haeusler, Martin: Antichrist (historisch-theologisch). In: LThK[3] I, 1993, 745f.; Claret, Bernd J.: Antichrist (systematisch-theo-logisch). In: ebenda 746f.

[6] Der antagonistische Charakter der Geschichte ist für Karl Rahner Moment einer um-fassend verstandenen Heilsgeschichte: „Sie ist das Ereignis der Selbstmitteilung Gottes in Annahme oder Ablehnung durch die Grundfreiheit des Menschen selbst." Rahner [4]1976, 147–151, besonders 148. Moltmann, Jürgen: Der Weg Jesu Christi. Christologie in messianischen Dimensionen. München 1989, bes. 337–366; im konkreten Blick auf die Frage nach dem Antichrist immer auch noch bedenkenswert Pieper, Josef: Über das Ende der Zeit. Eine geschichtsphilosophische Betrachtung. München [3]1980, 113–145; neuerdings auch Müller, Karlheinz: Antichrist (im AT und NT). In: LThK[3] I, 1993, 744f.; Ratzinger 1992, 504; Bannach, Klaus: Visionen von Gericht und Endzeit. Zur Aktualität des apokalyptischen Denkens. Stuttgart 1988, 18f. (= Kleine Hohenhei-mer Reihe).

[7] Dazu die informative Analyse von Kehl, Medard: Aktualisierte Apokalyptik: K. Rah-ner, J. B. Metz, E. Drewermann. *ThPh* 64 (1989) 1–22, hier 1; ders.: Apokalyptik (sy-stematisch-theologisch). In: LThK[3] I, 1993, 819f. Konrad, Robert: Apokalyptik. In: TRE III, 1978, 257–280, bietet erste Orientierung über die apokalyptischen Vorstel-lungen im Mittelalter; dazu auch Riedlinger, Helmut: Apokalypse. In: LexMA I, 1980, 748–750; Heid, Stephan: Apokalyptik. In: LThK[3] I, 1993, 817–819. Demand, Alexan-der: Endzeit? Die Zukunft der Geschichte. Berlin 1993, zeigt, daß die Endzeitvisionen von E. Jünger über G. Benn und R. Guardini bis hin zu F. Fukuyama allesamt aus dem christlichen Chiliasmus stammen. Anderson, Perry: Zum Ende der Geschichte. Berlin 1993, setzt sich mit den Thesen Fukuyamas, Hegels und Alexandre Kojèves auseinan-

des Weltendes, genauer um den von Arnald von Villanova im Jahre 1299 ausgelösten Streitfall zum Thema „baldiges Kommen des Antichrist".

Arnald hatte, als er 1299 als aragonesischer Gesandter nach Paris kam, die Gelegenheit genutzt, um seinen Antichristtraktat in der Metropole des Geistes einer intellektuellen Öffentlichkeit vorzustellen. Was er zu sagen hatte, sollte aufschrecken, wachrütteln und – nicht zuletzt – die Pariser Theologen herausfordern. Verkündete er doch nichts weniger als die unmittelbar bevorstehende Herrschaft des Antichrist und das nahe Ende der Zeit.[8] Aber statt ihn zu hören, sich mit seinen Thesen auseinanderzusetzen – zustimmend oder ablehnend –, sperrte man ihn zunächst einmal ein, versuchte man, ihn mundtot zu machen. Damit begann eine Kontroverse, die sich in ihren äußeren Strukturen mit acht Strichen wie folgt skizzieren läßt:

1. Die theologische Auseinandersetzung mit Arnalds Thesen zum Kommen des Antichrist umfaßt einen Zeitraum von vierzehn Jahren: von 1299 bis 1313. In dem letztgenannten Jahr setzt sich Guido Terrena von Perpignan († 1342), Karmelit und vielgerühmter Schüler Gottfrieds von Fontaines, gleich zu Beginn seiner akademischen Laufbahn im Rahmen eines Quodlibet mit Arnalds Ansichten zum Antichrist auseinander. Die Art und Weise seiner Argumentation zeigt aber, daß zu diesem Zeitpunkt auf der theologischen Ebene keine nennenswert neuen Argumente mehr zu erwarten waren und auch tatsächlich nicht mehr artikuliert wurden.

2. Die genauen Umstände der ersten Reaktion seitens der Pariser Theologen sind nicht mehr exakt auszumachen. Fest steht, daß Arnald den angesehenen Gelehrten seinen Antichristtraktat „präsentierte", diese aber die Schrift „viele Tage" zurückhielten.[9] Möglicherweise

der. Kritisch dagegen Meyer, Martin: Ende der Geschichte? München/Wien 1993. Ratzinger nennt in diesem Zusammenhang auch Martin Heidegger: Eschatologie – Tod und ewiges Leben. Regensburg ³1978, 165 (= KKD IX). Er bezieht sich hier offensichtlich auf das posthum veröffentlichte Spiegelinterview. *Spiegel* 23 (1976) 193-219, 209. Dazu auch Jäger, Alfred: Das Erscheinen Gottes in der Spätphilosophie Martin Heideggers. In: Auf der Spur des Heiligen. Heideggers Beitrag zur Gottesfrage. Hrsg. von Günther Pöltner. Wien/Köln 1991, 49-61, hier 59.

[8] Zeitgenössische Chronisten, wie etwa Giovanni Villani (ca. 1276-1348), werden sich dieser Auffassung Arnalds anschließen und zahlreiche Zeichen des nahen Endes und der hereinbrechenden Apokalypse in ihrer nächsten Umgebung ausmachen können. Villani, Giovanni: Cronica IX, 33, Hrsg. von Francesco G. Dragomanni. Florenz 1844, 148, beruft sich ausdrücklich auf Arnald von Villanova. Ich verdanke diesen Hinweis Herrn Prof. Dr. W. Eberhard, Bochum.

[9] So berichtet es Arnald von Villanova in seinem Protestschreiben vom 18. Juli 1304: Protestatio facta Perusii coram domino camerario summi pontificis. Cod. Vat. lat. 3824, fol. 214 v-217 v, hier fol. 215 ra. Ediert von Finke, Heinrich: Aus den Tagen Bonifaz VIII. Funde und Forschungen. Münster 1902, CXCII-CXCVII, hier CXCII

hatte Arnald ein Exemplar seiner Schrift den *stationarii* der Pariser Universität überlassen. Jedenfalls findet sich im späteren *Antidotum contra venenum effusum* eine Aussage, die solch eine Vermutung nahelegt: „[. . .] nec saltem in stationibus generalium studiorum posuit eam, ut ego feci [. . .]".[10] Da die *stationarii* nichts anderes waren als Abschreiber (oft Studenten höheren Semesters, die ihr Studium durch diese recht verantwortliche Tätigkeit wenigstens teilweise zu finanzieren suchten), die unter der Leitung eines Fachmanns das Autorexemplar folien- und petienmäßig abzuschreiben hatten, impliziert diese Vermutung, daß Arnald sogleich mit der Präsentation seiner Schrift in Paris auch die Publikation des Werkes beabsichtigte. Um so größer mußte unter diesen Umständen naturgemäß seine Enttäuschung gewesen sein, als er erfuhr, daß die Pariser Theologen die Zeit nicht dafür nutzten, sich mit dem Werk inhaltlich zu beschäftigen und es zugleich sorgfältig abschreiben zu lassen, sondern insgeheim – ohne etwas davon verlauten zu lassen, geschweige denn, Arnald zu informieren – den Vorsitzenden der Inquisition, den Offizial von Paris und Bischof von Toulouse, alarmierten und das Verfahren gegen ihn einleiteten.[11]

3. Laut Arnalds Bericht rief der Offizial ihn am Abend des 18. Dezember 1299 zu sich und erklärte ihn sogleich bei seiner Ankunft für verhaftet. Als Grund dieser Maßnahme gab der Offizial an: Vier oder fünf Theologen hätten Arnald vorgeworfen, in seinem Traktat „Über die Ankunft des Antichrist" fänden sich Aussagen, die gegen den Glauben und das Evangelium verstießen.[12]

(= Vorreformationsgeschichtliche Forschungen Bd. 2): „[. . .] opere presentato atque multis diebus ab eis retento tandem, priusquam mecum super contentis ibidem habuissent ullam collationem, me fecerunt proditionaliter et dolose capi et incarcerari per officialem Parisiensem [. . .]." Perarnau 1991, 215–218, hier 215.

[10] Arnald von Villanova: Antidotum contra venenum effusum per fratrem Martinum Atheca, Praedicatorem, adversus denuciationes finalium temporum. Cod. Vat. lat. 3824, fol. 243 vb. Da keine näheren Angaben gemacht werden, ist nicht sicher, ob Arnald hier wirklich seinen Traktat über den Antichrist im Auge hat. Dazu auch Perarnau i Espelt, Josep: El text primitiu del *de mysterio cymbalorum ecclesiae* d'Arnau de Vilanova. *ATCA* 7/8 (1988/1989) 7–169, 9, Anm. 6; dazu auch die Rezension von Santi, Francesco in: *ATCA* 9 (1990) 377–380.

[11] Diese Enttäuschung ist in zahlreichen späteren Schriften immer wieder herauszuhören. Auch in der Überarbeitung des Antichristtraktates ist sie zu spüren.

[12] Menéndez y Pelayo, Marcelino: Historia de los heterodoxos españoles. Bd. 1. Madrid ³1978, 497 (= Biblioteca de Autores Cristianos 150); Diepgen, Paul: Arnald von Villanova als Politiker und Laientheologe. Berlin/Leipzig 1909, 17f. (= Abhandlungen zur mittleren und neueren Geschichte, Heft 9). Diepgens detaillierte Darstellung basiert auf einer kritischen Durchsicht der sich in Arnalds Schriften an verschiedenen Stellen findenden Hinweise bzw. der Schilderung dieses Geschehens. Da wir bei dieser Schilderung der Vorgänge fast ausschließlich auf Arnalds Schriften angewiesen sind, ist bei

4. Dank einflußreicher Freunde[13] und einer Kaution von 3000 Pfund wurde Arnald jedoch bereits am nächsten Morgen freigelassen, mußte sich aber vor dem Bischof von Paris und der theologischen Fakultät der Universität Paris verantworten. Dabei überreichte man ihm eine Liste mit inkriminierten Stellen aus seinem Traktat, die Arnald vorzulesen hatte und als von ihm stammend identifizieren mußte. Vergeblich protestierte er gegen diese Überrumpelungstaktik, vergeblich verwies er darauf, daß man ihn bei der Zusammenstellung der Sätze hätte hinzuziehen müssen, vergeblich auch seine Klage darüber, daß die aus dem Zusammenhang gerissenen Textpassagen das von ihm Gemeinte vollkommen sinnentstellt wiedergeben. Die Schrift wurde verdammt und ihre Verbrennung angeordnet.

5. Durch diese administrativ-offiziale Reaktion geriet Arnald von Villanova in Häresieverdacht.[14] Dagegen aber mußte er sich selbstredend nach Kräften wehren. Er protestierte energisch gegen die Prozeßführung ebenso wie gegen das Urteil.[15] Dabei wandte er sich an die höchsten Stellen: an den König von Frankreich, an den Bischof von Paris und schließlich an Papst Bonifaz VIII. Seine Protestschreiben sind im Ton und Gehalt jeweils auf den Adressaten hin abgestimmt. So rückte Arnald Philipp dem Schönen gegenüber die theologischen Momente[16] wie die ihn, Arnald, persönlich betreffenden und verletzenden Argumente des Prozesses geschickt in den Hintergrund. Statt dessen beschrieb er das politische Dilemma, das aufgrund des frech-dreisten Handelns der Pariser Theologen und des Offizials entstanden sei. Arnald unterstreicht seine diplomatische Funktion, die er in Paris im Auftrag Jakobs II. zu erfüllen gehabt habe. Schließlich sei er als Gesandter eines bedeutenden Verwandten des Königs von Frankreich in die Metropole gekommen. Geschickt an die Sorgepflicht Philipps appellie-

---

allem jedoch Vorsicht geboten. Berücksichtigt habe ich bei der Relecture der Quellen wie auch der bisherigen Darstellungen vor allem die bedenkenswerten Überlegungen und Hinweise von Perarnau: El text primitiu 1988/1989, 7–22.

[13] Dabei handelte es sich um einflußreiche Persönlichkeiten wie etwa den Erzbischof von Narbonne, Gilles Aycelin, den späteren Großsiegelbewahrer, Vicomte Amalric von Narbonne und G. de Nogaret. Diepgen 1909, 18; Gilles' Rolle bei den Templerprozessen beschreibt McNamara, Jo Ann: Gilles Aycelin. The Servant of two Masters. New York 1973.

[14] Santi, Francesco: Arnau de Vilanova. L'obra espiritual. València 1987, hier 41–73 (= Història i societat 5).

[15] Welches Licht dieses Procedere auf die Entwicklung der universitären Lehrzensuren einerseits und auf die kurialen Lehrverfahren andererseits, speziell auch auf den Entwicklungsstand der inquisitorischen Verfahrensmodalitäten wirft, ist ein Thema, das ich in einer gesonderten Arbeit darstellen werde. Allgemein dazu die Arbeiten von Josef Koch, Jürgen Miethke und Winfried Trusen.

[16] Wohlwissend, daß der König von Frankreich bei theologischen Streitfragen keine Entscheidungskompetenz besitzt.

rend, macht Arnald dabei deutlich, daß er diese dem Interesse Frankreichs und Aragóns dienende Mission aufgrund des selbstherrlichen
Verfahrens nicht habe vollenden können. Das ganze Procedere gegen
ihn sei eine Beleidigung der verwandten Königshäuser, eine Schande,
die, das könne er mit Sicherheit sagen, zumindest Jakob II. mehr ver-
letze als eine Niederlage auf dem offenen Schlachtfeld.[17]
Von Arnald erfahren wir Jahre später, daß sein Protest erfolgreich
war. Philipp der Schöne habe fortan für seine Sicherheit in Paris ge-
sorgt und den Offizial für dessen eigenmächtiges Vorgehen durch Konfiszierung des gesamten Privatvermögens bestraft.[18]
6. Doch genügte es Arnald selbstredend nicht, allein aus politisch-
diplomatischen Gründen gerechtfertigt und aus dem Gefängnis befreit
zu werden. Woran ihm vor allem lag, war die volle Rehabilitierung
und die Zurücknahme der Vorwürfe und Beschuldigungen gegen ihn
durch die Kirche. Da er überdies den französischen König auf seiner
Seite wußte, legte er im bischöflichen Palais von Paris vor hochrangi-
gen Zeugen gegen die Pariser Theologen Beschwerde ein und erklärte
seinen Widerruf für nichtig. Man habe ihm keine Gelegenheit der
freien Disputation gegeben, sondern ihn – gegen Recht und Gesetz –
einzuschüchtern versucht und ihn tatsächlich in Angst und Schrecken
versetzt. So sei er gewaltsam zu Äußerungen gezwungen worden, die
er aus freien Stücken niemals hätte verlauten lassen.[19] Er beabsichtige

---

[17] Arnald von Villanova: Protestatio facta coram domino. Paris, Bibl. Nat. 17534, fol.
103 v–104 v. Ediert von Menéndez y Pelayo, Marcelino: Historia de los heterodoxos
españoles. Bd. 3, Madrid ²1981, LXXIV–LXXVIII; Chart. Univ. Paris. II, 86f, Nr. 615.

[18] Davon berichtet Arnald von Villanova in seinem Protest vom 18. Juli 1304: Protestatio
facta Perusii coram domino camerario summi pontificis. Vat. lat. 3824, fol. 215 ra;
Perarnau 1991, 215; Finke 1902, CXCIIf.: „[...] propter quem excessum postmodum
dominus rex Francie dictum officialem privavit in sempiternum omnibus temporalibus bonis tam paternis quam acquisitis per eum." Ob diese Angabe stimmt, ist nicht
sicher, wenn auch im Hinblick auf die Bedeutung dieses diplomatischen Zwischenfalls
auf die politischen Beziehungen zwischen Frankreich und Aragón nicht unwahrscheinlich.

[19] Arnald von Villanova: Appellatio ad apostolicam sedem contra cancellarium et collegium theologorum Parisiensium. In: Chart. Univ. Paris. II, 87–90, Nr. 616; in seiner
Protestatio facta Perusii coram domino camerario summi pontificis vom 18. Juli 1304
gewährt Arnald uns wertvollen Einblick in die damalige Prozeßführung: „Deinde postmodum recuperata libertate et optenta securitate per dominum regem protestatus
fuero Parisius in aula episcopali, sicut apparet per duo instrumenta facta per magistrum Gaufridum de Carnoto dictum Ligatoris clericum domini regis et notarium publi-
cum auctoritate apostolica, quod, quicquid / ad requisitionem dictorum theologorum
dixeram aut feceram super revocatione predicti operis, feceram ut detentus et metu
pestiferi carceris, denuncians ibidem revocationem illam ipso iure fuisse nullam, tum
quia vi metusve causa fuisset extorta, tum quia processus eorum fuit omnino iniquus
et a iusticie cultu penitus alienus, cum prius a captione et a carcere et a minis cepis-
sent, quam a scrutinio legitime rationis." Vat. lat. 3824, fol. 215 ra–rb; Perarnau 1991,
215; Finke 1902, CXCIII.

nunmehr, die ganze Angelegenheit der „Heiligen Mutter Kirche" vorzulegen und sich nur ihrem Schiedsspruch zu unterwerfen. Arnald
appellierte an den Papst.

7. Im Zuge dieser Gegenwehr sahen sich wiederum verschiedene
kirchliche Kreise und Gemeinschaften aufgefordert, Stellung zu beziehen und erneut zum Angriff überzugehen, gegen den Arnald sich seinerseits abermals wortstark zu verteidigen suchte. Dabei vergriff er
sich verschiedentlich im Ton. Seinen polemisch-appellativen Ermahnungen, die manche durchaus als gefährliches Orakel und beißendes
Gewissen empfinden mochten, viele aber, vor allem die Dominikaner
seiner katalanischen Heimat, als Affront auffaßten, mußte Paroli geboten werden.[20] Dabei ging es nicht so sehr um seine Antichristauffassung, sondern um seine „Reformvorschläge" und polemischen Angriffe
gegen einflußreiche kirchliche Kreise.[21]

---

[20] Diese Phase der „Explosion" währte bis 1305, bis zur erwähnten „presentatio facta
Burdegaliis coram summo pontifice domino Clemente V.", Vat. lat. 3824, fol. 254
v–261 v, vom 24. August des genannten Jahres. In dieser Zeit entstand Arnalds oben
erwähnte „Philosophia catholica", ein Werk, das die These vom kommenden Antichrist aufgreift und ihren Funktionswert für das gelebte Christentum darlegt. Diese
Schrift wiederum forderte von verschiedenen Seiten protestierende Reaktionen heraus, vornehmlich seitens der sich angesprochen fühlenden Dominikaner, namentlich
des Katalanen Bernat de Puigcerós, Joan Vigorós und des Aragonesers Martín d'Ateca. Wir kennen die noch härtere Polemik Arnalds gegen diesen dominikanischen Protest, wie sie in den ebenfalls bereits vorgestellten Schriften Arnalds, der „Apologia de
versutiis et perversitatibus", dem „Eulogium de notitia verorum et pseudo-apostolorum", der ersten, zweiten und dritten „Denuntiatio" zum Ausdruck kommt. Doch bereits hier ist das Antichristthema in den Hintergrund gerückt, gibt der polemisch gehaltene Appell zur wahren Nachfolge Christi den Ton an. Dazu Perarnau: El text primitiu 1988/89, 13ff.
[21] Auch die oben erwähnte „Confessio Illerdensis de spurcitiis pseudo-religiosorum", adressiert an den Erzbischof von Taragona in Lerida, um 1303, Vat. lat. 3824, fol. 175
r–180 r, gehört in diesen Rahmen der Auseinandersetzung mit verschiedenen Klostergemeinschaften vor allem seiner katalanischen Heimat. Diese fühlen sich wiederum
angegriffen und persönlich verletzt, weswegen sie ihrerseits Arnald angreifen und wiederum Arnald „nötigen", sich durch neue, polemische Ausfälle zu „verteidigen". Seine
Schrift „Gladius iugulans thomatistas", gewidmet seinem Freund Jakob Albus, geschrieben 1304, die „Denunciatio secunda facta Massilie cum carpinatione", Vat. lat.
3824, fol. 192 r–193 v, wie auch die „Carpinatio poetrie theologi deviantis", Vat. lat.
3824, fol. 193 vb–202 ra, ist zu nennen, eine Schrift, die sich gegen den Provinzial der
Dominikaner Johannes Vigorosus wendet, wie Arnald in der „Denunciatio tertia facta
Massiliae" verrät, Vat. lat. 3824, fol. 202 rb–204 rb, hier fol. 202 vb; dazu auch Diepgen 1909, 35; Perarnau: El text primitiu 1988/89, 15. Die 1304 an Benedikt XI. gerichteten und oben ebenfalls erwähnten Schriften „De morte Bonifacii VIII" und die
„Protestatio facta Perusii coram domino camerario summi pontificis", Vat. lat. 3824,
fol. 204 v–214 r; 214 v–217 v, Finke 1902, CLXXVII bis CXCII; CXCII–CXCVII (Santi
1987, 258f.) setzen den Konflikt um Arnalds polemisches „Reformprogramm" auf
höchster kirchlicher Ebene fort, zeigen aber auch wie stark inzwischen seine Anti

8. Zugleich löste Arnald aber auch eine wissenschaftlich-theologische Reflexion aus, deren theologie- wie mentalitätsgeschichtliche Bedeutung zwar häufig unterstrichen, bislang aber noch nicht en detail untersucht und insgesamt dargestellt wurde.[22]
Diesem Desiderat widmet sich die vorliegende Arbeit. Es soll erstmalig versucht werden, jene bedeutenden theologischen Stellungnahmen zu analysieren und darzustellen, auf die Franz Pelster im Zuge der von ihm besorgten Edition der Quaestio Heinrichs von Harclay über die zweite Ankunft Christi aufmerksam machte und die jüngst von Perarnau noch einmal in ihrer protagonistischen, spezifisch meinungsbildenden Bedeutsamkeit unterstrichen wurden:[23] die kritischen Stellungnahmen zum Antichristtraktat Arnalds seitens des Dominikaners Johannes Quidort von Paris sowie des in Oxford lehrenden Engländers Heinrich von Harclay. Daneben gruppieren sich kurze, aber präzise Kommentare zu dem von Arnald aufgegriffenen Fragekomplex nach der Wiederkunft Christi wie die Quaestio des bedeutenden Magisters, Weltklerikers und späteren Bischofs von Clermont Petrus von Auvergne (de Alvernia), das erste von drei Quodlibeta des berühmten Exegeten Nikolaus von Lyra sowie schließlich die bereits erwähnte Kritik Guidos

---

christvorstellung in den Hintergrund der Auseinandersetzung gerückt sind. Dazu auch das „Antidotum contra venenum effusum per fratrem Martinum de Atheca predicatorem" und die „Presentatio facta Burdegaliis coram summo pontifice domino Clemente V.", Vat. lat. 3824, fol. 254 v–261 v, semikritische Teiledition bei Finke 1902, CCI–CCXI.

[22] Perarnau i Espelt, Josep: Guiu Terrena critica Arnau de Vilanova. Edició de la *Quaestio utrum per noticiam Sacrae Scripturae possit determinate sciri tempus Antichristi*. En apèndix, tres fragments de teòlegs contemporanis relatius a la tesi escatològica arnaldiana. *ATCA* 7/8 (1988/1989) 171–222.

[23] Pelster, Franz: Die Quaestio Heinrichs von Harclay über die zweite Ankunft Christi und die Erwartung des baldigen Weltendes zu Anfang des XIV Jahrhunderts. In: Textes Franciscains. Hrsg. von Ferdinand-M. Delorme. Rom 1948; Perarnau: El text primitiu 1988/89, 16f.; unter der Federführung von Josep M. Udina i Cobo entstand auch die „Tesi doctoral" von Mensa i Valls: La polèmica escatològica entre Arnau de Vilanova i els filòsofs i els teòlegs professionals (1297–1305). Anàlisi dels arguments i de les argumentacions. Universitat Autònoma de Barcelona 1993. Der erste Teil dieser Arbeit wurde inzwischen publiziert, ders.: Arnau de Vilanova, espiritual: guia bibliogràfica. Barcelona 1994. Der andere Teil der katalanischen Arbeit, die nur in sehr begrenzter Anzahl in „Microforma" „publiziert" wurde, war trotz mehrerer Versuche über die Bibliothek der Universitat Autònoma de Barcelona nicht zu erhalten. Jedoch stellte der Autor dankenswerterweise dem Verfasser dieser Untersuchung ein Exemplar zur Verfügung. In dieser Arbeit geht der Autor detailliert auf die Entwicklung der eschatologischen Vorstellungen in den zwischen 1297 bis 1305 vornehmlich in katalanischer Sprache verfaßten Schriften Arnalds ein. Der Antichristtraktat selbst spielt nur eine untergeordnete Rolle. Außerdem verzichtet die philosophische Arbeit weitgehend auf eine Analyse und Reflexion jener bedeutenden theologischen Stellungnahmen zum Antichrist, auf die es in dieser Untersuchung gerade ankommt.

de Terrena. Doch zuvor noch ein Wort zum weiteren methodischen Vorgehen.

Für das rechte Verständnis dieses Themas genügt es nicht, sich die zuvor genannten aktuellen Bezüge vor Augen führen zu lassen. Vielmehr bedarf es jener „Bekehrung", von der noch jüngst der mittlerweile achtzigjährige Altmeister der Philosophie- und Theologiegeschichte des Spätmittelalters, Fritz Hoffmann, Erfurt, gesprochen hat.[24] Ohne diese „Bekehrung" ist die seinerzeit heftig umstrittene, weiter unten noch zu präzisierende Frage nach dem Kommen des Antichrist nicht zu begreifen. Dabei ist der geforderte „Akt der Bekehrung" keineswegs im religiösen oder moralischen Sinne zu verstehen. Er ist vielmehr „intellektuell" zu interpretieren und „rational" sowie historisch-kritisch zu realisieren: „als selbstkritische, selbstlose Hinwendung des Geistes zu einem Phänomen, einer geschichtlichen Gestalt, die außerhalb unseres Denkhorizonts liegt."[25]

Der „Bekehrungs"-Schritt, um den es hier geht, führt uns in eine qualitativ andere Verstehenswelt, eben in die Welt des endenden 13. und des beginnenden 14. Säkulums. Diese Welt, mitunter notdürftig als „frühes Spätmittelalter" etikettiert, ist ja nicht einfach nur der „ferne Spiegel"[26] der Heutigen, in den wir nur zu blicken brauchten, um genau das zu sehen, was wir immer schon kennen: nichts als uns selbst, wenn auch von ferne.[27] Freilich gibt es Kontinuität in der Geschichte, aber eben auch die Diskontinuität, den Abbruch von Entwicklungen, den deutlichen Kontrast.[28] Um uns in dieser nach allen Lebensumständen, den materiellen wie den geistigen, fremden Welt des Mittelalters auch nur halbwegs zurechtzufinden, bedarf es zwar jener *connaturalitas*, durch die, wie Martin Heidegger bemerkte, auch das im Sagen eines Autors Ungesagte, weil für selbstverständlich Ge-

---

[24] Hoffmann, Fritz: Die „Conferentiae" des Robert Holcot O.P. und die akademischen Auseinandersetzungen an der Universität Oxford. 1330–1332. Münster 1993, 56 (= BGPhThMA NF 36); zur Bio- und Bibliographie Fritz Hoffmanns vgl. Hödl, Ludwig: Dr. theol. Fritz Hoffmann, emeritierter Professor am philosophisch-theologischen Studium in Erfurt. *ThGl* 83 (1993) 1–5, und die darin von Gerwing, Manfred zusammengestellte Publikationsliste Hoffmanns, ebd. 5–9.

[25] Ebenda.

[26] Tuchman, Barbara: Der ferne Spiegel. Das dramatische 14. Jahrhundert. Düsseldorf 1980, 10f.

[27] Fuhrmann, Horst: Einladung ins Mittelalter. München 1987, 10. Er macht darauf aufmerksam, daß die Mediävistik sich „dem allgemeinen Interesse für Geschichte stellen und sich als Träger einer geistigen Kultur verstehen" sollte, „für deren Gestaltung er mitverantwortlich ist".

[28] Seibt, Ferdinand: Glanz und Elend des Mittelalters. Eine endliche Geschichte. Berlin 1987, 13; insgesamt dazu: Kontinuität – Diskontinuität in den Geisteswissenschaften. Hrsg. und eingl. von Hans Trümpy. Darmstadt 1973, bes. Einleitung 1–10.

haltene erkannt und namhaft gemacht zu werden vermag.[29] Doch darf keine wie auch immer näher bestimmte Kongenialität darüber hinwegtäuschen, daß wir es mit Phänomenen zu tun bekommen, die einem Denk- und Lebensraum angehören, der schon längst nicht mehr der unsrige ist, sondern zu dem unsrigen heute in vielerlei Hinsicht im scharfen Kontrast steht.[30] Wir müssen den Mut haben, die Texte in ihrer Fremdheit und Andersartigkeit zu akzeptieren, dürfen sie nicht als etwas immer schon Bekanntes und Gewußtes, uns womöglich nur Bestätigendes leichthin „einordnen". Gerade auf die Fremdheit muß der Forscher sich zunächst einmal einlassen;[31] nicht um sie in ihrer Fremdheit und Andersartigkeit still und stumm zu belassen,[32] sondern um sich auf sie als das Fremde und Andere gerade hörend und verstehend einzustellen, zu analysieren und kritisch zu interpretieren.[33] Geht

---

[29] Heidegger, Martin: Platons Lehre von der Wahrheit. Mit einem Brief über den Humanismus. Bern ²1954, 5 (= ¹1947).

[30] Dazu Seibt, Ferdinand: Geleitwort. In: Gerwing, Manfred: Cappenberg unter Tage. Zur Bedeutung Cappenbergs im Mittelalter. Köln 1990, V–VII (= Programme, Analysen, Tatbestände Bd. 10). Heute kann es in der Geschichte nicht mehr darum gehen, naiv einem Objektivierungsideal das Wort zu reden, das Ranke, der bekanntlich mit Niebuhr an der Krippe der Geschichte als Wissenschaft steht, noch fordern konnte, sondern lediglich darum, der stets größeren Wahrheit auf der Spur zu bleiben. Ranke, Leopold von: Geschichten der romanischen und germanischen Völker um 1494 bis 1514. Vorrede. Bd. 1, Leipzig/Berlin 1824, S. III–VIII. Dazu Fuchs, Walther P.: Was heißt das: „bloß zeigen, wie es eigentlich gewesen"? GWU 30 (1979) 655–667; zum gesamten hier angesprochenen Problemkreis vgl. die ausgezeichnete Zusammenstellung von Wolfgang Hardtwig: Über das Studium der Geschichte. München 1990, bes. 42–60 (= dtv 4546); Nipperdey, Thomas: Wozu noch Geschichte? In: Die Zukunft der Vergangenheit. Lebendige Geschichte – Klagende Historiker. Hrsg. von Gerd-Klaus Kaltenbrunner. München 1975, 34–57; wieder abgedruckt in: Über das Studium der Geschichte. Hrsg. von Wolfgang Hardtwig. Nördlingen 1990, 366–388.

[31] Dazu informativ Imbach, Ruedi: Interesse am Mittelalter. Beobachtungen zur Historiographie der mittelalterlichen Philosophie in den letzten hundertfünfzig Jahren. ThQ 172 (1992) 196–207, bes. 204–207; zu diesem Themenkomplex bedenkenswert auch Graus, František: Verfassungsgeschichte des Mittelalters. HZ 243 (1986) 529–589. Zu den verschiedenen Methoden innerhalb der Mediävistik Seibt, Ferdinand: Gesellschaftsgeschichte. Festschrift für Karl Bosl. Hrsg. von dems. München 1988, 21f.

[32] „Wer sich einmal das Unterscheidende von Begriff (Denkleistung, Konstrukt), Wort-Laut, Satz-Aussage, Sinn-Gefüge und Realwissen deutlich gemacht hat, muß diese Unterschiede auch im Bereich des Theologischen je und je kritisch prüfen. Gerade von der Theologie her konnte Hoffmann ein kritisches Verständnis des vielfach geschmähten Nominalismus anbahnen." Hödl 1993, 4. Dazu auch Coreth, Emerich: Scholastische Philosophie in der Gegenwart. ThQ 172 (1992) 162–177, bes. seine Ausführung zur analytischen Philosophie 175f.; Langemeyer, Bernhard Georg: Leitideen und Zielsetzungen theologischer Mittelalterforschung aus der Sicht der systematischen Theologie. In: Renovatio et Reformatio. Wider das Bild vom „finsteren" Mittelalter. Festschrift für Ludwig Hödl zum 60. Geburtstag. Hrsg. von Manfred Gerwing und Godehard Ruppert. Münster 1885, 3–13.

[33] Seibt: Revolution 1984, 8; allg. dazu die grundlegenden Arbeiten von Rüsen, Jörn: Rekonstruktion der Vergangenheit. Grundlinien einer Historik II: Die Prinzipien der

es doch auch in der heutigen Theologie nicht zuletzt darum, der Vergangenheit Stimme zu verleihen.[34] Die Geisteswissenschaft insgesamt muß gerade um der humanen Zukunft willen das Gespräch mit ihrer eigenen Geschichte suchen.[35] Dies gelingt ihr aber sachgemäß nur „im Vor- und Mitgehen durch die Einzelheiten".[36]

So soll auch im folgenden die ständige Versuchung, grobkörnig zu generalisieren, durch Textnähe unterlaufen werden. Mitunter ist auch der zu analysierende und interpretierende Text selbst – gleichsam im Originalton – wiederzugeben. Das gilt besonders dort, wo, wie in der vorliegenden Untersuchung, die schriftlichen Quellen nur in Ausnahmefällen in Form kritischer Editionen zugänglich sind.[37] Auch muß es dem Leser wissenschaftlicher mediävistischer Arbeiten auch heute noch zugemutet werden können, lateinische Sätze nicht nur in den Anmerkungen, sondern ebenfalls im Text selbst zu akzeptieren, vor allem dann, wenn die lateinische Aussage den Kernbestand der Darstellung ausmacht und selbst nur mit erheblichem und die Grenze zur Interpre-

historischen Forschungen. Göttingen 1986; ders./Jäger, Friedrich: Historische Methode. In: Fischer Lexikon Geschichte. Hrsg. von Richard van Dülmen. Frankfurt a. M. 1990, 13–32.

[34] Dazu auch Speer, Andreas/Schneider, Jakob Hans J.: Das Mittelalter im Spiegel neuerer Literatur. *ThQ* 172 (1992) 221–236, bes. 221.

[35] Das schließt nicht aus, sondern bestätigt genau das Phänomen, das Alexander Gerken bei der kritischen Edition und wissenschaftlichen Erschließung der Werke Bonaventuras feststellte, daß nämlich der „scheinbar objektive Bezug der kritischen Editoren von Quaracchi längst nicht so gut in das genuine Denken Bonaventuras hineingeführt [hat] wie der interessierte, vom Leben herkommende und das Leben des heutigen Menschen anzielende Blick der Autoren seit den dreißiger Jahren. Hier zeigt sich die Realität der hermeneutischen Frage: Wir kommen immer mit einem bestimmten, heutigen Blickwinkel an das Vergangene heran. Wenn wir aber zur Begegnung bereit sind, ist dies kein Hindernis, werden vielmehr verwandelt". Gerken, Alexander: „Wissenschaft und Weisheit" im fünfzigsten Jahrgang. *WiWei* 50 (1987) 2f. Dazu auch Seibt: Gesellschaftsgeschichte 1988, 22.

[36] Hemmerle, Klaus: Wandlungen des Gottesbildes seit dem II. Vaticanum, in italienischer Übersetzung erschienen in: Correnti theologici postconciliari. Hrsg. von Alfredo, Marranzini. Rom 1974, 235–252, bes. 250; dazu Heinz, Hanspeter: Der Gott des Jemehr. Der christologische Ansatz Hans Urs von Balthasars. Bern/Frankfurt a. M. 1975, 9.

[37] Die Orthographie der lateinischen Zitate aus handschriftlichen Texten richtet sich grundsätzlich nach dem Originaltext: also „e" (caudata) statt „ae" und häufig – keineswegs immer – „c" vor „i" mit Vokal statt „t" (so heißt es in Vat. lat. 3824 stets und eindeutig „denunciatio"). Wird aus einer kritischen oder semikritischen Edition oder nur Transskription zitiert, so wird die Schreibweise dieser Edition oder Transskription übernommen, sofern sie nicht eindeutig und nachweislich falsch ist (z. B. wird Finkes Transskription von lat. „sed" in „set" übernommen, nicht aber Clarks Lesung von lat. „status" als „statue"). Die Abweichungen werden selbstverständlich angemerkt. Eigennamen werden groß geschrieben. Die Zeichensetzung wird sparsam verwendet und dient nur dazu, den Text verständlicher zu machen.

tation vorschnell überschreitendem Erklärungsaufwand verdeutscht werden kann.

Um die „Bekehrung" im genannten Sinn vorzubereiten, muß zunächst die mittelalterliche Welt an der Wende zum 14. Jahrhundert dargestellt werden. Dabei werden vor allem jene geschichtlichen Ereignisse und historischen Fakten berücksichtigt, die von den sodann vorgestellten Autoren selbst genannt und bei ihrer Disputation um das Kommen des Antichrist relevant geworden sind.

HAUPTTEIL

DIE AUSEINANDERSETZUNG
UM DIE ANKUNFT DES ANTICHRIST

1. Kapitel

DIE MITTELALTERLICHE WELT AN DER WENDE ZUM 14. JAHRHUNDERT

1.1 Keine monovalente Epoche

Zunächst gilt es, daran zu erinnern, daß es keine monovalenten Epochen gibt, sondern daß stets diverse, mitunter scheinbar einander ausschließende, ja konträr zueinander stehende Ströme gleichzeitig fließen, sich teilend und vermischend, sich wiederum sondernd und verbindend. Europa um die Wende zum 14. Jahrhundert sah ebenso einen Roger Bacon wie eine Mechthild von Hackeborn, einen Bonifaz VIII. wie einen Meister Eckhart, die wachsende Beliebtheit des andächtig gefeierten Fronleichnamsfestes wie auch die wilde Begeisterung für rhythmische Bewegungen: des Tanzens bis zur Ekstase. So geht es darum, immer wieder die historische Perspektive zu gewinnen, den reichhaltigen Stoff zu gliedern und die allgemeine Lage zu charakterisieren.

Dabei muß weiter ausgeholt und wenigstens kurz an jene vier Entwicklungsphasen erinnert werden, die die Binnendynamik der mittelalterlichen Gesellschaft und damit gleichsam „den Pulsschlag der mittelalterlichen Geschichte"[1] charakterisieren: an die Phasen der Konsolidierung, der Intensivierung, der Expansion wie der Krise. Doch muß von vornherein Einspruch erhoben werden, gegenüber einem Verständnis vom Mittelalter, das lediglich als „endliche", nicht aber als Teil einer gesamteuropäischen Geschichte begriffen wird. So soll im folgenden die genannte „Vier-Phasen-Theorie" um eine weitere Perspektive ergänzt werden, um eine Sichtweise, in der die mittelalterliche Geschichte deutlicher als Teil-Zeit eines gesamteuropäischen Prozesses begriffen wird,[2] dessen Wechsel von Konvergenz- und Divergenzpha-

---

[1] Seibt: Glanz 1987, 14; ausführlich und grundlegend darüber ders.: Von der Konsolidierung unserer Kultur zur Entfaltung Europas. In: Europa im Hoch- und Spätmittelalter. Hrsg. von dems. Stuttgart 1987, 6–174, bes. 28–34: Innergesellschaftliche Dynamik. (= Handbuch der europäischen Geschichte Bd. 2).

[2] Oexle 1992, 27f.

sen innerhalb eines bestimmten räumlichen Zusammenhangs an den organischen Rhythmus von Systole und Diastole erinnert.[3]

Diese gegenseitige Ergänzung beider Ansätze – hier erstmalig vorgestellt – erweist sich gerade im Blick auf den uns vor allem interessierenden zeitgenössischen Hintergrund der an der Wende zum 14. Jahrhundert gestellten Frage nach dem Kommen des Antichrist als besonders erhellend. Strukturiert wie konturiert doch solch eine Synthese diese Zeit als ausgesprochene Übergangszeit, als eine Zeit nicht so sehr des Endes, schon gar nicht des „bösen Endes", sondern vielmehr als eine Zeit des Aufbruchs und der Neuorientierung, als eine Zeit nicht starrer, bewegungsloser Konstellationen, sondern des sich in permanenter Veränderung Befindlichen und sich in eine bestimmte Richtung hin Entwickelnden. Um also Einblick in den dynamisch sich entwickelnden und permanent verändernden zeitgeschichtlichen Hintergrund zu erhalten, muß nicht nur die Entwicklung „davor" skizziert, sondern auch die „danach" – zumindest perspektivisch zentriert – zur Sprache kommen. Dies nicht zuletzt auch deswegen, weil Arnald von Villanova selbst in seinem Antichristtraktat geschichtlich weit ausholen und auf zahlreiche historische Ereignisse der europäischen Geschichte vor 1300 anspielen wird.

1.2 Zeit und Raum vor 1300

Geschichte ist nicht ortlos. Sie kennt neben der Zeit auch den Raum. Zeit *und* Raum bilden das geschichtliche Koordinatennetz, in das eines jeden Menschen Leben und Werk einbezogen ist.[4]

Der „bestimmte räumliche Zusammenhang" der mittelalterlichen Welt, von dem oben die Rede war, ist der gesamteuropäische Raum. Dieser ist – laut Dante – einem riesigen Dreieck vergleichbar, dessen Strecken (Seiten) durch folgende Eckpunkte definiert werden: im Süd-

---

[3] Diese Kombination von, verkürzt gesprochen, „Vier-Phasen-Theorie", wie sie Ferdinand Seibt vertritt (s. o.), und der Aufzeigung eines sich „dialektisch" vollziehenden europäischen Werdeprozesses von Universal- und Partikularphasen bzw. Konvergenz- und Divergenzphasen kann hier nur angedeutet werden. Ich hoffe, sie demnächst ausführlich zur Diskussion stellen zu können. Berglar, Peter: Europa und die deutsche Nation – gestern, heute, morgen. In: Geschichte als Tradition. Geschichte als Fortschritt. Graz/Köln/Wien 1984, 31–46. Vgl. dazu auch den auf dem Historikertag 1990 in Bochum gehaltenen Schlußvortrag von Thomas Nipperdey: Wo aber Einheit ist, wächst das Spaltende auch. Leicht gekürzte Fassung in: *FAZ*, Nr. 252 (29. 10. 1991) 35f.

[4] „Die Vorstellungen von Raum und Zeit aber sind das Gerüst der Denk- und Lebensart einer Gesellschaft." Le Goff, Jacques: Die Geburt des Fegefeuers. Vom Wandel des Weltbildes im Mittelalter. München 1990, 9 (= dtv 4532); Seibt, Ferdinand: Die Zeit als Kategorie der Geschichte und als Kondition des historischen Sinns. In: Mittelalter und Gegenwart. Ausgewählte Aufsätze. Festgabe zu Ferdinand Seibts 60. Geburtstag. Hrsg. von Winfried Eberhard und Heinz-Dieter Heimann. Sigmaringen 1987, 3–46.

westen durch Gibraltar, im Norden durch die englischen Inseln und die skandinavischen Länder, im Osten durch das große Knie des Don, das Schwarze Meer.[5]

Dante hat damit um 1300 jene Einsicht in die Grundform Europas artikuliert, die nicht länger der *mappa mundi* von einst, sondern einem Europabild entsprach, das die italienischen Seefahrer im Laufe der Zeit gewonnen hatten und das mit dem unsrigen heute in vielem konvergiert. Mehr noch: Er brachte damit eine geistige Perspektive zu Wort, die sich nicht nur auf den antiken Mittelmeerraum, auch nicht nur – wie noch jene Alexanders von Roes – auf Italien, Frankreich und Deutschland konzentrierte,[6] sondern die gesamte Landmasse des europäische Kontinents nördlich der alten Welt in den Blick nahm und außer dem Raum der lateinischen und griechischen Christenheit auch noch die Weite des alten, zu des Dichters Zeiten bereits untergegangenen Lebens-, Denk- und Wirkraumes des Kiewer Reiches berücksichtigte.

So rekurriert Seibt etwa bei seiner die innere Dynamik des mittelalterlichen Geschichtsprozesses gliedernden „Vierphasentheorie" nicht nur auf diese gerade an der Wende zum 14. Jahrhundert verstärkt wahrgenommene, umfassende europäische Raum-Perspektive. Er verknüpft vielmehr Zeit und Raum dergestalt, daß sie zum hilfreichen Schnittmuster werden, der dem Mittelalter, diesem riesigen, kaum zu überschauenden, bunten und musterreichen Gobelin, Kontur zu verleihen vermag: Die sich keilförmig von Südwesten nach Nordosten verbreiternde räumliche Ausdehnung dieses Erdteils wird ihm nicht nur zum Sinnbild eines ungeheuren Aufschwungs von Wirtschaft, Lebensdynamik und Weltbewältigung, sondern insgesamt zum Richtmaß eines vielfach bestätigten europäischen Entwicklungstrends, der sich in die nämliche Himmelsrichtung spätestens seit dem 12. Jahrhundert bewegte.[7]

Aufgrund dieser die mittelalterliche europäische Entwicklung in den Blick nehmenden Perspektive ist zunächst eine *Konsolidierungsphase* zu differenzieren, der eine rund dreihundertjähriger *Vorlaufzeit* vorangeht. In dieser verschob sich allmählich das Machtzentrum aus dem Mittelmeerraum hinaus zum Norden, jenseits der Alpen. „Das hervorstechende Merkmal der westlichen Christenheit in den Jahren von 634

---

[5] Dante Alighieri: Le epistole politiche. Hrsg. von Angelo Jacomuzzi. Turin 1974, 50, in einem Brief an Heinrich VII.

[6] Dazu Sattler, Rolf-Joachim: Europa. Geschichte und Aktualität des Begriffs. Braunschweig 1971, 60. Gegen Ende des 13. Jahrhunderts sind die sogenannten Portolankarten entstanden, die den antiken Mittelmeerraum zurücktreten lassen, dafür aber den europäischen Kontinent in einer Deutlichkeit und Genauigkeit darstellen, die erstaunt.

[7] Seibt: Von der Konsolidierung 1987, 6–174, bes. 28–34.

bis 756 war die fortschreitende Verlagerung ihres geographischen Schwerpunktes in nordwestlicher Richtung," wie schon A. Toynbee feststellte.[8]

Dieser vielschichtige, dramatische Prozeß der Machtverschiebung hob zunächst an mit der progredienten Separierung des östlichen Mittelmeerreiches der Römer. Während sich dieses östliche Reich in durchaus abgewandelter Tradition des antiken, spätrömischen Kaisertums stabilisieren konnte, wurde das westliche Reich der Römer durch verschiedene Völkerschaften von Germanen und Slawen, wie auch durch die Eroberung des alten römischen Nordafrika sowie der Pyrenäenhalbinsel durch den expansiv wie aggressiv operierenden Islam zerstört. Mit diesem Prozeß genau kulminiert die erste europäische Partikularphase, die der noch präeuropäischen Universalphase und damit einer Epoche folgte, die geschichtlich identifiziert werden kann mit der Zeit des Imperium Romanum, mit einem Zeitraum, der bis zur Reichsteilung nach dem Tode des Kaisers Theodosius im Jahre 395 währte. Gleichzeitig bildet aber die erste europäische Partikularphase die Voraussetzung für die Zusammenlegung von Austrasien und Neustrien[9] und damit für die Inauguration der zweiten großen europäischen Konvergenz- und Universalphase, die den Prozeß der Zusammenfassung der europäischen Völker in transterritoriale Gebilde entscheidend vorantrieb. Konnte sich doch auf dem Kontinent – nach mehreren verfehlten Konsolidierungsversuchen – das Frankenreich als dauerhaftere Großmacht manifestieren. Diese Großmacht vermochte genügend Kräfte zu mobilisieren, um – nach der Teilung im Jahre 843 mit ihrem ostfränkisch-deutschem Kaisertum – an die römisch-universalistische Tradition der Antike anzuknüpfen und jenen verschiedene Völker umfassenden Herrschaftsbereich zu etablieren, der als *Sacrum Romanorum Imperium* dem mittelalterliche Ordo bis zur Mitte des 13. Jahrhunderts Raum bot.[10] Dabei formierte sich das fränkisch-karolingische Machtzentrum, im Nordwesten, weitab vom ursprünglichen Ausgangspunkt der Kirchenorganisation gelegen, zur europäischen Zentrallandschaft,

[8] Toynbee, Arnold: Menschheit und Mutter Erde. Die Geschichte der großen Zivilisationen. Düsseldorf 1979, 331 (= Mankind And Mother Earth – A Narrative History Of The World. Oxford 1976). Dazu auch Schreiner, Peter: Begegnungen in einem Jahrtausend der Trennung. In: Kaiserin Theophanu. Begegnung des Ostens und Westens um die Wende des ersten Jahrtausends. Gedenkschrift des Kölner SchnütgenMuseums zum 1000. Todesjahr des Kaiserin. Hrsg. von Anton von Euw und Peter Schreiner. Bd. 1, Köln 1991, 9–12.

[9] Löwe, Heinz: Deutschland im fränkischen Reich. Stuttgart [4]1978, 75–82 (= Gebhardt, Handbuch der deutschen Geschichte. Bd. 2, dtv wr 4202).

[10] Riché, Pierre: Die Karolinger. Eine Familie formt Europa. Stuttgart 1987, 419–423 (frz. Originalausgabe unter dem Titel: Les Carolingiens. Une famille qui fit Europe. Paris 1983).

zu der, namentlich und modern gesprochen, das nördliche Frankreich, Oberitalien und das westliche Deutschland gehörten.[11] Von diesen Zentren gingen, oft im lang andauernden Wellenschlag, mächtige Impulse auf die um sie herum gelagerte Peripherie aus. Dabei ist mit *Peripherie* nicht nur der Osten Europas mit seinen höchst variablen Grenzen gemeint, und also nicht nur das vielzitierte Ost-West-Gefälle angesprochen, sondern sämtliche um dieses Machtzentrum gelagerte europäische Regionen: die iberische Halbinsel ebenso wie England und die skandinavischen Länder.[12] Die Konsolidierungsphase firmierte diese Entwicklung, so daß sich weitab vom ursprünglichen Mittelpunkt der antiken Welt und der Kirche, weitab von Rom, unter der zielstrebigen Machtpolitik der Karolinger im Frankenreich ein neues, römisch-lateinisches Zentrum etablierte.[13]

Diese Neubildung bedeutete im Verhältnis zum altehrwürdigen, sakralen Mittelpunkt der mediterranen und neu sich organisierenden christlich-kirchlichen Welt, zu Rom, dem attraktiven Hort des Petrusgrabes und mächtigen Wirkort des Papsttums, zuerst und zunächst eine auffällige kulturelle wie politische Schwerpunktverschiebung. Sodann signierte sie aber auch die Fundierung eines während des gesamten Mittelalters wirkenden bipolaren Spannungsraumes von kaum zu überschätzender Dichte und Dynamik. Gerade unter Bonifaz VIII., also just zum Zeitpunkt des uns interessierenden Streites um das Kommen des Antichrist, sollte sich dieses Spannungszentrum noch ein letztes Mal mächtig entladen. Dabei implizierte das dramatische geistig-geistliche wie machtpolitische Ringen um das rechte Verhältnis zwischen dem, was abgekürzt *sacerdotium* und *imperium* genannt wurde, das gesamte, stets variierende Mischungs- und Unklammerungsverhältnis von, wiederum in Abbreviatur gesprochen, „geistlicher und weltlicher Sphäre", von politisch machtvollem Papsttum einer- und sakralem Herrschertum andererseits. Es bildete gerade in diesem konfliktreichen wie energiegeladenen Beziehungsgeflecht von Weltlichkeit und Sakralität, von Welt-Wissen und Gottes-Glauben, von Kontemplation und Aktion, von Gebet und Arbeit, von Dienst und Herrschaft eine eigentümliche, das gesamte Mittelalter durchklingende, wenn auch immer wieder in Variationen gespielte Grundmelodie heraus, nach der sich jener europäische „Körper" bewegte, der, geeint durch das gemeinsame Bekenntnis

---

[11] Riché 1987, 112–175, bes. 130–138.
[12] Seibt: Von der Konsolidierung 1987, 9.
[13] Sehr eindringlich dazu auch Bosl, Karl: Staat, Gesellschaft, Wirtschaft im deutschen Mittelalter. Stuttgart ⁴1978, 91–94 (= Gebhardt, Handbuch der deutschen Geschichte Bd. 7, dtv wr 4207).

zum römisch-lateinischen Christentum und in Differenzierung zum Orient, später „christliches Abendland" genannt wurde.[14] Nach der ersten Großreichsbildung durch die Karolinger geriet dieses politische Großgebilde immer mehr in Form. Mit kräftigen Entwicklungsschüben ging es daran,[15] das Süd-Nord-Gefälle auszugleichen und jene kulturelle und politische Landschaft von hohem Niveau zu schaffen, das *ab ovo* von Dezentralisation und Ambivalenz, nicht selten auch von Disharmonie gekennzeichnet war, das aber dennoch einen politisch agierenden und soziokulturell engagierten Zusammenhang bilden konnte. Dieses keineswegs homogene Gebilde konnte sich dennoch gerade gegenüber der byzantinischen und islamischen Welt, dem von Luther mit „Morgenland" übersetzten Orient also, so sehr unterscheiden, wie es die Trennung der lateinischen und griechischen Kirche seit 1054 signierte:[16] eine Separierung, die trotz einiger Unionsversuche

[14] Kantorowicz, Ernst H.: Die zwei Körper des Königs. „The King's Two Bodies." Eine Studie zur politischen Theologie des Mittelalters. München 1990 (= dtv 4465). Zum Begriff und zur Bedeutung „Abendland" immer noch Pieper, Josef: Was heißt „christliches Abendland"? In: Ders., Erkenntnis und Freiheit. München 1964, 30–36 (= dtv 234). Er erkennt in dem inneren Konnex von Weltlichkeit und Religiosität, von theologisch fundierter Weltlichkeit und weltbejahender, weltgestaltender Theologie, kurz: in der Verbindung von Mensch/Welt und Gott den innersten Kern der christlichen Botschaft in ihrer spezifisch abendländischen Ausprägung. Das Abendländische ist ihm dabei „eine von Natur und von Anfang an gespannte Fügung. Es handelt sich um eine explosive Verbindung, und es bedarf zweifellos einer besonderen, gedanklichen wie spirituellen Energie, die beiden Elemente so zu verknüpfen und verknüpft zu halten, daß keines überwuchert und keines das andere zum Verschwinden bringt. Weltlichkeit hat von sich aus und natürlicherweise die Tendenz, sich vom Fundament der Theologie und Religion zu lösen. Und Religion ist immer versucht, unweltlich zu werden. Beide Elemente zusammenzudenken, und, vor allem zusammenzu*leben*: das ist ,christliches Abendland'!" (32) Piepers These verdiente es, stärker beachtet und en detail überprüft zu werden, gerade hinsichtlich der aktuellen Diskussion der Mediävisten um das Gemeinsame in der Geschichte Europas, vgl. Seibt, Ferdinand: Europa im Hoch- und Spätmittelalter. Vorwort des Bandherausgebers. Stuttgart 1987, IXf.

[15] Der Entwicklung der Drei-Felder-Wirtschaft seit dem 8. Jahrhundert muß dabei noch mehr Beachtung geschenkt werden. White, Lynn: Die mittelalterliche Technik und der Wandel der Gesellschaft. München 1968, 63.

[16] Seine Resistenz- wie Integrationsfähigkeit bewies das werdende Abendland bereits in der gefährlichen Auseinandersetzung mit den Normannen, die auch im Streit um das Kommen des Antichrist erwähnt werden. Sie kamen aus einer anderen Welt, verwüsteten jahrzehntelang ganze Landstriche in Nordfrankreich und Nordwestdeutschland und wurden 876 von Ludwig dem Deutschen nicht nur besiegt und von Karl dem Dicken mit Tribut beschwichtigt, sondern mit der Zuteilung von Territorien zur Ruhe gebracht: sie bekamen die Normandie zugewiesen. Dadurch gelang es, die „Wickinger" zu befrieden, gleichzeitig aber auch, die gestalterische Validität des nordwestlichen Europas durch eine junge ausgewanderte Generation zu stärken und „einen Sturm der Neugestaltung" auszulösen, der noch hundert Jahre später „bis nach Unteritalien und nach England reichte". Seibt: Glanz 1978, 50; Brown, Richard Allen: Die Normannen. München 1988, bes. 27–68.

nicht einmal unter der türkischen Bedrohung überwunden wurde. Auch die damit korrespondierende ökumenische Problematik wird uns bei der Darstellung des Streits um das Kommen des Antichrist noch begegnen.

Festzuhalten ist für unseren Zusammenhang jedenfalls, daß die als Konsolidierungsphase gekennzeichnete Epoche gleichsam jenen Aufschwung innerhalb eines insgesamt „dreitaktigen" Prozesses der zweiten europäischen Universalphase bildet, der – mit jahrhundertweiter Amplitude von der Zentrallandschaft bis zur Peripherie – um die Jahrtausendwende schließlich das zu stabilisieren vermochte, was wir noch heute, tausend Jahre später, als die große europäische Völkerfamilie ansprechen.[17]

Der Konsolidierung des Abendlandes mit seinen politischen wie kirchlichen Zentren folgte eine Phase der *Intensivierung.* Sie bildet gleichsam den zweiten „Takt" innerhalb der genannten europäischen Konvergenz- und Universalphase und bezeichnet – in intellektueller Offenheit des Begriffs – die Neuentwicklung seit dem 11./12. Jahrhundert. In dieser Zeit ist ein enormes Wirtschafts- und beachtliches Bevölkerungswachstum im Zusammenhang mit der bereits seit dem 8. Jahrhundert praktizierten, sich aber erst allmählich auf breiter Basis durchsetzenden Drei-Felder-Wirtschaft sowie der ebenfalls erst langfristig wirkenden Klimaverbesserung ebenso zu konstatieren[18] wie die damit in einem engen Kausalnexus stehende, jetzt erst einsetzende „agrarische Revolution". Diese zeitigte verbesserte Geräte zur Bodenbearbeitung, zur Exploitation der tierischen Zugkraft und zur volleren Nutzen der weiteren An- und Ausbauflächen in nordöstlicher Richtung und ist

---

[17] Die Berechtigung, diese Zeit als archaische Zeit zu bezeichnen, s. Angenendt, Arnold: Das Frühmittelalter. Stuttgart/Berlin/Köln/Mainz 1990, will Seibt damit keineswegs in Abrede stellen. Es kommt ihm darauf an, hervorzuheben, daß die „große Leistung dieser Epoche" darin bestand, „nach wiederholten Versuchen und Fehlschlägen eine Konsolidierung des Abendlandes nach seiner politischen und nach seiner kirchlichen Organisation im Grundriß vollbracht zu haben, die über tausend Jahre hin bis heute besteht." Seibt: Von der Konsolidierung 1987, 29.

[18] Der augenblickliche Erkenntnisstand hinsichtlich der Klimaveränderungen in Europa weist noch etliche Lücken auf. Dieser wird gut zusammengefaßt (mit Lit.) bei Goetz, Hans-Werner: Leben im Mittelalter, vom 7. bis zum 13. Jahrhundert. München ²1986, 26: „Insgesamt herrschte [...] nach einer feuchtkühlen Periode seit etwa 300 n. Chr. vom 8. bis zum 13. Jh. ein günstiges Klima, mit einer feuchteren und kälteren Zwischenperiode im 9. Jh. und einem ‚Klimaoptimum' von 1150–1300: Auch wenn die Temperaturen nur um 1° C über den heutigen lagen, waren die Folgen doch weitreichend. In dieser Zeit, die wohl nicht zufällig mit der Epoche des Ausbaus und des Bevölkerungswachstums zusammenfiel, nahm auch die Landwirtschaft einen gewaltigen Aufschwung. Seit dem 13. Jh. trat dann, wenn man dem Vordringen der Gletscher und den sich häufenden Nachrichten über zufrierende Flüsse folgt, eine Wetterverschlechterung ein."

überdies gekennzeichnet durch eine Verfeinerung der Agrarorganisation, die wiederum in einem direkten Zusammenhang mit dem Ausbau der Handelsstraßen und den zahlreichen Städtegründungen steht.

In dieser Zeit läßt sich aber auch eine Intensivierung des geistig-kulturellen Lebens beobachten, der schriftlichen Artikulation im Rechts- und Verwaltungsbereich, eine gewisse Intellektualisierung der Adelswelt und – darüberhinaus – ein radikaleres, ernsthaft gelebtes wie summarisch Glaubensaussagen sammelndes, Konkordanzen erstellendes und systematisch reflektiertes Christentum. Dieses forderte zu intensiver Umkehr und dauerndem christlichem Lebenswandel auf: zur Hinkehr zum Ungewohnten, zum ungewöhnlich Heilen und Heiligen, zum Heiland selbst, dem es *intensiver* nachzufolgen galt; ihn „innig" liebend, ihn in sich aufnehmend und ihn in sich ausprägend. Eine Neuorientierung an einen Christus ist zu beobachten, der nunmehr nicht nur als Allherrscher und König, sondern immer häufiger auch als der gekreuzigt Auferstandene, als der Leid geduldig tragende und schließlich Leid aufhebend überwindende, wenn auch noch nicht als jener ausblutende Schmerzensmann in den Blick kam, auf den die Späteren der Pestzeit ihre Hoffnung setzten.[19] Das verstärkt reflektierte wie praktizierte Glaubenswissen um die Menschenfreundlichkeit und Menschennähe des dreipersonalen Gottes half schließlich entscheidend, die Würde der menschlichen Person in den Blick zu bekommen und zur Entfaltung zu bringen.[20]

Diese konzentriert um das 12. Jahrhundert auftretende Intensivierung betraf zunächst lediglich die sich in der Konsolidierungsphase herausgebildeten Zentrallandschaften des lateinischen Europa. Erst mit einer rund hundertjährigen Verzögerung läßt sich diese Entwicklung auch an der Peripherie beobachten, koätern mit jener Veränderung im europäischen Zentrum, kraft derer die Intensivierung sich immer mehr zu einer im umfassenden Sinn des Wortes verstandenen *Expansion* ausweitete.

---

[19] Freyer, Johannes-B.: Der demütige und geduldige Gott. Franziskus und sein Gottesbild – ein Vergleich mit der Tradition. Rom 1989 (= Pontificium Athenaeum Antonianum, Diss. Nr. 318); A. Weimer: König und Schmerzensmann: Das Bild Christi von der frühen Kirche bis zur Reformation. Düsseldorf 1982; Werner, Ernst/Erbstößer, Martin: Kleriker, Mönche, Ketzer. Das religiöse Leben im Hochmittelalter. Freiburg/Basel/Wien 1994, 233–271 (= Herder/Spektrum Bd. 4284).

[20] Gerwing, Manfred: Menschenwürde. In: LexMA VI, 1994, 525f.; dazu auch Punt, Jozef: Die Idee der Menschenrechte. Ihre geschichtliche Entwicklung und ihre Rezeption durch die moderne katholische Sozialverkündigung. Paderborn 1992, 41–47; Theo Kobusch: Die Entdeckung der Person. Metaphysik der Freiheit und modernes Menschenbild. Freiburg/Basel/Wien 1993.

1.3 Geschichtliche Prozesse um 1300

In die so bezeichnete Entwicklungsphase fällt der uns interessierende Streitfall über das Kommen des Antichrist. Die hier sich bildenden Motive, diversen soziokulturellen Muster, gesellschaftlichen Strukturen und politisch-staatenbildenden Tendenzen können nur auf dem Hintergrund des bis dahin Gewordenen verstanden werden. Dies bedeutet allerdings nicht, daß der zeitgeschichtliche Konnex unseres Themas lediglich eine Fortsetzung dessen bedeute, was vorher geschehen sei, sondern auch, daß er sich davon absetzte, jedenfalls in einer Beziehung zum Vergangenen stand, die sowohl den Kontrast wie die Kontinuität kannte.[21]

In dieser Hinsicht bezeichnet *Expansion* den dritten und letzten „Takt" innerhalb der europäischen Universalphase, eine Epoche, die in ihrem Kulminationspunkt zugleich die zweite europäische Partikularphase einleitete, die mehr als ein halbes Jahrtausend währte und über den Embryonalzustand hinaus die Geburt wie das Wachstum der europäischen Nationen und ihre Formierung zu nationalgetragenen Staaten zeitigte. Mit „Expansion" ist zunächst der Wandel des Kulturkreises gemeint, der wiederum seinen Weg vom Zentrum hin zur Peripherie nahm: Religion, Bildung, Geist, soziale Prägung und Schichtung von der Mitte her in die „Außenbezirke" der lateinischen Christenheit – und darüber hinaus – hineintragend. Überdies zeigt diese Expansionsbewegung ein doppeltes Gesicht, insofern sie „nach außen" wie „nach innen" ungeheure Weltgestaltungsdynamik aufweist, „außenpolitische" wie „innenpolitische" Expansionskraft freisetzend:

Nach außen hin brach sich diese Entwicklung am deutlichsten unter religiösen Vorzeichen in den Kreuzzügen Bahn. Diese führten nicht nur ins Heilige Land, in den Orient, sondern gingen in drei Himmelsrichtungen voran. Die eigentliche orientalische Kreuzzugsbewegung zwischen 1096 und 1270 bzw. 1289,[22] die ebenfalls in der Auseinanderset-

---

[21] Goetz, Hans-Werner: Das Mittelalter – eine „endliche Geschichte"? Ein Essay über den Stellenwert und die Ausrichtung der Mediävistik in Geschichtswissenschaft und Gesellschaft. In: Von Aufbruch und Utopie. Perspektiven einer neuen Gesellschaftsgeschichte des Mittelalters. Für und mit Ferdinand Seibt aus Anlaß seines 65. Geburtstages. Hrsg. von Bea Lundt und Helma Reimöller. Köln/Weimar/Wien 1992, 3–16, bes. 8–11.

[22] Der Fall von Tripolis rief in Europa zwar allgemeines Entsetzen hervor, blieb aber ohne ernsthafte militärische Konsequenzen. Dem Kreuzzugsaufruf des Papstes Nikolaus IV. folgte kein einziger Herrscher. Nur in der Lombardei und der Toskana machten sich „arme Leute", meist Arbeitslose und Bauern, unter dem Befehl des Bischofs von Tripolis auf den Weg nach Akkon. Das Faktum, daß die Kreuzzugsbewegung erfolglos blieb, wird Arnald von Villanova im Sinne seiner Vorstellung vom Kommen des Antichrist interpretieren; was wiederum heftige Reaktionen seiner Gegner hervorrief.

zung um das Kommen des Antichrist eine noch näher zu bestimmende Rolle spielt, muß hier ebenso genannt werden wie die christliche Reconquista auf der iberischen Halbinsel und der Zug in den slawischen Osten, die Gründung des Deutschordensstaates 1225/26 nicht weniger als die Eroberung von Wales durch Eduard I. im Jahre 1282 oder die polnische Ostbewegung im 14. Jahrhundert, der schwedische Vorstoß nach Finnland oder die Expansionspolitik des polnisch-litauischen Großreichs noch einmal hundert Jahre später.[23]

Nach innen hin lassen sich ebenfalls Expansionsbewegungen konstatieren. So expandierten innergesellschaftliche Großgruppen im gegenseitigen Macht- und Rivalitätskampf so sehr, daß der Spannungs- und Konfliktraum angeheizt wurde und schließlich oft genug zur Entzündung kam: England eroberte Irland, Ketzerkriege tobten in Südfrankreich – aber nicht nur da;[24] die Staufer griffen nach Unteritalien, die Přemysliden nach Österreich, ja bis zur Adria und nach Polen, der Anjou nach Italien und Ungarn. Generell betrachtet, suchten die machtvoll gefestigten Königreiche seit dem 13. Jahrhundert nicht mehr nur ihre Grenzen zu sichern, geschweige denn bloß zu definieren, sondern ihre Machtgebiete auszuweiten, und zwar auf Kosten der Zentralmächte. So wagten etwa die reichen oberitalienischen Städte in oft erbitterten Auseinandersetzungen der kaiserlichen Oberherrschaft die Stirn zu bieten, während nunmehr ein König, nicht der Kaiser, es wagte, gegen den Papst aufzubegehren, schlagartig eine ungeheure Veränderung im politischen Kräftefeld dokumentierend. Hier meldete sich der mächtigste Repräsentant jener nationalen Sonderungsbestrebungen zu Wort, die die europäische Gesellschaft ab dem endenden 13. Jahrhundert zunehmend im Sinne einer Schwerpunktverlagerung im politischen Bekenntnis verändern sollten. „Der Staat als diejenige Institution, der man sich politisch zugehörig fühlte, rückte allmählich an die Stelle der Kirchengemeinschaft."[25]

Die globalen Expansionsbewegungen der französischen Königsmacht unter Philipp IV. kollidierten gerade um die Jahrhundertwende mit

---

[23] Zu den geistig-kulturellen Entwicklungen dieses Raumes siehe die ausgezeichnete Übersicht von Bylina, Stanislaw: Krisen – Reformen – Entwicklungen. Kirche und Geistesleben im 14./15. Jahrhundert in den neueren tschechischen und polnischen Forschungen. In: Europa 1400. Die Krise des Spätmittelalter. Hrsg. von Ferdinand Seibt und Winfried Eberhard. Stuttgart 1984, 82–94.

[24] Segl, Peter: Ketzer in Österreich. Untersuchungen über Häresie und Inquisition im Herzogtum Österreich im 13. und beginnenden 14. Jahrhundert. Paderborn/München/Wien/Zürich 1984, bes. 278f. (= Quellen und Forschungen aus dem Gebiet der Geschichte NF. Heft 5); Molnár, Amedo: Die Waldenser. Geschichte und Ausmaß einer europäischen Ketzerbewegung. Freiburg/Basel/Wien 1993, 227ff. (= Herder/Spektrum Bd. 4233).

[25] Seibt: Glanz 1987, 287.

den päpstlichen Universalansprüchen im Sinne der *plenitudo potestatis* Bonifaz' VIII.[26] Damit wurde eine fast zweihundertjährige Allianz Frankreichs mit dem Papsttum aufgekündigt, die – trotz vielfältiger Bemühung – so niemals wieder herzustellen war. Handelte es sich doch um jene bedeutende Phase innerhalb des langandauernden europäischen Divergenzprozesses, in der die entgegenstehenden kontinentalen Konvergenzmächte, wie etwa der päpstliche Universalismus, auf lange Sicht ins Hintertreffen geraten und doch gleichzeitig das notwendige Relief dafür bilden, was sich allmählich zu formieren begann, hier speziell: die Nationwerdung Frankreichs. Doch zunächst wurde ein Konflikt heraufbeschworen, an dessen Ende immerhin eine der größten Krisen des Papsttums überhaupt stand: das „Avignoner Exil" und – 1378 – das „Große Abendländische Schisma".[27] Im Blick auf die uns vor allem interessierende Situation um die Jahrhundertwende muß konkret dreierlei in Erinnerung gerufen werden: *erstens* der Streit um die Zehntabgabe, *zweitens* die Ausrufung des Heiligen Jahres, *drittens* das Vorgehen des französischen Königs gegen den Papst.

Zu den Zehntabgaben:

Drei Jahre hintereinander (1294–1296) zwang König Philipp den französischen Klerus zur Zehntabgabe. Diese müssen im Zusammenhang der allgemeinen Verschuldung der Herren, der Wertverminderung der Münzeinnahmen sowie des sich abzeichnenden Zusammenbruchs einer seit dreihundert Jahren bestehenden Grundherrschaft gesehen werden, die gegen Ende des 13. Jahrhunderts keine stabile Basis mehr für die Hegemonie des Adelsstandes bot: „Neue Formen des Krieges und öffentliche Ämter sicherten nach und nach neue Einnahmequellen."[28] Es kam zu massiven Protesten einflußreicher Prälaten. In der Bulle *Clericis laicos* reagierte schließlich der Papst. Er verbot jede Abgabe dieser Art, sofern sie ohne Einvernehmen mit dem Heiligen Stuhl

---

[26] Töpfer, Bernhard: Zur Wirksamkeit ideologischer Vorstellungen in der mittelalterlichen Gesellschaft. Ockhams und Wyclifs Position zur kirchlichen und weltlichen Ordnung. In: Von Aufbruch und Utopie 1992, 265–284, bes. 270f.

[27] „Es war ein unbeschreiblicher Wirrwarr und oft eine große Gewissensnot, weil kaum mehr jemand wußte, wer der rechtmäßige Papst sei. Überdies waren auch zwei Kurien zu unterhalten, was die Erbitterung wie die Abneigung gegen das Papsttum steigerte. Beide Päpste bannten und interdizierten sich gegenseitig: die kirchlichen Strafmittel verloren alle Kraft. *Die Kirche schien auseinanderzubrechen. Sie hatte noch niemals eine solche Probe zu bestehen gehabt.*" Diese knappe Schilderung der Situation durch Joseph Lortz ist mittlerweile durch die Forschung mehrfach bestätigt worden. Lortz, Joseph: Geschichte der Kirche. Münster 1941, Bd. II, 113; Fink, Karl August: Das große Schisma bis zum Konzil von Pisa. In: HKG(J) III, 490–516, bes. 498ff.

[28] Braunstein, Philippe: Die französische Wirtschaft am Ende des Mittelalters: ein Überblick. In: Europa 1400. Die Krise des Spätmittelalters. Hrsg. von Ferdinand Seibt und Winfried Eberhard. Stuttgart 1984, 200–209, hier 201.

erhoben werde. Im offensichtlichen, wenn auch nicht ausschließlich gegen den Papst gerichteten Gegenzug untersagte – August 1296 – der König jeden Export von Edelmetall aus dem Königreich. Dabei kam es zu einem gewissen Einlenken seitens des Papstes: In der Bulle *Etsi de statu* vom 31. VII. 1297 erklärte Bonifaz VIII., daß der König im Notfall die Abgaben auf die Kirchengüter *inconsulto etiam Romano pontifice* verlangen konnte. Noch im selben Jahr wurde Ludwig IX. durch den Papst heiliggesprochen.[29]

Zum Heiligen Jahr:

Das große Jubiläumsjahr vom Jahre 1300 bedeutete zweifellos einen Höhepunkt im Pontifikat des Papstes. Als Bonifaz am 22. Februar 1300 bestimmte, daß jeder, der im – künftig alle hundert Jahre zu feiernden – Jubeljahr nach reumütiger Beichte die Basilika der beiden Apostelfürsten besuche, einen vollkommenen Ablaß zeitlicher Sündenstrafen erhalte, strömten zahllose Pilger nach Rom. Das Ansehen des Apostolischen Stuhls sowie die geistliche Autorität des Papstes fand seine Bestätigung, verführte allerdings Bonifaz VIII. zur grotesken Fehleinschätzung der gesellschaftlichen Prozesse in Europa generell und zur gefährlichen Überschätzung seiner politischen Einflußsphäre speziell. Als Philipp der Schöne den Bischof von Pamiers wegen Aufruhrs und Hochverrats gefangennehmen und verurteilen und schließlich das Ergebnis dieses Prozesses dem Papst mitteilen ließ und gleichzeitig um Absetzung und Bestrafung des Bischofs bat, kam es anders, als der französische König gedacht hatte: Bonifaz verlangte die unverzügliche Freilassung des Prälaten und kündigte in der Bulle *Ausculta fili* (vom 5. Dezember 1301) für den 1. 11. 1302 ein römisches Konzil an, das über das „unverschämte Machtgehabe" des französischen Königs, über die „Reform des Königreichs" und die notwendige *correctio regis* beraten sollte. Wegen Unterdrückung des Klerus und tyrannischer Regierung wurde der König selbst vor das Konzil zitiert. Dabei ging Bonifaz gleichzeitig ins Grundsätzliche. Betonte er doch in eben dieser Bulle auch

---

[29] Ehlers, Joachim: Geschichte Frankreichs im Mittelalter. Stuttgart ²1990, 172f.; Folz, Robert: Frankreich von der Mitte des 11. bis zum Ende des 15. Jahrhunderts. In: Europa im Hoch- und Spätmittelalter. Hrsg. von Ferdinand Seibt. Stuttgart 1987, 682–777, hier 729 (= Handbuch der europäischen Geschichte Bd. 2). Treffend zumindest dazu auch das, was schon Ganshof knapp behauptete: „Aber der Papst kannte die Zustände in Frankreich schlecht." Ganshof, François Louis: Das Hochmittelalter. In: Islam. Die Entstehung Europas. Hrsg. von Golo Mann und August Nitschke. Frankfurt a. M. 1991 (Sonderausgabe), 395–488, hier 487. (= Propyläen Weltgeschichte. Eine Universalgeschichte Bd. 5). Dazu auch Schimmelpfennig, Bernhard: Das Papsttum. Grundzüge seiner Geschichte von der Antike bis zur Renaissance. Darmstadt 1984, 220ff. (= Grundzüge Bd. 56).

„die von Gott gewollte Unterstellung der christlichen Könige unter den Papst."[30]

Zum Vorgehen des französischen Königs gegen den Papst:

Philipp der Schöne dachte selbstredend nicht daran, sich vom Papst oder einem Konzil korrigieren zu lassen. Im Gegenteil: Er ging zum Angriff über. Zunächst galt es, die öffentliche Meinung gegen den Papst aufzuhetzen. So publizierte er eine gefälschte Bulle mit dem Titel *Deum time*, in der die Subordination des Königs unter den Papst selbst in weltlichen Angelegenheiten „provozierend zugespitzt"[31] artikuliert wurde. Gleichzeitig veröffentlichte er ein großes Gegenschreiben, in dem die Souveränität des Königs in weltlichen Dingen betont wurde. Sodann suchte Philipp eine konzertierte Aktion des Adels und der Bürgerschaft zu organisieren, die – gleichsam Antizipation der Generalstände – auf ihrer Versammlung in Notre Dame zu Paris beschlossen, gegenüber der römischen Kurie die Haltung des Königs zu rechtfertigen und den Papst ins Unrecht zu setzen. Sie appellierten an Bonifaz, seinen Entschluß, ein römisches Konzil einzuberufen, zu annullieren. Doch der Papst ließ sich nicht bewegen: Die römischen Synode fand statt, beschloß aber nichts.

Wenig später – am 18. November 1302 – proklamierte Bonifaz in seiner berühmten Bulle *Unam sanctam* die ganze päpstliche Macht: Sie steht deutlich in der mittelalterlichen Tradition, greift zurück auf Titel und Thesen, wie sie im sogenannten Investiturstreit vertreten und vielfach theologisch bedacht, aber auch geschichtlich verändert und päpstlich beansprucht wurden.[32]

Unter dem Einfluß seines juristischen Beraters Wilhelm von Nogaret ging nach kurzem Zögern der französische König erneut zum Angriff

---

[30] „Damit hat er [gemeint ist Bonifaz VIII. – Ergänzung M. G.] den Konflikt zum prinzipiellen Streit um die Rechte von Kirche und Staat gemacht." Schimmelpfennig, Papsttum 1984, 220.

[31] Schmidt, Tilmann: Bonifaz VIII. In: Das Papsttum I. Von den Anfängen bis zu den Päpsten in Avignon. Hrsg. von Martin Greschat. Stuttgart/Berlin/Köln/Mainz 1985, 248–257, hier 254 (= Gestalten der Kirchengeschichte Bd. 11). Er erwähnt aber nicht, daß in „Ausculta, fili carissime, precepta patris" tatsächlich behauptet wird, daß die Könige dem Papst auch in weltlichen Angelegenheiten zu gehorchen haben, so wie Söhne ihren Vätern gehorchen müssen (siehe vorangehende Anm.).

[32] Stürmer, Wolfgang: Peccatum und Potestas. Der Sündenfall und die Entstehung herrscherlicher Gewalt im mittelalterlichen Staatsdenken. Sigmaringen 1987, 212f; Kölmel, Wilhelm: Regimen Christianum. Weg und Ergebnisse des Gewaltenverhältnisses und des Gewaltenverständnisses vom 8. bis zum 14. Jahrhundert. Berlin 1970, 164; Bielefeld, Heiner: Von der päpstlichen Universalherrschaft zur autonomen Bürgerrepublik. *ZSRG. K* 104 (1987) 70–130; McCready, William D.: Papalists and Antipapalists. Aspects of the Church. State Controversy in the Later Middle Ages. *Viator* 6 (1975) 241–252, hier 241ff.

über. Vor einer im Louvre stattfindenden Versammlung, an der auch Philipp IV. teilnahm, verlaß Nogaret eine lange Anklageschrift gegen Bonifaz. In dieser wurde der Papst als Häretiker, Gotteslästerer und als falscher Prophet bezeichnet. Er treibe Simonie und Magie und habe sich in die Kirche eingeschlichen. Selbst der ungeheuerliche Vorwurf, er habe seinen Vorgänger ermorden lassen, wurde wiederholt. Gefordert wurde schließlich die Einberufung eines Allgemeinen Konzils, das diesen „Verbrecher" abzuurteilen habe. Damit dieser a limine formulierte Richtspruch auch seinen Adressaten erreiche, müsse man sich, so der Vorschlag Wilhelms, schon jetzt der Person des Papstes vergewissern.

Als Papst Bonifaz VIII. von dieser gefährlichen Diffamierungskampagne gegen seine Person erfuhr, erklärte er nicht nur sämtliche Beschuldigungen eidlich für unwahr, sondern bereitete zum 8. September 1303 den Bannspruch über Philipp den Schönen vor. Doch Philipp IV. und die Seinen waren schneller. Am Tag vor Mariä Geburt erschien Nogaret in Begleitung von Sciarra Colonna und einem französischen Stoßtrupp plötzlich an dem Ort, wo der Papst sich gerade aufhielt: in Anagni. Bonifaz, im vollen Ornat und mit der Tiara gekrönt, wurde gefangengenommen. Der Vergleich mit Szenen aus der Leidensgeschichte Jesu, die Gefangennahme Jesu im Garten Gethsemane mit Judas an der Spitze des die weltliche Macht verkörpernden Stoßtrupps kamen den Zeitgenossen in den Sinn, vor allem als die Stimmung der Bevölkerung in Anagni umschlug und man erfolgreich daran ging, sich für den Papst einzusetzen. Tatsächlich konnte nach drei Tagen Bonifaz VIII. aus der Kerkerhaft befreit und die Auferstehungsmesse gefeiert werden, während die Verschwörer vor dem erbosten Volk die Flucht ergreifen mußten. Bonifaz kehrte nach Rom zurück. Doch starb er – wohl nicht zuletzt an den Folgen der Aufregung – bereits wenige Tage später: am 25. September 1303.[33]

Allein diese kurze Skizzierung der ersten Konfrontationsphase zwischen Papsttum und Königtum läßt exemplarisch und punktuell den sich deutlich abzeichnenden Ablösungsprozeß der europäischen Universal- durch die stärker werdende Partikularphase erkennen. Dabei handelt es sich um einen Divergenzprozeß der *einerseits* durch die machtvolle Freisetzung zentrifugaler Kräfte, durch die Formierung partieller Einheiten und durch die deutliche Entfaltung nationaler Sonderung, *andererseits* durch den Mangel an zentripedaler Attraktivität, Schwächung der Universalgewalten insgesamt und die rapide Abnahme von bislang fraglos wirkenden geistig-kulturellen wie wirtschaftlich-sozialen und ge-

---

[33] Schmidt 1985, 255f.

sellschaftspolitisch tragenden Konvergenzen geprägt ist. Diese sich zunächst in den europäischen Zentrallandschaften formierende Divergenzphase läßt die Folie erkennen, auf der der Streit um das Kommen
des Antichrist allererst Kontur gewinnen wird.
Überdies: Die Expansionsbewegungen innerhalb der einzelnen soziopo-
litischen Großgruppen gliederten den Gesellschaftskörper insgesamt
immer weiter auf, formierten ihn zum facettenreichen, für viele Zeitgenossen kaum mehr zu überschauenden, vielgliedrigen wie kopfrei-
chen Organismus. Zahlreiche Subsysteme bildeten sich, um ihre variablen Interessen effektiver durchsetzen zu können, sich voneinander abgrenzend, in harter Konkurrenz expandierend, in lebensbedrohender
Rivalität zueinander tretend. Diese gesellschaftliche Expansionsbewegung war zweifellos auch eine Folge von Kontinuitäten, war der Ertrag
wachsenden Wohlstandes und steigenden Bevölkerungsdrucks, der aus
der vorangegangenen Intensivierung erwuchs und fortan im Verbund
mit dem Machtstreben diverser einzelner Bezugs- und Handlungsträ-
ger im Rahmen eines größeren Ganzen virulent wurde und von neuem
mutierte. So hatten sich etwa innerhalb der Intensivierungsphase in
der Umgebung eines Mächtigen gerade in Übernahme und Ausübung
qualifizierter, den Intensivierungsprozeß vorantreibender Funktionen
zahlreiche Aufstiegsvorgänge vollziehen können,[34] deren Träger inzwischen an zahlreichen operativen und administrativen Planungen erfolgreich mitgewirkt und dadurch ein erhebliches Maß an Selbstbewußtsein und Eigenständigkeit gewonnen haben.[35] Ihre Einkünfte waren überdies durch ein rasches Bevölkerungs- und Wirtschaftswachs-
tum gestiegen, so daß sie ernsthaft daran denken und zielbewußt
daran arbeiten konnten, ihre Positionen auszubauen, ihre Territorien
zu vergrößern und sich über ihren Stand zu erheben. Dynastische Territorien erwuchsen in rascher Folge und traten nicht nur in Konkurrenz zum Königsgut und kirchlichen Grundbesitz, sondern vermehrt
auch in harter territorialer Rivalität zu dem ebenfalls sich bis zur Er-
schöpfung vergrößernden Umland der Städte. Innerstädtische Unru-
hen sind im Verlauf des 13. Jahrhunderts nicht nur in Oberitalien und
Süddeutschland, sondern auch in Frankreich zu verzeichnen. Hier hat
der härter werdende Konkurrenzkampf Parvenüs so mächtig werden
lassen, daß sie es wagen konnten, die einstigen Machtträger aus der

---

[34] Dazu die umfangreichen Literaturangaben von Seibt: Von der Konsolidierung 1987,
   94ff.
[35] Goetz 1986, 145f., 177ff., 230ff.; exemplarisch erarbeitet an der Stadt Trier: Schulz,
   Knut: Ministerialität und Bürgertum in Trier. Untersuchungen zur rechtlichen und
   sozialen Gliederung der Trierer Bürgerschaft vom ausgehenden 11. bis zum Ende des
   14. Jahrhunderts. Bonn 1968 (= Rheinisches Archiv 66).

städtischen Gründungszeit entweder zu ersetzen oder zumindest durch eigene Vertreter ihrer neureichen Bürgerschicht zu ergänzen. Gleichzeitig scheint sich in zahlreichen Städten gerade der europäischen Zentrallandschaften der soziale Antagonismus verstärkt zu haben. Neuere Untersuchungen weisen jedenfalls darauf hin, daß dem Prozeß des wachsenden Aufstiegs innerhalb einer sich ständig ausdifferenzierenden oberen sozialen Gruppe eine wachsende Verarmung breitmachte, von der eine ebenfalls sich in verschiedene Subgruppen differenzierende städtische Unterschicht erfaßt wurde.[36] Diese nahm gerade in jenen dicht besiedelten europäischen Räumen zu, die zu den alten Zentrallandschaften gehören. Denn gerade hier setzte eine zunehmende Landflucht als Folge des sich allmählich erschöpfenden Landesausbaus ein. Eine wachsende Zahl von armen Leuten zog in die sich neu organisierenden Städte und verschärfte damit den innerstädtischen, oben angezeigten ambivalenten Prozeß der doppelten sozialen Differenzierung wie der „neuen Armut".[37]

Aus diesen diversen Machtkämpfen, geboren aus einer nach außen wie nach innen wirkenden Expansionskraft verschiedener politischer Großgruppen mit stets stärker werdender Tendenz zu nationaler Sonderung und Bildung von innergesellschaftlichen, interessenkonzentrierten Subgruppierungen, entwickelte sich in den europäischen Zentrallandschaften allmählich die *Zeit der Krise*, die sich hundert Jahre später schließlich zu einer tiefen europäischen Krise ausweiten sollte. Dabei darf der Krisenbegriff aber keineswegs einseitig negativ verstanden werden, so als handle es sich lediglich um eine Schwächeperiode.[38] Sie ist vielmehr nach dem abwägend-einsichtigen Dafürhalten Ferdinand Seibts eine Zeit, die von „Disfunktionalität und Disperspektivität" gekennzeichnet ist und insgesamt als Orientierungsphase in den Blick

---

[36] Mollat, Michel: Die Armen im Mittelalter. München 1984 (orig. Ausgabe: Les Pauvres au Moyen Age. Étude sociale. Paris 1978), Houtte, Jan A. van: Europäische Wirtschaft und Gesellschaft von den großen Wanderungen bis zum Schwarzen Tod. In: Europäische Wirtschafts- und Sozialgeschichte im Mittelalter. Hrsg. von dems. Stuttgart 1980, 1–149, bes. 129ff. (= Handbuch der europäischen Wirtschafts- und Sozialgeschichte Bd. 2); Fernández, Luis Suárez: Spanien vom 11. bis 14. Jahrhundert. In: Ebenda, 350–370, bes. 364f.; Ennen, Edith: Deutsche Stadtwirtschaft vom frühen Mittelalter bis 1350. In: Ebenda, 552–584, 581ff.

[37] Spieß, Karl Heinz: Zur Landflucht im Mittelalter. In: Die Grundherrschaft im späten Mittelalter Bd. 1. Hrsg. von Hans Patze. Sigmaringen 1983, 157–204 (= VF 27); Rösener, Werner: Bauern im Mittelalter. München 1985, 226f.

[38] Im Blick auf die kirchlich-religiöse Situation Kataloniens im Spätmittelalter siehe Batllori, Miquel: Repercussions culturals sòcio-religioses del cisma d'occident en les terres de la corona catalano-aragonesa. In: Jornades sobre el cisma d'occident a Catalunya, les illes el país Valencià. Barcelona-Peníscola, 19–21 d'april de 1979. Hrsg. vom Institut d'estudis catalans. Barcelona 1986, 74–82, bes. 75f.

kommt.[39] Sie ist zugleich der bereits erwähnte, an Systole und Diastole erinnernde Wechsel von Konvergenz- und Divergenzphase. Dieser setzte gerade zu dem Zeitpunkt ein, in dem die Expansionsbewegung ihren Höhepunkt erreichte, in den europäischen Zentrallandschaften aber bereits wieder verebbte, während sie – die expandierende Dynamik – die Peripherie noch hundert Jahre später beeinflußte. Dabei handelte es sich bei diesem Wechsel um das Umschlagen von gesellschaftlichen Prozessen, die nicht mehr darauf abzielten, die europäische Menschheit in übernationale Gebilde zusammenzuführen, sondern jene Kräfte zur Geltung zu bringen, die sich gegen die universal ausgerichteten Institutionen und Strukturen wandten, die die unterschiedlichen ethnisch-nationalen Individualitäten akzentuierten und die insgesamt zu einer beachtlichen gesellschaftlichen Differenzierung und Heterogenität bis zur völligen Auflösung des mittelalterlichen Ordo beitrugen.[40] Die Epitasis des letzten „Taktes" der zweiten europäischen Universalphase wird dabei unversehens zum Auftakt der bereits erwähnten zweiten Partikularphase. Dieser Umschlag der langfristigen europäischen Entwicklung ist um 1300 in den europäischen Zentrallandschaften bereits im Gange und in der Auseinandersetzung um das Kommen des Antichrist deutlich genug herauszuhören.

So ist um 1300 das alte Entwicklungsgefälle zwischen den europäischen Zentrallandschaften und ihren Peripherien ins geschichtliche Abseits geraten. Während in den alten Zentren, namentlich nach dem Zusammenbruch des zentralen Stauferreiches, diverse Krisenphänomene verbunden mit wachsender Orientierungslosigkeit und depressiver Untergangsmentalität, aber auch der Suche nach neuen Wegen zu konstatieren ist, sich also hier bereits das anbahnt, was lange Zeit als Krise im einseitig negativen Wortverstand bezeichnet wurde, steht die Peripherie noch deutlich im Zeichen des kraft- wie machtvollen Aufschwungs. Gerade um die Wende zum 14. Jahrhundert ist damit ein alter Rückstand so sehr ausgeglichen, daß sich der bisherige Entwick-

---

[39] Seibt, Ferdinand: Zu einem neuen Begriff von der „Krise des Spätmittelalters". In: Europa 1400. Die Krise des Spätmittelalters. Hrsg. von dems. und Winfried Eberhard. Stuttgart 1984, 7–23, hier 12f.; ders.: Deutschland und die Tschechen. Geschichte einer Nachbarschaft in der Mitte Europas. München/Zürich ²1995, 135ff.

[40] Tenenti meint gar: Der „einzig wesentliche Faktor, der die Menschen von der Mitte des 14. bis zur Mitte des 16. Jahrhunderts verband," war „eben die Religion". Tenenti, Alberto: Die christlichen Anschauungen. In: Romano, Ruggiero/Tenenti, Alberto: Die Grundlegung der modernen Welt. Spätmittelalter, Renaissance, Reformation. Frankfurt a. M. 1967, 80–115, hier 83 (= Fischer Weltgeschichte Bd. 12). Bosl, Karl: Europa im Mittelalter. Weltgeschichte eines Jahrtausends. Wien 1978, 251–257; Gerwing, Manfred: Malogranatum oder der dreifache Weg zur Vollkommenheit. Ein Beitrag zur Spiritualität des Spätmittelalters. München 1986, 11–16 (= Veröffentlichungen des Collegium Carolinum Bd. 57).

lungstrend geradezu umzukehren beginnt. Zunehmend fungieren nicht mehr die Zentrallandschaften als Movens und Modell vielfältiger gesellschaftlicher Subsidien, sondern jene bedürfen ihrerseits der vielfältigen Unterstützung aus den Umländern. So wählten etwa die deutschen Fürsten im „Interregnum" zwei Kandidaten zu deutschen Königen, die in peripheren Gegenden ihre Heimat hatten: den Engländer Richard von Cornwall wie den Kastilier Alfons X., während fünfundzwanzig Jahre später die Sizilianer einen Prinzen aus Aragonien, Peter III., nach Palermo rufen, um ihn dort das Erbe der Staufer antreten zu lassen.[41]

Überhaupt tritt die „Krone Aragón" um diese Zeit immer deutlicher ins Licht der Geschichte. Da der Wortführer des hier zu untersuchenden Streites um das Kommen des Antichrist, Arnald von Villanova, im Dienste des Königs von Aragón, Jakobs II. des Gerechten, stand und das Schicksal dieses Königreiches in dem Streitfall selbst zum Argument wird, ist es zum besseren Verständnis notwendig, schon jetzt wenigstens mit einigen Strichen auf die zeitgeschichtliche Situation dieses machtvollen Königreichs einzugehen.

1.4 Die Krone Aragón oder: Kollision im Zuge der Expansion

Seitdem die spanischen Königreiche – namentlich unter dem allzu früh storbenen König Sancho dem Großen – von der um die Jahrtausendwende an der südwestlichen Peripherie zu beobachtenden Konsolidierungsphase gerade eine Generation lang profitierten, in der Folgezeit aber der Erbe Aragoniens, König Alfons I., vergeblich versucht hatte, die unierten Königreiche Kastilien und León durch friedliche Heiratspolitik heimzuführen, war eine geschichtliche Chance zur Großreichbildung auf der iberischen Halbinsel vertan: Für die nächsten dreihundertfünfzig Jahre gingen die beiden potentesten spanischen Königshäuser getrennte Wege: Während Kastilien-León zur robusten Landmacht expandierte, konnte sich Aragón zur ansehnlichen Seemacht formieren. Damit erntete Aragón das, was es bereits zu Beginn des 12. Jahrhunderts gesät hatte: Seit 1137 war Aragón eng verbunden mit der

---

[41] Seibt, Karl IV. 1978, 11–15; es darf dabei natürlich nicht übersehen werden, daß „der Engländer" Richard von Cornwall ein Neffe des Welfen Heinrichs des Löwen war, der in zweiter Ehe Mathilde, die Tochter Heinrichs II. von England, geheiratet hatte. Peter III., der Schwiegersohn Friedrichs II., war legitimer staufischer Anwärter auf das *Regnum Siciliae*. Sehr eindringlich exemplifiziert diesen vielfach dargestellten Prozeß Seibt, Ferdinand: Europa und die Luxemburger. In: Die Parler und der Schöne Stil 1350–1400. Europäische Kunst unter den Luxemburgern. Hrsg. von Anton Legner. Bd. 1, Köln 1987, 1–8 bes. 2f.; ders.: Zu einem neuen Begriff, 1984, 7–23, bes. 14f.; ders.: Karl V. Der Kaiser und die Reformation. Berlin 1990, 124–134.

Grafschaft Barcelona, deren Einflußgebiet, weitgehend mit Katalonien identisch, entlang der Mittelmeerküste bis nach Marseille reichte.[42] Im Zuge der oben skizzierten Expansionsphase konnte Aragón sich jedoch kaum gegen die Mächte aus dem Norden behaupten, die unter dem Zeichen des Kreuzes nicht nur gegen Albigenser und Katharer vorzugehen gedachten, sondern auch ihren Einflußraum auf der iberische Halbinsel zu vergrößern trachteten. Als in der Schlacht von Muret im Jahre 1213 Simon von Montfort auf einem päpstlich initiierten Kreuzzug den katholischen König Peter II. von Aragón, den Bundesgenossen des Grafen von Toulouse, getötet hatte,[43] signierte dieser Machtkampf die Oberherrschaft des französischen Nordens über den nach Unabhängigkeit strebenden Süden des Landes sowie den weitgehenden Rückzug der Krone Aragóns aus dem Raum nördlich der Pyrenäen: bis auf Rousillon, Conflent, Cerdaña und Montpellier, das erst 1349 an die französische Krone fiel.

Das Ereignis von 1213 markiert aber eben auch den Beginn einer wachsenden Konzentration der Katalanen innerhalb der Krone Aragóns auf eine vom klugen Handel bestimmte Mittelmeerpolitik.[44] Diese seehandelsorientierte Expansion war langfristig weitaus erfolgreicher als jene unter Jakob (Jaime) I. halbherzig geführte Rivalität mit Kastilien um das baskische Nachbarland Navarra. Wie erinnerlich hatte dieses beiderseits der Pyrenäen gelegene Königreich der oben erwähnte Sancho III. 1026 mit Kastilien vereinigt, es aber dann unter seine Söhne so aufgeteilt, daß Navarra unter Abspaltung von Kastilien und Aragonien als Klein-Königreich und Pufferzone zwischen diesen beiden Großreichen existierte. Die Folge dieser eigentümlichen Konstellation war, daß Navarra zum zählebig-eigenwilligen Zankapfel zwischen Kastilien und Aragonien wurde, der schließlich keinem von beiden, sondern 1234 der Champagne zufiel und 1284 durch die Heirat Johanna von Champagne-Navarra mit Philipp IV. dem Schönen in den Besitzstand der französischen Monarchie geriet. Erst nach 1328 konnte Navarra unter der Herrschaft des Hauses Évreux seine Selbständigkeit zurückerlangen.[45]

---

[42] Eine ausgezeichnete Übersicht (mit Lit.) bietet Engels, Odilo: Die iberische Halbinsel von der Auflösung des Kalifats bis zur politischen Einigung. In: Europa im Hoch- und Spätmittelalter 1987, 918–998, bes. 953–965.

[43] Wolter, Hans: Das Papsttum auf der Höhe seiner Macht (1198–1216). In: HKG(J) III, 204.

[44] Über die sich nach Südfrankreich erstreckende Expansionspolitik Aragoniens vgl. Engels, Odilo: Der Vertrag von Corbeil (1258). In: Spanische Forschungen der Görres-Gesellschaft, Reihe 1. Reihe 19 (1962) 114–146, bes. 115ff.

[45] Guten Überblick mit Lit. bietet Leroy, Beatrice: Navarra. In: LexMA VI, 1994, 1058–1061.

Engagierter zeigte sich Jakob I. dagegen hinsichtlich der Expansions-
möglichkeiten, die ihm die Reconquista bot. Unter seiner Führung und
unterstützt von Kreuzfahrern aus dem Languedoc gelang es 1238 dem
aragonischen Adel, Valencia zu nehmen und zusammen mit Kastilien
den Auflösungsprozeß des Almohadenreichs weiter voranzutreiben.[46]
Dennoch verdankte die Krone Aragón nicht dieser Expansion in den
Süden den Hauptanteil ihrer Besitzerweiterung, sondern einer energi-
schen wie geschickten, sich vornehmlich auf die katalanischen See-
und Handelstüchtigkeit stützenden Ostbewegung: der Eroberung des
Königreichs Mallorca im Jahre 1229 sowie den lebhaften Kontakten
mit der nordafrikanischen Küste von Ceuta bis Tripolis. Dabei waren
all das lediglich Etappensiege innerhalb einer ebenso ehrgeizigen wie
sorgfältig geplanten Expansionspolitik, Zwischenstationen auf dem
kräftezehrenden Weg zu einem vielversprechenden Ziel: dem Erwerb
Siziliens,[47] wiederum ein Ereignis, auf das Arnald von Villanova in seinem Antichristtraktat rekurrieren wird.
Jakobs Sohn und Erbe glaubte sich als Schwiegersohn König Manfreds
zu diesem Griff nach Sizilien berechtigt. Überdies konnte er so die de-
mütigende Niederlage der Aragonier-Katalanen gegen die Franzosen
in der Schlacht von Muret rächen, zumal diese inzwischen mit Karl von
Anjou, dem Prinzen von Frankreich, das staufische Erbe in Unteritalien und Sizilien angetreten hatten. Auch dieser französische Aus-
griff war Element einer bereits zur Zeit der Staufer mächtig vorangetriebenen, auf die Beherrschung des Mittelmeerraums abzielenden Expansionspolitik, die unter dem Zeichen des Kreuzes allen Erfolg versprach. Konnte doch im Verlauf des vierten Kreuzzugs Konstantinopel
erobert und dort ein für die Beherrschung des östlichen Mittelmeerraums wichtiger Brückenkopf errichtet werden. Um längerfristig ein

---

[46] Diese Eroberung war vornehmlich eine militärische Operation, die vom aragonischen
Adel getragen wurde. König Jakob sorgte aber dafür, daß zumindest die städtischen
Zentren von Katalanen besiedelt wurden. Er wollte – im klugen Verbund mit der
einheimischen Bevölkerung – so ein Gegengewicht gegen die aragonischen Magnaten
schaffen, die Valencia bereits als eine Erweiterung des Königreichs Aragón betrachte-
ten. Tatsächlich gelang es Jakob I. – nicht zuletzt aufgrund der „Fori Valentiae" –
Valencia als drittes gleichberechtigtes Land der Krone Aragón zuzuführen. Engels,
1987, 954f.

[47] Zum äußeren Verlauf immer noch unentbehrlich Cartellieri, Otto: Peter von Aragón
und die Sizilianische Vesper. Heidelberg 1904 (= Heidelberger Abhandlungen zur
mittleren und neueren Geschichte Bd. 7); Vincke, Johannes: Krone, Kardinalat und
Kirchenpfründe in Aragón zu Beginn des 14. Jahrhunderts. *RQ* 51 (1956) 34–53; umfassende Darstellung der Geschichte der Sizilianischen Vesper von Runciman, Steven:
Die Sizilianische Vesper. Eine Geschichte der Mittelmeerwelt im Ausgang des 13.
Jahrhunderts. München 1959. Zum Gesamt der Sizilianischen Vesper s. „XI Congreso
de Hist. de la Corona de Aragón". Barcelona 1982; doch unverzichtbar bleibt auch
Amari, Michele: La guerra del Vespro Siciliano. Mazara 1947.

Gegengewicht gegen die Übermacht der Staufer zu etablieren, wurde diese Expansionspolitik päpstlicherseits nach Kräften unterstützt.[48] Der letzte Stauferkaiser erkannte jedoch die drohende Gefahr und suchte Verbindung mit jenen aufzunehmen, denen das mächtiger werdende französische Königshaus ebenfalls ungelegen kam, nicht zuletzt mit der sich auf das Mittelmeer konzentrierenden iberischen See- und Handelsmacht. So kam es zur Heirat mit Konstanze von Aragón, während – umgekehrt – Peter III. nicht zögerte, die Tochter des Staufersohns, König Manfred von Sizilien, zu ehelichen.

All diese Daten und Ereignisse sind als Hintergrundwissen für die Analyse und Interpretation des Antichristtraktates des Arnald von Villanova unentbehrlich. Gerade die zunehmende Rivalität zwischen der Krone von Aragón und dem französischen Königshaus, das damit zusammenhängende problematisch-gefährliche Kalkül des Papstes sowie die Doppelgesichtigkeit der Kreuzzüge – als christlicher Pilger- wie als vornehmlich den Interessen des französischen Königs dienender Eroberungszug – muß im Blick auf das rechte Verstehen der Argumentationsweise des Katalanen präsent sein.[49] So erwähnt dieser in seinem Antichristtraktat ausdrücklich die Vertreibung König Karls aus Sizilien, also genau jenes Geschehen, auf das die Aragonier-Katalanen gegen den erklärten Willen des Papstes aus den hier angedeuteten Gründen seit langem hingewirkt hatten und das in engstem Zusammenhang mit der sogenannten „Sizilianischen Vesper" steht.

Zur unmittelbaren Vorgeschichte dieser „Vesper" gehört die gefährliche Erinnerung an das Schicksal der staufischen Nachgeborenen, daran, daß gleich bei Karls Eintritt in das *regnum* König Manfred sich ihm in der Schlacht bei Benevent entgegenstellte und sein Leben verlor; daran auch, daß Enzio, Manfreds Halbbruder, lebenslänglich inhaftiert wurde, während Konradin 1268 nach einer verlorenen Schlacht gegen Karl von Anjou aufs Schafott mußte.

All diese dramatischen Ereignisse erschütterten die Damaligen und werden in Arnalds Antichristtraktat als bekannt vorausgesetzt. Mit dem Ereignis der „Sizilianischen Vesper" ist jedoch letztlich die Niederlage Karls von Anjou und der Sieg der Krone Aragón verbunden. Die erwähnte Niederlage Karls I. in Sizilien wurde erst perfekt, als Peter III. der Große, seit 1276 König von Aragonien, in einer wohlvorbereiteten Operation – halb Invasion, halb Rebellion – die Insel Sizilien er-

---

[48] Wolter, Hans: Der Kampf der Kurie um die Führung im Abendland (1216 bis 1274). In: Die mittelalterliche Kirche 1985, 237–362, bes. 237–256.

[49] Dazu immer noch unentbehrlich Batllori, Miquel: La cultura catalano-aragonesa durant la dinastia de Barcelona 1162–1410. In: Ponencias. VII congreso de Historia de la Corona de Aragón. 1–6 VIII 1962. Hrsg. von dems. Barcelona 1962, 329–407, bes. 364–367.

oberte. In seinem Traktat wird Arnald von Villanova den Sieger gar
nicht zu nennen brauchen, um verstanden zu werden. Es reichte, wenn
er expressis verbis die Beendigung der Herrschaft Karls artikulierte
und in diesem Konnex von einer *concussio* sprach, die jeder Gebildete
mit dem Aufstand Palermos gegen die Herrschaft Karls I. identifizierte, mit der berühmten „Sizilianischen Vesper" vom 30. März 1282.
Sie stellte eine Rebellion der Bevölkerung gegen die Herrschaft Karls I.
dar, die rasch auf ganz Sizilien übergriff, die die katalanische Flotte in
ihrem Sieg über die angiovinische Seemacht besiegelte und die politisch durch den Treueid der Sizilier auf Peter III. manifestiert wurde.
Dabei darf auch die Fernwirkung dieser Entmachtung Karls I. über
Sizilien nicht aus dem Blick geraten. Auch sie ist im Antichristtraktat
des Katalanen hintergründig präsent. Stand doch um die Jahrhundertwende gerade die sizilianische Frage noch als Problemfall ersten Ranges auf dem politischen Tageskalender. Wie erinnerlich:
Zunächst hatte der Papst gegen die Machtansprüche Peters III. massiven Protest erhoben. Martin IV. (1281–1285) warf dem König vor, er
reiße ein Lehen der römischen Kirche widerrechtlich an sich, und exkommunizierte den Großen.[50] Damit aber zwang der Papst andere zu
entschiedener Stellungnahme, vornehmlich Jakob I. von Mallorca
(1262/1276–1311), den jüngeren Bruder Peters des Großen. Dieser
stellte sich auf die Seite des Papstes und gestattete gar den Franzosen,
bis nach Gerona vorzudringen. Doch wie ein Gottesurteil mutete es
den Zeitgenossen an, als die Invasion der Franzosen durch eine grassierende Epidemie zusammenbrach, Peter III. starb und es schließlich Alfons III. (1285–1291) gelang, im November 1285 Palma de Mallorca
zu besetzen, und die Bevölkerung dazu veranlaßte, ihm den Treueid zu
leisten.[51]
Damit hatte Karl von Anjou aufgrund der „Sizilianischen Vesper" dieses *regnum* ein für allemal verloren. Allerdings durfte und konnte Peter
III. – aufgrund der erwähnten französischen Invasion und den skizzierten Bruderkämpfen – seine Eroberungsrechte ebenfalls nicht ausüben.
Doch gelang es ihm, einen seiner Söhne, Jakob, den jüngeren Bruder
Alfons' III., gegen den Widerspruch des Papstes 1283 zum König von
Sizilien zu machen. Als Peter III. am 2. November 1285 auf dem Ster-
bebett lag, verzichtete er auf Sizilien zugunsten der römischen Kirche.
Er erhielt dafür die Absolution. Doch verzichtete er auf etwas, was er

---

[50] Damit hatte der Papst sich zugleich eindeutig auf die Seite des zu diesem Zeitpunkt
wohl mächtigsten Herrschers Europas gestellt, nämlich Karls von Anjou. Cartellieri
1904, 69ff.
[51] Knoch, Peter: Die letztwillige Verfügung Peters III. von Aragón und die Sizilienfrage.
DA 24 (1968) 78–117, hier 103.

gar nicht mehr besaß. Am Krankenbett stand auch sein Arzt: Arnald von Villanova. Dieser wurde Zeuge dieses ungewöhnlichen, aber dem König die Lossprechung ermöglichenden „Testamentes".[52]

König Jakob von Sizilien (1285–1296) gelang es auch, seinen militärischen Hauptgegner, den Sohn Karls von Anjou, Karl von Salerno (1254–1309), festzunehmen und damit die Erfolge Aragóns wenn nicht auszubauen, so doch zu sichern.[53] Allerdings bekam Jakob II. noch mehr zu tun: Nach dem Tode seines Bruders Alfons III. hatte er 1291 dessen Erbe anzutreten und die aragonische Krone zu übernehmen. Deswegen konnte von einer spanischen Konzentration der Kräfte auf Sizilien auch jetzt nicht die Rede sein. Überdies geriet der bis 1302 währende „Kampf um Sizilien" gerade zu jenem Zeitpunkt in seine entscheidende Phase, als Arnald von Villanova daran ging, das Kommen des Antichrist zu verkünden.

Im Jahre 1297 investierte Papst Bonifaz VIII. den genannten Jakob II. (1291–1327) mit der Insel Korsika und Sardinien. Dabei ging es ihm darum, den König für die militärische Durchsetzung des Vertrags von Anagni zu gewinnen, der einen Kompromiß zwischen dem König von Frankreich, dem Papst und Jakob II. vorsah: Der Enkel des Staufers Manfred möge die Schwester Philipps IV. von Frankreich (1268–1314), Blanche, trauen, Sizilien der Kirche anvertrauen und bezüglich der Krone Mallorca den status quo von 1285 restaurieren. Der Papst wollte dafür alle gegen Jakob II. verhängten Zensuren aufheben, während Karl von Valois, der „Hutkönig" von Aragón, seinen „Hut nehmen", d. h. die aragonische Krone ablegen sollte.[54] Dieser Vertrag schien tatsächlich – zumindest für einen Moment – das Ende eines langen, für sämtliche Seiten unerquicklichen Streites anzuzeigen.

Doch die Sizilier protestierten. Als Jakob unterschrieb, warfen sie ihm Verrat vor und krönten 1296 seinen Bruder Friedrich III. in Palermo zum König. Dabei kam ihm die Ordnungszahl überhaupt nicht zu, fungierte vielmehr als politisches Programm und bewußt gepflegte Erinnerung an geheimnisvoll ghibellinisches Erwarten der Wiederkehr des großen Staufers in Gestalt eines Nachfahren. War Friedrich III. gar die

---

[52] Knoch 1968, 117: „Testes sunt: magister Arnaldus de Villanova, Petrus Garçesii Darroz, Garçia Lopiz Danasano, Dominicus de Oscha e Iohannes de Bernuz."

[53] Papst Honorius IV. beharrte auch nach dem Tode Peters III. hartnäckig darauf, Sizilien im Besitz der Anjou zu sehen. Als Jakob sich im Palermo am 2. Februar 1286 krönen ließ, exkommunizierte er ihn und seine Mutter Konstanze. Engels, Odilo: Von den Staufern zu den Anjou. Von Honorius III. bis zu Nikolaus IV. In: Das Papsttum I: Von den Anfängen bis zu den Päpsten in Avignon. Hrsg. von Martin Greschat. Stuttgart/Berlin/Köln/Mainz 1985, 208–228 (= Gestalten der Kirchengeschichte Bd. 11).

[54] Engels 1987, 957; Wolter: Der Kampf der Kurie 1985, 349f.

Erfüllung dieser Erwartung?[55] Jakob II. ging jedenfalls gegen seinen Bruder vor, doch nur halbherzig und schließlich ohne Erfolg. 1302 mußte Papst Bonifaz VIII. im Frieden von Caltabellotta Friedrich III. als Herrscher akzeptieren, gestand ihm aber nicht den Titel *Rex Siciliae*, sondern nur den Titel *Rex Trinacriae* zu, das Provisorische dieses „Friedens" anzeigend.[56] Im Blick auf die Auseinandersetzung um den Antichrist, besonders im Blick auf die noch näher zu erklärende Argumentation und konkrete Situation des Arnald von Villanova ist festzuhalten, daß der Vertrag von Anagni in dem Konflikt zwischen dem französischen und aragonesischen Königshaus die Suche nach einem friedlichen Lösungsmodell darstellt, das vornehmlich durch die kriegerische und aufständische Situation in Sizilien seit 1282 notwendig geworden war. Die um die Jahrhundertwende auf allen politischen Ebenen laufenden Bemühungen um die Beilegung des Konflikts zwischen dem französischen und aragonesischen Königshaus bildet den unmittelbaren politischen Hintergrund für die Ankunft Arnalds von Villanova in Paris und der Publizierung seiner für den Aufruhr sorgenden Antichristthesen.

[55] Dazu aufschlußreich immer noch Hitzfeld, Karl L.: Studien zu den religiösen und politischen Anschauungen Friedrichs III. von Sizilien. Vaduz 1965 (= Historische Studien 193); Haverkamp, Alfred: Italien im hohen und späten Mittelalter 1056–1454. In: Europa im Hoch- und Spätmittelalter 1987, 549–681, bes. 634ff.
[56] Engels 1987, 964.

2. Kapitel

ARNALD VON VILLANOVA:
ARZT, ERZIEHER UND REFORMER

2.1 Arnald von Villanova – biographische Stationen und bibliographische Notationen

2.1.1 In politischer Mission

Arnald von Villanova kam als aragonesischer Gesandter 1299 nach Paris. Es handelte sich dabei um eine kleinere Mission, die aber doch eine exemplarische Rolle in jenem größeren politischen Zusammenhang spielte, der in dem Antichristtraktat Arnalds selbst präsent ist. Es ging um die Annäherung des französischen und katalanisch-aragonischen Königshauses und damit um die Lösung der leidigen Sizilienfrage: Zwei im Zuge der europäischen Expansionsphase zu politischen Großgebilden avancierte Mächte erkannten, daß sie anfingen, sich nicht mehr nur als politisch-wirtschaftliche Konkurrenten, sondern zu sich gegenseitig behindernden Rivalen zu etablieren. Um diesen Prozeß zunehmender nationaler Sonderung und damit verbundener Grenzziehung wenn nicht friedlich, so doch konfliktarm zu vollziehen, setzten beide zumindest zeitweilig auf Annäherung und Kooperation. Gefährliche Spannungszonen sollten ausfindig gemacht und im gegenseitigen Einvernehmen so gelöst werden, daß vor allem der wirtschaftliche Prosperität sichernde Friede nach Möglichkeit bewahrt werde.[1]

Arnald hatte im Namen des Königs Jakob II. dafür mitzusorgen, daß die Verhandlungen mit der französischen Krone über das Val d'Aran, ein Pyrenäental im französisch-aragonischen Grenzgebiet, wieder in Gang geraten. Schon im Vertrag von Tarascon 1291 hatte man sich über den Verlauf der Grenze bezüglich dieses keineswegs unwichtigen Handelsbrückenkopfes zwischen der iberischen Halbinsel und dem Kontinent nicht recht einigen können[2] und schließlich ein Provisorium

---

[1] Ehlers, Joachim: Geschichte Frankreichs im Mittelalter. Stuttgart/Berlin/Köln/Mainz 1987, 169f.

[2] Der Vertrag von Tarascon wurde zwischen Alfons II. und Karl II. von Anjou geschlossen, damit in Konsequenz der Ereignisse um die Sizilianische Vesper Frieden zwischen den beiden Königshäusern gestiftet werde. Dabei handelte es sich allerdings um einen Frieden, der auf Kosten des Königs Jakob von Sizilien ging. Als Alfons II. starb und Jakob II. sein Nachfolger auf dem aragonesischen Königsthron wurde, war der Vertrag von Tarascon selbstredend hinfällig.

geschaffen: Das Streitobjekt sollte vom König von Mallorca bzw. vom Papst solange verwaltet werden, bis „durch geeignete Nachforschungen und Schiedsrichter der rechtmäßige Eigentümer bestimmt sei".[3] Da es in diesem Tal dennoch immer wieder zu Streitigkeiten – hauptsächlich zwischen südfranzösischen Magnaten und katalanischen Kaufleuten – gekommen war, drängte König Jakob II. jetzt auf eine endgültige Klärung der Rechtslage. Mehr noch: Er forderte die Rückführung des Val d'Aran, das, wie er nicht ohne Rückgriff auf die Meinung der dortigen Bevölkerung behaupten konnte, immer schon zur Krone Aragón gehört habe. König Philipp IV. möge also unverzüglich einen entsprechenden Antrag dem König von Mallorca gegenüber unterstützen.

Ob Jakob II. im Spätsommer des Jahres 1299 ernsthaft der Ansicht war, der französische König werde auf seinen Vorschlag eingehen? Die oben skizzierte Rivalitätssituation zwischen den beiden Königshäusern läßt daran zweifeln.[4] Jedenfalls steht fest, daß sich die Verhandlungen über diesen Landstrich in die Länge zogen und zu Lebzeiten Philipps des Schönen nicht mehr geklärt werden konnten.[5] Ungeachtet aber des negativen Ausgangs der Mission, konnte Arnald von Villanova sich selbst durchaus als im Dienste des Friedens agierend sehen, als jemanden, der sich – trotz vielfacher Widerstände, ja gerade wegen hoffnungsarmer Aussichten auf Erfolg – einsetzt für den Konflikt beseitigende, Gerechtigkeit ermöglichende und Frieden schaffende Verhandlungen.

---

[3] Diepgen 1909, 12f. Anm. 6; Finke, Heinrich: Acta Aragonensia. Quellen zur deutschen, italienischen, französischen, spanischen, zur Kirchen- und zur Kulturgeschichte aus der diplomatischen Korrespondenz Jaymes II. (1291–1327). Bd. 1, Berlin 1908, 452–453.

[4] Jakob II. mußte sich von Anfang an der französischen Expansions- und päpstlichen Sicherheitspolitik beugen. In einem Vertragsentwurf 1293 verzichtete er im Dezember 1293 auf Sizilien; und zwar zugunsten Karls II. von Anjou und zum Leidwesen seines jüngeren Bruders Friedrich, der anfangs Jakobs Statthalter in Sizilien werden sollte. Im Vertrag von Anagni 1295 stimmte Papst Bonifaz VIII. dieser Vereinbarung mit der Ergänzung zu, daß Jakob II. Sardinien erhalten und Friedrich III. mit der Aussicht auf das byzantinische Kaiserreich abgefunden werden sollte. Haverkamp 1987, 546–681, hier 635.

[5] Willemsen, Karl A.: Der Kampf um das Val d'Aran. Ein Beitrag zur Geschichte der diplomatischen Beziehungen zwischen Aragon und Frankreich um die Wende vom 13. zum 14. Jahrhundert. *Gesammelte Aufsätze zur Kulturgeschichte Spaniens* 6 (1937) 142–224, hier 150f.; Perarnau: El text primitiu 1988/1989, 7–169, hier 8f.; zur allgemeinen politischen Situation Reglà Campistol, Juan: Francia, la Corona de Aragón y la frontera pirenaica. La lucha por el Valle de Arán (siglos XIII–XIV). Madrid 1951, 90–100 (= CSIC. Escuela de Estudios Medievales. Publicationes de la Sección de Barcelona N° 13).

Dabei war Arnald eigentlich Arzt.[6] Aber was ihn interessierte und wofür er sich einsetzte, war nicht nur die leib-seelische Gesundheit des einzelnen im weitesten Sinne der damaligen Wortbedeutung und „ganzheitlichen" „Berufs"-Auffassung,[7] sondern, wie noch näher zu zeigen ist, auch die Gesundheit, genauer: die Wiederherstellung der Gesundheit des *Corpus Christianorum*, des christlich beseelten, intakten Menschheitsleibes. Ein kurzer Blick auf Arnalds Bio- wie Bibliographie signiert das hier angedeutete breitgefächerte Interesse des Arztes.

2.1.2 Zur Provenienz Arnalds oder: Catalanus faciens bona.

Wann und wo Arnald genau geboren wurde, ist trotz der angestrengten Studien gerade der letzten Jahre immer noch nicht überzeugend nachgewiesen.[8] Vieles weist darauf hin, daß er um 1238 als Kind katalanischer Eltern geboren wurde.[9] Die Frage nach seinem genauen Geburtsort war jedoch lange Gegenstand heftiger Kontroversen.

Das Hauptproblem bestand vor allem darin, daß „Villanova", „Villeneuve", „Neustadt" gebräuchliche Bezeichnungen für jene Städte sind, die vornehmlich im Zuge der europäischen Intensivierungsphase, aber auch noch später, gegründet wurden und genau das benennen, was sie

---

[6] Einen ersten Überblick liefert Jüttner, Guido: Arnaldus (medizinische und pharmazeutische Leistung). LexMA I, 1980, 995f.; Lohr, Charles H.: Arnald von Villanova. in: LThK³ I, 1993, 1015f. Keil, Gundolf: Arnald von Villanora. VerfLex² I, 1978, 455–458. Guter Überblick jetzt auch in *ATCA* 13 (1994).

[7] Heilkunde war Lebenskunde; dazu Schipperges, Heinrich: Der Garten der Gesundheit. Medizin im Mittelalter. München/Zürich 1985, 13–28, 241: „„Gesundheit' erschien dem Menschen des Mittelalters als eine besondere Gabe, die wir nicht nur als Geschenk anzunehmen, sondern auch als Aufgabe zu pflegen haben."; ders.: Medizin. In: LexMA VI, 1994, 452–459.

[8] Diepgen, Paul: Studien zu Arnald von Villanova. *AGM* 3 (1909) 115–130; 188–196; 369–396; Finke, Heinrich: Aus den Tagen Bonifaz VIII. Münster 1902, 191–199; Pou y Martí, Josep M.: Visionarios, beguinos y fraticelos catalanes (siglos XIII–XV). Vichy 1930, 36–40 (Erstveröffentlichung unter dem Titel: Visionarios, beguinos y fraticellos catalanes. *Archivo Ibero-Americana* XI (1919) 142–231); McVaugh, Michael: Arnald of Villanova. In: DSB I, 1970, 289–291; Paniagua, Juan Antonio: Cronologia de los hechos de la vida de Arnau de Vilanova. *AIHMAM* 11 (1959) 420–432; Bazell, Dianne M.: Christian Diet: A Case Study Using Arnald of Villanova's *De esu carnium*. Ms. Diss., Harvard University, Cambridge, Massachusetts 1991, 16f.; leider werden hier nicht die umfangreichen Studien von Santi erwähnt, der seine Arbeiten über Arnald von Villanova zunächst in mehreren Einzelbeiträgen, dann aber geschlossen ins Katalanische übersetzen und publizieren ließ, Santi 1987, hier 79–83. Vgl. hier auch den besten Überblick über den bis dahin geltenden Forschungsstand: 41–73. Neues wird vom Verfasser im folgenden themenzentriert wie problemorientiert angegeben. Perarnau i Espelt, Josep: Francesco Santi, Arnau de Vilanova. L'obra espiritual (Rezension). *ATCA* 6 (1987) 345–348.

[9] Batllori, Miquel: Vilanova, Arnau (?1228/40 – Gènova 1311). In: Gran Enciclopèdia Catalana. Hrsg. von Juan Carrera i Marti. Bd. 24, Barcelona ²1989, 152f.; insgesamt Paniagua, Juan A.: El Maestro Arnau de Vilanova médico. Valencia 1969, bes. 2f.

waren: städtischen Neugründungen, die sich von der „Altstadt" abho-
ben.[10] Überdies scheinen mitunter selbst historische Studien hohen
Standards nicht völlig frei zu sein von „provinzieller" Voreingenom-
menheit: Finke bemerkte jedenfalls bereits zu Beginn des Jahrhunderts
süffisant: „Und so streiten sich denn um die Ehre seines Geburtsortes
die Provence und Katalonien, Frankreich und Spanien, mit mehr als
dreimal sieben Städten und Dörfern"?[11]

Dabei vermochten Finkes Forschungen selbst immerhin deutlich zu
machen, daß als Geburtsland lediglich die iberische Halbinsel, näherhin Katalonien, in Frage kommt. Dafür spricht nicht nur die Tatsache,
daß Arnald sich katalanisch auszudrücken pflegte,[12] wenn er gerade
nicht lateinisch schrieb. Vielmehr nannte er selbst die Katalanen
„meine Landsleute", „compatriotes meos", wie es im *Antidotum* heißt.[13]
Finke belegte diese territoriale Definition zunächst mit Hinweisen auf
Forschungsergebnisse von Menéndez y Pelayo,[14] die sich allesamt auf
Arnalds Wirkungskreis wie unmittelbare Wirkungsgeschichte beziehen. So nennt Finke frühe Zeugnisse päninsulaner Autoren, die sich
nicht selten intensiv mit Arnalds Schriften beschäftigten. Sodann aber
verweist er auf Arnalds Tätigkeit im Dienste der beiden Brüder Jakob
II., seit 1291 König von Aragonien, auch der Gerechte genannt
(† 1327), und Friedrich III. († 1337), seit 1296 König von Sizilien, und
rekurriert – die Biographie erheblich weiter zurücktastend – auf Arnalds Schulzeit. Diese habe er „unter einem nur in Spanien wirkenden
Dominikaner verbracht". Als ausschlaggebend für seine These von Arnalds katalanischer Provenienz nennt Finke aber schließlich das Zeugnis des Papstes Bonifaz VIII., der darüber glücklich war, „einen Katala-

---

[10] Seibt: Glanz 1987, 167f.

[11] Noch 1916 wurde Arnald von Villanova zu den „chansonniers provençaux" gerechnet.
Jeanroy, André: Bibliographie sommaire des chansonniers provençaux. Manuscrits et
Editions. Paris 1916, 26 (= Les Classiques français du moyen âge, ser. 2). Zur selben
Zeit, als der bekannte französische Mediävist Bartolomé Hauréau Arnald von Villanova in seine „L'histoire littéraire de la France" aufnahm, im Jahr 1881, wies der
ebenfalls hochverdiente Forscher Marcelino Menéndez y Pelayo ihn „klarerweise" als
katalanischen Arzt an: Arnaldo de Villanova, médico catalán del siglo XIII. Madrid
1879; Mollat, Guillaume: Arnaud de Villeneuve. In: DHGE I, 1925, 440–442; Ledos,
E.-G.: Arnaud de Villeneuve. In: DBF III, 1939, 843–847.

[12] Orientierende Übersicht über die Arnald von Villanova zugeschriebenen Werke Batllori, Miquel: Orientaciones bibliográficas para el estudio de Arnaldo de Villanova.
Pensamiento 10 (1954) 311–323; speziell zu den katalanischen Werken ders.: Arnau de
Vilanova. Obres Catalanes. 2 Bde., Barcelona 1947; zu den *scripta spiritualia* Santi
1987, 248–277; Perarnau i Espelt, Josep: Noves dades biogràfiques de mestre Arnau
de Vilanova. *ATCA* 7/8 (1988/1989) 276–282; jetzt auch Mensa i Valls 1994.

[13] Arnald von Villanova: Antidotum contra venenum effusum per fratrem Martinum de
Atheca. Vat. lat. 3824, fol. 238 v–254 v; dazu Finke 1902, XXXVI.

[14] Menéndez y Pelayo ³1978, 479–512.

nen" gefunden zu haben, der Gutes wirkt: „Inveni enim unum Catalanum facientem bona, scilicet magistrum Arnaldum de Villanova."[15]
Doch Finkes Forschungen gehen noch weiter. In den Regesten Clemens V. fand er unter dem Jahresdatum 1312 auch den Hinweis auf die Diözese, zu der Arnald gehörte und aus der er „ganz unzweifelhaft" stammen mußte: aus der Diözese Valencia.[16] Tatsächlich hatte Arnald hier „in civitate et territorio Valenciae" auch einigen Besitz. Doch haben wir es vor allem den sorgfältigen biographischen Forschungen von M. Batllori, J. A. Paniagua, J. Carreras y Artau, M. McVaugh[17] und – last not least – J. F. Benton zu verdanken, daß folgendes kaum zu widerlegen ist:
Erstens, daß Arnald Kind katalanischer Eltern war;
zweitens, daß er in Villanueva di Jilóca, in der Nähe von Daroca, einer Stadt im südlichen Aragón geboren wurde.
Dennoch: als einwandfrei bewiesen darf dieses Ergebnis nicht ausgegeben werden.[18] Insofern scheint mir die im ersten Band des Lexikon des Mittelalters von R. Manselli aufgestellte knappe Feststellung, *Arnald, geboren in Aragón*, allzu unkritisch zu sein.[19] Zweifellos stützt der verdiente Forscher sich dabei vor allem auf die Untersuchungen Bentons, obwohl er diese im Literaturverzeichnis mit keinem Wort erwähnt. Doch gerade John F. Benton formulierte sein Ergebnis weitaus vorsichtiger, verbunden nämlich mit einem „perhaps": Für ihn ist Arnald von Villanova *vielleicht* in Villanueva de Jilóca, nahe Daroca in Aragón geboren.[20]

---

[15] Finke 1902, 192.

[16] „Ganz allgemein können wir die Diözesanbezeichnung in den mittelalterlichen Urkunden als Geburtsbezeichnung gelten lassen; in unserem Falle ist es ganz unzweifelhaft, daß Arnald als ‚clericus uxoratus' keine kirchlichen Pfründen, die ihn einer anderen Diözese hätten zuweisen können, besaß." Ebenda 192f.

[17] Batllori 1954, 311–323; Paniagua, Juan A.: Vida de Arnaldo de Vilanova. *AIHMAM* 3 (1951) 3–83; ders.: Cronologia 1959; ders.: Estudios y notas sobre Arnau de Vilanova. *AIHMAM* 11 (1959) 351–437; Carreras y Artau, Joaquin: Relationes de Arnau de Vilanova con los reyes de la casa de Aragón. Barcelona 1955; ders./Batllori, Miguel: La patria y familia de Arnau de Vilanova. *AST* 20 (1947) 5–75; McVaugh, Michael: Aphorismi de gradibus. Arnaldi de Villanova Opera medica omnia. Bd. 2. Granada 1975, hier Bd. 1, Introduction; ders.: Further documents for the biography of Arnaldus de Villanova. *Dynamis* 2 (1982) 362–372.

[18] Dulieu, Louis: Arnaud de Villeneuve et la Médecine de son temps. *Montpellier Médical* 63 (1973) 29–49, hier 29f.

[19] Manselli, Raoul/Wolter, Hans: Arnald von Villanova. In: LexMA I, 1980, 994–996, hier: 994.

[20] „[. . .] perhaps was born at Villanueva de Jiloca, near Daroca, in Aragon." Benton, John F.: Arnald of Villanova. In: DMA I, 537f., hier 537; ders.: New Light on the *Patria* of Arnald of Villanova. The Case for Villanova de Jiloca near Daroca. *AST* 51-52 (1978-79) 215–227; publiziert auch in *Viator* 13 (1982) 245–257 unter dem

Fragwürdig ist überdies Arnalds Standesprovenienz. Er selbst verweist mitunter recht ostentativ auf seine sozial „nichtige" Herkunft, darauf, daß er geburtsmäßig nicht zu den *potentes*, sondern zu den *pauperes* gehöre. Welche soziale Realität hinter diesen oft pointiert dualistisch formulierten Aussagen steht und wieweit sie lediglich des wirkungsvollen Kontrastes wegen, ein wenig kokettierend auch, von Arnald artikuliert werden, kann aufgrund der dürftigen Quellenlage nicht geklärt werden. Fest steht jedenfalls, daß ihm die Hinweise auf seine „niedrige" Herkunft stets gute Gelegenheit boten, um so deutlicher seine hohe ärztliche Leistung zu betonen, der er schließlich seinen sozialen Aufstieg und sein großes Ansehen weit über die iberische Halbinsel hinaus verdanke.[21]

2.1.3 Werden und Wachsen oder: Studium, Familie und Beruf

Medizin hatte Arnald in den sechziger Jahren an der Universität Montpellier studiert. Aus dieser damals zu Katalonien gehörenden Stadt kam auch seine Frau, die Kaufmannstochter Agnes Blasi. Arnalds Tochter Maria wurde Dominikanerin,[22] Mitglied eines Ordens, zu dem Arnald nicht immer gute Kontakte unterhielt. Allerdings hatte er in den frühen achtziger Jahren in Barcelona bei Mitgliedern des *ordo praedicatorum* das *studium linguarum* aufgenommen und hier vor allem arabisch und lateinisch, möglicherweise auch hebräisch, sicherlich aber die Humaniora gelernt.[23] So war er in der Lage, medizinisch relevante

Titel: The Birthplace of Arnau de Vilanova: A Case for Villanueva de Jiloca near Daroca.

[21] So bezeichnet sich Arnald von Villanova gelegentlich als Dreck, Mist u. ä. Dazu Finke 1902, 193, wo er aus Vat. lat. 3824 fol. 230 v–231 v zitiert: „[...] cumque sim natus ex glebe ignorabili et obscura, pro certo sum nihil origine." Arnalds Karriere bietet – unter diesem Apsekt betrachtet – ein frühes Beispiel für das, was mit Blick auf die zweite Hälfte des 14. Jahrhunderts „ständische Habilitation" genannt wird, und belegt, daß eine Gesellschaftsschicht sich zu etablieren begann, in der Leistung statt Herkunft zählte. Brandt, Hans-Jürgen: Universität, Gesellschaft, Politik und Pfründen am Beispiel Konrad von Soltau († 1407). In: Les universités à la fin du moyen âge. Actes du Congrès international de Louvain 26–30 mai 1975. Hrsg. von der Kath. Universität Löwen. Louvain 1978, 614–627 (= Université catholique de Louvain. Publications de l'institut d'études médiévales 2,2).

[22] Benton 1982, 537.

[23] Cortabarria, Antoni: Originalidad y significación de los ‚studia linguarum' de los dominicos españoles de los siglos XIII y XIV. *Pensamiento* 25 (1979) 71–92; mit seinen Kenntnissen der hebräischen Sprache, sofern er sie denn überhaupt besessen hat, war Arnald allerdings sehr zurückhalten. Mit Ausnahme seiner 1292 in lateinisch geschriebenen Meditation über das *Tetragrammaton* („Allocutio super significatione nominis tetragrammaton". Ediert von Carreras y Artau, Joaquim: *L'Allocutio super Tetragrammaton* de Arnau de Vilanova. *Sefrad* 9 (1949) 75–105), in dem er die hebräische Buchstaben YHWH verwendet und die er als Symbole für den dreifaltigen Gott zu erkennen glaubt, finden sich keinerlei Zeugnisse irgendwelcher Hebräischkenntnisse.

Werke Galens wie Avicennas aus dem Arabischen ins Lateinische zu übersetzen, zu paraphrasieren und zu kommentieren. Zu diesen Werken gehören so berühmte Schriften wie *De rigore*, *De mala complexione* sowie *De morbo et accidenti* und das *Compendium regiminis acutorum*. Aber nicht nur mit Arbeiten des genannten römischen Arztes griechischer Herkunft befaßte er sich, sondern zu nennen sind auch das Werk *De viribus cordis* von Avicenna (Ibn Sina), *De simplicibus* von Abu Salt wie auch verschiedene Kommentare zu Schriften des Hippokrates, die *Vita brevis* und die Schrift *In morbis minis*.[24]

Ebenfalls seit Beginn der achtziger Jahre avancierte Arnald zum Leibarzt König Peters III. Als Dank für sein ärztliches Können vermachte ihm der Träger der Krone von Aragón das Kastell Ollers bei Tarragona; genau in jenem Jahr, in dem, wie oben bereits angemerkt, der sterbende König ihm zum Zeugen seines Testaments berief: im Jahre 1285.[25] Nach dem Tode Peter des Großen sehen wir Arnald auch im Dienste der Erben des Königs, Alfons III., Jakobs II. wie auch Friedrichs III. Auch von diesen wurde der katalanische Arzt vielfach gefördert und gefordert. Dankbar widmete Arnald König Jakob sein *Regimen sanitatis*, ein von ihm verfaßtes Gesundheitsbuch, das schließlich mehrfach überliefert und in ganz Europa bekannt wurde.[26] König Jakob II. hatte seinerseits volles Vertrauen zu ihm. So ließ er den gerade in Rom weilenden Arzt im Jahre 1297 zurückrufen, weil er ihn bei der Niederkunft der Königin Bianca an ihrem Wochenbett wissen wollte.[27] Gleichzeitig schenkte der König seinem Arzt auch bei wichtigen politischen Entscheidungen Gehör, ihn um Rat und Weisung, ja selbst um Deutung seiner Träume[28] wie auch um die Erziehung seiner Kinder

---

[24] Dazu die ausgezeichnete Übersicht von Paniagua, Juan A.: La obra médica de Arnau de Vilanova. *AIHMAM* 11/4 (1959) 351–401; ders.: Arnau de Vilanova, médico escolástico. *Asclepio* 18/19 (1966/7) 517–532; gleichsam pradigmatischen Charakter spricht dieser ihm zu in ders: Maître Arnau de Vilanova, paradigme de la Médicine Universitaire médiévale. In: Colloque international d'histoire de la médicine médiévale. Hrsg. von der Société Orléannaise d'Histoire de la Médicine. Centre Jeanne d'Arc. Orléans 1985, I, 64–73; McVaugh 1975, Introduction; Bergdolt, Klaus: Zur antischolastischen Arztkritik des 13. Jahrhunderts. *Medizinhistorisches Journal* 27 (1992) 264–282, bes. 277ff.

[25] „Für vielfältige Dienste, die Uns zuteil wurden und die wir weiterhin erhoffen von dir, Unserem lieben Arzt, Magister Arnald von Villanova." ACA, reg. 57, fol. 233 v. Zitiert von Alòs i Moner, Ramon de: Colleció de documents relatius a Arnaldo de Vilanova. *Estudios Universitaris Catalans* III (1909) 47–53, hier 50; Knoch 1968, 117; Finke 1902, 195.

[26] Paniagua 1969, 46–53; Diepgen 1909, 29, hält die Schrift noch für ein Werk, das Papst Bonifaz VIII. gewidmet wurde. Dazu genauer aber schon Finke 1902, 204.

[27] Guillelmus de Solanis, ACA, Reg. 321, fol. 42, in: Marti de Barcelona: Nous documents per a la biografia d'Arnau de Vilanova. *AST* 11 (1935) 85–128, hier 89.

[28] Um das Mittelalter als „finstere" und voller Aberglauben steckende Epoche zu desavouieren, edierte der verdiente Kirchenhistoriker Matthias Flacius, Illyricus ge-

bittend.[29] Kein Zweifel: auch für diese den fach-medizinischen Rahmen weit übersteigenden Tätigkeiten wurde Arnald zusätzlich königlich honoriert, ausgestattet mit Privilegien, Ländereien und finanziellen Zuweisungen.[30] Insgesamt betrachtet, hatte Arnald von Villanova sich spätestens seit den achtziger Jahren des 13. Jahrhunderts eine Vertrauensstellung am königlichen Hof erworben, die ihn zu einem der engsten Berater der Krone Aragóns wie zum „dilectus familiaris" der königlichen Familie werden ließ.[31]

2.1.4 Spiritualität und Religiosität

Je mehr er sich aber zum erfolgreich praktizierenden wie hochgebildeten, auch schriftstellerisch tätigen Arzt entwickelte, desto deutlicher macht sich sein Interesse für theologisch-spirituelle Fragekomplexe und sein religiös-kritisches Engagement bemerkbar. Wenngleich er angesichts seiner zahlreichen ärztlichen Verpflichtungen sicherlich nicht für ein systematisches Theologiestudium Zeit fand, untertreibt Arnald bewußt, wenn er später in einem Brief an Papst Benedikt XI. suggeriert, seine theologischen Kenntnisse basierten lediglich auf einen sechsmonatigen theologischen Schulkurs, den er bei den Dominikanern in Montpellier besucht habe. Doch glaubt Finke in dieser Behauptung einen Widerspruch zu dem zu erkennen, was Arnald in der dritten *Denunciatio Gerundensis* ausführt, daß er, Arnald, in Montpellier nicht nur Theologie gehört, sondern auch gelesen habe: „legit eam [theologiam – Erg. M. G.] sollempniter in scolis fratrum Predicatorum Montispessulani".[32] Doch scheint mir das „sollempniter" darauf hinzu-

nannt, bereits 1562 die Traumdeutung Arnalds von Villanova, die dieser Jokob II. und Friedrich III. gegeben habe. 300 Jahre später hat Menéndez y Pelayo diese wohl bekannteste nichtmedizinische Schrift Arnalds noch einmal herausgegeben, allerdings nach einem Codex des Kronarchivs in Barcelona. Dabei vermerkte er die wichtigsten Abweichungen zur Wolfenbütteler Handschrift sorgfältig: „Interpretatio facta per magistrum Arnaldum de Villa nova de visionibus in somniis dominorum Jacobi Secundi Regis Aragonum et Friderici Tertii Regis Sicilie eius fratris." In: Menéndez y Pelayo 1879, 91–127; dazu Diepgen, Paul: Die Weltanschauung Arnalds von Villanova und seine Medizin. *Scientia* 61 (1937) 38–47, hier 45f.; auch ausführlich, wenn auch unter veralteter Perspektive, ders. 1909, 57–71; Pou y Martí 1930, 68–84.

[29] So schrieb Arnald einen Katechismus für die religiöse Unterweisung der königlichen Kinder, vermutlich der Kinder Jakobs II.; – ein einzigartiges Zeugnis der speziellen religiösen Schulung in Fürstenhäusern dieser Zeit. Arnald von Villanova: Alphabetum catholicorum ad inclitum Dominum regem Aragonum pro filiis erudiendis in elementis catholice fidei. Ediert von Burger, Wilhelm: Römische Beiträge zur Geschichte der Katechese im Mittelalter. *RQu* 4 (1907) 159–197, ed. 173–197.

[30] Menéndez y Pelayo 1879, 202.

[31] Ebenda 202f.

[32] Arnald von Villanova: Brief vom 2. Juni 1304; Vat. lat. 3824, fol. 204 v–214 r; Finke 1902, CLXXVII–CXCII, hier CXC: „[. . .] quia semper in scientiis secularibus ab infantia quasi vel pueritia studui et nunquam scolas theologorum nisi sex mensibus aut

weisen, daß Arnald offensichtlich bei den Dominikanern in Montpellier über seine ihn und die Zuhörer interessierenden theologisch relevanten Themen disputierte. Möglicherweise stellte er auch hier bereits seine Thesen über das Kommen des Antichrist vor. Das nicht zuletzt von den zahlreichen Spriritualen beeinflußte geistig-geistliche Klima bot in Montpellier dazu sicherlich gute Voraussetzungen: bessere jedenfalls als das von Paris.[33] Doch unabhängig davon: Arnalds zahlreiche religiös-spirituelle Schriften weisen theologische Kenntnisse auf, die nicht nur von einiger Schriftkenntnis zeugen, sondern auch belegen, daß er die dazu gehörigen Kommentare kannte, die *Glossa interlinearis* wie die *Glossa ordinaria*, etliche Kirchenväter, vor allem Augustinus, und, nicht zuletzt, die Spiritualität der Bettelorden, der Dominikaner wie – im Verlauf der neunziger Jahre zunehmend und schließlich vor allem – die der franziskanischen Reformer.[34]

In dieser Zeit, von 1289/91 bis 1299, lehrte Arnald in Montpellier Medizin.[35] Er wirkte damit an einem Ort, der nicht nur als hoch angesehene Ausbildungsstätte für angehende Ärzte, sondern auch seit Beginn der neunziger Jahre als Wirkstätte des umstrittenen Franziskanertheologen Petrus Johannis Olivi von sich Reden machte. Wie sehr der exponierte Wortführer der Spiritualen Arnalds spiritualistische Welt- und Wirklichkeitsvorstellung wie eschatologische Erwartung bzw. Befürchtung beeinflußte, ist in der Forschung längst bekannt.[36]

circiter frequentavi." Finke weist ebenda, Anm. 1, hin auf „einen Widerspruch in den Äußerungen Arnalds", den bereits „eine Randglosse saec. 15" gemacht habe: „Nota 6 mensibus tantum studuit theologiam, ut hic. Alibi scribit se theologiam legisse in scolis ut doctor." Tatsächlich heißt es in der dritten *Denunciatio Gerundensis* Arnalds von Villanova, Vat. lat. 3824, fol. 172 v–175 r; Finke 1902, CLXXII–CLXXVII, hier CLXXIII: „[...] quoniam ipsi sciunt et novit etiam catholicorum multitudo, quod medicus ille non tantum audivit theologiam set etiam legit eam sollempniter in scolis fratrum Predicatorum Montispessulani."

[33] Auch der Textzusammenhang der genannten *Denunciatio Genundensis* bestätigt diesen Verdacht. Stehen doch gerade hier Arnalds eschatologische Bilder zur Debatte.

[34] Guten Überblick über die theologisch-spirituellen Werke Arnalds s. Carrera y Artau, Joaquim: Les obres teològiques d'Arnau de Vilanova. *AST* 12 (1936) 217–229; Batllori 1947; Santi 1987, 245–277. Zur Religiosität Arnalds von Villanova Manselli, Raoul: La religiosità d'Arnaldo da Villanova. *Bulletino dell'Istituto Storica Italiano per il Medioevo e Archivio Muratoriano* 63 (1951) 43–59 (Edition); ders.: Arnaldo da Villanova e i papi del suo tempo. Tra religione e politica. *Studi Romani* 7 (1959) 146–161; Backman, Clifford R.: Arnau de Vilanova and the Franciscan Spirituals in Sicily. *FrS* 50 (1993) 3–29.

[35] Astruc, Jean: Mémoires pour servir à l'histoire de la Faculté de médicine de Montpellier. Anno 1295. Paris 1776, 151–166; Paniagua 1969, 4f. Guten Überblick über die medizinischen Werke sowie die diversen Übersetzungen in deutscher, französischer, italienischer Sprache bietet Haven, Marc: Œvres d'Arnaud de Villeneuve. *Montpellier Médical* 63 (1963) 44–49.

[36] Zu Petrus Johannis Olivi in diesem Zusammenhang s. Lee, Harold/Majorie Reeves: The School of Joachim of Fiore. In: Western Mediterranean Prophecy. The School of Joachim of Fiore and the Fourteenth-Century. *Breviloquium*. Hrsg. von dens. und Gi-

Dennoch darf nicht übersehen werden, daß besonders Olivis Akzentuierung des Armutsideals sowie seine damit korrespondierende und in Anlehnung an Joachim von Fiore gewonnene Überzeugung, in einer ausgesprochenen Wende-Endzeit zu leben, von Arnald durchaus originäre Artikulation, heilsbetonte Funktion und somit spezifisch-eigene wirkungsgeschichtlich relevante Motivation erhielt. Die Analyse des Antichristtraktates wird es deutlich belegen.[37]

Überhaupt darf bei aller notwendigen Erforschung diverser Abhängigkeiten, Einflüsse, Ähnlichkeiten und Korrespondenzen der Blick nicht versperrt werden für die originäre Spiritualität und faszinierende Persönlichkeit Arnalds von Villanova. So ist es einerseits unstrittig, daß Arnald sich von der außerordentlich dichten wie kirchenkritisch gefärbten religiösen Atmosphäre in Südfrankreich inspiriert zeigte,[38] ja, daß er diese geistig-geistlichen Strömungen begierig in sich aufnahm. Andererseits jedoch ist nicht zu übersehen, in welch hohem Maße er all diese Strömungen, Eindrücke und Erfahrungen eigenständig verarbeitete, sie so originell wie kraftvoll artikulierte, sich für sie engagierte und diese somit selbst wiederum stark variierte.[39]

ulio Siano. Toronto 1989, 3–147, hier 17–26 (= STPIMS 88); der Einfluß Olivis auf Arnald von Villanova bedarf jedoch noch der genaueren Untersuchung; zunächst eines gründlichen Vergleichs der systematischen Implikationen ihrer jeweiligen Spiritualität. Manselli 1951, 10–14; ders.: L'Apocalipse e l'interpretazione francescana della storia. In: The Bible an Medieval Culture. Hrsg. von Willem Lourdaux und D. Verhelst Löwen 1979, 157–170, hier 166; Töpfer, Bernhard: Das kommende Reich des Friedens. Zur Entwicklung chiliastischer Zukunftshoffnungen im Hochmittelalter. Berlin 1964, 238f.; Santi 1987, 112–115; Saranyana, Josep I./Zaballa, Ana de: Joaquín de Fiore y América. Pamplona 1992, 42ff.

[37] Santi 1987, 48f.; zur spezifischen Wirkung Arnalds auf den katalanischen Raum instruktiv Lee, Harold/Majorie Reeves 1989, 47–74; Lee, Harold: *Scrutamini Scripturas*: Joachimist Themes and *Figurae* in the Early Religious Writings of Arnald of Vilanova. *Journal of the Warburg and Courtauld Institutes* 37 (1974) 33–54, bes. 35.

[38] Leff, Gordon: Heresy in the Later Middle Ages. The Relation of Heterodoxy to Dissent c. 1250–1450. 2 Bde., New York 1967, hier Bd. 1, 51–212, bes. im Blick auf Arnald von Villanova 176–191.

[39] Die komplex-komplizierte Frage nach dem Zusammenhang von religiös-kirchlichem Milieu und subjektiver Auf- und eigenständig-kritischer Annahme bzw. Ablehnung dieser Frömmigkeit, letztlich und eigentlich des Glaubens selbst durch den einzelnen s. Karl Rahner: Der Mensch, „obzwar Subjekt letzter radikaler Freiheit", ist „dennoch nicht das abstrakte Subjekt einer solchen Freiheit", einer Freiheit, „der gleichsam nichts gegenübersteht als die Vielfalt ihrer leeren Möglichkeiten". Rahner, Karl: Kirchliche Frömmigkeit. In: ders., Praxis des Glaubens. Geistliches Lesebuch. Hrsg. von Karl Lehmann und Albert Raffelt. Zürich/Köln/Freiburg/Basel/Wien ³1985, 89–95, hier 89f. Wer den Freiheitsbegriff Karl Rahners kennt, weiß, daß er bei diesem freien „Aneignungsprozeß" die Gnade Gottes nicht aus-, sondern explizit einschließt. Versteht er doch die personale Freiheit immer als eine Freiheit, die sich von innen her als die von Gottes Gnaden gerufene je einmalig bildet. Dazu etwa ders.: Abgründigkeit des Leids. In: Ebenda 432–449, bes. 436f.

Die medizinischen wie theologisch-spirituellen Werke vor allem seiner letzten zwanzig Lebensjahre bezeugen, daß Arnald gerade in dieser Zeit zum *homo spiritualis*, zum durch und durch religiösen Menschen wird.[40] Hatte Avicenna bereits Medizin als philosophische Disziplin verstanden, ja, mehr noch: Philosophie als Therapie begriffen, „als Heilung von schädlichen Irrtümern",[41] so übernahm Arnald diese Sicht in abgewandelter Form. Heilung war ihm Hinwendung zum Heil in Christus. Seine Religiosität beschränkte sich nicht auf die privatmenschliche Sphäre von Gottesdienst, Gebet, Familienleben und Caritas, sondern sie durchtränkte die Einheit seiner Existenz, zu der eben auch die berufliche als Arzt, als Autor und – später immer mehr – als politisch Agierender gehörte, der weit in der Welt herumgekommen war, vieles und viele, „Mächtige wie Niedrige", kurz: die Weltwirklichkeit und den Menschen kennengelernt hatte.[42] Zu den in dieser Zeit verfaßten Schriften gehören die *Introductio in librum Ioachim de semine scripturarum seu de prophetis dormientibus*,[43] die *Allocutio super significatione nominis thetragrammaton*[44] sowie die uns besonders interessierenden Werke *De tempore antichristi et fine mundi* und der *Tractatus de mysterio cymbalorum*. Der in diesem Konnex ebenfalls oft genannte Apokalypsenkommentar, die 1971 kritisch edierte *Expositio super apocalypsi*, muß indes mit

---

[40] „Spiritualis" muß hier im wörtlichen Sinne verstanden und als vom „spiritus sanctus" stammende Kraft interpretiert werden, wie Arnald von Villanova selbst feststellt. Sie wird von Gott geschenkt, kann also nicht vom Menschen „gemacht" werden; ein Grundsatz, der, wie die genaue Analyse des Antichristtraktats belegen wird, Arnalds Argumentationsweise durchformt. Allg. zum Begriff „spiritualis" s. Gerwing 1986, 14f.

[41] Flasch, Kurt: Das philosophische Denken im Mittelalter. Von Augustin zu Machiavelli. Stuttgart 1987, 277.

[42] Dieses umfassend-ganzheitliche Verständnis von Christsein, Glaube und Liebe artikuliert er selbst in seinem italienisch geschriebenen Traktat über die Liebe, der folgendes Incipit hat: „Lodato e ringhrazíato", und von Manselli 1951, 60–76, ediert wurde.

[43] „Text llatí, escrit al voltant de 1292." Santi 1987, 251; Vat. lat. 3824, fol. 1-13; Edition von Manselli 1951, 43–59. Im Nachlaß Arnalds von Villanova fand man zahlreiche Schriften, die von Joachim von Fiore stammten oder zumindest ihm zugeschrieben wurden. Dazu Chabás, Roque: Inventario de los libros, ropas y demás efectos de Arnaldo de Vilanova. *Revista de Archivos, Bibliotecas y Museos*. Tercera Epoca 9 (1903) 189–203. Zum Testament Arnalds ders. 1896, 87–90. Einen guten Überblick über die Forschungslage zum Thema „Einfluß Joachims auf Arnald" bieten jetzt Harold Lee, Marjorie Reeves und Giulio Silano, in dem von ihnen hrsg. Werk: Western Mediterranean Prophecy. Toronto 1989, bes. 27–46; dazu auch die Rezension von Josep Perarnau: *ATCA* 10 (1991) 402–404.

[44] „Text llatí, dedicat al P. Pietro Puget o.p.; escrit durant una estada al Castell de Raimond de Meüillon o.p. (diòcesi de Gap, en el Dofinat), juliol 1292." Santi 1987, 251, hier auch HSS-Übersicht. Ediert von Carreras y Artau 1949.

Vorsicht betrachtet werden. Es spricht nämlich nach wie vor vieles dafür, daß dieses Werk fälschlicherweise Arnald von Villanova zugeschrieben wird. „Però els seriosos dubtes relatius a l'autenticitat arnaldiana d'aquella *Exposition* non em permeten de continuar pel mateix camí."[45]

2.1.5 Erfolge und Mißerfolge

Doch zuerst und zunächst machte Arnald von Villanova sich als philosophisch geschulter, theoretischer Mediziner wie praktischer Arzt einen Namen. Dabei vertrat er grundsätzlich den damals sehr verbreiteten Galenismus, den er ebenso wie Werke des Hippokrates didaktisch geschickt darzustellen, zu kommentieren wie auch dank zahlreicher eigener Beobachtungen und Erfahrungen aus seiner ärztlichen Praxis zu ergänzen vermochte. Er verfaßte Aphorismensammlungen, von denen die berühmten, allerdings recht spät verfaßten und in ganz Europa kopierten *Parabolae medicationis* zu nennen sind,[46] schrieb zahlreiche Fachbücher, klinische Monographien ebenso wie Traktate zur Therapeutik und zur medizinischen Theorie mit praxisorientierter Intention. Er widmete sich teils speziellen Problemen der Heilkunst, teils bemühte er sich um handbuchartige und didaktisch reduzierte medizinische Überblickswerke. Insgesamt handelt es sich dabei vorwiegend um Publikationen, die von stark induktiver Argumentationsweise gekennzeichnet und auf die therapeutische Effektivität ausgerichtet sind. Es kam ihm darauf an, bei der praktischen ärztlichen Versorgung anderen konkrete Hilfestellung leisten zu können.

Mehr noch: Die neueren Editionen seiner medizinischen Werke und die dabei festgestellte fälschliche Zuschreibung von Werken wie das *Breviarium practicae* oder der Kommentar zum *Regimen Salernitanum* zeigen Arnald als einen praktisch ausgerichteten Arzt, der gegen eine allzu oberflächliche und vorschnelle Vermengung von Philosophie und Medizin kritischen Einspruch erhob und in dieser Hinsicht auch gegen Averroes polemisierte.[47] Hinzuweisen ist hier auf das *Speculum medicinae*, *De intentionibus medicorum*, *De parte operativa*, auf den *Liber de gradibus*, *De humido radicale*, *De simplicibus* und auf die Titel wie *De arte cog-*

---

[45] Perarnau: El text primitiu 1988/89, 21, Anm. 55; Arnaldi de Villanova scripta spiritualia I: Expositio super apocalypsi. Hrsg. von Iochim Carreras i Artau, Olga Marinelli Mercacci und Ioseph M. Marató i Thomás. Barcelona/Brüssel 1971 (= Corpus Philosophorum Medii Aevi). Hier schrieb der inzwischen verstorbene Carreras i Artau noch: „. . . asserere possumus saltem maxima cum probabilitate auctorem *Expositionis* fuisse Arnaldum de Villanova."

[46] Paniagua 1969, 41.

[47] Ebenda 82f. Treffend bemerkt Paniagua im LexMA I, 1980, 995: „Die fälschliche Zuschreibung von Werken [. . .] sowie sein weitverbreiteter Ruf als Alchemist haben seine wirkliche wissenschaftliche Bedeutung verzerrt."

noscendi venena, Antidotarium, De vinis, De dosibus tyriacalibus, De cura febris ethice.[48] „He wrote treatises on general theory of medicine, as well as on particular topics having both theoretical and practical bearing, such as ‚radical moisture' and the physical basis for determining the effects of drugs, writing on simple and compound medicines, proper dosages, poisons and antidotes, and wines."[49]

Aufgrund seiner medizinischen Fähigkeiten und ärztlichen Erfolge gelang es Arnald, zu Beginn des neuen Jahrhunderts auch das besondere Wohlwollen des Papstes zu erlangen. Die sich daraus entwickelnde günstige Beziehung zum Pontifex erhöhten nicht nur Arnalds diplomatische Bedeutung für die aragonesische Krone, sondern kamen zunächst ihm selbst zugute. Bekam er doch auf diesem Wege die Chance, Bonifaz VIII. seinen Antichristtraktat vorzulegen, einen Traktat, der, wie erwähnt, auf Initiative der Pariser Theologen konfisziert wurde und weswegen man ihn selbst kurzfristig ins Gefängnis geworfen und der Häresie beschuldigt hatte.[50]

Als Arnald von Villanova im Jahre 1300 an den Papst appellierte, wurde ihm erst dann wohlwollendes Gehör geschenkt, als er nicht mehr in der Rolle des Bittstellers, sondern des Helfers auftreten konnte, genauer: als Bonifaz VIII. seinen Rat als Arzt forderte. Seit längerem war der Papst an einem chronischen Steinleiden erkrankt, von dem ihm seine bisherigen Ärzte, namentlich sein Leibarzt – der Bologneser Anselm von Gergamo – nicht befreien konnten.[51] Während Arnald von Villanova 1301 an der Kurie weilte und vergebens auf die wohlwollende Beurteilung seines Antichristtraktates drängte, erlitt der Papst heftige Schmerzanfälle, die Arnald von Villanova, ein Spezialist „auf dem Gebiet des Blasen- und Nierensteines", schnell und nachhaltig zu lindern wußte.[52] Bonifaz VIII. sprach angesichts dieser Hei-

---

[48] Paniagua 1969, 25–45.

[49] Bazell 1991, 22; dazu die im Rahmen eines Editionsprojektes der Universität Barcelona laufend erscheinenden Neueditionen der medizinischen Werke Arnalds von Villanova: Arnaldi opera medica omnia. Hrsg. von Lluís García Ballester, Juan A. Paniagua, Michael McVaugh. Barcelona 1975ff. Dazu Jacquart, Danielle: Arnaldi opera medica omnia. Hrsg. von Lluís García Ballester, Juan A. Paniagua, Michael McVaugh. *ATCA* 9 (1990) 380–384.

[50] Zur Situation an der Pariser Theologischen Fakultät bietet immer noch unverzichtbare Informationen Glorieux, Palémon: Notices sur quelques théologiens de París de la fin du XIII siècle. *AHDLMA* 3 (1928) 201–238.

[51] Finke 1902, 200f.; Santi 1987, 110.

[52] „Seine Behandlungsweise, zweckentsprechende Diät, örtliche Blutentziehung, schmerzstillende Einreibungen, harntreibende Medizin, warme Bäder mit Zusatz von aromatischen Kräutern und schliesslich die bei heftigen Schmerzanfällen nicht verweigerten Narcotica, Verordnungen, von denen ja auch heute ein Teil eine Rolle bei der Behandlung des Nierensteines spielt, werden das Hauptverdienst an dem Erfolg bei Bonifaz VIII. gehabt haben, wenngleich der anspannenden Wirkung eines fest ansitzen-

lung von einem *magnum miraculum*[53], stellte Arnald als Leibarzt ein und übergab ihm das seit langem im Besitz der Gaetani befindliche Kastell Scorcola bei Anagni zur freien Verfügung. Jetzt war Bonifaz auch bereit, sich intensiver mit Arnalds Antichristtraktat zu beschäftigen. Zuvor hatte er Arnald nämlich aufgrund der genannten Schrift einsperren lassen und ihn im geheimen Konsistorium gezwungen, seine Thesen abzuschwören. Zwischenzeitlich bezeichnete er Arnalds Ansichten über das Kommen des Antichrist lediglich als „verwegen", bis er schließlich nur noch bemängelte, daß er, Arnald, nicht zuerst ihm, dem Papst, sondern der Pariser Gelehrtenwelt den Antichristtraktat vorgelegt habe. Doch soll nicht vorgegriffen werden. Nur so viel: Noch in der Anklageschrift gegen Bonifaz VIII. vom Jahre 1303 wird ihm, dem Papst, unterstellt, daß er seine strenge Haltung gegenüber Arnalds Schrift über das Kommen des Antichrist nur deshalb geändert habe, weil der Katalane ihn so wirkungsvoll von seinen Leiden zu befreien vermochte.[54]

Zu Bonifaz' Nachfolger indes, dem früheren Generalminister der Dominikaner, Nikolò Boccasini aus Trevisio,[55] fand Arnald trotz geradezu peinlich wirkender Ergebenheitsbekundung keinen rechten Zugang; möglicherweise auch deshalb, weil Arnalds Spiritualität inzwischen kaum noch etwas von jener spezifisch dominikanischen Provenienz verriet, die er doch – nach eigenem Bekennen – zunächst in sich aufgenommen hatte. Nachdem Arnald Papst Benedikt XI. einen ausführlichen Brief geschrieben hatte, in dem er seine eschatologisch forcierten und rigoros-penetranten Ansichten über die dringend anstehende Rettung von Kirche und Welt in einem Ton darlegte, der den Ver-

---

den Lendengurtes eine schmerzlindernde Wirkung nicht abzusprechen ist." Diepgen, Arnald 1909, 26. Ergänzt werden muß, daß Arnald neben dieser rationalen Therapie auch irrationale Elemente verwendete. So fertigte er ein Löwensiegel an, dessen Bedeutung er in dem Traktat „de sigillis" genau beschreibt. Diepgen bemerkt dazu treffen (ebenda): „Dass er dergleichen Dinge nicht abhold war, lässt sich übrigens aus vielen Stellen seiner Werke beweisen. Hat er sich doch selbst von einem Geistlichen durch Gebet die Warzen seiner Hände vertreiben lassen." Finke 1902, 201f.; ders. 1908, XXXf., XXXVI; insgesamt zum Verhältnis Arnalds zum Papst immer noch Manselli 1959.

[53] In einem Brief des Geschäftsträgers an der Kurie G. de Albalato vom 14. September 1301 erfährt König Jakob II. von diesem positiven Eindruck, den „sein" Arzt, Arnald von Villanova, auf den Papst gemacht hatte: „Dixit papa, ‚Immo est magnum miraculum, quod aliquis Catalanus facit bonum." Finke 1908, XXXVI; zu Arnalds alchemistischen Vorstellungen und Praktiken generell Diepgen, Paul: Studien zu Arnald von Villanova: Arnald und die Alchemie. *AGM* 3 (1909) 369–396; ders.: Studien zu Arnald von Villanova: Arnalds Stellung zur Magie, Astrologie und Oneiromantie. *AGM* 5 (1912) 88–120.

[54] Finke 1902, 212f, 215.

[55] Es war Benedikt XI. (1303–1304).

dacht aufkommen ließ, er wolle dem *reverentissimus pater mortalium*
gleichsam vorschreiben, was er künftig zu tun und zu lassen habe,[56]
wurde der katalanische Arzt zu Perugia festgenommen, wenig später
aber wieder auf freien Fuß gesetzt. Als einige Tage darauf der an Dysenterie erkrankte Papst starb, geriet – neben anderen – auch Arnald
von Villanova in den absurden Verdacht, er hätte etwas mit dem
raschen und die Attentäter von Anagni begünstigenden Tod Benedikts
XI. zu tun.[57]

2.1.6 Arnald – ein neuer Platon?

Arnald floh an den Hof Friedrich III. von Sizilien.[58] Friedrich nahm ihn
nicht nur freundlich auf, sondern scheute sich nicht, den Katalanen
gar als „neuen Platon" zu feiern.[59] Obwohl in den Augen der Mächtigen gemeinhin Alexander immer noch mehr gilt als der bekannte So-
krates-Schüler, wußte Arnald diese rhetorische Übertreibung durchaus
zu schätzen. Dankbar widmete er dem König sein neuestes Werke, keinen platonischen Dialogus, keine *politeia*, sondern die *Allocutio christiani.*[60] Hier artikuliert Arnald das, was ein weltlicher Herrscher zu sein,
zu tun und zu lassen habe, um im echt christlichen Sinne das zu sein,
wozu er von Gott berufen ist: Ein christlicher Herrscher ist nicht Herr-

---

[56] Gleich zu Beginn des Briefes deutete Arnald an, daß Bonifaz VIII. möglicherweise
deswegen so elend gestorben sei, weil er die Warnungen Arnalds nicht genügend
ernst genommen habe. „Tua paternitas non ignorat neque tuorum fratrum sacrum
collegium, qualiter antecessore tuo sedente in cathedra piscatoris et presente an-
nuntiavi huic ecclesie velut capiti catholice multitudinis, quod persecutio maximi
antichristi fervere debet in hoc centenario, quod est quartum decimum a Christi nativitate." Vat. lat 3824, fol. 204 va; Finke 1909, CLXXVII; Perarnau 1991, 201–214, hier
201.

[57] Finke 1902, 130; Diepgen 1909, 37: „Unter denen, die an seinem Tode ein Interesse
haben konnten, finden wir auch den Franziskaner Bernard Delitiosi. Er soll dem damals an der Kurie anwesenden Arnald einen Koffer mit Giften und Pulvern und einer
schriftlichen Gebrauchsanweisung, dem Rezept, um Benedikt XI. zu vergiften, geschickt haben. Delitiosi wurde aber von dieser Beschuldigung freigesprochen. Benedikt starb an einer schnell zum Tode führenden Ruhr. Nicht nur den neuesten, sondern wohl auch den sichersten Beleg für diese Krankheit als Todesursache geben die
Acta Aragonensia: Vidal de Villanova und Guillem de Lacerna schreiben in ihrem
Bericht an Jayme II. vom 9. Juli 1304: ‚der Papst ist an Dysenterie gestorben und die
Krankheit dauerte 15 Tage'. Es ist also nicht nötig, Arnald noch einmal vom Verdacht
des Giftmordes rein zu waschen." Benton erwähnt diesen Verdacht nur deswegen
noch einmal, um darzulegen, daß und warum Arnald sich plötzlich nach Sizilien
wandte, Benton 1982, 538.

[58] Dazu auch Lee/Reeves 1989, 39.

[59] Cánovas, Elena/Piñero, Felix: Arnaldo de Vilanova. Escritos Condenados por la Inquisitión. Madrid 1976, 32.

[60] Arnald von Villanova: Allocutio Christiani de hiis quae conveniunt homini secundum
propriam dignitatem creature rationalis. Vat. lat. 3824, fol. 217 v–226 r, Teiledition
Finke 1902, CXCVII–CCI; Santi 1987, 260; Perarnau 1992, 7–135.

scher, um seine Machtgelüste auszutoben, sondern er hat Sorge zu tragen dafür, daß er selbst wie auch seine Untertanen das Heil, die ewige Seligkeit, erlangen. Es geht nicht darum, sich ein bequemes Leben zu machen, überheblich und stolz einherzulaufen, sondern die Liebe zum den Menschen liebenden Schöpfer-Gott in sich aufzunehmen, anzustacheln, zu entfachen und lichterloh brennen zu lassen. Diese Liebe zu Gott konkretisiert sich in der Arbeit des Berufes. Ebenso wie der gewöhnliche Christ in dem Bereich, für den er Verantwortung trägt, seine Pflicht erfüllen muß, so hat auch der Herrscher in seinem weitaus größeren Bereich das Seine zu tun. Die vorrangigste Herrscherpflicht aber sieht Arnald im Üben der Gerechtigkeit. Der Herrscher hat dafür zu sorgen, daß er selbst gerecht ist und daß es in seinem Herrschaftsbereich gerecht zugeht. Dabei betont Arnald ausdrücklich, daß diese Gerechtigkeit auch Fremden widerfahren müsse, vor allem dann, wenn diese in seinem Reich das Recht suchen. Der Herrscher muß sorgen und sehen, daß seine Beamten überall und gegenüber jedermann – auch und gerade gegenüber den Armen und Machtlosen – nach Recht und Gerechtigkeit urteilen. Er bereitet Gott besondere Schande, wenn er *erstens* die Armen verachtet und vergißt, daß sie natürlicherweise genauso Menschen sind wie er auch, wenn er *zweitens* dem Göttlich-Heiligen, es profanisierend, die Ehre verweigert und wenn er *drittens* widernatürlich handelt, genauer: der Sünde „wider die Natur" verfällt, verstrickt ist *in peccato contra naturam*.[61] Damit spricht Arnald einem Begriff von Gerechtigkeit das Wort, der durchaus dem der abendländischen Denktradition entspricht. Wird hier doch Gerechtigkeit verstanden als jener beständige Wille, einem jeden, mit dem man es zu tun bekommt, das zu geben, was ihm zusteht, Gott ebenso wie dem Menschen, dem Göttlich-Heiligen wie dem Natürlich-Kreatürlichen.[62]

Der Grund dafür aber, warum einem überhaupt etwas zusteht, und die Frage, wieso und was einem anderen zu geben sei, verweisen auf

[61] Damit ist nicht nur die Päderastie gemeint, die, wie Diepgen 1909, 41 anmerkt, damals sehr verbreitet war, sondern, wie aus dem Textzusammenhang klar hervorgeht, all das, was schulmäßig darunter zu verstehen ist: die Sündentat gegen das, was der Wesensnatur schöpfungsmäßig entspricht, wobei unter Natur – natura – das Wesen (essentia) im Blick auf die „dem Wesen eines Dinges" eigentümliche Tätigkeit zu begreifen ist. Dazu etwa Thomas von Aquin: De ente et essentia 1, 45. Übers. und hrsg. von Franz Leo Beeretz. Stuttgart 1979, 9; zum Terminus *peccatum contra naturam* aus philosophiehistorischer Sicht demnächst Klaus Hedwig, Kerkrade (NL).

[62] „[. . .] quod debet [. . .] vitare princeps, est dolus in Deum et proximum." Arnald von Villanova: Allocutio Christiani de hiis quae conveniunt homini secundum propriam dignitatem creature rationalis. Vat. lat. 3824, fol. 225 v; Finke 1902, CC; zum Verständnis von Gerechtigkeit im Mittelalter s. Hödl, Ludwig: Gerechtigkeit. In: TRE XII, 1984, 424–432.

eine „Instanz", die jeglicher Diskussion entrückt ist. Und exakt das ist es, was Arnald dem Herrscher gegenüber in seiner *Allocutio* einzuschärfen bemüht ist: daß der Mächtige die Gerechtigkeit deswegen zu hüten habe, weil ein noch Mächtigerer, Gott selbst nämlich, diese fordere. Dabei greift Arnald als Begründung implizit auf das zurück, was er zu Beginn der *Allocutio* lang und breit ausgeführt hat: Weil Gott den Menschen gewürdigt, ja dazu erlöst hat, ihn, Gott zu lieben, ist es nichts weiter als gerecht, daß der Mächtige darauf achtet und dafür sorgt, daß diese Würde des Menschen allezeit beachtet und allerorten entfaltet wird. Wenn die Macht die Gerechtigkeit nicht hütet, dann wird Gott dem Menschen und der Wesensnatur das vorenthalten, was diesen „natürlicherweise", d. h. von schöpfungswegen, zukommt, dann krankt das Herrschaftswesen, dann geschieht Unheil.[63]
Doch bereits ein Jahr später – 1305 – ist der Katalane wieder am Hofe Jakobs II. zu sehen, von dem er freudig empfangen und als Arzt, persönlicher Berater und schließlich als Botschafter in Anspruch genommen wurde.[64] In dieser Zeit verfaßte er auch das *Antidotum*, in dem er noch einmal auf seine Warnung vor dem baldigen Kommen des Antichrist rekurriert, wie auch die *Informatio Beguinorum*, in der er in einer Weise für die Beginen Partei ergreift, die später, im Jahre 1316, von der Inquisition verurteilt wird.[65]

2.1.7 Arnald im Dienste Clemens' V.

Doch zunächst suchte und fand Arnald die Gunst des neuen Papstes, nicht zuletzt deshalb, weil auch dieser krank wurde und nach einem kompetenten Arzt verlangte. Arnald widmete Clemens V. nicht nur Zeit und Rat, sondern auch die umfassende Schrift *Practica summaria*.[66] Dem König Robert von Neapel verriet er indes, wie der Mensch jung

---

[63] Arnald von Villanova: Allocutio Christiani de hiis quae conveniunt homini secundum propriam dignitatem creature rationalis. Vat. lat. 3824, fol. 218 r–v; Finke 1902, CXCVIII; Carreras i Artau 1955, 44f.

[64] Wahrscheinlich hatte während dieser Zeit Arnald seinen Wohnsitz in Montpellier; Diepgen 1909, 42f. Guten Überblick über die letzten zehn Jahre seines Lebens bietet immer noch Diepgen 1909, 47–99; dazu aber auch Lee/Reeves 1989, 39–46.

[65] Zu dem „Antidotum contra venenum effusum per fratrem Martinum de Atheca Predicatorem adversus denuntiationes finalium temporum" sowie der „Informatio Beguinorum" s. Santi 1987, 259f., 261f.

[66] Hier handelt es sich wahrscheinlich um jene Schrift, die Clemens V. nach dem Tod Arnalds fieberhaft suchte. Während des Konzils von Vienne befahl der Papst – unter Androhung des Kirchenbanns bei Nichtbefolgung – allen Bischöfen und Leitern der Universitäten („universitatum moderatoribus), nach dem Besitz eines medizinischen Buches zu forschen, das Arnald ihm zu Lebzeiten versprochen habe. Es müsse sofort dem Papst zugesandt werden. Diepgen 1909, 47.

bleiben und den Alterungsprozeß aufhalten könne.[67] Vor allem aber
suchte Arnald vom Papst die Anerkennung zu bekommen, die ihm die
Päpste Benedikt XI. und Bonifaz VIII. trotz allem Entgegenkommen
verweigert hatten. Am 24. August 1305 im Palast zu Bordeaux verlas
Arnald in öffentlicher Sitzung eine Erklärung, in der er nicht nur gegen
die Beschlagnahmung jener Traktate protestierte, die er allesamt auf-
zählte, sondern auch noch einmal darlegte, um was es ihm eigentlich
ging: um die deutliche Markierung und Aufhebung eines erheblichen
Desiderates an Wahrheitsliebe und Glaubenssubstanz. So werde die
himmlische Wahrheit allerorten verdunkelt und zu wenig beachtet. Es
komme darauf an, den kraftvoll-gesunden katholischen Glauben wiederherzustellen.[68] Und um das zu sagen und zu verkünden, könne niemand ihm den Mund verbieten oder gar der Anmaßung bezichtigen.
Dabei greift Arnald auf einen für ihn typisch formulierten plastisch-
konkreten Vergleich aus dem Alltagsleben zurück: Wenn in einem
Land, so argumentiert Arnald, jedes Kind das Recht und die Pflicht
hat, den Fälscher von königlichen Münzen zu denunzieren, so könne es
nicht angehen, einem gewöhnlichen Christen das Recht und die Pflicht
abzusprechen, die Fälscher, Verdünner und Verächter jener „göttlichen Münze" an den Pranger zu stellen, die die göttliche Wahrheit
selbst ist.[69]
Arnald betont damit vor den Augen und Ohren des Papstes und höchster kirchlicher Würdenträger nachdrücklich die Aufgabe des Laien in
Kirche und Welt. Der gewöhnliche Christ, der Getaufte und an Christus Glaubende, hat das Recht und die Pflicht, sich zu Wort zu melden,
sofern er glaubt, Phänomene ausmachen zu können, die das Christen-

---

[67] „Conservatione iuventute et retardanda senectute." Paniagua 1969, 51. Ob Robert
allerdings zu seinen Patienten gehörte, ist zu bezweifeln. Auch ist die Echtheit der
Schrift noch umstritten. Falls Arnald aber das Werk verfaßt hat, könnte das zutreffen,
was Bazell – im Rekurs auf Battlori 1947, II, 32f. – generell vermutet: „Arnald seems
to have taken the politic step of dedication while he was trying to persuade Robert to
support a crusade to the holy land." Bazell 1991, 23, Anm. 22.

[68] Arnald von Villanova: Presentatio facta Burdegaliis coram summo pontifice domino
Clemente V. Cod. Vat. lat. 3824, fol. 254 v–261 v. Semikritische Teiledition bei Finke
1902, CCI–CCXI; andere HSS s. Santi 1987, 261.

[69] Arnald von Villanova: Presentatio facta Burdegaliis coram summo pontifice domino
Clemente V. Finke 1902, CCIX: „Aliud vero privilegium, per quod licet cunctis fidelibus illud facere, privilegium est monete regalis, cuius falsarios, cuiuscumque sunt ex-
cellentie, potest mulier aut puer unus denunciare. Cum igitur dominus Jhesus Christus
sit rex cunctorum fidelium non solum dominio potestatis ut ceterorum set etiam fa-
vore gratie salutaris et eis ad commutationem spiritualiter exercendam dederit pro
moneta evangelicam veritatem, constat, quod privilegio monete regalis potest omnis
fidelis falsarios eius denunciare."

tum elementar bedrohen.[70] Und genau das ist in den Augen Arnalds der Fall. Er glaubte, die göttliche Wahrheit werde allerorten verdunkelt, komme zu wenig zum Zuge, ja werde mit Füßen getreten. Der Papst zeigte sich beeindruckt. Er lobte Arnalds Wissenschaftlichkeit, seinen gewissenhaften Eifer und seine ärztliche Sorgfalt. Im Blick auf die fraglichen Schriften sagte er Arnald zu, daß er sie selbst prüfen und, falls nötig, eigenhändig korrigieren oder, falls möglich, zum Lobpreis Gottes und zum Ruhme des Autors feierlich anerkennen wolle:[71] „dominus papa [. . .] dixit ei, quod factum sive negotium ab ipso magistro Arnaldo propositum magnum erat, quia tangebat in aliquibus fidem catholicam et evangelicam veritatem; adiciens idem dominus papa, quod opera per ipsum magistrum Arnaldum eidem reddita diligenti examinatione ac maturo consilio indigebant nec constabat eidem, ut dixit, quod essent a Deo, nec noverat quicquam de tenore ipsorum et ideo ipse nec approbabat nec reprobabat ad presens, sed recipiebat ea et examini ad iudicio suo et sedis apostolice reservabat."[72]

Auf dieses positive Votum des Papstes konnte Arnald sich verlassen. Obgleich Gegenteiliges bis heute in der Fachliteratur oft behauptet wird, erfolgte kein negativer Bescheid oder gar eine Verurteilung seiner spirituellen oder eschatologischen Schriften seitens des Heiligen Stuhls. Im Gegenteil: Als am 8. November 1316, also fünf Jahre nach Arnalds Tod, eine aus Theologen und Prälaten bestehende Kommission zu Tarragona[73] zahlreiche, vornehmlich katalanische Schriften Arnalds[74] verurteilte, wurde mit Hinweis auf das Votum Clemens V. ge-

---

[70] Ebenda: „Protestor etiam et confiteor me dixisse ac dicere, quod, quamvis custodia veritatis evangelice solum ex auctoritate conveniat prelatis et iudicibus canonice institutis, tamen denunciatio vulnerum et omnis lesure ipsius apud custodes communis est quibuscunque fidelibus, nulla differentia sexus vel etatis aut status vel conditionis aliquem eximente. Nam omnis fidelis habens usum rationis potest et debet catholico moderamine denunciare quoscunque falsarios vel adversarios evangelice veritatis."

[71] Diepgen 1909, 46.

[72] Vat. lat. 3824, fol. 261 vb. Vgl. Finke 1902, CCXf. Weiter heißt es an dieser Stelle: „Qua examinatione facta, si invenirentur eadem opera doctrina erroneam continere, tunc ipse dominus papa ea corrigeret et inde faceret, quod esset super hiis faciendum." Dazu auch Menéndez y Pelayo 1917, CXVIIf.

[73] Diese Kommission trat auf Initiative des damaligen Dompropstes Gaufridus de Crudillis zusammen, der während der Vakanz des erzbischöflichen Stuhls von Tarragona die Erzdiözese als Vicarius Generalis leitete.

[74] Dabei werden einige als häretisch verurteilte Schriften Arnalds namentlich erwähnt. Der Antichristtraktat gehört nicht dazu; Diepgen 1909, 96–99; bes. 97f. Übersicht auch bei Haven 1963, 48f. Mit Recht stellt Diepgen fest: „Der Spruch ist sicherlich nicht unparteiisch gefällt worden. Man braucht nur einen Blick auf das richtende Kollegium zu werfen, das sich wesentlich aus Mitgliedern der von Arnald so oft und so schwer gekränkten Orden rekrutierte." Ebenda 98f.; Perarnau: El text primitiu 1988/

gen diese Verurteilung erfolgreich protestiert. Die Verurteilung wurde für ungültig, weil in dieser Frage ausdrücklich für nicht zuständig erklärt.[75] Tatsächlich hatte Arnald von Villanova niemals zuvor so sehr das Vertrauen eines Papstes gewinnen können. Dieses Vertrauensverhältnis zwischen Clemens V. und Arnald artikulierte sich überdies im Jahre 1309 noch einmal dadurch besonders, daß der Papst den Katalanen mit der so ehrenvollen wie verantwortlichen Aufgabe betraute, das Curriculum des ordentlichen Medizinstudiums an der Universität Montpellier zu reformieren. Die sodann erfolgte Ausweitung der Medizin auf ein Unterrichtscorpus von insgesamt fünfzehn antiken und arabischen Werken in lateinischer Neuübersetzung ist wesentlich Arnalds Verdienst.[76]

2.1.8 Letzte Jahre

In den letzten Jahren seines Lebens sehen wir Arnald immer wieder von Clemens V., Jakob II. und Friedrich III. von Sizilien in Anspruch genommen, als Arzt, als „Sendbote", als privat-familiärer wie auch politischer Berater. Seine Reputation als einflußreiche Persönlichkeit mit intensiv-spirituellem Anliegen ließ ihn aber auch zum geeigneten Ansprechpartner und erfolgverheißenden Anwalt für all jene werden, die sich in ihrem geistig-geistlichen Anspruch von den Mächtigen in Kirche und Welt mißverstanden, an den gesellschaftlich-kirchlichen Rand gedrängt oder gar verfolgt sahen. So baten ihn die Templer aus Aragón, sich für die Existenz ihres Ordens beim Papst und gegen Philipp den Schönen einzusetzen; allerdings erfolglos, wie wir wissen.[77] Energisch wie erfolgreich hingegen setzte Arnald sich nachweislich für die Mönche auf dem Berge Athos und für Ubertino de Casale ein, ein

---

89, 17; Blanch, Josep: Arcxiepiscopologi de la Santa Església metropolitana de Tarragona. Tarragona 1951, 185–189. Grundlegend Menéndez y Pelayo 1879, 22–235; ders. 1917, CXXIII–CXXIX; Arnaldus de Cervara: Sentènia de contemna; s. Santi 1987, 283–289; Perarnau i Espelt, Josep: Fragments en català del tractat perdut d'Arnau de Vilanova *De fine mundi* en una disputa entorn de les previsions escatològiques (Vilafranca del Penedès i Barcelona, 1316–1317). *ATCA* 7/8 (1988–1989) 282–287.

[75] Rodrigo Lizondo, Mateu: La protesta de Valencia de 1318 y otros documentos inéditos referentes a Arnau de Vilanova. *Dynamis* 1 (1981) 241–273.

[76] Demaître, Luke: Theory and Practice in Medical Education at the Unversity of Montpellier in the Thirteenth and Fourteenth Centuries. *JHM* 30/2 (1975) 109; Cartulaire de l'Universitaire de Montpellier. Bd. 1, Montpellier 1890, Nr. 3 und 25; Santi 1987, 107.

[77] Das Todesjahr Arnalds von Villanova war auch das Jahr, in dem die Aufhebung des Templerordens vollzogen wurden, 1311/12. Diepgen 1909, 50ff.; allgemein Ehlers 1987, 195ff.

Erfolg, der ein bezeichnendes Licht auf Arnalds Frömmigkeit wirft, das uns weiter unten noch näher beschäftigen wird.

Arnalds Einfluß auf Friedrich III. und Jokob II. zeigte sich auch in den Kreuzzugsplänen, die sie mit Hilfe Arnalds von Villanova dem Papst im Jahre 1309 unterbreiteten. Die Art und Weise jedoch, wie Arnald diese Pläne dem Papst und hohen geistlichen Würdenträgern übermittelte (sich selbst dabei in den Vordergrund spielend, die Könige jedoch als träumende Zauderer und Glaubenszweifler darstellend), löste noch kurz vor dem Tod Arnalds einen Bruch zwischen Jakob und seinem „sehr geschätzten" Arzt aus. Als dieser kurz darauf an den Hof Friedrichs von Sizilien eilte, setzte Jakob alles daran, auch seinen Bruder davon zu überzeugen, daß es für den guten Ruf der *familia* besser sei, sich von Arnald zu distanzieren. Schließlich habe dieser die königliche Familienehre beschmutzt. Doch Friedrich III. hielt unbeirrt zu Arnald, verteidigte ihn sogar gegenüber den Angriffen seines Bruders und suchte weiterhin den Reformplänen des katalanischen Arztes im Königreich Sizilien vorbildlich zu entsprechen. Als Gesandter der Könige traf Arnald an der Kurie auch mit Robert von Neapel zusammen, der kurz zuvor – am 25. August des nämlichen Jahres – zum König gekrönt worden war. Ob er allerdings mit ihm über seinen Titel „König von Jerusalem" im Sinne oder gar im Auftrag Friedrichs III. verhandelte, bleibt fraglich.[78] Zweifellos aber stand Arnald seit diesen Tagen in Avignon mit König Robert in enger Verbindung, einem König, der sich nicht nur offen zeigte für die friedlichen, häufig von Arnald unterbreiteten Lösungsvorschläge Friedrichs zur gewaltfreien Beilegung der vorhandenen Streitfragen zwischen Sizilien und Neapel, sondern darüber hinaus sich schon bald als ein Freund der Spiritualen und vieler „Neuerer" erweisen sollte.

Wenige Monate später aber war Arnald bereits tot. Unterwegs von Neapel nach Avignon starb er am 6. September 1311 bei einem Schiffbruch vor Genua. Vermutlich wollte er zum Papst, der wieder einmal Arnalds ärztliche Hilfe benötigte. Kurz zuvor hatte der Katalane sich intensiv um die Versöhnung mit Jakob II. bemüht, den er, wie es in einem der letzten Briefe Arnalds heißt, nicht aufgehört habe, aufrichtig zu verehren.

2.2 Arnalds Reformanliegen

2.2.1 Arnalds Anliegen

Arnald von Villanova zeigt sich in den theologisch-aszetischen und spirituell-praktischen Werken stark beeindruckt von der Frömmigkeit der

---

[78] Diepgen 1909, 73f.; Lee/Reeves 1989, 42.

großen Bettelorden, namentlich der Dominikaner und Franziskaner. In ihnen sieht er Hoffnungszeichen für das Aufkommen eines erstarkten und überzeugend-wirkmächtigen Christentums. Während er den Krankheitszustand des Patienten „Menschheit" diagnostizierte, sah er in der praktisch-gelebten Spiritualität der Bettelorden, vornehmlich in ihrer Option für die Armen und die Armut, die Medizin, das Heilmittel für den erkrankten Leib der Christenheit. Dabei läßt sich bei Arnald eine zunehmende Tendenz zum Rigorismus und zum Vollkommen-heitsideal der Armut im Sinne der Franziskaner-Spiritualen und einer *auch* joachitisch beeinflußten Endzeiterwartung feststellen.[79] Doch wollte er eine Reform der Kirche, niemals den Bruch mit der Kirche. Schon gar nicht strebte er, wie E. Benz noch meinte, „die Verwandlung der Eschatologie in eine sozialistische Gesellschaftsutopie" an, „deren letzte säkularisierte Formen die kommunistische Gesellschaftsutopien darstellen."[80]

Und auch das kann eigentlich nicht überraschen. Ist doch bereits bei Salimbene zu lesen, wie sehr sich schon um die Mitte des 13. Jahrhunderts „zahlreiche Notare, Richter, Ärzte und andere Gebildete" anstrengten, um etwas von der Theologie Joachims von Fiore in sich aufzunehmen, keineswegs aber um Joachims Lehre unkritisch zu übernehmen oder gar in die Tat umzusetzen.[81] Es handelt sich hierbei ja um eine Personengruppe, die, akademisch gebildet, längst zu den Führungsschichten einer sich immer deutlicher durch Ständepluralismus auszeichnenden Gesellschaft gehörte. Sie redete aufgrund der um die Wende zum 14. Jahrhundert längst erkannten und vielfach genutzten religiösen und intellektuellen Mobilitätsmöglichkeiten zwar einer Reform der Kirche das Wort, strebte aber keineswegs den Kampf gegen die Kirche an, ja beabsichtigte nicht einmal, sich außerhalb der Kirche zu bewegen.[82]

Bei der Lektüre der zahlreichen spirituellen Werke Arnalds zeigt es sich sehr deutlich, daß er selbst durchaus zu all diesen religiösen Strömungen und Bewegungen eine gewisse kritische Distanz bewahrt hatte. Er sympathisierte mit diesen extremen Kreisen, teilweise sogar mit ihren sozialrevolutionären Tendenzen, zumindest gesellschaftskritischen Anliegen.[83] Er verteidigt am königlichen Hof wie bei der Kurie

---

[79] Dazu Saranyana/Zabella 1992, 115–120.

[80] Benz, Ernst: Die Geschichtstheologie der Franziskanerspiritualen des 13. und 14. Jahrhunderts nach neuen Quellen. *ZKG* 52 (1933) 90–121, bes. 107f.

[81] Salimbene di Adamo: Cronica fratris Salimbene de Adam ordinis minorum. Ediert von Oswald Holder-Egger, MGH SS 5, XXXII, Hannover 1905–1913, 236, 239.

[82] Seibt: Revolution 1984, 60–67.

[83] Hier ist Töpfer recht zu geben. Töpfer 1964, 255f.; allgemein Lambert, Malcolm: Ketzerei im Mittelalter. Eine Geschichte von Gewalt und Scheitern. Freiburg/Basel/Wien 1991, 272–280 (= Herder/Spektrum Bd. 4047).

geschickt ihre Ideen, ihre Ideale und ihre Lebensweise. Dankbar erwähnt Angelus Clarenus Arnalds aktive Intervention an einflußreicher Stelle, lobte des Katalanen Absicht, für Angelus und die Seinen deutlich vernehmbar Partei zu ergreifen. Dabei betonte er besonders Arnalds entschiedene Wahrheitsliebe.[84]

Auch setzte Arnald sich für die Vereinigungen frommer Laien ein, den Beginen und Begarden, überhaupt für die, die wahrheitsgemäß (secundum veritatem), d. h. gemäß dem Evangelium zu leben sich bemühten. Doch er setzte sich ein, indem er sie einsetzte, sie als „Gegengift" gebrauchte, als ein Gift, das – entsprechend dem bekannten und spirituell praktizierten „Gesetz vom Gegenteil"[85] – an sich und isoliert betrachtet und eingesetzt, gefährlich wirkt, das aber im extremen Krankheitsfall die rapid sich fortschreitende Krankheit aufhält, zurückdrängt und schließlich die Gesundheit, d. h. die gottgewollte Ordnung des Gesamten, den *ordo*, wiederherstellt.[86]

Worauf es Arnald – dem Arzt – entscheidend ankam, war die kritische Diagnose um der Therapie willen. Dabei kritisierte er persönliche Fehlhaltungen, nicht institutionelle Strukturen. Er nannte die Sünden der Kleriker, der Mönche und der Christen insgesamt beim häßlichsten Namen und stellte ihnen allen gleichsam den traurigen „Ist-Zustand" vor Augen, der im gleichzeitig gewiesenen „Sollen-Zustand" um so jämmerlicher erschien. Er hoffte, dadurch die inneren Kräfte der so Kritisierten neu auf das ihrem *status* gemäße Lebensziel hin zu konzentrieren.

Dabei bleibt immer deutlich, daß Arnald nicht die Vernichtung oder Tötung, sondern die Genesung des klarerweise Kranken und Morbiden

---

[84] Pou y Martí 1930, 59.

[85] Ein in der christlichen Spiritualität schon seit der Patristik bekanntes und angewandtes Prinzip, das aber nicht zuletzt von den Franziskanern systematisch reflektiert und praktiziert wurde. Dazu Gerwing 1986, 192ff. In Arnalds 1304 veröffentlichter Schrift „Antidotum contra venenum effusum per fratrem Martinum de Atheca Predicatorem adversus denuntiationes finalium temporum", Cod. Vat. lat. 3824, fol. 237 v–254 v, wird dieses Denk- und Handlungsprinzip des „Gegengiftes" bereits im Titel präsent.

[86] Der Einfluß Avicennas ist hier zu spüren, aber auch die in dieser Zeit gerade unter Medizinern virulente augustinische Tradition des „Christus Medicus", dazu Dulieu, Louis: Arnaud de Villeneuve et la médecine de son temps. *Montpellier Médical* 63 (1963) 29–49, bes. 33f., der diesen theologisch gefaßten, und den Menschen in seiner leib-seelischen Struktur umfassenden Therapie-Begriff in den medizinischen Schriften Arnalds feststellte. Zur gesamten Tradition des „Christus Medicus" sehr informativ Schipperges, Heinrich: Zur Tradition des „Christus Medicus" im frühen Christentum und in der älteren Heilkunde. *Arzt und Christ* 11 (1965) 12–20 sowie 31 (1985) das gesamte Heft 1; entsprechende Hinweise und anregende Gespräche über diese Tradition verdanke ich Gottfried Roth, St. Pölten.

in Kirche und Welt anstrebte. Er beabsichtigte nicht, eine andere Kirche oder eine anders strukturierte Gesellschaft zu konstituieren,[87] wohl aber zum Wohl von Kirche und Gesellschaft beizutragen. Insofern erinnert vieles an Raimundus Lullus, der sich ja ebenfalls zum Thema „Antichrist" äußerte,[88] allerdings völlig anders als Arnald. Sie kannten und schätzten einander, müssen aber in ihrer geistig-geistlichen Korrespondenz noch näher untersucht werden.[89] Arnald war jedenfalls kein „umorganisierender Reformator", schon gar nicht ein „Proto-Protestant", wie mitunter behauptet wird.[90] Auch dachte er nicht daran, das Priestertum oder das Mönchtum in Frage zu stellen, die Sakramente oder die kirchliche wie weltliche Ordnung, womöglich den mittelalterlichen *ordo* insgesamt abzuschaffen.[91] Vielmehr war er davon überzeugt, daß den vielfältigen Demütigungen der Kirche auf der einen, der Überheblichkeit und Diesseitsverhaftetheit zahlreicher kirchlicher Vertreter auf der anderen Seite, der Völlerei und der Verweltlichung beim hohen Klerus, der anmaßenden und doch nur höchst selektiv wahrnehmenden Intellektualität zahlreicher theologischer Magister, kurz dem allgemein zu beobachtenden Glaubensverlust nur durch ernsthaft gelebte und vorbildhaft praktizierte Nachfolge Christi Einhalt geboten zu werden vermag.

Er strebte die ganzheitliche, leib-seelische Heilung an, die Rückführung zum ursprünglich Richtigen, die Re-form von Kirche und Menschheitskörper. Wenn es dazu eines, an sich betrachtet, gefährlichen Giftes bedarf – und von dieser Notwendigkeit war Arnald überzeugt –, dann

---

[87] Daß Arnald von Villanova dennoch im Rekurs auf Offb 8,1 die Möglichkeit erwähnt, daß nach dem Tod des Antichrist für eine kurze Zeit Friede und Ruhe in die Kirche eintreten werden, kann nicht als Beweis dafür akzeptiert werden, daß Arnald eine „neue Kirche" wollte. Manselli 1959, 147.

[88] Raimundus Lullus: El Llibre contra Anticrist. Ediert von Josep Perarnau i Espelt. *ATCA* 9 (1990) 7–182; Saranyana/Zaballa 1992, 121–124 (mit Lit.); Batllori, Miquel: Arnau de Vilanova, Joan de Rocatalhada i António Vieira. In: Studi di Iberistica in memoria di Giuseppe Carlo Rossi. Hrsg. von Instituto Universario Orientale. Neapel 1986, 22–30, bes. 24; Batllori, Miquel: La cultura. Barcelona 1962.

[89] Santi 1987, 92f.; Perarnau i Espelt, Josep: L'Ars catholicae philosophiae (primera redacció de la Philosophia catholica et divina) d'Arnau de Vilanova. En apèndix, les dues lletres que acompanyaven les còpies destinades a Bonifaci VIII i al Col·legi Cardenalici i les requestes a Benet XI i al cambrer papal en seu vacant. Edició i estudi del text. *ATCA* 10 (1991) 7–223, 45ff.

[90] Bazell 1991, 32, bes. Anm. 41 u. 42.

[91] Dazu die Verurteilung von Tarragona aus dem Jahre 1316 Menendez-Pelayo 1879, 223–235, 79–87; insgesamt zur religiös-spirituellen Situation mit Blick auf Arnald s. Batllori, Miquel: Elements comuns de cultura i d'espiritualitat. In: Estratto da IX Congresso di Storia della Corona d'Aragona. 11–15 IV 1973. Hrsg. von dems. Neapel 1978, 233–249, bes. 246ff.

muß es als Heilmittel eingesetzt, gleichsam „verabreicht" werden. Damit es aber als solches überhaupt „verordnet" werden kann, darf es nicht „vernichtet", „verboten", sondern muß geschützt, verteidigt und gleichsam „kultiviert" werden.

2.2.2 Appell zur Nachfolge Christi

Was diese „Kultivierung" konkret bedeutet, geht aus seinem Papst Benedikt XI. am 2. Juni 1304 übersandten Reformprogramm hervor. Hier befürwortet Arnald vehement das bei den Spiritualen und Beginen beiderlei Geschlechts geübte christusförmige Leben. Diese sich am Leben Christi orientierenden Reformbewegungen sollten von der Kirche nach Kräften gefördert und gepflegt, nicht aber behindert, der Häresie verdächtigt und mundtot gemacht werden, wie es leider vor allem in der Provence durch das harte Vorgehen der Inquisitoren der Fall sei. Überdies läßt Arnald durchblicken, daß das katastrophale Ende Bonifaz' VIII. durchaus als Strafe für die Ignorierung seiner Mahnungen und Ratschläge zu deuten sei. Jedenfalls gelte es jetzt, die Mißstände so rasch und so deutlich wie möglich wahrzunehmen und zu beseitigen. Es komme darauf an, auf der „richtigen" Seite, der Seite Christi und der Wahrheit, zu stehen. Zunächst müsse allen Gläubigen das verkündet werden, was er im Antichristtraktat gesagt habe, vor allem, daß man mit der baldigen Ankunft des Antichrist rechnet. Alle Christgläubigen sollten sich auf Christus konzentrieren und alles unterlassen, was sie von der Wahrheit ablenke. Vorbildhaft müsse dies der Klerus leisten. Die Priester und Ordensleute müssen allen Menschen, auch den Heiden, Ungläubigen und Schismatikern exemplarisch demonstrieren, was es heiße, in Frieden das Wort Gottes zu hören und der Wahrheit zu leben. Diese die Welt umfassende christliche und auf Christus zentrierte Initiative sollten die Mächtigen nach Kräften unterstützen. Der christliche Fürst müsse sich seiner Aufgabe als christlicher Fürst bewußt sein und entsprechend handeln.[92] Als christlicher Magnat habe es ihm nicht so sehr auf materiellen Zugewinn anzukommen, nicht um territoriale Expansion, nicht um Erhöhung der Steuern, um Geld und äußere Macht, als vielmehr darauf, daß seine Untergebenen das ewige Heil erlangen.[93]

---

[92] Dazu auch Diepgen 1909, 53ff.

[93] Brief Arnalds von Villanova vom 2. Juni 1304 an Papst Benedikt XI., Vat. lat. 3824, fol. 204–214, hier fol. 210 ra; Finke 1902, CLXXVII–CXCII, hier CLXXXVIf. „Non est etiam diu, quod missi fuerunt in provinciam Provincie inquisitores adversus predictos filios veritatis. Et quotquot inveniebant fateri, quod imitatio vite Christi et apostolice quantum ad pauperem usum temporalium rerum pertinebat eorum observantie regulari, diris carceribus impie mancipabant. Nec iam palam erubescunt sui status destruere fundamentum ab ecclesia Romana limitatum et consignatum. Et hec annunciat

Dieses „Reformprogramm" Arnalds ist nicht zuletzt Frucht der unmittelbaren Rezeptionsgeschichte seines Antichristtraktates. Aufgrund der reservierten bis revidierenden Haltung, die Arnald allerorten, vor allem seitens des Papstes, im Blick auf diesen Traktat wahrnehmen mußte, sah er sich genötigt, deutlicher das zu markieren, worauf es ihm letztlich und eigentlich ankam: auf die in seinem Antichristtraktat noch recht allgemein und zurückhaltend artikulierte, aber, wie die weiter unten vorgenommene Textanalyse erstmals belegt, bereits vorhandene Reformabsicht. Diese wird im Verlauf der Zeit spiritualistisch akzentuiert und in den Vordergrund gerückt. Daß er dabei allerdings seine eschatologischen Erwartungen zunehmend unberücksichtigt lasse, wie vielfach behauptet wird, stimmt mit den Fakten nicht überein. Es zeigt sich vielmehr, daß Arnald von Villanova beide Element miteinander verknüpft; und zwar so, daß er seinen Reformvorschlägen durch den Hinweis auf die baldige Ankunft des Antichrist die nötige Dringlichkeit und Ernsthaftigkeit zu verleihen sucht.

So spricht Arnald auch in dem bereits 1302 verfaßten, dem Sacrum Collegium Romanum gewidmeten und dem Papst von Nizza aus zugesandten Werk, der *Philosophia catholica*,[94] nicht zuletzt der radikal-franziskanisch gelebten Armut das Wort. Im deutlichen Rekurs auf die in den siebziger Jahren des 13. Jahrhunderts von Petrus Johannis Olivi in Montpellier entwickelte Lehre von der vollkommenen Armut, in der das Leben und Streben der Christen zur Entscheidung und die christliche Ethik zur Vollendung komme, betont Arnald von Villanova, daß „das Hängen an den Dingen dieser Welt" den Blick auf Christus verstelle und die Nachfolge Christi, zu der jeder Getaufte verpflichtet sei, sofern er wahrhaftig leben wolle, unmöglich mache, weil im Ansatz verhindere. Arnald bezeichnet all diejenigen als Söhne und Vorboten des Antichrist, die zwar von Christus reden, tatsächlich aber nicht

---

ille tibi, cui per immortalem ostensa sunt sanguis occisorum et incarceratorum calamitas. Et cum interrogaret de quodam, cur in opprobrium confusionis ostense daretur, responsum est ei: ‚Quoniam exaltavit dexteram deprimentium me et letificavit inimicos meos.' Et cum quereret, quare luminaria funeris eius non portant homines sed iumenta, responsum est: ‚Quoniam in eo veritas non permansit.'" Im Zusammenhang mit seiner Forderung, auf der richtigen Seite zu stehen, wirft Arnald den Geistlichen sündhaftes Verhalten vor, wenn sie sich von arabischen und jüdischen Ärzten behandeln lassen. Für Diepgen 1909, 36, entbehrt diese Vorhaltung „nicht des komischen Beigeschmacks". Dazu weiter unten im Kapitel 2.2.6 dieses Hauptteils.

[94] Philosophia catholica et divina tradens artem annichilandi versutias maxime Antichristi et omnium membrorum ipsius. Vat. lat. 3824, fol. 110 v–135 r; andere HSS verzeichnet Santi 1987, 254; teilweise ediert von Pou i Martí 1930, 56–57; 61 f.; jetzt neu ediert von Perarnau: L'Ars catholicae philosophiae 1991, 57–195; dazu auch die Begleitschreiben an Bonifaz VIII. und das Kardinalskollegium. Ebenda 197 ff.; 199 f.

Christus im Sinne, sondern ihre Vermögensbildung, ihr hohes Ansehen, ihre Macht über andere und – allgemein – die Befriedigung ihres eigenen Geltungsstrebens im Sinne hätten. Diese Neubesinnung auf die Nachfolge Christi unter Betonung der Armut empfiehlt er nicht nur den Priestern und Ordensleuten, sondern jedem Getauften, jedem Christen.[95]

Auch in der nur wenig später, jedenfalls noch im Jahre 1302 publizierten *Apologia de versutiis et perversitatibus pseudotheologorum et religiosorum*[96] kritisiert Arnald nicht nur, wie häufig behauptet, die gelehrten Theologen, die *doctores*, sondern formuliert, gerade in der theologischen Begründung und spirituellen Rückbindung seiner Kritik, auch das, was ihnen den Blick auf die Wahrheit und was ihnen den Weg in die Nachfolge Christi versperrt. Es sind dies die „sieben bösen Geister" der Überheblichkeit (superbia), des falschen Ehrgeizes (ambitio), des Ehrgeizes nämlich nach weltlichem Ruhm und dem Ruf nach Heiligkeit ohne innere Religiosität, der Genuß- und der Habsucht (cupiditas et avaritia), der Scheinheiligkeit (ypocrisis aut ficta religio), des Neides (invidia), der Verstocktheit im Bösen (obstinatio) und schließlich und vor allem der Geist der Unwahrhaftigkeit, der Geist der die Augen vor der Wahrheit verschließt, ja diese sogar entschieden bekämpft: „spiritus perfidie impugnantis aut persequentis manifestam seu cognitam veritatem".[97] Ihre Selbstverfangenheit und ihre Selbstgefälligkeit macht viele Theologen unfähig, überhaupt noch die Schlichtheit und Einfachheit der biblischen Sprache wahrzunehmen, für sich selbst fruchtbar zu machen und anderen zu vermitteln.

Dabei wird wiederum deutlich, daß es Arnald von Villanova durchaus nicht auf eine strukturelle Reform ankam, auf ein „Umorganisieren" des universitären, klerikalen beziehungsweise gesamtkirchlichen Lebens, sondern entschieden um eine seinshafte Erneuerung des religiösen Lebens von innen heraus. Anklänge an die seit der Patristik, ja seit dem Frühchristentum bekannte, vieldimensionierte Tradition des *Christus Medicus* werden appliziert: Christus ist das Leben, weil er das heile, heilige und heilende Wort des Vaters ist. Er ist die Wahrheit, um die es gerade in apokalyptischer Zeit geht: um die gelebte, biblisch ge-

---

[95] Zu diesem Traktat hoffe ich, demnächst eine größere Studie vorlegen zu können.

[96] Santi 1987, 255; Vat. lat. 3824, fol. 135 v–160 r, teilweise ediert von Finke 1902, CLXIII–CLXXII, und Pou i Martí 1930, 76.

[97] Arnald von Villanova: Apologia. Vat. lat. 3824 fol. 151 va; Finke 1902, CLXIV; vgl. Mt 12,45; Lk 8,2.

offenbarte Wahrheit, um die aufrichtige und unverfälschte Nachfolge Christi.[98]

2.2.3 Die Wahrheit lehren und leben

Die daraus unmittelbar von Arnald gezogene Folgerung besteht in der Forderung, daß kein Christ-Gläubiger in der vom Antichrist bedrohten Zeit versäumen dürfe, nach Möglichkeit selbst die Heilige Schrift zu studieren und das Leben danach einzurichten.[99]

Der Grund dafür, warum zahlreiche Theologen und Ordensleute so wenig für das Heil und die Heil(ig)ung der Menschen tun, liege darin, daß sie sich zu sehr ablenken lassen von dem eigentlichen Studium der Heiligen Schrift. Sie interessieren sich nicht „wahrhaftig" für das, was eigentlich ihre Sache sei, für das, was in der Heiligen Schrift stehe. Vielmehr komme es ihnen darauf an, anderen zu demonstrieren, wie gelehrt sie seien, darauf, daß sie mit ihrer Schriftkenntnis und vielsinnigen Schriftinterpretation glänzen könnten. Der sich in dieser Haltung zeigende Krankheitskeim sei allgemein verbreitet: Es ist der Hochmut und die Habsucht, die Heuchelei, die eigensinnig-ehrgeizige Eifersucht sowie die Lüge. All das seien deutliche Anzeichen dafür, daß der Antichrist „im Kommen" sei. Denn der eigentliche Urheber dieses schwer sündhaften Verhaltens sei der Satan selbst. Er ist es, in dessen Dienst – wie der Antichrist – diese „Pseudotheologen" und „Pseudochristen" stehen und in dessen Geist – ebenfalls gleich dem Antichrist – sie handeln. „Sathanas introducit in ipsos illos septem malignos spiritus, de quibus facit dominus mentionem."[100] Positiv formuliert, beinhalten Arnalds Forderungen also zweierlei:

---

[98] Arnald von Villanova: Apologia. Vat. lat. 3824 fol. 159 vb, Finke 1902, CLXXI: „Ex hac ergo apostoli prophetia patet summe necessarium esse devotis Christi propter defensionem veritatis ipsius et confutationem atque repulsionem pseudotheologorum et religiosorum pie et plane imbui ac muniri sacre pagine documentis." Die siebte und schlimmste Sünde der „Pseudotheologen" ist demnach für Arnald die Sünde wider die offenbarte und erkannte Wahrheit!

[99] Arnald von Villanova: Apologia. Vat. lat. 3824 fol. 159 ra; Finke 1902, CLXXI: „Quibus verbis innuit expresse prout tangitur in glossa, quod illis fidelibus, ad quos ultima tempora seculi pervenirent, magis necessaria foret noticia veritatis, quam sacra continet scriptura, propter multitudinem impugnantium veritatem evangelicam et supertentium imperitos." Dazu auch die erwähnte, vom 25. August 1305 datierte „Presentatio facta Burdegaliis coram summo pontifice domino Clemente V." Vat. lat. 3824, fol. 254 v–261 v, semikritische Teiledition bei Finke 1902, CCI–CCXI, bes. CCIX. Hier betont Arnald von Villanova nachdrücklich, daß jeder Katholik nicht nur das Recht, sondern auch die Pflicht hat, jeden Verfälscher und Gegner der Wahrheit anzuzeigen.

[100] Arnald von Villanova: Apologia. Vat. lat. 3824 fol. 151 va, Finke 1902, CLXIV. Wie sehr der falsche Geist den als Mikrokosmos verstandenen Menschen krank macht, zeigt Arnald von Villanova in seinen medizinischen Schriften an verschiedenen Stel-

a) Da die Kirche, die Christenheit insgesamt und jeder einzelne Christ verpflichtet ist, „nach dem zu trachten, was oben, nicht aber nach dem, was auf Erden ist" (Kol 3,2), ist es grundverkehrt (perversum), jene zu bekämpfen, die sich radikal nach dem Evangelium ausrichten und dabei die Armut leben wollen. Diese müssen vielmehr gefördert und gefordert werden. Jene Konzentrierung auf das irdisch Vergängliche hat auf das eigentlich Wirkliche und Wahre hin durchbrochen und durchstoßen zu werden.

b) Jedermann, der Theologe vor allem, muß sich auf die Wahrheit des Evangeliums konzentrieren, dürfe nicht um sich, sondern habe um Christus zu kreisen. Dabei habe es das ureigenste Anliegen des Theologen zu sein, nicht ein Wissensmonopol zu etablieren, sondern andere teilnehmen zu lassen an dem erkannten wahren Offenbarungs-Wissen. Es gehe darum, die Wahrheit zu verkünden und dafür zu sorgen, daß möglichst viele die Heilige Schrift, das Wort Gottes, kennen. In einer Christus vergessenen, ja Christus bekämpfenden Zeit[101] komme es entschieden darauf an, möglichst vielen Christus bekannt zu machen und möglichst viele an dieser Verkündigung Christi partizipieren zu lassen.

Gerade diesen letzten Reformgedanken thematisierte Arnald von Villanova immer wieder; vor allem dann, wenn es darum ging, sich gegen Vorwürfe zu verteidigen, die ihn, Arnald, der ungehörigen und irrigen Schriftauslegung bezichtigten. So glaubt der katalanische Arzt in seiner 1302/3 vor einer Versammlung von Geistlichen in Gerona vorgetragenen Schrift, dem *Eulogium*,[102] daß die Theologen nur deswegen seine

---

len. Dazu Dulieu 1963, 39f.; zur Bestimmung des Menschen als Mikrokosmos und den verschiedenen Orten der Elemente im Menschen ders.: Arnauld de Villeneuve et les doctrines mèdicales au moyen age. In: Congrés International d'història de la medicina catalana. Bd. 1. Hrsg. von Càtedra d'Història de la Medicina de la Facultat de Medicina de Barcelona u. a. Barcelona/Montpellier 1970, 204–210, bes. 208f.

[101] Der Kampf gegen Christus ist für Arnald in der dem Kommen des Antichrist nahen Zeit gerade durch das sich stets stärker verbreitende un- und widerchristliche Verhalten der Menschen gegeben: „Ex quibus aperte cognoscitur, quantum supradicti presumptuosi delirent, cum in mendacio vel sompniis glorientur. Nam cum sit certum eos fore tantummodo nobiles, quos Deus iudicat esse tales, constat eos amentes vel ydiotas, qui genere vel scientiis credunt nobilitari, cum scriptura testetur, quod humiles et benigni et mansueti et patientes et pii et liberales, veraces et honesti et similes non tantum existunt de genere Christi, sed etiam membra eius. Contrarii vero sunt membra maximi antichristi." Ebenda fol. 153 rb–va, Finke 1902, CLXVI.

[102] Arnald von Villanova: Eulogium de notitia verorum et pseudo-apostolorum. Vat. lat. 3824, fol. 160 rb–166 vb. Ediert von Carreras i Artau, Ioachim: La polémica gerundense sobre el Anticristo entre Arnau de Vilanova y los dominicos. *Anales del Instituto de Estudios Gerundenses* 5 (1950) 33–44. Weitere HSS, weitere Teileditionen und Übersetzungen s. Santi 1987, 255.

klare und deutlich formulierten exegetischen Erkenntnisse nicht akzeptierten, weil sie nicht ertragen könnten, daß hier ein Arzt, ein Laie, ein Theologe aus Passion, nicht aus Profession, mahnend und warnend das Wort ergreife. Die Wahrheit, daß jeder Christgläubige dazu verpflichtet sei, den christlichen Glauben zu kennen und zu bekennen, bekämpften die Theologen aus egoistischen und selbstherrlichen Gründen. Dadurch entpuppten sie sich aber selbst nur als „Pseudoapostel", die nicht Christus, sondern seinen Gegnern, letztlich dem Antichrist in die Hände spielten.[103]

Besonders empfindlich reagierte Arnald, als man ihm aufgrund seines Ehestandes die Kompetenz abzusprechen wagte, überhaupt von solch hehren Dingen wie „die göttliche Wahrheit" Gültiges aussagen zu können.[104] Offensichtlich auf äußerste herausgefordert, sah er sich gezwungen, entschieden Stellung für das Sakrament der Ehe zu beziehen. Das Verheiratetsein als Grund dafür anzuführen, nichts Gültiges über Christus und die christliche Lebensgestaltung aussagen zu können, sei nicht nur eine Frechheit, sondern klarerweise eine häretische Behauptung. Werde doch dadurch das Sakrament der Ehe in seiner Dignität verkannt und geradezu verunglimpft. Christus selbst hätte schließlich den verheirateten Petrus zu seinem Stellvertreter auf Erden bestimmt und einen Arzt, den Evangelisten Lukas, gewürdigt, die Frohe Botschaft zu künden.[105]

Überhaupt legt Arnald in seinen im Verlauf der nach 1300 verfaßten theologisch-spirituellen Werken immer wieder Wert darauf, zu betonen, daß jedem getauften Christgläubigen die Fähigkeit zuzugestehen sei, seinen Glauben zu verkünden und aus dem Glauben zu leben. Es gehört zu seinen immer wieder variierenden und auf die jeweilige Situation und den spezifischen Adressaten zugeschnittenen Kernaussagen, daß der Christ nicht nur das Recht, sondern auch die Pflicht habe, für Christus entsprechend seiner Bildung, seinem Wissen und seinem Können Zeugnis abzulegen. Darüberhinaus geht es Arnald darum, seinen Lesern klarzumachen, daß jeder entsprechend seinem *status* zu leben hat: der Weltkleriker hat ein guter Weltkleriker, der Ordensmann

---

[103] Ebenda fol. 164 va–vb. Die oben erwähnte Tradition des „Christus-Medicus" ist hier deutlich herauszuhören. Schipperges: Zur Tradition des „Christus Medicus" 1965, 12–20.

[104] Arnald von Villanova: Tres denunciationes Gerundenses. Vat. lat. 3824, fol. 166 v–174 v, bes. 172 v–174 v: Tertia denunciatio Gerundensis. Transkribiert von Carreras i Artau 1950, 45–58, bes. 54–58.

[105] Ebenda fol. 173 rb–va.

hat ein guter Ordensmann, der König ein guter König,[106] der Arzt ein guter Arzt, der Ehemann ein guter Ehemann zu sein.[107]

Gerade in diesem Punkt gewinnt Arnalds Kritik nochmals an Schärfe. So nähmen zahlreiche *religiosi* ihre eigenen Ordensregeln nicht ernst, mißachteten durch eitles Geschwätz die Zeiten der Ruhe und des Gebets, brächen die Fastenzeit durch ausgiebige Speisen und gute Getränke, und verletzten die Nächstenliebe und das geordnete Zusammenleben aufgrund ihrer Eifersucht, ihres Hasses und ihrer Streitsucht. Jeder wolle sich selbst in den Mittelpunkt des allgemeinen Interesses setzen: durch exaltiertes Benehmen, angeberisches Getue und durch ein penetrantes Zur-Schau-Stellen des eigenen Wissens und Könnens. Ihnen allen ruft Arnald nicht nur die sieben Wehrufe Jesu in Erinnerung, sondern betont, daß der Sohn Gottes, die geistlichen Führer der Zeit, „blinde Führer" nannte: „excolantes culicem, camelum autem glutientes."[108]

---

[106] Dazu neben den bereits erwähnten Schriften auch die „Interpretatio facta per magistrum Arnaldum de Villa nova de visionibus in somniis dominorum Jacobi Secundi Regis Aragonum et Friderici Tertii Regis Sicilie eius fratris". In: Menéndez y Pelayo 1879, 91–127; dazu Diepgen 1937, 38–47. Hier wird deutlich, wie stark Friedrich von Arnald persönlich wie auch in seinem politischen Handeln im Sinne der vorgestellten Reformpläne beeinflußt wurde: in seiner Option für die Armen wie in seinem Einsatz für die sittlich-religiöse Erneuerung des Klerus wie der Orden. Arnald hatte dem König – wie zuvor seinem Bruder Jakob – klargemacht, daß er stets an dreierlei denken müsse: „an die Pflicht, nach dem Gewissen ohne Unterschied zwischen Arm und Reich zu richten, an den jüngsten Tag, wo Gott dein Richter sein wird, und an das Beispiel deines Vaters, deines Grossvaters und des heiligen Ludwig von Frankreich, die Gott in so reichem Masse gesegnet hat". Diepgen 1909, 62.

[107] Dazu auch aus medizinischer Sicht Grmek, Mirko D.: Arnaud de Villeneuve et la médecine du travail. *Yperman* 8 (1961) 1–3. Arnald von Villanova: Allocutio Christiani de hiis quae conveniunt homini secundum propriam dignitatem creature rationalis. Vat. lat. 3824, fol. 217 vb–226 ra, bes. fol. 222 va–vb, Finke 1902, CIC.: „Quibus ergo amator Dei debet illa opera exercere, que gradui sue altitudinis conveniunt quantum ad speciem, et hoc in comparatione ad alia animalia, et etiam que conveniunt gradui sue altitudinis, quantum ad gratiam, et hoc in comparatione ad alios homines. Nam si fuerit persona privata, sufficit, ut in se ipso servet iusticiam, si vero publica sive rex aut princeps non sufficit ad salutem eius tantum in se ipso servare iusticiam sed etiam in subditis in quibus est constitutus a deo minister iusticie." Das er damit tatsächlich Erfolg hatte, berichtet Arnald von Villanova am Schluß des *Rahonaments* ausdrücklich. Hier betont er, wie sehr Friedrich III. und Jakob II. sich bemühten, in seinem Sinne gute Könige zu sein. Er spricht von ihren Kreuzzugsplänen, von ihrem Willen, mit dem geistlichen wie dem weltlichen Schwert für die evangelische Wahrheit zu kämpfen. Auch selbst lebten sie ohne Luxus an ihren Höfen, ihre Frauen hätten ihre Edelsteine verkauft und mit dem Erlös die Armen gespeist, die Kirche unterhalten und die Kreuzzugspläne unterstützt. Jakob kämpfe gegen den Islam in Granada, Friedrich auf Sizilien im Sinne der evangelischen Reform. Battlori I, 1974, 167–221.

[108] Ebenda; Finke 1902, CLXIVf.; Mt 23,24.

Und genau darin besteht der eigentliche Vorwurf gegen viele Christen, hier namentlich gegen die *religiosi*: daß sie nicht das leben, was sie vorgeben zu leben, daß sich z. B. Mitglieder einer religiösen Gemeinschaft angeblich im Namen des Gründers ihrer Gemeinschaft für die Gemeinschaft engagieren, sich tatsächlich aber gegen die eigene religiöse Ordensgemeinschaft wenden und so abfallen von dem, was ihnen der Gründer ans Herz gelegt hatte: von der spezifischen Modalität der Nachfolge Christi, die ihnen der Gründer ihrer Gemeinschaft vorgelebt hatte und dessen Spur sie eigentlich verfolgen sollten, von der sie sich tatsächlich aber immer deutlicher entfernten;- in ihrem Denken, Reden wie in ihrem konkreten Handeln. Viele fallen also ab, werden zu Abgefallenen, zu „pseudo-religiosi".

Darin genau liegt ja die Parallele zum Antichrist: Auch dieser ist nichts weiter als ein gigantisch-gefährlicher „Pseudo-Christ", ein abgefallener Christ und gerade deshalb der Antichrist.[109]

2.2.4 Wider den falschen Schein

Nichts ist für Arnald von Villanova so sündhaft und ungesund-unheilig wie das Führen einer „Pseudo-Existenz", eine Lebensrealisierung des „falschen Scheins". Wer Christ ist, hat christlich zu leben. Wer Christus verkündet und in seinen Predigten das Leben Christi den Christen zur Nachahmung ans Herz legt, muß auch Christus in seinem eigenen Leben realisieren. Wer Christus nur im Mund hat, nicht aber im Herzen und „in den Händen", orientiert sich am Antichrist, „hält den Antichrist in seinen Händen", wie Arnald zu formulieren weiß.[110]

---

[109] Ausdrücklich heißt es etwa in der „Apologia de versutiis atque perversitatibus pseudotheologorum et religiosorum" Vat. lat. 3824, fol. 153 va: „[. . .] cum scriptura testetur, quod humiles et benigni et mansueti et patientes et pii et liberales, veraces et honesti et similes non tantum existunt de genere Christi, sed etiam membra eius. Contrarii vero sunt membra maximi Antichristi. Fit etiam bubulcaritas eorundem ex hoc evidentior; quoniam, si predicta duo conferrent veram nobilitatem, minimus demonum esset nobilior cunctis mortalibus, cum sit de genere angelorum et cunctos philosophos atque theologos mortales precellat scientia. Similiter detinentur a spiritu presumptionis claustrales illi, qui gloriantur de spiritualibus patribus sui status, cum tamen eos in vita et moribus et exemplis non satagant imitari, scilicet meditando et orando et in loquela modestiam observando cunctaque transeuntia contemnendo et non solum ab illicitis set etiam a licitis abstinendo." Finke 1902, CLXVI.

[110] „Et adeo iam laycis innotescit, quod feratur communiter non esse apostolicam predicationem ipsorum, cum illa loquantur in suis sermonibus, que Christus per eos non efficit, sed potius antichristus. Ita quod Christus in ore gerunt sed in manibus antichristum." Brief Arnalds von Villanova vom 2. Juni 1304 an Papst Benedikt XI., Vat. lat. 3824, fol. 204 va–214 va, hier fol. 110 vb; Finke 1902, CLXXXV. Besonders deutlich artikuliert Arnald diesen Gedanken auch in seinem schon erwähnten, 1304 veröffentlichten und dem Bischof Wilhelm von Mallorca gewidmeten „Antidotum contra venenum effusum per fratrem Martinum de Atheca Predicatorem adversus denuntiationes finalium temporum" Vat. lat. 3824, fol. 237 va–254 va; semikritische

Da Arnald diese Krankheitssymptome aber massenhaft verbreitet findet, bemüht er sich, *erstens* die zu verteidigen, die sich – wenn auch, möglicherweise, im Übermaß – darum bemühen, radikales, d. h. authentisches Zisterziensertum, authentisches Franziskanertum, authentisches Kartäusertum, kurz: authentisches Christentum zu leben; *zweitens* aber all diejenigen wieder auf die Spur ihres Gründers zu setzen, die sich von dieser *mens fundatoris* – aus welchen Gründen auch immer – stets weiter wegbewegt haben. Das, was für die einzelnen Ordensmitglieder im Verhältnis zu ihrem Ordensgründer gilt, gilt natürlich auch von den Theologen, die mit größter Sorgfalt die Heilige Schrift studieren und die Wahrheit lehren müssen, gilt allgemein für jeden einzelnen Christen wie für die Christenheit insgesamt. Auch sie muß immer wieder die Spur Christi aufnehmen, muß die Nachfolge Christi leisten, darf sich nicht abbringen lassen von ihrem Weg, sich nicht – verführt und verführend – wegdrängen lassen von Christus und so insgesamt zum „Pseudo-Christentum" verkommen. Es wundert in diesem Zusammenhang nicht, daß Arnald von Villanova sich nicht nur für die südfranzösischen und oberitalienischen Laiengruppen und Spiritualen einsetzte, sondern sich auch um die traditionellen Orden bemühte.

So ist aus einem vom 1. Juli 1308 datierten Brief König Jakobs II. an seinen katalanischen Arzt und mutmaßlichen Erzieher seiner Kinder zu erfahren, daß dieser sich um die Mönche vom Berg Athos sorgte, als katalanische Truppen in die Herzogtümer Athen und Neopatras einfielen.[111] Auch die neuesten Untersuchungsergebnisse von Dianne Bazell passen ins Bild: Sie fand in ihrer Untersuchung des von Arnald verfaßten *Tractatus de esu carnium pro sustentatione ordinis carthusiensis* u. a. heraus, daß es dem katalanischen Arzt in diesem keineswegs nur medizinischen Traktat um die Verteidigung der möglichst authentischen Lebensführung der Kartäuser geht, näherhin um die in häretischen

---

Teiledition bei Finke 1902, CXXV; Santi 1987, 259f. Diejenigen, die Christus nur im Munde führen, aber nicht entsprechend leben, ja überdies noch diejenigen, die entsprechend dem göttlichen Worte leben, der Häresie verdächtigen und bekämpfen, sind die besten Beweise für das, wogegen sie streiten. Sie legen Zeugnis ab von der Macht und der Nähe des Antichrist. Sie sind wie die in der Apokalypse beschriebenen Heuschrecken, aus deren Mund nur „der Gestank der Ignoranz", des „schlechten Beispiels" und „das Feuer des Hasses" und „der Schwefeldunst der fleischlich-sexuellen Verunreinigung" ausgehen.

[111] Archivio de la Corona de Aragon, reg. 140, fol. 119, zitiert in Rubío y Lluch, Antoni: Cartes literaries del segle XIV. *Revista dels Estudis Universitaris Catalans* 1 (1907) 40f.; Finke 1907, 94–98; dazu auch den Brief aus dem Jahre 1310, Finke 1922, 701f.; zu Arnalds Verbindungen zu Griechenland und zu den zwölf griechischenÜbersetzungen bestimmter Werke Arnalds s. Batllori, Miquel: Els textos espirituals d'Arnau de Vilanova en llengua grega. *Quaderni ibero-americani* 14 (1953) 358–361; ders.: Una versiò grega de nou escrits d'Arnau de Vilanova. *AST* 5 (1932) 127–134; zum Verhältnis Arnald von Villanova zu Jakob II. s. Santi 1987, 115–120.

(Ver-)Ruf geratene Vorschrift des Gründers und der Gründergeneration dieser Gemeinschaft, möglichst kein Fleisch zu essen. Jede Abweichung von der ursprünglichen Regel ist für die Kartäuser, so Arnald, auch vom medizinischen Standpunkt aus betrachtet, „ungesund" und heil-los. Jede exakte Einhaltung dessen, was ein kirchlich anerkannter Gründer einer geistlichen Gemeinschaft vorgeschrieben hat, muß von der nachfolgenden Generation ihrer Mitglieder getreulich eingehalten werden, weil es „gesund" und „heilsam" ist: für Körper und Geist-Seele des einzelnen wie der jeweiligen Gemeinschaft: nicht zuletzt für die Erlangung des ewigen Heils in Gott.[112]

Nichts garantiert für Arnald von Villanova, den „Laien", so sehr den Weg zum Heil wie das Streben nach Vollkommenheit in einer klösterlichen Gemeinschaft. Zugleich aber ist für ihn nichts verwerflicher und unheilvoller, als in einem Kloster *nicht* auf dem Weg der Vollkommenheit voranzuschreiten, sondern das scheinheilige Leben eines „Pseudomönchs" zu leben.[113] Deswegen kritisiert er vor allem jene *religiosi*, die ein „un*religiöses*" Leben führen, die ihre Pflichten als Angehörige eines Ordens nicht ernst genug nehmen, den anderen durch ihre laxe Lebensführung ein schlechtes Beispiel geben und somit die übrigen Christgläubigen negativ beeinflussen. Es gehe darum, in einer Welt, „in der der Teufel los sei",[114] sich ganz auf Christus zu konzentrieren. Besonders innerhalb der Klostermauern gelte es, nach Kräften dem oben erwähnten siebenfachen „bösen Geist" zu widerstehen, der insgesamt zur Lüge und damit zum Nicht-Wahrnehmen von Realität verführe.[115]

Dabei klagt er den zunehmenden Realitätsverlust der Menschen in *modernis temporibus* ein.[116] Dieser Realitätsverlust korrespondiert für Arnald von Villanova mit dem zunehmenden geiz- und neidgetragenen Reichtum, mit dem permanenten egoistischen Kreisen um sich selbst, dem steigenden Haben- und Besitzenwollen und mit der alle Lebensbereiche durchsäuerten Lieblosigkeit. All das verstrickt den Menschen im wachsenden Maße mit der Greifbarkeitswelt, die ihm die Sicht auf das eigentlich Wirkliche und Grundlegende, auf das Wahre, auf Gott, ver-

---

[112] Bazell 1991, 37f; Paniagua, Juan A.: Abstinencia de carnes y medicina. (El *Tractatus de esu carnium* de Arnau de Vilanova). *Scripta theologica* 16 (1984) 323–346, bes. 330ff.

[113] „Propterea sicut legistis aliquando XLVII d. ‚quantumlibet' Augustinus ait, quod, ‚sicut nulli metiores quam hii, qui in monasterio profecerunt, sic nulli deteriores quam hii, qui in monasterio defecerunt." Arnald von Villanova: „Apologia de versutiis atque perversitatibus pseudotheologorum et religiosorum." Finke 1902, CLXXII; Decretum Gratiani D. 47, c. 9 (Friedberg I, 173).

[114] Arnald von Villanova: „Apologia de versutiis atque perversitatibus pseudotheologorum et religiosorum." Vat. lat., fol. 151 a; Finke 1902, CLXIV.

[115] Ebenda.

[116] Ebenda CLXXI.

sperrt. Der Blick auf die Wahrheit könne nur dadurch wiedergewonnen werden, daß der gläubige Mensch das Buch der Offenbarung, die Heilige Schrift, meditierend studiert und sich von daher immer wieder die gerade gegen Ende der Weltzeit stets notwendiger werdende Kraft holt, um nach der Wahrheit Ausschau zu halten, sich selbst und andere umzuwenden und sich zum Ewig-Einen, zur Wahrheit, zu Christus zu bekehren: „Nec ignoratis, karissime, quin modernis temporibus valde sit necessarium cunctis fidelibus occupari studio pietatis circa sacram scripturam, cum apostolus clamet aperte, quod 'omnia scripta sunt propter nos, in quos fines seculorum devenerunt.' Quibus verbis innuit expresse [. . .], quod illis fidelibus, ad quos ultima tempora seculi pervenirent, magis necessaria foret noticia veritatis, quam sacra continet scriptura, propter multitudinem impugnantium veritatem evangelicam et subvertentium imperitos."[117]

2.2.5 Der konzentrierte Blick auf das Heil und den Heiland

Das Studieren der Bibel, das Wagnis des sich Umblickens und radikalen Umkehrens ist nicht nur den Mönchen, Ordensleuten und Klerikern aufgeben, sondern jedem Getauften. Nur so kann der Genesungsprozeß eingeleitet und der beschriebene und grassierende Krankheitskeim überwunden werden. In der *Philosophia catholica*[118] weist Arnald nachdrücklich darauf hin, daß Christus die Armut anzustreben lehrt. Die gottgefällige Armut zu leben, bedeute, sein Leben nicht mit überflüssigen Dingen zu belasten und sich nicht den Blick auf das Eigentliche und wirklich Tragende zu versperren. Birgt doch jeder Besitz und jedes Sichtbare die tödlich-antichristliche Gefahr in sich, das Denken und Handeln des Menschen so sehr in Beschlag zu nehmen, daß dieser überhaupt unfähig wird, den konzentrierten Blick auf das Unsichtbare und Wahre, auf das Heil und den Heiland, auf Christus und das Himmlische überhaupt zu wagen, geschweige denn zu leisten.

R. Manselli wie C. Crisciani haben dabei eine insgesamt rigorosere Haltung Arnalds zur Armutsfrage festgestellt als sie beispielsweise Bonaventura vertrat. An ihre Forschungsergebnisse kann hier nur erinnert werden.[119] D. Bazell hat sie jüngst mit typisch angloamerikanischer Prägnanz wie erfrischender Unbefangenheit noch einmal zusammengefaßt: „And so the way of life which promotes the noblest po-

---

[117] Ebenda.

[118] Arnald von Villanova: Ars catholicae philosophiae. Ediert von Perarnau 1991, 57–223.

[119] Zum Armutsideal bei Bonaventura Schalück, Hermann F.: Armut und Heil. Eine Untersuchung über den Armutsgedanken in der Theologie Bonaventuras. München/Paderborn/Wien 1971, bes. 162–172 (= VGI 14).

verty has no requirements but two: first, that one hold nothing by divine right; and second, that one use nothing except what is strictly necessary for the sustenance of bodily life and the perfection of the spiritual condition, in either the duties or the activities pertinent to that way of life. Everthing else is superfluous and counter to that way of life, since in the way of absolute perfection, everthing is superfluous, without which both the way of life an the person can be saved."[120]

Zu ergänzen ist jedoch, daß für die rigorose Haltung Arnalds von Villanova vor allem zwei Überzeugungen maßgeblich sind:

Erstens und in Abbreviatur gesprochen, das medizinische Gesetz vom Gegengift, das, auf die spirituelle Ebene gehoben, hier als „Gesetz vom Gegenteil" zur Geltung kommt;

zweitens Arnalds Überzeugung, daß die diabolischen Angriffe auf den Menschen gegen Ende der Weltzeit stärker werden und daß mit der Zeit das heillose Verstricktsein des Menschen in die Greifbarkeitswelt zunimmt, so daß er stets unfähiger wird, das Unsichtbare und eigentlich wirklich Wahre zu erkennen und sein Leben danach auszurichten: Um den rasant sich ausbreitenden Krankheitskeim des Fasziniertwerdens von dem bloß Sicht- und Greifbaren zu neutralisieren, gilt es, sich von allem überflüssigen Besitz radikal zu befreien, um so wieder den Blick auf das Unsichtbare, himmlisch Wahre und eigentlich Wirkliche zu gewinnen.

Arnald von Villanova tat alles, um seine Zeitgenossen auf diesen Krankheitskeim aufmerksam zu machen und Hilfestellung bei der Überwindung dieser Krankheit zu geben. Dabei trat er gleichsam nicht nur ans Krankenbett derer, die von dieser Krankheit befallen waren, sondern stand auch jenen Christen – Klerikern, Mönchen wie Laien – mit Rat und Tat zur Seite, die sich auf dem Weg der Besserung befanden und dabei waren, sich von allem Überflüssigen zu befreien, den Blick auf das eigentlich Wirkliche und Grundlegende wiederzugewinnen und „Christus nachzufolgen". So bestärkte Arnald in zwei an Beginen gerichteten Briefen diese, auf ihrem einmal gewählten Weg entschlossen weiterzugehen, die evangelische Armut zu pflegen und in der Spur Christi zu bleiben. Gelte es doch den anderen Gläubigen ein überzeugendes, weil lebendiges und gelebtes Beispiel christlichen Verhaltens zu geben: „vivendo et conversando cum ceteris fidelibus, quod, quantum ad vitam spiritualem evangelice perfecionis, proficiant sem-

---

[120] Bazell 1991, 28; Manselli 1951; Crisciani, Chiara: Exemplum Christi e Sapere. Sull' epistemologia di Arnaldo de Villanova. *Archives Internationales d'histoire de sciences* 28 (1978) 245–292.

per in semetipsis et semper dent aliis exemplum in ea proficiendi et nunquam occasionem deficiendi."[121]

Hier zeigt sich überdies ein weiteres methodisches Prinzip in der therapeutischen Maßnahme, die Arnald anzuwenden gedenkt, um den oben genannten Krankheitskeim zu überwinden und das dargestellte Ziel der Blick- und Verhaltensänderung zu erreichen. Er sucht und bestärkt Menschen, die sich möglichst radikal auf das Leben Christi konzentrieren, ob es der König, der Papst oder der „private Mann" und die fromme Frau war. So riet er – noch kurz vor seinem Tod – Friedrich III. nachdrücklich, all das auch durch- und in die Praxis umzusetzen, was er doch schon längst im Sinne der Nachfolge Christi als richtig erkannt habe.

In der katalanischen Schrift *Informació espiritual*[122] wird noch einmal unterstrichen, um was es im Glauben generell und um welche praktischen Maßnahmen es im Blick auf das Königspaar speziell geht: Es geht um das „Heil", *salus*, das eigene wie das der Untertanen. Das „Heil" besteht für den Christen in der Teilhabe am Leben des trinitarischen Gottes. Die Trinität, so betont Arnald von Villanova, ist die Sehnsucht, das Ziel jeder Seele, ist ihre Bestimmung und ihre Bewegung. Doch fällt dem Menschen das Heil nicht einfach zu, auch nicht dem getauften und glaubenden Christen. Er muß vielmehr Christus nachfolgen, sich an dem irdischen Leben Christi orientieren und sich in der christlichen Caritas und der Demut üben. Diese Nachfolge Christi muß um so intensiver und rascher geschehen, als die Zeit drängt und das Weltende bevorsteht. Jedermann muß hier und heute bei sich selbst anfangen, um so radikal wie möglich Christus nachzufolgen. Im Blick auf das Heil ist nach dem Heilen und Heiligen, nach Heiligkeit zu streben. Diese konkretisiert und realisiert sich nur im Blickkontakt mit dem Heiland: in der tätig-täglichen Christusnachfolge.

2.2.6 Beispielhaftes Streben nach dem Einen, Eigentlichen und Heiligen

Vor allem aber haben König und Königin, die doch Verantwortung für ihre Untergebenen tragen, hier mit gutem Beispiel voranzugehen und den christlichen Glauben exemplarisch vorzuleben. Arnald von Villanova scheut sich nicht, in diesem Punkt dem Königspaar zahlreiche, recht konkrete Vorschläge zu unterbreiten. Sie betreffen das intime eheliche Leben[123] wie auch das öffentliche Verhalten des Herrschers seinen Untertanen gegenüber. So soll der König nicht nur Arme in der

---

[121] Hierauf verweist nachdrücklich Bazell 1991, 29f.; Teiledition der Schrift bei Finke 1902, CCI–CCII; dazu Santi 1987, 261f.

[122] Santi 1987, hier 141ff.

[123] Diepgen 1909, 89f.; Santi 1987, 264.

Vorhalle oder am Tor im wahrsten Sinne des Wortes „abspeisen", sondern, sich mit ihnen solidarisieren und mit ihnen an einem Tische speisen. Überdies soll er sich nicht nur den Armen gleichstellen, sondern möge sich – zumindest an bestimmten Tagen – vor ihnen kleinmachen, besonders an hohen Feiertagen, in der Karwoche oder in der Oktav vor Weihnachten.

Die Ratschläge, die er der Königin und dem königlichen Hof insgesamt gibt, zeigen überdies, daß Arnald dabei Wert auf eine gewisse „publicity" legte, daß er klarerweise der Überzeugung war, das christliche Leben muß öffentlich zelebriert, für Christus und das, was er wollte, muß öffentlich demonstriert und „gespielt" werden. So solle die Königin wie der gesamte Hof ostentativ schlicht und einfach auftreten. Die Gattin des Königs habe sich wie die Gottesmutter zu geben und zu kleiden. Sie habe – wie einst Maria – ein einfaches Kleid zu tragen, ein Kleid, das jedwede luxuriöse Besonderheit vermeidet.[124]

Mit Blick auf den soziokulturellen Hintergrund der Zeit gelesen, unterstreichen diese Passagen noch einmal das, was bereits oben festgestellt wurde: Arnald zieht das Schlichte, Einfache und Eine, das Allgemeine und Universale dem Partikulären, Separaten und Separierenden, dem Vereinzelten und Besonderen vor. Avancierte doch gerade die Kleidung im Übergang vom 13. zum 14. Jahrhundert zum besonderen Ausdruck des individuellen wie gruppenspezifischen Selbstverständnisses.[125] So redet Arnald hier nicht nur der christlich-marianischen Bescheidenheit das Wort, sondern gibt auch seine bereits bekannte Aversion gegenüber dem Aufkommen des den Konkurrenzkampf beschleunigenden Partikulären und Besonderen zu erkennen.

Dieses Votum für das Allgemeine und Einfache geschieht mit Berufung auf die Christusnachfolge, der alle Christgläubigen, auch und gerade die Hohen und Mächtigen verpflichtet sind. Aller Überfluß an Speisen, an Kleider und Waffen soll am Hof verschwinden. Die Königin habe – wie der König auch – Arme zu speisen und Kranke zu trösten, und zwar exemplarisch, so, daß jedermann das christliche Werk mit eigenen Augen betrachten, sich einprägen und nachahmen könne. Dazu gehört, daß die Untertanen wissen, zu welchem Zeitpunkt und an welchem Ort der Hof dieses Beispiel gibt, damit sich das Volk auch tatsächlich dort einfinden und das Schauspiel miterleben könne. Die Werke christlicher Gerechtigkeit und Barmherzigkeit, die Göttlichen Tugenden Glaube, Hoffnung und Liebe müssen von der königlichen Familie, vom Hofe insgesamt zum volkserzieherischen Schauspiel ge-

---

[124] Diepgen 1909, 90f.

[125] Duby, Georges / Braunstein, Philippe: Der Auftritt des Individuums. In: Geschichte des privaten Lebens. Bd. 2: Vom Feudalzeitalter zur Renaissance. Frankfurt a. M. 1990, 535f.

staltet und deswegen „bühnenreif" vorgeführt werden: An bestimmten Tagen im Jahr hat sich die Königin zu verkleiden, muß sie sich als die Verkörperung der *caritas* geben und so vor dem Volk erscheinen. Dabei wird sie begleitet von zwei Hofdamen, die als Personifizierungen des Glaubens und der Hoffnung zu gelten haben. Unter den Augen des Volkes und bekleidet mit besonderen Gewändern, schreiten sie von der Kirche aus ins Hospital, nehmen dann auf schneeweißen Tüchern feines Brot in ihre Hände – zuerst die Königin, dann die beiden Begleiterinnen – , ziehen zu den Kranken und bieten jedem feierlich das Brot dar. Dabei erinnern sie den Kranken daran, daß einst auch Christus gelitten habe und daß sie, die Kranken, durch ihr Leiden Christus ähnlich werden können.[126]

Doch darf dieses „Schauspiel" nicht zum Lügenstück verkommen. Es muß dem entsprechen, was der König und die Königin tatsächlich auch privat und intim leben. Auch der Herrscher hat sich zunächst selbst zu „reformieren", d. h. in Form, in die „forma Christi", zu bringen, ehe er wirkungsvoll den Blick seiner Untertanen auf sich und durch sich auf Christus lenken kann. Doch dem Entscheid für Christus haben konkrete Taten zu folgen. Ebenso wie für Christus und das christliche Leben öffentlich geworben werden muß, so hat – nach der Ansicht Arnalds – alles zu verschwinden, was unchristlich ist und Unchristliches wie Unsittliches verbreitet. Schlüpfriges Reden, Amouröses sowie Bespiegelung menschlicher Eitelkeiten dürften am Hof keinen Platz haben. Vor allem die Königin habe darauf zu achten, daß statt dessen an Sonn- und Feiertagen aus der Heiligen Schrift vorgelesen und die Wahrheit des Evangeliums bedacht werde.[127] Indes hat der König dafür zu sorgen, daß geschehenes Unrecht, soweit irgend möglich, wiedergutgemacht werde. Schlechte Diener der Kirche wie des Königreiches müssen ausfindig gemacht und bestraft werden, Aberglaube, Wahrsagerei und Zauberei dürfen nirgends Platz greifen oder dort, wo sie bereits praktiziert würden, müßten sie schleunigst verboten werden. Das Christentum müsse allerorten offensiv verbreitet werden, unter den Sarazenen wie unter den Juden. Diese müßten – wie bereits in England und Frankreich – vor die Wahl gestellt werden, entweder das Land zu verlassen oder aber binnen eines Jahres sich taufen zu lassen.[128] Auch sollten kranke Christen nicht jüdische, sondern nur christliche Ärzte aufsuchen.

Gerade diese zitierte Empfehlung als unkollegial zu bewerten, trifft nicht den Kern des damit Ausgesagten. Sie ist auch nicht einfachhin

---

[126] Diepgen 1909, 90.

[127] Ebenda 91.

[128] Zu Verhältnis Arnalds zu den Juden Carreras i Artau, Ioachim: Arnaldo de Vilanova, apologista antijudiaco. *Sefarad* 7 (1947) 49–61; ebenda 9 (1949) 75–105.

als „Judenfeindlichkeit" zu disqualifizieren. Vielmehr muß sie so verstanden werden, wie sie der Quellenlage nach gemeint war: als Ausdruck dafür, daß Arnald mit der in der Endzeit erwarteten Bekehrung der Juden konkret rechnete und diesen Bekehrungsprozeß angesichts des kommenden Antichrist nach Möglichkeit forcieren wollte. Überdies erkannte er in Christus den Arzt, den Heiland, durch den und in dessen Nähe der leib-seelische Heilungsprozeß allererst zum Erfolg geführt werden könne. Diese Nähe aber vermag am ehesten ein auf Christi Namen getaufter, also christlicher Arzt zu vermitteln. Und, last not least, gerade in den sich zahlreich bildenden Berufsgruppen sah Arnald ja eine Gefahr für das Christentum, weil eine Schwächung der an Christus Glaubenden: die Gefahr der Aufsplitterung und gegenseitigen Bekämpfung und Behinderung. Angesichts des kommenden Antichrist forderte er die Christen deshalb immer wieder auf, eine geschlossene Formation zu bilden. Ging es doch darum, dem Antichrist en bloc gegenüberzutreten, ihm also möglichst wenig Angriffsflächen zu bieten.[129]

In diesem Zusammenhang muß auch Arnalds Anregung bewertet werden, gemeinsame Schulen für Kinder von Eltern aus oberen, ja obersten und unteren Schichten – nur nach Geschlecht getrennt – zu etablieren. Selbst die Söhne des Königspaares sollten nach Arnalds Vorstellungen mit anderen Kindern die Schule besuchen und hier vor allem „die Grundlage aller anderen Wissenschaften" kennenlernen: die Heilige Schrift.[130]

Es geht Arnald auch hier darum, möglichst früh und flächendeckend die Einheit im Glauben zu sichern und zu fördern. Die Ungläubigen sollen vorbildlich behandelt werden, werbend soll ihnen das Christentum zu Ohren und zu Gesicht kommen. Sie sollten – entsprechend den ersten Christengemeinden – Zeugnis von der Liebe Christi ablegen. Die heidnische Umwelt solle wieder, wie einst zur Zeiten der Urkirche, staunend erkennen, „wie sehr sie", die Christen, „einander lieben".[131] Unter den Christen sollte wieder jene Solidarität herrschen, wie sie für die apostolische Zeit Usus war. Arnald schlug vor, daß für büßende Pilger und Arme in allen namhaften Städten Häuser errichtet werden,

---

[129] Friedrich III. wird diese Bestimmung in die constitutiones aufnehmen und damit Gesetzeskraft verleihen.

[130] In dem *Alphabetum catholicorum ad inclitum* (ed. Burger 1907, 191f.) läßt Arnald die Kinder des Königs von Aragonien ausführen: „Domine salva pace vestra dicimus quod parvulis sive pueris convenit studere in Sacra Scriptura, non solum legendo sed loquendo et meditando. Tum quia est utile, tum quia a Deo sci ordinatum [...]. Et sic patet, quod non est opus presumptionis aut stultitie nos studere in sacra pagina, ymo potius est opus discretionis et prudentie." Auch ebenda 193f.

[131] Dazu auch Arnald von Villanova: Tractatus de caritate. Ediert von Manselli 1951, 60–76.

in denen es z. B. eine Hausordnung gibt, die den christlichen Geist sichere. Nach dieser Ordnung hätten sich nicht nur die Pilger, sondern vor allem die Herbergswirte zu richten. Sie sollten möglichst daran gehindert werden, die Fremden zu übervorteilen. Falls sie es dennoch wagten, sollten sie hart bestraft werden: vergleichbar den „Mördern", wie Arnald ausführt. Alle Wucherer sollten des Landes verwiesen und wie Diebe behandelt werden. Der König müsse seine Beamten entsprechend instruieren und kontrollieren.[132]

Arnald bestärkte den König darin, gegen den Strom der Zeit zu schwimmen. Die Lässigen müßten endlich aufgerüttelt und den Fälschern des Evangeliums die Augen geöffnet werden.[133] Überhaupt kam es Arnald von Villanova in seinen Schriften stets darauf an, seine Leser und Zuhörer aufzufordern, sich auf das Wesentliche zu konzentrieren, den Finger auf die Wunde der Zeit zu legen: einer Zeit, die seiner Meinung nach beherrscht wurde vom unwesentlich Peripheren, vom Überflüssigen und gefährlich Reichen.

2.3 Konklusionen und Konsequenzen

2.3.1 Resümee oder: Orientierung an der apostolischen Urkirche

Zusammenfassend kann somit festgestellt werden, daß Arnald von Villanova zu der Gruppe jener intellektueller Laien gehörte, die zwar eine Reform der Kirche wie der Gesellschaft anstrebten, die aber keineswegs die gesellschaftlichen Strukturen und Ordnungsprinzipien abschaffen wollten. Arnald von Villanova ging es speziell und entschieden um das Heil und das Heilige, darum, dem Heilsplan Gottes zu entsprechen, das Heil und das Heilige wieder anzustreben und sich auf das Wesentliche und Eigentliche, auf das, „was im Himmel oben ist",[134] zu konzentrieren. Gerade angesichts der unmittelbar bevorstehenden Ankunft des Antichrist müsse alles getan werden, was den Blick der Menschen auf Christus und die Apostel lenke. Es müsse alles unterlassen werden, was von Christus und von dem eigentlich Wahren und Wirklichen ablenke.[135] In apokalyptischer Zeit sei es wichtig, daß die Gläubigen sich nicht beirren und täuschen ließen, sondern daß sie selbst für die Wahrheit Zeugnis ablegten, daß sie die Wahrheit lehrten

---

[132] Diepgen 1909, 92f.

[133] Ebenda. Friedrich ist dieser Aufforderung Arnalds durch die am 15. Oktober 1310 publizierten Konstitutionen nachgekommen.

[134] Eine in seinen Schriften häufig wiederholte Redewendung, die auch in seinem Antichristtraktat mehrfach artikuliert wird.

[135] So heißt es in De morte Bonifatii: „Et primum est, ut facias denunciari cunctis fidelibus, quod fur est in januis, scilicet Antichristus, quia pro constanti iam natus est, ut se muniant armis christiane religionis." Vat. lat. 3824, fol. 212 rb; Finke 1902, CLXXXVIII.

und exemplarisch lebten. In einer Zeit der Erregung und Verwirrung, der Subversion und Perversion,[136] in einer Zeit, in der der Teufel los sei und alles versuche, die Menschen von Christus abzulenken und das Unwichtige und Vergängliche für das Eigentliche und Ewige zu erklären, müßten sämtliche christlichen Kräfte gesammelt und auf Christus hin konzentriert werden. Keinesfalls aber dürften diejenigen, die in vorbildlicher Weise das Leben Christi und der Apostel „imitierten" und die Nachfolge Christi so radikal wie möglich praktizierten, verfolgt und kaltgestellt werden. Im Gegenteil, sie sollten von der römischen Kirche gefördert und für die *reformatio ecclesiae* zum Heil der Menschen eingesetzt werden. Es gehe darum, sich immer wieder an der apostolischen Urkirche zu orientieren und Christus und den Aposteln nachzueifern. Nur so erweise sich der Gläubige wie die Glaubensgemeinschaft insgesamt, die Kirche, als Braut Christi, als eine Braut, die „ohne Runzeln" und „makellos" an der Seite Christi stehe (Eph 5,27). Solch eine Braut trachte nicht nach Macht und Ehre dieser Welt, sondern mache sich stark für das, was „Sache" Christi sei: für das Heil der Seelen und die Heiligung der Völker.[137]

Arnald von Villanova verteidigte die Spiritualen und die von ihnen beeinflußten Laienkreise, wo und wie er nur konnte: am spanischen Hofe ebenso wie bei der päpstlichen Kurie.[138] Häufig betonte er, wie sehr gerade das, was diese in den Häresieverdacht geratenen Kreise lehren und leben, mit dem übereinstimme, „was Christus lebte und lehrte", und wie krankhaft groß – krankhaft bis zur „Perversität", d. h. bis zur Verdrehung des Eigentlichen – die Kluft zwischen christlicher Lehre und tatsächlicher Glaubens- und Lebenspraxis bei vielen Christen sei, bei Laien wie bei Theologen, bei Klerikern wie Ordensleuten insgesamt.[139] Diese Kluft gelte es als Krankheit wahrzunehmen, den verur-

---

[136] Daß der Antichrist unmittelbar vor der Tür steht, glaubt Arnald von Villanova gerade daran zu erkennen: „scilicet in commotione populorum, in conturbatione omnium regnorum, in subversione catholicorum, in spurcitiis et aversionibus regularium statuum et in signis etiam ab apostolo expressis, que iam lippis et tonsoribus clarent." Ebenda fol. 212 va; Finke 1902.

[137] So empfiehlt er Papst Benedikt XI. mit kritischem Blick auf seinen Vorgänger: „Admoneris [. . .], ut ad reformandam puritatem sue religionis et sanctitatis in omnibus statibus catholicis et precipue supradictis tota sollicitudine properes, et quod nolis imitari antecessorem tuum, qui admonebatur, ut maculam de vultu sponse Christi abstergeret, ipse vero postposita sollicitudine reformandi vultum laceratam fimbriam vestimenti satagebat consuere, cum tamen sciret, quod id, quod Christi est principaliter, sit animarum salus et sanctificatio populi et non potentia vel gloria mundi huius." Ebenda fol. 213 rb; Finke 1902, CXC.

[138] Wolter: Der Kampf der Kurie 1985, 297–362, hier 310.

[139] Gerade im Blick auf zahlreiche Theologen zitierte er Is 1,2, einen Vers, den er der Kirche in den Mund legte: „Filios enutrivi et exaltavi; ipsi autem spreverunt me." Brief Arnalds von Villanova vom 2. Juni 1304 an Papst Benedikt XI., Vat. lat. 3824,

sachenden Krankheitskeim zu isolieren und so den Genesungsprozeß zu inaugurieren. Dazu kamen Arnald die zahlreichen spirituellen und spiritualen Strömungen seiner Zeit gerade recht.[140] Sie seien keinesfalls anzuprangern, sondern lobend herauszustellen, nicht „unschädlich" zu machen, sondern gezielt im Sinne der auf dem Gesetz vom Gegenteil beruhenden Therapie einzusetzen.

Für Arnald von Villanova war die Welt aus den Fugen geraten, und zwar über das übliche Maß weit hinaus. Er glaubte, daß es allerorten im wahrsten Sinne des Wortes ungeordnet und deswegen ungesund zugehe, daß die gottgewollte Ordnung so sehr zerbrochen sei, daß sie als solche gar nicht mehr identifiziert werden könne. In seiner *Confessio Ilerdensis de spurcitiis pseudo-religiosorum*, der 1303 in Lleida (Lerida) verfaßten Schrift,[141] beschreibt er einundzwanzig Fehler, die nicht etwa heimlich, sondern in aller Öffentlichkeit begangen und als solche kaum noch als Fehler wahrgenommen werden. So gehöre es mittlerweile zur Gewohnheit vieler, einen Diebstahl gar nicht mehr als eine moralisch verwerfliche Tat zu verurteilen, sondern als eine Handlung zu bewerten, auf die der Täter stolz sein und mit der er allerorten prahlen könne. Auch gehöre die Angeberei und das Vorspiegeln falscher Tatsachen zum allgemein Üblichen und Normalen,[142] ebenso wie das ständige Behaupten, vor lauter Arbeit keine Zeit mehr zu haben, während man in Wirklichkeit nur der Faulheit und eigenen Bequemlichkeit frönen wolle. Viele schmückten sich mit fremden Federn. Sie wollten das ernten, was andere gesät hätten. Überdies werden Witwen betrogen und Kranke oft genug nicht aus Nächstenliebe, sondern aus Habgier besucht. Manche behaupten gar, sie könnten Tote erwecken, und merken dabei gar nicht, wie sehr sie sich gerade damit in die

---

fol. 210 ra; Finke 1902, CLXXXVI. Ausdrücklich empfahl er Papst Benedikt XI.: „Iniungas quibuscumque theologis, quod legant illa ordinem cum diligentia, scilicet a prima usque ad ultimam et forment inde articolos et tibi tradant in scriptis obiectiones et Christi gloriam in responsionibus indubitanter videbis et experieris ad oculum, qualiter virtus Christi per abiectissima destruit omnem altitudinem extollentem se adversus scientiam dei." Ebenda, fol. 213 va; Finke 1902, CLXXXIX.

[140] Reho, Cosimo: L'ideale conoscitivo dell'uomo *spirituale* secondo Arnaldo da Villanova (1238–1311). *EF* 87 (1986) 993–1012.

[141] Santi 1987, 256f.; Vat. lat. 3824, fol. 175–180; Teiledition Finke 1902, CXXII–CXXIII. Diese Schrift hat Arnald an den Erzbischof von Taragona in Lerida adressiert.

[142] Dazu auch Arnald von Villanova: Gladius iugulans Thomatistas ad magistrum Jacobum Albi canonicum Dignensem. Vat. lat. 3824, fol. 181 v–192 v, Santi 1987, 257; Battlori, Miquel: Dos nous escrits espirituals d'Arnau de Vilanova. El ms. joaquimític. A.O.III. 556. A del'Arxiu Carmelità de Roma. *AST* 28 (1955) 45–71. Diese Schrift ist dem Kanonikus Jacobus Albus, einem Freund Arnalds gewidmet und stellt eine Streitschrift gegen einige Dominikaner dar, die in seiner Heimat gegen seine polemischen Vorwürfe Einspruch erhoben hatten.

Nähe und auf die Seite jenes großen Betrügers und gewaltig-gewaltsamen Täuschers stellten, der kurz vor dem Ende der Welt geboren werde: auf die Seite des Antichrist.[143]

Überhaupt klagte Arnald von Villanova immer wieder – nicht nur in *De spurcitiis* – über ein allgemein verbreitetes Fehlverhalten in der Kirche wie in der Gesellschaft, das für die Damaligen allgemein wie für ihn speziell alle Anzeichen des nahenden Antichrist an sich trage.[144] Das Kennzeichen schlechthin des Antichrist ist, daß er im Namen dessen vorgibt zu sprechen und zu handeln, gegen den er sich in Wahrheit wendet: im Namen Christi.

Von daher nimmt es nicht Wunder, daß die vier Tugenden, die Arnald von Villanova den Beginen ans Herz legt, nicht mit den vier Kardinaltugenden identisch sind, die in den großen Summen der Zeit disputiert wurden,[145] sondern jenen franziskanisch geprägten Weg zur Vollkommenheit darstellen, an dessen Anfang die *altissima paupertas* steht: „ideo sicut discipuli Christi debent ubique quatuor virtutes tam corde quam opere semper colere et servare, scilicet: altissimam paupertatem, plenissimam humilitatem, perfectissimam caritatem, sincerissimam pudiciam seu castitatem."[146]

Zweifellos ist Arnald mit den Lehren Olivis in Südfrankreich in Berührung gekommen. Zweifellos atmet seine kritische Einstellung zum praktizierten kirchlichen Leben franziskanisch-spiritualistischen Geist, den er aber in gewisser Weise instrumentalisiert, indem er ihn im Sinne des „Gesetzes vom Gegenteil" als „Gegengift" einsetzt, und sich gerade dadurch nicht unwesentlich von den zeitgenössischen joachimitischen Zukunftserwartungen unterscheidet: Ihm geht es nicht um den „unvermeidlichen Wandel zu größerer Vollkommenheit", den er womöglich „als von vornherein in Gottes Heilsplan festgelegt voraussagte",[147] sondern, wie sich noch näher zeigen wird, um die aufmerksame Sichtung und konzentrierte Sammlung aller christlichen Kräfte angesichts der drohenden Weltherrschaft des Antichrist.

Arnald bemühte sich, die Menschen zum Widerstand aufzurufen: wider den falschen Schein. Die sodann geforderte, weil vielfach vermißte Radikalität, sich für das Heil und den Heiland einzusetzen und nach

---

[143] Arnald von Villanova: Confessio Ilerdensis de spurcitiis pseudo-religiosorum. Vat. lat. 3824, fol. 175 ra–180 ra, bes. 176 rb–va.

[144] Auch Arnald von Villanova: Denunciatio secunda facta Massilie cum carpinatione. Vat. lat. 3824, fol. 193 va–202 ra (carpinatio); fol. 202 rb–214 va; Santi 1987, 257f.

[145] Z. B. Thomas von Aquin: STh IIa–IIae, q. 47–170; Gerwing 1986, 163–168.

[146] Arnald von Villanova: Informatio Beginorum. Vat. lat. 3824, fol. 262 va; Finke 1902, CCI; vgl. dazu Bonaventura: De perfectione vitae ad sorores. Cap. II–VII. Opera omnia VIII, 107–127.

[147] Töpfer 1964, 250; Gerwing 1986, 176ff.

dem konkreten Einen und Heiligen zu streben, bleibt nicht Selbstzweck oder reine Kritik am Bestehenden und Etablierten, sondern wird eingebunden in ein größeres Ganzes, das die Kirche oder – allgemeiner gesprochen – das *bonum commune* ist.[148] Arnald geht es darum, der kranken Menschheit seiner Zeit heilsame Medizin zu verabreichen. So vermögen in Arnalds Augen die Spiritualen und die Beginen gleichsam medikamentöse Wirkungen zu erzielen: Sie können und sollen als Heilmittel auf die seelisch Kranken, weil heillos mit dem vergänglich Oberflächlichen Verstrickten, im Sinne des *agere contra* wirken.

Durch dieses Inanspruchnehmen der Spiritualen, der Beginen und Begarden beabsichtigte Arnald von Villanova zweierlei: *Einerseits* ging es ihm darum, die Gefahr der Isolierung dieser religiösen Gruppen zu vermeiden, wollte also verhindern, daß sie sich selbst von der katholischen Glaubensgemeinschaft isolieren oder von anderen isoliert werden. Deswegen suchte er ihnen zu helfen und drohende kirchliche Maßnahmen gegen sie abzuwehren bzw. von vornherein zu unterlaufen.[149] *Andererseits* und vor allem aber bemühte Arnald sich, nicht nur kleinen, elitären Kreisen, sondern den Vielen zu helfen, ihnen den Blick für das im wörtlichen Sinne „Radikale" zu öffnen, für das, was wurzelhaft und unsichtbar unter Tage liegt und gerade als solches doch das Tragende und eigentlich Wahre ist. Gegenüber der bekannten Armutsauffassung des Bonaventura etwa zeigt sich dabei ein größeres Mißtrauen gegenüber jedwedem Überfluß an konkretem Besitz, gegenüber dem Vergänglichen wie auch gegenüber dem Menschen selbst.[150]

[148] Eberhard, Winfried: „Gemeiner Nutzen" als oppositionelle Leitvorstellung im Spätmittelalter. In: Renovatio et Reformatio. Wider das Bild vom „finsteren" Mittelalter. Festschrift für Ludwig Hödl. Hrsg. von Manfred Gerwing und Godehard Ruppert. Münster 1985; ders.: Kommunalismus und Gemeinnutz im 13. Jahrhundert. In: Gesellschaftsgeschichte. Festschrift für Karl Bosl. Hrsg. im Auftrag des Collegium Carolinum von Ferdinand Seibt. München 1988, 271–294.

[149] Wolter: Der Kampf der Kurie 1985, 310; in seiner Schrift „Raonament d'Avinyó" beschreibt Arnald von Villanova die „Verfolgung der evangelischen Wahrheit" seitens hochgestellter Autoritäten. Er beklagt sich darüber, daß jene Laien, die – „wie die Beginen" – im Alltag die Nachfolge Christi und die evangelische Armut leben wollen, selbst von „Prälaten und Prinzen" diffamiert und fälschlich der Sünde und der Häresie beschuldigt werden. Batllori I, 1947, 206; Bazell 1991, 30.

[150] Dieses Mißtrauen hängt offensichtlich mit seiner Rede vom nahenden Antichrist zusammen. Bonaventura hingegen versuchte den eschatologischen und apokalyptischen Spekulationen seiner Zeit hoffnungsfreudigen Charakter zu geben, und zwar dadurch, daß er den heiligen Franz mit dem apokalyptischen Engel des sechsten Siegels (Apc 7,2) identifizierte. Vgl. Ratzinger, Joseph: Eine deutsche Ausgabe der Franziskuslegende. *WiWei* 26 (1963) 87–93; Bonaventura: Apologia pauperum. In: Opera omnia VIII, 233–330. Dazu Schalück 1971, bes. 162–172; Ratzinger, Joseph: Die Geschichtstheologie des heiligen Bonaventura. München 1959, 119.

Arnald von Villanova traute dem Menschen weniger zu, als es Bonaventura, geschweige denn Thomas von Aquin wagten. Entscheidend für diese stärker negative Welt- und Wirklichkeitssicht ist dabei seine „Diagnose" der Zeitsituation wie auch seine gerade aus dieser negativen Beurteilung resultierende und von ihr gespeiste eschatologische Weltsicht, der Überzeugung nämlich, daß die Menschheit insgesamt nicht nur so fortgeschritten ist, das sie sich dem Ende zuneigt,[151] sondern daß in dieser Endphase der Weltgeschichte das diabolische Wirken des Antichrist eine Machtstellung und Suggestionskraft erreicht, die bereits in der Gegenwart zu spüren ist.[152] Die allerorten zu beobachtende aggressive Zunahme von Stolz, Neid, egoistischem Besitzdenken und Habenwollen ist für Arnald Bestätigung für das sich immer deutlicher abzeichnende und das Ende der Zeit inaugurierende Kommen des Antichrist. Die weiter unten angestellte Analyse des Antichristtraktates wird es deutlich belegen.

2.3.2 Konsequenzen

Nachdem Arnald von Villanova 1299 als aragonesischer Gesandter nach Paris gekommen war und dabei, wie oben bereits dargestellt, die Gelegenheit zu nutzen versucht hatte, hier seinen Antichristtraktat vorzustellen, griff er zwei Jahre später – im Herbst des Jahres 1301 – nochmals zur Feder. Jetzt befand er sich nicht mehr im aufgeregten Großstadtgetümmel von Paris, sondern atmete bereits die gesunde Luft des ruhig-verträumten Scurgola (Sculcola, Scorcola). Das dort herrschende Geist und Körper stärkende Klima hatte er zuvor seinem Patienten Papst Bonifaz VIII. verordnet. Jetzt brauchte er selbst diese Ruhe, um noch einmal über das nachzudenken, was sein Antichristtraktat bewirkt hatte, und das innerlich zu verarbeiten, was ihm auch und gerade seitens des Papstes an Kränkungen und Beleidigungen zugefügt worden war. Es ging ihm darum, diese Kämpfe, Verdächtigungen und inner-seelischen Verletzungen nicht zu vergessen, sondern sie in seine geistig-geistliche wie emotional-intuitive Persönlichkeitsstruktur einzuarbeiten und entsprechend seines Welt- und Wirklichkeitsverständnisses zu bewerten. Hier, auf dem herrlich gelegenen, ihm vom Papst zur Verfügung gestellten Kastell Scurgola, konnte er nachden-

---

[151] Flasch 1987, 345f.; Ratzinger 1959, 113–117.
[152] Vgl. dazu Arnalds Reformprogramm, daß er 1304 unter Hinweis auf seine Tätigkeit bei Bonifaz VIII. Papst Benedikt XI. schickte. Auch Bonaventuras Denken war von der Apokalypse und vom Joachimismus nicht frei. Dazu insgesamt Ratzinger 1959, 106ff.

ken, seine Gedanken schweifen lassen, weit über Anagni hinaus, das er vom Fenster aus zu erkennen vermochte.[153]

Anagni, das war der Ort, an dem der Friedensvertrag von 1295 zwischen Bonifaz VIII., Peter dem Großen und dem französischen Königshaus geschlossen wurde; ein Vertrag, der nötig geworden war, um den blutigen Kampf um Sizilien zu beenden, ein Vertrag, der aber von den Siziliern nur als Verrat gewertet wurde, nicht den Frieden, sondern von neuem den Krieg entfachend. Hatte er, Arnald, diese Ereignisse um Sizilien nicht schon längst angekündigt, herausgelesen aus dem uralten Spruch der erythräischen Sibylle? Und sind diese Zwistigkeiten und Rivalität zwischen den christlichen Führern nicht allesamt eindeutige Zeichen für das baldige Kommen des Antichrist?

All das hatte er den hochangesehenen und einflußreichen Theologen in Paris 1299 verkünden wollen. Statt ihn zu hören, sich mit seinen Thesen ernsthaft auseinanderzusetzen, sich mit ihm zu solidarisieren und seine Warnungen und Mahnungen nach Kräften zu unterstützen, sperrten sie ihn ein, versuchten sie, ihn mundtot zu machen und seine Botschaft zum Verstummen zu bringen. Selbst der Papst, jetzt zwar ein dankbarer Patient, hatte ihn der Verwegenheit beschuldigt. Sollte er nicht noch einmal zur Feder greifen und – von Anagni aus – seine Stimme erheben, den Papst überzeugen und die Welt aufrütteln?

Heinrich Finke, der nicht nur die entsprechenden Quellen kannte und sie, wie niemand vor ihm, aufmerksam studiert hatte, schildert einfühlend: „Schon hörte er immer wieder in seinem Innern die Worte: "Scribe velociter! und schon kommt die Beruhigung: Thörichter, was schadet dir das Schreiben, da du die Schrift nicht zu veröffentlichen brauchst. Du fürchtest ja nur, den Papst zu beleidigen; kannst du nicht schreiben zu deinem Vergnügen und zu deinem Trost, da du es keinem zu zeigen brauchst?"[154]

Arnald greift zur Feder. Er arbeitet rasend schnell, wie ein Besessener. Was entsteht, ist die Schrift *De mysterio cymbalorum ecclesiae*.[155] Sie ent-

---

[153] In einem an Jakob II. gesandten Brief eines aragonesischen Vertreters an der Kurie G. de Albalato ist zu lesen, daß Arnald von Villanova in dieser Zeit „unter heftigen Kopfschmerzen litt" („patitur dolorem magnum in capite"). Die heiße Julisonne sei ihm zu Kopf gestiegen „et eius cerebrum perforavit ac etiam penetravit." Brief vom 18. März 1302 des G. de Albalato an König Jakob II. Ediert von Finke 1902, L–LVIII, hier LVI.

[154] Finke 1902, 215; dabei stützt er sich auf die von ihm selbst – semikritisch und fragmentarisch – edierten Quellen: *erstens* auf ein von Arnald von Villanova verfaßtes Schreiben an Papst Benedikt XI. vom 2. Juni 1304, ebenda CLXXVII–CXCII, bes. CLXXIXff. sowie *zweitens* auf einen in Anagni am 14. September 1301 von dem erwähnten G. de Albalato verfaßten Brief, ebenda XXVI–XXXVII, bes. XXXff.

[155] Perarnau i Espelt, Josep: L'exemplar del ‚De mysterio cymbalorum' d'Arnau de Vilanova ofert a Bonifaci VIII. *ATCA* 6 (1987) 299–303; ders.: ‚Tractatus de mysterio cymbalorum ecclesiae' d'Arnau de Vilanova. *ATCA* 7/8 (1988/89) 53–133.

hält wesentlich jene These, die Arnald bereits in seinem Traktat *De tempore adventus antichristi* veröffentlicht und ihm so viel Ärger eingebracht hatte.

Es war sicher kein Zufall, wie Heinrich Finke noch meinte, sondern von Arnald geschickt eingefädelt,[156] daß der Papst und die Öffentlichkeit dann doch von dieser Schrift erfuhren. Denn die Schrift ist in ihrem gesamten Duktus und ihrer intensiven Aussageintention geradezu auf den Papst als ihren Adressaten hin angelegt: ob Arnald das nun *expressis verbis* konzediert oder lieber verschweigt, ja, unabhängig davon, ob es ihm selbst – möglicherweise – gar nicht bewußt war: Gerade der textkritische Vergleich belegt die mentale Präsenz des Papstes als des eigentlichen Lesers und Ansprechpartners. Es sind die Glocken *der* und *für die* Kirche, die Arnald in dieser erneuten Schrift über den Antichrist zu Gehör bringen will: Die grammatikalische Form des Wortes *ecclesiae* in der Überschrift des Werkes ist als *genetivus obiectivus* und als *genetivus subiectivus* zu begreifen. Was Arnald will, ist, seinem Anliegen, das er mit seinem Antichristtraktat verfolgte, zum Durchbruch zu verhelfen. So verkünden die „Kirchenglocken" substantiell nichts anderes, als das, was auch der Antichristtraktat artikulierte. Nur hat sich der Adressat und damit die Art und Weise des Sprechens sowie der Argumentationsmodus (nicht die Argumente!) geändert. Hatte der Katalane doch mittlerweile gemerkt, daß er von Paris, der intellektuellen Hochburg Europas, aus, nicht vermocht hatte, sein im Antichristtraktat formuliertes Anliegen zu verbreiten und zu weltweiter Anerkennung zu verhelfen. Vielleicht konnte er es jetzt mit Hilfe und aus der Nähe des Zentrums der Kirche aus? Jedenfalls sorgte er dafür, daß viele das Geläut der „Kirchenglocken" hörten. Er schickte Kopien seines Werkes nach Frankreich, nach Occitanien und Katalonien.[157]

Die Schrift *De mysterio cymbalorum ecclesiae* ist klarerweise nur im Konnex der Auseinandersetzung um den Antichristtraktat Arnalds zu verstehen. Sie ist Element jener Kontroverse, die sich in Paris 1299 anbahnte und um die eschatologischen Aussagen Arnalds kreisten, die er in seinem Antichristtraktat aus dem Jahre 1299 formulierte. Nicht die „Kirchenglocken" verdienen daher die erste Aufmerksamkeit, sondern

---

[156] Finke 1902, 216.

[157] So widmete er das Werk überdies nicht nur einem einflußreichen Orden, den Kartäusern von Scala Dei, sondern veranlaßte, daß dreizehn Kopien der „Kirchenglocken" in Umlauf kamen. Perarnau: El text primitiu 1988/89, 11 sowie seine Transkription nach Roma, Bibl. Corsiniana, ms. 40. E.3, fol. 1 r–28 r, ebenda 53–133; HSS verzeichnet Santi 1987, 254.

dieser Antichristtraktat.[158] Dieser ist die Grundlage für jenen Traktat. Nicht zuletzt dank der Forschungen Batlloris wurde ja das lange Zeit gültige Bild der Publikationsliste Arnalds hinsichtlich der Erscheinungsdaten seiner spirituell-religiösen Werke geradezu auf den Kopf gestellt. Heute steht fest, daß die Veröffentlichung des Antichristtraktates kein spontaner Einfall, vielmehr wohlüberlegtes Kalkül Arnalds war. Batllori geht davon aus, daß der Katalane den Traktat noch vor 1290 verfaßt und ihn mindestens sieben Jahre lang geheimgehalten habe.[159] Wenngleich gewisse Zweifel gegen eine allzu frühe und exakte Datierung erhoben worden sind, so muß doch festgehalten werden, daß der Antichristtraktat längst nicht mehr als spontaner Einfall eines subalternen katalanischen Gesandten bewertet werden darf, der in Paris lediglich durch eine sensationell aufbereitete Quisquilie die Aufmerksamkeit der intellektuellen Welt auf sich ziehen wollte, sondern als wohlformuliertes Ergebnis eines zum innersten Kern – und deswegen auch lange Zeit geheimgehaltenen – Überzeugungsbestandes seines Autors zu verstehen ist. Dieser Überzeugungsbestand ist selbst in seinen frühen theologisch wie spirituell ausgerichteten Werken, namentlich in den sicherlich schon 1292 verfaßten Schriften der *Introductio in librum Ioachim de semine scripturarum* und der *Allocutio super significatione nominis Tetragrammaton* präsent und bildet gleichsam den unsichtbaren Notenschlüssel des dort appellativ Gesagten.[160] Auch die späteren Autoren, die sich zu den Ansichten Arnalds zum Thema „Kommen des Antichrist" äußern, stützen sich allesamt und primär auf den Antichristtraktat nicht so sehr auf die „Kirchenglocken". Diese Schrift ist nur

---

[158] Im folgenden werden die Aussagen in den *Kirchenglocken* dann berücksichtigt, wenn sie inhaltlich von dem Antichristtraktat abweichen.

[159] Paul Diepgen ging noch davon aus, daß Arnald vor seinem Antichrist-Traktat bereits sechs andere theologische Werke verfaßt habe: Neben der „Expositio super Apocalipsi" (1.) eine „vor oder kurz nach 1292" erstellte Einführung in die pseudojoachimitische Schrift „De semine scripturarum" unter dem nämlichen Titel (2.), das „Tetragrammaton", eine meditative Reflexion über das Tetragramm und das Mysterium trinitatis (3.), den „Dyalogus de elementis catholice fidei" oder das „alphabetum catholicorum", verfaßt für die Kinder des Königs von Aragón zwischen 1295 und 1297 (4.), die Aufforderung zur Wahrhaftigkeit „De prudentia catholicorum scolarium" (5.) „und schließlich den berühmten Traktat ,De tempore adventus Antichristi' und zwar die erste Hälfte der vorliegenden Fassung, welche im Jahre 1297 entstand." Diepgen 1909, 16; daß Arnald von Villanova den ersten Teil des Traktates im Jahre 1297 verfaßt hat, wissen wir von ihm selbst. Betí Bonfill, Manuel: Notícies de dos manuscrits de l'Arxiu Arxiprestal de Morella. *Bulletí de la Biblioteca de Catalunya* 4 (1917) 46–67; Santi 1987, 252f.

[160] Perarnau: El text primitiu 1988/89, 13–22. Eine Edition der einzelnen Werke ist seit langem angekündigt in den „Arnaldi de Villanova scripta spiritualia", 1971; dazu auch Mensa i Valls 1994, 7.

Modifizierung, jenes aber Herz- und Kernstück der eschatologischen Überzeugung Arnalds. Im Blick auf den Beginn des Konflikts ist hinsichtlich des Selbstverständnisses, das Arnald von Paris auszeichnete, vor allem festzuhalten, daß er seine Gesandtentätigkeit als Beitrag zu Frieden stiftender Annäherung zwischen den beiden Königshäusern Frankreich und Aragón verstanden wissen wollte; dies, obgleich Arnald von Villanova nur bestimmte Instruktionen Vertretern des Königs von Frankreich zu übergeben hatte. Dabei beabsichtigte er nicht nur in diplomatischer Mission seines irdischen Königs, sondern auch als *medicus* im umfassenden Sinne, speziell missionarisch-verkündigend als Bote des himmlischen Arztes aktiv zu werden; nicht zuletzt deshalb, weil beide Aktivitäten für ihn nicht getrennt gesehen werden durften. Nach Arnalds Dafürhalten korrespondierten politische Mission und prophetische Vision nicht nur irgendwie miteinander, sondern gehörten zusammen wie zwei Seiten einer Münze. Gerade die Annäherung des französischen und katalanisch-aragonischen Königshauses und das damit im Zusammenhang stehende Ringen um eine Lösung der leidigen Sizilienfrage, war Teil seiner „Botschaft", wie oben bereits angedeutet wurde und im Zuge der genauen Textanalyse noch näher auszuführen sein wird.

3. Kapitel

DIE ANKUNFT DES ANTICHRIST NACH
ARNALD VON VILLANOVA

3.1 Der Traktat „De tempore adventus Antichristi"

Anneliese Maier hat im Zuge ihrer beiden Untersuchungen der Handschrift Vat., Borgh. 205 bereits darauf hingewiesen, daß der berühmtberüchtigte Traktat *De tempore adventus Antichristi* des Arnald von Villanova alles andere als eine organische Ganzheit bildet. Man müsse vielmehr, so meinte sie, einen ersten und einen zweiten Teil unterscheiden. Dieser sei im Jahre 1299, jener anno 1297 geschrieben worden.[1] Und in der Tat: Der uns überlieferte Antichrist-Traktat des Arnald von Villanova[2] ist in seiner Struktur vielschichtig und weist gedankliche Neuansätze auf, die als Nahtstelle beider Teile gedeutet werden könnten. Anneliese Maier wie auch zuvor bereits Finke sind der Ansicht, daß diese Nahtstelle sich innerhalb des Cod. Vat. lat. 3824 auf der achtundsechzigsten Folie befindet, so daß der erste Teil des Werkes achtzehn Blätter (von fol. 50 bis 68) umfaßt und aus dem Jahre 1297 stammt, während der zweite Teil aus gerade zehn Blättern (fol. 68–

---

[1] Maier, Anneliese: Handschriftliches zu Arnaldus de Villanova und Petrus Ioannis Olivi. *AST* 21 (1948) 53–74, Abdruck in dies.: Ausgehendes Mittelalter. Gesammelte Aufsätze zur Geistesgeschichte des 14. Jahrhunderts. Bd. 2, Rom 1967, 215–237 (= SeL 105); dies.: Codices Burghesiani Bibliothecae Vaticanae. Vatikanstadt 1952, 261ff. (= Studi e Testi 170).

[2] Die Handschriften verzeichnet Santi 1987, 253: Kues, Cod. 42, fol. 219 c–238 a; London. B.M. Cotton Vitell. E. II; Oxford, Bodl. Can. lat. Misc. 370, fol. 60 v–91 r; Roma, Arch. Carm., A.O. III. 556 A, fol. 1 a–12 d; Vat. Borg. 205, fol. 26 r–48 r; Vat. lat. 3824, fol. 50 v–78 v. Eine kritische Edition ist seit langem angekündigt, aber leider immer noch nicht erschienen. Perarnau 1987, 5. Ich stütze mich auf die bereits von Finke 1902, CXVIIff., ausgezeichnet beschriebene Handschrift Vat. lat. 3824, fol. 50 v–78 v. Dieser von Finke teilweise, von Perarnau 1987 vollständig transkribierte Codex enthält die theologischen Schriften des Arnald von Villanova in ihrer definitiven Form, wie sie noch vor 1305 dem Papst übergeben wurden. Er ist „unter direkter Aufsicht und Mitwirkung des Autors entstanden." Maier 1967, 217. Dazu auch Perarnau 1987, 7f. Gleichzeitig ziehe ich aber auch zur Kontrolle die erst später, im 15. Jahrhundert geschriebenen HSS aus Oxford, Kues und Rom, Arch. Carm., A.O., heran (die HS aus der British Library ist leider durch den 1791 im Ashburnham House entstandenen Brand nahezu vollständig zerstört und unleserlich). Ich danke allen Bibliothekaren, besonders Miss C. M. Hall, Higher Executive Officer, Department of Manuscripts, London, für ihre freundliche Hilfe und geduldigen Auskünfte.

78) bestehe und im Jahr 1299 geschrieben worden sei.[3] Beide Zeitangaben führt der Autor des Traktates in seinem Text selbst an.

Die erste Datenanzeige nennt der Verfasser an einer Stelle innerhalb seiner Schrift, in der es um die Frage geht, was unter dem biblisch-theologischen Begriff *Weltende* (*finis mundi*) zu verstehen sei. Dabei rekurriert er auf die schon in der Zeit der Kirchenväter dargelegte und vom Mittelalter grundsätzlich akzeptierte, wenn auch immer wieder variierte Epocheneinteilung der Zeiten in *aetates*.[4]

Die *ultima aetas*, so die weitverbreitete, orthodoxe Ansicht, ist die Zeit seit Christi Geburt bis zum Jüngsten Tag. Damit scheint – auf den ersten Blick – Arnald nichts von einem Zeitalter des Heiligen Geistes im Sinne Joachims von Fiore wissen zu wollen. Jedenfalls spricht hier Arnald ausdrücklich der Inkarnationszählung das Wort, wenn er darlegt, daß wir seit dem *Advent des Herrn* 1297 Jahre rechnen: „Ad que nos, qui nunc ab adventu domini computamus M.CC.XCVII annos [. . .]"[5] Doch werden wir auf diese Stelle zurückkommen müssen.

Im zweiten Teil seines Traktates nennt Arnald klarerweise die Jahrhundertwende als Abfassungsdatum; und zwar ebenfalls im Zusammenhang mit seiner Berechnung des Weltendes. Jetzt ist es die Interpretation des Lukasverses 21,24 – „Jerusalem calcabitur a gentibus, donec impleantur tempora nationum" –, die ihm Gelegenheit bietet, das vierzehnte Jahrhundert als die Fülle der Zeiten zu proklamieren. Das Jahrhundert beginne, sobald das jetzige Jahr vergehe: „Quod centenarium inchoabit, quando finietur computatio presentis anni, quo ecclesia numerat annos domini mille trecentos [. . .]."[6]

Es kann also gar kein Zweifel darüber bestehen, daß diese beiden Daten vom Autor selbst stammen. Zu sehr sind sie mit dem Inhalt des Textes verwoben. Doch das bedeutet nicht, daß die Nahtstelle exakt dort verläuft, wo Maier sie in deutlicher Anlehnung an Finke vermutet. Es bedeutet auch nicht, daß Batlloris These, der Traktat sei bereits im Jahre 1290 verfaßt worden, widerlegt wäre. Arnald könnte doch seine 1299 verkündete These durchaus bereits vorher schriftlich niedergelegt, im Jahr 1297 noch einmal redigiert und schließlich 1299 ergänzt und so in Paris publiziert haben. Fest steht jedenfalls, daß hier ein Werk aus mehreren redaktionellen Schichten vorliegt, das der Au-

---

[3] Finke 1902, CXIX; Maier 1952, 261.

[4] Schmale, Franz-Josef: Funktion und Formen mittelalterlicher Geschichtsschreibung. Eine Einführung. Mit einem Beitrag von Hans-Werner Goetz. Darmstadt 1985, hier bes. 35 (mit Lit.). Mit speziellem Blick auf die Werdegeschichte geschichtstheologischer Terminologien wie Kategorien im Hochmittelalter s. Ratzinger 1959, 16–21.

[5] Arnald von Villanova: De tempore adventus antichristi. Vat. lat. 3824, fol. 56 vb; Finke 1902, CXXXI.

[6] Arnald von Villanova: De tempore adventus antichristi. Vat. lat. 3824, fol. 74 ra; Finke 1902, CLI.

tor allerdings selbst überarbeitet und ergänzt, dann aber im Jahre 1299 in Paris der akademischen Öffentlichkeit vorgestellt hat.

Perarnau macht überdies nachdrücklich darauf aufmerksam, daß es sich bei der Ortung der Nahtstelle lediglich um eine Vermutung, keineswegs um ein definitives Forschungsergebnis handle. Zudem sei die Begründung recht schwach abgesichert. Nach Maier beginne der zweite Teil des Traktates mit den Worten „Doctores vero Parisienses [. . .]"[7]. Sie vermutet dies hauptsächlich deswegen, weil dieser Satz mit einer majuskelhaft gestalteten Initiale beginne. Doch finden wir derartig gestaltete Großbuchstaben häufiger, so etwa auf fol. 65 va: „Praemissis [. . .]". Um hier größere Klarheit zu bekommen, schlägt Perarnau vor, in dieser Frage Arnald von Villanova selbst zu hören. Bei seinen ebenfalls immer wieder auf Heinrich Finke rekurrierenden Forschungen stellt Perarnau schließlich fest:

1. In der *Protestatio, praesentatio ac supplicatio ad Benedictum* spricht Arnald selbst ausdrücklich von einem ersten Teil seines Werkes. Dieser erste Teil beinhaltet die *principia*, aus denen seine Behauptungen allererst einsichtig werden.[8]

2. In der *Praesentatio facta Burdegaliae* behauptet der katalanische Arzt weiterhin, daß die Pariser Theologen den ersten Teil seines Werkes, der die *principia probationis* enthalte, vom zweiten Teil getrennt hätten, in dem lediglich die *conclusiones* zur Sprache kommen. Er wirft den Theologen vor, nur diesen zweiten Teil Papst Bonifaz VIII. präsentiert zu haben: „Et est ille tractatus / cuius medietatem primam in qua principia probationis continebantur, theologi parisienses amputaverunt et reliquam in qua tantum exprimebantur conclusiones presentaverunt domino Bonifacio quondam pape VIII°, quam medietatem dominus Bonifacius satis digne comburi fecit, magis ad ignominiam presentantium quam contumeliam editoris."[9]

Nach diesen Angaben Arnalds ist den Theologen ein Text in die Hände gefallen, der das wiedergab, was im Codex Vat. lat. 3824 auf den Folien 50 va bis 65 va steht, nämlich die „Prinzipien", und das, was auf den Folien 77 vb bis 78 va zu lesen ist: die *conclusiones*.[10] Nur letzteres hätten die Theologen dem Papst übergeben.

Perarnau begründet seine neue Sicht damit, daß sich auf der Folie 65 va genannter Handschrift zwischen der siebten und achten Zeile von

---

[7] Finke CXXXIX, und fol. 68 ra.

[8] „principia suffocare quibus ipsa veritas elucidatur, que in pri/ma parte operis quam retinuerant, tradebantur." Vat. lat. 3824, fol. 205 rb-va. Zitiert auch bei Perarnau 1987, 25; ders. 1991, 201. Dazu bereits Finke 1902, CXIX.

[9] Arnald von Villanova: Praesentatio facta Burdegaliae. Vat. lat. 3824, fol. 255 ra–261 vb, hier fol. 255 rb–va. Finke 1902, CCII–CCXI, hier CCIV.

[10] Perarnau 1987, 25f.

unten eine stilistische wie inhaltlich zu markierende Nahtstelle erkennen läßt: Nachdem konzentriert die Heilige Schrift zitiert wurde und die Argumentation das zuvor Gesagte zu doxologischer Qualität verdichtet und selbst mit dem Wort *Amen* abschließt, was gewöhnlich unmißverständlich den Schlußteil eines Traktates anzeige, falle der Autor ab der siebten Zeile von unten (Vat. lat. 3824, fol. 65 va) plötzlich in eine unerwartete und kolumnenlange Polemik. Diese erstreckt sich bis zur ersten Zeile der Folie 77 vb: „man/suram per secula seculorum. Amen."
Arnald von Villanova argumentiere hier scharf gegen jene Einwürfe, die ihm seitens der Pariser Theologen zu Ohren gekommen sein müssen. Dies setzt aber gerade voraus, daß die Theologen Teile des auf uns gekommenen Antichrist-Traktates bereits kannten; nämlich genau jene oben angezeigten Partes: die *principia probationis* sowie die *conclusiones*.
Perarnau hat Recht, wenn er darauf aufmerksam macht, daß nicht nur äußere, sondern vor allem inhaltliche Kriterien herangezogen werden müssen, sofern die Frage nach den einzelnen Teilen des Traktates umfassend geklärt werden soll. Doch diese ist nur durch eine gründliche Textanalyse selbst zu erreichen. Und diese bestätigt aber, um es vorweg zu sagen, das, was Anneliese Maier und Heinrich Finke bereits vermuteten: Der gravierende Einschnitt liegt in unserer Handschrift nicht auf der Folie 65 va, sondern verläuft auf dem Blatt 68 ra, eben bei jener Passage, die mit *Doctores vero Parisienses* beginnt.
Jener Teil, der mit den Worten *Premissis igitur* (fol. 65 va) anhebt und mit *adhuc predictus adventus* (68 ra) endet, beinhaltet noch keineswegs die Polemik Arnalds gegenüber denjenigen, die gegen seine These konkret Einspruch erhoben haben. Vielmehr herrscht hier noch der nämliche, relativ ruhig-gelassene, zugleich aber entschieden sendungsbewußte Ton vor, wie er auch für den ersten Teil des Traktates charakteristisch ist. Was sich allerdings ändert, und was Perarnau in diesem Fall offensichtlich irritiert hat, ist, daß hier Einwürfe gegen das zuvor Dargelegte artikuliert und diese dann widerlegt werden. Doch bei genauem Zusehen handelt es sich hierbei um aus literarischen Gründen erstellte, mögliche Einwürfe, die für die Traktatform dieser Zeit typisch sind und mit den Erwiderungen nach dem *corpus articuli* in der zeitgenössischen Quaestionenliteratur und den großen Summen zu parallelisieren sind.[11] Sie bieten dem Autor die Möglichkeit, Gegenargumenten von vornherein die Spitze zu nehmen, die zuvor geäußerten Gedanken zu vertiefen, sie auch von einer anderen Perspektive zu be-

---

[11] Hödl, Ludwig: Distinktion. In: LexMA III, 1986, 1127–1128 (mit. Lit.); Flasch 1987, 125–129.

trachten und neue Aspekte des Problems zu formulieren und so insgesamt zu weiterführenden Fragestellungen zu gelangen. Tatsächlich
wählt Arnald hier die Form des Futur, nicht – wie später im Blick auf
die Pariser Theologen – die des Präsens: „Premissis igitur intellectis,
facile poterit obicientibus responderi [. . .]", wie es heißt.[12] Zuvor hatte
er den Hauptgedankengang, wie bereits Perarnau feststellte, in feier-
licher Form abgeschlossen. Doch ist auch hier zu beachten, daß das
formulierte *Amen* nicht das üblicherweise am Schluß des Traktates stehende freigewählte *Amen* des Autors selbst ist, sondern aus einem Zitat
– Rm 11,33 – stammt. Und das vermag durchaus innerhalb des Traktates selbst zu stehen, muß jedenfalls nicht die Coda signieren.
Doch was mehr wiegt: Der hier gemeinte Teil beinhaltet durchaus
noch Prinzipien *(principia)*. Ja, die von ihm selbst formulierten Gegenargumente bieten Arnald die Möglichkeit, sich nach der konkreten
Darlegung seiner *computatio* noch einmal grundsätzlich zu äußern.
Überdies kommen Gedanken zu Wort, die in den *conclusiones* bereits
aufgenommen worden sind: und zwar nicht als Anhängsel zum Schluß,
sondern geradezu das Herzstück der, wie Perarnau überzeugend feststellte, noch vor der Pariser Affäre geschriebenen „Zusammenfassung"
bildend. Arnald bringt sie in seinem neun *principales assertiones* umfassenden Resümee unter den Punkten drei, vier und fünf komprimiert
zu Wort.
Damit steht fest, daß die Pariser Theologen zwei Teile des Traktates
besaßen. Aber eben nicht jenen Teil, der im polemischen Ton gehalten und bereits vom Jahre 1300 spricht. Dieser ist erst nach der Reaktion der Pariser Theologen geschrieben worden, „escrita potser a París,
potser a Roma, potser pel camí, entre l'any citat i el 1300."[13] Mit anderen Worten: Der uns überlieferte Traktat *De tempore adventus Antichristi* weist trimorphe Struktur auf:
Er besteht *erstens* aus den *principia* und *zweitens* aus den *conclusiones*, die
1299 formuliert wurden. Erstere tragen das Datum 1297 und befinden
sich im Cod. Vat. lat. 3824 auf den Folien 50 va bis 68 ra, zweitere auf
den Folien 77 vb bis 78 va. In diesen Teilen kam der Traktat den Theologen in Paris zu Gesicht. *Drittens* aber besteht er aus jenem Teil, der
die Folien von 68 ra (unten) bis 77 vb (zweite Zeile von oben) umfaßt,
nur wenig später nach seinem Pariser Auftritt im Dezember 1299 geschrieben wurde – vielleicht noch in Paris, vielleicht schon in Rom,
vielleicht aber auch unterwegs von Paris nach Rom –, bereits eine polemische Antwort auf die Einwürfe enthält, die seitens der Pariser
Theologen gegen Arnald erhoben wurden, und das Jahr 1300 nennt.

---

[12] Arnald von Villanova: De tempore adventus antichristi. Vat. lat. 3824, fol. 65 va.
[13] Perarnau 1987, 26.

Aus dieser trimorphen Struktur des Traktates ergibt sich das zweifach gegliederte Procedere der Textanalyse: Bevor der stark polemisch gehaltene und später verfaßte Teil des Traktates zur Sprache kommt, werden zunächst die *principia probationis* zusammen mit den *conclusiones* analysiert und dargestellt.

3.2 Die „principia probationis" und „conclusiones"

3.2.1 Die Wächter des Heils und der Ruf der Sorge

Wenden wir uns zunächst dem ersten Teil des Traktates zu, der nach der vorliegenden Handschrift mit einem Zitat aus dem alttestamentlichen Buch Jeremia (6,17) beginnt und mit einem aus dem Römerbrief stammenden Hymnus auf die erbarmende Weisheit Gottes endet.[14]

Hier deutet sich bereits an, aus welchen Quellen der Autor vornehmlich zu schöpfen gedenkt: aus der Heiligen Schrift. Seine permanente Rekurrierung auf die Bibel ist in der Tat auffällig und muß, um es vorweg zu sagen, als ein wichtiges Unterscheidungssignum zu anderen Traktaten über den Antichrist konstatiert werden. Johannes von Paris etwa führt zwar ebenfalls häufig Schriftstellen an, um seine Argumente zu stützen, weiß dabei jedoch eine Reihe anderer *auctoritates* zu nennen und sie für seinen Denk- und Darlegungsprozeß zu nutzen.

Gleich im ersten Satz des Traktates wird mittels des genannten Jeremia-Zitates auf die Bedeutung der „Wächter", der *speculatores*, hingewiesen. Ihre Signale, *vox tubae*, dürfen von den Menschen nicht überhört werden. Sie müssen letztlich als Signale Gottes verstanden werden, eines Gottes, der das Heil der Menschen, nicht aber den Tod der Sünder will; eine Prämisse, die sogleich mit drei alttestamentlichen Bibelzitaten verifiziert (Ez 33,11; Sap 1,13; 11,24) und schließlich dahingehend spezifiziert wird, daß die liebende Sorge des vor- und fürsorgenden Vater-Gottes größer sei als die jeder um ihr Kind besorgten Mutter: „cum ipse sit fons pietatis et pura et indeficiens bonitas [. . .]. Tanta igitur cura prosequitur custodiam populi sui, quod cavere studet, ne ipsum per ignorantiam ruina preoccupet."

Damit kommt aber bereits in den ersten Sätzen des Traktates ein wichtiges Motiv der gesamten Antichristspekulation Arnalds von Villanova zu Wort. Es ist nicht so sehr die Arnald immer wieder vorgeworfene

---

[14] *Constitui super vos speculatores: audite et vocem tube.* Ier 6. Deus, qui *non vult mortem peccatoris, sed ut convertatur et vivat,* quemadmodum clamat per Ez., qui *mortem non fecit, nec letatur in perditione vivorum,* ut docet in libro sapientie, qui *dissimulat peccata hominum propter penitentiam.* Vat. lat. 3824, fol. 50 va. Finke 1902, CXXIX; Ier 6,17; Ez 33,11; Sap 1,13; Sap 11,24. Gegen Ende dieses ersten Teils wird Rm 11,33–36 zitiert. Vat. lat. 3824, fol. 65 va.

Effekthascherei, die Exaltiertheit eines exzentrisch agierenden Arztes, die hier artikuliert wird. Es ist vielmehr der sorgende Blick auf eine sich von Gott entfernende Gesellschaft, die es aufzurütteln gilt, der hier zu spüren ist. Das Motiv der Sorge ist allenthalben herauszuhören: die Sorge um die Menschheit insgesamt, um die Gläubigen generell wie jedes einzelnen speziell („salutem humani generis et specialiter populi fidelis"), die Sorge darum, daß der Mensch auf seinem Weg durch die Zeit und – näherhin – in die Zukunft womöglich in den „Abgrund stürze" und so in alle Zukunft „vergehe". *Providere* und *praevidere, custodire, cavere* und *evigilare*, auch „studere, ne ruina praeoccupet" oder „[. . .] ne periret" und dergleichen Verben und immer wieder genannten Prädikatsverbindungen gewinnen – ebenso wie die diesen verbalen Konstruktionen entsprechend zugeordneten Nomen (wie z. B. *custos, custodia, speculator*) – ihr konkretes Gesicht allererst auf dem ihnen Kontur verleihenden Hintergrund von *curare* und *cura* sowie deren zahlreiche Varianten und Konnexionen.

So bekommt auch der zu Beginn des Traktates zitierte Vers aus dem sechsten Kapitel des Buches Jeremia (6,17) erst seinen Sinn, mehr noch, seine für den Traktat exemplarische Bedeutung, wenn er gleichsam im Horizont der Sorge gelesen wird: „Ich habe über euch Wächter bestellt. Horcht auf den Klang ihres Hornes!"

Einige Zeilen weiter, nachdem er die schon erwähnte liebende Sorge Gottes um das Heil der Menschen betont hat, greift er diesen Jeremia-Vers wieder auf und legt ihn von daher aus: „[. . .] speculator, in quantum previdet futuras perplexitates; tuba dicitur, in quantum efficaciter eas notificat, sicque corda sompnolentorum aut torpentium evigilantur."[15]

Der Wächter hat dafür zu sorgen, daß er die drohenden Gefahren vorausschauend erkennt, sie deutlich beim Namen nennt und die schlafenden Einwohner der Stadt aufweckt und warnt. Dieses sorgendwachende Wächteramt ist aber abhängig von der treuen Sorge Gottes, der ja, wie es in dem den Traktat einleitenden Jeremias-Zitat heißt: die Wächter bestellt, – „konstituiert" – hat.

---

[15] Arnald von Villanova: De tempore adventus antichristi. Vat. lat. 3824, fol. 50 va–vb; vgl. Finke 1902, CXXIXf. Zuvor heißt es aber, was Finke zum größten Teil leider ausläßt: „Tanta affectione sollicitatur erga salutem humani generis et specialiter populi fidelis, quod viscera matris in affectione ad genitum et sollicitudine custodiendi sue pie affectioni nequeunt comparari, cum ipse sit fons pietatis et pura et indeficiens bonitas. Hoc autem ipse confirmat per Isaiam dicendo, *nunquid potest oblivisci mulier infantem suum? Et, si illa oblita fuerit, ego tamen non obliviscar.*" Huius affectionis noverat veritatem beatus Petrus, qui salubri consilio nos instruens, ait: *humiliamini sub potenti manu dei ut vos exaltet in tempore tribula/tionis: omnem sollicitudinem vestram proicientes in eum, quoniam ipsi cura est de vobis.*„ Js 49,15; I Pt 5,6–7. Das Motiv der Sorge ist hier deutlich artikuliert und biblisch fundiert.

Die hier im Traktat zu Wort kommende, aber in der bisherigen Forschung immer übersehene, grundlegende Bedeutung der Sorge trägt
ein doppeltes Gesicht. Sie hat sowohl vertikal gliedernde, dabei sich
aber ständig verbreiternde und also horizontal einheitsstiftende, als
auch Theorie und Praxis umfassende Funktion:
Aus der liebenden Sorge heraus bestellt der Schöpfer-Gott *speculatores*.
Diese wiederum sorgen für die Bewachung und Weckung der bedrohten Menschheit, die selbst schließlich Sorge und Vorsorge zu tragen
haben für ihr Seelenheil: sei es, daß sie die sie bedrohenden Gefahren
meiden, sei es, daß sie sie bekämpfen: Arnald betont es kolumnenlang:
„In quibus primo providentia dei [. . .]. Secundo vero subiungitur mo-
nitio vitandi periculum, cum dicitur: Audite vocem tube. Vox tube quidem est vox speculatoris."[16] Schließlich haben „die Hörenden" für sich
selbst und für andere Vorsorge zu treffen. „Audientibus vero convenit
et ad evasionem periculi se preparare, partim fugiendo et partim ad
armorum tuitionem currendo."[17] Jedenfalls platzt, wie Arnald mit kräftigen Bildern formuliert, durch den Warn- und Weckruf der Wächter
auch und gerade denen das Trommelfell, die „ihre Zelte auf den Weiden dieser Welt errichtet" haben und, die Zeit mit „Spiel und Spaß,
Fressen, Frauen und Feiern" vertreibend, sich in ihren Nachkommen
zu verewigen suchen; denn die donnernde Stimme der Wächter ruft
ihnen in Erinnerung, daß diese Welt vergänglich ist und daß das Ende
kommt.[18]
Dadurch werden, so hofft Arnald, zumindest diejenigen in Sorge versetzt, die nicht gänzlich „den Sinn für das ewige Leben verloren haben".[19] Der Ruf der Wächter kommt als Gewissensruf und als Ruf der
Sorge zu Gehör. Es ist die Sorge um das ewige Leben, das, wie Arnald
breit auszuführen weiß, durch das Schuldigsein der Menschen in der
Zeit und aufgrund der konkreten weltgeschichtlichen Situation – unmittelbar vor der Jahrhundertwende – für viele außer Sicht geraten

---

[16] Ebenda fol. 50 vb; diesen speziellen Gedankengang führt Arnald bis fol. 51 vb aus.

[17] Ebenda fol. 51 rb; vgl. Finke 1902, CXXX.

[18] Ebenda fol. 51 rb–va.

[19] „Vere quidem tribulatio flagelli et persecutionis et angustia mortis atque venturi iudicii potest eos terrore concutere, quorum corda non amiserunt omnino sensum eterne
vite, quales sunt obstinati et reprobi, hos enim nulla vox terret speculatoris, quoniam
nec mortem metuunt nec infernum." Ebenda fol. 53 va; auch 56 ra–rb; Finke 1902,
CXXX: „Incumbit ergo et speculatoribus, ut inopi / nato clangore quasi tonitruo vehe-
menti et repentino, percutiant aures istorum, qui tentoria sua fixerunt in pratis seculi
huius, et vacantes lusibus et melodiis, epulis et nuptiis et iocunditatibus animi, studen-
tes in perituris heredibus suam perpetuare memoriam; et annuncient eis finem et
consummationem status presentis, ut cognoscant se stulte laborare, cum non sit dura-
turus cursus huius seculi, quem allegant, ducentis annis, ut probabiliter ex pagina
divina colligitur. Iam enim clamare possunt cum Ezechiele: *Finis venit, venit finis*" Ez
7,2.

sei. Diese jenseitig-ewige Wirklichkeit gelte es wieder deutlicher in den Blick zu nehmen. Diese letztlich aus dem liebenden Herzen Gottes kommende Sorge ist allen Menschen gemeinsam, zumindest denjenigen, denen das eigene wie das Geschick der Menschheit insgesamt nicht gleichgültig ist. Insofern kommt der Sorge generalisierender Charakter zu. Sie umfaßt alle diejenigen, die das Heil der Menschen wollen.

Dies wird schon auf den ersten Folien des Traktates deutlich: Arnald von Villanova sorgt sich um das Heil der Menschen. In dieser Sorge um das Heil weiß er sich nicht allein. Er sieht sich in der Gemeinschaft derer, die sich um die Menschheit insgesamt wie um den einzelnen Menschen bemühen. Er sieht sich den *speculatores* zugehörig. Diese nehmen teil an der „göttlichen Sorge", sind gleichsam von ihr angetan; und zwar so, daß sie selbst wiederum andere mit dieser – jetzt „ihrer" – Sorge anstecken. Die Sorge des den Menschen und die Menschheit rettenden, nicht verfluchen wollenden himmlischen Vaters überträgt und verbreitet sich ständig, muß und soll – so Arnald – ständig größere Kreise ziehen. Sie soll die anderen, die Vielen, sorgend aktivieren: zum vor- und fürsorgenden Handeln im Sinne des eigenen wie des anderen Seelenheils aufwecken.

Die vertikal verlaufende und sich dabei ständig verbreiternde Sorgelinie reicht so von Gott über die Wächter bis hinein in die Seelen der vielen Gläubigen. Während Gottes Liebe zu den Menschen gleichsam die Matrix und der Motor der Sorge ist, fungieren die Wächter als Multiplikatoren göttlicher Sorge und werden eigentlich erst durch die Sorge das, was sie sind: *speculatores*.

Aus diesem Motiv der Sorge heraus ist es nur verständlich, wenn Arnald nicht nur die ordinierten *speculatores* als Wächter und damit als Rufer und Vermittler göttlicher Sorge ansieht. Für ihn sind nicht allein die Prälaten und Seelsorger von Amts wegen, sondern all jene „Wächter", die in Vorausschau drohender Gefahr sich um das Seelenheil der Gläubigen sorgen und entsprechend warnen und mahnen: „Et licet speculatores et ordinarii sint prelati et curam animarum habentes, unde et de apostolis, quorum vices prelati gerunt, ait beatus Petrus: *Speculatores facti sumus magnitudinis eius*; nichilominus etiam speculatores existunt omnes missi ad predicandum, qui vices gerunt in ecclesia prophetarum."[20]

Damit wird aber bereits die andere Sicht der Sorge greifbar: Sorge kommt in ihrer Theorie wie Praxis umfassenden Dimension in Sicht. Für Arnald von Villanova ist die Sorge nicht nur das beherrschende Prinzip des Handelns, d. h. des Tätigwerdens der *speculatores* im Wa-

---

[20] Ebenda fol. 51 vb.

chen und weckenden Warnen, sondern auch des Sehens und Erkennens jener drohenden Heilsgefährdung, vor der unbedingt gewarnt und weswegen alle positiven Kräfte geweckt werden müssen. Ist doch dasjenige, wodurch die göttliche Sorge in das Herz des Menschen gelangt, die faktische Gestalt der göttliche Offenbarung in der Heiligen Schrift. Der Aussichtsturm der Wächter, von Arnald konsequenterweise *specula* genannt, ist die Bibel.[21] Von diesem Turm aus ist die Gefahr erkennbar. Jeder, der die Heilige Schrift durchforscht und damit gleichsam den Aussichtsturm besteigt, sieht das herannahende Unheil. Er ist aufgrund dieser gottgeschenkten Erkenntnis gleichsam von selbst („in seiner Weise") sorgender Wächter und Wecker der Vielen: nicht *ex auctoritate ordinaria*, wohl aber als „Schuldner Gottes und des Nächsten": „[...] quicumque scrutantur sacra eloquia, speculatores domini sunt ad populum suo modo. Nam per tranquillitatem meditationis et studii sedent supra speculam eius, contemplantes futura. Unde, licet ad clamandum non sint ex auctoritate ordinaria destinati, quia tamen divine veritatis hauriunt cognitionem, per ipsam debitores efficiuntur deo et proximo."[22]

Die zweifach-doppelte Bedeutung der Sorge in diesem Traktat hat unmittelbar konkret-praktische Auswirkungen:

1. Die einerseits vertikal verlaufende, sich dabei – andererseits – ständig verbreiternde und schließlich horizontal sich erstreckende Sorgelinie macht erst verständlich, warum das hierarchisch-vertikale Prinzip der „ordinierten Wächter" (Prälaten und geweihte Seelsorger) nicht abgelehnt, aber doch erweitert wird: ergänzt um die sich ebenfalls um das Heil der Seelen sorgenden, aus dem „Quell göttlicher Wahrheit" trinkenden, wenn auch nicht ordinierten Wächter.

2. Die Theorie wie Praxis umgreifende Sorge bewirkt, daß das Schriftprinzip voll zur Geltung kommt. Denn die Quelle göttlicher Wahrheit ist für Arnald von Villanova klarerweise die Bibel. Die biblische Wahrheit führt zur ganzheitlichen Entscheidung des Menschen für oder gegen Gott, für das Vergängliche oder für das Ewige, den personalen, liebend-sorgenden Vater-Gott. Sie spricht an, rüttelt auf und führt unmittelbar zur Tat, konkret bei Arnald, zum zeitkritisch sorgenden Warn- und Mahnruf. So können die Wächter des Heils nicht schlafen. Bis ins Innerste angesprochen und „gedrängt", „müssen" sie den sie

---

[21] „Specula vero domini est sacra scriptura, quod verba testantur Apostoli ad Timotheum, cum dicit: *Omnis scrip/tura divinitus inspirata utilis est ad docendum, ad arguendum, ad corripiendum, ad erudiendum in iusticia, ut perfectus sit et homo dei ad omne opus bonum instructus.*" Arnald von Villanova: De tempore adventus antichristi. Vat. lat. 3824, fol. 51 vb–52 ra; cf. II Tim 3,16.

[22] Arnald von Villanova: De tempore adventus antichristi. Vat. lat. 3824, fol. 52 ra; vgl. – teilweise – Finke 1902, CXXX.

selbst „konstituierenden" und in Anspruch nehmenden Ruf göttlicher Sorge auch anderen, dem ganzem Volk (ad populum) zu Gehör bringen.

3. Beide praxisrelevanten Auswirkungen greifen direkt in eine schon lange schwelende zeitgenössische Auseinandersetzung ein, die, in der Forschung vielfach immer noch recht ungenau und verharmlosend als „Mendikanten- und Armutsstreit" deklariert, tatsächlich aber radikal das gesellschaftliche, hierarchisch strukturierte ordo- wie status-Gefüge in Frage stellte.[23]

Gerade in Paris, dem akademischen Hort und avantgardistischem Ort dieser Kritik mußte Arnalds Antichristtraktat auch auf dem Hintergrund dieser Vorgänge gelesen und bewertet werden; ein Faktum, das erst weiter unten in den genaueren Blick zu nehmen ist. Hier gilt jedenfalls festzuhalten, daß das Resultat des ersten Gedankengangs Arnalds in diesem Traktat, Ergebnis einer Argumentation ist, die das „ordentliche" Amtsgefüge der *speculatores* nicht verneint, sondern erweitert sehen möchte durch das „Prophetenamt", das nach Arnald wesentlich vom Sorge- und Verantwortungsprinzip für das Heil des Menschen lebt, des einzelnen wie der Gesamtheit.[24]

Es ist auffällig und dennoch bislang nie artikuliert worden, schon gar nicht im Blick auf den Antichristtraktat des katalanischen Arztes: Arnald von Villanova legt von Anfang an den Akzent seiner darstellenden Rede auf das subjektive Moment innerhalb der kirchlicher Struktur. Es geht ihm um die subjektive Wahrnehmung und Realisierung dessen, was Heiligkeit ausmacht, um die ganzheitliche Antwort des einzelnen Menschen auf den Anspruch durch das Wort Gottes im Heiligen Geist. Arnald von Villanova spricht den einzelnen in seiner Subjektivität an, und zwar von Anfang an. Das Charisma will er betont wissen, ohne das Amt in Frage zu stellen.

---

[23] Schachten, Winfried H. J.: Ordo Salutis. Das Gesetz als Weise der Heilsvermittlung. Zur Kritik des heiligen Thomas von Aquin an Joachim von Fiore. Münster 1980 (= BGPhThMA NF Bd. 20). Winter, Eduard: Ketzerschicksale. Zürich 1980, 38–63; Mottu, Henry: Joachim von Fiore. In: Mittelalter I. Hrsg. von Martin Greschat. Stuttgart/Berlin/Köln/Mainz 1983, 249–266 (= Gestalten der Kirchengeschichte Bd. 3); Gerwing 1986, 178–182; Hödl, Ludwig: Theologiegeschichtliche Einführung. Tractatus super facto praelatorum et fratrum. Quodlibet XII, quaestio 31. Ediert von dems. und Marcel Haverals. Löwen 1989, VII–CXVII (= Ancient and medieval philosophy. De Wulf-Mansion Centre ser. 2; Henrici de Gandavo, Opera omnia XVII). Ulibarrena, Juana Mary Arcelus: La esperanza milenaria de Joachin de Fiore y el Nuevo Mundo: trayectoria de una utopia. *Florensia. Bollettino del Centro Internazionale di Studi Gioachimiti* 1 (1987) 47–75.

[24] Zur philosophischen Erörterung der Sorge auf existential-ontologischer Ebene s. Heidegger, Martin: Sein und Zeit. Tübingen [12]1972, 274–279. Aber bereits Platon begriff die Sorge, *epiméleia*, als eine seelische Tätigkeit, die vor der erst durch Aristoteles geläufig gewordenen Dualität von Theorie und Praxis liegt.

Im Unterschied zu Joachim von Fiore, bei dem ja das Zeitalter des Heiligen Geistes eine „objektive Größe" ist, die auch unabhängig vom einzelnen, ja mitunter auch gegen den einzelnen[25] in die Geschichtszeit hereinbricht, akzentuiert Arnald das notwendige subjektive Moment im Leben des Christen. Er hebt die subjektive Gestalt des Charismas hervor, um das Christentum insgesamt und damit auch die Objektivität des Amtes zu „füllen" und durch den Geist zu stärken.

Arnald wird also mißverstanden, sofern man seine Betonung des Subjektiven so versteht, als wolle er dadurch das Institutionelle und Objektive ausschließen. Gerade aufgrund seiner Deskription des Wächteramtes zu Beginn des Traktates ist ersichtlich, daß im Objektiven, im Amt selbst, das Subjektive zum Zuge kommen soll. Gerade diejenigen, die sich von Amts wegen und aufgrund ihrer Funktionen in der Nähe der objektiven Heiligkeitsquelle aufhalten, wie die Priester und die Theologen, sind verpflichtet, das ihnen objektiv Zukommende auch subjektiv einzuholen, auch subjektiv ihr Leben dem objektiv Heiligen anzugleichen und sich diesem zur Verfügung zu stellen: die ersten Hörer und Befolger des Wortes zu sein und sich „geisterfüllt-glühend" dafür einzusetzen, daß das Wort Gottes den anderen, den Vielen, zu Gehör gebracht wird. Jeder, der die göttliche *veritas* in sich aufnimmt, sei es nun *ex auctoritate ordinaria* oder nicht, ist Gott und den Menschen gegenüber dazu verpflichtet, diese Wahrheit auch zu bezeugen: „[. . .] per ipsam debitores efficiuntur deo et proximo", wie es oben hieß. Daß gerade hier die Theologen aus Profession, die Priester und Ordensleute oft versagen, ist für Arnald kein Argument gegen die „Theologen" und Schriftkundigen aus Passion, gegen die „Laien". Entscheidend ist, daß Gottes Botschaft in der Welt zu Gehör gebracht wird. Es obliegt somit den „Wächtern", den ordinierten wie den nichtordinierten: den durch die göttliche Sorge „Konstituierten" jedenfalls, die Heilige Schrift zu durchforschen und den Gläubigen die Ergebnisse dieser Forschungs- und Auslegungsarbeit zu verkünden, vor allem dann, wenn es sich um jenes dramatische Thema handelt, das letztlich alle angeht: wenn es sich also um das Ende der Welt, um das Ziel (Vollendung) des Menschen und seiner dramatischen Geschichte dreht.

Damit kommt – gleichsam en passant, aber doch entschieden – ein in die Breite gesellschaftlicher Realität ausgerichtetes „Anliegen" zum Ausdruck, ein Anliegen jedenfalls, das sich aus der vertikal – „von oben" (Gott-Vater) „nach unten" (zu den vielen Gläubigen) – verlaufenden und schließlich in die Horizontale mündenden Sorgelinie ergibt. Diese „Sorgelinie" zieht angesichts des allgemeinen Weltendes, *iudicium generale*, keineswegs über die Köpfe der Vielen hinweg, son-

---

[25] Finke 1902, CXXX, Anm. 1.

dern tangiert die Vielen im ursprünglichen Sinn des Wortes existentiell, ja sie nimmt den einzelnen wie allesamt in die vorsorgende und fürsorgende Pflicht. Der Grund dafür nämlich, warum die Rede vom Ende der Welt die Vielen betrifft, ist die von Gott ausgehende und die Wächter ausdrücklich „konstituierende" liebende Sorge um das Heil der Menschen, derer, die im „Stande der Gnade", wie derer, die im „Stande der Schuld" stehen. Damit werden aber nicht nur die Wächter als Wächter von der liebenden Sorge Gottes in Anspruch genommen. Arnald verbindet damit die vorsorgende Forderung, die letztlich darauf hinzielt, daß jeder einzelne, „entflammt in der Liebe zu Gott", sein Leben ändert und nur so „das verheißene Land", die *patria*, erreicht. Doch genau hier, beim Adressaten des Warn- und Mahnrufes, sieht Arnald auch Schwierigkeiten und Widerstände.[26]

3.2.2 Der Warnruf und die Widerstände

Arnald von Villanova betont a limine, daß diejenigen, die von Gottes sorgender Güte zu *speculatores* bestimmt sind, nicht schweigen dürfen.[27] Ebenso aber seien diejenige, die die Botschaft der *speculatores* vernehmen, dazu verpflichtet, diese auch innerlich auf- und anzunehmen sowie entsprechend zu reagieren. Während jenen primär das *clamare* zukomme, müßten diese Vorsorge treffen *in cavendo*.[28]
Diese vorsorgende Reaktion bei den Hörenden ist jedoch in den Augen Arnalds klarerweise abhängig von der Vehemenz des Warn- und Weckrufes der *speculatores*.[30] Immer wieder macht Arnald von Villanova deutlich, daß nur der harte, massiv-drohende An- und Aufruf der *speculatores* den sorgenden Ruf Gottes bei den Zeitgenossen zu lebensänderndem Gehör bringt. Die „wohlklingende Harmonie bewegt kein Pferd und keinen Esel".[31] Daß es Arnald mit diesem Vergleich ernst meint, führt er unmittelbar aus. Tatsächlich lebten ja viele Menschen heute, so Arnald, wie die Tiere. Sie führten ein Leben *secundum sensum*, nicht aber ein Leben des Geistes, seien eher als *animales homines* als *homines spirituales* zu bezeichnen.[32] Zu viele hätten Augen und

---

[26] Ebenda fol. 53 rb.

[27] „Ecce quibus verbis divina clementia palam nobis loquitur, cum aperte dicat quod taciturnitas speculatoris et audientium clamorem illius desidia reos eterne damnationis utrosque constituant." Ebenda fol. 51 va.

[28] „Sic igitur patet quam sit salubris universis fidelibus observantia divine monitionis et in clamando quibus datum est speculari et auditoribus in cavendo / repentine tribulationis periculum." Ebenda fol. 51 va–vb.

[30] Ebenda fol. 51 rb–vb.

[31] „Etenim sonus lyre vel musica melodia non movent equum aut asinum." Ebenda 53 va.

[32] Ebenda 52 va–53 ra.

Ohren nur für das vergänglich Angenehme, nicht aber für das geistig Göttliche.[33]

Überdies gebe es auch jene, die sich, wie Arnald in Anlehnung an den Propheten Jesaja formuliert, „mit dem Teufel" selbst verbündet hätten und gleichsam von sich behaupten: „percussimus fedus cum morte, et cum inferno fecimus pactum; flagellum imminens non veniet super nos /, quia posuimus in mendacio spem nostram et mendacio protecti sumus."[34]

Jene, die auf die Lüge setzen, lassen die Wahrheit nicht zu. Hören und Sehen der Botschaft Gottes ist ihnen bereits so sehr vergangen, daß sie weder den Ruf des liebend-sorgenden Vater-Gottes vernehmen noch aufrichtigen Herzens annehmen. Sie haben sich willentlich und bewußt gegen die Wahrheit und für die Lüge, gegen den Sinn und für den Wahn-Sinn, gegen Gott und für „die Fürsten der Finsternis" entschieden: Nicht an der Gerechtigkeit Gottes „oben" orientieren sie sich, sich innerlich aus- und lebensmäßig aufrichtend. Sie richten sich vielmehr nach der Macht und dem Willen der „Hölle unten", sich selbst richtend, ja „zugrunde-"richtend:

„Ecce, ad quantam amentiam obstinati perveniunt, quia infernum sperant sibi esse propitium et cunctos principes tenebrarum, qui per mendacium denotantur; ac si eterna supplicia non infligeret virtus divine iusticie, sed potestas et voluntas inferni."[35]

Diese hier dargestellte und als „Perversion" und „Wahnsinn" bezeichnete diabolische Verfangenheit des Menschen erfährt noch einmal dadurch ihre abwertende Qualifizierung, daß Arnald auf den Widersinn dieser Haltung hinweist. Glaubten doch solche Menschen allen Ernstes, daß sie aufgrund dieser Abkehr vom Ewigen und ihrer radikalen und bewußt vollzogenen Hinkehr zum lügnerischen Verderber, zum höllischen „Dämon", wie Arnald formuliert, in Sicherheit wären und vor jeglicher Geißel geschützt seien.

Gerade diese Suche nach Sicherheit und Geborgenheit kann aber nicht durch die Lüge gestillt und beim „Dämon" gesucht werden. Sie vermag letztlich nur Gott zu geben. Der zitierte Jesajavers verrät dabei, wovon Arnald eigentlich spricht, was er eigentlich für eine menschliche Haltung hier anzuprangern und gerade dadurch bei seinen Zeitgenossen aufzubrechen sucht: Es ist die Haltung derer, die sich so sehr mit dem Irdischen und weltlich Diesseitigen eingelassen haben, daß sie

---

[33] „Nam qui solum auditu corporis percipiunt, aures habent et non audiunt, quia licet aures habeant corporis, non tamen audiunt auribus cordis. Et ideo ad differentiam istorum, dicitur in Apocalypsi: *Qui habet aures audiendi audiat quid spiritus dicat ecclesiis.*" Ebenda fol. 51 ra.; cf. Apc 2,7.

[34] Ebenda fol. 53 va–vb; cf. Is 28,15.

[35] Ebenda fol. 53 vb.

darin vollkommen aufgehen. Sie haben nicht nur den Blick und das Gehör für Gott verloren, sondern halten – „perverserweise" – das Irdisch-Vergängliche für das Ewig-Beständige, für das beständige Sicherheit und unüberbietbare Lebensqualität Liefernde. Dabei spotten sie dem eigentlich Wahren und Wirklichen (Jes 28,14) und merken gar nicht, daß sie, nur nach „unten" starrend, den Blick für die Transzendenz verloren haben, „deszendent" geworden sind und also nichts weiter an sich tragen als die Charakterstrukturen eines sich in Besitz und Macht vollends verlierenden Menschen. Solch ein Mensch besitzt etwas und andere; diese beherrschend, sich selbst aber immer mehr zu einem abhängigen Wesen degenerierend und so zum Besetzten und Beherrschten werdend: zum „Macht- und Willensobjekt der Hölle": *potestas et voluntas inferni.* Noch einmal verweist Arnald rhetorisch geschickt auf die Schrift: „Quid ergo scriptura dei testatur de hiis, qui cum inferno pactum fecerunt? / Quod descendunt in infernum viventes, quoniam in presenti vita se obligant inferorum principibus. Sed nunquid ex tali obligatione revelabuntur a pena? Super hoc audiant Psalmistam dicentem: *Ipse obligati sunt et ceciderunt,* scilicet a spe sua, *nos autem surreximus et erecti sumus."*[36]

Dieser besitzende und mächtige Menschentyp ist letztlich und zutiefst ein hoffnungsloser Fall. Der Mensch verliert seine Hoffnung, weil der Grund seiner Hoffnung versagt, seine Hoffnung sich als trügerisch und grundlos erweist, ja sein hoffnungsloser Hoffnungsgrund ihn in den Abgrund verweist: hoffnungslos fallen läßt.

Dies signiert aber auch, daß Arnald von Villanova nicht das Besitz- und Machtstreben, auch nicht die militärische Macht als solche, als „mit dem Teufel im Bunde" und somit als Lug und Trug, als letztlich „hoffnungslos" deklariert, sondern die damit Hand in Hand gehende, ja all diesem „perversen" humanen Verhalten letztlich zugrundeliegende widergöttliche Grundhaltung. Die Menschen solch antigöttlicher Grundhaltung sind mit dem Grausamen im Bund, sind selbst grausam verhärtet, weil nicht mehr empfänglich für Gottes Wort. Gott interessiert sie nicht mehr. Tangiert werden sie weder von seinem hoffnungsfreudigen Erlöser- und Erlösungswort noch von seinem verwerfenden Fluchwort: „Discedite a me maledicti in ignem eternum, qui paratus est diabolo et angelis eius."[37]

Ist es hier aber noch der liebend-fürsorgende Gott, der hier zu Wort kommt, der Schöpfer-Gott, der „nicht den Tod des Sünders", sondern dessen Erlösung und Rettung will, wie Arnald von Villanova zu Beginn seines Traktates so sehr betonte? Arnald konzediert durchaus die

---

[36] Ebenda fol. 53 vb–54 ra; cf. Ps 19, 9.
[37] Ebenda fol. 54 rb; vgl. Mt 25,41.

Härte dieser göttlichen Strafandrohung. Er fügt aber sogleich hinzu, daß jene ein noch härteres Herz haben müssen, die trotz des Wissens um diese göttliche Strafandrohung, sich dem Jesuswort widersetzen und vollkommen ichverfangen nur um sich selbst kreisen und den Blick für Gott und den Nächsten verlieren.[38]
Damit hat Arnald von Villanova wiederum ein weiteres Kennzeichen jener genannt, die von dem Warn- und Mahnruf der *speculatores* nicht tangiert werden: Es sind jene, die sich durch Hartherzigkeit, *corda durissima*, auszeichnen; hartherzig sind sie gegenüber Gott wie den Mitmenschen.
Auch hier konstatiert Arnald wiederum eine Perversion, eine Verkehrung gegenüber dem Gerechten. Denn eigentlich hätte nur er, der Gerechte, das Recht sich vor dem Fluch Gottes nicht zu fürchten. „Certe iustus solummodo tunc eripietur ab hoc timore, teste David, qui dicit, quod *in memoria eterna erit iustus et non timebit ab auditione mala*.“[39] Der Ungerechte aber hat allen Grund sich zu fürchten: „[. . .] hec est terribili / et ad malum eternui supplicii condempnante [sic!] iniustos, quibus erit fletus et stridor dentium.“[40]
Daß Arnald von Villanova hier keineswegs bloß in moralisch-pädagogischer Absicht, sondern in eschatologischer Hinsicht spricht, zeigen deutlich seine sich daran unmittelbar anschließenden kritischen Überlegungen und biblischen Auslegungen:
Der Mensch in hiesiger Existenz lebt in der Gottferne. Diese erfährt und erlebt der Gerechte und Gottessehnsüchtige durchaus als schmerzlich, als Bedrängnis, als Elend: *tribulatio*. Das Leben ist als Leben in der Welt noch nicht das endgültige, ewige Leben in Gott. Es ist noch ein defizitäres Leben, das als solches auch zeitlich definiert ist und unterwegs und angewiesen bleibt auf ein Ziel, das außerhalb des hiesigen Lebens liegt. „De hac etiam securitate iusti locutus est Iob eleganter cum dicit: *In sex tribulationibus liberabit te et in septima non tanget te malum*“.[41]
Diesen Vers aus Job (5,19) interpretiert Arnald von Villanova sogleich eschatologisch-„zeit“-geschichtlich. Die sechs Bedrängnisse sind ihm nicht nur die Bedrängnisse eines einzelnen, sondern irdische Existenzweisen, sofern sie in ihrer Gottferne gelebt und erlebt werden. Nicht

---

[38] „Durus est hic sermo, sed illorum corda durissima sunt, qui talis sententie gladium evitare contemnunt. Quis non timebit atque terrebitur in promulgatione talis sententie? Certe iustus solummodo tunc eripietur ab hoc timore, teste David, qui dicit quod *in memoria eterna erit iustus et non timebit ab auditione mala*, hoc est, terribili / et ad malum eterni supplicii condemnante iniustos, quibus erit fletus et stridor dentium.“ Ebenda fol. 54 rb–va.

[39] Ebenda fol. 54 rb; cf. Ps 111,7.

[40] Ebenda fol. 54 va; cf. Mt 8,12.

[41] Ebenda fol. 54 va; cf. Iob 5,19.

nur der einzelne Fromme, der „Gottesfürchtige", der, der mit Gott lebt, wird von dieser *tribulatio* befreit, sondern die Frommen insgesamt, und zwar zu jener „Zeit" nach den sechs Weltzeitaltern, die von Arnald in herkömmlicher Manier *aetates* genannt und von ihm mit den sechs *tribulationes* identifiziert werden.[42]

Allerdings ist nicht die präsentische, sondern die futurische Zeitform gewählt. Der soeben dargelegte Hoffnungsgedanke findet seine Fortsetzung. Wovon also der Gottesfürchtige befreit werden wird, ist die mit *tribulatio* gleichgesetzte *aetas* selbst. Der *iustus* darf in sich die Hoffnung tragen und nähren, durch Gott von der als *tribulatio* signierten Welt-Zeit befreit zu werden, von einer Welt-Zeit, in der er zwar lebt, die ihn aber in ihrer Gottferne nicht mehr tangieren wird, die er – aufgrund der Befreiungstat Gottes – im Begriff ist zu überwinden.

Der Mensch in den sechs *aetates* ist unterwegs. Das Ziel, das ihn erwartet, kommt Arnald von Villanova vornehmlich als Jüngstes Gericht zu Gesicht. So steht der Welt-Mensch unter dem Allgemeinen Gericht. Dem Gerechten ist dieses Gericht Verheißung und Erfüllung eines beschwerlichen Befreiungsweges. Das Ende ist ihm gottgeschenkte Vollendung. Dem „Bösen" und „Ungerechten" wird es ein Böses, wird es hoffnungslose Verdammung und endgültige Vernichtung sein.

Nicht überlesen werden darf aber, daß Arnald von Villanova das Futur wählt. Damit unterstreicht er den *Status-viatoris*-Charakter des Menschen und wagt selbst noch für die hoffnungslos „Verstockten" in diesseitiger Existenz Hoffnung zu artikulieren. Auch sie haben noch eine Chance, das Ziel, ihre gottgewollte Vollendung, zu erreichen. Vornehmlich ihnen gilt der Ruf der *speculatores* zur „Umkehr in letzter Minute": *„hodie si vocem eius audieritis, nolite obdurare corda vestra".*[43]

Andererseits tangiert den „Verstockten" genau dieses in Aussicht gestellte Jüngstes Gericht nicht. Sie erfahren die *aetates* nicht als *tribula-*

---

[42] Ebenda fol. 54 va: „Per sex enim tribulationes intelliguntur omnes tribulationes vite presentis, que per sex decurrit etates, septima vero tribulatio est illa, que suscitabitur in generali iudicio, in qua procul dubio malum non tanget iustum." Schaeffler 1980, 109f.; Schmale 1985, 28–37; Nikolaus von Lyra (Venedig 1603, 276) wird diese traditionelle Auslegung wie folgt zusammenfassen: „Vno modo, quod ly, quos, referatur ad homines noui Testamenti, quod tempus dicitur esse finis mundi, quia non succedet alia lex nouae legi, et sic dicitur 1 Jo 2. Novissima hora est. Igitur sensus est, Scripta sunt autem ad correptionem nostram, in quos fines seculorum deuenerunt id est in nos, qui sumus in ultima aetate seculi. propter quod ex punitionibus precedentibus debemus corrigi. Alio modo potest exponi ita, quod ly quos, referatur ad tempus vet. Testa. et iungatur cum hoc nomine fines, et sic est sensus, Scripta sunt autem ad correptionem nostra, scilicet antiquorum punitiones, in quos fines seculorum deuenerunt, id est ut attendamus qualiter per diuersa tempora peccatores vitam praesentem miserabiliter finierunt propter peccata sua."

[43] Arnald von Villanova: De tempore adventus antichristi. Vat. lat. 3824, fol. 54 va; cf. Ps 94,8.

tiones und empfinden gar nicht das Defizitäre in ihrem Leben. Sie sind vielmehr so sehr mit sich und dem weltlich Vergänglichen beschäftigt, daß sie schon längst nicht mehr den Blick „nach oben" richten. Freilich: Sie fürchten den Tod, haben Angst vor dem Sterben. Hier könnten die *speculatores* möglicherweise erfolgreich ansetzen, um einen Gesinnungswandel herbeizuführen. Es ist ja gerade die Herzensverhärtung, die Arnald von Villanova als Grund für die Verstocktheit der nicht auf Gottes Wort Hörenden sieht. Diese Hartherzigkeit gilt es anzuprangern und unbedingt aufzulösen, gleichsam zu verflüssigen. Eine „pädagogische Methode", diesen schwierigen Auflösungsprozeß bei seinen zeitgenössischen „Hartherzigen" in Gang zu bringen, scheint ihm, möglicherweise, der deutliche Hinweis auf ihre Sterblichkeit, auf den Tod, zu sein. Die *speculatores* haben so immer wieder klarzumachen, daß „das diesseitige Leben des Menschen wie Wasser im Wüstensand zerrinnt".[44]

Doch auch hier gilt es wiederum, gefährliche Mißverständnisse zu vermeiden. Denn die „Hartherzigen", die Besitzenden und Mächtigen und militärisch Operierenden versuchten immer schon die Gefährlichkeit des Todes mittels angeblicher Vernunftsargumente herunterzuspielen. Sie bringen womöglich noch den *vir magnus antiquus*, M. Porcius Cato (234–149 v. Chr.) ins Gespräch, wenn es darum geht, die Banalität des Todes herauszustreichen. Jedenfalls bemühen sie sich, immer wieder zu betonen, daß der Tod etwas Allgemeines sei, etwas, das alle und jeden angehe und somit gar nichts Ungewöhnliches, sondern Alltägliches sei. Das Alltägliche aber sei das Normale, das Normale das Harmlose und das Harmlose das alles andere als Furchterregende.[45]

Dagegen macht Arnald mit allem Nachdruck auf das doppelte Todesverständnis aufmerksam, das schließlich auch Cato im Auge gehabt habe. Dabei müsse man aber nicht erst auf Cato rekurrieren, sondern könne die „Wahrheit" selbst als Autorität anführen. Sie lehre bereits, daß nicht der Tod des Leibes, sondern der Tod der individuellen Geist-Seele zu fürchten sei: „Quem timorem abicere non solum Catho sed ipsa docuit veri / tas in Mattheo cum diceret: *Nolite timere eos qui corpus occidunt; animam autem non possunt occidere: sed potius eum timete, qui potest et corpus et animam perdere in gehennam*"[46].

Der Unterschied zwischen dem Tod des menschlichen Leibes und dem Tod der menschlichen Seele wird akzentuiert. Dabei kommt diese Differenz biblisch zu Gesicht, ohne daß aber die antiken Denker ausgeblendet werden. Doch ihre Gedanken und das Gedachte selbst belegt

---

[44] Ebenda.
[45] Ebenda fol. 54 vb.
[46] Ebenda fol. 54 vb–55 ra; cf. Mt 10,28.

Arnald von Villanova letztlich und in auffälliger Weise betont schrift-
mäßig: mittels biblischer Offenbarung.

In Paris mußte diese akzentuierte Art der Differenzierung wie auch die
Differenzierung selbst noch einmal besonders ins Auge fallen. War
hier doch die vielleicht „schwerwiegendste Verurteilung des Mittelalters"[47], die Kondemnation von 1277, noch längst nicht vergessen. Die
damals durch den Bischof von Paris, Etienne Tempier, verurteilten
zweihundertneunzehn Sätze artikulierten u. a. – „in schöner Unord-
nung"[48] zwar – aber doch deutlich genug, daß es nicht richtig sei, von
zwei konträren Wahrheiten, der philosophischen einer- und der theologischen andererseits, zu sprechen: „Sie reden, als ob es zwei gegensätzliche Wahrheiten gäbe", wie es gleich in der Vorrede des Verurtei-
lungsaktes an die Adresse bestimmter Professoren der Artisten-Fakul-
tät gewendet heißt.[49]

Arnald von Villanova spricht genau dieser Verurteilung das Wort, sofern er jene, die die Offenbarungswahrheit der *speculatores* mittels Vernunftsargumente widerlegen zu können meinen, als „hartherzig" und
„böse" qualifiziert, die schließlich am Ende der Tage gerichtet und „ins
ewige Feuer" geworfen werden. Überdies macht er mittels der klaren
Unterscheidung von Tod des Leibes und „Tod" der Seele in der Hölle
deutlich, daß es eben nicht stimme, die Seele als unscheidbar an den
Leib gebundene Größe zu qualifizieren, wie einer der verurteilten
Sätze es behauptete.[50] Vor allem aber vertritt Arnald von Villanova
jene ebenfalls in Paris in Frage gestellte anthropologisch-theologische
Wahrheit, daß der in doppelter (nicht zweifacher Weise) verstandene

---

[47] So die heute fast zur stehenden Wendung gewordene, erstmalig aber 1951 von Van
Steenberghen stammende Charakterisierung: Van Steenberghen, Fernand: Le XIIIe
siècle. In: Le mouvement doctrinal du XIe au XIVe siècle depuis les origines jusqu' à
nos jours. Hrsg. von A. Fliche und V. Martin. Paris 1951, 289–322, hier 302 (= Histoire de l' Eglise. Bd. 13); ders.: Une lé gende tenace: la théorie de la touble vérité.
BASB 56 (1970) 179–196; ders.: Introduction à l'Étude de la Philosophie Médiévale.
Recueil de travaux offer à l'auteur par ses collègues, ses étudiants et ses amis. Louvain
1974, bes. 555–570 (PhMed 18); Hissette, Roland: Enquête sur les 219 articles condamnés à Paris le 7 mars 1277. Löwen 1977 (= PhMed 22); dazu (mit Lit.) Flasch
1987, Kap. 35: Die Verurteilung von 1277 und ihre Folgen: Die Situation am Jahrhun-
dertende, 371–380, 651.

[48] Van Steenberghen 1951, 302.

[49] Text: Chart. Univ. Paris. I, 1889, 543–555; lat.-deutsche Übers. mit problemge-
schichtl. Einleitung Flasch, Kurt: Aufklärung im Mittelalter? Die Verurteilung von
1277. Das Dokument des Bischofs von Paris übersetzt und erklärt von dems. Mainz
1989, 13–91 (= Excerpta classica Bd. 6). Zur theolog. Deutung und intensiven Interpretation s. Hödl, Ludwig: „... sie reden, als ob es zwei gegensätzliche Wahrheiten
gäbe." Legende und Wirklichkeit von der doppelten Wahrheit. In: Welt-Wissen und
Gottes-Glaube in Geschichte und Gegenwart. Festschrift für Ludwig Hödl. Hrsg. von
Manfred Gerwing. St. Ottilien 1990, 46–68.

[50] So die These 116. Zu dem gesamten Themenkomplex Flasch 1989, 191–195.

Tod des Menschen der Tod eines individuellen Wesens ist, das je für sich einen inkommensurablen Wert besitzt. Jeder einzelne ist nämlich aus- und zugerüstet mit einer Geist-Seele, die den Menschen in Form (forma) bringt und ihm von vornherein unendlich kostbaren „Sinn" verleiht. Das Leben des Menschen führt in den Tod als in sein irdisches Ende, als in das Aufheben seines „Werdeseins", nicht aber als in sein Sinn-Sein, das er in Gott vollendet findet. Der Tod dieses Seins ist das Verfehlen seines Sinnes. Das Leben dieses Seins ist die Erfüllung dieses Seins in der Vollendung seines Sinns. Damit ist die Negation dieses Sinnes sein „Tod in der Gehenna", das sinnlose „Sein": der Absturz in das Nichts der endgültigen Gottesferne.[51]

Mit anderen Worten: Wer den Tod des Menschen verharmlost, trägt dazu bei, den Sinn der menschlicher Existenz zu bagatellisieren und zu trivialisieren. Jene, die das versuchen, nehmen den Mahn- und Warnruf der geisterfüllten *speculatores* nicht auf. Überhaupt nehmen sie den Menschen nicht ernst, weil und sofern sie Gott nicht ernstnehmen. Die *speculatores* aber haben vor solch gefährlichen Tendenzen und Versuchen in der Gesellschaft die Gesellschaft (Volk, *populus*, wie Arnald formuliert) zu warnen. So ergibt sich bereits jetzt ein recht facettenreiches Panorama der Zeitkritik.

Die Gegenwart kommt gleichsam als negativ wirkende Materialursache der Sorge in den Blick. Die angeführte Rede von der „Wüste dieser Welt" und den drohenden Gefahren, die überall auf den Menschen lauern, trägt ja durchaus bereits klare Akzente: Wogegen Arnald sich polemisch genug wendet, ist

erstens: das Sich-Einrichten-in-der-Welt, das Sich-Heimisch- und -Häuslichmachen des Menschen „auf den Weiden dieser Welt", das Verstrickt- und Umgarntsein des Menschen von den Lustbarkeiten des Vergänglichen, das schließlich das Wissen um eine andere, jenseitigewige Heimat verdeckt und die Sehnsucht nach Gott, dem Ewig-Guten, überhört und totschweigt. Diese Sehnsucht nach dem „ewigen Leben" bricht sich in den Augen Arnalds höchstens noch dadurch Bahn, daß der Mensch sich in seinen Kindern und Kindeskindern zu „verewigen" sucht.[52]

Zweitens geht es Arnald von Villanova entschieden darum, zu erkennen, daß das den Blick für das Ewig-Wahre, für Gott, verstellende Sich-Einrichten-in-der-Welt Hand in Hand mit einem exponierten Besitz-

---

[51] Arnald von Villanova: De tempore adventus antichristi. Vat. lat. 3824, fol. 55 va–55 vb. Zur angeschnittenen Problematik Schneider, Theodor: Die Einheit des Menschen. Die anthropologische Formel „anima forma corporis" im sogenannten Korrektorienstreit und bei Petrus Johannis Olivi. Ein Beitrag zur Vorgeschichte des Konzils von Vienne. Münster 1988, bes. 74–77 (= BGPhThMA NF 8).

[52] Arnald von Villanova: De tempore adventus antichristi. Vat. lat. 3824, fol. 55 vb.

und Machtstreben geht. Nicht das transzendentale Wohl des Menschen, sondern ausschließlich das irdisch-vergängliche Glück wird vielfach angestrebt. Die inneren Kräfte des Menschen werden nicht auf das Hören des Wortes Gottes konzentriert, sondern die äußerste militärische Macht wird zur Exponierung der andere sich hörigmachenden Kraft eingesetzt. Solche Menschen versprechen sich Sicherheit und Geborgenheit nicht von „Gott oben", sondern „von der Hölle unten". Sie streben nicht nach Wahrheit und Gerechtigkeit, sondern führen ein Leben in Lug und Trug. Sie schließen eher einen Pakt mit dem Teufel, als einen Bund mit Gott.

Drittens stellt Arnald qualifizierend fest, daß das Leben in antigöttlicher Haltung ein Leben in permanenter Perversion sei. Es basiere auf „Herzensverhärtung" und führe unweigerlich zum Tod. Die *corda durissima* sind so verschlossen, daß sie sich nicht mehr oder nur sehr schwer öffnen lassen. Gott und der Nächste ist hier aus dem Gesichtskreis geraten. Angesichts dieser verhärteten, für den einzelnen lebensbedrohlichen Situation kann nur noch vor dem Tod selbst gewarnt und die positive Wirkung dieses Mahnrufes erhofft werden.

Viertens ist auffällig, wie stark Arnald den *status viatoris*-Charakter des Menschen betont: Der Mensch ist in diesem leibhaftigen Dasein immer noch unterwegs. Er vermag der drohenden Vernichtung seines Seins nur durch die Verwirklichung seines Seins zu entkommen. Klar ausgesprochen werden muß der eschatologische Charakter allen Werde-Seins des hiesigen Menschen, d. h. es muß die innerste Seinsstruktur seines Daseins immer schon in den endzeitlich-richterlichen Blick genommen werden. Der einzelne Mensch muß sich des letzten Gerichts bewußt sein, muß es sich vor Augen halten. Hier wird den Gerechten kein Übel treffen. Vielmehr findet er seine letzte Vollendung in Gott. Dem Ungerechten aber, dem Verhärteten, dem Besitzenden und ausschließlich nach äußerer Macht und irdischem Glück Lechzenden wird die Sinnlosigkeit seiner Haltung und seines Handelns offenbar. Ihm droht die endgültige Vernichtung: der „Tod in der Gehenna".

3.2.3 Die speculatores: ihre Sicht und ihr Sehen

Der Tod in der Gehenna ist den „Hartherzigen" bestimmt. So verkünden es die sich auf die Heilige Schrift stützenden *speculatores*. Doch ist ihre Aussage nicht als Vorausschau einer unwiderruflich feststehenden Zukunft zu interpretieren, sondern als Ankündigung eines konditionalen Geschehens, das keiner will, schon gar nicht der liebend-sorgende Vater, das aber dann eintritt, falls diese sich weiterhin dem rettenden und aufrichtenden Anruf Gottes verschließen. Die Aufgabe der *speculatores* ist es gerade, so Arnald von Villanova, die Menschen aufzurütteln, zu „wecken" und zu sensibilisieren für den Anruf Gottes; und zwar in der erklärten und hoffnungsträchtigen Absicht, das ihnen vorausgesagte Geschick in der Gehenna abzuwenden.

Dabei entspricht die Methode des Warnens der Verstocktheit der zu Weckenden, getreu dem einleitend formulierten Prinzip, daß das Maß der Verfangenheit des Menschen im Irdisch-Vergänglichen das Maß der Wucht des Warn- und Mahnrufes der *speculatores* zu bestimmen hat.

Die Ankündigung, genauer: die Drohung der *speculatores* mit dem Tod in der Gehenna unterscheidet Arnald zwar deutlich von dem Tod des Menschen, verstanden als die Beendigung des irdischen Lebens, als Trennung der Geist-Seele vom Leib (separatio animae a corpore), also als die Ver-Wesung des Leibes, setzt sie aber andererseits voraus. Und bereits dieser ständige Erinnerungsruf, vehement genug ausgestoßen, wirkt gerade auf jene Menschen erschütternd, die sich dem Irdisch-Vergänglichen vollen Herzens widmen. Haben sie doch die Vergänglichkeit und Haltlosigkeit dieses Vergänglichen und Haltlosen aus dem Blick verloren, ja sich selbst in ihrer Geschöpflichkeit und Kontingenz, in ihrer Zeitlichkeit und Endlichkeit verkannt. Die Erinnerung daran, daß auch sie sterben werden, könnte, so hofft Arnald, lebensverändernde Wirkungen zeitigen. Sie könnte dafür „sorgen", daß sich Verstocktheit und Herzensverhärtung zu lösen beginnen und der Blick der so Veränderten sich wieder öffnet, für das Ewige, immer Sich-Gleichbleibende, für Gott.

Sofern die *speculatores* den Tod des Menschen auch in diesem engen Sinne verkünden und sich dabei ja als in der göttlichen Sorge Stehende begreifen, also teilnehmen an göttlicher Sorge, erhebt sich die Frage, ob es ihnen auch gegeben ist, teilzunehmen an dem göttlichen Wissen der Todesstunde der einzelnen: „Sed obiciet aliquis non est datum speculatoribus *nosse tempora vel momenta*, que deus sibi retinuit; quod est absque dubio concedendum."[53]

Die Frage verneint Arnald von Villanova „ohne Zweifel". Er fügt aber sogleich etwas hinzu, was zumindest die Ernsthaftigkeit dieser Fragen selbst noch einmal unterstreicht und für den Fortgang des Traktates insgesamt von ausschlaggebender Bedeutung ist: „Nam illa tempora que sue scientie reservavit, scilicet dies et hora mortis cuiuslibet aut consummationis seculi, ut infra patebit, nullus nisi cui deus revelare dig / nabitur potest nosse."[54]

Mit andern Worten: Es besteht durchaus die Möglichkeit, menschlicherseits die Todesstunde oder auch den Zeitpunkt der Vollendung

---

[53] Ebenda 55 rb; cf. Act 1,7.
[54] Ebenda fol. 55 rb–va.

der Welt zu wissen und also vorauszusagen. Die notwendige Bedingung dieser Vorausschau seitens des Menschen ist allerdings die göttliche Rede selbst. Arnald benutzt hier zwar den theologischen Terminus *revelare*, meint aber offensichtlich nicht Offenbarung in jenem
strengen, Mensch, Welt und Kosmos umfassenden Sinn der Selbstmitteilung Gottes, sondern als eine bestimmte Botschaft vermittelnder
Anspruch Gottes an eine bestimmte, von Gott dafür „würdig gehaltene" menschliche Person. Diese muß allerdings ihrerseits diese göttliche Botschaft an ihre Um- und Mitwelt weitergeben.[55]
Doch damit genau sind die Grenzen der *speculatores* artikuliert. Einerseits erheben die Wächter nicht den Anspruch, Adressaten göttlicher
„Privatoffenbarung" im genannten spezifischen Sinne zu sein. Andererseits sind sie doch im oben dargestellten Verstand von Gott in Dienst
genommen (ex auctoritate ordinaria vel non), sind hineingezogen in
die vor- und fürsorgende wie sich stets verbreiternde Sorgelinie des
Vater-Gottes, „der nicht den Tod, sondern die Rettung des Sünders
will". Die *speculatores* können insofern weder die Todesstunde des ein-

---

[55] Zum Begriff der Offenbarung im 13. Jahrhundert Elders, Leo (Hrsg.): La doctrine de
la révélation divine de saint Thomas d'Aquin. Actes du symposium sur als pensee de
saint Thomas d'Aquin tenu à Rolduc, les 4 et 5 Novembre 1989. Vatikanstadt 1990
(= Studi Tomistici Bd. 37). Hier vor allem ders.: Aquinas on Holy Scripture as the
Medium of Divine Revelation. 132–152, 137: „Holy Scripture contains the substance
of divine revelation which is its source. In this way Scripture may be called the vessel
and expression of divine revelation. For this reason St. Thomas speaks of the autho-
rity of Sacred Scripture which is the foundation of the faith. The formal object of the
faith ist the Primary Truth insofar as it is manifested in Holy Scripture. Therfore
Scripture is the regula fidei, the rule of the faith, to which nothing may be added or
from which nothing can be subtracted." Ebenda, 171–195: Torrell, Jean-Paul: Le traité
de la prophétie de S. Thomas d'Aquin et la théologie de lat révélation. In: Ebenda
171–195, bes. 185–194. Gültig immer auch noch Ratzinger 1959, 58ff. Das hier grundsätzlich Gesagte konturiert auch das von Arnald von Villanova Gemeinte. Es wird
nicht über die „Offenbarung" (revelatio) gehandelt, sondern von „Offenbarungen" gesprochen. Gefragt wird nicht „nach der einen Offenbarung, die in diesen Offenbarungen geschah, was aber die heutige Theologie in ihrem Offenbarungstraktat sogar
hauptsächlich tut". Er stellt grundsätzlich fest, daß die Begriffe *revelatio* wie auch *inspiratio* und *manifestatio, apertio*, „mit ähnlichen Begriffen der heutigen Theologie nicht
unmittelbar vergleichbar" sind. Ebenda 60. Allgemein s. Beinert, Wolfgang: Offenbarung. In: Lexikon der katholischen Dogmatik. Hrsg. von dems. Freiburg/Basel/Wien
³1991, 399–403 (Lit.). Vgl. immer noch Rahner, Karl: Visionen und Prophezeiungen.
Zur Mystik und Transzendenzerfahrung Freiburg ²1989, bes. 21f., 91. Zum mittelal-
terl. Begriff knapp, aber sehr informativ (mit. Lit.) Peppermüller, Rolf: Inspiration. In:
LexMA V, 1991, 450; gute Überblicke verschafft der Art. „Propheten, Prophetie. A.
Christliches Abendland. I. Prophetie, Prophetische Literatur [Potestà, Gian Luca]; II.
Der Prophetenbegriff in der mittelalterlichen Theologie [Hödl, Ludwig]; III. Prophe-
tie als erkenntnistheoretisches Problem [Laarmann, Matthias]. In: LexMA VII, 1995,
252–254. 254f. 255f.

zelnen noch den Zeitpunkt des Weltendes pünktlich und exakt voraussagen.

Doch auch das ist für Arnald nicht das letzte Wort. Er formuliert nochmals eine Einschränkung: Als Erforscher und Kenner der Heiligen Schrift wissen die *speculatores* allein schon aus der Bibel doch Ungefähres über die Lebensdauer eines Menschen anzugeben: „Licet ergo speculatori tegatur annus aut dies vel hora mortis humane in speciali, generaliter tamen de mensura vite hominum nos instruit sapientia dei, que testatur per Jacobum, quod vita hominis *vapor est ad modicum parens.*"[56] So heißt es etwa in den Psalmen, daß des Menschen Leben höchstens siebzig, achtzig Jahre währt: *et amplius eorum labor et dolor*". Und wenig später räumt Arnald noch weitere zehn Jahre ein, sich dabei auf Jesus Sirach 18,8 stützend.[57]

Hier ist auffallend, daß ausgerechnet einer der berühmtesten Ärzte der Zeit, zu denen Arnald von Villanova sicherlich zählte, bei der Prognose menschlicher Lebensdauer nicht vom medizinischen Standpunkt aus, sondern ausschließlich biblisch argumentiert. Hier kommt die geforderte Sicht- und Sehweise der *speculatores* noch einmal klar zum Ausdruck. Diese gewinnen ihren prophetischen Auftrag nicht aus ihrem jeweiligen Eigen- oder Fachwissen, sondern einzig und allein aus ihrer Partizipation an der göttlichen Sorge und, wie er selbst plastisch formuliert, vom Aussichtsturm der Heiligen Schrift her. Allein aus diesen beiden Quellen, der Teilnahme an der göttlichen Sorge und dem Ernstnehmen der biblischen Botschaft, gewinnen die *speculatores* ihre Autorität, das Recht und die Pflicht, andere, die Vielen, zu belehren, sie zu warnen und zu mahnen. Die *speculatores* blicken auf Gott und in die Heilige Schrift. Was sie dort – im Blick auf den Menschen und die Schöpfung insgesamt – erkennen, müssen sie warnend und mahnend in Erinnerung rufen. Dazu gehört nach Arnald von Villanova zweierlei: die Warnung vor dem Tod des Menschen, die Erinnerung also an die Sterblichkeit jedes einzelnen, sowie die Erkenntnis, daß diese Welt nicht ewig währt, sondern zeitlich begrenzt ist.

3.2.3.1 Die Warnung vor dem Tod

Über den Tod des Menschen können dabei durchaus noch konkretere Angaben gemacht werden. Zunächst und vor allem die, daß der Mensch rund siebzig, achtzig, möglicherweise sogar hundert Jahre auf dieser Welt lebt. So sei es schon in den alttestamentlichen Büchern zu lesen. Arnald formuliert damit eine Aussage, auf die die Theologen, namentlich Johannes von Paris, in seinem Antichrist-Traktat im offen-

---

[56] Arnald von Villanova: De tempore adventus antichristi. Vat. lat. 3824, fol. 55 va; *nos* add. in marg.; cf. Iac 4,15.

[57] Ebenda fol. 55 va; Ps 89,9; Sir 18,8.

sichtlichen Blick auf die nämliche Stelle zurückkommen wird. Für Arnald jedenfalls ist sie Beleg dafür, daß die *speculatores* aufgrund ihrer sorgfältigen Bibelkenntnis zumindest ungefähre Aussagen über die Dauer des menschlichen Lebens treffen können und entsprechend die Menschen warnen müssen.

Dabei haben die *speculatores* diese konstatierte Höchstdauer des menschlichen Lebens durchgehend in göttlicher, keineswegs in menschlicher Perspektive zu betrachten und entsprechend zu verkünden. Insofern ist nämlich allererst das menschliche Leben wie ein kurzer Augenblick zu werten, wenn in Rechnung gestellt wird, daß für Gott „tausend Jahre wie ein Tag" sind.[58]

Die Artikulation des moralischen Schriftsinns schlägt wiederum den Bogen zum konkreten Leben: drängt zur Veränderung des praktischen Lebens. Für Arnald kommt sie gerade in der Akzentuierung des Präteritums zum Zuge: Der Tod schlägt dem Menschen all den vergänglichen Reichtum aus der Hand, an den dieser sich so gebunden hatte, als ob er darauf sein Leben stützen und damit schützen könnte.[59] Arnald zieht vorläufiges Resümee und wechselt die Reflexionsebene. Er spricht nicht mehr über die *speculatores*. Er spricht – rhetorisch fragend – als *speculator*: „Quid enim respectu durationis interminabilis sunt centum anni, cum / mille anni ante oculos dei sint tanquam dies hesterna, que preteriit?"[60]

Dabei zieht er selbst die Konsequenz, die Wirkung seiner Rede betrachtend: „Cum igitur illis amatoribus huius mundi, qui pertingunt centesimum annum, sit vita brevissima, quanta erit illorum vita, quibus infra quinquagesimum annum preciditur, nullo potentie vel etatis aut complexionis privilegio dante dilationem?"[61] Gleichwohl warnt Arnald alle Gutmeinenden, vor allem die *speculatores*, vor Illusionen. Gleichzeitig, wenn auch indirekt, mahnt er die „Weltmenschen" davor, ihre katastrophale, weil nahezu hoffnungslose Situation zu unterschätzen. Diese werden immer wieder Gegenargumente vorzubringen wissen, mit denen sie ihren aufwendigen Lebensstil und ihr allein auf diesseitiges Glück und Erfolg ausgerichtetes Streben rechtfertigen. Sie verkennen und verdrehen die Wirklichkeit. Entsprechend handeln sie verkehrt, falsch und töricht. Pessimistisch-resignierend stellt er schließlich mit dem Buch der Prediger fest: „Verkehrte sind schwer zu bekehren, und die Zahl der Dummen ist unbegrenzt."[62] „Finis venit, venit finis",

---

[58] Ebenda fol. 55 vb; cf. Ps. 89,4.
[59] Ebenda fol. 55 vb.
[60] Ebenda fol. 55 vb; Ps 89,4.
[61] Ebenda fol. 55 vb.
[62] Ebenda fol. 56 ra; Ecl 1,15.

dieser alttestamentliche Satz des Propheten Ezechiel[63] (7,2) darf seine
kritische Wirksamkeit, seine die Gegenwart kritisierende Warn- und
Mahnkraft für die Menschen nicht verlieren, schon gar nicht, wie Arnald meint, im Hinblick auf seine von den Verführungen des Vergänglichen umgarnten Zeitgenossen. Dabei ist es die Sorge um das Seelenheil seiner Zeitgenossen, die ihn aber genau diese Gefahr wittern läßt:
Die biblische Rede vom Ende der Welt ist in seinen Augen zur bloßen
und blassen Spekulation verkommen, zum theologischen Allgemein-
platz, der seine den konkreten Menschen des endenden 13. Jahrhunderts ansprechende und verändernde Valenz verloren hat.

3.2.3.2 Das Ende der Welt ist nahe

Arnald von Villanova weitet damit den Blick der *speculatores* aus; denn
diese haben, so Arnald, den Menschen nicht nur vor dem Tod, dem
Ende ihres eigenen Lebens in hiesiger Existenz, zu warnen, sondern die
Menschheit insgesamt daran zu erinnern, daß diese Welt selbst dem
Ende zugeht. Dabei ist es aufschlußreich, wenn Arnald behauptet, daß
die Endzeiterwartung gerade zu seiner Zeit insgesamt zurückgegangen
sei. Es ist also keineswegs so, daß die Menschen zu Beginn des 14.
Jahrhunderts insgesamt von Endzeitstimmungen erfaßt worden wären, wie mitunter behauptet wird. In den Augen Arnalds jedenfalls ist
eher das genaue Gegenteil der Fall. Er kritisiert gerade, daß seinen
Zeitgenossen die biblische Rede vom Ende der Zeiten im Wortverstand
gleichgültig geworden sei. So wird, wie er bedauernd ausführt, selbst
der neutestamentlich-paulinische Satz – 1 Kor 10,11 – vom auf den
Menschen zukommenden Weltende, „ebenso gefürchtet wie damals":
so, als ob die Zeit stehengeblieben wäre. Tatsächlich seien aber bereits
nahezu eintausenddreihundert Jahre verstrichen, was nichts anderes
heißt, als daß das Weltende genau um jene Zeitspanne nähergerückt
sei, die zwischen Paulus und heute liege. Der Satz des Völkerapostels
hätte somit erheblich an Dringlichkeit und Aktualität gewonnen.

Dies genau bietet Arnald das Stichwort, wenigstens für einen Augenblick wiederum die Argumentationsebene zu wechseln und von der
stärker rational geprägten Rede, zur emotional gefärbten Drohge-
bärde überzugehen. Finke läßt diese das methodische Procedere Arnalds charakterisierenden Passagen wieder einmal aus.

Was demjenigen droht, der in voller Kenntnis des Wortes und Willens
Gottes Gleichgültigkeit an den Tag legt oder es auch nur an der gebührenden Acht- und Aufmerksamkeit, an der nötigen Sorgfalt und
intensiven Anstrengung fehlen läßt, sei ja schließlich bekannt: „Cui res-

---

[63] Der zu Beginn des Traktates zitierte Ezechielvers wird im gesamten Traktat mehrfach
wiederholt.

pondebitur: *De ore tuo te iudico, serve nequam.*"[64] Der wiederkehrende
Herr wird sich ihm gegenüber ebenso gleichgültig und desinteressiert
verhalten, wie zuvor dieser seinem Herrn gegenüber. Der *nobilis* wird
dem *servus nequam* sein Vertrauen und das ihm einst Anvertraute wieder entziehen. Damit spielt Arnald – für seine bibelkundige Zeitgenossen deutlich genug – auf das bei Lukas 19,11–27 nachzulesende
„Gleichnis von den zehn Minen" an. Dort wird die Frage nach der Beurteilung der sich gerade bis zur Wiederkunft ihres Herrn bewähren-
den Diener gestellt. Der zitierte Satz wird dem „nichtswürdigen Diener" vom zurückkehrenden König selbst entgegengehalten. Dabei
kommt zur Evidenz, daß der Diener sich aufgrund seiner Inaktivität als
unwürdig im Blick auf das ihm vom Herrn Anvertraute erwiesen
hatte: Er sorgte sich nicht aktiv und produktiv um das, was ihm vom
Herrn gegeben war.
Überdies bildet den „Sitz im Leben" dieser Parabel die Meinung derer,
die zu Lebzeiten Jesu hofften, „das Reich Gottes werde gleich erscheinen", und deswegen die Hände in den Schoß legten und abwarteten
(Lk 19,11), anstatt mit dem zu „wuchern" und sich um das zu kümmern und nach Kräften zu bemühen, was ihnen der Herr bis zu seiner
Wiederkunft anvertraut hatte.[65] Damit liegt die aktuelle Transferie-
rung der biblischen Aussage innerhalb des von Arnald drohend artikulierten Argumentationsgang auf der Hand:
Es kommt darauf an, die Zeiten seit der Auferstehung Christi und seiner „Himmelfahrt", seines „Sitzens zur Rechten Gottes, des Vaters"
und der damit übernommenen Königsherrschaft[66] nicht untätig ab-
wartend oder gar – seiner vergessend – zu ver-leben, sondern diese
tempora nach Kräften aktiv-produktiv im Sinne des Herrn zu gestalten,
das Gottesvolk, die Vielen, wie Arnald immer wieder sagt, zu sammeln, auf Ihn, den wiederkommenden Christus, ständig und ausdau-
ernd hinzuweisen, Gottes Wort ohne Angst und Schrecken überall und
stets zu verkünden: bis und daß er, Christus, am Jüngsten Tage wiederkommt.
Doch noch einmal greift Arnald auf die genannte Paulusstelle 1 Kor
10,11 zurück, wiederum die Sprachebene wechselnd, nicht mehr dro-
hend-warnend, sondern erklärend-deutend: *„Scripta sunt hec ad
corre(c)ptionem nostram, in quos fines seculorum devenerunt."* Dabei geht es
ihm um rationale Klärung eines vermeintlichen Widerspruchs zu jener
ebenfalls vom Völkerapostel stammenden Aussage im ersten Brief an

---

[64] Arnald von Villanova: De tempore adventus antichristi. Vat. lat. 3824, fol. 56 va; Lc
19,22.
[65] Ebenda; *Glossa ordinaria*, Bd. 5, Venedig 1603, 949ff.
[66] Vgl. Apostolisches Symbolum: DH 10; 30; Symbolum Constantinopolitanum: DH
150.

Timotheus: „*Spiritus manifeste dicit, quod in novissimis temporibus discedent quidam a fide* etc. Et iterum: *hoc scito quod in novissimis diebus instabunt tempora periculosa* etc".[67]
Der aufzulösende Widerspruch liegt in der Tatsache, daß im ersten Fall Paulus offensichtlich der Ansicht ist, er werde diese *fines saeculorum* noch erleben, weil sie bis in seine Gegenwart hineinreichten. Im zweiten Fall aber ist der Apostel der Ansicht, daß diese *novissima tempora* nach seinem Tod eintreten werden, daß sie also in ferner Zukunft lägen.
Dabei falle der Wechsel der Wortwahl auf: In 1 Kor 10,11 sei von *fines saeculorum*, in den Briefen an Timotheus aber von *novissima tempora* die Rede. Diese Differenz muß beachtet werden, gerade von den die Vielen warnenden und mahnenden *speculatores*, damit ihnen nicht Blindheit vorzuwerfen sei. „[. . .] ne conveniat eis testimonium Isaie dicentis: *speculatores eius omnes ceci*."[68]
Zuächst sei festzuhalten, daß überhaupt von *fines* und nicht von *finis* die Rede sei, der Apsotel also gar nicht von der Vollendung der Zeit (consummatio saeculi) oder von ihrem Endziel (finis) als solchem spreche. Paulus meine hier, da er den Plural benutze, klarerweise die Zeiten, die innerhalb der *ultima aetas* verlaufen und von daher als End-Zeiten, als Zeitläufe *sub una finali mensura durationis mundi* zu verstehen seien. Entsprechend der in der Zeit der Kirchenväter dargelegten und im Mittelalter, auch von Arnald, schließlich akzeptierten Inkarnationszählung[69] umfaßt die *ultima aetas* die Zeit von Christi Geburt bis zum Ende der Welt: „Est ultima etas, que a Christi incepit et sub qua etate fuerunt apostoli et universi mortales usque ad finem mundi."[70]
Hier widerspricht Arnald also keineswegs der von ihm selbst angeführten Gegenrede, die sich auf die genannte Paulusstelle beruft und der Gleich-gültigkeit im oben dargelegten Sinne das Wort redet. Im Gegenteil, dieser Einwurf wie die von Arnald bis zu diesem Punkt geführten Erklärungen entsprechen durchaus der Auslegung, wie wir sie etwa in der *glossa ordinaria* finden: „*Fines secu.* Quia in ultima aetate sumus, et tot exemplis priorum magis corrigi debemus. Vel fines seculi

---

[67] Arnald von Villanova: De tempore adventus antichristi. Vat. lat. 3824, fol. 56 va; I Tim 4,1; II Tim 3,1.
[68] Ebenda fol. 56 vb; Is 56,10.
[69] Zur Inkarnationszählung im Mittelalter Bodmann, Gertrud: Gibt es zwei christliche Zeitrechnungen? In: Von Aufbruch und Utopie. Perspektiven einer neuen Gesellschaftsgeschichte des Mittelalters. Für und mit Ferdinand Seibt aus Anlaß seines 65. Geburtstages. Hrsg. von Bea Lundt und Helma Reimöller. Köln/Weimar/Wien 1992, 31–55, bes. 49f.
[70] Ebenda.

deuenerunt in nos, secularitas in nobis finitur: et ideo turpius si peccamus".[71]

Bis zu diesem Darlegungsstand weist Arnald also durchaus keine grundsätzlichen Diskrepanzen zu den traditionellen Sicht- und Auslegungsweisen dieser Korintherstelle auf; ein Faktum, auf das nachdrücklich hinzuweisen ist.[72]

Worauf es Arnald aber besonders ankommt, ist, daß das in der Gegenrede zum Ausdruck kommende herkömmliche Verständnis vom Zeitenende und die daraus zu ziehenden praktisch-moralischen Konsequenzen („[...] secularibus in nobis finitur: et ideo turpius si peccamus") damals, in apostolischer Zeit, und heute, zu seiner Zeit, eben nicht in gleicher Weise gültig (gleich-gültig) sind, sondern daß sie zur Zeit der Abfassung, nämlich 1297, besondere Aktualität erhalten; und zwar wegen der nämlichen Differenzierung von *fines saeculorum* und *novissima tempora*:

Das „letzte Zeitalter", *ultima aetas*, ist nochmals zu differenzieren. Deswegen, so Arnald, benutzte Paulus ausdrücklich den Plural und sprach von *fines saeculorum*, die auf uns zukämen, weil die *ultima aetas* aus mehreren Zeitabschnitten besteht (*plura tempora*), die sich wiederum aus vielen Jahrhunderten (*plura centenaria*) zusammensetzten: „quod plura tempora continentur sub una finali mensura durationis mundi, sub qua plura centenaria continentur").[73]

Die letzten Jahrhunderte, *ultima centenaria*, bildeten die Jüngsten Zeiten: *novissima tempora*. Und genau diese *ultima annorum centenaria*, so Arnald, seien jetzt, im Jahre 1297, offensichtlich angebrochen: Es werden keine 200 Jahre mehr bis zum Ende der Welt vergehen! Die Rede des Apostels vom Zeitenende gewinnt besondere Aktualität und verliert gegenüber den apostolischen Zeiten seine Gleichgültigkeit. Das Ende dieser Enden der Welt stehe, so prognostiziert Arnald jetzt, unmittelbar bevor.

---

[71] *Glossa ordinaria*, Bd. VI, Venedig 1603, 276.

[72] Vgl. Töpfer 1964, 26f.; Rauh 1979, 55–71, bes. 68f.; Emmerson ²1984, 24 weist darauf hin, daß gerade diese biblische Stelle die „typologische Lesart" der mittelalterlichen Exegese innerhalb dieses Themenbereiches provozierte: „The typological reading of the Bible is evident in Paul's approach to the Old Testament (1 Cor 10:11) and in the interpretations of early Christian commentators, such as Tertullian. Typology, unlike some allegory, does not deny the historical validity of the original text." Gerade der historische Bezug ist Arnald hier auch in seiner Interpretation der *fines saeculorum* wichtig. Erst in einem zweiten Reflexionsgang will er sie sodann in moralisch-allegorischer Perspektive zur Geltung bringen.

[73] Arnald von Villanova: De tempore adventus antichristi. Vat. lat. 3824, fol. 56 vb; Finke 1902, CXXXI.

3.2.4 Zur Begründung der Sicht und zur Methode des Sehens

Die Sicht und die Sehweise der *speculatores* ist konkretisiert worden. Arnald von Villanova warnt nicht nur en gros vor dem Ende der Welt, sondern wagt einen recht konkreten Zeitraum anzugeben: Er sieht das Ende der Welt innerhalb der nächsten zweihundert Jahre kommen, genauer: Arnald stellt fest, daß die *speculatores* klar sehen, daß es keine zweihundert Jahre mehr bis zum Ende der Welt dauern wird: „duobus centenariis integre seculum non durabit".[74]
Doch wie begründet Arnald diese ungeheure Sicht und Sehweise der *speculatores*? Wie begründet er seine Behauptung von dem bevorstehenden Weltende? Er stellt die Frage selbst und gibt zunächst die kurze Antwort: „[...] quia sedentes supra speculam istud intuitu claro cognoscimus et videmus".[75]
Der Katalane bestätigt damit noch einmal die doppelt gestützte Sichtweise der *speculatores*: die Heilige Schrift, die er ja zuvor bereits als *specula* der *speculatores* bezeichnet hatte, sowie die *intuitio* selbst, über die Arnald an anderer Stelle noch genauer sprechen wird. Wichtig ist, daß Arnald an dieser wichtigen Stelle in seinem Traktat nochmals an das Sehen und die Sichtweise der *speculatores* erinnert: noch einmal andeutend, daß von der *specula* aus die Zeitläufe zu betrachten sind und die Gegenwart von Gott her auf Gott hin überschaut und so auf ihren eigentlich tragenden Grund hin durchschaut werden muß. Im über- und durchschauenden Blick kommt es zum Vergleich und durch den Vergleich zur Bewertung der Gegenwart. Zwei miteinander korrespondierende Elemente sind auszumachen, die in ihrem Zusammenhang das bereits genannte Grundmotiv der Sorge erkennen lassen und die Sichtweise der *speculatores* näherhin bestimmen und die vorangestellte These vom baldigen Ende der Welt begründen: Die gegenwärtigen Zustände haben in ihrer negativen Qualität den Rang von endzeitlichen Mißständen erreicht, von in der Heiligen Schrift vorausgesagten, der Endzeit unmittelbar vorausgehenden *iniquitates*: „certum est, quod per novissima tempora, in quibus prophetat Apostolus esse futuras quamplures iniquitates, intelligit hec centenaria".[76]
Doch Arnald kennt und nennt die herkömmlichen Gegenargumente. Betont nicht gerade die Heilige Schrift, namentlich der Auferstandene, daß es dem Menschen verwehrt ist zu wissen, wann das Ende der Welt kommt? „[...] *non est vestrum nosse tempora vel momenta*."[77]

---

[74] Arnald von Villanova: De tempore adventus antichristi. Vat. lat. 3824, fol. 57 ra.
[75] Ebenda 57 ra.
[76] Ebenda.
[77] Ebenda, Act 1,7.

Tatsächlich hat ja dieser biblische Vers seine Wirkung nicht verfehlt. Augustinus etwa, der von Johannes von Paris in der Auseinandersetzung mit Arnald immer wieder zu Wort kommen wird, qualifiziert mittels dieser Antwort Christi jedes menschliche Bemühen um die Kenntnis des Datums des Weltendes als müßige, weil letztlich vergebliche Anstrengung. In der Hohen Schule von Paris ist diese (Dis)-Qualifizierung der Reflexion, geschweige denn Berechnung des Weltendes, durch die Interpretation Augustins immer wieder geltend gemacht worden.[78]

Arnald von Villanova versucht diesem biblischen Vers so wenig wie möglich autoritäres Gewicht beizumessen. So läßt er unerwähnt (was etwa Johannes von Paris betonen wird), daß nämlich dieser Satz von Jesus Christus stammt, also *verbum verbi* ist, noch weist er darauf hin, daß dieser Vers bei Augustinus in der Schultradition ausführlich reflektiert wurde. Er qualifiziert ihn schlicht als möglichen Einwurf auf seine „spekulatorische" Vorausschau.

Sodann sucht er diesen biblischen Einwurf als Gegenargument zu seiner Sicht dadurch zu entschärfen, daß er ihn neutralisiert:

„Respondebitur eis quod lapis quem proiciunt reflectetur in eos. Nam quia scripturam sacram allegant per eandem silentium imponetur eis."[79]

Der Satz ist so kurz wie irrig. Trotzdem lohnt es sich, ihn zu bedenken; denn was er inhaltlich auszusagen sucht, entbehrt nicht einer gewissen dialektischen Schärfe. Arnald will auf einen Widerspruch aufmerksam machen, der zwischen jenen besteht, die diesen biblischen Vers anführen, und dem, was sie mit diesem Satz aussagen wollen: Indem diese ihn anführen, verstoßen sie bereits gegen seinen Inhalt, widersprechen sie sich selbst, erreichen sie das Gegenteil von dem, was sie erreichen wollen. Der Satz artikuliere schließlich ein Nichtwissen, das aber von denen, die ihn im Sinne eines Gegenargumentes benutzen, als Wissen ausgegeben werde. Ein erklärtes Nichtwissen kann aber nicht ein kenntnisreiches Wissen widerlegen.

Der formallogische Fehlschluß liegt aber auf Seiten Arnalds. Hier wird nämlich kein bloßes Nichtwissen, sondern ein Nichtwissenkönnen ausgesagt. Aber wiederum, als ob er diesen Einwurf vernommen hätte: Genau dieses menschliche Unvermögen will Arnald im weiteren näherhin betrachten:

[78] Augustinus: De civitate dei 18, 53 (CCL 48, 652), führt überdies noch aus: „Non utique illi de hora uel die uel anno, sed de tempore interrogauerant, quando istud accepere reponsum. Frustra igitur annos, qui remanent huic saeculo, computare ad definire conamur, cum hoc scire non esse nostrum ex ore Veritatis audiamus". Thomas von Aquin betont, daß „keine Zeitspanne genannt werden kann, weder eine kleine noch eine große, nach welcher das Ende der Welt zu erwarten sei" (Contra impugnantes dei cultum et religionem 3,2,5; nr. 531). Dazu immer noch lesenswert Pieper [3]1980, 137–145.

[79] Arnald von Villanova: De tempore adventus antichristi. Vat. lat. 3824, fol. 57 ra.

Er macht auf zwei Voraussagen in bezug auf das Weltende aufmerksam, die deutlich genug durch die Heilige Schrift bezeugt werden: „Etenim scriptura nos certificat probabiliter de duobus: primo scilicet de tempore quo superveniet ultima persecucio populi fidelis quam suscitabit filius / perdicionis. Secundo de brevitate duracionis seculi post tribulacionem predictam."[80]

„Der Sohn des Verderbens", eine Redewendung des Thessalonicherbriefes, die auch Johannes von Paris – mit deutlichem Blick auf Arnald – als Rede vom kommenden Antichrist interpretieren wird, kommt hier zugleich mit der letzten Verfolgung der Christgläubigen zu Gesicht. Mehr noch: die Konnexion wird als bekannt vorausgesetzt und deswegen gar nicht eigens interpretiert. Ebenso wird die Rede von der Kürze der Zeit nach der letzten Verfolgung als bekannt vorausgesetzt und noch einmal in ihrer biblischen Provenienz bestätigt. Inhaltlich wird klarerweise konstatiert, daß zwar zwischen dem Ende der Verfolgungszeit des Christen durch den Antichrist, dem Ende der Welt und der Wiederkunft Christi, also dem Jüngsten Tag, logisch differenziert werden muß, daß aber diese Ereignisse als Endereignisse chronologisch in unmittelbarem Zusammenhang stehen. Auch Johannes von Paris wird in seinem Antichristtraktat den Zusammenhang der Endereignisse subtil differenzieren, ohne ihre korrespondierende Einheit zu leugnen.

Worauf es Arnald von Villanova aber hier ankommt, ist, den Zusammenhang mit der oben geschilderten „antichristlichen" Weltbewältigung und der in der Bibel prophezeiten Endsituation bloßzulegen, ist, die jetzige Notsituation des Gläubigen als Zeichen der unmittelbar bevorstehenden und vom Antichrist selbst angestachelten *ultima persecutio* zu erweisen. Die zeitliche Nähe dieser biblischerseits angekündigten Ereignisse mit der eigenen Gegenwart wird dabei durch die oben genannten Daten noch einmal konkretisiert:

„Itaque aperte nobis insinuat quod post eam unum annorum centenarium non restabit; sed constat probabiliter per scripturam, quod in sequenti centenario quod erit decimum quartum a salvatoris adventu superveniet persecucio antichristi."[81]

Die Gegenwart wird damit in einer kaum mehr zu überbietenden Weise kritisch beurteilt. Sie kommt den *speculatores* als eine Zeit in Sicht, die die Verfolgung der Gläubigen durch den Antichrist im anbrechenden vierzehnten Jahrhundert ankündigt.

Dabei ist auffallend, wie sehr biblische Begründung und Zeitkritik Hand in Hand gehen, ja grenzverwischend ineinander übergehen und

---

[80] Ebenda fol. 57 ra–rb.
[81] Ebenda fol. 57 rb.

die Frage- und Antwortperspektiven sich einander in rascher Folge ablösen: Die gerade sich sehr weit vorwagende Antwort erfährt sogleich
eine radikale Gegenfrage. Ist es dem Menschen nicht überhaupt versagt, die Zukunft zu kennen?

Um die Frage zu beantworten, wird nicht das Jesuswort zum Beginn
der Apostelgeschichte, sondern das Alte Testament bemüht, Ecclesiastes 8,6–7 sowie 9,2.[82] Zugespitzt wird im Sinne der *contrarii* gefragt:
Wer sagt die Unwahrheit, die Heilige Schrift oder die *speculatores* des
Arnald von Villanova?

Wie gezeigt: Der katalanische Arzt stellt selbst diese Frage in aller
Schärfe; allerdings nur um schließlich um so schärfer herauszustellen,
daß die Frage ihr Ziel verfehlt, ja, gar nicht das von ihm Gemeinte
trifft: „Quibus respondebitur quod obiectio nulla est in propositio";[83]
und zwar aus einem zweifachen Grund:

Erstens sprechen die angeführten Bibelstellen überhaupt nicht von der
universalen Zukunft von Welt und Kirche, von dem Schicksal des Menschen insgesamt, sondern ausschließlich von dem „partikulären" Geschick des einzelnen innerhalb einer segmentierten Zukünftigkeit.[84]
Zweitens bezieht sich die biblisch artikulierte Negation des Vorauswissens und Voraussehens künftiger Ereignisse lediglich auf den Menschen und seiner ihm wesensmäßigen Fähigkeit. Bei genauem Hinblick
auf die zitierte Schriftstelle sei nämlich festzustellen, daß hier etwas
bestritten werde, was er, Arnald, keineswegs behauptet habe. Verneint werde nämlich offensichtlich, daß der Mensch von sich aus, aus
eigener Kraft und Kompetenz, Zukünftiges zu schauen vermöchte. Arnald hingegen behauptet ja gerade dieses: daß die *speculatores* sich dadurch auszeichnen, daß ihre Sicht und ihr konkretes Sehen geistbe-
gründet sei: „noticia per revelationem habetur spiritus sancti".[85]

---

[82] Ebenda: „Sed obiciunt scriptum esse septimo Ecclesiastes: *Multa hominis afflictio, que
ignorat preterita et futura nullo scire potest nuntio.* Item in eodem nono: *Omnia in futuro
servantur incerta.* Ex quibus arguunt, quod aut hic erit scriptura mendax aut speculatoribus eius erunt ignota predicta futura." Ecl 8,6–7 (es müßte in der Handschrift also
octavo heißen); Ecl 9,2.

[83] Ebenda.

[84] Ebenda fol. 57 rb-va: „Tum quia illa scriptura loquitur solum de futuris pertinentibus
ad progressum particularem cuiuslibet; hic autem sermo sit de futuris pertinentibus
ad statum universalem ecclesie ac etiam / totius generis humani."

[85] Ebenda fol. 57 va: „Tum quia ibi – sicut ex antecedentibus et subsequentibus patet –
fit mentio de noticia futurorum contingentium quantum ad facultatem humane cognitionis; hic autem de hiis, quorum noticia per revelationem habetur spiritus sancti,
qui potest universaliter et particulariter quando et quibus voluerit revelare futura.
Nam paulo post primam auctoritatem dicitur in Ecclesiaste, quod *non est indictione
hominis prohibere spiritum.*" Ecl 8,6–8 lautet in der Vulgata: „omni negotio tempus est et
opportunitas et multa hominis afflictio, quia ignorat praeterita, et futura nollo scire
potest nuntio. Non est in hominis potestate prohibere spiritum; nec habet potestatem

Der Heilige Geist ist derjenige, der den *speculatores* die Fähigkeit gibt, über das Ende der Zeit Auskünfte zu geben. Die etwas komplizierte Argumentationsstruktur Arnalds wird offensichtlich. Jetzt wird klar, warum der mit dem Wort des Auferstandenen aus dem Beginn der Apostelgeschichte argumentierende Einwurf nicht den von Arnald gemeinten Sachverhalt trifft: Ja, mehr noch: warum gerade dieser biblische Vers, betrachtet aus dieser Perspektive, Arnalds Ansicht über die *speculatores* sogar noch unterstützt:

Von sich aus, aufgrund eigener menschlicher Fähigkeiten, vermögen es die Menschen wahrhaftig nicht, Aussagen über das Weltende zu treffen, wohl aber aus der Kraft des Heiligen Geistes. Dabei setzt Arnald bei seinen Lesern offensichtlich die Fortsetzung des zitierten Verses aus den *Actus Apostolorum* voraus: „Nos est vestrum nosse [. . .] sed accipietis virtutem supervenientis spiritus sancti in vos."[86]

Einige Kolumnen weiter vertieft Arnald diesen ihm sehr wichtigen Gedankengang noch einmal. Vom Alten Testament her sieht er Gottes Zusage an den Menschen, diesen die künftigen Ereignisse vorauszusagen. Gerade darin erweist sich Gottes Macht, daß er es allein ist, der dem Menschen die Zukunft zu verheißen vermag und auch tatsächlich verheißt.[87] Umgekehrt erwiesen und erweisen sich alle Widergöttlichen letztlich „als ein Nichts". Die von ihnen prognostizierte Zukunft hat sich immer wieder als falsch herausgestellt. Ihnen wird es auch fernerhin nicht gelingen, des Menschen Zukunft vorauszusagen.

Gott teilt den Seinen die Zukunft mit, um seine Herrlichkeit an ihnen zu offenbaren. Überdies will Gott, wie Arnald von Villanova mehrfach herausstellte, daß „seine Kinder" nicht unvorbereitet in die künftige, letzte und größte Bedrängnis „seit Anbeginn der Welt" hineingehen.[88] Daß mit dem Terminus „größte" nicht die zeitlich längste, sondern die intensivste, also nicht die Quantität, sondern einzig die Qualität gemeint ist, artikuliert Arnald ausdrücklich.[89]

---

in die mortis; nec sinitur quiescere ingruente bello; neque salvabit impietas impium." Arnald von Villanova führt aber auch das Neue Testament an: „Et de ipso testatur dominus in Ioanne quod *ubi vult spirat*. Et in eodem etiam ait expresse de ipso: *ventura annuntiabit vobis.*" Ebenda; Io 3,8; 16,13.

[86] Act 1,7–8.

[87] Arnald von Villanova: De tempore adventus antichristi. Vat. lat. 3824, fol. 58 ra.

[88] Ebenda.

[89] Ebenda fol. 58 ra–rb: „Et ut magnitudo eius non intelligatur quantum ad spatium temporis, sed quantum ad qualitatem persecutionis et magnitudinem periculi, statim subiungit, quod nisi brevitati fuissent dies illi, non fieret sal/va omnis caro; sed, ut dicit, propter electos breviabuntur, scilicet ut non cadant a statu salutis propter tribulationis fervorem." Mt 24,21 s.; weiter heißt es im Text, sich auf Apc 3,10 stützend: „Tunc enim erit illa ultima temptatio, a qua servare promittit ecclesiam in Apocalypsi, cum dicit: *Ego te servabo ab hora temptationis que ventura est in orbem universum temptare omnem terram* id est omnes habitatores terre."

Als göttliches Motiv wird also wieder die liebende Vatersorge Gottes gegenüber den Seinen angenommen. Gleichzeitig wird noch einmal die Gefährlichkeit dieser letzten Bedrängnis betont, die über alle Bewohner der Erde kommt und die dermaßen stark ist, daß Gott selbst aus Sorge um „die Erwählten" eingreifen und der *tribulatio ultima* ein Ende setzen muß. Aus Sorge setzt er aber zuvor bereits *speculatores* ein, die vor der letzten Gefahr warnen und seine göttliche Sorge verkünden.

Genau dies ist die Aufgabe der *speculatores*. Sie vermögen über das Weltende zu reden, weil in ihnen die Kraft des Geistes Gottes wirkt. Aufgrund dieser Kraft, so der von Arnald hier dargelegte Begründungszusammenhang, vermögen sie die Aussagen der Heiligen Schrift mit dem sorgenden Blick auf die gegenwärtige Zeit zu verbinden und daraus zu ersehen, daß die Weltzeit in ihr letztes Stadium gerückt ist und die Verfolgung durch den Antichrist unmittelbar bevorsteht. Seine oben dargelegte kritische Sicht auf die Gegenwart und die sorgende Voraussicht in die apokalyptische Zukunft, verbunden mit recht konkreter Datenbestimmung, sieht Arnald letztlich als Frucht des Heiligen Geistes an, der, wie Arnalds Gedankengang resümiert werden kann, in den *speculatores* dreifach wirkt:

Erstens: Der Geist läßt die *speculatores* teilnehmen an der Sorge des liebenden Vater-Gottes um die Zukunft des Menschen, der Kirche und der Welt insgesamt.

Zweitens – und daraus folgend – läßt der Geist sie sorgfältig die Heilige Schrift beobachten und bewirkt, daß sie sich von den biblischen Aussagen ansprechen, beunruhigen und schließlich
– drittens – bewegen lassen ihren Blick auf ihre eigene Gegenwart, ihre Um- und Mitwelt zu lenken, sich also dermaßen in Anspruch nehmen lassen, daß sie ihre Gegenwart kraft des Geistes und der Heiligen Schrift analysieren und das Kommen des Antichrist und das Herannahen des Weltendes überhaupt erkennen, mahnend-warnend ihre Zeitgenossen zur Umkehr vom Weltlich-Irdischen zum Ewig-Unvergänglichen bewegen wollen.

Die Rede von den letzten Jahrhunderten, die oben gewagte Datenanzeige der apokalyptischen Ereignisse, ist für Arnald von Villanova nicht bloßes Ergebnis von Berechnungen, zeitgeschichtlichen Analysen und exegetischen Beweisen, sondern Frucht und Ertrag Heiligen Geistes. Für die *speculatores* muß, wie jetzt zu verstehen ist, neben dem Stehen auf dem Turm der *specula*, also dem Durchforschen der Heiligen Schrift, auch die *intuitio* gehören, das geistgetragene Sichten der Gegenwart und die daraus sich ergebene sorgende Vor- und Voraussicht der Zukunft.

In diesem Zusammenhang fallen überdies noch bestimmte Schwerpunktsetzungen auf, die eine für den gesamten Traktat typische Argumentationstendenz erkennen lassen: Arnalds biblische Begründungen beziehen sich mehr und eher auf das „Daß", die geistinspirierte Zeitkritik indes auf das „Wann" des Weltendes. Es wird sich im Verlauf der Auseinandersetzung um diesen Traktat noch zeigen, wie entscheidend für das rechte Verständnis der Abhandlung Arnalds gerade diese Differenzierung und Akzentuierung ist. Sofern diese nicht genügend berücksichtigt werden, treffen die vorgebrachten Gegenargumente und Überlegungen einfach nicht den Kern dessen, was Arnald zu sagen hat: Biblisch jedenfalls kann Arnalds *intuitiv* gesichtete Zeitangabe nicht widerlegt werden.

Umgekehrt gilt aber auch, daß Argumentationen, die möglicherweise im Endergebnis, in der Prognose der antichristlichen Verfolgung und dem Einbruch des Jüngsten Gerichts, gar nicht so weit von dem entfernt sind, was Arnald von Villanova prophezeit, dennoch Arnalds (Voraus-)Sicht der Dinge widersprechen: Sofern sie nämlich auf menschliches Kalkül und nicht auf die Kraft des Geistes beruhen; dann also, wenn, um das Bildwort Arnalds aufzugreifen, die *speculatores* zwar auf den Aussichtsturm der Bibel steigen, sich aber nicht vom Heiligen Geist und der Zeit, vom Geist der Zeit (nicht zu verwechseln mit „Zeitgeist"!) inspirieren lassen, sondern etwa den Blick auf die Sterne richten und aufgrund von astrologischen Beobachtungen und Berechnungen das Kommen des Antichrist und das Weltende meinen prognostizieren zu können.

3.2.5 Klarstellungen oder: Irriges Procedere, falsche Prognosen und Pseudopropheten

Die *speculatores* dürfen nicht in die Sterne schauen, sie sollen, von göttlicher Sorge und Heiligem Geist inspiriert, in die Bibel und auf den zeitgenössischen Menschen blicken, auf sein irdisches Treiben, um die Zukunft zu prophezeien.

Gerade solch ein Verbot aus dem Mund Arnalds von Villanova zu hören, überrascht nicht wenig. Als berühmter Mediziner iberischer Provenienz kannte er selbstredend nicht nur die Kunst zahlreicher arabischer Ärzte wie Naturforscher, er praktizierte ihre Heilmethoden erwiesenermaßen selbst.[90] Gerade er wußte doch, was die Begegnung mit der arabischen Welt für Europa bedeutete, für die Wissenschaft, für die Philosophie wie für die Naturforschung, für das intellektuelle Leben des christlichen Westens insgesamt. Neue Übersetzungen nicht

---

[90] Paniagua 1984, bes. 333–339; insgesamt ders. 1969.

nur der Schriften des Aristoteles, sondern auch der griechischen Astronomen machten in Europa die Runde. Gelesen und eifrig studiert wurden vor allem Ptolemäus und Almagest. Die Welt, Erde und Gestirne,
der menschliche Körper, der Mensch selbst, erschienen plötzlich in
einem anderen Licht. Aristoteles und Ptolemäus, Euklid und Galen
demonstrierten geometrische Gesetze, faszinierten durch Berechenbarkeit des Geschaffenen und vermochten den Blick der Wissenschaftler
insgesamt stärker auf die sogenannten „realen" Bedingungen des
menschlichen Lebens zu lenken. Arnald selbst hat durch seine Übersetz-
zungen und Kommentare viel zur Verbreitung dieses arabischen Wissens beigetragen.[91]

Wäre es nicht möglich, auch die Dauer des Weltbestandes aufgrund
dieser konstatierten Gesetzmäßigkeiten genau vorauszuberechnen
oder zumindest in etwa zu prognostizieren? Roger Bacon etwa hatte
dieses „naturwissenschaftliche" Procedere längst gefordert. Johannes
von Paris wird die Ergebnisse der Astronomie bei der Frage nach dem
Kommen des Antichrist und dem Einbruch des Jüngsten Gerichts
ebenfalls lang und breit zur Sprache kommen lassen. Doch ausgerechnet derjenige, der von Berufs wegen, als Arzt, dieses „neue" Denken
praktizierte, will im Blick auf das anstehende Thema gerade von diesem naturwissenschaftlichen Weg nichts wissen. Wie ist diese ableh-
nende Haltung zu erklären?

„Nec minus mendaces sunt astronomi quam alii curiosi ad habendum
de futuris contingentibus certitudinem. Unde et contra eos dicitur specialiter per Isaiam: *stent et salvent te augures celi qui contemplantur sidera
et supputant messes ut ex eis annuntient tibi ventura; ecce facti sunt quasi
stipula, ignis combussit illos.*"[92]

Die zitierten biblischen Verse treffen den, der „in seinem Herzen
dachte: Ich und sonst keiner" (Is 47,10), wenden sich insgesamt gegen
eine menschliche Denkrichtung und Lebenshaltung, dank derer sich
der Mensch vollkommen souverän wähnt und Gott als den Herrn der
Geschichte aus dem Blick verliert. Nicht Gott, so glauben sie, be-
stimme die Zukunft, sondern Geschaffenes, der Himmelskörper und
die Gestirne. So lassen sie sich beraten von den „Auguren des Himmels", die aber selbst nicht Herr des Geschehens, sondern wie „Stop-
peln sind, die ein Feuer verzehrt".

So sind auch die Astronomen nur exponiertes Exempel für all die
„zahlreichen falschen und heuchlerischen Propheten", die behaupten,
auf einem anderen Wege als den der biblischen Offenbarung und

---

[91] Dazu s. Kap. 2.1.
[92] Arnald von Villanova: De tempore adventus antichristi. Vat. lat. 3824, fol. 57 vb; cf. Is
47,13.

geisterfüllten Sorge das Ende der Welt verantwortlich und gültig voraussagen zu können.

„Multi enim mendaces precones iam in ecclesia surrexerunt et adhuc de die in diem pullulare non cessant, qui vel ad ostentationem / sui vel seductionem populi consummationem presentis seculi nuntiant: aliqui cito, aliqui tarde, nullam habentes veritatis notitiam, sed innitentes apocrifis scripturis aut peregrinis rationibus et fallacibus argumentis.“[93]

Damit wirft Arnald von Villanova all diesen „Falschen“ dreierlei vor und verleiht gleichzeitig seiner Sichtweise und seiner Deskription von den *speculatores* noch einmal Kontur:

Erstens kommen all diese wie Pilze aus dem Boden schießenden Pseudo-Propheten zu keiner einheitlichen Auskunft über das Ende der Welt: Die einen behaupten, es stehe unmittelbar bevor, die anderen hypothesieren, es käme noch lange nicht.

Zweitens argwöhnt Arnald, daß dieser wachsenden Personengruppe überhaupt nichts an einer tatsächlichen Voraussage der künftigen Ereignisse gelegen sei. Vielmehr wollten diese sich interessant und wichtig machen oder aber das Volk zum Vernarrtsein in das Weltlich-Vergängliche – *huius saeculi amatores* – verführen. Dieses wäre vor allem dann der Fall, sofern sie behaupten, daß das Ende der Welt noch längst nicht käme, jenes dann, wenn sie das Ende als unmittelbar bevorstehend ankündigten. Nicht selten rekurrierten sie nämlich auf apokryphe Schriften, die sie überdies schlampig, ja falsch interpretierten, dabei aber – durch die Meldung vom raschen Untergang – das einfache Volk und den schlichten Frommen in Angst und Schrecken versetzten: „Qui vero predicunt eam citius venire quam sit futura, simplices fideles atque devotos perducunt ad indiscretum timorem et consequenter in errorem credendi falsis prophetis et ypocritis.“[94]

Damit kommt der *dritte* Vorwurf Arnalds zu Gesicht: die katastrophalen Wirkungen, die diese falschen Vorhersagen bei den Adressaten, bei den „Weltliebenden“ einerseits und bei den „simplices fideles“ andererseits zeitigen.

Es ist bemerkenswert, wie sehr Arnald von Villanova bei der Beurteilung diverser Prophezeiungen immer wieder nicht nur das methodische Procedere, auch nicht nur das faktische Ergebnis der Voraussage, also den Inhalt, kritisch beleuchtet und als sachlich wie methodisch falsch beurteilt, sondern immer auch die pädagogische Wirkung, geradewegs die moralische Funktion dieser Voraussagen im Auge hat und zum wichtigen Beurteilungskriterium avanciert.

---

[93] Ebenda fol. 58 rb–va.
[94] Ebenda fol. 58 va.

Johannes von Paris wird diese Kritik bedacht, aber nicht unbedingt im Sinne Arnalds befolgt haben. Jedenfalls prüft er nicht nur genauestens die astronomischen, sondern auch die „apokryphen Schriften" und – in gewisser Hinsicht – gegen Arnalds Rat sie in noch genau zu umreißender Weise kritisch positiv bedenkend.

Die *speculatores* hingegen sind keine falschen Propheten. Ihre Aussagen sind eindeutig und widerspruchslos. Sie stützen sich nicht auf irgendwelche apokryphen Quellen, sondern auf die Heilige Schrift. Das Nachdenken und Erforschen biblischer Aussagen betreiben sie nicht als intellektuelle Spielerei, sondern in geisterfüllter, an Gottes liebender Sorge partizipierender Ernsthaftigkeit und mitmenschlicher Verantwortung. Sie schauen nicht in einen von Gott womöglich abgetrennten Himmelskörper, sondern blicken auf Gott hin durch. Sie bleiben nicht wie die Astronomen und Astrologen bei den Sterne hängen oder hören womöglich auf Auguren. Vielmehr ist das, worauf sie achten, und wen sie in dieser Welt zur Gehör bringen wollen, einzig und allein das biblisch überlieferte Wort Gottes.

Der Grund, weswegen also Arnald von Villanova die Astronomie ablehnt, ist nicht ihre gerade in praktischer Hinsicht bis zur Untrennbarkeit verbundene Nähe und grenzenlose Verwurzelung mit der Astrologie (der Begriff *astrologia* wird hier noch gleichbedeutend mit *astronomia* gebraucht), eine Nähe, die aus dem oben Zitierten noch deutlich herausklingt. Vielmehr ist es die – zumindest im Blick auf die *speculatores* und ihre Fähigkeiten – strikte Grenzziehung Arnalds zwischen dem göttlich-übernatürlichen und dem irdisch-natürlichen Bereich. Über das Kommen des Antichrist und des Weltendes Aussagen zu treffen, kommt nicht den Naturwissenschaftlern als Naturwissenschaftlern zu, sondern denen, die dazu von Gott bestimmt und mit seinem Geist dazu in den Stand gesetzt worden sind. Alles andere ist für Arnald von Villanova Scharlatanerie, Lüge, Aussage falscher Propheten, vor denen in der Schrift immer wieder gewarnt werde.[95]

Es ist bemerkenswert, daß diese strikte Trennung von Arnald vorgenommen wird. Er, der Arzt und Kenner der arabischen Künste, lehnt es polemisch-scharf ab, von diesen Auskünfte über die Frage nach dem Kommen des Weltendes zu erhalten. Ja, es ist ihm ein Kennzei-

---

[95] Ebenda fol. 57 va–vb: „De futuris igitur contingentibus nemo sapiens querit certificari per industriam humane cognitionis, quoniam hoc est vanitas ut tangit Ecclesiastes. Et qui tali curiositate nituntur annuntiare futura, procul dubio sunt mendaces prophete, de quibus dicitur per Ieremiam: *Prophete tui viderunt tibi falsa*; et per Ezechielem dicitur: *prophete tui vulpes*; et Micheas ait, quod hii sunt prophete, *qui secunt populum* [. . .]./ Speculatores autem ecclesie tanquam filii lucis tantum innituntur revelationi divine sive particulari quam dignatur facere servis suis secundum dispensationem multiformis gratie spiritus sancti, sive universali quam ad directionem et regimen totius ecclesie scribi fecit per suos electos." Cf. Ecl 8,10; Lam 2,14; Ez 13,4; Mi 3,5.

chen des nahen apokalyptischen Geschehens selbst, daß jetzt solche „falschen Propheten" auftreten. Gehört doch das Auftreten falscher Propheten zu den vom Herrn vorausgesagten Vorboten des Weltendes. Schon bei Jesaja wird deutlich, daß die falsche, irreführende Vorausschau künftiger Ereignisse ausschließlich ein Signum jener Mächte und Gewalten sei, die sich gegen Gott ausgesprochen hätten und gegen die Gottesgläubigen zu Felde zögen. Gottes Allmacht und Weisheit demonstriere sich gerade darin, daß er allein die Zukunft in den Händen halte.[96]

Diese Identifizierung der biblisch geweissagten „falschen Propheten" mit jenen Gelehrten, die aufgrund naturwissenschaftlicher, astronomischer Beobachtungen berechenbare, weil empirische Daten heranziehen, also nachprüfbare Aussagen über das Ende der Welt artikulieren, impliziert deutlich genug wissenschaftskritische Akzente. Arnald weist damit das gerade mächtiger werdende naturwissenschaftliche Denken in seine Schranken. Er betont, daß es bei der Frage nach dem Einbruch des Weltendes und des damit verbundenen Jüngsten Gerichts nicht um eine diesen Gesetzen der Welt unterworfene Frage, sondern um die Planungen des vor- und fürsorgenden Schöpfer-Gottes geht. Nicht das Welt-Wissen ist gefragt, sondern der geisterfüllte Gottes-Glaube ist zu suchen.

Der Welt-Bereich ist der Bereich der *causae secundae*, die wiederum abhängig sind von der *causa prima*, der Erstursache von allem, was ist, abhängig also vom Schöpfer-Gott. Doch diese Abhängigkeit war zugunsten des konzentriert-systematischen Blicks auf Einzelphänomene und methodologisch abgesicherte Einzelwissenschaften längst in den Hintergrund getreten. Neben Philosophie und Ökonomie (Aristoteles) war es gerade die Medizin, die, dank Avicenna, zum Musterbeispiel einer planmäßig organisierten Welt-Wissenschaft avancierte. All das sind Entwicklungen, die nicht wenig dazu beitrugen, die Welt zu entzaubern. „Natur und Gesellschaft wurden jetzt nicht mehr nur als Instrument des göttlichen Willens, sondern als geprägter Eigenbestand und als zielstrebige Entwicklung verstanden."[97]

Arnald von Villanova partizipiert an dieser Grenzziehung und Grenzvertiefung der Wissenschaften. Das theologische Thema, das er erörtert, will er lediglich theologisch-biblisch behandelt und begründet wissen. Die allein auf den Fähigkeiten menschlichen Intellekts, nicht aber auf göttlicher Offenbarung basierenden wissenschaftlichen Disziplinen will er hier gerade nicht zu Wort kommen lassen. Die Grenzverwischung der Disziplinen zum Ende des 13. Jahrhunderts, näherhin die

---

[96] Ebenda.
[97] Flasch 1987, 299.

immer stärkere Einflußnahme philosophisch-naturwissenschaftlichen Denkens auf das theologische Terrain, lehnt er ab: sie deutlich als Kennzeichen einer dekadenten Zeit, als Vorboten antichristlicher Verfolgung deklarierend.[98]

Sofern Johannes von Paris in seinem gerade im Blick auf Arnald von Villanova verfaßten Antichrist-Traktat dann doch wieder die Naturwissenschaften, namentlich die Astronomie, befragt, redet er in den Augen Arnalds notwendig dem Antichrist selbst das Wort, auch dann, wenn jener im Endergebnis gar nicht so sehr von dem abweicht, was dieser selbst über das Kommen des Antichrist und den Einbruch des Weltendes zu sagen weiß.

Nur die richtige Methode bringt das stimmige Ergebnis und erzielt die not-wendige (im doppelten Sinn des Wortes) Wirkung beim Adressaten. Dabei ist es Arnald vor allem darum zu tun, die biblische Grundlage zu unterstreichen. Sie gebe konkrete Hinweise, die von den Gläubigen als Maß und Richtpunkte ernstgenommen werden müßten, um nicht Opfer der genannten falschen Propheten zu werden. Arnald führt Paulus an. Dieser hätte schon in seinem zweiten Thessalonicherbrief die Gemeinde davor gewarnt, sich bezüglich der „Ankunft des Herrn Jesus Christus" nicht so leicht „aus der Fassung bringen" und „täuschen zu lassen". Vielmehr hätte er sie auf das Wort Gottes und seine Propheten verwiesen und konstatiert, daß zunächst der „große Abfall" und die antichristliche Verfolgung einsetzen müsse,[99] bevor das Ende der Welt hereinbreche und Christus als Richter erscheine: „Volens igitur salvator noster certum signum ecclesie sue dare ad percipiendum erroneas denuntiationes consummationis, statuit notitiam illius ultime tribulationis pro signo, ad quod semper monemur respicere, non solum per Apostolum in predicta epistola, sed etiam per dominum in Mattheo, a quibus tam diligenter describitur, ut nemo in eius consideratione fallatur".[100]

Diese letzte Bedrängnis ist vom Herrn selbst ausdrücklich in ihrer zeitlich-geschichtlichen Einmaligkeit prophezeit: Sie wird die größte, d. h.

---

[98] Zu der im 13. Jahrhundert tobenden komplex-komplizierten Diskussion über den Konnex von Welt-Wissen und Gottes-Glaube s. Hödl, Ludwig: Die „veritates fidei catholicae" und die Analogie der Wahrheit im mittelalterlichen Streit der Fakultäten. In: La doctrine de la révélation divine de saint Thomas d'Aquin. Hrsg. von Leo Elders. Vatikanstadt 1990, 49–68, bes. 58–62 (= Studi Tomistici Bd. 37). Auch Flasch 1989, 195, der mit Recht darauf hinweist, daß es dem Bischof von Paris in der Verurteilung von 1277 nicht zuletzt darauf ankam, all das zu verwerfen, „was die kosmologische Instanzenfolge band: er zensierte Grenzüberschreitungen des Intellekts zum allein ewigen Gott".

[99] Arnald von Villanova: De tempore adventus antichristi. Vat. lat. 3824, fol. 58 va–vb; II Th 2,1. Löwith ⁴1961, 173.

[100] Ebenda fol. 58 vb; gemeint ist II Th 2,1–4 und Mt 24,21.

grausam-schrecklichste von allen sein: „wie von Anfang der Welt bis
jetzt noch keine gewesen ist und auch nicht mehr sein wird" (Mt
24,21).
Für Arnald von Villanova ist diese Prophezeiung zugleich unumgäng-
liche Angabe für das methodische Procedere, um richtige Aussagen
über den Einbruch des Weltendes zu treffen: Solange nicht geschichtlich vergleichend, also im Blick auf die gesamte Weltgeschichte – „vom
Anfang der Welt an" – festgestellt ist, daß die Verfolgung, die sich
angeblich bereits abzeichnet, die größte und schrecklichste ist, solange
kann nicht von einem unmittelbar bevorstehenden Kommen des Jüngsten Gerichts die Rede sein. Die biblische Aussage, das Wort Jesu, ist
maßgebend, nicht die Sterne, nicht irgend welche apokryphen Schriften, nicht bloß menschliches Denkspiel.
Überdies weist Arnald von Villanova auf ein weiteres Signum des anstehenden Endes der Welt hin: auf den Antichrist oder, wie er mit
Blick auf den bereits angeführten zweiten Thessalonicherbrief formuliert, auf den „Sohn des Verderbens" (2 Thess 2,4). Dieser wird – laut
Paulus – gegen Gott auftreten, sich schließlich selbst in den Tempel
Gottes setzen und vorgeben, Gott zu sein: „hoc est dominabitur in collegio fidelium ostendens se tamquam ipse sit deus".[101] Dabei ist der
Antichrist aber nur Teil einer Kette, die sich aus der zeitlichen Reihenfolge der *signa instantis consummationis* bildet: Zuerst kommt die „große
Bedrängnis der Christgläubigen", die einen gigantischen Abfall vom
Glauben an Christus bewirkt, ja ausgesprochen antichristliche Züge
aufweist. Deswegen spricht Arnald hier auch von antichristlicher Bedrängnis: *tribulatio antichristi*. Diese findet ihren Höhepunkt dann,
wenn – zweitens – der „Sohn des Verderbens" im Kollegium der Gläubigen wie ein Gott sitzt und sich als Gott verehren läßt. Das *dritte*
Kennzeichen schließlich findet Arnald im Matthäusevangelium 24,29.
Es ist die Rede von der Verfinsterung der Sonne, die Arnald – durchaus im Sinne der *glossa ordinaria* – als das Ende der Welt selbst interpretiert. Doch was ihn vor allem interessiert, ist die temporäre Folge,
das strikte, schnelle Nacheinander all dieser Ereignisse: *„Statim autem
post tribulationem dierum illorum sol obscurabit* etc. manifeste cognoscun-
tur esse mendaces illi qui asserunt quod post illam tribulationem durabit seculum tantum aut plus quam duraverit."[102]
Diese dreifachen Aussagen der Bibel müssen nicht nur als Richtschnur
jeglicher Aussage über den Jüngsten Tag, sie dürfen auch als Verpflichtung der nach Wahrheit strebenden Gelehrten begriffen werden,

---

[101] Ebenda.
[102] Ebenda fol. 59 ra.

überhaupt über die Vollendung der Welt nachzudenken. Damit deutet Arnald von Villanova klarerweise einen Zusammenhang an zwischen den vielfältigen auf irrige Methoden und falsche Prognosen beruhenden Pseudoprophetien und den offensichtlich bestehenden theologischen Defiziten. Weil über das Ende der Zeit theologisch-professionalerseits zu wenig nachgedacht worden sei, ist es jetzt nicht verwunderlich, daß dieses Thema von jenen aufgegriffen werde, die keine theologischen Forscher von Profession, sondern im günstigsten Fall, wie Arnald selbst, Sorgende aus Passion sind. Es gehört schlicht zum Auftrag eines sich in der Nachfolge des *doctor veritatis* Befindlichen, die Kirche über die Vollendung der Welt zu instruieren. Hat Christus es doch selbst ebenso getan: „Clarum igitur est quod doctor veritatis instruit ecclesiam de futuris novissimis".[103]

Dies habe schon Jakob tun wollen, als er seine Söhne zusammenrief, um ihnen das zu künden, was ihnen „in den Jüngsten Tagen begegnen werde".[104] Zur Vollendung kam diese Wahrheit im „wahren Jakob", „unserem Heiland". Dieser habe die zukünftigen Ereignisse *in diebus novissimis* endgültig vorhergesagt. Die Gläubigen seien somit dazu verpflichtet, ihn und auf ihn zu hören. Er ist es, der vor falschen Propheten warnt; er ist es auch, der uns sichere Auskünfte über die Zeit des Antichrist und über das Ende der Welt gibt: „[...] ita ut non solum habeatur certitudo per ipsum de qualitate tribulationis, quam suscitabit, ut patuit, sed etiam de tempore, quo regnabit. Nam ut scribitur Prima Ioannis secundo: *unctio eius docet de omnibus*."[105]

Gerade der den bibelkundigen Zeitgenossen bekannte Johannesbrief betont an der nämlichen Stelle, an der er auch über den Antichrist spricht, daß jeder, der sich zu Christus bekennt und das „Salböl", also den Geist Christi, in sich trägt, die Wahrheit hat. Er hat es nicht nötig, auf andere zu hören, schon gar nicht auf denjenigen, der den Vater und den Sohn leugnet, den Antichrist. Arnald von Villanova will die eindringliche Mahnung des Autors dieses biblischen Briefes seinen Zeitgenossen in Erinnerung rufen und warnt - wie dieser - davor, sich nicht von Christus, der Wahrheit selbst, lösen zu lassen und so Heuchlern und Lügnern zu verfallen: „Et non necesse habetis ut aliquis doceat vos" (I Io 2,27). Christus, der Gesalbte, ist das wahre Wort Gottes, ist die Wahrheit, die den Christgläubigen über alles belehrt. Das

---

[103] Ebenda.
[104] Ebenda: „[...] quod iam longe ante adventum suum ei promiserat per Iacobum, qui appropinquante obitu eius, ut legitur Gen. XLIX vocans filiorum suorum collegium ait illis: Congregamini ut annuntiem que ventura sunt vobis diebus novissimis." Gn 49,1.
[105] Ebenda 59 rb; I Io 2,27.

Wort und der Geist Gottes bilden die entscheidende Richtschnur, für die Beantwortung der Frage nach dem Kommen des Antichrist.

3.2.6 Die Frage nach dem Kommen des Antichrist

Die vorgenannten Überlegungen sind somit gleichsam als prophylaktisch formulierte Klarstellungen zu werten. Arnald von Villanova will jedermann von vornherein gegenüber akzentuieren, daß seine Überlegungen, seine Warnungen und Mahnungen vor dem Antichrist und dem drohenden Weltende nicht Ergebnis eigenen Gutdünkens, sondern Ertrag eifrig-sorgenden wie geisterfüllten Studiums der Heiligen Schrift ist. Die *speculatores* haben auf dem gotterrichteten Turm der Bibel, nicht auf dem in selbstherrlicher Eigenmächtigkeit erbauten Turm Babels zu stehen. Auf dem biblischen „Aussichtsturm" stehend und in engster Verbindung mit Gott, vermögen sie das zukünftig Drohende „intuitiv"-geistinspiriert warnend-mahnend vorauszusehen.

Diese enge Verbindung der *speculatores* mit Gott deutet Arnald von Villanova als Kindschaftsverhältnis an. Dieses ist offensichtlich Voraussetzung dafür, überhaupt die Frage nach dem Kommen des Antichrist sowie nach der endgültigen Wiederkehr Christi am Jüngsten Tage sinnvoll, d. h. mit Aussicht auf Beantwortung, zu stellen. Aufgrund ihres Kindseins vor Gott, das ein intensives wie intimes Lehrer-Schüler-Verhältnis impliziert, dürfen die *speculatores* die Frage nach dem Kommen des Antichrist an Gott, ihren sorgenden Vater, richten und ebenso auf die Beantwortung ihrer Frage hoffen. Dieses Axiom zeigt sich im Verhalten der Apostel, exemplifiziert sich in ihrem Verhältnis zu Christus. Sie stellen, wie Arnald betont, die Frage nach den *novissima* als „seine Söhne", gerichtet an Christus, dem „Lehrer der Wahrheit", der ihnen die wahre Antwort nicht schuldig bleibt. Sie stellen sie nicht in der Öffentlichkeit, vor den Vielen, sondern in geschützter Abgeschiedenheit: unter sich. Arnald legt offensichtlich Wert auf diese Beobachtung: Die persönlich-private Beziehung zu Christus ist Bedingung für die gottgegebene Antwort:

„Inquit enim Mattheus XXIIII quod accesserunt discipuli ad Ihesum ut ostenderent ei edificationes templi. Ipse autem respondens ait illis: *videtis hec omnia? Amen dico vobis, non relinquetur hic lapis super lapidem, qui non destruatur.*"[106]

Diese Szene faßt Arnald ins Auge. Er will zunächst festgehalten wissen, daß die Apostel ihren Herrn und Meister nicht sofort nach der Bedeu-

---

[106] Ebenda; cf. Mt 24,1–2.

tung und den näheren Umständen des angekündigten Geschehens fragen, sondern erst abwarten, bis sie mit ihm allein sind. Erst unter Ausschluß der Öffentlichkeit, in der intimen Abgeschiedenheit, sprechen sie mit Christus über sein prophetisches Wort: „Post hec autem interrogaverunt eum secreto dicentes: *dic nobis quando hec erunt et quod signum est adventus tui et consummationis seculi?*"[107]

Das persönliche, intensive Verhältnis zu Gott, näherhin zu Christus, dem *doctor veritatis*, ist Arnald von Villanova Voraussetzung für die Frage nach den *novissima*.

Erst nach dieser Feststellung wendet Arnald sich der Frage nach dem Weltende und dem Wiederkommen des Herrn am Jüngsten Tage selbst zu. Dabei stellt sich im Laufe des von Arnald geradezu spannend entwickelten Frageprozesses allmählich die Sonderstellung der Frage nach dem Kommen des Antichrist innerhalb dieses das Ende der Zeit allgemein betreffenden Eruierungsversuches heraus. Drei größere Frageschritte lassen sich erkennen: Er analysiert *erstens* einen bestimmten biblischen Text auf seine Fragestruktur. Den so eruierten einzelnen Fragemomenten ordnet er *zweitens* die göttlich geoffenbarte Antwort zu, die jeweiligen Aussprüche des Herrn sorgfältig bedenkend. Diese Zuordnung geschieht *drittens* in der Weise, daß Frage und Antwort so miteinander korrespondieren, daß ihnen zeitliche Spannkraft und geordnete Gewichtung zugesprochen werden können, die insgesamt die Frage nach dem Kommen des Antichrist nicht nur als gestattet, sondern – im bestimmten zeitlichen Rahmen – als beantwortbar erscheinen lassen.

3.2.6.1 Eine approximative Antwort

Zunächst glaubt der katalanische Arzt im Blick auf den biblischen Text eine dreifache Struktur des Fragens bei den Aposteln zu erkennen, die mit jenem dreifachen Verdichtungsprozeß korrespondiert, der zum Ende der Welt hin allererst sichtbar, biblisch aber bereits angekündigt wird:

Erstens werde nach dem Zeitpunkt der Verwüstung und Zerstörung des Tempels gefragt. Zweitens richten die Apostel ihre Aufmerksamkeit auf die Kenntnis der Zeichen der endgültigen Wiederkehr des Herrn und – drittens – fragten sie nach den Signa des Weltendes.[108]

---

[107] Ebenda; Mt 24,3.

[108] Ebenda fol. 59 rb–va: „Ecce tres / questiones: Prima fuit de tempore desolationis vel eversionis templi, quam dixerat esse futuram, quando dixit: *non relinquetur lapis super lapidem*. Secunda fuit de signis ultimi adventus domini. Tertia de signis consummationis seculi."

Die Antwort auf diese trimorphe Frage werde ausführlich im Matthäus- und Lukasevangelium überliefert. Sie bildet das „Tor zur Wahrheit", den näher zu betrachtenden Schlüssel zur Beantwortung der Frage nach dem Kommen des Antichrist sowie den kommenden Zeiten überhaupt. Dabei werden in den Augen Arnalds die einzelnen Momente der trimorphen Frage der Reihe nach von Jesus Christus beantwortet.

So findet der katalanische Gelehrte die vollgültige Antwort auf das erste Moment der Frage nicht im Matthäus-, sondern im Lukasevangelium, Kapitel 21: „Wenn ihr Jerusalem vom Kriegsheer eingeschlossen seht, dann wißt, daß seine Zerstörung nahe bevorsteht."[109] Die bei Lukas sodann angeführten, aus diesem Ereignis sich ergebenen Verhaltensregeln für die Menschen werden von Arnald übersprungen, um sogleich auf ein weiteres Indiz zur Beantwortung des ersten Fragemomentes einzugehen: „Große Drangsal" wird über das Land kommen und „Zorn wird das Volk treffen". Es wird fallen, in Gefangenschaft geraten und „Jerusalem wird von den Völkern zertreten werden", und zwar „donec impleantur tempora nationum."[110]

Entsprechend der üblichen Interpretation dieser Stelle, wie sie etwa in der *glossa ordinaria* zu finden ist, bezieht Arnald von Villanova diese Vorankündigung auf ein zu seiner Zeit längst schon vergangenes Ereignis: auf die Eroberung Jerusalems und die Zerstörung des Tempels durch die Römer im Jahre 70 nach Christi Geburt. „Constat autem quod obsessio Ierusalem et eversio et captivatio populi post tempus Christi fuit per Titum et Vespasianum peracta."[111] Johannes von Paris wird dieser Deutung wenig später durchaus zustimmen.

Zugleich aber unternimmt Arnald eine zeitliche Ausdehnung dieser Ereignisse bis in seine Gegenwart, ja bis in jene „Jüngste Zeit" vor dem Ende der Welt hinein, die er im Blick auf das Lukasevangelium als „Erfüllung der Zeiten der Völker" begreift. Zugleich zieht er Konsequenzen aus dieser seiner Sicht der genannten Bibelstelle, Konsequenzen, die ebenso die kritische Einschätzung seiner Gegenwart wie die der unmittelbaren Zukunft nicht nur tangieren, sondern die sich auch in Gegenwart und Zukunft manifestieren.

---

[109] Ebenda, fol. 59 va; cf. Lc 21,20: „Responsionem vero quam dedit ad primam questionem omisit Mattheus. Sed Lucas XXI c. scripsit eam inquirens: *Cum videritis circumdari ab exercitu Ierusalem, tunc scitote quia appropinquabit desolatio eius.*"

[110] Ebenda; cf. Lc 21,23: Et paulo post ait: „*Erit enim pressura magna super terram et ira populo huic et cadent in ore gladii et captivi ducentur in omnes gentes et Ierusalem calcabitur a gentibus donec impleantur tempora nationum.*"

[111] Ebenda; cf. *Glossa ordinaria* Bd. V, Venedig 1603, 965f.

Überhaupt wird es sich im Verlauf der Untersuchung immer wieder herausstellen, daß Arnald diese gerade beobachtete Interpretationsmethode im Traktat „Über den Antichrist" häufig zur Geltung bringt: Er konzediert zunächst die übliche Interpretation, vornehmlich die der *glossa ordinara* (wenngleich er diese hier nicht namentlich nennt), zieht aber aus dieser Interpretation exegetische Konsequenzen für Gegenwart und Zukunft, die weit über die den moralischen wie anagogisch-mystischen Sinn artikulierende Hermeneutik seiner Zeit hinausweisen oder, negativ formuliert: diesen verfehlen; und zwar dadurch, daß er gleichzeitig den Literalsinn als *sensus historicus* nicht „aufzuheben" wagt, sondern konstant festzuhalten sucht, ihn als historisches Faktum, d. h. zeitliches Ereignis bleibend aus- und durchzieht, ihn einfachhin in die Gegenwart wie Zukunft transponierend: „[. . .] et ex tunc fuit illa terrena et sacrilega Ierusalem a gentilibus possessa et calcata frequenter et etiam erit donec impleantur tempora."[112]

Die eschatologische Rede von der „Fülle der Zeit" wird als historisches Ereignis schon jetzt ausgemalt. Es ist ihm die *plenitudo gentium*, die am Ende der Tage, sich zum katholischen Glauben bekehrend, der Kirche beitreten wird. Dabei fügt Arnald – völlig unvermutet und in einem Nebensatz – bereits hier eine konkrete Zeitangabe hinzu, um seine Aussage über die zukünftige Faktizität gleichsam zu kalendarisieren und damit – gleichsam vorweg – zu historisieren: „quod erit in sequenti centenario."[113]

Es handelt sich hier um die zweite konkrete Datierung, die Arnald in diesem Traktat bezüglich der Endereignisse artikuliert. Sie wurde in der Forschung bisher stets übersehen, ja in Finkes Teiledition nicht einmal genannt.[114] Dabei ist sie behaftet mit zeitgenössischen Konsequenzen, die Arnald auch sogleich zu Wort bringt: „Ex quo patet, quod, cum verbum Christi sit immutabile, frustra nituntur citra tempus illud fideles, possessionem illius Ierusalem acquirere et tenere pacifice."[115]

---

[112] Ebenda.

[113] Arnald von Villanova: De tempore adventus antichristi. Vat. lat. 3824, fol. 59 vb. Arnald greift hier vor. Die Begründung für diese Prophezeiung liefert er erst später, s. *calculatio Arnaldi*.

[114] Arnald von Villanova: De tempore adventus antichristi. Vat. lat. 3824, fol. 59 vb. Finke 1902, CXXXI. Die mehrere Folien umfassende Auslassung wird hier nur mit den üblichen drei Punkten und dem irritierenden Hinweis „Es folgen eine Anzahl Stellen aus der Bibel, besonders aus Daniel" (Anm. 2) angezeigt.

[115] Arnald von Villanova: De tempore adventus antichristi. Vat. lat. 3824, fol. 59 vb; cf. Perarnau 1989, 513–515.

Die zweihundertjährige Erfolglosigkeit und Vergeblichkeit der Kreuzzüge mit dem erklärten Ziel, das Heilige Land, namentlich Jerusalem zu erobern und ein für allemal zu befrieden, wird hier deutlich genug von Arnald als gottgewollt dargestellt: mit klarem Blick in die Heilige Schrift – „sofern das Wort Christi unverändert gilt" – wie auch in lebendig-wirksamer, wenn auch unausgesprochener Erinnerung an zeitgenössische Ereignisse, namentlich an den dramatischen Fall von Akkon 1291. Jedenfalls stellt Arnald nicht zuletzt im Blick auf die Zukunft jedweden militärischen Versuch einer Christianisierung des Heiligen Landes als absurd hin. Wäre doch ein solcher Kraft- und Gewaltakt gegen das gültig prophezeite Wort Christi selbst. Ausdrücklich plädiert Arnald für eine Rückführung der Heidenvölker in den Raum der Kirche *per conversionem* in der „Zeitenfülle". Er spricht sich damit für eine friedlichen Bekehrung aus, die menschlicherseits nicht krampfig-kampfhaft erzwungen werden kann, sondern mit der Zeit und nach dem Plan Gottes von Gott selbst schließlich und endlich geschenkt wird.[116] Daß Arnald von Villanova sich mit dieser Ansicht angreifbar machte und tatsächlich wegen dieser friedlichen Bekehrungsoption angegriffen wurde, ist weiter unten noch darzulegen.

Das zweite und dritte Fragemoment sieht Arnald von Villanova vollständig bei Matthäus beantwortet. Hier werde nämlich lang und breit Auskunft über die Frage nach den Zeichen des Weltendes wie der endgültigen Wiederkehr des Herrn beim Jüngsten Gericht erteilt. Im Blick auf das 24. Kapitel des genannten Evangeliums ließen sich, so Arnalds Interpretation, drei chronologisch ausgerichtete Grade (*gradus*) feststellen, die den approximativen Verdichtungsprozeß hin zur *consummatio saeculi* wie zum Jüngsten Gericht signierten: „[. . .] ex cuius verbis aperte colligimus tres gradus signorum communium consummationi seculi et eius adventui ad iudicium."[117]

Damit kommt Arnald zu dem an dritter Stelle angekündigten Gedankenkomplex. Dieser besteht darin, daß die genannte Gradeinteilung nunmehr mit den oben genannten biblisch formulierten Fragen und Antworten innerhalb des Jesus-Jünger-Gesprächs so miteinander korrespondieren, daß von ihnen im Verbund mit anderen biblischen Text

---

[116] Ebenda; Überblick (mit Lit.) Schwinges, Rainer Ch.: Die Kreuzzugsbewegung. In: Europa im Hoch- und Spätmittelalter. Hrsg. von Ferdinand Seibt. Stuttgart 1987, 174–198 (= Handbuch der europäischen Geschichte Bd. 2).

[117] „Primus gradus est signorum significantium quod illa duo sunt propinqua. Secundus quod sunt propinquiora. Tertius quod sunt propinquissima." Arnald von Villanova: De tempore adventus antichristi. Vat. lat. 3824, fol. 59 vb.

stellen weitere Auskünfte eingeholt werden können: Informationen, die die Frage nach dem Kommen des Antichrist nicht nur nahelegen, sondern gar als beantwortbar ausweisen. Dieser dritte Gedankenkomplex vermag zweifach gegliedert zu werden:
Erstens durch die komplexe Aufstellung eines Approximationsordo. Zweitens aber durch die konkret begründete Zuspitzung der Frage nach dem Kommen des Antichrist als einer Frage nach dem Einbruch des Weltendes und nach der Wiederkunft Christi zum Jüngsten Tag.
Der erste Teil dieses dritten Gedankenkomplex rekurriert auf die genannte „Grad"-Einteilung. Diese vollzieht Arnald innerhalb jenes Gedankenschrittes, der schließlich die jeweiligen *gradus* mit bestimmten Zeiteinheiten korrespondieren läßt.
Der erste Grad dieses der Vollendung der Welt zulaufenden signifikanten Verdichtungsprozesses bildet Zeit und Raum des Antichrist. Das „persönliche Reich des Antichrist" und die durch die Herrschaft des Antichrist verursachte allumfassende Bedrängnis „in seiner Zeit" ist gleichsam die erste Stufe und damit das erste Zeichen in der Zeit am und für das Ende der Zeit.
Der zweite, zeitlich noch näher an die *consummatio saeculi* heranführende Grad signiert die kosmischen Dimensionen des bevorstehenden Kommens des Herrn zum Jüngsten Gericht, dargestellt durch das prophetische Wort von der Verfinsterung der Sonne und des Mondes sowie vom Sternenfall (Mt 24,29).
Der dritte *gradus* schließlich ist signiert durch das Zeichen des Menschensohnes, das am Himmel erscheinen wird (Mt 24,30) und das – wie man glaubt – das Zeichen des Kreuzes sein werde: „Tertio signum filii hominis appariturum in celo, quod signum crucis creditur esse."[118]
Wie um ja kein sicheres Signum des dreifachen Endzeitordo auszulassen, erwähnt Arnald überdies noch, daß in der entsprechenden Parallelstelle bei Lukas (Lk 21,25) zu den himmlischen Zusammenbrüchen auch die Konfusion der Menschen auf der Erde zu rechnen sei angesichts „des Tosens des Meeres und der Wogen". Doch diesen biblischen Hinweis interpretiert er nicht weiter.[119]
Arnald von Villanova konstruiert damit ein strenges Vorzeichenschema, das er, da er den historischen Schriftsinn durchzieht, als von Gott vorausbestimmte und vom Herrn vorausgesagte chronologische Ordnung (*ordo*, wie er formuliert) verstehen will: „Quos tres signorum

---

[118] Ebenda. Dazu auch die angeblich von Arnald stammende „Expositio super 24° capitulum Mathei", ed. Miquel Batllori, Dos nous escrits espirituals d'Arnau de Vilanova. El manuscrit joachímitic A. O. III. 556. A. *AST* 28 (1955) 45–70.
[119] Ebenda, fol. 60 ra.

gradus per ordinem explicuit dominus."[120] Insofern weicht er von der herkömmlichen, schon von Hieronymus grundgelegten Interpretationsweise, näherhin der in der *glossa ordinaria* wie *interlinearis* dargebotenen Interpretationsbreite grundlegend ab.[121]

Diese eigenartige Diskrepanz bleibt auch dann noch bestehen, wenn Arnald im weiteren konstatiert, daß das vordergründige Signum auch das vorherrschende bleibt: die Epiphanie des Antichrist behält die alles überragende Dominanz innerhalb des dreifachen *gradus* und also auch innerhalb des Vorzeichenordo. Nur insofern nähert sich Arnald der traditionellen exegetischen Grundposition dieses vierundzwanzigsten Kapitels des Matthäusevangeliums an, als er konzediert und akzentuiert, daß das Kommen des Antichrist das Kennzeichen des herannahenden Weltendes überhaupt ist. Insofern er aber diese Dominanz der antichristlichen Herrschaft mit dem zeitlichen Faktor verbindet, ja jene durch diese begründet, weicht Arnald vom Herkömmlichen ab und entwickelt seine originäre Position. Diese offeriert ihm, wie noch näher zu zeigen sein wird, zugleich das geeignete Plateau, von dem aus Arnald allererst das Kommen des Antichrist ins Zentrum der Überlegungen bei der Frage nach dem Weltende zu rücken vermag. „Cum autem dominus post prima signa dicat quod statim sequitur obscuratio syderum et casus, expresse innuit, quod tempus antichristi erit signum propinque consummationis seculi et propinqui adventus domini."[122]

Dabei scheut Arnald sich nicht, das *statim* chronologisch zu determinieren, und zwar im Rückgriff auf die nämliche dreifach graduelle Reihenfolge und den zugleich damit vorgestellten Approximationsordo der Weltvollendung insgesamt: Die Zeichen des ersten *gradus* werden auf die Zeiteinheit „Jahre", die Signa der zweiten und dritten Grade auf die der Monate bzw. Tage und Stunden bezogen.[123]

Aus all dem läßt sich folgende Übersicht über den von Arnald komponierten Approximationsordo und seinen graduell-temporär verstanden Relationen erstellen:

---

[120] Ebenda, fol. 59 vb.

[121] Dazu Ratzinger 1959, 52f.

[122] Arnald von Villanova: De tempore adventus antichristi. Vat. lat. 3824, fol. 60 ra; cf. Mt 24,29.

[123] „Sed cum signa, que subiungit, hec duo significent esse propinquiora, credi potest rationabiliter quod tempus antichristi significabit illa esse prope quantum ad paucitatem annorum. Signa vero secundi gradus, quantum ad paucitatem mensium. Signa vero tertii, quantum ad paucitatem dierum sive horarum." Arnald von Villanova: De tempore adventus antichristi. Vat. lat. 3824, fol. 60 ra; aber: *hec signa duo*, sed *signa* del.

APPROXIMATIONSORDO DES ARNALD VON VILLANOVA IN SEINEM TRAKTAT „DE TEMPORE ADVENTUS ANTICHRISTI"	
Die Vorzeichen für die Vollendung der Welt in dreifacher Ordnung:	
Zeichen erster Stufe (signa primi gradus): Signa propinqua	
Errichtung des Reiches des Antichrist (regnum antichristi) sowie vom Antichrist bewirktes Leiden (saevam et generalem tribulationem quam faciet suo tempore).	Sie kündigen die Nähe der Weltvollendung an: nur noch wenige Jahre (ad paucitatem annorum).
Zeichen zweiter Stufe (signa secundi gradus): Signa propinquiora	
Die kosmische Katastrophe: Verdunklung der Sonne und Fall der Sterne. Meeresgetobe und Panik unter den Menschen.	Sie kündigen das noch näher gerückte Ende der Welt an: nur noch wenige Monate (ad paucitatem mensium)
Zeichen dritter Stufe (signa tertii gradus): Signum propinquissimum	
Das Zeichen des Menschensohnes am Himmel, das als das signum crucis geglaubt wird.	Dieses Zeichen ist dem Ende der Welt am nächsten: nur noch wenige Tage oder Stunden (ad paucitatem dierum sive horarum).

Diesen Approximationsordo gewann Arnald von Villanova im Rekurs auf Mt 24,21.29–30 und im ergänzenden Blick auf Lk 21,20–28. Dabei ordnete er in eigenwillig originärer Weise die biblisch genannten Zeichen in streng chronologischer Reihenfolge mit je differierenden Zeiteinheiten wie temporär kurz ansetzenden Spannungsbögen zum Weltende hin. So eröffnet Arnald den Weg zu jenem oben angekündigten zweiten Teil des dritten Gedankenkomplexes, der die Frage nach dem Kommen des Antichrist als beantwortbar und gleichsam als Indikator für das unmittelbar bevorstehende Weltende und der damit verbundenen Wiederkunft Christi zum Jüngsten Gericht erweist. Das weitere Procedere wird festgelegt.

3.2.6.2 Das weitere Procedere oder: Der Lösungsweg

Arnald rekurriert wieder auf die Bibel und unterstreicht so seine bereits häufiger beobachtete Absicht, daß seine warnend-mahnenden Worte an die Zeitgenossen nicht so sehr Ergebnis eigener Überlegung, sondern Frucht und Ertrag sorgfältigen Bemühens und radikalen Ernstnehmens der Heiligen Schrift sind. Auf dem gotterrichteten Hochsitz der Bibel, nicht auf dem egozentrisch erbauten Turm Babels vermögen die *speculatores* zu stehen. Nur so – in sorgender Verbindung mit Gott und seinem Wort – können sie das Zukünftige be- und ausdenkend verkünden.

Arnald kommt – überraschend genug – wieder auf jenes Wort Jesu zurück, das dieser laut Apostelgeschichte 1,7 zu den Seinen kurz vor seiner *ascensio* gesprochen hatte und das Arnald bereits zuvor als Argument derer qualifizierte, die behaupten, man könne die Frage nach dem Kommen des Antichrist nicht beantworten. Arnald nimmt also einen bereits zuvor geknüpften Gedankenfaden wieder auf. „[. . .] videndum est qualiter eis responderit ad questionem de tempore, ait enim actuum primo: *Non est vestrum nosse tempora vel momenta, que pater posuit in sua potestate.*"[124]

Jetzt vermag Arnald aber diesem Einwurf ganz anders entgegenzutreten. Er kann den biblischen Vers auf dem Hintergrund seines gerade entwickelten dreifachen Approximationsordo interpretieren und mit den verschiedene *gradus* zugewiesenen Zeiteinteilungen verbinden. Dabei legt Arnald den Finger auf die zeitlichen Termini *tempora vel momenta* und auf die letzten beiden *gradus*, mit gewissem Recht sogar lediglich auf die „Wiederkunft Christi" zum Jüngsten Gericht. Er weist darauf hin, daß die versammelten Jünger nach der Wiederherstellung des Reiches, nicht nach dem Kommen des Antichrist fragen (Apg 1,6). Arnalds Hauptargument für dieses interpretatorische Beziehungsgeflecht ist jedoch jener Markusstelle entnommen, in der wiederum Gott allein die Kenntnis des Termins für das Weltende zugesprochen wird, genauer: die Kenntnis des Tages und der Stunde des Vergehens von Erde und Himmel (Mk 13,32). Das, was der „Vater" weiß und für sich behält, was er nicht einmal „den Engeln oder dem Sohn" mitteilt, ist somit der Tag und die Stunde des Weltendes.

Daraus folgert Arnald von Villanova *via negationis*, daß der *primus gradus* außen vor und somit weiterhin in der Acht menschlicher Konjektur bleibt. Der Herr beabsichtigte in der in Apg 1,7 überlieferten Antwort

---

[124] Ebenda, fol. 60 ra; s. fol. 55 rb.

also keineswegs, den Seinen einzuschärfen, daß sie keinerlei Kenntnis über das Wann der Endereignisse von Gott erhielten, sondern wollte lediglich betonen, daß ihnen der Tag und die genaue Stunde, der „Moment" seiner Wiederkunft verborgen bleibe: „Cum ergo expresserit quod diem et horam et per consequens momenta consummationis seculi et adventus ipsius pater noluerit revelare hominibus, clare nos instruit quod anni consummationis mundi et sui adventus et anni, in quibus regnabit antichristus, non sunt reservati tantum scientie dei, sed sunt revelati hominibus vel revelabiles."[125]
Nach dem Wissen um das Jahr zu streben, in dem der Antichrist komme, sei niemals verboten worden. Im Gegenteil: Als die Menschen den Herrn danach fragten, habe er ihnen deutlich genug geantwortet, ja sie geradezu aufgefordert, wachsam zu sein und nach jenen Anzeichen Ausschau zu halten, die dem Weltende unmittelbar vorausgehen und die die erwähnte Stelle im Matthäusevangelium und den dortigen Verweis auf das alttestamentliche Buch Daniel artikulieren.[126]
Arnald geht an diesem Punkt der Darlegung dazu über, nicht nur *via negationis*, sondern den positiven Beweis für das Wissen um das Wann des Kommens dieser Endereignisse zu führen. Sein primäres Argument ist die Bestätigung der Danielvision durch den Herrn und die darin zu Wort kommende exzeptionelle Bedeutung des Buches Daniel für die Beantwortung der Frage nach dem Zeitpunkt der antichristlichen Herrschaftserrichtung: für das *personale regnum antichristi*.[127] Denn von nichts anderem als von den verheerenden Taten des Antichrist sei bei Daniel und bei Jesus im Matthäusevangelium die Rede, wenn vom „Greuel der Verwüstung" und von dem „schlimmsten Drangsal seit Anbeginn der Welt" gesprochen werde. Damit liegt für Arnald auf der Hand, was fernerhin zu tun sei: „Nam si verba Danielis habent auctoritatem, ut dominus testatur, sufficit de anno consummationis mundi tenere quod ipse scripsit."[128]
Arnald sieht sich gezwungen, seine Acht- und Aufmerksamkeit auf das Buch Daniel und die dort dargestellten Visionen und artikulierten Zahlen- und Datenangaben zu lenken. Hat doch Jesus selbst auf Buch Daniel verwiesen (Mt 24,15). Dort findet Arnald das, was er sucht: jemanden, der aufgrund von Visionen und dank eines Engels die Jahre bis zum Weltende kennt.
Diese grundlegende Interpretationssicht der Danielvision stilisiert Arnald zum Axiom, von dem aus er sämtliche späteren Berechnungen und Überlegungen über das Kommen des Antichrist und den Einbruch

---

[125] Ebenda 60 rb.
[126] Ebenda, fol. 60 va.
[127] Ebenda fol. 59 vb.
[128] Ebenda fol. 60 va.

des Weltendes anzustellen wagt. Konkret verweist Arnald auf das achte Kapitel des Buches Daniel und damit auf die „visio de ariete et de hirco", die dem Propheten im „dritten Regierungsjahr des Königs Belsazar" vor Augen kam und die als Kampf zwischen den göttlichen und widergöttlichen Mächten gedeutet wird. Hier kommt ein Kampf vor den visionären Blick, in dem das Böse zu siegen scheint, jedenfalls stets mächtiger und gefährlichere Züge annimmt, „das tägliche Opfer abschafft" und „die Wahrheit niederwirft."[129] Am Ende steht die Frage nach der Dauer dieses sich stets mehr zuspitzenden Kampfes, steht die Frage nach der Dauer dieses Welt-Kampfes überhaupt, wie Arnald kurz sagt und damit implizit die Weltgeschichte als Kampf genannter Mächte qualifiziert. Dabei zitiert er sogleich den für ihn entscheidenden, weil beweiskräftigen biblischen Teilvers (Dn 8,14): „[. . .] revelati fu- / erunt ei per angelum anni durationis mundi, sub hiis verbis: *usque ad vesperam et mane dies duo milia trecenti.*"[130]

Daß hier die biblische Schriftstelle den Terminus „Tage" im Sinne von „Jahre" verwendet, davon geht Arnald nahezu fraglos aus: „per diem autem intelligit annum", wie er kurz feststellt, verbunden allerdings mit einem klaren Seitenblick auf seinen „liber de semine scripturarum seu de prophetis dormientibus". Wie Manselli schon vor Jahren konstatierte, kommentiert Arnald in diesem um 1292 verfaßten Werk das gleichnamige um 1204/5 „wahrscheinlich von einem Bamberger Geistlichen" stammende, aber Joachim von Fiore zugeschriebene Buch.[131] In seiner Einführung zu diesem Werk „vom Schriftsamen" legt Arnald u. a. die für seinen Argumentationsgang jetzt wichtige Theorie dar, daß die Dauer eines Jahres identisch sei mit der „una latio solis super terram de puncto ad punctum in proprio circulo".[132]

Doch Arnald will offensichtlich diese Argumentation gar nicht vertiefen. Er beabsichtigt theologisch-biblisch, nicht naturwissenschaftlich-astronomisch zu argumentieren. So verweist er rasch auf das vierte Kapitel des Buches Ezechiel, in dem Gott selbst nachdrücklich erklärt, daß für ihn Tage als Jahre zählen: „diem pro anno, diem inquam, pro

---

[129] Ebenda; zum Buch Daniel in der mittelalterlichen Antichrist-Auslegung Rauh ²1979, 31–40, 134ff.

[130] Arnald von Villanova: De tempore adventus antichristi. Vat. lat. 3824, fol. 60 vb.

[131] Manselli 1951, hier 12. Töpfer 1964, 45 konstruiert folgendermaßen: Dem Charakter der Schrift nach müsse diese Schrift, obwohl sie nach Joachims Tode verfaßt, „unter die vorjoachimitischen Endzeiterwartungen" eingereiht werden. „Denn diese Schrift kennt noch nicht die Erwartung eines regelrechten neuen Status; sie gehört daher [. . .] inhaltlich nicht in den Bereich der pseudojoachimitischen Literatur, obwohl sie später von joachimitischen Kreisen vielfach benutzt und schließlich auch Joachim selbst zugeschrieben worden ist." Zur Verbreitung des „Liber de semine scripturarum" s. Hirsch 1920, 584. Lee/Reeves 1989, 27ff.

[132] Arnald von Villanova: De tempore adventus antichristi. Vat. lat. 3824, fol. 60 vb.

anno, dedi tibi" (Ez, 4,6). Der entscheidende Grund der genannten
Jahres-Tages-Interpretation ist für Arnald aber ein textimmanenter.
Begreife man nämlich die erwähnte Tageszahl lediglich als Tage, so
wäre exakt nur von sechs Jahren und 110 Tagen die Rede.[133] Das
hieße aber, daß die Vision Daniels bereits erfüllt worden sei, daß also
das Weltende bereits eingebrochen wäre, oder, formuliert mit Arnald
und dem biblischen Text – Daniel 12,7 – selbst: daß die *dispersio*, die
Zerstreuung des heiligen Volkes, also die totale Verfolgung der Gläubigen, wie Arnald sogleich ergänzend hinzufügt, beendet worden sei, die
antichristliche Verfolgung also bereits der Vergangenheit angehöre.
Das aber sei, wie Arnald kurz und knapp konstatiert, weder zur Zeit
Daniels noch bislang der Fall gewesen. Im Gegenteil: Die meisten der
in der Vision Daniels geschauten Ereignisse stehen noch aus und uns
noch bevor.[134]
Der zeitliche Ausdruck „Tag" muß also eine andere Bedeutung haben,
muß, wie Arnald noch einmal betont, im Sinne von „Jahr" verstanden
werden.
Gleichzeitig machte aber der kurze Blick auf das Buch Daniel deutlich,
daß hier, in der Auslegung Arnalds von Daniel 12, nicht bloß die Rede
vom wüsten und verwüstenden Kommen des Antichrist ist, sondern
auch von seiner endgültigen Überwindung und Zerschlagung, von der,
positiv formuliert, endgültigen Wiederherstellung des Heiligen, also
von der Wiederkunft Christi am Jüngsten Tage.
Wäre es somit doch möglich, den zweiten Advent Christi und damit
das Weltende direkt zu berechnen und diese Ereignisse nicht bloß indirekt, auf dem kalkulatorischen „Umwege" einer Datierung der antichristlichen Zeit zu erschließen?
Es müßte herauszufinden sein, wann genau Daniel dieses Gesicht geschaut habe, wann exakt – im wievielten Jahr vor Christi Geburt – das
dritte Regierungsjahr des Königs Belsazar von Babylonien gewesen sei,
der im Buch Daniel 5,2 – fälschlicherweise, wie wir heute wissen – als
Sohn des berühmten Nebukadnezzar bezeichnet wird.[135] Der so gewon-

---

[133] Dabei rechnet Arnald exakt 365 Tage pro Jahr: 365 x 6 = 2190; 2190 + 110 =
2300.
[134] Arnald von Villanova: De tempore adventus antichristi. Vat. lat. 3824, fol. 60 vb–61
ra: „Unde cum finis nondum advenerit constat quod per dies non intellexit dies usuales. Nam duo milia trescenti dies usuales non faciunt nisi sex annos et centum et
decem dies. Et sic tempore / Danielis fuisset completa visio, quod est falsum, sicut
lucide patet per verba angeli, qui dixit: *Et cum completa fuerit dispersio manus populi*
sancti, complebuntur universa haec. Constat autem quod hec dispersio, scilicet universalis persecutio populi fidelis vel sancti, non fuit completa tempore Danielis nec est
adhuc."
[135] Dn 5,2: „Praecepit ergo, iam temulentus, ut afferantur vasa aurea et argentea quae
aportaverat Nabuchodonosor, pater eius, de templo quod fuit in Ierusalem, ut bibe-

nenen Jahreszahl müßten jene Jahre addiert werden, die nach Christi Geburt bis heute verstrichen seien. Nur so könne ein Restbetrag herauskommen, der jene Jahre angibt, die noch bis zur *consummatio saeculi* verbleiben. Doch diese Rechnung ist in den Augen Arnalds aus historiographischen Gründen nicht möglich, und zwar deswegen, weil sie mit einem allzu grossen Unsicherheitsfaktor belastet wäre. Das einzige, was wir wissen, sei, daß das genannte Regierungsjahr des babylonischen Herrschers mehr als achthundert Jahre vor der Ankunft Christi zurückliege: „per ystoriografos habeatur quod ab anno predicto / usque ad Christi adventum fluxerunt plus quam octingenti anni."[136] Und weil Genaueres nicht zu eruieren ist, müsse die Frage nach der Möglichkeit, den direkten Weg der Berechnung des Weltendes zu beschreiten, verneint werden. Man habe sich also auf den Antichrist zu konzentrieren.

Die Frage nach dem Kommen des Antichrist ist für Arnald von Villanova also nur Mittel zum Zweck. Sie ist für ihn nur eine Methode, ein Weg, um die letzte und eigentlich interessante Frage zu beantworten: die Frage nach der Wiederkunft Christi am Jüngsten Tag. Die Kritik Bonifaz VIII. an Arnald, er solle sich lieber um die Frage nach der Wiederkunft Christi als um die nach der Ankunft des Antichrist bemühen,[137] trifft insofern nicht den Kern des von seinem Leibarzt letztlich angezielten.

Der Antichrist werde, so Arnald, im Buch Daniel recht genau umschrieben, und zwar vornehmlich in Verbindung mit dem Terminus *abhominatio*:

„Sed redeo ad tempus antichristi, de quo Daniel teste domino loquitur sub nomine abhominationis et recte."[138]

Diese Identifizierung von *tempus antichristi* und *abhominatio* begründet Arnald von Villanova mittels eines gleichsam lexikalischen Gebrauchs der Heiligen Schrift, genauer, dem *Liber proverbiorum*. Aus diesem stellt

---

rent in eis rex et optimates eius, uxoresque eius, et concubinae." Belsazar, der babylonische Name lautet: Bel-schar-zur, war Sohn des Nabonid (555–538). Er trug nicht den Königstitel. Plöger, Otto: Das Buch Daniel. Stuttgart 1965, 79–91. Zum Geschichtsdenken dieser Zeit immer noch Koch, Klaus: Spätisraelitisches Geschichtsdenken am Beispiel des Buches Daniel. *HZ* 193 (1961) 1–32, 30. Koch weist u. a. überzeugend nach, daß Daniel keineswegs außerhalb des iraelitischen und des prophetischen Traditionszusammenhangs steht. Die Artikulationen seines „Geschichtsbewußtseins" können als „Erbe des großen Propheten" gewertet werden.

[136] Arnald von Villanova: De tempore adventus antichristi. Vat. lat. 3824, fol. 61 ra–rb. Er fährt weiter fort: „Tamen quia mihi non est certum quantum plus, ideo per hanc computationem non curo procedere ad declarationem intenti."

[137] Finke 1902, 223.

[138] Ebenda fol. 61 rb.

er Umschreibungen des Greuels zusammen, die sein Bild vom Antichrist kolorieren:

So ist jeder arrogant-selbstherrliche Spötter, *illusor et arrogans*, Gott ein Greuel; ebenso derjenige, der andere verletzt und herabsetzt, der *detractor*, vor dem sich, wie es in Anspielung auf Prv 24,9 heißt, der Mensch in Acht nehmen muß, will er nicht „am Tage der Not" schwach sein. Grund wie Kennzeichen dieses Greuels vor Gott wie vor dem Menschen ist die Lüge, ist derjenige, „der lügnerische Lippen formt" (Prv 12,22).

Damit skizziert Arnald von Villanova mit wenigen Strichen die Zeit des Antichrist, die ihm die Zeit der *abhominatio* ist, als eine Zeit des alles durchdringenden und über jeglichen Sterbenden ausgebreiteten „bösen", lügnerisch-betrügerischen Geistes. Von diesem Geist, *spiritus malignus*, wird die Zeit erfüllt, und von der Lüge der Zeit-Geist charakterisiert sein. Es ist eine Zeit, die sich gegen den Menschen richtet, mit ihm arrogant spötterisch spielt (*illusor*), ihn erniedrigt und herabzieht (*detractor*), und die sich schließlich gegen Gott selbst wendet. Hintergründiger Agitator all dessen ist der *spiritus malignus*: Er wird sich, wie Arnald mit Daniel 11,36 schließlich formuliert, als Gott aufspielen, sich gegen Gott erheben und so sich überheben.

Für den katalanischen Arzt ist aber die Konnexion von antichristlicher Zeit mit der Zeit der *abhominatio* vor allem deswegen gegeben, weil Christus selbst diese prophetische Rede im Buch Daniel aufgegriffen und somit eigens bestätigt hat. Diese Bestätigung und göttliche Aufwertung steht überdies im eschatologischen Kontext, näherhin in der Ankündigung des „Jüngsten Tages" und im erwarteten Ausblick auf den letzten Augenblick der Zeit und in der Zeit. Der Ausblick auf das Letzte ist zugleich der ursprüngliche Augenblick des Ersten und auf den Ersten außerhalb und über der Zeit: ist die *consummatio saeculi* im Augenblick des „Jüngsten Tages" bei der Wiederkunft Christi. Dieser Augenblick ist zu erwarten, nicht zu berechnen. Arnald von Villanova hat es deutlich genug dargelegt: „Ihr wißt weder den Tag noch die Stunde". Was jedoch in gewisser Weise und bis zu einem bestimmten *Grade* „gewußt", kalkuliert und berechnet werden kann, ist der apokalyptische Vor- und Verlauf der Zeit, bis hin zu jener Verdichtung der antichristlichen Zeit selbst, die eben als *abhominatio* biblisch angekündigt und als Zeit der Lüge, die sich gegen den Menschen und gegen Gott richtet, näherhin qualifiziert wurde.

Damit legt Arnald von Villanova endgültig sein methodisches Procedere in diesem Traktat fest, eröffnet allererst *via negationis* seinen Denkweg und begründet so die volle Aufmerksamkeit, die er der Frage nach dem Kommen des Antichrist widmet. Gleichzeitig verdeutlicht er aber, daß es ihm letztlich nicht um die Macht des Bösen, sondern um den Sieg des Guten, nicht um die Herrschaft des Antichrist, sondern um die Bestimmung der Weltvollendung, um die Wiederkunft Christi zum Jüngsten Gericht geht.

3.2.7 Eine konkrete Antwort

Für Arnalds Versuche, seine These vom unmittelbar herannahenden Antichrist zu belegen, ist somit Dn 12,11 von exzeptioneller Bedeutung. Hier sei ja nicht nur von der *abhominatio in desolationem* die Rede, sondern es werde auch der Berechnungsweg, die *computatio* gewiesen. Sie ist anzustellen, um den Zeitpunkt dieses kommenden „Greuels" zu pränotieren und die Frage nach dem Kommen des Antichrist genauerhin zu beantworten. Johannes von Paris wird diese *computatio Arnaldi* kritisch untersuchen, und zwar im eindeutigen, wenn auch namentlich nicht näherhin artikulierten Blick auf den katalanischen Gelehrten. Insofern gilt es, dem Argumentations- und Kalkulationsgang Arnalds genauer nachzugehen. Es soll zunächst seine These, seine konkrete Antwort auf die gestellte Frage, vorgestellt werden. Sie bringt sogleich das Ergebnis seiner Kalkulation zu Wort. Erst dann kann die Begründung dieser These kritisch betrachtet und auf seinen Reflexionsgehalt rekurriert werden.

3.2.7.1 Das Datum 1378

„*A tempore, cum ablatum fuerit iuge sacrificium et posita fuerit*, id est usque ad tempus, quo ponetur *abhominatio in desolationem* scilicet populi fidelis *dies mille ducenti nonaginta*. Et hic sicut supra per diem an/nus intelligitur."[139]

Die Hervorhebungen im Text zeigen bereits an, was biblische Aussage und was Interpretation Arnalds ist. Das *punctum saliens* besteht in der nicht nur sachlich-objektiven, sondern auch in der zeitlich-qualitativen Differenzierung von „Abschaffung des Opfers" und der „Aufstellung des Greuels"; *usque ad tempus*, wie Arnald einfügt. Es ist sein spezifisch konstruiertes „Dazwischen", eine nähere Differenzierung der genannten Ereignisse, die Arnald genau terminiert sieht: 1290 Jahre, so glaubt er im Blick auf die im biblischen Text angegebene Tageszahl exegetisieren zu können. Daß Tage als Jahre interpretiert werden, hat er oben bereits dargelegt. Überdies ist solch eine Identifizierung keineswegs originell. Auch andere – namentlich Johannes von Paris – wird ihm in diesem Punkte beipflichten.[140] Vielmehr ist es das „Dazwischeninterpretament" was alle Beachtung verdient; denn Arnald stilisiert es zum

---

[139] Arnald von Villanova: De tempore adventus antichristi. Vat. lat. 3824, fol. 61 rb; Finke 1902, CXXXI s.; Dn 12,11.
[140] Häufig wird begründend angeführt Ez 4,6: „Diem pro anno dedi tibi", so bei Johannes von Paris, s. Kap. 4.7.2.2. 1–2.

entscheidenden Kalkulationsargument für das Kommen des Antichrist. Die Frage nach dem *terminus a quo* und dem *terminus ad quem* beantwortet er dagegen nur im Hinblick auf diese „Zwischenzeit". Sie soll kein bloßes und blasses Gedankenkonstrukt bleiben, sondern Kontur gewinnen durch möglichst geschichtlich-konkrete Determinierung.

Die Abschaffung des Opfers habe sich im Zuge des grausamen Niederschlagens jüdischer Aufständler durch die römische Herrschaft zu Zeiten Vespasians und Titus' ereignet.[141] Diese Ereignisse insgesamt bilden für Arnald den *terminus a quo*, weil sie für ihn die bei Daniel ins Wort gebrachte Rede von der Abschaffung des täglichen Opfers signieren. *Terminus ad quem* ist das „vom Herrn selbst" aufgegriffene Daniel-Diktum vom „Greuel der Verwüstung". Angespielt wird offensichtlich auf Mt 24,15, eine Textstelle, die Arnald eindeutig als Vorankündigung eines Ereignisses versteht, das zum Ende der Welt hin eintreffen wird. Insofern also liefert er gleichsam en passant noch einmal eine Begründung dafür, warum er die Rede von der *abhominatio* auch terminlich von dem Hinweis der Opferabschaffung differenziert: „Quod nobis tamen hic sufficit istud est, scilicet quod, completis mille ducentis nonaginta annis a tempore, quo populus Iudaicus amisit possessionem terre illius, stabit, ut ait dominus, abhominatio desolatio/nis, scilicet antichristus in loco sancto, quod erit circa septuagesimum octavum annum centenarii sequentis videlicet quarti decimi a salvatoris adventu."[142]

Die konzentrierte Acht- und Aufmerksamkeit seiner Hörer und Leser verdichtet Arnald damit jedoch auf die hier genannte Jahreszahl: auf die Ankündigung des Antichrist, auf dessen Erscheinen und Wirken „an heiliger Stätte" um das Jahre 1378.

Mit Recht bemerkte bereits Finke, daß diese Jahreszahl „auf Korrektur" stehe, vermutet gar, daß sie von späterer Hand nachgetragen sei. Was ihn und andere besonders kritisch und vorsichtig werden läßt, ist

---

[141] Arnald von Villanova: De tempore adventus antichristi. Vat. lat. 3824, fol. 61 va; zum historischen Hintergrund allg. Fohrer, Georg: Geschichte Israels. Von den Anfängen bis zur Gegenwart. Heidelberg 1977, 229 (= UTB 708); immer noch informativ F. F. Bruce: New Testament History. Bristol 1969, cap. 8: End of Church an Tempel in Jerusalem 349–372; Foerster, Werner: Neutestamentliche Zeitgeschichte. Hamburg 1968, hier 31–33 zum Kampf der Makkabäer nach dem Edikt Antiochus' IV., das die Ausübung der jüdischen Religion verbot; zur politischen Lage im ersten Jahrhundert n. Christus s. S. 186–201; zu Vespasian (69–79 n. Chr.), Titus (79–81 n. Chr.) und Domitian (81–96 n. Chr.) 183f.; Strecker, Georg: Christentum und Judentum in den ersten beiden Jahrhunderten. In: Eschaton und Historie. Hrsg. von dems. Göttingen 1979, 291–310, hier 298f.; zur Christenverfolgung allgemein in dieser Zeit Moreau, Jacques: Die Christenverfolgung im Römischen Reich. Berlin 1961, bes. 16–46.

[142] Arnald von Villanova: De tempore adventus antichristi. Vat. lat. 3824, fol. 62 va-vb.

dabei nicht zum geringen Teil die Tatsache, daß in diesem Jahr tatsächlich „an heiliger Stätte" etwas geschah, was die damalige Welt
schockierte: Das Große Abendländische Schisma brach aus, ein Ereignis also, das „eine der größten Krisen" des Papsttums wie der gesamten Kirchengeschichte heraufbeschwor, selbst aber wiederum, wie wir
heute wissen, nur als – allerdings außerordentlich exponiertes – Moment eines allgemein um sich greifenden und schließlich die gesamte
europäische Welt-Wirklichkeit erfassenden Krisenprozesses recht verstanden werden kann.[143]
Wäre es nicht möglich, ja ist es nicht sogar wahrscheinlich, daß dieses
Jahr 1378 nachträglich, also nach dem Ausbruch des Schismas von
fremder Hand eingetragen wurde?
Anneliese Meier verneint die Frage. Aufgrund subtiler Handschriften-
vergleiche kommt sie zu dem Ergebnis, daß Arnald zwar zunächst das
Jahr 1376 nennt, dann aber dieses Datum entweder selbst verbessert
oder aber verbessern läßt. Sollte letzteres zutreffen, so muß konstatiert
werden, daß diese Verbesserung klarerweise nicht ein nach 1378 lebender Kopist vorgenommen hat: „Finkes Vermutung, daß die Änderung in 1378 erst später, nach Beginn des großen Schismas vorgenommen worden sei" ist „sicher verfehlt: sie ist ohne jeden Zweifel von
derselben Hand ausgeführt, von der auch die übrigen (nicht vom Ko-
pisten herrührenden) Korrekturen stammen".[144]
Im folgenden wird nun der Beweis erbracht, daß diese Jahreszahl 1378
wie auch die Jahreszahl 1376 sicher von Arnald von Villanova stammen, daß er also zwei Jahreszahlen zuläßt. Angeführt werden textimmanente, deutlich artikulierte inhaltliche Gründe, die merkwürdigerweise in der angestrengten Auseinandersetzung bislang immer wieder
übersehen wurden.
Gleichzeitig ist aber schon jetzt darauf hinzuweisen, daß die angestrengte Auseinandersetzung um das genaue Datum ihrerseits das eigentliche Anliegen Arnalds verfehlt; denn sie glaubt darin die Kernaussage des Traktates zu erkennen. Das aber ist genau nicht der Fall.
Aus der gerade zitierten Stelle allein ist ja bereits ersichtlich, daß Arnald sich überhaupt nicht definitiv auf eine bestimmte Jahreszahl festlegen möchte. Was er seinen Zeitgenossen mitteilen, genauer: warnend-mahnend zurufen will, ist, daß sie auf der Hut sein sollten: Keine
hundert Jahre mehr werde der Antichrist auf sich warten lassen. Die
Errichtung des Greuels an heiliger Stätte werde im 14. Jahrhundert
nach der ersten Ankunft des Erlösers kommen. Lediglich im Neben-

---

[143] Seibt: Zu einem neuen Begriff 1984, 7–23.
[144] Finke 1902, CXXVII und 210f., Anm. 3: „Die Wahl des Jahres 1378 als Beginn des
    großen Schismas ist erklärlich für die Korrektur." Maier 1967, 225, Anm. 32.

satz und nur um diese Aussage nicht im Ungefähren und wenig Konkreten stecken zu lassen, fügt er hinzu, daß dies um das Jahr 1378 geschehen werde. Die angeführten Begründungen und angestellten Kalkulationen belegen diese, im Blick auf eine bestimmte Jahreszahl (nicht im Blick auf das Jahrhundert) relativ offene, jedenfalls nicht definitiv festgelegte Ansicht.

3.2.7.2 Begründungen und Kalkulationen

Johannes von Paris wird auf diese Begründung und der damit implizierten Rechnung in nahezu wörtlicher Übereinstimmung Bezug nehmen.[145] Leider läßt Finke in seiner Teiltranskription des Arnaldschen Antichristtraktates nicht nur diese Erklärung, sondern den gesamten Begründungszusammenhang des katalanischen Arztes aus, eine Passage, die insgesamt gut fünf Kolumnen umfaßt: Vat. lat. 3824, 61 rb–62 va (unten). Der ansonsten für seine äußerst sorgfältig angestellten Untersuchungen mit Recht gelobte Freiburger Historiker kennzeichnet diese gewaltige Auslassung nicht einmal in der sonst von ihm angewandten Weise.[146] So verwundert es auch nicht, warum Heinrich Finkes Einschätzung der Angaben des Johannes von Paris – die er zumindest kannte – völlig in die Irre gehen. Finke merkt nicht, daß Johannes von Paris auf Arnald Bezug nimmt und hält so die Wiedergabe Quidorts für dessen eigene Rechnung.[147]

Der Begründungsmodus Arnalds weist – vorweg gesagt – in zwei Richtungen: Nicht die genaue Jahreszahl steht im Zentrum des Begründungs- und Kalkulationszusammenhangs, sondern die Überzeugung, daß

erstens die biblische Rede von der Abschaffung des Opfers sich auf das alttestamentliche Kultgeschehen bezieht, und daß

zweitens die prophetische Schau von der Aufstellung des „Greuels der Verwüstung" die künftige Herrschaft des Antichrist anzeigt.

Dabei werden allerdings Kalkulationen angestellt, die die genannte und korrigierte Jahreszahl 1378 wie auch 1376 erbringen. Dies macht Arnald gleich zu Beginn der Begründung seiner These deutlich: Leicht sei es, das Kommen der *abhominatio desolationis* zu berechnen. Nötig sei

---

[145] Johannes (Quidort) von Paris: Tractatus de antichristo. Oxford, Bodleian Ms. Canon. Pat. lat. 19, fol. 28 ra–vb; ed. Venedig 1518, fol XLVIII vb–XLIX va.

[146] Er kennzeichnet Auslassungen sonst stets mit drei Punkten, Finke 1902, CXXIX–CLIX.

[147] Ebd. 120, Anm. 3.; die Wiedergabe selbst ist unzureichend. Sie trifft nicht den eigentlichen Aussagegehalt der entsprechenden Passagen. Siehe dazu unten die Darstellung der Interpretation der Danielweissagungen durch Johannes von Paris: s. Kap. 4.7.2.2. 1–2.

einzig die Definition des *terminus a quo*, dem dann die von Daniel genannten 1290 Jahre zu addieren seien. Gerade dieser *terminus a quo* sei
aber nur ungefähr zu bestimmen, das genaue Jahr dieses kommenden
Ereignisses also nicht auszumachen.[148]

3.2.7.2.1 Zum terminus a quo

Der *terminus a quo* ist für Arnald klarerweise die Abschaffung des täglichen Opfers. Um diesen Termin zu bestimmen, muß Klarheit darüber herrschen, was die Danielstelle mit *iuge sacrificium* meine, von
welchem Ereignis in Zeit und Raum die Rede sei.

Von theologischer Blindheit zeuge es jedenfalls, die Zeit der Abschaffung des Opfers mit dem Tempus der Passion Jesu Christi gleichzusetzen:[149]

Falsch sei es auch, die Zeit von Christi Himmelfahrt als Terminus der
Opferabschaffung anzunehmen, nur weil der Herr, das Opferlamm
Gottes, die Selbstverständlichkeit seiner visiblen Gegenwart auf-
hebt.[150]

Irrig seien beide Auffassungen deswegen, weil sie unterstellten, daß
die Danielrede von der Abschaffung des Opfers sich auf das Opfer des
Neuen Bundes, auf Christus, beziehe. „Et utraque istarum opi/nionum
supponit quod Daniel loqueretur de sacrificio Novi Testamenti."[151]

Diese Beziehung auf das neutestamentliche Opfer widerspreche klarerweise dem bei Daniel gegen Ende des neunten Kapitels artikulierten
Sinn- und Zeitzusammenhang, dem *ordo temporis*. Dieser spreche doch
zunächst vom Tod Christi, sodann von der Verwüstung Jerusalems,
schließlich aber von der Zerstörung des Tempels und in diesem Sinne
erst von der Abschaffung des Opfers.[152]

---

[148] Arnald von Villanova: De tempore adventus antichristi. Vat. lat. 3824, fol. 62 va.

[149] Arnald von Villanova: De tempore adventus antichristi. Vat. lat. 3824, fol. 61 va:
„Quod multi ceci speculatores dixerunt esse tempus dominice passionis, pro tanto
quia tunc corpus domini, quod est iuge sacrificium in ecclesia dei, fuit ablatum per
passionem." Dazu *glossa interlinearis*: „[. . .] a tempore [. . .] id est cum Antichristus
orbem possidens Dei cultum interdicet usque ad mortem eius". Auch *glossa ordinaria*:
„Et a tempore. Repitit de tempore Antichristi, sed aliis verbis, cum ablata Dei cultu et
desolato, Antichristus abominabiliter exhibebit se adorandum, tunc erunt dies tot, id
est, tres anni et semis." Venedig 1603, Bd. 4, 1670.

[150] Arnald von Villanova: De tempore adventus antichristi. Vat. lat. 3824, fol. 61 va: „alii
dixerunt esse tempus ascensionis, quia tunc, quantum ad presentiam visibilem, fuit
ablatum."

[151] Ebenda fol. 61 va–vb.

[152] Ebenda fol. 61 vb: „Quarum opinionum falsitas, iuxta presentem expositionem, per
eundem detegitur nono capitulo, circa finem, ubi ordine temporis docet succedere
passioni domini eversionem Ierusalem et dissipationem templi; deinde ablationem
sacrificii."

Als Schriftbeweis kommt Daniel 9 zur Sprache, also Gabriels Rede, die den Propheten in das nicht verstandene Geschaute bis zu einem bestimmten Maße einführen soll und dabei feststellt: *„Et post hebdomadas sexaginta duas occidetur Christus.“*[153]
Damit ist für den Interpreten die Passion Jesu Christi gemeint. Sie bildet innerhalb des prophezeiten *ordo temporis* die erste Station. Erst dann käme die Vernichtung der Stadt, des Heiligtums und – nach Kriegsende – die Errichtung der „Desolation" in Sicht; das zweite Glied innerhalb der chronologisch angeordneten Ereigniskette. „[. . .] et statim post subiungit: *Et civitatem et sanctuarium dissipabit populus cum duce venturo et finis eius vastitas et post finem belli statuta desolatio.“*[154]
Letztlich aber werde durch den Engel verkündet, daß der Fürst (dux, wie es in der Vulgata und bei Arnald heißt) eine Woche lang mit vielen einen Bund schließen werde: „In der Mitte der Woche wird das Schlacht- und Speiseopfer schwinden.“[155]
Worauf es Arnald hier zunächst ankommt, ist festzustellen, daß der bei Daniel 9 aufgestellte *ordo temporis* genau den historischen Tatsachen entspricht.[156] Christus ist ans Kreuz geschlagen worden, ist für uns gestorben. Erst später sei die Stadt Jerusalem zerstört und das tägliche Opfer aufgehoben worden. Für Arnald ist damit bewiesen, daß die Rede von dem Schwinden des Opfers durchaus nicht auf Christus zu beziehen, weil keineswegs vor der Zerstörung Jerusalems unter Titus anzusetzen sei.
Johannes von Paris wird in seinem Antichristtraktat auf diesen *ordo temporis* kritisch eingehen. Tatsächlich ist dieser *ordo temporis* für Arnald von Villanova noch von weiterer Bedeutung. Für ihn stellt die Zeit-Ordnung nämlich nicht nur eine Reihenfolge dar, der er die sachgerechte Interpretation des *iuge sacrificium* und der *abhominatio in desolationem* in Dn 12,11 entnimmt. Er glaubt vielmehr den zitierten Passagen aus Daniel 9 auch Zahlenangaben entnehmen zu dürfen, die seine Kalkulation vom Kommen des Antichrist und des Weltendes im bevorstehenden 14. Jahrhundert unterstützen. Doch überschlagen wir zunächst diese kalkulatorische Anstrengung und wenden uns dem bereits angesprochenen Problem des *terminus ad quem* zu.

---

[153] Ebenda; cf. Dn 9,26.

[154] Ebenda; cf. Dn 9,26; hierbei geht es selbstredend um den Vulgatatext, der gerade an dieser Stelle vom Urtext abweicht. Dazu *Glossa ordinaria et interlinearis* ed. Venedig 1603, Bd. 4, 1619–1622.

[155] Dn 9,27; Arnald von Villanova: De tempore adventus antichristi. Vat. lat. 3824, fol. 61 vb: „Deinde dicit: Confirmabit autem pactum multis hebdomada una et in dimidio hebdomadis deficiet hostia et sacrificium."

[156] Ebenda: „Quibus verbis primo annuntiavit eversionem Ierusalem quam cessationem hostie vel sacrificii."

3.2.7.2.2 Zum terminus ad quem

Arnald von Villanova nennt hier selbst das interpretatorische Problem, das Johannes von Paris – im deutlichen Blick auf Arnald – noch einmal zur Sprache bringen wird:[157] Der zitierte alttestamentliche Text spricht nämlich in einem Atemzug nicht nur von dem Ende des Schlacht- und Speiseopfers, sondern auch von der *abhominatio desolationis*, die genau dann aufgestellt werde, sobald das Opfer abgeschafft ist, dann allerdings bis zur Vollendung und bis zum Ende der Welt dauern werde: „*et* [...] *deficiet hostia et sacrificum et erit in templo abhominatio desolationis et usque ad consummationem et finem perseverabit desolatio.*"[158]

Der Erklärungsbedarf liegt auf der Hand: Wenn zunächst von der Zerstörung der Stadt und des Heiligtums, d. h. des Innersten des Tempels selbst die Rede war, wieso kann dann in diesem doch zerstörten Tempel noch „der Greuel der Verwüstung" errichtet werden? Und noch einmal gefragt: Wenn angenommen wird, daß diese *abhominatio desolationis* am Ende der Tage errichtet wird, und zwar allererst nach einem Zeitraum von 1290 Jahren, der entsprechend der vorgestellten eigenwilligen Interpretation Arnalds zwischen der Abschaffung des Opfers und der Errichtung anzunehmen ist, wieso vermag Daniel die so weit auseinanderfallenden Ereignisse in einem Atemzug, gleichsam als einen einzigen Vorgang darzustellen?

Das Verwunderliche an diesen Fragen ist, daß Arnald von Villanova diese Fragen selbst stellt. Sie werden also nicht erst von Johannes Quidort ins Gespräch gebracht, wobei sie ihm als ein Argument dafür dienen, die Auffassung „derer" (gemeint ist Arnald von Villanova) zu widerlegen, die den zusammenhängenden zerstörerischen Vorgang zeitlich weit auseinanderreißen.[159] Hier nun – erstmalig dargestellt – die durchaus problembewußte Sicht und exegetisierende Antwort Arnalds:

Die formulierte Aporie glaubt er im Blick auf das bei Lukas 21,24 überlieferte Herrenwort wie folgt auflösen zu können: „[...] *recte concordat cum verbis domini in Luca, qui post eversionem civitatis et captivationem populi, dixit: Et Ierusalem calcabitur a gentibus.*"[160] In diesem

---

[157] Dazu die analysierende Darstellung der Interpretation der Danielweissagungen durch Johannes von Paris, s. Kap. 4.7.2.2.; Tractatus de antichristo. Oxford, Bodleian Ms. Canon. Pat. lat. 19, fol. 28 va; ed. Venedig 1518, fol. XLIX rb.

[158] Dn 9,27; cf. Arnald von Villanova: De tempore adventus antichristi. Vat. lat. 3824, fol. 61 vb.

[159] Johannes (Quidort) von Paris: Tractatus de antichristo. Oxford, Bodleian Ms. Canon. Pat. lat. 19, fol. 28 va; ed. Venedig 1518, fol. XLIX rb: „Sed expositio ista inconveniens est et non convenit textui. Primo quia tempus ablati iugis sacrificii et posite abhominationis distinguit quasi duos terminos predicti computationis, quasi ab aliquo in aliud fluat predictus numerus annorum, quod est contra textum."

[160] Arnald von Villanova: De tempore adventus antichristi. Vat. lat. 3824, fol. 62 rb.

Sinne müsse auch die fragliche Danielstelle interpretiert werden, die davon rede, daß „in dem zerstörten Tempel die *abhominatio desolationis* errichtet werde (Dn 9,27): Anstelle des immerwährenden Opfers käme der gotteslästerliche Kult der Heiden zum Zuge".

Für Arnald steht demnach fest: der Kult der Heiden ist die Verwahrlosung des Gottes-Glaubens. In dieser dämonischen Destruktivität zeigt sich bereits der Antichrist am Werk. Textgetreuer formuliert: die Rede von der *abhominatio desolationis* darf nicht nur auf den Antichrist persönlich, sondern muß auf all seine ihn Imitierenden bezogen werden: „abhominatio enim desolationis fidelium nichil aliud est nisi cultus abhominabilis deo. Et ideo per abhominationem desolationis non solum antichristus personaliter intelligitur, sed etiam omnes imitatores ipsius."[161]

Die den Antichrist Imitierenden sind zwar chronologisch dem Antichrist vor-, aber logisch-ontologisch diesem nachgeordnet. Dank dieser angestrengten Differenzierung von vorläufigen Nachfolgern des Antichrist vermag Arnald seine Interpretation von Daniel 12,11 durchzuhalten und die genannte Aporie mittels des Herrenwortes aufzulösen:

Die endzeitlich-antichristliche *abhominatio desolationis* kann insofern ohne Widerspruch in einem Atemzug mit der Zerstörung des Tempels und der Abschaffung des alttestamentlichen Opfers genannt werden, als sie nicht als die *abhominatio desolationis* des Antichrist persönlich, sondern als vorläufiges antichristliches Kult-Agieren heidnischer Völker verstanden wird, als der Anfang einer Gegen-Gott-Bewegung, an deren Ende der *antichristus personaliter* steht. Dieser antichristliche Verdichtungsprozeß ist somit aber auch zeitlich begrenzt. Seine Eckdaten liefere eben Daniel 12,11: „*Et a tempore cum ablatum fuerit iuge sacrificium* [. . .]" einerseits und, wie Arnald interpretiert „usque ad tempus, quo ponetur *abhominatio in desolationem*" andererseits. Der katalanische Gelehrte hält daran fest: der *terminus ad quem* ist die *abhominatio in desolationem*, ist der Antichrist persönlich. Sofern und weil dieser aber seine Vorläufer hat, setzt der Vorgang der *abhominatio* bereits unmittelbar nach dem *terminus a quo* an und wird nach 1290 Jahren seinen Höhepunkt in personaler antichristlicher Dichte erreichen.

Die spätere Replik des Johannes von Paris auf die Interpretation der genannten Danielstellen wird diese geschickte Argumentation berücksichtigen müssen, will sie tatsächlich mit Arnald von Villanova ins Gespräch kommen.[162] Gerade innerhalb dieses Argumentationsganges

---

[161] Ebenda.

[162] „[. . .] propter quod XIIo capitulo, cum dixit: a tempore, cum ablatum fuerit iuge sacrificium, non dixit: usque ad tempus, quo posita fuerit, sed dixit: et posita fuerit; coniungendo vel copulando abhominationem desolationis cum ablatione iuge sacrifi-

führt Arnald auch seine Berechnung vor, an deren Ende die Jahreszahl 1378 steht.

3.2.7.3 Die Rechnung

Die Zerstörung Jerusalems habe im zweiundvierzigsten Jahr nach der *passio* bzw. der *ascensio Christi* stattgefunden. Dies stehe fest: „[...] quod Ierusalem fuit eversa et populus captivatus per Titum et Vespasianum XLII anno post passionem vel ascensionem domini; quoniam a passio/ne usque ad ascensionem non fuerunt nisi XLII dies. Unde patet quod Daniel non intellexit per *iuge sacrificium* sacrificium Novi Testamenti sed Veteris."[163]
Doch geht die Argumentation Arnalds noch weiter. So artikuliert er die wichtige Beobachtung, daß die Zerstörung Jerusalems und der Landverlust nicht nur nicht identische historische Ereignisse seien, sondern auch zeitlich erheblich auseinanderfallen; und zwar – nach dem, was Daniel geschaut habe – in einer temporären Differenz von rund vier Jahren: „[...] post eversionem Ierusalem, quod secundum Danielem videtur contigisse quarto anno post in eo, quod dicit: *Confirmabit autem pactum multis ebdomada una.*"[164]
Rekurriert wird wiederum auf Dn 9,27. Zuvor ist von „Christus" die Rede, der gestorben sei. Der nachfolgende Teilvers lautet in der Übersetzung des Hieronymus: „und das Volk, das ihn verleugnete, wird nicht mehr sein."[165] Subjekt des biblischen Satzes ist der schließlich kommende *dux*, der die Stadt und das Heiligtum zerstören wird. Doch Arnald will selbst das nähere Beziehungsgeflecht des biblischen Verses interpretieren. Er nennt zwei Möglichkeiten, fährt aber sogleich in seinem Gedankengang fort: „Nam sive referantur hec verba ad Christum sive ad populum et ducem predictum; nichilominus dicit quod post eversionem defecerit hostia et sacrificium in medio ebdomade, id est in medio septem annorum. Sic enim ante locutus fuerat de ebdomadis [sic!]. Medium autem septem annorum sunt tres anni et dimidius."[166]

---

cii." Ebenda nur „sacrificii iuge" sed corr.; zur Johannes von Paris s. seine Interpretation der genannten Danielstelle: Tractatus de antichristo. Oxford, Bodleian Ms. Canon. Pat. lat. 19, fol. 28 va–29 ra, vgl. unten Kap. 4.7.2.2. 1–2.

[163] Arnald von Villanova: De tempore adventus antichristi. Vat. lat. 3824, fol. 61 vb–62 ra.

[164] Ebenda fol. 62 ra; Dn. 9,27.

[165] „[...] et non erit eius populus qui eum negaturus est" Dn 9,26. Die *glossa interlinearis* führt als erklärende Illustration dieser Verleumdung Christi durch sein Volk den Satz aus der Passionsgeschichte an: „Non habemus regem nisi Caesarem", vgl. Joh 19,15. Ed. Venedig 1603, Bd. 4, 1622.

[166] Arnald von Villanova: De tempore adventus antichristi. Vat. lat. 3824, fol. 62 ra; Dn 9,27; zur modernen Auslegung der Rede von der „einen Zeit, den Zeiten und der

Damit ist gesagt, daß die Abschaffung des alttestamentlichen Opfers genau dreieinhalb Jahre nach den Ereignissen und wegen der Ereignisse in und um Jerusalem stattfinden werde. Arnald rechnet großzügig und rundet diese Zeitangabe auf vier Jahre auf. Was aber bislang in der völlig einseitig geführten Diskussion um die von Arnald prophezeite Nennung der Jahreszahl 1378 stets übersehen wurde, ist zweierlei:

erstens, daß Arnald damit – logischerweise – auch die Wochentage insgesamt von sieben auf acht Tage aufrundet, daß also acht Jahre zu rechnen sind;

zweitens, daß Arnald diese acht Jahre den vier Jahren addiert, daß er also die von ihm mehrfach zitierte Danielstelle: „Confirmavit autem pactum multis hebdomada una" so deutet, daß hier von rund acht Jahren die Rede sei, die er mit den vier Jahren addiert. Das nachfolgende *et* interpretiert Arnald von Villanova also nicht als schlichte Konjunktion, sondern als wörtlich zu verstehendes, additives „und".

Insgesamt gesehen ergibt sich also eine Kalkulation, die, ausgehend von bestimmten, oben dargelegten Axiomen, mit mathematischer Notwendigkeit zwischen den beiden von den Korrekturen und Rasuren in den Handschriften her in die Diskussion geratenen Jahreszahlen 1378 und 1376 schwankte: Je nachdem, ob Arnald die durch die biblische Rede von der ganzen und halben Woche gegebenen Jahreszahlen auf- oder abrundete, mußte sich die Gesamtjahreszahl um zwei Jahre verschieben: entweder 1378 oder 1376. Beide Zahlen ergeben sich aus seinem Konzept. Beide Zahlen müssen insofern als von ihm stammend genommen werden. Überhaupt liegen für Arnald die Schwierigkeiten der Kalkulation eher auf – modern gesprochen – textkritischem Gebiet. Er räumt ein, daß aufgrund der offensichtlich mangelhaften Übersetzung des hebräischen Textes[167] keine definitive Determination möglich sei. Die Problematik einer exakten Berechnung besteht überdies in der Unkenntnis des genauen Jahres, in dem – nach der Zerstörung Jerusalems – das jüdische Volk das Gelobte Land verloren hat und das täglich Opfer nicht mehr gebracht wurde. Fest steht für Arnald allerdings, daß die Zahl „vollendet" wird im Laufe des kommen-

---

Hälfte der Zeit" siehe R. Stahl: „Eine Zeit, Zeiten und die Hälfte einer Zeit". Die Versuche der Eingrenzung der bösen Macht im Danielbuch. In: The Book of Daniel in the Light of New Findings. Hrsg. von Adam S. van der Woude. Löwen 1993, 480–494 (= Bibliotheca Ephemeridum Theologicarum Lovaniensium 106).

[167] Ebenda fol. 62 va–vb: „[...] intentio Danielis clare per nostram litteram haberi non potest, quia translatio sicut patet per hebraicam veritatem est in tribus locis manifeste corrupta [...]/. Nec determinare possum quantum ante vel quantum post, ideo quoniam determinare nescio quo anno post eversionem Ierusalem perdidit iudaicus populus terram promissionis." Dazu auch die *Glossa ordinaria et interlinearis*, ed. Venedig 1603, Bd. 4, fol. 1621 s.

den Jahrhunderts: „Certum tamen est ex verbis prophete, quod ille numerus complebitur infra centenarium dictum vel sequens intelligendo per dies annos lunares sive solares."[168]

	CALCULATIO ARNALDI	
	(nach *De tempore adventus antichristi*)	
	1.290 Jahre	Nach Dn 12,11 in der Interpretation von Arnald die „Zwischenzeit".
+	*34 Jahre*	aufgerundete Zeitdauer des irdischen Lebens Jesu Christi einschließlich der Zeit nach Ostern bis zur Ascensio Christi.
+	*42 Jahre*	Die Zeit nach dem irdischen Leben Christi bis zur Zerstörung Jerusalems.
+	*8 Jahre* (7 Jahre)	Die aufgerundete Zeit des Paktes zwischen dem Führer, dux, und den Vielen, multi, nach Dn 9,27.
+	*4 Jahre* (3,5 Jahre)	Die Zeit nach dem Pakt bis zum Schwinden des Opferkultes, nach Dn 9,27.
	1.378 JAHRE (1.376,5 JAHRE)	*NACH CHRISTI GEBURT; DIE ZEIT, IN DER DIE „ABHOMINATIO IN DESOLATIONEM", DER ANTICHRIST, „ANTICHRISTUS PERSONALITER", HERRSCHT.*

3.2.8 Belege, Beweise und Bewertungen

Arnald von Villanova hat es gewagt, aus einer leicht ins unverbindlich Indifferente sich auflösenden Globaltheorie zum Thema Weltende und Antichrist herauszutreten und konkret-rechnerisch zu werden. Daß er dabei keineswegs so naiv war, auch nur einen Augenblick zu vergessen, wie angreifbar seine *calculatio* war, mehr noch: wie angreifbar er sich selbst durch diese brisanten Überlegungen machte, die ihm immerhin den Vorwurf der Häresie einbringen konnten, beweisen gerade die Ausführungen Arnalds, die Finke in seiner exzerpierenden Transkription dem Leser vorenthält, die sich aber direkt der vorgestellten Berechnung anschließen. Arnald versucht zunächst die Katholizität seiner konkret berechneten Antwort darzulegen und sie noch einmal

---

[168] Arnald von Villanova: De tempore adventus antichristi. Vat. lat. 3824, fol. 62 vb; hier erst wieder Finke 1902, CXXXII.

mit etlichen Belegen und Beweisen insgesamt als zutreffend zu bewerten.

3.2.8.1 Die Katholizität der Kalkulation

Arnald von Villanova bemüht sich im direkten Anschluß seiner gerade vorgestellten konkreten zeitlichen Angaben zum Auftritt des Antichrist, diese konkrete *calculatio* als „mit der katholischen Lehre", *catholica doctrina*, wie er formuliert, in Einklang zu bringen. Dabei sind seine Ausführungen von doppeltem Belang:

Sie demonstrieren gleichsam en passant, aber deutlich genug, was ein europäischer Intellektueller katalanischer Provenienz jener Zeit in gesellschaftlich exponierter Position zumindest in bestimmter Hinsicht generell unter „Katholizität" verstand; gleichzeitig artikulieren sie – speziell – den vom Autor intendierten Horizont der vorgestellten *calculatio* und lassen so die eigentliche Absicht dessen, um was es Arnald bei all seinen Überlegungen und Berechnungen zu tun ist, klarer erkennen und eindeutiger belegen.

Zunächst ist es Arnald in diesem Zusammenhang der Frage nach der Katholizität seiner Kalkulation wichtig festzustellen, welcher Verbindlichkeitsgrad seiner konkreten Aussage überhaupt zukommt. Streng differenziert wird zwischen der *claritas certitudinis et necessitatis* sowie der *claritas possibilitatis*. Von vornherein konzediert Arnald, daß seine vorgestellte Lösung, *praedicta conclusio*, also das konkrete Ergebnis seiner gebotenen Kalkulation, nicht von absolut zwingender, sondern von relativer „Klarheit" sei: „[. . .] sed claritate possibilitatis, habentis evidentiam intellectus probabilioris et sanioris."[169] Die Bedingungen sind ihm die oben dargelegten kalkulatorischen Eckdaten, die er aus seinem exegetischen Befund destillierte und innerhalb der Rechnung gleichsam axiomatisch verwendete. Die so gewonnene und als „probabler" und „gesünder" bezeichnete Einsicht vermag er damit als konkordierend mit „anderen katholischen Schriften" zu bezeichnen: „quia catholice multitudini decet magis et expedit ut intelligatur sub tali acceptione."[170]

Die *catholica multitudo* will Arnald offensichtlich für sich und seine *computatio* in Anspruch nehmen und als seinen interpretatorischen Entscheidungsmaßstab vorlegen. Er will ihr entsprechen und ihr nützen: *decet et expedit*, wie es gerade hieß. Das gilt zunächst – expressis verbis – für den von Arnald begründet dargelegten Ausgangspunkt seiner Berechnung: der Auslegung der in der genannten Vision Daniels artikulierten „Tageszahlen" als „Jahresdaten".

---

[169] Arnald von Villanova: De tempore adventus antichristi. Vat. lat. 3824, fol. 63 ra.
[170] Ebenda.

Sodann beabsichtigt Arnald – unausgesprochen zwar, aber dennoch offensichtlich – mit der Rede von der „katholischen Größe" den Leser seines Traktats gerade an diese „Größe" zu erinnern und ihn so offener dafür zu machen, auch das Ergebnis seiner *computatio* als „katholisch" zu bezeichnen: als eine Stimme anzuerkennen, die sich durchaus legitim in den vielstimmigen katholischen Chor harmonisch einfügt.[171] Dabei nimmt Arnald aber sogleich einen zweiten Einwand mit in seine Überlegungen auf, die den ersten konkretisieren. Die Rede von der katholischen Mehrheit bildet dabei die verbindende Klammer sowie das entscheidende Beurteilungskriterium. Arnalds Überlegungen lassen sich pointiert als Frage formulieren: Ist es zwingend notwendig, die „Tage", von denen an den erwähnten Stellen des alttestamentlichen Buches Daniel die Rede war, als Jahre („pro annis lunaribus aut solaribus") zu verstehen und entsprechend zu berechnen, oder wäre es ebenfalls möglich, die Tage wenn schon nicht im wörtlichen Sinne als „Tage", so doch als „wöchentliche Jahre", „pro annis hebdomadalibus" zu interpretieren?

Arnalds Antwort konzediert zwar die grundsätzliche Möglichkeit solch einer Interpretation, zumindest soweit, als er formaliter, innerhalb des ersten Einwandes, damit seine Berechnung als *claritate possibilitatis* qualifizieren kann, lehnt sie aber im Blick auf die „katholische Wahrheit" als nicht „decet-gemäß" ab. Es sei schließlich allgemein üblich, unter einem Jahr das aus zwölf Monaten bestehende Sonnen- oder Mondjahr zu verstehen.[172] Niemand mit gesundem Verstand, so Arnald, könne hier ein *annus hebdomadalis* unterstellen: „Nec aliquis sane mentis per absolutam anni acceptionem intelligeret annum ebdomadalem, qui constituitur ex trecentis sexaginta quinque ebdomadis annorum aut mensium vel dierum."[173] Wer so dissonant denke und abstrus rechne, sei entweder verrückt oder wolle bewußt die Wahrheit bekämpfen.[174] Daß in der Heiligen Schrift häufig „Tage" „Jahre" bedeuten, sei ebenso wahr, wie es in der gesamten Bibel nicht zu finden sei, daß ein „Jahr"

---

[171] Zur Begriffs- und Ideengeschichte Congar, Yves: Katholizität und Romanität der Kirche. In: Die Römisch-Katholische Kirche. Hrsg. von Werner Löser. Frankfurt a. M. (= Kirche der Welt Bd. 20); Beinert, Wolfgang: Die Kirche. Gottes Heil in der Welt. Die Lehre von der Kirche nach den Schriften des Rupert von Deutz, Honorius Augustodunensis und Gerhoch von Reichersberg. Ein Beitrag zur Ekklesiologie des 12. Jahrhunderts. Münster 1973, 225ff. (= BGPhThMA NF 13).

[172] Arnald von Villanova: De tempore adventus antichristi. Vat. lat. 3824, fol. 63 ra–rb: „Nam communiter homines sub nomine *anni* vel solarem accipiunt vel / lunarem, qui ex duodecim mensibus lunaribus vel solaribus integratur."

[173] Ebenda fol. 63 rb.

[174] Ebenda: „ [. . .] ymo cum istud dissonet communi conceptui, si quis affirmaret ita debere intelligi manifeste innueret quod aut esset alienatus aut vellet gratis impugnare veritatem et obfuscare."

für das „wöchentliche Jahre" stehe. Im Gegenteil! An vielen Stellen der
Schrift müsse die Woche im Sinne von sieben Kalenderjahren (Mond-
oder Sonnenjahren), nicht aber von Tagen genommen werden. Genesis 29,28 und Daniel 9,24 werden als Belegstellen von Arnald angeführt.[175]
Offensichtlich hat Arnald von Villanova entsprechende jüdische Jahresberechnungen und Auslegungsvarianten vor Augen, gegen die er
hier Stellung bezieht; denn sie werden im Nachsatz ausdrücklich vom
katalanischen Gelehrten als „Wahrheitsverdunkler und -bekämpfer"
par excellence beschimpft. Sie, die Juden, seien es zur Zeit Christi und
auch heute, die die Wahrheit des katholischen Glaubens gerade durch
ihr ungewöhnliches Schriftverständnis zu verdunkeln beabsichtigen.[176]
Arnald von Villanova will die katholische Wahrheit mit der Schriftge-
mäßheit und allgemein – communiter – mit der menschlichen *ratio*
korrespondieren lassen: „Quantum igitur splendor indicat rationis, decens est ut speculatores ecclesie predictum numerum intelligant et ex-
ponant sub acceptione annorum lunarium vel solarium, ne videantur
ex illis de quibus dicitur per Ezechielem quod aquas conturbant et flu-
mina pedibus conculcant."[177]
Damit leitet Arnald sogleich zu einem weiteren Einwand über, als Zwischenglied wiederum die *catholica doctrina* artikulierend. Das Gegenargument – wiederum pointiert als Frage formuliert – lautet:
Rückt das Ergebnis der *calculatio*, die Jahreszahl 1378, das Ende der
Welt nicht allzu sehr in die Nähe der Gegenwart? Müßte es nicht bedeutend klarer als zukünftiges Ereignis verkündet werden?
Hier wird in der Tat weniger theologisch-exegetisch, auch nicht ma-
thematisch-kalkulatorisch argumentiert, sondern auf das eingangs bereits beobachtete pastorale Anliegen Arnalds rekurriert. Dabei hat er
aber wiederum die *catholica multitudo* vor Augen. Ihr will er nützen, sie
voranbringen, *expedit*.
Die Antwort Arnalds fällt entsprechend aus. Sie erhält aber dank der
Ausrichtung auf die „katholische Doktrin" einen systematisch-orthodo-
xen Klang und zielgerichteten Drang. Ja, es ist offensichtlich Arnalds
Bestreben, gerade von der Orthodoxie her die Orthopraxie seines kal-
kulatorisch gewonnenen Ergebnisses zu belegen. Ordnet er doch expli-

---

[175] Ebenda.

[176] Dazu bereits Justinos: Apologia I, 31. Ediert von E. J. Goodspeed: Die ältesten Apologeten. Leipzig 1912, ***; diese Kritik wiederholt Arnald in *De mysterio cymbalorum*,
Perarnau 1987, 97; er verweist auf die Disputatio von Barcelona aus dem Jahre 1263
zwischen Magister Mossé de Girona und Frater Pau Cristià. Dazu auch die Auslegung
von Dn 9, 24–27 in der *Glossa ordinaria* Bd. IV, Venedig 1603, 1607.

[177] Arnald von Villanova: De tempore adventus antichristi. Vat. lat. 3824, fol. 63 va; cf.
Ez 32,2.

cite seine vorgestellten Überlegungen und Berechnungen auf das „Ziel der katholischen Lehre", das er negativ wie positiv zu formulieren weiß: Lehrziel sei es, die Menschen als ganze wie als einzelne von dem vernarrten Fixiertsein auf das Vergänglich-Zeitliche zu lösen und ihn zur liebenden Hinkehr des Göttlichen zu bewegen. Die Region des Diesseitigen müsse verlassen, die katholische Religion angestrebt werden: „Et quanto speculatores ecclesie prenuntiabunt ultima tempora seculi esse viciniora, tanto efficacius retrahent homines ab amore istius mundi et eos inducent facilius ad amplexum religionis catholice, qui est finis proximus christiane doctrine."[178]

Und genau diesem katholischen Ziel komme er, Arnald, mit seiner Berechnung entgegen. Die Ankunft des Antichrist innerhalb des 14. Jahrhunderts rücke die „letzten Zeiten" eben nicht in weite, gleichsam unabschätzbare Ferne, sondern in greifbar spürbare Nähe; eine Nähe, die den Menschen nicht nur die Chance gibt, sondern geradezu als der Menschheit letzte Chance zur entsprechenden Lebensänderung erscheinen muß. „Sed quod expediat, patet per hoc quia finem catholice doctrine, ad quem presens consideratio totaliter ordinatur, efficacius consequentur exponendo numerum illum de annis lunaribus aut solaribus quam de aliis."[179]

Diesen Nützlichkeitserwägungen entspricht das Axiom der *computatio* Arnalds, „Tage" als „Jahre" zu nehmen. Hier werden die jüngsten Zeiten in nicht allzu weite Ferne gerückt. Sie erhalten somit aufrüttelnde und wachrufende Wirkung auf die in den Augen Arnalds schläfrige und weltverfangene Menschheit seines zur Neige gehenden Jahrhunderts.

Die Einwände pariert er mit dem „katholischen" Argument; und zwar in gesteigerter Folge. Er erhebt gerade im Blick auf die *catholica multitudo* keinen Absolutheitsanspruch seiner Berechnung, sondern konstatiert, daß seine Kalkulation angesichts der katholischen Wahrheit nicht zwingend notwendig, sich aber wohl dieser als würdig und nützlich und damit insgesamt als eindeutig möglich erweist. *Decet, expedit, claritate possibilitatis*, wie er selbst formuliert. Arnald hält seine Auslegung für „gesund", weil rational nachvollziehbar und somit als von allgemeiner Akzeptanz. Er rechtfertigt sein Berechnungsaxiom mit dem Ergebnis seiner Rechnung. Letzteres sei vor allem deswegen im Sinne der *catholica doctrina*, weil es den Menschen weg vom Irdisch-Vergänglichen und seine Acht- und Aufmerksamkeit auf Gott hin lenke.

---

[178] Ebenda fol. 63 vb.

[179] Ebenda: „Nam per illos adimplebitur prophetia de adventu antichristi infra XIIIIm centenarium a salvatoris adventu, circa terminum supra scriptum, per alios autem longe tardius / inestimabiliter quasi."

Daß Arnald hier keine umfassende Definition oder gar Deskription des
Katholischen artikuliert, darf nicht verwundern. Es ist nicht sein
Thema. Vielmehr ist es wichtig festzuhalten, daß der katalanische Gelehrte im Zusammenhang möglicher Einwände gegen seine *computatio*
den kritischen Leser auf drei Elemente des Katholischen in seinen
Überlegungen aufmerksam macht: auf die katholische Vielfalt und
Vernünftigkeit des von ihm vorgebrachten Arguments sowie – schließlich – auf die Praxisrelevanz oder pastorale Wirkung des von ihm Dargelegten überhaupt. Er beweist damit einfühlsames Geschick im Umgang mit möglichen Gegnern seiner *computatio*. Gegen den möglichen
Vorwurf des Extremen und häretisch Einseitigen streicht er die Kon-
kordanz seines interpretatorischen Bemühens mit der katholischen
Mehrheit (catholica multitudo) heraus; dem potentiellen Einwurf,
seine Schriftauslegung sei unbegründbar und krankhaft versponnen,
betont er die Vernünftigkeit und „Gesundheit" seiner Exegese, und gegenüber den eventuell auftretenden negativen Auswirkungen seines
errechneten Befundes für die praktische Glaubensverkündigung akzentuiert Arnald gerade die in praxi den Menschen wachrüttelnde und
heilende Wirkung all seiner Überlegungen zum Kommen des Antichrist im 14. Säkulum.

Unüberhörbar ist der hier wie in anderen Schriften Arnalds angestrengte Versuch, sich gegen jegliche Art von Katalogisierung und Eti-
kettierung seitens dritter zu schützen und zu wehren. Er wußte: Seine
spekulative Voraussage vermag jedermann leichten Sinnes dem Bereich des bloß Intuitiven zuzuordnen. Dieser Bereich des nicht rational
Gedachten und Nachvollziebaren stand gerade zur Zeit Arnalds in Gefahr, rasch dem Terrain des trügerischen Hirngespinstes und des rein
irrational Dämonischen und letztlich diabolisch initiierten Wahns zugeordnet zu werden.[180] Dem will Arnald energisch entgegenwirken.

So läßt Arnald die anfänglich betonte Intuition hier – gegen Ende des
ersten Teils seines Traktates – zurücktreten. Er akzentuiert statt dessen
das Kalkül; schon allein mittels der Darlegung seiner *computatio*, dann
aber auch kraft seiner interpretatorischen rational argumentierenden
Darlegungen. Dem possiblen Portrait eines intuitiv beschwingten „Sehers" will er die strengen Züge des ratioverhafteten Denkers einzeich-
nen. Dem Verdacht des irrational Phantastischen sucht er durch Betonung des rational Berechnenden zu entgehen, dem Verdacht des einseitig Sektiererischen durch Einbettung seiner Gedanken in das allgemein Katholische zu begegnen und schließlich die zweifellos lebensge-

---

[180] Delort, Robert: La vie au Moyen Age. Paris 1982, 73ff.; Schmitt, Jean-Claude: La
raison des gestes dans l'Occident médiéval. Paris 1990, 321f. (= Bibliothèque des
Histoires).

fährliche Ombrage eines panikverbreitenden Volksverführers mittels
konsequentem Erweis seiner Überlegungen als eines praxisnahen wie
rechtgläubigen Glaubensboten zu überstrahlen.

Durchgehend betont Arnald also in diesem ersten trimorphen Gedankenkomplex über die Rechtfertigung seiner errechneten Voraussagen
ihre Katholizität. Er will nichts lehren, was dem *finis catholicae doctrinae*
widerspricht. Er will die Menschen nicht von Gott und von der christlichen Lehre ab, sondern zu Gott mittels der katholischen Religion hin-
führen, sie *ad amplexum religionis* motivieren.

Der zweite größere Gedankenkomplex, den Arnald seiner *computatio*
nachschickt, darf als Fortsetzung dieses angestrengten Bemühens verstanden werden. Auch hier zeigt sich der Versuch Arnalds, seine Aussagen dem Denk-Raum des Katholischen einzufügen, ja sie für die
rechtgläubige Glaubenspraxis fruchtbar werden zu lassen. Es geht ihm
verstärkt darum, die Gläubigen aufzufordern, im katholischen Sinne zu
handeln, die Orthodoxie zur Orthopraxie werden zu lassen. Dabei
zeigt sich jedoch als dominierendes Motiv, die Richtigkeit seiner *calculatio* nicht mehr nur verteidigend zu erweisen, sondern, sie voraussetzend, mit ihr und an ihr andere Voraussagen zu bewerten. Dabei rekurriert Arnald zunächst noch einmal auf die Heilige Schrift, auf das
Buch Daniel.

3.2.8.2 Daniel

Auch der nach der *computatio* an zweiter Stelle auf Daniel rekurrie-
rende Gedankenkomplex scheint zunächst eher die vorgestellte Berechnung verteidigen als voraussetzen zu wollen. Doch beim näheren
Zusehen ist zu erkennen, daß es sich hierbei lediglich um den feinner-
vigen Übergang des ersten zum zweiten Gedankengang Arnalds handelt. Expressis verbis kommt nämlich der letztere durchaus in der ge-
wohnten Weise von Rede und Gegenrede daher. „Tamen si quis obiceret, quod [. . .], dicendum quod [. . .].“[181] In mente aber und schließlich exlizit kommen durchaus weltpolitische Konstellationen vor
Augen, die einerseits die „Richtigkeit“ des bisher Gesagten noch einmal belegen, andererseits andere, seinerzeit bekannte Prophezeiungen
beweisen bzw. kritisch bewerten.

Obwohl Arnald diesen „Einwurf“ gleichsam nur pro forma formuliert,
selbst also gar nicht recht ernst nimmt, sind seine Ausführungen doch
zu beachten. Wenig später wird nämlich Johannes Quidort von Paris
diesen Einwurf gerade zum Generalthema seines Antichrist-Traktates
stilisieren.

---

[181] Arnald von Villanova: De tempore adventus antichristi. Vat. lat. 3824, fol. 63 vb.

Im Zentrum steht Daniel 12,9: Die Aufforderung des von Arnald traditionell als Engel gedeuteten „in Linnen gekleideten Mannes" an Daniel, nicht weiter nach den näheren Umständen der vorgestellten „verschlossenen und versiegelten Rede" zu fragen: Muß sie nicht gleichsam als himmlische Deklaration der Unsicherheit jeglicher aufgrund der *sermones* erstellten Überlegung oder gar Berechnung menschlicherseits verstanden werden? Der Engel verweigert dem Propheten Daniel jede weitere Auskunft, ja verweist den Fragenden ausdrücklich des Weges, schickt ihn weg.[182] Überdies werde ja ausdrücklich schon bei Daniel gesagt, daß es eine Vielfalt von Aussagen und Überlegungen zu den von Daniel vernommenen *sermones* geben werde, die, wie Arnald hier eindeutig suggeriert, allesamt gleichgültig, weil unrichtig seien. Es ist interessant, weil für den Vergleich mit Quidort äußerst aussagekräftig, daß Arnald auf den letzten Teil von Daniel 12,4 unmittelbar nach dem ersten Teilvers auf Dn 12,9 rekurriert. „Vade, Daniel, quia clausi sunt signatique sermones. Pertransibunt plurimi et multiplex erit scientia."[183] Damit wird die Vielfältigkeit des Wissens in unmittelbarem Konnex mit jenem Wegschicken des Propheten am Ende von Kapitel 12 und dem Verschlossen- und Versiegeltsein der *sermones*, also der Prophetie selbst, gestellt und damit als deren Resultat oder zumindest als deren Folge gewertet. Anders gesagt, handelt es sich hier nicht um eine Botschaft, die letztlich nur als unauflösbares Rätsel und damit als bleibendes Geheimnis den Menschen gezeigt wurde? Ist es also nicht im Grunde eine ungeheure Vermessenheit Arnalds, dieses Geheimnis lüften zu wollen, obwohl es erklärtermaßen – *per angelum* – menschlicherseits nicht aufgelöst werden kann?

Gerade Quidort wird diese Fragen stellen. Arnald von Villanova vermag diese Fragen allerdings dadurch zu entkräften, daß er ihnen ihre Spitze nimmt, genauer: diese in die andere Richtung lenkt und sie als Argument für seine Überlegungen interpretiert. Er wertet sie eben nicht als „Einwand" gegen seine *computatio*, wohl aber als „Einwand" gegen andere bei Daniel zum Ausdruck gebrachte Prophezeiungen. Denn das, was aus dem Gesagten nicht unumstritten artikuliert werde und was der Engel offensichtlich nicht klären wolle, könne sich ja gar nicht auf die angegebenen Zahlen und Daten, sondern müsse sich auf den inhaltlich-konkreten Verlauf der Endereignisse selbst beziehen. Seien doch diese äußerst doppeldeutig.

„Nam postquam initium computationis et finem exprimebat, revelatio temporis non poterat esse ambigua, sed ponebat ambiguitatem in illis,

---

[182] Ebenda; Dn 12,9: „Tamen si qui obiceret quod Danili dictum fuit per angelum: *Vade, Daniel, quia clausi sunt signatique sermones.*"
[183] Ebenda.

que dixerat esse ventura super vario conflictu regis Austri et A/quilonis, per quos Christus et diabolus mystice intelliguntur."[184]
Hier erweist sich deutlich genug die Formalität des vorgebrachten Einwands. Sie wird gleichsam nur als Übergang zu jener Erweiterung des Gedankens gewertet, den Arnald im folgenden näherhin konturiert. Dank des Hinweises auf die bei Daniel angeblich artikulierten, im mystischen Sinn zu interpretierenden Kämpfe zwischen Christus und dem Diabolus, findet sich jene Ambiguität des Auslegens, die der Engel gegenüber Daniel nicht aufheben will.
Damit aber lenkt Arnald die Aufmerksamkeit des Lesers über die Frage nach dem „Wann" der Endereignisse hinaus auf die Frage nach ihrem konkreten „Was", daran erinnernd, daß es dabei tatsächlich um bestimmte und prophezeite *res gerendae* geht. Er greift dabei eine Deutung der Perikope (Dn 11,40–45) auf, die bereits der Kommentar des Hippolyt vom historischen auf den mystisch-futurischen Schriftsinn hin deutete. Der *rex aquilonis*, der in Ägypten einfällt, selbst das entfernte Libyen und Äthiopien unterwirft, kommt als immer stärker werdende Macht des Antichrist vor Augen.[185] Nur im Blick auf diese gebe es Ambiguität. Doch selbst diese könne, grundsätzlich betrachtet, aufgehoben werden; und zwar aufgrund ethisch-sittlichen Richtigseins des Menschen vor Gott. „Et tamen, quamvis illa dicta sint valde obscura et difficilis intellectus, non dixit quod omnibus essent clausa, sed impiis."[186]
Nur die *impii*, nicht aber die *docti*, sind unfähig, diese Ambiguität aufzulösen und recht zu verstehen. Als *docti* aber werden dabei von Arnald gerade nicht die *doctores* verstanden, schon gar nicht die von Paris. *Docti* sind jene, die mit dem „Herzen einsehen", die nicht allein die *ratio* sprechen, sondern ebenfalls die *intuitio* gelten lassen, sind die, die, wie Arnald formuliert, nur als *fideles mansueti* kommen und „cum devotione et humilitate" die Heilige Schrift in sich aufnehmen. Nur diese, keineswegs aber die Gelehrten, die selbstherrlich-vermessen die Bibel auslegen, werden die Wahrheit einsehen.[187]

---

[184] Arnald von Villanova: De tempore adventus antichristi. Vat. lat. 3824, fol. 63 vb–64 ra.
[185] Hippolyt: In Danielem IV., 49–55 (GSC I. 1, 312ff.); Hieronymus CC 75 A, 929 ff; Rauh 1979, 36ff.
[186] Arnald von Villanova: De tempore adventus antichristi. Vat. lat. 3824, fol. 64 ra.
[187] Ebenda: „Unde non ab omnibus sed solum ab impiis exclusit intelligentiam scripturam, sicut scriptum est per Isaiam: *Exceca cor populi huius et aures eius aggrava et oculos eius claude, ut videant*, scilicet scripturas, *et non cognoscant, audiant et non intelligant.* Fides autem mansueti tantum et non presumptuose sed cum devotione et humilitate accedentes ad sacra eloquia docentur intelligere veritatem. Nam deus est qui docet mites vias suas." Cf. Is 6,10.

Hier ergreift Arnald eindeutig Partei für das „Sehen und Hören" der „einfachen Gläubigen". Dabei hat Arnald keineswegs den seiner Zeit oft diskutierten Unterschied zwischen Laien einerseits und Klerikern bzw. *religiosi* andererseits im Auge,[188] sondern er zielt deutlich auf das Maß der gläubigen Gottergebenheit jenseits aller Standesbezüge selbst ab. Stellt doch der Kontext die Frage nach einer demütigen Hingabe an Gott, die weniger das rationale Be-Greifen, das den Gottes-Glauben intellektuell in den Be-Griff Bekommen-Wollen als vielmehr die irrationalen Potenzen des Menschen tangiert, Potenzen, die sich vom entschiedenen Gottes-Glauben gnadenhaft beschenken, provozieren und so aktivieren lassen, daß sie Gottes Stimme in sich aufnehmen, anderen zu Gehör und – durch die eigene gottergebene, *mansuete* Lebensweise – zur vorbildlich gelebten Anschauung bringen.

Wollte Arnald im ersten Gedankenkomplex die Katholizität seiner *computatio* dadurch unterstreichen, daß er ihre Vernünftigkeit und allgemeine Einsehbarkeit akzentuierte, so ist es ihm jetzt darum zu tun, die Katholizität gegen deutlich favorisierte Intellektualität abzugrenzen, den rational gestalteten Denk- und Lebensraum des Gläubigen mittels intuitiven Sehens und Hörens nicht zu ersetzen, aber doch zu ergänzen. Diese deutliche Akzentverlagerung führt Arnald weiter, wenn er anschließend auf die Prophezeiungen der erythräischen Sibylle zu sprechen kommt. Auch diese belegen seine Berechnung.

3.2.8.3 Die erythräische Sibylle

Arnald will in einem zweiten Schritt auf die ernstzunehmende Möglichkeit geistgewirkter und geistgeschenkter Erkenntnis im Gesichte, in der Vision und der prophetischen Entzückung verweisen. Die so geschenkten Erkenntnisse stehen keineswegs zum kirchlichen Offenbarungsgut im Gegensatz, sondern, weil vom Geist Gottes inspiriert, mit diesem in Einklang, es unterstreichend und bestätigend.

Es handelt sich dabei um geschenkte, nicht aufgrund eigener Geistesleistung erworbene Erkenntnisse; um ein Widerfahrnis, ein Erkenntnis-Ereignis, das auf den Empfänger zukommt, ihm zuteil, weil von Gott geschickt wird.

Arnald führt als Beleg die in ekstatischer Manie und prophetischer Manier geäußerte Rede der erythräischen Sibylle an. Diese habe sämtliche großen Weltereignisse bis hin zum Jüngsten Gericht vorhergesagt: „[. . .] que de Christo et discipulis eius et omnibus illius misteriis evangelizavit mirabili claritate, dicens: *Regnante tauro pacifico in urbe*, scilicet

---

[188] Brooke, Rosalind und Christopher: Popular Religion in the Middle Ages. Western Europe 1000–1300. London 1984, 104–129; Vauchez, André: Les laics au Moyen Age. Pratiques et expériences religieuses. Paris 1987, bes. 222.

Octaviano, *veniet agnus celestis, humiliabitur deus et iungetur humanitati divinitas, iacebit in feno agnus et puellari officio educabitur deus et homo.*"[189] Diese schon von Augustinus angeführte und als mit der Heiligen Schrift übereinstimmend befundene, aber von ihm durchaus kritisch beurteilte Weissagung der erythräischen Sibylle[190] darf hier, bei Arnald von Villanova, keineswegs nur als arabeskenhaftes Einsprengsel ohne sonderliche Verbindlichkeit genommen werden. Es geht dem katalanischen Gelehrten darum, seine Zeitgenossen nachdrücklich darauf aufmerksam zu machen, daß es zur Struktur des Menschen gehört, so in seinen Daseinsraum gestellt zu sein, daß er, der Mensch, wesentlich für die Sphäre des Göttlich-Transzendenten offen ist.

Gerade das ist es ja, was Arnald in seiner Zeit und für die nahe Zukunft verstärkt befürchtet: daß der Mensch die metaphysische Struktur seines Wesen verleugnet, sie nicht mehr sieht noch artikuliert und entsprechend deformiert. Des Menschen Verstricktsein in dieser und mit dieser Welt prägt ein gefährlich-geschlossenes Verhalten zu dieser Welt aus, macht die Welt selbst zum geschlossenen System, das in der Sprache Arnalds aus der nicht auf Gott hin ausgerichteten und somit nicht auf die Transzendenz hin geöffneten *amor istius mundi* kommt, aus der pervertierten, weil sich an Vergänglich-Irdisches heftenden „Liebe", die den Menschen kaum mehr gestattet, offen zu sein für geisterfüllte Inspiration und göttliche Intuition. Setzt doch diese Offenheit die Akzeptanz von Ereignissen voraus, die schlichtweg jenseits der Verfügungsgewalt des Menschen liegen, die auf den Menschen als unvorhersehbares Widerfahrnis zukommen, ihm die Grenzen der autarken Selbstmächtigkeit seines Denkens demonstrierend.

In kontradiktorischer Anlehnung an Arnald wie auch in Abbreviatur gesprochen: Nicht Emanzipation, sondern Im-manzipation, das sich in die Hand Gottes Hineinbegeben und Einhören in das Wort Gottes ist gefragt; das sich Verlassen nicht auf eigenmächtiges und eigenmenschliches Können, sondern auf eine andere, höhere, göttliche

---

[189] Vgl. dazu auch Arnalds Traktat: De mysterio cymbalorum. Rom, Bibl. Corsiniana ms. 40. E. 3, fol. 20; vgl. semikritische Edition Perarnau 1989, 94; zur erythräischen Sibylle s. Holder-Egger 1889/90, 155–173; auch: Die Sibyllinischen Orakel. Aus alten Schriften in deutscher Übertragung mit einer Einleitung und erläuternden Anmerkungen hrsg. von Richard Clemens. Wiesbaden ²1985, bes. 353–357. Allg. zum Einfluß der Sibyllinischen Orakel auf die Antichristvorstellung im Mittelalter: Emmerson ⁴1984, 45–48 (mit. Lit.); nicht zuletzt zeigt sich die Bedeutung der Sibylle für die christliche Tradition exemplarisch auch darin, daß sie in der Sequenz *Dies irae* inmitten der kirchlichen Totenliturgie in einem Atemzug mit dem biblischen König David genannt wurde: beide prophetisch das katastrophische Ende der Geschichte bezeugend.

[190] Augustinus: De civitate dei 18, 23 (CCL 48, 613f.).

Macht.[191] Arnald von Villanova redet daher sowohl der Begrenztheit der menschlichen Natur wie auch ihrer unendlichen Offenheit und Fassungskraft das Wort, beidem zugleich, in dem Geschick(ten) der offenbarenden geisterfüllten Inspiration und göttlichen Intuition.

Neben diesem Grundmotiv seiner Ausführungen kommt Arnald von Villanova aber auch mit recht handfesten Prophezeiungen daher, die er der Sibylle in den Mund legt, Vorhersagen, die teils die Zeit von Christi Geburt bis zu seiner Gegenwart, teils die noch ausstehende Zeit bis zum Weltende betreffen. Diese habe die Ankunft Mohammeds, die Entstehung und den Erfolg des Dominikaner- und Franziskanerordens und eben die Ankunft des Greuels, nämlich des Antichrist, sowie die Wiederkunft des Himmlischen Lammes zum Jüngsten Gericht vorhergesagt.[192]

Es ist bemerkenswert, daß Arnald diese konkrete, auf bestimmte Ereignisse fixierte Auslegung der sibyllinischen Orakel in seiner wenig späteren Schrift De mysterio cymbalorum nicht mehr artikuliert.[193] Dort weist er nur noch auf die Sibylle hin, nicht mehr auf das von ihr hier Gesagte, betont aber auch, wie oben, daß Augustinus und andere Gelehrte ihre Botschaft ernsthaft bedacht und akzeptiert haben. Offensichtlich denkt Arnald, der dazu keine näheren Angaben macht, an De civitate dei 18, cap. 23, wo der Bischof von Hippo das berühmte Sibyllen-Akrostichon vorstellt, übersieht aber den Schlußteil von Kapitel 46 des nämlichen Buches, eine Stelle, an der sich Augustin eher kritischzweifelnd über die Weissagungen der Sibylle äußert.[194]

---

[191] Zum theologiegeschichtlichen Hintergrund Schenk, Richard: Omnis Christi actio nostra est instructio. The Deeds and Sayings of Jesus as Revelation in the View of Aquinas. In: La doctrine de la révélation divine de saint Thomas d'Aquin. Actes du Symposium sur la pensee de saint Thomas d'Aquin. Tenu à Rolduc, les 4 et 5 Novembre 1989, Hrsg. von Leo Elders. Vatikanstadt 1990, 104–131 (= Studi Thomistici 38); Blanco, Arturo: Word and Truth in Divine Relation. In: Ebenda, 27–48, bes. 30–36; Zum Aus-stand und Zwiespalt der philosophischen und theologischen Diskussion zur Zeit Arnalds instruktiv Hödl: Die „veritas dei catholicae" 1990, bes. 64–68; stärker unter philosophiegeschichtl. Perspektive gesehen, ders.: Die philosophische Gotteslehre des Thomas von Aquin O.P. in der Diskussion der Schulen um die Wende vom 13. zum 14. Jahrhundert. In: Welt-Wissen und Gottes-Glaube in Geschichte und Gegenwart. Festschrift für Ludwig Hödl. Hrsg. von Manfred Gerwing. St. Ottilien 1990, 19–43, bes. 39f.

[192] Arnald von Villanova: De tempore adventus antichristi. Vat. lat. 3824, fol. 64 va.

[193] Arnald von Villanova: De mysterio cymbalorum. Rom, Bibl. Corsiniana ms. 40. E. 3, fol. 20; vgl. semikritische Edition Perarnau 1989, 53–107.

[194] Augustinus: De civitate dei 18, 46 (CCL 48, 644). Hier räumt der Bischof von Hippo die Möglichkeit ein, daß es sich um gefälschte Weissagungen über Christus handeln könne, die unter dem Namen der Sibylle laufen. „Nisi forte quis dixerit illas prophetias Christianos finxisse de Christo, quae Sibyllae nomine proferuntur uel aliorum, si quae sunt, quae non pertinent ad populum Iudaeorum."

Die also nur in *De tempore adventus antichristi* vorgestellten konkret-historischen Ereignisse gehören zwar nicht zu Arnalds Grundanliegen, geben dem Ganzen aber eine handfeste, realistisch vorstellbare Note. Was Arnald seinen Zeitgenossen deutlich vor Augen stellen will, ist die Dringlichkeit der Umkehr. Die Zeit drängt! Und um diesen Appell zu verstärken, gleichsam zu materialisieren, stellt er ihnen einiges von dem vor Augen, was von den Prophezeiungen bereits schon geschichtliche Wirklichkeit geworden ist.

3.2.8.3.1 Historisch-Konkretes

Arnald geht es um die Glaubwürdigkeit der Sibylle. Doch diese will er nur deswegen herausstellen, weil es ihm um die Sammlung und Sichtung von möglichst überzeugenden Belegen für seine eigene *computatio* zu tun ist. Die Prophezeiungen der erythräischen Sibylle stehen somit im Dienste seiner eigenen Glaubwürdigkeit. Als konkrete, nach Christi Geburt bereits historisch gewordene, von der Sibylle einst vorausgesagte Ereignisse nennt Arnald das Auftreten Mohammeds (632) und die mit ihm verbundene und von ihm gestiftete islamische Bewegung, die Gründung der großen Bettelorden, der Dominikaner und der Franziskaner, und – als prophezeites Ereignis in seiner Zeit, dem endenden 13. Jahrhundert – die Vertreibung König Karls aus Sizilien.[195]

„Omnia vero, que predixit, completa sunt usque ad explosionem Karoli regis ex regno Sicilie, cuius introitum et exitum et concussionem, nostris actam temporibus, et quem in proximo finem est habitura descripsit aperte."[196]

Karl I. von Anjou, Bruder des französischen Königs, wurde am 6. Januar 1266 in der Lateranbasilika von vier Kardinälen zum König von Sizilien gekrönt.[197] Diese Krönung war Element der neuen französischen Expansionspolitik sowie Ergebnis langfristiger päpstlicher Erwartung, nach der Machtpolitik der Staufer, namentlich nach dem Tode Friedrichs II. 1250, in dem französischen Königshaus einen Verteidiger des Glaubens und der kirchlichen Freiheit gefunden zu haben. Unmittelbare Opfer dieser neuen politischen Konstellation waren die staufischen Nachgeborenen. Gleich beim Eintritt Karls in das *regnum* stellte sich ihm König Manfred Ende Februar zur Entscheidungsschlacht bei

---

[195] Arnald von Villanova: De tempore adventus antichristi. Vat. lat. 3824, fol. 64 va.

[196] Ebenda.

[197] Dazu Nitschke, August: Karl von Anjou und Peter von Aragón. Ihre Stellung zur sizilianischen Bevölkerung. In: Festschrift für Percy Ernst Schramm zu seinem siebzigsten Geburtstag von Schülern und Freunden zugeeignet. Hrsg. von Peter Classen und Peter Scheibert. Bd. 1, Wiesbaden 1964, 322–333; ders.: Der sizilianische Adel unter Karl von Anjou und Peter von Aragón. *QFIAB* 45 (1965) 241–273. Insgesamt zur Person Karls s. Herde, Peter: Karl I. von Anjou. Stuttgart/Berlin/Köln/Mainz 1979 (Urban-TB Bd. 305); Ehlers ²1990, 159.

Benevent entgegen. Manfred verlor sein Leben; Enzio, sein Halbbruder, wurde lebenslänglich inhaftiert, während Enkel Konradin 1268 nach einer verlorenen Schlacht gegen Karl von Anjou aufs Schafott mußte. All das dramatische Ereignisse, die die christliche Welt erschütterten und an die sich der zeitgenössische Leser dieser Passage erinnert fühlen mußte.[198]

Doch nicht an den Sieg dieses Anjou, sondern an dessen Niederlage will der Katalane erinnern; offensichtlich nicht ohne Stolz auf den damit verbundenen und oben bereits dargestellten politischen Aufstieg europäischen Ausmaßes seiner heimatlichen Regionen. Wurde doch die erwähnte Niederlage Karls I. in Sizilien erst perfekt, als Peter III. in einer wohlvorbereiteten Operation – halb Invasion, halb Rebellion – die Insel Sizilien eroberte. Der katalanische Gelehrte braucht den Sieger gar nicht zu nennen. Es reichte, wenn er expressis verbis die Beendigung der Herrschaft Karls artikulierte und in diesem Konnex von einer *concussio* sprach, womit er den Aufstand Palermos gegen die Herrschaft Karls I. andeutete, also auf die berühmte „Sizilianische Vesper" vom 30. März 1282 verwies.[199]

Doch Arnald spricht offensichtlich auch die Fernwirkungen dieser Entmachtung Karls I. über Sizilien an, die ja noch bis um die Jahrhundertwende die sizilianische Frage offenhielten, jedenfalls diese als noch nicht endgültig beantwortet erscheinen ließen.

Karl von Anjou hatte aufgrund der „Sizilischen Vesper" das Königreich Sizilien ein für allemal verloren. Peter III. bestellte – gegen den Widerspruch des Papstes – jenen seiner Söhne zum König von Sizilien, der auf der iberischen Halbinsel noch am ehesten abkömmlich war: Sohn Jakob, den jüngeren Bruder Alfons III. Er, der Enkel des Staufers Manfred (seine Mutter war Manfreds Tochter Konstanze), regierte bereits seit 1283 auf der Insel Sizilien, nicht aber auf dem festländischen Teil des Reiches. Allerdings gelang es Jakob, seinen militärischen Hauptgegner, den Sohn Karls von Anjou, Karl von Salerno (1254–1309), gefangenzunehmen und damit die Erfolge Aragóns wenn nicht auszubauen, so doch zu sichern. Allerdings bekam Jakob II. noch mehr zu tun: Nach dem Tode seines Bruders Alfons III. hatte er 1291 dessen Erbe anzutreten und die aragonische Krone zu übernehmen. Von einer spanischen Konzentration der Kräfte auf die Sizilienfrage konnte auch jetzt nicht die Rede sein. Dabei geriet der bis 1302 während „Kampf um Sizilien"[200] gerade zu diesem Zeitpunkt in seine entscheidende

---

[198] Sehr guten Überblick bietet Engels 1987, 922–998, bes. 953–958.

[199] Zur Sizilianischen Vesper vgl. die Beiträge des „XI Congresso di storia delle corona d'Aragona. Palermo/Trapani/Erice, 23–30 aprile 1982.

[200] Finke 1908, 168; ders. 1922, 678. Rohde, Hans Eduard: Der Kampf um Sizilien in den Jahren 1291–1302. Berlin/Leipzig 1913, 146–152.

Phase, die von ihren Eckdaten her überdies nahezu identisch ist mit den unterschiedlichen Redaktionen des *Tractatus de tempore adventus antichristi.*

Nehmen wir das im ersten Teil der Vatikanhandschrift 3824, fol. 56 vb, genannte Abfasssungsjahr 1297, so ist in der Tat ein wichtiges Datum jener wieder differenziert zu betrachtenden Endphase der Auseinandersetzung um Sizilien genannt. In diesem Jahr investierte Papst Bonifaz VIII. den genannten Jakob II. (1291–1327) mit der Insel Korsika und Sardinien. Es ging ihm darum, den König für die militärische Durchsetzung des Vertrags von Anagni zu gewinnen. Dieser Vertrag schien tatsächlich das Ende eines langen, für sämtliche Seiten unerquicklichen Streites anzuzeigen: „[. . .] quem in proximo finem est habitura", wie Arnald formulierte.

Allerdings täuschte sich Arnald. 1302 mußte Papst Bonifaz VIII. im Frieden von Caltabellota Friedrich III. zwar nicht als König von Sizilien, aber doch als *rex Trinacriae* akzeptieren.[201] Das Provisorische dieses Friedens war Arnald von Villanova offensichtlich bewußt. Jedenfalls erwähnt er in *De mysterio cymbalorum* zwar durchaus noch die Weissagungen der erythräischen Sibylle, aber nicht mehr die Erledigung der sizilianischen Händel oder auch nur die „expulsio Karoli regis ex regno Siciliae."[202]

Was überhaupt noch an wichtigen geschichtlichen Ereignissen bis zum Weltende übrigbleibt, führt Arnald – in seinem Traktat über den Antichrist – dann in rascher Folge an:

„Post que, non restant nisi quatuor de hiis, que predixit: quorum primum est quod ecclesia Grecorum coacta reunietur ecclesie Latinorum; secundum est dissipatio barbare nationis et illi iam regnant in parte, per quos hec implebuntur; tertium est adventus antichristi; quartum vero est adventus Domini ad iudicium. A cuius dictis, Augustinus et ceteri sacri doctores acceperunt particulariter plenitudinem signorum iudicii."[203]

Bevor der Antichrist kommt, wird die griechisch-morgenländische Kirche sich mit der römisch-abendländischen Kirche wiedervereinigen, und die barbarisch-heidnische, d. h. die moslimischen Völker vertrieben sein. Unmittelbar nach der Herrschaft des Antichrist wird Christus kommen: „zu richten die Lebenden und die Toten".

Tatsächlich war die Kirchenunion, von der Arnald zunächst spricht, um 1300 greifbar nahegerückt. Auch hier spielten die Ereignisse des Jahres 1282, namentlich die „Sizilianische Vesper", und damit die Auseinandersetzung zwischen den Franzosen einerseits und den Katalanen

---

[201] Ebenda; Engels 1987, 964, Anm. 16.
[202] Arnald von Villanova: De tempore adventus antichristi. Vat. lat. 3824, fol. 64 va.
[203] Ebenda.

und Aragoniern andererseits keineswegs eine untergeordnete Rolle.
Arnald wußte das und rief dem zeitgenössischen Lesern des Traktats
mit diesen Stichworten die Entwicklung der letzten fünfundzwanzig
Jahre in Erinnerung:
Bereits unter Papst Johannes XXI. (1276–1277) waren die Verhandlungen mit den Griechen zu einem gewissen Abschluß gekommen.[204]
Kaiser Michael VIII. und sein Sohn hatten im April 1277 eidlich den
römischen Primat und das römisch-katholische Credo anerkannt.
Selbst der Patriarch bejahte den Primat des römischen Bischofs, die
trinitarisch-personale Perspektive in der Lehre vom *Filioque* und die
Validität der römischen Riten, ohne allerdings auf ihre alt-ehrwürdi-
gen griechischen verzichten zu wollen. Doch als die griechische Ge-
sandtschaft ihre Glaubensbekenntnisse dem Papst in Rom persönlich
überreichen wollte, war Johannes XXI. bereits tot. Erst sechs Monate
später konnten sich die Kardinäle auf einen neuen Papst einigen: auf
Kardinal Gaetani Orsini. Er nannte sich Nikolaus III. (1277–1280).
Dieser wollte zwar nicht die Unionsbestrebungen gefährden, schraubte
aber die römischen Forderungen gegenüber Kaiser Michael Paläologus
so hoch, daß die Verhandlungen immer noch nicht zum endgültigen
Abschluß kommen konnten. Sein Nachfolger im Amt, Papst Martin
IV. (1281–1285), versprach sich Freiheit und Unabhängigkeit des Apostolischen Stuhls mittels massiver und völlig einseitiger Unterstützung
der französischen Expansionsbestrebungen. Er protegierte gar die An-
griffspläne Karls von Anjou gegen Byzanz und gab damit die bereits
gut vorangebrachten Bemühungen um die Kirchenunion mit den Griechen auf. Als er schließlich im Jahre 1281 über Kaiser Michael VIII.
die Exkommunikation aussprach, ihn zum Förderer der Häresie und
des Schismas abstempeln wollte, wußte die christliche Welt ohne Zweifel, was er vorhatte: Er beabsichtigte nicht die Union, sondern beabsichtigte mit Hilfe Karls von Anjou das Lateinische Kaiserreich von
Konstantinopel wiederzuerrichten. Dabei hatte er aber nicht mit den
Siziliern, auch nicht mit der Krone Aragóns und der offensiv agierenden katalanischen Seemacht gerechnet. Die schon erwähnten Ereignisse des Jahres 1282, der Kampf um das Königreich Sizilien und die
expulsio Caroli regis, wie Arnald kurz formuliert, machten sämtliche Eroberungspläne Karls von Anjou zunichte.[205] Da Martin IV. ausschließlich auf den politischen Erfolg des Franzosen gesetzt hatte, war dessen
Scheitern zugleich sein Versagen. In der Tat: Martin IV. fügte durch
sein Verhalten den kirchlichen Interessen größten Schaden zu. Speziell
die von seinen Vorgängern sorgfältig vorbereiteten Unionsversuche

---

[204] Wolter: Der Kampf der Kurie 297–362, hier 302ff.
[205] Ebenda 303.

mit der griechischen Kirche waren nun für lange Zeit zum Scheitern verurteilt. Nicht zuletzt dadurch aber, daß die Eroberungspläne des Königs von Neapel ebenfalls fehlgeschlagen waren, und zwar vornehmlich aufgrund der wachsenden politischen Macht der Aragonier-Katalanen im Mittelmeerraum, die dem Einflußbereich Frankreichs im südlichen Europa immer wieder Grenzen setzten und zu Verhandlungspolitik zwangen, besannen sich die nachfolgenden Päpste wieder auf ihre schon lange verfolgte Friedens- und Diplomatenpolitik. Insofern war es zum Ende des Jahrhunderts gar nicht unrealistisch, für das nächste Jahrhundert mit einer Reunion der genannten Kirchen zu rechnen. Als Prophezeiung der erythräischen Sibylle jedenfalls kündigt Arnald von Villanova diese kirchliche Wiedervereinigung für das nächste Jahrhundert an.

Arnald selbst scheint überdies dabei an den politischen Machtzuwachs seiner eigenen Heimat gedacht zu haben. Er nennt zwar mit keinem Wort die „Krone Aragóns" oder gar, speziell, die expandierende katalanische Seemacht. Aber woran sonst sollte der zeitgenössische Kenner der politischen Szene denken, wenn ihm in einem Atemzug die Vertreibung Karls von Anjou aus Sizilien, die zukünftige Kirchenunion und schließlich die Vertreibung der Moslems zu Gehör kommen, formuliert außerdem von einem katalanischen Gelehrten? Von wem sollte denn sonst diese die Weltgeschichte vorwärtstreibenden Ereignisse anders durchgeführt werden, wenn nicht von jenen, die entscheidend dafür sorgten, daß die Franzosen aus Sizilien vertrieben und die Anjou-Flotte vernichtet wurden, wodurch jene Eroberungspläne scheiterten, die die Kirchenunion unterliefen? Gerade das oben auf Platz zwei der in Aussicht gestellten Ereignisse, die *dissipatio barbare nationis*, läßt doch wiederum an Erfolge der ständig einflußreicher werdenden iberischen Großen denken; an Jakob I. (1213–1276) etwa, der Peter II. von Aragón auf dem Thron folgte. Unter ihm wurde gegen den Islam militärisch vorgegangen und – mit Unterstützung freilich von Kreuzfahrern aus dem Languedoc – strategisch bedeutsame Orte eroberte: so Valencia und im Verbund mit Kastilien Teile von Murcia. Der Recuperatio des Heiligen Landes entsprach der Reconquista Spaniens, die Vertreibung der Sarazenen aus Sardinien, Korsika und Sizilien.[206]

Arnald hatte damit Ereignisse angesprochen, die den Zeitgenossen bereits als historische Wirklichkeit bzw. als durchaus naheliegende politische Möglichkeit erscheinen mußten, die überdies – unausgesprochen zwar – bereits einen, wenn nicht gar den Hauptträger dieser prophezeiten Aktionen verrieten: die steigenden politischen Kräfte auf der iberischen Halbinsel, der Heimat Arnalds von Villanova.

---

[206] Seibt 1987, 251f.

Dabei ist aber nicht zu vergessen, daß diese historischen und von der Sibylle prophezeiten Ereignisse lediglich eine Dienstfunktion in der Argumentationskette Arnalds innehaben. Sie werden angeführt, um als konkrete Belege für seine oben dargelegte *computatio* zu dienen. Genau darauf kommt Arnald jetzt zurück, den Argumentationskreis schließend und neues Zahlenmaterial vorlegend.

3.2.8.3.2 Neue Zahlen

„Si consideremus igitur tempus quod, ut plurimum, cadit inter duos eventus ab ea pre/dictos et immeditate sibi invicem succedentes, invenimus quod eius vaticinium de adventu antichristi et regno eius adimplebitur in tempore supradicto. Nam, ut plurimum, viginti quatuor anni eventum ab eventu discriminant."[207]
Mit dieser puren Behauptung von einer vierundzwanzigjährigen Zwischenzeit gewinnt Arnald weiteres Zahlenmaterial, das, addiert, das Ergebnis seiner oben vorgeführten Rechnung unterstützt. Er setzt ja den Fall, daß das Sizilienproblem kurz vor der Beantwortung steht, d. h. er setzt als Beginn seiner Rechnung die Jahre um 1300 an. Nach dieser Kalkulation müßte dann um das Jahr 1324 die Wiedervereinigung der West- und Ostkirche geschichtliche Realität werden, während wiederum 24 Jahre später, also um das Jahr 1348 die *dissipatio barbare nationis* oder, wie er wenig später ebenfalls formuliert, das *negotium Saracenorum* auf dem Tageskalender der Weltgeschichte stehen.[208] Wiederum vierundzwanzig Jahre später wird demnach der Antichrist sein Schreckensreich errichten: und das wäre um das Jahr 1372.[209]
Damit erhält Arnald zwar, mathematisch genau genommen, im Blick auf seine erste und eigentliche *calculatio* eine Abweichung von sechs Jahren, aber doch ein Ergebnis, wodurch Arnald sich bestätigt sehen kann und auch tatsächlich sieht:
Erstens unterstreicht es insgesamt den Charakter des Ungefähren seiner *calculatio*, die ja schon vom Ansatz her einen Spielraum von zwei Jahren zuließ: 1376–1378.

---

[207] Arnald von Villanova: De tempore adventus antichristi. Vat. lat. 3824, fol. 64 vb.

[208] Ab 1347/48 rollten die Pestwellen über Europa hinweg. Sie waren es, die allerorten Angst und Schrecken verbreiteten. Delumeau, Jean: Angst im Abendland. Die Geschichte kollektiver Ängste im Europa des 14. bis 18. Jahrhunderts. Bd. 1, Reinbeck b. Hamburg 1985, 140ff. (= Kulturen und Ideen rororo 7919); zu den Pestwellen jetzt Bergdolt, Klaus: Der Schwarze Tod in Europa. Die Große Pest und das Ende des Mittelalters. München 1994.

[209] „Si ergo dentur negotio Grecorum viginti quatuor et negotio Saracenorum totidem et adventui antichristi totidem; certum est quod eius regnum intra centenarium sequens circiter terminum supradictum occurret." Arnald von Villanova: De tempore adventus antichristi. Vat. lat. 3824, fol. 64 vb.

Zweitens bietet dieses Ergebnis ihm die vor allem in den späteren
Schriften genutzte Möglichkeit, mit Hinweis auf eben diese Abweichungen überhaupt sein Bemühen zu demonstrieren, daß es ihm im
Grunde nicht um die konkrete Nennung einer bestimmten Jahreszahl
zu tun ist, sondern um die Artikulation von bestimmten Anzeichen dafür, daß der Antichrist „bald" komme. Nur um dieses „Bald" geht es
ihm. Dieses allerdings will er genauer, konkret-handgreiflicher determinieren, nämlich auf eine Zeitdauer festlegen, die, so die häufig benutzte Formel, „keine hundert Jahre mehr" währt.
Arnald von Villanova sieht sich aber durch den Spruch der erythräischen Sibylle nicht nur in seiner das Kommen des Antichrist betreffenden *computatio* bestätigt, sondern auch in seinen Aussagen über das
Kommen Christi zum Jüngsten Gericht. Wie erinnerlich, gehört es zu
Arnalds Botschaft, daß auch das Weltende nicht mehr lange auf sich
warten lasse. Gerade weil er davon ausging, daß das Weltende und das
Kommen des Antichrist zeitlich sehr nahe zusammenliegende Ereignisse sind, der *finis mundi* aber laut biblischer Auskunft menschlicherseits nicht gewußt werden kann, hatte Arnald sich ja allererst auf das
Kommen des Antichrist konzentriert. Weil aber beide Endereignisse
keine zeitliche, geschweige denn ontologische Einheit bilden, aber
doch in dichter temporärer Nachfolge stehen, sei indirekt, über dem
Weg einer Determinierung des antichristlichen Reiches, das Kommen
Christi zum Endgericht zu prognostizieren, wenigstens bis zu einem gewissen Grade. Es unterstreicht die aufgrund zahlreicher Zwischen- und
keineswegs unwichtiger „Neben"-bemerkungen nicht leicht auszuma-
chende, aber schließlich doch vorhandene Konsistenz der Argumentation Arnalds, wenn er diesen lang zuvor angekündigten Gedanken jetzt
aufgreift und von neuem zur Geltung bringt: Im Blick auf die Vorgaben der Sibylle wagt er schließlich die Zeit jenseits des antichristlichen
Reiches zu datieren: Es ist das Jahr 1396; denn genau das ist die
Jahreszahl, die die viermalige Addition von vierundzwanzig Jahren
ergibt.
Es ist aber bezeichnend für Arnald, daß er dieses konkrete Ergebnis
seiner von ihm selbst vorgelegten Berechnung überhaupt nicht nennt.
Er will keine Neben- oder Unterrechnung zu seiner eigentlichen, oben-
genannten *computatio* aufmachen. Jene hat nur im Blick auf diese Relevanz, muß sich nicht zuletzt deswegen subordinierend einfügen, weil
sie außerbiblisch begründet worden ist. So will Arnald sogleich relativieren, die präzise Prägnanz seiner eigenen Aussage zurücknehmend;
und zwar interessanterweise mittels jener Formel, die er bereits im
Zuge seiner ersten *computatio* artikulierte: Es müsse jedenfalls angenommen werden, daß das Weltende „keine hundert Jahre mehr auf

sich warten lasse". Dabei gilt als terminus a quo nicht die eigene Gegenwart, sondern die Herrschaft des Antichrist.

Mit anderen Worten: Arnald sucht einerseits bei seiner ersten, die Frage nach dem Kommen des Antichrist ja allererst begründenden Aussage zu bleiben: Den Zeitpunkt des Weltendes vorauszusagen, ist menschlicherseits unmöglich. Andererseits läßt der katalanische Gelehrte sich aber dazu hinreißen, seinen Zeitgenossen eine konkrete Jahreszahl, nämlich 1396, nicht expressis verbis zu artikulieren, aber doch deutlich genug zu suggerieren. Um letztere Aussage aber nicht als Widerspruch zur ersten erscheinen zu lassen, relativiert er die letztere sofort wieder. Diese Relativierung aber weist wörtliche Parallelen zu jener Abschwächung auf, die er im Blick auf seine erste *computatio* vorgenommen hat.

Aufgrund dieses Befundes wird deutlich, was der Autor bezweckt. Er beabsichtigt die mit Hilfe der Sibylle getroffene Aussage schließlich doch qualitativ aufzuwerten. Seine Darlegungen fungieren zum Schluß nicht mehr nur als das, was sie zunächst ausschließlich sein sollten: nicht mehr nur als Beleg für seine im einfachen Blick auf das Kommen des Antichrist angestellte *computatio*. Sie avancieren jetzt, gegen Ende des Argumentationsgangs, als additive Notation, die sich auf die Zeit nach dem Kommen des Antichrist bezieht. Über die Zeit des Antichrist hinausgreifend, betrifft sie gleichsam die Zeit zwischen Antichrist und Weltende.

„Quod autem post tempus antichristi non sit seculum uno centenario duraturum, ex predictis patet, acceptis prout superius exponuntur et specialiter ex visione Danielis *vespere et mane*."[210]

Er rekurriert damit auf Daniels „visio de ariete et de hirco arietem vincente" und deren Deutung, daran erinnernd, daß es sich hier um ein und denselben Vorgang handelt: die Vernichtung des großen Betrügers folgt seinem gigantischen Siegeszug unmittelbar auf dem Fuße. Doch überzeugender ist für Arnald Daniel 12,12. Er zitiert die Stelle und fügt sogleich seine berechnende Deutung an:

„et iterum ex eo, quod dicit post illum numerum, quo antichristum dicit esse venturum inquiens: *et beatus, qui expectat et pervenit ad millesimum tercentesimum trigesimum quintum annum*, scilicet a tempore, a quo docuerat computare, quod est tempus ablationis sacrificii veteris."[211]

Da Arnald von Villanova im Zuge seiner oben dargestellten Berechnungen bereits konstatierte, daß die Rede von der Abschaffung des alten Opfers koinzidiert mit dem Erlöschen des eigentlichen israelitischen Priestertums nach der Zerstörung des Tempels durch Titus im

---

[210] Ebenda; Dn 8,26.
[211] Ebenda; Dn 12,12.

Jahre siebzig, stellt auch dieser knappe Rekurs auf Daniel 12,12 nichts anderes als eine „Additions"-Anweisung dar:
1335 Jahre + 70 Jahre = 1405 Jahre.
Damit ist wiederum eine Jahreszahl genannt, die zwar nicht exakt identisch, aber durchaus kompatibel ist mit der zuletzt genannten. Beide zusammengenommen signieren nämlich – in den Augen Arnalds deutlich genug – die zeitliche Nähe der eigenen Gegenwart zu dem Endereignis der Wiederkunft Christi. Letzteres sieht er in der Zeit um das Jahr 1395 und 1405, kurz: um das Jahr 1400 kommen.
Aber wie erinnerlich: Arnald nennt bei diesem Stand seiner Darlegung selbst keine Jahreszahlen mehr. Er spricht sie nicht aus. Er suggeriert sie lediglich dem Leser; möglicherweise gerade deswegen aber um so erfolgreicher. Was er formuliert und festhält, ist, daß beide Ereignisse, das Kommen des Antichrist wie die Wiederkunft Christi zum Jüngsten Gericht, a) nicht mehr lange auf sich warten lassen und b) zeitlich dicht beieinanderliegen.
Deutlich ist das nicht recht überzeugend gelungene Bemühen Arnalds spürbar, die Stringenz seiner Argumentationskette aufrecht zu erhalten. Er will nicht als derjenige dastehen, der nun doch – entgegen seiner Ankündigung – Termine zum Weltende nennt. Wie er selbst weiß, müßte er sich ansonsten den Vorwurf gefallen lassen, Jesu unmittelbar vor der „ascensio" gesprochenes Abschiedswort zu bezweifeln oder gar als unrichtig darzustellen.[212] Was Arnald will, ist, lediglich die Zeit im Hinblick auf das Weltende als dem antichristlichen Kommen zeitlich nahes Geschehen zu kennzeichnen.
Sofern Arnald diese zeitliche Nähe des Jüngsten Gerichts zum vorangehenden Advent des Antichrist im folgenden eigens biblisch, genauer: neutestamentlich begründet, gelingt es, jene oben genannte Doppelbeziehung zu wahren. So richtet sich die folgende Argumentation weder bloß auf das Kommen des Antichrist noch auf das Einbrechen des Weltendes, wohl aber auf die zeitliche enge *Beziehung* zu beiden „Ereignissen": und damit eben auch auf die in den Vordergrund gestellte Frage nach dem *adventus antichristi*.

3.2.8.4 Einblicke ins Neue Testament

Um seine erste „Berechnung" vom Kommen des Antichrist zu belegen, ist Arnald von Villanova inzwischen auf die Wiederkunft Christi selbst zu sprechen gekommen. So hat er wiederum den Bogen zu dem gezogen, was er anfangs, den Traktat einleitend, artikulierte: Die Wiederkunft Christi stehe nahe bevor. Zuvor aber werde der Antichrist kom-

---

[212] Daß der Vorwurf tatsächlich seitens der Pariser Professoren artikuliert wird, spricht für deren Sensibilität, bedeutet aber nicht, daß er ihn provozieren wollte.

men. Also sei vor diesem zu warnen und auf der Hut zu sein. Sein Kommen könne auch, so die Hauptthese Arnalds, recht genau vorausgesagt werden. Mehr noch: Es könne auch etwas über „die Zeit danach" ausgesagt werden, über jene Zeitspanne also, die auf die Wiederkunft Christi hin auslangt.

„Ideo vero beatus dicitur, qui pertinget illud tempus, ut exponunt sacri doctores, quia veniet ad tempus universalis tranquillitatis et pacis ecclesie, in quo per universum orbem cognoscetur veritas et adorabitur Christus et *erit unus pastor et unum ovile.*"[213]

Damit zieht Arnald von Villanova den Bogen vom Buch Daniel zum Johannesevangelium – Joh 10,16 – und schließlich zur Apokalypse. Gleichzeitig weist er mit Recht auf die Interpretation dieser Stellen durch die maßgeblichen *doctores*, durch die *auctoritates*, hin.[214] Entsprechend artikuliert er seine Vorstellung von der Zeit nach der Herrschaft des Antichrist und vor dem Weltende. Es ist die Zeit der Ruhe und des Friedens, die Zeit der Wahrheit in der Erkenntnis und der Einheit im Glauben an Christus.

Diese Zeit des Friedens und der Wahrheitserkenntnis, die zur Anbetung Christi und zur Einheit im Glauben führt, ist tatsächlich Gemeingut christlicher Eschatologie. Bonaventura nennt diese Heilsgüter *pax et revelatio.*[215] Thomas von Aquin behandelt sie in seinem Sentenzenkommentar, Petrus Comestor artikuliert sie in seiner einflußreichen *Historia scholastica.*[216] Auch Johannes von Paris wird darauf zu sprechen kommen.

Für Arnald von Villanova ist hier nur wichtig, daß er den engen zeitlichen Zusammenhang zwischen der Vernichtung des Antichrist und der Wiederkunft Christi bloßlegt, und zwar so, daß klarerweise einerseits nicht von einem temporären Ineinsfallen beider „Geschehnisse" gesprochen werden, andererseits aber auch nicht von einer weitspannigen „Zwischenzeit" die Rede sein kann. Zur Verdeutlichung des Gemeinten führt er die Geheime Offenbarung an, wo nach heutiger Zählung in 8,1 (Arnald nennt Kapitel VII) die „Zeit der Öffnung des siebten Siegels" charakterisiert wird: „Und als er das siebte Siegel öffnete, trat Ruhe ein im Himmel wohl eine halbe Stunde."[217]

---

[213] Arnald von Villanova: De tempore adventus antichristi. Vat. lat. 3824, fol. 64 vb–65 ra.

[214] Ebenda.

[215] Ratzinger 1959, 57ff.

[216] Thomas von Aquin: Sent. IV, dist. 48, q. I, art. 4; STh, Suppl. III, q. 73, 1, praeterea; Petrus Comestor: Historia scholastica, PL 198, 1111.

[217] „[. . .] hoc est tempus apertionis septimi sigilli, de quo dicitur Apocalypsis VII: *Et cum aperuisset sigillum septimum, factum est silentium in celo,* id est pax et tranquillitas in ecclesia *quasi dimidia hora.*" Arnald von Villanova: De tempore adventus antichristi. Vat. lat. 3824, fol. 65 ra; cf. Apc 8,1.

Arnald deutet sogleich und durchaus in traditioneller Weise, daß hier der Friede und die Ruhe in der Kirche gemeint ist,[218] führt aber im Blick auf die „halbe Stunde" aus: „[. . .] ut quasi dimidio anno aut medio centenario vel circiter, iuxta principia huius considerationis predicta".[219] Demnach währt die Ruhe in der Kirche nicht lange: ein halbes Jahr oder ein halbes Jahrhundert.

In dem mitunter Arnald zugeschriebenen Apokalypsenkommentar wird betont, daß die „Ruhe im Himmel" als „pax et tranquillitas in cultu caelestis sive spiritualis vitae" zu deuten sei. Von der Kirche ist hier überhaupt nicht die Rede. Angespielt wird auf Jesaja 23,17f., eine Stelle, auf die auch Petrus Johannis Olivi im Zuge seines Apokalypsenkommentars an nämlicher Stelle rekurrierte.[220]

Zweitens wird die Zeitangabe „halbe Stunde" unter der Bedingung ausgelegt, daß tausend Jahre ein Tag seien, der Tag aber aus zwölf Stunden bestehe. Gemäß dieser Deutung besteht jede „Stunde" aus dreiundachtzig Jahren und vier Monaten, so daß eine „halbe Stunde" einundvierzig Jahre und acht Monate ausmacht. Dabei kommt der Autor wenig später ebenfalls noch einmal auf Daniel 12,11–12 zu sprechen, wo *post abhominationem* den Bußfertigen noch 45 „Tage" bis zum Tage des Gerichts konzediert werden. Diese „Tage" müßten jetzt wiederum als Jahre ausgelegt werden, so daß sich zwei Zeitdauern gegenüberstehen, die bis auf vier Jahre übereinstimmen. Diese Differenz sei nun klarerweise der Grund dafür, warum es in der Apokalypse *quasi dimedia* heiße.

Diese Rechnung kommt dem, was Arnald in seinem Antichristtraktat ausführt, inhaltlich recht nahe. Gleichwohl geht Arnald in seiner *computatio* stets davon aus, daß Tage als Jahre, nicht aber als tausend Jahre auszulegen seien.

Doch die gesamte Passage stimmt – überraschend genug – mit einer anderen Quelle überein: mit dem Apokalypsenkommentar des Pseudo-Aquinaten. Dieser spricht übrigens auch noch von der Öffnung des siebten Siegels im Blick auf das siebte Kapitel der Apokalypse, dazu noch – genau wie Arnald – als einer Zeit, die unmittelbar nach dem Tode des Antichrist anzusetzen sei: „post mortem antichristi, quando dabitur pax Ecclesiae". Die Ruhe im Himmel wird hier ebenfalls traditionellerweise als *pax et tranquillitas in ecclesia* gedeutet und die Wendung *quasi dimidia hora* als *valde parum* interpretiert. Überdies

---

[218] *Glossa ordinaria et interlinearis*, ed. Venedig 1603, Bd. 6, 1534f.

[219] Arnald von Villanova: De tempore adventus antichristi. Vat. lat. 3824, fol. 65 ra.

[220] Petrus Johannis Olivi: Lectura supra Apocalipsim. 8,1 (ed. 1972, 460); Arnald von Villanova: Expositio super Apokalipsi. Hrsg. von Joachim Carreras i Artau in Zusammenarbeit mit Olga Marinelli Mercacci und Ioseph M. Morató i Thomàs. Barcelona 1971, 119.

aber fährt der Kommentar des Pseudo-Aquinaten mit jenem Gedanken fort, den auch Arnald aufgreift: mit der Warnung nämlich, diese
Zeit der friedvollen Ruhe und der Wahrheit auch als Zeit der Buße und
Umkehr, der konzentrierten Hinkehr auf Christus zu nutzen. Arnald
von Villanova interpretiert wie der Pseudo-Aquinat diese „halbe
Stunde" eben nicht so sehr als Datenanzeige, sondern als Warnung zur
Wachsamkeit. Beide akzentuieren zwar den engen zeitlichen Rahmen
dieser *quasi dimidia hora*, lassen sich aber auf keine genauere Auslegung
ein. Sie nutzen vielmehr diese biblische Angabe als Aufruf an die Zeitgenossen, sich sofort auf das Wesentliche, auf Gott zu konzentrieren,
Ihm die gesamte Acht- und Aufmerksamkeit zu schenken und vom
Irdisch-Vergänglichen abzulassen.[221]
Arnald von Villanova führt den Warnruf Jesu an, wie er im Lukasevangelium überliefert ist: „Nehmt euch in Acht, daß eure Herzen nicht
von Rausch, Trunkenheit und Sorgen um das irdische Leben belastet
werden, damit euch jener Tag nicht unversehens überfällt wie ein Fall-
strick. Denn kommen wird er über alle, die das Antlitz eines jeden
Landes bewohnen."[222]
Genau dieses ist ja Arnalds Generalthema. Er will den Menschen dazu
bewegen, daß er nicht mehr nur das Vergänglich-Irdische, sondern
Gott, den Ewig-Wahren, in den Blick bekommt. Damit bezieht er diese
Lukasstelle aber nicht nur auf die „Zwischenzeit" kirchlicher Ruhe, sondern weitet sie thematisch auf die Warnung vor dem nahen Weltende
überhaupt aus, dem das Reich des Antichrist noch vorausgeht. Die
neutestamentliche Bibelstelle ist ihm weiterer Beleg für die von ihm zu
Wort gebrachte Grundthese: der Mensch muß, wo immer er sich auch
befindet, auf den Einbruch des Weltendes gefaßt sein und sein Leben
entsprechend diesem bevorstehenden Ende einrichten: „Nemo igitur
in terrenis le/tetur amplexibus, sed iusti letentur et exultent in domino
et omnes recti corde glorientur in eo."[223]

3.2.8.5 Der Beitrag der Astrologie

Recht unvermittelt wendet Arnald sich der Frage zu, ob die Astrologie
ebenfalls für seine These spricht und somit als Beleg für die – zumindest von der Intention des Autors her – streng biblisch begründete
computatio gelten darf. Vom zeitgenössischen Kontext her konnte Ar-

---

[221] Ps.-Thomas von Aquin: Expositio I. in Apocalypsim, cap. 7 (Opera omnia 31, 1876,
560).

[222] Arnald von Villanova: De tempore adventus antichristi. Vat. lat. 3824, fol. 65 ra;
Lk 21,34.

[223] Ebenda, fol. 65 ra–rb: „Ceteris autem dicitur: *Intelligite hec omnes, qui obliviscimini
deum, nequando rapiat*, cotidie per mortem, *et non sit qui eripiat*, de manibus eius." Cf.
Ps 49,22.

nald von Villanova tatsächlich diese Frage nach dem Beitrag der Astrologie zu seinem Thema nicht übergehen. Erfreute sie sich doch gerade im Zuge der Aristoteles-Rezeption an den Universitäten hohen Ansehens. Überdies kannte Arnald von Villanova, der Arzt, die griechisch-arabischen Naturwissenschaften, kannte zweifellos die neuen Übersetzungen der griechischen Astronomie, einer Wissenschaft, die begrifflich wie sachlich noch kaum von der Astrologie getrennt war. Beide Bezeichnungen sind austauschbar. Erde und Gestirne werden nach den naturwissenschaftlichen Erkenntnissen des Aristoteles und des Ptolemäus gesehen und berechnet. Roger Bacon war geradezu fasziniert von seinen Stern-Beobachtungen, den meßbaren und berechenbaren Bewegungen am Himmel. Gerade er war es, der auch im Blick auf das Ende der Welt energisch forderte, die empirisch gewonnenen Ergebnisses der Astronomie heranzuziehen.[224]

Arnald von Villanova nennt und kennt die retardierende Bewegung der achten Sphäre, jener durchsichtigen Schale also, die – nach Ptolemäus – die Fixsterne trägt und um die sieben Planetenhimmel kreist. Die Astrologen, so Arnald, gehen nun davon aus, daß dieser *motus retardationis* der achten Sphäre überhaupt nicht in weniger als 36 000 Jahren vollendet werden könne, daß also noch lange nicht mit dem Ende der Welt zu rechnen sei. Mit anderen Worten: Arnald konzediert, daß er in der Astrologie keinerlei Unterstützung für seine *computatio* findet. Er muß sie konsequenterweise als ungültige Stimme ablehnen. Er stellt fest, daß Gott seine Macht und seine Weisheit nicht an die natürlichen Ursachen gebunden hat. So wie die Erschaffung der Welt ein freier übernatürlicher Akt war, so wird es auch die Vollendung der Welt sein.[225] Gott vermag die natürlichen Abläufe ebenso außer Kraft zu setzen, wie er sie bei der Erschaffung der Welt einzusetzen vermochte.

---

[224] Perarnau: Noves Dades Biográfices 1988/1989; Paniagua 1969, bes. 1–11. Batllori, Miquel: Repercussions culturales i sócio-religioses del cisma d'occident en les terres de la corona catalano-aragonesa. In: Jornades sobre el cisma d'occident a Catalunya, les illes i el país Valencia. Barcelona/Peníscola, 19–21 d'april de 1979. Ponéncis i comunicacions. Hrgs. von Institut d'Estudis Catalans. Barcelona 1986, 73–82. Allg. Übersicht über die geistesgeschichtl. und soziokulturellen Verdichtungen dieser Zeit bietet Flasch 1987, 348–380; vgl. auch die Neuherausgabe von Baeumker, Clemens: Witelo. Ein Philosoph und Naturforscher des 13. Jahrhunderts. Münster ²1991, 523–606.; zu Roger Bacon s. Lindberg, David C.: On the Applicability of Mathematics to Nature. Roger Bacon and his Predecessors. *The British Journals for the History of Science* 15 (1982) 3–25.

[225] Arnald von Villanova: De tempore adventus antichristi. Vat. lat. 3824, fol. 65 rb: „[. . .] quod suam potentiam et sapientiam deus non alligavit naturalibus causis, sed sicut in productione mundi fuit supernaturaliter operatus sic et in consummatione huius seculi supernaturaliter operabitur.“

Auf dieses Argument wird Johannes Quidort von Paris näher eingehen. In der Tat war es von einiger Brisanz, zumal die Aristoteles-
Rezeption ihre „aufklärerische" Wirkung damals nicht verfehlte. Zahlreiche Zeitgenossen Arnalds waren nämlich von der Stabilität und Rationalität der Weltordnung so sehr beeindruckt, daß sie Kosmologie
und Eschatologie, wenn überhaupt, nur schwer miteinander in Einklang zu bringen vermochten. Vielen erschien der kosmologische Bau
und damit die Welt insgesamt die Signaturen der Ewigkeit an sich zu
tragen.[226]
Der Lösungsversuch, den Arnald hier vorschlägt, ist der Hinweis auf
die souveräne Macht Gottes. Der Schöpfer der Welt ist nicht genötigt,
sich an natürliche, von der Kosmologie festgestellte Gesetzmäßigkeiten
zu halten. Diese vermag er entweder vollständig außer Kraft zu setzen
oder aber so zu verändern, daß die Himmelskörper schneller als vor-
ausberechnet ihr von Gott bestimmtes Ziel, ihre Vollendung finden.[227]
Arnalds angestrengtes Bemühen wird deutlich, das Argument der
Astrologen nicht zum Gegenargument seiner Spekulation werden zu
lassen. So argumentiert er schließlich wiederum mit der Autorität der
Bibel, mit Stellen, die geradezu ein solches Handeln Gottes wider alle
astrologisch-astronomische Gesetzlichkeit und natürlich-menschliche
Beobachtung vermuten lassen: Dann, wenn ihn niemand erwartet,
kommt der Herr, „wie ein Dieb!"
Gerade der hier zu Wort gebrachte zweite Petrusbrief: Spricht er nicht
das aus, was Arnald im Blick auf das Verhalten der Himmelskörper
am Ende der Zeit vermutete? Daß sie nämlich gegen Ende der Welt
hin ihre Geschwindigkeit reißend erhöhen? „Secunda Petri ultimo
dicens: Adveniet dies domini sicut fur, quo celi magno impetu trans-
current vel transient."[228]
Ja, nicht nur seine Vermutung begründet Arnald mittels dieses Petrus-
zitates, sondern auch die Andersartigkeit des Beweisganges: Nicht
dank der Erkenntnis der Naturwissenschaften vermag der Mensch

---

[226] Flasch 1989, 50ff.

[227] „Et si totius retardationis revolutio necessaria foret, ut asserunt, ad universalem perfectionem, nihilominus deus est potens motum orbium velocitare, quantum placuerit, et revolutionem complere brevissimo tempore, ita ut revolutiones quinquaginta
vel centum annorum compleantur in uno anno vel dimidio quod utique futurum esse
circa / finem mundi scriptura testatur." Arnald von Villanova: De tempore adventus
antichristi. Vat. lat. 3824, fol. 65 rb–va. Zum damaligen Stand der Diskussion Roth,
Norman: Seis edades durará el mundo. Temas de la polémica judía española. *La
Ciudad de Dios* 199 (1986) 45–65; sehr eindringlich auch Zahlten, Johannes: Creatio
Mundi. Darstellungen der sechs Schöpfungstage und naturwissenschaftliches Weltbild im Mittelalter. Stuttgart 1979.

[228] Ebenda fol. 65 va; Petr 3,10.

über das Weltende gültige Aussagen zu treffen. Vielmehr bedarf es der biblischen Begründung, bedarf es der offenbarenden Rede Gottes; denn nur von Gott wird das Ende der Welt bestimmt, von Gott, der über jeder Berechenbarkeit steht. Gottes Denken, Planen und Handeln, „Gottes Wege", wie Arnald formuliert, übersteigen menschliches Denken, Planen und Handeln. Seinen Gedanken- und Beweisgang vorläufig abschließend, bringt Arnald, geschickt plaziert, das nicht zuletzt aus der Liturgie bekannte Pauluswort zur Geltung: „Quis enim cognovit sensum domini aut consiliarius eius fuit? Aut quis prior dedit illi et retribuetur ei? Quoniam ex ipso et per ipsum et in ipso sunt omnia. Ipsi gloria in secula seculorum. Amen."[229]
Zusammenfassend kann somit konstatiert werden, daß Arnald von Villanova im Anschluß an seine *computatio* etliche Belege und Beweise artikuliert, die, in Abbreviatur gesprochen, dreierlei betonen:
Erstens, daß seine „Berechnung" ausschließlich biblisch begründet, daß sie aber durchaus außerbiblisch unterstützt werden kann; und zwar aufgrund von Zeugnissen, die wiederum nicht durch menschliche Anstrengung gewonnen, sondern dank göttlicher Begeisterung geschenkt wurden. Die sibyllinischen Orakel, namentlich die der bereits von Augustinus ins Gespräch gebrachten erythräischen Sibylle, vermögen hier anschaulich konkretes Weissagungswort zu tradieren. Astronomische Berechnungen aber implizieren keine göttlich inspirierte Rede, sondern bleiben auf der rein irdisch-kontingenten, „natürlichen" Verstandes- und Verfügungsebene des Menschen. Deswegen vermögen sie nichts zur Aufhellung von Sachverhalten beizutragen, die „übernatürlichen" Charakters sind und prinzipiell also jenseits der Verfügungs- und Verstandesgewalt des Menschen liegen.
Zweitens können auf diesem geisterfüllten und gottgewiesenen Wege nicht nur Aussagen über die Zeit des antichristlichen Kommens, sondern auch noch über diese hinaus getroffen werden: über die „Zwischenzeit" nämlich, die sich von der Niederlage des Antichrist bis zum Einbruch des Jüngsten Tages hin erstreckt. Nicht nur wird es keine hundert Jahre mehr dauern, bis der Antichrist persönlich seine Herrschaft errichtet, sondern auch die Zeit „danach" wird keine hundert Jahre währen.
Drittens vermag Arnald von Villanova konkrete Zahlen zu nennen, die seine biblisch begründete *computatio* einerseits pointieren, andererseits aber, da sie mit dieser nicht genau konkordieren, durchaus und expressis verbis zu relativieren. Seine Rede von der dem Weltende unmittelbar vorausgehenden Zeit des Antichrist und des Friedens signiert die Zeit als Zeit der Entscheidung für Christus; diese doppelläufige

---

[229] Ebenda fol. 65 va; Rm 11,33.

Rede also wird unterstrichen in ihrer existentiellen Ernsthaftigkeit, nicht aber in ihrer kalendarischen Exaktheit.

3.2.8.6 Zum „modus operandi"

Äußerlich wie inhaltlich ändert sich nach dem „Amen" auf der Folie 65 va der Handschrift Vat. lat. 3824 die Argumentation Arnalds. Im Mittelpunkt seines Interesses steht nicht mehr die Darlegung seiner konkreten *computatio*, sondern, diese voraussetzend, der, wie Arnald selbst formuliert, *modus operandi*, die kritisch-rechtfertigende Reflexion seiner vorgenannten Dokumentation. Aber immerhin bleibt er noch bei seinen Prinzipien:

„Premissis igitur intellectis facile poterit obicientibus responderi, qui dicunt sanctos viros et ecclesie doctores arguere ac etiam increpare illos, qui aliqua computatione satagunt / futuros eventus certis temporibus assignare, quia non intendunt opus condemnare, sed operandi modum."[230]

Als Autoritäten werden hier und an anderen Stellen immer wieder „die heiligen Männer" und die „Gelehrten der Kirche" bemüht, mitunter abbreviierend *sancti doctores* genannt. Offensichtlich angesprochen sind jene, die in der Tradition der biblischen Zeugen stehen, vornehmlich des Propheten Daniel, der vier Evangelisten, des Petrus und Paulus; und zwar allesamt in der Auslegung namentlich des Hieronymus und des Bischofs von Hippo. Gestützt also auf diese, ist es Arnald darum zu tun, die Frage nach dem Kommen des Antichrist und nach der Ankunft Christi zum Jüngsten Gericht in der rechten Weise zu beantworten, den rechten *modus operandi* zu finden. Nicht das „Ob überhaupt", sondern das „Wie", die Art und Weise des Erkennens, ist die alles beherrschende Frage in diesem Zusammenhang. Daß nämlich gewisse Ereignisse zeitlich recht genau vorausgesagt werden können, sei für die *sancti doctores* offensichtlich keine Frage. Selbstredend können etwa der Auf- und Untergang bestimmter Himmelskörper etwa der Sonne, des Mondes oder auch des Saturn vorausgesagt und berechnet werden; und zwar auf die Stunde genau.

Doch Arnald differenziert zwischen dem *modus indebitus* und dem *modus debitus*. Bei jeder Berechnung müßten die Axiome, bei jedem Syllogismus die Prämissen und – generell gesprochen – bei jedem intelligiblen Kombinations- und Reflexionsprozeß haben die angewandten Prinzipien sich auf den Gegenstand zu beziehen, oder genauer: müssen die angewandten Prinzipien dem Objekt korrespondieren. Danach bemesse sich der *modus indebitus* bzw. der *modus debitus*, wie Arnald urtei-

---

[230] Ebenda fol. 65 va–vb.

lend differenziert. Er bringt ein den gemeinten Sachverhalt verdeut-
lichendes Beispiel:
Es wäre doch wohl lächerlich und ein Exempel für den *modus indebitus*,
wenn jemand die Zeiten künftiger Eklipsen, also kommender Mond-
oder Sonnenfinsternisse, mittels Beachtung von nautischen oder agri-
kularen Regeln festzustellen glaube. „Hoc enim esset ridiculosum et
valde inordinatum."[231]
Dagegen wäre es ein Beispiel für den *modus debitus*, sofern im genannten Fall die Grundregeln der Astronomie angewandt werden, „[. . .]
que sunt principia demonstrationis in motibus et cursibus planetarum."[232] Mit diesem Prinzipien käme man ans Ziel, d. h. zum richtigen
Ergebnis; und zwar deswegen, weil die angewandten Prinzipien jener
Ordnung angehörten oder wenigstens, von ihrer inneren Struktur her,
auf jene Ordnung bezogen seien, der auch der zu behandelnde Gegenstand angehöre. Zur Verdeutlichung weist Arnald hin auf das noch
primär als Anwendungsgebiet der Mathematik gedeutete Quadrivium.
Dieser Teilbereich der gegen Ende des 13. Jahrhunderts längst schon
bis zur Unkenntlichkeit veränderten *artes liberales* beschäftige sich ja
speziell mit jenen Prinzipien, die notwendig zu Ergebnissen führen, die
dem Bereich der Quantitäten angehören.[233]
Und genau dieser Bereich sei im Blick auf die „Berechnung" des künftigen Weltendes überfordert. Um über dieses Thema gültige Aussagen
zu treffen, werde von den Heiligen – *de sanctis* – Prinzipien aufgestellt,
die einem völlig anderen *ordo* angehören als dem der Mathematik, der
Naturwissenschaften, der bloß zu berechnenden „conclusiones in quan-
titatibus quibiscumque".[234] Sofern es darum gehe, auch hier, im Blick
auf die Dauer der Weltzeit und der künftigen Endereignisse den *modus
debitus* zu finden, gehe es darum, „Prinzipien" aufzustellen, die in keiner
Weise abhängig seien von „natürlichen Ursachen oder menschlichem
Fleiß".[235]
Was aber besagt das? Zu verstehen sind diese Ausführungen nur im
Blick auf das oben bereits Gesagte. Nicht „menschlicher Fleiß", d. h.
nicht menschliche Anstrengung, nicht die autarke Selbstmächtigkeit
menschlichen Denkens, nicht menschliches Kalkül, nicht menschliche
Klugheit noch Versiertheit, nicht technisch-naturwissenschaftliches

---

[231] Ebenda fol. 65 vb; zur Autorität der „Väter" für die mittelalterliche Exegese s. Reventlow, Henning Graf: Epochen der Bibelauslegung. Bd. 2: Von der Spätantike bis
zum ausgehenden Mittelalter. München 1994, 146–230.
[232] Ebenda fol. 66 ra.
[233] Ebenda; Flasch 1987, 306ff.
[234] Arnald von Villanova: De tempore adventus antichristi. Vat. lat. 3824, fol. 66 ra.
[235] Ebenda fol. 66 ra.: „qui nullo modo dependent a causis naturalibus vel ab humana
industria volunt per principia humane curiositatis certe prenoscere vel indicare."

Raffinement bieten den Grund und Boden für die angestellte *computatio*, sondern letztlich und prinzipiell Außer- und Übermenschliches, göttliche Offenbarung, der dreipersönliche Gott selbst.[236]
Damit ist der von Arnald gewiesene *modus operandi* als *modus debitus* gerechtfertigt. Jede Überlegung und „Berechnung" über das Weltende hat von offenbarten Angaben über die fragliche Zeit selbst auszugehen, muß sich aber nicht in ihrem Vollzug, in ihren Zwischenüberlegungen und -ergebnissen ausschließlich auf göttliche Rede stützen. Sie darf und muß die Offenbarung Gottes ernstnehmen, muß sie erforschen und auf ihren Aussagesinn hin überdenken und auf das Ende der Welt hin auslegen. Dies ist zwar eine geistige Leistung seitens des Menschen, doch die Vorgaben, die Prinzipien, das Entscheidende der *computatio* also, sind göttlich geschenkte Aussagen über die kommenden Zeiten, ist Offenbarung, *revelatio*, wie Arnald betont.[237] Mit anderen Worten: Jede Aussage über die Eschata, speziell über die Zeiten der Eschata muß offenbarungsmäßig, also streng biblisch belegt sein. Ansonsten sei ein falscher Modus, der *modus indebitus* gewählt, der nicht nur zu falschen Ergebnissen führe, sondern den irrenden „Rechner" obendrein noch lächerlich mache.

3.2.8.7 Reflexionen über Prinzipien

Der richtige *modus operandi* hängt damit entscheidend von den Axiomen oder, genauer gesagt, von seinen „Prinzipien" ab. Arnald benutzt *principium* und *principia* in diesem Zusammenhang in jener inhaltlichen Spannweite, die dem Wort seit Boethius' Übersetzung zukommt: als Translation des griechischen Wortes *arche*, das sowohl „Erstes" wie „Letztes", „Ursprung", „Anfang" wie „herrschaftliche Zielrichtung" besagt. Prinzip hat damit eine Bedeutungsvielfalt und -mächtigkeit, die im Deutschen nur mittels Umschreibungsversuche wiedergegeben werden können. So versuchte Martin Heidegger *principium* mit „beherrschendes Woher" zu übersetzen.[238]
Sofern Arnald von Villanova im folgenden drei seiner Prinzipien artikuliert, geht er implizit zunächst von diesem prinzipiellen Wortsinn aus, hält ihn aber selbst nicht durch: Das Prinzip wird zum Axiom, das Axiom schließlich zur fragwürdigen Voraussetzung seiner *computatio*.

---

[236] Ebenda 66 ra–rb: „Sed cum certitudo sit omnium futurorum in deo, tunc / si ab ipso fuerint aliquorum futurorum tempora revelata, non erit inordinatum aut inconveniens illorum notitiam querere vel investigare computatione partium temporis, habita certitudine per revelationem de initio et fine et medio temporum futurorum."
[237] Ebenda fol. 66 rb.
[238] Heidegger, Martin: Was ist das – die Philosophie? Pfullingen 1956, 37.

3.2.8.7.1 Der Antichrist: prinzipieller Widerpart Christi

Mit dem im strengen Wortsinn verstandenen *principium* gelingt es Arnald zunächst einen Zusammenhang herzustellen zwischen dem, was Inhalt christlicher Offenbarung ist, und dem, was über zukünftige Ereignisse biblisch vorausgesagt wird. Ja, nur insofern vermag er überhaupt von „Offenbarung" im Blick auf prophezeite kommende Ereignisse zu sprechen, als er diese Prophezeiungen als Bestandteil der christlichen Botschaft versteht, die er insgesamt als *principium* und *revelatio* begreift und in dieser „prinzipiellen" Hinsicht die genannte Prophezeiung auch als *revelatio* im weiteren Sinne versteht.[239]
Arnald von Villanova besteht darauf, daß zum christlichen Offenbarungsgehalt und damit zum Inhalt christlichen Glaubens der Wegweis der Kirche durch die Zeit hin zu ihrer Vollendung gehört. Es geht ja gerade um das „Heil", um die letztgültige Vollendung des Menschen, oder, um genau Arnalds Worte zu wählen, um „das äußerste Endziel" (*ad ultimum finem*) „des gläubigen Volkes", „der Kirche" insgesamt.[240] Diese Vollendung besteht in der endgültigen Teilnahme des Menschen an dem Leben des dreifaltigen Gottes, an dem Leben „in Gott", wie wiederum Arnald bündig sagt.
In der *doctrina Dei*, der Lehre Gottes (genetivus subjectivus!), geht es in den Augen Arnalds nicht zuletzt darum, den Gläubigen zu zeigen, sie zu lehren, ihnen offenbarend mitzuteilen, wie sie leben sollen, und was sie tun müssen, um diese ihre wahre und letzte Bestimmung zu finden.
Damit greift Arnald auf jenen Offenbarungsbegriff zurück, den er zweifellos in der augustinisch geprägten Schultradition vorfand und den Thomas von Aquin formell als *illuminatio mentis*, als Erleuchtung des Verstandes durch Gott bestimmte. Diese gottgeschenkte Erleuchtung bringt die Bedeutung jener biblischen, speziell neutestamentlichen Ereignisse zur Einsicht, darf aber mit diesen Ereignissen selbst nicht verwechselt werden. Die christliche Offenbarung ist die Offenbarung Jesu Christi. Sie bezieht sich inhaltlich auf Gott selbst sowie auf sein heilschaffendes Handeln am Menschen, bringt insgesamt seinen Heilsplan zu Gesicht: „his plan with man and the word, inasmuch as the latter is related to man's salvation".[241]
Allerdings unterstreicht Arnald einseitig die negativ abschreckende Seite der christlichen Botschaft. Dabei zeigt sich, wo er den Akzent setzt: auf die Entscheidungssituation des Menschen in diesseitiger Exi-

[239] Dazu grundsätzlich Torrell 1990, 171–195, bes. 181ff.
[240] Arnald von Villanova: De tempore adventus antichristi. Vat. lat. 3824, fol. 66 rb.
[241] Elders, Leo: Aquinas on Holy Scripture as the Medium of Divine Revelation. In: La doctrine 1990, 132–152, hier: 132.

stenz. Es kommt für den katalanischen Gelehrten darauf an, seinen Zeitgenossen klarzumachen, daß sie sich zu entscheiden haben: für den Weg zum Heil oder den Weg zum Unheil. Auch letzterer sei Offenbarungsgehalt und damit zugleich Verkündigungsauftrag, wie Arnald konstatiert. Es geht ihm darum, den Menschen zu zeigen, sie zu lehren, ihnen offenbarungsmäßig mitzuteilen, wie sie nicht leben dürfen und was sie nicht tun sollen, sofern sie ihre wahre und letzte Bestimmung, ihr Heil „in" Gott finden wollen.

Damit will Arnald unausgesprochen, aber doch deutlich spürbar an die herrschende Schultradition von Offenbarung anknüpfen, die die „Offenbarung" durchaus nicht nur auf die dem natürlichen Verstand verborgene übernatürliche Wahrheit, sondern auch auf natürliche Sachgegebenheiten bezogen sah, sofern sie dem Menschen notwendige oder auch nur nützliche Einsicht darüber brachten, wie er seine Vollendung erreichen, wie er sein Heil in Gott finden könne: „[. . .] omnia illa quorum cognitio potest esse utilis ad salutem."[242]

Arnald betrachtet das Wissen um den Antichrist als ein Wissen um die *via negationis*, als ein Wissen um den Abweg. Dieses Bescheidwissen um die Abkehr vom Heilsweg sei dem Menschen hilfreich und nützlich, um gerade diesen Weg zu vermeiden. „Constat autem quod doctrina dei versatur circa ea, que ad statum ecclesie pertinent in ordine ad ultimum finem, ita quod tota ordinatur ad informandum eam de via in deum et devio, ut viam in deum prosequatur et devium declinet."[243]

Damit steht der Mensch vor der Entscheidung. Sie drängt zu praktisch-handlungsorientierten Konsequenzen. Geht er den Weg zum Schöpfer-Gott oder beschreitet er den Ab- und Irrweg, den Weg, der ihn von Gott abbringt? Beide Wege stellt Arnald offensichtlich gleichmächtig gegenüber (insofern das Wortbild vom „Weg" sprengend und es als Wirkmacht, als „Prinzip" konturierend), sie „prinzipiell" als in einem kontradiktorischen Gegensatz begreifend: „[. . .] via in creatorem et devium sunt contraria et habentia contraria principia."[244]

Doch Arnald wird noch konkreter: Das eigentliche Thema der Menschheitsgeschichte ist ihm nicht die Entscheidung des Menschen für oder gegen eine bestimmte Lebenspraxis, die nach moralisch-ethischen Gesichtspunkten gut oder böse zu nennen wäre. Es geht ihm nicht um ein Prinzip als Prinzip (auch nicht als Wirkprinzip), sondern um ein Prinzip als Person, oder, mit Arnald formuliert, es geht um ein dem Menschen auf seinem Weg zu Gott „äußerst nahes Prinzip", um ein menschlich-personales Prinzip, letztlich und erstlich – prinzipiell –

---

[242] Thomas von Aquin: De veritate. 12, 2.
[243] Arnald von Villanova: De tempore adventus antichristi. Vat. lat. 3824, fol. 66 va.
[244] Ebenda.

um den Anspruch Gottes an den Menschen, um den Logos, das *verbum domini*, um Christus. Er ist das „Prinzip", der Erste und Letzte, der Höchste und das zumindest den gläubigen Christen beherrschende Auf-Gott-hin-Sein. „Est etiam verum quod principium proximum vie hominis in deum est Christus."[245]
Das hier benutzte Wort von der *via hominis* weist überdies auf einen Sachverhalt hin, auf den es Arnald nicht wenig ankommt. Spricht er doch im Verlauf seines Traktates immer wieder von der „gegenwärtigen Pilgerschaft" des Menschen, der *peregrinatio praesens*, und vom Menschen als eines „Erdenpilgers", eines *viator*. Er will damit jene metaphysische Seinsverfassung des Menschen in dieser Welt in Erinnerung rufen[246] und seinen Koäternen verdeutlichen, daß sie „auf dem Wege" sind, solange und sofern sie sich „in der Welt" befinden. Doch diese „Befindlichkeit" darf nicht bloß als äußere Bestimmung des Ortes, sondern muß vielmehr und vor allem als innere Seinsverfassung des Menschen verstanden werden. Es geht um das seinshafte „Noch nicht" des Menschen als eines Geschöpfes, um die Aus- und Eingespanntheit des geschöpflichen Werdeseins zwischen den Polen des Wirklichen und Unwirklichen, zwischen dem Sein und dem Nichtsein. Keineswegs von ungefähr ist ja auch in diesem Zusammenhang bei Arnald vom *creator* die Rede, der als der Ursprung und als das Ziel des Menschen verstanden wird, als derjenige, wovon der Mensch überhaupt ist, sofern er ist, und worauf hin der Mensch unterwegs ist bzw. sein sollte. In diesem Sinne betreibt Arnald hier Bestandsaufnahme, die im Ergebnis gleichsam als „Zwischenbilanz" zu werten ist. Er skizziert den „Stand", nimmt den *status* des Menschen in hiesiger Existenz als das auf, was er ist: als Kreatur, die ihr Wesen nicht schon „ist", sondern die ihr Wesen allererst noch „wird". Der Wegcharakter des Menschen signiert seinen dynamischen Werdecharakter, kennzeichnet das ganze Menschengeschlecht in Zeit und Raum wie jedes einzelne Individuum in seiner Besonderheit als ein in einem spannungs- und entscheidungsgeladenen „Zwischenzustand", als *in statu viatoris* befindliches Geschöpf.
Gerade um dieses „Noch nicht" des *status viatoris* ist es Arnald zu tun. Es impliziert ein Negatives wie ein Positives: das Fragmentarische, Fragile, Brüchige und noch keineswegs endgültige des Menschen, kurz: das Nichtsein seiner Wesensfülle, eben die Unvollkommenheit, ande-

---

[245] Ebenda.
[246] Dazu auch Thomas von Aquin: Sent. II, dist. 48, q. I; STh, I, q. 62, 8.; Kleber, Hermann: Glück als Lebensziel. Untersuchungen zur Philosophie des Glücks bei Thomas von Aquin. Münster 1987, bes. 188ff. (= BGThPh NF Bd 31). Gerwing, Manfred: Hoffnung. In: LexMA V, 1991, 69.

rerseits aber die seinshaft innere Richtung des Menschen auf die Erfüllung.[247]

Es ist nun bemerkenswert, weil die Sicht Arnalds deutlich charakterisierend, daß im folgenden nicht die positive, sondern eindeutig die
negative Seite des *status viatoris* akzentuiert wird. Nicht die innere Aus-
spannung des Menschen auf das Gute, auf seine Seinserfüllung, auf
seine Bestimmung wird betont, sondern die Gefährdetheit des Menschen in hiesiger Existenz, seine daseinsmäßige Nähe zum Nichts, sein
„ständiges" Stehen vor dem Abgrund wird herausgehoben; und zwar
so sehr, daß der Antichrist nicht etwa als ein von Christus im Grunde
schon Besiegter, sondern als eine geradezu gleichmächtige „Alternative" vorgestellt wird: Christus als der Weg zum, der Antichrist als Weg
weg von Gott, jener als der Auf- und Höhenweg, dieser als der Ab- und
Tiefgang des Menschen. Arnald artikuliert die strenge Gegensätzlichkeit beider:

„Ita quod Christus et antichristus vel per se vel per sua membra in tota
peregrinatione huius seculi sunt principia populi fidelis contraria vel
opposita. Nam Christus est dominus et alius latro, Christus est pastor
et alius lupus, Christus custos et alius fur, Christus est sponsus et ami-
cus, alius vero adulter et inimicus."[248]

Der Mensch *in statu viatoris* steht somit vor der Entscheidung seines
Lebens. Er vermag sich für Christus oder gegen ihn zu entscheiden, für
oder gegen diejenigen, die mit Christus verbunden sind, und damit für
oder gegen jene, die zum Antichrist gehören. Doch durch die Konnexion der Betonung menschlicher Wahlfreiheit und der wenigstens
kurz angesprochenen, keineswegs aber ausgeführten theologischen
Rede vom Gliedschaftscharakter ist überdies die Perspektive auf die
Gebundenheit menschlicher Freiheit durch die gnadenhafte Vereinigung und Eingliederung in Christus eröffnet. Allerdings auch umgekehrt: Die Eingliederung in das *corpus antichristi* weist ebenfalls auf ein
„un-gnädiges" Gezogen- und Gelocktwerden des Menschen durch das
Geheimnis des Bösen hin, die Wahlfreiheit des Menschen nicht aufhebend, sondern beeinflussend.

Der theologische „Sprengstoff", der mit den genannten Explikationen
und angedeuteten Implikationen verbunden ist, tangiert Arnald nicht.
Er geht zumindest nicht auf die damit aufgeworfenen, besonders gna-
dentheologischen wie christologischen Problemfelder ein. Worauf es
ihm hier ankommt, ist, den Antichrist als den „prinzipiellen" Widerpart Christi darzustellen, und zwar im Vollzug der gesamten Menschheitsgeschichte. Arnald will dem Zeitgenossen vor Augen halten, daß

---

[247] Arnald von Villanova: De tempore adventus antichristi. Vat. lat. 3824, fol. 66 va.
[248] Ebenda fol. 66 vb.

es letzten Grundes, „prinzipiell", nicht bloß um den Kampf zwischen Gut und Böse an sich, Sein oder Nichtsein schlechthin, nicht einmal zwischen Gott und Satan, geschweige denn, wie Goethe formulieren wird, zwischen Glaube und Unglaube geht; das zwar alles auch! Vielmehr will Arnald entschieden und prinzipiell herausstreichen, daß es hier auf Erden, in dieser vorläufigen „präsentischen" Welt entschieden und letztlich um den Kampf zwischen Christus und dem Antichrist geht, daß ferner dieser Kampf ein Entscheidungskampf ist, der sich zum Ende der Welt hin noch einmal mit aller Schärfe – in apokalyptischem Ausmaß – zuspitzen wird und insgesamt ein Drama darstellt, in dem der Mensch zwar nicht die *dramatis persona generalis* ist, in dem er aber auch nicht in die Rolle eines bloßen Zuschauers gedrängt wird. Vielmehr macht Arnald klar, daß der Mensch aufgerufen ist, mitzu- „spielen", angesprochen ist, sich zu entscheiden: für Christus oder den Antichrist, für sein Heil oder gegen sein Heil.

Die „Lehre von den Gegensätzen",[249] das Wissen um Christus und um den Antichristus, sind der Kirche von Gott her selbst vermittelt und bereits im Alten Testament angekündigt. Nicht nur das Zugehen Gottes auf den Menschen in Jesus Christus, sondern auch das hindernde Entgegentreten des Antichrist ist Offenbarungsgehalt. Mehrfach betont es Arnald mit allem Nachdruck:

„Cum ergo contrariorum eadem sit disciplina, congruum erat ut doctrina dei, qua eruditur ecclesia de principiis sui status in peregrinatione presenti, contineat revelationem principiorum contrariorum, scilicet Christi et antichristi."[250]

Vorausbezeugt wird das Kommen Christi wie das des Antichrist vornehmlich durch das Buch des Propheten Daniel. Hier sei zweifelsfrei sogar nicht nur das „Daß", sondern auch das „Wann" determiniert.[251] Damit kommt Arnald zu seinem zweiten Prinzip, das er eigens herausstreichen zu müssen glaubt: seinem Schriftverständnis und Auslegungsmodus.

3.2.8.7.2 Schriftverständnis und Auslegungsmodus

Nachdem Arnald in Anspielung auf die bekannte Lehre vom Gesetz des Gegensatzes her konstatierte, daß die Rede vom Antichrist gleichsam nützlicher Warn- und Mahnruf innerhalb der vieldimensionalen Offenbarungsbotschaft sei, und für ihn selbstverständlich diese göttliche Offenbarung im Medium der Heiligen Schrift, des Neuen wie des Alten Testamentes, auf den Menschen zukomme, geht er jetzt auf die

---

[249] Gerwing 1986, 192.
[250] Arnald von Villanova: De tempore adventus antichristi. Vat. lat. 3824, fol. 66 vb.
[251] Ebenda: „Neque sacri doctores negant predicta tempora fuisse populo fideli revelata per ministerium Danielis."

daraus sich ergebende Frage ein, wer und wie denn überhaupt diese in der Heiligen Schrift artikulierte Botschaft sachgerecht interpretiere bzw. zu interpretieren sei. Daß Arnald diese Frage allerdings nicht akademisch-gelassen disputiert, sondern durchaus entschieden definiert, ergibt sich aus der Sachlage selbst. Es geht ihm darum, seinen *modus operandi* generell wie sein „Komputationsaxiom" speziell zu verteidigen.

Zunächst streicht er nochmals heraus, daß es hier um die Interpretation von Offenbarung geht, von göttlicher Rede, von *doctrina dei*. Diese finde sich vor allem in der Heiligen Schrift, aber so, daß das dort zu Wort Gebrachte angewiesen bleibt auf den sachgerecht deutenden, d. h. gläubig aufnehmenden Interpreten. Daraus zieht Arnald sodann die Konsequenzen. Er fordert die Auslegung des Glaubens im Glauben. Er erinnert mit aller Schärfe daran, daß jedes Bemühen um das rechte Verständnis des biblischen Textes im Dienste des Kerygmas steht. Dieses haben die Theologen zu Wort zu bringen, damit die Tat-Antwort des Glaubens gegeben werden kann. Die „Gottesgelehrten" müssen selbst „heilig" sein. Nur die *sancti doctores* vermögen *auctoritates*, „Urheber" zu sein und als Glaubensvermittler in diesem Sinne anerkannt zu werden.

Mehr noch: Arnald bemüht sich augenscheinlich darum, beim Leser den Eindruck zu wecken, daß er selbst in dieser Tradition „heiliger Gelehrter" steht, in der Tradition jener, die sich um die *doctrina Dei* gläubig bemühen. Diese werde nicht um ihrer selbst willen, sondern aus unterrichtlich-erzieherischen Gründen betrieben: *qua eruditur*, wie es heißt. Es geht darum, die Gläubigen auf das Verfehlen und Scheitern ihres von Gott gewiesenen und zu Gott führenden Weges aufmerksam zu machen, nachdrücklich aber auch auf den Antichrist hinzuweisen. Die „heiligen Gottesgelehrten" wußten und wissen dies. Entsprechend haben sie – wie Arnald – das Buch Daniel ausgelegt.

Diese verantwortliche, erzieherisch wirksame, eruditive Auslegung des Buches Daniel müsse maßgeblich sein, keineswegs aber die der „Juden", „Ungläubigen" und „Sünder". Auch dies ein Auslegungsprinzip: „Nec est audiendus iudeus, perfidus et prevaricator."[252] Dieser Satz darf nicht als Judenhetze verstanden werden. Der *Iudeus* wird lediglich in einer sich negativ steigernden Reihe von „Nichtchristen" als erster, und damit noch dem Christen am nächsten Stehender genannt. Arnald ist es hier vielmehr darum zu tun, das christliche, erzieherisch wirksame Interpretationsprinzip zu manifestieren und es mit seinem Auslegungsmodus zu identifizieren. Dabei rekurriert er vornehmlich auf seine Exposition von Daniel 9,25 bis 9,27 sowie 12,11, die er zur

---

[252] Ebenda.

Grundlage seines „Komputationsaxioms" stilisiert und gleichzeitig scharf gegen jene polemisiert, die die nämlichen Danielverse als nicht verstehbar bezeichnen und damit als irrelevant und letztlich als bedeutungslos betrachten: „Hoc enim est nequi/tie perversitas et absolute falsum."[253]

Zwei mögliche Einwürfe werden damit von Arnald artikuliert. Sie werden von jenen vorgebracht, die selbst glaubenslos sind und somit auch kein Interesse daran haben, das Leben aus dem Glauben zu mehren, nicht nur Arnalds oben erwähnte Auslegung, sondern jede definitive Exposition für irrig erklären, und zwar deswegen, weil sie diesen Danielversen keinerlei Sinnhaftigkeit zusprechen können, ihnen also vollkommen unverständlich gegenüberstehen. Dieses ihr Unvermögen verallgemeinern sie, indem sie es auf alle Menschen übertragen. Auf den Punkt gebracht, lautet ihr Einwand: „nemo intelligit sensum illorum verborum."[254]

Über die erwähnte Disqualifizierung dieses Gegenargumentes hinaus bringt Arnald zwei sachliche Überlegungen gegen diesen Einwand vor:

a) Falls tatsächlich niemand diese Verse verstehe, muß angenommen werden, daß Gott selbst überhaupt nicht wolle, daß menschlicherseits jemand sie verstehe. Er hätte also vergeblich zu den Gläubigen gesprochen. Was nicht sein kann; denn Gott unternimmt nichts vergeblich.[255]

b) Es gibt Personen, die diese Verse verstanden haben und diese Verse auch sinnvoll haben erklären können. Er selbst, Arnald, gehöre ja zu diesem Personenkreis, wie aus seinen obigen Darlegungen zu ersehen sei; Hieronymus ebenfalls und – last not least – Christus selbst. Denn diese *auctoritates* disqualifizieren keineswegs die fraglichen Danielverse als unverständliches Gerede, sondern schenken den Visionen Daniels alle Beachtung. Hieronymus versteht sie eindeutig als Blick in die Zukunft. Warum sonst spricht er in seinem Prolog *Super Genesim* von Daniel als von einem „Mit-Kenner" zukünftiger Zeiten? Oder Christus! Sollte er „die Söhne der Kirche" vergeblich auf Daniel verwiesen haben? „Frustra etiam Christus rem/itteret filios ecclesie Danieli, cum dicit: *Cum videritis abhominationem dictam ad Danielem*, vel *dictam a Daniele*."[256]

---

[253] Ebenda fol. 66 vb–67 ra.

[254] Ebenda fol. 67 ra.

[255] Ebenda fol. 67 ra: „Nam sinemo intelligit, noluit deus aliquem intelligere. Quod si sic, frustra communicavit populo fidei predictos sermones, cum tamen deus et natura nihil faciant frustra."

[256] Ebenda fol. 67 rb–67 va; Mt 24,15.

Im Blick auf die beherrschende Frage nach Arnalds Auslegungsprinzipien formuliert, heißt das: Arnald beharrt darauf, daß die fraglichen Danielstellen überhaupt auslegbar sind, mehr noch: daß es zu den dringenden und gar nicht zu umgehenden Aufgaben eines Gottesgelehrten gehört, sich diesen Schriftstellen zuzuwenden und sie gläubig und verantwortungsbewußt auszulegen.

Dabei ist ihm das Herrenwort im Matthäusevangelium (Mt 24,15; 24,21) zweifellos noch einmal besondere Verpflichtung. Es beweist einerseits, daß Christus selbst die Danielstelle ernstnahm und daß er sie überdies in den eschatologischen Kontext rückte. Damit unterstreicht Arnald ein drittes „Prinzip" seiner Auslegung, das ihm zum Strukturprinzip seiner *computatio* wurde.

3.2.8.7.3 Der eschatologische „ordo"

Wie bedeutsam für das eschatologische Denken Arnalds gerade die Auslegung des vierundzwanzigsten Kapitels des Matthäusevangeliums ist, darauf wies bereits M. Batllori 1955 hin.[257] Hier rekurriere Jesus nicht nur deutlich genug auf jene Danielstelle, die von dem „Greuel der Verwüstung" spreche, sondern rücke auch noch die Ankündigung von Daniel 12 in einmalige Höhen: „erit enim tunc tribulatio magna, qualis non fuit ab initio mundi usque modo neque fiet".[258] Dabei weist Arnald nachdrücklich darauf hin, daß das Futur gewählt werde, also eine Handlung bezeichnet wird, die allererst in der Zukunft liegt, gleichzeitig aber das Ende der Welt, den Jüngsten Tag signiert, an dem Christus als der Richter erscheinen wird: „Sogleich nach der Drangsal jener Tage wird die Sonne sich verfinstern."[259] Daraus zieht Arnald den Schluß, der für die diversen Relationen innerhalb der von ihm aufgestellten *computatio* wichtig wurde:

Mit Recht könne sich niemand mehr auf jene alte Deutung berufen, nach der die Rede innerhalb der Danielvision von der Abschaffung des immerwährenden Opfers auf die Zeit des Nabukondonosor verweise, also auf den Beginn der Babylonischen Gefangenschaft, während die Errichtung des Greuels in die Zeit der Römer unter Titus und Vespasian falle. Letzteres widerspreche der genannten Ankündigung Christi von dem unmittelbar nach der „Errichtung des Greuels" einbrechenden Weltende. Ersteres stimme nicht mit der im Buch Daniel selbst zu Wort gekommenen Vision überein:

---

[257] Batllori 1955, 45–70, bes. 48f. und 70. Die Echtheitsfrage ist allerdings nicht geklärt.

[258] Mt 24,21; Arnald von Villanova: De tempore adventus antichristi. Vat. lat. 3824, fol. 67 va.

[259] Mt 24,29.

Die Abschaffung des Opfers kann nicht ein Ereignis vor der Ankunft Christi und seinem Leiden markieren; denn bei Daniel werde ja ausdrücklich zunächst die Ankunft des Herrn, also die Inkarnation, sodann seine Passion und schließlich erst von der Zeit der Opferabschaffung gesprochen. „Contra seriem vero est, quia in textu prius exprimitur / tempus adventus domini, deinde passionis eius, deinde vero tempus ablationis sacrificii, deinde subiungitur numerus supradictus."[260] Es ist bemerkenswert, wie bedeutsam für Arnald gerade das Buch Daniel ist. Der Grund liegt für Arnald offensichtlich darin, daß er es mit dem Matthäusevangelium verknüpft sieht, in dem ja tatsächlich an das nämliche Kapitel des genannten alttestamentlichen Propheten erinnert wird. Aufgrund dieser Konnexion sind für den katalanischen Gelehrten zumindest die Passagen des Buches Daniel alles andere als Ereignisse aus längst vergangenen Zeiten, die niemanden mehr im Ernst tangieren. Dadurch, daß Jesus sie entsprechend dem ersten Evangelium erwähnt, erhalten sie für Arnald offensichtlich den Rang eines Offenbarungswortes Christi selbst. Es verdiene jedenfalls alle Beachtung des Zeitgenossen wie der zukünftigen Generationen.
Aus diesem Grund darf über die Danielvision nicht leichtfertig hinweggelesen werden. Für Arnald gibt sie die Reihenfolge und damit die eigentliche Möglichkeit einer Rechnung an. Das Auslegungsprinzip wird ihm zum Komputationsaxiom. Der Text liefert, so glaubt er, den Anfang und das Ende einer Wegstrecke, also einer determinierten, berechenbaren Größe.[261]
Arnalds Reflexionen über seine Prinzipien brachten es an den Tag. Sie verteidigten und klärten nicht nur die Erlaubtheit und Möglichkeit seiner vorgestellten *computatio*. Sie erweisen sich vielmehr als Frucht und Ergebnis einer *nova expositio*. Arnald benutzt diesen Terminus ausdrücklich. Expressis verbis spricht er auch von der *antiqua expositio*. Diese habe zwar den Mut, die Sinnhaftigkeit der Danielverse zu behaupten, und bemühe sich auch – bis zu einem gewissen Grade – um eine entsprechend sinnvolle Auslegung. Doch habe sie, wie sich jetzt deutlich genug herausstelle, ihre Plausibilität und ihre Stimmigkeit verloren „Ex predictis etiam patet quod antiqua expositio non est conveniens."[262] Sie verkehrt die Ereignisse und verkennt die Beziehungen zwischen dem Geschauten, auch zwischen dem Alten und Neuen Testament, zwischen den Zeiten der ersten und der zweiten Ankunft

---

[260] Arnald von Villanova: De tempore adventus antichristi. Vat. lat. 3824, fol. 67 vb–68 ra.

[261] Ebenda fol. 68 ra: „Unde cum in textu prenuntietur tempus ablationis sacrificii post passionem domini, deinde dicatur quod tempus ablationis sacrificii sit initium predicti numeri, constat quod expositio supradicta textui contradicit ad litteram."

[262] Ebenda fol. 67 vb.

Christi, zwischen der Abschaffung des Opfers und dem Aufstellen des
Greuels der Verwüstung, zwischen dem Anfang der Berechnung und
ihrem Ende, einem Ende, das sogleich das Ende der Zeiten, den Jüngsten Tag, signiert. Nur seine vorgestellte Auslegung bringe Licht in das
Dunkle der Danielstelle: Der eschatologische *ordo* werde sichtbar und
in ihrem zeitlichen Nacheinander konkret-zahlenmäßig berechenbar.

3.2.9 „conclusiones"

Wie eingangs dargelegt, faßte Arnald von Villanova diese grundsätzlichen Überlegungen noch einmal in den sogenannten *conclusiones* zusammen. In der Handschrift Vat. lat. 3824 erscheinen sie tatsächlich
am Schluß des trimorphen Traktates, also auch nach dem später erst
verfaßten zweiten, polemisch gehaltenen Traktatteil, den ich – aus den
ebenfalls genannten Gründen – erst weiter unten zur Sprache bringen
werde.
Arnald von Villanova eröffnet seinen Schlußteil mit einer ausdrücklichen Ermahnung an den Leser. Wer immer das Werk lese, möge dabei dreierlei sorgfältig bedenken:
Erstens, ob es möglich sein kann, daß die im Traktat aufgestellten Behauptungen bezüglich der Letzten Zeiten der Welt wahr sind; *zweitens*,
ob sie katholisch sind und *drittens*, ob sie den irdischen Menschen dazu
befähigen, das Vergängliche zu verachten und nach dem Himmlischen
zu streben: „quod est intentum principale et proprium sponse Christi".[263]
Damit betont Arnald von Villanova noch einmal, um was es ihm eigentlich in seinem Traktat geht und welche Beurteilungskriterien er
für angemessen hält. Nur zu offensichtlich ist der Versuch, die an seinen Text gestellten Fragen von vornherein so zu lenken, daß erst gar
nicht jene bohrenden Fragen gestellt werden, die zwangsläufig zu falscher Bewertung seines Werkes führen. Unternimmt es Arnald hier
doch, genau jene Fragen zu stellen, für die er nicht nur die richtige
Antwort, sondern auch die entsprechend positive Bewertung parat
hat. Sofern nämlich alle drei Fragen positiv beantwortet werden, sollte
der Leser davon ausgehen, daß dieses Werk, wie Arnald schreibt, auf
göttlichen Wink hin verfaßt wurde: „non dubiter opus fore composi-
tum nutu dei."[264]
Auch diese kurzen Hinweise belegen, daß diese *conclusiones* noch vor
der Auseinandersetzung in Paris geschrieben wurden. Diese geradezu

[263] Ebenda fol. 77 vb: „Quicumque legerit istud opus tria diligenter attendat. Primo,
utrum assertiones de ultimis temporibus seculi, que proponuntur in eo, sint possibilis
veritatis. Secundo, utrum probentur catholice. Tercio, utrum sint efficaces ad indu-
cendum corda mortalium ad contemptum terrenorum et appetitum celestium."
[264] Ebenda.

naive Selbsteinschätzung ist noch nicht durch das Feuer der Kritik gegangen, atmet noch keinerlei Polemik, wenngleich Arnald von Villanova offensichtlich ahnt, wo er dem Leser bestimmte Angriffspunkte
bieten könnte.[265] Die abschließende Betonung seiner neun *principales
assertionis* zeigt dies:

Erstens betont Arnald nachdrücklich, daß es ihm um die Erfüllung der
Aufgaben gehe, die den *speculatores ecclesiae* zukommen. Diese haben
die Heilige Schrift zu erforschen und dem gläubigen Volk die Offenbarungen (*revelationes*) Gottes auch hinsichtlich des Weltendes auszulegen. Haben sie doch dafür zu sorgen, daß der Blick auf Christus gerichtet wird und die Christgläubigen nach der „Wüste dieses Lebens das
verheißene Land" erlangen. Diese Aufgabe gelingt den *speculatores* aber
nur, wenn sie das Volk davor zu bewahren vermögen, in die dumpfe
Weltverfangenheit zu verfallen oder – aktueller – von der Vernarrtheit
in diese Welt loszureißen und in ihnen schließlich die Liebe zu Gott zu
entzünden.[266]

Zweitens liegt Arnald daran, klarzustellen, daß es der katholischen
Menge (*catholica multitudo*) nützt, über die Letzten Zeiten und besonders über die Zeit der Verfolgung durch den Antichrist im voraus Bescheid zu wissen. Kommt es doch darauf an, sich auf diese gefährliche
Verfolgungs- und harte Prüfungszeit einzustellen, Schutzmaßnahmen
zu ergreifen und sich insgesamt mit den „Waffen des katholischen
Glaubens" zu rüsten.[267] Überhaupt sei es lächerlich, ja es widerspreche
dem Evangelium, wenn die Kirche zwar immer wieder das Ende und
die Vollendung der Welt verkünde, nichts aber über die Nähe dieser
Letzten Dinge verlauten lasse.[268]

---

[265] Gerade diese plumpe Art der positiven Selbsteinschätzung dürfte die Pariser Theologen aufgeregt und zu kritischen Stellungnahmen angeregt haben.

[266] Arnald von Villanova: De tempore adventus antichristi. Vat. lat. 3824, fol. 77 vb–78
ra: „[...] quod incumbit speculatoribus ecclesie, dei precepto, scrutari scripturam
sacram et exponere populo fideli relevationes dei contentas in ea de ultimis temporibus seculi, cum ipsa sit data fidelibus in stellam directivam tendentium ad Christum
et in columnam dirigentem indesinenter transeuntes per desertum huius vite ad terram promissionis, / hoc est ad patriam. In columnam, inquam, nubis per diem, quantum ad existentes in statu gratie; et ignis per noctem, quantum ad existentes in statu
culpe, ut illos obumbret et protegat ab ardore mundi et istos illuminet et inflammet
in dei amorem."

[267] Ebenda: „[...] quod expedit catholice multitudini precogitare atque prenoscere ultima tempora seculi et specialiter tempus persecutionis antichristi, ut premunita scilicet armis christiane religionis, cautius vitet deceptionis periculum et levius toleret
persecutionis flagellum."

[268] Ebenda: „Et insuper, ut evitet irrisionis opprobrium. Nam ridiculum esset ecclesiam
evangelizare cotidie finem et consummationem seculi et non attendere appropinquationem ipsius, immo detestatio vel negligentia considerandi appropinquationem consummationis tacite contradiceret evangelice assertioni de ipsa."

Drittens betont Arnald nochmals, daß es unmöglich für den Menschen
sei, aufgrund eigener Überlegungen und Berechnungen, dank philosophischer Erwägungen oder gar mittels Sternenbeobachtung etwas
über die Ankunft des Antichrist oder das Ende der Welt zu erfahren.
Vielmehr könne man – *viertens* – hierüber einzig und allein aus der
Heiligen Schrift Erkenntnisse gewinnen, bezüglich der Herrschaft des
Antichrist speziell aus den Worten des alttestamentlichen Buches Daniel 12,11: „Deus illa tempora revelavit ecclesie per Danielem et specialiter tempus persecutionis antichristi sub talibus verbis: „A tempore
ablatum [. . .].“[269]
Dabei müsse – *fünftens* – beachtet werden, daß in der Heiligen Schrift
nichts steht, was nebensächlich, was *otiosum aut frustra* sei. Sofern man
aber davon ausgeht, daß alles in der Bibel Enthaltene für den Christen
wichtig sei, müsse auch der genannte Danielvers Relevanz haben: Entweder will Gott mit der dort angegebenen Zahl dem Menschen die
Zeit des Antichrist signieren und die Kirche vor der damit verbundenen Verfolgungszeit warnen, oder aber der Satz ist vergeblich ausgesprochen worden.[270]
Der hermeneutische Schlüssel zum Verständnis dieses Satzes sei, wie
Arnald *sechstens* konstatiert, die Interpretation der Tageszahl als Jahreszahl. Dabei fungiere als *terminus a quo* – *siebtens* – die Aufhebung des
alttestamentlichen Opfers im Zuge der Vertreibung der Juden und der
Zerstörung des Tempels in Jerusalem unter Titus.[271] Wenn dabei – *ach-
tens* – das Jahr tatsächlich als Mond- oder Sonnenjahr verstanden
werde, so ergibt sich, daß das *tempus persecutionis antichristi* innerhalb
des 14. Jahrhunderts nach Christi Geburt kommen wird; und zwar um
das Jahr 1378.[272] Solch eine Interpretation stimme, wie Arnald zum
Schluß – *neuntens* – noch einmal anmerkt, mit der Prophezeiung der
erythräischen Sibylle sowie der Darlegung Augustins im 20. Buch von
de civitate dei überein.
So zeigt sich zum Schluß noch einmal, worauf es Arnald vorrangig ankommt: seinen Zeitgenossen die Ernsthaftigkeit ihres Christseins vor
Augen zu führen. Diese sieht er vor allem dann realisiert, wenn der
Mensch sich von den Dingen dieser Welt löst und sich auf das Himm-

---

[269] Ebenda fol. 78 rb.

[270] Ebenda fol. 78 va: „credibile est quod deus velit ut per numerum, quo prenuntiatur
tempus persecutionis antichristi, prenoscat ipsum ecclesia, priusquam adsit; aliter,
frustra fuisset prenuntiatum.“

[271] Ebenda: „[. . .] quod illud tempus, a quo docetur computatio incoari, est tempus, in
quo populus Iudeorum totaliter perdidit terram promissionis et quod per *dies* dat
intelligere *annos*, que duo per textum patent.“

[272] Ebenda: „[. . .] quod per *annos* intelligendo annos lunares sive solares, includitur tempus persecutionis antichristi infra decimum quartum centenarium annorum a Christi
nativitate, circiter septuagesimum octavum annum illius centenarii.“

lische konzentriert: *ab ardore mundi in dei amorem*, wie er diese Wende-Bewegung zum Schluß formulierte. Seine Ankündigung der Zeit des Antichrist steht klarerweise im Dienst dieses Zieles. Insofern sie also Mittel zu diesem Zweck ist, „nützt" sie dem katholischen Anliegen: *expedit catholice multitudine*. Sie rüttelt die Menschen auf, indem sie die Ernsthaftigkeit der eschatologischen Aussage konkretisiert. Diese Konkretisierung ist nicht Ergebnis menschlichen Kalküls, sondern Offenbarungsgut. Sie rekurriert auf die Interpretation der Zahlenangaben in Daniel 12,11. Diese Interpretation ist sinnvoll möglich und konkordiert mit maßgeblichen Autoritäten: namentlich der Sibylle und des Augustins.

Damit ist inhaltlich der wichtigste und eigentliche Gedankenkomplex des Antichristtraktates zu Wort gekommen. Alles weitere ist zwar nicht unwichtig für das rechte Verständnis des Werkes, aber artikuliert nicht das Gemeinte selbst, sondern bietet nur nähere Erklärungen zum Eigentlichen. Pointiert gesagt: nicht sosehr das „Was", sondern mehr das „Wie", die Denkstrukturen und Argumentationsprinzipien des „Was" werden formuliert; allerdings: wiederum nicht in ihrer Gesamtheit, sondern selektiert, exemplarisch und punktuell. Sie bilden die polemische Antwort auf das, was im Blick auf Arnalds Traktat in Paris theologischerseits bezweifelt wurde. Arnald mußte reagieren und formulierte seine Antwort.

3.3 Polemische Replik oder: Arnalds apologetische Antwort

3.3.1 Gegen den Vorwurf der Verwegenheit

Das erste, wogegen Arnald sich zu verteidigen sucht, ist der ihm seitens der *doctores Parisienses* gemachte Vorwurf der Verwegenheit: „Doctores vero Parisienses, qui suprascripta ut temerarie asserta condempnant, igno- / rare non debent [. . .]."[273]
Den Vorwurf der *temeritas*, des unüberlegten Urteilens, der Leichtfertigkeit und Verwegenheit, brachte auch Papst Bonifaz VIII. gegen Arnald vor. Der Pontifex rechtfertigte damit die Verwerfung des Traktates durch die Pariser. Bekanntlich aber revidierte der Papst wenig später sein Urteil. Er erklärte schließlich, Arnald habe nur darin gefehlt, daß er nicht zuerst ihm, dem Papst, sondern den Pariser Doktores seine Schrift vorgelegt und seine Ansicht über das baldige Kommen des Antichrist vorgestellt habe. Den Grund für diesen plötzlichen, für viele Zeitgenossen unverständlichen und sogar in der französischen Anklageschrift von 1303 erwähnten Bewertungsumschwung Bonifaz' sieht Finke allein darin, daß der Papst oder seine Ratgeber offensicht-

---

[273] Ebenda fol. 68 ra.

lich nur den ersten Teil der Schrift zur Kenntnis genommen, nicht
aber den „erst im Jahre 1300, wahrscheinlich nach der Freilassung und
vor der italienischen Reise (des Arnald – Erg. von mir, M. G.) fertig
gestellten Schluß des Traktates gelesen" haben. „Unter zahlreichen
Huldigungen für den Papst, ‚den Christus auf Erden‘, ‚den Gott der
Götter‘, greift Arnald in heftigster Weise die Pariser Universität
an."[274]
Möglicherweise aber haben nicht nur die Schmeicheleien Papst Bonifaz VIII. gefallen und einen Umschwung bewirkt, sondern die von Arnald tatsächlich vorgebrachten Argumente. Bonifaz VIII. vereinigte in
sich zwar durchaus widersprüchliche Seiten. Doch ist ebenso seine
hartgespannte Zielstrebigkeit wie seine selbst-bewußte Rationalität unstrittig. Es ist äußerst unwahrscheinlich, daß ihn auffällige Schmeicheleien eines über den Antichrist nachdenkenden Arztes in seiner Entscheidung hätten beeinflussen können. Zumindest darf nicht a limine
die Möglichkeit ausgeklammert werden, daß Bonifaz sich von den besseren Argumenten hat überzeugen lassen, Argumente überdies, die gegen jene gerichtet waren, die ab 1301 immer wieder zusammen mit
dem französischen König gegen ihn Front machten; Argumente
schließlich, die die Pariser Professoren ausgerechnet in jenes Zwielicht
geraten ließen, in dem der Papst – ebenfalls wegen einer Arretierung,
nämlich der des Bischofs Bernard Saisset von Parmiers durch Philipp
den Schönen – die gesamte französische Politik sah: eingehüllt in das
Dunkel der schlimmsten und gefährlichsten Kapital-Sünde: der fre-
chen Arroganz und des stolzen Hochmuts. Hier würden – wie einst bei
Adam und Eva – die vom Schöpfer-Gott gesetzten Grenzen überschritten. In den Augen Bonifaz' trieb der französische König seine Expansionspolitik zu weit, überschritt er seine Kompetenzen und beschnitt
die des Papstes.[275]
Arnald bestätigt diese Sicht Bonifaz'. Er wirft den Pariser Professoren
Unaufmerksamkeit vor, sofern sie behaupten, er argumentiere in seiner Schrift „verwegen". Sie merkten nicht, daß, wer verwegen argumentiere, keine Belege vorbringe, sondern lediglich Behauptungen
aufstelle. Solch ein Verfahren wende er, Arnald, aber doch gerade
nicht an.[276] Das, was über die zukünftigen Ereignisse im vorliegenden
Traktat ausgesagt werde, sei nicht nach philosophischer, wohl aber katholischer Art belegt. Argumentiert werde mittels der Heiligen Schrift,
die in vernünftiger Weise ausgelegt werde. Auch werde nicht eine
möglicherweise „gesündere" Auslegung ausgeschlossen. Behauptet
werde nichts hartnäckig, sondern belegbar und nachvollziehbar. „Et

---

[274] Finke 1902, 215.
[275] Schmidt, Tilman: Bonifaz VIII. In: LexMA II, 1983, 414ff.
[276] Arnald von Villanova: De tempore adventus antichristi. Vat. lat. 3824, fol. 68 rb.

nemo sane mentis auderet oppositum dicere, quin iudicaretur temerarius absolute."[277]

Arnald betont es noch einmal: katholisch argumentiere er. Eine solche Probation könne niemals „verwegen", falsch oder gar irrig sein, wohl aber bezweifelt werden; zumal es hier um Aussagen gehe, die zukünftige Ereignisse betreffen. Die Möglichkeit des Fehlurteils wird ausdrücklich konzediert, aber die Einsehbarkeit der Auslegung gefordert. Die absolute Richtigkeit, die „notwendige Wahrheit" gefunden und formuliert zu haben, wird nicht behauptet. Seine Auslegung bleibe offen für mögliche, spätere Korrekturen. Die oben als *expositio antiqua* bezeichnete Auslegung der genannten Danielpassagen durch die Kirchenväter dient Arnald als katholisches Beispiel. Sie ist durch den tatsächlichen Verlauf der geschichtlichen Ereignisse widerlegt worden, ohne daß man deswegen die Kirchenväter der Verwegenheit bezichtigen müsse oder gar dürfe. „[. . .] sed tantum exponens defecisse cognosceretur et elucesceret quod expositio non fuerat necessarie veritatis, sicut de quibusdam expositionibus antiquorum atque sacrorum Patrum iam contigit, ut ostensum est paulo ante."[278]

Arnald meint hier offensichtlich die in patristischer Zeit vertretene Auslegung des im Buch Daniel geweissagten „Greuel der Verwüstung" als eines Ereignisses aus der Zeit der römischen Imperatoren Titus und Vespasian. Da aber weder in noch kurz nach dieser Zeit der Jüngste Tag eingetreten sei, sei diese *expositio* durch die Zeit selbst korrigiert worden. Mit anderen Worten: Trotz der offensichtlichen Fehlinterpretation hätten die Väter recht getan, die nämlichen Bibelstellen nicht auszublenden, sondern energisch zu Wort zu bringen, sich dabei redlich um den Sinngehalt dieser schwierigen Verse bemühend. Die Schwierigkeit bestehe vor allem darin, daß sich der volle Glanz der Wahrheit dieser Worte erst in der Zukunft erweise, in der Gegenwart aber eben noch das Helldunkel des Zwielichtes herrsche. Doch *ambiguitas* und *dubietas* signieren eo ipso jede Auslegung, die sich mit auf Zukünftiges verweisenden Schriftstellen befaßt. Sie dürfen deswegen weder ignoriert werden, noch dürfen die Überlegungen den Gläubigen verschwiegen werden. Daß ersteres unkatholisch sei, betont Arnald mehrfach. Daß letzteres ebenfalls nicht gestattet ist, sieht er bereits bei den „Vätern". So fordert er im Blick auf seine vorgestellte Interpretation: „Nec propter talem ambiguitatem debet interdici fidelibus consideratio expositionis proposite in hoc opere. Nam extinguere ipsam vel suffocare non solum derogaret humane prudentie sed officio militantis ecclesie atque monitioni divine doctrine."[279]

[277] Ebenda fol. 68 rb.
[278] Ebenda fol. 68 va.
[279] Ebenda fol. 68 va.

Damit gibt Arnald zwei Begründungen für die genannte Forderung an: die menschliche Klugheit und die Pflicht der „streitenden Kirche" zur Unterweisung. Die klare Forderung ist zugleich harter Vorwurf, ist Protest gegen die Konfiszierung seines Traktates durch die Handlanger der Pariser Professoren, ist deutlich artikulierter Appell Arnalds an die Pariser Gelehrtenwelt, ihre unkluge wie unkirchliche Entscheidung rückgängig zu machen, den Traktat also herauszugeben und der breiten Öffentlichkeit zugänglich zu machen.

Der menschlichen Klugheit entspreche ein gewisses Sicherheitsdenken. Den Gläubigen die nämlichen Schriftstellen auszulegen, sei eben deswegen klug, weil dies die Tat-Antwort, die praktische Konsequenz ist, die sich aus diesem „Sicherheitsdenken" ergebe: Sicheres niemals für Unsicheres aufzugeben.

Prudentia darf hier aber nicht als menschliche Raffinesse, als geschicktes Taktieren in eigener Sache verstanden werden. Um diese „klug-raffinierte" Verhaltensweise ging es Arnald nämlich gerade nicht. Klugheit ist für den Katalanen, wie für die gesamte Schultradition, die Voraussetzung für gutes Handeln, ist ihm Naht- und Umschlagstelle von Theorie und Praxis, ist die Weise des Menschen, das als richtig Erkannte in die richtige, sachgerechte Tat umzusetzen. Kurz: Klugheit ist der Formgrund und die „Gebärerin" aller Tugenden: *genetrix virtutum*, wie es bei Thomas von Aquin heißt.[280]

Nur in diesem Kontext ist Arnalds Rede vom „Sicherheitsdenken" recht zu verstehen. Er will damit griffig ein Erkenntnisprinzip ausdrükken, nicht aber einer auf materielle Sicherheit ausgerichteten Haltung das Wort reden. Wenn es darum geht, der Wahrheit auf die Spur zu kommen, müssen auch Vermutungen und Wahrscheinlichkeiten in Rechnung gestellt werden. Bei der Entscheidung habe schließlich das sichere, d. h. stichhaltigere Argument dem unsicheren, weniger bewiesenen und auf schwankendem Boden stehenden vorgezogen zu werden. Arnald wird konkreter:

„Cum igitur certum sit quod scriptura, que loquitur de futuris eventibus supratactis, posset secundum expositionem vel sensum ibidem expressum verificari, nec sit certum oppositum, scilicet quod non sit veri-

---

[280] Thomas von Aquin: Sth II, II, 47; die besondere Stellung der *prudentia* im Gefüge der Tugendlehre ist wiederum abhängig von der grundlegenden Gottes- und Weltwirklichkeitssicht des Aquinaten, wie sie sich konkordierend in seiner Lehre von den *transcendentia* artikuliert, in der das Sein dem Wahren, das Wahre aber dem Guten voraus ist; dazu Hödl, Ludwig: Welt-Wissen und Gottes-Glaube in der Synthese des Thomas von Aquin. In: Welt-Wissen und Gottes-Glaube in Geschichte und Gegenwart. Festschrift für Ludwig Hödl. Hrsg. von Manfred Gerwing. St. Ottilien 1990, 11–17; Hedwig, Klaus: Über die Theorie der Praxis bei Thomas von Aquin. *PhJ* 99 (1992) 245–261, bes. 256ff.; Wald, Berthold: Genitrix virtutum. Zum Wandel des aristotelischen Begriffs praktischer Vernunft. Münster 1986, bes. 21–90.

ficanda in illo sensu, procul dubio imprudenter omitteretur consideratio possibilis verificationis scripture / propter metum contrarietatis incerte."[281]

Damit differenziert Arnald zweifach: Einerseits deklariert er die Verifikation seiner Auslegung; andererseits konditioniert er ihre Widerlegung durch die noch ausstehende Zeit. Dieses nennt er das Unsichere, jenes das Sichere. Die vorgelegte Exposition von Futurisches signifizierenden Schriftstellen ist ihm bereits Realität, insofern sie verifiziert worden sind, und zwar dank der dargelegten Prinzipien und der sich aus diesen ergebenen Ableitungen wie inneren Verbindungen, kurz: dank seiner *computatio* insgesamt. Diese ist nicht bloße Potenzialität, sondern bereits wirkmächtige Aktualität, im Sprachgebrauch Arnalds also „sicher". „Unsicher" ist ihm also ihre in den Prinzipien seiner *computatio* expressis verbis nicht ausgeschlossene Widerlegung seiner exponierenden Überlegung durch die kommende Zeit. Doch diese ist ihm wiederum als Zukünftiges eben bloße Möglichkeit, die nicht nur noch längst nicht Wirklichkeit ist, sondern deren Aussicht auf Aktualisierung äußerst unwahrscheinlich, wenn auch nicht völlig ausgeschlossen ist. Die Klugheit gebietet somit, das Sichere anzunehmen, und das Unsichere nicht zu verschweigen. Keineswegs aber das Sichere wegen des Unsicheren aufzugeben und das letztere zu verkünden.

Was Arnald hier versucht, ist offensichtlich. Er will die gedankliche Ebene der Pariser Gelehrtenwelt treffen, ihnen auf ihrem von überlegener Vernunft und auslegendem Verstand gekennzeichneten Weg entgegenkommen, will sie auf der intellektuellen Ebene ansprechen, auf dem sie selbst sich bewegen: auf dem weiten Felde menschlicher Klugheit, der *humana prudentia*. Dabei ist es keineswegs entscheidend, ob das konkret abwägende „Sicherheitsargument" tatsächlich die Angesprochenen überzeugt oder nicht. Tatsächlich ließen sich etliche Gegenargumente finden, die aber allesamt nur das Beispiel, nicht das „Spiel" selbst tangierten. Arnalds Absicht, die Pariser Gelehrten davon zu überzeugen, menschliche Gedanken und Erwägungen den Gläubigen nicht vorzuenthalten, nur weil möglicherweise das Ergebnis dieses Denkens und Argumentierens durch futurische Ereignisse nicht gedeckt werden könnte, spricht für sich. Mehr noch: Sie suggeriert gerade in der vorgebrachten Knappheit und Kürze mehr, als er tatsächlich artikuliert: Sie signiert den hier noch recht stummen, aber im Verlauf des gesamten Traktates immer deutlicher vernehmbaren Vorwurf, daß die Pariser Gelehrten sich gerade als *doctores* selbst aufgeben, sofern sie das prinzipiell richtig Gedachte nicht mehr selbst nachzuden-

---

[281] Arnald von Villanova: De tempore adventus antichristi. Vat. lat. 3824, fol. 68 va–vb.

ken oder gar zu verkünden wagen, also das Wagnis der Vernunft nicht
mehr einzugehen gewillt sind. Die, die so verunsichert handeln, das
Sichere für das Unsichere tauschend, handeln vernunftswidrig. Sie
werden dem Anspruch menschlicher Klugheit und damit entsprechend dem damaligen, durchaus nicht rein intellektualistischen Verständnis von Klugheit – der menschlichen Integrität, der *virtus* – nicht
mehr gerecht.

Dieser im Blick auf die Pariser Magister artikulierte Vorwurf Arnalds
verschärft und verdichtet sich im Verlauf des Traktates. So steht hier
zunächst noch der Abwehrgedanke im Vordergrund seiner Bemühungen. Arnald sucht jenen, ja tatsächlich virulent gewordenen Vorwurf
seitens gewisser Pariser Professoren zu widerlegen, er – Arnald – behaupte frech-dreist, weil unbegründet, das baldigen Kommen des Antichrist. Er konzediert im Blick auf die Zukunft zwar die Ambiguität
seiner Rede, unterstreicht aber ihre abwägende Begründbarkeit und
die im dargelegten „alternativen" Sinne zu verstehende „sichere" Stichhaltigkeit. Sodann aber geht der katalanische Gelehrte – allmählich
sich steigernd – zum polemischen Angriff über. Dabei entspricht das
gegen ihn seitens der *doctores Parisienses* gerichtete Procedere seinem
aggressiver artikulierten, aber bereits a limine herauszulesendem Vorwurf gegen diese. In dem Augenblick, in dem Arnald davon spricht,
daß der Vorwurf der Pariser Gelehrten nicht im Theoretischen ver-
harrte, sondern praktische Konsequenzen nach sich zog, weist auch er
auf die praktischen Auswirkungen hin, die sich aus dem im moralisch-
ethischen Sinne verstandenen „unklugen" Verhalten der Pariser Gelehrtenwelt ergeben. Die „praktische" Konsequenz, die die Pariser Doktores aus ihrem theoretischen Urteil zogen, war zunächst das Einbehal-
ten des Traktates selbst. Arnald protestiert dagegen vehement.

3.3.2 Arnalds Protest gegen das Publikationsverbot

„Nec propter talem ambiguitatem debet interdici fidelibus consideratio expositionis proposite in hoc opere."[282]

Arnald begründet seinen Protest gegen dieses restriktive Procedere der
Pariser Professoren dreifach:

Erstens widerspreche es der „menschlichen Klugheit", da das „Sichere
für das Unsichere aufgegeben" werde. *Zweitens* unterlaufe ihre Handlungsweise jener Pflicht, die die Kirche als *ecclesia militans* zu erfüllen
habe. *Drittens* zeige sich in ihrem Vorgehen eine Mißachtung göttlicher
Lehre.[283]

---

[282] Arnald von Villanova: De tempore adventus antichristi. Vat. lat. 3824, fol. 68 va.

[283] Ebenda: „Nam extinguere ipsam vel suffocare non solum derogaret humane prudentie sed officio militantis ecclesie atque monitioni divine doctrine."

Zu jedem der drei Punkte nimmt Arnald ausführlich Stellung. Dabei wird nicht nur die Polemik gegen die Pariser Doktoren stärker. Vielmehr steigert sich auch das angestrengte Bemühen Arnalds, die diversen Motive, Methoden und differenzierten Sinnziele seiner Rede über das baldige Kommen des Antichrist zu definieren und so zu präzisieren. Es ist daher aufschlußreich, auf diese Antworten Arnalds im folgenden näher einzugehen. Doch interessieren nurmehr die beiden letzten Punkte. Im ersten rekurriert Arnald lediglich auf das bekannte, oben genannte Argument. Allerdings wird es jetzt dadurch verschärft, daß es im Rahmen seiner praktischen Konsequenz beurteilt und sein Motiv neu bewertet wird. Arnald argumentiert nicht mehr nur logisch, sondern „psychologisch", den Pariser Professoren weniger mangelnde Folgerichtigkeit des Argumentierens, als vielmehr lähmende Furcht vor den Folgen möglichen Fehlens vorwerfend.[284]
Damit ist bereits der gedankliche Übergang zu seinen zweiten und dritten Argumentationspunkten angedeutet. *Imprudentia*, Unklugheit, bedeutet für Arnald nicht nur mangelnde Einsicht, sondern zugleich der erste Schritt zum „falschen Handeln". Sie führt zur Pflichtverletzung. Diese Pflichtverletzung wird im zweiten Punkt präzisiert: Es ist die Pflichtverletzung gegen die Kirche. Diese wiederum erhält ihre Weisungen nicht aus sich, sondern von Gott her: der dritte Punkt der Antwort Arnalds kommt in Sicht. Doch zunächst noch zum zweiten:
Der zweite Argumentationspunkt gegen das genannte Procedere der Pariser Professoren ergibt sich gleichsam aus dem ersten. Er bringt den ersten voran, präzisiert ihn en detail. Die Unklugheit der Professores wird artikuliert im exakten Blick auf ihre Einwürfe, die sich – laut Arnald – in erster Linie auf Interpretationen von bestimmten Augustinusstellen beziehen. Arnald sucht nachzuweisen, daß diese zweifellos überragende *auctoritas* nicht nur falsch verstanden, sondern auch irrig, d. h. auch andere in die Irre führend – *erroneum* –, zu Wort gebracht wird. Die Verantwortung der Gelehrten gegenüber den Christgläubigen komme zuwenig zur Geltung, werde eher mittels vorgeschützter *auctoritas* desavouiert, als genügend suszipiert. Sofern Sachwissen, transponiert in das Tun, das Amt der Klugheit ist, kommt gerade dieses Amt in den Augen Arnalds nicht oder zuwenig zum Zuge. Doch scheitert nicht nur die Transponierung des Sachwissens, sondern das Sachwissen selbst wird a limine falsch rezipiert und somit irrig prakti-

---

[284] Ebenda fol. 68 va–vb: „Humana siquidem prudentia numquam suadet relinquere certum pro incerto. Cum igitur certum sit quod scriptura, que loquitur de futuris eventibus supratactis, posset secundum expositionem vel sensum ibidem expressum verificari, nec sit certum oppositum, scilicet quod non sit verificanda in illos sensu, procul dubio imprudenter omitteretur consideratio possibilis verificationis scripture / propter metum contrarietatis incerte."

ziert. Die *inprudentia* beherrscht das Feld und führt so allererst zur „Pflichtverletzung":

Die Pariser Professoren nehmen ihre Pflichten als Glieder einer aktiv sich um die Verbreitung des Wortes Gottes sorgenden Kirche in einer sich wandelnden Welt nicht genügend ernst. Sie halten an bestimmten, traditionellen Auslegungsmustern der Heiligen Schrift fest, ohne sie je neu im kritischen Blick auf die Zeit zu interpretieren. So speisen sie die Gläubigen bei der Frage nach dem Kommen des Antichrist und der Wiederkunft Christi zum Jüngsten Gericht mit wenigen Hinweisen auf bestimmte Augustinus-Zitate ab und wehren es der Allgemeinheit, sich seine, also Arnalds, vorgestellten Propositionen zum Thema auch nur anzuhören, geschweige denn, sie ernsthaft zu bedenken.

Zunächst greift Arnald bei der Artikulierung dieser Kritik an dem intellektuellen Pariser Establishment auf den von alters her bekannten ekklesiologischen Terminus der *ecclesia militans* zurück, daran erinnernd, daß sich die Kirche Gottes noch auf ihrem Weg durch die Zeit befindet, also noch nicht voll und ganz sowie exklusiv *ecclesia triumphans* ist.[285] Dieser *ecclesia militans* spricht Arnald die Pflicht zu, „sich selbst und ihre Kinder gegen die Intrigen des Teufels zu schützen". Sie ist also noch im Kampf, muß auf der Hut sein und ihre ganze Acht- und Aufmerksamkeit auf Gott lenken. Sie muß – negativ formuliert (mit den Worten Arnalds) – das irdisch Vergängliche meiden und darf nicht vom geschöpflich Kontingenten das höchste Glück erhoffen. Sie muß vielmehr – in Verachtung irdischen Glücks – auf das ewig Himmlische blicken und sich nur von daher anregen lassen: „despiciendo terrenam felicitatem et appetitum ad celestia dirigendo".[286]

Dieses zweite Gegenargument erhält seine Kraft aus einer für die Bewertung des gesamten Traktates bedeutenden Einschätzung der Schrift durch seinen Autor selbst. Arnald von Villanova artikuliert hier nämlich nichts anderes als die apostolisch-pädagogische Ziel- und Sinnrichtung seiner Rede vom baldigen Kommen des Antichrist: die gläubigen Zeitgenossen vor dem Bösen zu warnen, ihren Blick vom Irdisch-Vergänglichem ab- und zum Himmlisch-Ewigen hinzulenken.

---

[285] Beinert, Wolfgang: Die Kirche. Gottes Heil in der Welt. Münster 1973 (= BGThPhMA NF Bd. 13), 350–356; Koehler, Theodor: Maria, Mater Ecclesiae. *Etudes Mariales* 11 (1953) 133–157; grundlegend immer noch Congar, Yves M.: Die Lehre von der Kirche. Von Augustinus bis zum Abendländischen Schisma. Freiburg/Basel/Wien 1971, hier 175–182 (= HDG III/3c).

[286] Arnald von Villanova: De tempore adventus antichristi. Vat. lat. 3824, fol. 68 vb. Hier wird zwar didaktisch stark reduziert, aber eine Weltfeindlichkeit im Sinne der Katharer wie sie etwa Emmanuel LeRoy Ladurie in Montaillou (1980) beschreibt, ist Arnald von Villanova durchaus nicht zuzuschreiben. Dagegen Perarnau: El text primitiu 1989/1990, 36.

Mehr noch: Da Arnald dieses Ziel zugleich als die eigentliche Aufgabe der Kirche auf Erden, der *ecclesia militans*, bezeichnet, sieht er sich mit seiner Antichrist-Rede in die Dienstpflicht (*officium*) genau dieser Kirche gestellt. Mit anderen Worten: Arnald versucht hier zu suggerieren, daß, wer gegen seine Rede vom Antichrist Einspruch erhebt oder gar wagt, die Verbreitung seiner Darlegung zu ver- oder auch nur zu behindern, wissen muß, daß er sich gegen jemanden erhebt, der sich in der Dienstpflicht der Kirche stehend begreift. Sofern die Pariser Gelehrten Arnalds Traktat als verwegen verurteilen und sich einer Publikation widersetzen, müßten sie sich ihrerseits den Vorwurf der Pflichtverletzung gefallen lassen. Sie werden von Arnald verdächtigt, das zu behindern, was voranzubringen, zur urtümlichen und eigentlichen Aufgabe der *ecclesia militans* gehöre: die Gläubigen vor dem Bösen zu warnen und ihren Blick auf das Himmlische zu lenken.[287]

Hier ist der *status nascendi* jenes Versuchs greifbar, den Arnald gerade hinsichtlich der kirchlichen Hierarchie, gegenüber dem Papst selbst, nicht ganz ohne Erfolg unternimmt: sich und seine Rede vom Antichrist zu verteidigen und Gehör zu verschaffen, indem er die Gegner seiner Schrift, konkret die *doctores Parisienses*, dem Verdacht aussetzt, sie erhöben gegen das *officium* der Kirche und damit gegen die Kirche selbst ihre Stimme. Die polemische Kraft in Arnalds Rede gegen die Pariser Professoren beginnt sich zu entladen.

Arnald geht sogleich gegen jenes von ihnen immer wieder vorgebrachte Autoritätsargument vor, das ein bestimmtes Verständnis von Aussagen Augustins voraussetzt. Dieses Verständnis sucht Arnald als Mißverständnis zu entlarven, wobei er nicht versäumt, dieses professorale Mißverständnis als bewußtes Mißverstehen deutlich genug zu desavouieren: als ein Mißverstehen, das seine gefährlichen Folgen hat.

3.3.3 Arnalds Auseinandersetzung um Augustinus

Drei Augustinus-Aussagen sind es, die im Zentrum der Auseinandersetzung stehen. Zwei davon stammen aus *De civitate Dei*, die dritten aus der *Epistula CXCIX de fine saeculi ad Hesychium*. Sie sind für den Mahner und Warner aus Passion, genauer: für Arnalds These vom baldigen Kommen des Antichrist ebenso wichtig wie sie als Gegenargument von den Pariser Gelehrten aus Profession an Bedeutung gewannen: als Autoritätsbeweis, mittels dessen sie ihre restriktive Handlungsweise gegenüber Arnalds Schrift rechtfertigten.

---

[287] Arnald von Villanova: De tempore adventus antichristi. Vat. lat. 3824, fol. 68 vb.

„Sed obiciunt asserentes quod Augustinus XVIII de civitate dei dicit
non expedire fidelibus quod presciant tempus persecutionis antichristi."[288]

Arnald von Villanova rekurriert auf Kapitel 53 des achtzehnten Buches
des „Gottesstaates": Hier spricht der Bischof von Hippo in der Tat
über die Zeit der letzten Verfolgung, die vom Antichrist ausgeht und
die Jesus selbst durch sein Erscheinen niederschlagen wird. Augustinus
führt als Begründung 2 Thess 2,8 an, wo von dem *iniquus* die Rede ist,
der, als Antichrist gedeutet, durch den „Hauch", *spiritus*, des Mundes
Jesu vernichtet wird: hingestreckt „durch den Glanz seiner Ankunft".
Die Frage nach dem Zeitpunkt dieser Geschehnisse weist Augustin in
der Tat als „unpassend" und „unnütz" zurück. Wäre die Antwort auf
die Frage nach dem Wann dieses Endgeschehens dem Menschen hilfreich, so hätte, wie Augustinus meint, „der göttliche Lehrer selbst" den
Seinen den entscheidenden Termin mitgeteilt.[289]

Das „erste aus dem vielen", was Arnald von Villanova diesem Gegenargument zu antworten weiß, ist auch für die Zeitgenossen damals wenig überzeugend gewesen. Es ist der Hinweis auf die *Retractationes* Augustins, auf die im Jahre 426/27 verfaßten kritischen Revisionen seiner
eigenen Schriften also.[290]

Doch was hier der Bischof von Hippo von den zuvor von ihm verfaßten Schriften zurücknimmt bzw. korrigiert, tangiert keineswegs den
„Gottesstaat", ein Werk, das ja zu den Spätschriften zählt und allererst
kurz vor den Retractationes – 426 nämlich – vollendet war.[291] Was
Arnald vielmehr für seine Argumentation in Anspruch zu nehmen
sucht, ist die im genannten Werk allgemein erklärte Absicht Augustins, all das mit „gesunder und katholischer Vernunft" zu durchforschen, was er zuvor – weniger „gesund und katholisch" – artikuliert
habe. Arnald wiederum hält es für „gesunde, katholische Ansicht", die
Gläubigen vor dem Bösen zu warnen, um ihnen wenigstens die Chance
zu geben, sich besonders zu schützen.[292]

Arnald hält die Frage nach dem Wann der letzten Verfolgung für außerordentlich hilfreich und nützlich. Gehe es doch darum, daß der

[288] Ebenda.

[289] Augustinus: De civitate Dei 18, 53 (CCL 48, 652): „Frustra igitur annos, qui remanent
huic saeculo, computare ac definire conamur, cum hoc scire non esse nostrum ex ore
Veritatis audiamus."

[290] Arnald von Villanova: De tempore adventus antichristi. Vat. lat. 3824, fol. 68 vb–69
ra: „Que obiectio multipliciter obicientibus adversatur. Primo quoniam ostendit eos
potius innisi simplici dicto Augustini, de quo certum est / quod multa, que dixerat,
retractavit."

[291] Flasch, Kurt: Augustin. Einführung in sein Denken. Stuttgart 1980, 466–471 (= Reclam Universalbibliothek 9962).

[292] Arnald von Villanova: De tempore adventus antichristi. Vat. lat. 3824, fol. 68 vb.

Mensch sich auf diese letzte, alles entscheidende große Verfolgung, inszeniert vom Antichrist, innerlich einzustellen vermag, sich entsprechend wappnend und wehrend.[293]

Damit greift Arnald von Villanova auf ein Motiv zurück, das er bereits zu Beginn seines Traktates anführte: Daß es nämlich der gütige, vorsehende und fürsorgende himmlische Vater selbst sei, der das Heil der Menschen, nicht aber ihre Verdammung, ihre endgültige Entfernung von ihm, will, und der deswegen *speculatores* beruft, die die Menschen vor dem baldigen Kommen des Antichrist noch gerade rechtzeitig warnen.

So sehr Arnald auch auf dieses Anfangsmotiv rekurriert: Seine Argumentation gegen die nämliche Auslegung der genannten Augustinusstelle mittels Rekurs auf die Retractationes bleibt wenig überzeugend. Arnald ist sich dessen durchaus bewußt. Er führt weitere, weitaus schlagkräftigere Argumente gegen den Autoritätsbeweis ins Feld.

„Secundo, quia si Augustinum dicant habuisse dictam intentionem in passu preallegato, necessario habebunt concedere quod ibidem asseruerit falsum et contra evangelium veritatem."[294]

Damit lenkt Arnald die Acht- und Aufmerksamkeit der Zeitgenossen noch einmal auf den Augustinus-Text, genauer: auf die Relation der drei Momente jener Argumentationsstruktur, die insgesamt die ihm entgegengehaltene *obiectio* firmieren: auf die nämliche Passage in *De civitate Dei*, auf die Interpretation dieses Textes durch die *doctores Parisienses* und auf die genaue Aussage des biblischen Textes, mit dem der Bischof von Hippo selbst an der genannten Stelle argumentierte. Die dabei konstatierten Differenzen nimmt er zum Anlaß, die vorgebrachte Interpretation der genannten Augustinuspassage kritisch zu beleuchten und schließlich die *obiectio* selbst zu entkräften.

Zusammengefaßt artikuliert, weist Arnald nach, daß die Behauptung der *doctores Parisienses*, Augustinus halte die Frage nach dem *tempus antichristi* für müßig und völlig verfehlt, nichts weiter als eine Fehlinterpretation des augustinischen Textes sei. Wäre das nämlich der Fall, so hätte der Bischof von Hippo den biblischen Text verfälscht oder – schlicht und einfach – nicht verstanden.

Tatsächlich erweise sich die behauptete Fehlinterpretation seitens Augustins beim näheren Zusehen als unhaltbare Unterstellung. Der Bi-

---

[293] Ebenda fol. 69 ra: „[...] sane atque catholice rationi que dictat, melius esse fidelium cetui quod premunitus expectet eventum persecutionis illius quam si occuparetur ab ea ex improviso, cum *previsa pericula minus ledant* aut levius tolerentur." Hödl: „Veritates fidei catholicae" 1990, 49–68; auf das „katholische Auslegungsprinzip" speziell immer noch von Bedeutung Beumer, Johannes: Die Inspiration der Hl. Schrift. Freiburg/Basel/Wien 1968 (= HDG I/3b).

[294] Arnald von Villanova: De tempore adventus antichristi. Vat. lat. 3824, fol. 69 ra.

schof von Hippo habe nämlich keineswegs übersehen, daß die Nega-
tivantwort des Herrn sich nicht auf die letzte Verfolgung durch den
Antichrist bezieht, sondern auf die konkrete Frage der Jünger, wann
er, der Herr, in dieser Zeit das Reich Israel restituieren werde. Der
Bezugspunkt der vom Auferstandenen gegebenen Antwort sei also gerade nicht das Reich des Antichrist, sondern das des Reiches Christi,
mithin also die Frage nach dem exakten Termin der *restitutio Christi*.
Diese aber werde allererst, gesprochen in theologischer Abbreviatur,
am Weltende einbrechen, dann, wenn auch das Volk Israel, die Juden,
sich zu Christus bekehren und schließlich die *consummatio saeculi* voll
zum Zuge komme. „Non ergo per illa verba respondit Christus ad in-
terrogationem factam de tempore antichristi, sed de consummatione
seculi vel ultima conversatione Iudeorum ad Christum.“[295] Den Zeitpunkt des Weltendes zu wissen, das, so will nach Ansicht Arnalds Augustinus im Sinne des Auferstandenen sagen, ist nicht Sache des Menschen. Insgesamt macht Arnald hier zweierlei deutlich:
Erstens, daß die sachliche Aussage des Autoritätsbeweises keineswegs
mit dem biblischen Text selbst übereinstimmt, ja dem Herrenwort,
der Autorität schlechthin, zwar nicht widerspricht, so doch keineswegs
adäquat entspricht.
Zweitens, daß der von seinen Pariser Gegnern vorgebrachte Autoritätsbeweis tatsächlich gar keiner sei. Denn den Worten der *auctoritas*, hier
des Augustinus, werde ein Sinnbezug unterstellt, der realiter durchaus
nicht gegeben sei. Arnald schlägt die angegebene Quelle nach und findet, daß Augustin genau dem Wortlaut der Heiligen Schrift folgt. Er
zitiert ausdrücklich die Frage der Jünger nach dem Zeitpunkt der *consummatio* in der Apostelgeschichte und bringt erst dann die Antwort
des Herrn zu Wort. Eine falsche Frage-Antwort-Beziehung, wie sie Augustinus offensichtlich unterschoben werde, entspricht durchaus nicht
dem Wortlaut des augustinischen Textes.[296]
Arnald quittiert damit den Pariser Gelehrten ein völliges Mißverstehen
Augustins wie des biblischen Textes. Doch damit nicht genug. Seine
Kritik geht noch weiter:
Sie haben nicht nur das biblische wie augustinische Aussagengeflecht
verfehlt. Sie erkannten überdies nicht die Tiefenschicht der oben angekündigten zweiten Aussage Augustins. Sie klingt zunächst bloß resignierend, negativ ausschließend. Wird doch in diesem nämlichen Kapitel des genannten Buches des Gottesstaates festgestellt, daß der
Mensch vergeblich versucht, „die Jahre, die für die Weltzeit noch übrig

---

[295] Ebenda fol. 69 rb.
[296] Ebenda fol. 69 va: „Cum igitur Augustinus non fuerit irrationalis in dicto suo nec
ignoraverit veritatem predictam, necesse est dicere quod verba sue responsionis non
ad tempus antichristi sed ad consummationem seculi referat Augustinus.“

sind, zu berechnen und zu bestimmen. Vernehmen wir doch aus dem Munde der Wahrheit, daß es nicht an uns liege, dies zu wissen."[297] Für Arnald aber spricht Augustinus hier durchaus nicht einer von den Pariser Gelehrtenwelt behaupteten absoluten Unmöglichkeit das Wort, um über den Zeitpunkt dieser Letzten Dinge Bescheid zu wissen. Vielmehr betone der afrikanische Bischof, daß die ursprüngliche Herkunft um dieses Wissen, um den Zeitpunkt des Weltendes, nicht „Sache des Menschen", sondern „Sache Gottes" sei:

„Quoniam Augustinus per illa verba non intendit asserere quod hoc sit nullo modo possibile, sed quod non est possibile per humanam industriam. Et in hoc sensu intendit dixisse dominum: *Non est vestrum* et cetera."[298]

Damit gelingt es Arnald noch einmal, seine Leser auf das hinzuweisen, was er zuvor, im Zusammenhang seiner kritischen Überlegungen zur genuinen Provenienz seiner vorgestellten *computatio*, betonte: Daß das Wissen um den Zeitpunkt des Kommens des Antichrist und der Wiederkunft Christi zum Jüngsten Gericht, der *consummatio saeculi*, schlichtweg außerhalb der Verfügungsgewalt des Menschen liegt, außerhalb all dessen, was er aufgrund seiner intellektuellen Möglichkeiten und geist-seelischen Fähigkeiten, seiner eigenen Tüchtigkeit und emsigen „Fleißes" – *industria* – liegt.

In nämlichem Sinne interpretiert und entschärft Arnald eine dritte, ihm von seinen Pariser Gegnern vorgehaltene Augustinusstelle. In der *Epistula ad Hesychium de die iudicii*[299] behauptet Augustinus, daß es nicht hilfreich sei, die Ankunft Christi zum Jüngsten Gericht zu terminieren. Gerade der aus der menschlichen Anstrengung um die Terminierung geborene Irrtum sei vom Unglauben geprägt. Der Mensch setze nicht auf Gott seine Hoffnung, sondern baue auf sich selbst: und gehe in die Irre. „Ideo beatus Augustinus ad Hesychium inquit, quod optanti adventum Christi non expedit ut eius adventui certum prefigat terminum et maxime brevem, quoniam in termino per humanam industriam imposito posset deficere et consequenter per infidelitatem errare."[300]

Johannes von Paris wird in seinem Antichrist-Traktat genau auf diese Differenzierung rekurrieren, ohne dabei allerdings Arnald von Villanova namentlich zu erwähnen. Im Unterschied zu Johannes zieht aber

---

[297] Augustinus: De civitate Dei 18, 53 (CCL 48, 652).
[298] Arnald von Villanova: De tempore adventus antichristi. Vat. lat. 3824, fol. 69 va; cf. Act 1,7.
[299] Augustinus: Epistula CXCIX: De fine saeculi ad Hesychium VI, 16 (CSEL 57, 256); cf. Arnald de Villanova: De mysterio cymbalorum. Rom, Biblioteca Corsiniana, ms. 40. E. 3, fol. 10r–v.
[300] Arnald von Villanova: De tempore adventus antichristi. Vat. lat. 3824, fol. 70 ra.

Arnald daraus jene Konsequenz, die auch Augustin – immer aus der Sicht Arnalds! – gezogen wissen wollte und für sich auch tatsächlich gezogen hat: nicht jede der Ansichten zu wiederholen, die bislang über die noch ausstehende Weltzeit artikuliert wurde. Die diversen Meinungsäußerungen zu diesem Thema sind Legion, aber deswegen und insofern belanglos und im Grunde nicht bedenkenswert, weil sie sich, wie Arnaldus mit Augustinus formuliert, auf Menschenwitz berufen, nicht aber von Gott herkommen.[301]

Damit widerlegt er den oben angeführten Einwurf bestimmter Pariser Doktoren: Denn genau das, was Augustin fordere, habe er, Arnald getan. Er habe nicht aus eigenem Gutdünken, aus eigener Geisteskraft oder eigenem Forscherfleiß, sondern allein gestützt auf die Heilige Schrift, also auf das offenbarte Wort Gottes, seine Warnung vor dem baldigen Kommen des Antichrist vorgebracht.[302]

Überdies weist Arnald noch auf eine andere Tatsache hin, die seine Gegner offensichtlich übersehen, und die insgesamt seine These nochmals präzisiert: Augustinus und die anderen „heiligen Gelehrten" behaupten nämlich einmütig, daß es dem Menschen nicht zukomme, den Tag und die Stunde des Weltendes, geschweige denn die eigene Todesstunde oder auch nur den Todestag vorauszuwissen. Diese Behauptung werde mittels jenes bei Matthäus und Markus überlieferten und in der *Glossa ordinaria* ausgelegten Herrenwortes belegt, wonach „jenen Tag aber oder die Stunde niemand kennt; auch nicht die Engel im Himmel, nicht der Sohn, sondern nur der Vater".[303]

Auch hier nimmt Arnald von Villanova das biblische Diktum beim genauen Wortlaut: Vom Tag und von der Stunde sei die Rede, nicht aber vom Jahr oder vom Monat. Mit anderen Worten: Der zitierte Bibelvers trifft Arnalds Überlegungen zum Kommen des Antichrist

---

[301] Ebenda fol. 69 vb: „Non potestis uiribus humane cognitionis noscere tempora uel momenta, que reseruantur notificanda potestate diuana, intendens per hoc redarguere uel reprimere humane curiositatis presumptionem, quam pretendebant interrogando. Et iuxta hunc sensum dicebatur superius quod, cum sacri doctores asserunt non esse possibile quod tempora consummationis seculi prenoscantur ab homine, non intendunt dicere absolute quod nullo modo possint prenosci, sed tantum quod non per humanam industriam."; Augustinus: De civitate Dei 18, 53 (CCL 48, 652f.).

[302] „Quod autem sic intelligat Augustinus innuit consequenter expresse, cum dicit non esse necessarium recitare opiniones eorum, qui de hac materia sunt loquuti, quia, ut dicit, *coniecturis humanis utuntur et non profertur ab eis aliquid certum de scripture canonice auctoritate.* Cum igitur assertio suprascripta solum innitatur scripture sacre auctoritatibus catholico sensu expositis, constat eam concordare sentente Augustini et non contrariari, ut asserunt supradicti obicientes. Et tali modo prenoscere posse consummationis annum / non est ab homine sed a deo sacris eloquiis revelante." Ebenda fol. 69 va–vb.

[303] *Glossa ordinaria et interlinearis* Bd. 5, Venedig 1603, 402f.; Mt 24,36; par. Mk 13,32.

durchaus nicht. Auch er, Arnald, spreche ja nicht von der Stunde und nicht vom Tag, sondern rechne mit Jahren.

Genau dieses Argument wird auch wiederum Johannes von Paris in seinem Traktat über die Zeit des Antichrist zur Geltung bringen. Auch er rechtfertigt seine Berechnungen damit, daß er lediglich von Jahren, von ungefähren Datenanzeigen und wahrscheinlichen Annäherungswerten, niemals von einer genauen Stunde oder einem bestimmten Tag spreche, an dem möglicherweise der Antichrist kommen und schließlich durch die Wiederkunft des Herrn zum Jüngsten Gericht endgültig besiegt werde.

Dennoch korrigiert Arnald den möglichen Eindruck, daß er selbst die wörtliche Auslegung des genannten Herrenwortes überzeugend genug fände. Jedenfalls ist es für die genaue Konturierung und Differenzierung der Positionen vornehmlich zwischen Arnald von Villanova und Johannes von Paris bedeutsam, festzuhalten, daß Arnald, womöglich in Kenntnis der Ansicht Quidorts,[304] fernerhin betont, daß es nun keineswegs heißen dürfe, dem Menschen sei es zwar nicht möglich, den exakten Tag und die Stunde, wohl aber den Monat, das Jahr oder ähnlich größere Zeitabschnitte im voraus als Endzeit zu terminieren. Auch diese Position lehnt Arnald entschieden ab: Für ihn gilt primär das, was er oben bereits deutlich machte: Dem Menschen kommt es an sich und von sich aus überhaupt nicht zu, sich irgendwelches Vorauswissen über die Endzeit anzueignen. Selbst irgendeine stimmige Voraussage über eine auch nur ungefähre, das heißt auf Jahre, Jahrzehnte oder Jahrhunderte manifestierte Terminierung der Endzeit vermag der Mensch nicht aus sich heraus, aufgrund eigener Anstrengung und „Fleißes" zu treffen. Dieses Wissen kommt ihm grundsätzlich nicht zu, sondern ist allein Wissen Gottes. Die gegenteilige Ansicht zeuge von ursündlicher Überheblichkeit. Nicht von ungefähr warne gerade Augustin in diesem Zusammenhang vor der Arroganz des Menschen. Sie verführe ihn nur dazu, der Wahrheit widersprechende und deswegen verführerische Voraussagen zu treffen. Und nur in diesem Sinne will Arnald Augustin verstehen:

„Quibus verbis expresse innuit Augustinus quod quicumque non presumit se comprehendisse hebdomadam vel decadam vel centenarium consummationis seculi, hoc est non confidit se novisse vel noscere istud viribus proprie facultatis, quia id presumimus vel presumere dicimur quod propriis viribus confidimus adipisci, idem sentit cum eo."[305]

---

[304] Diesen Teil hat Arnald ja geschrieben, nachdem er von der Reaktion der Pariser Theologen gehört und erfahren hatte.

[305] Arnald von Villanova: De tempore adventus antichristi. Vat. lat. 3824, fol. 70 va.

Angesichts solch massiver Akzentuierung des menschlich unverfügbaren Charakters jenes Vorauswissens erhebt sich die Frage, ob denn tatsächlich Arnalds Aussage vom nahen Kommen des Antichrist und des Weltendes von dieser Indisponibilität menschlicherseits signiert ist? Spricht Arnald doch selbst mehrfach ausdrücklich von einer *computatio*, also von etwas, was durchaus Frucht und Ertrag menschlichen „Fleißes" ist. Jedenfalls sieht sich Arnald nicht ohne Grund genötigt, sein originäres Vorgehen noch einmal zu erklären und nachzuweisen, daß trotz der von ihm vorgelegten *computatio* nicht von einem eigenmenschlichen und eigenmächtigen Wissen die Rede sein könne. Die spezifische Intention seines methodischen Procederes gewinnt noch einmal an Kontur.

Arnald betont, daß es letztlich und eigentlich nicht sein Vorauswissen ist, das er hier über die Vollendung der Welt artikuliert, sondern das des Propheten Daniel. Es ist Offenbarungswissen, das dem alttestamentlichen Daniel mitgeteilt und uns überliefert wurde.[306]

Ein solches, auf Offenbarung beruhendes Wissen zu leugnen, fällt den heiligen Gelehrten – *sacri expositores*, wie Arnald sie nennt –, fällt namentlich Augustinus nicht ein. Überdies ist die alttestamentliche Offenbarung Daniels neutestamentlich aufgenommen, hineingenommen in „all das, was Er ihnen voraussagte".[307] Die Bedeutung Daniels für die Differenzierung der Endzeit wird herausgestellt. Verweist Christus doch die Seinen explizit auf die Vision Daniels, auf das Gesicht vom „Greuel der Verwüstung", verbunden mit der ausdrücklichen und eindringlichen Mahnung Jesu: „Wer es liest, bedenke es wohl!" (Mk 13,14).

Die Danielstelle darf daher, wie Arnald folgert, von den Gelehrten nicht ausgeblendet, sie muß stets von neuem bedacht und verkündet werden. „Nec aliqua nova expositio dictorum Danielis, dummodo sit catholica, debet a fidelibus execrari, cum ipsa scriptura per Danielem expresse dicat *quod clausi sunt signatique sermones, pertransibunt plurimi et multiplex erit scientia.*"[308]

---

[306] Ebenda fol. 70 va–vb: „Sed hic asseritur quod annus consummationis seculi posset per revelationem factam Danieli prenosci, dum tamen haberetur notitia de initio temporis, cuius numerum exprimit. Et habere certitudinem de numero annorum consummationis seculi per hunc modum non est habere eam per hominem vel eius coniecturam, sed per revela/tionem divinam."

[307] Ebenda fol. 70 vb: „Nec aliquis sane mentis audebit asserere vel quod Christus ad Danielem frustra remittat, maxime cum expresse dixerit, ut Marcus scribit. *Ecce predixi vobis omnia.*" Cf. Mc 13,23; Mt 24,25.

[308] Arnald von Villanova: De tempore adventus antichristi. Vat. lat. 3824, fol. 71 ra; cf. Dn 12,9.4; Mc 13,14: „Cum autem videritis abhominationem desolationis stantem, ubi non debet, qui legit intelligat: tunc qui in Iudaea sunt, fugiant in montes."

Der Aufruf gilt als Vorwurf. Er wendet sich an die Pariser Professoren, die Arnalds Traktat über das Kommen des Antichrist nicht publizierten, sondern konfiszierten. Als punctum saliens innerhalb Arnalds Entgegnung figuriert jetzt nicht mehr nur die Konvertibilität, sondern die konzentrierte Identität seiner Rede über das Kommen des Antichrist mit der Auslegung der genannten Danielvision, die er als Offenbarung deklariert. Dadurch gelingt es Arnald, seinen gesamten Antichristtraktat als Interpretation nicht menschlichen, sondern göttlich geschenkten, eben offenbarten Wissens zu qualifizieren.

Doch damit nicht genug. Arnald geht noch einen Schritt weiter. Nicht bloß das Vorherwissen selbst ist göttlichen Ursprungs, ist also göttliches Wissen, sondern auch das intellektuelle Aufnehmen dieses göttlichen Wissens seitens des Menschen, das Verstehen und Verständnis also dieses geoffenbarten Wissens ist für Arnald göttlich geschenktes, geistbewegtes Verständnis.

Gerade die letztzitierten Danielverse – Dn 12,9f. – führt er als Begründung dafür an. Er versteht sie dahingehend, daß niemand das dem Daniel mitgeteilte Vorauswissen recht zu erkennen vermag, der nicht dieses rechte Verständnis selbst wiederum vom Heiligen Geist geschenkt bekommen hat, der also durch den Geist Gottes selbst belehrt worden ist: „Quibus verbis palam testatur spiritus sanctus quod revelata Danieli erant multipliciter exponenda nec tamen omnes intelligerent, sed docti tantum a spiritu sancto."[309]

Nicht bloß der auszulegende Text ist göttlich inspiriert, sondern auch die Auslegung selbst, sofern sie das göttlich Gemeinte recht zu interpretieren versteht. Dabei bleibt menschlicherseits solange die Ambiguität der Auslegung bestehen, bis das, was vermeintlich vorausgesagt wird, sich in der Wirklichkeit selbst ereignet. Die Richtigkeit dessen, was vorausgesagt wird, erweist sich allererst in der Zukunft.

Arnald bringt somit klarerweise den Faktor Zeit ins richtende Gespräch. Er wagt es sogar, diesen Faktor über die Autorität der Väter zu stellen. Nicht diese entscheiden schließlich über die Richtigkeit seiner Auslegung, sondern die sich in Zukunft ereignende Wirklichkeit selbst. So wäre es falsch, seine als bloße Auslegung des nämlichen Danieltextes zu verstehende *computatio* allein anhand ihrer Konvertibilität mit den Vätern kritisch zu überprüfen. Solch einseitige Bindung an die Vätertradition wäre falsch, weil „unsere Väter" – nostri patri – selbst im genannten Punkt oft genug zu falschen Einsichten gelangten. Arnald hat diese Väterkritik oben bereits belegt. Überdies wäre es irrig, weil

---

[309] Ebenda; cf. Dn 12,9; Dn 12,4.

solche Einseitigkeit der bei Daniel selbst prophezeiten und also göttlichen Geistes geforderten Vielfältigkeit der Auslegung widerspricht.[310] Daraus zieht Arnald sein kritisches Resümee: Die Pariser Professoren handeln falsch und irrig. Sie verhindern, daß eine katholisch-gesunde Interpretation den Gläubigen zu Ohren kommt. Sie behindern im einseitigen Blick auf die Tradition der Väter das, was ausdrücklich Wunsch und Wille des Geistes Gottes ist: Die plurale Vielfalt der Daniel-Auslegung. Sie maßen sich ein Urteil an, das der besonderen Schwierigkeit des zu verhandelnden Sachverhaltes nicht gerecht wird. Vermag doch gerade dieser Sachverhalt von seiner Wesensstruktur her nicht im bloßen Blick nach rückwärts, sondern vornehmlich im Blick nach vorne, nicht im alleinigen Blick auf Vergangenes, sondern im wachen Blick auf Zukünftiges und in der Zukunft beurteilt zu werden.«

Damit liegt der gewaltige Sprengstoff dieser kritischen Aussage Arnalds offen zutage. Redet er doch einer exegetisch-theologischen Pluralität das Wort, die er biblisch begründet sieht, und die nicht durch die Auslegungstradition der Väter behindert werden darf, sondern gefördert werden soll. Entscheidend ist ihm nicht so sehr der Autoritätsbeweis der Väter, sondern das grundsätzliche Sich-etwas-sagen-lassen vom überlieferten Wort Gottes. Dieses ist im kritischen Blick auf die Zeit je neu zu lesen und auszulegen. Dabei hat aber die kritische relecture wiederum nicht intellektuelle Spielerei, sondern geisterfülltes Ringen um Verständnis und Verstehen zu sein, dessen Wahrheit sich allererst in der Zeit, genauer: in der Zukunft erweist.

Arnald erhebt hier also seine Stimme einerseits gegen die gerade in Paris sich etablierende „Intellektuellenaristokratie", die ihr höchstes Gut im Hinblick auf den Intellekt sah, und gegen die bereits Thomas von Aquin dank seines wissenschaftstheoretischen Programms von der Entdivinisierung des menschlichen Intellekts Einspruch erhob.[311] Ande-

---

[310] Arnald von Villanova: De tempore adventus antichristi. Vat. lat. 3824, fol. 71 rb: „Quod est non solum falsum sed etiam erroneum. Falsum quidem quia, ut supra iam fuit ostensum, aliqua de antiquis expositionibus catholicorum inventa est defecisse. Erroneum vero, quia manifeste contradicit spiritui sancto, qui predixit futurum esse quod multipliciter exponerentur neque determinavit numerum illius multiplicitatis future."

[311] Flasch 1987, 361; Hödl, Ludwig: Die Entdivinisierung des menschlichen Intellekts in der mittelalterlichen Philosophie und Theologie. In: Zusammenhänge, Einflüsse, Wirkungen. Kongressakten zum ersten Symposium des Mediävistenverbandes in Tübingen. Hrsg. von Heinz Göller und Bernhard Schimmelpfennig, Berlin 1986, 57–70. Überhaupt müßte geistesgeschichtlich tiefer gegraben werden. Was hier zur Disposition steht, ist nichts anderes als das Verhältnis von Gott und Welt in der Frageform von Schöpfer und Schöpfung oder, formuliert mit den Fachtermini der Zeit, die Frage nach der rechten Relation und Wirkweise von causa prima und den causae

rerseits beabsichtigt Arnald, gegen die lediglich autoritätshörigen, traditioneller Wort- und Wirklichkeitsauffassung verhafteten Gelehrten den in der und durch die Zeit wirkenden Heiligen Geist als das Fundament jeglicher Autorität in der Kirche zur Geltung zu bringen.

Gerade diesen letzten Aspekt sucht Arnald in seinem an dritter Stelle oben bereits angekündigten Kritikpunkt zu intensivieren.

3.3.4 Engagement für das Wort Gottes und die Braut Christi

Arnald beruft sich in dem dritten Punkt seiner Stellungnahme entschieden auf das Wort Gottes. Ohne Umschweife wirft er den Pariser Professoren vor, daß sie mit ihrem Publikationsverbot seiner Schrift gegen göttliche Weisung verstoßen: „Tertio quoque derogat execratio talis monitioni divine doctrine. Nam cum dominus inquiat per Iohannem: *Scrutamini scripturas.*"[312] Denn genau das – nicht mehr und nicht weniger – habe er, Arnald von Villanova, getan: die Heilige Schrift studiert und sie in katholischer Manier ausgelegt. Was er wolle, ist, die Gläubigen selbst zum aufmerksamen Lesen der Heiligen Schrift zu bewegen, ihnen den Blick zu öffnen für die Weite und Tiefe göttlichen Wortes: „[...] ad intellectum multiplicem sacrorum eloquiorum."[313] Wer dagegen Einspruch erhebt, erhebt gegen Gottes Weisung Einspruch und stellt sich gegen den Heiligen Geist: „constat quod, qui eam interdicit fidelibus et abducit a studio catholicorum, directe contrariatur divine monitioni et sancto spiritui se opponit".[314]

Noch einmal legt Arnald dabei die gesellschaftskritische Funktion seiner als biblische Auslegung verstandenen Warnung und Mahnung vor dem baldigen Kommen des Antichrist bloß. Arnald will sämtliche Christgläubigen aufrütteln, vornehmlich aber die Reichen und Mächtigen. Sie sind für ihn erste Adresse; denn sie legen ein Verhalten an den Tag, das mehr auf Irdisches als auf Himmlisches gerichtet ist. Sie umklammern geradezu das Vergängliche, sind fixiert auf die weltliche Macht und so sehr fasziniert von ihr, daß sie sich nicht scheuen, die Braut Christi, also die Kirche Gottes, in vielfacher Weise zu schlagen, ja, noch schlimmer, sich damit brüsten, ihre Autorität zu schmälern.[315] Gerade für die Ohren dieser Mächtigen und Reichen sei also der Warn- und Mahnruf bestimmt: „Vigilate ut caute ambuletis, quoniam

---

secundae. Daß dabei die kritisch-intellektuelle Bearbeitung des Liber de causis immer noch eine kaum zu überschätzende Rolle spielte, zeigte bereits Cl. Baeumker 1908 in seinem „Witelo", etwa 334.

[312] Arnald von Villanova: De tempore adventus antichristi. Vat. lat. 3824, fol. 71 va; Io 5,39.

[313] Ebenda.

[314] Ebenda.

[315] Ebenda fol. 71 vb.

forte iam nimis appropinquat ultima persecutio lu-/pi rapacis et consummatio seculi presentis."[316]
Der katalanische Arzt bezieht damit deutlich genug Stellung. Jetzt hat er nicht mehr nur die Pariser Gelehrten im Auge, sondern ausdrücklich die „Mächtigen und Reichen". Diejenigen, die seine Schrift verurteilen, sind ihm allerdings Handlanger dieser *in omnia provincia* herrschenden Potentes. Gemeint sind offensichtlich die politisch Mächtigen im Einflußbereich des französische Königs Philipp IV. Dessen Expansions- und Emazipationsbewegung kollidierte, wie erinnerlich,[317] gerade um die Jahrhundertwende mit den päpstlichen Ansprüchen auf die von Bonifaz VIII. energisch vorgetragene *plenitudo potestatis*. Die oben skizzierte erste Konfrontationsphase zwischen Papsttum und Königtum läßt gleichsam die Folie erkennen, auf der die genannte Kritik Arnalds deutliche Kontur gewinnt. Zwar vermochte der katalanische Gelehrte im Jahre der Abfassung dieses Traktates noch nicht zu wissen, wie sehr sich der Konflikt Frankreichs mit dem Papsttum noch zuspitzen werde. Aber als jemand, der die politischen Verhältnisse kannte, mit zahlreichen Mächtigen kommunizierte, sie aus nächster Nähe als Leibarzt der verschiedenen Potentaten kurierte, wenigstens zu heilen sich bemühte, erkannte er zweifellos „welt"-politische Tendenzen, erkannte er, der europäisch Weitläufige in königlicher Mission, die mächtige Expansionsbewegung Frankreichs, die ja gerade „sein" Königreich Aragón-Katalanien nicht zuletzt im Blick auf die Auseinandersetzung mit Rom zu spüren bekam. Er fürchtete also die werdende Großmacht Frankreich und warnte deswegen gerade hier, in Paris, vor dem allenthalben zu beobachtenden Bestreben der Menschen nach irdischer Macht, nach der *saecularis potestas*. Doch darüber hinaus wird, wie in der mikrologischen Erörterung gezeigt, Arnald von Villanova noch konkreter: Er akzentuiert und attackiert nicht bloß den Verweltlichungsprozeß und das gleichzeitig gesteigerte Desinteresse an Gott und Göttlichem, an himmlisch Transzendentem allgemein. Vielmehr betont er in seinen Gegenargumenten immer wieder die kirchliche Universalität und katholische Multiplizität. Diese will er stärken und verstärkt zu Wort kommen lassen. Konkretisiert auf die tatsächlichen gesellschafts- wie machtpolitischen Veränderungen seiner Zeit heißt das doch nichts anderes, als daß er der kirchlich-katholischen Universalität, manifestiert im Papsttum, das Wort redete, höchst negativ aber den sich abzeichnenden europäischen Emanzipations- und Divergenzprozeß beurteilte, der sich gerade in England und Frankreich besonders virulent, wenn auch unterschiedlich vehement artikulierte.

---

[316] Ebenda.
[317] Dazu oben das Kapitel *1.3.*

Der Einzelstaat als diejenige Institution, der man sich politisch zugehörig fühlte, rückte allmählich an die Stelle der Kirchengemeinschaft. Diesem europäischen Partikulationsprozeß konnte Arnald nichts Positives abgewinnen. Die sich ihm zeigenden Phänomene wertete er vielmehr als Vorboten des Antichrist, als selbstverfangenes Kreisen der Menschen um Vergänglich-Irdisches, das in bezug auf die „göttlich-kirchliche Mitte" nur zentrifugalen und daher die Universalität zersetzenden Charakter aufweist.

Dadurch, daß und wie er diese Negativeinschätzung gerade den Pariser Doktores vorwurfsvoll zu Gehör brachte, läßt sich überdies erkennen, daß Arnald gerade sie, die professoralen Intellektuellen, als Mitwirkende, keineswegs aber als kritisches Potential innerhalb dieses als „Verweltlichung" mißverstandenen Divergenzprozesses begriff.

Tatsächlich waren es ja neben den französischen Legisten auch die Theologen und Artisten, die sich der allenthalben zu beobachtenden Nationwerdung nicht nur nicht verschlossen, sondern diesen mächtigen Prozeß nach allen Regeln ihrer theologisch-theoretischen Vernunft voranbrachten und allererst legitimierten. Ja, der aufmerksame Leser des Traktates gewinnt den Eindruck, daß Arnald die ihn der „Unverschämtheit" beschuldigenden *doctores* geradezu in Abhängigkeit von jenen Mächtigen und weltlichen Mächten sieht, die aus Eigennutz und Blindheit gegenüber dem göttlich-ewig Einen die „Braut Christi" in vielfacher Weise zu schlagen und ihr Ansehen, ihre *auctoritas*, zu verringern trachten.[318]

Deutlicher konnte Arnald in der Tat nicht werden. Seine Zeitgenossen verstanden ihn. Arnald war bestrebt, die restriktive Reaktion „gewisser Pariser Doktores" in den Rahmen des sich abzeichnenden Ringens um die Autorität zwischen dem König von Frankreich und dem Papst zu stellen, und die Pariser Professoren dabei als Handlanger darzustellen, wenn nicht ihres Königs, so doch derjenigen, die um der Vergrößerung ihrer weltlichen Macht willen die kirchliche *auctoritas* der *sponsa Christi* zu mindern suchen.

---

[318] Arnald von Villanova: De tempore adventus antichristi. Vat. lat. 3824, fol. 71 vb: „[. . .] non est difficile videre, cum in omni provincia multo plus vigeat terrenorum amplexus quam appetitus celestium et corda secularium potestatum videantur intantum coagulari et indurari, quod sponsam Christi multipliciter affligere non verentur, immo, quod est deterius, gloriantur se parvipendere auctoritatem illius. Nunquid igitur expedit universali ecclesie quod contemptores ipsius et huius seculi amatores catholicis iaculis terreantur ut sic compuncti viam eterne salutis non deserant sed requirant?" So tritt zum Beispiel Johannes (Quidort) von Paris in seinem Traktat über die königliche und päpstliche Gewalt (de regia potestate et papali) dem universalen Machtanspruch des Papstes im Namen des werdenden französischen Nationalstaates entgegen. Bleienstein 1969, 32. Flasch 1987, 376f. Seibt: Glanz 1987, 287f.

Beleg für dieses Bestreben ist auch die Tatsache, daß Arnald sogleich nach seinem Vorwurf der „Verweltlichung" und zunehmenden Beleidigung der „Braut Christi" durch die Mächtigen dieser Welt auf „einen der vorgenannten Theologen" zu sprechen kommt, die ihm „Verwegenheit" vorwerfen zu müssen meinten:

„Sed inquit unus predictorum theologorum quod – licet hoc expediret – non tamen est asserendum quod presentis duratio seculi iam decurrat sub ultimis duobus centenariis durationis eiusdem, ut superius est assertum. Nam, ut ait, temerarie diceretur, pro tanto quia nullius sanctorum posset assertione fulciri."[319]

Die Bedeutung dieser Passage sowie die darauf folgenden Erklärungen können nur in ihrer zeitkritischen Härte verstanden werden, sofern nicht der Gesamtzusammenhang des keineswegs leicht überschaubaren Textes aus dem Blickfeld gerät. Was Arnald versucht, ist, hier wie dort das nämliche Denkprinzip auszumachen. Dort, wo die geistliche Macht der Kirche aufgrund weltlicher Macht geschmälert wird, wird auch hier die allein sich auf die Schrift berufene geistvolle Auslegung und Auswertung „verwegen", also unzulässig genannt. Die intellektuellen Vertreter und Verwalter des Sach- wie Welt-Wissens beginnen, den sich prophetisch äußernden Gottes-Glauben mundtot zu machen, ihn als *temerarie* diffamierend. Dagegen erhebt Arnald vor allem seine energische Stimme.

So wirft er diesen Theologen falschen Umgang mit den Autoritäten vor. Mittels Autoritätsbeweises meinten sie seine Interpretation Daniels und damit seine Überlegungen zum Kommen des Antichrist wie des Weltendes zu untersagen. Im Zuge der prüfenden Relecture ihrer Belege stellt sich aber heraus, daß sie, diese sich als autoritätshörig gebenden Theologen, die von ihnen angeführte *auctoritas* selbst nicht richtig verstanden oder exakt genug zur Kenntnis genommen haben. Sie erkennen den eigentlichen Sinngehalt der *auctoritas* nicht, dringen nicht tief genug vor, bleiben lediglich bei Sätzen und Wortfrequenzen stehen. Noch schlimmer: Möglicherweise wollen sie ihren Sach-Verstand nicht zur wirklich-wahren Vernunft kommen lassen, und zwar aus die eigene Macht und das eigene Ansehen erhaltenden, also egoistisch-selbstherrlichen Gründen.

Arnald von Villanova bemüht sich sodann en detail zu belegen, daß die von ihm vorgestellte Interpretation durchaus im Sinne der von seinen Gegnern zitierten Autoritäten ist, daß es also durchaus nicht zutrifft, wenn behauptet werde, niemand von den Heiligen hätte jemals eine in seinem Sinne formulierte *assertio* aufgestellt. Dabei führt Arnald

---

[319] Arnald von Villanova: De tempore adventus antichristi. Vat. lat. 3824, fol. 71 vb. Das biblische Brautmotiv zählt „zu den wichtigsten und folgenreichsten ekklesiologischen Vorstellungsschemata der christlichen Theologie." Beinert 1973, 158.

vornehmlich wiederum den von seinen Gegner immer wieder ins Gespräch gebrachten Augustinus an, läßt aber das Dreigestirn seiner *auctoritates* ebenfalls nicht unerwähnt: das von ihm vornehmlich interpretierte Buch Daniel, die erythräische Sibylle und Christus.

3.3.5 Zur Apokalypsen-Auslegung Augustins

Auf den Bischof von Hippo kommt Arnald sogleich zu sprechen, wenn er die *Sibylla Erithrea* erwähnt. Er weist darauf hin, daß gerade sie in *De civitate Dei* ernsthaft bedacht werde.[320] Darüber hinaus aber rekurriere Augustinus auf den Schöpfungsbericht der Genesis und schließlich auf die Apokalypse. Augustinus behauptet, so Arnald, daß das gesamte Schöpfungswerk in sechstausend Jahren vollendet und beendet werde. Diese *assertio* Augustins werde dank des zweiten Petrusbriefes fundiert, wo es heißt, daß ein Tag vor dem Herrn wie tausend Jahre seien (2 Petr 3,8). Dabei verstehe Augustinus offensichtlich den Tag vor Gott nicht im übertragenen, sondern im wörtlichen Sinne als die Dauer von tausend Jahren.[321] Tatsächlich läßt der Bischof von Hippo im zwanzigsten Buch, Kap. 7, des „Gottesstaates" die Ansicht hören, daß „mit den sechstausend Jahren gleichsam sechs Tage hinübergegangen" seien „und nun als der siebte Tag der Sabbat in den letzten tausend Jahren folge". Diese Meinung, so Augustin, sei vertretbar. Er selbst habe schließlich dieser Theorie ausdrücklich und begründet angehangen.[322]

Doch wir müssen bereits jetzt genauer hinblicken. An späterer Stelle wird nämlich Johannes von Paris in der Auseinandersetzung mit Arnald exakt auf diese Ausführungen Augustins rekurrieren und dank ihrer vermittelnd argumentieren. In der hier zur Frage stehenden Pas-

---

[320] „Sibylla Erithrea, cuius carmina solemniter approbat Augustinus, XVIII *de civitate dei*, prenuntiat dictam abhominationem venturam et regnaturam infra decimum quartum centenarium a Christi nativitate [...]." Arnald von Villanova: De tempore adventus antichristi. Vat. lat. 3824, fol. 72 ra. Augustinus: De civitate Dei 18, 23 (CCL 48, 614f.); kritischer aber in 18, 46 (CCL 48, 644).

[321] „Sed constat quod unus dies non sicut mille anni extensione temporis, quoniam tempus unius diei non adequatur tempori / mille annorum, sed est sicut mille anni proprietate significationis." Arnald von Villanova: De tempore adventus antichristi. Vat. lat. 3824, fol. 72 ra–rb.

[322] „Secundum quem sensum ibidem Augustinus accipit istud verbum, intendens quod primevam creationem, quam deus in momento poterat complere, distinxit ideo per sex dies, ut per hoc significaretur quod ea, que deus creare et facere disposuerat, per totam durationem seculi presentis in sex annorum millenariis adimpleret, ut in tractatu de prophetis dormientibus plenarie declaratur. Septima vero dies primeve creationis, in qua deus omnino quievit a rerum creatione quantum ad genus et speciem, significat septimum millenarium, in quo deus omnino quiescet a creatione vel productione rerum secundum numerum. Et sic erit in eo sabbatum eterne quietis vel interminabilis cessationis a rerum productione." Ebenda fol. 72 rb.

sage verdeutlicht der Verfasser des „Gottesstaates", daß er sich inzwischen von dieser Ansicht zwar nicht völlig entfernt, daß er dieser aber auch keineswegs mehr vorbehaltlos zustimmen könne. Immerhin vermag er sie zu tolerieren und als mögliche, wenn auch nicht als einzig mögliche Ansicht zu akzeptieren. „Diese Meinung ließe sich etwa noch hören, wenn man dabei annähme, daß geistige Freuden an jenem Sabbat den Heiligen durch die Präsens des Herrn zuteil würden."[323]

Wovon Augustin sich in diesem Kapitel somit ausdrücklich distanzieren will, ist die stark materialistisch-dinghafte Vorstellung bestimmter Chiliasten, die die Sabbat-Freuden als „maßloser körperlicher Tafelgenuß", also als rein sinnlich-sinnenhafte Freude verstehen: „Solch niedere Auffassung kann doch nur von sarkischer Gesinnung geteilt werden. Die geistig Gesinnten nennen die Anhänger dieser Meinung Chiliasten."[324]

Überdies: das punctum saliens ist keineswegs das nur kurz zur Sprache kommende Sechszeitenschema, sondern die Frage nach dem rechten Verständnis der „zwei Auferstehungen", die in der Geheimen Offenbarung des Johannes (20,1–6) ausgesprochen werden. Für tausend Jahre, so heißt es dort, wird die „alte Schlange in den Abgrund geworfen", schließlich aber „auf kurze Zeit freigelassen". Augustinus geht es klarerweise um dieses „schließlich" und „endlich" der Geschichte: Ihm ist es um das *finis mundi* zu tun. Nur in diesem Kontext spricht Augustinus überhaupt von der Freude der Heiligen durch den Herrn, die mit dem Ende der Geschichte koinzidiert und jenen siebten Tag signiert, an dem Gott ruhte.[325]

Arnald hingegen will hier nicht nur Augustin als einen bedeutenden Repräsentanten jenes im Mittelalter bekannten und vielfach bedachten Periodisierungsversuches der Universalgeschichte darstellen, nach dem die sieben Schöpfungstage als *typoi* von sieben Weltaltern zu interpretieren seien, sondern ihn, den berühmten Bischof, gleichzeitig als einflußreichen Vor- und Vorausdenker bezeichnen, der für die Akzeptanz jener Ansicht eintrat, nach der auch die Dauer der einzelnen Perioden der Weltgeschichte zu parallelisieren und mit jeweils tausend Jahren anzugeben sei. Das Ruhen des Schöpfers von der Schöpfung ist der „siebte Tag". Arnald von Villanova versteht diesen augustinischen Gedanken wiederum durchaus im temporären Sinne. Augustinus selbst läßt tatsächlich in *De civitate Dei* diese zeitliche Interpretation durchaus gelten, wenngleich er sich nicht eindeutig für diese entschei-

[323] Augustinus: De civitate Dei 20, 7 (CCL 48, 709): „Quae opinio esset utcumque tolerabilis, si aliquae deliciae spiritales in illo sabbato adfuturae sanctis per Domini praesentiam crederentur."
[324] Ebenda.
[325] Ebenda 22, 8 (CCL 48, 712–715).

det. Im Gegenteil: Er stellt eine Deutungsalternative auf, die die biblischen Zahlenangaben, hier besonders die in der Apokalypse 20,2 genannte Zahl tausend, nicht als fixierte Datenanzeige, sondern als chif-
frierte Rede über eine Gesamtheit von Zeiten bezeichnet, die allererst
die vieldimensionale, unüberholbare und keinen Aufstieg und Fortschritt mehr mögliche Zeitenfülle in bibel-theologischer Absicht (Gal
4,4) zu Gesicht kommen läßt.[326]
Arnald von Villanova erwähnt diese alternative Deutung Augustins
mit keinem Wort. Ihm kommt es darauf an, seinen Gegnern zu belegen, daß der Bischof von Hippo die berechenbare, weil im wörtlichen
Sinne genommene Deutung der genannten Zahlenangaben durchaus
akzeptiert habe, ja sogar aufgrund dieser Annahme die biblischen Zahlenangaben zu deuten sich bemühte. Dabei führt der katalanische Gelehrte gerade jene Verse aus der Apokalypse an, die ihn im Blick auf
den Antichrist sachgemäß vor allem interessieren: Die nämliche Rede
von den tausend Jahren, die die „alte Schlange" im Abgrund gebunden
verbringe, danach aber „für kurze Zeit" freikommen werde. „Sic igitur
patet, quod unus dies hebdomade apud deum est sicut mille anni proprietate significationis predicte. Quo fundamento accepto, Augustinus
introducit illud Apocalypsis XX: *Tenuit vel ap/prehendit draconem illum,
serpentem antiquum, qui cognominatus est diabolus et satanas et alligavit illum mille annis.*"[327]
Nur die erste Auslegungsvariante Augustins stellt Arnald detailliert
vor, dabei drei Behauptungen – assertiones – des Bischofs von Hippo
herausstreichend:
1. „[...] quod illud dictum Apocalypsis pertinet ad sextum millenarium annorum mundi, tanquam sexte diei";
2. „[...] quod post sextum millenarium sequetur sabbatum, quod non
habebit vesperam";
3. „[...] quod asserit est quod suo tempore posteriora spatia sexti millenarii volvebantur".[328]
Was Arnald hier trimorph analysiert, ist offenkundig jene augustinische Interpretation, die in *De civitate Dei* tatsächlich der genannten
symbolisch-theologischen Deutung vorangestellt, aber keineswegs prä-
ferentiell bewertet wird, und die überdies zu Berechnungen zu (ver-)
führen vermag. Akzentuiert Augustinus doch hier das temporäre Verständnis seines Sechs- bzw. Siebenweltenschemas insofern, als er die
Bindung „der alten Schlange", die auch „Teufel und Satan" genannt

---

[326] Dazu die dichte Interpretation von Hans Urs v. Balthasar: Theologie der Geschichte.
Einsiedeln ⁵1959.
[327] Arnald von Villanova: De tempore adventus antichristi. Vat. lat. 3824, fol. 72 rb–va;
cf. Apc 20,2.
[328] Ebenda fol. 72 va.

werde, nicht nur vergeschichtlicht, sondern eben als Ereignis „im sechsten Jahrtausend als am sechsten Tag" determiniert.[329]
Aber nicht nur darauf macht Arnald von Villanova aufmerksam. Vielmehr unterstreicht er, worauf Augustin in diesem Zusammenhang den Akzent legt: darauf nämlich, daß dieses sechste und in gewisser Weise letzte Jahrtausend der Weltgeschichte *seinerzeit*, also zur Zeit des Augustinus, nicht nur in Gang gekommen, sondern bereits weiter vorangeschritten sei. Arnald rekurriert auf die Wendung Augustins, die er sogleich in arithmetischer Manier zu deuten wagt: „Cum igitur Augustinus asserat quod in sexto millenario durationis mundi cursus presentis seculi finietur et quod suo tempore volvebantur posteriora spatia millenarii sexti, verisimile est quod suo tempore fluxisset ad minus decima pars millenarii sexti, scilicet unum centenarium."[330]
Diese arithmetische Deutung des Begriffs *spatium* führt Arnald zur mathematisierenden Auslegung des nämlichen augustinischen Gliedsatzes von den *posteriora spatia* als zeitliche Orientierung im Gesamt des ablaufenden Jahrtausends. Dabei ermöglicht ihm die Abfassungszeit von *De civitate Dei* jene Addition, die wiederum seine oben vorgestellten und hier verteidigten *computatio* rechtfertigt: Da das Jahrtausend aus zehn *spatia* bestehe, müsse aus der Sicht Augustins wenigstens ein *spatium* verstrichen und das zweite – zumindest – im Vollzug sein. Überdies sei allgemein bekannt, daß Augustinus die Verwüstung Afrikas durch die Vandalen noch erlebt habe und daß in den vierzig Jahren vorher der Gottesstaat verfaßt worden sei. Da jener Vandalensturm, wie es heiße, im Jahre 440 stattgefunden haben soll, kommt Arnald zu einem Ergebnis, das seine berechnende Deutung Daniels gerade durch Augustinus bestätigt, den Argumenten seiner Gegner aber durchaus widerspricht: „[. . .] adhuc nihilominus computatis annis, qui fluxerunt ab illo tempore citra, inveniretur hoc tempus decurrere sub ultimo centenario millenarii supradicti. Cognoscant igitur prefati theologi quod supra scripta assertio, qua dicitur quod cursus huius seculi iam pervenit ad ultima centenaria, per assertionem Augustini, cui maxime innituntur, confirmatur expresse."[331]
Doch selbst dann, wenn man sich, wie Johannes von Paris, auf Arnalds Addition einläßt, geht die Rechnung nicht auf. Zwar ist sie in sich schlüssig: Die Differenz zwischen der Gegenwart Arnalds (1300) und der mutmaßlichen und innerhalb des laufenden „sechsten Tages" georteten (400 bis 440 Jahre minus mindestens 100 Jahre) Abfassungszeit von *De civitate Dei* ergibt 1300 Jahre, reicht also tatsächlich bis in die Gegenwart Arnalds. Dies impliziert wiederum, daß nur noch wenig

---

[329] Augustinus: De civitate Dei 20, 7–8, hier bes. 7 (CCL 48, 708–712).
[330] Arnald von Villanova: De tempore adventus antichristi. Vat. lat. 3824, fol. 72 va.
[331] Ebenda fol. 73 ra.

Zeit bleibt bis dieser „sechste Tag" verstrichen, die „alte Schlange für kurze Zeit" aus dem Abgrund befreit sein und schließlich der „siebte Tag", der Tag ohne Abend, aufsteigen wird.[332] Doch stimmt das Axiom nicht, und zwar gerade dann nicht, wenn man sich auf Arnalds Gedankengang einläßt und auch seine, wie heute zweifelsfrei feststeht, Fehleinschätzung bezüglich der Abfassungszeit von *De civitate Dei* und der biographischen Daten Augustins übersieht.[333] Was er nämlich merkwürdigerweise völlig übersieht und worauf ihn Johannes von Paris aufmerksam machen wird, ist die Tatsache, daß der Bischof von Hippo gerade im nämlichen Kapitel, nur wenige Zeilen später, auf die Abfassungszeit der Apokalypse rekurriert und dabei expliziert, daß bereits in neutestamentlicher Zeit dieses sechste Jahrtausend nicht nur in Gang gekommen, sondern bereits teilweise verstrichen sei. Sofern der Seher der Apokalypse zu seiner Zeit noch von tausend Jahren spreche, die der Teufel im Abgrund gebunden zubringen werde, so komme hier lediglich eine bekannte Redefigur zum Ausdruck, „wonach man das Ganze nennt, während man einen Teil meint".[334] Mit anderen Worten: Sofern Arnald konsequent seine hier vorgeführte Augustinus-Auslegung applizierte, müßte er zu dem Ergebnis kommen, daß in seiner Zeit bereits der „siebte Tag" begonnen, der „sechste Tag" aber mit Sicherheit längst verstrichen wäre. Was selbstredend nicht sein kann, da die diesseitige, sarkische Welt noch besteht. Damit ist Arnalds irrige Auslegung Augustins in diesem Falle offensichtlich. Den Irrtum erkannten auch die Zeitgenossen des katalanischen Arztes, wie weiter unten noch genauer auszuführen ist. Aber auch Arnald wußte es. Es ist doch höchst unwahrscheinlich anzunehmen, daß dieser kritische Kopf nicht auch seine eigene Fehlberechnung erkannt hätte! Doch was wäre, wenn man seinen Fehler „korrigiert" hätte? Dabei wäre doch nur das als „Ergebnis" herausgekommen, was nicht gegen Arnalds, sondern für Arnalds These gesprochen hätte. Und genau darin zeigt sich, worauf es ihm, Arnald, entscheidend ankam: Seinen Zeitgenossen zu demonstrieren, daß sie mittels der Autorität Augustins nicht gegen, sondern, wenn überhaupt, nur für seine Auslegungsthese vom baldigen Kommen des Antichrist argumentieren könnten: Selbst unter der höchst unwahrscheinlichen Annahme, daß der „Countdown" zur Zeit Augustins, näherhin bei der Abfassung seines Spätwerkes *De civitate Dei* gerade erst in das zweite *spatium*, nicht erst, wie es im Sinne Augustins richtiger zu interpretieren wäre, bereits in das

---

[332] Ebenda fol. 72 vb.
[333] Flasch 1980, 12ff.
[334] Augustinus: De civitate Dei 20, 7–8, hier bes. 7 (CCL 48, 708–712).

vierte oder fünfte getreten wäre,[335] also selbst dann, wenn möglichst
spät mit dem Werden „des sechsten Tages" gerechnet werde, müßte
angenommen werden, daß sich dieser jetzt, um das Jahr 1300, dem
Ende zuneige. Ausgedrückt in pointierender Abbreviatur: Arnald will
den gerade mit der Autorität eines Augustinus gegen seine *calculatio*
antretenden gelehrten Pariser Kontrahenten nachdrücklich vor Augen
stellen, daß der Bischof von Hippo nicht auf ihrer, sondern auf seiner
– Arnalds – Seite stehe. Auch der Bischof von Hippo hätte, wenn er
überhaupt ernsthaft mit der Möglichkeit rechnete, daß das sechste
Millenium noch im Jahre 1300 bestehen würde, das baldige Ende dieses sich schon im fünften Jahrhundert „in vorgerückter Stunde" befindlichen „sechsten Tages" propagiert. Dank dieses energisch geschmiede-
ten Junktims der Standpunkte Arnalds und Augustins wagt es der katalanische Arzt schließlich, seine Gegner vor die weitreichende Entscheidung zu stellen: Wer seine These ablehnt, muß wissen, daß er
auch die Ansicht Augustins negiert. Wer aber Augustinus zustimmt,
kann nicht anders: Er muß auch ihm, Arnald, zustimmen: „Quapropter
aut convenit eos acceptare vel saltem tolerare predictam aut pari ratione condemnare ac profanare Augustini assertionem. Aliter qui habi-
tat in celis irrideret eos et dominus procul dubio subsannaret, cum illa
non sit minus catholica quam assertio Augustini. Nam sicut assertio
Augustini fundatur supra ministerium sex dierum creationis primeve,
sic et ista supra numerum / expressum per Danielem de
abominationis adventu."[336]
So wie Augustinus seine die Universalgeschichte gliedernde Zeitenlehre aus dem Schöpfungsbericht des Buches Genesis gewinnt und damit seine Rede vom endenden „sechsten Tag", der nur noch abgelöst
werde vom „siebten Tag", dem Sabbat, dem Tag ohne Abend, der
Vollendung ohne Ende, so stütze er, Arnald, sich auf das Buch Daniel,
um seine die „Ankunft des Greuels" ankündigende Botschaft zu formulieren. Was dem einen erlaubt sei, müsse auch dem anderen gestattet
werden. Schließlich verkündeten beide, Augustinus wie Arnald, nichts
anderes als das, was bereits Johannes in seiner Apokalypse auf Geheiß
des Heiligen Geistes der gerade geborenen Kirche zurufe: *„Tempus
prope est, ecce venit cum nubibus et vedebit eum omnis oculus et qui eum
pupugerunt."*[337] Wenn diese Warnung bereits in neutestamentlicher Zeit
berechtigt war, „wahr" gewesen sei, um wieviel „wahrer", so fragt Arnald rhetorisch, sei nun heute, Jahrhunderte später, der Warn- und
Mahnruf?

[335] Dazu Ratzinger 1959, 12f.; Rauh 1979, 125f.
[336] Arnald von Villanova: De tempore adventus antichristi. Vat. lat. 3824, fol. 73 ra–rb.
[337] Apc 1,7; cf. *Glossa ordinaria et interlinearis*, Bd. 6, Venedig 1603, 1459.

Damit ist das Argument der Pariser Gelehrten, Augustinus habe ausdrücklich darauf verwiesen, daß die Frage, wann das Ende der Zeiten hereinbreche, abzulehnen sei, nicht nur von Arnald aufgrund genauer Textanalyse entschärft worden. Er vermochte es ihnen darüber hinaus gleichsam zu enteignen und sich selbst so anzueignen, daß es zur schlagkräftigen Verteidigungswaffe gegen die Pariser Professoren wurde.

3.3.6 Der Streit um Jerusalem oder: Die Frage nach dem Sinn der Kreuzzüge

Aber Arnald von Villanova konzentriert sich in seiner Verteidigung noch auf ein anderes Argument, das er aus dem Mund seiner Pariser Gegner offensichtlich zu hören bekam: Im Vergleich zum ersten gerade widerlegten Gedanken, ist der folgende Vorwurf weniger theologisch-systematischer, als vielmehr politisch-praktischer Natur. Es geht um Jerusalem, genauer

erstens um die Frage nach dem Schicksal, das dieser Heiligen Stadt am Ende der Weltzeit zuteil werden wird;

zweitens um die Bewertung und die praktischen Konsequenzen, die sich aus diesem „Glaubens-Wissen" um das endgültige Geschick Jerusalems ergeben; noch konkreter, weil mit Blick auf die damalige politische Wirklichkeit hin formuliert: um die Frage nach dem Sinn der Kreuzzüge angesichts eines göttlichen Planes, der die „Befreiung Jerusalems von den Ungläubigen", das offizielle Ziel der mittelalterlichen Kreuzzugsbewegung, allererst am Ende der Tage erlaubt.[338]

Wie erinnerlich hatte Arnald in seiner *assertio* jene urchristliche, von Röm 11,26 herkommende und in der Tradition immer wieder wachgehaltene Hoffnung artikuliert, daß, wie Bernhard von Clairvaux formulierte, „der Tag kommen wird, an dem der Herr seinen gnädigen Blick auf sie [gemeint sind die Juden, Ergänzung M. G.] richtet; denn wenn alle Nationen in die Kirche eingetreten sind, *dann wird ganz Israel gerettet werden*, wie der Apostel sagt.[339]

Dadurch, daß Arnald von Villanova diese christliche Hoffnung aufgreift und sie so in seiner *computatio* verdichtet, daß er das bestimmte

---

[338] „Sed rursus obiciendo dicunt quod suprascripte assertiones non sunt divulgande, cum inter eas contineatur quod frustra nituntur adqui/rere et tenere possessionem reprobe Hierusalem citra tempus plenitudinis gentium, quoniam talis assertio derogat universali ecclesie, que populum fidelem sepius invitat et sacris documentis hortatur ad invadendum cum armis predictam terram." Arnald von Villanova: De tempore adventus antichristi. Vat. lat. 3824, fol. 73 rb–va.

[339] Bernhard von Clairvaux. Ep. 363, 7. Opera omnia VI/1, 316f.; dazu Leclercq, Jean: Bernhard von Clairvaux. ein Mann prägt seine Zeit. München/Zürich/Wien 1990, 92f.; Diers, Michaela: Bernhard von Clairvaux. Elitäre Frömmigkeit und begnadetes Wirken. Münster 1991, 341–345 (= BGPhThMA NF 34).

Schicksal des irdischen Jerusalems nicht nur in eine gewisse, noch weitgehend unbestimmte Beziehung setzt zu den Endereignissen, sondern es – wie diese und mit diesen – verzeitlicht und entsprechend zu terminieren sucht –; dadurch impliziert er das notwendige Scheitern jeden christlichen Versuchs, vorzeitig Jerusalem dem christlichen Weltkreis einzugliedern und dauerhaft zuzuführen. Kein Zweifel, daß dadurch die bereits Jahrhunderte während Kreuzzugsideologie massiv in Frage gestellt wird. Ja, es wird ein plausibler Grund dafür geliefert, warum bislang die Kreuzzüge so wenig erfolgreich waren. Arnalds Antwort: Die Zeit war einfach noch nicht reif, das *tempus plenitudinis* noch nicht gekommen. Mit anderen Worten: Die Kirche hat geirrt. Und genau das ist der gefährliche Vorwurf, dem Arnald sich hier ausgesetzt sieht, daß er – zumindest unausgesprochen und doch deutlich vernehmbar – kraft seiner angestrengten Reflexion und frech-dreisten Auslegung es wage, zu unterstellen, daß die Kirche, die doch gar nicht irren könne, geirrt habe: „Quibus pro constanti est concedendum quod universalis ecclesia cum regatur sapientia eterni gubernatoris nec falli potest nec fallere, sicut est in proposito.“[340]
Es ist von aussagekräftiger Valenz, festzustellen, was Arnald gerade diesem Vorwurf zu entgegnen hat, und wie genau er hier pariert. Dabei darf nicht vergessen werden, was oben bereits konstatiert wurde: daß es ihm nicht wenig darum zu tun war, den Pariser Professoren vorzuwerfen, sie verlören in ihrer lehrhaft-gelehrsamen Veräußerlichung die universale Weite und Tiefe katholischer Wahrheit aus dem Blickfeld („nocens catholice veritati vel multitudini“). Dagegen macht Arnald a limine die notwendig doppelte Sichtweise und -weite der *speculatores* geltend, der er sich *per eminentiam* verpflichtet weiß, und die er geradezu zum hermeneutischen Prinzip erhebt: Um das Wort Gottes hier und heute ankommen zu lassen, um es tatsächlich den Heutigen verkünden zu können, und zwar so, daß es diese bewegt und verändert, bedarf es sowohl des konzentrierten Forschens und Befragens der einschlägigen Schriftstellen wie auch des aufmerksamen Beobachtens und Beurteilens der eigenen Gegenwart. Erst dank dieser doppelten (nicht zweifachen) Sichtung gelingt es, der dem Wort Gottes zukommenden Achtung Raum zu geben, es warnend und mahnend so zu artikulieren und so zu aktualisieren, daß es Zukunft gestaltet. Darin besteht für Arnald ja die hochkarätige Aufgabe der *speculatores*: auf der Höhe der Schriftkenntnis zu stehen und dank dieser Höhe, dank dieses „biblischen Aussichtsturmes“, wie Arnald sagt, den Blick weit ins Land, weit in Zeit und Raum schweifen zu lassen, um das Künftige und den

---

[340] Arnald von Villanova: De tempore adventus antichristi. Vat. lat. 3824, fol. 73 va.

Kommenden zu schauen und in prüfender Anfrage und aufrüttelndem
Appell den Gegenwärtigen zu verkünden.

So kam es keineswegs von ungefähr, daß er bereits oben, im Zuge der
Darlegung seiner *computatio* ausdrücklich und ohne textimmanenten
Grund plötzlich von Jerusalem und den vielfach unternommenen „Er-
oberungs- bzw. Befreiungskriegen" in dem und um das Heilige Land
sprach. Es konnte konstatiert werden, daß die zeitgeschichtlichen Ereignisse, sein zum hermeneutischen Prinzip erhobener zeitkritischer
Blick ihn offensichtlich dazu bewog, hier die Frage nach dem hart um-
kämpften Schicksal Jerusalems zu stellen und es als äußerst fragwürdi-
ges, weil anachronistisches Unterfangen darzustellen.

Dieser von Arnald konstatierte Anachronismus wird ihm jetzt als anti-
kirchliche, weil die Infallibilität der mit der „Weisheit des ewigen Len-
kers" ausgestatteten *universalis ecclesia* zumindest in Frage stellende Behauptung ausgelegt. So beeilt Arnald sich, gerade diesen Vorwurf entschieden zurückzuweisen und gleichsam bekenntnishaft die Irrtumsun-
möglichkeit der Kirche zu unterstreichen. Er weiß, daß er nicht an zwei
Fronten zugleich zu kämpfen vermag, nicht gegen die „Pariser Doktores" und gegen die kirchliche Autorität. Vielmehr ist sein im Laufe des
Traktates – gerade an dieser Stelle – stärker werdendes Bemühen auffällig, den *doctores* so zu begegnen, daß er nicht nur als vom Papst Ge-
rechtfertigter erscheint, sondern daß die Pariser Professoren gleichzeitig als die Beschuldigten, weil ungerecht Beschuldigenden bloßgestellt
werden. Arnald verteidigt sich nicht nur, sondern er klagt selbst an.

Zunächst wirft er den Pariser Gelehrten vor, sie würden seine Interpretation pervertieren und sie bewußt gegen die *hortatio ecclesiae universalis*
formulieren. Dabei kommt es aber seinerseits zu einer überraschend
gewendeten Darlegung der eigenen Position. Das, was oben deutlich
als kritisch-distanzierter Kommentar zur bisherigen Kreuzzugsbewegung verstanden werden mußte, wird jetzt geradezu als Aufruf zur
„Vertreibung der Ungläubigen von heiliger Stätte" gedeutet.[341]

Sooft also die „heilige Mutter Kirche" die Gläubigen zu diesem „heiligen Zorn" entflammt, irrt sie nicht; denn tatsächlich führt sie so „ihre
Söhne auf kürzestem Weg ins Himmlische Jerusalem", und das, so beteuert Arnald, sei ja schließlich ihre eigentliche Pflicht. Mit anderen
Worten: Nicht obwohl, sondern gerade weil die Rückeroberung Jerusalems durch die Christen im göttlichen Zeit- und Weltenplan noch nicht
anstand, die Zeit noch nicht reif, noch nicht „erfüllt" war, gerade weil
also die bisherigen Kreuzzüge allesamt unter dem Stern der Vergeb-

---

[341] „Nam ipsa principaliter suadet populo fideli ut accingatur adversus infideles, posses-
sores terre illius, ad vindicandum contumeliam salvatoris exterminando populum ne-
fandissimum, qui suis sceleribus non veretur polluere terram, quam dominus proprio
sanguine con/secravit." Ebenda fol. 73 va-vb.

lichkeit standen, waren die gesamten Unternehmungen in dieser Angelegenheit vor allem – keineswegs: nichts weiter als! – im wahrsten
Sinne des Wortes „Himmelfahrtskommandos": „[. . .] per viam brevis-
simam ducit ad obtinendam possessionem celestis Hierusalem, quod
est proprie proprium officii sui."[342] Überdies scheut Arnald sich nicht,
in diesem Zusammenhang auf Lk 21,24 zu verweisen, auf das „verbum
magistri et sponsi sui dicentis in Luca: *Hierusalem calcabitur a gentibus
donec impleantur tempora nationum."*[343]
Jetzt aber ist die Zeit erfüllt, erst jetzt bestehe also berechtigte Hoffnung, auch das irdische Jerusalem zu erobern. Arnald weist dabei auf
seine vorgestellte *calculatio* wie auf die gerade zitierte Lukasstelle hin.
Auch hier werde ja eine Zeitangabe getätigt und von der Fülle der
Zeiten gesprochen. Dieser Termin sei im Rückblick auf das, was er
über die Gegenwart und nahe Zukunft ausgeführt habe, näherhin zu
definieren: „[. . .] sed duo adduntur / quorum unum est citra tempus
plenitudinis gentium, aliud est quod illud tempus, in quo plenitudo
gentium ingredietur ecclesiam, est tempus centenarii quarti decimi a
Christi nativitate."[344]
Das 14. Jahrhundert wird damit als die Zeit der Erfüllung deklariert,
als die Zeit, „in der die Fülle der Völker in die Kirche eintrete". Dieses
14. Jahrhundert wird beginnen, sobald das gegenwärtige Jahr beendet
sein wird, „in dem die Kirche 1300 Jahre des Herrn zählt".[345] Damit
liefert uns Arnald von Villanova einen weiteren deutlichen Hinweis auf
das Abfassungsjahr dieses Traktates. Vor allem aber fährt er in seinem
Gedankengang fort, in dem er uns die vernichtenden Konsequenzen
dieser seiner Identifizierung darlegt. Doch, als ob er sich scheue, seine
eigenen Worte zu benutzen, rekurriert er dabei noch einmal auf das
Orakel der erythräischen Sibylle, ihre lang zurückliegende Weissagung
als aktuelle Aufforderung funktionalisierend: Im folgenden Jahrhundert werde es gelingen, die Anhänger Mohammeds ein für allemal zu
zertrümmern und die eine einzige Weltkirche zu etablieren.[346]
Damit revidiert Arnald von Villanova deutlich seine ursprüngliche Ansicht über die Kreuzzugsbewegung. Hatte er zuvor das Ziel dieser Bewegung, nämlich die Christianisierung des Heiligen Landes generell
wie Jerusalems speziell, als im göttlichen Weltenplan stehendes Datum

---

[342] Ebenda fol. 73 vb.
[343] Ebenda; cf. Lc 21,24.
[344] Ebenda fol. 73 vb–74 ra.
[345] Ebenda fol. 74 ra: „Quod centenarium incoabit quando finietur computatio presentis
annis, quo ecclesia numerat annos domini mille trecentos."
[346] „[. . .] quoniam Erithrea prenuntiat evidenter quod infra sequens centenarium dissi-
pabitur secta Mahometi non solum in membris, sed in suo capite. Prenuntiat etiam
quod in eo unus erit pastor et unum ovile in orbe toto." Ebenda; dazu auch oben
Kapitel 3.2.8.3.

angesehen, das zu realisieren menschlicherseits vor allem mittels konzentrierter Acht- und Aufmerksamkeit auf das „Himmlische Jerusalem" möglich ist, sprach er also jener Spiritualisierung des Kreuzzugs das Wort, die den inwendig geführten Kampf des Menschen um die eigene Umkehr von dem bloß Diesseitig-Vergänglichen und die innerlich gesammelte Hinkehr zum Ewig-Göttlichen ins Auge faßt, so wendet er jetzt, unter dem Druck des genannten Vorwurfs, alle Mühe auf, die so verstandene Spiritualisierung durch kriegerische Konkretheit deutlich zu ergänzen, ja aufzuheben: Die Zeit sei jetzt reif, auch das irdische Jerusalem zu erobern und es ein für allemal dem christlichen Erdkreis einzugliedern, zu sichern und zu befrieden: „[...] nunc tamen, quoniam tempus ab eo prefinitum iam instat, confidenter accingi possunt non solum ad adquirendam illius possessionem, ut pluries adquisiverunt antiquitus, sed insuper ad secure amodo vel pacifice retinendam."[347]
Für Arnald sind damit alle möglichen Vorwürfe und Gegenargumente wider seine *assertio* entkräftet und als gegenstandslos entlarvt worden. Seine weiteren Überlegungen kreisen nun noch um die Frage nach dem Grund dieser unhaltbaren Vorwürfe. Allerhand Verdächtigungen werden ausgesprochen, die über Warnungen und Mahnungen bald in blanke Polemik umschlagen.

3.3.7 Contra Professorendünkel

Zunächst einmal stellt Arnald von Villanova fest, daß den gegen ihn argumentierenden Gelehrten die Liebe und die Gerechtigkeit fehle. Ihnen habe klarerweise der Neid die Feder geführt. Sehen sie sich doch plötzlich belehrt durch das „Werkchen" eines Unbekannten, sie, die berühmten Pariser Theologen. Diesen „Zahn des Neides" können sie nur dadurch verlieren, wenn sie sich selbst dazu aufraffen könnten, nicht sosehr darauf zu achten, wer etwas sagt, sondern darauf, was gesagt wird. Überdies gelte Johannes 3,8: Der Geist weht, wo er will![348] Gott vermag selbst stummen Tieren das Wort zu geben, sie Wahres und Nützliches sprechen zu lassen. Arnald erinnert süffisant an die Eselin Bileams, die dreimal geschlagen wurde, obwohl sie den Engel Jahwes sah und Bileam warnte, nicht vom Wege des Herrn abzuirren (cf. Nm 22, 28).[349]

---

[347] Arnald von Villanova: De tempore adventus antichristi. Vat. lat. 3824, fol. 74 rb.

[348] Ebenda fol. 74 rb–va.

[349] „[...] et quod ille qui, cum vult, etiam muta facit animalia, vera et utilia loqui, ut asinam Balaam, potest parvulos de veritate instruere, ut proferant ipsam ad laudem eius. Nec deus noviter incipit ex ore infantium et lactentium producere sui laudem in destructionem inimicorum suorum." Ebenda fol. 74 va.

Mit dem Rekurs auf Psalm 8,3 und Matthäus 21,16 schlägt der Vergleich für die Pariser Gelehrten ins Negative um. Es besteht kein Zweifel darüber, daß die mittelalterlichen Leser dieses Traktates die hier zu Wort kommenden Anspielungen auch so verstanden, wie der Autor sie gemeint hatte. Für sie genügten kurze biblische Andeutungen, und der gesamte Textzusammenhang stand vor ihrem geistigen Auge. Während die alttestamentliche Erzählung von der sprechenden Eselin den Theologen vermitteln soll, daß sie – wie einst Bileam – durchaus noch eine Chance haben, den Weg des Herrn zu gehen, sofern sie – ebenfalls wie einst Bileam – auf den zwar zunächst geschlagenen und getretenen „Esel", Arnald, schließlich doch hören (auf einen Esel übrigens, der plötzlich spricht, weil er den Engel Gottes gesehen hat!);– während also hier die Theologen noch als im Grunde auf der Seite Arnalds stehend und mit ihm gehend, ja von ihm „getragen" angesehen werden, mußte die mit Blick auf das Matthäus-Evangelium artikulierte Warnung bereits pessimistischer für die Ohren der Pariser Theologen klingen. Hier werden sie als Feinde (inimici) des Herrn betrachtet, als Komplizen der Händler und Wechsler, derer, die „aus dem Hause des Gebetes eine Räuberhöhle zu machen" suchen.[350]
Konnte Arnald noch deutlicher werden? Konnte er den Pariser Theologen noch deutlicher ihre Verstrickungen mit den französischen Machthabern und ihre Sympathien mit den städtischen Kaufleuten und Patriziern vorhalten? Ihnen hat der Herr die Gemeinschaft aufgekündigt, hat sie „stehen lassen" und „die Stadt verlassen": „Et relictis illis, abiit foras extra civitatem [. . .]", wie es zum Schluß dieser angesprochenen Szene in der Vulgataversion heißt.[351]
Wenn Gott sich aus dem Munde der Kinder, aus dem Munde von Ungebildeten und „Idioten" Lob verschafft, so doch nicht zuletzt deswegen, um die eingebildet Gebildeten, die Doctores und Magister, zu beschämen, um sie so ihren Stolz erkennen zu lassen und dadurch auf den richtigen Weg der erleuchteten Erkenntnis und der geisterfüllten Erforschung der Heiligen Schrift zurückzubringen. Stolzen Doctores und Professores, so Arnald, wird es niemals gelingen, die Heilige Schrift zu verstehen, ihren Sinn einzusehen. Dabei argumentiert der katalanische Gelehrte mit dem Buch der Weisheit, das den Generalirrtum der Gottlosen bloßlegt. Dabei muß wieder die Stellung des Zitates im Gesamt des Textes berücksichtigt werden, um seine Schlagkraft zu verstehen und Arnalds eigentliche Intention zu Gesicht zu bekommen. Was er nämlich artikulieren und seinen Zeitgenossen bloßlegen will, ist der tiefliegende Zusammenhang zwischen den Stolzen und den

---

[350] Mt 21,12–17, bes. 13.
[351] Mt 21,17.

Gottlosen. Stolze Gelehrte sind im letzten und tiefsten gottlose Gelehrte. Es sind jene, die, wie es im Buch der Weisheit heißt, sich nicht auf Gott und auf die, welche Gott schickt, einlassen. Sie finden ihre Freude allein darin, distanziert-zynisch den Gerechten zu prüfen, ja ihn verhöhnend in den Tod zu schicken, gar nicht merkend, daß sie sich selbst dabei zu Helfershelfern des Todes, zu Gegnern Gottes entwikkeln. Der unmittelbar vorausgehende Vers bringt deren verschlagene Gedanken und ihre Stellung zum Heiligen auf den Punkt: „Morte turpissima condemnemus eum; erit enim ei respectus ex sermonibus illius."[352] Arnalds Intention ist offensichtlich. Die Schriftgelehrten und Pharisäer des Matthäusevangeliums, denen Jesus den Rücken zukehrte, erweisen sich schließlich als jene Gottlosen, die den *verus filius Dei* (um eine wenige Verse zuvor benutzte Formulierung des Buches der Weisheit aufzugreifen[353]) in den Tod schicken. Der Grund aber dieser gefährlich bösen Entwicklung liegt in der wachsenden Blindheit, von der hybride Gelehrte aufgrund des die Augen verätzenden Stolzes befallen sind. Warnend ruft Arnald diese gefährlich-stolze Gelehrten-„Karriere" den Pariser Doctores in Erinnerung.[354]

Das subtil-raffinierte und von uns heute leicht zu überlesende arnaldsche Arrangement des Ineinanderlaufens und Ineinander-Verwoben-Seins der drei genannten, von ihm selbst nur angedeuteten biblischen Aussagen provoziert insgesamt ein erhellendes Deutemuster, das sich schließlich zur deutlichen Mahnung und eindeutig formulierten Warnung an die sich gegen Arnald stellende Pariser Gelehrtenwelt verdichtet: Die Mahnung „des Esels" darf nicht überhört werden. Sie wird überhört aus blindem, den „Engel Gottes" übersehendem Stolz und Hochmut. Wird sie überhört, so ist der Mensch taub für die liebende Zuwendung Gottes und die damit verbundene göttlich geschenkte Einsicht Bileams. Gottes Geist kommt nicht zum Zuge. Gott wendet sich ab. Diese negative Handlung und Haltung des Menschen gegenüber Gott bringt für Arnald die Erzählung von der Tempelreinigung Jesu und den stolzen, die Stimme der Kinder überhörenden, ja verbieten wollenden Schriftgelehrten und Pharisäer zum Ausdruck. Bei ihnen kommt Jesu Wort nicht an, weil ihnen die Liebe fehlt. Dort, wo die Liebe fehlt, herrscht die Bosheit. Sie wiederum macht blind und taub

---

[352] Sap 2,20.
[353] Sap 2,18.
[354] „Unde si ad detegendum fidelibus astutiam demonis possunt supra scripta prodesse, credi potest quod sint a deo, maxime cum ipse illiteratis et idiotis interdum aperiat sensum, ut scripturas intelligant et claudat tumidis doctoribus vel magistris, de quibus scripturas testatur, quod *excecavit eos malitia eorum et nescierunt sacramenta dei.*" Arnald von Villanova: De tempore adventus antichristi. Vat. lat. 3824, fol. 74 va; Sap 2,21.22.

für Gott. Die bösartige Gottlosigkeit ist das Ergebnis des Stolzes, für
Arnald vor allem Frucht und Ertrag der stolzen Gelehrsamkeit, die der
Liebe ermangelt: „[. . .] quoniam in quibus inflans scientia dominatur,
caritas edificans exulat. Et idcirco spiritus sanctus discipline effugit fic-
tos et aufert se a cogitationibus deviis eorundem et incerta et occul/ta
sapientie dei non manifestat eis."[355]
In deutlicher Anspielung auf 1 Kor 8,1; Sap 1,5 und Ps 50,8 zieht Arnald von Villanova seinen Gedankenkreis zusammen, der den Konnex
von „aufgeblasener Wissenschaft" und dem Mangel an „aufbrennender
Liebe" darstellt und noch einmal zur Relecture des dreifachen biblischen Arrangements zwingt: Nach anfänglichem Zögern kam die
Liebe bei Bileam an. Er hörte auf, den Esel zu schlagen, wurde sehend
und konnte sprechen. Die *caritas* fehlte bei jenen Schriftgelehrten, die
Matthäus im 21. Kapitel darstellt und die von Arnald rezipiert und auf
die Pariser Gelehrten warnend und mahnend appliziert werden. Für
Jesu Wort und Wesen öffneten die Pharisäer weder Augen noch Ohren. So wandte Jesus ihnen den Rücken zu. Die Gottlosigkeit fand ihren Raum, sich gleichzeitig zur Bosheit formierend.
Diese biblisch begründeten Einsichten Arnalds bilden aber gleichsam
nur den theologischen Hintergrund, auf dem er seine konkreten Vorwürfe gegen die Pariser Gelehrten artikuliert und auf dem seine Warnungen und Mahnungen allererst Kontur gewinnen.
Dadurch, daß die Pariser Professoren es wagen, seine Schrift grundlos
zu konfiszieren, handeln auch sie klarerweise lieblos-boshaft; und zwar
ihm gegenüber, den Adressaten der Schrift und der göttlichen Wahrheit. Das Motiv dieser Lieblosigkeit sei, wie oben dargelegt, der Stolz,
genauer: die wissenschaftliche Aufgeblasenheit. Konkret verdächtigt
Arnald die Theologen der Vertuschung von Wahrheit und der Leugnung eigener Unzulänglichkeit. Die Pariser Gelehrten hielten nur deswegen seine Schrift der Öffentlichkeit vor, damit ihnen die vorwurfs-
volle Frage der Menschen erspart bliebe, warum sie, die Schriftgelehrten aus Profession, denn nicht jene Entdeckung aus der Schrift eruiert
hätten, die der Liebhaber aus Passion verkünde? Warum sie denn
nicht die Heilige Schrift in entsprechender Weise gründlich durchforscht und befragt hätten? Arnald wirft ihnen Angst vor: Angst vor
dem Skandal, der in den Augen der aufgeblasenen Gelehrten auch in
dem vermeintlichen Antagonismus bestehe, daß jemand die „Wahrheit katholischer Lehre" fernab von jeglicher Blasiertheit – in einfachen, schlichten Worten – verkünden könne. „[. . .] considerare debent quod, cum veritas catholice doctrine non sit propter scandalum

---

[355] Ebenda fol. 74 va–vb; cf, Sap 1,5; Ps 50,8.

extinguenda, nullatenus convenit propter dicta vulgariter et ignoranter loquentium sepelire opusculum catholice veritatis."[356]
Diesen ängstlichen Gelehrten meint Arnald, der Arzt, ein wirksames, vom Herrn empfohlenes Gegenmittel (remedium) verabreichen zu müssen, ein Mittel, das im Ersten Petrusbrief (1 Petr 2,15) zu Wort kommt: Sie sollten sich doch daran erinnern, daß man das Dumme und Törichte nur durch Gutestun zum Schweigen bringt.[357]
Arnald geht also auf die Angst der Gelehrten ein; wenn auch offensichtlich nur zum Schein. Er unterstellt – wenigstens für einen Augenblick –, daß die Pariser *doctores vel magistri* sich tatsächlich um die *veritas* sorgten. Selbst wenn das der Fall wäre und sie, die Pariser Doctores, in ihrer Beurteilung recht hätten, daß das, was er, Arnald, sage, nichts weiter als Ausdruck des Unverstands sei, so reagierten sie doch falsch, ignorierten nämlich das, was „der ewige Doktor" empfehle: der Dummheit der Menschen durch rechtschaffenen Wandel zu begegnen. Gerade das mache ja den *vir perfectus* aus und müsse vor allem das Leben derer wesentlich bestimmen, die im Hause Gottes wie Leuchten aufgestellt seien: im Denken, Reden und Handeln gleichermaßen wahrhaftig zu sein.
Arnald wirf damit den „genannten Doctores" genau dieses Abrücken von der praktizierten Wahrheit vor und diagnostiziert schwerwiegenden, weil Haß freisetzenden Antagonismus zwischen Wort und Tat. Die Verurteilung seines Werkes ist das Resultat ihres die Wahrheit tötenden, begrabenden, verdeckenden (ob-ruere!) Handelns.[358] Dieser haßgeladene Antagonismus kann für Arnald nur im gläubigen Blick auf die in und vor dem Blick Gottes stehende Wahrheit entlarvt und überwunden werden: Gott, der Höchste, kennt die Wahrheit, weiß also um ihren tatsächlichen Stand an Weisheit und Eifer. Das Fixiertsein auf die Meinung der Menschen verdeckt nur die göttliche Diagnose und verhindert die richtige Therapie. Wenn es um Wahrheit geht, ist die Wahrheit im Angesicht Gottes – *in conspectu altissimi* – vor den Blick zu nehmen, nicht die Ansicht der Menschen zu taxieren. So geht es darum, der ewigen Wahrheit zu gehorchen, nicht darum, sich

---

[356] Ebenda fol. 74 vb.

[357] Ebenda: „[...] cum doctor eternus informet eos de virtuoso remedio, clamans ut benefacientes obmutescere faciant imprudentium hominum ignorantiam et vicarius eius eleganter subscribat quod nullo modo curent quid os loquentium iniqua loquatur, dum tamen non devient a tramite veritatis, a quo nec verbo nec opere nec animo debet discedere vir perfectus et maxime qui positi sunt ut lucerne in domo dei." Cf. 1 Pt 2,15.

[358] „Nimiumque discederent / prefati doctores ab eo, si odio detractionis predicte vellent obruere presens opus. Nam cum sapientie ac studiositatis ipsorum veritas nota sit deo semper, nihil humana existimatio demere potest eis in conspectu altissimi." Ebenda fol. 74 vb–75 ra.

der vergänglichen und veränderlichen Meinung der Vielen zu versichern. Jenes ist Demut, ist Stehen vor dem Blick Gottes, jenes ist Hochmut, Streben nach Geltung und hohem Stand im Ansehen der Menschen. Auch hier bringt Arnald wieder das Negativbild der Pharisäer und Schriftgelehrten zu Wort, wie es im Matthäus-Evangelium gezeichnet ist, und überträgt es auf die Pariser Doctores. Wie jene verrichten auch diese nur Werke, mittels derer sie glauben, im Ansehen der Menschen zu steigen. Sie lieben den Ehrenplatz, die Begrüßung auf den Marktplätzen und daß sie von den Leuten Magister genannt werden: „Unde si offenduntur quoniam in auribus hominum aliquid eis demit, animadvertant quod cum, teste veritate, pullulet de radice superbie quod aliqui velint ab hominibus vocari magistri et primas salutationes accipere inter multos, procul dubio magis ab iniquitate superbie derivatur appetere quod gigantes ab hominibus reputentur."[359]

3.3.8 Gegen Ab- und Ausgrenzungen

Damit hat die Polemik Arnalds gegenüber den Pariser Professoren eine neue Dimension erhalten. Konstant geblieben ist der Vergleich mit den Schriftgelehrten und Pharisäern des Matthäus-Evangeliums. Doch jetzt quittiert Arnald den Pariser *doctores vel magistri* nicht nur allgemein Kooperation mit den Reichen und Mächtigen auf Kosten der Wahrheit, sondern wirft ihnen das vor, was er oben bereits angedeutet hat, jetzt aber eigens vertieft: das, was laut herrschender Schultheologie die Kapitalsünde überhaupt ist: die *iniquitas superbiae*.[360] Sie fungiere als eigentlicher Motor ihrer Verurteilung seiner Schrift, sofern die Gelehrten behaupten – *„ut fertur"*, wie es ausdrücklich heißt –, daß ein gleichsam wissenschaftlich Namenloser solch ein schwieriges Thema überhaupt nicht bearbeiten dürfe.

Doch Arnald wird konkreter: Die Pariser Gelehrtenwelt lasse sein *opusculum* deswegen nicht verbreiten, weil, wie sie sagen, die Menschen davor geschützt werden müssen, in „die Sünde des ungerechten Urteils" zu fallen.[361]

Diese Argumentation zeige nur, so Arnald polemisch, daß hier eine unverschämte Ausgrenzungsstrategie (*opus exterminare*) verfolgt werde, mit der genau das erreicht wird, was angeblich verhindert werden soll. „In die Grube, vor der sie warnten, sind sie selbst hineingefal-

---

[359] Ebenda fol. 75 ra; Mt 23,7.

[360] Thomas von Aquin: STh II–II, 162,7: „Superbia est primum omnium peccatorum et principium eorum." Gerwing 1986, 186ff.

[361] „Si tamen dixerint quod non propter damnum existimationis proprie conati fuerunt opus exterminare, sed ad proximos preservandos, ne ipsius occasione corruant in peccatum / inordinati iudicii versos eos." Arnald von Villanova: De tempore adventus antichristi. Vat. lat. 3824, fol. 75 ra–rb.

len."³⁶² Ihr Verhalten provoziere doch gerade die „Sünde des ungerechten Urteils". Arnald versucht nachzuweisen, daß die Pariser Gelehrten durch dieses ihr Verhalten gegen ihn, nur ins Schande bringende Gerede geraten seien: nicht nur im Hause des Königs und in der Stadt, sondern in den verschiedenen Teilen des Reiches. Ein Knäuel von Vorwürfen und Anklagen werde von den verschiedenen Seiten, Gruppen und den „Vielen" gegen sie, die Doktores, erhoben. Arnald von Villanova schwingt sich zum Sprecher dieser Vielen auf. Er bringt das, was gedacht wird, zu Wort, sieht sich gleichsam zum Sprachorgan der bislang anonymen und nur unterschwellig gärenden Aversion und des lauter werdenden Protestes gegen das Procedere der Pariser Magister avanciert. In acht Punkten soll versucht werden, all das wiederzugeben, was für Arnald das niederträchtige Versagen der Gelehrten im Blick der Vielen ausmacht und woraus, wie Arnald sich ausdrückt, das Dunkle der Grube, in die die Pariser Professoren sich selbst hineingestürzt haben, eigentlich besteht:

1. Der erste Skandal und Schande bringende Vorwurf bezieht sich auf das Faktum und die Umstände seiner Festnahme. Überall frage man sich, was denn den Pariser Professoren eingefallen sei, einen ehrenhaften, im königlichen Botschaftsdienst stehenden Gast der Stadt Paris unter heimtückischer und falscher Anzeige gefangennehmen zu lassen. Dadurch hätten sie sich nicht nur der Majestätsbeleidigung schuldig gemacht, sondern auch und vor allem viele hochgestellte Personen und das Volk vor den Kopf gestoßen: Über die Bestürzung zahlreicher hochgestellter Persönlichkeiten sowie über den Protest des Volkes hätten sie sich frech hinweggesetzt.³⁶³

Hier sticht besonders die Hochschätzung der Vielen ins Auge. Der historische Prozeß der allmählich sich abzeichnenden Akzentverschiebung von der Königsmacht hin zur Personenverbandsmacht spricht sich hier deutlich aus. Nicht die vielen Mächtigen, sondern die Macht der Vielen fällt ins Gewicht, beginnt wenigstens, sich stets bemerkbarer zu machen. War die *offensa regie maiestatis* noch lange Zeit nichts anderes als Hochverrat, so wird sie hier, zum Ende des 13. und am Beginn des 14. Jahrhunderts, nurmehr als Vorspiel, als Auftakt zur *conturbatio plurium personarum* und zum „Murren des Volkes" gewertet, zwar nicht nach rechtlichem Gesichtspunkt, aber doch empfindungs-

---

³⁶² Ebenda fol. 75 rb; vgl. Mt 12,11; 15,14 (Psalmen).

³⁶³ Ebenda fol. 75 rb–va: „Unde potuit in magistris divinitatis et sedis Parisiensis tantum precipitium exoriri ut advenam nec origine nec habitatione nec scolarum frequentatione nec delicti perpetratione Parisiensem, non infamen et nuntium solemnem sereni principis ad serenissimum, procurarent clandestina et falsa denuntiatione proditionaliter et dolose capi, retineri atque incarcerari, non solum spreta regie maiestatis offensa, sed conturbatione plurium / celebrium personarum et mumure populi."

mäßig (was zweifellos noch aussagekräftiger für die mental-subjektive Gewichtsverlagerung ist).[364] Arnald setzt auf die Öffentlichkeit. Die Meinung und Ansicht der Vielen ist ihm wichtig. Gerade diese Pluralität ist es, die Arnald für sich gegen die partikularitäre Praxis der Professoren ins Gespräch bringt, geschickt den Druck der öffentlichen Meinung mobilisierend.

2. Das absonderliche, einzigartig arrogante Vorgehen der Pariser Magister zeige sich ferner darin, daß sie sich auch über jede *species honestatis* hinwegsetzten und selbst wagten, die akademische Öffentlichkeit auszuschließen bzw. zu übergehen. Mit wütend-rasendem Eifer gingen sie gegen rechtschaffene, Gott, den Glauben und den Nächsten achtende Personen vor. Dabei mißachteten sie selbst ihre eigenen universitären Gepflogenheiten: Eine öffentliche Disputation mit klärender Determination habe nicht stattgefunden: „[...] maxime propter scripturam catholicam non discussam publice disputationis examine neque limatam studiose determinationis scrutinio.“[365]

3. Gute akademische Gewohnheit sei es überdies, die Argumente des „Angeklagten“ zu hören, kritisch zu prüfen, Einwände zu formulieren und wiederum auf diese wohlüberlegt zu antworten und die Frage insgesamt zu entscheiden. Die *obiectiones* des Disputationspartners, des „Gegners“, müssen ruhig abgewartet und *rationaliter* gewertet werden. Erst so komme jene dialektische Bewegung zustande, die in der Hohen Schule zu Paris gepflegt und wofür sie lange Zeit bekannt war. Arnald erinnert geschickt an diese ruhmreiche Tradition des dialektischen Denkens und wohlgeordneten Disputierens, an die „Dichte der Diskussion“ und an den „gut durchdachten Entscheid“. Ist diese hohe und ja ebenfalls allgemein anerkannte Kunst in Paris nicht mehr zu finden? Rhetorisch fragt Arnald: „Qualiter, inquiunt, plenitudo discussionis et deliberationis maturitas in tantis viris exulaverunt?“[366]

Auch hier plädiert Arnald wiederum für ein gerade an der Hohen Schule zu Paris allgemein anerkanntes Gut: die Rationalität. Diese will er ebenso als höhere, allen Parteien Richte wie Maß gebende Instanz geltend machen, wie er sie durch seine Gegner, die Pariser *doctores vel magistri*, verletzt und mißachtet sieht. Mit anderen Worten: Arnald wirft hier den Pariser Gelehrten vor, sich in vollkommener Überschätzung der eigenen Wertigkeit bis zur Perversion über die Rationalität zu stellen. Er unterstellt ihnen damit, wiederum ein universal wirkendes und gültiges Prinzip zu verletzen. Nicht nur werde die Öffentlichkeit vom Verfahren gegen Arnald unrechtmäßigerweise ausgeschaltet

---

[364] Seibt: Revolution 1984, 132ff.; ders.: Von der Konsolidierung 1987, 6–173, bes. 115–121, 168–174.

[365] Arnald von Villanova: De tempore adventus antichristi. Vat. lat. 3824, fol. 75 va.

[366] Ebenda.

(Punkt 1 und 2), sondern auch die allgemein gültigen akademischen Regeln hybrid mißachtet und auf den Kopf gestellt, nicht dem wohlüberlegten Entscheid, sondern der reinen Willkür folgend.

Damit appelliert Arnald an das Selbstverständnis der Intellektuellen. Jene, die – wie einst Abälard – „das Schwert der Vernunft" führen wollen und gerade beklagen, daß von diesem schneidigen Schwert immer noch zu wenig Gebrauch gemacht werde, müssen doch Einspruch gegen das Procedere erheben. Ihnen müsse das Konfiszieren von Traktaten und Gefangennehmen von Autoren ein Skandal ersten Ranges sein.

Mit anderen Worten: Arnald versucht ausgerechnet den Gegner vor jenen unglaubwürdig zu machen, zu denen der Gegner selbst gern gehören will: vor den Intellektuellen. Dies gelingt ihm dadurch, daß er deutlich macht, worin genau der eklatante Widerspruch zwischen immer wieder erhobenem Anspruch und tatsächlichem Verhalten der ins Visier genommenen Universitätsprofessoren liegt: im Verstoß der Vernünftigen gegen die Vernunft selbst. Die wider die Vernunft handelnden Vernünftigen erscheinen somit den vernünftig Handelnden unvernünftig, werden mithin von den Vernünftigen als unvernünftig dargestellt und so von ihnen isoliert. Gerade die Isolation seiner Gegner ist es, worauf es Arnald auch in seinem vierten Vorwurf nicht wenig ankommt.

4. Durch die Unterlassung dieser akademischen Gepflogenheit haben sie sich nicht nur verdächtig, sondern unglaubwürdig gemacht; und zwar ebenfalls nicht nur den mit dem Schwert des Geistes Kämpfenden, sondern auch allen anderen geistig-geistlichen Personen gegenüber.

Arnald versucht hier, den prinzipiell perfiden Charakter des von den Professoren gewählten Procedere zu artikulieren. Nicht nur haben sie gegen die sich auf die *ratio* gründenden akademischen Regeln und damit gegen den Intellekt, die Vernünftigkeit, verstoßen, sondern sie haben sich zudem gegen das Prinzip der kirchlich-christlichen Brüderlichkeit gestellt.

Diese Brüderlichkeit sieht Arnald ausdrücklich in der gemeinsamen Herkunft und Zukunft begründet. Er nennt die gemeinsame Mutter und meint die Kirche. Als „ihre Söhne" sind sie zur Heiligkeit berufen. Gerade diese haben sie, die Theologieprofessoren, verraten. Arnald spricht hier nicht mehr nur über den geistigen, sondern betont jetzt den gnadenhaft-geistlichen Wert des Gelehrtentums, den Rahmen wie die Qualität des Verstoßes noch einmal erheblich vergrößernd und steigernd. Die ihn mundtot machenden Professoren verstoßen nicht nur gegen die Regel derer, die sich dem Leben des Intellekts gewidmet haben, sondern auch derer, die „zur Heiligkeit berufen" sind, also all der gläubig Getauften, derer, die – wie sie selbst – zur Mutter Kirche gehören und also Geschwister sind. „Nam sanctitatis habentes prerogativam scandalum non ponunt vel suscitant adversus filium matris sue nec murmure latebroso mendacia seminant contra fratrem nec sedent in insidiis cum divitibus in occultis, ut interficiant innocentem."[367]

Damit rekurriert Arnald auf Psalm 9B,8, in dem bekanntlich das Lied gegen die *oppressores iniquos* angestimmt wird, gegen jene auch, die ihr Leben ohne Gott einrichten und dabei den Frommen hinterhältig-versteckt nachstellen. Arnald wirft hier also den gegen ihn Vorgehenden nicht nur vor, sie versäumten mit geistigen Mittel ihn zu widerlegen, sondern erklärt ihnen entschieden, daß sie in ihrer perfiden Methode auch die geistliche Gemeinschaft aufkündigten und klarerweise gegen ihre Berufung zur Heiligkeit verstießen.[368]

5. Doch die Rede von der *sanctitas* liefert ihm nur das Stichwort zu weiterer Polemik. Der perfide Verstoß gegen die Brüderlichkeit wird auf den bereits erwähnten Hochmut der Doctores zurückgeführt und gleichzeitig als bewußte Überheblichkeit vornehmlich demgegenüber gedeutet, der von Amts wegen der Kirche vorsteht: dem Papst. Man frage sich schließlich allenthalben, warum die Pariser Professoren es unterlassen, „der Mutter die Ehre zu erweisen". Nur aus vollkommener Verblendung und Überheblichkeit konnten sie sich ein Urteil anmaßen, über Angelegenheiten, die alle Gläubigen tangieren, die also, weil von allgemein kirchlich-öffentlichem Belang, überhaupt nur recht zu beurteilen, dem Papst zukomme: „Cur matri, dicunt, honorem dare ac reservare pretermittebant, ut ceteris, inquiunt, daretur exemplum efficax deferendi apostolice sedi? Qua conscientia poterant usurpare auctoritatem ipsius, cum ei soli pertineat scripturas tangentes universalem statum fidelium iudicare?"[369]

Diesen Angriff Arnalds hatte Finke bereits kurz erwähnt, ohne allerdings den Gesamtzusammenhang zu berücksichtigen. Hier handelt es sich nicht nur um taktische „Kraftsprüche", die den „hierfür sehr empfänglichen Papst günstig"[370] stimmen sollten. Vielmehr artikuliert Arnald an dieser Stelle durchaus streng auf der bisher eingeschlagenen Argumentationslinie: Ihm geht es vor allem darum, die universalen

---

[367] Ebenda fol. 75 vb.
[368] Ebenda: „Qui vero prefulgent scientia non clam impugnant vel mordent alicuius dicta scolastica, sed gladio rationis expresse conscribentes iudicium arguunt et silere compellunt imperite loquentem. Qua igitur equitate sive iustitia causarum iudicem, ut episcopum et eius officialem, adibant propter dicta scolastica, quorum examini conflictus tantum scolasticus et coram iudice scolastico debebatur?"
[369] Ebenda 76 ra.
[370] Finke 1902, 214.

Kräfte zu stärken, sie als gottgewollt und rechtens darzustellen, die partikulären aber zu schwächen und als böse Bedrohung des Einen und Heiligen, des Universalen zu deklarieren. Hier kommt ein zentrales Anliegen Arnalds zur Sprache, das den inneren Zusammenhang des gesamten Traktates tangiert, ja, den gesamten Antichristtraktat wie einen roten Faden durchzieht. Dabei ist an dieser Stelle auffällig, wie merkwürdig umständlich Arnald argumentiert:

Er wirft den Pariser Professoren nicht einfach vor, sich ein Urteil angemaßt zu haben, das ihnen schlichtweg und von Rechts wegen überhaupt nicht zukommt, sondern allein dem Papst zusteht. Arnald erinnert vielmehr zunächst an die Berufung zur Heiligkeit eines jeden Christen, vornehmlich aber derer, die in der Lehre und Verkündigung stehen, derer, die *magistri* sind.[371] Überdies erwähnt er die enge Zugehörigkeit der Theologieprofessoren zur Kirche, eine Zugehörigkeit, die er theologisch genauer als „Kindschaftsverhältnis" charakterisiert: Die Kirche ist „Mutter". Ihr gehört vor allem die Sorge, von der Arnald zu Beginn seines Traktates spricht.[372] Alle Gläubigen, auch sie, die Professoren, sind allesamt Kinder dieser sorgenden Mutter, sind ihre Söhne.

Wir wissen: auch Bonifaz VIII. rekurriert in seinem Kirchenbild auf diese sich im 12. Jahrhundert anbahnende Entwicklung des Begriffs *Mater Ecclesia*. Arnald von Villanova artikuliert dabei die mit dem Ausdruck „Mutter" verbundene Assoziation: Er spricht von den Kindern der Mutter Kirche und ruft damit kein abstraktes romantisches Phänomen in Erinnerung, sondern beschwört gleichsam jene Universalität der Kirche, die durchaus noch zum Ende des 13. Säkulums als lebendige Wirklichkeit empfunden wurde, die Arnald aber von egoistischen Gruppeninteressen gefährdet sieht. Diese Gefährdung der Universalität der Kirche signiert Arnald gerade als antichristliches Machwerk, als

---

[371] Zu den akademischen Funktionen und Pflichten des Theologen gehörte neben der *lectio* und der *disputatio* im Hörsaal der Universität auch die *praedicatio* auf der Kanzel. Diese wiederum schaltete – wie mitunter behauptet – keineswegs die Homilie aus. „Wenn einmal die scholastische Predigtliteratur überblickt werden kann, dann wird sich auch zeigen, daß nicht wenige scholastische Prediger die homiletische Predigtform beibehalten haben." Schneyer, Johann Baptist: Eine Sermonesreihe des Mgr. Alexander von Hales in der Hs. Pavias Univ. Aldini 479f. 128 ra–180 vb. *AFH* 58 (1965) 2–16, hier: 7.

[372] Zum Begriff „Mutter Kirche", der als Symbolbegriff bereits in den Schriften der Väter auftaucht, bemerkt Beinert 1973, 181 (mit Lit.) treffend: „Die Kirche ist damit gleichsam zu einer Hypostase geworden, die nunmehr selbst im Mittelpunkt steht, so wie die Meister von Straßburg oder Bamberg sie freistehend und selbstbewußt dargestellt haben. Das Wort Mutter ruft die Assoziation Kinder hervor, erst sekundär auch die Begriffe Mann oder Vater. Im 12. Jahrhundert wird sie unter dem Einfluß der Kanonistik zur mater et magistra, die den unmündigen Kindern die Milch der rechten Lehre einflößt."

Bestätigung seiner *computatio*, als Beleg (nicht Beweis!) dafür, daß das Kommen des Antichrist nicht mehr lange auf sich warten läßt. Mit anderen Worten: Arnald wirft den Pariser Professoren vor, sich – bewußt oder unbewußt – als Handlanger des Antichrist zu erweisen, sofern sie die Ehre der Mutter Kirche dadurch beschneiden, daß sie sich Rechte anmaßen, die nur der Mutter selbst zustehen. Die Aussageabsicht gewinnt auf dem Hintergrund der damaligen Zeit originäres Profil mit höchst aktuellen (kirchen-)politischen Zügen, wenngleich das Motiv selbst bedeutend älteren Datums ist.[373]

Im Blick auf die „Mutter Kirche" konstituiert sich also das „Kindsein" und erst dann – im Hinblick auf dieses Kindsein – formiert sich das solidarische Engagement, das sorgende Füreinander-Einstehen, das praktizierte Mit-Sein und christliche Bruder-Sein. Mit ihrem widerbrüderlichen Verhalten verstoßen die angesprochenen Pariser Gelehrten im Namen der brüderlichen Sorge gegen die Brüderlichkeit selbst. Dabei ruiniert das perfide Procedere der Professoren gegen ihn, Arnald, nur ihren guten Ruf, während ihre Bestimmung zur Heiligkeit ins Wanken gerät.[374]

Und genau damit koppelt Arnald seinen Vorwurf, die Professoren übergingen die Autorität des Papstes, ja von daher gewinnt diese Schelte allererst ihre spezifische Dichte und eigenartige Schlagkraft: Weil die Pariser Professoren den Apostolischen Stuhl nicht gefragt haben, haben sie der Mutter Kirche die Ehre versagt. Sie haben sie nicht in ihrem sorgenden Muttersein anerkannt, schlichtweg übergangen. Das aber bedeutet, daß sie die Basis der Brüderlichkeit zu ihm, Arnald, und den anderen Gläubigen, allen „Kindern der Mutter" gegenüber mißachten und die eingangs dargestellte Sorgelinie ebenfalls unterbrechen. Sie haben den sorgenden Mutterboden der Brüderlichkeit ignoriert und sich selbst zu „Autoritäten", zu Urhebern der Sorge aufgespielt und damit das sorgende Mitsein aufgekündigt.

Arnald von Villanova wirft den Pariser Professoren somit Empörung gegen die legitime universale Autoritäts- und Sorgemacht vor. Eine Empörung, die aus der ersten Hauptsünde überhaupt stammt: der *superbia*. „Cur, inquiunt, postponebant apostolice sedis iudicium, si filii sunt eius legitimi? An quia seipsos tantummodo sapientes reputant in divinis et ipsam ignaram vel quod ei prepolleant ratione, cum tamen rationis acumen et vigor discretionis et omnis sapientie dogmata ruti-

---

[373] Schon im Buch über den Antichrist (Liber de investigatione antichristi, 1,88) des Gerhoch von Reichersberg ist von der Kirche als alle Achtung verlangende Mutter die Rede, wenn daran erinnert wird, daß die Könige das vierte Gebot zu achten und damit neben Gott dem Vater auch die Mutter Kirche zu ehren hätten. Beinert 1973, 184, Anm. 175. Dazu auch Koehler 1953, 133–157.

[374] Arnald von Villanova: De tempore adventus antichristi. Vat. lat. 3824, fol. 75 vb.

lent in sessore, preter probatam collateralium sapientiam et virtutem."[375]

Damit erinnert Arnald indirekt – weil die Vielen sprechen lassend – wiederum an die Ursünde und ihre Wirkungen. Kommt doch deutlich genug der ständig neue Sünden gebärende Hochmut zur Sprache, der Drang des Menschen, Macht zu üben und selbstherrlich zu sein. Der Hochmut verstellt den Blick der Brüder. Er ist nicht mehr auf das sie verbindende, umgreifende Ganze, nicht mehr auf die gemeinsame „Mutter" gerichtet, sondern auf das Partikuläre, vereinzelt Eigene, auf den eigenen Genuß und Erfolg, auf die Icherhöhung. So werden Brüder zu Rivalen. Die Vertreibung aus dem Paradies, der Verlust des vertrauten Umgangs mit dem für den Menschen mütterlich-sorgenden Gott,[376] ist die unmittelbare Folge, die wiederum den Brudermord, die Geschichte von Kain und Abel, zur Folge hat.

Die Zeitgenossen Arnalds wußten das und verstanden die Anspielungen. Vor allem wenn zudem von bedrohter *sanctitas*, von verleugnetem „Kindschaftsverhältnis" und von „Mutter Kirche" die Rede war (einer Rede, die überdies im Zusammenhang mit der Frage nach dem Kommen des Antichrist und des Weltendes steht!), mußte ihnen zweifellos der Wandel der Heils- und Unheilsgeschichte vor den Blick rücken. Urschuld und Erbsünde haben nicht nur die Geistigkeit, sie haben auch die Gottebenbildlichkeit des Menschen getroffen. Christi Erlösungswerk richtet beides wieder neu auf, des Menschen Geistigkeit wie Gottebenbildlichkeit, und zwar mittels der sakramentalen Wirklichkeit. So wird der Mensch in den Stand gesetzt und seine *sanctitas* allererst begründet. Die innerzeitliche und innerweltliche Stätte dieser neuen Wirklichkeit aber ist die „Mutter Kirche". Ihr eignet die prägend-formende Kraft, durch die der Mensch seine Heiligkeit, d. h. seine Gottebenbildlichkeit in der Bruderschaft mit, in und durch Christus erkennt und lebt.

Was also Arnald von Villanova den Professoren vorwirft, ist nicht wenig. Es ist die Warnung, daß sie im Begriffe stehen, ihre von Gott durch den mütterlichen Schoß der Kirche vermittelte *sanctitas* zu verwirken und damit ihr Kindsein vor Gott und ihr Einssein mit denen, die zu Christus gehören, hochmütig aufzulösen. Sie unterbrechen die „Sorgelinie". Und das kann nicht ohne üble Wirkung auf die anderen, auf die Vielen, bleiben.

6. Welche schlimmen Wirkungen das im genannten Sinne zu verstehende sorglos-unsolidarische, weil egoistisch-hybride Verhalten der Professoren konkret zeitigte, wird vorwurfsvoll genug von Arnald auf-

---

[375] Ebenda fol. 76 ra.
[376] Zu diesem Motiv vgl. den Beginn des Traktates, fol. 50 va–vb.

gezählt. Der gesamte Reichskörper – *regnum* – wurde durch das Procedere der Pariser Professoren verletzt: angefangen bei dessen Haupt, dem König, über dessen ausgezeichnete Glieder bis hin zu den unzähligen Gläubigen jeglichen Standes. Ein solcher Prozeß kann unmöglich dem Nächsten helfen, seinen Blick auf „den Himmel droben", auf das Ewige, Heile und Ganze zu lenken, wie Arnald sich auszudrücken pflegt. Von gelebter Solidarität ist keine Spur. Der Nächste wird nicht als der mir nahe angenommen, wird nicht „erbaut": „Qualiter, inqui/unt, talis processus ad edificationem proximorum poterit esse accommodus, cum videamus ex eo caput regni et inclita membra eius atque pluralitatem innumeram fidelium omnis status acri scandalo molestari?"[377]

Was der Nächste zu sehen und zu hören bekommt, verletzt nicht nur den König und seine ihm nahestehenden Personen (gemeint ist offensichtlich noch einmal die Gefangennahme Arnalds und die damit zusammenhängende Verletzung des Gesandtenrechtes), sondern wirkt gerade bei den „zahllosen Gläubigen" wie eine Mißachtung des Heiligen Stuhls seitens der Theologieprofessoren. So haben sie trotz eingelegter Appellation an den Papst den Prozeß in öffentlichen Predigten behandelt und ihn, Arnald, bereits in diesen *sermones* vorverurteilt und immer wieder hart attackiert und beschuldigt.[378]

Arnald vergißt in diesem Zusammenhang nicht, zuvor zu erwähnen, daß gegen diese Rechtsverletzung gerade erfahrene Juristen Einspruch erhoben hätten: die Hausjuristen des Königs ebenso wie andere Rechtsgelehrte.[379] Doch Arnald bemüht sich, nicht die Rechtsfragen in den Vordergrund zu rücken, sondern immer wieder zu konstatieren, daß durch das unrechtmäßige Verhalten der Pariser Professoren die geschwisterliche Eintracht und die Liebe verletzt wurde. Diese Lieblosigkeit besteht in den Augen Arnalds nicht nur darin, daß er, Arnald, unsachlich und unrechtmäßig beschuldigt wurde, also nicht bloß darin, daß die Pariser Professoren ihm den Prozeß machten, sondern vornehmlich darin, daß sie dadurch die Art und Weise, wie sie gegen ihn prozessierten, das sie und alle Christgläubigen verbindende brüderliche Band zerschnitten haben: Daß sie die Entscheidung „ihrer Mutter" nicht abwarteten, ja nicht einmal erbeten haben, sondern selbst (ver)urteilen wollten, ist ihm Beleg für diese Lieblosigkeit. In den Augen Arnalds ist nämlich der Heilige Stuhl Garant dieser Liebe, gleichsam das sichtbare und handgreifliche Mutter-Prinzip, das alle anderen zu Brüdern, *filii*, macht. Sofern also diese Mutter mißachtet oder

---

[377] Arnald von Villanova: De tempore adventus antichristi. Vat. lat. 3824, fol. 76 rb-va.
[378] Ebenda fol. 76 va.
[379] Ebenda.

vollkommen ausgeblendet, mundtot gemacht werde, verliere die Geschwisterlichkeit ihren gemeinsamen Bezugspunkt, hören die *filii* auf, sich als *filii matris* zu begreifen und zu benehmen. Damit wird Hand angelegt an den Mutterboden solidarischer Liebe. Abgeschnitten von ihrem Lebensnerv, wird sie saft- und kraftlos.

In Abbreviatur gesprochen: Gerade durch die schnöde Mißachtung der päpstlichen Autorität wird dem Volk ein Ärgernis bereitet, wird das Volk selbst verletzt; und zwar deswegen, weil es seine Mutter mißachtet und verletzt sieht, die Mutter, die die Christen zu Geschwistern macht und von der her und durch die sie ihr Selbstbewußtsein und ihre Würde garantiert sehen. Wer die Mütter verachtet, verachtet die Kinder, das gläubige Volk, wer die „mater" übergeht, übergeht die „multitudo".[380]

Es ist offensichtlich, daß die Betonung solch einer exponierenden Position des Heiligen Stuhles als entscheidenden Garanten der Liebe, als mütterliche Autorität der Brüderlichkeit und Repräsentant der Öffentlichkeit eine Persönlichkeit wie Papst Bonifaz VIII. beeindrucken mußte und offensichtlich auch sollte. Finke hat bereits mehrfach darauf verwiesen.[381] Dennoch kann diese Akzentuierung nicht einfach als krampfig hergeholt bezeichnet werden. Sie ergibt sich gleichsam organisch aus dem gesamten Duktus des Traktates, den bisherigen Gedankengang lediglich fortführend und vertiefend.

7. Da das Magisterium der Pariser Professoren damit offensichtlich die geschwisterliche Solidarität mit den Vielen aufgekündigt und die Ehre und Würde der Vielen mißachtet hat, steht für Arnald nichts im Wege, daß jetzt auch umgekehrt die Vielen die Ehre und Würde, das Selbstbewußtsein der Professoren zu verletzen suchen. Auch dieses Verhalten der Vielen ist für Arnald verständliche Reaktion auf die vorausgegangene, aber unverständliche Aktion des Pariser Magisterium ihnen gegenüber. Der geradezu süffisante Unterton ist noch herauszuhören, wenn Arnald die Kritiker zweimal mit den Worten charakterisiert: „die, die mehr wissen" und damit offensichtlich jene meint, die gleichsam hinter die Kulissen der Wissenschaft schauen oder schauten. Die Kritik, die diese Kreise der Eingeweihten (also Arnald und diejenigen, die, wie er, den Wissenschaftsbetrieb kennen) vorzubringen wissen, tangiert die Autorität der Professoren selbst: „Talium magisterium nimis est sterile, qui nec legunt nec predicant nec transferunt nec ex-

---

[380] „Silvestre, inquiunt, illorum est magisterium, qui nec verentur nec reverentur apostolice sedis auctoritatem. Quamvis enim non fuisset appellatum legitime, saltem, dicunt, ad dandum nobis exemplum verendi et re/verendi matrem, debuissent compescere motus suos." Ebenda fol. 76 vb–77ra.

[381] Finke 1902, 214f.

ponunt et bacallarios in theologia, dignissimos magisterio tam sancti-
tate religionis quam eminenti scientia, impediunt et retardant."[382]
Geistige Trägheit führt zu geistiger Unfruchtbarkeit, geistige Unfruchtbarkeit zu unwürdigem und gemeinem Taktieren, Paktieren, Kritisieren und Retardieren. Dem wissenschaftlichen Nachwuchs werde keine
Chance gegeben. Dieser werde nicht gefördert, sondern behindert, abgewiesen und zurückgedrängt.
Hier geht es im wahrsten Sinne des Wortes um die Autorität der Pariser Magister. Arnald läßt von Seiten derer, „die es besser wissen", den
harten Vorwurf aussprechen, daß die Pariser Theologie-Professoren zu
wenig bis gar nicht das seien, was sie sein sollten und wozu sie bestellt
sind: geistige Väter, Urheber (auctores esse) für geistige Prozesse. Sie
nehmen ihre Schlüsselfunktion für die Erschließung intellektueller
Durchdringung – wenn überhaupt – nur negativ wahr: Sie schließen
den Menschen die Tür zur Erkenntnis nicht auf, sondern ab, versperren den Weg des Erkennens. Arnald läßt rhetorisch-polemisch fragen:
Zählen solche nicht zu jenen, von denen die Wahrheit sagt: „Weh
euch, Gesetzeslehrer! Ihr habt den Schlüssel der Erkenntnis (scientia)
weggenommen, seid aber selbst nicht den Weg gegangen, und die, die
ihn gehen wollten, habt ihr nicht gehen lassen?"[383]
Demnach wiederholt sich hier der Vergleich der Pariser Professoren
mit den Pharisäern und Schriftgelehrten der Synoptiker. Allerdings
will Arnald hier nicht seine eigene Meinung wiedergeben, sondern die
der „aufgeklärten" Öffentlichkeit, „jener, die es besser wissen".
8. Diese will Arnald auch fernerhin zu Wort kommen lassen, dabei
seine scharfen Vorwürfe gegen die Pariser Professoren noch einmal
verdichtend und zuspitzend:
„Qui vero sapiunt altiora dicunt: Utinam eorum magisterium sterile foret
solum et non pestiferum! Nam cum teste Isaia, omnis fructus ecclesiastice
doctrine sit iste, scilicet ut auferatur peccatum, constat quod illorum
magisterium venenosum existit, qui / seminant peccatum in populo."[384]
Damit geht Arnald über das bisher Gesagte hinaus. Artikuliert er doch
die Befürchtung vieler, daß das Pariser Magisterium nicht nur un-
fruchtbar geworden sei, sterile, sondern zerstörerisch und lebensbedro-
hend auf andere wirke: „giftspritzend", wie der Arzt formuliert, und
Sünde säend, wie der moralisierende Kritiker doziert.
Die Frucht dieser Saat ist die Wirkung des Gifts, das das Magisterium
durch sein schlechtes Beispiel dem Volk verabreicht. Als Mediziner
weiß Arnald genau zu unterscheiden zwischen „Gift" und „Wirkung"

---

[382] Arnald von Villanova: De tempore adventus antichristi. Vat. lat. 3824, fol. 77 ra.
[383] Ebenda; Lc 11,52.
[384] Ebenda fol. 77 ra–rb; Is 27,9.

des Gifts. Die Tat der Professoren selbst steht hier nicht zur Debatte.
Es geht ihm um die Wirkung, die diese Tat bei den Vielen zeitigt. Die
Tat, das Gift, wird nur kurz signiert: „exemplum parvipendendi apostolicam sedem". Von dem zuvor angeprangerten ungerechten Verhalten gegen ihn, Arnald, ist hier keine Rede mehr. Die böse Saat ist die
Verletzung der Ehre des Apostolischen Stuhls. Die üble Frucht ist der
Ruin der kirchlichen Hierarchie. Das Gift dringt in den Körper und
zersetzt ihn von innen heraus. „[...] procul dubio totus ordo ecclesiastice hierarchie in nihilum resolvetur."[385]
Arnald deutet den gemeinten Auflösungsvorgang nur an. Er beschreibt ihn nicht ausführlich, stellt aber eindeutige Fragen, Fragen,
die keinen Zweifel über die von Arnald implizierten wie dem Leser
suggerierten Antworten bestehen lassen: Personen und Gruppen, die
der Kirche fernstehen, wie die Chaldäer und Barbaren, ignorieren
nicht, was jetzt – aus dem Binnenraum der Kirche – von den Pariser
Professoren zu ignorieren exemplarisch den Gläubigen vorgesagt und
vorgelebt wird. Proklamiert wird das Ignorieren der Tatsache, daß der
Römische Pontifex der Christus auf Erden ist. Er ist dies nach Auffassung Arnalds nicht nur dem Titel und dem eigentlichen Namen nach,
sondern kraft der ihm gegebenen Universalgewalt, und zwar nicht nur
für den Augenblick des Hier und Jetzt, sondern zum Heil der Vielen
bis zum Ende der Welt.[386]
Damit greift Arnald von Villanova in jene gerade in Paris heftig geführte Diskussion ein, die um die Lehre vom päpstlichen Universalpri-
mat kreiste.[387] Der theologische Ort dieser Frage ist in der Tat die
Lehre von der Kirchengewalt, näherhin das Verständnis der kirchlichen Vollmacht und Befugnis, das Heil zu vermitteln.[388] Um diese
Heilsvermittlung geht es auch Arnald von Villanova. Gerade diese
sieht er aber durch das Verhalten der Pariser Professoren gefährdet,

---

[385] Ebenda fol. 77 rb.
[386] Ebenda: „Quis enim fidelium ignorat, cum Chaldei et barbari non ignorent, Romanum pontificem esse Christum in terris, non solum particularis presidentie titulo vel
figura, sed insuper universali auctoritate plenarie potestatis, cum ipse solus inter pontifices datus sit in lucem gentium et in fedus populi ut salus existat cunctis usque ad
fines terre." Cf. Is 42,6; 49,6.
[387] Bleienstein 1969, 19–31; Congar, Yves-M.: Die allzuberüchtigte Zweischwertertheorie. In: Heilige Kirche. Hrsg. von dems. Stuttgart 1966, 428–433; Töpfer 1964,
154–202; Hödl, Ludwig: Die Lehre des Petrus Johannis Olivi O.F.M. von der Universalgewalt des Papstes. Eine dogmengeschichtliche Abhandlung auf Grund von edierten und unedierten Texten. München 1958, hier bes. 5–19 (= MGI 1). Schmidt,
Tilman: Bonifaz VIII. In: Das Papsttum I: Von den Anfängen bis zu den Päpsten in
Avignon. Hrsg. von Martin Greschat. Stuttgart/Berlin/Köln/Mainz 1985, 248–257,
bes. 253f. (= Gestalten der Kirchengeschichte Bd. 11). Von französisch-politischer
Seite aus argumentierend Kantorowicz 1990, 257–266.
[388] Hödl 1958, 5f.; 12ff.

sofern sie die päpstliche Universalgewalt ignorieren und damit die vertikal verlaufende und sich nach unten hin stets verbreiternde „Sorgelinie" (der Sorge um das Heil der Menschen!) mißachten, unterbrechen und somit bei den Vielen nicht ankommen lassen.[389]

Die Ernsthaftigkeit dieses Vorwurfes wird verkannt, wenn sie *lediglich* als taktisches Manöver gesehen wird, das Arnald unternimmt, um sich beim Papst einzuschmeicheln.[390] Arnald will hier Wesentliches seiner Welt- und Wirklichkeitssicht aussagen, das unmittelbar sein Thema vom nahen Weltende tangiert und seine These vom baldigen Kommen des Antichrist noch einmal fundiert: Das schwindende Ansehen und die Untergrabung der päpstlichen Autorität gefährdet die bis zum Ende der Welt während Vermittlung des Heils an die Vielen („salus existat cunctis"). Gerade in dieser das Wesen der Kirche als Heilsvermittlerin betreffenden gefährlichen Zuspitzung zeige sich die apokalyptische Wirknähe des Antichrist, zeigt sich, daß der Antichrist nicht mehr lange auf sich warten läßt.[391]

Das ist es, worauf Arnald mit seinen polemischen Angriffen gegen die Pariser Professoren letztlich hinaus will und worin der Zusammenhang dieses letzten Teils des Traktates mit den Hauptaussagen seines Werkes besteht: Die erwählten Wächter des Weinbergs werden ihrer Aufgabe untreu. Nicht daß sie nurmehr den Weinberg verlassen, ihn in Faulheit und Bequemlichkeit unbewacht lassen, sondern sie beginnen ihn selbst zu verwüsten, aus Arroganz und Eigennutz zu plündern und zu ruinieren. Um im Bildwort Arnalds zu sprechen: sie versuchen, die Rebzweige von dem sie versorgenden und für sie lebensnotwendigen Stamm zu trennen.

Genau in diesem ständigen Trennen und Spalten, diesem Ab- und Auflösen all dessen, was ursprünglich und eigentlich zusammengehört, wird die geordnete Einheit, der *ordo* überhaupt, das *corpus mysticum*, die Kirche Gottes, das Heil und der Heilige atomisiert, zerstört, vernichtet. Genau das ist die Befürchtung Arnalds. Genau darin sieht er bereits den Antichrist am Werk. Der Antichrist ist jetzt schon dabei, die „Keule", den *cuneus*, seiner „geballten Bosheit" zu schwingen und ihn

---

[389] Siehe oben, Arnald von Villanova: De tempore adventus antichristi. Vat. lat. 3824, fol. 50 va–vb.

[390] Finke 1902, 114f.; Diepgen 1909, 24.

[391] „Quomodo igitur sine maxima ruina catholicorum poterunt illius auctoritatem contemnere, qui ad custodiam vinee domini sunt electi? Nunquid ex hoc argui poterit quod persecutio antichristi iam nimis accelerat, cum ipse sit specialiter totum iniquitatis sue cuneum / armaturus adversus apostolicam sedem, tanquam adversus sedem principalem et propriam Iesu Christi et adversus pontificem summum, tanquam deum deorum in ecclesia militanti, sit locuturus magnifica? Nonne tales contemptores apostolice sedis ad litteram precursores sunt antichristi?" Arnald von Villanova: De tempore adventus antichristi. Vat. lat. 3824, fol. 77 rb–va.

gegen den Apostolischen Stuhl, gegen den Papst, den *pontifex summus* und „Gott der Götter" zu richten.

Daß Arnald gerade mit dieser letzten Bezeichnung auch dem Papst schmeicheln will, ist sicherlich richtig. Aber das ist nur die eine Seite der Wirklichkeit. Der katalanische Arzt bemüht sich vielmehr, den Papst als die höchste einheitsstiftende Instanz auf Erden zu unterstreichen, ihn bewußt in aller therapeutischen Einseitigkeit zu ehren und zu schützen. Arnald handelt hier offensichtlich als Mediziner nach dem bewährten Prinzip, Gift durch Gegengift, d. h. Medizin, zu bekämpfen und dadurch den Heilungsprozeß zu inaugurieren. Er richtet sich nach dem allseits bekannten Gesetz des Gegenteils. Denn das, was Arnald den nahen Antichrist spüren und voraussagen läßt, ist sein Blick in die heillose Zeit. Diese sieht er, wie er nicht müde wird zu betonen, als eine Zeit der Zerstreuung und der Zerrissenheit des Menschen in und durch des Menschen Verhaftet- und Fixiertsein am Irdisch-Vergänglichen, am Fragmentarisch-Peripheren, als eine Zeit mangelnder Konzentration auf das „Himmlische oben", auf das Eine und „Ewige", „Heil" und „Heilige", auf Gott.

Das widrige Verhalten der Pariser Professoren bestätigt nicht nur seinen Eindruck dieses allgemein zu beobachtenden Welt-Zustandes, sondern öffnet ihm zugleich die Augen für das gigantisch-gefährliche Ausmaß dieses heillosen, weil das göttlich Universale auflösenden Kampfes um irdische Macht und um weltliches Ansehen. Denn zum einen erkennt er, daß diese zerstörerischen Mächte bereits im Binnenraum der Kirche virulent werden, daß es „Söhne der Mutter" sind, Söhne, die, wie Arnald mit Jesaja 1,2 formuliert, von ihrer Mutter ernährt und erhoben wurden, die aber selbst die Mutter verachten. „Quid sedes apostolica de talibus poterit dicere, nisi quod sessor eius predixerat de ingratis: „Filios enutrivi et exaltavi, ipsi autem, spreverunt me?"[392]

Zum anderen beobachtet er, daß nicht nur der universale *ordo* angegriffen und ruiniert, sondern daß eine „Gegenordnung" errichtet wird, die er nur als todbringend bezeichnen kann. Insofern greift er schließlich noch einmal das biblische Bild von den Wächtern des Weinbergs auf, führt es aber an entscheidender Stelle fort. Nicht genug, daß die bestellten Wächter (die Pariser Professoren) Hand an den Weinstock selbst legen und ihn offensichtlich mit Stumpf und Stiel auszureißen und ein für allemal zu vernichten, zu „ruinieren" suchen, wie Arnald formuliert. Er sieht sie überdies dabei, eine unheilvolle, todbringende „Gegenordnung" zu etablieren, die er offensichtlich mit Dt 32,32–33 beschreibt. Sie sind nämlich dabei, andere Weinstöcke zu pflanzen,

---

[392] Arnald von Villanova: De tempore adventus antichristi. Vat. lat. 3824, fol. 77 va; Is 1,2: „Audite caeli et auribus percipe terra, quoniam dominus locutus est. Filios enutrivi et exaltavi, ipsi autem spreverunt me."

Weinstöcke voller „Gift und bitteren Beeren", deren „Wein Drachen-
galle" und aus „unheilbarem Natterngift" besteht: „Uva eorum uva fel-
lis et botrus amarissimus; vinum eorum fel draconum et venenum as-
pidum insanabile."[393]
Es geht Arnald entschieden darum, die zerstörerische Wirkung derer
zu brandmarken, die dieser ihrer „Mutter" nicht die Ehre erweisen,
sondern sich von ihr, sprich von der Kirche, emanzipieren und nur
noch sich selbst gelten lassen und zur Geltung bringen wollen. Sie kündigen damit nicht nur ihre brüderliche Haltung und Handlung zu anderen auf, sondern verstellen durch Wort und Tat auch den anderen
den Blick auf die Mutter, deren Kinder sie allesamt sind. Dieser ver-
stellte oder gar verdeckte Blick auf das Einheitsprinzip zeitigt praktische Folgen: auch die vielen anderen ahmen das schlechte Beispiel der
Professores nach, blicken nicht mehr auf ihre Mutter, empfinden sich
nicht mehr als Kinder der Kirche, akzeptieren nicht mehr die Autorität
des Papstes und hören dadurch ebenfalls auf, sich als Geschwister zu
verhalten und entsprechend geschwisterlich zu handeln. Arnald sieht
im Papsttum das Ganze wie das Ganze Einigende und Heile, das göttlich verbürgte Heil in Christus. Wer gegen jenes verstößt, vergeht sich
auch gegen dieses, ja gegen diesen Christus selbst, ist mithin *antichristus*.
Allererst in diesem Kontext, gleichsam in kontrapunktischer Gebärde,
spricht Arnald vom Papst als dem „Gott der Götter"; und zwar verstanden im durchaus eingeschränkten Sinne: im ausschließlichen Blick auf
die *ecclesia militans*, der Kirche auf ihrem Weg durch die Zeit. Dabei ist
Arnalds Absicht eindeutig: Der päpstlichen Autorität spricht er einheitsstiftende Funktion zu und will sie in diesem Sinne akzentuiert wissen; und zwar um so mehr, als er die einheitsverletzenden, partikulären Kräfte in der Gesellschaft wachsen und sich selbständig machen
sieht. Damit der sichtbare weltweite Kirchen-Körper universaler Kompetenz und transzendentaler Dimension nicht durch rein irdische, partikuläre und ichkonzentrierte Instanzen vergiftet, atomisiert und
schließlich zerstört wird, betont Arnald das sichtbare personale Ein-
heits-„Prinzip" des Heilen und Heiligen, des konkret Universalen: den
Stellvertreter Christi auf Erden, den Papst.
Wie gezeigt: Die Tatsache, daß an der Wende zum 14. Jahrhundert
dieses personal-sichtbare Einheits-*prinzip* gerade in seiner universalen
auctoritas angegriffen wird, ist für Arnald lediglich ein weiterer Beleg
seiner These vom baldigen Kommen des Antichrist. Ja, die bedrän-
gende Wirknähe dieses Antichrist, die *persecutio antichristi*, kommt gerade darin zum Vorschein, daß allerorten, selbst innerhalb der Kirche,

[393] Ebenda.

dazu noch von *doctores in theologia*, das Eine und Einheitsstiftende, Heile und Heilige, das, was das Universale repräsentiert und konkretisiert, die Kirche und der Apostolische Stuhl, das Reich und das Königtum, in der den christlichen *ordo* global garantierenden Macht und Kraft aufgelöst werden; und zwar durch diverse, partikuläre und aus verschiedenen Egoismen und superben Bestrebungen resultierende Instanzen und Organisationen.

Damit prangert Arnald zum Schluß eindeutig und grundsätzlich nicht mehr die Pariser Professoren, sondern die allgemein verbreitete Hochmutshaltung an. Sie ist der Grund dafür, daß der Blick auf das Eine und Heilige, ewig Universale abgelenkt und nur noch auf das Partielle und Periphere, auf das fragmentarisch Eigene und vergänglich Einzelne gerichtet wird. Die *superbia* ist der Grund für das oft raffiniert getarnte, häufig nur in einem Besserwissen, in einem Korrigieren, in einem Anders-Meinen und Anderes-Wollen sich äußernden Inakzeptanz Gottes und dessen, was Gott durch berufene Sprecher, durch Propheten, durch Engel, Heilige und schließlich durch Christus selbst und seine Kirche kundgetan hat und kundtut. Dem Pariser Magisterium gegenüber zeigt Arnald sich zum Ende seiner harschen Polemik sogar versöhnlich. Auch das nicht nur aus taktischen, sondern aus exponiert inhaltlichen Gründen. Er konzediert ihnen die Chance, ihr schreckliches Mißverhalten auszumerzen und, wie er wieder bildhaft-eindringlich formuliert, der „Grube, die sie selbst geschaufelt und in die sie selbst hineingefallen sind", wieder zu entsteigen; und zwar durch „rechtmäßige Werke".[394]

Worauf es Arnald ankommt, ist, den blinden und „blindmachenden" Stolz (so seine häufig benutzte Formulierung) als den eigentlichen Stachel des Bösen zu erweisen, von dem selbst schon die Professores blind gemacht und zu Fall gebracht wurden, und von dem sich in den Augen Arnalds immer mehr Zeitgenossen verwundet zeigen. Dieser Stolz ist letztlich nicht weiter erklärbar. Er ist das Signum des Antichrist und seiner Vorläufer (*praecursores antichristi*), das Instrumentum, der *cuneus iniquitatis*, mit dem das Universale, Eine und Heilige, Gott selbst, abgelehnt und bekämpft wird. Dieser Kampf gegen Gott richtet sich gegen all das, was auf Erden dieses Universale, Eine und Heilige repräsentiert, richtet sich vor allem gegen die „eine, heilige, katholische Kirche", wie Arnald öfter in Anlehnung an das Symbolum formuliert:

---

[394] Ebenda 77 va; das Werk, das er zunächst konkret-handgreiflich meint, ist selbstredend die Aufgabe der gegen ihn erhobenen Beschuldigungen, mithin die Anerkennung des Traktates.

richtet sich nicht zuletzt gegen den Papst, den „Christus auf Erden".[395]

Damit schließt sich der Kreis. Arnald rekurriert zum Schluß seines Traktates auf das, was er bereits zu Beginn andeutete, und was sich jetzt als der rote Faden seiner Darlegungen über die nahende Zeit des Antichrist erweist. Es geht ihm entschieden um die rettende, und den Menschen zur Umkehr bewegende Sicht auf das Ewige, Heile und Heilige, auf das Universale, alles umfassende Transzendente: auf Gott. Darum sorgte er sich von Anfang an. Die folgende Zusammenfassung belegt es.

3.4 Resümee oder: Der Arzt und seine Therapie

Arnald von Villanova war praktizierender Arzt. Zu seinen Aufgaben gehörte es, Diagnosen zu stellen und entsprechende Therapien zu inaugurieren. Es galt, den Gesundheitszustand des Patienten, falls nötig und so gut wie möglich, wiederherzustellen. Im Ernstfall ging es um Leben oder Tod. Der hier analysierte Traktat über die Zeit des Antichrist kann die helfen- und heilenwollende Hand seines Autors nicht verleugnen. Geht es ihm doch, wie er gleich zu Beginn betont, auch jetzt um die Lebensrettung des Menschen, geht es ihm um Leben und Tod. Arnalds Schrift ist geschrieben in diagnostischer Absicht und signiert von therapeutischer Vor- und Voraussicht.

Doch ebenso wie die Heilkunde seiner Zeit kein „geschlossenes System" darstellte und keineswegs repräsentiert wurde durch eine organisierte Ärzteschaft, sondern sich „viel eher unter den Aspekten einer weltanschaulich motivierten Lebenskultur" zeigte,[396] so artikuliert auch

---

[395] Nur en passant sei bemerkt, daß damit Arnald von Villanova ein Phänomen einklagt, das – laut M. Eliade – konstitutiv für alles Religiöse überhaupt ist und das Hand in Hand mit der „Entdeckung des Heiligen" einhergeht, welches das gesamte öffentliche wie private Leben ergreift und ihm jene Perspektiven, Paradigmen und Impulse eingibt, die die gesellschaftlichen und zeitbedingten Fragen aus ihrer geistlosen Enge und ihren atemberaubenden Ängsten befreit und den Blick der Menschen auf die ewigen Fragen nach Herkunft und Zukunft lenkt, nach Geburt und Tod, Liebe und Leiden, Sinn und Enttäuschung, Verzweiflung und Hoffnung, Schuld und vergebender Sühne: Es sei schwierig sich vorzustellen, „wie der menschliche Geist ohne die Überzeugung funktionieren könnte, daß es eine unauflösliche Wirklichkeit in der Welt gibt, und es ist unmöglich, sich vorzustellen, wie Bewußtsein entstehen konnte, ohne daß man dem Streben und den Erlebnissen des Menschen einen Sinn gegeben hätte". Die Sehnsucht nach dem Ursprung. Von den Quellen der Humanität. Wien 1973, 9 (= Originalausg. The Quest. Chicago 1969). Mit den Worten Eliades ausgedrückt, müßte man somit im Blick auf das oben Konstatierte sagen, daß in Arnald von Villanova bereits am Ende des 13. Jahrhunderts die Furcht artikuliert wird, das „Heilige" werde wieder verdeckt werden, also aus dem Blickfeld des Menschen verschwinden. Folgt man Eliade, so hätte diese Verdeckung nichts anderes als den kollektiven Wahnsinn zur Folge.

[396] Schipperges: Der Garten der Gesundheit 1985, 96.

Arnald im vorliegenden Traktat zunächst die relativ offenen Bedingungen und maßgeblichen Berechtigungen für diejenigen, die sich um das „Heil der Welt" insgesamt wie um das des Patienten „Zeitgenosse" konkret sorgen, zur „weltanschaulich motivierten" Diagnose schreiten und entsprechende Therapievorschläge unterbreiten.

Zur Diagnose berechtigt sind die *speculatores*, sind all diejenigen, die an der göttlichen Sorgewaltung partizipieren, die gerufen sind, Wächter zu sein: Dabei denkt Arnald ausdrücklich nicht nur an die ordinierten Prälaten und Seelsorger, an die „Apostel", sondern auch – und vor allem in seinem Fall – an all die „Propheten" in der Kirche und für die Kirche, an diejenigen also, die nicht primär aufgrund ihres Amtes, sondern vor allem aufgrund ihres Charismas geschickt sind, „dem Volk das Evangelium zu verkünden".[397] Die *speculatores* sieht er dabei in Abhängigkeit vom göttlichen Arzt, von Gott selbst, der das Heil der Menschen will und sich „wie eine sorgende Mutter" um die Heiligung der Menschen kümmert.

3.4.1 Die „speculatores" oder: Die Diagnose

Gerade darin kommt ein entscheidendes Moment der „Weltanschauung" Arnalds zum Ausdruck, die ihn zu der im Traktat artikulierten Diagnose und angewandten Therapie motiviert und überhaupt vom Antichrist sprechen läßt. Verweist er doch gerade zu Beginn seines Traktates immer wieder auf ein ihm wichtig erscheinendes Moment des biblisch-geoffenbarten Gottes- und des davon abhängigen Menschen- und Geschichtsbildes: Gott ist für ihn nicht ein strafend-rächender Gott, sondern der vor- und fürsorgender Schöpfer-Gott mit ausgesprochen mütterlichen Zügen. Dieser will nicht den Tod seiner Kinder, sondern ihre Rettung, das Heil. Gerade deswegen schickt er *speculatores*, die in Sorge um das Heil der Menschheit insgesamt wie um das des einzelnen zur Abkehr von den vielfältigen Variationen des Vergänglich-Vordergründigen und zur Um- und Hinkehr zum Einen, Ganzen und Gültigen, zu Gott mahnen.

So stehen die *speculatores* innerhalb der Sichtweite göttlicher Sorge um den Menschen. Weil die Sorge Gottes um den Menschen ihre Sorge ist, kann ihnen der Mensch nicht gleichgültig sein. Sie schauen auf Gott, suchen seinen Blick und sein Wort, blicken in und mit diesem Blick auf den Menschen und suchen ihn mit diesem geoffenbarten Wort anzusprechen und in Form (forma) zu bringen. Die Funktion der

---

[397] Imbach, Ruedi: Laien in der Philosophie des Mittelalters. Hinweise und Anregungen zu einem vernachlässigten Thema. Amsterdam 1989, 16–21 (= Bochumer Studien zur Philosophie Bd. 14); Schmitt 1990, 232ff., Puza, Richard: Laie. LexMA V, 1991, 1616 f; Vauchez 1987, 92, 222 .

speculatores ecclesiae bestimmt der katalanische Arzt genau von diesem doppelt-sorgenden Blick her:

Einerseits haben sie die Heilige Schrift als das geoffenbarte Wort Gottes zu erforschen und all das den Gläubigen auslegend zu verkünden, was Gott den Menschen durch erwählte Sprecher, durch Propheten, Apostel, Evangelisten, durch Engel und durch Heilige, schließlich durch Christus selbst und seine Kirche kundgetan hat und kundtut. Dazu gehört nicht zuletzt das, was über des Menschen endgültige Zukunft, über das Weltende, genauer: *de ultimis temporibus saeculi* geschrieben und geoffenbart wurde.

Andererseits und zugleich haben die *speculatores* sich um das Heil der Menschen zu kümmern, Sorge zu tragen dafür, daß die Menschen ihre ursprüngliche und durch das Erlösungswerk Jesu Christi neu geschenkte Bestimmung erlangen und das „verheißene Land", ihre „Heimat" erreichen: „ad terram promissionis, / hoc est ad patriam".[398]

Dabei strengt sich Arnald von Villanova an, den doppelten Blick der *speculatores* nicht als zweifachen, sondern als den einen und einzigen darzustellen. Er erweist ihn gerade in der Sorge um das Heil der Menschen als den doppelten, eben nicht zweifachen Blick: Weil der Weg des Menschen zu seinem Ziel zeitlebens gefährdet ist, und die Teilhabe am Leben des trinitarischen Gottes hier auf Erden, *in statu gratiae*, noch fragil und verschleiert, und allererst *post mortem – in statu gloriae –* endgültig, vollkommen licht und ewig ist, müssen sie, die *speculatores*, den Gläubigen die in der Heiligen Schrift zu Wort kommende göttliche Offenbarung wie einen „zu Christus leitenden Stern" vorantragen und das Volk Gottes durch „die Wüste des Lebens" wie eine schützende „Wolkensäule" begleiten.[399]

Darüber vergißt Arnald aber ebenfalls diejenigen nicht, die selbst schon den *status gratiae* verloren haben und *in statu culpae* leben. Auch und gerade für diese sind die *speculatores ecclesiae* da. Gerade diese gilt es zu therapieren, dafür zu sorgen, daß diesen bereits Abgeirrten und vollends im dunkeln Tappenden „heim"-geleuchtet werde, und zwar so, daß sie selbst wieder voll des göttlich-gnadenhaften, „gesunden" Lebens sind: In ihnen hat das Feuer der Liebe Gottes und der Liebe zu Gott wieder lichterloh zu brennen.[400]

---

[398] Arnald von Villanova: De tempore adventus antichristi. Vat. lat. 3824, fol. 77 vb–78 ra.

[399] Dazu die Ausführungen in den „conclusiones" ebenda fol. 77 vb. Rekurriert wird auf Num 9 und 10. Die Wolkensäule verhüllt die Gegenwart und Wirklichkeit Gottes ebenso, wie sie diese dem Glaubenden enthüllt. Erhob sich die Wolke vom Zelt des Bundes, so erhoben sich auch die Söhne Israels. Die Wolke erhebt sich, schützt vor der Hitze, spendet Ruhe und gibt Geleit.

[400] Ebenda.

Damit kommt bereits Arnalds Diagnose zu Wort, die seine Therapie bestimmt. Beide definieren sich wechselseitig und werden niemals säuberlich voneinander getrennt: Das Erkennen des eigenen Krankheitszustandes ist oft bereits Teil der Therapie, eine Art „Schocktherapie", die Arnald angewandt sehen möchte. Sieht er doch den Zeitgenossen von vornherein gefangen und befangen vom bloß Weltlich-Irdischen, vom Vergänglichen und Momentanen und zwar so sehr, daß das Ewig-Gültige, Überzeitliche, das, was hinter den Variationen des Partikulären und Fragmentarischen als umgreifendes Ganzes steht, immer stärker außer Sicht- und Hörweite gerät. Ja, im Verlauf seines Traktates diagnostiziert Arnald nicht nur eine Blickverengung auf das rein Irdische, sondern geradezu eine vollkommen pervertierte Welt- und Wirklichkeitssicht, aus der eine ebenso verkehrte Wertvorstellung und Lebenseinstellung bei seinen Zeitgenossen resultiert. Das, was das Zweite und Nachgeordnete ist, wird als das Erste und Vorgeordnete genommen, das Vordergründige und Verhüllende erscheint als das Wesentliche und Eigentliche.

3.4.2 Das Heilmittel und die Therapie

Um die Koätanen von dieser pervertierten Welt- und Wirklichkeitssicht und den daraus resultierenden Folgen zu kurieren, müssen ihnen Augen und Ohren geöffnet werden für das Göttliche und Ewig-Gültige. Dazu bedarf es bitterer Medizin, bedarf es eines stark und sofort wirkenden „Gegengiftes". Dieses besteht, wie die sorgfältige Analyse des Traktates en detail gezeigt hat, aus vielschichtigen Ingredienzien, die sich aber wie folgt zusammenfassen lassen:

Erstens qualifiziert Arnald in angestrengter Sorge und biblisch-christlicher Sichtweite Zeit und Geschichte des hiesigen Menschen als Zeit und Geschichte einmaliger Bewährung zum Heil. Dabei ruft er nachdrücklich in Erinnerung, daß die diesseitige Welt und Wirklichkeit durchaus nicht ewig, sondern eben zeitlich begrenzt und somit insgesamt eine Welt-Wirklichkeit auf Abruf ist.

Zweitens wagt Arnald, gestützt auf den „Aussichtsturm biblischer Offenbarung" und kritischer Diagnose der Gegenwart, das Stadium des momentanen Geschichtsverlaufes zu fixieren und es als „spätes", dem apokalyptischen End-Zeit-Jahrhundert unmittelbar vorausgehendes und dieses ankündigendes zu qualifizieren.

Drittens stellt Arnald eine konkrete *computatio* auf, in der immer wieder die exzeptionelle Bedeutung von Daniel 12,11 akzentuiert wird. In dem biblischen Vers: „A tempore, cum ablatum fuerit iuge sacrificium et posita fuerit abominatio in desolationem, diem mille ducenti nonaginta", glaubt Arnald, daß Gott der Kirche die Endzeiten generell und die der Verfolgung durch den Antichrist speziell geoffenbart habe. Der genannte Vers ist ihm somit gleichsam *causa materialis* seiner vorgestellten Interpretation, ist erster Bestandteil, unauflöslicher Kern seines dem erkrankten Zeitgenossen zu verabreichenden „therapeutischen Mittels". Ja, nur als solches, gleichsam als Medikament, erhält die genannte biblische Stelle selbst ihr spezifisches Gewicht. Erst in dieser Funktion, als Mahnung und Warnung vor dem Antichrist mit entsprechend schützend-vorbeugender Wirkung, ist sie nicht vergeblich gesprochen, kommt sie zu sich und wird so allererst sinnvoll.

Die *causa formalis* dieses „therapeutischen Mittels" ist die Interpretation des genannten Danielverses. Sie besteht aus zwei Prinzipien, die zugleich zu den beiden Axiomen seiner *computatio* avancieren:

– a) Die „Abschaffung des täglichen Opfers" ist in dem Augenblick geschichtliche Wirklichkeit geworden, als der Tempel in Jerusalem von den Römern zerstört und das jüdische Volk aus dem Gelobten Land vollständig – totaliter – vertrieben worden war. Dieser Zeitpunkt ist für Arnald von Villanova *terminus a quo* jener bei Daniel geweissagten Zeitspanne von 1290 „Tagen".

– b) Die biblische Rede von den „Tagen" muß als Rede von „Jahren" (Sonnen- oder Mondjahren) verstanden werden, so daß

– c) schließlich konstatiert werden kann: Die Verfolgung des Antichrist wird „im 14. Jahrhundert" stattfinden, näherhin „um das 78. Jahr des genannten Säkulums". Arnald führt diese „Rechnung" im Traktat selbst lang und breit aus, sichert sie immer stärker gegen Einwürfe ab und resümiert sie zum Schluß noch einmal in nuce.

Diese *computatio* stößt auf Kritik. Arnald wundert sich keineswegs darüber. Er wollte die Magister von Paris nicht mit seinem Traktat umwerben und gleichsam widerspruchslos überzeugen, wie Pelster noch behauptete.[401] Auch sah der Katalane sich keineswegs in der Rolle eines Bittstellers oder gar eines Prüflings, sondern eines selbstbewußten Verkünders einer bestimmten Botschaft, die die Magister zunächst einmal zur Kenntnis zu nehmen und mit der sie sich positiv-kritisch auseinanderzusetzen hätten. Mit seinem Traktat *De tempore adventus antichristi* zündete Arnald in Paris eine Bombe von gewaltiger Explosionskraft, wie Perarnau nicht ohne Pathos, aber zutreffend formulierte: „Aquell petit tractat fou com una bomba que provocà explosions múltiples i esglaonades, tant en el temps com en l'extensió a tot l'Occident europeu."[402] Möglicherweise hat Arnald sogar mit einem harten wissenschaftlichen Streit auf hohem intellektuellen Niveau gerechnet. Ar-

---

[401] Pelster 1948, 35.
[402] Perarnau 1987, 9.

nald beabsichtigte, die Welt auf seine Thesen aufmerksam zu machen. Dies war sein Globalziel. Um es zu erreichen, mußte er zunächst die Pariser Gelehrtenwelt „wachrütteln", wie Arnald zu formulieren pflegte. Es war zweifellos die Option Arnalds, zunächst die kritisch-positive Aufmerksamkeit der Pariser Theologen zu erregen, um sodann mit ihrer Hilfe und ihren Möglichkeiten der Information und Kommunikation, nicht zuletzt auch dank ihres hohen Ansehens seine Warnungen und Mahnungen an die Christenheit möglichst rasch, intensiv wie extensiv zu propagieren.

Doch das, was Arnald wollte, muß von dem differenziert werden, was er bewirkte: Zunächst gelang es ihm tatsächlich, die Aufmerksamkeit der Pariser Theologen zu erlangen. Diese mußten reagieren, mußten Stellung zu dem beziehen, was Arnald von Villanova ihnen zumutete. Sie agierten aber in einer Weise, die der katalanische Arzt nicht vermutet hatte: nicht ruhig-akademisch, sondern repressiv-administrativ. Auch Arnald seinerseits konnte nicht stumm bleiben: Er verteidigte zunächst seine *computatio*, indem er auf ihren biblischen Grund verwies, ihre katholische Struktur kenntlich machte und ihre kirchliche Zielrichtung betonte. Dabei schlug die Verteidigung in den Angriff gegen das Pariser Magisterium um. Das Verhalten der Pariser Professoren wird selbst als antichristlich bezeichnet und zugleich das klarer konturiert, was Arnald bei seiner Zeitkritik a limine im Auge hatte und vor welchen ihm dekadent erscheinenden Phänomenen er seine Zeitgenossen näherhin warnen möchte. Beim genauen Zusehen zeigt sich insgesamt, daß Arnald hier keineswegs eine wild-wütende oder gar platt-unüberlegte Polemik artikuliert, sondern die ursprünglich sich bereits abzeichnende Funktionsbestimmung seiner „computationsmäßig" begründeten Warnung und Mahnung vor dem baldigen Kommen antichristlicher Zeit wie des Antichrist selbst als „therapeutisches Mittel" geschickt zu akzentuieren und noch genauer zu konturieren weiß. Es ließen sich dabei wiederum drei Gedankenkomplexe ausmachen:

Erstens: Arnald von Villanova besteht gegenüber den Vorwürfen und dem restriktiven Procedere der Pariser Professoren darauf, daß seine Ankündigungen vom unmittelbar bevorstehenden Kommen des Antichrist und des Weltendes nicht als „verwegen" (*temerarie*) verurteilt, sondern als „wahrheitsfähig" anerkannt, als „katholisch" erwiesen und als „kirchlich" nützlich gewürdigt werden.

„Wahrheitsfähig" ist für Arnald Zukünftiges, ist das, was noch nicht geschehen ist, sich aber bereits als etwas zeigt, was geschehen wird. Das Zukünftige kann noch nicht als wahr bezeichnet werden, weil es noch nicht ist, sondern wesentlich erst wird. Augustins Seins- und Wahrheitsbegriff ist herauszuhören, wie er sie etwa im Zuge seiner

Zeitanalyse in den *Confessiones* zu Wort bringt.[403] Futurisches kann – laut Arnald und Augustinus – noch nicht wirklich-wahr sein, sondern höchstens antizipatorisch *in mente* auf Wahrheit hin angelegt sein: menschlicherseits als wahrheitsmöglich und wahrheitsfähig bezeichnet werden. Und auch diese Bezeichnung ist nur möglich, so Arnald, insofern das, was als Zukünftiges genommen wird, in der Gegenwart begründet werden kann.

Überdies sieht Arnald seine Auskunft über das baldige Kommen des Antichrist als Moment einer katholischen Welt- und Wirklichkeitssicht, in der es darum geht, alle möglichen (d. h. biblisch begründeten und „wahrheitsfähigen") Kräfte wahrzunehmen und in die und für die *catholica multitudo* einzubinden und für das katholische Ziel einzusetzen. Ihm ist es darum zu tun, die Acht- und Aufmerksamkeit des Menschen vom irdisch Vergänglichen zu lösen und auf das Wesentliche, Ewig-Gültige, auf Gott hinzulenken. Arnald unterstreicht diese katholische Absicht ausdrücklich und macht sie gegen den Einspruch jener Professoren geltend, die seine Schrift gerade den Vielen nicht zumuten zu dürfen meinen. Gerade um die Vielen geht es aber Arnald, und zwar deshalb, weil es der Kirche als „katholische", allumfassende, um die Vielen geht. Gerade die Vielen bedürfen des Arztes, der ihnen die Augen und Ohren für das Göttliche und eigentlich Wahre öffnet. Gerade den Vielen muß jetzt endlich – am Ende der Zeit – klarwerden, daß die irdische Welt-Wirklichkeit kontingent, begrenzt, keineswegs ewig-gültig ist. Arnalds Votum für die Vielen ist gebunden an die Bestimmung der Kirche als katholische, ja er akzentuiert dieses „katholische" Selbstverständnis dadurch, daß es als Aufgabe und Sendungsauftrag gesehen wird. Ausdrücklich geht es ihm nicht um Resignation, sondern um Expansion des Katholischen. In seiner Stellungnahme für den Kreuzzug und die Befreiung Jerusalems wird diese expansive Absicht Arnalds eigens und zweifelsfrei betont. Seine Warnung und Mahnung vor dem baldigen Kommen der Endzeit sind in diesem Sinne zweckgerichtet katholisch. Seine Ankündigung soll beitragen zur Katholisierung der Zeitgenossen. Damit entpuppt sie sich wiederum als „therapeutisches Mittel", dazu noch in den Augen Arnalds als sehr erfolgversprechendes: Dadurch, daß das katholische Volk die letzten Zeiten der Welt und vor allem die Zeit der Verfolgung durch den Antichrist vorausschauend erkennt, erhält es nicht nur die Chance, sondern den wirkmächtigen Impuls, sich auf den Antichrist einzurichten und sich entsprechend „cum armis christianae religionis" zu wappnen. Nur

---

[403] Augustinus: Confessiones 11, 14,17–31,41 (ed. J. Bernhart 625–670); Flasch 1980, 279; ders.: Was ist Zeit? Augustinus von Hippo. Das XI. Buch der *Confessiones*. Historisch-philosophische Studie. Text – Übersetzung – Kommentar. Frankfurt a. M. 1993.

so könne es der katholischen Kirche, der *catholica multitudo*, gelingen, dem Antichrist nicht unvorbereitet gegenüberzutreten, sondern ebenso vor- und voraussichtig die Täuschungen und Verdrehungen des Antichrist zu durchschauen und geduldig und hoffnungsfroh dem Terror seiner Verfolgung zu widerstehen. Weiß sie doch im Blick auf Christus und das herannahende Ende der Welt um die Begrenztheit und Gebrochenheit aller diabolischen Macht und satanischen Gewalt. Solch ein Bestreben kann nicht als „verwegen" beschimpft, sondern muß als katholisch und dem Katholischen nützlich gelobt werden.

Arnald erkennt in dem therapeutischen Mittel eine Möglichkeit, die Kirche auf ein für sie gefährlich werdendes Defizit ihrer Verkündigung hinzuweisen und – dank dieses Hinweises – Wege zu seiner Überwindung aufzuzeigen. Es ist ihm um einen wichtigen, weil not-wendigen Impuls zu Aktualisierung und Realisierung des Evangeliums und zum Ernstnehmen der Kirche zu tun, näherhin um die heilende Praktizierung der Botschaft von der herannahenden *consummatio saeculi*, der Vollendung der Welt. Die Ernsthaftigkeit dessen, was die Kirche verkündet, erweist sich allererst darin, daß aus dieser Botschaft die entsprechenden Konsequenzen in praxi gezogen werden. Die Botschaft der Kirche, so mahnt er, verliere ihre die Menschen und die Welt ändernde Kraft, sofern sie nicht mehr zur Entscheidung kommt und zur Entscheidung geführt wird. Erst die Entschiedenheit bringt jedermann deutlich genug vor Augen, daß die Kirche sich und die Welt verändert. Zu dieser Botschaft gehört auch die Kunde vom herannahenden Weltende.

Damit empfiehlt Arnald sich der Kirche. Er rekurriert ausgerechnet auf den Punkt, der dem Papst besonders am Herzen lag: auf ihre absolute Ernsthaftigkeit und entschiedene Durchsetzungsfähigkeit und – angesichts des baldigen Kommens des Antichrist – Durchsetzungs*notwendigkeit*. Arnald von Villanova hatte damit einen bedeutsamen Punkt im Regierungsprogramm Bonifaz VIII. getroffen.[404] Es ist ja nachweislich falsch, zu behaupten, dieser Papst habe aus purer Machtgier die gewachsenen päpstlichen Ansprüche auf ein juristisches System gestellt, das die gesamte Christenheit umspannen und das Papsttum an die oberste Stelle setzen sollte.[405] Es ging ihm um Selbstbehauptung, um die politische Durchsetzung kirchlicher Freiheit, um Emanzipation von weltlichen Mächten, um die Vermeidung dessen, was er doch nicht hatte aufhalten können: Daß selbst ein König, also nicht einmal der sich als oberste weltliche Instanz der Christenheit verstehende Kaiser, ihn, die Spitze der Kirche, das Papsttum, der Schande

[404] Schmidt 1985, 249f.; Ullmann, Walter: Die Bulle *Unam sanctam*. Rückblick und Ausblick. *Römische Historische Mitteilungen* 16 (1974) 45–77.
[405] Dazu Seibt 1987, 280.

der Lächerlichkeit aussetzen konnte: *irrisionis opprobrium* – wie Arnald formulierte.

Mit anderen Worten: Arnald von Villanova will, daß seine Ankündigungen vom Antichrist eben als das genommen werden, was sie sind: als „therapeutisches Mittel" zur Genesung des „Patienten" *Zeitgenossen*, der das, was die Kirche zu sagen hat, nicht als „lächerlich" bezeichnet, sondern sich von der Kirche und ihrer Botschaft zu ernsthafter Lebensentscheidung führen läßt. Seine Ankündigungen will er in diesem Sinne „kirchlich" geschätzt, keineswegs aber – noch einmal – als „verwegen" verurteilt wissen.

Zweitens: Um die Wirksamkeit seiner Ankündigung, seines „therapeutischen Mittels", zu unterstreichen, macht er deutlich, daß es sich bei all dem nicht so sehr um ein Ergebnis eigenen Forschens, sondern letztlich um die Frucht und den Ertrag göttlicher Rede handelt. Dabei zeigt sich zugleich, daß und wie sehr das „therapeutische Mittel" als hoffentlich rettendes Gegenmittel bei der als lebensgefährlich diagnostizierten Zeit-Krankheit wirkt.

So betont Arnald die Angewiesenheit des Menschen auf die göttliche Offenbarung, sofern es darum geht, das Ende der Zeit vorauszusagen. Es geht ihm um das Wahrnehmen göttlicher Rede, das entscheidend durch ein Ereignis in Gang kommt, das schlechthin jenseits der Verfügungsgewalt eines Menschen liegt und die autarke Selbstmächtigkeit menschlichen Denkens übersteigt. Nicht aufgrund der *naturales rationes*, noch der Astronomie (die auch immer Astrologie war) noch irgendwelcher philosophischer, d. h. rein menschlicher Denkbemühungen kann die nämliche Frage nach dem Weltende und dem Kommen des Antichrist gültig beantwortet werden. Arnald legt die Grenzen der *ratio* frei und schenkt der Intuition und Inspiration Gehör, wie er sie gerade in den sibyllinischen Orakeln findet. Namentlich die erythräische Sibylle führt er als Beleg für das Ergebnis seiner zwar menschlichrational voranschreitenden, aber divinatorisch-inspirativ inaugurierten *computatio* an, eine Autorität, die er noch dazu durch Augustin bestätigt sieht.

Überdies: Arnald greift die grundsätzliche Skepsis des Bischofs von Hippo gegenüber dem menschlichen Wissen und Wissen-Sollen um die Endzeit der Welt und die Wiederkunft Christi zum Jüngsten Tag auf. Er interpretiert sie aber durchaus eigensinnig-originär: Augustinus betone mittels Rekurrierung auf Apg 1,7, daß es beim Vorauswissen der Endzeit um eine Wirklichkeitsaufhellung gehe, die nicht aufgrund eigenmenschlicher Erkenntniskraft zustande komme, sondern dem Menschen durch göttliche Offenbarung mitgeteilt werde.

Mit anderen Worten: Das „Medikament", das Arnald von Villanova seinem Patient „Zeitgenossen" verabreichen will, ist nicht so sehr Er-

gebnis eigenmächtiger, eigenmenschlicher Genialität, sondern zunächst und vor allem Frucht und Ertrag einer anderen, höheren, göttlichen Macht. Es ist divinatorischen Ursprungs und – gerade als solches – auch von göttlich-heilsamer Wirkung. Es verweist den Menschen einerseits auf seine Begrenztheit, unterstreicht den bereits bei Thomas von Aquin deutlich vernehmbaren Prozeß der „Entdivinisierung des menschlichen Intellekts",[406] akzentuiert andererseits aber des Menschen unendliche Offenheit in dem Widerfahrnis göttlicher Offenbarung. Diese allerdings bringt sodann den menschlichen Geist in Gang; denn das Geoffenbarte will verstanden, interpretiert und anderen mitgeteilt werden. Erst so kommt das Geoffenbarte voran und ans Ziel. Was Arnald von Villanova damit bezweckt, ist zweierlei:
– a): Er sucht die Glaubwürdigkeit seiner Botschaft vom baldigen Kommen des Antichrist zu erhöhen. So fundiert er seine *computatio* nicht, zumindest nicht in erster Linie, mit bestimmten menschlichen Autoritäten, und seien sie noch so anerkannt (wie z. B. dem häufig zitierten Augustinus), sondern stellt sie zunächst und eigentlich als Mitteilung Gottes selbst dar, als Offenbarungsgut, das seit langem darauf wartet, aber auch seine Zeit braucht, recht gelesen und öffentlich mitgeteilt zu werden.
– b): Mittels dieser Akzentuierung des den Interpretationsprozeß inaugurierenden Inspiratorisch-Divinatorischen, das den Menschen in die Rolle des zunächst passiv sich verhaltenen Angesprochenen, des Empfängers, drängt, erteilt er den modernen Verfechtern der empirischen, die naturwissenschaftlichen Erkenntnismethoden favorisierenden und von den *causae secundae* faszinierten Gelehrten in Paris (aber nicht nur ihnen) eine energische Absage. Dabei wird er namentlich an Roger Bacon und an die von ihm propagierte, auch in die Theologie Einzug haltende induktiv-experimentierende Methode gedacht haben.[407]
Gerade von ihm, dem Arzt und Naturwissenschaftler, überrascht diese energische Zurückweisung. Sie läßt aufhorchen und macht verdächtig. Mußte Arnald sich gar gegen Mutmaßungen wehren, die ihn mit Ro-

---

[406] Hödl: Die Entdivinisierung 1986, 57–70; ders.: Das „intelligibile" in der scholastischen Erkenntnislehre des 13. Jahrhunderts. *FZPhTh* 30 (1983) 345–372; hier kommt zu Beginn (345) der größere Zusammenhang zu Wort: „Zu den unmittelbaren Ergebnissen dieses epochalen Ringens – *les gigantesques discussions* – gehört auch und vor allem die *Entdivinisierung* des Intellekts und dessen Analyse als naturale Potenz, die der Perfektibilität durch das *intelligibile* fähig ist. Das *intelligibile* ist als *forma intelligibilis* die formale und wesentliche Vollkommenheit des Erkenntnisvermögens und als solche Bedingung der Möglichkeit des Erkennens überhaupt."
[407] Daß Bacon in der Diskussion um die Frage nach dem Kommen des Antichrist und der Wiederkunft Christi zum Jüngsten Gericht am Ende der Welt eine bedeutende Rolle spielt, wird in der Argumentation des Johannes (Quidort) von Paris offenkundig.

ger Bacon zusammenbrachten, mit einem Mann, der bekanntlich ebenfalls seine Geringschätzung der großen Gelehrten in Paris niemals verhehlte, sondern die Mängel des Pariser Wissenschaftsbetriebs offen beim Namen genannt hatte? Er hatte bekanntlich eine Reform der Medizin gefordert, die sich durch Praxisnähe auszeichnen sollte und die Arnald in der Tat zeitlebens anstrebte. Doch während jener dem Bücherwissen der Pariser die Erfahrungswissenschaften entgegenhielt, argumentierte dieser mit seiner auf dem biblisch geoffenbarten Wort Gottes gründenden und sich um das Schicksal der Menschen sorgenden *computatio*. Allerdings: auch Bacon wollte die Christenheit stärken für die Zeit des nahenden Antichrist. Möglicherweise stand Arnald das Schicksal Rogers vor Augen, und vielleicht fürchtete er sich davor, womöglich lange Jahre im Kerker zubringen zu müssen. Roger Bacon wurde erst nach zwölf Jahren entlassen (1277–1289): als ein Greis, der nur noch drei Jahre zu leben hatte.[408] Arnald jedenfalls erinnert lieber an die Übermächtigung des Menschen durch Offenbarung und Inspiration und lehnt gleichzeitig – auffällig betont – philosophisch oder astronomisch-mathematische Antworten zu diesem Thema entschieden ab, auf Sibylle und damit auf jenen „Zustand" eines plötzlichen Außersichseins rekurrierend, wie dieser von Vergil in den ersten Versen des sechsten Gesanges der „Aeneis"[409] beschrieben und – nach Ansicht Arnalds – offensichtlich in der Argumentation Augustins noch geltend gemacht wird.

Arnald von Villanova verweist auf die Grenzen menschlicher Erkenntniskraft und betont das Angewiesensein des Menschen auf Gott. Gerade um diese wesentliche Stellung des Menschen im Verhältnis zu Gott geht es Arnald ja in seinem ganzen Traktat. Er will seine Zeitgenossen nachdrücklich daran erinnern, ihren augenblicklichen *status* nicht aus den Augen zu verlieren, der zugleich ihre Würde wie endlichzielgerichtete Bestimmung ausmacht. Der Mensch ist so in seinen Daseinsraum hineingestellt, daß er wesentlich offen ist für die Sphäre des Göttlichen. Es gilt, diese Sphäre wieder stärker in den Blick zu nehmen, sich davon anziehen und ansprechen zu lassen auch die Möglichkeit in Betracht zu ziehen, vom Göttlichen überwältigt und so zur Vollendung und dem „Ende der Welt" geführt zu werden. Es geht darum,

---

[408] Zu Roger Bacon und seinem Denken, Flasch 1986, 348–354 (Lit. und Werkverz. 648); Maloney, Thomas S.: Roger Bacon: Compendium of the Study of Theology. Edition and Translation with Introduction and Notes. Leiden/New York/Kopenhagen/Köln 1988, 2–9 (= Studien und Texte zur Geistesgeschichte des Mittelalters. Bd. 20); Crombie, Alistair C.: Augustine to Galileo. The History of Science A.D. 400–1650. London 1952, 36ff.

[409] Aeneis 6, 11f. Übersetzt von Johannes Götte. München 1958. Der delische Gott, Apollon, „haucht ihr ein die Fülle des Geistes". Vergil spricht hier von *inspiratio*.

umzudenken, sich umzuorientieren und wieder nach dem „Himmlischen oben" zu streben.

Drittens: Arnalds kritischer Blick in die Gegenwart, noch einmal geschärft durch die Reaktion der Pariser Professoren, bestätigt seine Rede vom unmittelbar bevorstehenden Kommen des Antichrist. Ist ihm doch das restriktive Verhalten der Pariser Gelehrtenschaft ein willkommener Anlaß, einen weiteren Beleg dafür zu nennen, in welch akutem Stadium der Weltgeschichte sich bereits der Mensch zu Beginn des 14. Jahrhunderts befindet: Es ist die weitverbreitete Tendenz, das Ganze, Heile und Heilige aus dem Auge zu verlieren und nur noch – oder zumindest allzusehr – um das Partikuläre, Fragmentarische und das vom Gesamtkörper losgelöste Einzelne und Vereinzelte zu kreisen.[410]

Damit sieht Arnald den einzelnen Menschen in seiner individuellen wie sozialen Existenz bedroht, weil in Auflösung begriffen. Hier in diesen das Ganze auf- und vom Ganzen sich ablösenden Bestrebungen glaubt Arnald vor allem die *persecutio antichristi* erkennen zu können, ja den Antichrist selbst. Er sucht das Pariser Magisterium mit den Anhängern und Vorläufern des Antichrist in Verbindung zu bringen, sofern es nur darauf fixiert ist, sein eigenes Ansehen zu verteidigen und sich selbst wirkungsvoll zu vertreten, dabei aber Gott, das Ganze und das Heil der Menschen insgesamt wie das Anliegen der universalen Christenheit aus den Augen verliert.

3.4.3 Die Heilung oder: Das Heil, Heilige und Universale

Das Ganze und das Heile ist das Eine und Heilige, und zwar nicht allein im Blick auf Gott, sondern auch auf den Menschen. Arnald wußte das und hat es in seiner Gelehrtenkritik geltend gemacht. Ihm ist es nicht zuletzt um die Einheit des Menschen in seiner leibhaftigen wie geist-seelischen Konstitution zu tun. Wie diese Einheit des Menschen überhaupt zu denken ist, war gerade in Paris zur Zeit Arnalds eine der spannungsgeladensten, äußerst umstrittenen und intensiv disputierten anthropologischen Fragen mit energischer christologisch-theologischer Kontur überhaupt.[411] Vergleichbar einem unsichtbaren, aber die Melodie bestimmenden Notenschlüssel gibt das dieser Frage zugrundeliegende Einheitsmodell vom Menschen den Ton der vorliegenden polemischen Argumentation gegen die Professoren an; freilich ohne die Lehre von der Einheit im Sein des Menschen überhaupt zu nennen. Das allerdings ist ja auch nicht Arnalds Thema: Nicht daß und wie der

---

[410] Insofern nimmt es nicht Wunder, daß Arnald in seiner Kritik teilweise zu weit geht. Die Gegenargumente seitens der Pariser Theologen sind bei weitem nicht so konträr, wie es Arnalds Replik erwarten läßt. Wir werden dies noch sehen.

[411] Schneider [2]1988.

Mensch als Leib und Geist-Seele das eine Wesen ist, beschäftigt Arnald, sondern wie der so gedachte und beschaffene Mensch zu seinem Recht kommt. Und diese Frage tangiert ihn ebenfalls nicht obenhin, rein spekulativ, sondern äußerst praxisbezogen, im konkreten, ja geradezu existentiellen Blick auf das perfide Verhalten der Professoren ihm und seinem Werk gegenüber. So ergibt die genaue Analyse seiner auf den ersten Blick als eine pure Aneinanderreihung von „Kraftsprüchen" erscheinende Professorenattacke eine wohlgeordnete dreigliedrige Struktur, die entsprechend den trimorphen Dimensionen des Menschen angeordnet und auf Einheit hin ausgelegt werden.

Wie erinnerlich: Zu den universalen Bestrebungen und allgemeinen und allgemein gültigen Mächten zählte Arnald zunächst die oben deskribierte und vor allem rein rechnerisch-konkret verstandene Öffentlichkeit. Hier nimmt Arnald gleichsam den Menschen in seinem quantitativen natürlich-leiblichen Bereich in den Blick, den Menschen, der zunächst als einzelner sich zu einzelnen gesellt und so allererst „Viele" wird. Diese „Vielen" allerdings bilden insgesamt eine Öffentlichkeit, die wiederum mehr sind als nur die Summe der einzelnen. Sie wollen als eine Korporation gefragt und gehört werden; zumal bei Fragen, die, wie Arnald formuliert, viele tangieren, also von öffentlichem Belang sind. Zweifellos ist die hier zur Diskussion stehende Frage nach dem baldigen Kommen des Antichrist, des Weltendes und der Wiederkunft Christi von solch einem öffentlichen Interesse. Die Vielen von der Kenntnis seines Traktates und damit von der dort artikulierten warnenden und mahnenden Botschaft auszuschließen, wie es die Pariser Professoren zu tun versuchen, verstößt gegen das, was dem Menschen gerade im Blick auf seine Leibhaftigkeit zukommt: gezählt zu werden, Gewicht zu haben und die Chance zu bekommen, sich mit Leib und Leben vor dem Leib und Leben bedrohenden An- und Zugriff des Antichrist zu schützen.

Doch wie der leibhaftige Mensch nicht bloß aus konkretem Körper, aus lebendiger Leiblichkeit besteht, sondern sich durch Geistbegabtheit auszeichnet und schon von altersher als *animal rationale* geradezu definiert wird, so dürfen auch – laut Arnald – nicht die geistigen Belange des Menschen korrumpiert, müssen vielmehr konzentriert gefördert und gefordert werden. Gerade diese Geistigkeit des Menschen sieht er ausgerechnet von den Pariser Professoren als zu wenig beachtet, ja als mißachtet an. Die der *ratio* verhafteten und den Menschen in seiner Geistigkeit an- und entsprechenden Intellektuellen müssen ebenso wie ihre die menschliche *rationalitas* schützenden und dem *intellectus* entspringenden „vernünftigen" Institutionen, Gepflogenheiten und allgemeinen akademischen „Spielregeln" be- und geachtet werden. Auch hier versagten die Pariser Professoren. In den Augen Arnalds versuchten sie, die Universalität der Rationalität zu negieren, indem sie die sich im Hause der Hohen Schule etablierten allgemeingültigen, „ehrwürdigen" Regeln frech mißachteten.

Doch verletzt, ja boykottiert wurde auch das, was dank des Erlösungswerkes Christi im Menschen neu errichtet wurde und den neuen Heilsstand des Menschen in Christo ausmacht und seine *sanctitas* mittels sakramentaler Wirklichkeit begründet. Hier hat die *mater ecclesia* ihren Platz, hier kommt sie zu Wort und zur Geste, hier muß sie gehört und beachtet werden.

Arnalds Vorwurf gegen die Pariser Gelehrtenschaft, gerade die Dignität der Mutter Kirche zu verletzen, erhält von daher allererst seinen äußersten Stern wie innersten Kern: Für Arnald steht der Lebensfluß der seinshaften Gotteskindschaft auf dem Spiel, der sakramental in der Kirche als dem mystischen Leibe Christi jeden Getauften am christlichen Leben erhält und alle Glieder dieses Leibes untereinander geschwisterlich verbindet und gleichsam geistlich-blutsverwandt sein läßt. Nicht von ungefähr bemühte Arnald in diesem Konnex ebenfalls mehrfach das biblische Bild-Wort vom Weinstock und den Reben: Losgelöst vom Weinstock verlieren die Reben ihren Saft und ihre Kraft, vertrocknen und verdorren sie.[412]

Übertragen auf das Gesamtthema des Traktates läßt sich somit formulieren: Arnald von Villanova gibt den Pariser Doktores zu verstehen, daß sie dabei sind, sich und die ihnen Zuhörenden und auf sie Hörenden vom Lebensfluß des christlichen Glaubens abzutrennen und gleichsam die geistliche Blutsverwandtschaft aufzukündigen: zum Schaden des einzelnen und seiner Berufung zur Heiligkeit wie zum Nachteil des Gesamtkörpers „Kirche", speziell seines inneren lebenserhaltenden Organismus. Genau hierin zeigt sich für Arnald die *persecutio antichristi*, zeigt sich das Werk dessen, der mit dem „Keil seiner Bosheit" die kirchliche Einheit zu spalten und auf diesem Wege das Heil des Lebens insgesamt zu zerstören sucht.

Aber nicht nur die Vernichtung der Einheit, die Ausrottung des Weinstocks und Austrocknung der Reben, sondern die Errichtung einer „Gegenordnung", die Pflanzung eines anderen Weinstocks mit anderen Reben, sieht Arnald als Werk des Antichrist kommen. Auch das machte die Textanalyse zuletzt deutlich:

Der Antichrist greift nicht nur den universalen *ordo* an, um ihn zu ruinieren, sondern stellt selbst eine „neue Ordnung", einen *anti-ordo* auf, der gegen das gerichtet ist, wofür das Papsttum steht: gegen das Ganze wie gegen das Ganze Einigende und Heile, das göttlich verbürgte Heil in Christus.

---

[412] Joh 15,18.

Dem *pontifex* spricht Arnald „brückenbauende", synthetisch wirkende
und einheitsstiftende Funktion zu. Er will in diesem Sinne das Papsttum akzentuiert wissen. Dies um so mehr, als Arnald die einheitsverletzenden, partikulären und zentrifugalen Kräfte in Kirche und Gesellschaft zu autarken und autonomen Mächten heranwachsen sieht. Damit aber der sichtbare, weltweite Kirchen-Körper universaler Kompetenz und transzendentaler Konvergenz nicht noch mehr durch rein irdische, partikuläre und egozentrische Instanzen vergiftet, atomisiert
und vaporisiert werde, akzentuiert Arnald das sichtbare, personale Ein-
heits-„Prinzip" des Heilen und Heiligen, des konkret Universalen, betont er in heilend-therapeutischer Einseitigkeit – das Gesetz vom Gegenteil anwendend – das Papsttum.

Das ist der innere Zusammenhang dessen, was Arnald den Pariser Professoren zu sagen und vorzuwerfen hat. Seine Polemik darf somit
durchaus nicht losgelöst werden von dem, was Arnald über die Zeit
des Antichrist und über den Antichrist selbst zu sagen weiß.

Der Antichrist bzw. seine Vorläufer sind am Werk, wenn der Mensch
im irdisch Vergänglichen und fragmentarisch Partikulären stecken
bleibt und den Blick für das ewig Gültige, Heile und Heilige, für Gott
verliert und gar dabei ist, beides zu verwechseln und das verhüllend
Ungültige als das wahre Gültige zu betrachten. Die Hochmutshaltung
sowie der Egoismus des einzelnen sind es, die Arnald als Triebfeder
solchen antichristlichen Gebahrens auszumachen weiß.

Und nicht zuletzt: Die um die Wende zum 14. Jahrhundert mächtig
vorangeschrittene und voranschreitende europäische Partikularphase
mit ihren sich aus dem Drang zur Expansion speisenden Kämpfen und
Krämpfen gliederte den Gesellschaftskörper immer weiter auf. Das
Universale, Gemeinschaftliche und Gemeinsame ging zurück auf Kosten der universal ausgerichteten *ecclesia*.

Arnald erkannte diese gewaltigen gesellschaftlichen Veränderungen
am Ende des 13. Jahrhunderts und glaubte darin antichristliche
Mächte am Werk zu sehen, die das *tempus antichristi* selbst, ja das Weltende unmittelbar ankündigten. Die Zeit wird Arnald knapp, die einengend-ängstigende Wirknähe zum Antichrist spür- und erkennbar. Allerorten, selbst innerhalb der Kirche, dazu noch von *doctores in theologia*,
wird versucht, das Eine und Einheitsstiftende, Heile und Heilige, kurz
das Universale aufzulösen und zu zerstückeln und an deren Stelle eigene und eigenwillige, aus der Hochmutshaltung geborene partikuläre
Instanzen, Organisationen und Machtzentren zu errichten.

Damit prangert Arnald zum Schluß eindeutig und grundsätzlich nicht
mehr das Pariser Professorenkollegium, sondern die allgemein verbreitete Ur- und Hauptsünde, die *superbia*, an. In ihr sieht er den blind-

machenden Stolz, den eigentlichen Stachel des Bösen und das Signum des Antichrist: den *cuneus iniquitatis*.

Mit diesem „Keil des Bösen" soll auf Erden der Kampf gegen Gott und gegen alles, was Gott repräsentiert, göttlich, einig und universal ist, aufgenommen und so das Universale, Eine und Heilige en masse abgelehnt, aufgelöst und vernichtet werden. Die Zeit des Antichrist ist für alle, die sich um das Universale, Eine und Heilige, um das alles umfassende Ganze, kurz: die sich um das Göttliche sorgen, eine Zeit auf Leben und Tod: zunächst und zuerst für die universale Kirche Gottes selbst.

Was Wunder, daß Arnalds Konzeption antichristlicher Zeit ausgerechnet ihre bedenkenswerte, keineswegs polemische Antwort seitens eines Mannes findet, der uns vor allem durch seinen im Namen des werdenden Nationalstaates erhobenen Widerspruch zu der Proklamation der Universalpläne Bonifaz' VIII. bekannt ist: seitens des Dominikaners Johannes Quidort von Paris.

4. Kapitel

DIE „TOLERABLE LÖSUNG"
ODER: JOHANNES QUIDORT VON PARIS OP
UND SEINE STELLUNGNAHME ZUR FRAGE NACH
DEM KOMMEN DES ANTICHRIST

4.1 Johannes Quidort von Paris OP

Johannes von Paris, auch Quidort genannt, war zweifellos ein „spekulativ begabter Denker".[1] Ob er allerdings tatsächlich die „vielseitigste und markanteste Gestalt der alten Pariser Thomistenschule an der Neige des 13. Jahrhunderts war", wie Grabmann noch in einer ersten Begegnung euphorisch behauptete,[2] oder gerade „nicht zu den großen, markanten Gestalten des mittelalterlichen Geisteslebens" gehörte, wie Bleienstein meinte,[3] bleibt fraglich und muß, wenn alle Quellen gesammelt und gesichtet, gewogen und gewertet sind, wohl sachlich ruhiger betrachtet werden.

Wie auch immer: Von dem, was wir aus seinen und seiner Zeitgenossen Schriften wissen, wird jetzt schon deutlich, daß Johannes von Paris Wesentliches zu den an- und aufregenden wie insgesamt fruchtbaren geistesgeschichtlichen Auseinandersetzungen an der Pariser Universität dieser Zeit beitrug. Dabei kennen wir von seinem Leben nur allzu wenig.

Es gibt ein paar dürftige biographische Notizen. Sie reichen zunächst aus, ihn von einem älteren, um die Mitte des 13. Jahrhunderts lebenden Theologen zu unterscheiden, der ebenfalls Johannes von Paris

---

[1] Müller, Johannes P.: Johannes von Paris. In: LThK² V, 1963, 1068 (Lit.); Gerwing, Manfred: Johannes von Paris. In: LexMA V, 1991, 592; die Werke verzeichnet Kaeppeli, Thomas O.P.: Scriptores Ordinis Praedicatorum Medii Aevi. Vol. 2: G – I. Rom 1975, 517–524, n. 2560–2586; er findet auch in einigen Johannes zugeschriebenen Schriften den Beinamen Johannes Le Sourd (Surdus), de Soardis und Monoculus Dormiens, hier 517.

[2] Grabmann, Martin: Studien zu Johannes Quidort von Paris O. Pr. München 1922, 2 (= SBAW. PPH 1922, 3. Abhandlung). Wiederabdruck in ders.: Gesammelte Akademieabhandlungen. Hrsg. vom Grabmann-Institut der Universität München. Eingeleitet von Michael Schmaus. Paderborn/München/Wien/Zürich 1979, 71 (= VGI 25/ I).

[3] Bleienstein, Fritz: Johannes Quidort von Paris. Über königliche und päpstliche Gewalt (De regia potestate et papali). Textkritische Edition mit deutscher Übersetzung. Stuttgart 1969, 10 (= Frankfurter Studien zur Wissenschaft von der Politik Bd. 4).

hieß, Dominikaner war und einen Sentenzenkommentar verfaßte. Genannt wurde dieser auch „der Eselstechende", „Pungens asinum" (Pointlasne), was durchaus kein ihn persönlich karikierender „Spitz-", sondern ein seine gesamte Familie betreffender Beiname war. Noch C. Prantl hält beide Gelehrte für ein und dieselbe Person.[4] Die Quellen sprechen jedoch eine eindeutige Sprache. So erscheint der „Eselstechende" bereits 1248 unter den Magistern, „die den Talmud verdammen, während der jüngere Johann von Paris erst 1304 die theologische Magisterwürde erhielt".[5]

Neben dieser heute zweifelsfrei feststehenden Unterscheidung zwischen Johannes Quidort und dem älteren Johannes von Paris muß im Blick auf die Quellenlage noch eine weitere Differenzierung getroffen werden:

Während die theologische, also die spätere wissenschaftliche Laufbahn unseres Johannes Quidort nicht zuletzt aufgrund seines intensiven lite-

[4] Die durch Carl Prantls Werk (Geschichte der Logik im Abendlande. 4 Bde, Leipzig 1855–70, hier Bd. 3, 200) entstandenen Verwirrungen sind zählebig. Sie finden sich „in ungezählten Abhandlungen wieder und haben ganze Geschlechter von schier irreparablen Irrtümern hervorgerufen". Pieper, Josef: Wahrheit der Dinge. Eine Untersuchung zur Anthropologie des Hochmittelalters. München [4]1966, 36. Obwohl schon 1956 Bochenski, Joseph M.: Formale Logik. Freiburg/München 1956, 10 (= orbis academicus. Problemgeschichten der Wissenschaft in Dokumenten und Darstellungen III/2) feststellte, daß dieses Werk „durch einen modernen Historiker [...] als nicht vorhanden betrachtet werden" muß, darf man doch seine Wirkungsgeschichte nicht übersehen, die ein Jahr später noch einmal durch die Neuauflage (Darmstadt 1957) kräftige, in die breite wirkende Impulse bekam. Scholz 1962 (= 1903), 276. Scholz führt in Anmerkung 4 dieser Seite das Chart. Univ. Paris. I, 210, no. 178 an und verweist im übrigen auf Quétif, J./Echard, J.: Scriptores Ordinis Praedicatorum. Band 1, Paris 1719, 500–502 und Denifle, Heinrich: Quellen zur Gelehrtengeschichte des Predigerordens im 13. und 14. Jahrhundert. ALKGMA 2 (1886) 165–248, bes. 212 und 226. Johannes Pungensasinum schrieb 1248 seinen Namen und drückte sein Siegel auf das gleiche Universitätsdokument, das auch die Unterschrift wie Siegel Alberts des Großen trägt; dazu Weisheipl, James A.: Albert der Große. Leben und Werke. In: Albertus Magnus. Sein Leben und seine Bedeutung. Hrsg. von Manfred Entrich. Graz/Wien/Köln 1982, 9–60, bes. 24f.

[5] Scholz, Richard: Die Publizistik zur Zeit Philipps des Schönen und Bonifaz' VIII. Ein Beitrag zur Geschichte der politischen Anschauungen des Mittelalters. Amsterdam 1962 (= Stuttgart 1903), 275 (= Kirchenrechtliche Abhandlungen Heft 6/8). Den für die Genesis von Gentilnamen bedeutsamen Nachweis, daß es sich tatsächlich um einen Familiennamen handelt, brachte allerdings Denifle 1886, 165–248, bes. 204. Lecoy de la Marche: La chaire française au moyen âge. Paris 1886, 404f. weiß aus den Quellen übrigens mehr als nur Amüsantes oder „Köstliches" (wie Grabmann 1979, 73, meint) von dem Vater des Johannes Pungensasinum zu berichten: Aus einem armen Metzgerlehrling wurde einer der reichsten Männer von Paris. Dazu auch Grabmann 1979, 73. Sozial-, wirtschafts- wie mentalgeschichtlich ist diese „Aufsteiger-Karriere" an sich schon interessant; dazu kommt aber noch, daß hier geschildert wird, wie dieser „Aufsteiger" selbst seine Karriere geistig-seelisch verarbeitet, wie er darauf reagiert hat; ein Phänomen, das in der Forschung noch gar nicht beachtet wurde.

rarischen Schaffens gut bezeugt ist, stehen wir im Blick auf seine erste Lebens- und akademisch-philosophische Lern- wie Lehrphase immer wieder vor Rätseln. Hier ist vieles noch ungeklärt, wenngleich manch weißer Fleck in der Darstellung der Vor- und Frühzeit seines Lebens von der bisherigen Forschung ausgemalt werden konnte, mitunter von dieser aber auch allzu schnell übertüncht wurde. Ein kritischer Blick auf den 1969 vorgestellten Versuch einer biographischen Skizze unseres Autors in der vielfach zitierten Studie Bleiensteins[6] belegt das Gemeinte exemplarisch.

Der dort vorgestellte Entwurf enthält zahlreiche eigenartig vage, offensichtlich auf Mutmaßungen beruhende Formulierungen von Daten, Fakten und Ereignissen: „Um 1270 geboren", „in den achtziger Jahren [. . .]", „wahrscheinlich noch vor 1300" usw. Diese im Umfeld des unbefriedigenden Ungefähren angesiedelte Diktion signalisiert Forschungsdefizite, die als solche sicher nicht auf das „Lastkonto" Bleiensteins gehen, sondern eher, da sie ipso facto bestehen, nämlich ihren eigentlichen, sachlich-objektiven Grund in der bislang gesichteten und gewogenen Quellenlage haben, auf dem „Anderkonto" der wissenschaftlichen Überlieferung zu verbuchen sind. Diese hätte aber gerade deshalb deutlicher artikuliert, kritischer markiert und, im Sinne einer progressiven Recherche, insgesamt stärker problematisiert werden dürfen.

Auch sagt der Carlo-Schmid-Schüler nicht alles, was er weiß, zumindest nicht alles, was er hätte wissen können. So erwähnt er z. B. mit keinem Wort jene Schrift des Johannes von Paris, um die es uns zu tun ist: Er schweigt vom „Antichristtraktat", obwohl er hätte vermuten können, daß das Nachdenken über den Antichrist, spätestens seit dem *Ludus de antichristo* aus frühstaufischer Zeit, immer auch ein Nachdenken über Gewalt und Macht, über Recht und Unrecht und deren Träger ist. Der Antichrist-Traktat hätte ihm in der Tat einige ergänzende, vor allem geschichtstheologische Perspektiven und damit prinzipielle Einsichten zu seinem Thema der Gewaltenteilung von *regnum* und *sacerdotium* liefern können.[7] Überdies liegen auch zeitlich die gemeinten

---

[6] So kommt etwa Kurt Flasch in seiner Geschichte der Philosophie 1987 mehrmals auf Johannes Quidort von Paris zu sprechen. Das einzige Werk, das Flasch in diesem Zusammenhang zitiert, ist Bleienstein. Dieser konnte bei seiner Edition und Übersetzung der Streitschrift *De potestate regia et papali* des Johannes von Paris (zuvor hatte diese Schrift 1942 bereits Jean Leclercq mustergültig ediert) selbstredend nicht auf eine biographische Skizzierung unseres Autors verzichten. Bleienstein nimmt in Anspruch, den bisherigen Forschungsstand zusammenzufassen, vgl. 10f., bes. die Anmerkungen 1–3 (Lit.). (1952) 413–438, bes. 432f., Anm. 4.

[7] „Tunc Antichristus dirigit nuntios suos ad singulos reges, et ut primo ad regem Grecorum dicens: Scitis divinitus ad hoc me vobis datum, ut per omnes habeam terras principatum." Mit diesem Anspruch tritt der Antichrist ja bereits im *Ludus de antichri-*

Schriften, *De regia potestate et papali* und *De antichristo*, nicht weit auseinander, so daß auch aus historisch-genetischer Betrachtungsweise der Werke Johanns von Paris sich zumindest die Erwähnung, wenn nicht gar die Lektüre des Antichristtraktates empfohlen hätte.
Überhaupt ist gerade im Blick auf die erwähnte Problemlage nachdrücklich festzuhalten, daß die biographischen Daten des Johannes von Paris allein schon aus literarkritischen Gründen intensiv beleuchtet werden müssen: um die Problemsicht zu schärfen und die Zusammenhänge zwischen Person, biographischer Station und theologisch-philosophischer Publikation wenigstens so weit zu erkunden, als sie für unsere Darstellung der Antichristproblematik notwendig sind.

4.1.1 Fragen zur Biographie

Zurück zum Geburtsdatum, das uns, wie so oft bei den Daten mittelalterlicher Persönlichkeiten, nicht direkt überliefert ist, sondern aus späteren Nachrichten indirekt erschlossen werden muß. Gewöhnlich kommt im Blick auf Johannes Quidort jene Appellation der Pariser Hohen Schule an den Heiligen Stuhl zur Sprache, die der Rektor der Universität, Magister Johannes Vate, gegen den Kanzler Bertrandus von St. Denis am 6. August 1290 ausstellen zu müssen meinte.[8] Es ging – wieder einmal – um die Sicherung der universitären Freiheiten („libertates Universitatis"), konkret um die Anerkennung und Durchsetzung der Studienordnung. Der genannte Rektor beklagte sich nämlich bei Papst Nikolaus IV. darüber, daß der Kanzler vier regelrecht von den Magistern der Fakultät examinierte und zur Promotion fähig befundene Bakkalarei der Artisten die Lizenz verweigerte, die vorgeschriebenen Textbücher zu erklären. Mit dieser Verweigerung versperre er zumindest zeitweilig den Kandidaten den Zugang zur Magisterwürde.
Zu diesen vier Kandidaten gehörte – angeblich – Johannes Quidort von Paris; denn in diesem Aktenstück werden die vier Bakkalarei na-

sto auf (Ed. und übers. von Rolf Engeling, der nach clm 19 411 las und dabei die Editionen von Mayer, Wilhelm, Langosch und Kusch benutzte, 1981, 26). Von mir eingesehen und benutzt auch Langosch, Karl: Geistliche Spiele. Lateinische Dramen des Mittelalters mit deutschen Versen. Darmstadt ²1961, 181–239.
[8] Chart. Univ. Paris. II, 1891, n. 569, 43–46. Zu Berthold von St. Denis vgl. Hödl, Ludwig: Berthold von Saint-Denys († 1307), ein weltgeistlicher Anwalt der Mendikanten in der Auseinandersetzung mit Heinrich von Gent. In: Ecclesia et Regnum. Beiträge zur Geschichte von Kirche, Recht und Staat im Mittelalter. Festschrift für Franz-Josef Schmale zu seinem 65. Geburtstag. Hrsg. von Dieter Berg und Hans-Werner Goetz. Bochum 1989, 241–260. Allerdings gebe ich zu bedenken, daß der Kanzler im Dokument *Bertrandus* heißt, was, wie Pelster bereits bemerkte, nicht dasselbe ist wie Bertholdus (Berthold). Pelster, Franz: Zur Datierung der Correctoria und der Schriften des Johannes von Paris O.P. *DTh* 30 (1952) 413–438, bes. 432f., Anm. 4.

mentlich genannt, an erster Stelle ein „Johannes de Pariis", Angehöriger Galliens, d. h. de natione Franciae: „[. . .] Johannem de Pariis, et Johannem de Barro, Gallicos [. . .] licentiare recusaveritis, licet a nobis fueritis pluries requisitus."[9]

Aus dieser Quellenangabe folgerte vor allem Scholz – und viele andere, namentlich Bleienstein, teilen oder, noch unkritischer, übernehmen seine Überlegungen –, daß hier von Johannes Quidort die Rede sei, und daß sich daraus wiederum – neben zwei anderen „interessante[n] Tatsachen für seine Biographie"[10] – das ungefähre Geburtsjahr Quidorts ergebe:

Wenn Johannes 1290 kurz davorstand, die Magisterwürde zu erlangen, dann hätte er mindestens 20 Jahre alt sein müssen; denn für die Erwerbung des Grades eines *magister artium* war „das 21. Jahr als unterste Altersgrenze vorgeschrieben".[11] Johann sei also spätestens 1269 geboren; und zwar in Paris, wie sein Beiname verrate und der Hinweis in dem Dokument auf seine Zugehörigkeit zur gallischen Nation bestätige. Diesem Gedankengang entsprechend, heißt es in der Forschung bis heute (siehe Bleienstein): „Geboren in Paris um 1270."[12]

Doch die von Scholz vorgelegte Rechnung geht nicht auf. Sein Axiom selbst muß bezweifelt werden. Er setzt ja in seiner Kalkulation voraus,

---

[9] Chart. Univ. Paris. II, 1891, n. 569, 43.

[10] Scholz 1962 (= 1903), 276f.; Grabmann 1979 (= 1922), 74f.; Pelster 1952, 417–438. Die kritischen Notationen dazu von Grabmann 1979 (= 1922), 74f. übersieht Bleienstein offensichtlich.

[11] Scholz 1962 (= 1903), 276; siehe auch Rashdall Bd. 1, 1951 (= 1895), 453; Flasch 1987, 258.

[12] Argumentiert wird mit der bekannten Pariser Studienordnung dieser Zeit. Sie setzte für das Studium der Philosophie (artes) sechs Jahre fest. Es endete mit dem Bakkalaureat, das durch ein erfolgreich bestandenes Vorexamen und der Zulassung zu wie der Bewährung in einer öffentlichen Disputation (determinatio) erlangt wurde. Erst danach konnte sich der Bakkalaureus einer der drei anderen Fakultäten (Theologie, Medizin, Jurisprudenz) zuwenden. Er vermochte auch, was seltener war, als Bakkalaureus die vorgeschriebenen Textbücher erklären und – nach mindestens zweijähriger erfolgreicher Lehre – zum Magister in der Artistenfakultät avancieren. Lehren durfte aber niemand vor dem 21. Lebensjahr. Flasch 1987, 259; dazu aber auch Weisheipl (siehe Anm. 20), der hier durchaus Ausnahmen zuläßt, die sich allerdings nicht auf die Abfolge der Studieninhalte, wohl aber auf deren Dauer beziehen. Zur Artistenfakultät: Glorieux, Palemon: La faculté des arts et ses Maîtres au XIII siècle. Paris 1971; allgemein auch L'enseignement au moyen âge. Techniques et méthodes en usage à la faculté de théologie de Paris, au XIIIe siècle. *AHDLMA* 43 (1968) 65–186; ders.: Répertoire des maîtres en théologie de Paris au 13 siècle. 2 Bde., Paris 1933–1944, bes. Bd. 1, 15–26; auch Leff, Gordon: Paris and Oxford Universities in the XIIIth and XIVth Centuries. New York 1968; Rashdall, Hastings: The Universities of Europe in the Middle Ages. Neu hrsg. von F.M. Powicke und A. B. Emden. 3 Bde., Oxford 1951 (= 1936), bes. Bd. 1, 471–489; Denifle, Heinrich: Die Entstehung der Universitäten des Mittelalters bis 1400. Berlin 1885.

daß tatsächlich von Johannes Quidort in der genannten Appellation aus dem Jahre 1290 die Rede ist. Scholz übersieht aber, daß ausgerechnet an der entscheidenden Stelle die Auskunft des Textes mißverständlich, jedenfalls nicht eindeutig zu lesen ist. In der von Denifle/Chatelain besorgten Edition der Appellation heißt es nämlich „Johannem de Pariis", in der zuvor von Jourdain edierten Urkunde aber „Johannes de Parisiis", eine Variante, die Denifle selbstredend im Apparat notiert und die ihn – ebenfalls bereits im Apparat – bedeutend vorsichtiger als Scholz formulieren läßt: „Fortasse [. . .] de celebri Johanne Parisiensi Quidort hic agitur."[13]
Wir wissen also bislang gar nicht, ob dieses Dokument überhaupt als Zeugnis für Johannes von Paris gelten darf, geschweige denn als Beleg für „interessante Tatsachen seiner Biographie" dienen kann. Im konkreten Blick auf die Vita des Johannes Quidort heißt das: Weder läßt sich das Geburtsdatum damit fixieren noch seine Universitätslaufbahn definieren.

4.1.2 Der Eintritt in den Bettelorden

Aber damit nicht genug. Dieses Dokument wird in Kombination mit anderen, noch näher zu kennzeichnenden Quellen als Beleg für weitere, wenn auch einander widersprechende Schlußfolgerungen immer wieder herangezogen. So benutzt es Scholz dazu, Auskünfte über einen weiteren, wichtigen Abschnitt im Leben des Johannes Quidort zu geben: über seinen Eintritt in den Dominikanerorden. Er schließt nämlich aufgrund der genannten Urkunde darauf, daß Johannes von Paris 1290 „noch Laie" war; denn „nach Beendigung des harten Kampfes zwischen der Universität und dem Bettelorden um die Mitte des 13. Jahrhunderts gewährte die Artistenfakultät keinem Ordensbruder mehr Aufnahme".[14]
Wieder kombiniert Scholz hier allzu alternativlos, gefährlich schematisch; denn er vergißt die Weltkleriker. Selbstverständlich hätte der in dem Dokument genannte „Johannes Pariis (Parisiis)", nicht nur Laie, sondern auch Angehöriger des Weltklerus sein können. Es war in Paris gar nicht so selten, daß ehemalige Weltpriester in den Bettelorden eintraten. Unvergessen blieb – nicht nur an der Universität – die „Bekehrung" des aus England stammenden weltgeistlichen Professors Johan-

---

[13] Chart. Univ. Paris. II, 1891, n. 569, 46.
[14] Scholz 1962 (= 1903), 277; dazu in diesem Fall gar nicht unkritisch Durant, Will: Das hohe Mittelalter und die Frührenaissance (= Kulturgeschichte der Menschheit Bd. 7), Köln 1985, 92-96, bes. 95 (= The Story of Civilization. IV: The Age of Faith V, Kap. 31-39; V: The Renaissance I-III, Kap. 1-8, New York 1957); Rashdall Bd. 1, 1951 (= 1895), 389-393.

nes von St. Gilles, der, als er in Saint-Jacques eine Predigt über die Armut hielt, plötzlich innehielt und um das Ordensgewand bat.[15]

Um den hier gemeinten Lebenseinschnitt Johanns zu dokumentieren (und ein Einschnitt war der Eintritt in den dominikanischen Bettelorden zu dieser Zeit allemal), wird die Appellation jedoch zusammen mit einer anderen Quelle gelesen: mit der anläßlich des feierlichen Aktes der *vesperies* gehaltenen Lobrede, der sogenannten *Commendatio fratris Johannis*.[16] Sie läßt uns aus der Zeit der philosophischen in die Zeit und Zustände der theologischen Studien springen, da die genannten Feierlichkeiten die theologische Promotion initiierten. Die Lobrede wurde nämlich *vesperi*, also abends, von einem älteren Magister – *promotor* – der Theologie vor der Aula gehalten, d. h. am Vorabend der eigentlichen Aufnahme eines Promovenden in den erlesenen Kreis der theologischen Magister, am Vorabend also des eigentlichen Promotionsaktes. Die bisherige Forschung geht davon aus, daß diese Rede im Herbst 1304 gehalten wurde.

Scholz, Grabmann und Pelster gehen davon aus, daß in der erwähnten Lobrede von Johannes Quidort die Rede sei, was ja impliziert, daß Quidort diese Universitätslaufbahn beschritten hat und daß er zuvor Dominikaner geworden ist. Es heißt nämlich in dieser Lobrede, der Kandidat sei bereits in jungen Jahren, „ab infantia sua",[17] in den Orden eingetreten. Wird diese Lobrede gar noch mit der Appellation kombiniert, wie es Scholz und Pelster wollen, dann bedeutet das ein mindestens sechzehnjähriges Studium in Paris: acht Jahre Philosophie, acht Jahre Theologie;[18] dazwischen, also nach der Magisterwürde in den Artes, müsse Quidort Dominikaner geworden sein, da ja in der Appellation Johann nicht *frater* genannt werde, also zu diesem Zeitpunkt (1290) noch keinem Orden angehörte.

Grabmann lehnt diese Kombination ausdrücklich ab. Seine skeptische Sicht entzündet sich an der Frage nach dem Zeitpunkt des Ordenseintritts „unseres" Johannes. Dabei bekommen die Auskünfte der erwähn-

---

[15] Gaugué, Pierre: Jean de Saint-Gilles. In: DSp VIII, 1974, 700f. (mit Lit.).

[16] Ediert Grabmann 1979 (= 1922), 126–128; Scholz 1962 (= 1903) spricht von der „Determinacio (sic!) fratris Johannis de Parisiis quando habuit vesperies (sic!) suas" Anm. 19, meint aber dieselbe Lobrede.

[17] Commendatio 1979 (= 1922), 127 (59).

[18] Noch Weisheipl muß in seiner intensiven Thomas-Biographie 1982, 57–72, wie in seiner kleinen Albertus-Magnus-Biographie 1982, 18f., ausführlich und ausdrücklich auf diese Studienordnung in Paris eingehen: „Die meisten Albertforscher, selbst Mandonnet, können uns [. . .] wenig, wenn überhaupt helfen, weil sie das Universitätssystem im Mittelalter und besonders im 13. Jahrhundert mißverstehen. In Paris las mit Sicherheit kein Magister der Theologie über die Sentenzen des Petrus Lombardus; das war die ausschließliche Aufgabe des *Bakkalaureus der Sentenzen*." Ebenda S. 18f. Auch um nur ein ungefähres Bild von der Biographie Quidorts zu bekommen, muß diese Studienordnung bekannt sein und daher in Erinnerung gerufen werden.

ten, schon Quétif/Echard, Lajard und Denifle/Chatelain bekannten, aber erst von Grabmann vollständig edierten *Commendatio* besonderes Gewicht:[19]
Hier ist von einem Johannes die Rede, der dabei ist, die theologische Magisterwürde zu erlangen, von seinem Promotor *frater* und *noster Johannes* genannt wird und sich bereits vorher in der sogenannten Strohgasse, dem bekannten Philosophenviertel auf dem linken Seineufer, als Magister der Artes („famosus magister artium in vico straminum") einen Namen gemacht hatte.[20] Erst dann, aber immer noch „in jungen Jahren", wurde aus dem Magister der Frater Johannes: Er trat einem Orden bei, nahm das Studium der Theologie auf und studierte so erfolgreich, daß ihm nun der Magisterhut zu überreichen sei.
Grabmann wie Scholz beziehen die *laudatio* auf Johannes Quidort und bestimmen mit Blick auf das von Denifle edierte Verzeichnis der Pariser Theologieprofessoren dominikanischer Provenienz, daß diese Rede 1304 gehalten wurde. Die Übersicht nennt nämlich an vierundfünfzigster Stelle einen „Bruder Johannes von Paris", der im nämlichen Jahr zum *licentiatus* promoviert wurde. Auch Bleienstein will dieses Datum für die Vita unseres Johannes festgehalten wissen.[21]
Doch auch hier muß das Axiom selbst in Frage gestellt werden. Es ist nämlich durchaus nicht bewiesen, daß in dieser *Commendatio* überhaupt eine *laudatio* über Johannes Quidort vorliegt. Es ist vielmehr festzuhalten, daß beide Quellen, die Appellation wie die Kommendation, zwar von einem Kandidaten Johannes sprechen, dem in Paris die Magisterwürde verliehen werden sollte bzw. wurde, daß es aber keinen zwingenden Grund gibt, davon auszugehen, beide Quellen – weder zusammen noch je für sich – sprächen tatsächlich von Johannes Quidort.
Die Quellen, die uns sicheres Wissen über die Person und die biographische Station unseres Autors geben, werden seltsamerweise in der Forschung oft nur in Nebensätzen oder Anmerkungen genannt: Es ist

---

[19] Quétif/Echard 1719, 500; Lajard, Felix: Jean Quidort de Paris. *Histoire littéraire de la France* 25 (1869) 244–270 und Chart. Univ. Paris. II, 1891 (= 1964), n. 569, 46, also kannten Denifle/Chatelain die Pariser HS, Bibl. Nat., Cod. lat. 14 889 (S. Vict. 565), fol. 38 v.

[20] Commendatio 1979 (= 1922) 127f. (59f.); „Strohgasse" siehe auch Dante, Paradiso X, 136.

[21] Denifle 1886, 212: „frater Johannes Parisiensis, licenciatus anno domini MCCCIIII". Doch darf man nicht übersehen, daß es sich hier um einen Nachtrag in der Handschrift A durch Bernard Guidonis handelt. Ebenda 9. Dennoch vermag Scholz diese Promotion noch genauer zu bestimmen: „Da Bonifaz VIII. das Promotionsrecht der französischen Universitäten im Jahre 1303 aufgehoben und erst Benedikt XI. am 18. April 1304 es wiederhergestellt hat, so wird Johanns Promotion erst im Herbste 1304 erfolgt sein." Scholz 1891, 279.

zunächst jene Urkunde aus dem Jahre 1303, in der Quidort zu den *fratres celebriores* des Pariser Dominikanerkonvents Saint-Jacques gezählt wird. Hier erfahren wir also, daß und wann – spätestens – „unser" Johannes tatsächlich zu den Dominikanern gehörte.[22]

4.1.3 Magister artium?

Schlagen wir nochmals das bereits erwähnte, von Denifle herausgegebene, aber durchaus kritisch zu wertende Verzeichnis der dominikanischen Professoren auf. Aus diesem Verzeichnis ist nicht nur zu erfahren, daß Quidort 1304 Professor der Theologie in Paris wurde, genauer gesagt, das Lizentiat dieser Fakultät erhielt, sondern immerhin auch, daß er zwei Jahre später bereits starb: in Bordeaux am Festtage des heiligen Moritz, dem 22. September 1306.[23] Mit anderen Worten: Von einem *magister artium* ist überhaupt nicht die Rede. Ob Quidort also zuvor Philosophieprofessor war, wissen wir gar nicht. Ein solcher Abschluß war in Paris durchaus nicht Voraussetzung für die theologische Magisterwürde. Ja, er entsprach nicht einmal der Regel, sondern war – nach allem, was wir wissen – eher die Ausnahme.[24]

Daß Quidort Magister artium gewesen sein soll, ist füglich bloße und blasse Spekulation, ist blanke Vermutung. Sie darf nicht als wissenschaftlich gesicherte Erkenntnis ausgegeben werden.

Es gilt somit, die vorschnelle Zuspitzung der Forschung auf Johannes Quidort als unkritisch zu erkennen und also in Frage zu stellen. Nur so kann der gehörige Freiraum für weitere Erforschung der Werke Quidorts wie auch anderer zeitgenössischer Gelehrter namens Johannes und dominikanischer Provenienz geschaffen werden.

Daraus ergibt sich aber unmittelbar eine weitere Fragestellung: Ist es nicht möglich, ja, muß man nicht davon ausgehen, daß mehrere Dominikaner gleichen Namens in Saint-Jacques zu Paris lebten? Immerhin gehörte der Orden in jener Zeit zu den attraktivsten und nachwuchsstärksten religiösen Gemeinschaften überhaupt. Seine Mitglie-

---

[22] Chart. Univ. Paris. II, 1891, n. 634, 101ff. Ausgerechnet diese Quelle wird von Scholz, Grabmann und Pelster nur en passant erwähnt.

[23] „Hic obiit in Curia Romana Burdegalis, ubi diffinitivam sententiam expectabat anno domini MCCCVI° in festo sancti Mauricii." Denifle 1886, 212.

[24] Der Abschluß des Artes-Studiums bildete gewöhnlich das Bakkalaureat, das dazu berechtigte, in einer anderen Fakultät zu studieren. Nur wenige blieben bei den artes, erklärten die genau vorgeschriebenen Textbücher und wurden schließlich – nach zweijähriger erfolgreicher Lehre – Magister in der Artistenfakultät. Die meisten Studenten jedoch wandten sich einer der drei anderen Fakultäten zu. Warum sollte Quidort überhaupt Magister artium geworden sein, wo wir doch genau wissen, daß er „sacra scriptura", das heißt Theologie, studierte, also ein Studium auf sich nahm, das noch einmal eine langwierige Ausbildungszeit mit sich brachte?

derzahl wuchs ständig und betrug um 1300 schätzungsweise dreißig-
tausend und mehr.[25] Jede Stadt von Bedeutung hatte ihr Dominikaner-
kloster. Der Dominikanerkonvent Sankt Jakob zu Paris stand dabei
noch einmal in besonderem Ansehen: Er avancierte schon kurz nach
seiner Gründung, im August 1218, zu einem geistigen Zentrum, dessen
Mitglieder gerade Magister und Scholare der nahen Universität waren
und deren Zahl ebenfalls ständig wuchs. Um die Jahrhundertmitte
– 1248 – etablierte der Konvent ein *studium generale*. Der vom König
selbst finanzierte Speisesaal in St. Jakob faßte mindestens 300 Brüder.[26]
Es ist das Verdienst Ludwig Hödls, in diesem Zusammenhang bereits
1966 auf Johannes de Allodio aufmerksam gemacht zu haben. Dieser
Johannes stammte aus Orleans, wurde deswegen auch *Aurelianensis* genannt und war ebenfalls Theologe und Mitglied von Saint-Jacques.[27]
Wäre es nicht möglich, daß zumindest einige der Werke, die bislang
Johannes Quidort von Paris zugeschrieben worden sind, gar nicht ihn,
sondern einen anderen dominikanischen Gelehrten namens Johannes
zum Autor haben, z. B. Johannes von Orleans?
Diese Frage lenkt den Blick auf die „unserem" Johannes zugeschriebene Publikationsliste.

4.1.4 Zu den Publikationen

Oben wurde bereits festgestellt, daß Bleienstein nicht alle Werke
nennt, die Johannes verfaßt hat, geschweige denn all die, die ihm zugeschrieben werden. Er bietet gleichsam nur eine „Auswahlbibliogra-
phie" unseres Autors an, ohne allerdings seine Kriterien zu nennen,
nach denen er selektiert. Überhaupt weist die Forschungslage auch in
diesem Punkt noch Lücken auf, die nur im Blick auf die Quellen skizziert und bedacht werden können. Dabei gilt naturgemäß unsere Aufmerksamkeit zunächst jenen Schriften und Quellen, von denen wir mit
Sicherheit oder zumindest doch „mit hoher Wahrscheinlichkeit" sagen
können, daß sie von „unserem" Johannes stammen. Darüber hinaus
sind jene Werke heranzuziehen, die möglicherweise Anhaltspunkte für
die doch noch recht lückenhafte Biographie geben.
Von besonderem Aussagewert sind dabei immer noch die Forschungen von Roensch, auf den sich mehr oder weniger Bleienstein, Schnei-

[25] Seibt: Glanz 1987, 198.
[26] Hinnebusch, William A.: The History of the Dominican Order. Bd. 1: Origins and
Growth to 1500. New York 1966, 256. Zu Johannes Quidort vgl. ebenda Bd. 2: Intellectual and Cultural Life to 1500. New York 1973, 150, 247, 303.
[27] Hödl, Ludwig: Geistesgeschichtliche und literarkritische Erhebungen zum Korrektorienstreit (1277–1287). *RThAM* 33 (1966) 107.

der wie auch Clark berufen.[28] Grabmann hatte sich seinerzeit vornehmlich auf den von Denifle edierten und von ihm selbst „um 1315" datierten Stamser Katalog konzentriert, dessen Auskünfte ebenfalls immer noch bedenkenswert sind und keineswegs außer acht gelassen werden dürfen:
Dieses aus der Zisterzienserabtei Stams im Oberinntal (Tirol) stammende Verzeichnis enthält laut Titel „alle Schriften oder Werke der dominikanischen Magister oder Bakkalaurei".[29] Wenngleich der tatsächliche Inhalt nicht hält, was seine Titulatur verspricht, weil seine Auskünfte fragmentarisch sind, stellt die Quelle doch eine wichtige Korrektur des von Quétif/Echards benutzten Katalogs dar: „durch ihr Alter" und die, wie Grabmann formuliert, „sehr schätzenswerten Angaben".[30]
An vierter Stelle wird der „Bruder Johannes von Paris, Magister der Theologie" angeführt und zunächst sein Sentenzenkommentar genannt,[31] den Grabmann für das bedeutendste Werk Quidorts hält sowie Roensch und – die Ergebnisse von Roensch unkritisch übernehmend – Clark als zwischen den Jahren 1284 und 1286 geschrieben ansehen, während Muller als Entstehungstermin zunächst die Jahre 1282 bis 1284, später aber die Zeit um 1292 bis 1294, Kaeppeli die Jahre 1292 bis 1296 und Pelster – noch später – die Jahre um 1298 nennen.[32] Da der Editor des Sentenzenkommentars ausdrücklich betont, daß sich aus dem Text selbst keine endgültige Lösung in dieser

---

[28] Roensch, Frederick J.: Early Thomistic School. Dubuque, Iowa 1964, 98–104. Bleienstein erwähnt ihn lediglich, Schneider reflektiert ihn kritisch, Schneider ²1988, 153, während Clark ihm generell folgt. Clark, Sara Beth Peters: The „Tractatus de Antichristo" of John of Paris: A critical Edition, Translation, and Commentary. maschinenschriftl. Dissertation Cornell University 1981, 1, Anm. 1.

[29] Der Stamser Katalog („In ista tabula nominantur omnia scripta sive opuscula FF. magistrorum sive bacul. de Ordine Predicatorum) ediert von Denifle 1886, 226–240. Grabmann 1979 (= 1922), 79 (11).

[30] Grabmann 1979 (= 1922), 79f. (11f.).

[31] Stamser Katalog ed. von Denifle 1886, 226: „fr. Johannes Parisiensis, magister in theol., scripsit super primum sententiarum. Item lecturam super omnes libros sentent. Item de yride. Contra corruptum Thome. Super librum metheorum. Item libellum de transubstantiatione (sic! – M. G.) panis et vini in sacramento altaris. Item de unitate esse et essentie in creatis. Item librum de adventu antichristi."

[32] Roensch 1964, 101; Clark 1981, 3; Muller, Jean-Pierre: Le correctorium corruptorii „Circa" de Jean Quidort de Paris. Rom 1941, Introduction XXXIV–XXXVII (= Studia Anselmiana 12/13); ders.: Jean de Paris (Quidort) O.P. Commentaire sur les Sentences. Reportation. Livre I, Rom 1961, Livre II, Rom 1962 (= Studia Anselmiana 47/52); ders.: Les reportations des deux premiers livres du commentaire sur les Sentences de Jean Quidort de Paris OP. *Angelicum* 33 (1956) 361–414; ders.: La date de la lecture sur les Sentences de Jean Quidort. *Angelicum* 36 (1959) 129–162; ders. (Hrsg.): Jean de Paris: Commentaire sur les Sentences I. Rom 1961, Introduction XXIXf.; ders. ²1964, 1068; Kaeppeli: Scriptores 1975, 517–524; Pelster 1952, 413–438.

Frage herbeiführen lasse, muß von anderen Daten ausgegangen werden. Mit Blick auf die erwähnte Pariser Studienordnung ergibt sich dabei folgende Überlegung, die zunächst Pelsters Kalkül Recht zu geben scheint: Der *sententiarius* war ja im strengen Sinne noch kein Bakkalaureus. Erst nachdem der Kandidat für die Magisterwürde zwei Jahre lang die Sentenzen des Petrus Lombardus kommentiert hatte, konnte er überhaupt „baccalaureus formatus" werden. Als solcher mußte er – wiederum regelrecht – vier weitere Jahre lang Disputationen führen. Übertragen auf Johannes von Paris, der 1304 Magister der Theologie wurde, heißt das, daß er um 1298 pflichtgemäß und hauptamtlich mit dem genannten Schulbuch, den Sentenzen des Petrus Lombardus, beschäftigt war. Es läßt sich also vermuten, daß auch die gleichnamige Schrift um diese Zeit entstand.

Doch diese zeitliche Determinierung des Sentenzenkommentars ist Muller zu eng. Seine früher geäußerte Ansicht korrigierend, stellt der ausgezeichnete Kenner des Werkes vornehmlich anhand von vergleichenden Textanalysen fest, daß der Kommentar in der ersten Hälfte der neunziger Jahre des 13. Jahrhunderts verfaßt wurde: 1293–1294. Wissen wir doch, daß schon im Jahre 1296 der sich auch zum Thema „Kommen des Antichrist" äußernde Peter von Auvergne († 1304) in seinem 1296 verfaßten ersten Quodlibet gegen einige im Sentenzenkommentar des Johannes vorgestellte Gedanken Einspruch erhob: „[. . .] il critique et réfute sa doctrine sur la béatitude formelle, tandis qu' il le suit dans son hypothèse au sujet de l'identité matérielle du corps des ressuscités."[33]

Korrigiert diese Feststellung Pelsters Datierung auch um wenige Jahre, so widerspricht sie ihm doch nicht, wenigstens nicht in *diesem* Punkt. Sie steht im Widerspruch zu Roensch, dessen Ansicht Clark unbesehen übernimmt, Kaeppeli aber als wissenschaftlich überholt ablehnt. Dieser folgt ganz den kritischen Untersuchungen Mullers.

Diese späte Datierung paßt auch Hödl ins Konzept, der schon früh die immer wieder behauptete enge, und zwar temporär wie textual-immanente Verbindung zwischen dem Correctorium *Circa* und dem Sentenzenkommentar ad absurdum geführt hat. Allerdings wendet er sich gegen Pelster, sofern dieser nicht nur den Sentenzenkommentar, sondern ebenfalls das *Correctorium* Quidorts mit späteren Schriften in Verbindung bringen will: um so die in der Tat fragwürdige Kluft in der Biographie – zwischen Bakkalaureat und Magisteramt – schließen zu können. Hödls Ergebnisse rezipiert Schneider; Clark aber bereits nicht mehr. Dabei steht fest: Das Correctorium *Circa* hat seinen Sitz im Leben innerhalb des sogenannten ersten Korrektorienstreites (1277–

---

[33] Muller 1961, XXX.

1286), der einerseits terminiert ist durch die Verurteilung von 219
Thesen, die der Pariser Bischof, Stephan Tempier, nach dem Tod Thomas' von Aquin und Bonaventuras am 7. März 1277 aussprach, andererseits durch die Londoner Kondemnation, die der Erzbischof von
Canterbury, Johannes Peckham, am 30. April 1286 vornahm.[34] Ergreift doch Johannes von Paris in dieser Arbeit Partei für Thomas von
Aquin, der bekanntlich nach seinem Tode von dem Franziskanertheologen Wilhelm von La Mare in dem *Correctorium fr. Thomae* vor allem
auf philosophischem Gebiet angegriffen wurde und mit dieser „Korrektur" den genannten Korrektorienstreit ausgelöst hatte. In dem Correctorium *Circa* setzt Johannes von Paris bereits einige seiner Schriften
als bekannt voraus; so etwa jene, die über das Formaproblem handelt:
Tractatus de formis. Die Frage nach der Formphilosophie des Thomas
von Aquin stellte ja überhaupt einen wesentlichen Punkt der berühmten Auseinandersetzung dar. So ist es nicht verwunderlich, daß Johannes von Paris auf diese Frage in seinem Correctorium *Circa* zu sprechen
kommt und dabei auf seine früheren Darlegungen im Formtraktat hinweist. Die an Thomas geäußerte Kritik will er widerlegen, wobei deutlich wird, daß er das Verurteilungsdekret des Bischofs von Paris berücksichtigte. Versuchte er doch zugleich nachzuweisen, „daß eine
Meinung des Thomas von einer verurteilten Sentenz nicht betroffen
würde".[35] Allerdings: „Von der erneuten Beschlußfassung der theologischen Fakultät in Paris wußte er ebenso wenig wie von der Londoner
Verurteilung von 1286. Das sind echte Termini für die Abfassung des
Correctorium!"[36] Mit anderen Worten: Das Correctorium *Circa* muß
vor 1286 geschrieben worden sein.
Das für die Biographie noch einmal Bemerkenswerte aber ist, daß das
Correctorium *Circa* „das einzige der vier Korrektorien" ist, „das den
Verfasser im Titel der Edition tragen und aufweisen kann".[37] Überdies
schrieb Johannes dieses Werk in Paris, wie es in einer Textpassage
unmißverständlich bezeugt ist; und zwar als Dominikaner, wie es sich

---

[34] Flasch 1987, 371–380; ders.: Aufklärung 1989, bes. 53–63; Hödl, Ludwig: Neue Nachrichten über die Pariser Verurteilungen der thomasischen Formlehre. *Scholastik* 39
   (1964) 184; ders.: Korrektorienstreit. In: HWP IV, 1138f.; Wéber, Edouard-Henri: Les
   discussions de 1270 à l'université de Paris et leur influence sur la pensée philosophique de S. Thomas d'Aquin. In: Die Auseinandersetzungen an der Pariser Universität
   im XIII. Jahrhundert. Hrsg. von Albert Zimmermann. Berlin/New York 1976,
   285–316 (= MM Bd. 10).

[35] Hödl 1966, 101f.; Schneider 1988 (= 1973), 102–129, 159–169.

[36] Hödl 1966, 102.

[37] Ders.: Anima forma corporis. Philosophisch-theologische Erhebung zur Grundformel
   der scholastischen Anthropologie im Korrektorienstreit (1277–1287). *ThPh* 41 (1966)
   536–556, hier 541.

aus dem Schluß des bereits erwähnten Formtraktats ergibt, „der im Korrektorium vorausgesetzt wird".[38]

Das bedeutete aber nichts anderes, als daß Johannes von Paris bereits vor 1286 Dominikaner war. Ja, noch früher; denn das Correctorium *Circa* weist mindestens zweimal auf den zwischen 1278–1280 (!) verfaßten Formtraktat hin, in dem der Verfasser von Dominikus als *unserem Vater* spricht, was nur einem Sohn des Dominikus zukam.[39] Überdies bewegt sich der Autor dieser Schrift in solch gedanklicher Nähe zu Thomas, daß Teile des Werkes mitunter als von Thomas verfaßt angesehen wurden; eine Fehlzuweisung, die erst Ehrle aufzudecken vermochte.[40] Roensch vermag daraus Konsequenzen für Quidorts Biographie zu ziehen: „During this time, Quidort may have felt the influence of Giles of Lessines, a known defender of St. Thomas and a protagonist of unicity, and of Peter of Auvergne (rector of the University in 1275) who was especially influential in matters of Aristotelian learning. Undoubtedly Quidort's presence in Paris in these days of controversy acquainted him with the issues raised by St. Thomas' innovations."[41]

Aber das Korrektorium setzt noch mehr voraus, wie bereits Schneider feststellte: Hier ist noch von einer philosophischen Summe (summa philosophiae), offensichtlich auch von einer Arbeit *Über die Glückseligkeit* die Rede, einem Werk, das lange Zeit Johannes dem Eselstechenden zugeschrieben wurde. Roensch erwähnt diese Arbeit in seiner Übersicht mit keinem Wort, Kaeppeli nennt sie zwar, wagt sie aber zeitlich nicht einzuordnen, während Muller dieses Werk für so wichtig hält, daß er es 1974 edierte.[42]

Halten wir fest: All diese Schriften müssen vor 1286 verfaßt worden sein. Sofern sie tatsächlich von „unserem" Johannes von Paris stammen, können sie seine „Frühwerke" genannt werden. Damit sind sie zugleich zu unterscheiden von jenen „Spätwerken", die mit Sicherheit später – nach 1295 – entstanden sind.

---

[38] Schneider 1988 (= 1973), 154.

[39] Ebenda 156: Er datiert den Formtraktat deswegen auf die Zeit von 1278 bis 1280, „weil auch er (wie die Schrift des Aegidius von Lessines) eine Antwort auf den Brief Robert Kilwardby's an Peter von Conflans ist". Dazu Muller, Jean-Pierre: Die *Tractatus de Formis* des Johannes Quidort von Paris. *DTh* 19 (1941) 195–210; Pelster, Franz: Ein anonymer Traktat des Johannes von Paris O.P. über das Formenproblem in Cod. Vat. 862. *DTh* 24 (1946) 3–28.

[40] Dazu Muller 1941, 197f. Der Traktat ist allerdings zunächst den Werken des bedeutenden Thomisten Herveus Natalis zugerechnet worden.

[41] Roensch 1964, 99.

[42] Ediert von Johannes P. Müller in: Virtus politica. Festgabe zum 75. Geburtstag von Alfons Hufnagel. Hrsg. von Joseph Möller in Verbindung mit Helmut Kohlenberger. Stuttgart 1974, 335–356, bes. 343–356.

Da das *Apologeticum* eine uns in zwei Fragmenten vorliegende Antwort auf mehrere beanstandete, vornehmlich um den rechten Seinsbegriff kreisende Sätze aus dem Mitte der 90er Jahre entstandenen Sentenzenkommentar darstellt, ist es sicherlich erst nach 1295 geschrieben worden; möglicherweise 1298/99, wie schon Pelster vermutete. Eine frühere zeitliche Einordnung kann auch aus einem textimmanenten Grund nicht zutreffen: Johannes rechtfertigt hier nämlich seine Unterscheidung von *esse* und *essentia* dadurch, daß er zwei Magister aus dem Jahre 1295 namentlich anführt, die ebenfalls bereits die Frage der Distinktion von Wesen und Sein in nämlicher Weise vorgenommen hätten.[43]

Zu den Spätwerken gehören überdies die im Manuskript selbst auf das Jahr 1300 datierten Werke *De adventu Christi ex testimoniis Gentilium* und der uns interessierende Traktat *De antichristo et fine mundi*, der, wie es im Explicit heißt, ediert wurde „a fratre Johanne Parisiensi ordinis fratrum predicatorum anno Domini 1300".[44]

In dieser Schaffensperiode fällt auch seine berühmte Schrift *De regia potestate et papali*, die nachweislich 1302/3 entstand und in der Johannes – ganz im Sinne des französischen Königs, Philipps IV. – die Vor- und Oberherrschaft des Papsttums über den weltlichen Herrscher negiert und das Neben- und Zueinander von „Kirche" und „Staat" – wie Bleienstein verkürzend formuliert, theoretisch postuliert. Doch wird, was dabei immer wieder übersehen wird, diese Theorie ergänzt durch seine pointiert formulierte „Innensicht" der päpstlichen Gewalt, die Johannes von Paris anläßlich der Auseinandersetzung um das Buß-

---

[43] Hödl 1966, 107; Roensch 1964, 99–103; Clark 1981, 3. Hier fällt auf, wie irritierend offensichtlich auf Clark die bei Roensch getroffene zeitliche Aufteilung der Werke gewirkt hat: „It was during this period [gemeint ist 1284–1286, Erg. M. G.] that sixteen propositions were extracted from his teachings on the Eucharist and reported to the Master General as erroneous. In support of these theses Quidort wrote an *Apology*; and olthough he was successful in his defense against censure, his inception war postponed." Nach einem Absatz fährt Clark fort: „Between 1295 and 1299 Quidort disputed a question on the unity of *esse* and *essence*." Clark 1981, 3f. Vgl. auch Pelster 1952, 437; Muller, Jean-Pierre: A propos du Mémoire justificatif de Jean Quidort. L'article sur le rapport entre l'essence et l'existence. RThAM 19 (1952) 343–351; bes. 345, 349; ders.: Les critiques de la thèse de Jean Quidort sur la béatitude formelle. RThAM 15 (1948) 152–170; zu der philosophisch-theologischen Problematik (mit Lit.) neben Glorieux RThAM 18 (1951) 151–157 immer noch Trabold, Cyrill: Esse und essentia nach Johannes Quidort von Paris im Vergleich mit Thomas von Aquin. Rom 1958.

[44] Kues, Bibl. Hosp. 57, fol. 103 v; in der Edition Venedig 1518, fol LI v (Z) fehlt jedoch diese Jahreszahl im Explicit. Allerdings ist im Text mehrmals davon die Rede, daß dieser Traktat 1300 geschrieben wurde. Hier heißt es: „Explicit tractatus de antichristo et fine seculi compilatus per magistrum Ioannem parisiensem ordinis predicatorum. Deo gratias. Amen." Zum Traktat *De adventu Christi* ist von J. Hackett (USA) die Edition angekündigt worden. Dazu auch Grabmann 1979 (= 1922) 22; Roensch 1964, 102; Kaeppeli: Scriptores 1975, 520f. (Lit.).

privileg Benedikts XI. 1304 vornimmt.[45] Als er sich in dieser Zeit – 1304/5 – überdies zu einem Thema äußerte, um das er sich, wie wir noch sehen werden, auch im Antichristtraktat sorgte, zu der Frage nämlich, wie der Leib Christi im Altarssakrament existiere[46], wurde ihm vorgeworfen, er verlasse den Boden der kirchlichen Lehre. Noch im Jahre 1305 wurde er daraufhin von der Universität ausgeschlossen. Den Rest kennen wir: Johannes appellierte an den Papst Clemens V. (1305–1314), ging an die Kurie nach Bordeaux und starb am Festtag des heiligen Mauritius im Jahre 1306: noch bevor eine Entscheidung in seiner Sache gefällt werden konnte.

4.1.5 Resümee und weitere Fragen

Kommen wir nach diesem Blick auf Johanns Publikationen wieder auf seine biographischen Stationen zurück. Wir mußten einige Schriften völlig anders einordnen, als es Bleienstein getan hatte. Diese Änderung bleibt wiederum nicht ohne Konsequenzen für den Lebenslauf Quidorts selbst. Zunächst springt ja die zeitliche Kluft zwischen den sogenannten Frühwerken und den Spätwerken ins Auge. Wie kam sie zustande? Warum schrieb er rund zehn Jahre lang nichts? Unterstand er womöglich einem Lehrverbot? Roensch behauptet das, Clark übernimmt es, Schneider zieht es in Betracht: „War seinem *Mémoire justificatif* nicht nur Beanstandung und Kritik seiner Ansichten voraufgegangen, sondern auch damals schon Lehrverbot und eine Unterbrechung seiner Universitätskarriere, die diesen Abstand zu seinen Frühwerken verursachte?"[47] Den Fragen muß die weitere Forschung über Johannes Quidort nachgehen. Sie darf sie nicht als beantwortet voraussetzen oder gar elegant übergehen.

Auffallend ist doch, daß zwischen beiden Schaffensperioden höchstens der Sentenzenkommentar liegt, den Muller zuletzt auf die Jahre um 1292–1294 fixierte. Das Werk könnte also gleichsam als Schrift der

---

[45] Ediert von Hödl, Ludwig: Johannes Quidort von Paris († 1306): De confessionibus audiendis (Quaestio disputata Parisius de potestate papae). München 1962, bes. 31–50 (= MGI 6). Zu dieser *Binnensicht* detailliert ders. einleitend (introductio) in: Henricus de Gandavo, Tractatus super facto praelatorum et fratrum (Quodlibet XII, quaestio 31). Ediert von dems. und Marcel Haverals cum introductione historica. Leuven/Leiden 1989, LXXXIX–CIX (= Ancient and Medieval Philosophy de Wulf-Mansion Centre series 2).

[46] Ediert von Pattin, Adriaan: Jean de Paris († 1306) et son traité sur l'impanation. *Angelicum* 54 (1977) 184–206; bes. 190–206. Das erste und wahrscheinlich einzige Quodlibet, das er als Theologieprofessor disputieren konnte, ist nur fragmentarisch überliefert. Ediert von Ambrose J. Heiman: The First Quodlibet of Jean Quidort. In: Nine Medieval Thinkers. A Collection of Hitherto Unedited Texts. Hrsg. von James Reginald O'Donnell. Toronto 1956, 271–291 (= STPIMS Bd. 1), weitere Angaben bei Kaeppeli: Scriptores 1975, 517–524, bes. 523.

[47] Schneider 1988 (= 1973), 156.

Mittelphase innerhalb der Biographie Johanns bezeichnet werden. Der Sentenzenkommentar, eine Studie, die in der Regel zu den Erstlingsschriften eines mittelalterlichen Theologen gehörte, soll in der Mitte, eher noch am Anfang der Spätwerke Johanns stehen? Zu diesem Zeitpunkt wäre Johannes von Paris vierundfünfzig Jahre alt gewesen, sofern wir daran festhalten, daß er um 1250 geboren wurde (was wir angesichts des Schriftenverzeichnisses und seiner Datierung müssen).[48] Auch dies hohe Alter ließe sich immerhin noch dadurch erklären, daß er zuvor bereits *magister artium* war, wozu uns, wie oben gezeigt, aber die Beweise fehlen. Im Gegenteil: Die älteren Quellen weisen in eine ganz andere Richtung. Sie bezeichnen ihn gerade nicht als Philosophieprofessor, wohl aber als Inhaber des Lizentiats und als Magister der Theologie.

Nach allem, was bisher ausgeführt wurde, erhärtet sich der Verdacht, den bereits Hödl 1966 vorsichtig fragend aussprach, in der Folgezeit aber so gut wie nicht rezipiert wurde: daß nämlich ernsthaft in Rechnung gestellt werden muß, daß es in der fraglichen Zeit nicht nur einen Dominikaner mit dem Namen Johannes von Paris gab, daß also nicht sämtliche Werke tatsächlich von Johannes Quidort von Paris stammen. Die Forschung darf sich nicht mit vorschnellen Antworten zufriedengeben, sondern muß – in diesem Fall konkret – Ausschau halten nach Personen, die Johannes hießen, zu der fraglichen Zeit in Paris lehrten und Dominikaner waren. Sie muß sich – in dieser Frage stärker auf Johannes de Allodiis (Aurelianensis, aus Orléans) konzentrieren. Wie wir aus den Dokumenten der Universität Paris wissen, war er *magister artium* und Kanzler dieser Hohen Schule von 1271 bis 1280.[49] Am 20. April 1280 trat er in den Predigerorden ein und wurde so Mitglied des Konvents von Sankt Jakob. Er lebte also im selben Haus, in derselben Gemeinschaft und lehrte an der nämlichen Universität wie Johannes Quidort. Auch das Todesjahr stimmt mit dem des Quidort überein. Allerdings starb er nicht in Bordeaux, sondern in Paris, in seinem Konvent zum heiligen Jakobus. Im frühen Verzeichnis der Pariser Magister dominikanischer Provenienz heißt es: „frater *Johannes de Allodiis, Aurelianensis*, qui magister et cancellarius existens, et electus in episcopum Parisiensem, intravit ordinem predicatorum anno domini MCCLXXX° in vigilia pasche. Hic frater Johannes, senex et plenus dierum et doctrina et spiritu dei, sicut unus ex patribus antiquis, in se ipso recollectus et in deum fixus, appositus est ad eos migrans in festo

---

[48] Martin, John Hillary: John of Paris. In: DMA VII, 1986, 136f.
[49] Chart. Univ. Paris. I, n. 302, 349f.; n. 400, 441f.; n. 401, 462; n. 416, 467–469; n. 422, 476; n.437, 493f.; n. 446, 503; n. 503, 588f.; n. 510, 595f.; Bd. II, n. 634, 101f.

sancti Remigii anno domini MCCCVIᵒ, sepultus in choro fratrum Parisius iuxta fratrem Matheum."[50]
Über das philosophische und theologische Werk dieses Magisters sind wir nur unzureichend unterrichtet. Kaeppeli weist ihm lediglich Sermones zu.[51] Auch dem Johannes Quidort wird ein umfangreiches Predigtwerk zugeschrieben, Predigten, die ein Pariser Dominikaner namens frater Johannes, auch Monoculus genannt, gehalten hat. Wer ist dieser Praedicator Monoculus? Wer schrieb welche Predigt? Sind die von Kaeppeli getroffenen Zuordnungen der Werke endgültig?[52] Und hat Johannes de Allodiis tatsächlich nur Sermones gehalten? Er stand doch nachweislich in hohem wissenschaftlichen Ansehen, hatte sich zu aktuellen Fragen seiner Zeit gutachtlich geäußert und war, wie wir von Heinrich von Gent erfahren, unmittelbarer Zeuge der Auseinandersetzungen um das Formproblem.[53] *Sollte er wirklich niemals seine Gedanken publiziert haben?*

Zu untersuchen wäre, ob nicht dieser Johannes jene Werke oder zumindest Teile jener Werke schrieb, die wir oben als Frühschriften erkannten, das eigentlich einen *magister artium* als Autor verratene Correctorium *Circa* ebenso wie den dort mehrfach erwähnten Formtraktat; Werke also, die inhaltlich stark mit dem Sentenzenkommentar, möglicherweise auch mit dem gesamten *Spätwerk* divergieren, zumindest äußerst spannungsgeladen sind, wie Hödl bereits feststellte.[54]

Ob diese „doktrinäre Spannung", die Gilson nicht anders als *abenteuerlich* nennen konnte, auch im Blick auf den Antichristtraktat besteht, ist eine Frage, die zwar nicht im Zentrum der nachfolgenden Untersuchung stehen kann, die es aber wert ist, im Augen behalten zu werden. Fest steht jedenfalls, daß der Traktat „Über den Antichrist und das Ende der Welt" im Jahre 1300 geschrieben wurde. Dieses Datum ergibt sich nicht nur aus dem Explizit der datierten Handschriften, sondern ebenfalls aus dem Inhalt des Textes selbst. Ebenfalls bereits aus den Handschriften ist uns der Name des Autors bekannt: Wir wissen, daß er Johannes hieß und Pariser Dominikaner war. Von einem Magister der Theologie, was Quidort ja auch erst 1304 wurde, ist ebenso

---

[50] Denifle 1886, 208f.
[51] Kaeppeli 1975, 378 (Lit.); zum Predigtwerk auch Schneyer, Johann Baptist: Repertorium der lateinischen Sermones des Mittelalters. Für die Zeit von 1150–1350. Bd. 3, 330–336. Münster 1974 (= BGPhThMA Texte und Untersuchungen Bd. 43); zum Predigtwerk Quidorts ebenda 674–676.
[52] Kaeppeli, Thomas: Praedicator Monoculus. Sermons Parisiens de la fin du XIIIᵉ siècle. *AFP* 27 (1975) 120–167.
[53] Henricus de Gandavo: Quodlibet X, quaestio 5. Ediert von Raymond Macken. Leuven/Leiden 1981, 128 (= Ancien and Medieval Philosophy De Wolf-Mansion Centre series 2: Henrici de Gandavo opera omnia XIV).
[54] Ebenda; ders. 1966, 101–103.

wenig die Rede wie von einem Magister der Artes, was Johannes nach
der Überzeugung vieler im Jahre 1300 bereits war, in Wirklichkeit aber
noch fraglich ist. War es denn überhaupt Quidort, der „unseren" Traktat verfaßt hat? Für *De antichristo* dürfen wir das in der Tat feststellen;
denn die einzige Handschrift, von der wir überhaupt wissen, daß Johannes von Paris den Beinamen „Quidort" trug, ist jene, die auch unseren Traktat überlieferte: Paris Bibliotheque Nationale 13781, fol. 72:
„J. de parisiis dicti qui dort."[55]

4.2 Der Traktat „De antichristo et fine mundi" im Überblick

Wie aus der Überschrift des Traktates ersichtlich, will Johannes von
Paris in seinen Ausführungen zwei Fragen beantworten: die nach dem
Kommen des Antichrist wie die nach dem Ende der Welt. Davon abweichend, heißt es in manchen Handschriften wie auch in dem schon
erwähnten Druck aus Venedig: „Incipit tractatus de antichristo et eius

---

[55] Offensichtlich handelt es sich hier – wie bei Pungensasinum – bereits um einen Familiennamen. Ein Bürger Jacques Quidort wohnte 1292 in Paris auf der Rue de la Pele-
terie. Scholz 1962 (= 1903), 277, Anm. 10; Grabmann 1979 (= 1922) 6, Anm. 20; der
Traktat ist insgesamt in acht Handschriften überliefert (Kaeppeli verzeichnet nur sieben); Beschreibung mit Stemma bei Clark 1981, 17–20: 1.) Oxford, Bodleian Ms.
Canon. Pat. lat. 19, fol. 14–35; 2.) Kues, Bibliothek Hospital 57, fol. 96–103; 3.) Laon,
Bibliothèque municipale 275, fol. 1–11; 4.) Paris, Bibliothèque Nationale 13781, fol.
81–95; 5.) Avignon, Bibliothèque municipale 1087, fol. 206–220; 6.) Milan, Ambrosi-
ana I. 227 Inf., fol. 31–35; 7.) Turin, Biblioteca nationale C IV 8, fol. 24–35; 8.) Venedig. S. Marc. lat. III 117, fol. 35–42. Überdies gibt es den auch von Clark und
Kaeppeli angeführten Druck Venedig 1518. Die Bayerische Staatsbibliothek besitzt
aber unter der Signatur 4° P. lat. 654 und 4° P. lat. 655 zwei Drucke, von denen nur
einer (4° P. lat. 655) den Hinweis auf das Erscheinungsjahr 1518 (Nachtrag von fremder Hand) aufweist: „Joachim Abb. de magnis tribulationibus, Venet. 1518." Ein kritischer Textvergleich ergab aber, daß im Druck selbst nur von 1516 die Rede ist (fol.
1 vb), wobei das Exemplar mit der Signatur 4° P. lat. 654 auch unter dem Inhaltsver-
zeichnis (fol. 1 ra) als Erscheinungsjahr 1516 angibt. Wir haben es also zweifellos mit
zwei unterschiedlichen Drucken zu tun. Der eine stammt aus dem Jahr 1516, der
andere aus dem Jahr 1518! An dieser Stelle sei Herrn Dr. Pointner von der Bayerischen Staatsbibliothek ausdrücklich gedankt. Ohne seine bibliothekarischen Hinweise hätte ich diese Entdeckung eines weiteren Druckes nicht machen können. Beide
Drucke sind allerdings sehr fehlerhaft. Bei der von mir vorbereiteten kritischen Edition des Traktates müssen aber beide Drucke berücksichtigt werden. Im folgenden
werde ich nach Oxford, Bodleian Ms. Canon. Pat. lat. 19, fol. 14–35, der ältesten und
sorgfältig geschriebenen Handschrift zitieren, dabei aber auch immer wieder den
leicht zugänglichen, aber recht fehlerhaften frühesten Druck, Venedig 1518, angeben.
Leider ist auch die Edition von Clark 1981 unzulänglich und, wie Prof. R. E. Kaske
(New York) bemerkte, bei dem Clark die Arbeit einreichte, insgesamt revisionsbedürftig. Dazu Gerwing, Manfred: Toleranz im Streit um den Antichrist. Bemerkungen
zum Antichrist-Traktat des Johannes von Paris († 1306). In: Festschrift für Georg
Bernhard Langemeyer zur Vollendung des 60. Lebensjahres. Hrsg. von Nicolaus Klimek. Essen 1989, 49–68, Anm. 5.

temporibus", während das Explicit wieder auf die wohl ursprüngliche Lesart „de antichristo et fine mundi" („seculi" im Druck) rekurriert.[56] Auffallend ist jedenfalls, daß der Autor die Frage nach dem Weltende von vornherein und fraglos mit der nach dem Kommen des Antichrist verknüpft. Das Nachdenken über den Antichrist, vor allem die Frage nach dem Zeitpunkt seines Kommens, rückt zugleich die Frage nach dem Ende der Welt in den Gesichtskreis der Überlegungen. In noch genauer zu bestimmender Hinsicht und in offensichtlicher Anlehnung an Arnald von Villanova kann Johannes sogar formulieren, daß die Zeit des Antichrist die Zeit des Weltendes ist; wenn nicht im Sinne einer Identität, so doch im Sinne eines einheitlichen apokalyptischen Geschichtsprozesses. Für Johannes braucht die Verknüpfung beider Fragen jedenfalls gar nicht erst problematisiert zu werden. Der Autor läßt zwar beide Frageelemente miteinander korrespondieren, weiß sie aber trotzdem immer wieder zu differenzieren. Auch nach Quidort dürfen beide Fragen keinesfalls verwechselt oder gar miteinander identifiziert werden, wenngleich diese Unterscheidung nicht in die Gliederung des Traktates eingegangen ist. Diese läßt nämlich eine dreifache Struktur erkennen:

1. Nach einer allgemeinen Einführung in das Thema, seinen Motiven und Modalitäten spricht Johannes zunächst im Blick auf biblische und außerbiblische Zeugnisse über den Antichrist, über diverse Bezeichnungen und über mögliche Vorläufer des Antichrist in der Geschichte der Menschheit. Dabei reflektiert Quidort über die konkrete historische Existenz, über die merkwürdigen Umstände der Geburt des Antichrist (Geburtsprozeß, -zeit und -ort) sowie dessen satanisches Wirken und diabolische Wirkungen, über dessen Machtzeichen und subtil-raffinierte Sammlung der weltweiten Anhängerschaft. Diese setzen die Christgläubigen bis zum Tode des Antichrist in Angst und Schrecken. Mit wenigen Strichen werden auch der Tod des Antichrist und die dadurch eingeleitete kurze Folgezeit bis zum Endgericht der Menschheit durch Christus und also das Ende der Welt geschildert. Dieser erste Abschnitt (I.) schließt mit einem Versuch, das Wesen des Antichrist näher in den Be-Griff zu bekommen: durch eine nochmalige und tiefergehende Reflexion und symbolisch zentrierte Deutung der diversen Bezeichnungen, die sich in der Heiligen Schrift für den Antichrist finden lassen. Insgesamt wird dabei deutlich, daß es Johannes von Paris nicht sosehr um eine Definition im strengen Sinne, als vielmehr um eine Deskription des Antichrist im Hinblick auf sein diabolisches Wirken und haßerfülltes Wüten zu tun ist.[57]

---

[56] Ed. Venedig 1518, fol. LI vb.

[57] Johannes von Paris: De antichristo et fine mundi. Oxford, fol. 14 rb–19 vb; ed. Venedig 1518, fol. XLIIII rb–XLVI rb.

2. Der zweite Hauptabschnitt des Traktates ist der umfangreichste. Er
führt in die Herzmitte dessen, was Quidort erörtern will: *de tempore
antichristi*. Er handelt also von der durch Arnald von Villanova aufgeworfenen Frage, wann der Antichrist kommen wird. Die Frage selbst
wird dreifach gegliedert beantwortet, exakter: einer approximativen
Antwort zugeführt. Von vornherein stellt Johannes von Paris fest, daß
und warum diese Frage überhaupt nicht pünktlich und genau, d. h.
auf die Stunde oder auch nur auf das Jahr exakt, sondern lediglich
„annäherungsweise" beantwortet werden kann. Erst nach dieser Erklärung beginnt er mit seiner trimorphen Beantwortung der genannten
Frage.[58]
In einem *ersten* Schritt dieses zweiten Hauptabschnittes[59] untersucht
Johannes jene prophetischen Angaben, die geistbegabte und im Rufe
der Heiligkeit stehende Persönlichkeiten zu diesem Thema ausgeführt
haben. Hier kommen Traumgesichte des heiligen Eduard des Beken-
ners († 1066), des letzten angelsächsischen Königs aus dem Hause
Wessex (Beatifikation 1161) ebenso zur Sprache wie Visionen der einflußreichen Klosterfrau und „prophetischen Mystikerin" Hildegard von
Bingen († 1179). Sie war zur Zeit des Johannes von Paris zwar noch
nicht heiliggesprochen, wird aber bereits – gleichsam antizipatorisch –
als „sancta Hildegardis" geführt.[60] Auch Joachim von Fiore, kurz Abt
Joachim genannt († 1202), sowie die Weissagungen der Sibylle kommen zur Sprache. Weit ausführlicher untersucht Johannes aber das,
was „Methodius Martyr", also Pseudo-Methodius, über den Antichrist
und sein Kommen zu prophezeien wußte. Vor allem mit diesen dem
Märtyrerbischof von Patara zugeschriebenen *revelationes* setzt Quidort
sich auseinander, sie zum Teil übernehmend, sie aber auch mit kritischem Blick modifizierend; sich dabei vornehmlich auf Überlegungen
bzw. Berechnungen des Ptolemäus, Augustinus, Orosius und Isidor,
des Erzbischofs von Sevilla (gest. 633), stützend.
Wie zu Beginn des zweiten Hauptabschnittes angekündigt,[61] befragt
Johannes sodann – in einem *zweiten* Schritt – die Heilige Schrift und
kommt zu dem Ergebnis: „ex scriptura vero canonica pauca determinatio habetur de fine mundi quoad certum numerum annorum".[62]
Diese Einschränkung hält ihn aber nicht davon ab, vor allem im Blick

---

[58] Ebenda Oxford, fol. 20 ra–34 vb; ed. Venedig 1518, fol. XLVI ra–LI va.

[59] Ebenda Oxford, fol. 20 ra–25 va; ed. Venedig 1518, fol. XLVI ra–XLVIII rb.

[60] Ebenda Oxford, fol. 21 ra; ed. Venedig 1518, fol. XLVI va.

[61] „Primo ponemus quid ex dictis sanctorum hominum qui spiritum prophetie habuerunt colligi possit de illis temporibus. Secundo quid de hoc ex scripturis canonicis
[. . .] coniecturare possimus [vel coniecturari *add. i. marg.*], Tercio quid / ex coniecturis physicis et astrulogicis [sic!] habeamus." Ebenda Oxford, fol. 20 ra–rb; cf. ed.
Venedig 1518, fol. XLVI rb.

[62] Ebenda Oxford, fol. 25 va–vb; ed. Venedig 1518, fol. XLVI va.

auf die Apokalypse, das Buch Daniel und die Kommentare des Hieronymus, Josephus und Beda Venerabilis u. a. verschiedene Berechnungen über das Ende der Welt anzustellen. Dabei wagt er sogar, recht konkrete Jahreszahlen zu nennen und ernsthaft zu diskutieren. In einem *dritten* Schritt aber führt er diese Berechnungen in astronomische Höhen: entsprechend dem geozentrischen Weltbild des Ptolemäus. Sein Axiom dabei lautet: Die „Revolution" des Sternenhimmels – *revolutio planetarum* – ist Berechnungsmaßstab für das Ende der Welt. Das Ende der Zeiten breche dann herein, wenn der Fixsternhimmel an seinen Ausgangspunkt zurückgekehrt sei, also an die Stelle, den er im Augenblick der Erschaffung der Welt innehatte.[63]
4. Bevor Johannes – in einem kurzen Schlußkapitel – daran geht, die drei Schritte zu verbinden und all die prophetischen Belege, biblischen Bedenken und astronomischen Berechnungen koordinierend zusammenzufassen,[64] rekurriert er zum Schluß des zweiten Hauptabschnittes noch einmal auf die bereits einleitend sowie zu Beginn des zweiten Hauptabschnittes aufgeworfene Frage nach den Bedingungen und Möglichkeiten, sinnvolle Aussagen über das Kommen des Antichrist und das Hereinbrechen des Endes der Welt zu treffen.[65] Er kommt dabei zu wichtigen Ergebnissen, die vor allem über seine Motive Auskunft geben, sich überhaupt – jenseits der notwendigen Erwiderung auf das von Arnald Gesagte – mit dem Kommen des Antichrist und dem drohenden Weltende zu beschäftigen. Es wird deutlich, daß der Pariser Dominikaner sich durchaus nicht ohne kritischen Bedacht zu diesem voll banger Brisanz beladenen Thema äußern will.

4.3 Motive, Modus, Ziele

Quidort hält den gesamten Fragekomplex seines Themas für zeitlos aktuell. Er macht a limine klar, daß die Frage nach dem Weltende bereits von alters her, genauer: seit alttestamentlichen Zeiten für den Menschen, namentlich für den nach *scientia* strebenden, bedenkenswert und spruchreif geworden sei. So leitet Johannes seinen Traktat gleichsam programmatisch mit der Prophezeiung aus dem alttestamentlichen Buch Daniel (12,4) ein: *„Transibunt plurimi et multiplex erit scientia."*[66] In seiner Interpretation bekommt dieser nach der Vulgata (der hebräische Text weicht gerade an dieser Stelle erheblich von dieser Version ab!) zitierte Versteil jedoch eine besondere, von der *glossa ordinaria* durchaus abweichende Sinnrichtung. Während nämlich die Glossa diese Stelle eher dahingehend verstanden wissen will, daß die

---

[63] Ebenda Oxford, fol. 30 va–32 va; ed. Venedig 1518, fol. L ra–vb.
[64] Ebenda Oxford, fol. 34 vb–35 va; ed. Venedig 1518, fol. LI va–vb.
[65] Ebenda Oxford, fol. 32 va–34 vb; ed. Venedig 1518, fol. L vb–LI vb.
[66] Ebenda Oxford, fol. 14 rb; ed. Venedig 1518, fol. XLIIII rb.

Weissagungen über das Ende der Welt dem Menschen eben nicht –
wie ein aufgeschlagenes Buch – offen zutage liegen, sondern, wie der
unmittelbare biblische Textzusammenhang zeigt, „verschlossen und
versiegelt" bleiben soll „bis zur Zeit des Endes", der Mensch also von
sich aus keine Möglichkeit hat, die Frage nach dem Ende der Welt, vor
allem ihrem Wie und Wann endgültig zu beantworten, modifiziert Johannnes dieses Verständnis. Er konzediert zwar ein gewisses bleibendes Erkenntnisdefizit des hiesigen Menschen in dieser Frage, nimmt
aber dieses menschliche Unvermögen keineswegs als ein für allemal
gegeben an, sondern eher als zu schließende „Wissenslücke" auf. Es ist
bemerkenswert, daß der Pariser Dominikaner im Jahre 1300 nicht einem womöglich biblisch begründetem intellektuellen Pessimismus,
sondern göttlich-verheißenem Forschungsoptimismus das Wort redet.
So ist für ihn der prophetische Versteil keineswegs indikativischer Ausdruck geistiger Resignation, geboren aus dem düsteren Bewußtsein
des Vergeblichen und Unzureichenden menschlichen Denkens und Erkennens, sondern imperativischer Auftrag, göttlicher Appell an all
jene, die der *scientia* verpflichtet sind: zum prüfenden Erforschen und
Durchleuchten dessen, wann und wie das Ende der Zeit zu erwarten
sei. So rekurriert Johannes noch einmal auf den schon zu Beginn des
Traktates angeführten Danielvers und erklärt: „*Transibunt plurimi et
multiplex erit scientia*, id est expositio et quamvis *sermones* sint *clausi signatique ad tempus prefinitum*, tamen subiungitur quod *docti intelligent.*"[67]
Für Johannes Quidort von Paris spricht also diese mehrfach zitierte
biblische Prophetie nicht nur nicht ein Denkverbot bezüglich des genannten Themas aus. Vielmehr sieht er darin geradezu eine Verpflichtung für jeden nach Wissen Strebenden, die das Weltende und das
Kommen des Antichrist betreffende Prophezeiungen auszulegen und,
soweit es Menschen möglich ist, zu bedenken und zu deuten. Johannes
führt damit ein weiteres Element in den Begründungszusammenhang
ein, ein verstärkendes und ihn in die Pflicht nehmendes Motiv: Ohne
Prophet zu sein, darf, ja muß über Prophezeiungen nachgedacht werden! Dabei zieht er für sich die Konsequenz: „Et ideo licet non sim
propheta nec filius prophete, tamen recolligere sub brevitate volo testimonia eorum qui spiritum prophetie accepisse dicunt et recolligere
humanas coniecturas de futuro tempore antichristi et fine mundi
[. . .]."[68] So ist es – nach Quidort – nicht möglich und erlaubt, die
Frage seines Traktates zu ignorieren. Vielmehr seien die Theologen,
alle Gottesgelehrten dazu verpflichtet, diese immer wieder zu themati-

---

[67] Ebenda Oxford, fol. 14 va; ed. Venedig 1518, fol. XLIIII rb.
[68] Ebenda Oxford, fol. 14 rb; cf. ed. Venedig 1518, fol. XLIIII rb.

sieren, zu reflektieren und wenigstens annäherungsweise zu beantworten: „sine omni assertione et sine singularis diei vel hore seu anni [. . .]
determinatione".[69]
Diese zuletzt vorgenommene Einschränkung repetiert und präzisiert
Johannes im Laufe seines Traktates mehrfach. Er gibt insgesamt zwei
Begründungen dafür an, warum der Mensch nicht auf den Tag und
die Stunde genau wissen kann, wann der Antichrist kommen, genauer
gesagt, geboren wird. Dabei rekurriert er auf Daniel 12, auf ein Kapitel
also, das, wie gesehen, auch in Arnalds Argumentationsgang eine aussagekräftige Rolle spielte. Quidort traut jenen, die die Visionen des
Buches Daniel reflektieren und sachgerecht auslegen, zu, daß sie sowohl gültige Aussagen über das Ende der Welt wie über den Antichrist
treffen können: „Dicunt enim quod Danielem intellexisse [. . .] de fine
mundi et tempore antichristi."[70]
Sofern Johannes sich mit dem Thema „Antichrist" und „Ende der
Welt" auseinandersetzt, versteht er sich nicht nur als jemand, der sich
bemüht, göttlich-prophetischem Anspruch zu genügen, sondern auch
als jemand, der das Ziel verfolgt, „von schädlichen Beschäftigungen"
Abstand zu nehmen. Er verweist dabei wiederum auf den alttestamentlichen Propheten Daniel (12,9), aber auch auf die neutestamentliche Apokalypse (10,4).[71] Quidort will verdeutlichen, daß das göttlich
geforderte und „von schädlichen Beschäftigungen" abhaltende exposi-
tionierende und inquirierende Be- und Überdenken der prophetischen
Visionen und Weissagungen letztlich zum Erfolg, nämlich zur sachge-
rechten und erhellenden Deutung dessen führt, was prophezeit, visio-
nenhaft geschaut und geweissagt wurde, und nicht bloße und blasse,
weil im Ungefähren und Ungenauen verhaftete Spekulation bleiben
muß. Dabei führt er Daniel an, den er nicht nur als passiven Empfänger göttlicher Botschaft sieht, dem gleichsam mühelos und ohne eigenes Zutun Visionen geschenkt werden, sondern als jemand, der seine
ganze konzentrierte Acht- und Aufmerksamkeit aufbringt und hartnäk-
kig (Dn 8,1–20) darum ringt, die ihm zuteil gewordenen Visionen und
Weissagungen auch recht zu verstehen und zu deuten. Daniel ist für
Johannes der die Mitteilungen Gottes aufnehmende und beobachtende Gottesmann *ex professo*, weil ihn das göttlich Mitgeteilte in den

---

[69] Ebenda.
[70] Ebenda Oxford, fol. 32 va; ed. Venedig 1518, fol. L vb.
[71] Ebenda Oxford, fol. 20 ra: „Quo vero tempore nasciturus sit antichristus determinando diem et horam, puto neminem scire posse nec forsan alicui fuisse revelatum
expresse. Noluit [. . .] spiritus sanctus quod revelatio ei facta aperte nobis et determinate revelaretur [. . .], sed sub indeterminatione et obscuritate ut per diligenciam
inquirendi retraheremur a nocivis occupationibus." cf. ed. Venedig 1518, fol.
XLVI rb.

Bann geschlagen hat und so gefangen nimmt, daß er für Gottloses
keinen Gedanken mehr verschwendet. „Die Gottlosen" sind eben die,
die trotz des Geoffenbarten weiter „freveln", also nicht vom göttlich
Gesagten gefesselt und gebannt sind. Von diesen gelangt in der Tat
keiner „zur Erkenntnis", wie Quidort mit dem bereits zitierten Danielvers 12,9 betont. Im Blick auf diesen Vers gewinnen auch die *nocivae
occupationes* an Kontur. Es sind hier die „Schandtaten der Gottlosen",
derer, die nicht „geläutert, gereinigt und erprobt" (Dn 12,9) worden
sind und die nichts von all dem, was prophezeit wurde, verstehen. Der
naheliegende Gedanke, daß zur Orthodoxie auch die Orthopraxie gehört, und daß aus dem Zusammenspiel beider der Erkenntnisfort-
schritt im Blick auf die Weissagungen geschieht, genauer: von Gott
geschenkt wird, dieser an Arnald von Villanova erinnernde Gedanke,
drängt sich dem Leser zwar auf, doch formuliert ihn Johannes nicht.
Worauf es ihm offensichtlich ankommt, ist, lediglich darauf hinzuweisen, daß derjenige, der sich zeitlebens um die Deutung von göttlich
Vorhergesagtem bemüht, nicht mehr „frevelt", sondern ihm, von Gott
selbst in Bann geschlagen, ein immer tieferes Verständnis von diesen
„Letzten Dingen" zuteil wird.[72]
Johannes gibt also Arnald in gewisser Weise Recht: Es ist notwendig,
daß die „Gottesgelehrten" sich mit der Frage nach dem Kommen des
Antichrist beschäftigen. Doch im Gegensatz zu Arnald kommt es ihm
dabei nicht so sehr auf die ein für allemal gültige und möglichst konkrete Antwort an, sondern auf das Fragen selbst, auf ein Fragen und
Reflektieren, das das göttlich Gedachte und Geoffenbarte stets tiefer
zu verstehen sucht: sorgfältig nachdenkend und vom göttlich Geoffenbarten gebannt.

4.4 Der Antichrist: Wer ist das?

4.4.1 Antichristus: *homo peccati* et *filius perditionis*

Im ersten Hauptabschnitt wird der Antichrist als Antichrist thematisiert. Johannes wußte, daß er damit ein Thema aufgriff, daß viele seiner Zeitgenossen um 1300 in Angst und Schrecken versetzte. Vorbei
war die Zeit, in der über den Antichrist in aristokratischer Ruhe und
Gelassenheit nachgedacht, die verschiedenen Denkmodelle zu diesem
Thema besprochen oder gar spielerisch-erbauend dargestellt werden
konnten: die Antichrist-Aufführungen waren längst nicht mehr charakterisiert durch unbekümmerte Vieldeutigkeit, sondern eher durch
schaurig-konkrete Eindeutigkeit.[73] Zudem hatte ein Mann wie Arnald

---

[72] Ebenda.
[73] Diesen Umschwung beobachtet im Bereich der politischen Entwicklung im 13. Jahrhundert Schaller, Hans-Martin: Endzeit-Erwartung und Antichristvorstellungen in der

von Villanova dieses Thema ebenfalls warnend-mahnend aufgegriffen und das Kommen des Antichrist nicht in weite Ferne, sondern in konkrete Nähe gerückt. Konnte oder, genauer gesagt, durfte man seinen Prophezeiungen trauen? Die Pariser Theologen waren gefragt! Arnald hatte sie direkt angesprochen, wollte von ihnen eine Antwort, eine die Richtigkeit seiner Weissagungen bestätigende Stellungnahme. Statt dessen sperrten sie ihn ein, widerrechtlich, ohne schriftliche Begründung, suchten ihn lächerlich und Stimmung bei der Pariser Bevölkerung gegen ihn zu machen.

Ganz anders ist das Verhalten des Johannes von Paris zu beurteilen. Er wollte offensichtlich die Situation entschärfen, mit einem Zitat aus dem zweiten Brief an die Thessalonicher (2 Thess 2,2) seinen Hörer- und Leserkreis zunächst beruhigen: „Laßt euch nicht so leicht aus der Fassung bringen und in Schrecken versetzen – weder durch Geistrede noch durch einen Ausspruch oder durch einen angeblichen Brief von uns, als sei der Tag des Herrn schon da!"[74]

Doch diese Beruhigung darf durchaus nicht als womöglich biblisch begründete „Entwarnung" vor dem antichristlichen Zeitenende verstanden werden; denn, wie es im dritten Vers der nämlichen Bibelstelle heißt, es wird noch vor dem „Tag des Herrn" zum Abfall von Christus kommen, „und der Mensch der Sünde, der Sohn des Verderbens, wird offenbart werden". Dieser aber ist niemand anders als der Antichrist. Er ist der *Widersacher, der sich über alles erhöht, was Gott heißt und Gott verehrt*, „homo peccati et filius perditionis".[75]

Dies ist genau Quidorts erste ausdrücklich formulierte These. Sie signalisiert zugleich, daß Johannes von Paris sich in seiner Rede über den Antichrist auf den Boden der kirchlichen Tradition stellen will: und zwar dadurch, daß er zu Beginn seines Traktates den zweiten Thessalonicherbrief anführt und damit jenes Schriftzeugnis nennt, das, wie schon Rauh mit Recht vermutete, „den größten Einfluß auf die Antichrist-Vorstellung der Kirche" ausübte: noch vor der Apokalypse.[76] Überdies rekurriert Quidort dabei zwar nicht in wörtlicher, aber doch

---

Politik des 13. Jahrhunderts. Festschrift für Hermann Heimpel. Zum 70. Geburtstag am 19. September 1971. Bd. 2. Hrsg. von den Mitarbeitern des Max-Planck-Instituts für Geschichte. Göttingen 1972, 924–947 (= Veröffentlichungen des Max-Planck-Instituts für Geschichte 36/II).

[74] Ebenda Oxford, fol. 14 va; ed. Venedig 1518, fol. XLIIII rb.

[75] Ebenda, 2 Thess 2,4; dazu auch als Zeugnis dominikanischer Tradition und theologisch verstandener Toleranz Hödl, Ludwig: Die Disputation Hiobs mit seinen Freunden als Zeugnis der theologischen Toleranz nach des Thomas von Aquin Iob-Kommentar. In: Universalität und Toleranz. Der Anspruch des christlichen Glaubens. Hrsg. von Nicolaus Klimek. Essen 1989, 69–84.

[76] Rauh 1979, 57.

in sinngemäßer Weise auf die Interpretation der *Glossa ordinaria*. „Filius perditionis: antichristus, non per naturam, sed per imitationem."[77]

4.4.2 Das Werk des Bösen

Schon Augustinus hatte sich – gerade an der von Johannes angezielten Textstelle – über diesen bereits mehrfach angeführten siebten Teilvers aus dem zweiten Kapitel des zweiten Thessalonicherbriefes den Kopf zerbrochen und schließlich resignierend festgestellt: „Ego prorsus quid dixerit me fateor ignorare."[78] Dennoch wagt er, zwei Interpretationstheorien („suspiciones") vorzustellen, von denen er der letzten zumindest nicht widersprach. Nach dieser sei der genannte Vers so zu verstehen, daß das Böse, „das am Werk ist", nichts anderes sei als jene Bösen und Heuchler (mali et ficti), die inmitten der *ecclesia* selbst lebten; und zwar zunächst noch „verborgen" und im geheimen operierend, eben „als Geheimnis des Bösen", dann aber sicht- und „offenbar werdend", sobald ihre Zahl groß genug sein wird und sie als Häretiker sich offen von der *ecclesia* und damit von Christus ab- und dem Antichrist zuwenden. In diesem Ab- und Zerfallsprozeß werde der Antichrist oder, wie Paulus sagt, der *homo peccati* und der *filius perditionis* offenbar: „ut reveletur in suo tempore".[79]

Damit käme der Antichrist aus dem Raum der Kirche selbst, eine Ansicht, die gerade in der Zeit um 1300 wieder spruchreif geworden

---

[77] *Glossa ordinaria*, Ed. Venedig 1603, Bd. 6, 671. Diese These, gegen die sich der Gelehrte aus Paris hier wendet, wurde in der Tradition schon früh vertreten. Sie hat ihren politischen Ort in jenem „tiefen Einschnitt", der das Ende der julisch-claudischen Dynastie mit dem Tod des Kaisers Nero darstellte. Bengtson, Hermann: Römische Geschichte. Republik und Kaiserzeit bis 284 n. Chr. München 1973, 251; dazu Tacitus, Hist. I, 2; II, 8–9; Dio Cassius, Hist. Rom. 64, 9; Sueton, Nero c. 40, 57; Rauh 1979, 46f.; Commodianus, Carmen apologeticum 823–838, 869–890 (CCL 128, 103f., 105); Viktorin von Pettau PLS 1, 156f.; Sulpicius Severus, Dial. II, 14 (CSEL 1, 197); Dazu auch Quasten, J.: Victorinus, LThK² X, 1965, 775; Lactantius, De morte persecutorum 2, 8 (CSEL 27, 175f.). Hieronymus sieht nicht zuletzt aufgrund Neros Christenverfolgung in dem Kaiser den klassischen Vorläufer des Antichrist – zusammen mit Pharao und Antiochus. „De antichristo nullus ambigit quin pugnaturus sit adversus testamentum sanctum et primum contra regem Aegypti dimicans, Romanorum pro eis auxilio terreatur; haec autem sub Antiocho Epiphane in imaginem praecesserunt; ut rex scelleratissimus qui persecutus est populum dei, praefiguret antichristum qui Christi populum persecuturus est. – Unde multi nostrorum putant, ob saevitiae et turpitudinis magnitudinem, Domitianum, Neronem, antichristi fore." PL 25, 568; Augustinus: De civitate Dei 20, 19 (CCL 48, 731f.); zur Nero-Sage auch Haimo von Auxerre: Expositio in epistolam II ad Thessalonicenses cap. 2 (PL 117, 780 D–781 A); auch ausführlich der einflußreiche Petrus Lombardus: In ep. II ad Thess. 2 (PL 192, 318f.). Johannes von Paris: De antichristo et fine mundi. Oxford, fol. 14 vb; ed. Venedig 1518, fol. XLIIII rb–va.

[78] Augustinus, De civitate Dei 20, 19 (CCL 48, 732).

[79] 2 Thess 2,6.

war,[80] der sich aber Johannes von Paris nicht anschloß; denn er verläßt gerade in der Auslegung dieses paulinischen Verses die von Augustinus gelegte Spur. Für ihn ist klarerweise „das Böse am Werk" im „bösen", die Christen verfolgenden Handeln Neros. Dabei legt er aber den Gedanken des *corpus antichristi* zugrunde, zu dem offensichtlich – im Sinne des Gliedschaftscharakters – der die Christen quälende und verfolgende römische Kaiser in erster Linie („principium"!) gehöre:[81] Damit gelingt es Johannes von Paris, nicht Nero *in persona*, wohl aber *in mysterio* als Antichrist zu bezeichnen. Er spricht damit einer theologischen Sichtweise das Wort, die nicht sosehr den Akzent darauf legt, daß der Antichrist aus dem Raum der *ecclesia* kommt, sondern sich geheimnisvoll aus jenen Gliedern speist, in denen das „Geheimnis der Bosheit" am Werk ist und die, durch die Bosheit wie die Glieder eines Leibes organisch verbunden, sich immer deutlicher zum *corpus antichristi* formieren und sich schließlich als solches offenbaren. Insofern wird der Gedanke Augustins in *De civitate Dei* 20,19 von Johannes nicht vollständig abgelehnt. Es werden lediglich bestimmte Aspekte ausgeblendet, während andere betont, schärfer konturiert und mit den theologischen Mitteln seiner Zeit formuliert werden. Was bei Johannes unterbelichtet bleibt, ist – neben der Theorie vom *Nero redivivus*, die für Johannes wie für Augustinus völlig abwegig und indiskutabel (wenngleich auch noch erwähnenswert!) ist – der von Augustinus vorsichtig als Vermutung geäußerte folgende Gedankengang: Beim Antichrist handelt es sich um jene, die ursprünglich aus der Mitte der Kirche stammen, also aus den Reihen jener, die sich zu Christus bekennen, dann aber aus der Kirche ausziehen und als von Christus Abgefallene, als Apostaten und Häretiker, als Personen, die, wie Augustinus im Blick auf 1 Joh 2,18 sogar im Plural formuliert, als *antichristi* leben. Aufgenommen wird hingegen Augustins Rede von denjenigen, die nicht zu Christus, sondern die durch ihre böse, d. h. von Christus und Christi Geist abgewendete Haltung und Handlung zum Antichrist gehören.

Es ist auffallend, daß Johannes von Paris zunächst Augustinus folgt, ihn sogar in diesem Zusammenhang der Interpretation dieser Stelle aus dem Thessalonicherbrief als Autorität zweimal nennt, dann aber ohne Grund und Hinweis von ihm dergestalt abweicht, daß er dessen

---

[80] McGinn, Bernard: Portraying Antichrist in the Middle Ages. In: The Use and Abuse of Eschatology in the Middle Ages. Hrsg. von Werner Verbeke, Daniel Verhelst, Andries Welkenhuysen. Löwen 1988, 23 (= Mediaevalia Lovaniensia. Series 1: Studia 15).

[81] Johannes von Paris: De antichristo et fine mundi. Oxford, fol. 15 ra, cf. ed. Venedig 1518, fol. XLIIII va: „Nec dicitur antichristus ideo revelandus quia in persona sua absconditus vivat, sed ideo quia iam vivit in membris suis, quorum fuit principium in quibus *iam misterium* Nero *iniquitatis operatur* oculte, qui postea revelabatur aperte."

resümierenden Schlußgedanken zu diesem Fragekomplex sinngemäß nur teilweise zu übernehmen vermag. Quidort kann jene Personen, die er zuvor als Glieder des *corpus antichristi* bezeichnete, einerseits nicht dadurch qualifizieren, daß er diese aus der Mitte der Kirche kommen läßt: „exierunt multi haeretici de medio ecclesiae, quos multos dicit antichristos: ita omnes tunc inde exibunt, qui non [. . .]", wohl aber – andererseits – genau dadurch näherhin (ab-)qualifizieren, daß er diese Personen als jene erkennt, die, um noch einmal konkret die Worte des afrikanischen Bischofs zu benutzen, nicht zu Christus, sondern zum, wie er jetzt formuliert, *novissimus antichristus* gehören: „[. . .] qui non ad Christum, sed ad illum nouissimum antichristum pertinebunt, et tunc reuelabitur."[82] Durch dieses „gehören zum", „sich beziehen auf" (pertinere), kommt ja in der Tat bereits bei Augustinus eine Relation zu Wort, die Johannes von Paris jedoch im Sinne des *corpus antichristi* und also in pervertierender Anlehnung an die ekklesiologische, ebenfalls von Paulus stammende Rede von der Kirche als *Corpus Christi* versteht.[83]

Damit erhebt sich aber die Frage, ob Johannes von Paris überhaupt noch den Antichrist als Person und nicht vielmehr als eine im Verlauf der Geschichte ständig sich vergrößernde und also sich offenbarende „Körperschaft" (corpus) von Häretikern, von Gegnern Christi und der Christen, eben Anti-Christen, begreift?

4.4.3 Der Antichrist: eine Körperschaft?

Diese Frage will Johannes offensichtlich im Blick auf drei weitere Bibelstelle beantworten: auf Apokalypse 13, Daniel 12 und auf das Matthäusevangelium Kapitel 24. Gleich zu Beginn dieses Fragekomplexes beginnt er mit einer wuchtigen Feststellung: „Ipsum etiam antichristum fore et tribulationem per ipsum futuram alie scripture canonice asserunt, ut patet Apc XIII, ubi precipue agitur de bestia cui *dedit draco*, id est, dyabolus, *virtutem suam*, glossa: ad nocendum decipiendum et miracula faciendum et potestatem magnam."[84]

Diese Interpretation des letzten Teilverses von der Geheimen Offenbarung 13,2 mit ausdrücklicher Hinzuziehung der *Glossa interlinearis* wie *ordinaria* zeigt an, daß Johannes einerseits durchaus an die traditionelle Sichtweise in seiner Rede über den Antichrist erinnern und anknüpfen

---

[82] Augustinus, De civitate Dei 20, 19 (CCL 48, 732); dazu auch Geerlings, Wilhelm: Antichristus. In: AugL I, Fasc. 3, 1988, 377f.

[83] Dazu immer noch Beinert 1973, 159, bes. Anm. 47; und Lubac, Henri de: Corpus mysticum. Paris ²1949, 112–122, bes. Anm. 18.

[84] Johannes von Paris: De antichristo et fine mundi. Oxford, fol. 15 ra; cf. ed. Venedig 1518, fol. XLIIII va; cf. Apc 13,2.

möchte, daß er aber andererseits zugleich eine wichtige Voraussetzung trifft für das Verständnis dessen, was die Rede vom Antichrist meint, eine Voraussetzung, die, falls man sie übersieht und womöglich als allgemeine Floskel abtut, das hier eigentlich Gemeinte gleich im Ansatz verfehlt und in seinem Ernst verkennt. Setzt er doch bei seiner Rede vom Antichrist voraus, daß nicht nur, wie oben konstatiert wurde, „das Mysterium des Bösen" in den Gliedern des *corpus antichristi* „am Werk" sei, sondern daß, wie jetzt artikuliert wird, „der Böse" selbst, der *diabolus*, bei dem rechten Verständnis von „Antichrist" mitzudenken ist. Das in der Geschichte spürbare und wirksame, also geschichtsmächtige *mysterium iniquitatis* ist nicht bloß Produkt einer vagen oder abstrakt-nebulosen Größe, sondern Frucht und Ertrag dessen, der in der Apokalypse als Drachen symbolisch zentriert geschaut und hier von Johannes konkret als Teufel identifiziert wurde.

Der *diabolus* aber ist im Verständnis der Zeit, namentlich auch des Johannes von Paris, reines Geistwesen, gefallener Engel, der in die Geschichte der Menschheit hineinzugreifen vermag: Er ist es, wie es im gerade zitierten Satz Quidorts heißt, der dem Antichrist „seine Kraft und Macht" gibt, Fähigkeiten also, die Johannes von Paris ganz im Sinne der Tradition als Kraft versteht, andere in Schuld zu verstricken, irrezuleiten und Unwahrscheinliches zu vollbringen, sowie als Macht, die Gerechten zu verführen und zu unterdrücken: „die ganze Welt folgte staunend dem Tier."[85]

Doch was bedeutet diese Konstatierung für die Ausgangsfrage, die Frage nach dem Verständnis des Antichrist? Es gilt den Argumentationszusammenhang festzuhalten. Johannes stellt „Antichrist" zunächst lediglich als Sammelbegriff für eine imaginäre Körperschaft vor, für eine Gruppe von Individuen, die sich als „böse" erweisen, d. h. die Gott, näherhin Christus und den Christen feindlich gesonnen sind. Sie fallen ab von Christus, sind Apostaten und Häretiker. Zu ihnen gehören aber auch, ja vorzugsweise, „prinzipiell" – und hier geht Johannes über die Sicht Augustins hinaus – Personen, die gar nicht aus dem christlichen Raum kommen müssen, sondern die durch ihr „böses Werk" belegen, daß sie zum Antichrist gehören, daß sie, modern gesprochen, Mitglieder jener Körperschaft sind, die Johannes als Antichrist bezeichnet. Nicht einmal sein subjektive Wissen um diese Mitgliedschaft ist entscheidend dafür, ob jemand tatsächlich Glied des Antichrist ist, auch nicht seine ursprüngliche Herkunft aus dem christlichen Raum, aus der Kirche, also sein Abgang aus der Gemeinschaft der Christen. Vielmehr entscheidet seine bewußte oder unbewußte

[85] Apc 13,3.

Abkehr von Christus darüber, ob er nun zum Antichrist gehört oder nicht. Er braucht gar nicht etwas von Christus gehört zu haben und kann doch „Glied des Corpus Antichristi" sein. Entscheidend ist die Frage, ob er sich hat in Dienst nehmen lassen vom *diabolus* oder nicht, entscheidend ist seine „böse Gesinnung und Tat".

Das „Geheimnis des Bösen", das nach Paulus bereits „am Werk" ist, schmiedet alle Bösen, das heißt all jene, die sich vom Bösen im Laufe der Menschheitsgeschichte haben in Dienst nehmen lassen, „geheimnisvoll" zum mystischen Antichrist zusammen. Sie bilden eine antichristliche Körperschaft, wo und wann sie auch immer leben, über Räume und Zeiten hinweg, unabhängig davon, ob sie nun selbst um diese ihre Gliedschaft oder um den oder die anderen, mit dem oder denen sie diese Gemeinschaft bilden, wissen oder nicht:[86] Das Geheimnis des Bösen ist ihnen gemeinsam, ist, so kann jetzt mit Blick auf das gerade von Quidort zu Wort gekommene Argument formuliert werden, in ihnen dadurch wirksam, daß sie sich vom *diabolus* haben in Dienst nehmen lassen. Er macht sie zu dem, was sie sind: Glieder am mystischen Leib des Antichrist.

4.4.4 Der Antichrist und sein diabolischer Charakter

Damit sagt Johannes von Paris nicht, daß der Antichrist der *diabolus* sei, also als reines Geistwesen zu denken wäre. Dies gerade nicht! Wohl aber stellt er unmißverständlich fest, daß das als Antichrist bezeichnete geschichtliche „Phänomen" ohne dieses als *diabolus* bezeichnete Subjekt diabolischer Geschichtsmacht nicht zu begreifen ist. Er unterscheidet den Antichrist klarerweise vom *diabolus*. Doch ist der Antichrist nicht ohne den Satan zu denken. Der Antichrist ist derjenige, der sich vom „Drachen" in Dienst nehmen läßt, als „Verführer und Unterdrücker von Gerechten", ausgerüstet mit widergöttlicher, ja geradezu übermenschlicher „Kraft und Macht".

Die so als widergöttliche Macht ausgesprochen diabolische Qualifizierung des Antichrist wird im Blick auf Daniel 12,11 und die Interpreta-

---

[86] Dazu auch Fries, Heinrich: Weltgeschichte und Gottesreich. Zu Augustins *De civitate Dei*. In: Virtus politica. Festgabe zum 75. Geburtstag von Alfons Hufnagel. Hrsg. von Joseph Möller in Verbindung mit Helmut Kohlenberger. Stuttgart-Bad Cannstatt 1974, 81–93, hier 92. Die immer deutlicher werdende Scheidung der Geister im Verlauf der Geschichte spricht dem „Prinzip Offenbarung" das Wort, das Wilhelm Geerlings bei Augustinus deutlich machte. Geerlings skizziert die Genesis dieses „Prinzips" anhand der beiden Exponenten Ambrosius und Augustinus und weist schließlich nach, daß sich hier, bei Augustinus, die Umbildung der antiken Geschichtstheorie radikalisiert: Vom Prinzip Bewährung zum Prinzip Offenbarung. *ThPh* 64 (1989) 87–95: „Was hinter der Geschichte steht, wird, um Augustinus wieder aufzugreifen, ‚nur von jenen verstanden werden, die reinen Herzens sind'." Ebenda 95.

tionshilfe der *Glossa interlinearis* eigens veranschaulicht und bestätigt.[87]

Diese Danielstelle wird Johannes in seinem Traktat noch öfter anführen. Wie erinnerlich, spielte sie auch bei Arnald von Villanova eine aussagekräftige Rolle. Dieser alttestamentliche Vers gehört überhaupt zu den vielzitierten Bibelstellen innerhalb der Rede vom Kommen des Antichrist wie auch vom damit korrespondierenden Hereinbrechen des Weltendes. So wundert es nicht, daß auch der unmittelbar diesem elften Vers folgende Satz ausdrücklich vom „Ende der Tage", an dem der Prophet Daniel sich „erheben wird", um sein „Los" (*sors*, wie es in der hier angeführten Vulgataversion heißt) zu empfangen. Zuvor aber wird das „tägliche Opfer abgeschafft (*iuge sacrificium*)" und „der Greuel aufgestellt". Von besonderem Interesse ist diese Stelle auch deswegen, weil sie im Neuen Testament wieder aufgegriffen wird, und zwar von Jesus selbst; worauf Quidort, Arnald damit unausgesprochen recht gebend, ausdrücklich hinweist.[88] Der Antichrist gewinnt so einen weiteren ihn charakterisierenden Zug: In seiner widergöttlichen Machtausübung schreckt er nicht davor zurück, sich zum direkten Gegen-Gott aufzuspielen, den Gottesdienst abzuschaffen und sich selbst als Gott verehren zu lassen, „das Gesetz Gottes wie das seiner Heiligen" außer Kraft setzend. Der Antichrist avanciert zum Götzen, *idolum*, der Gottesdienst pervertiert zum Götzendienst.[89]

---

[87] „Et Dn XII dicitur quod auferetur *iuge sacrificium*, glossa: per antichristum qui cultum dei interdicet, et ponetur *abhominacio*, id est, idolum / abhominabile antichristi, *in desolationem* legis dei et sanctorum." Johannes von Paris: De antichristo et fine mundi. Oxford, fol. 15 ra–rb; cf. ed. Venedig 1518, fol. XLIIII va.

[88] Ebenda, fol. 15 rb: „quia dominus [. . .] discipulis petentibus signa adventus eius ad iudicium et signa finis mundi remittit eos ad abhominationem futuram de qua Daniel loquitur". In Mt 24,15–16 heißt es: „Cum ergo videritis abhominationem desolationis, quae dicta est a Daniele propheta, stantem in loco sancto, qui legit, intelligat: tunc qui in Iudaea sunt, fugiant ad montes." In Dn 9,27 heißt es (Übersetzung nach der Vulgataversion): „Der Greuel der Verwüstung wird im Tempel sein und die Verwüstung wird bis zur Vollendung und bis zum Ende dauern." Cf. ed. Venedig 1518, fol. XLIIII va. In Mk 13,14 heißt es ebenfalls in Anspielung auf Daniel: „Wenn ihr aber den Greuel der Verwüstung da stehen seht, wo er nicht sein darf – wer es liest bedenke es wohl –, dann fliehe in die Berge, wer in Judäa ist." Im Griechischen des Markusevangeliums wird das aus Daniel (9,27; 12,11) zitierte Wort „Greuel", welches ein Neutrum ist, wider alle grammatische Regel maskulinisch verwandt, läßt also in der Tat an eine männliche Person denken.

[89] Der „Sitz im Leben" dieser angeführten Danielstelle war die Regierungszeit des Seleukiden Antiochus IV. Epiphanus (175–164 v. Chr.). Dieser setzte alles daran, die Hellenisierung des Orients voranzutreiben. Als er im Jahre 169 nicht davor zurückschreckte, zur Aufbesserung der Staatsfinanzen sich an dem Jerusalemer Tempelschatz zu vergreifen, provozierte er in Juda und Jerusalem den Aufstand. Doch der Widerstand der Juden, die nunmehr „weder seleukiden- noch ptolemäerfreundlich", sondern sich „zu einer eigenen politischen Bewegung" entwickelten, wurde blutig niedergeschlagen. Überdies wurde in Akra eine syrische Besatzung etabliert und, das

Doch die angeführte apokalyptische Vision des Daniel darf dadurch
nicht ihren eschatologischen Charakter verlieren. Im Gegenteil: das
konkret-historische Ereignis gewinnt für den alttestamentlichen Propheten symbolisch zentrierte Bedeutung für die Endzeit. „Während
der Religionsverfolgung des syrischen Königs Antiochus IV. Epiphanes
[...] konnte sich die spätprophetische Naherwartung endzeitlichen
Gerichtes und endzeitlichen Heiles nur steigern. Die Verfolgungs- und
Schreckenszeit unter dem Syrerkönig mußte als die Periode endzeitli-
cher Drangsal erscheinen, der das endzeitliche Heil gleichsam auf dem
Fuße folgen sollte. Die spätere Apokalyptik sollte die eschatologische
Heilzeit dann als neuen Äon verstehen, der den gegenwärtigen bösen
Äon ablöst."[90]

Da überdies das Neue Testament diese Danielprophetie aufgreift und
endzeitlich deutet, ist für die mittelalterliche Bibelexegese wie für Johannes von Paris evident, daß mit der Rede vom Greuel und Götzen-
bild im Tempel letztlich nicht Antiochus oder sonst ein Tyrann der
Vergangenheit bezeichnet wird, sondern der gegen „Ende der Tage"
kommende Antichrist: „Ex quo patet quod non de Anthiocho tantum
vel alio intelligit, sed de antichristo futuro, quicumque est ille."[91]

4.4.5 Antichristus novissimus

Antiochus, Nero und all die Tyrannen der Vergangenheit waren nicht
der „antichristus novissimus", „Antichrist der Zukunft", sondern lediglich seine Vorausbilder. Das Verhältnis dieser zum zukünftigen Antichrist am Ende der Tage ist analog jener Relation, die alttestamentliche Gestalten wie Abel und David zu Christus innehaben. Sie gehören
aus heilsgeschichtlicher Sicht zu Christus. In ihrer Zeit und in ihrer Art
haben sie auf den Erlöser hingewiesen. Sie stellten sich JHWH zur Verfügung und ließen sich von Gott in Dienst nehmen, so daß durch sie,
durch ihr Leben und Wirken, der Gott der Geschichte in der Geschichte zu Wort kam. So haben sie letztlich auf den verwiesen, der in
der „Fülle der Zeit" selbst als das inkarnierte Wort Gottes auf die Welt

---

verletzendste, der praktizierte Glaube an JHWH mit der Todesstrafe belegt. Verboten
war selbst der Besitz der Thorarolle, die Beachtung des Sabbats, die Fest- und Fasten-
zeiten, die Beschneidung. Überall im Lande wurden heidnische Altäre errichtet und
selbst der Jerusalemer Tempel zu einer Götzenstätte des mit „Zeus Olympios gleichgesetzten Baal Schamem (Himmelsbaal) umgewandelt". Fohrer 1977, 224.

[90] Ruppert, Lothar: Gottes befreiendes Handeln in der Geschichtstheologie des Alten
Testamentes. In: Das Heil und die Utopien. Eine Orientierungshilfe für die Praxis.
Hrsg. von Ludwig Hödl, Gisbert Kaufmann, Lothar Ruppert u. a. Paderborn 1977,
67–81, hier 80.

[91] Johannes von Paris: De antichristo et fine mundi. Oxford, fol. 15 rb; cf. ed. Venedig
1518, fol. XLIIII va.

gekommen ist, Christus Jesus: „quia sicut Abel et David fuerunt in mysterio figura Christi, sic Nero tunc operans erat figura antichristi".[92]
Johannes betont aber sofort, daß dieser Vergleich nur auf die beiden
genannten Beziehungsstränge anzuwenden sei, David – Christus, Nero
– Antichrist, nicht etwa auf die Personen als Personen. Der künftige
Antichrist, der Antichrist also der letzten Tage, ist ja eben nicht – auch
nicht e contrario – vergleichbar mit Jesus Christus. Der Antichrist ist
der, der sich am Ende der Tage als jemand entpuppt („offenbar wird",
wie es in Anlehnung an Paulus immer wieder heißt), der sich vom
Diabolus hat voll in Dienst nehmen lassen. Die in pervertierter Parallele zu Jesus Christus gezeichnete Charakterisierung des Antichrist verliert für Johannes von Paris dort ihre Spannkraft, wo sie an das Christusgeheimnis selbst rührt.
Genau um diesen Gedanken geht es Quidort, wenn er wenig später
noch einmal auf die Thessalonicherstelle und auf die Geheime Offenbarung, Kp. 13 zu sprechen kommt. Hier ist nach Quidort von der
Kraft- und Machtübertragung des als *diabolus* interpretierten „Drachen" auf den Antichrist die Rede. Was Wunder, wenn dem theologisch geschulten Gelehrten dabei sofort der Gedanke von jener Kraft-
und Machttranslation in den Sinn kommt, die der Vater dem Sohn,
Christus, übereignete, wie sie etwa in Mt 28,18 angedeutet oder im
Brief an die Epheser 1,17–23 trinitarisch entfaltet wird.[93]
Die Christologie bedenkt diese exponierte Relation von göttlicher und
menschlicher Größe in Jesus Christus mit der wesentlichen Aussage
der chalkedonischen Formel von der sogenannten „Hypostatischen
Union":[94] Sie will damit besagen, daß Jesus Christus ineins Gott und
Mensch ist, wobei diese Einheit (Union) seiner menschlichen Natur
mit dem ewigen Gottessohn von der einen göttlichen Person und Subsistenz des Sohnes getragen ist. Die Menschheit Jesu erlangt in ihr
allererst ihre personale Wirklichkeit. Solch eine Union zwischen
dem Teufel und dem künftigen Antichrist lehnt Johannes energisch
ab.[95]
Johannes von Paris bringt hier die Frage nach dem Wesen des Antichrist zu Wort; und zwar via negationis: Er sagt, was der Antichrist

---

[92] Ebenda fol. 14 vb; cf. ed. Venedig 1518, fol. XLIIII va.
[93] Ebenda fol. 15 va; cf. ed. Venedig 1518, fol. XLIIII vb.
[94] Prägnant Hödl, Ludwig: Hypostatische Union. In: LexMA V, 1991, 251.
[95] „Sunt tamen quidam qui forte dicerent quod sicut filius dei humanitatem sibi univit in
unitate suppositi ut sit in duabus naturis unum suppositum / sic diabolus humanitatem illam assumet in unitate suppositi ut sit unum suppositum in duabus naturis; et
unica adoratione latere vel pocius ydolatrie adorabitur dyabolus et homo in homine
illo, sicut unica adoratione latrie adoratur deus et homo in Christo." Johannes von
Paris, Oxford, fol. 15 vb; cf. ed. Venedig 1518, fol. XLIIII vb.

288	Die „tolerable Lösung"

nicht ist, indem er jene Ansicht über das Wesen des Antichrist vorstellt, die gewisse Personen – quidam – von ihm irrigerweise artikulieren. Diese nämlich denken die Einheit zwischen Teufel und Antichrist
so, wie die Einheit der beiden Naturen, der menschlichen wie der göttlichen, im inkarnierten Sohn Gottes; also so, wie es auf dem Konzil von
Chalcedon aus dem Jahre 451 formuliert wurde: als „in unitate suppositi", als in der Einheit des Träger-Ichs, der göttlichen Person und Hypostase, zusammenkommende also.[96]
Dabei wußte er sich – unausgesprochen und doch gerade in der oben
von ihm zitierten Passage – fest verwurzelt in der theologischen Gelehrtenwelt der Scholastik. Die Schule hatte sich immer wieder auf den
Weg gemacht, die patristische Rede von dem – teilweise ja, wie dargelegt, bis zur Identifikation getriebenen – engen Verhältnis zwischen
dem künftigen Antichrist am Ende der Tage und dem Diabolus nach
allen Regeln ihrer Kunst zu räsonieren, zu disputieren und klärend voranzubringen. Dabei spielten Bedas Apokalypsenkommentar, Haimos

---

[96] Bereits der Afrikaner Tyconius aus dem 4. Jahrhundert spricht von der engen Zuordnung des Antichrist zum Teufel, eine Vorstellung, die die *Glossa ordinaria*, wie erwähnt,
übernimmt wird. Der Antichrist wird klarerweise als der Sohn des Teufels, allerdings, wie es ausdrücklich heißt „non per naturam, sed imitationem" (Rauh 1979,
102–121, 220), aber doch vollkommen vom Willen des Satans beherrscht. Hieronymus hatte allerdings bereits eindeutig die „Vorstellung einiger" abgelehnt, die den
Antichrist als eine Inkarnation des Teufels oder eines Dämons begriffen: „Ne cum
putemus juxta quorumdam opinionem vel diabolum esse vel daimonem; sed unum de
hominibus, in quo totus satanas habiturus sit corporaliter" (Hieronymus: In Dn 7,8:
PL 25, 531; Rauh 1979, 130–137). Damit stand er im Gegensatz zu all jenen, die – wie
Firmicus Maternus in seiner Studie *De errore profanarum religionum* – noch in der ersten
Hälfte des 4. Jahrhunderts die Identifizierung von *diabolus* und *antichristus* aufstellten
oder die diese These noch ein Jahrhundert später vertraten, wie Theodoretus, der
Bischof von Kyros. Dieser verstand die nämliche Thessalonicherstelle ebenfalls so, daß
hier vom als Antichrist bezeichneten Teufel selbst die Rede sei (Clark 1986, 138f.).
Auch Augustinus, in vielem von Tyconius beeinflußt, scheint in *De civitate Dei* 20, 19
den Antichrist mit jenem „Abtrünnigen" zu identifizieren, von dem Paulus in der genannten Thessalonicherstelle (2 Thess 3) spreche. Dieser Abtrünnige sei der Satan
selbst, der „Fürst dieser Welt". Ob er auch der Antichrist sei, der vor dem Tag des
Gerichts kommen werde, geht aus dem, was der Bischof von Hippo vorsichtig und
zurückhaltend darlegt, nicht eindeutig hervor (dazu dezidiert Geerlings 1988, 378).
Interpretiert werden kann diese Stelle durchaus auch in der Weise, daß Augustinus
nicht an eine „Identifizierung" des Antichrist mit dem Teufel, sondern eher an eine –
vor dem Endgericht sich vollziehende – vollständige Indienstnahme des Antichrist
durch den Teufel denkt. Allerdings darf auch diese Interpretation nicht als die einzig
mögliche hingestellt werden, wie es Emmerson ([2]1984, 65f.) formulierte. Das Kenn-
zeichnende für Augustinus ist vielmehr, daß er sich darüber ausschweigt, wie das Verhältnis des Antichrist zum Teufel näherhin zu denken sei. Diese Unklarheit bei Augustinus ist es ja, die Johannes von Paris geradezu nötigt, dieses Thema zu bedenken und
genau an dieser Stelle (nachdem er kurz zuvor den Bischof von Hippo zitiert hatte),
über das Verhältnis von *diabolus* und *antichristus* zu reflektieren.

von Auxerre Gedanken zum Thessalonicherbrief wie die entsprechenden Interpretationen und Erklärungen in der *Glossa ordinaria* wie *interlinearis* immer wieder eine entscheidende, den Diskurs vorantreibende, wenngleich nicht einzige Rolle.[97] Darf doch nicht übersehen werden, daß die von der patristischen Tradition unerledigt gebliebene Frage nach dem rechten Verhältnis von *diabolus* und Antichrist auch die populären wie – spätestens ab Mitte des 13. Jahrhunderts – politisch-polemischen Vorstellungen anregte. Mittlerweile hatte sie zu einer recht konkreten, wenn auch keineswegs einheitlichen Bild-Antwort gefunden, die naturgemäß nicht ohne Rückwirkungen auf die sich ständig differenzierende, keineswegs einheitliche Volksfrömmigkeit blieb, auf die religiös-mentalen Vorstellungen der Zeitgenossen insgesamt. Die Theologen des 13. Jahrhunderts durften sich jedenfalls dieser Frage nach der Relation des diabolischen Geistwesens zum konkreten Antichrist am Ende der Tage nicht mehr entziehen. Sie waren jetzt in ihrer theologischen Verantwortung gefragt. Gerade die exemplarisch und bildlich dargestellte „Physiognomie des Antichrist", wie wir sie in zahlreichen Handschriftenillustrationen allein des 13. Säkulums entdecken und zuletzt von McGinn exemplarisch und punktuell – neben anderen des 10. bis 16. Jahrhunderts – besprochen und problematisiert finden, provozieren die Frage nach ihrem jeweiligen religiös-theologischen Hintergrund, speziell auch nach der „genetischen" Provenienz des Antichrist. Gerade diese Frage gehört ja zu den Ergebnissen der Untersuchung McGinns, die aber selbst über seine Darstellung hinausweist: „If the final enemy is conceived of as a demon, the descriptive possibilities will obviously be somewhat different than if he is thought of as a human person."[98]
Die Frage nach der Relation des *diabolus* zum *antichristus novissimus* war also ein Thema aus und mit vielen Motiven, zusammengesetzt aus vielstimmigen, auch gegenläufigen Variationen. Dennoch lassen sich bei aller Heterogenität ihrer mannigfältigen Antworten grundsätzlich zwei Positionen zu diesem Thema differenzieren, die Johannes von Paris hier in theologischer Manier treffend resümiert: einerseits nämlich die Ansicht, daß es sich beim künftigen Antichrist um den leibhaftigen *diabolus* handle, um die Inkarnation des Teufels am Ende der Tage, sowie – andererseits – die Überlegung, daß der Antichrist ein vom Teufel besessener Mensch sei, ein Mensch, der sich voll und ganz dem

---

[97] Beda Venerabilis: Explanatio Apocalypsis II, 13 (PL 93, 172); Haimo von Auxerre zu 2 Thess 2 (PL 117, 781 f); *Glossa ordinaria et interlinearis* zu Dn 7,5, ed. Venedig Bd. 4, 1603, 1581–1583, und 2 Thess 2 ebenda, Bd. 6, 1603, 673–675; generell zu diesem Thema Emmerson, ²1984, 126f.
[98] McGinn 1988, 2.

Bösen verschrieben habe und nun vom Bösen entsprechend – voll und ganz – in Dienst genommen werde.[99]

[99] Der Antichrist wird in Babylon geboren und gehört zum Stamm Dan: „dicitur enim quod nascetur in Babillone de tribu Dan, iuxta illud quod dixit Iacob pater eius Gn XLVIII: *Fiat Dan coluber in via, cerastes in semita.* Unde et hec sola tribus in Apc 7 subticetur, ubi ex aliis tribubus signati numerantur"; Oxford, fol. 15 rb, aber statt „iuxta illud" fälschlich „iuxta illum"; im Druck Venedig 1518, fol. XLIIII vb: „iuxta illud." Unausgesprochen zitiert er hier Vinzenz von Beauvais: „Legitur autem Antichristus in Babylone de tribu Dan nasciturus, iuxta id quod ait Iacob pater eius": *Fiat Dan coluber in via,* etc. Unde et haec sola tribus in Apocal. subticetur, ubi ex alijs tribubus signati numerantur. Vinzenz von Beauvais: Speculum naturale 32,103, Graz 1964, 2476 (= Nachdruck der Ausgabe Douai 1624). Vgl. dazu auch das Speculum historiale 31,109, Graz 1965, 1325 ra und das Speculum morale II, pars 2, dist. 1, Graz 1964, 748–762, hier 758; dazu auch Ps.-Thomas Aquinas, Expositio I super Apocalypsim 7,4. In: Opera Omnia 31, 1876, 553. Vgl. auch Pseudo-Albertus Magnus: In Apocalypsim, visio II–VII, 5, 8 In: Opera omnia 38, 1890, 591. Quidort nennt Methodius (fol. 15 va): „Methodius vero martir, de quo dicit Ieronymus quod habuit revelationem in carcere de ultimis temporibus et fine mundi, dicit quod antichristus apparebit in Corozaym, nutrietur in Bethsaida et regnabit in Capharnaum." Die Hieronymusstelle findet sich in: De viris illustribus (PL 23, 602–720, hier I, 83; PL 23, 691). Auf dieses bedeutende Werk verweist auch die *Glossa ordinaria* im Hieronymus zugeschriebenen Prolog zu Daniel, Bd. 3, Venedig 1603, 1491. Dieser „Methodius Martir" war aber gar nicht der Autor der hier von Johannes von Paris angeführten *Revelationes.* Komosko, Michael: Das Rätsel des Pseudo-Methodius. *Byzantion* 6 (1931) 273–296, bes. 285, vermutet, daß diese Schrift sogar bereits zu Beginn der zweiten Hälfte des 7. Jahrhunderts entstand. Überzeugender aber Sackur 1898, 45ff.; dazu auch Rauh 1979, 145. Verfaßt also zu einer Zeit, in der Syrien unter der Kalifendynastie der Omadijaden stand, die von 661 bis 750 (zuletzt Merwan II.) in Damaskus, und von 756 bis zum Jahre 1030 (zuletzt Hischam III.) regierte. Ihre Herrschaft erstreckte sich schließlich von Amur bis nach Südfrankreich und beschwor zu Beginn des 8. Jahrhunderts jene „arabische Gefahr" herauf, die sich bekanntlich zu „einer tödlichen Bedrohung für die Christenheit" zuspitzte. Dhondt, Jan: Das frühe Mittelalter. Frankfurt 1968, 17 (= Fischer Weltgeschichte Bd. 10); Le Goff, Jacques: Kultur des europäischen Mittelalters. München/Zürich 1970, 83–85. Korrespondierend dem Anwachsen dieser „arabischen Gefahr", verbreiteten sich die „Offenbarungen" des Pseudo-Methodius in der christlichen Welt. Sie wurden zunächst ins Griechische übersetzt und gelangten, vermittelt durch syrisch-griechische Händler wie Mönche, ins Frankenreich. Hier wurden sie schließlich von einem gewissen *monachus Petrus* – mehr schlecht als recht – ins Lateinische transponiert und – beispielsweise – am Hof der Karolinger rezipiert. Zu Methodius Altaner, Berthold/Stuiber, Alfred: Patrologie. Leben, Schriften und Lehre der Kirchenväter. Freiburg/Basel/Wien ⁸1980, 215f. (Lit. auch S. 591). Zu den geistiggeistlichen Wirkungen im Mittelalter Musurillo, Herbert A.: Méthode d'Olympe (saint). In: DSp X, 1980, 1109–1117. Borst, Arno: Der Turmbau von Babel I. Stuttgart 1957, 270; Rauh 1979, 146; Pseudo-Methodius: Revelationes. In: Sibyllinische Texte und Forschungen. Pseudomethodius, Adso und die Tiburtinische Sibylle. Hrsg. von Ernst Sackur. Halle 1898, 59–96, hier Kap. 13, 93 (= Unveränderter, aber mit einem Vorwort von Raoul Manselli versehener Nachdruck 1963); Adso Dervensis: De ortu et tempore antichristi necnon et tractatus qui ab eo dependunt. Ediert von D. Verhelst, Turnhout 1976, 23 (= CChr.CM 45); einer der ersten und einflußreichen Glossatoren der Sentenzen des Petrus Lombardus, der *Magister historiarum,* Petrus Comestor, bestä-

4.4.6 Verhältnisbestimmung

Das Verhältnis von *diabolus* und *antichristus* bedarf nach Johannes Quidort von Paris der näheren philosophisch-theologischen Klärung. Ist es vergleichbar mit dem Verhältnis von Christus und Gott? Um diese Fragen zu klären, rekurriert Johannes auf Vinzenz von Beauvais,[100] ohne diesen dominikanischen Autor allerdings zu nennen oder gar die von ihm stammenden Ausführungen als Zitat zu kennzeichnen. Johannes verläßt ihn aber sogleich, wenn er seine „Gegner", das heißt, die von ihm als Fehlmeinung eingeschätzten Positionen zu Wort bringen will. Die letzten Ausführungen des von Johannes nicht genannten Vinzenz verschaffen ihm dabei den nahtlosen Übergang. Wurden hier doch – via negationis – Meinungen artikuliert, die andeuten, wie die Relation, ja enge „Kooperation" von Antichrist und *diabolus* eben nicht zu denken sei: nicht so, daß der freie Entscheid des Menschen „Antichrist" vom *diabolus* ausgeschaltet werde, der Antichrist also gar nicht als wahres Subjekt der ihm nachgesagten Taten fungiere. Es handelt sich also beim Antichrist nicht um einen vom Teufel willen- und entscheidungslos Besessenen, „[. . .] nec furibundo".[101] Wenn Johannes dann aber von Vinzenz von Beauvais abweicht, um wenige Zeilen später nochmals zu ihm zurückzukehren, so deswegen, um diesen Gedanken fortzusetzen, ihn in philosophisch-theologischer Manier zu vertiefen und – vor allem – den allein schon durch den Terminus *antichristus* naheliegenden Gedanken einer E-contrario-Parallelisierung seines Wesens mit der in der bekannten Formel von der Hypostatischen Union zu Wort gebrachten Umschreibung des Wesens Christi abzuwehren. Bezeugt doch die christliche Offenbarung, daß in Jesus Christus Gott offenbar geworden ist, daß sich dem Menschen in Jesus Christus Gottes Sohn zeigt, sich in ihm, formelhaft ausgedrückt, Menschheit und Gottheit so begegnen, eins und einig werden, daß – mit Chalcedon – von einer Hypostatischen Union gesprochen werden muß. Diese Einheit genau ist es, die Johannes von Paris im Blick auf das Verhältnis von *diabolus* und *antichristus* nicht zuläßt.

---

tigt in seiner vielgelesenen „Historia scholastica" dem Autor der *Revelationes* ausdrücklich die Geistinspirierung: „Revelatum est ei a Spiritu de principio et fine mundi". Petrus Comestor: Historia scholastica. Liber Genesis, cap. 25 (PL 198, 1076 B). Dazu auch *Glossa ordinaria* Prolog zum Buch Daniel, Bd. 3, Venedig 1603, 1491.

[100] Er war Dominikaner, Erzieher und Bibliothekar am Hofe Ludwigs IX. Dolch, Josef: Lehrplan des Abendlandes. Zweieinhalb Jahrtausende seiner Geschichte. Darmstadt 1982, 140f. (= Nachdruck der dritten Auflage Ratingen/Wuppertal 1971); Emmerson, Richard, K.: Antichrist in the Middle Ages. A Study of Medieval Apocalypticism, Art, and Literature. Seattle 1984, geht nur kurz auf die Antichristvorstellung Vinzenz' ein: 158–160.

[101] Oxford, fol. 15 vb; dazu auch Druck Venedig 1518, fol. XLIIII vb.

Wie erinnerlich greift der Pariser Gelehrte dabei auf die seinerzeit bekannten Kenn- und Kernwörter von *unitas suppositi* und *duae naturae*
zurück („ut sit in duabus naturis unum suppositum"), die bereits Thomas von Aquin innerhalb seiner angestrengten Trinitätstheologie wie
Christologie in der Weise reflektierte, daß er den substantialen Personbegriff stärker relationierte. Schüler des Thomas, wie Johannes von
Neapel († 1336), konzentrierten sich schließlich ganz auf den Rela-
tionsbegriff der Trinitätstheologie, sich dabei aber von dem augustinischen psychologischen Trinitätsmodell entfernend.[102]
Es belegt den theologisch geschärften Blick des Johannes von Paris,
wenn er sogleich die naheliegende Konsequenz einer auf den Antichrist gemünzten Hypostatischen Union abwehrt. Dies hieße ja tatsächlich nichts anderes, als daß der *diabolus* selbst inkarniert wäre im
Antichrist, daß also die weltförmige Erscheinungsform des reinen
Geistwesens eben der Antichrist wäre und daß man vom *diabolus* und
vom künftigen Antichrist nicht im Sinne zweier Personen, sondern einer einzigen sprechen müßte. Damit erhielte auch die dem Antichrist
zugesprochene Verführung zur Idolatrie ihren doppelt-diabolischen
Charakter: Die Verehrung des „Antichrist" erhöhe nicht bloß den *antichristus* als Menschen, sondern auch ihn als Teufel, als geschaffenes
reines Geistwesen, in den Rang Gottes. In dem einen Akt der Verehrung kämen Mensch und *diabolus* zur Anbetung: „adorabitur diabolus
et homo in homine illo sicut unica adoratione adoratur deus et homo
in Christo".[103]
Es gab solch irrige Vorstellungen vom Antichrist.[104] Johannes kennt
sie, macht sie namhaft, ihnen widersprechend und als unüberlegte

---

[102] Mit gutem Einblick in die Entwicklung Schneider, Richard: Die Trinitätslehre in den
Quodlibeta und Quaestiones disputatae des Johannes von Neapel O.P. († 1336).
München/Paderborn/Wien 1972 (= VGI 16). Dazu auch philosophischerseits Ko-
busch, Theo: Die Entwicklung der Person. Metaphysik der Freiheit und modernes
Menschenbild. Freiburg/Basel/Wien 1993, 23–54.

[103] Oxford, fol. 15 vb; dazu auch Druck Venedig 1518, fol. XLIIII vb.

[104] Unüberhörbar wirkt Pseudo-Hippolytus, De consummatione mundi XIX–XX (PG 10,
919–922), nach, der den Gedanken von einer personalen Identität des Teufels mit
dem Antichrist nahelegt, aber seine Argumentation schließlich doch dahingehend
abändert, daß er den Antichrist lediglich als Werkzeug in der Hand des Teufels erscheinen läßt. Doch diese Differenzierung innerhalb einer die Identität forcierenden
Darlegung ist wirkungsgeschichtlich und vulgärtheologisch nicht immer bedacht worden. Siehe Firmicus Maternus, De errore profanarum religionum XXII, ed. Konrad
Ziegler, Leipzig 1908, 58; Theodoretus, Interp. Epist. II ad Thess. II (PG 82, 663).
Diese Identifikationsthese wurde vor allem durch die Ikonographie breiterer Volksschichten nahegelegt. Emmerson ²1984, 108–110. Dagegen aber McGinn, 1988, 28,
der ein „increasing humanization" im Verlauf der Jahrunderte des Mittelalters feststellt. „What is evident about Antichrist as portrayed in the iconographic tradition of
the Middle Ages is his increasing humanization. The physiognomic tradition gave a
verbal portrait of a human monster with characteristics so bizarre as to make the

Fehldeutung verurteilend. Johannes von Paris räumt auf mit der Rede vom Antichrist als eines seinsmäßig ebenbürtigen Gegners Christi, als eines „Christus in Perversion": „Nam ut dicunt ad hoc quod suppositum sustentare in se alienam naturam non oportet quod sit infinitum, sed sufficit quod sit subsistens in perfectiori natura, ut patet de supposito substantie respectu nature accidentis quam trahit ad suum esse. Verum quia hoc videtur esse proprium divini suppositi respectu naturarum substantialium, ideo hoc non approbo nec forte est possibile."[105]

Johannes von Paris spricht hier unmißverständlich ontologisch. Er adaptiert den Satz von der Hypostatischen Union, die Formel von der göttlichen und menschlichen Natur in der personalen Subsistenz des Logos. Die Existenzform des innertrinitarischen Sohnes ist aber nach Thomas von Aquin die *generatio*, das Erzeugtwerden vom Vater, das ihn allererst sowie voll und ganz in seinem Dasein wie Sosein, in Existenz wie Essenz, bestimmt, zu dem macht, was er von Ewigkeit her ist: Der ununterbrochene Empfang selbst von allem, was der Vater ist.[106]

Da also der Sohn als jene innertrinitarische Person verstanden wird, die aus dem Vater hervorgeht und die, wie es im zweiten Glaubensartikel des Symbolum der Kirche heißt, durch die geistgewirkte Geburt aus der Jungfrau in die Welt kam, so muß sich dieses sein Erzeugtwerden und Hervorgehen aus dem Vater, dieses sein Sohn-Sein, seine *generatio*, in der geschichtlichen, raum-zeitlichen, irdischen Person Jesu ebenfalls manifestieren. Dies sei, wie Thomas von Aquin feststellte, auch tatsächlich der Fall gewesen; und zwar in der Sendung, der sogenannten *missio*. Die Sendung des Sohnes in die Welt (missio) ist „die weltförmige Erscheinung seines Erzeugtwerdens (generatio)", wie von Balthasar diesen Gedanken des Aquinaten treffend wiedergibt.[107] Zur Vertiefung des Gemeinten fügt er hinzu, daß des Sohnes Daseinsweise auf Erden nichts anderes sei „als die Erscheinung im Raum der Geschöpfe, die Vergeschöpflichung dieser himmlischen Existenzform:

---

possessor difficult not to recognize no matter how obtuse the observer. The iconographic tradition, however, while it continued to coexist with theriomorphic and teratological pictures of the filius perditionis, is not only more humanized in outlook, but also fuller in biographical content and subtlety in presenting the Antichrist's personality."

[105] Dies betont Johannes von Paris mehrfach; Oxford, fol. 15 vb; cf. ed. Venedig 1518, fol. XLIIII vb.

[106] Thomas von Aquin: STh I, q. 43, a. 1 und 2, ad 3; dazu Balthasar, Hans Urs von: Theologie der Geschichte. Ein Grundriss. Neue Fassung. Einsiedeln [4]1959, 25 (= Christ heute I/8).

[107] Balthasar 1959, 25.

Dasein als Empfang, als Offenheit zum Willen des Vaters, als subsistierender Vollzug dieses Willens in ununterbrochener Sendung".[108]

Als gebildeter Theologe wußte Johannes von Paris selbstverständlich um diese hier nur angedeutete unlösbar-enge Verquickung von Trinitätstheologie und Christologie, wußte um das einmalige Mysterium Jesu Christi, das auf den Antichrist zu übertragen, auch wenn es nur pervertierterweise geschähe, er sich nicht erlaubte. Durch diese Differenzierung des Antichrist zu Christus konturiert er aber zugleich sein Verständnis vom Antichrist selbst:

Die zweite göttliche Person, *filius Dei*, muß als jene gedacht und bekannt werden, die eben „nicht zuerst Person für sich ist, die es nachträglich übernimmt, sich in den Dienst des Vaters zu stellen". Folglich darf der Sohn auf Erden auch nicht als ein Mensch vorgestellt werden, der, wie gesagt, „zuerst Mensch für sich" wäre, ein Mensch, „der sich nachträglich zum Vater hin öffnet". Der Antichrist aber – das nämlich ist die hier getroffene eigentliche Aussageabsicht Quidorts! – muß genau als jemand vorgestellt werden, der zuerst Mensch ist und sich dann – nachträglich – dem *diabolus* freiwillig – per iudicium – öffnet, von ihm, diesem gefallenen Engel, auch tatsächlich in Anspruch genommen wird und ihm so zu Diensten ist: Der Antichrist ist, so will, positiv formuliert, Johannes von Paris verdeutlichen, als ein Mensch zu denken, der – trotz der Heimsuchung durch den Teufel – durchaus Willens-, freie Entscheidungs- und also Urteilskraft besitzt. Für alles, was er anrichtet, ist er verantwortlich, das heißt, er kann nicht – wie etwa ein Wahnsinniger – im Blick auf seine Taten für unzurechnungsfähig betrachtet werden.

Diese Einschätzung entspricht genau jenem dominikanischen Theologen, der bereits in der Reflexion über die Hypostatische Union zu Wort gekommen ist: Thomas von Aquin.

Thomas von Aquin wurde einst, wie erinnerlich, durch einen gewissen Johannes von Paris verteidigt. Im Jahre 1300 aber soll dieser Johannes sich bereits so weit von den thomanischen Grundpositionen entfernt haben, daß diese Diskrepanz als „abenteuerlich" beurteilt wurde. Für Quidorts bisherige Ausführungen zu dem, was er mit „Antichrist" meint, kann dieses Verdikt jedoch keineswegs gelten. Im Gegenteil: Im Blick auf die thomanischen Ausführungen gewinnt das, was Johannes von Paris bislang über den Antichrist auszuführen wußte, schärfere Konturen.

Der Aquinate war in seinem in der sogenannten „zweiten Pariser Periode" (1269–1272)[109] entstandenen Kommentar zu den *Epistolae sancti*

---

[108] Ebenda.
[109] Weisheipl, James A.: Thomas von Aquin. Sein Leben und seine Theologie. Graz/Wien/Köln 1980, 330.

Pauli, genauer zu der nämlichen Thessalonicherstelle, die auch Johannes anführte, auf den Antichrist zu sprechen gekommen.[110]

Auch Thomas betont ausdrücklich, daß der Antichrist ein „Werk des Satans" sei, bezieht also 2 Thess 9 ebenfalls auf den Antichrist der letzten Tage. Ebenfalls ist für Thomas der Antichrist in gewisser Weise und in bestimmten Maßen der pervertierte Christus: „quia sicut in Christo abundavit plenitudo virtutis, ita in antichristo multitudo omnium peccatorum, et sicut Christus est melior omnibus sanctis, sic ille peior omnibus malis".[111]

Doch sogleich deutet Thomas die Grenze des Vergleichs an. Christus ist der absolut Gute, der Antichrist aber keineswegs der absolut Böse; denn er behält sein Menschsein. Dieses ist aber von Schöpfungs wegen gut. So wird der Antichrist zwar Sohn der Sünde genannt; aber lediglich deswegen, weil in ihm das Böse tatsächlich in einzigartiger Weise kulminiert, nicht aber deswegen, weil er nur aus Bösem bestehe, er womöglich der Böse selbst sei.[112]

Mit „Sohn des Verderbens" ist also der Antichrist gemeint. Doch der Sohn des Verderbens ist nicht das Verderben selbst. Thomas sagt klar, was er unter „Verderben" versteht, dabei zwischen *antichristus* und *diabolus* differenzierend: „[. . .] perditionis, id est diaboli, non per naturam, sed per suae malitiae complementum, quae in eo complebitur."[113]

Der Aquinat sieht den Antichrist ausgerüstet mit der Macht des Teufels, ohne selbst der Teufel zu sein. Ebenso wie Johannes findet sich bereits bei Thomas die Kennzeichnung des Antichrist als Tyrannen und Verfolgers, nicht nur der Kirche, sondern aller Menschen guten Willens. Er hatte seine Vorläufer und Vorausbilder. Alle Tyrannen und Verfolger der Kirche waren „quasi figura antichristi",[114] womit also bereits Thomas jenen Terminus in die Diskussion wirft, der – wie bei Johannes von Paris – ebenfalls eine Parallelisierung mit Christus zu Wort bringt, dem die vorangegangenen Guten korrespondieren, die als *figura Christi* bezeichnet werden. Während aber diese tatsächlich als „Vorausbilder Christi" bezeichnet werden können, ist es auffallend, daß Thomas im Blick auf den Antichrist und seine Vorläufer lediglich

---

[110] Thomas von Aquin: Commentaria in epistolam II ad Thessalonicenses, cap. 2, lectio 1, in: Opera Omnia. Bd. 21, 436–451, hier 442.

[111] Ebenda.

[112] Ebenda: „Sed non dicitur sic homo peccati quin posset esse peior, quia nunquam malum corrumpit totum bonum, licet quantum ad actum non poterit esse peior. Christo autem nullus homo potuit esse magis bonus. Dicitur autem *filius perditionis*, id est deputatus extremae perditioni."

[113] Ebenda.

[114] Ebenda.

von *quasi figura* spricht. Damit will er offensichtlich festhalten, daß dieser Ausdruck *figura* eigentlich nur im Blick auf Christus und seine Anhänger, und lediglich in einem abgeleiteten Sinne, analogice, vom Antichrist und seinen Anhängern gilt,[115] die im tiefsten nicht einmal die Anhänger des Antichrist, sondern die des *diabolus* sind. Und nur insofern, als der *diabolus* und der Antichrist durch das „Geheimnis des Bösen" engstens (aber dennoch nicht einig im Sinne der Hypostatischen Union) verbunden sind, ist auch der Tyrann, der Volksverführer und Verfolger, Vorläufer des künftigen Antichrist.

Wie genau diese Verbindung zwischen dem *diabolus* und dem *antichristus* zu denken ist, sagt der Aquinat nicht. Doch – wie später Johannes von Paris – betont auch er die diabolische Provenienz und die daraus resultierende Machtfülle des Antichrist: „Auctor hujus potestatis est diabolus."[116] Diese teuflische Macht des Antichrist äußert sich in einer spezifischen Weise, wodurch jener „letzter Befreiungsschlag des Teufels" gekennzeichnet ist, von dem die Apokalypse, Kapitel 20,7 spricht: „Solvetur satanas de carcere suo, et exibit, et seducet gentes."[117]

Diese biblische Prophezeiung wird erfüllt, wenn die Zeit des Antichrist gekommen ist. Der künftige Antichrist ist der Antichrist der letzten Tage, ist der, der sich dem losgelassenen Satan zur Verfügung stellt und „die Völker verführt".

Dieser Gedanke und die damit verbundene Charakterisierung des Antichrist als Volksverführer wird, wie erinnerlich, von Johannes von Paris übernommen, ja wird, wie festgestellt, durch das Abweichen von seinen direkten „Vorlagen" und das Übernehmen von volkstümlichen Gedanken des Pseudo-Methodius bei gleichzeitiger Transponierung von philosophisch-theologischen Termini noch eigens unterstrichen.

Dabei wird im Blick auf Thomas von Aquin die eigentliche Aussageintention des Johannes von Paris noch deutlicher: Das, was der Antichrist schließlich ins Werk setzt und bewirkt, ist Volksverführung großen Stils, letztlich satanischen Ursprungs und Ausmaßes, satanischer Absicht wie Zielrichtung: Raffiniert verführt werden soll der „ganze Mensch":

---

[115] „Et dicit: revelabitur, quia, sicut omnia bona et virtutes sanctorum qui praecesserunt Christum fuerunt figura Christi, ita in omnibus persecutionibus Ecclesiae tyranni fuerunt quasi figura antichristi, et latuit ibi antichristus, et ita tota illa malitia quae latet in eis revelabitur in tempore illo." Zum Begriff *analogice* und *analogia* siehe Thomas von Aquin: In Sent. I, d. 19, q. 5, a. 2 ad 1.; STh I, q. 13, a. 5; Quaest. disp. De veritate q. 2, a. 11. Thomas hat vornehmlich die *analogia attributionis* vor Augen, in der das Analogon den jeweiligen Vergleichsgliedern nur in Beziehung und nach Maßgabe eines Dritten zukommt, und zwar logisch wie ontologisch.

[116] Thomas von Aquin: Commentaria in epistolam II ad Thessalonicenses, cap. 2, lectio 1, in: Opera omnia, Bd. 21, 1876, 444).

[117] Ebenda.

„Operatur enim aliquid secundum operationem satanae, sicut arreptitius, in quo non solum instigat voluntatem, sed etiam impedit usum
rationis, quod tamen non imputatur ad culpam eius, quia non habet
usum liberi arbitrii."[118]
Diese schleichende, Willen und Verstand befallende Verführungskunst
ist satanisch. Sie wird auf den Antichrist übertragen, der diesem satanischen Werk dennoch nicht willen- und vernunftslos verfällt, sondern
dieses Werk als Werk des Satans erkennt und ihm dennoch oder gerade deswegen zustimmt, ja sich dem Bösen voll und ganz zur Verfügung stellt. Das gerade macht das Ungeheuerliche des Antichrist aus,
das gerade bewirkt auch seine ihm vom *diabolus* übertragene Macht
und wundersame, diabolische Verführungskraft auf andere. Und auch
hier findet sich wieder die Übereinstimmung von Johannes mit dem
Doctor angelicus. Auch der Aquinat betont, daß der Antichrist voll
schuldfähig sei, voll verantwortlich für seine satanischen Werke.[119]
Der Satan findet Eingang zum Innersten des Antichrist, und zwar
gleichsam durch raffiniert vorgebrachten Ein- und Zuspruch. Aber der
Antichrist wird dabei seines freien Willens nicht verlustig. Der Antichrist schenkt dem *diabolus* Gehör, öffnet sich ihm freiwillig – und wird
vom ihm beim Wort genommen.
Insofern ist die Beziehung, die zwischen dem Antichrist und dem *diabolus* herrscht, eine völlig andere, als jene, die Christus Jesus zu Gott
einnimmt. Dabei darf nicht übersehen werden, daß, wie gesagt, gerade bei Thomas im Blick auf die Trinität der substantiale Personbegriff deutlich relationiert wurde. Die Beziehungen der innertrinitarischen Personen zueinander kommen hier deutlich als Wesensmerkmale der Personen selbst zu Gesicht. Insofern spielt auch der Gedanke
der Relation von dem Menschen Jesus Christus und zweiter göttlicher
Person eine entscheidende Rolle innerhalb der Christologie. In Abgrenzung gerade zu diesem engsten und tiefsten Beziehungsgeflecht,
das die Christologie zwischen Gott und Mensch in der Person Jesu
Christi konstatiert, kommt dieser Relation von Antichrist und *diabolus*
Bedeutung zu und wird gerade als eine Relation bestimmt, die im Blick
auf Christus den Vergleich nicht aushält, und genau damit aber Wesentliches über den Antichrist artikuliert: In Christus Jesus kommt
Gott selbst zu Wort. In der Person des Antichrist kommt der *diabolus*
nicht zu Wort, sondern der Mensch „Antichrist" schenkt dem *diabolus*
Gehör, seine ganze Acht- und Aufmerksamkeit und räumt ihm somit

---

[118] Ebenda.
[119] Ebenda: „Antichristus autem non sic, sed habebit usum liberi arbitrii, in quo est diabolus suggerens, sicut dicitur de Iuda Ioan., XIII, 27: *Introivit in eum satanas*, scilicet
instigando."

freiwillig und immer mehr Platz in seinem Leben und damit unter den Menschen ein.

Bezeichnend für den künftigen Antichrist ist dabei auch die Art und Weise, wie der *diabolus* dank des Antichrist zur Geltung kommt und in ihm Raum gewinnt; denn nicht jeder mögliche Modus des komplexen, diabolischen Wesens kommt zum Zuge. Signifikant für die diabolische Potenz des Antichrist sind vielmehr seine weltliche Macht und Wunderkraft: „decipiet autem hoc modo: primo per potentiam saecularum; secundo, per virtutem miraculorum".[120]

Für Thomas von Aquin scheint das eigentliche Terrain des Antichrist damit nicht sosehr – wie z. B. Augustinus noch meinte – innerhalb der Kirche zu liegen. Offensichtlich sieht Thomas den künftigen Antichrist eben nicht so deutlich als eine Figur der Kirchengeschichte, sondern primär – primo modo! – als eine säkulare Figur von erheblichem Gewicht und politischem Einfluß. Ihm ist der Antichrist wesentlich Machthaber, ausgerüstet mit der *potentia saecularis*. Der *diabolus* benutzt ihn primär als *Instrument* weltlich-irdischer Macht- und Gewaltausübung, als Mann des Geldes und des Goldes, als Gewaltherrscher. Dieser Modus diabolischer Machtausübung, der wesentlich und eigentlich im Antichrist zu Tage tritt, wird vom Aquinaten lediglich kurz angedeutet, nicht ausführlich behandelt. Er ist innerhalb seiner Ausführungen über den Antichrist leicht zu überlesen. Greift Johannes von Paris auch diesen, von Thomas selbst nur in nuce dargestellten und doch für wesentlich gehaltenen Aspekt auf? Seine Parallelisierung des Stammes Dan mit Ephraim, deren tertium comparationis ja die Führer-, genauer die Volksverführergestalten – Jerobeam hier, künftiger Antichrist dort – waren, sowie sein volkstümlich anmutender und damit auf den ersten Blick unter das philosophisch-theologische Niveau seines Traktates fallender Hinweis auf Pseudo-Methodius[121] bekämen dadurch ihren Sinn: Dem Antichrist wird Herrschergewalt zugesprochen.

Aber auch die Ausführungen des Johannes von Paris, die, wieder auf die Thessalonicherstelle rekurrierend, teilweise wörtlich Vinzenz von Beauvais folgen, teilweise – von ihm abweichend – dessen Gedanken

---

[120] Ebenda. „Quantum ad primum dicit: in omni virtute, scilicet saeculari. Daniel., XI, 43: Dominabitur thesaurorum auri et argenti, et in omnibus praetiosis Aegypti. Vel virtute, scilicet simulata." Zu falscher Einschätzung der Antichrist-Vorstellungen des Thomas gelangt Preuß, Hans: Die Vorstellungen vom Antichrist im späteren Mittelalter, bei Luther und in der konfessionellen Polemik. Ein Beitrag zur Theologie Luthers und zur Geschichte der christlichen Frömmigkeit. Leipzig 1906, 11f. Preuß stützt sich bei seinen Ausführungen zu Thomas vornehmlich auf „de ult. adv. Christi" (ebd. Anm. 2!). Er hält die Schrift – irrtümlich – für ein Werk des Aquinaten. Überhaupt verkennt er den Ernst der Antichristproblematik bei Thomas.

[121] Johannes von Paris, Oxford, fol. 15 vb; cf. ed. Venedig 1518, fol. XLIIII vb.

schulgerecht philosophisch-theologisch vertiefen, sprechen dem Antichrist zusammenfassend drei wesentliche Charakteristika zu:
Erstens, daß seine „große Macht" diabolischen Ursprungs ist; *zweitens*, daß er ein Mensch mit freiem Willen ist. Als solcher hat er sich dem *diabolus* totaliter verschrieben und zur Verfügung gestellt und wird tatsächlich vom Satan in Anspruch genommen. Dies aber nicht in der Weise eines Besessenen, sondern in der Weise des seine Vernunft und seinen Willen, die Entscheidungskraft, benutzenden Menschen. Der Antichrist weiß genau was er tut; *drittens*, daß das Wesen des Antichrist verkannt wird, sofern dieser als pervertiertes Gegenüber Christi bis in den innersten Kern seines Wesens betrachtet wird, das im Blick auf Christus mit der Formel von der Hypostatischen Union zu Wort kommt. Die Hypostatische Union gilt allein im Blick auf Christus. Einen Parallelfall gibt es nicht, auch nicht den der Perversion seitens des Antichrist.
Mit diesem vom Wesen des Antichrist handelnden Punkt verbindet Johannes von Paris überraschenderweise und abweichend von seiner „Vorlage", dem *speculum maius*, die Darlegung einer Fähigkeitsbeschränkung: Aus der genannten Wesenseingrenzung des Antichrist ergibt sich für den Pariser Gelehrten zwangsläufig die Unfähigkeit des Antichrist, den Menschen zur Simultananbetung von eigener Person und Satan zu verführen. Diese Unfähigkeit des Antichrist ist eine wesentliche Unfähigkeit auf religiösem Terrain, eine letzte Inkompetenz auf dem Felde der Idolatrie.

4.5 Rechnende Reflexion

Die Frage nach dem Wesen verknüpft Quidort weithin mit der Frage nach dem Namen des Antichrist. Die Erkenntnis dieser Verknüpfung beider Fragen formuliert Johannes von Paris geschickterweise nicht gleich zu Beginn, sondern sie erhellt sich allererst gegen Ende des fraglichen Abschnittes seiner Darlegung.
Quidort legt sich und seinem Leser gleichsam *Rechen*-schaft ab, über den bisherigen Befund zum Antichrist. Er zieht Resümee, Bilanz unter neuer Perspektive und gleichsam auf einem höheren, abstrakteren Niveau. Auf Einzelheiten braucht er nicht mehr einzugehen. Es genügt, symbolisch zentrierte Nomen zu präsentieren, die das bisher über den Antichrist Ausgeführte implizieren und so insgesamt repräsentieren. Der „Nenner" ist das „Nomen", mittels dessen rechnend reflektiert und reflektierend resümiert wird. Diesem rechnenden Resümieren entspricht es, wenn Johannes von Paris dabei Zählung und Namensnennung gleichsam synchronisiert und sinnig Anschauliches mit abstrakt Geistigem dergestalt korrespondieren läßt, daß mittels Zifferfolge und Deutemuster Namen und damit bestimmte Charakteristika des An

tichrist zur Sprache kommen und zusammenfassend reflektiert werden
können. Daß Quidort sich dennoch bei aller distinguierten Präzisierung
nicht eindeutig festlegt, nicht einen bestimmten Deutenamen manifestieren kann, unterstreicht die Notwendigkeit des Fragens nach dem,
was den Antichrist eigentlich und letztlich ausmacht: das *mysterium iniquitatis*, wie Quidort mit Paulus formuliert.

4.5.1 Die Zahl 666

„Quoad vocem nominis insinuatur nobis obscure quomodo vocandus
sit Apc 13, ubi dicitur *qui habet intellectum, computet numerum* nominis
bestie, id est, literas nominis eius quibus patebit ipsam bestiam, id est
antichristum hominem purum esse, licet dicat se deum."[122] Damit rekurriert Quidort auf Apc 13,18. Dort wird ausdrücklich gesagt, daß
der Antichrist, die *bestia*, das Un-Wesen, ein Geschöpf, nicht aber der
Schöpfer, nicht also Gott sei. Der Antichrist trägt den Namen eines
Menschen: „Numerus enim hominis est", wie wörtlich mit der Geheimen Offenbarung gesagt und entsprechend ausgelegt wird: „[. . .] id
est per quod probatur creaturam esse, et homo, non deus."[123]
Das, was be-griffen, also unter den Begriff zu bringen ist, kann nicht
Gott sein, dessen Wesen ja gerade darin besteht, der Unbegreifliche
und also Namenlose zu sein. Gehörte es doch damals zum allgemeinen
Schulwissen philosophisch Gebildeter, daß, wie Thomas von Aquin,
sich dabei auf Aristoteles stützend, es ebenso präzis wie prägnant formulierte, die Worte Zeichen für die Begriffe und die Begriffe Abbilder
der Dinge und also die Worte Ausdruck für die Dinge sind, die wir auf
dem Wege über die Begriffe benennen. Sofern wir also etwas begrifflich zu erfassen vermögen, können wir es benennen, können wir Namen geben. Der Begriff „Mensch" bringt nach Thomas durchaus Wesentliches vom Menschen zu Wort, während das Wesen Gottes unser
Begreifen unendlich übersteigt, Gott also der Namenlose ist, weil und
sofern er „über alle Namen" ist.[124]

---

[122] Oxford, fol. 18 vb; ed. Venedig 1518, fol. XLV vb.
[123] Ebenda.
[124] „[. . .] secundum Philosophum *voces sunt signa intellectuum, et intellectus sunt rerum simi-
litudines. Et sic patet quod voces referuntur ad res significandas mediante concep-
tione intellectus. Secundum igitur quod aliquid a nobis intellectu cognosci potest, sic
a nobis potest nominari.*" Thomas von Aquin: STh I, q. 13, 1. Sodann heißt es ebd.
weiter: „*Sic igitur potest nominari a nobis ex creaturis: non tamen ita quod nomen
significans ipsum, exprimat divinam essentiam secundum quod est, sicut hoc nomen
homo* exprimit sua significatione essentiam hominis secundum quod est: significat
enim eius definitionem, declarantem essentiam eius: ratio enim, quam significat nomen, est definitio, ut dicitur in 4 Metaph. Ad primum ergo dicendum quod ea ratione dicitur Deus non habere nomen vel esse supra nominationem, quia essentia

Quidort will nun im Blick auf den Antichrist betonen, daß dieser Mensch ist und einen Namen hat, jedenfalls nicht in der Weise „namenlos" ist, wie Gott es ist. So kommt hier das Menschsein des Antichrist mit der Reflexion über den Namen deutlich zu Wort. Der Pariser Gelehrte greift damit das auf, was er zuvor bereits über den Antichrist ausgeführt hatte.[125] Überdies schließt diese Akzentuierung des Menschseins des Antichrist aus, ihn mit dem *diabolus* zu identifizieren. Auch diesen Gedanken, den er bereits bei der ersten Reflexion über die biographische Station des Antichrist anstellte,[126] betont Quidort jetzt noch einmal unter dem Aspekt des Namens: „Dicitur tamen Apc 9 de adherentibus antichristo sive de antichristianis quod habebunt *super se regem, angeli abissi*, id est, dyabolum vel antichristum, *cui nomen hebrayce Abaddon, grece Apolion, latine autem nomen habens Exterminans*; et idem significat in tribus linguis."[127] Doch gegen diese gleich-gültige Auffassung dessen, was der *diabolus* und was der *antichristus* seinem Wesen nach ist, hat Quidort bereits oben die Differenz beider geltend gemacht.[128] Diese Unterscheidung muß er jetzt

---

eius est supra id quod de Deo intelligimus et voce significamus." Dazu auch DH 806. Zum Prozeß der „Entdivinisierung" des Menschen in der philosophischen Theologie Hödl: Die Entdivinisierung 1986, 57–70.

[125] Oxford, fol. 15 va–16 ra; cf. ed. Venedig 1518, fol. XLIIII vb. Er beruft sich dabei auf Petrus Comestor, zitiert aber tatsächlich Vinzenz von Beauvais: Speculum naturale 32,103, Graz 1964, 2476 (= Nachdruck der Ausgabe Douai 1624). In der *Historia scholastica* des Petrus Comestor: Lib. Dan. VI (PL 198, 1454 CD) heißt es: „Hic est Antichristus de tribu Dan ignobilis, in obscuro loco Babyloniae nasciturus. Ex seminibus quidem parentum concipietur, sed post conceptum spiritus malignus descendet in uterum matris, cuius virtute deinceps puer aletur, nascetur, adolescet; unde filius perditionis dicitur." Der Provenienz dieser Ansicht suchte schon Thomas Malvenda (1629): De Antichristo libri undecim, Rom 1604, II, 19: „Infantia, pueritia atque educatio Antichristi", nachzugehen. Clark 1981, 138.

[126] Oxford, fol. 16 ra. Der Diabolus ist gefallener Engel, doch bereits am Ende seines Weges. Siehe Thomas von Aquin: Quaestiones quodlibetales 9, 8 ad 2. Der gefallene Engel hat sich dabei ein für allemal gegen Gott entschieden und damit zwar sein Ende erreicht, aber sein Ziel verfehlt. Johannes von Quidort stützt sich – bei aller hier nicht darzustellenden Differenz – in seinem Sentenzenkommentar an den fraglichen Stellen immer wieder auf Thomas, vgl. nur q. 150 (d. 43, q. 3), ed. Muller 1961, 459f.

[127] Oxford, fol. 18 va; cf. ed. Venedig 1518, fol. XLV vb.

[128] Ebenda fol. 16 ra; cf. ed. Venedig 1518, fol. XLIIII vb. Der Antichrist wird sich in den Jahren der Um- und Einsicht (discretio) dem Bösen zuwenden. Dazu Cabassut, Andre in: DSp III, 1957, 1311–1330; Thomas von Aquin: In Sent. III, d. 33, q. 2, a. 5: „discretio quae ad prudentiam pertinet". Dadurch, daß formuliert wird, der Antichrist kommt ins Alter der *discretio*, wird ja unmißverständlich das menschliche Werde- und Entwicklungsgesetz auf den Antichrist gemünzt. Im Mittelalter war dieses Gesetz von Augustinus her bekannt. Er unterscheidet dabei zwischen inneren, geistig-seelischen und äußeren, körperlichen Entwicklungsstufen, die teils parallel, sich gegenseitig unterstützend, teils in Konkurrenz zueinander verlaufen. Dazu Grillmeier, Alois: Die sie-

nicht mehr en detail darlegen, sondern es genügt ihm an dieser Stelle,
sie bloß kurz zu erwähnen und entsprechend diesem Apokalypsenvers
zu deuten: als identische, lediglich in anderen Sprachen ausgedrückte
Deskriptionen für den diabolus, nicht für den Antichrist: „Hoc tamen
magis pertinere videtur ad dyabolum quam ad antichristum."[129]
Und doch glaubt Johannes von Paris, daß dank dieser Bezeichnungen
etwas Wesentliches vom Antichrist ausgesagt wird: der Bezug nämlich
zu dem, was den Antichrist stark und mächtig werden läßt, sein wesentlicher Bezug zum *diabolus*. Doch gerade dieser diabolische Bezug ist
es, der den Antichrist sein Wesensziel als Mensch verfehlen läßt: die
beatitudo, das beseligende Schauen Gottes von Angesicht zu Angesicht.[130]
Johannes von Paris sieht diesen diabolischen Zug einerseits sowie die
menschliche Natur des Antichrist andererseits auch in der von der
Apokalypse genannten Namenszahl 666 ausgedrückt. Unaugespro-
chen stützt er sich bei diesen Überlegungen auf den Kommentar zur
Apokalypse 13,18 des Pseudo-Albertus: „[...] et numerus eius
VIcLXVI, id est litere nominis eius talem numerum significant."[131]
Auch dort ist die Rede von der Buchstabenbedeutung, die sich hinter
dieser Zahl verbirgt. Jede Ziffer stehe also für einen Buchstaben. Da es
sich aber bei der Geheimen Offenbarung um einen ursprünglich griechischen Text handle, sei es – ganz im Sinnes des zeitgenössisch verstandenen Literalsinns[132] – evident, daß es sich selbstredend nicht um

ben Stufen zur Weisheit. Die Lehre Augustinus von den sieben geistlichen Lebensaltern. In: Weisheit Gottes – Weisheit der Welt. Bd. 2, hrsg. von Walter Baier, Stefan
Otto Horn, Vinzenz Pfnür, St. Ottilien 1987, 1355–1373.

[129] Oxford, fol. 18. va; cf. ed. Venedig 1518, fol. XLV vb.

[130] „[...] sed quia res nominis ei convenit, quia videtur exterminare, id est, extra terminum beatitudinis in infernum ponere. Unde Sap III: ab itinere iusto abierunt in *exterminium*, id est, in infernum." Ebenda fol. 18 va–vb; Sap 3,3: „Et quod a nobis est iter
exterminium, ille autem sunt in pace". Cf. ed. Venedig 1518, fol. XLV vb.

[131] Oxford, fol. 18 vb; cf. ed. Venedig 1518, fol. XLV vb. Bei (Pseudo)-Thomas von
Aquin heißt es in „Expositio I. in apocalypsim, cap. 13" (Opera omnia 31, 1876, 635):
„*Et numerus eius est sexcenti sexaginta sex*, id est literae nominis eius talem numerum
significant." Bei Pseudo-Albertus: Expositio in Apocalypsim B. Joannis Apostoli. Visio
IV–XIII, 18 (Opera Omnia 38, 1899, 675f.).

[132] Johannes von Paris bemüht sich immer wieder um den „historischen", d. h. Literalsinn der Schriftstelle. Die *historia* war innerhalb der mittelalterlichen Bibelexegese der
erste der drei bzw. vier Auslegungsweisen der Heiligen Schrift und signierte das wort-
und buchstabengetreue Schriftverständnis: die *significatio*, die vom Buchstaben (littera) ausgeht und deswegen auch „Literalsinn" heißt. Das Ziel wenigstens der dominikanischen Theologen im 13. Jahrhundert war es tatsächlich, den wörtlichen Sinn
des Textes zu finden, wie ihn der Verfasser meinte. Dazu überraschenderweise Riedlinger, Helmut: Zum gegenwärtigen Verständnis der Geburt Jesu aus der Jungfrau
Maria. *ThGl* 69 (1979) 22–61, hier 42–44 sowie Bujo, Bénézet: Moralautonomie und
Normenfindung bei Thomas von Aquin. Paderborn/München/Wien/Zürich 1979,
87–92. Sodann aber bedarf der Buchstabe in jedem Fall der Auslegung und Entfal-

lateinische, sondern um den Ausdruck griechischer Schriftzeichen handeln müsse. Quidort schlägt ein Auflösungssystem vor, daß der beson-

tung, bedarf der *allegoria*, die den *sensus mysticus* zum Klingen und damit jene tiefere
Realität des Wortes zu Gehör bringt, die in dem biblischen Wort gleichsam als ihr
innerster Kern schwingt und im Blick auf das Mysterium Christi glaubend erkannt zu
werden vermag. Ricoeur machte bereits auf das aufmerksam, was immer wieder
übersehen wird: daß christliche und heidnische Allegorie nicht identisch sind. Ri-
cœur, Paul: Hermeneutik und Strukturalismus. München 1973, 177. Mit dieser allegorischen Auslegung der Schriftaussage, in der die verborgene Realität Christi zu
Gesicht gebracht wird, kommt bereits die dritte Dimension exegetischer Betrachtung
vor den Blick: die Tropologie. Sie hat den *sensus moralis* für sich und verlängert die
Allegorie dahingehend, daß ihre Aussage den Menschen verändern, besser gesagt,
informieren, d. h. in die rechte Form (forma) bringen soll. Sie ruft zur Tat, verlangt
einen bestimmten Ausdruck einer inneren Haltung. Sie weist die Richtung des richtigen Handelns an. Dabei geht es nicht, wie oft zu lesen, um die Moral der Geschichte,
sondern um die Suche nach der entsprechenden Tat-Antwort zwischen dem Ereignis,
das Christus ist, und dem *homo spiritualis*. Es geht um die Aus- und Einformung der
nova creatura in Christo. Vielfach kam – viertens – noch die *anagogia* zum Zuge, die
den eschatologischen Sinn in der glaubenden Hoffnung des Menschen bloßlegte und
ihn gleichsam bis in die Ewigkeit hinein verlängert, ja mit der Ewigkeit oder dem
Ewig-Einen, mit Gott verknotete. Diese *anagogia* war vor allem dann gefordert, wenn
sie nicht schon in der *allegoria* zu Wort oder überhaupt zu kurz gekommen war. Ausdrücklich geht es hier um das Eschaton, um den Blick auf Christus, der in Herrlichkeit wiederkommen wird (vgl. Apg 1,11; Offb 1,7), um das Reich dem Vater zu
übergeben (1 Kor 15,28). Es geht um das Endziel menschlicher Geschichte, das selbst
aber außerhalb der Geschichte liegt: um den „Neuen Himmel und die Neue Erde"
(Offb 21,1). Diese dreifache Schriftauslegung (historisch-allegorisch-moralisch) geht
auf die alexandrinische Theologenschule um Origenes zurück. Im lateinischen
„Abendland wird dieses origenistisch-alexandrinische Dreierschema besonders durch
Hilarius von Potiers, Ambrosius und Augustinus eingeführt", wenn auch in differen-
zierender Reihenfolge, wie ich im Blick auf Bujo 1979, 80 ergänzen möchte.
Beda Venerabilis bezeugt vier gleichrangige Auslegungsarten nebeneinander. Lange
Zeit lief es parallel zum Dreierschema. Dabei kam es aber zu unterschiedlicher Bewertung vor allem des Literalsinns im Vergleich zum geistlichen Sinn. Johannes von Paris
bemüht sich, wie Augustinus auch, um den Literalsinn, den er selbst schon als Ringen
um den Wortsinn wie als ersten Schritt eines methodischen Ringens um die rechte
geistige Auslegung verstand. Goetz, Hans-Werner: Die Geschichte im Wissenschaftssystem des Mittelalters. In: Funktion und Formen mittelalterlicher Geschichtsschreibung. Eine Einführung. Hrsg. von Franz-Josef Schmale. Darmstadt 1985, 165–213,
bes. 194–197 (= Geschichtswissenschaft). Er weist auch darauf hin, daß sich in der
scholastischen Exegese des Hochmittelalters das Vierer-Schema bei Albertus Magnus, Bonaventura und Thomas von Aquin endgültig durchsetzte, so daß noch im
Spätmittelalter der folgende Merkvers gesprochen wurde, der aber nicht, wie Rauh
1979, 13 noch meinte, von Nikolaus von Lyra, sondern, wie Lubac, Henri de: Der
geistige Sinn der Schrift. Mit einem Geleitwort von Hans Urs von Balthasar. Einsiedeln 1952, 13 (= Christ heute II/5) ausführt, von dem Dominikaner Augustinus von
Dänemark († 1282) stammte: „Littera gesta docet, quod credas, allegoria, // Moralis
quid agas, quo tendas, anagogia." Grundlegend dazu Lubac, Henri de: Exégèse Médiévale. Les quatre sens de l, Ecriture. 2 Bde., in 4 Teilbänden. Paris 1959–1964 (=
Théologie 41/1–2, 42–59); Smalley, Beryl: The Study of the Bible in the Middle Ages.

ders in der Kabbala verbreiteten Gematrie nahekommt.[133] Johannes von Paris erklärt es bemerkenswert lang und breit. Dabei kommt seine Vorliebe für Zahlen und Rechnungen, ja sein Fasziniertsein von Ziffern und Zahlenspielen deutlich zum Ausdruck. Denn im Grunde braucht er dieses „Zahlenspiel" zur Darlegung seiner eigentlichen These überhaupt nicht, zumindest nicht in dem Umfang, in dem er es seinen Lesern erklärt. Hier bricht sich bereits ein Denken anfanghaft Bahn, das, ausgedrückt in der Terminologie der damaligen Zeit, sich von den *causae secundae* so sehr beeindruckt zeigt, daß es darüber – allerdings in einem Jahrhunderte währenden Prozeß – die *causa prima* aus dem Blick zu verlieren droht.[134]

„Greci autem literis exprimunt numeros secundum quod in alfabeto ponuntur: verbi gratia, alpha sive A, quod est primum elementum, significat unum; betha sive B, duo, et sic usque ad iotha, quod decimo loco ponitur et significat X. Sequens vero litera, scilicet K, significat XX, sequens, scilicet L, XXX [. . .] usque ad centum. [. . .] Sequentes vero litere, scilicet S ducenta [. . .] et sic procedendo usque ad mille. Hoc viso de facili invenitur nomen bestie et numerus nominis."[135]

Abgesehen davon, daß Quidort nicht erklärt, wie er bei dieser Rechnung auf 1000 kommt (denn Omega müßte nach diesem System den Zahlenwert 800 darstellen), bringt er das System auch nicht zur konsequenten Handhabung. Angewandt auf die genannte Zahl 666 käme nämlich folgende Buchstabenreihe zustande:

Chi = 600; Xi = 60; Digamma = 6.

Oxford 1952 (Neudr. 1970); Chenu, Marie-Dominique: La Théologie au douzième siécle. Paris 1966, 62ff. (= Etudes de philosophie médiévale 45); zur gesamte mtl. Tradition der Schriftauslegung guter Überblick (mit Lit.) bei Heller, Dagmar: Schriftauslegung und geistliche Erfahrung bei Bernhard von Clairvaux. Würzburg 1990 (= Studien zur systematischen und spirituellen Theologie Bd. 2); Reventlow 1994.

[133] Überhaupt war in der Antike die Kunst der Gemetrie beliebt. Dazu vgl. die einschlägigen Kommentare zur Offb 13,18, etwa Kraft 1974, 183–185, 222. Die genannte Kunst wurde im Mittelalter vielfältig weiter gepflegt und entwickelt. Rauh 1979, 84. Im Blick auf die Zahl 666 siehe Wilhelm Bousset: Die Offenbarung Johannis. Göttingen 1966, 373 (= [6]1906); Kretschmar 1985, 44 (mit Lit. Anm. 66 und 67); unentbehrlich für die exegetische Entwicklung im Mittelalter immer noch Malvenda IX. 23 (ed. 1647).

[134] Den Konnex von Erst- und Zweitursache, von Gott und Welt, von Gottes-Glaube und Welt-Wissen theoretisch zu manifestieren und praktisch zu leben, war bereits kirchlicherseits 1274 angemahnt worden durch den Vorwurf: „sie reden als ob es eine doppelte Wahrheit gäbe". Dazu Flasch 1989, bes. 57f.; Hödl 1990, 45–63.

[135] Oxford, fol. 18 vb–19 ra; cf. ed. Venedig 1518, fol. XLV vb. Dazu auch Pseudo-Albertus Magnus: Expositio in Apocalypsim b. Joannis visio IV–XIII, 18 (Opera omnia, Bd. 38, 1899, 675); bei Pseudo-Thomas von Aquin heißt es in „Expositio I. in apocalypsim cap 13. (Opera omnia, Bd. 31, 1876, 635).

Das Zahlen-Buchstaben-Puzzle selbst verliert damit erheblich von seinem Funktionswert, während die Breite seiner Darstellung noch einmal das Fasziniertsein des Autors vom Zahlenspiel unterstreicht. Quidort greift nämlich auf die in der *Glossa ordinaria* den Zeitgenossen allseits bekannte Erklärung zurück, die die lateinische Bezeichnung Antichrist mit der griechischen Kontraktion *Antemos* korrespondieren läßt.[136] Das Zahlen-Buchstaben-System kommt nicht mehr konsequentlogisch, also gleichsam „systemimmanent", sondern nach heutigem Maßstab subjektiv-beliebig, „systemfremd", allerdings angebunden an die Tradition (!) zur Geltung. Die folgende Übersicht sucht seine angewandten Überlegungen kurz zu verdeutlichen (s. Nr. 1).

Johannes von Paris übersetzt im ausdrücklichen Blick auf die Glossa *antemos* mit *honori contrarius*. Er sieht darin klarerweise einen weiteren Wesenszug des Antichrist ausgedrückt. Will doch der Antichrist Christus die Ehre versagen, absprechen, auf sich lenken und für sich in Anspruch nehmen. Er will den „Menschen der Erde" weismachen, daß nicht Christus, sondern er selbst der wahre Herr und Heiland ist. Von ihm, dem Antichrist, kommt das Heil, er und nicht Jesus Christus ist das Heil der Welt. Ihm und nicht Christus gebührt daher auch die Ehre.[137]

Doch Quidort schließt weitere Überlegungen nicht aus. Es wäre ebenfalls möglich, daß die Nummer 666 andere griechische Wörter symbolisiere. So käme etwa die Vokabel „arnoyme" in Frage,[138] die Johannes von Paris mit „nego" ins Lateinische übersetzt. Auch hier käme das vorgestellte Zahlen-Wort-System zur Geltung (s. Nr. 2). Johannes erklärt es seinen Lesern an diesem Beispiel noch einmal ausführlich. Doch kommt ebenfalls deutlich zum Ausdruck, daß Quidort bei aller Zahlenspielerei bemüht ist, nicht bei den Zahlen hängenzubleiben, sondern zum Wesentlichen dessen vorzustoßen, was sie möglicherweise über den Antichrist aussagen.

---

[136] Oxford, fol. 19 ra; cf. ed. Venedig 1518, fol. XLV vb. *Glossa ordinaria et interlinearis* Bd. 6, Venedig 1518, 1598f. Dazu Rauh 1979, 85, Anm. 74, der diese Deutung bereits bei Beda, Haimo, Rupert, Primasius, Bruno von Segni nachweist. Dazu aber im Blick auf Johannes von Paris Pseudo-Albertus Magnus und Pseudo-Thomas von Aquin, Expositio I. in apocalypsim, in: Opera omnia, Bd. 31, 1876, 635.

[137] Oxford, fol. 19 rb; cf. ed. Venedig 1518, fol. XLVI ra.

[138] „Arnoume" ist wohl eine Anspielung auf 1 Joh 2,22, wo von der Wahrheit die Rede ist, die sogleich eine entsprechende Haltung und Handlung zur Folge haben muß, wenn ihr Träger nicht zum Lügner werden soll (1 Joh 2,4: „Qui dicit se nosse eum et in hoc veritas non est"). Doch der Lügner schlechthin ist der, der die Wahrheit selbst nicht einmal bejaht, geschweige denn, praktisch vollzieht, sondern sie negiert, leugnet, das Wahre nicht wahr haben will: „Quis est mendax nisi is qui negat quoniam Iesus Christus? Hic est antichristus, qui negat patrem et filium." Siehe auch Primasius PL 68, 884; Rauh 1979, 85, vor allem aber Pseudo-Albertus Magnus und Pseudo-Thomas von Aquin, Expositio I. in apocalypsim, in: Opera omnia, Bd. 31, 1876, 635.

ÜBERSICHT NR. 1:

DER NAME DES ANTICHRIST **Interpretationen zu APC 13,18** **(nach Johannes von Paris)**	
„Numerus eius sexcenti sexaginta sex" (Apc 13,18)	
Nr. 1	Nr. 2

antichristus	=	666	antichristus	=	666
antemos	=	666	arnoyme	=	666
a	=	1	a	=	1
n	=	50	r	=	100
t	=	300	n	=	50
e	=	5	o	=	70
m	=	40	y	=	400
o	=	70	m	=	40
s	=	200	e	=	5
		666			666
antemos	=	„honori contrarius"	arnoyme	=	„nego"

Im genannten Fall ist es wiederum die Christusgegnerschaft. Der Antichrist verneint den Glauben an Christus, leugnet, daß Jesus der Christus, das Heil und der Heiland, ist, widerspricht dem, was theologisch formuliert, in der von Quidort zuvor dargestellten Rede von der hypostatischen Union über Jesus Christus in der Kirche, der Gemeinschaft der Christgläubigen, zu Wort kommt und aller Welt verkündet wird.[139] Der Antichrist erweist sich demnach als Ketzer und Häretiker, als jemand, der gegen den Christusglauben und die Ehre Christi auftritt und sie verleugnet.

Aber diese Charakteristik des Antichrist findet auffälligerweise sogleich ihre Ergänzung. Offensichtlich kommt es Quidort darauf an,

---

[139] Oxford, fol. 19 rb; cf. ed. Venedig 1518, fol. XLVI ra.

noch weitere Wesenszüge des Antichrist zu artikulieren und dafür zu sorgen, daß auch diese von den Zeitgenossen gewußt und, gegebenenfalls, erkannt werden. Jedenfalls gilt es, sich auch auf diese weiteren Charakteristika des Antichrist gefaßt zu machen. Um diese zu bezeichnen, greift Johannes von Paris noch einmal auf das von ihm so geschätzte Zahlen-Wort-System zurück:

„Tercium nomen apud Grecos ipsius antichristi est Teytan, quod interpretatur sol vel gigas; et ille miser se dicet solem iusticie et gigantem gemine substancie, divine, scilicet, et humane, quod nomen eundem numerum significat."[140]

Der Antichrist, so will Quidort sagen, ist nicht bloß ein Problem für den, modern ausgedrückt, innerkirchlichen Raum. Er ist nicht nur kirchenkritischer Ketzer oder Häresien vertreibender Gemeindevorsteher, der propagandamäßig christliche Glaubensartikel bezweifelt, irrige Ansichten über Gott und das Christentum verkündet und sich solcherart seine Gemeinde sucht. Der Antichrist ist für Quidort vielmehr auch eine ausgesprochen weltpolitische Größe, ist „Titan" und

---

[140] Ebenda. Auch hier greift Quidort unausgesprochen wieder auf eine alte Tradition zurück: auf Irenäus, Beda Venerabilis, Haimo von Auxerre: Expos. in Apc IV. XIII (PL 117, 1102f.), auf Bruno von Segni. Charakteristisch Haimo von Auxere a.a.O.: „Teitan, quod Latine sol dicitur. Sol autem Christus est per significationem, qui illuminat omnem hominem venientem in hunc mundum [...]. Teitan quoque appellatur gigas: unde et in Virgilio legimus: Titaniaque astra. Christus enim gigas de quo psalmista dicit: Exultavit ut gigas (Psal. XVIII). Ipse itaque antichristus hoc nomen sibi fallaciter usurpabit, et dicet se esse solem illum de quo scriptum est: vobis timentibus nomen meum orietur sol iustitias." Diese Stelle gibt auch Clark 1981, 152 an. Insgesamt aber siehe Rauh 1979, 85, Anm. 73. Darüber hinaus aber *glossa ordinaria* zu Apc 13,18, Bd. 6, Venedig 1603, 1598f. Auch zur „DIC LUX"-Deutung *glossa ordinaria* sowie Haimo von Auxerre a.a.O. Vornehmlich s. aber wieder Pseudo-Albertus Magnus: Expositio in Apocalypsim b. Joannis visio IV–XIII, 18 (Opera omnia 38, 1899, 675); bei (Pseudo)-Thomas von Aquin heißt es in dessen Expositio I. in apocalypsim cap 13 (Opera omnia 31, 1876, 635): „Tertium nomen Antichristi apud Graecos est Teytan, quod hunc eumdem numerum continet. Verbi gratia T. significat CCC, E V, Y X, T CCC. A unum. N quinquaginta: quae simul collecta faciunt DCLXVI. Item, et satis conveniunt haec nomina Antichristo, secundum eorum interpretationes. Attemos enim interpretatur Deo contrarius, et ipse in omnibus Deo contrariabitur, id est Christo. Item Arnoyme interpretatur negans, alias negatio, et ipse Christum et fidem eius negabit. Item Teytan interpretatur sol, vel gigas: et ille miser dicet se solem iustitiae, et gigantem geminae substantiae, id est divinae et humanae: huius nomina id est res nominum usurpabit sic Antichristus. Ipse enim faciet se vocari Attemos, id est Christo contrarium; et Arnoyme, quia Christum negabit esse Deum, et se esse Deum confirmabit; et Teytan, quia solem iustitiae, et Deum, et hominem se praedicabit, et sui idem praedicabunt. Item Latinis literis scribitur nomen eius, qui se vocari faciet dies lux, quia ipse dicet se esse lucem mundi, et per hoc nomen idem habetur apud Latinos. Nam D significat CCCCC, I unum, C centum, L quinquaginta, V quinque, X decem. Collecta simul faciunt DCLXVI. Per hunc numerum, qui continetur in nominibus Antichristi, volet ipse apparere Deus."

„Gigant", ausgerüstet mit diabolischer Macht und Kraft, die er global zur Geltung zu bringen sucht; ein Unternehmen, das dem Antichrist schließlich sogar weltweit gelingt.

Die Rechnung des Zahlen-Wort-Systems muß also ergänzt werden, und zwar ebenfalls durch eine doppelte Ableitung. Der Antichrist behauptet, Titan, Sonne und der Gigant zu sein („sol vel gigas"). Es gelingt ihm sogar, diesen Eindruck bei den *habitantes in terra* zu hinterlassen und sie aufgrund dieser seiner propagandamäßig verbreiteten Aura zu den Seinen zu machen, in die „antichristliche Familie" zu integrieren.[141]

Indem der Antichrist aber behauptet, die Sonne oder das Licht zu sein, übernimmt er Bild-Termini, die eigentlich nur auf Christus angewandt einen Sinn ergeben. Er, der Logos, das Mensch gewordene Wort Gottes ist das Licht der Welt, das „Licht, das in der Finsternis scheint" (Joh 1,5), nicht der Antichrist. Aber dieser behauptet von sich, das Licht zu sein. Deswegen führt Quidort das zweite Zahlen-Wort-Beispiel an: „dic lux, ipse enim dicet se esse lucem mundi".[142]

---

[141] „Statuerunt etiam ut nullus emere vel vendere possit nisi habeat in dextera manu vel in fronte sua charactherem et signum quod sit de familia antichristi: sicut habent Judei nunc speciale signum quo distinguuntur et nisi etiam nominentur nomine illius vel alicuius discipuli eius sicut nunc a Christo dicuntur Christiani vel ab Ario Ariani." Oxford, fol. 16 rb; hier fehlt aber „nomine"; dazu Druck Venedig 1518, fol XLV ra. offensichtlich rekurriert Quidort hier auf den Vulgatatext von Apc 13,16f. Mit dem Begriff „familia antichristi" ergänzt er den zuvor entwickelten Gedanken von der antichristlichen Korporation. Er führt damit eine Bezeichnung an, die sich in dem nämlichen Kapitel der Apokalypse nicht findet. Nehmen wir Quidort beim Wort, so umfaßt diese „Familie des Antichrist" als ihre Familienmitglieder zunächst die *bestia prima* als den *futurus antichristus* selbst. Sodann die *altera bestia* als den Wortführer und Wegbereiter des Antichrist und schließlich die „Bewohner der Erde", die sich zu dieser antichristlichen Familie bekennen. Hinter allen und jedem steht der „Drache", „id est diabolus", wie Johannes ausführt, und dessen *spiritus malignus*, speziell: dessen Kraft und Macht (*virtus et magna potestas*) in den Bestien zur Geltung kommt. Durch das Bildwort von der „Familie" mußte Johannes bestimmte Assoziationen bei seinen Lesern wachrufen, die die strukturierte Dichte der zuvor lediglich als bezeichnete Großgruppe akzentuieren. Der Familienbegriff des endenden 13. Säkulums war, wenn auch längst nicht mehr ausschließlich feudal, sondern zunehmend städtisch-bürgerlich geprägt, immer noch streng hierarchisch gegliedert und patriarchalisch ausgerichtet. „Der in der mittelalterlichen Sprache vorhandene Begriff familia meint so eine strukturierte Gesamtheit von Personen [...] die unter der Herrschaft des pater familias in einem Verband von hus, domus, societas domestica leben". Heimann, Heinz-Dieter: Über Alltag und Ansehen der Frau im späten Mittelalter – Oder: Vom Lob der Frau im Angesicht der Hexe. In: Frau und spätmittelalterlicher Alltag. Internationaler Kongress Krems an der Donau 2. bis 5. Oktober 1984. Veröffentlichungen des Instituts für mittelalterliche Realienkunde Österreichs. Wien 1986, 243–282, hier 251 (mit Lit.).

[142] Oxford, fol. 19 rb.

Damit kommt Quidorts Aussageabsicht zu Wort. Korrespondierend der Zahl des Antichrist, ist sie trimorph signiert.

4.5.2 Die trimorphe Aussageabsicht

Es kommt Johannes von Paris *erstens* offensichtlich darauf an zu betonen, daß der Antichrist die christliche Botschaft nicht bloß in entscheidenden Punkten verkürzt, sondern sich gegen das zentrale Christusgeheimnis selbst wendet. Aber wiederum: auch dieses Sich-gegen-Christus-Wenden geschieht nicht in herkömmlicher, sozusagen allgemein-ketzerischer Weise, sondern spezifisch perfid-raffiniert, ja vollzieht sich einmalig frech-propagandamäßig, großen Stils die christliche Botschaft pervertierend: einzigartig gigantisch-titanenhaft, wie Quidort jetzt, oder „unter diabolischer Macht und Kraft", wie er zuvor formulierte.[143]

Diese Perversion vollzieht sich *zweitens* mittels Imitation, auf dem Wege pseudohafter, verkehrter und verdrehter *imitatio christi*. Das Mysterium Christi wird nicht einfach nur geleugnet, verneint oder dergestalt verdunkelt, daß der Natur Christi die Göttlichkeit abgesprochen und damit der ontologische Satz von der hypostatischen Union, von der göttlichen und menschlichen Natur in der personalen Subsistenz des Logos, in Abrede gestellt wird. Das spezifisch Antichristliche kommt vielmehr darin zum Zuge, daß die Sicht des Menschen auf Christus weltweit nicht nur durch Worte – theoretisch-spekulativ – verschleiert und verdreht wird, sondern durch entschieden personhafte Taten, durch effektvolle Manipulation – praktisch-konkret verdeckt und in toto unkenntlich zu machen versucht wird.

Dabei ist der Modus dieser Perversion entscheidend und für den Antichrist charakteristisch: Das „Un-Tier" schiebt sich mit diabolischer Gewalt gleichsam zwischen den Menschen und Christus und sucht damit den Blick- und Sichtkontakt der Menschen mit Christus zu boykottieren.[144] Das kann ihm selbstredend nicht vollends gelingen. Christus ist

---

[143] „[. . .] *dedit ille draco*, id est diabolus, *virtutem suam et potestatem magnam.*" Oxford, fol. 15 va; cf. ed. Venedig 1518, fol. XLIIII vb.

[144] Die Verführung durch die *altera bestia*, die Johannes von Paris mit den Aposteln und Propagandisten des Antichrist identifiziert, gipfelt darin, daß die „Menschen der Erde" nicht mehr auf die *altera bestia* schauen, sondern ihre äußere Aufmerksamkeit und innere Achtsamkeit auf die *bestia prima* als ihren „Salvator" lenken. Die Verführung feiert also ihren Höhepunkt in der Anbetung des Bildes jenes vernarbten Un-Wesens, das der künftige Antichrist und die „erste Bestie" ist, wie Quidort im Blick auf das nämliche Kapitel der Apokalypse und in Anspielung auf die *Glossa ordinaria et interlinearis* bildhaft formuliert: „Et facient ei ymaginem et ydolum cum plaga id est cicatrice vulnerum sicut facimus ymaginem salvatoris". Oxford, fol. 16 ra, hier nur „ey" anstatt „ei"; vgl. auch Druck Venedig 1518, fol. XLV ra. In der Vulgata Apc

von vornherein der Größere, der den Antichrist unendlich Überragende und ihn a limine Besiegende. Quidort betont das ausdrücklich. Dennoch und andererseits: Der Antichrist ist zwar der Verlierer, aber als solcher wird er erst am Ende der Tage vor aller Welt sichtbar. Der Sieg Christi ist der Sieg des wahrhaft und wirklich Durchbohrten, „geschlachteten Lammes", wie mit der Apokalypse formuliert wird. Der Antichrist „mimt" nur den Durchbohrten, „mimt" lediglich seinen Tod, seine Auferstehung. Als er auch die Himmelfahrt vortäuschen will, wird vom ewigen Gott – vor den Augen und Ohren der Welt – das richterliche Wort gesprochen und somit der Sieg Christi – ebenfalls vor den Augen und Ohren der Welt – hör- und sichtbar. Der Antichrist wird entlarvt als der, der er von Anfang an war: als der Betrüger und Menschenfeind, als der eben nur scheinbar Durchbohrte, als der, der nur scheinbar den Menschen durch Leiden und Kreuz zur Herrlichkeit der Auferstehung führt.[145]

Insofern ist es treffend, wenn Quidort überdies betont, daß der Antichrist von sich behaupte, er sei das Licht, es aber in Wahrheit nicht ist. Das wahre Licht, Christus, überragt und überstrahlt ihn unendlich, gerade weil jener der inkarnierte Logos, perfectus deus et perfectus

---

13,14 heißt es: „[. . .] dicens habitantibus in terra, ut faciant imaginem bestiae, quae habet plagam gladii, et vixit". Dazu *Glossa ordinaria et interlinearis*, Venedig 1603, Bd. 6, 1595f.; cf. Apc 13, 12.

[145] Oxford, fol. 16 ra; Venedig 1518, fol. XLIIII vb. „Cumque venerit Hierosolymam circumcidet se, dicens Iudaeis se esse Christum ipsis in lege promissum, Christum vero nostrum fuisse deceptorem, et magum. Omnes itaque Iudei credentes et adhaerentes ei confluent ad ipsum." Speculum naturale 32,103, Douai 1624, 2476. Daß es Johannes von Paris bei seinen Überlegungen zum Antichrist durchaus nicht um Judenfeindlichkeit geht, ist deutlich zu erkennen. Er läßt den Folgesatz des Vinzenz in seiner Argumentation außer acht. Dabei verzichtet Quidort bewußt auf eine weitere Charakterisierung des Antichrist, die gut in sein Konzept gepaßt hätte. Wird doch der Antichrist hier als Lügner und Betrüger dargestellt; aber eben in einem Atemzug mit den Juden genannt, die es dem Antichrist glauben, wenn er Christus als Gauner und Gaukler bezeichnet. Damit wären die Juden erste Anhänger des Antichrist, die zugleich mit ihm gegen Christus Stellung bezogen hätten. Diesen Eindruck will aber Johannes von Paris offensichtlich vermeiden. Er stellt die Juden als erste Opfer des Antichrist dar und knüpft damit an jene Tradition an, die bereits in der Sächsischen Weltchronik angesichts der Ausschreitungen gegen die Juden im Zuge des ersten Kreuzzugs formuliert wurde. Zu Recht weist Seibt in diesem Zusammenhang auf den „Ludus de Antichristo" des 12. Jahrhunderts hin. Die ersten Opfer des Antichrist, die Juden, werden schließlich durch ihre Bekehrung zum sicheren Hoffnungszeichen der Wiederkunft Christi. Diese Hoffnung veranlaßt die Christen, gerade den Juden gegenüber immer wieder tolerant zu sein. „Der Ludus de Antichristo des 12. Jh. verdeutlicht diese Toleranz in der distanzierten Erwartung der Bekehrung des auserwählten und danach verworfenen Volkes am Ende der Zeiten." Seibt, Ferdinand: Krise und Verwandlung des lateinischen Abendlands in das christliche Europa. In: Europa im Hoch- und Spätmittelalter. Hrsg. von dems., Stuttgart 1987, 137–174, hier 157 (= Handbuch der europäischen Geschichte Bd. 2).

homo, ist, der also der ist, den der Antichrist in pervertierter und pervertierender Imitation nur „mimt".[146]

Genau damit hängt es zusammen, weswegen – drittens – Johannes von Paris gerade das „Menschsein" des Antichrist immer wieder betont. Er will damit das Faktum akzentuieren, daß dieser zwar vorgibt, das Licht, also der deus incarnatus und somit von göttlicher Natur zu sein, aber es realiter nicht ist.

ÜBERSICHT NR. 2:

DER NAME DES ANTICHRIST Interpretationen zu APC 13,18 (nach Johannes von Paris)					
„Numerus eius sexcenti sexaginta sex" (Apc 13,18)					
Nr. 3			Nr. 4		
antichristus	=	666	antichristus	=	666
Teytan	=	666	latinis verbis: = „Dic lux"		666
T	=	300	D	=	500
e	=	5	i	=	1
y = i	=	10	c	=	100
t	=	300	l	=	50
a	=	1	u	=	5
n	=	50	x	=	10
		666			666
Teytan	=	„sol" vel „gigas"	„Dic lux"	=	„lux mundi se esse"

Doch dieses Insistieren auf das Menschsein des Antichrist bringt für Johannes von Paris noch weitere wichtige Aussagen mit sich, die ebenfalls in diesen Kontext gehören und an die Quidort nicht von ungefähr

---

[146] „Tu blasphemus auctor iniquitatis, radix mali, turbator veritatis. Antichristus, seductor pietatis, vere mendax sub forma deitatis" wie es schon im *Ludus de antichristo* heißt. Ed. Rolf Engelsing, Stuttgart 1981, 44.

seine Leser erinnert: Die Rede vom Antichrist impliziert die Rede vom Menschen und seiner göttlichen Bestimmung. Im Blick auf den Antichrist müssen dabei vornehmlich drei Gefahrenzonen fokussiert werden:

– Zunächst unterstreicht Quidort immer wieder, daß der Antichrist bloßer Mensch, nicht göttlich oder gar Gott selbst ist. Die Formel von der hypostatischen Union ist im Blick auf den Antichrist nicht nur unpassend, gefährlich, sondern bereits Ergebnis der verführerischen Gewalt des Antichrist selbst.

– Sodann darf aber diese Bestimmung und „Entlarvung" des Antichrist als eines Menschen nicht – oder wenigstens nicht nur – als beruhigende Entwarnung aufgefaßt werden, so als wäre er ja gar nicht so gefährlich und alles nur halb so schlimm (möglicherweise wollte Quidort das auch sagen, aber gleichsam nur en passant und nur als die halbe Wahrheit). Vielmehr kommt es Johannes von Paris darauf an festzustellen, daß es gerade zum Erweis der Mächtigkeit des *mysterium iniquitatis* gehört, daß es im Antichrist am Werk ist, daß es sich in und vor der Welt so sehr zu produzieren vermag, daß es dem Antichrist gelingt, weltweit Menschen zu täuschen und glauben zu machen, daß er, der Mensch *Antichrist,* der Weltenherr sei. Daß so viele Menschen dem „Tier" (das aber Mensch ist) glauben, ja an ihn glauben werden, ist Erweis seiner unmenschlichen, un-wesentlichen Macht und Kraft, der des „Drachens", des gefährlichen, abirrenden und luciferischen „Tieres von unten".

Vor diesem gigantischen Täuschungsmanöver will Quidort seine Zeitgenossen warnen und dazu mahnen, sich nicht täuschen zu lassen. Quidort bringt ja gleich zu Beginn des Traktates diese Mahnung zu Wort, auf den Thessalonicherbrief rekurrierend. Diese Mahnung präzisiert Johannes von Paris an dieser Stelle seines ersten Resümees. Die Menschen müssen den Blick auf den wahren Christus, auf Christus Jesus, gerichtet halten. Nur dadurch und soweit es nämlich dem Antichrist gelingt, den Menschen von Christus abzulenken, vermag er auch sie von Christus abzubringen und an sich zu binden und zur „antichristlichen Familie" umzuformen.[147] Dies wird ihm, dem Menschen „Anti-

---

[147] In der Vulgata heißt es ausdrücklich, daß das zweite Tier „in conspectu" des ersten Tieres auf Erden im Sinne des ersten Tieres agiert. Das im Blick auf ein anderes Stehen assoziiert ein Vertrauensverhältnis, das – gerade in der Sprache der Bibel – dem des „Erkennens" im Sinne des Miteinanderverkehrens nahekommt. „Adam vero cognovit uxorem suam Hevam: quae concepit et peperit Cain" Gn 4,1. Auch die Rede, daß das erste Tier aus dem Meer, das zweite aus der Erde kommt, legt, verbunden mit der Rede von der „familia", den Gedanken nahe, daß unter „Erde" das frauliche, mit Meer das männliche Element verstanden werden kann. Rahner, Hugo: Symbole der Kirche. Ekklesiologie der Väter. Salzburg 1964, 272ff; Kretschmar 1985, 41–45. Quidorts Wort von der „Familie" assoziiert für den damaligen Leser den Vater der städ-

christ", mittels exponierter diabolischer Gewalt gelingen, in deren
Dienst er sich befindet, sowie dank propagandamäßig verbreiteter
Pseudolehre und subjektiv oder objektiv zu definierender Scheinwun-
der, die ihn selbst, den bloßen Menschen, als gigantisch-titanenhafter
„Licht-Blick" erscheinen lassen, während er tatsächlich aber nichts wei-
ter als ein Irrlicht sei.

Es werde ihm gelingen, die Menschen massenweise und weltweit an
sich zu binden, dabei die christliche Botschaft wie das christusförmige
Leben verfälschend: Das Spezifische des Antichrist kommt – laut Johannes von Paris – gerade dadurch zum Ausdruck, daß der Antichrist,
der ja Mensch und nichts als Mensch ist („purus homo"!), sich selbst
an die Stelle Christi setzt, sich selbst zum Christus erklärt: nicht nur
mit Worten, sondern mittels „gigantischer" und „titanenhafter", den
„Erdenmenschen" tatsächlich von seiner angeblichen, aber tatsächlich
nicht vorhandenen „Göttlichkeit" überzeugend.

– Aus beiden bisher genannten Gefahrenherden antichristlichen Wir-
kens ergibt sich die *dritte* Gefahrenzone, die Quidort immer wieder
namhaft zu machen sucht: Die allmähliche De-formierung und „Ver-

tisch-bürgerlichen Familie, der zum endenden 13. Jahrundert vor allem für das Aus-
kommen der Familie in finanzieller Hinsicht zu sorgen hatte. Wer „kaufen und verkaufen" durfte, bestimmte das Haupt der Familie. Diese war ja nicht mehr – wie
noch die frühmittelalterliche Familie – mit größeren Verbänden verquickt, sondern
war als „Hausstand" und „Haushalt" immer mehr zu einer genau definierten Besitzge-
meinschaft geworden. Bosl, Karl: Die „familia" als Grundstruktur der mittelalterlichen Gesellschaft. *Zeitschrift für bayerische Landesgeschichte* 38 (1975) 403–444. Borst
1979, 58–61; Le Goff 1970, 470–476. Daß Quidort überdies die Kennzeichnung der
familia antichristi mit jener besonderen Kleidervorschrift für die Juden verbindet, unterstreicht den besonderen Status dieser familia. Zur Kleiderordnung vgl. Liber extra
V, 6, 15. In: Corpus Iuris Canonici. Hrsg. von Emil Friedberg. Leipzig 1879, Bd. 2, Sp.
776f. Allgemein dazu Seibt: Krise 1987, 137–174, hier 156, 159 (Lit.); sehr informativ
Dubois, Horst: Die Darstellung des Judenhutes im Hochmittelalter. *AKuG* 74 (1992)
277–301; Zur Kleiderordnung im Mittelalter insgesamt Le Goff, Jacques: Kultur des
europäischen Mittelalters. München/Zürich 1970, 609f.; im Blick auf die Juden: Liebeschütz, Hans: Synagoge und Ecclesia. Religionsgeschichtliche Studien über die Auseinandersetzung der Kirche mit dem Judentum im Hochmittelalter. Hrsg. und mit
einer Einleitung, einem Nachwort und einer Bibliographie Hans' Liebeschütz versehen von Alexander Patschovsky mit einem Geleitwort von Fritz Martini und Peter de
Mendelssohn. Heidelberg 1983, 210–236, bes. 218f. (= Veröffentlichungen der deutschen Akademie für Sprache und Dichtung Darmstadt. Veröffentl. 55); Hilsch, Peter:
Die Juden in Böhmen und Mähren im Mittelalter und die ersten Privilegien. In: Die
Juden in den böhmischen Ländern. Vorträge der Tagung des Collegium Carolinum
in Bad Wiessee vom 27. bis 29. November 1981. Hrsg. von Ferdinand Seibt, Wien
1983, 13–26, hier 25; Jedin, Hubert: Kleine Konzilsgeschichte. Freiburg/Basel/Wien
²1979, 49; auch Wolter: Das Papsttum 1985, 158–236, hier 213. Der Sitz im Leben
dieser Bestimmung ist also zunächst das Eherecht, das wiederum mit dem Standes-
recht und also mit dem gesamten mittelalterlichen Ordo-Denken unlösbar zusammenhängt.

dummung" der Menschen dieser Erde. Das zweifache Täuschungsmanöver des Antichrist, der Welt weißzumachen, Titan, also göttlicher
Natur und zugleich und deswegen Licht, in Wirklichkeit aber Mensch
zu sein, der im Dienst des Bösen, nicht aber im Dienste Christi steht,
macht die Menschen zu *insapientes,* zu jenen, die das antichristliche
Treiben nicht durchschauen und nicht mehr durch-blicken: auf Christus hin die Welt durchschauen. Gerade darin liegt ja nach Quidort
das titanenhafte des Antichrist, daß er es vermag, sich scheinbar so
sehr dem Licht zu „nähern", daß er von vielen nicht mehr unterschieden wird vom Licht selbst, in Wahrheit aber gar nicht vom Licht an-
gestrahlt und durchleuchtet wird, sondern es zu verdunkeln und für
die *habitantes in terra* unkenntlich zu machen sucht.

Quidort will also in seiner originellen ersten Zwischenbilanz insgesamt
festgehalten wissen, daß der Antichrist die Sicht auf das Christusgeheimnis und damit auf den Logos zu verdunkeln und ihren Inhalt zu
deformieren trachtet, und zwar dergestalt, daß er die ontologische Perspektive auf das Christusgeheimnis pervertiert. Genau darin liege das
Titanenhafte und Gigantische seines Auftretens: daß er die *imitatio*
Christi so sehr ins Gegenteil verkehrt, daß nicht mehr Christus, sondern er, der Mensch „Antichrist", als der wahre Herr und Weltenherr-
scher geglaubt wird.[148]

Zugleich aber will Johannes von Paris deutlich machen, welche gefährlichen „Mutationen" damit für die Menschen der Erde verbunden sind.
All jene, die zur ständig wachsenden und sich weltweit ausbreitenden
antichristlichen Familie gehören, versieren im Dunkel lastender
Schuld. Sie halten das Dunkle für das Licht und das Licht für das
Dunkle. Davor also will Johannes von Paris die Menschen warnen, sich
nicht durch den Antichrist zu *insapientes* machen zu lassen; denn diese
sind es ja, die zur antichristlichen Familie gehören, die sich das geist-
seelische Auge haben verfinstern und ihr Wesen de-substanzialisieren
lassen.

Darin liegt somit das Un-Wesen der Sünde und das Un-Wesen des
Antichrist: den freien Blick der Menschen auf das „wahre Licht, das in

---

[148] Quidort unterscheidet in „De regia" äußerst kritisch zwischen der berechtigten Hin-
ordnung auf einen Höchsten in der Kirche, den Papst, und jener fragwürdigen *reduc-
tio ad unum* im weltlichen Bereich: Die *ecclesia militans* weiß sich finalursächlich auf
die *ecclesia triumphans* bezogen. Davon ist die Ordnung des weltlichen Bereichs kritisch
zu differenzieren. Der Alleinherrscher kann sich weder auf natürliches noch auf göttliches Recht stützen. Eine Weltregierung ist demgemäß für Quidort ein unnatürli-
cher, wenn nicht gar widernatürlicher Prozeß, wie er mit Aristoteles und Augustinus
zu belegen sucht. Er vollzieht sich aufgrund eigener Machtgier und/oder kraft des
Unrechts Fremder. Wenn aber nun der Antichrist sich als Kirche Gottes gibt, beansprucht er für seinen Machtbereich genau jenes Recht, das aber nur der Kirche als
Kirche Christi zukommt. *De regia potestate et papali,* bes. cap. 3.

der Finsternis scheint", auf sich und durch sich abblenden und ablenken zu wollen. Dadurch, daß die „Menschen der Erde" geblendet sind, nur noch Augen und Ohren haben für das Unwesentliche, für das Un-Wesen und seine gigantisch-titanenhafte Propaganda, leben sie selbst im Unwägsamen, Unwirklichen, werden sie „dumm", wie Quidort sagt, blind für das Licht, taub für die Wahrheit, fühllos für das Walten und Werben wahrhaft göttlicher Wirkkraft: etwa eines Henoch und Elias.[149] Der Antichrist ist der Mensch, der den Menschen mittels diabolischer Macht und Kraft daran zu hindern sucht, in den göttlich-glänzenden Freiheits- und Lebensraum zu blicken und in ihn hineinzuwachsen. Statt dessen organisiert er seine eigene weltweite Groß-gruppe, seine freiheits- wie lebensfeindliche „antichristliche Familie": durch Blendung, Betörung und Verhärtung.[150]

Dabei erinnert Quidort immer wieder daran, daß diese Verfinsterung und Verhärtung ein allmählich sich vollziehender, ständig verdichtender Prozeß, nicht ein plötzliches Geschehen und Ereignis ist. Der Antichrist fällt nicht vom Himmel oder, passender ausgedrückt, bricht nicht aufgrund irgendeiner plötzlich und in einem Nu sich vollziehenden Eruption aus dem Abgrund hervor. Quidort betont es mehrfach: Er wird geboren, wächst heran, wird allmählich, durch freien Entscheid – „Gottes Schutzengel" verachtend – gottlos und als solcher frei-williges und höriges *instrumentum diaboli*.[151]

---

[149] Henoch und Elias werden am Ende der Zeit wiederkommen und vom Antichrist ermordet werden, wie es in der Tradition heißt. Burger, Christoph Peter: Endzeiterwartung im späten Mittelalter. In: Der Antichrist und *Die Fünfzehn Zeichen* vor dem Jüngsten Gericht. Kommentarband zum Faksimile der ersten typographischen Ausgabe eines unbekannten Straßburger Druckers, um 1480. Hamburg 1979, 18–78, hier 37: „Schließlich *wird* der Antichrist *sie ermorden* und ihre *Leichname werden auf den Plätzen liegen dreieinhalb Tage und Nächte,* denn aus Furcht vor dem Antichrist wird niemand wagen, ihre Leichname zu beerdigen. Ihre Mörder aber werden sehr froh sein über ihren Tod."

[150] Gegen eine „weltweite Großgruppe", gegen den „Universalstaat", gegen einen alle politischen Gebilde umfassenden höchsten Herrscher, gegen den Kaiser spricht sich Johannes von Paris auch in „De regia" aus und redet – modern gesprochen – den sich immer deutlicher abzeichnenden Nationalstaaten das Wort: „sed ex naturali instinctu qui ex Deo est habent ut civiliter et in communitate vivant et per consequens ut ad bene vivendum in communi rectores eligant, diversos quidem secundum diversitatem communitatum. Quod autem omnes ad unum supremum monarcham in temporalibus reducantur nec ex inclinatione naturali nec ex iure divino habent neque eis ita convenit sicut ministris ecclesiasticis." Ebd. cap. 3 (82). Dazu auch Seibt 1984, 48f. Bielefeldt, Heiner: Von der päpstlichen Universalherrschaft zur autonomen Bürgerrepublik. Aegidius Romanus, Johannes Quidort von Paris, Dante Alighieri und Marsilius von Padua im Vergleich. *ZSRG.K* 73 (1987) 70–130.

[151] Quidort betont, daß der Antichrist so sehr Mensch ist, daß er zunächst sogar – wie jeder Mensch – einen Schutzengel hat. Oxford, fol. 16 ra; ed. Venedig 1518, fol. XLIIII vb. Auch Thomas spricht in dieser anthropologischen Absicht von einem

Übertragen auf die Menschen, die ja – laut Quidort – allesamt poten-
tielle Opfer des Antichrist sind, kommt hier nichts anderes zur Sprache
als das, was auch bereits die Rede des Pariser Gelehrten von der „antichristlichen Familie" bezeugte: genau dieses allmählich sich vollziehende Gehen des Menschen in die falsche, weil von Christus, dem
wahren Licht, abrückende und zum Antichrist, dem Pseudo- und Irrlicht, hinführende Richtung. Am Ende des Weges dieses sich immer
mehr ausbreitenden und sich offenbarenden antichristlichen Entschei-
dens, Verhaltens und Handelns steht nicht die Helle göttlicher Güte
und Menschenfreundlichkeit, sondern die Verfinsterung und Verhärtung der Vielen. Sie, die *habitantes in terra,* sind es, die sich der diabolischen Macht und Kraft des Antichrist verschreiben und von ihr gefangen genommen werden, Schritt für Schritt den Unheils- und Ge-
richtscharakter dieses Geschehens verdeutlichend. Ihr Erkennen und
Wollen ist – wie das des Antichrist – nicht mehr am Wirklichen, Wahren und Guten orientiert, sondern ist durch die *mirabilia antichristi* und
durch die antichristliche Großgruppenbildung verblendet, orientie-
rungslos und diabolisch verfinstert und verhärtet. Weil den Erdenmenschen kurz vor dem Weltende global und in gigantisch wie titanenhaft
anmutender Radikalität das „image" Gottes, Christus, außer Sicht gerät, kommt auch ihr Lebensraum in Not. Er trägt genau jene Signatur,
die die Zugehörigkeit zur antichristlichen Familie verrät, ist also anti-
christlich bedroht und begrenzt von Unsicherheit, Täuschung, Zwän-
gen und Ängsten. In gigantischem Ausmaß kommt es so zu den Tod
und Schrecken verbreitenden Fehl- und Fremdformen des Lebens, zu
dem „Greuel der Verwüstung".
Hier gilt es für Quidort aufzuklären. Der Antichrist muß als das dargestellt werden, was er ist: *purus homo.* Allerdings steht dieser Mensch
unter dem permanten Einfluß des Bösen, des Luziferischen. Er will
den Blick-Kontakt der Menschen mit Christus verhindern und alle
Blicke auf sich ziehen, lügnerisch-betrügerisch, hochmütig-blendend
sich selbst als Christus, als Sonne und Licht ausgebend.

Schutzengel des Antichrist, STh I, q. 113 a. 4 ad 3. Im Sentenzenkommentar betont
Thomas eigens, daß auch der Antichrist, weil er Mensch ist, einen Schutzengel hat,
der ihn auch tatsächlich – wie bei jedem Menschen – „von vielerlei Bösen" abbringen
werde; In Sent. II, d. 11, q. 1, a. 3 ad 5. Preuß, 1906, 13 übersieht diesen anthropologischen Konnex und verkennt damit die eigentliche Aussageintention. Thomas
zeigt sich hier übrigens wieder von seinem Lehrmeister Albertus Magnus beeinflußt,
der in seinem Sentenzenkommentar – lib. II, d. 11, q. 5. – ebenfalls darlegt, warum
Gott selbst dem Antichrist einen ihn schützenden Engel zur Seite gibt. Im Zentrum
der von Albert genannten Argumente steht schon die anthropologische Perspektive.

4.5.3 Resultat

Diese anthropologische Deutung der Rede vom Antichrist und ihre Bedeutung für die Menschen ist Johannes von Paris schließlich so wichtig, daß er sie am Ende seiner ersten „Zwischenbilanz" in geradezu didaktischer Kürze und Einprägsamkeit als Resultat formuliert: Der Antichrist ist ein Mensch, nichts mehr und nichts weniger, *purus homo*. Dabei ruft Quidort die Apokalypsenverse in Erinnerung, in der von der Zahl 666 die Rede ist. Sie ist ihm letztlich und eigentlicher Erweis dafür, daß der Antichrist Mensch, nicht aber Gott ist, seine Lüge aber in dem propagandamäßig und mittels diabolischer Macht und Kraft zustande gebrachten göttlichen Anschein besteht. „Per hunc numerum qui continetur in nominibus antichristi, volet ipse apparere deus, sed sapientibus et veritatem nominis cognoscentibus purus homo aparebit."[152]

Den Weisen, nicht den „Unweisen", kommt diese anthropogene Deutung der Ziffer zu Gesicht, wie Quidort behauptet, damit offensichtlich den Anfang vom letzten Vers des dreizehnten Kapitels der Geheimen Offenbarung aufgreifend: „Hic sapientia est." Doch worin liegt diese Weisheit? „Sed quomodo videbitur deus per hunc numerum insipientibus, sapientibus tamen apparebit purus homo?"[153]

Diese sich selbst gestellte Quaestio will Johannes von Paris auffällig dezidiert mit einem *respondeo* beantworten. In seiner Antwort kommen wir seiner Sicht vom Wesen und Wirken des Antichrist noch einmal näher und finden unsere Vermutung bestätigt, daß es sich an dieser Stelle um ein geschickt verschnürtes und verpacktes Resümee dessen handelt, was er zuvor lang und breit über den Antichrist zu Wort brachte:

„Respondeo in predicto numero triplex senarius invenitur, scilicet senarius unitatum, scilicet sex; senarius denariorum, scilicet LX, et senarius centenariorum, scilicet DC."[154]

Doch gerade diese ungewöhnlich-umständliche, geradezu prätentiös anmutende Formulierung macht mißtrauisch. Und tatsächlich ist das, was Quidort als seine Antwort ausgibt, fast wörtliches Zitat, übernommen aus dem *Apokalypsenkommentar des Pseudo-Aquinaten*.[155] Doch dar-

---

[152] Ebenda, fol. 19 rb–va; aber statt „veritatem" „virtutem" und „purus" wiederholend.
[153] Ebenda fol 19 va.
[154] Ebenda; cf. ed. Venedig 1518, fol. XLVI ra.
[155] Pseudo-Thomas von Aquin, Expositio I. in apocalypsim (Opera omnia 31, 1876, 635f.): „Sicut senarii sunt tres partes, scilicet duo, tria, unum, sic tria credenda et subiecta fidei, scilicet tres personae, duae naturae in Christo, una essentia Dei [. . .]. Per sexaginta significatur perfectio duplex. Una propter senarium operationis. Altera propter decalogi observationem [. . .]. Ad aliud dicitur, quod licet per praedictum numerum, triplex perfectio significetur, tamen quia per senarium describitur, et homo sexta die factus est, per hoc creatura monstratur non creator [. . .]. Primus

aus, daß er hier seine Quelle nicht nur nicht preis-, sondern sie sogar ausdrücklich als seine Rede ausgibt, ist ersichtlich, wie sehr Quidort sich mit den dort getroffenen Aussagen identifiziert, wie sehr sie in sein Konzept passen und wie wichtig sie ihm sind. Betonen sie doch in dreifach konzentrierter Weise das, worauf es Quidort so sehr ankommt: die anthropologische Deutung des Antichrist, die Akzentuierung seines Menschseins – „purus homo"! – und die daraus resultierende Bedeutung für die „Menschen der Erde".

Die erste Sechs, so erklärt Quidort, bedeute die Vervollkommnung der Natur. Schließlich sei alles in sechs Tagen „perfekt" erschaffen worden. Damit rekurriert der Autor auf den Genesisbericht, das Hexaemeron; darauf, daß Gott die Welt in sechs Tagen „ex nihilo" und am sechsten Tag den Menschen erschaffen habe, aber am siebten Tag ruhte.[156] Sofern diese die menschliche Natur anzeigende Sechs auf den Antichrist transferiert werde, sei damit symbolisch zentriert ausgesagt, daß der Antichrist – erstens – ebenfalls ein Werk des Schöpfers sei[157] und daß er – zweitens – zu jenen Geschöpfen gehöre, die am sechsten Tag erschaffen worden seien, daß der Antichrist also von Schöpfungs wegen reiner Mensch, nicht aber Gott sei.[158]

Die zweite Sechs figuriere als *perfectio meritorum,* als der perfekte Verdienst. Sie gehöre ja – als zweistelliger Zahlenwert – zur Zehner-Reihe und bringe damit den Bezug zum Dekalog zur Geltung. Gerade in der Beobachtung dieser Gebote liege der Verdienst. Überdies müsse der

---

signat initium boni. Secundus profectum boni. Tertius consummationem boni. Unde per primum designatur incipientium vita, per secundum proficientium, per tertium vita perfectorum. Item primus senarius significat perfectionem naturae, quae sex diebus facta est. Secundus perfectionem gratiae, quae consurgit ex observantia mandatorum. Tertius signat perfectionem sapientiae, quae consistit in contemplatione coelestium, quae per centum designatur: et hanc perfectionem dicent Antichristi discipuli, dari ab illo solo: et ideo credent illum esse Deum, quamvis sit purus homo: et per eumdem numerum designatur, qui est numerus hominis. Nam senarius unitatum respicit naturam creatam. Senarius denarii, respicit gratiam datam. Senarius centenarii, respicit gloriam promissam, ad quod est omnis homo. Quia nomen et natura hominis condita per gratiam, venit ad gloriam promissam; ideo numerus hominis est sexcentum sexaginta sex."

[156] „[. . .] viditque Deus cuncta quae fecerat et erat valde bona [. . .]. Igitur perfecti sunt caeli et terra." Gn 1,31. Überdies heißt es bei Quidort, Oxford, fol. 19 va: „Primus significat perfectionem nature quia in sex diebus omnia sunt perfecta." Vgl. dazu das Pseudo-Thomas-Zitat in der vorangehenden Anmerkung. Cf. ed. Venedig 1518, fol. XLVI ra.

[157] Ebenda fol. 19 vb: „Senarius vero est numerus operationis creature quia omnia sex diebus perfecta sunt." Cf. ed. Venedig 1518, fol. XLVI ra.

[158] „Et ideo ille cui iste numerus competit pura creatura intelligitur, quia et homo sexta die factus est. Unde per istum numerum antichristus purus homo et non deus esse monstratur." Oxford, fol. 19 vb; cf. ed. Venedig 1518, fol. XLVI ra.

genannte Bedeutungsgehalt der Sechs mitgedacht werden, so daß hier
nicht irgendein, sondern der perfekte Verdienst signiert werde.[159]
Die dritte Sechs zeige den vollkommenen Lohn an, die *perfectio premio-*
rum. Gehöre sie doch zu der Reihe der Hunderter. Die Hundert aber
deutet auf jenen „hundertfachen" Lohn, der denen versprochen
wurde, die vollkommen lebten, den *perfectis.*[160]
Diese Deutung der Zahl des Antichrist ist, wie gesagt, geradezu wörtlich übernommenes Zitat aus dem Opus des Pseudo-Thomas von
Aquin. Die Rede von der dreifachen *perfectio* entspricht dabei den in
der scholastischen Tradition hinlänglich bekannten und vielfach disputierten anthropologischen Bestimmungen, dank derer die dreidimen-
sionale Seinsweisen des Menschen bedacht werden sollte: seine Geschöpflichkeit, sein Stehen in der Gnade und Glorie und damit insgesamt seine konstitutionelle kontingente An- und Verwiesenheit auf den
dreipersönlichen Gott.
Dabei entspricht der Vollkommenheit der Natur die natürliche Schöpfungswirklichkeit des Menschen. Der *perfectio meritorum* korrespondiert
der „status gratiae", und zwar deswegen, weil der ur-ständliche
Mensch diese Gnade für sich und seine Nachkommen verwirkt hatte,
den er und alle Menschen aber dank des Erlösungswerkes, der „Verdienste" des menschgewordenen Logos, grundsätzlich wiedererworben
haben. Bleibt der Mensch aufgrund seiner von den Verdiensten Christi
abhängigen Verdienste, also aufgrund seiner realen und realisierenden
Nachfolge Christi in der neu geschenkten göttlichen Gnade, so wird er
– in jenseitiger Existenz – jener ewigen Herrlichkeit, der Glorie, ein für
allemal teilhaftig, die ihm durch Gottes Wort zugesagt und versprochen wurde: „[. . .] senarius denariorum respicit gratiam datam; senarius centenariorum respicit gloriam promissam, ad quam est omnis
homo."[161]
Damit wird nicht nur behauptet, daß der Antichrist Mensch ist aufgrund der Schöpfungswirklichkeit, sondern daß er ebenfalls die Möglichkeit als Mensch – wie jeder Mensch hatte, sich aufgrund der Verdienste Christi *in statu gratiae* und für das Heil und damit für das göttliche Leben zu entscheiden. Selbst dem Antichrist ist die Teilhabe am
göttlichen Leben grundsätzlich zugesprochen worden: Weil und sofern
er Mensch ist, trägt er das image Gottes, trifft diese von Quidort genannte dreifache Vollkommenheit grundsätzlich auch auf ihn zu. Und

---

[159] Ebenda fol. 19 va: „Secundus senarius scilicet denariorum significat perfectionem meritorum in observancia enim decalogi consistit meritum; in hoc autem quod sexies
sumitur, significatur perfectio meritorum.
[160] Ebenda: „Tercius senarius significat perfectionem premiorum. Centum enim significat premium quod debetur perfectis; nam fructus centesimus illis debetur."
[161] Ebenda fol. 19 vb; cf. ed. Venedig 1518, fol. XLVI ra.

genau das will Quidort hier im Blick auf die nämliche Apokalypsen-stelle zu Wort bringen: „Quia ergo antichristus habet hunc numerum, in quo significatur perfectio nature, gratie et glorie, que triplex perfectio est a solo deo."[162]
Dieses im Bilde-Gottes-Stehen darf nicht als ein fixiertes Stehen-blei-ben verstanden, sondern muß als ein dynamisches Engagiertwerden des Menschen durch die und in der Liebe des einen und dreimal an-deren Gottes verstanden werden. Die scholastische Tradition, beson-ders die der Mendikanten, der Dominikaner und Franziskaner vor al-lem, machte gerade in der Auseinandersetzung über den Stand der evangelischen Vollkommenheit immer wieder deutlich, daß nicht der jeweilige „Stand" die Perfektibilität des Christen ausmache, sondern der „Stand"-ort durch das radikale und totale Ein- und Auf-gehen des Christgläubigen in der Liebe Gottes Kontur gewinnt.[163]
Um aber überhaupt diesen dynamischen „Stand-ort" in und vor Gott zu gewinnen, muß der Mensch dazu von Gott her instand-gesetzt wer-den. Diese In-Stand-Setzung des Menschen durch Gott hat ihre Ge-schichte. Sie kennt einen kreatianischen Anfang, den heilshaften Fort-gang und ihre eschatologische Vollendung. Die *perfectio naturae, perfectio gratiae* und die *perfectio gloriae,* von der die Tradition wie Quidort sprechen, beziehen sich zunächst und zuerst auf die biblische Rede von der Gottebenbildlichkeit des Menschen. Die mittelalterlichen, auf der patristischen Tradition fußenden Theologen dachten streng vom bibli-schen Text her, der ihnen das Gott-Ebenbild-Sein des Menschen in doppelter, nicht zweifacher Weise zu Wort brachte. Ist hier doch – in der Vulgataversion des Genesisberichtes – von *imago* und *similitudo* die Rede. Diesen Wortgebrauch aufgreifend, differenzierten sie zwar noe-tisch die kreatianische, natürliche von der gnadenhaften, übernatür-lichen Gottebenbildlichkeit, hielten aber ontologisch an der dynami-schen Spannungseinheit beider fest. So ist ihnen die natürliche Gott-ebenbildlichkeit (*in naturalibus*) Anlage des Menschen. Sie ist sichtbar und bemerkbar in den Gaben und Fähigkeiten der menschlichen Geistnatur. Die übernatürliche, gnadenhafte Christusähnlichkeit kommt ihnen als Vollgestalt menschlicher Dignität zu Gesicht.[164] Doch

---

[162] Ebenda; fol. 19 va; cf. ed. Venedig 1518, fol. XLVI ra.

[163] Dazu Hödl, Ludwig: Heinrich von Gent, 1989, VII–CXVII, bes. LXXXIX–CIX; Schlageter 1987, 24; zum Armutsstreit im Mittelalter allgemein (mit Lit.) ders. in: LexMA I, 1980, 984–987.

[164] Auch die an der aristotelischen Logik und Metaphysik orientierte Tugendlehre des 13. und 14. Jahrhunderts blieb an diesem wechselseitigen Beziehungsgeflecht zwi-schen Gott und Mensch lebhaft interessiert. Dazu immer noch Söhngen, Gottlieb: Thomas von Aquin über Teilhabe durch Berührung. In: Die Einheit in der Theologie. Gesammelte Abhandlungen, Aufsätze, Vorträge. München 1952, 107–139; Kluxen, Wolfgang: Thomas von Aquin: Das Seiende und seine Prinzipien. In: Philosophie des

die Vollgestalt der Anlage ist nicht Frucht und Ergebnis der Anlage, ist nicht notwendig sich vollziehende „Entwicklung" zum Höheren und Höchsten, sondern ist frei geschenkte Gnade Gottes. Sie besteht in der dem Menschen in Christus zuteil gewordenen Kindschaft Gottes. Diese gnadenhafte Gotteskindschaft bringt zwar die geschöpfliche Gottebenbildlichkeit zur freien Erfüllung und Vollendung, läßt sich aber nicht von dieser her, gleichsam von unten, ableiten. Sie kommt von oben, von Gott her.

Diese seine Erfüllung und Vollendung in der Gottanheimgegebenheit zeitlebens zu suchen, die liebende Bindung an den Vater-Gott in der Nachfolge Christi festzuhalten, auszuformen und zur Entscheidung im täglich-tätigen Handeln zu bringen, ist Gabe wie Aufgabe des Menschen, ist sein „Verdienst", wie Quidort sagt. Der soteriologische Indikativ muß ihm zum existentialreligiösen, d. h. an Gott rück- und angebundenen Imperativ werden. Das ist es, woran Johannes von Paris die Leser des Antichrist-Traktates erinnern will.

4.6 Exkurs: Das Eigentliche des Antichrist

Um dieses Eigentliche noch stärker herauszukristallisieren, muß das bisher Gesagte und Festgestellte in nuce zusammengefaßt werden. Dabei eignet sich das zuletzt angeführte „Zahlen-Spiel" als willkommene, weil textimmanente Perspektive. Es fungiert ja selbst innerhalb des Antichrist-Traktates als erste resümierende „Zwischenbilanz", als geistiges Plateau, von dem aus die weiteren Gedankenschritte zum Thema allererst möglich und sinnvoll gegangen werden können.

Die trimorphe Perfektibilität des Menschen steht im dreifachen Ziffer-Zeichen des Antichrist. Quidort greift damit Interpretationsmodi auf, die zum Teil wörtlich auf Pseudo-Albertus und Pseudo-Thomas rekurrieren, ohne diese *auctoritates* allerdings überhaupt zu nennen. Damit wird grundsätzlich ein Procedere deutlich, das keineswegs untypisch ist für den bislang untersuchten Teil des Traktates:

Quidorts methodisches Vorgehen zeigt sich bibeltheologisch und traditionsverbunden orientiert. Er grenzt seine Frage schulmäßig ein. Ruhig, distanziert forschend, will er nur wissen, was biblischerseits und traditionsgemäß begründet über das Wesen des Antichrist ausgesagt werden kann. So kommt der Traktat, vornehmlich den Thessalonicherbrief durch die Apokalypse und die Apokalypse via Thessalonicherbrief auslegend, biblisch-theologisch fragend auf den Weg und,

Altertums und des Mittelalters. Göttingen ²1978, 177–220, bes. 210–215; Hedwig, Klaus: Agere ex ignorantia. Über die Unwissenheit im praktischen Wissen bei Thomas von Aquin. In: *Scientia* und *ars* im Hoch- und Spätmittelalter. Hrsg. von Ingrid Craemer-Ruegenberg und Andreas Speer. Berlin/New York 1994, 482–498, bes. 496f. (= MM Bd. 22).

sich immer wieder auf die Tradition berufend, zielstrebig auf ihm voran. Es werden immer wieder die *Glossa ordinaria* wie *interlinearis* zitiert, während Augustinus vor allem mit seinem Werk *De civitate* Dei lang und breit zu Wort kommt. Andere *auctoritates* werden hingegen ausgeschrieben, aber nicht genannt, ja die entsprechenden Passagen oft nicht einmal als Zitat signiert. Dergestalt namenlos bleiben Vinzenz von Beauvais, Pseudo-Albertus wie Pseudo-Thomas von Aquin, aber auch der Aquinate selbst, der mit langen Passagen aus seinem Kommentar zum Thessalonicherbrief wie aus der theologischen Summe zu Gehör gebracht wird.

Doch der kritische Vergleich mit den genannten wie ungenannten Vorlagen zeigt deutlich genug Quidorts souveränen Umgang mit diesen Autoritäten: Er blendet bestimmte Gedanken ganz aus, andere korrigiert, ergänzt und verändert er: ausdrücklich wie unausgesprochen, lang und breit oder auch nur durch leichte Akzentverschiebungen und/oder durch die Einbettung in einen anderen Sinnzusammenhang.

Die Rede vom „Zahlen-Spiel" exemplifiziert das Gemeinte. Hier, am Ende des ersten größeren Abschnittes des gesamten Traktates plaziert, resümiert diese aus fremdem Text stammende Passage doch das Eigene, Eigenwillige, „Originäre". Der Pariser Gelehrte betont, daß von der positiven Bestimmung des Menschen, von seiner dreifachen *perfectio* nicht gesprochen werden kann, ohne die Chancen des Bösen dabei zu unterschlagen; wie auch umgekehrt: Von der diabolischen und den Heilsplan Gottes vollständig zu boykottieren drohenden Macht und Kraft des Antichrist kann nicht ohne die Erlösungsbedürftigkeit wie -würdigkeit des Menschen gesprochen werden. Der Blick auf die selige Vollendung der Menschheit durch und in Gott darf nicht die Augen vor der „Bestie" verschließen, die mittels des Antichrist und der antichristlichen Familie in der Welt am Werk ist und ihr Un-Wesen treibt.

Johannes von Paris ruft also das in Erinnerung, was die zeitgenössische wie traditionelle, scholastische Gnaden- und Rechtfertigungslehre – unabhängig von ihren unterschiedlichen Positionen und Perspektiven – immer gewußt und in der Regel auch betont hat: In, zwischen und hinter den Menschen darf die Macht des Bösen nicht übersehen, sondern muß überwunden werden. Das mysterium iniquitatis ist am Werk.[165]

---

[165] Dies betont so entschieden wie informativ der Kenner mittelalterlicher Gnadentheologie nochmals Auer, Johann: Das Evangelium der Gnade. Regensburg 1972, 91f. (mit Lit.); ders.: Das Mysterium der Sünde. In: Weisheit Gottes – Weisheit der Welt. Bd. 1. Festschrift für Joseph Kardinal Ratzinger zum 60. Geburtstag. Hrsg. von Walter Baier, Stephan O. Horn, Vinzenz Pfnür u. a. St. Ottilien 1987, 293–308; auch

Gleichwohl der ewige Heilswille Gottes in Jesus Christus zu Wort und zur Erfüllung kam, der Antichrist wie der diabolus damit im Grunde und ein für allemal bereits Besiegte sind (wie ja auch Quidort deutlich genug festgestellt hat), darf doch nicht für den Menschen dieser Zeit der Wandel in der Neuheit des Lebens kurzschlüssig und eilfertig als ein „perfektes" Datum menschlichen Selbstverständnisses geltend gemacht werden.[166] Dieser neue Wandel muß vom Menschen her gläubig an-, und hoffend in Anspruch genommen werden. Er bedarf der ganzen Acht- und Aufmerksamkeit des Menschen *in statu viatoris*, und zwar dergestalt, daß in ihm und durch ihn die Liebe Gottes zum Durchbruch gelangt und sich sein geisterfülltes Wandeln mit Gott in Christus in und vor der Welt, im menschlichen Mit- und Füreinander bezeugt; und zwar bis zum Kreuz.

Gerade das ist es ja, was Johannes von Paris dem Antichrist „vorwirft" und worin das Geheimnis des Bösen sich zeigt: Der Antichrist geht nicht den Weg der Nachfolge Christi, geht nicht den Weg der Kreuzesnachfolge. Der Antichrist geht den Weg der hybriden, ichverfangenen

---

Köster, Heinrich: Urstand, Fall und Erbsünde in der Scholastik. Freiburg/Basel/Wien 1979 (= HDG II 3b). Auf den biblischen Kontext rekurriert Mußner, Franz: Kennzeichen des nahen Endes nach dem Neuen Testament. In: Weisheit Gottes – Weisheit der Welt. A.a.O., Bd. 2, 1295–1308, bes. 1305f. Sich vornehmlich auf W. Trilling stützend, stellt er acht Charakteristika des Antichrist heraus, die in dem nicht von Paulus selbst, sondern von einem seiner Schüler verfaßten zweiten Thessalonicherbrief (2 Thess 2) artikuliert werden: 1. Der Antichrist ist der Gesetzlose; 2. er ist der „Sohn des Verderbens"; – eine Rede, die vornehmlich so zu verstehen sei, daß der Antichrist als jemand ausgesagt wird, dessen Zukunft „verderben" werde, d. h. keinen Bestand haben wird; 3. er ist der „Widerstreitende", der, der gegen Gott und Gottes Sache ist; 4. er ist der Überhebliche, dessen Führungsanspruch und -gehabe, sich schließlich 5. in dem Ausspruch und Anschein steigert, Gott zu sein; 6. er ist der, der in der Kraft und der Macht des Satans agiert; 7. er ist der Verführer der Menschen; 8. er ist der Lügner schlechthin, der, der die Wahrheit pervertiert. Es ist deutlich, wie sehr sich Johannes von Paris einerseits von dieser achtfachen Charakteristik des Antichrist ansprechen ließ, wo er aber auch – andererseits – seine eigenen Akzente setzte: Während er den unter 1. und 2. genannten charakteristischen Zügen weniger Beachtung schenkt, konturiert er um so mehr die unter 7. und 8. aufgeführten. Dabei macht er aber klar, daß es sich hier nicht um zusammenhanglos nebeneinander stehende „Eigenschaften" des Antichrist handelt, sondern arbeitet ihren inneren Zusammenhang feinnervig heraus, auf jene Charakteristika rekurrierend, die unter 3. bis 6. aufgeführt wurden. Quidort Zielrichtung ist offensichtlich, die Warnung vor jenen und jenem, der, ausgerüstet mit diabolischer Macht und trügerischer Kraft, die Menschen in die Transzendenz nach unten zwingt, und zwar mit allem ihm zur Verfügung stehenden Mitteln, die gottlose, ja widergöttlich-gefährlich-politische Führungs- und Verführungsfähigkeit und -tätigkeit des Antichrist betonend.

[166] Dazu Benz, Ernst: Die Kategorien des eschatologischen Zeitbewußtseins. Studien zur Geschichtstheologie der Franziskanerspiritualen. In: Endzeiterwartung zwischen Ost und West. Studien zur christlichen Eschatologie. Hrsg. von dems. Freiburg 1973, 9–37, bes. 28ff.

und ichverzehrenden Macht mit diabolischer Kraft. Perfid, pervers und
nahezu perfekt überzeugend, imitiert er den wahren Christus, den
eigentlichen und einzigen Herrn, täuscht er die Imitatio Christi vor,
mimt er das Kreuz, spielt er den Durchbohrten und Auferstandenen,
sich aufspielend als Gott, dabei tatsächlich seine Perfektibilität als
Mensch verspielend.
So verwirft und verwirkt dieser seine göttliche Berufung und Bestimmung als Mensch, deformiert sein Menschsein und wird immer unwesentlicher, zum gefährlichen menschenfeindlichen Un-Wesen. Der
Antichrist und die Seinen nehmen ihr kontingent-geschöpfliches, gnadenhaft-beschenktes und göttlich-verbürgtes Werde-Sein nicht an, weil
und sofern sie sich nicht Gott anheimgeben, weil und sofern sie diese
ihr gottgegebenes und göttlich begrenztes und also definiertes, abhängiges Sein nicht „wahr" haben und „gut" machen wollen. Ausgerüstet
mit diabolischer Macht und Kraft, setzt der Antichrist sich statt dessen
dafür ein, daß auch andere, viele, möglichst alle Menschen der Erde
diese ihre göttliche Berufung verkennen, nicht mehr „im Bilde" sind
und ihr End-Ziel, Christus, aus dem Blickfeld verlieren. So stellt sich
der Antichrist dem *diabolus* voll und ganz zur Verfügung und versucht
den freien Blick des Menschen auf das Richtbild, auf Christus, zu verhindern. Der Antichrist und seine „Familie" gehen nicht auf- und vorwärts, sondern ab- und rückwärts. Sie sind in sich selbst verkrümmt
und allesamt „Erdenmenschen", „nach unten blickend", auf sich und
„auf die Erde" starrende Existenzen. Die Menschen der Erde sollen
und wollen im Sinne des Antichrist nur noch „das Tier aus der Erde"
vor Augen haben, nicht aber mehr Christus als ihr Ur-, Vor- und Überbild erkennen.
Was Wunder, daß Quidort die „antichristliche Familie" ja gerade deshalb als zum Antichrist gehörig ansieht und als solche darstellt, weil sie
nicht mehr auf Christus blickt, sondern verblendet und getäuscht,
nicht zuletzt auch aufgrund von systematischen und systemimmanen-
ten Machtzwängen (An- und Verkaufverbot für jene, die nicht dazu
gehören; „Ausweis-Zeichen" für jene, die dazu gehören etc.) gezwungen werden, sich ausschließlich an den Antichrist zu binden und also
sich nicht mehr auf Christus hin aus- und in Ihm hochzurichten. Die
„antichristliche Familie" vermag als solche blendend – im wahrsten
Sinne des Wortes – in der Welt zurechtzukommen und sich komfortabel einzurichten. Ihr Gott ist der Antichrist, der doch nichts weiter ist
als ein Mensch und die religiösen Energien der Menschen auf sich zu
bündeln und dadurch abzulenken, zu boykottieren versteht. Ihr Blick
bleibt gefangen im Diesseitig-Vergänglichen, geht nicht – unbefangen
– über die innerweltlichen Gegebenheiten hinaus, bricht sich nicht
Bahn zum transzendenten Gott, sondern höchstens zum „transzenden-

ten Unten", zum diabolus.[167] So richtet die antichristliche Familie sich in dieser Welt ein und breiten sich in ihr aus. Zum Lohn dafür, daß sie dem Antichrist anhängt, darf sie kaufen und verkaufen. Geschäfte zu tätigen, ist ihr signifikantes wie ausschließendes Privileg. Die antichristliche Familie trägt merkantile Züge in exklusiver Weise. Die Strukturen des Habens und Festhaltens sind ihr eigen, nicht die des Seins, des Lassens und der Gelassenheit.

Tatsächlich ist ja der gesellschaftskritische Mitlaut Quidorts bei aller wissenschaftlich-ruhigen Darlegung dessen, was die Schrift und die Tradition über den Antichrist zu sagen weiß, nicht zu überhören. Hatte Johannes von Paris doch die Ambivalenz städtischen Lebens und wirtschaftlicher Vitalität in der französischen Metropole ständig vor Augen. Er kannte schließlich den herrschenden Drang zur Expansion: nach außen – über die Landesgrenzen, ja über die Peripherie Europas hinaus – wie nach innen: die Korporationen der Gesellschaft wurden mächtiger, wort- und gesellschaftsführender, sich nach unten hin abgrenzend, um andere zu beherrschen, nach oben hin ausgreifend, um zu regieren oder jedenfalls mitzuregieren.[168] War der Mensch dabei, eine geschlossene, rein diesseits orientierte Macht- und Profitgesellschaft zu etablieren, eine Gesellschaft ohne Gott zu installieren und so sich und die anderen zu diabolischen Un- und Höllenwesen zu degradieren? Kurz: War der Mensch dabei, einen Menschen herauszubilden, der nicht mehr seinen Blick auf die durch Christus geoffenbarte Wirklichkeit des dreifaltigen Gottes richtet, sondern nur noch seine Bedürfnisse sieht, sich selbst zur Geltung bringt und verherrlicht und so den Antichrist zur Welt und die Welt zur „Hölle", zum Ort diabolischer Mächte und Gewalten umfunktioniert? Die generationenlange Expansionsphase stand kurz vor ihrem Kollaps. Die Grenzen des Wachstums waren zumindest vorläufig erreicht.[169] Die Zeit der Krise, der Dis- und Neuorientierung stand unmittelbar bevor.

All diese kritischen Zwischentöne stimmen durchaus mit jenem Klagelied überein, das Arnald von Villanova in seinem Traktat über das baldige Kommen vom Antichrist anhob. Doch sind auch erhebliche Disharmonien unüberhörbar. Bleibt der Antichrist für Arnald eine gefährliche, ins diabolisch Nominose reichende Übergröße für den Menschen, dem man nur in absoluter Geschlossenheit begegnen dürfe, so

---

[167] Quidort spielt mehrfach auf Apc 17,8 an, wo von dem Tier die Rede ist, das aus dem Abgrund zwar emporsteigt, aber nur deswegen, um die Menschen zu verführen und in den Abgrund zu reißen: „ins Verderben" zu stürzen, in den Abfall von Christus.

[168] Die dramatische Entwicklung im 14. Jahrhundert kündigte sich bereits zum Ende des 13. Säkulums an. Chevalier, Bernard: Corporations, conflits politiques et paix sociale en France aux XIVᵉ et XVᵉ siècles. *RH* 268 (1983) 18–44, bes. 18f.

[169] Seibt 1984, 15f.

stellt dagegen Quidort deutlich genug fest, daß der Antichrist nicht der Leibhaftige, nicht der *diabolus incarnatus,* sondern nichts weiter als ein Mensch ist, der sich entschieden hat, gegen Gott aufzutreten, und dabei vortäuscht, selbst Gott oder zumindest *vicarius dei* zu sein. Dabei baut er seine eigene Gemeinde auf, deren Mitglieder aus „allen Ecken und Enden der Erde" kommen, auch aus dem Raum der Kirche, wie Quidort betont, sich dabei teilweise und modifiziert auf Augustinus stützend. Ja, während Arnald von Villanova gerade in den partikulären und zentrifugalen gesellschaftlichen Kräften und Tendenzen des zur Neige gehenden 13. Jahrhunderts die Macht des Bösen und die Nähe des Antichrist heraufziehen sieht, glaubt Quidort gerade in den universalen und zentripedalen gesellschaftlichen Phänomenen diabolische Verhärtungen am Werk, die insgesamt die einflußreiche, finanzstarke und auf äußere Macht abgesehene *familia antichristi* etablieren. Auch Quidort konnte um 1300 die Frage nach dem Kommen des Antichrist stellen; nicht etwa weil für ihn die Kirche und der Papst allzu sehr von allzu vielen kritisiert und in ihrer Macht beschnitten werden, sondern im Gegenteil, weil sie zu mächtig, zu finanzstark und zu sehr auf Äußeres und auf das Habenwollen bedacht sind. Die *familia antichristi* rekrutiert sich – laut Quidort – aus den *habitantes in terra.* An ihrer Spitze steht der, der vorgibt, Christus auf Erden, Licht der Völker und Gott zu sein: steht der *purus homo* Antichrist. Wenn Arnald von Villanova, wie erinnerlich, in seinem Antichristtraktat den Papst als Christus in terris, als „Licht der Völker" *(datus in lucem gentium)* und „Gott der Götter" *(deus deorum)* bezeichnen konnte, so war es für Quidort offensichtlich, daß hier die Maßstäbe in gefährlich „antichristlicherweise" aus dem Lot geraten und daß insofern die Frage nach dem Kommen des Antichrist durchaus von aktueller Bedeutung war.

4.7 Die Zeit des Antichrist

Die Frage, was genau unter „Antichrist" zu verstehen oder besser, wer mit dieser Bezeichnung gemeint ist, kam mittels einer komplex-komplizierten Interpretation des biblischen Befundes und bestimmter Auslegungstraditionen zu Wort. Das Ergebnis dieser Untersuchung war keine strenge Definition noch eine reine Deskription des Gemeinten. Sie bestand vielmehr in einer resümierenden Reflexion über die biblische wie traditionelle Rede vom Antichrist. Diese wurde schließlich nicht ohne originelles Profil – zahlensymbolisch zentriert und didaktisch reduziert – dem Leser anschaulich und begreiflich dargeboten.
Von dieser ersten „Zwischenbilanz" geht Johannes von Paris zu Beginn seines zweiten Hauptabschnittes aus. Jetzt kann er fragen, zu welchem Zeitpunkt der Antichrist geboren werde. Diese menschlich-konkrete Ausgangsfrage wird ihn nicht daran hindern, im weiteren Verlauf sei-

ner Überlegungen durchaus wieder jene abstrakte Höhe und philosophisch-theologische Weite zu gewinnen, die wir bereits im ersten Abschnitt beobachten konnten. Sein methodisches Procedere bleibt dabei wiederum ausdrücklich biblisch orientiert wie traditionsgebunden. Seine erste, gleich zu Beginn dieses zweiten Abschnittes aufgestellte These belegt dieses Vorgehen.

„Quo vero tempore nasciturus sit antichristus determinando diem et horam puto neminem scire posse nec forsan alicui fuisse revelatum expresse."[170]

Seine Ansicht – „puto", wie es heißt – begründet er im Blick auf bestimmte Aussagen im Alten wie Neuen Testament, zunächst aber lediglich im engen Blick auf Daniel und die Apokalypse. Hier führt er erstmalig Dn 12,9 an. Er rekurriert damit auf einen Vers, der, wie erinnerlich, bereits bei Arnald von Villanova exponierte Bedeutung beigemessen wurde: „Vade, Daniel, quia clausi sunt signatique sermones usque ad tempus prefinitum."[171] Im Verlauf seiner Darstellung wird Johannes von Paris auf die Frage nach dem Verständnis dieses Verses noch zurückkommen. Zunächst läßt er ihn als Argument für seine These unreflektiert stehen, ihn nur durch Apc 10,4 bestätigend: „[. . .] et audivi vocem de celo dicentem mihi signa id est sub sigillo claude, que locuta sunt septem tonitrua."[172]

Dennoch: Johannes von Paris versteht die beiden biblischen Hinweise keineswegs als Beleg dafür, daß über den Zeitpunkt der Geburt des Antichrist nichts ausgesagt werden könne oder gar dürfe. Er nimmt sie vielmehr als Beweis dafür, daß dem Propheten Daniel wie dem Seher der Apokalypse aufgrund göttlichen Geistes durchaus darüber etwas zu Ohren gekommen sei, was aber der näheren Erklärung und genaueren Erforschung bedürfe. Ist doch das, was „die sieben Donnerschläge" gesprochen, und das, was die „in Linnen gekleidete und über den Wassern des Flusses" erhobene Gestalt geweissagt hat, zwar „verschlossen und versiegelt", aber immerhin mitgeteilt worden.

Die Grundoption aller weiteren Ausführungen des Johannes von Paris über die Frage nach dem Zeitpunkt der Geburt des Antichrist besteht also in zweierlei:

Erstens, daß an den genannten Bibelstellen tatsächlich von der Zeit des Antichrist die Rede ist; zweitens und vor allem, daß diese zwar verschlossene und versiegelte Rede menschlicherseits grundsätzlich entsiegelt und geöffnet zu werden vermag: dann nämlich, wenn und sobald der Mensch dazu göttlicherseits beauftragt und befähigt ist.

---

[170] Oxford, fol. 20 ra; cf. ed. Venedig 1518, fol. XLVI rb (sehr fehlerhaft).
[171] Ebenda.
[172] Ebenda.

Bei genauem Hinsehen ist zudem festzustellen, daß diese zweifache Option Quidorts auf einem bemerkenswerten Forschungsoptimismus basiert. Ihn artikuliert Johannes von Paris gleichsam en passant, und doch bestimmt dieser Optimismus wie ein unsichtbarer Notenschlüssel die Grundmelodie des gesamten Traktates.[173]

Die dritte göttliche Person, der Heilige Geist, ist es, der – laut Quidort – den Menschen immer wieder dazu antreibt, die göttliche Rede verstehen zu wollen, und dazu befähigt, diese auch tatsächlich einzusehen. Die Frage aber, auf welche Weise dieses entschlüsselnde Verständnis menschlicherseits vor sich geht und welches Maß es erreicht, beantwortet Johannes von Paris an dieser Stelle seiner Ausführungen nicht. Er wird später auf diese „hermeneutische" Frage zurückkommen. Jetzt will er lediglich festgehalten wissen, daß Gott aus einem ganz bestimmten Grund den Menschen über die Ankunft des Antichrist nicht offen und öffentlich informieren wollte. Quidort kennt den göttlichen Grund: Gott will, daß der Mensch sich anstrengt. Der Mensch soll sich daranmachen, diese göttliche Rede zu entschlüsseln und sorgfältig zu erforschen! Gott selbst ist es, der den Forschungsauftrag erteilt.[174]

Der bemerkenswerte Forschungsoptimismus ist somit göttlich begründet und geist-mächtig motiviert. Er ist „spirituell" im wahrsten Sinne des Wortes: Der intellektuelle Impetus ist Frucht des Heiligen Geistes, der Forschungsoptimismus, den Johannes von Paris hier an den Tag legt und der ihn treibt, die Frage nach dem genauen Einbruch der antichristlichen Zeit zu stellen, ist letztlich und eigentlich inspiriert vom Heiligen Geist selbst. Mehr noch: Johannes von Paris sieht in dem sorgfältigen Nach- und Überdenken, in dem gewissenhaften Erforschen diverser Texte, die sich zu dem genannten Thema äußern oder sich zumindest auskunftverheißend darbieten, nicht bloß ein zulässiges Procedere, sondern ein höchst verantwortliches, weil in der Absicht Gottes liegendes menschliches Tun: Der denkende und forschende Mensch entspricht damit dem Willen des Heiligen Geistes, er antwor-

---

[173] Wer diese Doppelspurigkeit der Rede Quidorts übersieht und nur auf das zwar vordergründige und in die Augen springende Bemühen um die rechte Berechnung des Kommens des Antichrist starrt, ist zum Schluß der Lektüre dieses Traktates enttäuscht. Die inhaltsschweren und aussagekräftigen Interpretationen kommen ihm nicht zu Gesicht. Er fragt sich nach dem Grund des ganzen Aufwands und der Ursache der Wirkungsgeschichte dieses Werkes: Die Frage nach dem Zeitpunkt und der Berechnung des Kommens des Antichrist steht im Mittelpunkt des Interesses. Doch unter- und hintergründig (keineswegs beiläufig!) lassen sich immer wieder dichteste Aussagen und Reflexionen über die Endzeit selbst und das zu erwartende Bild von der Endphase der Weltgeschichte finden.

[174] „Noluit spiritus sanctus quod revelatio ei facta aperte nobis et determinate revelaretur et determinaretur vel publicaretur, sed sub indeterminatione et obscuritate ut per diligentiam inquirendi retraheremur a nocivis occupationibus." Ebenda, aber fälschlich: Noluit quod; cf. ed. Venedig 1518, fol. XLVI rb.

tet konkret-praktisch dem Anruf Gottes. Geht es doch dem göttlichen
Geist darum, wie Quidort ausdrücklich artikuliert, den Menschen von
„unnützen Beschäftigungen" ab- und ihn anzuhalten, alle Sorgfalt auf
das intensiv inquirierende Erforschen göttlicher Rede zu verwenden.
Damit greift Johannes von Paris ein wesentliches Motiv jener Rede
über den Antichrist auf, die Arnald von Villanova so vehement vortrug
und worin dieser gerade das Kommen des Antichrist angezeigt sah: in
der Beschäftigung vieler Zeitgenossen mit „unnützen", d. h. mit weltlich-irdischen, also vergänglichen und vom Ewig-Einen, von Gott, ab-
lenkenden Dingen.
Gleichzeitig begegnet Johannes von Paris aber auch all jenen Theologen und Kirchenmännern, die überhaupt der Ansicht waren, daß es
Zeitverschwendung und also „unnütz" sei oder daß es gar gegen Gottes
Willen verstoße, sich mit der Frage nach dem Kommen des Antichrist
zu beschäftigen.[175] Ihnen allen hält Quidort dezidiert seinen göttlich
inspirierten und spirituell motivierten Forschungsoptimismus entgegen, aus dem zweierlei deutlich wird:
Erstens, daß die sorgfältige Erforschung der Frage nach dem Beginn
der antichristlichen Zeit effektiv ist; und zwar selbst dann, wenn sich
schließlich herausstellt, daß die Frage auf den Tag und die Stunde
genau nicht beantwortet, sondern höchstens deutlicher definiert oder
nur annäherungsweise einer „Antwort" zugeführt werden kann. Überhaupt ist sie allein schon deswegen keineswegs „unnütz", weil sie den
Menschen dazu bewegt, sich zumindest in der Zeit seines sorgfältigen
Forschens von weltlich-irdischen Gedanken und Handlungen fern-
zuhalten und nach den Absichten Gottes mit und in dieser Welt zu
fragen.
Dieses eher praxisorientierte, deutlich auf Arnald von Villanova abzie-
lende Argument wird – *zweitens* – bibeltheologisch argumentierend
vertieft:
Johannes von Paris widerspricht hier theologisch gängiger Ansicht,
daß über die Frage nach dem Wann der letzten Ereignisse der Menschheitsgeschichte nicht nachgedacht und geforscht werden solle.[176]
Genauer: beim exakten Hinsehen ist festzustellen, daß Johannes dieses
„Forschungsdefizit" kritisiert und konstatiert, daß diese Zurückhaltung
der orthodoxen Theologie dem Antichristthema gegenüber nicht mit
dem Hinweis auf die „verschlüsselte und versiegelte" Rede zu rechtfertigen sei:
Der Grund dafür, warum Gott den Propheten des Alten wie des
Neuen Bundes „verschlüsselt und versiegelt" über das Kommen des

---

[175] Ebenda.
[176] Aichele 1973, 14; Papst Bonifaz VIII. sagt Arnald ausdrücklich, er solle sich lieber um
die Ankunft Christi als um die Ankunft des Antichrist kümmern, Finke 1902, 223.

Antichrist informiert hat, impliziert nicht zwingend göttliches Forschungsverbot, sondern kann gerade umgekehrt göttliches Forschungsgebot bedeuten. Johannes von Paris formuliert die letztere Interpretation nicht konjunktivisch, sondern eindeutig indikativisch. Er
rechtfertigt damit den weiteren Verlauf seiner Untersuchung und
stellt für diesen zweiten Hauptabschnitt seines Traktates eine dreifache Gliederung auf:
„Circa hec ergo primo ponemus quid ex dictis sanctorum hominum,
qui spiritum prophetie habuerunt colligi possit de illis temporibus; secundo, quid de hoc ex scripturis canonicis [. . .] coniecturare possimus; tercio, quid / ex coniecturis physicis et astrologicis habeamus."[177]
Nicht dieses Gliederungsschema an sich, wohl aber das ernsthafte Rekurrieren und offene Reflektieren von außerbiblischem Wissen, von
aus den Berichten und Visionen von Heiligen gespeisten Kalkulationen
und physikalisch-astronomischen Kalkülen verraten insgesamt einen
eigenartigen Denk- und Argumentationsstil, den nicht zuletzt der kurz
nach 1292 gestorbene Franziskaner und Pariser Gelehrte Roger Bacon
provoziert wie protegiert hatte. Bacon, der bekanntlich neben seinen
philosophisch-theologischen Studien auch naturwissenschaftliche Experimente betrieb und sich dabei noch auf Albertus Magnus stützen
konnte, forderte gerade im Hinblick auf die Überlegungen zum Antichrist genau diese stärkere Hinzuziehung der erfahrungswissenschaftlichen, noch längst nicht genügend beachteten und systematisch vorangetriebenen „Disziplinen".[178] In seinem Opus Majus fordert er geradezu

---

[177] Oxford, fol. 20 ra–rb, circha; coniecturari i. m.
[178] Flasch 1987, 348. Tatsächlich darf nicht übersehen werden, wie komplex mittlerweile das intellektuelle Leben in den Universitätsmetropolen zur Zeit Bacons geworden war. Bacon gehörte – wie Bonaventura – zur zweiten Generation der franziskanischen Bewegung. Auch ihm ging es entschieden darum, das Christentum zu erneuern. Doch anders als Bonaventura folgte er dabei nicht so sehr der augustinisch-
anselmianischen Denk- und Lehrtradition, sondern berücksichtigte in gewisser Weiterführung der Weltzugewandtheit eines Robert Grosseteste, aber auch des Albertus
Magnus (den er später kritisierte), die naturwissenschaftlichen Werke des Aristoteles, und zwar in betont mathematisierender Weise. Dazu Lindberg 1982. Der Einfluß
der arabischen Forschungsmethode ist offensichtlich, das Interesse an Optik und
astronomisch-astrologischen berechnenden Betrachtungen steigend. Die mathematisierende Naturforschung bei gleichzeitig angestrengtem Studium der aristotelischen
Schriften und induktiv ausgerichteten Methode prägte die Lehrziele und Lernstile
vornehmlich in Oxford, stand aber auch, gerade im letzten Drittel des 13. Jahrhunderts, in enger Verbindung mit der Pariser Gelehrtenwelt. Roger Bacon bietet dafür
ein eindrucksvolles Beispiel: An der Pariser Artistenfakultät studierte und kommentierte er die naturwissenschaftlichen und logischen Schriften des Aristoteles. Nach
Oxford zurückgekehrt, publizierte er einerseits seinen Metaphysikkommentar, andererseits seine zahlreichen optischen, medizinischen, astronomischen und physikalisch-
alchemistischen Werke. Doch kommt das Eigentliche Bacons überhaupt nicht zu Ge

appellativ die Kirche auf, ihre Aussagen über die Zeit des Antichrist möglichst auf eine breite Grundlage zu stellen und den Mut zu haben, aus der Vielfalt menschlicher Erkenntnisquellen zu schöpfen. Dabei drückt er genau jenen, heute als „naiv" zu bezeichnenden Forschungsoptimismus aus, dem auch Johannes von Paris, wie dargelegt, das Wort redete.[179] Roger Bacons Forschungsoptimismus ist dabei Element eines sich allgemein in dieser Zeit spürbar verändernden, mit neuer Energie aufbrechenden Wissenschaftsinteresses, das vor allem mit einer deutlich induktiv vorgehenden Forschungsmethode korrespondiert, die den Blick nachdrücklicher auf das Geschaffene, das Einzelne und Konkrete, dabei zwar nicht den Schöpfer-Gott leugnend, aber doch in den Hintergrund stellend, überhaupt kritisch prüfend, wo und wie die Verbindung beider überhaupt gedacht werden kann.[180]

---

sicht, wenn dabei immer wieder sein angestrengt christliches Reformanliegen außer Acht gelassen wird, das ihn gerade im reifen Mannesalter charakterisierte und alles andere als eine „jugendliche Schwärmerei" war. Er rechnete – im wahrsten Sinne des Wortes – mit der Macht des Bösen, mit der Ankunft des Antichrist. Diesem war nur zu widerstehen, sofern sich jeder einzelne darauf einzustellen und diesem Widerstand entgegenzubringen wußte. Um den einzelnen aber zum Widerstand zu ertüchtigen, bedürfe es nicht zuletzt eines umfassenden Wissens, das jedermann im Alltag und in seiner Umgebung handhaben und in seinem täglich-tätigen Kampf gegen die „bösen Widerstände der Welt" und im persönlichen Einsatz für die Errichtung und Etablierung eines „neuen" christusförmigen Lebens einzusetzen vermag. Ebenso wie Roger Bacon angesichts des herannahenden Gottesreiches die aktive Vorbereitung auf dieses göttliche wie weltgeschichtliche Ereignis möglichst vieler Menschen und breiter Volksschichten forderte, drängte er darauf, nicht nur das metaphysische Denken zu pflegen und nach dem Sein des Seienden zu fragen, sondern das einzelne Seiende selbst zu beobachten und operationalistisch einzusetzen. Die gesamte natürliche Welt gelte es per experimentum sprechen zu lassen und sie unter Anwendung mathematischer wie optischer Gesetze zu erproben.

[179] „Nolo hic ponere os meum in coelum, sed scio quod si ecclesia vellet revolvere textum sacrum et prophetias sacras, atque prophetias Sibyllae, et Merlini et Aquilae, et Sestonis, Joachim et multorum aliorum, insuper historias et libros philosophorum, atque iuberet considerari vias astronomiae, inveniretur sufficiens suspicio vel magis certitudo de tempore Antichristi." Roger Bacon: Opus maius. Pars Quarta: Judicia Astronomiae (in: The „Opus Maius" of Roger Bacon. Ediert von John Henry Bridges. Bd. 1, Frankfurt a. M. 1964, 238–269, hier 268f. [= unv. Nachdruck der Ausgabe Oxford 1897]). Zu Beginn seines Pontifikates bat Papst Clemens IV. (1265–1268) Roger Bacon um eine zusammenhängende Darstellung seiner neuartigen Experimente und Ideen. Daraufhin verfaßte der „Naturforscher" in den Jahren 1266 bis 1268 eine ausführliche Antwort: das Opus Maius entstand. Dazu Bridges 1964, XXI–XXXVI.

[180] Flasch 1978, 363–441; dazu auch die Einzelstudien von Hödl, Ludwig: Albert der Große und die Wende der lateinischen Philosophie im 13. Jahrhundert. In: „Virtus politica". Festgabe zum 75. Geburtstag von Alfons Hufnagel, Stuttgart 1974, 251–275; ders.: Die Entdivinisierung 1986, 57–70; ders. 1987, 225–243. Zum soziokul-

Johannes von Paris ist von der neuen Faszination des Seienden nicht
unberührt geblieben. Die nachfolgende Untersuchung wird es deutlich
genug demonstrieren. Doch er begegnet ihr recht moderat-souverän,
ist ihr auf keinen Fall erlegen. Überdies hat er immer auch die Argu-
mentationsfolge Arnalds im Auge.

4.7.1 Prophezeiungen und Visionen

Entsprechend seiner trimorphen Gliederung wendet sich Johannes von
Paris im folgenden zunächst der Frage zu, was denn bestimmte, im
weiteren Verlauf seiner Darlegung noch näher bezeichnete, jedenfalls
geistbegabte und im Rufe der Heiligkeit stehende Persönlichkeiten zu
dem genannten Thema zu sagen wußten: Konnten sie die Frage nach
der Zeit des Antichrist beantworten? Vermochten sie insgesamt oder
einzeln den Tag oder gar die Stunde zu benennen, wann der Antichrist, wie Johannes eingangs formulierte, „geboren werde"?
Gleich zu Beginn dieses Abschnittes macht Quidort klar, daß seine intensive Untersuchung der Aussagen der in Frage kommenden prophetischen Persönlichkeiten in dieser Hinsicht negativ ausfällt.[181]
Nicht der Tag, geschweige denn die Stunde, ja nicht einmal das Jahr
der „Geburt" des Antichrist ist auf diesem Wege zu eruieren. Was herauszufinden ist, sind gleichsam Annäherungswerte, sind „tempora
antichristi propinqua".
Was darunter näherhin zu verstehen ist, wird erst im Verlauf der Untersuchung deutlich, die wiederum selbst nur eine der drei oben als
Gliederungsschritte vorgestellten Perspektiven darstellt. Die sorgfältige
Befragung von Aussagen heiligmäßiger, prophetischer Persönlichkeiten führt hinein in die Betrachtung biblischer Bezeugungen und ihrer
namhaften Interpreten sowie schließlich hinaus in die Berechnung
physikalischer Gesetze und astronomischer Größen. Damit bleibt zwar
die bibel-theologische Erwägung Kern und Herzstück dieses zweiten
Hauptabschnittes, erhält aber durch die erste wie dritte Perspektive
ihre Fassung: sie eingrenzend, aber auch ihr Kontur verleihend.
Johannes von Paris blendet die biblische Betrachtung nicht aus, sondern führt allmählich, nach einem vorbereitenden Schritt, zu ihr hin.
Auch wird die physikalische, astronomische Berechnung nicht das
letzte Wort haben. Sie muß sich ebenso an bibel-theologischen Er-

---

turellen Hintergrund allgemein immer noch Le Goff, Jacques: Das Hochmittelalter.
Frankfurt a. M. 1965, bes. 277–295 (= Fischer Weltgeschichte 11); Duby, Georges:
Le temps des cathédrales. Paris 1976; Fotz 1987, 737ff.

[181] Oxford, fol. 20 rb; ed. Venedig 1518, fol. XLVI rb: „Circa primum sciendum est quod
de antichristo non invenitur expressa revelatio alicui facta quoad diei vel anni significationem. Tempora tamen antichristi propinqua ab aliquibus inveniuntur prophetata fuisse."

wägungen messen lassen wie die namhaften Visionen und Prophezeiungen.

4.7.1.1 Das Traumgesicht Eduards des Bekenners

Der letzte König aus dem Hause Wessex wird von Quidort kurz und knapp, aber immerhin unter Bezug der Regierungsjahre Heinrichs III. vorgestellt und als mit prophetischem Geist begabt qualifiziert: „Eduardus Anglie rex et Ethelredi filius, qui Eduardus regnare cepit anno tercio imperii Henrici Imperatoris tercii, anno, scilicet, Domini millesimo XLII, vir miraculis et spiritu prophetie clarens."[182] Eduard „the Unready" war der Sohn Ethelreds II. und Emmas von der Normandie, der Schwester Herzogs Richard II. Wegen der ständigen Dänengefahr wurde er nicht auf der Insel, sondern in der Normandie erzogen und schließlich – im Jahre 1042 – zum angelsächsischen König erhoben. Die von Quidort genannte Jahreszahl stimmt. Erklärungsbedürftig aber, wenn nicht gar ungenau, ist hingegen der Hinweis auf die Regierungszeit Heinrichs III. Dieser war zu der fraglichen Zeit nämlich noch keineswegs Kaiser des Reiches (diese Würde erhielt er erst 1046), sondern lediglich Römischer König. Die Königskrönung Heinrichs erfolgte zu Aachen am Ostersonntag, dem 14. 4. 1028, durch Pilgrim von Köln. Er hatte sich dieses Recht von Papst Leo IX. verbriefen lassen. Doch erst elf Jahre später konnte Eduard als König regieren; dann nämlich, als sein Vater, Konrad II., im Jahre 1039 starb.[183]

---

[182] Oxford, fol. 20 rb; aber „rex Ethelredi"; cf. ed. Venedig 1518, fol. XLVI rb.

[183] Seibt 1987, 129f.; „obwohl als Heiliger verehrt, war Eduard III. eher ein schwacher König, den tobenden Parteikämpfen zwischen Angelsachsen und Normannen kaum gewachsen". Seine Politik zeigt sich stark beeinflußt von den großen Earls, die noch Knut der Große eingesetzt hatte. Er bekannte sich zum einheitsstiftenden christlichen Glauben und war vorsichtig gewillt, England kontinental zu öffnen. So förderte er die abendländisch-christliche Kultur nach Kräften zugunsten monastischer und kirchlicher Einrichtungen. Eduard III. ließ während seiner Regierungszeit 1042–1066 die Westminster Abbey als normannische Kirche mit dicken Mauern und typischen Rundbögen erbauen, die später, 1245, in der gotischen Abtei aufging. Der normannische Stil setzte sich aber in England zunächst durch. Wilhelm von Malmesbury berichtet gar in seiner *Gesta regum Anglorum* 5,3, daß die Edlen sich einander „im Bau prächtiger Bauwerke normannischer Stilart zu überbieten" trachteten und „den Tag als verloren" ansehen, „an dem sie nicht irgendeine glanzvolle Tat begangen hatten". Treffend bemerkt Will Durant: Das hohe Mittelalter und die Frührenaissance. Köln 1985 (= Sonderausgabe), 41 (= Kulturgeschichte der Menschheit Bd. 7; Titel der Originalausgabe: The Story of Civilization Bd. 4): „Nie zuvor hatte England einen derartigen Baurausch erlebt." Dazu Wilhelm von Malmesbury, der den Stoff seiner *Gesta pontificum* und *Gesta regum Anglorum* so anordnete, daß ein zusammenhängendes und lebendig erzähltes „Geschichtswerk" entstand. Wenngleich die realpolitische Bedeutung Eduards nicht zu hoch einzuschätzen ist, darf doch nicht übersehen werden, daß Wilhelm der Eroberer das von Eduard bereitete „Konsolidierungsmaterial" benutzen konnte, um seine Herrschaft so zu organisieren und zu stabilisieren, daß dar-

Offensichtlich kommt es Quidort nicht auf historische Genauigkeit,
sondern auf die Darbietung geheimnisvoller Hinweise an. Läßt nicht
der doppelte Hinweis auf die „heilige" Zahl drei – Heinrich III.
und das dritte Regierungsjahr eines, wenn auch erst späteren Kaisers – Eduard
bereits en passant als eine „heilige", „mirakulöse" Persönlichkeit in den
Blick geraten? Aber unabhängig davon: der englische Herrscher wird
hier mit dem auch im Frankreich des 13. Jahrhunderts hochangesehenen Kaiser Heinrich III. assoziiert, und dies sicherlich nicht nur aus
memorialen Gründen, nicht nur um als geeignetes Stichwort zur chro-
nologischen Einordnung des genannten angelsächsischen Königs zu
dienen. Eduard wird dem Leser vielmehr als eine Persönlichkeit vorgestellt, die zwar nicht in ihrem Herrschafts-, wohl aber in ihrem Transzendenzbezug in einem Atemzug mit der des genannten Kaisers genannt werden darf. Dieser war ja gerade zur Zeit Philipps IV., des
Schönen, ein Begriff. Hatte sich Heinrich III. doch aufgrund seines
stark religiös ausgeprägten Selbstbewußtseins gezwungen gesehen,
schlechte, sich als unwürdig erwiesene Päpste abzusetzen; ein Procedere, das – freilich anders motiviert sowie unter veränderten politischen wie gesamtgesellschaftlichen Bedingungen und, nicht zuletzt,
weniger erfolgreich durchgeführt – am französischen Hof bekanntlich
Schule machen sollte.[184]
Der gemeinte Transzendenzbezug Eduards kommt nicht nur in der erwähnten Qualifizierung als eines Mannes voll des prophetischen Geistes zu Wort, sondern in Quidorts Schilderung folgender feierlich-
österlicher Szenerie:
„Die sancto Pasche sedens ad mensam apud Vieth monasterium dyademate coronatus et optimatum turma valatus, ceteris avidius comedentibus advocato a terrenis animo divinum quoddam speculatus effusus est in risum."[185]

---

aus jenes England erwachsen konnte, das für vierhundert Jahre fest mit dem euro-
päischen Kontinent verbunden blieb. Eduard wurde schon bald nach seinem Tod als
Heiliger und Wundertäter verehrt, eine Verehrung, die besonders durch die Aktivitä-
ten Aelreds von Rievaulx und Osberts von Clare forciert wurde. Brooks, Nicholas P.:
Eduard der Bekenner. In: LexMA III, 1986, 1583f. (mit. Lit.); Heinrich III. wurde
Februar 1026 designiert und, zehnjährig, zum König gewählt. „In seiner praktischen
Politik ließ er sich von den Idealen des Friedens (pax) und der Gerechtigkeit (iustitia)
leiten [. . .]. Unter dem Einfluß seiner der Gründerfamilie des burg. Reformzentrums
Cluny angehörenden (zweiten) Gemahlin Agnes öffnete er sich dem Anliegen der
Kirchenreform." Unter seiner Regierung „bestand die frühma. Einheit von ‚regnum'
und ‚sacerdotium' noch ungebrochen fort". Struve, Tilman: Heinrich III. In: LexMA
IV, 1989, 2039–2041 (mit Lit.); Bulst-Thiele 1978, 179.
[184] Zum schweren Konflikt Philipps des Schönen mit Papst Benedikt VIII. Folz 1987,
682–777, hier 729f.
[185] Oxford, fol. 20 rb.

Die feierliche Szene wird durchbrochen; zumindest für einen Moment. Der König lacht plötzlich; dazu noch ohne ersichtlichen Grund und zum Entsetzen der Anwesenden.[186] Zeit, Ort wie der mit den Insignien der Herrschaftsmacht ausgezeichnete König sind divinatorisch durchdrungen, die Transzendenz Gottes wird spürbar. Die Situation gebietet nicht lachende Komik, sondern andächtig-stille Kontemplation: der König, fernab von allem Irdisch-Vergänglichen, hat offensichtlich alle Acht- und Aufmerksamkeit auf ein Divinum gelenkt – und fällt plötzlich ins Lachen: „effusus est in risum."

Nicht die adelige Tischgemeinschaft insgesamt, sondern drei Große und Vertraute des Königs, drei *optimates*, wagen später, nachdem die Tafel schon längst aufgehoben worden war, nach dem Grund des königlichen Gelasma zu fragen. Doch die wieder ruhig gewordene Majestät antwortet nur zögernd. Was sie aber schließlich artikuliert, ist für Johannes von Paris Zeugnis geistgewirkter Prophetie und also wert, als Beitrag zum Thema „Kommen des Antichrist" bedacht zu werden: Er, der angelsächsische König, habe im Geiste sieben Männer gesehen. Sie schliefen in einer Höhle, lagen dort wie tot, und das schon seit zweihundert Jahren. Doch plötzlich hätten sie sich allesamt auf die linke Körperseite gedreht. Diese uniforme wie synchrone Wende habe ihn zum unreflektierten Lachen gereizt.[187] Dieser Lachanfall sei, wie der König selbstkritisch beteuert, unpassend gewesen; und zwar nicht nur deswegen, weil ein König bei Tisch nicht lacht, sondern weil, wie ihm klargeworden sei, diese siebenfache Wende jeder Komik entbehre. Vielmehr komme darin ein tiefer, ernsthafter Sinn zu Wort; denn in dieser gewendeten Schlafposition verharren die sieben Schlä-

---

[186] Im Mittelalter immer wieder zitiert, wenig befolgt: Sirach 21,23: „Fatuus in risu exaltat vocem suam, vir autem sapiens vix tacite ridebit." Regula Benedicti VII, 10. Über das Lachen im Mittelalter Fuhrmann, Horst: Umberto Eco und sein Roman „Der Name der Rose". Eine kritische Einführung. In: „. . . eine finstere und fast unglaubliche Geschichte?" Mediävistische Notizen zu Umberto Ecos Mönchsroman „Der Name der Rose". Hrsg. von Max Kerner. Darmstadt 1987, 1–20, hier 18ff.; ders. 1987, 240–244.

[187] „Remotis mensis tres optimates eum prosecuti sciscitantur cur riserit. Cunctatus multum denique respondit: Septem dormientes in monte Celyo re/quiescunt etiam CC annis in dextro iacentes latere tunc in ipsa hora risus mei latus inverterunt sinistrum futurumque est ut 74 annis ita iaceant dirum nimirum mortalibus omen. Nam in hiis annis 74 omnia ventura sunt que dominus circa finem mundi ventura predixit: gentem, scilicet, contra gentem surrecturam et regnum adversus regnum; et terremotus et pestilencias et famem et terrores de celo; et gentium in christianos bella et christianorum in eosdem victorias. Talia temporis ipsis mirantibus inculcans, VII dormiencium passionem et habitudines singulorum, quod nulla docet litera ita eis diseruit ac si cum eis cottidie victitaret." Oxford, fol. 20 rb-va; nur anstelle von „prosecuti" prosequti; „et famem et" om.; „terrores" que add.; cf. ed. Venedig 1518, fol. XLVI rb-va.

fer nur noch 74 Jahre lang, dann nämlich wachen sie auf. Das Aufwachen aber bedeute das Ende der Zeiten. Das Traumgesicht signiere überhaupt einen Großteil der Menschheitsgeschichte, die, sobald die sieben Schläfer sich auf die linke Seite wendeten, in ihr letztes Stadium eingetreten und damit eine Zeitspanne angebrochen sei, in der all jene apokalyptischen Katastrophen geschähen, die der Herr vorausgesagt habe: Krieg, Seuchen, Hungersnöte, Christenverfolgungen.[188]
Doch damit nicht genug. Johannes von Paris berichtet weiter, der König habe, als er die ratlose Verwunderung seiner drei Zuhörer wahrnahm, noch die Lebens- und Leidensgeschichte der einzelnen Schläfer so detailliert und anschaulich dargelegt, als ob es gute Bekannte von ihm gewesen waren.[189]
Der plastisch-anschauliche Bericht des Königs macht neugierig. Die drei bisher namenlos und sich recht rezeptiv verhaltenen Zuhörer werden vorgestellt und aktiv. Sie wollen die Probe aufs Exempel machen und, wie es ausdrücklich heißt, die Wahrheit herausbekommen. So gehen sie nach Ephesos, um festzustellen, ob es dort wirklich die Siebenschläfer gibt.[190]
Tatsächlich finden sie all das bestätigt, was König Eduard bei Tisch in England geschaut hatte. Vor allem aber müssen sie beim Betreten der Berghöhle, in dem die Schläfer liegen, zum Erstaunen auch der einheimischen Bevölkerung feststellen, daß die *dormientes* mittlerweile tatsächlich ihre Schlafposition geändert haben. Sie liegen nicht mehr auf ihrer rechten, sondern jetzt auf ihrer linken Körperseite. „Nam Greci igitur tunc iurabant se accepisse a patribus illos VII super latus dextrum requiescere, sed post introitum Anglorum in speluncam super sinistrum eos invenisse."[191]
Die mit der Wende der Siebenschläfer verbundene Weissagung vom anbrechenden Endzeitcharakter der Weltgeschichte bestätigte sich ebenfalls: Kriege und Katastrophen apokalyptischen Ausmaßes brachen aus. „Agareni enim et Arabes et Turchi Syriam, Ciliciam et Minorem Asiam et Maioris multas urbes inter quas Ephesum et Ierosolimam depopulati sunt."[192]

---

[188] Ebenda, fol. 20 va; ed. Venedig 1518, fol. XLVI va.

[189] „[...] si cum eis cottidie victitaret." Ebenda.

[190] Ebenda, fol. 20 va–vb: „Erant autem tres optimates, qui eum sciscitabantur, Aroldus comes, Abbas unus et Episcopus unus. Et hiis auditis comes misit ad inquirendum millitem unus, Abbas monachum, Episcopus clericum ad imperatorem Constanti-/nopolitanum adiectis regis sui literis et muneribus [...] et ad Episcopum Ephesi destinavit, epistola comittante quam sanctam vocant ut ostenderet legatis Regis Anglie VII dormiencium corpora: factumque secundum prophetyam regis Eduardi."

[191] Ebenda, fol. 20 vb; cf. ed. Venedig 1518, fol. XLVI va.

[192] Ebenda.

Den Stoff dieser Erzählung über das prophetische Traumgesicht König Eduards überliefert Wilhelm von Malmesbury (um 1090–1143) in seiner lebendig geschriebenen, aber auch um Objektivität bemühten *Gesta regum Anglorum.* Wenngleich Johannes von Paris kein Wort über seine Quellen verrät, ja nicht einmal erwähnt, daß, geschweige denn wen er hier zitiert, ist es offensichtlich, daß er nicht direkt aus Wilhelms Geschichtswerk schöpft, sondern, wieder auf das *Speculum historiale* des Vinzenz von Beauvais nahezu wörtlich rekurriert.[193] Dabei ist sich Quidort sicher bewußt gewesen, daß er seinen Zeitgenossen nichts Neues bot. Bekannt war die Geschichte von den Siebenschläfern den Damaligen allemal. Schon im späten 5. Jahrhundert ist die Legende von den Siebenschläfern literarisch faßbar. Aber erst als sie – erstmalig von Gregor von Tours[194] – ins Lateinische übersetzt worden war, fand sie weitere Verbreitung.[195] Sie erzählt von christlichen Männern aus Ephesos, die sich zur Zeit der großen, planmäßig durchgeführten Christenverfolgung unter Kaiser Decius (249–251) in einer Berghöhle nahe der Stadt versteckt hielten, aber dort eingemauert wurden. Wunderbarerweise starben sie aber nur scheinbar. Tatsächlich fielen sie lediglich in einen tiefen Schlaf, aus dem sie nach 187 oder 193 Jahren wieder erwachten, um vorübergehend vom Glauben an die leibliche Auferstehung der Toten Zeugnis abzulegen.[196]

Es kommt also durchaus nicht von ungefähr, daß König Eduard ausgerechnet am „heiligen Ostertage" an diese Blut-Zeugen der leiblichen Auferstehung dachte. Bekennt doch die Kirche gerade Ostern ihren Glauben an den auferstandenen Christus und damit daran, daß nicht der Tod, sondern Gott das letzte Wort hat.

Es ist also festzuhalten: Das Eigenartige des Traumgesichts des Königs ist keineswegs, daß er an die Siebenschläfer dachte. Diese waren in der damaligen Zeit bekannt und beliebt. Das Spezifische ist, daß der König erstens „gesehen" hat, daß diese sich allesamt im Schlafe auf die linke

---

[193] Willelmi Malmesbiriensis Monachi *De Gestis Regum Anglorum Libri Quinque.* Ediert von William Stubbs, London 1887–1889, hier II, 225 (= Rerum Britannicarum Medii Aevi Scriptores XC); Vinzenz von Beauvais: Speculum historiale 25, 20, Graz 1965, 1008f. (= Nachdruck der Ausgabe Douai 1624).

[194] Zwei Fassungen kursierten, ed. MGSS rer. Mer. I, 550ff., 848–853; Gregorii Turonensis: Passio VII Dormientium apud Ephesum. Hrsg. von Bruno Krusch. *Analecta Bollandiana* 12 (1893) 371–387.

[195] Die Verehrung der Siebenschläfer bekam hingegen durch die Kreuzzugsbewegung des 11. bis 13. Jahrhunderts mächtige Impulse. Als Namen der Siebenschläfer werden – vornehmlich in griechischen Texten – genannt: Achillides, Diomedes, Eugenios, Stephanos, Probatos, Sabbatios und Kyriakos. Gehandelt wurden aufgrund der syrischen Überlieferung auch Maximianus, Malchus, Martinianus, Dionysius, Johannes, Serapion und Constantinus. Lechner, Martin/Squarr, Christel: Siebenschläfer (Sieben Kinder) von Ephesus. In: LCI 8, 1976, 344–348.

[196] Oswald, Josef: Siebenschläfer. LThK² IX, 1964, 737f.

Seite umdrehten und daß er, zweitens, diese Drehung – nach zweihundert Jahren einseitiger Schlafposition – als Zeitenwende zu deuten wußte: als Beginn einer 74jährigen Katastrophenzeit apokalyptischen Ausmaßes. Diese Zeit wurde drittens nicht nur von König Edward vorausgesehen als eine zukünftige Zeitspanne, die noch nicht in die Gegenwart hineinreicht, sondern sie erweist sich schließlich – aufgrund der Nachforschungen der drei Boten – als bereits zur Zeit des Königs Edwards begonnene Zeit, als Gegenwart.

Aus diesen drei Feststellungen heraus zieht Johannes von Paris die rechnerischen Konsequenzen für seine eigentliche Frage nach dem Kommen des Antichrist:

„Ecce ergo quod iste rex Eduardus predixit quod ante annum ab incarnatione domini MCXVI futura erant que dominus circa finem mundi predixit ventura de bellis gencium et regnorum et huiusmodi [. . .]."[197]

Das hier genannte Jahr 1116 gewinnt Quidort offensichtlich aus der Addition des Jahres, in dem Eduard der Bekenner König wurde, also aus dem Jahre 1042, mit jenen vierundsiebzig Jahren, die die katastrophale Wendezeit – das Ruhen der Siebenschläfer auf der linken Seite – dauern werde (1042 + 74 = 1116). Mit anderen Worten: Johannes von Paris deutet die Zeitspanne von 1042 bis zum Jahre 1116 als die apokalyptische Zeit, die der Herr im Blick auf das Ende der Welt vorausgesagt und als Zeit des Kampfes und Krieges qualifiziert hat.

Tatsächlich muß diese die zweite Hälfte des 11. Jahrhunderts umfassende Zeitspanne als erster Teil einer neuen Phase gewertet werden. Die europäische Intensivierungsphase wird zwar fortgesetzt, geht aber hier allmählich über in die bis ins 14. Jahrhundert andauernde Expansionsphase: Die Zentrallandschaften Europas fangen an, im Zeichen des Kreuzes nach drei Himmelsrichtungen auszugreifen. Die Kreuzzugsbewegung setzt ein. *Recuperatio* war im Blick auf Jerusalem ebenso angesagt wie auf der iberischen Halbinsel die *reconquista* und die Vertreibung der Sarazenen auf Sardinien, Korsika und Sizilien. In der Schlacht bei Doryläon – im Jahre 1097 – siegen die Kreuzfahrer über die Seldschuken Kilidsch Arslans, erobern im Jahre 1099 Jerusalem und lassen am 25. 12. 1100 Balduin I. als König von Jerusalem in der Geburtsstadt Jesu, in Bethlehem, krönen.[198]

Gerade im Blick auf diese zwar kriegerisch-blutige, aber für das christliche Lager doch höchst erfolgreiche Zeitspanne wäre es verwunderlich, wenn Johnnnes von Paris ausgerechnet diese Zeit als *tempus antichristi* bezeichnete. Tatsächlich unterscheidet er:

---

[197] Oxford, fol. 20 vb, aber statt „MCXVI" nur Rasur und „III"; cf. ed. Venedig 1518, fol. XLVI va.
[198] Schwinges 1987, 181–198, bes. 183f.; ebenda Seibt 30f.

„[. . .] postque in proximo pronunciat scriptura venturum antichristum, aliquo forte tempore interiecto."[199]
Aber immerhin: „kurz nach 1116" glaubt Quidort im Blick auf die Schrift den Zeitraum ansetzen zu dürfen, in dem der Antichrist kommen werde. In diesem Sinne einer *modica determinatio* antichristlicher Zeit müssen die zahlreichen, doch grausamen kriegerischen Ereignisse für den Pariser Gelehrten gedeutet werden. „[. . .] ex quo tamen modica determinatio de antichristi tempore habetur, quia forsitan et illa terribillia bellorum predicta pluries ingeminata sunt."[200]
Die Auswertung des überlieferten königlichen Traumgesichts ergibt damit für Johannes von Paris eine erste Definition und moderate Determination antichristlicher Zeit: Diese ist – zumindest in ihrer Vorlauf- und Ankündigungsphase – bestimmt durch harte kriegerische Auseinandersetzungen sowie, realpolitisch betrachtet, durch ein Erstarken päpstlicher Macht. Überdies muß in Rechnung gestellt werden, daß zur Zeit der Abfassung dieses Traktates und dem hier in Aussicht gestellten Kommen des Antichrist bereits nahezu zweihundert Jahre liegen, d. h. für den zeitgenössischen Leser sich der Eindruck aufdrängen mußte, daß dieses schon vor Generationen vorausgesagte Kommen des Antichrist, wenn überhaupt, jetzt, um das Jahr 1300, eintreffen werde.
Johannes von Paris widerspricht damit nicht der Rede Arnalds vom unmittelbar bevorstehenden Antichrist, setzt aber deutlich andere Akzente. Er erweckt durch diese deutende und gedeutete Traumvision des englischen Königs den Eindruck, daß die von kriegerischer Expansion und päpstlicher Machtkumulation signierten letzten 200 Jahre möglicherweise doch das Kommen des Antichrist einläuten. Insofern unterstützt er zwar in „moderater Determination" Arnalds vorgestelltes Zeitraster, widerspricht ihm aber in gewisser Hinsicht und höchst subtil getarnt in seiner Begründung: Die Kreuzzüge waren zwar auch für Arnald – wenigstens in seiner ersten Denkbewegung – Zeichen des nahen Endes, nicht jedoch die zwei Jahrhunderte vor ihm. Gerade ihr Ende und damit die sich in diesem Zeitende abzeichnende Schwächung zentripedaler Kräfte und gleichzeitige Formierung partikulärer Großgruppen sah der Katalane, wie erinnerlich, das Ende der Welt und das Kommen des Antichrist angezeigt.
Diese Argumentationsweise wird bestätigt wie nuancierend ergänzt durch die Prophezeiung der heiligen Hildegard von Bingen.

---

[199] Oxford, fol. 20 vb–21 ra. Dennoch kommt hier die Kreuzzugsbewegung klarerweise als geschichtliches Element einer apokalyptisch-katastrophalen Zeit in Sicht: den Antichrist ankündigend.
[200] Oxford, fol. 21 ra, aber statt „terribillia" „terrabillia"; cf. ed. Venedig 1518, fol. XLVI vb.

4.7.1.2 Hildegard von Bingen und das „tempus muliebre"

„Anno vero ab incarnatione Domini 1178 sancta Hildegardis sanctimonialis ordinis Cisterciensis in Brabantia prophetavit de tempore muliebri in hunc modum."[201] Ein in mehrerer Hinsicht fragwürdiger Satz. Zunächst: Es unterstreicht die Autorität der deutschen, aus dem Geschlecht der Edelfreien von Bermersheim stammenden und im Jahre 1098 in der Gegend von Alzey im Rheinhessischen geborenen Hildegard, daß Johannes von Paris sie bereits als „sancta" bezeichnet; denn offiziell ist sie durchaus noch nicht als Heilige anerkannt. Erst vom 15. Jahrhundert an wird sie im römischen Martyrologium als Heilige geführt, während die Beatifikation, der Prozeß ex officio, niemals zur Entscheidung kam.[202]
Und noch eines ist merkwürdig, ja, genau genommen, schlicht falsch: Hildegard von Bingen lebte nicht als Zisterzienserin „in Brabantia". Sie stand vielmehr dem Benediktinerinnenkonvent auf dem Rupertsberg vor. Bereits mit acht Jahren wurde sie der Gräfin Jutta von Spanheim anvertraut, die das Kind in der Frauenklause auf dem Disibodenberg bei Bingen nach der *Regula Benedicti* erzog. Diese lebte sie allerdings in zisterziensischer Radikalität, zumindest seitdem sie um 1114 selbst den Schleier genommen hatte.[203] Dabei kümmerte sie sich nicht bloß um klösterliche Belange, sondern sah sich auch dazu berufen, in der Welt ein energisches Wort mitzureden; darin durchaus vergleichbar ihrem

---

[201] Ebenda.

[202] Bereits der frühe Hildegard-Biograph und Mönch Theoderich (Mönch von Echternach und Verfasser des *Chronicon Epternacense*) spricht im Vorwort seiner Hildegard-vita von der „heiligen und gottgeliebten Jungfrau Hildegard". Das Leben der heiligen Hildegard von Bingen. Herausgegeben, eingeleitet und übersetzt von Adelgundis Führkötter. Düsseldorf, 1968, 45. Hier auch gute Einführung 9–41; zum literarischen Werk Hildegards Schrader, Marianna/dies.: Die Echtheit des Schrifttums der hl. Hildegard von Bingen. Quellenkritische Untersuchungen. Köln/Graz 1956. Zum Leben der Hildegard generell Gronau, Eduard: Hildegard von Bingen – Prophetische Lehrerin der Kirche an der Schwelle und am Ende der Neuzeit. Stein am Rhein 1985. Die Studie zeugt von guter Quellenkenntnis und hohem Einfühlungsvermögen. Er beruft sich dabei immer wieder auf die Forschungen von Heinrich Schipperges, dessen Hildegard-Studien in dem Buch Hildegard von Bingen. Ein Zeichen für unsere Zeit. Frankfurt a. M. 1981 hohe Aktualität verraten. Überblicke von Meier, Christel in: VerfLex² III, 1981, 1257–1280; auch Gössmann, Elisabeth: LexMA V, 1991, 13–15.

[203] Im Jahre 1136 wurde sie von den Mitgliedern der mittlerweile zum Konvent angewachsenen Frauengemeinschaft einstimmig zur Magistra gewählt. Nach entsagungsreichen Anstrengungen und hartnäckigen Auseinandersetzungen zwischen 1147 und 1152 setzte sie den Bau eines Klosters auf dem Rupertsberg bei Bingen durch und sorgte obendrein dafür, daß dieses Kloster zur Abtei erhoben und selbst in finanzieller Hinsicht vollkommen unabhängig vom Männerkloster wirtschaften konnte. 1165 gelang es ihr gar, ein Filialkloster in Eibingen zu gründen. Beiden Klöstern stand sie vor. In ihrem Kloster auf dem Rupertsberg ist sie schließlich 1179 im zweiundachtzigsten Lebenjahr gestorben.

berühmten und ganz und gar dem Zisterzienserideal verschriebenen Zeitgenossen Bernhard von Clairvaux.[204] So wagte sie, Kleriker und Prälaten zurechtzuweisen, wenn sie ihren priesterlichen Pflichten nicht genügend nachkamen. Stark ermunternd wie streng ermahnend sind ihre „Briefe" an Konrad III. und Friedrich I., an die Päpste Eugen III., Anastasius IV., Hadrian IV. und Alexander III.

Wie der heilige Bernhard scheute sie sich ebenfalls nicht, Volkspredigten zu halten, ja regelrechte Predigtreisen zu unternehmen, die sie in die Mosel-, Rhein- und Maingegend führten. Sie rief zur Buße und Umkehr auf und warnte vor allem Frauen davor, sich häretischen Sekten anzuschließen. Dabei gab sie den Frauen Selbstbewußtsein in eigentümlicher Weise: Sie widersprach nicht dem herrschenden Frauenbild ihres patriarchalischen Zeitalters. Vielmehr konfrontierte sie es mit der biblischen Verheißung, daß Gott gerade nicht die Starken und in der Welt Geachteten, die Mächtigen, sondern im Sinne des Magnificat (Lk 1,46–55) die Schwachen erwählt habe, um durch sie die herrschende Welt-Wirklichkeit zu verändern und zu erneuern.[205]

Doch bleibt rätselhaft, was Johannes von Paris dazu bewog, Hildegard von Bingen als Zisterzienserin „in Brabantia" vorzustellen. Ob es ihre mögliche Ähnlichkeit mit Bernhard von Clairvaux, dem Zisterzienser par excellance, oder ihr eigentümliches Eintreten für die Frau, das rund hundertvierzig Jahre später möglicherweise an bestimmte Aktivitäten frommer dem Zisterzienserorden unterstellter Frauengemeinschaften in Brabant erinnerte oder – im Sinne Quidorts – erinnern sollte? Oder übernimmt Johannes von Paris diese irrige Ortszuschreibung aus einer nicht genannten Vorlage? Vinzenz von Beauvais, dem Quidort wenig später zu folgen scheint, kennt diese Charakterisierung nicht. Jedenfalls zeigt diese falsche Angabe, daß es Johannes von Paris wiederum wenig auf die biographischen Stationen Hildegards, als vielmehr auf ihre antichristlichen Visionen ankommt. Es geht ihm offensichtlich darum, eine allgemein bekannte, namhafte prophetische Autorität anzuführen, die, im Rufe der Heiligkeit stehend, bedenkenswerte Weissagungen über die Zeit des Antichrist artikuliert hat, die vielen seiner Zeitgenossen ohnehin bekannt waren.

So geht der Blick rasch weg von der Prophetin auf die Prophetie. Nicht das „Wer" steht im Mittelpunkt des Interesses, sondern das „Was" und

---

[204] Diers, Michaela: Bernhard von Clairvaux. Elitäre Frömmigkeit und begnadetes Wirken. Münster 1991, 177–196 (= BGPhThMA NF 34).

[205] Ennen, Edith: Frauen im Mittelalter. ²1985, 115–117; Rauh 1979, 476. Zu der Korrespondenz Hildegards mit Bernhard von Clairvaux und Papst Eugen III. s. Führkötter 1968, 123–128, mit Anm.; zum Zeitalter Hildegards Engels, Odilo: Die Zeit der hl. Hildegard. In: Hildegard von Bingen 1179–1979. Festschrift zum 800. Todestag der Heiligen. Hrsg. von Anton Ph. Brück. Mainz 1979, 1–29, bes. 21. (= Quellen und Abhandlungen zur mittelrheinischen Kirchengeschichte Bd. 33).

das „Wann" sollen bedacht und in Hinblick auf ihren Aussagewert zum Thema „Kommen des Antichrist" geprüft werden. Dabei ist das erste Stichwort bereits im oben zitierten Satz genannt worden: das *tempus muliebre*, das, wie es heißt, die heiligmäßige Hildegard im Jahre 1178 prophezeit habe.

Die Rede von der „weibischen Zeit" verstand Hildegard durchaus in pejorativem Sinn: als Zeit weibischer Schwäche und weibischen Fehlverhaltens, „tempus muliebris debilitatis", wie es in ihren Schriften ebenfalls oft heißt.

Insofern ist das korrekt, was Johannes von Paris näherhin zu diesem *tempus muliebre* ausführt: „[. . .] in hunc modum: Anno, inquit, post incarnationem domini 1100 apostolorum doctrina et ardens iustitia quam in Christianis et spiritualibus constituerat deus tardare et in hesitationem verti cepit. Sed hoc muliebre tempus non tamdiu durabit quamdiu hucusque perstitit."[206] Dabei rekurriert er offensichtlich auf den Epilog des von ihm ja schon häufiger namenlos angeführten *Speculum historiale*. Johannes von Paris nennt seine Vorlage nicht; verschweigt auch das Werk Hildegards, in dem dieses Diktum zu finden ist, läßt es ebenso unerwähnt wie Vinzenz von Beauvais.[207]

Tatsächlich drückt diese Passage in für Vinzenz typisch zentrierter Weise das aus, was Hildegard von Bingen mit ihrer Rede von dem *tempus muliebre* sagen will: eine kritisch-negative Stellungnahme gegenüber ihrer Zeit, die die Heilige als eine Epoche sieht, in der die Lehre der Apostel und die hellstrahlende Gerechtigkeit bei den Christen und Geistlichen (*spiritualibus*) nicht mehr männlich-kraftvoll, sondern zaudernd und zagend, „weibisch", gelebt wird und somit die Christen, das „Salz der Erde", anfangen, fahl und schal zu werden.[208]

---

[206] Oxford, fol. 21 ra, aber „inquid", „christianis spiritalibus numerus", „hec muliebre"; cf. ed. Venedig 1518, fol. XLVI vb.

[207] Vinzenz von Beauvais: Speculum historiale 31, 108, Graz 1965, 1325 (= Nachdruck der Ausgabe Douai 1624): „Sed et Anno ab incarnatione Domini 1178. Sancta Hildegardis de tempore muliebri prophetavit, in hunc modum. Anno inquit, post incarnationem Christi 1188. Apostolorum doctrina, et ardens iustitia, quam in Christianis, et spiritualibus constituerat Deus tardare, et in haesitationem verti coepit; sed hoc muliebre tempus non tamdiu durabit, quamdiu hucusque perstitit." Clark 1986, 154.

[208] Gössmann, Elisabeth: Hildegard von Bingen. In: Mittelalter I. Hrsg. von Martin Greschat. Stuttgart/Berlin/Köln/Mainz 1983, 224–237, 225; Schmidt, Margot: Hildegard von Bingen als Lehrerin des Glaubens. Speculum als Symbol des Transzendentalen. In: Hildegard von Bingen 1179–1979. Festschrift zum 800. Todestag der Heiligen. Hrsg. von Anton Ph. Brück. Mainz 1979, 95–156, bes. 145f.: „Der Spiegel des Heils" (= Quellen und Abhandlungen zur mittelrheinischen Kirchengeschichte Bd. 33); auf ihre Kritik an Kleriker macht vor allem Dinzelbacher aufmerksam, Dinzelbacher, Peter: Mittelalterliche Visionsliteratur. Eine Anthologie. Ausgewählt, übersetzt, eingeleitet und kommentiert von dems. Darmstadt 1989, 104–113.

Diese „weibische Zeit" ist bereits angebrochen. Das Perfekt kommt zur Sprache. Die Prophezeiung selbst geht von dieser „perfekten" Feststellung aus und besagt zunächst nichts weiter, als daß diese weibische Zeit nicht noch einmal so lange währen wird, wie sie bereits gedauert hat. Aber von welchem Zeitpunkt an müssen wir vom *tempus muliebre* sprechen? Johannes von Paris gibt darauf eine klare Antwort, zumindest soweit sie uns in den Handschriften (nicht in den unkritschen Editionen, weder denen von Venedig – sie lesen 110, vergessen also eine Null – noch der von Clark 1981!) überliefert ist. Quidort schrieb, wie oben nach Oxford, Bodleian Ms. Can. Pat. Lat. 19, zu lesen ist, „post incarnationem domini 1100". Bei Vinzenz von Beauvais und bei Clark ist – gegen sämtliche Handschriften! – die Jahreszahl 1188 zu lesen. Wir wissen aus den autobiographischen Notizen Hildegards von Bingen, die sich in der kurz nach ihrem Tode entstandenen und von den Mönchen Gottfried und Theoderich verfaßten Lebensbeschreibung finden, daß sie bereits seit dem dritten Lebensjahr, also im ersten Jahr nach 1100, „vieles sah", was andere nicht sahen und nicht sehen konnten, weil sie es tief in ihrer Seele schaute.[209] Genau in dieser Lebensbeschreibung findet sich auch die fragliche Passage, wodurch meine Lesart „1100" durch Hildegard von Bingen selbst bestätigt wird.[210]

---

[209] Ennen 1985, 119; Jürgensmeier, Friedhelm: St. Hildegard „Prophetissa teutonica". In: Hildegard von Bingen 1179–1979. Festschrift zum 800. Todestag der Heiligen. Hrsg. von Anton Ph. Brück. Mainz 1979, 273–293, hier bes. 284 (= Quellen und Abhandlungen zur mittelrheinischen Kirchengeschichte. Bd. 33): „Das Hildegard-Bild dieses Zeitalters [gemeint ist das des 13. Jahrhundert, Erg. M. G.] ist weithin abhängig vom ‚Speculum futurorum temporum sive Pentachon'", das 1220 Gebeno, Prior der Zisterzienserabtei Eberbach, schrieb und den Mainzer Kanonikern von St. Stephan und Magistern Raimund und Rainer dedizierte.

[210] In der von autobiographischen Zügen durchsetzten Lebensbeschreibung heißt es in wörtlicher, aber bislang immer wieder übersehener Übereinstimmung mit der von Quidort wie von Vinzenz von Beauvais angeführten Passage: „In prima formatione mea, cum Deus in utero matris meae spiraculo vitae suscitavit me, visionem istam infixit animae meae. Nam post Incarnationem Christi anno millesimo centesimo doctrina apostolorum et ardens justitia, quam in Christianis et spiritualibus constituerat, tardare coepit, et in haesitationem vertebatur. Illis temporibus nata sum, et parentes mei cum suspirio Deo me vovebant, ac tertio aetatis meae anno tantum lumen vidi, quod anima mea contremuit: sed prae infantia de his nihil proferre potui." (PL 197, 102 D/103 A). Vgl. Übers. bei Führkötter 1968, 86. Bei Hildegard von Bingen heißt es im *Liber divinorum operum* III, 10 (nach der Übersetzung von Schipperges, Heinrich: Hildegard von Bingen. Welt und Mensch. Das Buch „De operatione Dei". Aus dem Genter Kodex übersetzt und erläutert. Salzburg 1965, 287): „In der Fülle der Zeit haben die Apostel die neue Lehre aufgenommen und gleichsam wie mit Stahl geschärft, bis dieses mannhafte Zeitalter unter dem diabolischen Einfluß überging in eine weibische Zeit [...]. In jener Zeit welkte die Grünkraft der Tugenden dahin,

Aber zuvor wurde von Quidort noch eine fragwürdige Jahreszahl genannt, die in der Biographie dieser berühmten Seherin vergeblich als
exponiertes Datum gesucht wird: 1178.[211] In diesem Jahr soll sie, wie
erinnerlich, das *tempus muliebre* prophezeit haben. Dieses Datum finden
wir ebenfalls bei Vinzenz von Beauvais, nicht aber bei Hildegard von
Bingen.

Von Hildegard selbst erfahren wir, daß sie zu ihrem ersten großen
Werk *Scivias* durch Visionen inspiriert wurde, die ihr um das Jahr 1141
kamen. Dreiundvierzigjährig begann sie also zu schreiben.[212] Zehn
Jahre später brachte sie das Werk zum Abschluß. Die Wege, die hier
zu wissen sind – sci vias! –, sind Wege eines umfassenden Weltbildes,
Wege des Menschen, der, eingespannt in Raum und Zeit, in Schuld
und Sünde verstrickt, der Erlösung bedarf und schließlich – in Kampf
und Leiden – den Weg zu Christus findet und so verantwortlich an der
Welt- und Heilsgeschichte mitwirken darf. Von einer welt- und wirklichkeitsfremden Lebensverneinung kann in diesem Werk tatsächlich
keine Rede sein. Als Papst Eugen III., ein Schüler Bernhards von Clairvaux, auf der Synode von Trier 1147/48 den bis dahin fertiggestellten
Teil des Werkes begutachten konnte, fand Hildegard allseits hohes
Lob und ihr Werk offizielle kirchliche Anerkennung. Selbst Bernhard
von Clairvaux, der von der Seherkraft der Hildegard bereits vorher
gehört, aber recht reserviert reagiert hatte, äußerte sich jetzt eindeutig
positiv und anerkennend über Hildegards Visionen.[213]

und alle Gerechtigkeit neigte sich dem Untergang zu. Dementsprechend ging auch
die grünende Lebenskraft der Erde in allem Keimen zurück, da der obere Luftbereich
in eine andere Weise umgewandelt worden war, die seiner ersten Bestimmung widersprach [. . .]. Es entstand auf der Erde eine solche Dürre und solch eine Feuchte mit
all den anderen vorauflaufenden Zeichen, die der Gottessohn seinen Jüngern vor
dem Jüngsten Tage als das Kommende, das sie erwarten sollten, vorausgesagt hatte,
daß viele behaupteten, der Jüngste Tag stünde bevor."

[211] Bei Führkötter 1968, 135 heißt es nur unter dieser Jahreszahl, daß Hildegard einen
„exkommunizierten, jedoch vom Kirchenbann befreiten" Edelmann auf dem Rupertsberger Klosterfriedhof beerdigen ließ. Als sie sich weigerte, ihn zu exhumieren, verhängten die Mainzer Prälaten das Interdikt über das Rupertsberger Kloster.

[212] „Als ich zweiundvierzig Jahre und sieben Monate alt war, sah ich ein überaus stark
funkelndes, feuriges Licht aus dem geöffneten Himmel kommen". Lebensbeschreibung, Kap. 1. Führkötter 1964, 47. Siehe auch Vorwort zu *Scivias*, ed. Adelgundis
Führkötter, CChr.CM 43–43 A, Turnhout 1978, Übersetzung nach dem Originaltext
des illuminierten Rupertsberger Kodex ins Deutsche übertragen von Maura Böckeler,
Salzburg 1954; Gössmann 1983, 225f.

[213] Allerdings antwortet Bernhard nur kurz und entschuldigt sich auch gleich dafür: „obwohl die Menge der Geschäfte mich zwingt, es kürzer zu tun als ich gern möchte". Er
unterstreicht die Gnade Gottes, die er bei Hildegard am Werke sieht. Gleichzeitig
beschwört er sie, ja demütig und sendungstreu zu leben, die ihr geschenkte Gnade
nicht zu verspielen und entsprechend hingebungsvoll Gott zu dienen. Zum Schluß
bittet er sie noch, für ihn und die Seinen zu beten. Führkötter 1964, 125f.

Dabei war dieses Werk erst der Auftakt ihrer berühmten Schriften. In den Jahren 1158 bis 1161 entstand ein zweites großes Visionswerk. In diesem greift sie den Gedanken von der Verantwortung des Menschen innerhalb des gesamten Kosmos und der Heilsgeschichte entschieden auf und verdichtet ihn schließlich zu einer universal-christlichen Ethik: das Buch des verdienstlichen Lebens, der *Liber vitae meritorum*.[214] Die Prophezeiung aber, auf die Johannes von Paris im folgenden zu sprechen kommt, findet sich vornehmlich im visionär-theologischen Spätwerk Hildegards, im schon erwähnten *Liber divinorum operum*, das zwischen 1163 und 1174 entstand und auch unter dem Titel *De operatione Dei*, so im Genter Codex, überliefert ist.

Das Jahr 1178 fällt also im Blick auf den Zeitpunkt der Prophezeiung Hildegards überhaupt nicht ins Gewicht. Möglicherweise darf dieses Datum als Hinweis Quidorts bzw. Vinzenz' darauf verstanden werden, daß diese Weissagung in dem letzten großen Werk der am 17. September 1179 auf dem Rupertsberg verstorbenen Hildegard zu finden ist. Aber auch diese eventuelle Absicht ist unwahrscheinlich. Das Werk und die Jahreszahl hätte insgesamt verschwiegen werden können. Also kam es Johannes von Paris – mit Vinzenz von Beauvais – darauf an, gerade dieses Jahr 1178 zu nennen. Tatsächlich ist es für Quidorts rechnerische Konsequenz bedeutsam. Er zieht sie sogleich, ohne nähere Angaben:

„Et sic secundum calculationem rectam predixit tempus muliebre non duraturum ultra annum ab incarantione domini 1256."[215]

Demnach muß die „weibische Zeit" im Jahre 1100 angefangen haben. Die vorgelegte „Kalkulation" impliziert nämlich das genannten Jahr 1178 und das Jahr 1100, nicht aber 1188. Achtundsiebzig Jahre plus 1178 Jahre lautet nämlich die Rechnung, aus der sich schließlich das Jahr 1256 ergibt.

Tatsächlich datierte die *prophetissa teutonica* den Beginn jener „weibischen Zeit", die den Makel des Virtus- und Weisheitsverlustes, der Kraft- wie Machtlosigkeit an sich trägt, auch an anderer Stelle recht konkret auf die Jahrhundertwende: Im Jahre 1163 schreibt sie: „LX anni sunt et XXIV menses, quod antiquus serpens cum phylacteriis

---

[214] Verzeichnis der Werke und Editionen bei Meier 1981. Übersetzung des *Liber vitae meritorum* von Heinrich Schipperges: Hildegard von Bingen. Der Mensch in der Verantwortung. Das Buch der Lebensverdienste. Salzburg 1972; dazu auch Führkötter, Adelgundis: Hildegard von Bingen. Leben und Werk. In: Hildegard von Bingen 1179-1979. Festschrift zum 800. Todestag der Heiligen. Hrsg. von Anton Ph. Brück. Mainz 1979, 31-54, hier bes. 42f. (= Quellen und Abhandlungen zur mittelrheinischen Kirchengeschichte. Bd. 33).

[215] Oxford, fol. 21 ra aber statt „calculationem" „circulationem", aber i. m.: „vel calculationem"; cf. Venedig, fol. XLVI va–vb.

vestimentorum populus deludere coepit."[216] Das Datum bezieht sich auf das Jahr 1101, meint aber generell das laufende Jahrhundert.

Hildgard von Bingen hält sich aber gerade im Blick auf die Zeit des Antichrist zurück. Das *tempus muliebre* ist ihr eben nicht die Zeit des Antichrist, sondern ist eine vorläufige, die Gegenwart aus kritischer Sicht bestimmende Signatur, keine konkrete Datenanzeige. Heinrich IV., den sie unzweifelhaft, aber ohne ihn beim Namen zu nennen, als Tyrann, Baalspriester und Menschenverführer bezeichnet, den der Satan selbst zur *superbia* angestiftet habe, ist ihr dennoch nicht der Antichrist selbst, sondern dessen Vorläufer.

Johannes von Paris weiß um diese Differenzierung und bringt sie dem Leser dadurch in Erinnerung, daß er noch einmal die Frage nach dem rechten Verständnis des *tempus muliebre* stellt:

„Quid autem intellexerit per tempus muliebre non est clarum, nisi idem quod intellexit Johannes Apc 9 per locustas que *habebant capillos mulierum* propter vitam mollem et muliebrem."[217]

Damit verweist Quidort auf das, was der Autor der Geheimen Offenbarung bei der Öffnung des siebten Siegels zu Gesicht bekam und das beim Nachdenken über das Kommen des Antichrist und, noch mehr, des Endgerichts, in der mittelalterlichen Tradition schon früh eine exponierte Rolle spielte. Dies wohl auch deswegen, weil es, anschaulich und plastisch-drastisch in der Schilderung, die Phantasie der Menschen nicht wenig ansprach. Johannes von Paris setzt die Kenntnis dieser Visionen voraus.[218]

Wie erinnerlich, schaute der Seher von Patmos sieben vor Gott stehende Engel, denen sieben Posaunen gegeben wurden. Beim Blasen der ersten Posaune entstanden Hagel und Feuer, mit Blut gemischt. All das prasselte auf die Erde herab, die dadurch zu einem Drittel verbrannte. Der zweite und dritte Posaunenstoß gab das Zeichen für eine Meeres- und Gewässerverschmutzung großen Stils, während der vierte

---

[216] Novae epistolae 10; Rauh 1979, 489f.; Vita Hildegardis II, 16 (PL 197, 102 CD); Lebensbeschreibung (Führkötter), 1968, 64; Müller, Gerhard: Die heilige Hildegard im Kampf mit Häresien ihrer Zeit. Zur Auseinandersetzung mit den Katharern. In: Hildegard von Bingen 1179–1979. Festschrift zum 800. Todestag der Heiligen. Mainz 1979, 182–188 (= Quellen und Abhandlungen zur mittelrheinischen Kirchengeschichte Bd. 33).

[217] Oxford, fol. 21, ra; cf. ed. Venedig 1518, fol. XLVI vb.

[218] Delumeau 1985, 312f.; Viola, Coleman: Jugements de Dieu et jugement dernier: Saint Augustin et la scolastique naissante (fin XIe-milieu XIIIe siècles). In: The Use and Abuse of Eschatology in the Middle Ages. Hrsg. von Werner Verbeke, Daniel Verhelst, Andries Welkenhuysen. Löwen 1988, 242–298, bes. 296f. (= Mediaevalia Lovaniensia. Series 1: Studia 15); Goetz, Hans-Werner: Endzeiterwartung und Endzeitvorstellung im Rahmen des Geschichtsbildes des früheren 12. Jahrhunderts. In: Ebenda 306–332, bes. 323f.

Posaunenklang das Weltall betraf und die Zerstörung des dritten Teils der Sonne, des Mondes und der Sterne signierte. Dabei stehen diese ersten vier Posaunenklänge – deutlich markiert in Apc 8,13 – lediglich für eine nur vorläufige apokalyptische „Phase". Sie wird abgelöst, „aufgehoben" und überholt, keineswegs aber durch jene drei weitere symbolisch zentrierte Ereignisse für beendet und für ungültig erklärt, auf die sich Hildegard von Bingen konzentrierte und die Johannes von Paris gerade hier artikuliert.

Der Klang der fünften Posaune eröffnet diese zweite apokalyptische „Phase". Die berühmte, schon aus dem Alten Testament (Joel 1–2) stammende Heuschreckenplage wird entsprechend der Apokalypse ausgezeichnet.[219]

Sofern also Hildegard von Bingen das *tempus muliebre* mit jener apokalyptischen Zeit identifiziert, die bereits zu der durch den fünften Posaunenklang signierten und inaugurierten „Zweitphase" gehört, soweit charakterisiert sie die „weibische Zeit" als Zeit des deutlichen moralisch-sittlichen Verfalls. Denn während in den ersten vier Posaunenklängen Naturkatastrophen angezeigt werden, kommt Hildegard von Bingen durch die Betrachtung der Heuschreckenvision die ethische Katastrophe der Menschheit zu Gesicht, eine Epoche, die durch Grausamkeit, Ungerechtigkeit, von Macht- und Habsucht gekennzeichnet ist.

Diese Heuschrecken sehen, laut Geheimer Offenbarung, aus wie Pferde. Nach diesen Pferden ist im Buch *Scivias* ein gesamtes Zeitalter benannt. Dieses bricht dann an, wenn nach langem Hin und Her von Krieg und Frieden, Kampf, Katastrophen, kurzen Friedenszeiten, Ausbrüchen von zeitweiligen Hungersnöten, Seuchen und hohen Sterberaten die Phase des moralischen Verfalls gekommen und die der Friedenszeit endgültig vorüber ist. Das Zeitalter des Pferdes löst eine von der Friedenszeit ausgehende und sich abwendende Zeit der Unruhe und des Unfriedens ab und stellt ein Zeitalter sittlich-humaner, wie religiöser Dekadenz dar.

In *De operatione Dei* kommt Hildegard im ausdrücklichen Bezug auf Scivias noch einmal auf dieses Zeitalter des Pferdes zu sprechen, es als Zeitalter „voll von Ausgelassenheit, geistiger Prahlsucht, unverschämten Vergnügungen und Eitelkeiten" charakterisierend.[220] Zuvor aber

---

[219] Apc 9,7–9: „Et similitudinem locustrarum, similes equis paratis in praelium: et super capita earum tanquam facies hominum. Et habebant capillos sicut capillos mulierum. Et dentes earum sicut dentes leonum erant."

[220] Hildegard von Bingen: De operatione Dei, III, 10, 21. Der zeitkritische Ton Hildegards an einer libidinösen Gesellschaft ist nicht zu überhören. „Gleichwohl werden in diesen Tagen unter den Menschen die Gerechtigkeit und Frömmigkeit mehr und mehr ermatten und schwinden, dann aber ihre Kräfte rasch wieder sammeln. Bald

wurde dieser Übergang in das weibische Zeitalter[221] als ein unter diabolischem Einfluß stehender Prozeß und als insgesamt unverzichtbarer
Aspekt der hier zu Gesicht kommenden zehnten Vision beschrieben,
der Vision vom Ende der Zeiten.

Diese stellt überhaupt die letzte *mystica visio* des genannten Werkes dar
und setzt die trinitätstheologisch orientierte Welt- und Wirklichkeitssicht Hildegards voraus. Die Welt ist demnach das Allgesamt des im
verbum Dei Geschaffenen. Gottes Menschwerdung in Jesus Christus ist
nicht erst eine Folge der Sünde, sondern ist ihr, ähnlich wie bei Rupert
von Deutz, ein im Plan des Vaters von Anfang an vor- und vorausgesehenes Offenbarungsgeschehen. Damit kommt bereits eine christologische Sichtweise zur Sprache, die unter dem Stichwort von der *praedestinatio Christi absoluta* vor allem bei Duns Scotus näherhin durchdacht
und entschieden artikuliert werden wird.[222]

In diesem *verbum dei* ist der gesamte Kosmos zum Heil berufen. Christus ist damit das Wort des Vater-Gottes, wodurch dieser im Heiligen
Geist den Menschen und – im Ablauf der Weltgeschichte – die
Menschheit wieder zu sich ruft und in dem Gott den Menschen zu sich
kommen läßt. Die Welt- und Menschheitsgeschichte kann für Hildegard von Bingen gar nicht anders gedacht werden als im Sinne der auf
ihre Vollendung zulaufenden Heilsgeschichte. Die Vollendung der
Welt stellt sich somit als ein grandioser Heimholungsprozeß der Welt
und des Menschen durch Christus im Heiligen Geist zum Vater dar:
ein Ereignis, das aber selbst nicht mehr geschichtlichen Charakter aufweist, sondern Zeit und Raum transzendiert.[223] Hildegards Rede vom
Ende der Zeiten ist der geschichtliche Zu- und Hinlauf dieser Welt-
Vollendung in Christus. Gerade in der erwähnten letzten Vision ist dieses christozentrische Welt- und Geschichtsverständnis von ausschlaggebender Bedeutung.

wird die Bosheit sich erheben, bald wird sie wieder fallen; manchmal werden Kriege,
Hungersnot, Pest und Sterblichkeit herrschen und dann wieder nachlassen. Nichts
von alledem wird sich zu dieser Zeit lange in einem Zustand und in einer Kraft halten
können; alles wird hin- und herschwanken, um bald in den Vordergrund zu treten
und bald wieder zu verschwinden." Übersetzung von Schipperges 1965, 302.

[221] Ebenda 287: „In der Fülle der Zeit haben die Apostel die neue Lehre aufgenommen
und gleichsam wie mit Stahl geschärft, bis dieses mannhafte Zeitalter unter dem
diabolischen Einfluß überging in eine weibische Zeit." [...] „In jener Zeit welkte die
Grünkraft der Tugenden dahin, und alle Gerechtigkeit neigte sich dem Untergang zu.
Dementsprechend ging auch die grünende Lebenskraft der Erde in allen Keimen
zurück, da der obere Luftbereich in eine andere Weise umgewandelt worden war, die
seiner ersten Bestimmung widersprach [...]."

[222] Schipperges: Hildegard von Bingen 1965, 333f.

[223] Die zehnte und letzte Schau handelt vom Ende der Zeiten. Obwohl in sich abgeschlossen, ist diese Vision in ihrer ganzen Tiefe und Weite nur verständlich, sofern das
Ganze des Geschichtsentwurfes Hildegards vor Augen steht.

Unter dieser geschichtstheologischen Perspektive betrachtet, inauguriert das *tempus muliebre* für Hildegard von Bingen nichts weiter als den verzweifelten Versuch des *diabolus*, den Menschen von dem genannten göttlichen Heimholungsprozeß abzuhalten und wegzuführen. Der Böse ahnt dabei gar nicht, wie er gerade aufgrund seiner Aktionen die christusförmige Liebe noch einmal provoziert: bis dann am Jüngsten Tag, mitten in der „weibischen Schwäche", die Gerechtigkeit aufstehen wird, um ihr „Kleid vorzuzeigen", das sie „von den Aposteln" einst empfangen hatten.[224]

Daß Hildegard von Bingen, wie Rauh richtig bemerkte, ihre Zeit vornehmlich „unter dem Aspekt der *moralisatio*" sieht,[225] um dann aber, gleichsam in einem zweiten Schritt, wie ich meine, zum Gesamt der Weltwirklichkeit vorzustoßen, hat seinen biblischen Zusammenhang: Hildegard läßt das *tempus muliebre* mit dem Klang der fünften Posaune korrespondieren und also mit Ereignissen, die – gegenüber jenen der ersten vier Posaunenstößen – schon von ihrer biblischen Symbolsprache her insgesamt einer veränderten, stärker moralisch-ethischen Sichtweise das Wort sprechen.[226]

Johannes von Paris übernimmt von Hildegard ausdrücklich diese stark moralisierende Charakterisierung des Zeitgeschehens und ordnet sie noch einmal akzentuiert den verschiedenen „Welt- und Endphasen", *status* genannt, zu:

„Et est quintus / status ecclesie sub precursoribus antichristi, post quem sequitur sextus status sub antichristo et septimus sub Christo veniente ad iudicium."[227]

Der Stand der Kirche (*status ecclesiae*) wird dreifach differenziert und dem bekannten siebenfachen Schema der Weltenzeit zugeordnet. Da-

---

[224] Schipperges: Hildegard von Bingen 1965, 288.

[225] Rauh 1979, 491.

[226] Die ersten vier Posaunen künden in der Auslegungstradition vor allem Naturkatastrophen an. Erst mit dem fünften Posaunenstoß wechselt die Szene. Jetzt werden die Heuschrecken aktiv, d. h. die wild aufgepeitschten, diabolisch-bestialisch genährten Leidenschaften erlangen im und bei den Menschen die Überhand, die Macht des Antichrist bereits deutlich ankündigend. Dazu *Glossa ordinaria et interlinearis*, Bd. 6, Venedig 1603, 1546–1550.

[227] Oxford, fol. 21 ra–rb; aber „et septimus sub Christo" i. marg.; hier greift Quidort überhaupt auf traditionelle Interpretationsschemata zurück. Beim (Ps.)-Aquinaten heißt es etwa in der „Expositio I. in apocalypsim, cap. 9 (Opera omnia 31, 1876, 573): „[. . .] In prima parte de persecutione Ecclesiae, sub praecursoribus Antichristi futura, et de quinto Angelo consolante eam, et hic est quintus Ecclesiae status. In secunda agitur de persecutione Ecclesiae sub Antichristo futuro, et de sexto Angelo consolante Ecclesiam, qui est sextus status Ecclesiae, ibi, et sextus Angelus. Ad vocem ergo ultimi Angeli introducuntur praecursores Antichristi sub specie locustarum, de quibus quatuor determinantur [. . .]. Generatio harum locustarum est cognitio praecursorum Antichristi per signa antecedentia."

bei fungiert die Gegenwart Hildegards noch nicht als ausgesprochene Zeit des Antichrist, die nur noch durch die Zeit der richtenden Wiederkunft Christi abgelöst wird, sondern allererst als deren, allerdings unmittelbar zu ihr hinführende „Vorlaufphase", wie Johannes von Paris betont.

Ziehen wir die oben gemachten Ausführungen zum Traumgesicht des englischen Königs Eduard hinzu, so ist diese das Kommen des Antichrist unmittelbar vorausgehende Zeitperiode – laut Quidort – zweifach charakterisiert:

a) durch eine Zeit der „Katastrophen, Kämpfe und Kriege usw.", wie er selbst flott formulierte und, jetzt im Blick auf Hildegard von Bingen und ihre Rede vom *tempus muliebre* kritisch eruierte, b) durch eine Zeit des moralischen Tiefstandes und des allgemeinen sittlichen Verfalls, eine Epoche, die durch das Auftreten des superben Tyrannen und machtgierigen Herrschers um 1100 inauguriert wurde.

Doch Johannes von Paris wagt nicht, sich definitiv zu entscheiden. Er kennt die Gefahren, in die er geraten könnte, falls er Hildegrad von Bingen konsequent zustimmen würde. Der nachfolgende Gedanke zeigt es deutlich genug. Den Leser fordert er allerdings zum genauen Studium dessen auf, was Hildgard von Bingen über ihre Zeit und die nahe Zukunft zu Gesicht gebracht hat und wiederholt damit ebenfalls nur eine Forderung, die bereits Arnald von Villanova artikulierte: „Quomodo etiam istud habeat veritatem pro tempore quo ipso predixit, quilibet dilligencius et attencius consideret."[228]

Je nach den Ergebnissen dieser genauen Prüfung der geweissagten Wahrheit ergibt sich eine bestimmte Einschätzung der Zeit, in der Quidort lebte; denn – auch das wird deutlich genug betont – die Zeit der Hildegard von Bingen, die antichristliche Vorlaufzeit, ist längst vorüber und das *tempus mundi* vorangekommen.

Hildegard von Bingen gliedert in ihrem ersten Hauptwerk, dem *Liber scivias*, die Weltgeschichte nach dem Hexaemeron, dem Sechs-Tage-Werk des Schöpfergottes, der am siebten Tag ruhte.[229]

Diese Periodisierung der Universalgeschichte (Schöpfungstage als *typoi* der Weltalter), verbunden mit dem Nachweis, daß die Heilshoffnung der Christenheit in den Verkehrt- und Verdrehtheiten der Geschichte, in den Schuld-, Leid- und Greuelverstrickungen der Menschen aller bisheriger Zeiten nicht ihre Widerlegung, sondern ihre Bewährungsprobe findet, entspricht zwar durchaus traditioneller Sichtweise, doch bringt die Seherin überdies ihren originären Ton zu Gehör. Die fünf *aetates*

---

[228] Oxford, fol. 21 rb; cf. ed. Venedig 1518, fol. XLVI va.

[229] Schipperges: Hildegard von Bingen 1965, 332; Rauh 1979, 482–489; Gössmann 1983, 228. Insgesamt Widmer, Bertha: Heilsordnung und Zeitgeschehen in der Mystik Hildegards von Bingen. Stuttgart 1955, 129.

fallen – entsprechend augustinischer Tradition – in die Zeit bis zu Christus, während, jetzt abweichend von der herkömmlichen Meinung, das sechste Zeitalter nicht bis zum Ende der Welt, sondern lediglich bis zu ihrer eigenen Gegenwart reicht.

Töpfer hat an dieser Stelle völlig recht, wenn er darauf aufmerksam macht, daß für Hildegard „in diesen Jahren [...] bereits das dem 7. Ruhetag Gottes entsprechende 7. saeculum" anbricht, „das dann bis zum Weltende dauern wird". In der Tat erinnert, wie Töpfer ebenfalls bemerkt, diese Periodisierung „bereits sehr stark an die Joachims von Fiore"[230].

Und genau in diesem Zusammenhang kommt Johannes von Paris der kalabresische Abt in den Sinn. Die Visionen Hildegards von Bingen führen wie selbstverständlich, weil die Frage nach dem Kommen des Antichrist energisch verdichtend, zu Reflexionen über das, was Joachim von Fiore zu diesem Thema geschrieben hat, genauer geschrieben haben soll.

4.7.1.3 Joachim von Fiore und seine Version

Die aufsehenerregenden Prophezeiungen des Joachim sind allerdings kritisch zu differenzieren von seinen Visionen und Versionen eines neuen Zeitalters des Heiligen Geistes, eines dritten *status*, der nach der alttestamentlich-paternalen und der christlich-inkarnatorischen, kirchlich-„petrinischen" Zeit weltweit zu erwarten ist und insgesamt den trinitarischen Gott im geschichtlichen Nacheinander auslegt und zu Gesicht bringt.[231] Die neue Zeit wird nicht nur auf die Bergpredigt rekurrieren. Sie bringt diese vielmehr zur Entscheidung und zum Durchbruch: zur radikal gelebten Wirklichkeit.

Auch Joachims Geschichtsdeutung orientiert sich an der traditionellen Siebenzeitenlehre. Diese wird aber dergestalt umgedeutet, daß einem sieben Phasen durchlaufenden Zeitalter des Alten Testament ein ebenso viele Einteilungen umfassender Verlauf des Neuen Testament entspricht. Inspiriert durch den Matthäusprolog, glaubt er, 42 Genera-

---

[230] Töpfer 1964, 38.
[231] Zum Leben und Werk Joachims einführend Mottu 1983, 249–266 (mit Lit.); aber immer noch unentbehrlich Bloomfield, Morton W.: Joachim of Flora. A Critical Survey of his Canon, Teachings, Sources, Biography and Influence. *Tr.* 13 (1957) 249–311; Zur Wirkungsgeschichte Bloomfield, Morton W. / Reeves, Marjorie E.: The Penetration of Joachim into Northern Europe. *Speculum* 29 (1954) 772–793; Reeves, Marjorie: The Influence of Prophecy in the Later Middle Ages. A Study in Joachimism. Oxford 1969; Lubac, Henry de: La postérité spirituelle de Joachim de Flore. Tome 1: De Joachim à Schelling. Paris/Namur 1979; insgesamt: L'età dello Spirito e la fine dei tempi in Gioacchino da Fiore e nel Gioachimismo medievale. Atti del II Congresso internazionale di studi gioachimiti. Hrsg. von Antonio Crocco. S. Giovanni in Fiore 1986 und die dort angegebene Literatur.

tionen je Testament ausmachen zu dürfen, und gewinnt dadurch die
Grundlage zu einer genauen Zeitberechnung des zur Neige gehenden
zweiten *status* und dem Auf- und Übergehen der Weltzeit in die dritte
und letzte, in die „neue" Epoche (*status*) des Heiligen Geistes.[232]
Die rechnerische Überlegung Joachims geht davon aus, daß eine Generation 30 Jahre umfaßt. Er kommt somit zu dem „Ergebnis", daß im
Jahre 1260 der zweite *status* vollendet sein und der dritte beginnen
werde.
Doch dürfen diese Berechnungen nicht isoliert betrachtet und aus dem
gesamten Oeuvre Joachims herausgenommen werden. Sie sind Element innerhalb eines zwar exponierten Zeit- und Geschichtsverständ-
nisses, das aber selbst wiederum in den zeitgenössischen Kontext gehört. Joachim von Fiore stand den Reformideen und Erneuerungsim-
pulsen eines Gerhohs und Arnos von Reichersberg sehr nahe. Das
zweifache Siebenerschema und die trinitarische Zeitenlehre sind deutlich beeinflußt, ja zeigen sich provoziert von der Geschichtstheologie
des Honorius Augustodunensis, des Rupert von Deutz und Anselm von
Havelberg.[233]
Das heißt nicht, daß Joachim von Fiore „nach rückwärts" zu interpretieren wäre. Vielmehr ist seine rechnerische Version geschichtlicher
Tatbestände durchformt von einer einzigartig angestrengten Zukunftsvision. Diese ist Frucht einer zweifellos bis zum Zerreißen erlittenen
Spannung zwischen christlich-biblischem Anspruch und kirchlich-kon-
kreter Wirklichkeit, einer Spannung, die – avantgardistisch nach vorn
– als Spannungseinheit klug berechnet und als apokalyptische Geschichtstheologie einfallend und ausfaltend geglaubt und erhofft
wurde.[234]
Dabei fielen seine Gedanken auf fruchtbaren Boden. Die franziskanische Bewegung war es vor allem, die sich seiner Entwürfe um 1240
bediente, sie funktional in ihren Streit mit dem Welt- und herkömmlichen Ordensklerus einzubringen und schließlich neu zu formulieren
und strukturell, verbunden mit antihierarchischen Tendenzen, bis ins

---

[232] Gerwing 1986, 176ff.; Schachten 1980; Seibt 1972, 30–47, 135–138, zeigt, wie ernst
und konkret Joachim seine Zukunftsvision genommen hat, so sehr, daß spätere, Mo-
rus vor allem, diese Gedanken aufgreifen und zur „Utopia" verarbeiten. De Lubac
1979, 53ff.; Pasztor, Edith: Ideale del monachesimo ed „età dello Spirito" come realtà
spirituale e forma d'utopia. In: L'età dello Spirito 1986, 55–124; McGinn, Bernard:
Joachim of Fiore's Tertius Status: Some Theological Appraisals. In: Ebenda
217–236.

[233] Kamlah, Wilhelm: Apokalypse und Geschichtstheologie. Die mittelalterliche Auslegung der Apokalypse vor Joachim von Fiore. Historische Studien, Berlin 1935, 285
(= Vaduz 1965); Ratzinger 1959, 97–110; Beinert 1973, 321ff.; De Lubac 1979,
22–27; Goetz 1988, 312–315. Selge 1993, 7–38.

[234] Seibt 1972, 21.

Sektiererische hinein zu aktualisieren und politisch einzubringen wußte.[235] All das favorisierte – um die Mitte des Jahrhunderts – ein starkes Anwachsen des pseudojoachimitischen Schrifttums. Das von Johannes von Paris zitierte und von ihm ausdrücklich Joachim von Fiore zugewiesene Werk ist eines davon:

„Joachim vero abbas in expositione Jeremie dicit sic: Ab anno domini MCCLX et supra suspecta sunt mihi tempora et momenta, in quo novo ordine Samuelis exorto Ophni et Phynees, sacerdotes et pontifices domini, a Romane reipublice principe captiventur."[236]

Der hier genannte Jeremiaskommentar gehört tatsächlich zu den bedeutenden, weil einflußreichsten Pseudoschriften Joachims, neben dem *Vaticinium Sibillae Erithreae* und dem *Oraculum cum expositione Abbatis Joachim*.[237] Bereits Alexander Minorita zitiert diesen von Johannes angeführten Kommentar in seiner *Expositio in Apocalypsim* aus dem Jahre 1249. Dieses Datum gilt dann auch fraglos als *terminus ante quem* der Entstehung der *Abbatis Ioachim in Ieremiam prophetam interpretatio*, während der *terminus post quem* immer noch nicht überzeugend definiert werden konnte. Es darf aber mit einigem Recht wie kritischem Blick auf den Inhalt des Werkes selbst vermutet werden, daß die Schrift in der ersten Hälfte der vierziger Jahre des nämlichen Jahrhunderts entstanden ist.[238]

Wer diesen Kommentar verfaßt hat, ist ebenfalls strittig. Doch scheint mir hier wiederum Töpfer die überzeugenderen Argumente parat zu haben, wenn er gegen Reeves deutlich die Möglichkeit einräumt, daß diese Schrift nicht unbedingt ein Produkt Florenser Mönche, sondern durchaus in franziskanischen Kreisen zu Hause sein könnte.[239] Wie auch immer: Der Ton dieser Schrift ist entschieden antihierarchisch.

---

[235] Ratzinger 1959, 106f.; Reeves 1969, 191–228; De Lubac 1979, 69–121; Lerner, Robert E.: Frederick II, Alive, Aloft, and Allayed, In Franciscan-Joachite Eschatology. In: The Use and Abuse of Eschatology in the Middle Ages. Hrsg. von Werner Verbeke, Daniel Verhelst, Andries Welkenhuysen. Löwen 1988, 359–384, 361 (= Mediaevalia Lovaniensia. Series I: Studia 15): „What made Joachism so compelling to Franciscans in 1247? Surely one answer lies in the Abbot of Fiore's allusions to two coming orders as the heralds of the millennial future. Probably the fleeing Florensian brought with him the Pseudo-Joachite Jeremiah commentary (apparently written around early 1243) which predicted that a crucial role in the transition from the present time of spiritual crisis to an imminent earthly Sabbath would be played by two new orders an ordo minorum and an ordo predicancium."

[236] Oxford, fol. 21 rb.

[237] „Die kritische Edition dieser und ähnlicher Schriften gehört bekanntlich zu den dringendsten Aufgaben der Mediävistik, und zwar nicht nur im Interesse der Geistesgeschichte, sondern auch der politischen Geschichte". Schaller 1972, hier 934.

[238] Töpfer 1964, 114f.; Lerner 1988, 361.

[239] Töpfer 1964, 115f.; Lerner 1988, 363.

Scharf kritisiert werden vor allem die Prälaten, die sich simonistischer Praktiken bedienten, die Armut verachteten und im Konkubinat lebten. Das Ideal der radikalen Armut und absoluter Besitzlosigkeit, in Kreisen extremer Franziskaner immer wieder als *perfectio evangelica* und als der einzig gültige Weg der Nachfolge Christi gepredigt, avanciert zur politisch-polemischen Spitze gegen die Reichen und Mächtigen, gegen all jene, die der irdisch-vergänglichen Welt nicht mehr oder nicht mehr deutlich genug den außer- und überirdischen Bezugspunkt nennen, sich vielmehr mit dieser Welt arrangieren und es sich in ihr bequem machen. Der Christ verspielt so seine göttliche Berufung und welttranszendierende Sendung. Die Kirche, auserwählt dazu, die keusche Braut Christi zu sein, wird, sofern sie sich nicht eindeutig zur Nachfolge Christi bekennt, und das heißt, dem armen Christus bis unter das Kreuz folgt, vergleichbar einer „Hure", die für Geld ihren Bräutigam verrät und so seine Liebe aufs Spiel setzt.[240] Paßt die Kirche sich der Welt an, ist sie nicht mehr Salz der Erde, tritt sie nicht mehr aus ihr heraus, weil sie den außerhalb von Welt befindlichen Bezugspunkt, Christus, aus den Augen und den Sinnen verloren hat: Sie ist dann nicht mehr unterwegs in die Neue Stadt, das himmlische Jerusalem. Vielmehr stellt sie sich als „alte verdammte Stadt Babylon" zur Schau.[241]

Der Jeremiaskommentar synthetisiert kritisches, welttranszendierendes Bewußtsein mit jener exponierten apokalyptischen Geschichtstheologie, die Joachim von Fiore auszeichnete. Diese ist trinitätstheologisch fundiert, weil sie den dreifaltigen Gott geschichtlich – im zeitlichen Nacheinander – auslegt. So ist verständlich, daß in dem Jeremiaskommentar jene scharf kritisiert werden, die dieses Fundament kritischen Welt- und Wirklichkeitsbewußtseins in Frage stellen, die also die Trinitätslehre Joachims angreifen oder gar als häretischen und damit ungültigen Entwurf brandmarken. Wer, wie Papst Innozenz III., die Trinitätslehre des Abtes verurteilt, gerät in den Verdacht, auf der „falschen Seite" zu stehen, nicht dem armen Christus nachzufolgen, sondern Welt- und Machtmensch, kurz, ein „neuer Herodes" zu sein.[242]

Allein schon von diesem Hintergrund aus betrachtet, ist es bemerkenswert, daß Johannes von Paris ausgerechnet diese Schrift in Erinnerung bringt. Denn gerade zu seiner Zeit unter Papst Bonifaz VIII. und Philipp IV. dem Schönen war dieses Thema von neuem aktuell, wenn auch unter gewandelter Perspektive und veränderter politischer Konstellation. Der Papst mußte sich nun nicht mit dem Kaiser, sondern

---

[240] Ebenda 151; Töpfer 1964, 113.
[241] Abbatis Ioachim in Ieremiam prophetam interpretatio. Köln 1577, 104f.
[242] Ebenda.

mit einem seine europäische Hegemonie demonstrierenden König auseinandersetzen. Dabei griff Bonifaz VIII. seinerseits immer wieder auf
formulierte Machtansprüche zurück, wie sie seit Gregor VII. und dem
erwähnten Innozenz III. vertreten wurden, bei ihm aber den letzten
großen Ausdruck gefunden haben. Zum Zeichen seiner die ganzen
Christenheit umspannenden Macht fügte er der päpstlichen Tiara
einen dritten Kronreifen hinzu und brachte schließlich – 1302 – die
plenitudo potestatis in der berühmten, viel zitierten und höchst umstrittenen Bulle *Unam Sanctam* noch einmal konzentriert zur Sprache.
Sofern also Johannes von Paris diesen die kirchliche Hierarchie scharf
kritisierenden Kommentar ausdrücklich zitiert, kann die damit verbundene Signal- und Deutewirkung im Blick auf Quidorts kritische Stellungnahme zum Verhältnis von päpstlicher und königlicher Macht,
von kirchlicher und weltlicher Autorität, – einerseits – nicht übersehen, darf aber – andererseits – auch nicht überbewertet werden. Denn
zwar zitiert der Pariser Gelehrte diese Pseudoschrift, aber offensichtlich ohne diese selbst – zumindest an dieser Stelle – eingesehen zu
haben. Reeves übersieht, daß Johannes von Paris diese Passage von
Vinzenz von Beauvais übernimmt. Die Ausführungen finden sich in
dessen *Speculum historiale*, das Johannes von Paris, wie nachgewiesen,
bereits mehrfach als Vorlage und Ausgangspunkt seiner Reflexionen
über den Antichrist benutzte.
Diese Feststellung verdient alle Beachtung, verdient es jedenfalls mehr
als nur en passant – in einer Fußnote – genannt zu werden; denn der
exakt vergleichende Blick auf die nämliche Darstellung des Vinzenz
von Beauvais weist doch auch wieder bedenkenswerte Abweichungen
zum Text auf.
Die bedeutendste Diskrepanz besteht in der Abweichung von der Jahreszahl. Johannes von Paris nennt das Jahr 1260, Vinzenz von Beauvais
aber das Jahr 1200 als das Datum, von dem ab ihm Joachim von Fiore,
die Zeiten und Momente als Zeiten und Momente der „neuen Ordnung Samuels" erschienen und somit „suspekt" vorkämen.[243]
Der Jeremiaskommentar weist ebenfalls an der entsprechenden Stelle
die Jahreszahl 1200 auf, was bereits Reeves feststellte. Ohne zu ahnen,
daß Vinzenz von Beauvais als „Zwischenglied" fungierte, läßt sie es offen, ob Quidort von sich aus die Jahreszahl 1200 in 1260 verändert

---

[243] Vinzenz von Beauvais: Speculum historiale 31,108, Graz 1965, 1324 (= Douai 1624):
„Caeterum Abbas Ioachim in expositione Hieremie, ita scribit: Ab anno Domini
1200. et vltra, suspecta sunt mihi tempora, et momenta, in quo nouo ordine Samuelis
exorto, Ophni, et Phinees, Sacerdotes, et Pontifices Dei, a Romanae Reipu. principe
captiuentur."

habe.[244] Im Blick auf Vinzenz von Beauvais und dem gerade Festge-
stellten kann jetzt aber differenzierter argumentiert werden: Johannes
von Paris hat die Textstelle nicht direkt aus dem Jeremiaskommentar,
sondern aus dem *Speculum historiale* des Vinzenz von Beauvais übernommen. Insofern vermag diese Textstelle also eben nicht als Beleg
dafür angesehen werden, daß Quidort – „obviously" – den Text selbst
studiert hat.

Überdies dürfte die damit zusammenhängende, von Reeves ebenfalls
artikulierte Frage, ob Johannes von Paris von sich aus die Jahreszahl
1200 in 1260 veränderte, mit einem freilich näher zu erklärendem „Ja"
beantwortet werden:

Die Jahreszahl 1260 lag, wie erwähnt, in der Logik der von Joachim
immer wieder artikulierten Parallelität der Testamente und ihrer 42
Generationen. Dabei spielt für unsere Überlegung der Streit darüber,
ob die Historizität eines bestimmten Jahres oder aber, wie Reeves interpretiert, lediglich die symbolhafte und also zu deutende Zahl 1260
von Joachim zum Ausdruck gebracht werde, nur eine marginale
Rolle.[245] Fest steht, daß Johannes von Paris hier bewußt 1260 als Jahreszahl genannt haben möchte; denn nur diese Version bringt seinen
Argumentationsgang voran:

---

[244] Reeves 1969, 167, dabei kennt sie, was Clark 1986, 156f., übersieht, die Stelle bei
Vinzenz von Beauvais durchaus, ohne freilich die Verbindung zu Johannes von Paris
zu ziehen. Zu Vinzenz stellt sie treffend fest: „Vincent of Beauvais, using the traditio-
nal sevenfold division of history in his Pars Historialis, quotes the popular Joachimist
words from the Super Hieremiam which express so well the tension of the time." Das
Zitat selbst bezeichnet sie (ebenda. 161. Anm. 2) im Blick auf Joachim als „a confla-
tion of a genuine sentence from Lib. Conc., f. 41 v".

[245] Die leidige Auseinandersetzung um diese Jahreszahl faßt in klaren Worten Mottu
1983, 265, zusammen: „Das typische Beispiel einer Ungeschichtlichkeit der Interpretation wird durch das nur allzu berühmte Datum 1260 gegeben, das angeblich nach
Joachim das Ende der Welt sein sollte. In Wirklichkeit spielt diese Zahl, die auf die
zweiundvierzig Monate der jüdischen Apokalypse zurückgeht, nicht die Rolle, die
man ihr zugeschrieben hat. Man hat sogar vor kurzem beweisen können, daß diese
Jahreszahl überhaupt nicht joachimisch ist und daß sie in den Abhandlungen, die der
Kalabreser gegen Ende seines Lebens schrieb, dem Jahr 1200 Platz macht. Diese Zahl
aber ist im Grunde kein ‚Datum', sondern bezeichnet eine symbolische Wende
(Grundmann sagt ganz richtig, daß es sich weniger um Zeitabschnitte als vielmehr
um Übergänge handelt), ein Zeichen für die Bekundung der Zeit des Geistes, die alle
spiritualen Möglichkeiten des Christentums verwirklicht und vollendet. Vielleicht hat
Joachim sich selbst als Johannes der Täufer der künftigen geistlichen Ära gesehen."
Dazu auch den Forschungsüberblick von Selge, Kurt-Victor: Joachim von Fiore in der
Geschichtsschreibung der letzten sechzig Jahre (von Grundmann bis zur Gegenwart).
Ergebnisse und offene Fragen. In: L'età dello Spirito e la fine dei tempi in Gioacchino
da Fiore e nel Gioachimismo medievale. Atti del II Congresso internazionale di Studi
Gioachimiti. Hrsg. von Antonio Crocco. S. Giovanni in Fiore 1986, 29–53, bes. 46,
51.

Die Absicht Quidorts ist es ja, die Frage nach dem Kommen des Antichrist so exakt wie möglich zu beantworten. Dabei führte er, wie erwähnt, zunächst König Eduards Traumvision an. Diese stellte dem Leser in zunächst noch recht „moderater Determination" die Jahreszahl 1116 als erste Phase einer das Kommen des Antichrist ankündigenden apokalyptischen Kriegs- und Katastrophenzeit vor Augen. Sodann brachte der Pariser Gelehrte Hildegard von Bingen dergestalt zu Gehör, daß hier die Zeit des Antichrist noch ein wenig konkreter in den visionären Blick genommen wurde. Das *tempus muliebre* ist zwar ebenfalls nicht zu verwechseln mit dem *tempus antichristi*, steht aber bereits deutlich unter diabolischem Einfluß und kommt dem Leser des vorliegenden Antichristtraktates gleichsam als zweite Phase innerhalb jener Zeit zu Gesicht, die das Kommen des Antichrist ankündigt. Die Jahreszahl 1256 konnte genannt werden.

Die Intention Johannes' von Paris wird indes deutlich: Es kommt ihm darauf an, diese dem Kommen des Antichrist unmittelbar vorausgehenden Zeitphasen jetzt im Blick auf Joachim von Fiore genauerhin zu determinieren. Insofern spricht der hier vorgestellte Argumentationsgang dafür, daß Johannes von Paris von sich aus und im Wissen um Joachims Rede von der Parallelität der Testamente und Generationen die bei Vinzenz von Beauvais genannte Jahreszahl 1200 in die Jahreszahl 1260 veränderte. Jedenfalls paßt diese Jahreszahl ihm ausgezeichnet ins Konzept. Sie bestätigt bis auf vier Jahre genau die im Blick auf Hildegard von Bingen genannte Jahreszahl, qualifiziert aber diese Vorlaufzeit noch einmal genauer und läßt insgesamt die Zeit um 1300, also Quidorts eigene Gegenwart, als die Zeit erscheinen, in der mit dem Kommen des Antichrist gerechnet werden muß. Und genau das ist seine Absicht, wie sich in seinem Traktat wenige Zeilen später deutlich herausstellt.

Quidort verschiebt also klarerweise den Sinngehalt des von Joachim Gesagten; und zwar dergestalt, daß er dessen Rede von der Vorlaufphase zum Antichrist, die dieser, wenn überhaupt, zwei Generationen vor 1260, also um 1200 ansetzt, kurzerhand mit dem Jahr 1260 beginnen, nicht aber aufhören läßt.

Johannes von Paris gewinnt durch diesen Zahleneingriff überdies der Rede Arnalds vom Kommen des Antichrist mehr Wahrscheinlichkeit ab. Sofern die Vorlaufphase hin zum Antichrist bis in die Gegenwart um das Jahr 1300 hineinreicht, hätten zumindest jene, die die Zahlenangaben Joachims von Fiore als historische Jahresdaten interpretieren, nicht durch die Faktizität historischer Ereignisse ihre Glaubwürdigkeit verloren; denn dann wäre ja mit dem Jahr 1260 noch nicht der dritte *status* der Kirche endgültig angebrochen, sondern dieser erst noch im *status nascendi*, im Zustand schmerzhafter Geburtswehen.

Im Gegensatz zur Datierung Joachims kommt Quidort das Verständnis dieser Zeit als Übergangszeit sehr entgegen. Diese Interpretation übernimmt er unverändert von Vinzenz von Beauvais. Die Zeit wird dabei näherhin als eine Zeit charakterisiert, in der die Kirche durch den römischen Princeps in äußerste Bedrängnis gerate. Elias, d. i. der Papst, werde stürzen und gleichsam wie ein zweiter Mordechai unter dem Agagiter Haman in Lebensgefahr geraten.[246]

Johannes von Paris will also die im Jeremiaskommentar angesprochenen Auseinandersetzung zwischen Reich und Kirche als Qualifikation jener Zeit verstanden wissen, die dem Kommen des Antichrist unmittelbar vorausgeht. Da der Papst als zweiter Mordechai bezeichnet wird, verdient er alle Sympathie und die durch ihn repräsentierte Kirche zunächst allen Respekt. Doch wird sie sich ändern müssen; auch diesen Aspekt unterschlägt Johannes von Paris nicht:

„Ipsam autem ruinam ecclesie tales necesse est predicare ac plangere, quibus et voluntaria paupertas arideat et doctrine spiritualis ac vite puritas in future tribulationis aculeis non obsistat. Tales ergo doctores, tales prophete / mittendi sunt qui non solum inferiores homines sed etiam ipsos pontifices ac prelatos fulgurent et non palpent."[247]

Damit greift Johannes von Paris die Kritik des pseudo-joachimitischen, von Vinzenz von Beauvais übernommenen Kommentars auf, der gegen die Verweltlichung und den Reichtum der Prälaten deutlich genug Stellung bezieht und das Armuts- wie das Predigtideal betont. Die Situation der vom römischen Princeps bedrängten, „ruinierten" Kirche brauche Prediger und Propheten, die die freigewollte Armut glühend predigen und die Reinheit der Lehre wie des Lebens selbst Bischöfen und Prälaten klar vor Augen rücken. Als jemand, der selbst auf der Seite der Dominikaner steht, liegt es auf der Hand, daß Johannes von Paris in dieser pseudo-joachimitisch qualifizierten Vorlaufphase zur Endzeit hin mit jenen sympathisiert, die in dieser dem Kommen des Antichrist unmittelbar vorausgehenden Zeit – predigend und arm

---

[246] Oxford, fol. 21 rb: „[. . .] capiatur archa ecclesie; Hely quoque summus sacerdos id est summus pontifex corruat et quasi alter Mardoceus sub Aman in discrimine maneat Agagita." Aber statt „corruat" „coruat". Bei Vinzenz von Beauvais: Speculum historiale 31,108, Graz 1965 1324 (= Douai 1624) heißt es recht fehlerhaft: „Capiatur arca Ecclesiae; Hely quoque, id est, summus Pontifex, corruat, et quasi alter Mardocheus sub Aman, in discrimine maneat agitatus." Vgl. Est 3,1–6; 4,1–3; die Stelle bei Ps-Joachim s. Reeves 1969, 161, Anm. 2.

[247] Oxford, fol. 21 rb-va. Zum kritischen Vergleich sei auch die nämliche Stelle bei Vinzenz von Beauvais: Speculum historiale 31, 108, Graz 1965, 1324 (= Douai 1624), angegeben: „Ipsam autem ruinam Ecclesiae tales necesse est praedicare ac plangere, quibus, et voluntaria paupertas arideat, et doctrinae spiritualis, ac vitae puritas, in future tribulationis aculeis non obsistat. Tales ergo Doctores, et tales Prophetae mittendi sunt, qui non solum inferiores homines, sed etiam ipsos Pontifices, et Praelatos fulgurent, et non palpent."

lebend – auch vor Bischöfen und Prälaten der Wahrheit die Ehre geben und – konkret – sich auch und mit allem Ernst dem Thema „Antichrist" zuwenden wollen. Gerade Angehörige der Bettelorden seien in dieser Zeit verpflichtet, auf den Antichrist aufmerksam zu machen und vor seiner Herrschaft zu warnen. Dabei wird die Aufgabe dieser Prediger der Vorlaufphase darin bestehen, denen scharf ins Gewissen zu reden, die ihre ganze Acht- und Aufmerksamkeit nicht auf die ewige Wahrheit, auf Gott, lenken, sondern immer nur ihr Denken, Lieben und Leben um Vergänglich-Weltliches kreisen lassen. Daher werden, so die Auskunft des Jeremiaskommentars in der ausgewählten Fassung des Vinzenz von Beauvais und des Johannes von Paris, „in Bälde" auch die arroganten und aufgeblasenen Magister aufs Korn genommen. Auch sie spielen dem Antichrist in die Hände, insofern sie ihre Privilegien, nicht aber die Wahrheit und ihre priesterliche Aufgabe im Sinn haben.[248]

Wie erinnerlich, spielt die Kritik an den „aufgeblasenen" Magistern in der Rede Arnalds von Villanova über das Kommen des Antichrist eine nicht unbedeutende Rolle; besonders nachdem dieser feststellen mußte, daß Pariser Theologieprofessoren seine Schrift nicht positiv bewerteten. Johannes von Paris aber scheint mit dieser Übernahme der Gelehrtenkritik die Pariser Magister warnend daran erinnern zu wollen, daß sie die Frage nach dem Kommen des Antichrist ernsthaft aufgreifen müssen, nicht aber arrogant ignorieren oder gar als sträflichketzerische Frage deklarieren dürfen.[249]

Der künftige, von Gott erkannte und gewollte neue Status der Kirche wird durch jene in der Übergangs- und Vorlaufphase angezeigt, die dort verfolgt und verkannt werden. Sie werden „Söhne des Schmerzes" genannt; nicht weil sie zu Recht leiden, sondern weil sie in einer Zeit

---

[248] Oxford, fol. 21 va: „Revelandi nimirum in proximo sunt doctores, predicatoresque fideles, qui terrena carnaliaque corda omni plaga percutiant. Et elatis ac tumidis magistris silencium suis studiis imponant. Et licet ordo ille futurus ad obedienciam sit oriturus, tamen a prophetis est prenunciatus." Vgl. dazu auch die nämliche Stelle bei Vinzenz von Beauvais: Speculum historiale 31,108, Graz 1965, 1324 (= Douai 1624).

[249] Oxford, fol. 21 va: „tercii temporis ecclesiastici cursus a deo cognitus et electus in vulva spirituali ecclesie ac perfecte doctrine sanctificandus ac si alius filius scilicet Benjamin non tam doloris in pena quam dextere scilicet exaltationis in gloria. Tales in proximo pariet ecclesia iam senescens; tales Rachel deploravit filios a rege impudenti facie a si altero Herode [. . .] occidendos." Nur: „ecclesie vita"; statt „perfecte" „perfectione"; „sanctifficandus"; „Herode nequitus"; cf. ed. Venedig 1518, fol. XLVI vb; Vinzenz von Beauvais: Speculum historiale 31, 108, Graz 1965, 1324 (= Douai 1624); im Blick auf Joachim in diesem Zusammenhang Töpfer 1964, 118f.; Lerner 1988, 361.

der ängstlichen Enge die ungerecht Leidenden sind, aber gerade dadurch sich und der Kirche den Himmel verdienen.[250]
Doch Johannes von Paris wird noch deutlicher, wenn er jene dem Joachim von Fiore zugeschriebenen Verse zu bedenken gibt, in denen die
großen Mendikantenorden angesprochen werden.[251] Sie kommen als
die zwei künftigen *ordines* in geschichtstheologischer Perspektive zu Gesicht und werden verglichen mit Moses und Josua, Paulus und Barna-
bas. Dabei waren die Streitigkeiten um die Beicht- und Seelsorgsprivi-
legien sowie um die Armutsfrage und die damit grundsätzlich verbundene Auseinandersetzung um die rechte christliche Spiritualität im gesamten 13. und noch bis ins 14. Jahrhundert virulent. Johannes von
Paris selbst greift ja noch in diese komplex-komplizierte Kontroverse
ein, sich geschickt wie subtil für die Rechte der Mendikanten einset-
zend. Die Quästion *De confessione audiendis* belegt dieses sein Bemühen
deutlich genug. In dieser die kirchliche Gewalt betreffende Frage
macht Johannes von Paris gerade auf die weltweit mangelhafte Be-
treuung in der Pfarrseelsorge aufmerksam. Die pastorale Not wird ihm
zu einem Hauptargument, den Mendikanten die Bußvollmacht von
der päpstlichen Vollgewalt her zu übertragen und zu begründen.[252] Insofern paßt die gerade ausgedrückte und aus dem pseudo-joachimitischen Jeremiaskommentar stammende apostolisch-missionarische Auf-
gabensicht der beiden Orden gut ins Konzept. Die künftigen *ordines*
haben die göttliche Sendung, die Ungläubigen zu bekehren.
Johannes von Paris qualifiziert somit die Vorlaufphase bis hin zum
Kommen des Antichrist nicht nur als eine Zeit der Verfolgung und

---

[250] Ebenda, fol.: „Qui propterea dicti sunt doloris filii, quia contritis / eis spiritualis religio
per angustia temporis non poterit consolari; sed tamen et ipsi filii dextere dicuntur,
quia unde in eis et pro eis mater ecclesia premittur; inde de eis et cum eis eterna
patria iocundatur. Hii sunt fideles in doctrina, spirituales in vita, obedientes in pressura. Formatus est igitur hic ordo ad instar Ieremie in ecclesia generali sanctificatus
in observantia regulari, nequis eum de vite merito reprehendat." Oxford, fol. 21
va–vb; cf. ed. Venedig 1518, fol. XLVI vb.

[251] Ebenda. fol. 21 vb–22 ra; „Puto etiam quod sicut olim deus patres elegit senes, secundo apostolos iuniores, ita et nunc tercio pueros ad literam eligat, propter eos
quibus vetera viluerunt ad predicandum evangelium regni, prelatis adulterantibus
verbum dei. Et sicut olim per Moysem et Iosue dominus Cananeos Israeliticis subiecit
ac per Paulum et Barnabam ydolatras stravit, sic etiam nunc per duos ordines futuros
per eos designatos gentes incredulas subiugat et convertat." Statt „senes" „primo senex", statt „eligat propter" „elegat propter", statt „evangelium" „evangellium domini",
aber „domini"; cf. ed. Venedig 1518, fol. XLVII vb–XLVIII ra. Reeves 1969, 167
bemerkt dazu (allerdings zitiert sie nach der fehlerhaften Edition Venedig 1518):
„He" – gemeint ist Quidort – „actually cited prophecies of the elect in the third status
and – most astonishing – that dangerous sentence from the Super Hieremiam: *Puto
etiam quod* [. . .]". Sie bemerkt nicht, daß hier Vinzenz von Beauvais ausgeschrieben
wird.

[252] Hödl 1962, 5f.

Verkennung wahren christlich-apostolischen Geistes, sondern ebenfalls als Zeit weltweiter seelsorglicher Not. Dabei bringt Quidort als zeitliche Vorstellung jetzt ausdrücklich das Jahr 1300 zu Wort; und zwar, wie oben angedeutet, in freilich unausgesprochener, aber konsequenter Anwendung des von 1200 auf 1260 verlegten Datums. Allerdings vergißt er nicht, sich gewisse zeitliche „Spielräume" zu schaffen: „Sunt autem versus communes et vulgares ex eiusdem Johachim libris accepti quod antichristus nasciturus est anno domini MCCC. Hanc tamen scripturam non memini sic expressam in libris Johachim."[253] Überdies räumt Quidort bereitwillig die Schwierigkeit ein, diese allgemein bekannte und Joachim von Fiore in den Mund gelegte Prophezeiung zu verifizieren. Er signalisiert damit deutlich genug, daß die Unbestimmtheit und Unverbindlichkeit der vershaft-vertrackten Aussage:

„Cum fuerint anni transacti mille ducenti,
Et decies deni post partum virginis alme:
Tunc antichristus nascetur demone plenus,
Hoc Cisterciensis Johachim predixit in anno
Quo Saladinus sanctam sibi subdidit urbem."[254]

Die Rede ist vom berühmten Sultan Saladin, der am 20. 9. 1187 mit der Belagerung Jerusalems beginnt und am 2. Oktober des genannten Jahres als Sieger in die Heilige Stadt einziehen kann. Seitdem hat dort nie wieder ein christlicher König residiert. Einerseits spricht es für die tragische Bedeutung, die dem Fall Jerusalems europäisch-christlicherseits noch über hundert Jahre später beigemessen wurde, wenn Johannes von Paris dieses Kriegsgeschehen um die Stadt des Heiligen Grabes mit der Geburt des Antichrist in einem, wenn auch weitläufigen Zusammenhang gestellt sieht oder besser: vorfindet. Andererseits kommt Jerusalem am Ende der Tage bereits vom biblisch-apokalyptischen Kontext her exzeptionelle Bedeutung zu. Insofern wundert es nicht, daß dieses dunkle Kapitel des Jahres 1187 mit dem antichristlichen Dunkel am Ende der Zeiten in einen nicht näher erläuterten weltgeschichtlichen Zusammenhang gebracht wird, gleichsam die Belagerung und Bedrängnis durch den später geborenen Antichrist inaugurierend. Daß Quidort dieses so rätselhafte Überlieferungsgut – von unbekannter Herkunft und als Merkvers artikuliert vom Volksmund – den Lesern seines Traktates zumutet, beweist schließlich auch, auf wel-

---

[253] Ebenda.; Reeves 1969, 167, kommentiert: „He" – gemeint ist Quidort – „also quoted the little verse on Antichrist, with the date 1300. This, he says, is popularly supposed to come from Joachim's works, but he cannot find it there. In his scheme of the ages of the Church designated by orders he found a place for the ordo pauperum praedicatorum, which suggests that he saw his own order in a special role."
[254] Oxford, fol. 22 ra; ed. Venedig 1518, fol. XLVII ra.

chem Niveau hier Quidort argumentiert: Er reflektiert nicht die tiefen
und kühnen Spekulationen Joachims, sondern rekurriert auf weitaus
enger und flacher argumentierendes, dafür aber populäreres pseudo-
joachimitisches Gedankengut. Überdies greift er auf Verse zurück, deren zweifelhafte Provenienz er offen eingesteht, die aber seinen Zeitgenossen bekannt waren und die sie beunruhigten.[255]
Was also Johannes von Paris hier unternimmt, angefangen von der
Traumvision des Königs Eduard, über das *tempus muliebre* der Hildegard von Bingen bis hin zu diesen pseudo-joachimitischen Prophezeiungen, bringt der zitierte Vers schlagartig ans Licht. Es ist nichts anderes
als ein bewußtes Aufgreifen und Ernstnehmen des volkstümlich Ge-
reimten und „Erdichteten" zum Thema „Geburt des Antichrist". Dieses
ist aber nicht einfach beiseite zu schieben, sondern ist zu reflektieren,
muß auch und gerade von den *doctores* ernstgenommen werden. Es sei,
wie Quidort – angeblich mit Joachim – kurz zuvor formulierte, schon
allzu lange von den „arroganten und stolzen Gelehrten" mißachtet und
ignoriert worden. Immerhin wäre es ja möglich, daß die Gegenwart
jene Übergangszeit hin zum Antichrist und damit zum Ende der Welt
sei, die in den genannten Prophezeiungen angekündigt werde. Diese
Absicht drückt der resümierende und Joachim von Fiore zugeschriebene Schlußvers noch einmal deutlich genug aus. Sie findet ihre Bestätigung und Fortführung in dem Spruch der Sibylle und der Vision von
Tripolis.

4.7.1.4 Der Spruch der Sibylle

„In libro Sibille Cumee, que fuit tempore Romuli vel secundum alios
tempore belli Troiani, predicitur in ultima etate mundi fore partum
virginis."[256]
Johannes von Paris greift die im pseudo-joachimitischen Vers angesprochene Zeit der Jungfrauengeburt auf. Dabei stützt er sich auf die
kumäische Sibylle. Diese ordnet er in auffälliger Parallele zu den Angaben Augustins in *De civitate Dei* 18,23 der Regierungszeit des Romulus
oder der Zeit des Trojanischen Krieges zu. Im bereits häufig von Quidort zitierten wie auch mehrfach stillschweigend benutzten „Gottesstaat" heißt es an dieser Stelle: „Nonnulli sane Erythraeam Sibyllam
non Romuli, sed belli Troiani tempore fuisse scripserunt."[257]
Zuvor hatte der Bischof von Hippo die erythräische mit der cumäi-
schen Sibylle zwar nicht identifiziert, aber doch als ununterscheidbar
herausgestellt. Ihm ist es zu verdanken, daß jenes Akrostichon im Mit-

---

[255] Die Verse finden sich auszugsweise bereits in den „Additamenta" des Matthäus von
Paris, dazu Reeves 1969, 49f.; Clark 1986, 159f.
[256] Oxford, fol. 22 ra; ed. Venedig 1518, fol. XLVII ra.
[257] Augustinus: De civitate Dei 18,23 (CCL 48, 615).

telalter berühmt wurde, dessen griechische Anfangsbuchstaben „Iesus Christus Dei filius salvator" ergeben, die wiederum, sobald man deren fünf griechische Anfangsbuchstaben verbindet, das griechische Wort für lateinisch *piscis* bilden und damit jenes Geheimzeichen der ersten Christen artikulieren, das auf Christus hinweist, der sich – wie ein Fisch – „in dem Abgrund der Sterblichkeit wie in einem tiefen Gewässer lebendig, das heißt: sündelos sich aufzuhalten vermochte."[258]
Das von Augustinus überlieferte Akrostichon selbst berichtet in plastisch-drastischen Bild-Worten über „die Zeichen des Gerichts" und den „Advent des himmlischen Königs", der am Ende der Weltzeit kommen wird, um die Gläubigen wie Ungläubigen zu richten. Aber diese Ankunft des Herrn wird nicht als frohe und frohmachende Botschaft, sondern überwiegend im Stil einer in Angst und Schrecken versetzenden „Horrorvision" verkündet: Vor dem Angesicht Gottes werden die Menschen ihre Götzenbilder und ihre zahllosen Reichtümer aufgeben, die Erde selbst wird in Feuerflammen aufgehen und die Meere und die Pole hart angegangen werden. Die Pforten der Unterwelt werden gesprengt, unbegrenzt flutendes Licht die Heiligen bescheinen, aber ewiges Feuer die Bösen verzehren. Jede verborgene Handlung wird offenbar und jedes Geheimnis offenkundig. Es wird ein allgemeines Wehklagen und Zähneklappern ausbrechen. Die Sonne erlischt, die Sterne wie der Mond gehen unter. Der gesamte Himmel stürzt herab. Die Erde wird ihre Konturen verlieren: Berge und Täler verschwinden ebenso wie Erde und Meer. Überhaupt wird es nichts Hohes und Erhabenes unter den Menschen geben. Auch die Könige müssen sich ausnahmslos dem ewigen Herrn und Richter am Ende stellen. „Non erit in rebus hominum sublime vel altum [. . .]. Et coram hic domino reges sistentur ad unum. Reccidet e caelo ignisque et sulphuris amnis."[259]
Gerade die letzten Zeilen dieses im gesamten Mittelalter immer wieder angeführten Akrostichon signieren deutlich ein wesentliches Aussageelement der sibyllinischen Orakel: daß bei aller Betonung des katastrophalen Endzustandes der Welt doch auch die Reichen und Mächtigen zugrunde gehen werden. Tatsächlich sind die Sibyllinen gerade in ihrer durch die jüdische Apokalyptik erweiterten Fassung von tiefer Romfeindlichkeit durchdrungen, dabei auch geprägt von dem nicht selten herauszuspürenden Widerwillen gegen die mörderische Tyrannei eines Imperators vom Verschnitt Domitians: „Vor allem Buch IV und V der Sibyllinen, entstanden in der Ära Domitians, künden von einem weniger politischen als ethisch-religiösen Widerstand gegen das Reich der

---

[258] Ebenda (CCL 48, 614).
[259] Ebenda.

Gesetzlosen. Die Drohreden über *Babylon* gipfeln gewöhnlich in der Be-
schwörung seines Untergangs. Die Übernahme der Nerosage verschärft diese Feindschaft, indem sie auf einen Imperator alle diabolischen Merkmale häuft. Die Römer sind die eschatologische Opposition, ihr Haupt Nero bezeichnet den Antimessias."[260]
Doch stammt das erwähnte, von Augustinus zitierte Akrostichon aus
dem achten Buch einer Kompilation, die erst später – etwa im 6. Jahrhundert – zu einem insgesamt fünfzehn *libri* umfassenden Gesamtwerk
von angeblichen Weissagungen der sogenannten und in der antiken
Welt bekannten Sibyllen heranwuchs. Dieses achte Buch ist durchsetzt
von jüdisch-christlichen Variationen und Vorstellungen zur Apokalypse, vornehmlich aber den Untergang des gottlosen, jedoch mächtigen römischen Reiches verkündend. Die exponierten christlichen Stellen dieses Buches verknüpfen diese Sicht vom Untergang der heid-
nisch-mächtigen Welt mit der hoffnungsfreudigen Botschaft vom endgültigen Sieg Christi am Ende der Weltentage.
Diese Dopppelfunktion erfüllt auch das Akrostichon: In seiner horizon-
talen Leselinie bringt es gleichsam den irdisch-hiesigen, den schreck-
lich-richtenden, alles nivellierenden und die Mächtigen vom Thron
stürzenden Aspekt des Endgerichts zu Wort, während in der vertikalen
Lesart die Anfangsbuchstaben der siebenundzwanzig Verse die Verbindung des Unteren-Vergänglichen mit dem Höheren und Höchst-Ewi-
gen betonen und Christus als den rettenden Heiland artikulieren, die
Vollendung der Welt in und durch Christus in Aussicht stellend. Beide
Aspekte und Lesarten gehören gerade für Augustinus zusammen und
bilden in dem genannten Kapitel auch tatsächlich eine einzige Aussa-
geeinheit.
Um so auffallender ist aber, daß Johannes von Paris zwar dieses Kapitel aus *De civitate Dei* kennt, ja mittels geradezu wörtlicher Übereinstimmung darauf anspielt, aber überhaupt nicht auf die dort artikulierte
Weissagung eingeht. Statt dessen rekurriert er auf die Rede von der
bevorstehenden Niederkunft, spricht vom *partus virginis*, dabei nicht
den afrikanischen Bischof, sondern den Römer P. Vergilius Maro zitierend. Dieser hatte einst die literarische Welt Roms durch die Neuartig-
keit seiner Eklogen (Bucolica) in Staunen versetzt. In zehn Gedichten
spricht er hier – zu einer Zeit, in der das imperiale Rom allerorts seinen Tribut forderte – der Hoffnung auf universalen Frieden das lateinisch wohlgeformte Wort. Im vierten Gedicht dieser Sammlung spiegelt er überdies den Glauben wider, es werde ein Erlöser erscheinen,
um die Welt aus ihrem konfliktreichen Elend zu befreien.

---

[260] Rauh 1979, 43.

„Unde Virgilius qui fuit aliquibus annis ante Christum loquens de futuro in proximo partu virginis per illos versus:

Iam redit et virgo, redeunt Saturnia regna;
Iam nova progenies celo demittitur alto."[261]

Die Provenienz dieser Vorschau verrate der römische Dichter ebenfalls: „Dicit autem se hoc accepisse a Symea vel Cumea Sybilla per hoc quod premittit alio verse precedente: *Ultima Symei vel Cumei iam venit carminis etas.*"[262]
Johannes von Paris zitiert in der Tat die berühmte vierte Eclogae Vergils, und zwar in der erklärten Absicht, damit die Rede von der *partus virginis* zu erhellen und auf die vorchristliche, prophetische Tradition zurückzuführen. Quidort stellt also die oben genannte und Joachim von Fiore zugeschriebene Weissagung auf eine breite Basis. Dabei geht es ihm nicht so sehr um ein besseres Verständnis des dort formulierten Verses, sondern um die dort scheinbar zu findende temporäre Bestimmung des Ereignisses. Die Niederkunft der Jungfrau und das Goldene Zeitalter koinzidieren, das „neue Geschlecht" als schon bald heranbrechendes signierend. Selbstredend spricht Quidort hier nicht von Octavian, dem künftigen Augustus, als dem Erlöser. Vielmehr hat der Pariser Gelehrte die geistgewirkte Geburt Jesu Christi aus Maria der Jungfrau und das damit angebrochene christliche Zeitalter im Auge. Doch führt Quidort keineswegs diesen Gedanken näher aus, sondern hält lediglich fest, daß seit der Niederkunft der Jungfrau bereits viele Jahre verstrichen seien. Es sei daher wahrscheinlich, daß der Weltenlauf sich dem Ende zuneige.[263] Diese Vermutung unterstützt Quidort – ungewöhnlicherweise, weil dadurch seine Gliederung vergessend – mit Bibelzitaten, die Psalmen, den Völkerapostel Paulus und die Geheime Offenbarung des Johannes bemühend: Die Zeit ist nahe! „*Tempus prope est*, et dominus ibidem: *Ecce* ego *venio cito.*"[264]
Johannes von Paris will dieses Ergebnis seiner bisherigen Untersuchung festgehalten wissen. Seine Zeitgenossen sollen ernsthaft damit rechnen, daß das Ende der Welt und also auch zugleich das diesem

---

[261] Oxford, fol. 22 ra; ed. Venedig 1518, fol. XLVII ra.
[262] Oxford, fol. 22 rb; ed. Venedig 1518, fol. XLVII ra; Vergil, Ecl. 4, 4–7. Editiert von R. A. B. Mynors. Oxford 1969 (= Oxford Classical Texts): „Ultima Cumaei venit iam carminis aetas; Magnus ab integro saeculorum nascitur ordo. Iam redit et Virgo, redeunt Saturnia regna; Iam nova progenies caelo demittitur alto." Dazu: Steven Benko: Virgil's Fourth Eclogue in Christian Interpretation. In: Aufstieg und Niedergang der Römischen Welt, hg. v. Berlin/New York 1980, Bd. II, 31/1, 646–705.
[263] Oxford, fol. 22 rb; ed. Venedig 1518, fol. XLVII ra: „quia sic nimium ultima huius mundi etas supra quamlibet aliarum etatum superexcresceret etiam plusquam in etatibus alicuius hominis contingat."
[264] Ebenda; cf. Apc 22,12; 3,11.

Weltende unmittelbar vorausgehende Kommen des Antichrist zu ihrer
Zeit einbrechen könnte. Für diese Terminierung spricht auch die Erzählung von der Vision der Zerstörung der Hafenstadt Tripolis.

4.7.1.5 Die Vision von Tripolis

Im Jahr 1287 hatte, so berichtet Quidort, ein in Tripolis lebender Zi-
sterziensermönch eine Vision. Sie kam ihm, während er eine Heilige
Messe zelebrierte, an der auch der Abt des Klosters sowie noch ein
weiterer Mönch teilnahmen. Zwischen der sogenannten *oblatio* und der
communio, also während des zentralen Teiles der Eucharistiefeier, erschien ihm eine Hand, die auf das Corporale folgende Weissagung
schrieb:

„Cedrus alto Libani succeditur et Tripolis in brevi destruetur; Mars Sa-
turnum superabit et Saturnus insidiabitur Iovi. Vespertilio dominum
apum superabit. Infra tres annos unus deus et una fides; alter deus
evanuit, filii Ysrael a captivitate liberabuntur. Quedam gens que sine
capite vocatur veniet. Ve tunc clero et tibi christianitas: navicula Petri
iactabitur variis fluctibus, sed evadet et dominabitur in fine dierum."[265]

Diese die Christenheit und – speziell – die Kleriker-Kirche betreffenden
Qualifizierungen über die herannahende Zeit vor dem Ende der Welt
werden überdies ergänzt durch Äußerungen, die die Welt betreffen.
Die positiven Elemente der Prophezeiung, der weltweite Glaube an
den einen Gott, die Befreiung Israels aus der Gefangenschaft sowie
der endgültige Sieg der Kirche und der Christenheit nach schwerer
Bedrohung und harter Bedrängnis, werden ergänzt durch negativ ausgerichtete und vornehmlich die Welt betreffende Weissagungen. So ist
die Rede von zahlreichen Kriegen und allenthalben auf der Welt ent-
brennenden Vernichtungsschlachten. Hungersnöte werden ausbrechen und zahlreiche Menschen sterben.[266]

In diesem welt- und weitläufigen Zusammenhang werden auch die
Mendikanten genannt. Sie werden ebenso wie zahlreiche andere Grup-
pierungen zugrunde gehen. Aber nicht diese katastrophale Vernichtung, *annihilatio*, ist das letzte Wort, das über die Welt gesprochen
wird. Vielmehr ist sie lediglich „Durchgangsstadium", das abgelöst

---

[265] Oxford, fol. 22 va; cf. ed. Venedig 1518, fol. XLVII ra–rb.

[266] Oxford, fol. 22 va–vb; cf. ed. Venedig 1518, fol. XLVII rb: „Et in mundo tunc erunt
multa prelia et multe strages, et omnis terra turbabitur, et fames / valida et hominum mortalitas erit per loca et regnorum mutationes. Terra barbarorum pervertetur;
ordines mendicantium et alie secte quamplures adnichillabuntur. Tunc surget leo de
tavernis moncium et montana transcendet ac alium leonem interficiet. Bestia occi-
dentalis et leo orientalis totum mundum sibi subiugat. Et tunc erit pax in universo
orbe et copia fructuum et omnium rerum habundancia per XV annos." Oxford
„subiugabunt" sed corr.

wird von einer erneuten Phase der Rettung und des friedvollen Lebens.[267]
Die fünfzehnjährige Friedensperiode wird Wohlstand und Überfluß
bringen. Sie wird auch wesentlich die Situation des „Heiligen Landes"
allgemein und speziell die Jerusalems verändern. So werden etwa die
Bürgerschaften Judas wieder errichtet, während das heilige Herren-
grab in Jerusalem weltweite Verehrung finden wird.
Aber auch diese Wohlstand und Verehrung bringende Friedenszeit
darf die Menschen nicht dazu verleiten, die Mächte und Gewalten des
Bösen zu verkennen oder, sie verharmlosend, sich in Sicherheit vor
ihnen zu wiegen. Der Antichrist wird gerade jetzt erst – in dieser Zeit
der Ruhe und des Friedens – seine wunderbaren Siege und blenden-
den Erfolge feiern. Die biblische Mahnung gilt: „Beatus, *qui* tunc *viserit*;
non ledatur a morte perpetua."[268]
Durch die Erzählung dieser bereits von Matthaeus Parisiensis in seiner
Chronica maior geschilderten Vision[269] betont Quidort, daß das Kommen des Antichrist zwar mit Katastrophen, Kriegen und moralischen
Untergängen einhergeht, daß aber auch all diese Negativa als bloße
Vorboten des Antichrist auftreten können. Die Hoch-Zeit des Antichrist selbst vermag durchaus als eine Zeit des scheinbaren Friedens,
der Pseudo-Sicherheit und des Überflusses vorgestellt werden. Gerade
deshalb ist es ja so schwierig, zeitliche Vorgaben zu definieren. Selbst
wenn die Zeit des Antichrist gekommen ist, vermag kaum jemand
diese als solche zu entlarven, geschweige denn vorherzusagen.[270]

4.7.1.6 Pseudo-Methodius

Zum Schluß dieses ersten, auf Aussagen von heiligmäßigen Personen
prophetischen Geistes sich erstreckenden Untersuchungsfeldes kommt
Pseudo-Methodius oder, wie Johannes von Paris ihn nennt, Methodius
der Matyrer, ausgiebig zur Sprache. Der Ort wie die Breite der Darstellung zeigt von vornherein, daß Quidort innerhalb dieses ersten Abschnittes den Prophezeiungen des Methodius höchste Aufmerksamkeit
schenken und damit besonderes Gewicht zumessen will.

---

[267] Oxford, fol. 22 vb; cf. ed. Venedig 1518, fol. XLVII rb.

[268] Ebenda; cf. Apc 2,11.

[269] Matthaei Parisiensis Monachi Sancti Albani Chronica Majora. Ediert von Henry Richards Luard. 7 Bde, London 1872–1883, hier Bd. 3, 538 (= Rerum Britannicarum
Medii Aevi Scriptores 57); dazu auch Reeves 1969, 50, 525; Lerner, Robert E.: Medieval Prophecy and Religious Dissent. *Past and Present* 72 (1976) 3–24, hier 13.

[270] „Hec autem prophetia licet sit verificata in parte scilicet, quantum ad ea que predixit
de Tripoli, tamen quantum ad residuum / est obscura, quia dubium est quid significent nomina, et utrum vel alia omnia simul vel distanter vel in quanta distancia sint
futura." Oxford, fol. 22 vb–23 ra; cf. ed. Venedig 1518, fol. XLVII rb.

Gott habe, so der sich dabei ausdrücklich auf Hieronymus stützende Quidort, dem „Methodius Martir" etwas über die Zukunft und das Ende der Welt offenbart:

Am Ende der Zeit, im sechsten Jahrtausend der Weltgeschichte, werden die Söhne Ismaels die Wüste verlassen und allenthalben den Menschen maßloses Leid zufügen. Wegen der begangenen Sünden und Verbrechen übergibt Gott sämtliche Völker diesen Wüstensöhnen. Weil die Christen unaussprechliche Schandtaten vollbracht hätten, läßt Gott es zu, daß diese in die Gewalt der Sarazenen geraten, daß Kirchenbesitz und Kirchenschätze von ihnen zerstört, ja Kirchen selbst in Brand gesteckt werden.

Überdies habe Gott den Vater Ismael deswegen einen wilden Esel genannt, weil es sich hier nicht um Menschen handle, die zu einer Gruppe, zu einem bestimmten Volk gehören, also in sozialen Beziehungen leben, sondern um Menschen, die vereinsamt, weil den Mitmenschen hassend, existieren. Sie vernichten nicht nur Gebäude und Gegenstände, sondern töten auch Personen. An heiligen Stätten werden sie Priester umbringen und an geweihten Orten Frauen schänden, sich selbst aber und ihre Frauen mit priesterlicher Kleidung schmücken. Kurzum: Die Christen werden grausam verfolgt werden. Sich zu Christus zu bekennen, wird Mut und festen Glauben voraussetzen. Mitläufertum wird es nicht mehr geben.[271] Schließlich aber wird Gott sich derer erbarmen, die sich zu Christus bekannt haben. Diese wird er aus der Hand der Sarazenen befreien; und zwar dergestalt, daß der König der Christen sich aufmacht, diese zu bekriegen und sie mit dem Schwert zu töten. „Gott zahlt ihnen siebenfach heim, was sie anderen Böses getan haben."[272] Dann erst werde – in offensichtlicher Anspielung auf Matthäus 11,21 – der „Sohn des Verderbens", der Antichrist, in Chorazin in Erscheinung treten, in Bethsaida heranwachsen und in Kapharnaum regieren.

Johannes von Paris kommt es nicht darauf an, jetzt noch einmal die Frage nach dem Geburtsort des Antichrist zu erörtern. Diese Frage war Gegenstand des ersten Abschnitts des Traktates und wird in diesem Kontext nur noch en passant erwähnt. Jetzt führt er den „Martyrer" an, um seine bisher dargelegte Qualifizierung und Charkterisierung jener Zeit zu bestätigen wie zu vervollständigen, die das Kommen des Antichrist signalisiert. Dabei achtet er besonders auf eventuell formulierte Datierungen.

Und genau an diesem Punkt fragt Quidort nach. Er stellt unmittelbar nach der Darlegung der Prophezeiung die allgemein-kritische wie kri-

---

[271] Ebenda, fol. 23 ra; Rauh 1979, 149f.
[272] Oxford, fol. 23 ra–rb; cf. ed. Venedig 1518, fol. XLVII va.

tisch-nachrechnende Frage: Geht die Prophezeiung nicht von falschen Voraussetzungen aus? Muß sie nicht als überholt, ja eindeutig als falsch und verfehlt bezeichnet werden? Impliziert doch bekanntlich des Methodius Rechnung, daß von der Zeit Adams bzw. seines Sohnes Seth (Gn 4,25) bis zu dem Jahre, in dem Christus geboren wurden, bereits fünf- der insgesamt sechstausend Jahre vergangen seien: „[...] ab Adam ymo ab Seth [...] usque ad Christum computet fluxisse quinque millia annorum precise."[273]

Wenn aber, wie Quidort weiterhin überlegt, bis zu dem Tag, an dem er, Johannes von Paris, diese Zeilen schreibe, bereits eintausenddreihundert Jahre verstrichen seien, das Ende der Welt aber immer noch nicht hereingebrochen sei, hat dann nicht der Geschichtsverlauf selbst, allein durch sein zeitliches Fortwirken, der Prophezeiung des Methodius insgesamt Lügen gestraft?[274]

Hier nennt Johannes von Paris also unzweideutig das Entstehungsjahr seines Traktates *De antichristo*. Er führt dieses Datum als schlichtes, aber um so mehr überzeugendes, unwiderlegbares Argument dafür ins Feld, zumindest der Jahresberechnung des Methodius den Boden zu entziehen, damit indirekt zwar, aber deutlich genug die Frage suggerierend, ob nicht die gesamte Prophetie des „Märtyrers" auf schwankendem Fundament stehe und letztlich unglaubwürdig, zumindest aber mit äußerster Vorsicht zu betrachten sei.[275]

Der formulierte Einwurf hatte sicherlich seinen zeitgenössischen Hintergrund. Er läßt erkennen, daß die Prophezeiungen des Methodius im zur Neige gehenden Jahrhundert bereits von anderen angezweifelt, zumindest selektierend betrachtet wurden,[276] Quidort also hier lediglich – in scholastischer Manier – kritische Positionen benennt, die seinerzeit bereits kursierten. Er selbst sieht sich jedenfalls gezwungen, die Schärfe des Gegenarguments herauszustreichen und deutlich zu markieren. Erst im Anschluß daran gestattet er es sich, selbst Stellung zu der Prophezeiung und zu dem *argumentum* zu nehmen: seine Rede mit dem gerade aus der in Paris gepflegten quodlibetalen Disputationskunst bekannten *respondeo* einleitend.

Zunächst konzediert Quidort die Berechtigung des Einwands gegenüber Methodius. Mathematische Logik duldet keinen Widerspruch. Sodann aber bezweifelt er gleichsam das Axiom dieser Rechenoperation,

---

[273] Ebenda, fol. 23 va; cf. ed. Venedig 1518, fol. XLVII va.

[274] Ebenda: „Et sic secundum ipsum usque ad hunc annum millesimum trecentesimum quo ista scribo, ab incarnatione Domini fluxerunt sex millia trecenti anni; et tamen nondum credimus antichristum venisse."

[275] Ebenda.

[276] Petrus Comestor: Historia Scholastica, Liber Genesis, cap. 30 (PL 198, 1055–1722, hier 1080).

darauf hinweisend, daß Methodius bei seiner Kalkulation sich einerseits auf die vorchristliche Bibelübersetzung des Pentateuch ins Griechische, der sogenannten Septuaginta, andererseits aber auf den „die
hebräische Wahrheit" zu Wort bringenden Text stütze.[277]
Johannes von Paris führt also exegetisch-kritische Differenzierungen
ins Feld, nicht um den rechnerischen Grundansatz des Methodius zu
kritisieren, sondern um mit ihrer Hilfe die Kalkulationsmethode des
Martyrers zu verfeinern und so zu passableren Ergebnissen zu kommen. Seine textkritischen Bemühungen verraten dabei Verständnis für
jene Anstrengungen, die seinerzeit gerade im Dominikanerkonvent
Sankt Jakob zu Paris um den rechten Bibeltext angestellt wurden und
denen die ersten Bibel-Korrektorien zu danken sind. Das Argument
selbst, das Quidort hier so deutlich als seine Antwort auf die Frage
nach der Prophetie des Methodius herausstreicht, ist alles andere als
originell. Die textkritische Differenzierung findet sich bereits bei Petrus Comestor, der ebenfalls die Weissagungen des Methodius kritisch
reflekierte. Auch Augustinus ist zu nennen, der in Buch 15 von *De civitate Dei* (besonders cap. 10 und 15) deutlich genug auf „einige Differenzen" bei den Angaben über die Lebensdauer der Menschen in dem
hebräischen und „unserem Text" hinwies.
Doch während Augustinus diese Abweichungen für nicht sehr gravie-
rend und für die theologische Aussage insgesamt als belanglos betrachtet, weist Quidort darauf hin, daß entsprechend den Angaben
des hebräischen Bibeltextes und unter Beibehaltung der rechnerischen
Methode des Methodius das Ende der Welt erst im Jahre 1893 hereinbreche.[278]
Doch bleibt Johannes von Paris bei dieser korrigierenden Kalkulation
nicht stehen. Ihm schwebt eine weitere Überlegung vor, die sich noch
mehr mit dem Grundgedanken des Methodius anfreundet:
Ausgehend von Methodius' Ansicht, daß fünftausend Jahre von Adam
bzw. seinem Sohn Seth bis zum Geburtsjahr Christi verstrichen seien
und lediglich ein Rest von eintausend Jahren bleibe, fragt Quidort

---

[277] „[. . .] esset magnum inconveniens dicere quod imponendo quinque millia annorum
precise a Seth usque ad Christum sequatur LXXa interpretes, qui ponunt usque ad
Christum ab Adam quinque millia fere. Sed imponendo in sexto mundi millenario
antichristum fore, accipit secundum ebraycam veritatem, secundum cuius computationem usque ad Christum propter causas diversas sunt multo pauciores anni."
Ebenda, fol. 23 va (quod add. quod sed del.); cf. ed. Venedig 1518, fol. XLVII va. Bei
Petrus Comestor (PL 198, 1076) heißt es: „Et consonant in hoc Septuaginta, quae
dicunt Adam ducentorum triginta annorum esse cum genuit Seth, sed tamen in
Hebraico est centum et triginta."
[278] Oxford, fol. 23 va–vb; cf. ed. Venedig 1518, fol. XLVII vb: „Et sic anno domini
MºCCC completo / restant de VIº millenario VᶜLXXXXIII anni in quibus predicta de
antichristo evenire poterunt."

jetzt, ob nicht die Rede vom letzten Jahrtausend so zu verstehen sei, daß zwar noch mehr als tausend Jahre nach Christi Geburt folgen, daß aber dieses „Mehr" nicht noch einmal tausend Jahre ausmachen: Tausend aber nicht nochmals tausend Jahre! Doch das Prinzip, das Quidort in diesem Zusammenhang berücksichtigt wissen will, ist die in der Rhetorik und Stilistik nicht nur des Mittelalters, sondern bereits der römischen Antike bekannte und gepflegte *Synekdoche*.[279] Sie bezeichnet die quantitative, nicht die qualitative Metonymie, die bestimmte, nämlich die Quantität herausstreichende, also absichtsvolle Unbenennung des eigentlich Gemeinten in die Form des lediglich Angedeuteten. Überhaupt will Johannes von Paris seine Interpretation des Methodius offensichtlich durch eine breite, allgemein anerkannte Argumentation schützen. Jedenfalls betont er ausdrücklich, daß „kein Heiliger" von einem siebten Millennium spreche. Im Gegenteil: allenthalben sei die Rede lediglich von sechstausend Jahren.

Auch daraus zieht Quidort sogleich die Konsequenz für seine Gegenwart. Wenn nämlich, so seine *conclusio*, mit drei Jahrhunderten dieses sechste und letzte Millennium überschritten worden sei, so könne nach dem oben definierten Prinzip – secundum synecdocem – immerhin noch diese Zeit zu dem sechsten Millennium hinzugerechnet, dürfe keineswegs bereits als neues Jahrtausend ausgelegt werden.

Diese Überlegungen bilden die logische Konsequenz aus den Korrekturen des Johannes von Paris an der Kalkulation des Methodius. Die Korrekturübersicht demonstriert Quidorts Überschlagsrechnung.

Da hier ständig vom Jüngsten Gericht die Rede ist, muß mit der dem Endgericht vorgelagerten Geburt des Antichrist noch eher gerechnet und ein noch kürzerer Zeitraum als jener von zweihundert Jahren angegeben werden. „[. . .] et adhuc pauciores usque ad nativitatem antichristi."[280]

Diese – des Pariser Gelehrten Meinung nach – korrekt-korrigierte Kalkulation ist „autoritativ", d. h. sie wurde gewonnen aufgrund von Überlegungen, die namhafte Persönlichkeiten, *auctoritates*, anstellten: Methodius und „andere Heilige", wie Quidort formuliert. Johannes von Paris bemüht sich aber ausdrücklich und ausführlich, die Berechnung noch mit „rationalem Urteil" zu resümieren.

---

[279] „Et quia ultra Vᶜ annos est maior pars millenarii, cum secundum synodocem computando, maior pars ipsius tocius pro toto computetur in scriptura, si ultra VI millia annorum iam completa restarent plus quam Vᶜ anni, quorum IIIᶜ iam completi sunt, magis deberet vocari VII millenarius mundi quam fragmenta sive minucie VI millenarii." Oxford, fol. 23 vb, nur statt *completa complecta*; cf. ed. Venedig 1518, fol. XLVII vb.

[280] Ebenda fol. 24 ra; cf. ed. Venedig 1518, fol. XLVII vb.

4.7.1.7 Resümee oder: Prophetische Kalkulation und probates Kalkül

Die Suche nach dem rationalen Entscheid besteht selbst wiederum aus einer Reihe von diversen Argumentationselementen, die insgesamt die rationale Struktur und damit die Wahrscheinlichkeit und Glaubwürdigkeit, *probatio,* dessen unterstreichen sollen, was Johannes von Paris im interpretierenden und korrigierenden Blick auf das, was die genannten auctoritates als Kalkulation über die Frage nach dem Kommen des Antichrist, näherhin der *nativitas antichristi* zu artikulieren vermochten. Damit soll insgesamt die angestrengte Kalkulation rational gerechtfertigt werden.

KORREKTURÜBERSICHT	
Erste Kalkulationskorrektur anhand der „hebräischen Wahrheit"	
Ab Adam usque ad finem mundi:	6000 anni
Ab Adam usque ad incarnationem Domini:	– 4107 anni
Ergo: Ab incarnatione domini usque ad finem mundi:	= 1893 anni
Ergo: Anno Domini 1300 (1893–1300 = 593) restant:	*593 anni*
Zweite Kalkulationskorrektur anhand der Synekdoche	
Ab Adam usque ad finem mundi:	6000 anni
Ab Adam usque ad incarnationem Domini:	– 5000 anni
Ab incarnatione Domini usque ad finem mundi:	= *1000 anni* sed secundum synecdocem
Ab Adam usque ad finem mundi:	6000 anni + fragmenta
„Quia ultra VC annos est maior pars millenarii [. . .] magis deberent vocari VII millenarius mundi quam fragmenta [. . .] VI millenarii". Ergo:	Anno Domini 1300 non plus remanent *quam 200 annos* ad finem mundi.

Diese *persuasio rationabilis* bestehe zunächst in der Übereinstimmung der Rede von der sechstausend Jahre während Menschheitsgeschichte mit dem Genesisbericht des Alten Testamentes, genauer, mit der Erzählung von der Erschaffung der Welt. Gott hat alles in sechs Tagen erschaffen. Am siebten Tage aber ruhte er. Es scheint Quidort vernünftig zu sein, diese sechs Tage der Erschaffung mit den sechstausend Jahren der Weltgeschichte in Verbindung zu bringen. Dabei beruft sich Johannes von Paris – wie schon Arnald von Villanova – auf Augustinus. Dieser halte es in *De civitate Dei* immerhin für denkbar, daß hier 2 Petr 3,8 zur Anwendung kommt, daß also die Rede von dem einen Tag, der „vor dem Herrn wie tausend Jahre" sei, mit einigem Recht auf die Dauer der Weltgeschichte transferiert werden könne.[281]

Tatsächlich läßt aber Augustinus diese Ansicht nur bedingt zu. Keineswegs dürfe damit den Chiliasten das Wort geredet und der geistige Sinngehalt all dessen übersehen werde. Diese Mahnung des Bischofs von Hippo meint Quidort in seiner Kalkulation vor allem dadurch berücksichtigt zu haben, daß er nicht streng von tausend Jahren ausgeht, sondern diese Rede im Sinne der erwähnten Synekdoche verstanden wissen möchte. Die Sabbatruhe müsse überdies als die Teilhabe der Heiligen an der „unendlichen" Herrlichkeit Jesu interpretiert werden.[282]

Diesem biblisch-augustinischen Argumentationselement will Johannes von Paris noch ein weiteres hinzufügen. Es stammt aber nicht aus dem Bereich der theologischen Spekulation, sondern aus dem Feld der astronomisch-physikalischen Beobachtung:

„Huic autem prophetie beati Methodii predicto modo exposite tanto rationabillius asserendum est tamquam vere quanto ei attestatur probabilis et scientiffica probatio per viam astronomice et physice considerationis accepta, que certior est."[283]

Aber – keine unwichtige Beobachtung – Johannes von Paris zögert noch. So, als schrecke er selbst vor der Einbringung des astronomisch-physikalischen Befundes zurück, betont er noch einmal die Mehrdeutigkeit der biblischen Angabe und die Schwierigkeit der Exegese wie historiographischer Konklusionen. Es ist signifikant, wenn Johannes von Paris diesen Rekurs auf die *scientifica* noch einmal dadurch lang und breit begründet, ja rechtfertigt, daß er auf die widersprüchlichen biblischen Interpretationen und exegetischen Befunde hinweist, auf die diversen Zahlenangaben und die damit verbundenen Kalkulations-

---

[281] Ebenda.
[282] Augustinus: De civitate Dei 20, 7 (CCL 48, 710).
[283] Ebenda fol. 24 va; cf. ed. Venedig 1518, fol. XLVII ra.

abweichungen. Die Prophetie des „Methodius Martyr" werde möglicherweise nicht so sehr durch die kritische Relecture biblischer Texte und exegetischer Anstrengungen, sondern durch den Rekurs auf „naturwissenschaftliche" Ergebnisse bestätigt und ins hellere Licht des Berechenbaren gehoben.[284]

Es wird spürbar, wie sehr Quidort sich einerseits bemüht, die Theologie und ihren Wahrheits- und Wirklichkeitsbezug nicht abzuwerten oder gar in Frage zu stellen, andererseits aber die astronomisch-physikalische Wissenschaft bei der Suche nach der im Augenblick gesuchten rechten Antwort zuzulassen, ja ihr in diesem Falle sogar eine gewisse Prädominanz zuzuschreiben. Der Text belegt geradezu exemplarisch das allmählich stärker werdende Aufkommen und Ernstnehmen des empirisch arbeitenden mathematisch-naturwissenschaftlichen Denkens. Es exemplifiziert das Bemühen, theologisches und philosophisches Wahrheitsstreben mit dem anders begründeten und anders begründenden „praktisch-empirischen" sowie mathematisch-naturwissenschaftlichen Wissen der Zeit zu kombinieren: einzuspannen im Dienste der Forschung.[285] Die spätere Gelehrtenkritik an Johannes von Paris und seinen Überlegungen zum Kommen des Antichrist wird sich nicht zuletzt an dieser zumindest punktuellen Gleichberechtigung der Wissenschaften entzünden und Quidorts methodisches Procedere kritisch befragen, ja es generell problematisieren.

Die naturwissenschaftlichen, genauer: physikalisch-astronomischen Erwägungen, wie Johannes von Paris sie selbst nennt, werden verknüpft mit der prophetischen Aussage des Methodius, die er zuvor bereits mittels exegetischer wie traditionell-autoritativer Argumente korrigierend präzisiert hatte. Nunmehr wird ein Junktim von prophetischer Kalkulation und probatem Kalkül gebildet.

Die Astronomie gehe davon aus, so Quidort, daß bei Erschaffung der Welt die Himmelskörper ihre jeweils optimalsten Positionen innehatten. Die Sonne, als der größte und mächtigste Himmelskörper, stand zweifellos im Zentrum des Himmelszeltes, stand *in ariete,* im Sternbild Widder. Der Sonnenradius betrug 15 Grad. Die beiden Pole hielten zur Sonne gleichen Abstand. Das auf der Erde gelegene Paradies konnte sich dieses Platzes an der Sonne erfreuen. Lag es doch bei Erschaffung der Welt, „wie wir annehmen müssen", direkt unterhalb dieses Sonnenplatzes: stand also *sub ariete* sowie in der Erdenmitte. Als der

---

[284] Ebenda: „In tanta ergo diversitate videtur illa oppinio verior cui prohibet testimonium inquisitio astrologice considerationis que magis scientiffica est – hec autem est illa quam Methodius dicitur a spiritu sancto accepisse orando – quod sic patet."

[285] Wildiers, Max: Kosmologie in de westerse Cultuur. Historisch-kritisch essay. Kapellen/Kampen 1988, 97ff.

Mensch erschaffen wurde, herrschte im Paradies Tag- und Nacht-
gleichheit.[286]
Überdies fordert Quidort dazu auf, anzunehmen, daß die Sonne bei
der Erschaffung der Welt auf ihrem erdfernsten Punkt, dem Apogäum, stand, daß also das Apogäum und das Stehen der Sonne im
fünfzehnten Grad ineinsfallen; denn nur aufgrund dieses Sonnenein-
strahlungswinkels ließe sich erklären, warum im Paradies ein so wohl-
temperiertes Klima herrschte; wovon – den Aussagen der Bibel zufolge
– ja auszugehen sei.[287]
Schließlich nennt Johannes von Paris den Urheber dieses geozentrischen Weltbildes. Im *Almagest* des Ptolemäus könne man überdies lesen, daß selbst ein Fixstern, *stella fixa,* sich noch bewege, nämlich in
hundert Jahren um einen Grad. Ferner hätten Schüler des Ptolemäus
festgestellt, daß sich – entgegen, oder besser in Weiterentwicklung der
Theorie des Ptolemäus selbst – durch die Bewegung des Fixsternhim-
mels auch das Apogäum der Sonne verändere; und zwar ebenfalls um
einen Grad in hundert Jahren.[288]
Sofern also, wie Johannes von Paris weiter mit Ptolemäus supponieren
will, die größte Erdfernung der Sonne zur Zeit des genannten Gelehrten im sechsten Grad des Gestirns „Zwillinge" lag, können wir daraus
berechnen, wann die Welt tatsächlich erschaffen wurde und wie viele
Jahre seitdem bis zur Geburt Christi verstrichen sind;[289] können also

[286] „Quia supponimus stellas creatas in optima sui dispositione in principio mundi, et
ideo secundum astrologos per se regnum exaltatio et fortitudo solis sit in ariete precipue secundum maiores in XV gradu, supponamus solem ibi creatum. Non enim
videtur conveniencius alibi solem primitus collagari quam in medio tocius celi per
equidistanciam ab utroque polo; / dum paradisus terrestrix, ut supponimus, sit sub
ariete ad orientem et homo ibi in principio positus fuit sub equinociali quasi in medio
mundi, ut etiam dicit scriptura." Ebenda fol. 24 vb–25 ra; cf. ed. Venedig 1518, fol.
XLVIII ra.

[287] „Supponamus etiam augem solis fuisse in principio mundi in ariete in eodem gradu
cum sole ut scilicet calor solis ex rectitudine dyametri tantus mitigaretur ex maiori
distancia sui circuli a centro terre et efficeretur locus summe temperatus." Oxford,
fol. 25 ra nur *causatus* statt *tantus;* cf. ed. Venedig 1518, fol. XLVIII ra.

[288] Ebenda: „Supponamus etima cum Ptholomeo quod stella fixa movetur gradu uno id
est: centum annis. Et cum physicis qui Ptholomeum sequuti sunt, ponimus augem
moveri motu stelle fixe similiter gradu uno in centum annis, licet Ptholomeus posu-
erit augem solis immobilem, in quo alii ipsam corexerunt certis suppositionibus."

[289] „Supponamus etiam cum Ptholomeo in Almagesti quod aux solis in tempore suo fuit
in VI° gradu geminorum sicut ipse invenit. Ex istis ergo / arguitur de numero annorum a principio mundi usque ad Christum opinione[m] Methodii vera[m] esse; quia
si sol in creatione sua in principio mundi fuit cum auge sua in XV gradu arietis.
tanquam in sua per se fortitudine et exaltatione, ut dictum est, et stella fixa et aux
eius vel solis motu stelle fixe moventur in quibuslibet centum annis uno gradu, ut
dicit alia suppositio, oportet tot centenarios annorum a principio mundi fluxisse usque ad tempus Ptholomei, qui suo tempore augem solis invenit in sexto gradu geminorum, quot sunt gradus a XV gradu arietis usque ad sextum gradum geminorum,

feststellen, wie die prophetischen Angaben des Methodius tatsächlich zu interpretieren sind, vermögen wir seine prophetische Sprache zu dechiffrieren. Damit hat Johannes von Paris die Axiome seines Kalküls zusammen und vermag nun die Jahreszahl zu errechnen, die aufgrund jener Grade gewonnen wird, die die Sonne seit Erschaffung der Welt bis zu jener Zeit zurücklegte, in der Ptolemäus gelebt hat.

So stellt er insgesamt eine Sonnenbewegung von 51 Grad fest, dabei allerdings voraussetzend, daß der Leser weiß, wie er auf diese Zahl kommt: Offensichtlich gehörte die Kenntnis des Wechsels der Sternbilder und des jeweiligen Sonnenstandes spätestens seit Roger Bacon zum Allgemeinwissen seiner akademischen Leser;[290] denn Quidort addiert unausgesprochen die restlichen 15 Grade des im Sternbild Widder gewonnenen Sonnenstandes zu denen des im Sternbild des Stieres gewonnenen 30 Gradeinheiten und den genannten sechs der Zwillinge: 15 + 30 + 6 = 51. Erst aufgrund dieser stillschweigend vollzogenen Addition gewinnt er die erwähnten einundfünfzig Grade.

Sodann multipliziert er diese 51 mit den 100 Jahren und erhält somit die Zahl 5100, die er als jene Jahre setzt, die seit der Erschaffung der Welt bis zur Zeit des Ptolemäus vergangen seien. Da aber Ptolemäus seine Beobachtungen im Jahre 130 angestellt habe, so müsse diese Zeit von den 5100 Jahren wiederum abstrahiert werden, um auf die Zeit Christi zu kommen. Sein Ergebnis: viertausendneunhundertundsiebzig Jahre (5100 – 130 = 4970) oder mit den absichtsvollen Worten Johannes' von Paris ausgedrückt: 5000 Jahre weniger 30 Jahre:

„Fuit autem Ptholomeus post incarnationem 130 annis, qui si demantur de quinque milia centum remanent quinque milia exceptis triginta."[291]

Diese etwas umständlich-kompliziert klingende Ausdrucksweise ist durchaus mit Bedacht gewählt; denn der Rest von dreißig Jahren deutet auf die Lebenszeit Jesu Christi, genauer auf den Zeitraum vor seinem öffentlichen Auftreten hin. Diese Zeit müsse also ebenfalls in Rechnung gestellt werden, um schließlich konstatieren zu können, daß exakt in jenem weltgeschichtlichen Augenblick, als Christus Jesus auf Erden lebte, tatsächlich die Welt einen Bestand von fünftausend Jahren aufzuweisen hatte.[292]

---

scilicet LI, qui faciunt quinque milia centum annos." Ebenda, fol. 25 ra–rb; statt *opinionem* fälschlich *opinio,* statt veram fälschlich *vera,* statt *LI* fälschlich *XV;* cf. ed. Venedig, fol. XLVIII ra–rb.

[290] Johannes von Paris folgt hier Roger Bacon: Opus majus. Hrsg. von John Henry Bridges Bd 1, Frankfurt a. M. 1964, 192f. (= Oxford 1897).

[291] Oxford, fol. 25 rb; cf. ed. Venedig, fol. XLVIII rb.

[292] „[. . .] et sic quinque milia exceptis triginta fluxerunt usque ad Christi nativitatem et quinque milia precise usque ad eius baptismum seu publicam eius predicationem, ut dicitur per revelationem Methodius accepisse." Ebenda, fol. 25 rb–va. Überdies er-

Johannes von Paris zieht die conclusio. Von astrologisch-physikalischer Seite her werde damit die Prophetie des „Methodius Martir" in dem Sinne bestätigt, wie er, Quidort, sie oben artikuliert und interpretiert habe. Das naturwissenschaftlich-mathematische Denken wird ihm zum Advokat seiner Interpretationsbemühungen, ja liefert ihm allererst die probaten Belege für die Glaubwürdigkeit der vorgestellten Prophetie vom Ende der Welt.

Johannes von Paris betont, daß dieses per astrologicam inquisitionem gefundene Ergebnis im Dienste einer schwierigen Interpretationsfrage steht. Es darf weder das Interpretament noch die Interpretation der geistgewirkten Prophetie ersetzen oder gar aufheben. „Offenbarungs-gut" – Quidort spricht ausdrücklich von einer zumindest dem Metho-dius geschenkten revelatio – ist zunächst und zuerst geistvoll auszule-gen und kann erst im Blick auf diese Auslegung herangezogen, nicht aber unmittelbar und damit kurz- und fehlschlüssig auf den Inhalt der Offenbarung bezogen werden. Auslegungsweisen und Interpretations-erwägungen können bestätigt oder auch für „unwahrscheinlich" abge-lehnt werden, dürfen aber nicht mit der revelatio selbst verwechselt werden.[293]

Diese Dienstfunktion des astrologischen Kalküls konkretisiert Johannes von Paris im Blick auf das, was die genannten geistbegabten auctorita-tes auf die Frage nach dem Kommen des Antichrist antworteten. Kurz zusammengefaßt läßt sich dreierlei feststellen:
1. Bei aller Differenz en detail bestätigen die astrologischen Erwägun-gen en gros die in der Prophetie artikulierten Angaben. Insofern dür-fen die Offenbarungen nicht leichthin als erledigt angesehen werden.
2. Die Angaben über jenen Zeitraum, der seit der Erschaffung der Welt bis zur Inkarnation verstrichen ist, finden astrologische Bestäti-gung. Insofern dürfen auch die Zeitangaben in der Prophetie des Me-thodius nicht leichter Hand abgewiesen werden, die sich auf das Ende der Welt beziehen; auch wenn es oberflächlich so scheine, als ob der faktische Lauf der Weltgeschichte diese Angaben bereits widerlegt habe.

---

klärt sich daraus auch, wieso Johannes von Paris gerade das Jahr 130 nennt, in dem Claudius Ptolemäus (* um 100, † nach 160) seine Beobachtungen aufgezeichnet habe. Diese Jahreszahl ist nämlich in dieser Exaktheit keineswegs historisch gesichert, sondern paßt lediglich gut in den wohl kalkulierten „Rest-"Bestand von dreißig Jah-ren, den Quidort schließlich rechnerisch mit der Zeit Christi zu korrespondieren weiß.

[293] Ebenda, fol. 25 va; cf. ed. Venedig, fol. XLVIII rb.

DIE BERECHNUNG DES WELTALTER
von der Erschaffung der Welt bis zu Lebzeiten Christi aufgrund des Sonnenstandes und der Sternzeichen (nach Johannes von Paris, *Tract. de antichristo*)

I. Suppositiones:

1. Supponamus . . .

a) in principio stella in optima positione; ergo:	*solem ariete im XV gradu fuisse:*
b) in principio augem solis ariete in eodem gradu; ergo:	*augem solis cum sole fuisse in principio.*

2. Supponamus cum Ptholomeo . . .

c) quod stella fixa movetur	gradu uno in centum annis;
d) augem solis moveri motu stelle fixe similiter	gradu uno in centum annis;
e) quod augem solis fuit in VI^0	gradu geminorum anno domini 130

II. Caculi:

15 + 30 + 6 =	51
51 x 100 =	5.100
5100 – 130 =	4.970
4970 + 30 =	5.000

III. Conclusio: Sic 5000 anni fluxuerunt precise usque ad publicam eius (Christi) predicationem.

3. Weil aber das astrologische Kalkül insgesamt jene Interpretation der Offenbarung des Methodius bestätigt, die davon ausgeht, daß innerhalb des sechsten Jahrtausends der Antichrist kommen werde, muß diese Rede von dem sechsten Jahrtausend in dem Sinne der Synekdoche verstanden werden. Diese erlaubt zwar einen gewissen „Überhang" von Jahren, der aber auf keinen Fall größer als die Hälfte eines Jahrtausends sein darf.

Johannes von Paris artikuliert diese Kalkulationen zwar im Indikativ, ihre Konsequenzen für die Zukunft setzt er jedoch in den Konjunktiv, sie deutlich genug als Konvenienzgründe deklarierend. Es liegt auf der Hand, die bislang vorgebrachten Argumente zu erhärten, ja die Argumentation nicht nur formallogisch, sondern inhaltlich-konkret selbst voranzubringen. So wendet Johannes von Paris sich dem in der Kritik oft übersehenen Herz- und Kernstück seines Traktates zu: den durch biblische Offenbarung gelichteten Perspektiven seiner Frage nach dem Kommen des Antichrist.

4.7.2 Die Aussagen der Heiligen Schrift

Sogleich in der Einleitung dieses zweiten größeren Kapitels stellt Quidort fest, was er bereits zu Beginn dieses zweiten Hauptabschnittes konstatierte: daß die Aussagen der Heiligen Schrift keine genaue Auskunft darüber geben, zu welchem Zeitpunkt exakt der Antichrist kommen werde: „Ex scriptura vero canonica pauca determinatio / habetur de fine mundi quoad certum numerum annorum, hic enim habemus expressum quod prope est finis mundi."[294]

4.7.2.1 Das Ende ist nahe

Die positiv formulierte Version dieser *pauca determinatio* liegt in der Feststellung, daß das Ende der Welt „nahe" sei. Auffallend dabei ist zunächst, daß hier nicht, wenigstens nicht ausdrücklich, vom Kommen des Antichrist, sondern vom *finis mundi* die Rede ist. Tatsächlich wird sich Johannes von Paris bei seiner Eruierung der biblischen Antwort auf die Frage nach dem Kommen des Antichrist vornehmlich für diesen indirekten „Lösungsweg" entscheiden. Er wird seine traktatbeherrschende Frage schwerpunktmäßig durch die Konzentration auf die Frage nach dem Weltende und der Wiederkunft Christi am Ende der Zeiten zu beantworten suchen, ohne freilich zu verkennen, daß es sich hierbei um verschiedene Fragen handelt. Johannes von Paris war zu sehr theologisch geschult, als daß man ihm vorwerfen könne, er verwechsle oder identifiziere das Kommen des Antichrist mit dem Einbruch des Weltendes und der endgültigen Heimholung der Welt durch den Erlöser im Heiligen Geist zum Vater.[295]

Dafür ist es bezeichnend, daß er sogleich und zunächst neutestamentliche Stellen, vornehmlich Verse aus den Paulusbriefen und der Apokalypse anführt; und zwar in der Regel solche, die beide Elemente, apokalyptische Vision und eschatologisch-messianische Hoffnung, zum

---

[294] Oxford, fol. 25 va–vb; cf. ed. Venedig, fol. XLVIII rb.

[295] Mehrfach betont Johannes von Paris, daß es sich um zwei verschiedene, ganz und gar nicht zu identifizierende, ja letztlich nicht einmal vergleichbare Ereignisse handelt, daß aber dennoch das erstere das „letzte" ankündigt, ja geradezu pro-voziert.

Ausdruck bringen. 1 Kor 10 wird zitiert, eine Stelle, die ja gerade den messianisch-heilsgeschichtlichen Kontext umreißt. In diesem Kontext muß die Rede vom Antichrist und vom Weltende nicht als identische, sondern als differente apokalyptische Zeichen-Ereignisse verstanden werden, die trotz der damit verbundenen Bedrängnisse – ja gerade deswegen – die Treue Gottes (1 Kor 10,13) erweisen.[296] Auch die nämliche Stelle aus der Geheimen Offenbarung belegt ja in geradezu einzigartiger Weise dem bibelkundigen Leser, daß die hier angesprochenen Inaugurationsverse der Apokalypse nicht der Furcht vor dem Weltende, sondern der sehnsüchtigen Erwartung der bedrängten Christen nach der Wiederkunft Christi, des Erlösers, das Wort reden. Gerade das zitierte „Vorwort" der Apokalypse bringt den Charakter des gesamten Buches zum Ausdruck. Es will in Bedrängnis Trost spenden, den Blick auf Christus wenden und so „dem Leser und Hörer der prophetischen Worte und denen, die sich an das halten, was darin geschrieben steht" das himmlische Ziel vor Augen stellen.[297] Die endzeitlichen Schrecken können die Hoffnung auf Christus nicht ersticken, sondern allererst durch das Blutzeugnis besiegeln. „Denn die Zeit ist nahe!"[298]

Mit anderen Worten: das Kommen und Wüten des Antichrist ist Zeichen dafür, daß der rettende Gott ebenfalls nahe ist, Bestätigung auch dessen, was oben, in der Darlegung über das, was der Antichrist ist, bereits ausgeführt wurde: daß nicht der Antichrist siegen, sondern im Grunde bereits ein Besiegter ist.[299]

Damit zitiert Quidort klarerweise den einflußreichen Benediktiner, berühmten Exegeten und Homileten Haimo von Auxerre, der in seinem Apokalypsenkommentar nicht den Rache-Gott vorstellt, sondern gerade den angedeuteten Zusammenhang von antichristlicher Bedrohung und Bedrängnis und endgültiger Befreiung und Sieghaftigkeit Christi und jener, die zu Ihm gehören, tröstend verdeutlichen will.[300]

---

[296] Oxford, fol. 25 vb; cf. ed. Venedig, fol. XLVIII rb. „Sic enim iam dudum Apostolus predixit quod *nos sumus in quos fines seculorum devenerunt* Cor 10; et Johannes Apc 1 dicit: *apocalypsis Jhesu Christi quam dedit illi deus palam facere servis suis que oportet fieri cito.*" Der Autor des genannten Korintherbriefes schöpft die Hoffnung aus dem Glauben an den Auferstandenen, der all jene widerlegt, die Jesu Richter und Henker als die Stärkeren glaubten. Cf. I Cor 10; Apc 1,1.

[297] Apc 1,3: „Beatus, qui legit et audit verba prophetiae huius et servat ea, quae in ea scripta sunt: tempus enim prope est." Kretschmar 1985, 26–29; Rauh 1979, 72f.

[298] „[. . .] et intra ibidem: *Tempus enim prope est.*" Oxford, fol. 25 vb; cf. ed. Venedig, fol. XLVIII rb.

[299] „Felix qui observat quia observationis tempus non longas moras innectit et retributionis dies quodammodo in ianuis est." Ebenda.

[300] Haimo von Auxerre, Exp. in Apc 1 (PL 117, 942): „[. . .] quia et observationis tempus non longas moras innectit et retributionis dies quodammodo in ianuis consistit."

Nicht von ungefähr greift dabei Johannes von Paris auf das beeindruk-
kende und symbolträchtige Bild von der apokalyptischen Frau zurück,
die in Geburtswehen liegt und vor der doch das apokalyptische Tier
steht. Jedermann kannte selbstredend diese apokalyptische Stelle,
wußte auch um ihre ausgesprochene, aber nichtsdestoweniger deutliche Verschärfung und Zuspitzung dieser Vision mit dem tröstenden
Vergleich, den Joh 16,20–23, zieht, um seine Rede vom fruchtbaren
Leiden, vom Leiden, das nicht etwas Gutes zerstört, sondern etwas
Gutes hervorbringt, zu veranschaulichen.[301]
Allerdings glaubt Quidort den Zusammenhang von äußerster Bedro-
hung und Bedrängnis und rettender Hoffnung verzeitlichen zu dürfen.
Das antichristliche *tempus* ruft die Wiederkunft Christi auf den Plan.
Insofern setzt Quidort das Kommen des Antichrist unmittelbar vor
dem Kommen des Weltendes und der damit gegebenen Wiederkunft
des Erlösers und Erretters Jesu Christi in seiner „Kalkulation" an. Der
Blick auf die in der Apokalypse gebärende Frau sowie die intensive
Darstellung all der damit verbundenen Umstände scheinen ihm dazu
den entsprechenden doppelten Wegweis zu bieten: die aussageschwe-
ren, symbolisch-zentrierten Argumente für den sachlichen Zusammenhang von Antichrist und Weltende sowie das geeignete Zahlenmaterial
zur Berechnung des Zeitpunktes dieser korrespondierenden, aber nicht
identischen Ereignisse zu liefern.
Im Mittelpunkt der anschließenden Überlegungen steht zunächst Apokalypse 12: Der Drache stellt sich vor die Frau mit dem Kind, um es zu
töten. Doch ihr Kind wurde „zu Gott und zu seinem Thron" entrückt.[302]
„*Et draco,* id est, dyabolus, *stetit ante mulierem,* id est ecclesiam, / *que
erat paritura ut cum peperisset, filius eius devoraret. Et mulier peperit filium*
id est Christum, quem semel peperit in Virgine secundum car-
nem."[303]

---

[301] „Eine Frau, wenn sie gebiert, so hat sie Traurigkeit, denn ihre Stunde ist gekommen.
   Wenn sie aber das Kind geboren hat, denkt sie nicht mehr an die Angst um der
   Freude willen, daß der Mensch zur Welt geboren ist. So habt ihr jetzt Traurigkeit,
   aber ich will euch wiedersehen und euer Herz soll sich freuen, und eure Freude soll
   niemand von euch nehmen." Es sei hier bereits angemerkt, daß, wer diese Doppelspurigkeit der Rede Quidorts übersieht, nur auf das zwar vordergründige Bemühen
   um die rechte Berechnung des Kommens des Antichrist blickt, aber dabei klarerweise das hintergründig Eigentliche dieses Traktates verfehlt. Die Kritik Harclays
   etwa trifft nur bedingt die Aussagen und das Procedere Quidorts. Es ist gerade kenn-
   zeichnend für die Reflexionen Johannes' von Paris, daß sie immer wieder dichteste
   Aussagen über die Endzeit und das erwartete Kommen des Weltenrichters durchaus
   unterschwellig, aber keineswegs beiläufig, thematisieren.
[302] Apc 12,5.
[303] Oxford, fol. 25 vb–26 ra; cf. ed. Venedig 1518, fol. XLVIII rb.

Johannes von Paris interpretiert diese himmlische Szene in unausgesprochener und freier Anlehnung an die *glossa interlinearis* sowie an den Apokalypsenkommentar des Pseudo-Aquinaten.[304] Die gebärende Frau ist ihm zunächst die Kirche, der sie bedrohende Drache der Diabolus. Das Kind, das geboren wird, ist Christus und damit ist die diesen gebärende Frau die Jungfrau Maria. So wird die Frau der Apokalypse zunächst auf eine die Welt umspannende Gemeinschaft, auf die Korporation „Kirche" hin abstrahiert, dann aber sogleich wieder auf die Gottesgebärerin hin personifiziert, um im Blick auf die lebenden Gläubigen selbst gleichsam existential-ontologisch ausgelegt und also aktualisiert zu werden. Die Christus Gebärende hat das konkret getan, was jeder Gläubige spirituell-geistig, in seinem Innersten selbst, „in seinem Herzen", wie es heißt, und durch seinen Glauben vollziehen sollte: Christus in sich selbst hörend auf- und anzunehmen sowie ihn durch sein täglich-tätiges, „mannhaft"-kämpferisches Tugendleben und -streben in sich auszuformen, zu verlebendigen, eben zur Welt zu bringen: „et parit cotidie in cordibus auditorum per fidem *masculum,* nichil femineum habentem, sed fortem et virtuosum ad vicendum diabolum." Dabei gehe es darum, Christi liebend-gerechte Hirtenmacht weltweit zum Siege zu verhelfen: „*qui recturus erat omnes gentes in virga ferea,* id est inflexibili potentia vel iusticia misericordie tamen coniuncta."[305]

Für die damaligen Leser war klar, worauf Quidort hier anspielte: auf den königlich-päpstlichen Streit. Johannes von Paris stellt sich auf die Seite seines Königs und weist die zeitgenössische kirchenpolitische Positionen der kurialen Partei zurück: Christus ist aus der diabolischen Gefahrenzone gerissen und in den Himmel geführt worden. Er sitzt auf dem „Thron Gottes", seines Vaters. Die Frau aber, d. h. die Kirche, wie Quidort nochmals betont, steht ebenfalls „außerhalb" des politischen Weltgeschehens. Sie flieht in die „Einsamkeit der Wüste" und pflegt dort, abgeschieden von dem Getöse der Welt, das inwendige Gespräch mit Gott. Johannes von Paris läßt mit Blick auf das im Buch

---

[304] Pseudo-Thomas: Exp. I in Apocalypsim. In: Opera omnia 31, 1876, 614f.

[305] Oxford, fol. 26 ra; cf. ed. Venedig 1518, fol. XLVIII rb–va; bei Pseudo-Thomas: Exp. I in Apocalypsim. In: Opera omnia 31, 1876, 614f.): „In virga ferea quasi in potentia, vel justitia inflexibilis Dei misericordiae unita." Johannes fährt sodann mit Psalm 88(89),33 fort: *„Visitabo in virga iniquitates eorum; et in veriberibus peccata eorum. Misericordia autem meam non dispergam ab eo."* Anschließend wird sogleich Apc 12,5 zitiert und interpretiert: *„Et raptus est filius eius ad deum et ad thronum eius,"* In Ms Oxford fehlt der Apokalypsenvers. Dagegen ist sie in ed. Venedig 1518, fol. XLVIII va erwähnt. Die nachfolgende Erklärung weist darauf hin, daß die Handschrift Oxford diesen Vers nur versehentlich ausgelassen hat, da die nachfolgende Erklärung wieder anschließt: „id est Christus ascendit in celum ad equalitatem patris ut cum patre regnet et iudicet". Immer noch stützt sich Quidort unausgesprochen auf den Pseudo-Aquinaten.

Hosea angeführte Schicksal der treulosen Frau (Hos 21,16–18) keinen Zweifel darüber aufkommen, was das zu bedeuten hat: Die Kirche werde sich, den Lärm der Welt verachtend, der „Abgeschiedenheit des Geistes" zuwenden, werde den ihr von Gott bereiteten Platz einnehmen, einen Platz, an dem Gott sie nähren werde mit seinem Brote, dem der rechten Lehre und der heiligen Eucharistie.[306]
Daß diese deutlich spirituelle Sicht vom Sein der Kirche nicht bloße Zukunftsvision für eine bestimmte geschichtliche Phase am oder kurz vor dem Ende der Zeit sein darf, bringt Johannes von Paris sogleich durch die nächstfolgende Behauptung zu Wort. Sie stellt wiederum einen Rekurs auf das nämliche Apokalypsenkapitel dar und rückt in geschickter Weise die berechnende Frage nach dem Zeitpunkt des antichristlichen Kommens so in den Vordergrund, daß der zeitkritische Hintergrund scheinbar außer Sichtweite gerät, tatsächlich aber der Darstellung ihr spezifisches Kollorit gibt.
Seit Christi Himmelfahrt, das heißt, von dem Augenblick an, an dem der in der Ewigkeit des Vaters lebende und auf dem Throne sitzende Sohn, die Seinigen in saecula vornehmlich in der Verborgenheit der sakramentalen Formen begleitet, gehört es zur vornehmsten Aufgabe der Kirche sich „mit diesem Brot der doctrina und eucharistia vom Herrn begleiten und nähren zu lassen". Negativ formuliert heißt das, die Kirche habe sich also nicht auf weltlich Irdisches zu verlassen, son-

---

[306] „Et mulier, id est ecclesia, fugit in solitudinem, id est in mentis secretum, spreto mundi tumultu." „Et mulier" und „fugit in solitudinem" om. und „scripto" statt „spreto" in Oxford, fol. 26 ra. Hier also wieder eine offensichtliche Omission des bibl. Verses in der vergleichsweisen guten Hs. Oxford; cf. ed. Venedig 1518, fol. XLVIII va: „montis" statt „mentis". „[. . .] ut dicit glossa, ibi enim eam alloquitur deus, Osee 2: ducam eam in solitudinem et loquar ad cor eius ubi habebat locum paratum a deo ad quiescendum et non inmundo ubi est pressura, ut ibi pascant eam pane, scilicet doctrine et heucaristie diebus mille ducentis sexaginta, scilicet ab ascensione domini." Glossa ordinaria Bd. 4, Venedig 1603, 1707f. Dem mittelalterlichen Leser des Traktates war sicherlich präsent, daß Hosea in diesem zitierten zweiten Kapitel des nämlichen alttestamentlichen Buches in dramatischen Worten von der Untreue des Volkes Gottes gegenüber Jahwe spricht. Dabei wird Israel verglichen mit einer Ehefrau, die von ihrem Mann, Jahwe, der Buhlerei bezichtigt wird. Die Geschenke, „das Getreide, der Most und das kostbare Öl in Fülle und das Gold" erkennt die Treulose nicht als Liebesgaben ihres Mannes, sondern nimmt sie als Lohn seitens diverser Männer. Dieses Fremdgehen der eigenen Ehefrau, die Untreue Israels gegenüber Jahwe, wird von Quidort damit – biblisch eingekleidet, aber doch deutlich genug artikuliert – auf das Fehlverhalten der Kirche Christi übertragen. Allerdings: die erzieherischen Maßnahmen, die Jahwe trifft und die im vom Quidort zitierten Kapitel ausführlich geschildert werden, kündigen nicht die Liebe Gottes auf, sondern erneuern durch sie dank des großangelegten Versuchs, die treulose Ehefrau zurückzuführen, zu prüfen und sie schließlich mit der zärtlichen Liebe der Brautzeit wieder aufzunehmen. An dieser Stelle setzt das Zitat ein: Os 2,14: „propter hoc ecce ego lactabo eam, et ducam eam in solitudinem, et loqua ad cor eius".

dern – positiv – das Wort selbst zu hören und zu einem Glauben zu gelangen, der die „Doktrin", die kirchliche Lehre, das „Wort" und die „Eucharistie" kommuniziert und so Kirche als Braut präsentiert, die nicht „Baal", sondern dem Herrn „gehört" (Hosea 2,18). Die Logoshörigkeit hat also „seit Christi Himmelfahrt" der Kirche „Unterhalt" zu sein, der ihr von Gott „zwölfhundertsechzig Tage lang" gewährt wird, wie Quidort mit dem Seher vom Patmos formuliert.[307]

Damit schließt die Beschreibung dieses Visionsteils mit einer ersten Zeitangabe ab, einer Zeitangabe, die Johannes von Paris sofort als Jahreszahl zu interpretieren wagt: „Et ponitur ibi dies pro anno more scripture sicut solet dici: ‚Istud durabit per duo vel tria natalia vel paschata', id est per duos vel tres annos."[308]

Da Jesus mit zirka dreiunddreißig Jahren ans Kreuz geschlagen wurde und vierzig Tage zwischen Auferstehung und Himmelfahrt liegen, addiert Quidort großzügig ein weiteres Jahr. So ergibt sich folgende Rechnung:

$$34 \text{ Jahre} + 1260 \text{ Jahre} = 1294 \text{ Jahre.}^{309}$$

Bis zum Jahre 1294 wird die Kirche genährt mit dem Brot der Eucharistie. Die Feier der Eucharistie aber, so fährt Quidort fort, werde dann durch die Zeit des Antichrist aufgehoben: „Ab anno vero domini M°CC°LXXXXIIII tolletur dispositione usus sacramenti dicti et spiritualis refectio sacre doctrine; antichristo nondum presente et ecclesiam persequente, tamen iam nato et ad predicandum latenter se disponente."[310]

Dieser Argumentationsgang ist nur verständlich, wenn er mit Apc 12 in Verbindung gebracht wird, wenn man sich daran erinnert, daß die dort geschilderte dramatische Geburts- und Fluchtszene um eine weitere, jetzt ausgesprochene Kampfszene erweitert wird und insgesamt noch stärker in Bewegung gerät:[311]

---

[307] Oxford, fol. 26 ra. Apc 12,6; Reeves 1969, 59 macht darauf aufmerksam, daß bereits in pseudo-joachimitischen Schriften diese Jahreszahl addiert wird mit dem Lebensalter Jesu, genauer: mit seinem öffentlichen Auftreten. 1260 Jahre werden also häufig mit 30 Jahren addiert. Das Jahr 1290 kam in die Diskussion. Vgl. dazu die obigen Ausführungen über Joachim von Fiore bei Johannes von Paris.

[308] Oxford, fol. 26 rb. Dazu Ez 4,6: „diem pro anno, diem, inquam, pro anno, dedi tibi."

[309] Oxford, fol. 26 rb; cf. ed. Venedig 1518, fol. XLVIII va.

[310] Ebenda.

[311] Michael und seine Engel kämpfen jetzt mit dem Drachen und seinen Engeln und stürzen das gesamte Drachenheer schließlich auf die Erde. Der große Drache ist jetzt vollends entlarvt, sein Name wie seine „Funktion" werden bekannt: „Gestürzt wurde der große Drache, die alte Schlange, die den Namen Teufel und Satan trägt, der den ganzen Erdkreis verführt." Apc 12,9. Der im Himmel Besiegte führt seinen Kampf voller Wut und Zorn auf der Erde weiter, und zwar um so verbitterter, als er weiß, „daß er nur noch eine kurze Frist hat." Apc 12,12.

Der auf die Erde gestürzte Drache verfolgt die Frau, die ja in die Wüste geflüchtet war, um dort Unterhalt zu finden, 1260 Tage lang, wie es oben hieß, „eine Zeit und zwei Zeiten und eine halbe Zeit", wie es in Wiederaufnahme der Szene in Vers 14 heißt. Der Drache speit riesige Wassermengen hinter der Frau her, um sie zu ertränken; doch vergebens: Die Erde kommt der Frau zu Hilfe, öffnet sich, und der gewaltige Wasserstrom versandet. Der Drache vermag der zeitweilig in die Wüste geflüchteten Frau nichts anzutun, wird zornig und konzentriert seine Wut auf „die übrigen Kinder der Frau", kriegführend mit denen, „die Gottes Gebote erfüllen und festhalten am Zeugnis Jesu Christi. Und der Drache stellte sich auf am Strande des Meeres."[312]
Mit diesem unheilverheißenden Ausblick endet das zwölfte Kapitel der Apokalypse. Die Verfolgung der Frau in der Wüste durch den Drachen konkretisiert sich für Johannes von Paris u. a. in dem Versuch, der Frau, also der Kirche, ihren „Unterhalt" dadurch zu entziehen, daß sie nicht mehr das Heilige Brot zu sich nehmen darf. Der Kampf um das Altarsakrament gehört also für Quidort zum Zeichen dafür, daß der Antichrist geboren ist, der schließlich in seiner Hoch-Zeit alles daran setzen wird, die Eucharistiefeier abzuschaffen. Tatsächlich wird Johannes von Paris wenig später, im Jahre 1304/05, eine Determination „de modo existendi corporis Christi in sacramento altaris" vorlegen, in der er in kritischer Weise die kirchliche Eucharistielehre reflektierte.[313] Es ist bisher immer übersehen worden, daß gerade diese „Determination" in den Augen seines Verfassers als Reflexionsbeitrag im Kampf gegen den antichristlichen Versuch zu verstehen ist, der Kirche auf Dauer den wesentlich lebensnotwendigen, nämlich „eucharistischen Unterhalt" zu entziehen. Damit ist bislang das eigentliche Anliegen der Schrift überhaupt nicht in den Blick gekommen. Und schließlich: Was mußte es für Quidort bedeutet haben, wenn ihm ausgerechnet diese *determinatio* ein Untersuchungsverfahren mit anschließendem Lehrverbot einbrachte?! Er konnte es nur als Teilsieg des Antichrist verstehen, als Etappenerfolg des Gegners auf dem Weg zur völligen Abschaffung des Altarsakramentes.[314]

---

[312] Apc 12,18.

[313] Pattin 1977, 182–189, Edition: 190–206. Die Bezeichnung „Impanation" trifft nicht den Kerngedanken der von Quidort vorgestellten Überlegungen. Vielmehr geht es dem Autor dieses Traktates darum, den theologischen Gedanken der Konsubstantiation mit der Lehre von der Transsubstantiation korrespondieren zu lassen.

[314] Ausdrücklich sagt Johannes von Paris zu Beginn der Determination, daß es ihm darum zu tun sei, die wirklichwahre Gegenwart Christi im Altarssakrament denkerisch zu erfassen, diese Lehre zu retten und zu verteidigen. „Intendo defendere veram existentiam et realem corporis Christi in sacramento altaris et quod non est ibi solum sicut in signo [. . .]. Ut sic fides nostra de vera existentia corporis Christi in sacra-

Neben dieser inhaltlichen Bestimmung der Verfolgungszeit durch den
Antichrist behält Johannes von Paris aber stets die Frage nach der tem-
poralen Determination des Weltendes im Auge. Gerade die doppelte
„Zeitangabe" im von ihm zitierten zwölften Kapitel der Apokalypse
wird von Quidort in ihrer Parallelität ernstgenommen und – im unausgesprochenen Blick auf die Interpretation dieser angeblichen Zeitangaben durch Arnald von Villanova[315] – noch einmal, in einem zweiten
Kalkulationsversuch bedacht.

Jetzt versucht Quidort vom „Sitz im Leben", von der geschichtlichen
Situation des biblischen Schreibers, aus zu argumentieren und das
Weltende zu determinieren.[316] Dabei kommt ihm die im genannten
zwölften Kapitel artikulierte Scheidung entgegen, die einerseits zwischen dem himmlischen Gefecht und andererseits dem irdischen
Kampf differenziert. Dazwischen liegt der „Himmelssturz" des Drachens, der nunmehr – im Himmel bereits ein Besiegter – auf Erden
seine Verfolgung der Frau (der Kirche) fortsetzt. Das Meer ist das
Mare Nostrum der Römer, Kaiser Domitian (81–96) jener Exponat gott-
feindlicher Weltmacht, der den Caesarenkult auf die Spitze trieb und
unter dessen Regime die sogenannte zweite Christenverfolgung stattgefunden haben soll.[317] Entsprechend den meisten seiner Zeitgenossen
setzt Johannes von Paris die Regierungszeit Domitians im Jahre 83 an,
geht ferner davon aus, daß anno 96 der Schreiber der Apokalypse auf

mento altaris possit pluribus modis salvari et defendi." Ed. Pattin 1977, 190. Neben-
bei sei ebenfalls bemerkt, daß die Argumentationsstruktur der von Johannes von Paris hier vorgelegten Konsubstantiationslehre jener entspricht, die er in seiner kirchen-
politischen Schrift „Über königliche und päpstliche Gewalt" artikuliert. Die Art und
Weise des Neben- und Miteinanders von „Staat" und „Kirche" korrespondiert dem
Miteinander von wahrer und wirklicher Existenz des Leibes Christi im Sakrament des
Altares. Ich hoffe, diesen Zusammenhang demnächst ausführlich darstellen zu können.

[315] Dazu Arnald von Villanova: Tractatus de tempore adventus antichristi, Vat. lat. 3824
fol. 61 rb–va.

[316] „Vel si intelligat Johannes istos annos currere a tempore prolate prophetie scilicet a
tempore quo fuit in Pathmos insula, tunc notat annum ab incarnatione domini M⁰ III^c
LVI quia Domicianus imperare cepit anno domini LXXXIII et imperii sui anno XIII
missus est ab eo / Johannes in Pathmos insulam, ubi eodem anno Apocalipsim scripsit, ut dicit Eusebius, et sic anno ab incarnatione domini LXXXXVI facta est revelatio
ista Johanni." Oxford, fol. 26 rb–va; cf. ed. Venedig 1518, fol. XLVIII va.

[317] Domitian ließ sich *dominus et deus* nennen. Er war der „hoch über allen Untertanen
thronende absolute Kaiser". Bengtson, Hermann: Römische Geschichte. Republik
und Kaiserzeit bis 284 n. Chr. München 1973, 281. Der Clemensbrief spricht von der
Bedrückung der Christen in der domitianischen Zeit, aber eben auch die Johannes-
apokalypse. „Das Werk verleugnet nicht seinen geschichtlichen Anlaß. Die Paränese
richtet sich gegen gewisse Häretiker; die Schilderung des Antichrist lebt aus der Erfahrung der domitianischen Christenverfolgung: nach Patmos verbannt, schrieb Johannes um das Jahr 95/96 seine Visionen nieder." Rauh 1979, 73.

die Insel Pathmos verbannt wurde, und stellt schließlich eine Rechnung auf, die impliziert, daß seit diesen Zwangsmaßnahmen Domitians im Jahre 96 der Drachen seinen 1260 Jahre währenden Kampf auf der Erde führt. So vermag Quidort folgende Alternativkalkulation aufstellen: 96 Jahre + 1260 Jahre = 1356 Jahre.

Aufgrund der Zahlenangaben im zwölften Kapitel der Apokalypse können also zwei Jahreszahlen genannt werden, die für das Kommen des Antichrist relevant sein dürften: das Jahr 1294 und das Jahr 1356.

Doch Johannes von Paris zieht noch eine weitere Apokalypsenstelle in Betracht, die ihm ebenfalls wieder jenen doppelten Blick gewährt, der ihm neben der Bestimmung des Zahlen- und Kalkulationsmaterials auch die Qualifizierung der antichristlichen Zeit deutlicher zu Gesicht bringt.

Dazu rekurriert Johannes auf das im Mittelalter berühmte zwanzigste Kapitel der Geheimen Offenbarung.[318] Kurz zuvor ist die Rede von jenen göttlichen Strafmaßnahmen, die nicht nur „das Tier" treffen werden, sondern auch all die „Könige der Erde und ihre Heere", die versammelt waren, „um Krieg zu führen mit dem, der auf dem Rosse sitzt" (Apc 19,19). Alle, die das Malzeichen des Tieres angenommen hatten, werden getötet. Der Drache aber, die alte Schlange, „die der Teufel und der Satan ist", wird für tausend Jahre in Fesseln gelegt und in den Abgrund geworfen, und zwar, wie es jetzt in dem zur Reflexion anstehenden zwanzigsten Kapitel heißt, durch einen vom Himmel herabsteigenden und die „Schlüssel des Abgrunds" sowie eine „große Kette" in Händen haltenden Engel. Nach den tausend Jahren müsse „der Satan" allerdings „für kurze Zeit" losgelassen werden. Dann aber ist sofort die Rede vom Weltgericht: *„Et vidi sedes et sederunt super eas et iudicium datum est illis."*[319]

Johannes von Paris interpretiert diese Textstelle in durchaus traditioneller Weise. Dennoch darf nicht übersehen werden, daß er seine untersuchende Auslegung einbettet in einen spezifischen Gesamtzusammenhang, der allererst seine eigentliche Aussageintention erkennen läßt.

Resümierend wiedergegeben, konstatiert Quidort dreierlei:
1. Apc 20,1–4 bringt die Gefangennahme des Teufels durch die Erlösungstat Jesu Christi zu Wort, während die kurze Zeit der Befreiung des Satans sich auf die Verfolgung des Antichrist bezieht.

---

[318] „Est et alius locus ibidem XXᵒ capitulo, ubi videtur determinari tempus sive numerus annorum usque ad antichristum." Ebenda, nur statt „sive" fälschlich „sui"; ed. Venedig 1518, fol. XLVIII va. Dazu allg. Rauh 1979, 89ff.; Emmerson 1984, 22ff.
[319] Ebenda fol. 26 vb.

2. Der *terminus a quo* der Gefangennahme der „alten Schlange" kann nicht näher bestimmt werden; der *terminus ad quem* ist der Beginn der diabolischen Aktivitäten des Antichrist für eine „kurze Zeit".
3. Die Zeit der antichristlichen Verfolgung, die die Zeit der Befreiung des Diabolus ist, wird deswegen „kurz" sein, weil sie nur drei und ein halbes Jahr dauern wird; eine Zeitangabe, über die Johannes von Paris bereits ausführlich reflektierte und die seine interpretatorische Nähe zu Augustinus verrät.[320] Die Verfolgungszeit des Antichrist findet ihr jähes Ende durch den Einbruch des Jüngsten Gerichts.

Überhaupt scheint Johannes von Paris bei dieser trimorphen Feststellung vornehmlich auf den Bischof von Hippo und damit auf eine seinerzeit weitverbreitete exegetische Ansicht zu rekurrieren. Was ihm jedoch zum Problem wird, ist die Bestimmung des *terminus a quo* der Gefangennahme des Satans. Das Erlösungswerk Jesu Christi beginnt zwar mit der Inkarnation des Logos, aber dieses muß nicht bedeuten, daß auch die Gefangennahme des Satans damit zugleich gesetzt worden wäre. Auffällig ist jedenfalls, daß Quidort Gründe genug anführt, um Verständnis dafür zu wecken, daß die Inkarnation des Sohnes nicht unbedingt mit dem Jahr koinzidiert, in dem der Satan gebunden wurde. Sofern überdies das sechste Weltjahrtausend mit dem Jahrtausend der Satansbindung identifiziert werde, muß wiederum das in Erinnerung gerufen werden, was bereits zu den Interpretationsvarianten der Rede Pseudo-Methodius' zur Sprache kam: auch hier sei keine zeitliche, auf das Jahr genaue Parallelität festzumachen.[321]

Damit greift Quidort auf eine Interpretation zurück, die ihm für die anschließenden Überlegungen mehr Kalkulationsraum verschafft und ihm die Gelegenheit bietet, den Zeitpunkt der Beendigung der tausend Jahre hinauszuzögern. Insgesamt spricht er dabei jener Interpretationsvariante das Wort, die Augustinus in *De civitate Dei* 20,7 anführt. Danach bezeichnet der Seher von Patmos den „letzten Teil dieses Jahrtausendtages, d. i. den damals bis zum Weltende noch übrigen Teil, als tausend Jahre".[322]

Überhaupt macht Johannes von Paris deutlich, daß das Verständnis der Rede von den tausend Jahren alles andere als einheitlich sei.

---

[320] „In hiis verbis ostenditur ligatio dyaboli a passione Christi et solutio tempore persequtionis antichristi, quod erit breve, quia tribus annis et dimidio tantum durabit. Ostenditur etiam ibi ordo sequentis iudicii: Quod autem draco dicitur ligatus annis mille et quod cum finiti fuerint solvetur sathanas." Ebenda.

[321] Ebenda.

[322] Augustinus, De civitate Dei, 20, 7 (CCL 48, 711); dazu auch den Apokalypsenkommentar des Pseudo-Aquinaten: Expositio I. in apocalypsim, cap. 20,1–4. In: Opera omnia 32, 1879, 54–59.

In deutlicher, aber unausgesprochener Parallele zu den diversen Stellungnahmen der Prophezeiungen des „Methodius Martir" nennt Quidort wiederum die Position derer, die (unpersönlich *aliqui* genannt) die Rede von den tausend Jahren schon allein deswegen nicht akzeptieren, weil mittlerweile – aufgrund des blanken Geschichtsverlaufs – bereits mehr als tausend Jahre nach der Passion Christi vergangen seien, und zwar ohne daß der Antichrist seine Hoch-Zeit gefeiert hat. Aber diese *aliqui* akzeptierten, so Quidort weiter, durchaus die Ansicht, daß dann das Millennium beendet sei, sobald der Antichrist geboren oder, genauer gesagt, öffentlich auftreten und agieren werde. Ebenfalls nicht von der Hand zu weisen, sei die von Augustinus in bestimmter Hinsicht tolerierte, ja einst akzeptierte Ansicht, daß damit das Ende des sechsten Jahrtausends angezeigt und das siebte, das des Sabbats und der Ruhe, angekündigt werde.[323] Wenn Quidort in diesem Zusammenhang wiederum, wie in der Diskussion um die Weissagung des Pseudo-Methodius und mit unausgesprochenem Rekurs auf Augustinus, den Unterschied zwischen den Zahlenangaben der Septuaginta und der „hebräischen Bibel" in aller Ausführlichkeit darlegt,[324] dann nur, um folgendes noch einmal zu unterstreichen: Selbst unter der Bedingung, daß die im zwanzigsten Kapitel der Apokalypse angeführte Rede von den tausend Jahren wörtlich zu nehmen sei, ist nicht festzustellen, von welchem Zeitpunkt an dieses Millennium genau gerechnet werden muß. Es ist daher unmöglich, dessen Ende und damit das Kommen des Antichrist zu bestimmen.

---

[323] „Accipiunt aliqui non postquam finiti fuerint mille anni a passione domini, quod tunc sathanas solvatur, sic enim precise accipiendo experimur esse falsum. Sed, ut dicunt, in anno terminante aliquem milenarium solvetur sathanas per antichristi nativitatem vel magis per eius apertam predicationem et persequutionem. Sed in hoc diversimode dicitur a diversis quia chiliaste quorum oppinionem in quodam corectam aliquando / tenuit Augustinus et tollerabillem iudicat anotaverunt finem sexti millenarii, ut in VII° sit Sabatismus et requies." Oxford, fol. 26 vb–27 ra; zu Pseudo-Methodius s. o. das nämliche Kap.; Augustinus, De civitate Dei, 20, 13 (CCL 48, 721–723).

[324] „Et hoc verificari non potest secundum LXXª, qui ponunt ab initio mundi ultra sex millia annorum iam dudum fluxisse; sed verificari potest secundum ebraycam veritatem, que minorem summam ponit annorum. Et quia sunt diverse differencie collectionis annorum ab initio mundi usque ad Christum secundum hebraycam veritatem cum expositione sanctorum; ideo annus terminalis millenarii VI, qui notatur et suspectus habetur, diversus esse potest ab incarnatione Domini". Oxford, fol. 27 ra; dazu die o. Ausführungen zu Pseudo-Methodius; Augustinus, De civitate Dei, 15,9; 10; 15; Roger Bacon: Opus maius. Pars Quarta: Mathematicae in divinis utilitas (in: The „Opus Maius" of Roger Bacon. Ediert von John Henry Bridges. Bd. 1, Frankfurt a. M. 1964, 175–238, bes. 197ff. [= Oxford 1897]); Poole, Reginald L.: Medieval Reckonings of Time. London 1918; Bodmann 1992, 31–55, bes. 45.

Aber damit gibt sich Johannes von Paris nicht zufrieden. Neben dem Rekurs auf die Apokalypse, kommt er auf das Buch Daniel zu sprechen.

4.7.2.2 Der Antichrist kommt

Quidorts exegetischer Befund ist trotz allem eindeutig: Der Antichrist kommt! Um die Frage zu beantworten, wann der Antichrist kommt, mehr noch, um zu fragen, ob die Frage legitim, d. h. bibel-theologisch gerechtfertigt erscheint, greift Johannes jenes Argument auf, das bereits Arnald von Villanova der Pariser Gelehrtenwelt (aber nicht nur dieser!) ausführlich darlegte.[325] Ohne den berühmt-berüchtigten Arzt zu nennen, führt Quidort jene alttestamentlichen Verse an, die im Antichristtraktat des Arnald eine erhebliche Rolle spielten: Daniel 8,13–14. Seine ihn dabei leitende Frage ist, ob nicht aufgrund dieser Bibelstelle jene antichristliche Zeit genauer definiert wird, die mittels der vorgenannten Kapitel aus der Geheimen Offenbarung des Johannes nicht eruiert werden konnten. Methodisch formuliert, versucht Johannes von Paris an diesem Punkt seiner Erörterung die neutestamentliche Schau mit der alttestamentlichen Vision zu kombinieren und beide korrelativ und vice versa zu interpretieren. Dabei beginnt er narrativ:

4.7.2.2.1 Daniel 8,13–14

„Dicitur enim Daniel VIII quod dixit unus sanctus /: *Usquequo visio et iuge sacrificium et peccatum desolationis que facta est et sanctuarium et fortitudo conculcabitur? Et dixit ei angelus alius, scilicet, cui loquebatur: usque ad vesperam et mane, dies duo milia trecenti; et emundabitur sanctuarium.* Et cum Daniel non intelliget visionem, apparuit ei angelus et exposuit, dicens: *Intellige, fili hominis, quoniam in tempore finis complebitur visio.* Et infra eodem capitulo: *Ego ostendam tibi que futura sunt in novissimo maledictionis.*"[326]

Diese Nacherzählung alttestamentlicher Vision wird abgelöst durch eine pointierte Interpretation, die Quidort aber nicht in eigener Person, sondern als Wiedergabe fremder Position vornimmt:

Durch die Exposition des Engels erhelle sich für manche (aliqui) der endzeitliche Bezug dieser Danielstelle. Für sie sei hier klarerweise vom Weltende und von der Vollendung der Welt (tempus finale et consummatio mundi) die Rede. Unter „Abend" (Dn 8,14) verstehen sie den Untergang dieser Weltzeit, unter „Morgen" den Beginn der künftigen

---

[325] Arnald von Villanova: De tempore adventus antichristi. Vat. lat. 3824, fol. 59 ra–vb; 73 ra–vb.

[326] Oxford, fol. 27 ra–rb. Dn 8,13–14; 8,17; 8,19.

(neuen) Welt.[327] Die 2300 Tage müßten – entsprechend üblicher biblischer Rede – 2300 Jahre bezeichnen. Diese bestimmen wiederum den Zeitraum, der sich von der genannten Vision bis zum Ende der Welt erstrecke. Genau an dieser Stelle erhebt Quidort aber dann seinen kritischen, auf Arnald von Villanova abzielenden Einwurf: „Sed nescio per quem modum concludere volunt finem mundi includi infra sequentem centenarium, qui est quartus centenarius post mille ab incarnatione domini"; denn genau das hat ja, wie wir wissen, Arnald behauptet.[328] Die genannte Schwierigkeit ergibt sich für Johannes von Paris wiederum aus dem *terminus a quo* dieser 2300 Jahre. Die obige Kalkulation geht fraglos davon aus, daß Daniel im Jahre 900 vor Christi Geburt die genannten Visionen bekam. Doch diese Jahreszahl, so führt Quidort in exegetischer Manier aus, ist höchst fraglich und unsicher. Kam doch diese Vision dem Daniel „im dritten Regierungsjahr des Königs Belsazar" von Babylonien (Dn 8,1), der, wie wir heute wissen, tatsächlich aber niemals den Titel „König" innehatte und ebenfalls nicht, wie der biblische Text behauptet, der Sohn Nebukadnezars (Dn 5,2), sondern des Nabonid war. Ihm folgte Darius (Dn 6,1), der den Historikern aber unbekannt ist und, wie Johannes von Paris formuliert, seine Herrschaft „im ersten Regierungsjahr des Perserkönigs Cyrus" antrat.[329] Johannes von Paris folgt der vielfältigen exegetischen Tradition, namentlich der des Hieronymus, und stellt schließlich fest, daß es unmöglich sei, hier genaue Daten zu eruieren. Insofern sei die vorgestellte Rechnung alles andere als sicher.[330]

Trotz dieser Feststellung stellt Quidort sich dem von Arnald aufgeworfenen Rechenproblem, gleichzeitig auf andere Ansichten und Autoritäten verweisend: auf Hieronymus, Africanus, auf Josephus und Beda Venerabilis.[331] Sie behaupten, Daniel habe diese Visionen im Jahre 559

---

[327] Ebenda. fol. 27 rb: „Ex quibus apparet dictam visionem pertinere ad tempus finale et consumationem mundi." Cf. *Glossa interlinearis* zu Dn 9,19, Bd. 4, Venedig 1603, 1615–1618, 1620–1622.

[328] Ebenda.; dazu Arnald von Villanova: De tempore adventus antichristi. Vat. lat. 3824, fol 61 ra: „usque ad vespere id est finem temporis vel seculi huius et mane id est inicium eternitatis vel alterius seculi."

[329] Oxford, fol. 27 rb; zum exegetischen Befund mit konzentriertem Blick auf die Antichristproblematik Rauh, 1979, 31–40 [mit Lit.]. Auch Smalley 1952, 291f.; dies.: The Bible in the Medieval Schools. In: The Cambridge History of the Bible. The West from the Fathers to the Reformation. Hrsg. von G. W. H. Lampe. Cambridge/New York/New Rochelle/Melbourne/Sydney 1969, 197–220.

[330] Oxford, fol. 27 rb–va; Hieronymus: Commentariorum in Danielem liber. Kommentar zu 8,1; 5,1; 6,1; 9,24–27 (PL 25, 535, 518; 522–23, 542ff.).

[331] „Amplius probabilior opinio est secundum Jeronymum Africanum, Josephum et Bedam, quod a primo anno Ciry usque ad Christum natum fluxerunt anni V^c LVIIII, quibus si addantur M^oIII^c, quia ab incarnatione domini fluxerunt usque ad presentem diem / inclusive, erunt MVIII^c LVIIII, quibus desunt de II^M III^tis annis IIII^c XLI anni

vor Christi bekommen. Sofern diese Jahre mit jenen Jahren addiert werden, die seit der Inkarnation des Logos verstrichen seien, also mit 1300 Jahren, und dieses Ergebnis wiederum von jener bei Daniel genannten Jahreszahl subtrahiert, schließlich aber mit dem gegenwärtigen Jahr 1300 addiert werde, käme man auf jenes Jahr, in dem sich das visonenhaft geschaute Ende der Welt ereignete. Johannes von Paris erlaubt sich also, folgende Kalkulation vorzustellen:

a) 559 Jahre + 1300 Jahre = 1859 Jahre (Jahre, die seit der Vision Daniels verflossen sind);

b) 2300 Jahre – 1859 Jahre = 441 Jahre (Jahre, die noch fließen, bis das „Heilige wieder hergestellt ist", Dn 8,14);

c) 1300 Jahre + 441 Jahre = 1741 Jahre.

Nach dieser „wahrscheinlicheren Rechnung" müßte also im Jahre 1741 das Ende der Welt hereinbrechen. Das heißt, „das Heilige müßte gereinigt werden" (Dn 8,14). Nach dieser Kalkulation könnten aber unmöglich diejenigen recht haben, die das Kommen des Antichrist oder gar das Ende der Welt für die nächsten oder übernächsten hundert Jahre vorhersagten. Es ist klar, daß hier Quidort vor allem Arnalds These im Auge hatte und sie damit als unwahrscheinlich, weil von falscher Kalkulationsgrundlage ausgehend, (ab-)qualifizierte.

Doch noch passabler, d. h. der Wahrheit entsprechender, scheint Johannes von Paris jene allgemein verbreitete Interpretation zu sein, die

usque ad finem mundi. Constat autem parum temporis esse ab antichristo usque ad finem mundi. Igitur secundum predictam expressionem vel considerationem, impossibile est finem mundi vel antichristum includi infra sequentem centenarium vel ducentenarium." Oxford, fol. 27 va–vb. Allerdings fehlerhaft: „probabillior", „oppinio", „Affricanum", „usque a presentem", „de VIIᴹ IIIᶜ XLI". Hieronymus: Commentariorum in Danielem liber, cap. 9 (PL 25, 542). Sextus Julius Africanus († nach 240) stammte nicht aus Afrika, wie angenommen, sondern aus Jerusalem. Seine Weltchronik bis 227 (221?) umfaßte fünf Bücher. Sie wurde von Eusebius und anderen viel benutzt, ist aber nur fragmentarisch erhalten. Seiner Rechnung nach wurde aber Christus im Jahre 5500 nach Erschaffung der Welt geboren. Nur noch 500 Jahre würden nach der Inkarnation verstreichen, bis die sechste Weltwoche durch den Anbruch des 1000jährigen Reiches abgeschlossen werde. Altaner, Berthold/Stuiber, Alfred: Patrologie. Leben, Schriften und Lehre der Kirchenväter. Freiburg/Basel/ Wien 1980, 209f.; die von Quidort erwähnte Zahl 559 ist bei dem jüdischen Geschichtsschreiber Flavius Josephus († nach 100) zu finden. In seinen Antiquitates Iudaicae, Bücher 12–20, berichtet er von der persischen bis zur römischen Herrschaft über Juda: 248 Jahre (persische Herrschaft) plus 148 Jahre (bis zu den Makkabäerkämpfen unter Mattatias) plus 126 Jahre (bis zum jüdischen König Antigonus) plus 37 Jahre (bis zur Geburt Jesu Christi) ergeben 559 Jahre (Vision Daniels). Clark 1986, 182f. Beda Venerabilis: De temporis ratione., cap. IX: De hebdomadibus septuaginta propheticis (PL 90, 333–338, CCL 123 b, 304–310), aus dessen Rationes folgende Kalkulation ebenfalls 559 Jahre ergibt: 49 Jahre (vom ersten Jahr der Regierung des Kyros bis zum ersten Jahr der Herrschaft des Artaxerxes I.) plus 20 Jahre (bis zur Zerstörung des Tempels) plus 490 Jahre bis zur Geburt Christi.

davon ausgeht, daß sich die Worte der vorgenannten Danielvision auf
Antiochus IV. Epiphanes (175-164) beziehen. Aktueller Hintergrund
der prophetischen Rede Daniels sei also, modern gesprochen, jene hel-
lenistische Expansionspolitik gewesen, die sich des Orients bemäch-
tigte, genauer: jener gigantische Herrschaftsbereich, der sich einst von
der Ägäis bis zum Hindukusch erstreckte und von der makedonischen
Dynastie der Seleukiden regiert wurde. Palästina war dabei wieder einmal Zankapfel der Mächtigen, jener, die in Kleinasien herrschten, also
der Seleukiden, und derer, die in Ägypten und deren Anrainergebie-
ten das Wort und das Schwert führten, der Ptolemäer.[332] Als Antiochus IV. im Jahre 169 auf seiner Rückkehr von einem Feldzug gegen
Ägypten nach Jerusalem kam und zur Aufbesserung seiner Staatsfinanzen sich an dem Tempelschatz bereicherte, kam es in Jerusalem zu
erbittertem Aufstand, der sich vornehmlich gegen die hellenenfreund-
liche Partei im eigenen Lande wendete. Indem Antiochus aber noch
härtere Gegen- und Strafmaßnahmen ergriff und rigoros eine Politik
verfolgte, die nicht nur den Widerstand brechen, sondern den JHWH-
Glauben selbst ausrotten sollte, hatte er den Bogen vollends über-
spannt. So wagte er es, den Jerusalemer Tempel in eine Kultstätte des
mit Zeus Olympios gleichgesetzten Himmelsbaal umzuwandeln, die
Beachtung der jüdischen Feier- und Fastentage unter Strafe zu stellen,
die Beschneidung, ja schon den Besitz von Torarollen zu verbieten. Im
ganzen Lande errichtete er heidnische Altäre und zwang die Bevölkerung, den fremden Göttern darauf zu opfern. Die an JHWH Glaubenden erkannten sich in ihrer religiösen und damit spezifischen Existenz
bedroht und riefen zum bewaffneten Widerstand gegen jede Art von
Hellenisierungsbestrebungen auf. Dabei standen ihnen zwei Ziele vor
Augen:
Erstens die Wiedergewinnung der religiösen Freiheit, die ungehinderte
Ausübung ihres JHWH-Glaubens und die Rückgabe ihres Tempels in
Jerusalem;
zweitens die Sicherung dieser Wiedergewinnung religiöser Freiheit
durch die Errichtung ihrer politischen Selbständigkeit.

---

[332] „Melius ergo exponitur illud verbum secundum expositiones communes esse dictum
de Antiocho Ephyphane, qui anno regni Grecorum CXLIIII ingressus est Hierosolymam ac universam vastavit." Oxford, fol. 27 vb. Zu Antiochus IV. Epiphanes
(175-164) allgemein Fohrer 1977, 224, spezieller Schäfer, Peter: Geschichte der Juden in der Antike. Die Juden Palästinas von Alexander dem Großen bis zur arabischen Eroberung. Stuttgart 1983, 52-58; Van Henten, Jan Willem: Antiochus IV as a
Typhonic Figure in Daniel 7. In: The Book of Daniel in the Light of New Findings.
Hrsg. von Adam S. van der Woude. Löwen 1993, 223-243 (= Bibliotheca Ephemeridum Theologicarum Lovaniensium 106). Die allg. Auslegung – „expositiones communes" – siehe in *Glossa ordinaria et interlinearis* zu Dn 8,14; 8,17, Bd. 4, Venedig 1518,
1595-1600.

Das erste Ziel wurde bereits im Jahre 164 v. Chr. realisiert, dem gleichen Jahr übrigens, in dem Antiochus IV. starb. Nachdem der schon von Quidort erwähnte Priester Mattatias aus dem Stamme der Hasmonäer eine vor allem von seinen Söhnen profilierte und für die Tora begeisterte Widerstandsgruppe formiert hatte, gelang es Mattatias' Sohn, dem Judas Makkabäus (dem „Hammer"), die Führung dieser religiös motivierten Freischärler zu erlangen und im Zuge der sogenannten „Makkabäerkämpfe" den Jerusalemer Tempel zu besetzen, den Zeusaltar zu zerstören und das Allerheiligste wieder einzuführen; und zwar dies alles unter den Augen ihrer syrischen Besatzungsmacht.

Während sich die „Frommen" (Chassidim) mit der Erlangung der religiösen Freiheit zufrieden gaben, kämpften die Makkabäer auch um die Verwirklichung der zweiten Zielvorstellung: der politischen Unabhängigkeit; was ihnen – wider Erwarten und erst nach langen, wechselvollen Kämpfen – auch tatsächlich gelang. Im Jahre 142 v. Chr. wurde Simon, der letzte Sohn des Mattatias von den Syrern als Hoherpriester und als unabhängiger Herrscher anerkannt. Jerusalem wurde ein Jahr später von den Besatzungstruppen geräumt und Simon mit der erblichen Würde des Priesterkönigs ausgestattet.

Genau auf diese gewaltsamen Ereignisse und politischen Wirren, aber endlich erfolgreich zum Abschluß gebrachten Zeiten rekurriert Johannes von Paris, wenn er berichtet, daß Antiochus im dritten Jahr nach seiner ersten Heimsuchung Jerusalems selbst den Tempel zur heidnischen Kultstätte umfunktioniert hatte, sechs Jahre später aber, der Tempel von Judas Makkabäus restauriert und gründlich gereinigt worden war. Die Zeit dieser Tempelrestaurierung habe exakt jenen Zeitraum in Anspruch genommen, der in der Vision Daniels zu Wort kam: 2300 Tage.[333]

„Sed post VI annos restauratum est templum et emundatum a Juda Machabeo, qui duces Antiochi superavit, quo tempore completus est dictus numerus dierum, nam duo milia CCC dies faciunt sex annos et menses tres et dies XX^ti. Et tunc exponitur *usque ad vesperam et mane,* id est, noctis dieique successionem continet dies duo milia CCC^ti. Et tunc *mundabitur* etc."[334]

Damit greift Quidort exakt jenen Gedanken auf, den er bereits bei der Frage, welchen Namen der „Antichrist" trage, artikulierte. Ebenso wie

---

[333] „[. . .] et tercio anno post reversus in templo Iovis statuam posuit que abhominatio dici potest." Oxford, fol. 27 vb.

[334] Ebenda, nur fälschlich „per VI annos post" und „VII^M III^C dies". Ed. Venedig 1518, fol. XLIX ra.

an jener Stelle Antiochus IV. als Präfiguration des Antichrist zu Gesicht kam, wird jetzt die von diesem destruktiv gestaltete Zeit, in der das Allerheiligste, der Tempel und der Kultus des Gottes-Glaubens zerstört werden sollte, als *tempus antichristi* ins Visier genommen, als eine Zeit, die die Hoch-Zeit des Antichrist zum Ende der Weltzeit hin bereits antizipierend signiert. Die den JHWH-Glauben bedrohenden Zeitläufe des Antiochus werden zum Signum der Endzeit, Antiochus selbst zur exemplarischen *figura* des Antichrist.

Der in dieser Vorstellung fraglos, weil offensichtlich für selbstverständlich gehaltene und deswegen nicht weiter ausgeführte Gedanke, ist der von der gefüllten Zeit, von einer Zeit, die eben nicht leer und überraschungsfrei, vom einzelnen nach Belieben gestaltet, ihm frei zur Verfügung stehend, „genutzt" oder „verbraucht" werden könnte. Zeit ist ihm bestimmte, weil Bestimmte und Bestimmtes mit sich bringende Zeit, die in der „Fülle der Zeit" zum Ende, zur Vollendung kommt. „Nec obstat quod dicitur: *Intellige, fili hominis, quoniam in tempore finis complebitur visio;* hoc enim non dicitur quia solum ad adventum antichristi pertineat, qui erit in finali tempore, sed ideo dicitur quia dicta visio seu dicta res visa complebitur et consumabitur in fine dicti temporis numerati."[335]

Die *consummatio temporis* ist die Überwindung der „leeren" mit nichts erfüllten, gottlosen oder gottesflüchtigen Zeit durch die mit dem „Ein und Alles", mit Gott gefüllte, gottgegebene, gottessüchtige Zeit. Die antichristliche Zeit ist die Zeit der Sünde und der Sünder. Sie ist die gegen die Verheißung und gegen den Verheißenen gerichtete Zeit, in der Gott nicht nur nicht gesucht, sondern gemieden und bekämpft wird. Der Blick Quidorts auf Antiochus IV., anfänglich gewählt, um Kalkulationen anzustellen und bestimmte Berechnungen zu widerlegen, erweist sich demnach wiederum nicht ohne Tiefendimension, erweist sich als Blick auf die Qualität antichristlicher Zeit. Alles das, was in der Zeit des Antiochus IV. geschah, wird als *in novissimo maledictio* gesehen, als Zukünftiges mit gleichsam doppeltem Boden: „[. . .] id est in tempore quo hec maledictio implebitur super populum Iudeorum et super Anthiochum. Omnia etiam predicta intelligi possunt de antichristo cuius figura fuit Anthiochus predictus."[336]

---

[335] Oxford, fol. 28 ra. Dn. 8,17: „Et venit et stetit iuxta ubi ego stabam; cumque venisset, pavens corrui in faciem meam; et ait ad me: Intellige, fili hominis, quoniam in tempore finis complebitur visio." Dazu auch Arnald von Villanova: De tempore adventus antichristi, Vat. lat. 3824, fol. 60 vb.

[336] Dn 8,19: „Ego ostendam tibi quae figura sunt in novissimo maledictionis, quoniam habet tempus finem suum." Dazu *Glossa ordinaria et interlinearis* Bd. 4, Venedig 1603, 1598f.

4.7.2.2.2 Daniel 12,11-13

Diese Interpretationsweite wird sogleich wieder didaktisch reduziert, indem methodisch rekurriert wird auf die Ausgangsfrage: auf die Frage nach dem Kommen des Antichrist. Arnald von Villanova, der abermals nicht genannte, aber deutlich angesprochene und stets präsent scheinende Gesprächspartner Quidorts, soll seine Antwort bekommen. Neben Daniel 8 bringt er Daniel 12 zu Wort. „Ex alio autem loco Danielis volunt accipere infra centenarium annorum sequentem fore mundi consummationem. Dicitur enim XII° capitulo eiusdem: *a tempore cum ablatum fuerit iuge sacrificium et posita fuerit abhominatio in desolationem, dies mille ducenti nonaginta. Beatus / qui expectat et pervenit usque ad dies MCCCXXXV. Tu autem vade* etc."[337]

Die hier erwähnte Rede von dem Abschaffen des Opfers werde, so gibt Quidort die gängige Meinung wieder, nicht mit der Abschaffung des heiligen Meßopfers der Christen am Ende der Tage, sondern mit dem Erlöschen des Opferkultes nach der Zerstörung Jerusalems, des Tempels und der anschließenden Deportation der Juden unter Vespasian und Titus „im zweiundvierzigsten Jahre nach dem Leiden Christi" identifiziert.[338]

Unter *abhominatio* werde der Antichrist oder das Bild des Antichrist verstanden, das schließlich im Tempel aufgestellt werde. Überdies seien hier, in Daniel 12, die beiden Daten genannt, um die es bei der Frage nach dem Kommen des Antichrist und des Weltendes gehe: der *terminus a quo* und der *terminus ad quem*.

Somit sei für „diese" (gemeint ist vornehmlich immer noch Arnald von Villanova) der Weg frei, um folgende Rechenoperation aufzustellen:[339]

---

[337] Oxford, fol. 28 ra–rb; aber „nonaginta" om. und „pervenit ad".

[338] „Dicunt enim per iuge sacrificium hoc non intelligi sacrificium novi testamenti sed veteris, quod fuit ablatum XLII anno post passionem Christi sub Tyto et Vespasiano, quando Iudei totaliter fuerunt captivati et de Hierusalem expulsi in quo loco solum licebat ex legis precepto offere sacrificium iuge, quod mane et vespere offerebatur." Ebenda, nur fälschlich „ablatum XLVII", vgl. ed. Venedig 1518, fol. XLIX rb.

[339] Ebenda: „per abhominationem intelligunt antichristum vel ydolum eius, quod circa finem mundi ponetur in templo quasi deus in desolationem fidelium; et ista duo ponunt quasi duos terminos, scilicet initium et finem computationis predicte, scilicet MCCXC^ta annorum, ut dies pro anno ponatur, sicut dicitur Ez IIII: Diem pro anno dedi tibi." „tibi" inter lin. Bei Arnald von Villanova: De tempore adventus antichristi, Vat. Lat. 3824, fol. 67 va–68 ra, heißt es: „Ex predictis etiam patet, quod antiqua expositio non est conveniens quantum ad numerum supradictum, quoniam illa ponit, quod tempus ablati sacrificii, quod est initium predicti numeri, fuit tempus in quo Nebuchodonosor transtulit Iudeos in Babilonem. Et tempus, quo posita fuit abhominatio in desolationem, fuit tempus, in quo Titus et Vespansianus posuerunt ymaginem Cesaris in Hierusalem. Et secundum hanc expositionem tempus ablati sacrificii precessit adventum et passionem Christi: quod est expresse contra vim et seriem

Ausgehend von der vielzitierten Ezechielstelle, wonach jeder Tag als ein Jahr zu nehmen sei, müsse die vorgestellte Rede von den 1290 Tagen als Rede von 1290 Jahren interpretiert werden. Da aber die Abschaffung der Opfers mit der Deportation der Juden und der damit verbundenen Auflösung des Opferkultes „im zweiundvierzigsten Jahre nach der Passion Christi" identifiziert wurde, müssen 1290 Jahre diesen 42 Jahren dem Jahr nach der Passion addiert werden, um zu eruieren, in welchem Jahr der Antichrist seine Selbstadoration im Tempel zu inszenieren beginnt:

1290 Jahre + 42 Jahre + 34 Jahre = 1366 Jahre.

Damit sei der *terminus a quo* genannt: Der Antichrist trete spätestens im Jahre 1366 auf den Plan. Der *terminus ad quem* sei sodann durch die Seligpreisung an der genannten Danielstelle ausgedrückt: „Selig, wer ausharrt und tausenddreihundertfünfunddreißig Tage erreicht" (Dn 12,12). Diese Zahlenangabe, eingefügt in die obige Kalkulation (1335 Jahre + 76 Jahre = 1411 Jahre), datiere sodann jenes Jahr, in dem die „Zeit des Friedens" beginne, die – wie die Apokalypse formuliere – nach „der kurzen Zeit, in dem der Teufel los sei", anbreche.[340]

littere textualis: Contra vim: quia constat, quod angelus loquebatur Danieli, qui erat de numero eorum Judeorum, quos Nebbuchodonosor captivos detinebat in Babilone, et sic transmigratio Iudeorum iam preterierat; et tamen angelus tunc loquębatur de futuro eventu et non preterito, quia expresse dixit. Cum ablatum fuerit, et non, cum ablatum fuit. Et maxime cum ante dixerit ei expresse: Ego ostendam tibi, que futura sunt in novissimo maledictionis. Contra seriem vero est, quia in textu prius exprimitur / tempus adventus domini, deinde passionis eius, deinde vero tempus ablationis sacrificii, deinde subiungitur numerus supradictus. Unde cum in textu prenuncietur tempus ablationis sacrificii post passionem domini, deinde dicatur, quod tempus ablationis sacrificii sit initium predicti numeri, constat, quod expositio supradicta textui contradicit ad litteram". Dazu auch Lee 1974, hier 36. Er glaubt, aufgrund des zitierten Textes feststellen zu müssen, daß Arnald hier von einer *figura antichristi* spreche. Die Ansicht Arnalds von Villanova muß in der Tat differenziert betrachtet werden, s. o. das gesamte Kap. 3.2.8.7.1.

[340] „A tempore igitur ablati iugis sacrificii, quod fuit ablatum XLII anno post Christi passionem usque ad antichristum et elevatum / et exaltatum MCCLXXXX anni; quibus si addantur LXXVI, qui fluxerunt a nativitate usque ad annum XLII a passione, sequitur quod antichristus colletur infra annum ab incarnatione MIIICLXVI. Subiungitur: *Beatus, qui expectat et pervenit ad dies MIIICXXXV* propter XLV dies vel annos qui ultra primum numerum, scilicet MCCLXXXX, se extendent usque ad tempus pacis, quod erit interempto antichristo summe tranquilitatis, quia ubique adorabitur Christus, de quo intelligitur apertio VII sigilli in Apc VIII, quod cum aperiretur, *factum est silencium in celo*." Oxford, fol. 28 rb-va. Apc 8,1. Die Apokalypse in solcher Weise zu interpretieren, hatte Vorläufer, wie Landes, Richard eindrucksvoll beweist: Lest the Millennium be fulfilled: Apocalyptic Expectations and the Pattern of Western Chronography 100–800 CE. In: The Use and Abuse of Eschatology in The Middle Ages. Hrsg. von Werner Verbeke, Daniel Verhelst, Andries Welkenhuysen. Löwen 1988, 137–211, bes. 189ff. (= Mediaevalia Lovaniensia. Series 1: Studia 15).

Gerade diese Kalkulation zeigt aber, daß sie nur ansatzweise – keineswegs aber im Ergebnis – der des Arnald von Villanova entspricht. Sofern also Johannes von Paris diese Auslegung des biblischen Textes im folgenden kritisch in Betracht zieht, darf dies nicht einfachhin als vernichtende Kritik an Arnalds Spekulation gedeutet werden. Es ist schon der Mühe wert, genau darauf zu achten, was Quidort eigentlich kritisiert, mit welchen Gesichtspunkten und Interpretationselementen er sich einverstanden erklären könnte und mit welchen nicht. Zunächst aber heißt es recht rigoros: „Sed expositio ista inconveniens est et non convenit textui."[341] Dann aber führt er dreierlei an:
Erstens differenziert die vorgestellte Interpretation die Zeit der Abschaffung des Opfers von der Zeit des „gesetzten Greuels", und zwar so, als ob es sich hier um zwei geschichtlich weit auseinanderliegende Ereignisse handle, so, als ob es im biblischen Text hieße: „Von der Zeit, wo das tägliche Opfer abgeschafft wird bis zu der Zeit, wo der Greuel aufgestellt wird [. . .]". Solch eine Auslegung widerspricht aber klarerweise dem fraglichen Danielvers: „[. . .] quod est contra textum."[342] Dort werden nämlich beide prophezeiten Geschehnisse als der Beginn einer bestimmten Zeitspanne geweissagt, als der doppelt schreckliche Anfang einer gottesflüchtigen Epoche.
Zweitens verstößt die proponierte Exposition gegen die eindeutigen Aussagen des elften Danielkapitels. Auch dort sei ja bereits die Rede von der Entweihung des Heiligtums, von der Aufhebung des täglichen Opfers und der Errichtung des Greuels. Johannes von Paris spricht offensichtlich Daniel 11,31 an und betont, daß auch hier die erwähnten Ereignisse eine einzige Zeit- und Aktionseinheit bilden und nicht auseinandergerissen werden dürfen. Er verweist überdies noch auf Kapitel acht des nämlichen Buches, in dem ebenfalls die genannten Greueltaten als simultanes Geschehen zur Sprache kommen (vgl. Dn 8,13).
Drittens verfehlt die Interpretation den Sinn des Danieltextes, sofern die im zwölften Kapitel genannten Tagesangaben als Jahreszahlen genommen werden. Habe Daniel doch auf seine „im nämlichen Kapitel und in der nämlichen Vision" gestellte Frage,[343] „wie lange es noch bis

---

[341] Ebenda, fol. 28 va.
[342] Ebenda, fol. 28 vb.
[343] Ebenda. Hier rekurriert Quidort nicht auf Dn 8,13, sondern auf Dn 12,6–7: „Et dixi viro qui erat indutus lineis, qui stabat super aquas fluminis: Usquequo finis horum mirabilium? Et audivi virum qui indutus erat lineis, qui stabat super aquas fluminis, cum elevasset dexteram et sinistram suam in caelum et iurasset per viventum in aeternum, quia in tempus et tempora et dimidium temporis; et cum completa fuerit dispersio manus populi sancti, complebuntur universa haec." Dazu auch *Glossa interlinearis* Bd. 4, Venedig 1603, 1678–1670.

zum Ende mit diesen wundersamen Dingen dauere", von dem „in wei-
ßem Linnen gekleideten Mann" jene bekannte Antwort erhalten, in
der vom *tempus,* von den *tempora* und von dem *dimidium temporis* die
Rede sei. Diese Angabe dürfe insgesamt nur als die Signierung eines
dreieinhalbjährigen Zeitraumes gewertet werden: „id est tres annos
cum dimidio."[344] Denn nur deswegen, weil Daniel diese Datenangabe
nicht eingesehen habe, sei ihm seitens des erwähnten linnengekleide-
ten Mannes eigens zu verstehen gegeben worden, daß es sich bei der
fraglichen grauenhaften Verfolgungszeit um einen Zeitraum handle,
der 1290 Tage, also drei Jahre und ein halbes Jahr, umfasse. Nach
1335 Tagen sei die Verfolgung aber mit Sicherheit abgeschlossen, ja
durch die anschließend einkehrende *tranquillitas* überholt. Diese
„Ruhe" sei aber nur jenen vergönnt und verheißen, die trotz härtester,
dreieinhalb Jahre währender Prüfungs- und Verfolgungszeit treu zum
Gottes-Glauben gestanden hätten. „Et ideo: *Beatus, qui expectat* perseve-
rans in fide, *et pervenit ad dies mille trecentos triginta quinque.*"[345]
Aufgrund dieser kritischen Wertung der vorgestellten Interpretation
kommt Johannes von Paris zu folgender, seiner Ansicht nach korrekt-
korrigierter und hier in nuce wiedergegebener Auslegung der genannten alttestamentlichen Stellen: Zunächst stellt er fest, daß es „vernünftiger" wäre,[346] die Rede von der Abschaffung des täglichen Opfers
nicht auf die Aufhebung des alttestamentlichen *sacrificium,* sondern auf
das des Neuen Bundes, auf die Meßfeier also, zu beziehen. Dieses wird
aufgehoben am Ende der Tage, genauer, in der Zeit der antichristlichen Verfolgung und zwar eintausendzweihundertundneunzig Tage
lang. Diese Zeitspanne läßt Quidort ausdrücklich mit den in Daniel
12,7 genannten Zeitangaben *(Zeit, Zeiten und einer halben Zeit)* korrespondieren. Er identifiziert sie – ebenfalls – mit dem oben ins Gespräch gebrachten zweiten Vers aus dem elften Kapitel der Apokalypse: „[. . .] und sie werden die Heilige Stadt zertreten, zweiundvierzig
Monate lang". Die Heilige Stadt, das ist, wie Quidort im Sinne der
Glossa ordinaria wie *interlinearis* konstatiert, die Kirche.
Aber diese seiner Zeit bekannten Bibelkommentare führt Quidort
nicht an. Er will hier seine Korrektur offensichtlich nicht so sehr auf

---

[344] Oxford, fol. 28 vb.
[345] Ebenda, fol. 29 ra; Dn 12,12–13, dazu *Glossa ordinaria et interlinearis* Bd. 4, Venedig
1603, 1670–1672.
[346] „Ideo magis rationabile est ut per iuge sacrificium intelligatur sacrificium nove legis,
quod auffertur ad tempus curente persequutione sub antichristo per dies MCCLXXXX
seu per tres annos cum dimidio, sive XLII mensibus quibus civitas sancta, id est ecclesia conculcabitur." Oxford, fol. 29 ra, allerdings „rationabille". *Glossa ordinaria* zu
Apc 11,2, Bd. 6, Venedig 1603, 1567–1569.

die „Autoritäten" stützen, sondern stärker die Vernunft sprechen lassen: „magis rationabile", wie er einleitend formuliert. Dabei scheint ihm das Konveniente der beiden genannten Zahlenangaben aus dem Buche Daniel mit der apokalyptischen Rede von den zweiundvierzig Monaten der Bedrängnis das Rationale zu sein: das Passende ist das Vernünftige, das Vernünftige das Einsehbare, Wirklich-Wahre.[347] Bemerkenswert bei dieser Feststellung ist vor allem, daß Johannes von Paris auch hier wieder nicht bloß Überlegungen zur Frage nach dem zeitlichen Kommen des Antichrist anstellt, wenngleich es vordergründig so scheinen mag, sondern daß er in geschickter Weise zugleich qualitativ-gehaltvolle Aussagen über die antichristliche Zeit und damit über seine schlimmsten Befürchtungen der anstehenden zukünftigen Entwicklung artikuliert. Was er konkret befürchtet, ist, daß es dem Antichrist – zumindest für eine gewisse Zeit – tatsächlich gelingen könnte, den Christen das Allerheiligste zu rauben und die Eucharistiefeier zu unterbinden, und so versucht, den Lebensnerv der Kirche selbst zu treffen, ihren Tod provozierend.[348]

Sodann moniert Johannes von Paris, daß, falls man schon die Rede vom täglichen Opfer im Buche Daniel als Rede vom Opfer des alttestamentlichen Bundes verstehe, diese aber doch dann nicht auf die Zeit nach Christi Geburt, auf die Zeit der römischen Herrscher Vespasian und Titus, sondern sinnvollerweise auf die des Seleukiden Antiochus IV. zu beziehen sei.

Diese Korrektur untermauert Quidort jetzt mit Autoritätsbeweisen: „[...] ut exponit Porphyrius et alii quidam."[349] Dabei ist aber zu bezweifeln, ob Johannes von Paris selbst die entsprechende Auslegung des berühmten Plotin-Schülers studiert hat. Vermutlich entnahm er diesen vor allem aufgrund seiner Einleitung zur Kategorienschrift des Aristoteles angesehenen Philosophennamen dem Danielkommentar des Hieronymus. Dieser zitiert ihn nämlich in entsprechendem Sinne, dabei auch andere nichtchristliche Denker, namentlich die griechischen Geschichtsschreiber Polybius und Diodorus Siculus anführend.[350]

Neben diesen heidnischen Autoritäten führt Johannes von Paris aber auch Flavius Josephus und die Makkabäerbücher an. Von ihnen erfahre man, daß während der Zeit des Antiochus IV. Epiphanes drei

---

[347] Ebenda.

[348] Dazu seine Determination „de modo existendi corpus Christi in sacramento altaris alio quam sit ille quem tenet ecclesia". Ediert von Adriaan Pattin 1977, 190–205.

[349] Oxford, fol. 29 rb. Zu Porphyrius und seiner Wirkungsgeschichte in der philosophisch-theologischen Denkbewegung des Mittelalters kurz, aber instruktiv Flasch, 1986, 48f., 314–316; Hieronymus' Danielkommentar zu Dn 11,36 (PL 25, 570f.).

[350] Oxford, fol. 29 rb.

Jahre lang der Jerusalemer Tempel von den Juden nicht als ihre Kultstätte besucht werden durfte, also *in desolatione* blieb. Diese grauen-
hafte Schändung des Tempels und des Gottes-Glaubens habe aber
schließlich durch den erfolgreichen Aufstand des Judas Makkabäus ihr
glückliches Ende gefunden; und zwar nach einer Zeit, die mit jenen
tausenddreihundertfünfunddreißig Tagen identifiziert werden kann,
von der in Dn 12,12 die Rede ist.[351]
Damit rekurriert Quidort unausgesprochen auf jene Interpretationsvariante, die er zuvor als *melius exponitur* bezeichnete, der er also seine
vorsichtig zurückhaltende, aber insgesamt und im Vergleich zu den anderen von ihm proponierten Positionen doch deutlich spürbare Sympathien schenkt. Aufgrund der Analyse seiner Argumente kann noch
genauer die Ansicht unseres Pariser Gelehrten – kurz resümiert – wie
folgt konturiert werden:
Johannes von Paris stellt in seiner angestrengt-intensiven wie extensiven Untersuchung der diversen Expositionen von Daniel 8 und 12 heraus, daß es zwar eine Pluralität von mehr oder weniger berechtigten
und begründeten Auslegungsvarianten gibt, die allesamt aber darin
„versagen" und sich in Widersprüche zu verwickeln scheinen, wenn es
darum geht, einen exakten, kalendarischen Termin für das Kommen
des Antichrist wie des Weltendes zu liefern. Dabei entbehren die von
Quidort ausgewählten Textstellen keineswegs des zeitgenössisch-aktu-
ellen Hintergrundes. Im Gegenteil: Die untersuchten Danielverse sind
ebenso wie die zuvor interpretierten Apokalypsenkapitel auch und gerade für Arnald von Villanova von exponierter Bedeutung. Etliche der
von Quidort in ruhig-abwägender Weise vorgeführten und stets in ihrer Fragwürdigkeit und Ergänzungsbedürftigkeit umrissenen Interpretationsmöglichkeiten erinnern nicht von ungefähr an jene Auslegungen, auf die – freilich alternativlos und im Tone absoluter Sicherheit
und alleiniger Richtigkeit – der katalanische Arzt seine Zeitgenossen
verpflichten wollte: das Ende der Welt und das Kommen des Antichrist mit drängend-bestechender Wucht und unbedingt zwingender
Zucht determinierend.
Und genau das ist das Bemerkenswerte am Procedere Quidorts: Die
scheinbar zwingenden, aufeinander abgestimmten und noch dazu mit
glühendem Eifer vorgetragenen Argumente Arnalds nicht nach allen
Regeln der mittelalterlichen Disputationskunst Punkt für Punkt zu widerlegen, sondern sie als eine Interpretation unter vielen anderen,
noch dazu überzeugenderen, aber wiederum nicht zwingend gültigen
Deutungen erscheinen zu lassen und also – sie insgesamt entschärfend
– zu relativieren. Es ist doch auffallend, daß Quidort nur en gros und

[351] Ebenda.

sans nom Arnalds Interpretation anführt, diese sodann korrigiert, aber selbst noch Alternativen formuliert, die er nur recht vorsichtig-zurückhaltend *more comparativo* qualifiziert.

Überhaupt weisen die ihm „probabler" dünkenden Interpretationen eine eigenartige, mehrfach bereits konstatierte Doppelbödigkeit auf: Vordergründig scheint es dem Pariser Gelehrten ausschließlich um die Prüfung von Antworten zu gehen, die ihm eine möglichst genaue Auskunft über den Zeitpunkt des antichristlichen Kommens und des Weltendes liefern. Hintergründig aber scheint immer wieder die Frage nach der charakterisierenden Qualität der genannten geschichtlichen Ereignisse und apokalyptischen Einbrüche durch. Ja, die die erstgenannten Fragen zu beantworten suchenden Darlegungen gewinnen gleichsam en passant, im konzentrierten Prozeß der Erörterung, so sehr an Gewicht, daß sie das Ergebnis dieses prüfenden biblischen Befundes wesentlich beeinflussen: Am Ende ist ja für Johannes von Paris jene Interpretationsvariante am überzeugendsten, die überhaupt keinen zukünftigen Zeitpunkt angibt, dafür aber eine klärende Qualifizierung dieser fraglichen Zeit artikuliert: Die frevelhaften, den wahren Gottes-Glauben unterbindenden, schädigenden und schändenden Maßnahmen zur Zeit des Antiochus IV. Epiphanes sowie die unter der Führung des Judas Makkabäus organisierten Befreiungsschläge werden mit der Zeit des Antichrist und des diesen schließlich doch besiegenden Christus in Verbindung gebracht, und zwar dergestalt, daß jene als Vorausbilder dieser qualifiziert werden und Antiochus IV. schließlich als *figura antichristi* (ab)qualifiziert wird. Dabei will Johannes von Paris überdies das im Buch Daniel erwähnte „tägliche Opfer" als tägliches Meßopfer figuriert sehen. Die antichristliche Zeit qualifiziert er damit nicht zuletzt als eine Zeit, in der durch die Mächtigen und den Mächtigen die Eucharistiefeier abgeschafft wird.

4.7.2.2.3 Andere Schriftstellen

Die Interpretationsversuche der vorgenannten Apokalypsen- und Danielstellen kamen vor allem als kritischer Relativierungsversuch der im Tone zwingender Notwendigkeit und alleiniger Gültigkeit propagierten Auslegung Arnalds von Villanova in den Blick. Doch damit gibt sich Johannes von Paris bei seiner Darlegung des biblischen Befundes nicht zufrieden. Ihm kommt es offensichtlich darauf an, möglichst auch auf jene zahlreichen angeblich biblisch fundierten Argumente und Interpretationen einzugehen, die, unabhängig von der aktuellen Auseinandersetzung, immer wieder bei der Frage nach dem Kommen des Antichrist und dem Ende der Welt eine Rolle spielen und – mehr oder weniger laut artikuliert – virulent werden. Dabei betont Johannes von Paris stets, daß es sich hier um Überlegungen handelt, die eher

Interpretationsergebnis menschlichen Verstandes als Früchte prophetischen Geistes sind: „Et magis loqui videntur et coaptare sibi loca scripture coniectura quadam humane mentis, que aliquando ad verum pervenit, aliquando fallitur, quam spiritu prophetico."[352]
Quidort sucht also von vornherein jeden Anspruch auf Unfehlbarkeit
der noch darzustellenden Deutungen zu vermeiden. Ja, der weitere
Verlauf seiner Ausführungen zeigt, daß es Johannes von Paris gerade
nicht, wenigstens nicht so sehr, darauf ankommt, durch eine Vielzahl
der dem menschlichen Verstand entspringenden und dargebotenen
Erklärungen die imponierende Behendigkeit menschlicher *ratio* zu demonstrieren. Vielmehr ist es ihm darum zu tun, solchermaßen, also
mittels einer Pluralität von Antworten, die dem menschlichen Intellekt
angemessene Verlegenheit vor dem Wort der Offenbarung zu präsentieren: einem „Wort", das sich stets als umfassend größer erweist, als
daß es sich durch eine menschlich-kontingente Exposition vollends
und definitiv-endgültig erfassen ließe.[353]
Die erste Deutungsvariante, die Johannes von Paris zu nennen weiß,
findet sich bereits erwähnt und kritisch beurteilt in Augustins *De civitate Dei*.[354] Ohne den Bischof von Hippo überhaupt zu nennen, berichtet Quidort von der grassierenden Ansicht, daß die Kirche im Verlauf
ihrer Geschichte insgesamt elf Verfolgungen erleiden müsse. Die elfte
und zugleich letzte werde die Verfolgung durch den Antichrist sein.
Die erste Christenverfolgung habe zweifellos unter Kaiser Nero stattgefunden, die zweite unter Domitian, die dritte unter Trajan, die vierte
unter Antonin, die fünfte unter Severus, die sechste unter Maximin,
die siebte unter Decius, die achte unter Valerian, die neunte unter
Aurelian, die zehnte unter Diocletian und Maximian.[355]

---

[352] Oxford, fol. 29 rb. aber fälschlich „videtur". Vgl. dazu Augustinus: De civitate Dei 18,
52 (CCL 650ff.).

[353] Dazu Gerwing 1989, 49–68.

[354] Augustinus: De civitate Dei 18, 52 (CCL 650ff.); Oxford, fol. 29 rb–va: „Dicunt enim
decem tantum esse persecutiones ecclesie et XIam fore sub antichristo, que erit ultima. / Prima dicunt fuisse sub Nerone. Secundam sub Domiciano. Terciam sub Trai-
ano. Quartam sub Anthonio. Quintam sub Severo. Sextam sub Maximo. Septimam
sub Decio. Octavam sub Valerio. Nonam sub Aureliano. Decimam sub Diocleciano et
Maximiano". Fälschlich „XIam ecclesiam"; „seccundam".

[355] Oxford, fol. 29 va: „Plagas enim Egiptiorum quoniam X fuerunt, antequam inde
exire inciperet populus Dei, putabant ad hunc intellectum esse referendas, ut novis-
simam antichristi persecutio similis videatur XI plage, qua Egiptii, dum hostiliter per-
sequerentur Hebreos, in mari Rubro populo Dei per siccum transeunte perierunt. Et
quia X prime transierunt, et cum hoc transiit tantum de tempore a fine X quantum
quelibet aliarum invenitur distasse ab alia. Ideo videtur eis rationabiliter XIam non
tardare nec aliquam futuram generaliter usque ad antichristum sub quo erit / XIª et
novissima". Vgl. Augustinus: De civitate Dei, 18, 52 (CCL 650f.). Dieser hatte aber
bereits einleitend seine Skepsis dieser Ansicht gegenüber deutlich genug zum Aus-

404 Die Ankunft des Antichrist nach Arnald von Villanova

Begründet werde diese zehnfache Verfolgung mit Hinweis auf das Alte Testament, in dem von einer zehnfachen Plage die Rede sei, die das Volk Gottes in Ägypten hätte erdulden müssen, ehe es den rettenden Auszug wagte. Dieser Auszug wiederum gestaltete sich für die Hebräer als eine dramatische Flucht, in der es um ihr Leben ging. Die sie verfolgenden Ägypter fanden dabei den Tod. Das Gottesvolk entkam und wurde gerettet. Diese letzte und entscheidende „Plage" müsse als die Verfolgung der Kirche durch den Antichrist gedeutet werden. Da aber, wie Quidort jetzt in Abweichung von Augustinus, hinzufügt, von der zehnten Verfolgung bis heute bereits bedeutend mehr Zeit verstrichen sei als bislang von dem Ende einer der zehn Verfolgung bis zum Beginn der nächsten gezählt werden konnte, sei es nur „vernünftig" anzunehmen, daß die Zeit des Antichrist nicht mehr lange auf sich warten lasse.[356]

Ohne diese Sichtweise kritisch zu betrachten, ja ohne auch nur auf die von Augustinus an der nämlichen Stelle in *De civitate Dei* erhobenen Bedenken und klaren Gegenargumente hinzuweisen, fügt Johannes bereits eine weitere, jetzt auf die Apokalypse sich stützende Kalkulationsgrundlage an:

Diese rekurriert auf jene im sechsten Buch der Geheimen Offenbarung geschilderte Vision des Sehers von Patmos, in der die Öffnung der siebenfach versiegelten Buchrolle durch das „wie geschlachtet" aussehende Lamm geschaut wird. Die durch die Öffnung der sieben Siegel initiierten Zeitereignisse werden dabei als die sieben *status* der Kirche interpretiert:

Das dank der Öffnung des ersten Siegels geschaute weiße Roß, das den mit Bogen ausgerüsteten, bekränzten Sieger trägt, signiert den *primus status ecclesiae*, die Zeit der Apostel, die eine durch die Taufe hellweiß gereinigte, und deswegen durch das weiße Roß treffend dargestellte Zeit war. Die Lösung des zweiten Siegels brachte ein feuerrotes Pferd zu Gesicht, das den mit dem Schwert Bewaffneten und zum Kampf Gerüsteten trug: „den Frieden von der Erde fortzunehmen".

---

druck gebracht. Ebenda: „Proinde ne illud quidem temere puto esse dicendum siue credendum, quod nonnullis uisum est uel uidetur, non amplius ecclesiam passuram persecutiones usque ad tempus Antichristi, quam quot iam passa est, id est decem, ut undecima eademque nouissima sit ab Antichristo." Dazu auch Paulus Orosius, Historia adversus paganos, VII, 27 (CSEL 5, 495–500). Trotz der klaren Ablehnung dieser Ansicht durch Augustinus, war die Rede von der zehnfachen Verfolgung während des Mittelalters keineswegs irrelevant. In seiner berühmten Chronik übernimmt sie Otto von Freising noch: Chronica sive historia de duabus civitatibus. II. 45. Ediert von Adolf Hofmeister, übersetzt von Adolf Schmidt, hrsg. von Walther Lammers. Darmstadt 1961, 288f. Dazu auch Grumel, Victor: Du nombre des persécutions painnes dans les anciennes chroniques. *Revue des Études Augustiniennes* 2 (1956) 59–66.

[356] Oxford, fol. 29 va.

Die Zeit der Christenverfolgung, der *status martyrum*, werde offenbart. Als das Lamm das dritte Siegel öffnete, wurde ein schwarzes Pferd gesehen. Dieses bedeute die Verfolgungszeit durch Häretiker (*persecutio hereticorum*), weil in dieser Epoche das Licht der Wahrheit verdunkelt werde. Das fahle Pferd des vierten Siegels signiere indes die durch falsche Religion und Täuschung bleich gewordene Zeit der falschen Christen und der Scheinheiligen. Den *status gloriae* derer, die im Himmel sind, symbolisiere die Öffnung des fünften Siegels, da hier von den Seelen die Rede sei, „die ihr Gewand empfangen hätten". Dank der Apertion des sechsten Siegels aber werde der *status ecclesiae sub antichristo* geoffenbart, so daß durch das siebte Siegel der friedliche *status* der Kirche nach dem Tod des Antichrist angezeigt werde. „Ibi enim dicitur quod *factum est silentium in celo*, id est pax et tranquillitas *quasi media hora*, quia per modicum tempus quoniam cito post veniet dominus ad iudicium."[357]

Jene, die die Zeit nach Christi Geburt dergestalt siebenfach aufteilen, konstatieren überdies, so Quidort weiter, daß die ersten vier *status ecclesiae* bereits der Vergangenheit angehören, während der fünfte „Stand" von Anfang an, d. h. seit der Erlösungstat Jesus Christi übergeschichtlich mitlaufe.[358] Daraus zögen die Vertreter dieser Statuslehre den Schluß, daß überhaupt nur noch der sechste und siebte *status ecclesiae*, die Verfolgung durch den Antichrist und die „Zeit danach", anstünden: „Ergo non restant nisi sextus et septimus ex quo propinquitatem molliuntur concludere per coniecturam."[359] Tatsächlich kommt hier eine im Mittelalter weitverbreitete Ansicht zu Wort, die vornehmlich der von Johannes von Paris mit keinem Wort erwähnte Symbolist Anselm von Havelberg entfaltet und geradezu minutiös dargelegt hatte. Rauh bemerkt dazu treffend, daß es den Havelberger angesichts der allzu knappen Erklärung der sieben Siegel (Apc

---

[357] Oxford, fol. 29 vb–30 ra. Zu dieser Apokalypsenauslegung schon Richard von St. Viktor († 1173), wie Kamlah bereits 1935, 48, bemerkte, dann aber mit Recht auf Anselms vom Havelberg Siebenstufenordnung verweist, 64–70, hier 66: „So etwa denkt sich Richard die Siebenstufenordnung, andere haben sie sich ähnlich vorgestellt. Unmerklich, ganz ohne die Absicht eines einzelnen, wie aus Versehen, ist sie im Schoß der Ap-Erklärung erst im Laufe des MA entstanden. [...] Was aus dieser Ordnung werden konnte, wenn sich einmal jemand ausdrücklich für sie interessierte, das zeigt – nicht ein Ap-Kommentar, sondern – der um die Mitte des Jahrhunderts entstandene ‚Liber de unitate fidei et multiformitate vivendi', den Anselm von Havelberg († 1158) seinem liber contrapositorum [...] vorausgeschickt hat." Meuthen 1959, 115; Grundmann 1927, 92ff. Emmerson, 1984, 21–33.

[358] „Constat autem quod quatuor primi status iam transierunt; quintus etiam a primitiva ecclesia, scilicet ab ascensione domini cum aliis quatuor cucurrit." Oxford, fol. 30 ra.

[359] Ebenda. Allg. Grumer, Victor: La Chronologie. Traié dè études byzantines I. Paris 1958; Rauh 1979, 276–282. Auch de Lubac 1959–64; II, I, 521–527.

6-8) danach „drängte, die Symbole (ohne sie zu zerstören) mit ge-
schichtlichem Inhalt zu füllen."[360] Dabei gelang ihm ein geschichtstheologischer Entwurf, der gerade in der Verbindung des exegetischen
Befundes volle heilsgeschichtliche Dynamik erhält. Er redet nicht der
tyconianischen Sichtweise einer *recapitulatio*, sondern dem augustinischen Gedanken von der *peregrinatio* das Wort; und ist doch „ungleich
konkreter": in der Geschichtlichkeit der Kirche selbst ist der „Aufstieg
zu immer höheren Graden der Offenbarung" enthalten.[361]
Doch auch diese vielfach disputierte Geschichtstheologie Anselms von
Havelberg läßt Johannes von Paris unkommentiert ablösen durch die
rasche Darlegung einer weiteren Interpretationsvariante. Diese stützt
sich nicht auf die Rede von den sieben Siegeln, wohl aber auf die von
den sieben Posaune blasenden Engeln (Apc 8).
Die durch den Posaunenklang initiierten apokalyptischen Ereignisse
werden als Deutungen von den sieben großen Verfolgungszeiten der
Kirche verstanden, die sich im zeitlichen Nacheinander ereignen und
die Geschichte insgesamt periodisieren: „Und der erste Engel stieß in
die Posaune und es entstand Hagel und Feuer [. . .] und der dritte Teil
der Erde verbrannte" (Apc 8,7). Hier werde die erste Verfolgungszeit
der Christen durch die Juden offenbar. Solch eine Interpretation berücksichtigt nicht den exegetischen Befund en detail, sondern den am
nämlichen biblischen Ort zur Sprache kommenden Negativpol der Ereignisse, an deren Ende allererst das Gericht Christi steht.
Insgesamt ergibt sich folgende, durchaus chronologisch verstandene
Kettung von Kirchenverfolgungen:
1. Der erste Posaunenklang offenbart den ersten *status ecclesiae*: die
Verfolgung der Apostel durch die Juden.
2. Den zweiten Status der Kirche signiert die Rede vom blutigen Meer:
Offenbart wird das Blut derer, die wegen ihres Christusglaubens von
den Römern getötet wurden.
3. Der Posaunenstoß des dritten Engels kündet den Angriff der Häretiker gegen die Bekenner, Väter und Theologen auf den Kirchenver-
sammlungen (der nachkonstatinischen Zeit) an.
4. Die falschen Christen (*falsi christiani*) eröffnen den Angriff beim
Klang der vierten Posaune. Sie werden durch die „armen Prediger",
gemeint sind offensichtlich die Mendikanten, namentlich die Dominikaner, den *ordo praedicatorum*, bekämpft.
5. Der fünfte *status ecclesiae* ist gekennzeichnet durch diejenigen, die
gegen die Vorläufer des Antichrist angehen. Die Geschehnisse innerhalb dieser Zeit des fünften *status* werden geoffenbart in dem, was

---

[360] Rauh 1979, 277.
[361] Ratzinger 1959, 105; Kamlah 1935, 68f.

durch den fünften Posaunenstoß eröffnet wird: „Und er schloß den Brunnen des Abgrundes auf" (Apc 9,1).

6. Doch Gott wird zwei Männer schicken, Enoch und Elia. Sie werden mutig gegen den beim sechsten Klang der Posaune und im sechsten Stand der Kirche auftretenden Antichrist kämpfen.

7. Der letzte *status ecclesiae*, eröffnet durch den siebten Klang der Posaune, bringt den rettenden und richtenden Christus. „[...] septimo Christi venientis ad iudicium."[362]

Auch dieses Siebenzeitenschema erfreute sich zur Zeit Quidorts allgemeiner Kenntnis, die nicht zuletzt dank der *Glossa ordinaria* und durch den einflußreichen und offensichtlich auch auf Quidort einwirkenden dominikanischen Exegeten und maßgeblichen Promotor der Bibelkorrektorien, Hugo von St.-Cher,[363] ausgefaltet wurde. Dabei war diese Deutung der sieben Posaunenklänge auch in franziskanischen Kreisen beliebt. So sind nach Ansicht Bonaventuras überhaupt die sieben Siebenerreihen der Geheimen Offenbarung inhaltlich miteinander verwoben, ja in staunenswerter Weise harmonisiert. Sie brächten in je eigener Nuancierung, perspektivisch geschaut, letztlich Identisches zu Gesicht. Allesamt sprächen sie von dem siebenstufigen Verlauf der Kirchengeschichte.[364] Grundsätzlich rekurriert auch Petrus Johannis Olivi in seinem Apokalypsenkommentar auf diese Interpretation der sieben Posaune blasenden Engeln. Nachdem zuvor die Vision von den sieben Kirchen (de septem ecclesiis), gemeint ist Apc 1–3, und die von den sieben Siegeln (de septem signaculis), Apc 4–8,1, dargestellt worden war, komme jetzt die dritte der insgesamt sieben Visionen von der Kirche zu deutendem Wort. „Hic incipit tertia visio, que est de septem tubicinationibus septem angelorum septem tubas habentium."[365] Auch diese dritte Vision prophezeit wie grundsätzlich die anderen Visionen auch, allerdings in je spezifisch-sukzessiver Weise, die sieben *status ecclesiae*: „Propter quod sciendum, quod totum decursum ecclesie ab initio sui usque ad finem glorie describit sub septem visionibus, in quibus septem status ecclesie per sui successivum ordinem distinguuntur et describuntur."[366]

---

[362] Oxford, fol. 30 ra–rb.

[363] Dazu Gerwing, Manfred: Hugo von St.-Cher. In: LexMA V, 1991, 176f.; Hugo von St.-Cher: Apokalypsenkommentar 8,1, 916–924; dazu auch *Glossa ordinaria* Bd. 6, Venedig 1603, 1534–1536; Augustinus: De civitate Dei 22, 30 (CCL 48. 862–866; hier 865f.).

[364] Ratzinger 1959, 27f.; Kamlah 1935, 106–108.

[365] Petrus Johannis Olivi: Lectura super Apocalypsim 8,2. Ediert von Lewis, Warren. Tübingen 1972, 460; zur Antichristvorstellung Olivis immer noch Manselli, Raoul: L'Anticristo mistico Pietro di Giovanni Olivi, Ubertino da Casale e i Papi del loro tempo. *Collectanea franciscana* 47 (1977) 5–25, bes. 6–12.

[366] Ebenda: Prologus. Ediert von Lewis, Warren. Tübingen 1972, 5.

In dem unter dem Namen Arnald von Villanova edierten und ihm zugewiesenen Apokalypsenkommentar aus dem Jahre 1305/6 geschieht die Übertragung der sieben Engel auf die sieben *status* der Kirche geradezu fraglos.[367] Quidort kennt diesen Auslegungsmodus. Er stellt das Schema kommentarlos dar und führt schließlich noch das von Augustinus bekannte Siebenweltenschema an, das den Versuch einer Periodisierung der Universalgeschichte im Blick auf den biblischen Schöpfungsbericht bedeutet. Die sieben Schöpfungstage werden dabei als *typoi* von sieben Weltaltern begriffen und die verschiedenen „Zeit-Räume" und „Zeitabschnitte" als in einem universellen, göttlich gefügten wie verbürgten Zusammenhang des Geschichtsprozesses gesehen. Die einzelnen von Augustin im „Gottesstaat" genannten *aetates* werden von Quidort in nuce zusammengefaßt:

Die *prima aetas*, die dem ersten Tag entspricht, reicht von Adam bis zur Sintflut. Das zweite „Zeitalter" währt von der Sintflut bis Abraham, das dritte bis David, das vierte bis zur babylonischen Gefangenschaft, das fünfte bis Christus. Seitdem ist die *sexta aetas* im Prozeß. Sie wird bis zum Ende der Welt dauern, um schließlich in die über- und außergeschichtlich sich darbietende (nicht „sich vollziehende" im Sinne eines temporären Prozesses!) letzte *aetas* einzugehen.

Diese das sechste Zeitalter übersteigende *aetas* ist, laut Augustinus, wie das Ruhen Gottes am siebten Tag, sofern er eben diesen siebten Tag, den wir selbst sein werden, in sich selbst – in Gott – ruhen lassen wird: Post hanc tamquam in die septimo requiescet Deus, cum eundem diem septimum, quod nos erimus, in se ipso Deo faciet requiescere."[368]

Doch gerade diese bis heute immer wieder interpretierte, sich auf der letzten Seite von *De civitate Dei* befindende Passage gibt Johannes von Paris nicht wörtlich wieder, sondern bringt sie in eindeutig christologischer Fassung zu Wort: „septima erit Sabbatum animarum in Christo et cum Christo quiescendium et stolam corporis expectacium que incepit a Christi passione."[369] Dabei handelt es sich klarerweise um eine Interpretationsvariante, die durchaus nicht erst joachitischer, sondern genuin augustinischer Denkbewegung entspricht, wie Ratzinger im Blick auf Bonaventuras Deutung und gegenüber vielfach anders lautender Ansicht mit Recht feststellte. Jedenfalls war sie zur Zeit Quidort längst ausgeformt und zur *opinio communis* geworden. So bildet sie in der bonaventuranischen Geschichtstheologie ein erstes Element der komplexen „Zentralform" des „2 x 7 Zeiten-Schemas", das zudem auf

---

[367] Arnald von Villanova: Expositio super Apocalypsi. Ed. 1971, 120f.
[368] Augustinus: De civitate Dei 22,30 (CCL 48, 866). Oxford, fol. 30 rb–va.
[369] Oxford, fol. 30 rb; cf. ed. Venedig 1518, fol. L ra.

Auslegungen rekurriert, die sich bereits bei Johannes Eriugena finden.[370]

Demnach wurde dieses siebte Zeitalter durch den „Abend" des Karfreitags initiiert und durch den „Morgen" der Auferstehung Christi exzerpiert. Es währt von der Passion Christi bis zur Wiederkunft Christi am Ende der Tage. Somit verläuft es als himmlischer, verborgener, aber durchaus wirklicher „Tag" parallel dem irdischen, drangvollen, mühseligen sechsten „Tag". Die *septima aetas* ist das Ruhen der gereinigten Seelen der Verstorbenen, der *animae separatae*, in und mit Christus, ein Ruhen, das aber insofern noch nichts Endgültiges ist als es, wie die weltgeschichtliche Zeit nach Christus überhaupt (*sexta aetas*), noch in Erwartung des vollkommen Endgültigen steht, des Hoffens auf die Heimholung „des Leibes" und der Welt dank ihrer Verwandlung im und durch den wiederkehrenden Christus am Ende der Tage.

Die Weltgeschichte verläuft in sechs *aetates*. Sie hat ein Ziel, das außerhalb ihrer selbst liegt. Es heißt „Vollendung", *consummatio*. Die Welt wird Neuschöpfung, wird zum „neuen Himmel und zur neuen Erde". Sie wird es durch den Willens- und Gnadenakt Gottes, der, selbst außergeschichtlich, alle Geschichte beendet, zur Ruhe kommen läßt in sich selbst, in Gott. Insofern ist das menschlich-individuelle Ziel, von dem Augustinus in den *confessiones* so anschaulich zu berichten weiß und in deren Mittelpunkt die gnadenhaft ermöglichte *conversio* und göttlich gewährte *collectio* steht, identisch mit dem Ziel der Menschheit insgesamt: „[. . .] quia fecisti nos ad te et inquietum est cor nostrum donec requiescat in te."[371]

Diese über- wie außergeschichtliche, aber keineswegs von der Geschichte losgelöste (weil stets noch auf die Vollendung der Geschichte wartende und hoffende) und parallel zur sechsten Weltzeit verlaufende siebte *aetas* kennt keinen Abend, sondern blickt in den hellen Morgen des ewigen achten Tages, der der Tag des Herrn, des Auferstandenen ist: „Ibi vacabimus et videbimus, videbimus et amabimus, amabimus et laudabimus. Ecce quod erit in fine sine fine."[372]

Allerdings: So dezidiert, wie Johannes von Paris diese Ansicht Augustins zu repetieren vorgibt, findet sie sich beim Bischof von Hippo nicht. Quidort vertritt diesen Parallellauf von sechster und siebter *aetas* selbst, sucht sie aber mit Autoritätsbeweisen zu erhärten, namentlich und vor allem mit Hinweisen auf Augustinus, aber auch rekurrierend auf das grundlegende Schulbuch der mittelalterlichen Theologie, die

[370] Ratzinger 1959, 17.
[371] Augustinus: Confessiones 1,1.
[372] Ders.: De civitate Dei 22, 30 (CCL 48, 866).

Sentenzen des Petrus Lombardus.[373] Die Schlußfolgerung aber, die daraus gezogen wird, setzt er wiederum deutlich in die *oratio obliqua*. Andere vermuten, daß diese sechste weltgeschichtliche Epoche nicht mehr lange währen wird. Sie rechnen damit, daß das Ende der Welt unmittelbar vor der Tür steht und die *octa aetas*, die Morgenröte des ewigen Sabbats, bald anbrechen werde.[374] Aber diese Vermutung entbehrt jeglicher Notwendigkeit. Auch dafür wird Augustinus angeführt. Beruhten doch, wie Quidort nochmals betont, all diese Erwägungen auf menschliche Mutmaßungen, die irren könnten. Überdies vermag über die Dauer der einzelnen *aetates* keinerlei Auskünfte gegeben zu werden, es sei denn die, daß sie untereinander von verschiedener Länge seien. Auch das habe bereits der Bischof von Hippo richtig festgestellt. Überhaupt gelte hier das Herrenwort, *„non est vestrum nosse tempora vel momenta* etc."[375] Daß Johannes von Paris aber mit diesem Herrenwort keineswegs das menschlich angestrengte Nachdenken, Erwägen und Spekulieren über den Zeitpunkt des Kommens des Antichrist und den Einbruch des Weltendes als erledigt betrachtet, ja möglicherweise als göttliches Denk-Verbot, sondern im Gegenteil, als göttlichen Ansporn zur Reflexion und Kalkulation auslegt, dafür ist der Traktat selbst Beweis. Für Quidort ist es gerade des Menschen Aufgabe, nach Wissen zu streben, allerdings nach einem Wissen, das stets menschliches Wissen bleibt und nicht mit göttlichem verwechselt werden darf. Es ist ein Wissen, das auf Wahrheit hin unterwegs ist, ein Wissen, das sein Ziel, das Sehen und Erkennen der unvergänglich-ewigen Wahrheit noch nicht erreicht hat und das sich dieses seines kontingenten Unvermögens klar

---

[373] Oxford, fol. 30 rb–va: „De hiis agit Augustinus in fine *De civitate dei* et in libro IIII eiusdem capitulo IIIIº; et *contra Manicheum* circa medium; Et in libro / LXXXIII questionum. Et magister sententiarum IIII libro, distinctio I. Cum ergo iam duravit sextam etas tantum vel amplius quantum quelibet precedencium similiter et septima que cum ea currit, dicunt probabilliter presumi finem mundi in ianuis esse." Gemeint ist neben der erwähnten Stelle aus dem Gottesstaat *De Genesi ad litteram* 4,18 (CSEL 28/1, 115 f.); sodann *De Genesi contra Manichaeos* 1, 23 (PL 34, 193): „Si autem aliquem movet quod in istis aetatibus saeculi duas aetates primas denis generationibus advertimus explicari, tres autem consequentes singulae quatuordecim generationibus contexuntur, sexta vero ista nullo generationum numero definita est (Matth. 1,1)"; sowie 1,24 (PL 34, 193): „Si autem aliquem movet quod in istis aetatibus saeculi duas aetates primas denis generationibus adversimus explicari, tres autem consequentes singulae quatuordecim generationibus contexuntur, sexta vero ista nullo generationum numero definita est (Mt 1,1)." Ders.: De diversis quaestionibus LXXXIII, q. 58 (PL 40, 43); ders.: De civitate Dei 18, 52 (CCL 48, 650–652); Petrus Lombardus: Sententiae in IV libris distinctae. 2 Bde., ediert von den Patres Collegii S. Bonaventur. Grottaferrata (Rom) 1971 und 1982, hier: Liber IV, dist. 1, cap. 9 (Rom 1982, 237ff.).

[374] Oxford, fol. 30 vb.

[375] Ebenda 30 vb; Act. 1,7.

sein, es also reflektieren und in all seinen Äußerungen auch entsprechend signieren muß. Die hier vorgestellten und in der Übersicht zusammengefaßten Periodisierungen der Kichen- wie Weltgeschichte sind für Johannes von Paris Produkte menschlichen Geistes, nicht Ertrag göttlicher Offenbarung. Aus ihnen mag das unmittelbare Kommen des Antichrist wie das baldige Ende der Welt vermutet, vermag aber keineswegs zwingend („mit Notwendigkeit") behauptet zu werden.

4.7.3 Axiome und Argumente aus der Astronomie

Nach dem Analysieren und Synthetisieren, dem Exegetisieren und Interpretieren von Prophezeiungen und Visionen Heiliger bzw. heiligmäßiger Personen und geisterfüllter Propheten einerseits und biblischer Textstellen wie biblischer Auslegungen bekannter *auctoritates* und biblisch fundierter Geschichtsanschauungen andererseits kommt Johannes von Paris schließlich noch auf die Ergebnisse und Argumentationsmodi astronomischer Erkenntnisse zu sprechen, die er – gemäß der Einteilung der Wissenschaften seiner Zeit – als auf dem „(natur)-philosophischen Wege" zustande gekommene bezeichnet.[376] Quidort läßt die „philosophischen" Überlegungen streng unter der Perspektive seiner Hauptfrage Revue passieren: der Frage nach dem Kommen des Antichrist sowie des Weltendes. Dabei greift er zwar auf die physikalisch-astronomischen Diegesen zurück, die er zuvor im Kontext der Methodiuskritik artikulierte, entfaltet sie aber jetzt je für sich und betont eigengewichtig, konzentriert nur auf die *quaestio articuli.*

„Nunc videndum est quid per viam philosophie haberi possit, videri enim posset alicui secundum viam philosophie determinari finis cursus mundi."[377]

Ausgehend von der schöpfungstheologischen Erkenntnis, daß der paradiesische Zustand (status innocentiae) von Welt und Mensch, von Schöpfung insgesamt, optimal gewesen sei, kommt es zu jener naturphilosophischen Überlegung, die selbst wiederum als Axiom weiterführender Ableitungen fungiert. Das Axiom selbst wird zwar von Quidort nicht mehr kritisch befragt, aber auch keineswegs als manifeste, objektiv-offensichtliche Wahrheit, sondern als subjektiv gewendete, *probable*, menschliche und damit kontingente Erkenntnis bewertet: „Ponunt enim aliqui quod probabile est mundum a deo creatum fuisse

---

[376] Flasch 1986, 305f.
[377] Oxford, fol. 30 vb. Schmidt, Roderich: Aetates mundi. Die Weltalter als Gliederungsprinzip der Geschichte. *ZKG* 67 (1957/58) 288–317.

ÜBERSICHT DER VON JOHANNES VON PARIS IM TRAKTAT „DE ANTICHRISTO" REFLEKTIERTEN PERIODISIERUNGEN

I) Elf Kirchenverfolgungen (Verfolgungen in der Zeit des Neuen Bundes) wird es geben, weil es elf ägyptische Plagen in der Zeit des Alten Bundes gegeben hat:

A) PRAETERITUM:

1. die Plage des in Blut verwandelten Wassers	die Verfolgung unter Kaiser Nero
2. die Froschplage	die Verfolgung unter Kaiser Domitian
3. die Stechmückenplage	die Verfolgung unter Marcus Ulpius Trajan
4. die Fliegenplage	die Verfolgung unter Antonin
5. die Tierseuchenplage	die Verfolgung unter Severus
6. die Geschwürenplage	die Verfolgung unter Maximin
7. die Hagelplage	die Verfolgung unter Decius
8. die Heuschreckenplage	die Verfolgung unter Valerian
9. die Plage der Finsternis	die Verfolgung unter Aurelian
10. die Totenplage	die Verfolgung unter Diocletian und Maximian

B) FUTURUM:

11. die Plage, beim Durchzug durch das Rote Meer vernichtet zu werden	die Verfolgung unter dem Antichrist

II) Die Öffnung der sieben Siegel signieren die sieben Status der Kirche:

A) PRAETERITUM:

1. das weiße Roß	die Zeit der Apostel
2. das feuerrote Roß	die Zeit der Martyrer
3. das schwarze Roß	die Zeit der Häretiker
4. das fahle Roß	die Zeit der falschen Christen und Scheinheiligen

B) PRAESENS:

5. die Seelen der um des Wortes Gottes willen Getöteten	die Kirche „oben"

C) FUTURUM:	
6. das Beben der Erde und das Herabfallen der Sterne	die Zeit des Antichrist
7. die Ruhe im Himmel	die Zeit nach dem Tod des Antichrist
III) Die sieben Posaunenklänge der sogenannten dritten apokalyptischen Vision korrespondieren den sieben Verfolgungen der Kirche:	
A) PRAETERITUM:	
1. Hagel und Feuer mit Blut gemischt	die Verfolgung durch die Juden
2. der feuerglühende Berg	die Verfolgung durch die Römer
3. der brennende auf die Erde stürzende Stern	die Verfolgung durch Häretiker
4. die Verdunklung	die Verfolgung durch falsche Christen
B) PRAESENS:	
5. die Öffnung des Abgrundes	die Verfolgung durch Vorläufer des Antichrist
C) FUTURUM:	
6. die vier Engel und die Schar der Reiter	die Verfolgung durch den Antichrist
7. die Errichtung des Reiches Gottes	Das Kommen Jesu Christi
IV) Die Betrachtung der sieben Schöpfungstage als Periodisierung der Weltgeschichte in sieben aetates:	
A) PRAETERITUM:	
1. der erste Schöpfungstag – *prima aetas:*	Adam – Sintflut
2. der zweite Schöpfungstag – *secunda aetas:*	Sintflut – Abraham
3. der dritte Schöpfungstag – *tertia aetas:*	Abraham – David
4. der vierte Schöpfungstag – *quarta aetas:*	David – transmigratio Babylonis
5. der fünfte Schöpfungstag – *quinta aetas:*	transmigratio Babylonis – Christus
B) PRAESENS:	
6. der sechste Schöpfungstag – *sexta aetas:*	Christus – finis mundi
7. der Ruhetag des Schöpfers – *septima aetas:*	
a) Sabbatum animarum:	Christi passio – finis mundi
C) FUTURUM: Velut octavus dies:	
b) Sabbatum animarum et corporum:	aeternus dies

planetis et stellis in optima sui dispositione existentibus [. . .].“[378] Diese
optimale Sternen-Stellung sei der Ausgangspunkt dessen, was im Verlauf der Geschichte zu beobachten sei: die „Revolution der Himmelskörper“.

4.7.3.1 Axiome oder: Die „revolutio planetarum“

Wie erinnerlich: Die Erde wurde als eine im Zentrum der Welt stehende Kugel aufgefaßt, um die sich die sieben Himmelsphären drehen. Jede dieser Himmelssphären, die als durchsichtige Schalen vorgestellt wurden, tragen jeweils einen Planeten, zu denen auch Sonne und
Mond gerechnet wurden. Jene durchsichtige Schale, die der Erde am
nächsten steht, trägt den Mond, die zweite den Merkur. Die folgenden
Himmelsschalen gelten als die der Venus, der Sonne, des Mars, des
Jupiter und die des Saturn. Die verschiedenen Planetenhimmel selbst
sah man überwölbt vom Fixsternhimmel (achte Sphäre), der noch einmal umfangen war vom neunten Himmel. Dieser kam als reiner Kri-
stallhimmel zu Gesicht: sternenlos, aber erstbeweglich, vor allem den
anderen Sphären von seiner ständig-schnellsten Drehung Bewegung
mitteilend (*primum mobile*). Jenseits dieses neunten Himmels wurde
endlich der Platz des ruhenden ewigen, Raum und Zeit transzendieren-
den Gottes gedacht: das sogenannte *caelum emphyreum*.[379]
Johannes von Paris setzt die Kenntnis dieses durch Stabilität wie Rationalität gekennzeichneten geozentrischen Weltbildes fraglos voraus.
Denn recht unvermittelt stellt er die divers-divergierenden Berechnungen von Drehrichtungen wie –geschwindigkeiten der verschiedenen
Sphären, Planeten und Sternen vor, dabei immer wieder an das von
„anderen“ gesetzte Axiom erinnernd, daß in postparadiesischer Zeit
die Sterne und Planeten ihre „optimalen Positionen“ verlassen hätten.
Ja, es sei zu beobachten, daß die Himmelskörper sich im Verlauf der
Zeiten von ihrer ursprünglichen Stellung immer mehr entfernten, also
stets ungünstigere Positionen einnähmen.
Um diese Argumentation zu belegen, rekurriert Quidort – wiederum
unausgesprochen – zunächst auf Augustinus. Dieser stellt im fünfzehnten Buch, Kap. 9, von *De civitate Dei* die Ansicht des Plinius Secundus
vor, nach der die Natur mit dem allmählichen Voranschreiten des
Weltverlaufs immer kraft- wie haltloser und, generell gesehen, stets
stärker deformiert werde. So zeige es sich, daß die Menschen im Verlauf der Jahrhunderte an Körpergröße verlören. Diese Ansicht repe-

---

[378] Ebenda.

[379] Flasch 1986, 299f.; dazu auch Eco, Umberto/Zorzoli, G. B.: Histoire illustrée desin-
ventions de la pierre taillée aux satellites artificiels. Paris 1961, 151f.

tiert Augustinus nur, artikuliert sie aber keineswegs als ontologisch-anthropologischen Befund.[380]
Johannes von Paris bringt diese Ansicht – ähnlich wie Augustinus – in einen deutlich markierten funktionalen Konnex. Sie figuriert für Johannes von Paris als noch gar nicht negativ oder positiv bewertetes, sondern lediglich als „von einigen" (natur-)philosophisch in den Blick genommenes Moment innerhalb jenes mehrschichtig begründeten, theologisch auf den Weg gekommenen Theorems, nach dem Mensch und Welt (Welt hier im umfassenden Sinne als die Gesamtheit der Schöpfung – alles was nicht Gott ist – verstanden) von der postparadiesischen und also infralapsarischen *sparsio* signiert ist. Die Schöpfung ist befallen vom ständig sich verbreiternden Krankheitskeim der Zerstreuung und Entfernung von Gott, dem Ursprung allen Seins, befallen auch von der damit Hand in Hand gehenden Zerfallenheit und Atomisierung des Menschen mit sich selbst, der Menschen untereinander und mit der Schöpfung insgesamt.
Um so verwunderlicher ist es, daß diese *aliqui* das Allgesamt der Welt eben nicht in einem unaufhaltsamen Abweichungs- und kosmischen Auflösungsprozeß zu erkennen glauben. Es sei eben nicht abzusehen, wann der gesamte Sternenhimmel vollends aus den Fugen gerate, der Kosmos kollabiere und somit das katastrophische Ende dieser Welt anstehe. Ja, dieser kosmologische Untergang bildet überhaupt nicht das Thema dieser hier von Quidort repetierten naturphilosophischen Denkrichtung. Das Thema ist vielmehr die „Re-volution" der sich auf einer riesigen Kreisbewegung befindlichen Himmelskörper, ihre Hin- und Rückbewegung zu ihrer ursprünglichen optimalen, paradiesischen Position. Sofern dieser Anfangspunkt am Ende erreicht sei, schließe sich der Kreis, sei der Lauf der Welt vollendet, bräche gleichsam das immerwährende „große Jahr" an: „[...] tunc finietur cursus istius mundi, quasi in quodam magno anno, stantibus stellis fixis et erraticis in optima dispositione perpetuo / in qua deus eas creavit."[381]
Mit dieser Sichtweise wird aber die augustinische Spur endgültig verlassen. Zwar bildet auch für den Bischof von Hippo nicht der komplette kosmologische Untergang, das vollständige Auseinanderdriften von Sternen, Planeten und Erde den Schlußakkord der Weltgeschichte, sondern die *re-formatio* des Menschen und der Menschheit. Die ursprünglich göttliche Herkunft des Menschen bestimmt auch seine endgültige Zukunft. Aber auch diese Bestimmung des Menschen ist kein bloß bequemer Wander-Weg, sondern der steile Aufstieg des Men-

---

[380] Augustinus: De civitate Dei 15, 9 (CCL 48, 465).
[381] Oxford, fol. 31 ra–rb.

schen, der „Saumweg" schuldhafter *sparsio*, gnadenhaft ermöglichter *conversio* und schließlich göttlich gewährte *collectio*.[382]
Es ist bezeichnend für das methodische Procedere Quidorts, daß er diesen Gegensatz zwischen naturwissenschaftlicher Theorie und christlichem Glauben mit keinem Wort erwähnt. Im Gegenteil: dadurch, daß er bei der Darstellung dieser als naturphilosophische Erwägung qualifizierten Ansicht, auf theologisches, namentlich augustinisches Gedankengut zurückgreift, verwischt er die sich aus diesem Gegensatz ergebenden Schwierigkeiten, Schwierigkeiten, die unter bestimmten Aspekten als mit dem christlichen Glauben unvereinbar bezeichnet und in Artikel 6 der berühmten Verurteilung von 1277 entsprechend gekennzeichnet wurden.[383] Doch gerade diese verurteilten Aspekte der hier vorgestellten Theorie, will Johannes von Paris nicht zur Sprache bringen. Sie stören ihn bei seinem Gedankengang, seinem erklärten Willen, sich ernsthaft mit den naturphilosophischen, astronomischen Argumenten auseinanderzusetzen, sofern sie den Anspruch erheben, etwas zur Beantwortung der hier zur Debatte stehenden Frage nach dem Weltende beitragen zu können.
So versucht Quidort alles, um gar nicht erst den Eindruck aufkommen zu lassen, er reflektiere hier eine bereits von der Kirche verurteilte These. Insgesamt erweckt er den Eindruck, hier sei von der nachparadiesischen, aber bereits unter der Signatur der Erlösung stehenden Zeit-Geschichte die Rede, von der Neuschöpfung, die gerade im Prozeß der *sparsio* näherrücke. So verrät selbst noch die bloß naturphilosophisch-physikalische Überlegung trotz ihrer starken Fixierung auf die *causae secundae* des Sternen- und Planetenhimmels und ihres relativen, weil letztlich doch auf Gott bezogenen Eigenbestandes immer noch ihre theologisch-soteriologische Struktur, ihre Herkunft und Zukunft von der *causa prima*, von dem Schöpfer-Gott.[384]
Nochmals sei betont: Johannes von Paris signiert dieses hier formulierte physikalische Axiom deutlich genug als Meinung anderer („Ponunt enim aliqui"), spricht diesem aber durchaus eine gewisse Plausibilität, zumindest ernsthafte Fragwürdigkeit zu: „sicut probabiliter teneri potest, manifestum est cursum istius mundi non consumari quousque omnes stelle tam fixe quam erratice, redeant ad punctum in quo fuerunt create."[385]
Ausgehend von diesem Axiom wird der Prozeß der allgemein-planetarischen Rückführung *ad punctum creationis* berechnet, sich dabei auf

---

[382] Schaeffler 1980, 104–108, hier 105.
[383] „Quod redeuntibus corporibus celestibus omnibus in idem punctum, quod fit in XXX sex milibus annorum, redibunt idem effectus, qui sunt modo." Flasch 1989, 103f.
[384] Ders. 1980, 301.
[385] Oxford, fol. 31 ra; cf. ed. Venedig 1518, fol. L ra.

das komplizierte Zahlen- und Spekulationsmaterial des Ptolemäus (Almagest) stützend.

4.7.3.2 Argumente oder: Zahlen und Zeiten

Zunächst, so würde mit Ptolemäus behauptet, betrage die Dauer der allgemein-planetarischen Kreisbewegung 36 000 Sonnenjahre. Denn – laut Ptolemäus – bewege sich der Fixstern *motu proprio* in hundert Jahren um einen Grad, abgesehen freilich von seinem täglichen Lauf *ab oriente in occidentem* über die Weltenpole. Von letzterer Bewegung muß deswegen abgesehen werden, weil der Fixstern diese Dynamik nicht von sich aus, sondern dank der eigenartigen Bewegung der neunten Sphäre erhalte. Multipliziere man also diese hundert Jahre mit dem die gesamte Himmelssphäre umspannenden Zodiakus von 360 Grad, so ist der Fixstern allererst nach den genannten 36 000 Jahren dort, von wo aus er sein Procedere begann: „[. . .] redibit stella fixa ad eundem punctum zodiaci in 36 000 annorum et finietur cursus istius mundi."[386]

Vermag der Mensch es aber nun aufgrund eben dieser vorgegebenen Beobachtungen und Daten nicht doch, den Zeitpunkt vorauszuberechnen, an dem der „Kurs dieser Welt" vollendet sein werde?

Johannes von Paris versucht die Frage gleichsam *per experimentum* zu beantworten. Er spielt sie more mathematico durch. Dabei stellt sich sogleich heraus, daß seine erste, unbedingt zu ergründende Unbekannte die Frage nach der zeitlichen Erstreckung ist, die die Weltgeschichte bereits zurückgelegt hat, ist die Frage also, wann die Welt erschaffen wurde.

Um diesen Zeitpunkt „A" zu bestimmen, greift er auf jene von Roger Bacon stammende Überlegungen zurück, die er bereits in der kritischen Darlegung der von Pseudo-Methodius angestellten Kalkulationen anführte. Dort exemplifizierte er nämlich anhand der Sonnenstellung bereits das genannte Axiom von der Koinzidenz der optimalen Position der Sterne und Planeten mit dem Zeitpunkt der Schöpfung.

Auch jetzt nimmt Quidort an, daß die beste Position der Sonne jene sei, in der der große Licht und Wärme spendende Himmelskörper in der Mitte des Himmels, d. h. in gleicher Entfernung von den beiden Polen stehe, in der also der Tag so lang wie die Nacht sei. Diesen Stand habe die Sonne aber nur *in capite Arietis* erreicht.

Überdies sei anzunehmen, daß bei der Erschaffung der Welt gemäßigte Klimabedingungen herrschten, daß also ursprünglich die heiße

---

[386] Ebenda, fol. 31 va; cf. ed. Venedig 1518, fol. L rb.

Sonne in möglichst großer Entfernung von der Erde, somit im Apogäum und *in capite Arietis* stand.[387]

Der wiederum lang und breit ausgeführte Vergleich der Sternenkonstellation zur Zeit des Ptolemäus mit dieser hypothetisch-paradiesischen Sonnen- und Planetenstellung führt zu jener Rechnung, die Johannes von Paris bereits oben konstatierte: 6470 Jahre (Zeit vom Anfang der Welt bis zu Christus) + 1300 Jahre (Zeit von Christus bis zur Abfassung des Traktates) = 7770 Jahre (Zeit seit Erschaffung der Welt bis zur Zeit des Johannes von Paris).

Werden diese 7770 Jahre von jener Zeit subtrahiert, die als die Zeit des Durchlaufs der Planeten bezeichnet wurde, also von 36 000 Jahren, so bleiben noch bis zur Vollendung der Weltzeit 28 230 Jahre übrig.

Doch gegen diese Kalkulation erhebt Johannes von Paris kritischen Einspruch, der insgesamt zu der Feststellung führt: „Sed ista via nullam certitudinem affert de tempore finis mundi propter multa."[388]

Zu dieser Bewertung kommt Quidort vornehmlich durch die Feststellung, daß die vorgenannte, auf Ptolemäus sich stützende Berechnung von Schülern des Genannten mittlerweile in Frage gestellt werde. So sei gerade die Geschwindigkeit der Bewegungen der Himmelskörper stark umstritten. Verschiedene Zahlen werden genannt. Die einen behaupten etwa, das Apogäum verschiebe sich nicht um einen Grad erst in hundert, sondern bereits in sechzig Jahren. Gehe man von diese Zeitangabe aus und behalte die oben genannten Axiome bei, so ergibt sich eine vollständig andere Kalkulation. Demnach seien nicht 7700, sondern 5260 Jahre seit der Zeit der Erschaffung der Welt verstrichen. Der Kreis- und Rücklauf des Fixsterns dauere somit insgesamt 21 600 Jahre.

Johannes von Paris stützt sich bei seinen Ausführungen immer wieder auf Roger Bacon[389]. Wie so oft zitiert jener diesen aber nicht, ja kennzeichnet seine Ausführungen nicht einmal als Zitat.

Überdies: Falls wir Quidorts detaillierter Darlegung der Jahresberechnungen aufmerksam folgen, stellen wir fest, daß dem Pariser Gelehrten ein gravierender Fehler unterläuft. Anders als bei der ersten, noch logisch korrekten Kalkulation, subtrahiert er jetzt – bei der zweiten Rechnung – nicht die 130 Jahre, die Ptolemäus nach Christi Geburt lebte, von der Jahreszahl seiner Zeit, also vom Jahre 1300, sondern zählt sie dieser hinzu. Darin zeigt sich eine Nachlässigkeit Quidorts, die

---

[387] Ebenda.

[388] Ebenda, fol. 31 va.; cf. ed. Venedig 1518, fol. L rb.

[389] Offensichtlich bringt hier Johannes von Paris den englischen Franziskaner Roger Bacon (ca. 1210–1292) zu Wort, hier „computus" I, 20: De anno stellarum fixarum et quantitate ipsius. Ed. Robert Steele: Opera Hacetnus Inedita. Fasc. VI. Oxford 1926, 81–83.

als Symptom dafür gewertet werden kann, daß es ihm nicht ernsthaft um diese Kalkulationen zu tun ist, sondern einzig darum, seine Zeitgenossen auf das Faktum aufmerksam zu machen, daß auch die Astronomie verschiedene, erheblich von einander abweichende Berechnungen und Überlegungen anstellt, die allesamt nur eines belegen: daß das Ende der Welt nicht exakt vorauszuberechnen sei, daß es also auch seitens der Astronomie und der Naturphilosophie kein sicheres Wissen über den Zeitpunkt des Weltendes und das Kommen des Antichrist gebe.

Die blanke, keineswegs beziehungsreiche oder gar kritisch aufmerksame Anreihung anderer astronomischer Berechnungen belegt diese Absicht Quidorts. So gäbe es andere, *magistri probationum* genannte, die behaupten, der Fixstern bewege sich in 70 Jahren um einen Grad. „secundum quem modum ab initio usque ad Ptholomeum fuerunt anni IIII^M VI^C XX. Totalis autem redditus continet 25 200 annorum."[390]

Die „Inder" indes würden behaupten, daß die Fixsterne sich nicht „essentiell", sondern lediglich „akzidentiell" bewegten: gemäß ihrem Ab- und Aufgang, der durch die Bewegung der Firmamentenpole oder aber, wie einige von diesen glauben, durch die Bewegung des kleinen Kreises *in capite Arietis et Libre* zustande käme. Demnach werden die Sterne, die einst *in capite Arietis* und in Tag- und Nachtgleiche gestanden hätten, nach 997 Mondjahren 10 Grad und 45 Minuten vom Äquator abrücken, während die Bewegung des Pols oder der Halt auf dem kleinen Kreis eine Veränderung um 5 Minuten und 9 Sekunden pro Jahr zeitigen. Ausgehend von dieser „indischen" Theorie werde die Welt in 4194 Mondjahren oder in 4069 Sonnenjahren ihren Lauf vollenden.[391]

Diese als „indische" Kalkulation vorgestellte Berechnung rekurriert auf Tabit ibn Qurra von Harran, dessen astronomisches Werk durch Gerhard von Cremona (1334–1387), einen der laboriösesten Mitglieder der Übersetzerschule von Toledo, der lateinisch sprechenden Welt zugänglich gemacht wurde.[392]

Doch auch damit hält Johannes von Paris sich nicht lange auf. Schon gar nicht geht er den „indischerseits" gemachten Implikationen nach.

---

[390] Oxford, fol. 31 vb; aber statt „secundum quem" fälschlich „secundum quam".
[391] Ebenda. 31 vb–32 ra; cf. ed. Venedig 1518, fol. L va.
[392] *De motu octave spere.* Ed. Francis J. Carmody: The Astronomicals Works of Thabit B. Qurra. Berkeley 1960. Zu Thabit ibn Qurra siehe Neugebauer, Otto: Thabit ibn Qurra „On the Solar Year" and „On the Motion of the Eighth Sphere". *Proceedings of the American Philosophican Society* 106 (1962) 264–299; Dreyer, J. L. E.: A History of Astronomy from Thales to Kepler. New York 1953, 276f.; zu Gerhard von Cremona s. Meyer, Egbert: Gerhard von Cremona. In: LexMA IV, 1989, 1317f.

Vielmehr führt er eine weitere Variante astronomischer Berechnung
an, sich dabei – wiederum unausgesprochen, aber offensichtlich – auf
Roger Bacon stützend.[393]
Zur Sprache kommt der jüdische Geschichtsschreiber Josephus Flavius. Zitiert wird eine Passage aus seinem zwanzig Bücher umfassenden Werk *Antiquitates Iudaicae*, die bereits Beda Venerabilis in *De temporum ratione* anführte:
„Josephus etiam scribit in libro *Antiquitatum Mundi* quod annus revolu-
tionis planetarum ad unam habitudinem est respectu celi et omnium
aliorum, secundum quod minor esset post DC annorum solarium."[394]
Auffallend ist, daß Johannes von Paris damit nicht nur die bestehende
Fragwürdigkeit und Korrekturbedürftigkeit der astronomischen Theorien artikuliert, sondern daß er – gleichsam en passant, nämlich mittels der Reihenfolge, in der er die diversen wie divergierenden Theorien vorführt – eine stets kleiner werdende Zahl von Jahren nennt, die
noch bis zur vollständigen „Revolution der Planeten" und damit – entsprechend seinen oben genannten Axiomen – bis zur Vollendung der
Welt verbleiben. Konnte er zunächst im engeren Gedankenkreis des
Ptolemäus noch recht großzügige Zeitspannen benennen, die den Mit-
telwert von rund 25 200 Jahren ergeben (genannt werden 28 230
Jahre, sodann 21 600 und schließlich eben – gleichsam als Durch-
schnittszahl 25 200 Jahre), so sind gegen Ende der Reihung nur noch
4069 und schließlich nurmehr 600 Jahre im Gespräch. Diese abstei-
gende Ordnung der Jahreszahlen ist sicherlich nicht zufällig gewählt
worden. Sie entspricht der deutlich feststellbaren Tendenz Quidorts,
seinen Zeitgenossen den Eindruck zu vermitteln, daß das Ende der
Welt nicht mehr lange auf sich warten lasse und der Antichrist bereits
vor der Tür stehe. Diese Aussage will er jedoch nicht – wie etwa Arnald von Villanova – als sicheres Wissen ausgeben, sondern als denkbare und „probate", aber durchaus „unsichere" Mutmaßung seinen
Zeitgenossen vorstellen. So schließt er die Präsentation der divergierenden Kalkulationen mit ähnlicher Bemerkung ab, wie er sie allesamt
zuvor einleitete und zwischendurch immer wieder einstreute: „Et sic
patet quod dicta probatio incerto inititur fundamento et certitudinem
non affert."[395]
Bemerkenswert ist überdies die Art und Weise, wie Johannes von Paris
diese Kalkulationen in ihrer Aussagekraft relativiert und damit insgesamt entschärft. Er qualifiziert sie ja nicht etwa dadurch als unsicher

---

[393] Oxford, fol. 32 ra; Roger Bacon: Computus I, 19: De annis quinque planetarum. Ed.
Steele 1926, 81.
[394] Oxford, fol. 32 ra; Josephus: Antiquitates Judaicae I, 3, 3; Beda Venerabilis: De temporum ratione 36: De annis naturalibus (CCL 123b, 395–397).
[395] Oxford, fol. 32 ra; cf. ed. Venedig 1518, fol. L va.

ab, daß er den naturphilosophischen Erwägungen bestimmte erkennt-
nismäßige Unzulänglichkeiten quittiert, sondern gerade dadurch, daß
er die imponierende Vielfalt ihrer Berechnungen präsentiert, Berechnungen, die zwar je für sich zu einem schlüssigen Ergebnis gelangen,
die aber miteinander nur schwer bzw. überhaupt nicht vereinbar
sind.

Diesem methodischen Procedere fügt Quidort zum Schluß seiner Darstellung der astronomisch-physikalischen Erwägungen noch prinzipielle Reflexionen an, die sich nicht bloß auf die eine oder andere
Rechnung beziehen, sondern die aller Einzelkalkulation zugrundeliegende *ratio* kritisch befragen, ja insgesamt in Frage stellen.

4.7.3.3 Kritische Reflexion

„Secundo deficit a certitudine quia non est eadem dispositio rei optima
in sui principio et in sui complemento nec prout ordinatur res ad aliquem finem et prout iam est ipsam adepta."[396] Hier führt Johannes
von Paris den 1138 in Cordoba geborenen Moses Maimonides an. Der
gläubige Jude und Kenner der griechisch-arabischen Philosophie, namentlich der des Averroes, stand vornehmlich aufgrund seines um
1190 verfaßten „Führers der Unschlüssigen" bei maßgeblichen Theologen des 13. Jahrhunderts in hohem Ansehen, so bei Albertus Magnus
und Thomas von Aquin. Hatte er doch gerade in dem genannten
Werk die Frage nach dem Verhältnis von Glauben und Wissen in neu-
artiger Weise zu beantworten gesucht. Er wollte zeigen, „daß die Bibel
nichts anderes enthalte als eben diese Philosophie, und zwar durch die
Methode der allegorischen Deutung. So verstand er die *Genesis* als den
Inbegriff der Physik."[397]

Die eingangs zitierte Passage stammt aus dem erwähnten um 1240 ins
Lateinische übersetzten *Dux neutrorum* und signiert deutlich den stark
dynamisch ausgerichteten Begriff der Natur, wie ihn die griechisch-
arabische Philosophie dem Westen bot. „Entwicklung" und „Veränderung", „Dynamis" und „Energeia" hießen einige der physikalischen
Schlüsselworte, derer sich Maimonides bereits zu Beginn seines „Führers" in den bekannten 25 Leitsätzen bediente, um sie von der Einzig-
artigkeit Gottes kritisch zu differenzieren:[398] Das Ende eines Seienden
(res) muß unterschieden werden von seinem Anfang. Optimaler Anfang und Vollendung oder Beendigung sind nicht identisch; dazwischen liegt der Weg, das Werden, die Veränderung.

---

[396] Ebenda.
[397] Flasch 1987, 295.
[398] Ebenda; dazu auch 640f., Anm. 10. Dort die verschiedenen Ausgaben. Hier die lat.
Übersetzung (um 1240) *Dux Dubiorum* II, 17. Hrsg. von Augustinus Justinianus.
Frankfurt a. M. 1964, fol. XLVIII s. (= Paris 1520).

Worauf Johannes von Paris aufmerksam machen will, artikuliert er noch einmal mit „Rabbi Moses". Er führt zwei Beispiele an, die das prinzipiell Gemeinte drastisch-plastisch, für jedermann verständlich, exemplifizieren: Ein Vogel beginnt innerhalb eines Eies zu leben, wächst dort allmählich heran und schlüpft schließlich nach langer artspezifischer Entwicklung. Das Ende des Vogels kann dagegen völlig anders, unverhofft und rasch verlaufen: Der Vogel stirbt – möglicherweise – im Bauch eines Tieres, „quia ei non convenit."[399] Anfang und Ende des Vogels sind überhaupt nicht zu vergleichen oder, abstrakter formuliert: Es verbietet sich, vom Beginn eines Geschöpfes auf dessen Lebensende zu schließen; und zwar deswegen, weil die Lebensbedingungen eines jeden Geschöpfes, innere und äußere Umstände und vieles mehr, sich im Laufe der Zeit verändern, am Ende nicht mehr dieselben sind, wie sie am Anfang waren.[400] Diese Erkenntnis überträgt Johannes von Paris in kritischer Weise auf den Berechnungsmodus des kosmischen Endes. Der Prozeß der planetarischen Veränderung werde bei all den vorgenannten Berechnungen schlicht übersehen, fälschlicherweise nicht mit einkalkuliert. Es werde somit kurzschlüssig das „Beste des Anfangs" auf das „Beste des Endes" übertragen: Das, was für irgendein Seiendes das Beste am Anfang war, muß keineswegs notwendigerweise das Beste am Ende sein: „Non ergo oportet quod illa dispositio que fuit celo optima in sui principio, sit ei optima, cum quiescet a motu in fine mundi."[401] Die Konsequenzen dieses Einwandes liegen auf der Hand: Johannes von Paris demonstriert, daß das Ende der Welt nicht erst in dem Augenblick kommen muß, in dem die Himmelskörper wieder ihre ursprünglichen, paradiesischen Positionen eingenommen haben. Vielmehr darf damit gerechnet werden, daß die optimale Stellung der Planeten nicht erst dann erreicht ist, wenn sie ihren Himmelskreis vollständig – vom Anfang bis zum Ende – durchlaufen haben, sondern dann, wenn sie die für sie in ihrer variablen Disposition optimale Konstellation auf dem Himmelskreis zeitigen, also einen göttlich *vorgesehe*nen, menschlicherseits gar nicht vorher erkannten Punkt erklimmen, einen Punkt, der durchaus vor dem mit dem Anfangspunkt des Kreises identischen Endpunkt liegt. Mit anderen Worten: Johannes von Paris

---

[399] „[. . .] ponens exemplum de avicula, que / in sui principio clausa in testa ovi crescit et vivificatur; et tamen si postea degluciatur in stomaco bestie vel piscis cito moritur quia ei non convenit". Oxford, fol. 32 ra–vb. Vgl. Moses Maimonides: Dux Dubiorum II, 17. Hrsg. von Augustinus Justinianus. Frankfurt a. M. 1964, fol. XLVIII s. (= Paris 1520).

[400] Es geht hier um das Prinzip der Veränderung hinsichtlich des Geschaffenen. Der Gedanke der sich ständig verändernden Schöpfung ist Johannes von Paris tertium comparationis.

[401] Oxford, fol. 32 rb; cf. ed. Venedig 1518, fol. L va.

warnt mittels dieses prinzipiellen Einwandes seine Zeitgenossen davor,
zu übersehen, daß das Weltende – möglicherweise – bedeutend früher
eintreten könnte als zu den oben genannten mittels physikalisch-astro-
nomischer Kalkulation errechneten Terminen.
Doch damit nicht genug: Johannes von Paris formuliert schließlich
noch einen weiteren prinzipiellen Einwand gegenüber den vorgenannten Überlegungen und Berechnungen. Er trifft ebenfalls eines ihrer
„astro-physikalischen" Axiome und erhärtet den Verdacht, daß die optimale Position der Himmelskörper und damit die Vollendung der
Welt schneller erreicht werden könnte, als oben errechnet und allgemein erwartet: „[. . .] dato quod cursus iste mundi non cesset quousque redeant stelle ad predictam dispositionem non tamen necessario
remanent tot anni quia in fine mundi celum forsan multo velocius movebitur quam nunc, ita quod forsitan infra horologium unius diei faciet
totum celum omnes circulationes quas facit anno uno."[402]
Damit artikuliert Quidort insgesamt eine doppelte Unwägbarkeit, die
er überdies jenen Unsicherheiten addiert, die er bereits im Blick auf
die naturphilosophischen Kalkulationen markierte. Jetzt bezieht er sich
nicht mehr nur auf die Berechnung, sondern stellt die Berechnungsgrundlage, ihre Axiome selbst in Frage, und zwar in doppelter Hinsicht: Einerseits bezieht er sich auf die möglicherweise modifizierte
Endposition der Himmelskörper, andererseits auf ihre denkbare varia-
ble Zelerität: Neben den Faktor „Ort" treten die Faktoren „Zeit" und
„Geschwindigkeit".
Hingegen darf nicht verwundern, daß Johannes von Paris das Grund-
prinzip der astronomischen Bedenken selbst nicht in Frage stellt: nämlich ob überhaupt das Ende der Welt erst dann eintritt, wenn die Himmelskörper wieder ihre – wo und wann auch immer erreichte – „optimale Position" erlangt hätten. Tatsächlich deutet Johannes von Paris ja
diesen Einwurf an, wenn er am Schluß seiner kritischen Darstellung

---

[402] Ebenda.; hier greift Johannes von Paris wieder einen Gedanken des Arnald von Villanova auf, ohne diesen allerdings zu nennen: „Astrologi vero, qui probant, quod
motus retardationis octave sphere compleri nequit in paucioribus annis quam in
XXXVI milibus, debent scire, quod suam potentiam et sapientiam deus non alligavit
naturalibus causis. Sed sicut in productione mundi fuit supernaturaliter operatus, sic
et in consummatione huius seculi supernaturaliter operabitur. Et si totius retardationis revolutio necessaria foret, ut asserunt, ad universalem perfectionem, nichilominus
deus est potens motum orbium velocitare, quantum placuerit, et revolutionem complere brevissimo tempore, ita ut revolutiones L vel centum annorum compleantur in
uno anno vel dimidio, quod utique futurum esse circa / finem mundi scriptura testatur II Petri ultimo dicens: *Adveniet dies domini sicut et fur, quo celi magno impetu trans-
current vel transient'.*" Arnald von Villanova: Tractatus de tempore adventus antichristi.
Vat. lat. 3824 fol. 65 rb–va; aber „revolutionem et complere"; mit kleineren Abweichung Finke 1902, CXXXIV. Die Stelle 2 Ptr 3,10 wird auch Johannes von Paris – den
Gedankengang abschließend – übernehmen.

feststellt, „daß der Tag des Herrn kommen wird, wie ein Dieb in der Nacht. Dann werden die Himmel vergehen mit reißender Kraft" (2 Petr 10).[403]

Hätte Johannes von Paris diesen biblischen Vers zu Beginn des kritischen Bedenkens astronomischer Axiome und Argumente ins Feld geführt, wäre der Satz seiner Schlagkraft beraubt worden. Ja, er hätte zunächst näher erläutert werden müssen und hätte a limine dem Disput sein Material- wie Formalobjekt geraubt. Die Beschäftigung mit den astronomischen Argumenten wäre gegenstandslos und damit sinnlos geworden. Gerade weil aber dieser Petrussatz die kritischen Bedenken von vorgestellten divergierenden Berechnungen und prinzipiellen Überlegungen über Raum und Zeit betreffende Faktoren abrundet, erhält er die überzeugende, konkordierende Kraft eines Schlußergebnisses.

Überdies ist festzustellen, daß der genannte biblische Vers sich exakt in die Reihe jener Ergebnisse einfügt, die Johannes von Paris bislang artikulierte. Hatte er doch zuvor bereits seine Untersuchung biblischer und exegetischer Auskünfte zum Thema mit dem Vers Apg 1,7 abgeschlossen und damit klargemacht, daß es dem Menschen nicht zukommt, den genauen Termin des Weltendes zu kennen: „non est vestrum nosse tempora vel momenta."[404]

Beide biblischen Verse fungieren nicht als Aufforderung, überhaupt das theologisch-philosophische Fragen und Forschen nach dem Weltende einzustellen, sondern bilden, da eingefügt in den von Quidort eruierten Konnex, allererst den Abschluß einer intensiven wie extensiven Auseinandersetzung über die Frage nach dem Kommen des Antichrist und dem Hereinbrechen des Weltendes. Sie geben den jeweils vorausgegangenen Darlegungen die spezifische Sinnspitze und bekräftigen resümierend die Beobachtung Quidorts, daß die biblischen Auskünfte nicht auf den Tag und die Stunde genau das Weltende datieren, wohl aber in dem Sinne menschlicherseits interpretiert werden dürfen, daß mit dem Ende der Welt innerhalb der nächsten zweihundert Jahre zu rechnen sei, und daß demzufolge, der Antichrist vor der Tür stehe, jedenfalls nicht mehr lange auf sich warten lasse.

Diese Aussagen werden allerdings nicht als sicheres Wissen, sondern ausdrücklich und mehrfach als „wahrscheinlich" qualifiziert: *verisimiliter, probabiliter,* aber „sine temeritate assertionis."[405]

---

[403] Oxford, fol. 32 rb–va: „Et hec videtur velle beatus Petrus / in canonica sua dicens: *Adveniet dies domini ut et fur in nocte: in quo celi magno impetu transient.*" Aber fälschlich „fur in nocturnitate" und „in qua". Dazu ed. Venedig 1518, fol. L va–vb.

[404] Ebenda. fol. 30 vb; ed. Venedig 1518, fol. L ra.

[405] Auch wird die Formel verwendet: „Et ideo predicta probatio nil certum affert." Ebenda. fol. 27 va; in der ed. Venedig 1518, fol. XLIX ra.

Damit hat Johannes von Paris endlich jenes Terrain gewonnen, auf dem er den so ungeduldig wie vehement vorgetragenen Argumentationen Arnalds von Villanova sachlich-ruhig begegnen kann. Im deutlichen Blick auf den Antichrist-Traktat des katalanischen Arztes – und doch ohne diesen überhaupt zu nennen – formuliert Quidort schließlich sechs Argumente, die dem Autor selbst wiederum zum Gegenstand sechsfacher Reflexion werden. Die Reflexion setzt die Kenntnis des bisher Gesagten voraus. Dieses fungiert gleichsam als Rüstzeug jener. Überdies bildet das kritische Bedenken mit den Argumenten eine korrespondierende Einheit. Sie soll deswegen im folgenden sogleich nach dem jeweiligen Argument vorgestellt und analysiert werden.

4.7.4 Sechs kritische Bedenken oder: Aufruf zur Toleranz

Insgesamt kreisen die im folgenden dargestellten sechs Argumente um die bereits mehrfach angeschnittene Frage nach den Bedingungen und Möglichkeiten, sinnvolle Aussagen über das Kommen des Antichrist und das Hereinbrechen des Endes der Welt zu treffen. Wichtige bereits einleitend sowie zu Beginn des zweiten Hauptabschnittes formulierte Ergebnisse werden vorausgesetzt, weiter verfolgt und im kritischen Blick auf Arnald von Villanova und den von ihm aufgeworfenen Fragen exemplifizierend zur Anwendung gebracht.

Überdies belegen die hier angestellten Reflexionen eindrucksvoll, daß der Pariser Gelehrte sich nicht bloß mit kritischem Bedacht zu diesem voll banger Brisanz beladenen Thema äußert, sondern daß er gegenüber den Ansichten und Argumenten Arnalds von Villanova eine unmißverständliche, aber ungewöhnlich „tolerante" Position einnimmt.

Die sechs Argumente leitet Johannes von Paris vorsichtig-zurückhaltend ein mit einem „Sunt autem forsan et aliqui qui aliquibus argumentationibus innisi dicunt", um sodann jedes weitere *argumentum* mit „Item [...] dicunt" zu indizieren. Der Wechsel der Rede, in der Johannes schließlich sein eigenes Dafürhalten ausspricht, rekurriert in exakt entsprechender Reihenfolge der Argumente auf diese vorangeführten Ansichten. Es wird zunächst eingeleitet durch ein den Gegensatz herausstellendes *sed*, sodann aber – im weiteren Verlauf – jeweils durch ein die Rede wieder aufnehmendes *quod vero*.

4.7.4.1 Ad argumentum primum

Zunächst bringt Johannes das zu Wort, was seiner eigenen Stellungnahme zu diesem Thema zwar recht nahekommt, was er schließlich aber doch differenzieren möchte:

„Sunt autem aliqui, qui forsan [...] dicunt [...], quod Daniel intellexisse videtur de fine mundi et tempore antichristi, capitulo VIII, ubi post visionem de vespere et mane dicit unus angelus alteri: *Gabriel, fac*

eum *intelligere visionem. Et infra eodem dixit angelus Danieli: Intellige, fili hominis, quoniam in tempore finis complebitur visio, etc."*[406]
Hier werden exakt jene Textstellen angeführt, die von dem *intelligere* Daniels sprechen, aber den bibelkundigen Leser zugleich daran erinnern, daß Daniel aufgrund seines intensiven Bemühens und Nachdenkens über die sogenannte „de vespere et mane"-Vision zwar vom göttlichen Boten, dem Engel, Einsicht in die Bedeutung bekommen hatte, daß diese Einsicht aber durchaus noch intensiviert werden konnte. Worauf Johannes von Paris hier offensichtlich hinweisen will, ist, daß es ein prozeßhaft sich steigerndes und intensivierendes Erkennen gibt, ein Erkennen, das zwischen den beiden Polen von Gesichte und Visionen einer- und intellektueller Deutung andererseits im Lauf der biographischen Einzelgeschichte (siehe Daniel 8–12) und universal christlicher Weltgeschichte *fortschreitend* wächst, sich immer wieder gegenseitig auf- und entladend verdichtet.
Das Beispiel Daniel zeigt es augenscheinlich. Der mittelalterliche Leser wußte das: Immer wieder denkt Daniel über die Visionen nach, in intellektueller wie asketisch-meditierender, betend-bittender Anspannung. Immer wieder bekommt er auch Antwort, göttliche Deutungsmuster, lichtvoll-engelhafte Hilfe an die Hand. Kaum vermag Daniel die eine Vision einzusehen, zu verstehen (*intelligere*), da kommt ihm eine neue *visio* zu Gesicht, die wiederum bedacht, interpretiert und gedeutet werden will. Dabei stellt sich – wiederum nicht ohne göttlichen Beistand – heraus, daß auch diese Schau eine ergänzende Verdichtung und Vertiefung zu jener „Vision vom Morgen und Abend" (Dan 8,26) darstellt, sich also ebenfalls auf das Ende der Zeiten bezieht. Dieser geradezu dialektisch fortschreitende „Aufklärungsprozeß" über den *finis temporum* bricht jedoch im 12. Kapitel ab, ohne sein Ziel, seine vollendete Deutung zu erhalten. Es ist genau jene Stelle, die Johannes von Paris bereits zitierte und die den Grund für jenen dem Traktat programmatisch vorangesetzten Danielvers (12,4) liefert: Daniel wird weggeschickt: „Geh, Daniel, denn verschlossen und versiegelt bleiben die Worte bis zur Zeit des Endes!" (12,9).
Doch dieses „Geh" will Johannes offensichtlich nicht, wenigstens nicht nur, als „Wegschicken" verstanden wissen, genommen im Sinne eines Ablassens und Wegblickens von der hier zur Debatte stehenden doppelten Frage nach Antichrist und Weltende. Vielmehr will Johannes diesen Imperativ als ein „Sich-auf-den-Weg-, den Erkenntnisweg-Machen" interpretieren, noch einmal unterstreichend, daß der Mensch dazu verpflichtet ist, sich dieser Frage zu stellen, sich darüber Gedanken zu machen und entsprechende Forschungen anzustellen. Diese

---

[406] Oxford, fol. 32 va; Dn 8,16f.

Verpflichtung bekommt aber jetzt dadurch eine andere, weitere Begründung, daß die Beschäftigung als sich ständig verdichtender Erkenntnisprozeß qualifiziert wird. Sie trägt nicht das Zeichen des sich ständig Wiederholenden und also kreisenden Vergeblichen, sondern des prozeßhaft-zielgerichteten Fort- und Voranschritts an sich, eines Fortschritts allerdings, der in diesseitiger Existenz nicht zur vollen, absolut wahren Antwort führen wird. Hierauf repliziert Johannes im weiteren Argumentationsgang. Die „Zeit des Endes" sieht er bei Daniel durch die gerade angeführte Textstelle näher bestimmt, möglicherweise auch in Anspielung auf die Anrede *fili hominis*, „Menschensohn" (Dan 7,13). Jedenfalls kann er, daran anknüpfend, den sich ständig verdichtenden Erkenntnisprozeß trotz des abrupten Abbruchs bei Daniel selbst fortführen; denn die Zeit des Menschensohns ist die Zeit dessen, der „gleich einem Menschensohn" „inmitten der sieben goldenen Leuchter steht" (vgl. Apc 1,13), ist die des Herrn und eschatologischen Richters Jesu Christi. Seinen Söhnen, den Söhnen seiner Stiftung, der Kirche, wie Johannes im Sinne der Väter formuliert,[407] bleibt die Enträtselung und Entschlüsselung der Prophezeiungen über das Ende der Welt aufgegeben: „Si autem revelatum est de tempore finis mundi Danieli, constat quod dominus vult hoc manifestari filiis ecclesie quia gratia prophetie est ad utilitatem. Unde Mt 24 petentibus discipulis de consummacione seculi remittit eos dominus ad Danielem. Ergo sciri potest tempus finis mundi et adventus antichristi."[408]
Den bereits im Alten Testament fortschreitenden Erkenntnisprozeß zum doppelten, das Weltende wie das Kommen des Antichrist betreffenden Thema nicht nur zu repetieren, sondern, im Blick auf das Neue Testament und das Herrenwort „nutzbringend", *ad utilitatem*, wie es heißt, einzusetzen und solcherweise voran- und einer Antwort näherzubringen, darum geht es in diesem Argument. Das Ziel bei all dem Bemühen ist die Klärung der genannten Fragen, ist die Offenbarung, die „Manifestation" (*manifestare* heißt es im Text) des Kommens des Antichrist und des Weltendes.
Diese Manifestation wird letztlich zwar von Gott geschenkt, kommt aber im Modus des menschlichen Forschens und Fragens auf den Weg. Der prozeßhafte Charakter ist der Modus des diese doppelte Frage zumindest approximativ zu beantwortenden Erkenntnisgangs.
Die auf dieses erste Argument gegebene „Gegenrede", die ja allererst die Meinung des Autors wiedergibt, zeigt, daß Johannes von Paris ge-

---

[407] Beinert 1973, 205ff.
[408] Oxford, fol. 32 va; aber „discipulis"; „dominus" om.; vgl. ed. Venedig 1518, fol. L vb; Mt 24,15.

rade diesen zuletzt genannten Aspekt durchaus nicht verneinen, sondern klärend vertiefen will:

Das methodische Procedere wird im Blick auf die göttliche Dependenz gleichsam qualitätsmäßig noch einmal intensiviert; und zwar in einer für den Leser überraschenden Weise. Nachdem Johannes ja bereits ausführlich über das Kommen des Antichrist und das Hereinbrechen des Endes der Welt spekuliert hat, will er jetzt festgehalten wissen, daß es überhaupt nicht Sache des Menschen sei, den Zeitpunkt dieser Letztereignisse zu bestimmen: „[...] nec ista concludunt sciri posse, vel scitum esse ab homine tempus consummationis mundi."[409] Stellt Johannes damit all seine Ausführungen und intellektuellen Anstrengungen schließlich doch noch in Frage?

Er führt wieder das Buch Daniel an. Legt aber jetzt eben nicht, wie oben angeführt, den Akzent auf den sich fortschreitenden Erkenntniszuwachs des Propheten, sondern unterstreicht gerade die negative Seite dieses Prozesses, kontrastiert das Nichtwissen Daniels: „Non enim intellexit Daniel determinate quando omnia ista contingerent, nisi forte in generali intellexerit aliqua eorum fore in fine mundi."[410]

Dabei betont er, daß Daniel zwar im permanenten Progreß des prophetischen Sehens und Deutens immer klarer erkannte, was am Ende der Tage geschehen werde, aber den genauen Zeitpunkt, das Wann all dieser Endereignisse, nicht exakt zu erfassen wußte: „Sd intellexit Daniel aliqua que futura erant et que essent, que significabantur sub obscuritate illa figurarum. Unde ibi subiungitur cap. VIII: *ego ostendam tibi que futura sunt in novissimo maledictionis* etc.; et non dixit determinate quando."[411]

Selbst von jenen Ereignisse, von denen Daniel wußte, wann sie eintreffen werden, wollte er nicht den Zeitpunkt nennen. Er wollte nicht, so interpretiert Johannes von Paris mit Blick auf Mt 7,6, „Perlen vor die Säue" werfen. Quidort weiß dabei um die „pädagogische" Sinnspitze für die Menschen seiner Zeit und unterstreicht somit die Funktion des im Dunkel liegenden Zeitpunktes: „Si etiam intellexit determinate tempus aliquorum fiendorum, non oportuit eum expressisse clare ut ex prophetia sua possit haberi ante rei adventum temporis determinatio quoad annorum numerum vel dierum. Sed obscure tradidit, ne *margaritas* suas poneret *ante porcos* et ad exercicium nostrum."[412]

---

[409] Oxford, fol. 33 rb; aber „consummationis"; vgl. ed. Venedig 1518, fol. LI ra; rekurriert wird auf Dn 8,17–19. Hier spricht Gabriel zu Daniel von der „Endzeit", dem „tempus", das „sein Ende" hat („tempus habet finem suum").

[410] Oxford, fol. 33 rb; vgl. dagegen die zwar deutlichen, aber den Sinngehalt des Satzes nicht verändernden Abweichungen in der ed. Venedig 1518, fol. LI ra.

[411] Ebenda; Dn 8,19.

[412] Oxford, fol. 33 rb–va; cf. ed. Venedig 1518, fol. L vb.

Ad exercitium nostrum, damit ist das Sinn-Ziel dafür genannt, warum Gott und seine Propheten dem Menschen nicht frank und frei mitteilen, wann genau der Antichrist kommt und wann das Ende der Welt hereinbricht. Johannes greift damit ein Motiv auf, das er in seinem Traktat immer wieder nennt: Der Mensch soll sich gerade mit den „Letzten Dingen" beschäftigen, soll gerade mit der Herrschaft des Antichrist rechnen und sich und den Lauf dieser Welt unter dem richtenden Aspekt Christi betrachten. Dadurch werde der Mensch, wie Johannes bereits zu Beginn des Abschnittes über die Frage nach dem Kommen des Antichrist formulierte, von „schädlichen Beschäftigungen" abgehalten und zum konzentrierten Hinhören auf Gottes Stimme genötigt: *ad exercitium nostrum*.[413]

Diese Formulierung erinnert deutlich an die von Arnald von Villanova artikulierte Forderung, der Mensch des endenden 13. Jahrhunderts solle sich ja nicht in dieser Welt heimisch fühlen und gleichsam für die Ewigkeit einrichten. Im Gegenteil: Es gelte sich von diesseitig Vergänglichem immer mehr zu lösen und sich stets fester an den ewigen Gott innerlich zu binden. „Das Ende ist nahe!"[414]

Diese offensichtliche Übereinstimmung der Motive läßt erkennen, daß Johannes von Paris wiederum einerseits Arnald von Villanova bestätigt, andererseits ihn aber durch die genannte Begründung auch korrigiert. Führt doch die Identität der Motive nicht zur Identität der Ergebnisse. Quidort greift zwar Arnalds erzieherisch-therapeutischen Ansatz auf, meint aber gerade aus diesem Grund, über den Zeitpunkt des Kommens des Antichrist und der Wiederkunft Christi schweigen zu müssen. Die Identität der therapeutischen „Exercitia" belegt der Pariser Gelehrte wohlweislich nicht mit Arnald, sondern solid-seriös mit der *Glossa ordinaria*, genauer mit dem Prolog des Hieronymus-Kommentar zu Daniel 7,1: „unde glossa dicit quod solus conscius fuit aliquorum que sibi fuerunt ostensa."[415] Dank dieses Autoritätsbeweises rechtfertigt er wie im Vorbeigehen Arnalds Gedankengang ohne diesen überhaupt *expressis verbis* als solchen genannt zu haben.

Und schließlich: Johannes von Paris umgibt sich selbst mit der geheimnisvoll-prophetischen Aura dessen, der möglicherweise mehr weiß oder zu wissen vorgibt, als er tatsächlich sagt. Jedenfalls artikuliert der

---

[413] Ebenda. fol. 20 ra.; dort rekurrierte Johannes von Paris auf Dn 12,9, aber auch auf Offb 10,4.

[414] Arnald von Villanova: Tractatus de tempore adventus antichristi. Vat. lat. 3824, fol. 56 ra und öfter.

[415] Oxford, fol. 33 va. Bei Hieronymus heißt es: „In his vero narrantur somnia quae singulis sint visa temporibus: quorum solus propheta conscius est, et nullam habent apud barbaras nationes signi vel revelationis magnitudinem; sed tantum scribuntur, ut apud posteros eorum quae visa sunt, memoria perseveret." *Glossa ordinaria*, ed. Venedig 1603, Bd. 4, 1574–1576.

gesamte Argumentationszusammenhang, geradezu antithetisch gegenübergestellt, einerseits ein auffallendes Streben nach dem Wissen um das, was es mit dem Antichrist und dem Ende der Welt auf sich hat, getragen von einem exponierten intellektuellen Optimismus, andererseits das Bemühen darum, das aufgezeigte erkenntnistheoretische Procedere immer wieder selbstkritisch zu befragen und gerade dadurch zu relativieren: „Sed quia ex Daniele vel alia scriptura non est evidens quando hec erunt. / Ideo de tempore secundi adventus Christi nichil est certum."[416]

Dieses Bestreben setzt sich ebenfalls in seiner Rezension des zweiten Arguments fort, das einen Vergleich zwischen der – mit der Heiligen Schrift begründeten – Berechnung der voraussichtlichen menschlichen Lebensdauer und der Weltendauer artikuliert.

4.7.4.2 Ad argumentum secundum

„Item quia licet nesciatur / determinate hora mortis hominis vel dies, tamen determinari potest ei per scripturam et per naturam tempus ultra quod non vivet, psalmus: *dies annorum nostrorum LXX anni. Si autem in potentatibus LXXX anni*, etc.; ergo a simili licet nesciri possit dies vel annus consumationis mundi determinate, tamen potest haberi terminus ultra quam non durabit mundus."[417]

Eine Folie weiter kritisiert Johannes von Paris diese Überlegung. Er sieht hier eine allzu optimistische Sicht menschlicher Erkenntniskraft und vorschnelle Identifizierung von menschlicher Prognose und göttlich inspirierter Prophetie artikuliert; formallogisch gar einen Fehlschluß aufgrund eines Vergleichs zweier nicht vergleichbarer Größen: „Quod vero subiungitur de certa peryodo vite singularis hominis non cogit, quia peryodus vite hominis est secundum virtutem nature sue create que limitata est. Et ideo predivinari potest terminus eo quod omnium nature constancium positus est terminus augmenti et decrementi; sed mundi duratio et consumatio est secundum absconditum divine voluntatis propositum."[418]

Die oben stärker pädagogisch-pastoral begründete Negativität menschlichen Wissens wird jetzt im Blick auf den völlig anders gearteten Erkenntnisgegenstand begründet. Bei der Fixierung der Weltendauer und der Weltvollendung haben wir es nicht mit einem natürlich ablaufenden und also voraussagbaren Prozeß, sondern mit einem zutiefst vom göttlichen Willen stammenden, also übernatürlichen Ereignis zu

---

[416] Oxford, fol. 33 va–vb; cf. ed. Venedig 1518, fol. L vb.

[417] Ebenda, fol. 32 va–vb; ed. Venedig 1518, fol. L vb, fehlerhaft; vgl. Ps 89(90),10: „Dies annorum nostrorum in ipsis septuaginta anni. Si autem in potentatibus octaginta anni, et amplius eorum labor et dolor [. . .]."

[418] Oxford, fol. 33 vb; cf. ed. Venedig 1518, fol. LI ra–rb.

tun. Dieses ist somit ebenfalls nicht natürlicherweise, im alleinigen Blick auf die natürlichen Abläufe und Verfahrensweisen zu prognostizieren, sondern höchstens in übernatürlicher, gottgegebener Schau und im Hinhorchen auf den Willen Gottes zu prophezeien.[419] Auch hier hat Johannes von Paris den katalanischen Therapeuten vor Augen. Zitierte doch dieser ebenfalls den nämlichen Psalmvers, um auf die Vergänglichkeit des Menschen wie der Welt insgesamt hinzuweisen. Dagegen will Johannes an dieser Stelle den übernatürlichen Charakter der Endereignisse und ihr letztes und eigentliches Woher betonen: den tief-verborgenen Willen Gottes.[420] Der Charakter des „Erkenntnisgegenstandes" bestimmt aber auch die Methode des Erkennens. Diese reflektiert Johannes in seiner Auseinandersetzung mit dem dritten Argumentationsgang.

4.7.4.3 Ad argumentum tertium

Hier wird der Erkenntnisprozeß auf die Erkenntnisträger festgelegt. Sofern der Erkenntnisprozeß zwischen den beiden Polen göttlicher Mitteilung, Prophezeiung, einerseits und Deutung dieser Mitteilungen andererseits verläuft, nimmt es nicht wunder, wenn der Autor als „Dialogpartner" dieses Erkenntnis-„gesprächs" auf menschlicher Seite den Propheten und den Ausleger von Prophezeiungen namhaft zu machen weiß. Andere mögliche „Gesprächspartner", Menschen mit einem anderen *status* als die eben genannten, kommen nicht in Betracht, ja werden sogar vom Autor ausdrücklich ausgeschlossen. Es sind einzig und allein die geistberührten Empfänger göttlicher Offenbarung und die profunden Sachkenner der Schriften, die Gelehrten:
„Item quamvis sermones de adventus antichristi tempore sint *clausi signatique usque ad tempus prefinitum*, tamen hoc non intelligitur de omnibus hominibus, sed solum de hominibus communis status: Doctores enim et spirituales homines per revelationem vel profundiorem scrip-

---

[419] Arnald von Villanova: Tractatus de tempore adventus antichristi. Vat. lat. 3824, fol. 55 vb. Die andere Frage, ob denn die Tatsache, daß der Eintrittszeitpunkt des natürlichen Todes eines einzelnen Menschen ebenfalls nicht „berechenbar" ist, nicht der Argumentation Quidorts widerspreche, beantwortet der Pariser Gelehrte damit durchaus. Ist doch von der individuellen Lebenszeit im angeführten biblischen Vers gar keine Rede. Hier wird die durchschnittliche, aufgrund von Beobachtung und Erfahrung ermittelte Lebensdauer der Menschen allgemein angesprochen. Gerade diese aufgrund von schöpfungsinterner Relation gewonnene „empirische" Grundlage fehlt im Blick auf die Lebensdauer einer Welt, die, als das Allgesamt der Schöpfung verstanden, ausschließlich eine auf den Schöpfer bezogene Relation artikuliert, außer Gott somit kein weiteres Relat impliziert. Ihr Bezugspunkt ist einzig Gott.

[420] „Non nature usu sic restante / hoc factum est sed deo imperante", wie es schon im „Ludus de antichristo" des 12. Jahrhunderts heißt, ed. Rolf Engelsing, Stuttgart 1981, 40.

turarum intelligenciam hoc scient. Unde ibidem subiungitur *porro docti
intelligent.*"[421]
Der letzte Teil des Zitates rekurriert wieder auf Daniel 12,10: „Nur die
Einsichtigen werden begreifen." Doch wird der Vers aus dem biblischen Zusammenhang herausgelöst. Dort steht er nämlich im Gegensatz zu den „Gottlosen", die eben nicht „gereinigt, geläutert und erprobt" worden sind, sondern „weiter freveln". Die in diesem Zusammenhang gestellte Frage, was unter den „schädlichen Beschäftigungen" zu verstehen sei, wurde im Blick auf diese Stelle ein wenig erhellt.
Dabei kam ihm Arnald von Villanova in den Sinn, der ja nicht zuletzt
deswegen über das Weltende, besonders über das Kommen des Antichrist spekulierte, weil er seine Zeitgenossen von „schädlichen Beschäftigungen" abwenden und zurückhalten wollte. Gerät nicht auch
jetzt wieder Arnald von Villanova ins Blickfeld; allerdings im deutlich
pejorativen Sinne? Arnald war kein Theologe ex professo. War er ein
docti, ein *homo spiritualis*, und zwar ebenfalls in dem dargelegten engen
Sinne eines „exklusiven Empfängers von Offenbarung"?
Johannes von Paris läßt die Frage unbeantwortet. Der „Empfänger", so
wird im weiteren Verlauf des Traktates deutlich, ist derjenige, der
vom Heiligen Geist die Kraft erhalten hat, über diese Dinge zu reden,
und zwar so, daß er das, was er zum Weltende und zum Antichrist
sagt, nicht von sich aus einsieht, sondern vom Geist Gottes aus als
Prophetie empfängt. Arnald von Villanova scheidet nach dieser engen
Eingrenzung als kompetenter „Adressat" göttlicher Mitteilungen aus;
selbst dann, wenn Arnald sich selbst als Prophet begreift.[422] Arnald
bringt allzu zahlreiche eigene Überlegungen und Interpretationen in
seinem Antichristtraktat zu Wort. In diesem dritten Argument gewinnt der *homo spiritualis* sein Gesicht keineswegs in jener Weite und
Tiefe, die noch zu Zeiten des Bonaventura und Thomas von Aquin
charakteristisch für die Intellektualität und Spiritualität verbindenden
Mendikantenorden war: Als spiritueller Mensch galt derjenige, der
sich auf den geistbewegten Weg christlicher Existenz begab, der sich
in die *imitatio Jesu Christi* gerufen wußte und aus dem Geist Jesu Christi
sein Leben zu gestalten suchte.[423]
Doch das Argument spiegelt nicht die Ansicht Quidorts wider. Diese
kommt erst einige Kolumnen später – in seiner Replik – zum Ausdruck. Hier wendet sich Johannes von Paris gegen eine schlichte
Gleichsetzung von *homo spiritualis* und *propheta* und rehabilitiert damit

---

[421] Oxford, fol. 32 vb; dazu auch die Abweichungen von ed. Venedig 1518, fol. L vb.
[422] Arnald von Villanova: Tractatus de tempore adventus antichristi. Vat. lat. 3824, fol.
50 va–51 ra.
[423] Thomas von Aquin, STh II–II, q. 24, 9; q. 183, 4. Dazu auch für die spätere Zeit
Gerwing 1986, 173–182.

Arnald von Villanova. Gleichzeitig und zunächst setzt Quidort die angeführte Danielstelle wieder in ihren biblischen Zusammenhang ein:
„Quod autem dicitur Dn 12: *docti intelligent,* non dicitur quia aliqui
eruditi precognoscant determinate quando illa futura sunt cum pre-
mittatur quod *sermones sunt clausi et signati* diversis obscuritatibus *usque
ad tempus prefinitum* consumationis."[424]
Er greift damit den „docti"-Begriff auf, wie er in Daniel 12,10 ausgeführt wird: als Gegenbegriff zu den Gottlosen und Frevlern. Dieser
kommt also hier in seiner Praxisrelevanz vor den Blick des Autors und
wird folgerichtig für den thematischen Zusammenhang geltend gemacht: „Sed ideo hoc dicitur quia *docti* disciplina dei *intelligent* tunc illa
fieri ad probationem sanctorum propter quod libenter substinebunt;
sed impii tunc impie agent et peiores efficientur quia non intelligent
illa fieri ad probationem bonorum."[425]
Johannes rekurriert auf die *Glossa interlinearis* und weist auf,[426] was
überhaupt die so verstandenen *docti* einsehen und worauf es auch ihm
mit seinem Traktat ankommt: daß nämlich all die geschauten und prophezeiten Geschehnisse und Vorkommnisse am Ende der Zeiten zum
Testfall der Heiligen werden.
Es gilt also genau hinzusehen, was Johannes von Paris hier behauptet
und festgehalten wissen will und wogegen er sich wendet. Er richtet
sich nicht gegen die Art und Weise des immer wieder betonten Er-
kenntnisprozesses, nicht gegen die doppelte und sich gegenseitig vor-
anbringende dialogische Erkenntnisweise, nicht gegen das dargelegte
Aufmerken und Hinhorchen auf das, was Gott über diese Letzten
Dinge mitteilt, nicht gegen den Propheten und seine gottgegebenen
Rede und dem diese Rede interpretierenden Forscher und geistbegabten Gottesgelehrten. Er richtet sich in seiner Replik lediglich gegen
den eingeengten und zu kurz greifenden, weil die Praxisbezogenheit
ausblendenden und das „zeitliche Programm" der Endereignisse vermeintlich erkennenden Propheten- und Gelehrtenbegriff. Die *docti* kennen nach Daniel, so will Johannes darlegen, eben nicht den genauen
Zeitpunkt des Kommens des Antichrist und des Weltendes. Weil sie
ihre Acht- und Aufmerksamkeit auf Gottes Wort und Rede über diese
Endereignisse und seine rechte Interpretation richten, weil sie sich also
dem im Buch Daniel aufgezeigten Erkenntnisprozeß wie Daniel zur
Verfügung stellen, erkennen sie, daß es sich bei diesen Endereignissen
um eine Prüfung Gottes handelt. Diese soll offenbaren, wer von den
Menschen zu den Heiligen und wer zu den Bösen gehört. Der Erkennt-

---

[424] Oxford, fol. 33 vb; Dn 12,10; Dn 12,9.
[425] Ebenda.
[426] Ed. Venedig 1603, Bd. 4, fol. 1670: „Porro docti, Disciplina Dei, intelligent, haec scilicet et libenter sustinebunt."

nisfortschritt besteht hier *erstens* darin, daß den so begriffenen und begreifenden *docti* immer deutlicher wird, wer zu den Guten und wer zu den Bösen gehört: die Guten werden zu entschiedenen Heiligen und die Gottlosen zu radikal Bösen; *zweitens* aber darin, daß die *docti* aus dieser Erkenntnis für sich selbst die existential-religiöse Konsequenz ziehen und sich nicht mit der Rolle des Zuschauers begnügen, sondern sich selbst immer mehr um Heiligkeit bemühen.

Der in solcher Weise die Orthodoxie wie -praxie umfassende „Fortschrittsbegriff" wird ohne Autoritätsbeweis dargelegt. Doch ist er im Grunde nicht neu. Bereits Augustinus bringt ihn in *De civitate Dei* zu Wort, freilich in einem anderen Zusammenhang. Bei der Frage, worauf es mit der Geschichte hinausläuft, betont er zwar die Zielgerichtetheit und den Wegcharakter des Geschichtslaufs, sich dabei von der heidnischen Kreistheorie verabschiedend („in circuitu impii ambulant" XII, 12), läßt aber den Geschichtsweg theologisch und anthropologisch bestimmen: „durch das Handeln und die Herrschaft Gottes, durch die in Jesus Christus gegebene Sinnbestimmung und Zielgestalt der Geschichte, durch die im Herzen des Menschen getroffenen Entscheidungen. Der einzige Fortschritt ist der Fortschritt in der immer deutlicher werdenden Scheidung der Geister.[427]

Diesen Gedanken greift Johannes von Paris in origineller Weise auf: dadurch, daß er ihn hinsichtlich der Endereignisse anwendet und als Argument gegen eine entdivinisierte, rein rechnerische Prognose des Geschichtsverlaufs einsetzt. Doch kommt der theologische Charakter des augustinischen Geschichtsbegriffs zu Wort, wenn er betont, daß die Endereignisse *secundum absconditum divinae voluntatis* eintreffen, und daß der Fortschritt anthropologische Signa trägt, d. h. vom Menschen und seinen Entscheidungen für oder gegen Gott (vom christologischen Charakter der Geschichte spricht Johannes hier nicht) zu begreifen ist. Damit kommt aber bereits das vierte Argument in Sicht.

4.7.4.4 Ad argumentum quartum

In diesem vierten Argument wird auf den doppelten – göttlichen wie menschlichen – Charakter des Geschichtsverlaufs das Augenmerk gelegt. Dabei rekurriert Johannes von Paris auf die Schriftstelle Apg 1,7,

---

[427] Fries 1974, 81–93, hier 92. Die „immer deutlicher werdende Scheidung der Geister" im Verlauf der Geschichte spricht dem „Prinzip Offenbarung" das Wort, was Wilhelm Geerlings bei Augustinus feststellte. Geerlings skizziert die Genesis dieses „Prinzips" anhand der beiden Exponenten Ambrosius und Augustinus und weist schließlich nach, daß sich hier, bei Augustinus, die Umbildung der antiken Geschichtstheorie radikalisiert: „Vom Prinzip Bewährung zum Prinzip Offenbarung". *ThPh* 64 (1989) 87–95, hier 95: „Was hinter der Geschichte steht, wird, um Augustinus wieder aufzugreifen, ‚nur von jenen verstanden werden, die reinen Herzens sind'."

einen Vers, den er zweifach gliedert. Zuerst wird über den ersten Teilvers nachgedacht: „Item actuum primo post illa verba: *Non est vestrum
nosse tempora* etc."[428]
Dieses Wort Jesu hat in der exegetischen Tradition immer schon eine
bedeutende Rolle gespielt. Da es unmittelbar vor der *ascensio Christi*
gesprochen wurde, hat es geradezu testamentarische Bedeutung gewonnen. Hier wird es als Beleg dafür benutzt, daß das Vorherwissen
der Zeiten, also der im voraus gewußte Zeitpunkt des Kommens des
Antichrist und des Hereinbrechens des Weltendes, wenn nicht
menschlichen, so doch göttlichen Ursprungs sei:
„statim subiungitur: sed accipietis virtutem supervenientis spiritus
sancti in vos, quasi diceret, *non est vestrum*, quia a vobis non est, tamen
a spiritu sancto predicta scietis et prophetabitis de predictis."[429]
Der Zeitpunkt könne somit nicht auf dem Wege des Beobachtens und
Berechnens von Gestirnen oder überhaupt aufgrund rein menschlich-
geschöpflichen Bedenkens gewußt, vermag lediglich von Gott dem
Menschen mitgeteilt werden, und zwar auf dem Wege der vom Heiligen Geist inspirierten Prophetie. Der biblische Vers stelle nicht das
Vorherwissen um den Zeitpunkt seitens des Menschen generell in
Frage, sondern wolle nur den göttlichen Ursprung dieses Wissens un-
terstreichen: „Unde glossa non ait: *non erit*, sed *non est*, notans adhoc
esse infirmos; et ideo ad secretum non esse ydoneos."[430]

---

[428] Oxford, fol. 32 vb.
[429] Ebenda; in der Vulgata lautet diese wichtige Stelle, Act 1,6–8: „Igitur qui convene-
rant, interrogabant eum, dicentes: Domine, si in tempore hoc restitues regnum Israel? Dixit autem eis: Non est vestrum nosse tempora vel momenta, quae Pater posuit in sua potestate, sed accipietis virtutem supervenientis Spiritus sancti in vos, et
eritis mihi testes in Ierusalem et in omni Iudaea et Samaria et usque ad ultimum
terrae." Dazu *Glossa ordinaria*, ed. Venedig 1603, Bd. 6, fol. 974f. An dieser Stelle wird
überdies deutlich, daß die frühe Gemeinde Jesus, „den Herrn", nicht nur in temporären, sondern gleichzeitig auch in lokalen Dimensionen präsentiert. Das Evangelium
vom Auferstandenen zieht stets weitere Kreise, geht von Jerusalem bis an die Enden
der Erde, von Israel zu den Völkern, von den Gläubigen zu den Ungläubigen, durch
alle Räume und alle Zeiten. Die treibende und bleibende Kraft dieses raum-zeitlichen
Weges ist der in den Jüngern wirkende Geist. Der Geist Gottes gibt Überzeugungskraft, der Geist bewirkt die Aufnahme der Verkündigung im Glauben, der Geist ist
Wegführer und Wegbegleiter jener, die zum Auferstandenen gehören. Die Präsenz
des Geistes garantiert das Überleben der Christen „bis an die Grenzen der Erde." Die
Rede vom Antichrist zeigt dabei allerdings, daß die „restitutio regni Israel" auf Widerstände stößt, die ebenfalls Raum und Zeit überspannend wirken.
[430] Oxford, fol. 33 ra; ed. Venedig 1518, fol. L vb, aber: „notans eos adhuc esse infirmos
et ideo ad secretum non esse idoneos". Dazu *Glossa ordinaria* Venedig 1603, Bd. 6,
974f. Doch scheint hier Johannes von Paris auf Hugo von St. Cher zu rekurrieren, der
zu Act 1,7 ausführt (ed. Lyon 1669): „Non est vestrum [. . .] nec dicit, non erit, sed
est etc. In quo notat eos adhuc esse infirmos, et ad secreta minus idoneos, quasi
aliquando erit vestrum, sed non modo."

Der zweite Teil des vierten Arguments beschäftigt sich mit der Exaktheit der Vorhersage. In Anspielung auf Mt 24,36 wird behauptet, daß es dem Menschen zwar nicht möglich sei, den Tag und die Stunde der Endereignisse zu wissen, daß es ihm aber durchaus – aufgrund göttlicher Inspiration – gestattet sei, das Jahr genau zu prophezeien, wann der Antichrist kommen werde: „Item quamvis dominus dicat nos non attingere ad cognitionem de predicto tempore quoad diem vel horam vel momenta, non tamen negat quoad annum vel annorum centenarium vel millenarium; ergo saltem sine reprehensione potest dici quod tali anno vel annorum centenario vel millenario veniet antichristus, licet incertum sit de die hora vel momento."[431]

Eine Kolumne weiter lesen wir die Replik des Johannes auf dieses wiederum die Ansicht Arnalds widerspiegelnde vierte Argument. Entsprechend der zweifachen Struktur des Arguments antwortet er auch in zweifacher Hinsicht: Die in der Apostelgeschichte angekündigte Geistsendung dürfe nicht als verheißene Zeitmitteilung mißverstanden werden. Das Wissen um den genauen Termin des Weltendes sei für den Menschen nicht förderlich. Es demoralisiere nur, weil es jene Lebenseinstellung boykottiere, die den Christen veranlasse, jeden Tag die zweite, richterliche Ankunft Christi zu erwarten. „[...] ut semper vivant quasi cotidie iudicandi."[432] Deswegen sei an der nämlichen Bibelstelle von der Geistsendung die Rede, weil, wie mit der *Glossa ordinaria* belegt wird, Christus hier den Aposteln den helfenden Geist verheiße, durch den diese in die Lage versetzt werden, über das und über den öffentlich zu reden, dem sie gerade begegnet seien: über den Auferstandenen und die Auferstehung: „Sed ideo dicitur quia per spiritum sanctum daretur eis adiutorium, quo indigebant ad predicandum resurrectionem. Unde glossa: Tollitur scientia temporum, sed diurnum quo indigent, adhybetur auxilium, hoc modo sicut cum pueris aliquid tollitur, aliud datur ne penitus tristentur. Et sic alia glossa intelligi debet quia hoc, scilicet *testes* fieri resurrectionis, ad quod requirebatur signa facere et adversa tollerare, non poterant propter infirmitatem carnis, poterant autem virtute spiritus sancti."[433]

Dem zweiten Teil des vierten Arguments weiß Johannes dezidiert zu antworten. Er rückt den zitierten Bibelvers wieder in seinen Text- und

---

[431] Die Zusammenbindung dieses Argumentes mit dem gerade zuvor Genannten scheint mir sachlich geboten und quellenkritisch gerechtfertigt. So heißt es in der ed. Venedig 1518, fol. L vb, „Et quamvis [...]", nicht aber „Item quamvis" mit zuvor angegebenem Absatzsignum.

[432] „Quod vero dicitur Actuum 1: *Sed accipietis virtutem*, etc. non ideo dicitur quod per / sanctum spiritum supervenientem noscerent illa tempora vel momenta. Hoc enim eis non expedit ut semper vivant quasi cotidie iudicandi". Oxford, fol. 33 rb–34 ra; ed. Venedig 1518, fol. LI rb.

[433] Ebenda; dazu *Glossa ordinaria* ed. Venedig 1603, Bd. 6, 975.

Sinnzusammenhang ein, wenn er konstatiert, daß in Apg 1,7 überhaupt nicht nach dem auf den Tag oder die Stunde genauen Termin der Endereignisse gefragt werde. Die Jünger interessierten sich lediglich dafür, ob Christus überhaupt noch in der Zeit die Herrschaft über Israel wiederherstellen wolle. „Nam actuum I discipuli non petiverunt a domino de die vel hora, sed de tempore simpliciter cum dixerunt: *Domine, si in tempore hoc restitues regnum Ysrael?* Quibus tantum / responsum est: *Non est vestrum nosse tempora vel momenta* etc. secundum quod persequitur Augustinus XVIII *de civitate dei*, cap. LIII."[434]
Jesus verneine hier offensichtlich nicht nur das prophetische Wissen um den genauen Termin, sondern auch um den ungefähren Zeitpunkt der Endereignisse, so daß Johannes im Blick auf die im vierten Argument angesprochene Matthäusstelle (24,36) zunächst einmal zusammenfassend konstatiert: „Quod autem dicitur, quod dominus non negat noticiam nobis anni vel centenarii annorum vel huiusmodi, sed solum diei vel hore, dicendum quod non solum negat eis prescienciam diei vel hore, immo etiam anni vel temporis cuiuscunque."[435]
Wie erinnerlich: die gerade getroffenen Feststellungen finden sich allesamt gegen Ende des gesamten Traktates. Sofern Quidort jetzt behauptet, das menschliche Erkennen reiche überhaupt nicht aus, den Zeitpunkt – weder den genauen, noch den ungefähren – der Endereignisse zu bestimmen, muß er sich fragen lassen, warum er sich nicht nur der Frage stellt, sondern warum er es unternimmt, diese Frage auch positiv zu beantworten, und zwar nicht nur in einigen Sätzen, sondern – im Grunde – in der vollen Länge des Traktates; also selbst genau das versucht, was er als möglich hier in Abrede zu stellen scheint: den Zeitpunkt für das Kommen des Antichrist und des Weltendes auch nur approximativ zu bestimmen.
Quidort geht genau auf diesen Widerspruch zwischen dem ein, was er hier in der Antwort auf das vierte Argument ausführt, und dem, was er selbst ausführlich in seinem Traktat behandelt wissen will. Dabei legt er den Finger auf den Grad der Sicherheit unseres Erkennens. Er fügt an der nämlichen Stelle ein *notandum* ein und macht klar, daß es dem Menschen nicht gelingen kann, mit absoluter Sicherheit den Termin, weder den genauen noch den ungefähren, zu bestimmen. Die Auskunft, die der Mensch über den Zeitpunkt der Endereignisse zu treffen vermag, darf eben nicht als gesicherte Erkenntnis, sondern muß als mögliche und mutmaßliche, weil menschlich-kontingente Überlegung betrachtet und gewertet werden. „Notandum est tamen

---

[434] Ebenda. fol. 34 ra–rb. Act 1,6–7; Augustinus: De civitate Dei 18, 53 (CCL 48, 652f.).
[435] Ebenda, fol. 34 ra.

quod non negat dominus precognitionem centenarii annorum vel huiusmodi secundum probabilitatem vel coniecturam, sed solum certitudinis comprehensionem."[436]

Diese doppelte Behauptung – einerseits, daß es kein sicheres Wissen, andererseits, daß es lediglich menschliche Mutmaßungen zu diesem Thema gebe – sucht er mit zwei Augustinus-Zitaten zu belegen und zu verdeutlichen: „Unde Augustinus in glossa: evangelium videtur sonare quod non possit sciri quo anno venturus sit dominus, sed possit sciri qua ebdomada annorum vel qua decade, tanquam dici possit vel diffiniri. Inter illos VII annos aut X aut centum. Si autem hoc te non comprehendisse presumis, hoc sentis quod ego."[437]

Es geht hier also Johannes von Paris nicht etwa darum, zuzugestehen, daß zwar nicht der genaue, aber durchaus der ungefähre Termin vom Menschen im voraus gewußt werden kann, sondern darum festzustellen, von welcher Art das Wissen um diesen – genauen oder ungefähren – Zeitpunkt der Endereignisse überhaupt sei. Nicht um die Quantität der Jahre, sondern um die Qualität des Vorauswissens des Weltendtermins ist es ihm hier zu tun.

Das zweite Augustinus-Zitat macht diese Absicht Quidorts besonders deutlich, präzisiert sie aber auch noch einmal: „Idem etiam Augustinus – ubi supra, scilicet XVIII de civitate dei, cap. LIII – tales presumentes seu centenarios vel millenarios non reprehendit nisi hoc asserant ut certum de scripturis canonicis. Dicit enim quod tales coniecturis utuntur hominis et non ab eis aliquid certum de scripture canonice auctoritate profertur. Idem etiam dicit XX libro eiusdem cap. VII, tollerabillem esse opinionem / que dicit in VI millenario cursum huius mundi mutari, exponendo causam, ut supra exposita est, et dicit se hoc aliquando sensisse."[438]

Demnach erhalten all diese Überlegungen das Qualitätszeichen unsicher (*nisi hoc asserat ut certum*), wenn auch, wie es hier ausdrücklich heißt: tolerabel. Sie lassen sich von der Heiligen Schrift her nicht sicher belegen und beweisen; widersprechen aber auch nicht biblischen Aussagen! Damit wird noch einmal betont, daß – trotz aller menschlichen Bemühungen – die Heilige Schrift zum Beurteilungsmaßstab der vorgenommenen, natürlichen Berechnungen und Kalküle über das Kommen des Antichrist und das Ende der Welt erhoben wird.

[436] Ebenda, fol 34 rb.
[437] Ebenda.
[438] Ebenda; Augustinus: Ep. 80 ad Hesychium VI, 16 (CSEL 57, 256–257); erwähnt auch bei Thomas von Aquin: Catena aurea in Mt 24,11 (S. Thomae Aquinatis Catena Aurea in quatuor evangelia. Vol. 1: Expositio in Matthaeum et Marcum. Ediert von Angelo Guarienti. Turin/Rom 1953, 347).

4.7.4.5 Ad argumentum quintum

Das fünfte Argument macht auf eine Unterscheidung aufmerksam, die in der Tat bei Johannes von Paris – von seinem theologischen Horizont her – wohl eher für selbstverständlich gehalten als explizit berücksichtigt wird: die bereits erwähnte Differenzierung zwischen dem Kommen des Antichrist und dem Hereinbrechen des Weltendes. Dieses wird durch jenes eingeleitet, darf aber nicht mit jenem verwechselt werden: „Item incertum est quantum erit de tempore intercepto inter adventum antichristi et adventum Christi ad iudicium seu finem mundi."[439] Mehr noch: Offensichtlich auf Arnald von Villanova anspielend, wird argumentiert, daß aufgrund der Aussagen in der Heiligen Schrift zwar nicht das Ende der Welt, wohl aber das Kommen des Antichrist menschlicherseits vorausgesagt werden könne: „Igitur cum scriptura dicat solum de tempore adventus Christi ad iudicium incertum esse, ut patet Matthei XXIIII et Actuum I, non est contra scripturam prout alicui videtur de tempore adventus antichristi diffinire."[440] In seiner Antwort auf dieses Argument spielt Johannes zwar nicht die sachliche Differenzierung beider Ereignisse am Ende der Zeiten herunter, wohl aber jede radikal artikulierte temporäre Scheidung. Er betont, daß beide Geschehnisse, das Kommen des Antichrist wie die Wiederkunft Christi zum Endgericht, zeitlich korrespondieren, nicht im Sinne einer Gleichzeitigkeit, jedoch im Sinne einer sich ablösenden Reihenfolge. Sobald jener sterbe, werde dieser kommen. Auch sei die Zwischenzeit beider Ereignisse biblisch durchaus determiniert. Im Matthäusevangelium, Kapitel 24, heiße es schließlich ausdrücklich, daß Christus bald nach dem Tode des Antichrist kommen werde. „Respondeo quod satis determinatum est ex evangelio Matthei XXIIII, quod parum post mortem antichristi veniet Christus."[441]
Dieses *parum post* belegt Johannes mit dem biblischen *statim post*, wie es in der Vulgataversion des Matthäusevangeliums im nämlichen Kapi-

---

[439] Oxford, fol. 34 rb; Tatsächlich heißt es bei Augustinus: De civitate Dei 18, 53 (CCL 48, 652f.): „Si enim hoc nobis nosse prodesset, a quo melius quam ab ipso Deo magistro interrogantibus discipulis diceretur? Non enim siluerunt inde apud eum, sed a praesente quaesierunt dicentes: *Domine, si hoc tempore repraesentabis regnum Israel?* At ille: *Non est*, inquit, *uestrum scire tempora, quae Pater posuit in sua potestate*. Non utique illi de hora uel die uel anno, sed de tempore interrogauerant, quando istud accepere responsum. Frustra igitur annos, qui remanent huic saeculo, computare ac definire conamur, cum hoc scire non esse nostrum ex ore Veritatis audiamus; quos tamen alii quadringentos, alii quingentos, alii etiam mille ab ascensione Domini usque ad eius ultimum aduentum compleri posse dixerunt. Quem ad modum autem quisque eorum astruat opinionem suam, longum est demonstrare et non necessarium."
[440] Oxford, fol. 33 ra; cf. ed. Venedig 1518, fol. L vb (sehr fehlerhaft); angespielt wird auf Mt 24,36, vielleicht auch auf Mt 24,42.44 und – mit Sicherheit – auf Apg 1,7.
[441] Oxford, fol. 34 va; cf. ed. Venedig, fol. LI va; Mt 24,36–37.

tel, Vers 29, zu lesen ist. Der Evangelist spricht hier aber, genau genommen, gar nicht vom Antichrist, sondern von der Drangsal jener
Tage, *tribulatio dierum illorum*, die, sobald (*statim post*) sie beendet sind,
durch ein das Kommen Christi in seinen kosmischen Dimensionen zei-
tigendes Ereignis abgelöst werden; und zwar, mit den Worten des
Evangelisten gesprochen, zunächst durch die Verdunklung der Sonne
und des Mondes.[442]
Doch Johannes von Paris läßt diesen Einwand nicht gelten. Er verweist
auf frühere, von ihm angeführte Interpretationen dieser Bibelstelle,
die – seiner Ansicht nach – eindeutig belegten, daß mit der Tribulation
jener Tage das Auftreten des Antichrist bezeichnet werde, und daß
das Ende dieser Drangsale also gleichzusetzen sei mit dem Tode des
Antichrist. Auch sei bereits belegt worden, daß diese Zwischenzeit,
also die temporäre Bestimmung des *statim post*, fünfundvierzig Tage
betrage. „Dicit enim dominus quod *statim post* hoc sol convertetur in
tenebras, et supra ostensum est ex scriptura, quod erunt XLV dies; et
idcirco quasi idem est iudicium de utroque."[443]
Es kommt Quidort durchaus nicht darauf an, diese zeitliche Angabe
von fünfundvierzig Tagen näherhin zu interpretieren. Er will lediglich
im Sinne Arnalds von Villanova die zeitliche Verbindung zwischen
dem Kommen und Gehen des Antichrist einer- und der Ankunft Christi zum Jüngsten Gericht andererseits herausstellen. Johannes von Paris gewinnt dadurch die Möglichkeit, beide Themen, die Antichristproblematik sowie die Frage nach der zweiten Wiederkunft Christi am
Ende der Zeiten und damit die Frage nach dem Ende der Zeiten selbst,
zu verbinden; zumindest im Blick auf den Terminus ihres Eintreffens
und drohenden Bevorstehens. Diese Möglichkeit war umstritten, wie
allein schon der Blick in die *Glossa ordinaria* sowie die Formulierung des
fünften Arguments selbst zeigen.[444] Johannes mußte diese Möglichkeit
aber wahrnehmen, um überhaupt sein Thema in dieser doppelten Fragestellung angehen zu können und auf Arnalds Ansicht vom baldigen
Kommen des Antichrist wie des Weltendes tolerabel zu antworten. Die
Reflexionen zum sechsten Argument belegen es noch einmal unter gewandelter Perspektive.

4.7.4.6 Ad argumentum sextum

Sofern die Wiederkunft Christi am Ende der Zeiten terminlich vorhergesagt werden kann, ist auch die Zeit des Antichrist im voraus zu pro-

---

[442] Ebenda.
[443] Oxford, fol. 34 va; cf. ed. Venedig 1518, fol. LI va; Mt 24,29.
[444] Venedig 1518, fol. LI ra.

phezeien. Hängen doch beide Ereignisse, wie gerade noch im fünften Argument bestätigt und bekräftigt, unmittelbar zusammen. Die Wiederkunft Christi am Jüngsten Tag ist aber, so das Argument weiter, durchaus vergleichbar mit der ersten Ankunft Christi, mit dem Ereignis der Inkarnation des *Verbum Dei*. Vergleichbar heißt hier: in entsprechender Weise voraussehbar. Auch die Geburt Jesu Christi zu Bethlehem sei zwar zweifellos abhängig vom göttlichen Willen gewesen, aber doch von den Propheten geweissagt worden, und zwar mit oben dargelegter, auch für die Ankunft des Antichrist in Anspruch genommener progressiver Exaktheit: Je näher das Ereignis der Geburt Christi herannahte, desto genauer wurden die Vorhersagen. „Item sicut adventus Christi ad iudicium dependet ex dei voluntate sic adventus eius in carnem, et tamen adventus eius in carnem fuit a prophetis / prenuntiatus; et quoad tempus fuit diffinitus et determinatus plus et plus secundum quod magis appropinquabat adventus. Unde unus dicebat *veniet*, alius *cito veniet*, alius quod *veniet et non tardabit*."[445]
Damit erhebt dieses sechste Argument selbst noch einmal ausdrücklich Einspruch gegenüber dem im zweiten Argument angezielten methodischen Procedere zur Errechnung des Weltendes und des Kommens des Antichrist. Es wird nämlich wiederum, jetzt aber fraglos, konstatiert, daß die Wiederkunft Christi zum Jüngsten Gericht vom göttlichen Willen abhängig sei. Insofern ist sie letztlich nicht vergleichbar mit dem Ablauf natürlich-weltlicher Gesetzmäßigkeiten, sondern mit dem übernatürlich-göttlichen Eingreifen in die Welt schlechthin, das in der ersten Ankunft Christi seinen Grund, seinen Höhe- und Zentralisationspunkt erreicht hat. Diese wesentliche Dependenz *ex divina voluntate* hat methodische Folgen für das Erkennen und Vorauswissen dieser Ereignisse: Sie vermögen beide nicht aufgrund von natürlichen Abfolgegesetzen prognostiziert, sondern aufgrund übernatürlicher Eingebung prophezeit zu werden, und zwar in einem stets mehr sich verdichtenden und genauer werdenden geschichtlichen Weissagungsprozeß: Je näher das Ereignis der Menschwerdung Christi heranrückte, desto exakter konnten die Propheten die Ankunft des Sohnes Gottes voraussagen, angefangen von der bloßen Konstatierung, daß ein solch heilsgeschichtlicher Eingriff Gottes irgendwann stattfinden werde, bis hin zu dem präsentisch-demonstrativen Ausruf des greisen, gottesfürchtigen und geistgeführten Simeon (vgl. Lk 2,25–35) oder des radikalen Anrufs Johannes' des Täufers (Joh 1,29–34).
Entsprechend geht es bei der Wiederkunft Christi am Ende der Tage und speziell beim dieser Ankunft Christi unmittelbar vorausliegen-

[445] Oxford, fol. 33 ra–rb; cf. ed. Venedig 1518, fol. LI ra.

den Kommen des Antichrist zu: Je näher diese Endereignisse heran-
rücken, desto genauer werden die Prophezeiungen: „[. . .] quousque
etiam presentialiter monstratum est a Symeone et Ioanne qualiter et
similiter potest esse de adventu antichristi et de secundo adventu
Christi."[446]

In seiner Antwort auf dieses sechste Argument bekräftigt Johannes
zunächst die Gültigkeit dieses Vergleichs zwischen der ersten und zweiten Ankunft Christi. Er toleriert die ebenfalls von Arnald von Villanova
herangezogene Vergleichsebene, wenn er im Blick auf die Inkarnation
Feststellungen trifft, die er als Argumentationsbasis für Aussagen über
das Kommen Christi zum Jüngsten Gericht heranzieht. Zweierlei stellt
er jedoch hinsichtlich der Geburt Christi fest:

a) – negativ formuliert – das Ereignis der Inkarnation sei nicht auf die
Stunde, den Tag und das Jahr genau prophezeit worden. Lediglich
sei

b) – positiv ausgedrückt – das Was und das Wie des Ereignisses Heiligen geweissagt worden, so etwa seine geistgewirkte Geburt aus der
Jungfrau: „potest dici, quod quoad determinationem diei vel hore vel
anni non fuit alicui per revelationem predictum, sed substancia adventus revelata est sanctis et circumstancie alique, ut quod *virgo conciperet
et pareret.*"[447]

Die Substanz und Zirkumstanz im weiteren Sinne [circumstantiae ali-
quae] seien auch im Blick auf die zweite Ankunft Christi am Jüngsten
Tage zu prophezeien. Der genaue Zeitpunkt dieses Geschehens könne
aber ebenso wenig angegeben werden, wie er damals – vor der Inkarnation des Logos – von den Propheten im Blick auf die Menschwerdung Christi zu bestimmen war.

Allerdings gelte es, approximative Zeitangaben anzustrengen; und
zwar nach dem oben bereits ausgeführten Procedere: je näher das
Weltende heranrücke, desto genauer könne sein Termin prophezeit
werden. Im Blick auf das Kommen des Antichrist zählt genau das, was
auch für die erste Ankunft Jesu Christi zu beobachten war: Dann,
wenn er, der Antichrist, geboren sei, wenn die Zeit des Antichrist bereits präsentisch sei, träten Propheten, Enoch und Elija, auf, die ihn
mit sicherem Fingerzeig erkennen und entlarven werden; ein Vorgang,
den Quidort tatsächlich mit jener klaren, auf Christus gewendeten
Schau des greisen Simeon und des Täufers Johannes zu parallelisieren
wagt: „[. . .] quoad usque est impletum quod prius fuerat prophetum.

---

[446] Ebenda.
[447] Oxford, fol. 34 va; cf. ed. Venedig 1518, fol. LI va. Gemeint ist hier offensichtlich Is
7,14: „Propter hoc Dominus ipse vobis signum: Ecce, virgo concipiet et pariet filium.
Et vocabitur nomen eius Emmanuel."

Et sic erit de antichristo; nam Enoch et Elyas se ei opponentes ipsum, advenisse predicabunt et forte digito ostendent."[448] Doch Johannes von Paris erinnert auch an die Grenzen des Vergleichs beider Ereignisse. Führt er doch im weiteren Verlauf der Entgegnung den moralischen Schriftsinn von Matthäus 24 an, wie ihn die *Glossa ordinaria* bereits zu Wort gebracht hatte. „Non est tamen simile de adventu secundo et primo, quia expedit sic ignorare determinationem temporis secundi adventus, ut dicit glossa, ut sic homines vivant quasi semper iudicandi."[449] Damit unterstreicht Johannes von Paris noch einmal seine These: der Zeitpunkt der zweiten Ankunft Christi und damit auch die dieser Wiederkunft vorangehende Herrschaft des Antichrist kann weder pünktlich und exakt noch mit Sicherheit im voraus gewußt werden. War dies schon den Propheten des Alten Testament im Blick auf die Inkarnation Christi unmöglich, so erst recht und vor allem den Propheten und Heiligen unserer Tage im Blick auf die Wiederkunft Christi zum Endgericht; denn der Termin dieser Wiederkunft soll – nach dem ausdrücklichen Wort Jesu Christi – geheim und verborgen bleiben, damit die Menschen immer – stündlich und täglich – so im Sinne Christi leben, daß sie sein endgültig richtendes Wort am Ende der Tage unmittelbar erwarten. Gerade deswegen werde die bei Matthäus und Petrus angekündigte Wiederkunft Christi nicht mit der ersten Ankunft, der Inkarnation, sondern mit den Gerichtstagen zu Zeiten Noahs verglichen: Die richtende und vernichtende Sintflut sei ebenfalls plötzlich und – hinsichtlich ihres genauen Zeitpunktes – unvorhergesehen geschehen: wie ein Dieb in der Nacht![450] Die bleibende Unsicherheit darüber, wann der Herr wiederkommt, erhält hier ihre existentiell-spirituelle Bedeutung zurück: Sie wird zum jeden einzelnen wie die christliche Welt insgesamt betreffenden biblischen Appell, stets wachsam und für die Zeit des Endgerichts bereit zu sein.

4.7.5 Resümee oder: Tolerante Antwort

Resümierend kann konstatiert werden: Johannes von Paris ist bemüht, die Frage nach dem Kommen des Antichrist und dem Hereinbrechen des Weltendes sowie die vornehmlich von Arnald von Villanova gege-

---

[448] Oxford, fol. 34 vb; cf. ed. Venedig 1518, fol. LI va. Die Auslegungstradition, daß Enoch und Elias als die „beiden Zeugen" gelten, von denen die Apokalpyse spricht (11,3f.) – ohne selbst allerdings Namen zu nennen – und die vor dem Erscheinen des Antichrist auftreten werden, geht auf Irenäus, Tertullian und Hippolytos zurück. Dazu Rauh 1979, 75f.

[449] Oxford, fol. 34 vb; cf. ed. Venedig 1518, fol. LI va; *Glossa ordinaria* zu Mt 24,29 ed. Venedig 1603, Bd. 6, 974.

[450] Ebenda; 2 Petr 2,5; 1 Thess 5,2; siehe auch 2 Petr 3,10; Offb 3,3; 16,15.

bene Antwort kritisch-wohlwollend zu bedenken und insgesamt tolerabel zu lösen. Dabei trägt seine hier vorgestellte Lösung ein doppeltes (nicht zweifaches), nämlich intellektuelles wie spirituelles Gesicht: So wird die Frage zunächst auf ihre Intelligibilität hin kritisch geprüft, sachgerecht wie biblisch-theologisch in ihrer komplexen Kompliziertheit dargestellt und für den Menschen in hiesiger Existenz aufgrund der geschöpflichen Begrenztheit und geschichtlichen Bedingtheit jeder menschlichen Erkenntnis letztlich als nur mit aller Vorsicht beantwortbar qualifiziert: „Transibunt plurimi et multiplex erit scientia." Sofern Quidort dennoch klarerweise der Ansicht ist, daß es Aufgabe der Gottes-Gelehrten sei, in dieser Frage um eine Antwort zu ringen, ja, mehr noch, eine zwar nicht definitiv sichere, aber doch mutmaßliche, ständig revisionsbedürftige und in diesem Sinne tolerable Antwort zu artikulieren, dann, wie gezeigt, aus einem doppelten Grund heraus:

Weil es grundsätzlich des Menschen Bestimmung sei, zumal in dieser Frage, nach *scientia* zu streben (wie er mit und im nachahmenden Blick auf Daniel formulierte), und weil – damit korrespondierend – der Mensch den drängenden Appell Jesu zu erfüllen habe, ständig mit der Wiederkunft Christi zu rechnen, zu wachen und endgültig bereit zu sein. Die Antwort der *docti* kann also für Quidort nicht im definitiv-fatalistischen Indikativ, sie muß im dezidiert-existenzialen Imperativ stehen. Gerade das mache ja den Charakter der Gelehrten aus, daß sie sich nicht in bloßer und blasser Spekulation ergehen, sondern – wie einst Daniel – sich und andere im inquirierenden und expositionierenden Be- und Überdenken prophetischer Visionen und Weissagungen von schädlichen Beschäftigungen fern- und zum konzentriert-angestrengten Aufmerken auf Gottes Wort und Stimme anhalten.

Damit nimmt Johannes von Paris einerseits Arnalds warnende und mahnende Prognose vom Kommen des Antichrist auf, charakterisiert sie aber andererseits als vorläufig, weil stets revisionsbedürftig, und unsicher; und zwar im Blick auf ihre Intelligibilität wie im Sinne des spirituellen, reformerischen Anliegens Arnalds selbst. Quidort bot damit den streitenden Parteien eine seiner eigenen Einschätzung nach tolerable, jedenfalls moderate Lösung des Problems an, eine Lösung, die er in einem intensiven Schlußteil noch einmal positiv formuliert: all die prophetischen Belege, biblischen Bedenken und astronomischen Berechnungen nicht noch einmal wieder aufführend, wohl aber kritisch bedenkend.

Auffallend dabei ist, daß Johannes von Paris in seinem Resümee nicht mehr auf den ersten großen Abschnitt seines Traktates eingeht. Mit anderen Worten: Die Frage nach dem Antichrist selbst bleibt außen vor. Die *figura antichristi* wird nicht mehr in den Blick genommen, weder die korporative, noch die individuell-konkrete Gestalt des Antichrist.

Reflektiert wird ausschließlich die Frage nach der Möglichkeit gültiger Auskünfte über den Zeitpunkt des antichristlichen Kommens. So wird noch einmal der Akzent gesetzt und die Perspektive des Autors insgesamt deutlich:

Hildegard von Bingen, Joachim von Fiore, die Sibyllinen, Pseudo-Methodius, jeder einzelne wie allesamt vermögen uns keine sicheren Auskünfte über das Kommen des Antichrist zu liefern. Was sie allerdings zur Sprache bringen, ist eine gewisse Qualifizierung der (vor)antichristlichen Zeit als einer Zeit der Kriege, der Machtbesessenheit und Geistlosigkeit. Dadurch, daß Quidort diese Charakteristik aber auf jene Zeiten angewendet sieht, die Arnald von Villanova gerade als eine sich dem Ende zuneigende Epoche erkannte und gerade in diesem Ende das Kommen des Antichrist gewahrte, verkehren sich die Vorzeichen dieser Endzeit: Was Johannes von Paris dem katalanischen Arzt und der Kirche insgesamt höchst subtil, weil verschlüsselt, mitteilen will, ist nicht, daß die Christenheit, Kirche und Welt insgesamt, seit rund zweihundert Jahren, seit dem endenden 11. Jahrhundert, auf einem gefährlichen Weg ist: auf dem Weg des Krieges sowie der Kumulation von äußerer Macht und scheinheiliger Pracht. Diese abrechnende Qualifizierung teilt der Pariser Gelehrte deutlich genug, wenn auch unter Berufung und mit den Worten von „Heiligen" mit. Was Quidort im zweiten Hauptteil aber mehr oder weniger verschlüsselt, durch den ersten Hauptteil aber leicht wieder zu entschlüsseln, mitteilt, besteht darin, daß er gerade in dieser von einmaliger Macht- und Prachtentfaltung geprägten, Tod und Krieg verbreitenden Zeitepoche die Spur des Antichrist zu erkennen glaubt: Nicht in der Bildung von partikulären, individuellen und insgesamt zentrifugal wirkenden gesellschaftlichen Gebilden und Gruppen sieht Quidort den Antichrist am Werk. Vielmehr kennzeichnete er gerade umgekehrt und damit, wie erinnerlich, im Gegensatz zu Arnald, den Antichrist als eine Gestalt, die universale und zentripedale Kräfte binde, fördere und für seine diabolischen, antichristlichen Ziele ausnütze. Liest man den zweiten Hauptteil ohne die deutlichen Aussagen zum Antichrist zu vergessen, so wird sogleich klar, was Quidort Arnald sagen will: Gerade die Kirche, die Braut Christi, habe unter den Nachstellungen des Feindes zu leiden und stehe in der Gefahr, sich zu verkaufen und zur Hure zu werden. Quidorts 1302 verfaßte Schrift *Über königliche und päpstliche Gewalt* liegt voll und ganz in der Logik der hier artikulierten Gedankenführung. Spricht Quidort doch hier gerade dem partikulären Neben- und Miteinander von, verkürzt gesagt, „Kirche" und „Staat", keines-

wegs aber dem politischen Vorrang und universalen Machtanspruch des Papsttums das Wort.[451]
Wenngleich die eigene Gegenwart vermuten läßt, daß der Antichrist bald komme, so ist es doch unmöglich, genau den Zeitpunkt dieses Kommens zu bestimmen. Zahlreiche Unsicherheitsfaktoren weiß Quidort zu benennen, die eine genaue Auskunft über das *tempus antichristi* unmöglich machen, von denen die ersten – modern gesprochen – text- wie literarkritischer Art sind:
Oft sei es unklar, was die alten Texte genau sagten. Die überlieferte Quellen weisen häufig falsche Varianten auf, Versionen, fingiert von geistlos Ungläubigen, die die ursprüngliche Aussage der vorgenannten Geistbegabten und Heiligen durch Beifügung und Unterstellung korrumpieren: „Quandoque enim homines increduli vel vani libros sanctorum corrumpunt vel hiis apponunt vel eorum titulo ascribunt, interdum etiam divinis oraculis acceptum fingunt quod proprio suo spiritu confinxerunt."[452]
Augustinus habe bereits darauf hingewiesen, daß es Ungläubige gäbe, die einen griechischen Vers ersannen – „ich weiß nicht, was für einen" –, ihn als göttlichen Orakelspruch ausgaben und darin behaupteten, der Name Christus würde nur 365 Jahre verehrt werden. Dann aber würde die Verehrung ein jähes Ende finden: „Demum completo predicto numero annorum sine mora sument finem."[453]
Die dabei verfolgte Absicht sei offensichtlich: Es gehe darum, das Ansehen der Christen und des Christentum zu vermindern, die christliche Religion als schwach erscheinen zu lassen, das Christentum insgesamt zu degradieren, „ut forsitan religio Christiana minus celebris haberetur."[454]
Ein solcher Vorwurf, formuliert mit der Autorität des heiligen Augustinus, wurde klarerweise nicht nur historisch gewertet, etwa lediglich als Spitze gegen namentlich gar nicht mehr bekannte Zeitgenossen Augustins genommen. Johannes von Paris formulierte ihn sicherlich nicht ohne kritischen Blick auf Arnald von Villanova, möglicherweise aber auch auf die zahlreichen zeitgenössischen vulgär-joachimitischen Strömungen, die das Ende von Kirche im freien Geist prophezeiten.[455] Im Blick auf Arnald darf diese Kritik aber keineswegs so verstanden wer-

---

[451] Im selben Jahr 1302 betonte, wie erinnerlich, Papst Bonifaz VIII. in der Bulle *Unam sanctam* den politischen Vorrang der Päpste. Er setzte damit eine Tradition fort, die ihren ersten Höhepunkt in der Auseinandersetzung zwischen Gregor VII. und Heinrich IV. – zweihundert Jahre zuvor! – erlebt hatte.

[452] Oxford, fol. 35 ra; cf. ed. Venedig 1518, fol. LI va.

[453] Ebenda; Augustinus: De civitate Dei 18, 54 (CCL 48, 654).

[454] Oxford, fol. 35 ra; cf. ed. Venedig 1518, fol. LI va.

[455] Töpfer 1964, 140f.

den, als werfe jener diesem vor, das Christentum vor der Welt in Mißkredit bringen und die christliche Gottesverehrung hintertreiben zu wollen. Für solch eine Interpretation bietet Quidorts Antichrist-Traktat nun wirklich keinerlei nähere Hinweise. Im Gegenteil: Es wurde erstmalig gezeigt, wie intensiv-angestrengt der Pariser Gelehrte sich mit den Argumenten Arnalds auseinandersetzt, ja in vielerlei Hinsicht mit ihm in der Beurteilung von Textstellen und Prophezeiungen einig ist, zumindest seine Sichtweise zu tolerieren vermag.

Allerdings widerspricht Quidort dem katalanischen Arzt entschieden, sofern dieser behauptet, er wisse, wann der Antichrist komme. Johannes bringt diesem Widerspruch regelmäßig und immer wieder in seinem Traktat zur Sprache. Zu Beginn und am Ende eines jeden größeren Sinnabschnittes betont er nachdrücklich, daß eine genaue, ja nicht einmal eine ungefähre Jahreszahl als Zeitpunkt für das Kommen des Antichrist mit Sicherheit zu nennen sei. Wer dieses dennoch behauptet, muß wissen, was er tut!

Genau darauf kommt der Pariser Gelehrte auch in seinem Schlußkapitel zu sprechen. Ohne Arnald zu nennen, aber doch deutlich erkennbar, will er Arnald warnen, ihn offensichtlich darauf aufmerksam machen, daß die wissenschaftliche Welt seine doch recht konkreten Vorhersagen über das Kommen des Antichrist als Fiktion, als puren Schwindel bezeichnen könnte, als einen Schwindel überdies, der nach einer dahinterliegenden Absicht fragen ließe. Diese Frage wäre mittels augustinischer Gedankenführung, also kraft eines einflußreichen Autoritätsbeweises, leicht in nämlicher Richtung zu beantworten und somit Arnald von Villanova zu entlarven: „ut forsitan religio christiana minus celebris haberetur."

Doch damit nicht genug: Noch eine weitere mahnende Warnung spricht Johannes von Paris in diesem Kontext aus: „Quandoque etiam angelus sathane se transfigurat in angelum lucis, hominibus etiam sanctis revelationem de multis veritatibus faciens inter quas tamen immiscet aliquas falsitates."[456]

Damit spricht Johannes von Paris die Möglichkeit des Irrens aus. Selbst Heilige können bei der ihnen zuteil werdenden Offenbarung getäuscht werden, nicht grundsätzlich, aber hinsichtlich bestimmter Teileelemente der *revelatio* durchaus. Es liegt in der Macht des Bösen, der Wahrheit einige unreine Ingredienzien, *aliquae falsitates*, beizumischen. Die Absicht Satans, des trügerischen und betrügerischen, gefallenen Engels, ist offensichtlich. Als der große Hinderer will er nicht, daß die Offenbarung als solche zum Zuge kommt. So sucht er den Offen-

---

[456] Oxford, fol. 35 ra., aber statt „tamen immiscet" „tantum misset"; cf. ed. Venedig 1518, fol. LI va–vb.

barungsinhalt zu verfälschen, den Menschen so zu verführen, daß dieser falschen Meinungen anhängt.

Mit anderen Worten: Johannes von Paris macht darauf aufmerksam, daß gerade dann, wenn es um den Antichrist geht, die Macht und Kraft des Satans mitbedacht werden muß. Gerade in diesem Fall, wo es ja um die Realität des Bösen in der Welt geht, zeige der Satan ein lebhaftes Interesse an der Realitätsverkennung des Menschen: So kommt es für den Zeitgenossen darauf an, die Geister zu unterscheiden: „[. . .] propter quod opus est discernere spiritus si ex deo sint."[457]

Auch diese doch recht allgemein gehaltene Mahnung konnte Arnald von Villanova auf sich beziehen; allerdings in ambivalenter Weise:

Einerseits nämlich hätte er sie durchaus als gewisse Entschärfung des erstgenannten Ein- und Vorwurfs interpretieren dürfen, ja – genau genommen – als freundliche Darbietung einer goldenen Brücke, mittels der er dem ausgesprochenen Verdacht der Fiktion und des absichtsvollen Schwindels hätte ausweichen können. Die Fiktion der Jahreszahl 1378 wäre somit nicht auf das Lastkonto Arnalds, sondern auf das des Satans gegangen. Arnald von Villanova hätte damit im Ganzen die Wahrheit gesagt: der Antichrist kommt bald. Mehr noch: Es sei – bei aller Unwägbarkeit – nicht falsch, damit zu rechnen, daß der *antichristus personaliter* in absehbarer Zeit seine Macht antrete, möglicherweise bereits am Werk sei. Weisen doch die zahlreichen Überlegungen und Untersuchungen innerhalb des Traktates des Johannes von Paris in die nämliche Richtung.

Andererseits bedeutete aber das Begehen dieser goldenen Brücke nichts anderes als das Eingeständnis, eine Fehl- und Falschmeldung artikuliert, jedenfalls nicht in allen Punkten die Wahrheit gesagt zu haben. Die Gefahr solch eines Konzedierens liegt auf der Hand: Das Risiko, daß mangels Differenzierung vom Teil auf das Ganze geschlossen werde, daß also bei vielen die Aussagen des gesamten Traktates in Zweifel und schließlich als Fiktion abgetan werden würden. Überhaupt impliziert ja das Begehen dieser goldenen Brücke das gefährlich-schuldbeladene Eingeständnis, nicht vor der so vehement verkündeten Botschaft vom Kommen des Antichrist die Geister geprüft, sondern dem Wirken des Satans Raum gegeben und also Gehör verschafft zu haben. Stellen wir diese Überlegungen in Rechnung, wird die dargestellte scharfe Reaktion Arnalds von Villanova auf die an sich „moderate Determination" wie „tolerable Antwort" Quidorts verständlich und nachvollziehbar.

---

[457] Oxford, fol. 35 rb, statt „discernere spiritus", „dicretione spiritus"; cf. ed. Venedig 1518, fol. LI vb.

5. Kapitel

DIE KONZISEN KONTRAPOSITIONEN DES PETRUS VON AUVERGNE, NIKOLAUS VON LYRA UND GUIDO TERRENA VON PERPIGNAN UND DIE DETAILLIERTE DARLEGUNG DES HEINRICH VON HARCLAY

Ihre kritische Antwort finden die Ausführungen Arnalds von Villanova wie auch Johannes' von Paris zum Thema „Kommen des Antichrist" bei Heinrich von Harclay. In seiner Quästion „Über die zweite Ankunft Christi" aus dem Jahre 1313 tritt er detailliert distinguierend den Darlegungen Arnalds wie auch Quidorts in nüchterner Schärfe entgegen. Zuvor aber, noch im Jahre 1300, hatte sich Petrus von Auvergne kritisch gegenüber Arnalds Auffassung zum Thema „Ankunft des Antichrist" geäußert. Zehn Jahre später meldet sich dazu der berühmte Exeget Nikolaus von Lyra kurz zu Wort. Er will den biblischen Befund zu dieser Frage artikulieren und belegt damit, wie Pelster bereits bemerkte, „dass Arnalds und Joachims Antichrist die Geister noch nicht zur Ruhe kommen liess".[1]

In seinem ersten Quodlibet, ebenfalls aus dem Jahre 1313, wird sich auch der katalanische Karmelit Guido Terrena von Perpignan zu diesem Fragekomplex äußern und gegen seinen Landsmann Stellung beziehen. Um möglichst Wiederholungen zu vermeiden, werden die konzisen Kontrapositionen des Petrus von Auvergne, Nikolaus von Lyra und Guido Terrena von Perpignan im folgenden aber nur soweit bedacht, als sie für die Einordnung ihrer Argumente in das Gesamt der Auseinandersetzung notwendig sind und bei Heinrich von Harclay entweder ganz ausgelassen oder so sehr in den Hintergrund gedrängt wurden, daß ihre eigentliche Aussagekraft dort kaum bzw. nur mit erheblicher Akzentverschiebung oder aber in subtiler Anspielung zur Geltung gebracht werden.

5.1 Petrus von Auvergne

Petrus de Alvernia gehört zu jenen originären, keineswegs leicht einzuordnenden philosophisch-theologischen Denkern des Weltklerus, die sich einerseits stark von der thomanischen Philosophie beeinflußt zei-

---

[1] Pelster 1948, 44.

gen, sich andererseits aber deutlich vom *Doctor communis* distanzieren. Zwar zählt der berühmte Schüler-Freund des Aquinaten Bartholomäus von Lucca O.P. († 1326/7) Petrus von Auvergne zu den treuesten Schülern des Thomas, nennt ihn Magister der Theologie und einen großen Denker, der schließlich zum Bischof von Clermont avancierte,[2] doch ist ebenfalls die geistige Nähe des Petrus zu seinen Lehrern Heinrich von Gent und Gottfried von Fontaines unverkennbar. Ihn deswegen einen ,von Heinrich von Gent und Gottfried von Fontaines beeinflußten Thomisten' zu nennen, kennzeichnet wichtige, aber nicht alle Quellen seines Denkens.[3] Genauere, aussagekräftigere Urteile sind aber erst dann möglich, wenn die Petrus zugeschriebenen Werke kritisch ediert und sein philosophisch-theologisches Denken insgesamt analysiert und reflektiert worden sind.[4]
Der Grund dafür, warum Bartholomäus den Mann aus Alvernia überhaupt erwähnt, besteht darin, daß er den unvollständigen Kommentar des Thomas von Aquin zur Politik des Aristoteles vorstellen will (*In*

---

[2] „Magister Petrus de Alvernia, fidelissimus discipulus eius, magister in sacra theologia et magnus philosophus et demum episcopus claramontensis." Bartholomäus von Lucca: Historia Ecclesiastica, liber 23, 11. Hrsg. von Ludovico A. Muratori. Mailand 1727, 1170 (= Rerum Italicarum Scriptores tom. 11).

[3] Vgl. etwa Schneider 1988, 250; zur Lit. Lohr, Charles: Commentateurs d'Aristotle au moyen-age latin. Bibliographie de la littérature secondaire récente. Freiburg-Paris 1988, 197f. (= Vestigia 2); keineswegs in seinen bio-bibliographischen Angaben obsolet ist Guyot, Bertrand Georges: Pierre d'Auvergne: Quodlibet I, q. 17. *AHDLMA* 36 (1961) 153–158.

[4] Gerade die jüngsten Editionen und Forschungsergebnisse zu Heinrich von Gent unter der Leitung von Raymond Macken zeigen, welch eminente Forschungslücken immer noch bestehen. Sie exemplifizieren aber auch, wie erfolgreich dank gründlicher Quellenarbeit und sorgfältiger Textanalyse dem originären Farbenreichtum eines mittelalterlichen Denkers auf die Spur zu kommen ist. Im konkreten Blick auf Petrus von Auvergne zeigen sie auch, daß der Einfluß Heinrichs auf unseren Theologen kaum zu überschätzen ist. Um aber Genaueres stichhaltig formulieren zu können, müßten die Werke des Petrus de Alvernia mit ähnlich energischer Gründlichkeit erforscht werden, wie sie von R. Macken bezüglich der Edition der *Opera omnia* des Heinrich von Gent an den Tag gelegt wird. Dazu Hödl, Ludwig: Von den korrekten, korrigierten Ausgaben der Quodlibeta des Heinrich von Gent († 1293) zur kritischen Neuausgabe. *AGPh* 63 (1981) 289–304; dazu auch die Dissertation von Celano, Anthony J.: Peter of Auvergne's *Quaestiones super libros Ethicorum*. Toronto 1979; ders.: Peter of Auvergne's Quaestions on Books I and II of the *Nicomachean Ethics*: A Study and Critical Edition. MS 48 (1986) 1–110. Dazu informativ im Vergleich Dunphy, William: The *Quinque viae* and Some Parisian Professors of Philosophy. In: St. Thomas Aquinas 1274–1974. Commemorative Studies. 2. Bd., Toronto 1974, 73–104, 95–104; Wippel, John F.: Godfrey of Fontaines, Peter of Auvergne, John Baconthorpe, and the Principle of Individuation. In: Essays honoring Allan B. Wolter. Hrsg. von William A. Frank und Girard J. Etzkorn. St. Bonaventure (New York) 1985, 309–349, bes. 323–334 (= Franciscan Institute Publications Theology series 10).

libros politicorum expositio) und in diesem Zusammenhang den Vollender des Werkes nicht unerwähnt lassen kann, eben Petrus von Auvergne. Die enge geistige Verbindung zwischen Thomas von Aquin und Petrus von Auvergne kann nicht bezweifelt werden. Zwar vermag auch derjenige das Werk eines anderen zu komplettieren, der außerhalb des geistigen Einzugsgebiets desjenigen steht, an dessen Werk er Hand anlegt. Es gibt zahlreiche Beispiele solch rein äußerlicher, aber inhaltlich heterogener „Vervollständigungen". Doch genau diese Heterogenität zwischen Urheber und Fortsetzer festzustellen, fiel den späteren Forschern äußerst schwer. Es bedurfte eines genauen, kleinste Akzentverschiebungen wahrnehmenden Blicks, um schließlich herauszukristallisieren, was eigentlich im genannten Kommentar von Thomas und was von seinem Fortsetzer Petrus stammt. Exakt vor diesem Problem standen erwiesene Kenner des Thomas, angefangen bei Theophil von Cremona, der 1471 in Venedig die Aristoteleskommentare des Thomas edierte, über Quétif-Echard und B. de Rubeis bis hin zum vorsichtig abwägenden G. v. Hertling. Erst als Martin Grabmann, A. Pelzer und schließlich Fr. Kardinal Ehrle mit glaubwürdigen Codices aufwarteten, in denen genaue Angaben darüber zu lesen waren, an welcher Stelle der Kommentar des Thomas endet und wo der des Petrus beginnt, war es möglich, eindeutig die gesuchte Nahtstelle zu bestimmen. All das ist Beweis dafür, wie sehr – trotz aller Differenzen en detail – Petrus von Auvergne mit der Zunge seines Meisters Thomas von Aquin zu sprechen verstand.[5]

Nicht zuletzt aufgrund dieser engen Verbindung zu Thomas von Aquin glaubte man lange Zeit annehmen zu müssen, daß auch Petrus zu den Söhnen des heiligen Dominikus zu zählen sei. Andere sahen doch gewisse Unterschiede und meinten, er sei Franziskaner gewesen, während wieder andere zu differenzieren lehrten zwischen einem Peter von Auvergne, der Dominikaner war, und zwischen einem anderen Gelehrten gleichen Namens, der in Paris Kanoniker und Rektor der Universität war. Doch damit nicht genug. Schließlich wurde noch jemand in Paris entdeckt, der sich Petrus von Auvergne nannte, der aber nicht der philosophischen oder theologischen, sondern der medizinischen Fakultät angehörte. Sodann gab es zu dieser Zeit in Clermont einen Bischof, der allerdings nicht nur als Petrus von Auvergne, sondern mehr noch als Petrus de Cros, de Croso oder de Croco firmierte. Gundisalvus M. Grech O.P. stellte schließlich heraus, daß mindestens zwischen sieben verschiedenen Personen gleichen Namens zu unter-

---

[5] Grabmann, Martin: Welchen Teil der aristotelischen Politik hat der hl. Thomas von Aquin selbst kommentiert? *PhJ* 28 (1915) 373–379; ders.: Die Werke des Hl. Thomas von Aquin. Eine literarhistorische Untersuchung und Einführung. Münster 1967 (= ³1948) 88f. (= BGPhThMA 22/1-2).

scheiden sei: „Peter is so entangled with at least seven others of the same name that to identify him requires much delicate sifting of the available material."[6]

Grech war es auch, der Licht in den Personenwirrwarr zu bringen versuchte; und zwar durch sorgfältiges Quellenstudium, durch Selektieren und Zuordnen von Werk und Person.[7] Es ging ihm konkret um die Beantwortung der Frage: „Which of these Peters of Auvergne is the continuator of the works of St Thomas?"[8]

Dabei stellt er zunächst via negationis fest, daß „unser" Peter von Auvergne kein Dominikaner, kein Franziskaner, kein Doktor der Medizin und schon gar nicht jener provenzalische Troubadour war, mit dem ihn Mercier, Abt von St. Léger, identifizierte. Sodann gelingt es Grech, zu konstatieren, wer denn – positiv formuliert – der uns interessierende Peter von Auvergne war. Dabei lassen sich ebenfalls vier Feststellungen treffen:

1. Peter von Auvergne wurde von seinen Zeitgenossen auch Petrus de Cros (oder de Croso oder de Croco) genannt; und zwar offensichtlich deshalb, weil Petrus in Crocq, einer kleinen Stadt in der Auvergne, geboren wurde.

2. Peter von Auvergne war Rektor der Universität zu Paris, fungierte dort

3. auch als Magister der Theologie und wurde schließlich

4. Bischof von Clermont.

---

[6] Grech, Gundisalvus M.: The Commentary of Peter of Auvergne on Aristotle's *Politics*. The Inedited Part: Book III, less. I–VI. Rom 1967, 18. Daß Petrus von Auvergne Dominikaner war, glaubten u.a. Theophilus von Cremona, Leander Albertus, Antonius Lusitanus, Antonius Possevinus und Ambrosius Altamura. Als Franziskaner wird er noch von Féret bezeichnet, Féret, Pierre: La Faculté de Théologie de Paris au moyen âge et ses docteurs les plus célèbrés. Bd. 3. Paris 1896, 221. Zitiert auch bei Grech 1967, 18f.

[7] Grundsätzlich lassen sich zwei Themengebiete im Werkverzeichnis des Petrus von Auvergne ausmachen, die unmittelbar seiner akademischen Laufbahn korrespondieren: einerseits seine philosophischen Werke, die er in der Zeit seiner Zugehörigkeit zur Artistenfakultät verfaßte, und andererseits seine theologischen Schriften, die er in der Zeit als Professor der Theologie formulierte. Hier sind es seine sechs Quodlibeta, die er zwischen 1296 und 1301 hielt, dort sind es seine Kommentare zum *Corpus Aristotelicum*. Die Werke wie die Handschriften verzeichnet übersichtlich Grech 1967, 28–39. Er differenziert auch noch eine dritte große Gruppe, die er „doubtful works" nennt. Hier weiß er immerhin sechzehn Schriften zu nennen, deren Authentizität ernsthaft bezweifelt werden muß, „a list of thoses works whose authenticity is to some extent questionable." Ebenda 28, 39–42; zum Politikkommentar ebenfalls informativ Fioravanti, Grazia: „Servi, rustici, barbari": Interpretazioni medievali della *Politica* aristotelica. *Annali della Scuola normale superiore di Pisa cl. lett. filos. III ser.* 11 (1981) 399–429; Celano, Anthony J.: The „finis hominis" in the Thirteenth-Century Commentaries on Aristotle's Nicomachean Ethics. *AHDLMA* 53 (1986) 23–53.

[8] Grech 1967, 19.

Über Peters Kindheit, seinen Ausbildungsgang, seine Schul- wie Universitätslehrer wissen wir nur wenig und kaum Genaues. Grech stellt sogar in Frage, ob Peter Thomas von Aquin selbst gehört hatte; denn zu der Zeit, als der *Doctor communis* zur theologischen Fakultät gehörte, war Petrus sicherlich erst Student der *artes*. Aber ist es ausgeschlossen, daß Studenten höheren Semesters den Vorlesungen an der theologischen Fakultät folgten, gleichsam als Gasthörer figurierten?

Zum Rektor der Universität wurde Petrus am 7. Mai 1275 durch den Kardinallegaten Simon von Brion bestellt. Dabei ging es darum, jenes leidige Schisma zu beenden, das durch die Wahl Sigers von Brabant und des Alberic von Reims zum Rektor der Hohen Schule entstanden war.[9] Doch seine Studien setzte Petrus ordnungsgemäß fort, wie wir annehmen müssen: Nach dem Studium der Artes wechselte er die Fakultät und studierte Theologie, ein Studium, das in der Regel weitere acht Jahre dauerte und zunächst mit dem einfachen Bakkalaureat abschloß. Als *baccalaureus biblicus* waren sodann zwei Jahre vorgesehen, in denen der Kandidat die Heilige Schrift zu erklären hatte und schließlich noch einmal zwei Jahre über die Sentenzen des Petrus Lombardus lesen mußte. Erst jetzt konnte er sich *baccalaureus formatus* nennen, erst jetzt war er „eigentlicher" Bakkalaureus, keineswegs bereits schon Magister der Theologie. Um das Barett des Magisters zu erwerben, sah die Pariser Studienordnung weitere vier Jahre vor. In dieser Zeit mußte der Bakkalaureus Disputationen abhalten, zuletzt eine öffentliche mit älteren Magistern, die in der Aula des Bischofs von Paris stattfand.

Während dieser Zeit seines Theologiestudiums hörte Petrus von Auvergne zweifellos Heinrich von Gent und Gottfried von Fontaines. Nicht selten nennt er sie in seinen *Quodlibeta* vertraut „Magistri nostri".[10] Wann er aber selbst zum Magister der Theologie ernannt worden ist, kann definitiv nicht gesagt werden. Doch aus einem päpstlichen Dokument ist ersichtlich, daß er bereits am 18. Juni 1296 als *magister Petrus* bezeichnet wurde; und zwar von Benedikt VIII. selbst. Sofern aber dieses Faktum wie dieses Datum stimmen, ist davon auszugehen, daß jener Petrus von Auvergne, der nachweislich noch am 29. Juni 1296 als Rektor der Universität zu Paris fungierte,[11] nicht „un-

---

[9] Dabei spielte der „Streit der Fakultäten" eine exponierte Rolle. Von der Artistenfakultät wurde 1272 beschlossen, ihre Mitglieder dürften sich zu theologischen Problemen nicht äußern. Ostern 1273 bezeichnete Bonaventura in seinen Universitätspredigten (Collationes in Hexaemeron) die aristotelische Philosophie als apokalyptische Bedrohung der Christenheit. Dazu Flasch 1989, 52.

[10] Hocedez, Edgar: La théologie de Pierre d'Auvergne. *Gregorianum* 11 (1930) 526–552, hier 527; ders.: La vie et les oeuvres de Pierre d'Auvergne. *Gregorianum* 14 (1933) 3–36, hier 14.

[11] Chart. Univ. Paris. I, n. 460, S. 530.

ser" Petrus sein kann; denn, wie Grech überzeugend schlußfolgert: ein Magister der Theologie vermochte unmöglich Rektor der Universität zu sein, da hier die Artistenfakultät gefragt war.[12] Der Dekan der Artistenfakultät war gleichzeitig Rektor der Universität. Petrus von Auvergne konnte aber unmöglich zugleich Dekan der Artisten, Rektor der Universität und *magister actu regens* der Theologie sein. Sofern also der hier gemeinte Petrus von Auvergne in den neunziger Jahren *magister actu regens* der Theologie war, bekleidete er längst nicht mehr das Amt des Rektors der Universität.[13]

Daß Petrus aber tatsächlich Magister der Theologie war, ist aufgrund der genannten Belege ernsthaft nicht zu bezweifeln. Überdies existiert gerade im Zusammenhang mit dem Antichristtraktat des Arnald von Villanova ein Universitätsdokument, das die Magisterwürde des Petrus noch einmal bestätigt. Wird er doch mit diesem Titel auch in jenem schon mehrfach erwähnten Appell an den Heiligen Stuhl bedacht, den Arnald von Villanova gegen den Kanzler und das Pariser Theologenkolleg mit Datum vom 12. Oktober 1300 anstrengte.[14] Ausgerechnet in diesem Appell wird Peter von Auvergne, Magister der Theologie, als einer der wichtigsten Zeugen des leidigen Vorgangs und des Arnald beleidigenden Vorgehens genannt. Peter von Auvergne war also schon früh mit dem Streitfall um den von Arnald von Villanova verfaßten Antichristtraktat vertraut, ja namentlich als Magister der Theologie in den Streitfall verwickelt und zeugenhaft verstrickt.

Auch wurde bezweifelt, daß Petrus von Auvergne, der Fortsetzer des Politikkommentars des Aquinaten, schließlich Bischof von Clermont wurde: „demum episcopus claramontensis", wie Bartholomäus von

---

[12] „And since the rectors of the University were chosen from the Faculty of Arts, it logically follows that Peter of Auvergne, the Master of Theology, could not have been rector on the 29th June of that year." Grech 1967, 24f. Dagegen vgl. Féret 1896, 224, der behauptet, Petrus von Auvergne sei zweimal Rektor zu Paris gewesen. Andere wiederum behaupten, Petrus von Auvergne sei überhaupt nicht Magister der Theologie geworden, vgl. Quétif-Echard 1719, I, 489 und Lajard, Félix: Pierre d'Auvergne Chanoine de Notre Dame, Recteur de l'Université de Paris. *Histoire littéraire de la France* 25 (1869) 93–118, bes. 94. Doch dagegen spricht klarerweise das in der Regel verläßliche Zeugnis von Bartholomaeus von Lucca sowie das zitierte Schreiben des Papstes, dazu ausführlich (mit Lit.) Grech 1967, 24f.

[13] Diese Amtszeit der neunziger Jahre tangiert freilich nicht jene der siebziger. Es liegt also kein Grund vor, abzustreiten, daß „unser" Petrus von Auvergne Rektor der Universität zu Paris in den siebziger Jahren des 13. Jahrhunderts war, wie oben bereits dargelegt wurde.

[14] Chart. Univ. Paris. II, n. 616, S. 87ff. Grech erwähnt noch ein weiteres universitäres Dokument, in dem Petrus von Auvergne genannt wird: „[. . .] a list of the prices fixed by a Commission of Masters for the writings of the Professors. This list was compiled on the 25th February 1304. Among these books are his *Quodlibeta*." Grech 1967, 25; Chart. Univ. Paris. II, n. 642, S. 109.

Lucca schreibt.[15] Doch ist es mehrfach quellenmäßig bezeugt. So existieren zwei Briefe Bonifaz' VIII., in denen von Peters Bischofswahl lobend die Rede ist. Während der eine Brief an Peter von Auvergne selbst gerichtet ist, wendet sich der andere an den König von Frankreich. Auch die Bestätigung seiner Regalienrechte durch Philipp IV. ist urkundlich bezeugt, und damit insgesamt Peters Bischofsamt bewiesen. Das Kalendarium des Bistums überliefert uns auch seinen Todestag: Peter von Auvergne starb am 25. September 1304. Doch zwei Jahre zuvor war er noch Magister regens in Paris: von 1296 bis 1302. Als solcher nimmt er in seinem fünften Quodlibet aus dem Jahre 1300 Stellung zu der Frage nach dem Kommen des Antichrist.[16] Es ist offensichtlich, daß er den Antichrist-Traktat Arnalds möglicherweise auch schon die Argumentationsrichtung der fast gleichzeitig veröffentlichten, toleranten Stellungnahme Quidorts kannte. Er bezieht sich immer wieder auf die Argumente und Voraussagen Arnalds, ja führt sie mitunter wortwörtlich an.

5.1.1 Die Frage nach der Möglichkeit von Privatoffenbarung

In vier Punkten beschäftigt sich Petrus von Auvergne mit der Frage nach dem Kommen des Antichrist. Zunächst untersucht er die Möglichkeit einer Privatoffenbarung. Konkret interessiert ihn, ob jemand durch einen guten Engel über die Zeit des Antichrist unterrichtet werden kann. Sodann kommt er zum eigentlichen Thema, dem von Arnald aufgeworfenen Fragekomplex nämlich, ob – erstens – der Antichrist in Kürze komme, ob es – zweitens – nützlich sei, den Zeitpunkt seines Kommens genau zu kennen, und – drittens – ob es der Heiligen Schrift widerspreche, zu behaupten, man wüßte datenmäßig genau, wann der Antichrist erscheine: „Utrum antichristus sit venturus in brevi [. . .];[17] utrum expediat scire determinatum tempus adventus eius [. . .];[18] utrum asserere ipsum esse venturum futuro determinato sit error in sacra scriptura."[19] Den Auftakt dieser drei Fragen bilden gewisse Anspielungen auf Arnalds behauptete „Privatoffenbarung". Tatsächlich hatte Arnald ja in seinem Antichristtraktat das intuitive Erkenntnismoment bei seiner

---

[15] Hier sind wieder die zwar veralteten, aber bis heute zäh wirkenden Arbeitsergebnisse von P. Féret 1896, 222, von Quétif-Echard 1719, 489, und F. Lajard 1869, 97 zu nennen. Mit ihnen muß sich noch Grech 1967, 25 (mit Lit.) auseinandersetzen.

[16] Petrus von Auvergne: Quodlibet V, q. 4; 15–17; die HSS verzeichnet Grech 1967, 38. Ich beziehe mich auf den Vat. lat. 932, den Herr Prof. Dr. W. Knoch, Bochum, mir dankenswerterweise aus der Bibliotheca Vaticana kopieren ließ.

[17] Petrus von Auvergne: Quodlibet V, q. 15 (Vat. lat. 932, fol. 159 vb–160 vb).

[18] Ebenda q. 16 (Vat. lat. 932, fol. 160 vb–161 rb).

[19] Petrus von Auvergne: Quodlibet V, q. 17 (Vat. lat. 932, fol. 161 rb–161 va).

Prognose deutlich unterstrichen: „Sed dicetur speculatoribus, quomodo constat vobis quod iam duabus centenariis integre seculum non durabit? Quibus respondebunt, ad efficaciam terroris: Quia sedentes supra speculam istud intuitu claro cognoscimus et videmus."[20] Von einem Engel allerdings ist bei ihm keine Rede, wenngleich er wenig später in seiner Schrift *De mysterio cymbalorum* von einer inneren Stimme spricht, die ihn immer wieder anstachle, eine weitere Mahnschrift zu verfassen. Petrus erwähnt jedenfalls, daß gegen die Behauptung Einspruch erhoben werde, ein Mensch könne über die Zeit des Antichrist und das Wiederkommen Christi zum Jüngsten Gericht durchaus durch die Botschaft eines Engels – wie einst Maria – vorher informiert werden. Diesen Einspruch konturiert Petrus zunächst genauer. Dabei kommt er zu dem vorläufigen Ergebnis, daß nur einem guten Engel, der Gutes ankündige, Glauben geschenkt werden dürfe: „Angelo bono et bona nuncianti de quocunque credendum est."[21]

Doch woher weiß der Mensch, ob es ein guter Engel ist, der zu ihm spricht? So könne doch ein böser Engel so tun, als ob er ein guter sei und nur das Gute wolle und rede. Petrus benutzt diese scheinbar naiven Fragen, um eindeutige Beurteilungskriterien für vermeintliche Privatoffenbarungen aufzustellen: Es genüge nicht, so konstatiert er, daß das, was geoffenbart werde, unmittelbar Wahres und Gutes enthalte. Vielmehr muß das Offenbarte in der rechten, d. h. dem Inhalt der Offenbarung angepaßten Weise ausgesagt werden. Überdies dürfe nicht nur nichts ausgesagt werden, was gegen die natürliche Vernunft und gegen den Glauben verstoße, sondern alles müsse genau mit der Vernunft und dem Glauben übereinstimmen: „ea, que revelat non sunt contra racionem naturalem [. . .] et angelus bonus falsum non revelat, si enim non est contrarium fidei, sed consonum fidei, ei non subest falsum".[22]

Arnald von Villanova konnte sich durch diese Antwort durchaus bestätigt fühlen. Stellt Petrus doch explizit fest, daß ein guter Engel aufgrund göttlicher Offenbarung etwas über die Ankunft des Antichrist erfahren haben könnte. Daß der Auferstandene kurz vor seiner *ascensio* die Frage seiner Jünger nach der Zeit und die Stunde zurückgewiesen habe, darf nicht so interpretiert werden, als ob selbst Christus die Zeit nicht wisse. Der Sohn in seiner Göttlichkeit kennt die Zeit. Er wollte sie nur den Seinen nicht zur Kenntnis geben. Dennoch ist die Möglichkeit einer Privatoffenbarung nicht auszuschließen, aufgrund derer jemand

---

[20] Arnald von Villanova: De tempore adventus antichristi. Vat. lat. 3824, fol. 57 ra; dazu oben Kap. 3.2.4.
[21] Petrus von Auvergne: Quodlibet V, q. 4 (Vat. lat. 932, fol. 155 ra).
[22] Ebenda fol. 155 ra.

das Kommen des Antichrist im voraus weiß: „Potest tamen scire de illo deo revelante."[23]

Daß Arnald von Villanova daraufhin nicht nur in seinen „Kirchenglokken" diese Möglichkeit himmlischer Inspiration für sich weitaus deutlicher in Anspruch nahm, mag gerade in dieser Antwort des Petrus von Auvergne seinen Grund haben.[24]

5.1.2 Kommt der Antichrist in Kürze?

Der erste Punkt des zentralen Problemkreises ist die Frage nach dem Kommen des Antichrist. Darf theologisch verantwortlich behauptet werden, daß der Antichrist in Kürze – in brevi – kommt? Petrus geht bei der Beantwortung dieser Frage wiederum in gut scholastischer Manier vor. Zunächst werden zahlreiche Zeugnisse angeführt, die die gestellte Frage bejahen und die These Arnalds unterstützen. Orosius, Pseudo-Aethicus und Albumasar werden genannt. Es sind genau jene auctoritates, die auch Heinrich von Harclay in seiner Untersuchung zum Antichrist anführen und ausführlich auf ihre Stichhaltigkeit hin prüfen wird. Da sie von Arnald nicht genannt werden, lassen sie vermuten, daß in Paris auch andere als Arnald vom baldigen Kommen des Antichrist überzeugt waren und ihre Ansicht gerade mittels dieser auctoritates artikulierten. Möglicherweise bringen sie aber auch – auf intellektuellem Niveau und mit joachimitischem Zungenschlag – die weitverbreitete Angst des beginnenden 14. Jahrhunderts vor den Tatarenstürmen zum Ausdruck.[25] Werden hier doch die Tataren nach der Interpretation des Pseudo-Methodius als Nachfahren des Gog und Magog verstanden, deren überfallartige Ausbrüche wiederum als Zeichen des kommenden Antichrist und des nahen Weltendes gedeutet werden.[26]

---

[23] Ebenda.

[24] Die „Philosophia catholica", die „Apologia" sowie das „Eulogium" seien ebenfalls, wie Arnald betont, auf göttliche Inspiration entstanden. Dazu oben das Kap. 3.2.3.

[25] Delumeau 1985, 330f.

[26] Grundsätzlich informativ C. A. Keller: Gog und Magog. In: RGG³ II, 1958, 1683f.; Auch Bousset, Wilhelm: Die Religion des Judentums im späthellenistischen Zeitalter. Hrsg. von Hugo Gressmann. Tübingen 1926, 219 (= HNT 21). In Ez 38,2 wird Gog als der Fürst von Rosch, Meschech und Tubal, Magog aber als das Land bezeichnet. Jahwe, der Herr, wird Gog zum Kampfe fordern. Auf der Seite Gogs wird der äußerste Norden sein, all seine Truppen, zahlreiche Völker (Ez 38,6). Gog und seine riesigen Truppen werden schließlich in ein Land kommen, das dem Schwerte entrissen und auf den Bergen Israels zu orten ist (Ez 38,10f.). Gog, das Land Magog, Meschech und Tubal sind Länder im Norden, am Ufer des Schwarzen Meeres, vgl. Ez 27,13. Gog mit einer bestimmten geschichtlichen Person zu identifizieren, ist oft schon, aber wenig überzeugend versucht worden. „Man hat an Kimmerer und Skythen, an Gyges und Karkemisch gedacht. Das Mittelalter erkannte Gog und Magog in allen barbarischen Völkern, die in das Abendland einbrachen: in Goten, Hunnen und Ungarn, in Slawen und Sarazenen, in Mongolen und Türken. Vielleicht stammt Gog aus dem assyrischen gâga

Mit deutlichen Worten kommt Petrus von Auvergne sodann auf die These Arnalds von Villanova zu sprechen. Allerdings vermeidet er, den Katalanen namentlich zu nennen. Es gebe einige, so der Weltgeistliche, die meinen, mit Hinweis auf das zwölfte Kapitel des Buches Daniel die Frage nach dem Kommen des Antichrist beantworten zu können, einige, die glauben, daß sich hier schlicht die Wahrheit zeige: „[...] credentes se simpliciter veritatem ostendere per actum Danielis."[27]

Petrus legt den Finger sogleich auf die Wunde, auf den Schwachpunkt der von Arnald vorgestellten *computatio*: Er läßt Arnalds Auslegung von Dn 12,11 Revue passieren. Die Rede von der Abschaffung des immerwährenden Opfers – *iuge sacrificium* – sei demnach eine prophetische Vorausschau, die Vision eines künftigen und in der Tat einschneidenden geschichtlichen Ereignisses gewesen: die Vorausschau von der Zerstörung Jerusalems durch die Römer unter Titus und Vespasian. Infolge dieser Zerstörung und der damit verbundenen Deportation der Juden war es unmöglich geworden, weiterhin das *iuge sacrificium* darzu-

---

und meint die Steppen im Norden Mesopotamiens, aus denen im 7. Jahrhundert v. Chr. die Kimmerer hervorgestürmt waren. Andere leiten die Bezeichnung vom sumerischen *gug* ab, was *Finsternis* bedeutet. Demnach wäre Gog die Personifikation der Finsternis, der Feind aus dem Norden, Magog aber sein Reich, der Norden selbst", wie Rauh 1973, 29 zu Recht feststellt. Offensichtlich vereint Ezechiel hier mehrere historische Personen zu einer überindividuellen Gestalt, die den Typ des barbarischen Eroberers vor Augen führt und Israel in noch ferner, verschwommener Zukunft tödlich bedrohen wird, vgl. Ez. 38,14–16. Die eschatologische Spannweite Ezechiels blieb nicht ohne Einfluß auf die alttestamentlichen Propheten der Folgezeit, auf die Propheten der persischen Zeit Joel wie Zacharias und Daniel, aus der Zeit des Antiochus Epiphanes. Aber namentlich greift nur die Geheime Offenbarung 20,8 wieder auf Gog und Magog zurück. Namhafte Vertreter der patristischen Theologie lehnen aber eine Identifizierung mit bestimmten Völkern und ihren Herrschern ab. Tyconius akzentuiert den mystischen Schriftsinn und liest hier nicht so sehr die geographische Ortsangabe, sondern hört vielmehr die eschatologische Rede. Hieronymus scheint Tyconius Interpretation gekannt zu haben. Er bezieht zwar Gog und Magog historisch auf die Skythen oder Hunnen, eschatologisch aber klarerweise auf den Antichrist. Andererseits wird im griechischen Sprach- und Kulturraum der Sieg über die „Nordvölker" als Sieg über Gog und Magog gefeiert, der Sieger selbst aber, Alexander der Große, als Vollstrecker des Willens Gottes gesehen und zum Typus des gotthörigen Heroen stilisiert. Die Alexandersage blieb nicht ohne Einfluß auf Pseudo-Methodius wie überhaupt auf das mittelalterliche Denken, dazu immer noch Anderson, Andrew R.: Alexander's Gate: Gog and Magog and the Enclosed Nations. Cambridge, Mass. 1932, 12–14 (= Monographs of the Mediaeval Academy of America 5). Budge, E. A. Wallis: The History of Alexander the Great. Cambridge 1889, 144–158, generell Cary, George: The Medieval Alexander. Cambridge 1967, sowie Kampers, Franz: Alexander der Große und die Idee des Weltimperiums in Prophetie und Sage. Freiburg i. Br. 1901; Sackur 1898, 26ff.; Borst, Arno: Der Turmbau von Babel. Bd. 2/1, Stuttgart 1958, 388f. Dazu Harclay Kap. 5.7.2.

[27] Petrus von Auvergne: Quodlibet V, q. 15 (Vat. lat. 932, fol. 160 ra).

bringen. Der Tempel selbst war dem Erdboden gleichgemacht. Von dieser Zeit an, so die anscheinend „simple" Auskunft des biblischen Textes, bis zu jenem desolaten und desolierenden Ereignis, das nichts anders sei als die Ankunft des Antichrist, verstreichen genau 1290 „Tage". Da der biblische Ausdruck „Tage" freilich nicht ins Konzept passe, könne er, so die Ausleger schlichten Sinns, selbstredend nicht wörtlich genommen, müsse vielmehr als „Jahre" verstanden werden; frei nach Ezechiel 4: „Annum pro die dabo tibi" (Ez 4,16).[28]
Mit anderen Worten: Es gibt „einige" (aliqui), die meinen, aus der genannten Danielstelle den Zeitpunkt des Kommens des Antichrist berechnen zu können. Sie addieren lediglich 1290 Jahre mit jenem Jahr nach Christi, in dem das *iuge sacrificium* des Alten Bundes abgeschafft wurde: „Antichristus ergo venturus est anno domini 1365 vel circa modicum."[29]
Die oberflächliche Art und Weise der Wiedergabe läßt von vornherein erkennen, daß Petrus von Auvergne mit solch einer Argumentation nicht einverstanden ist. Tatsächlich ist es ihm darum zu tun, diese kritisch zu beleuchten, ja, sie zu widerlegen.

5.1.2.1 Eine ungültige Antwort

Um diese von Arnald von Villanova vorgestellte und zur *computatio* der antichristlichen Zeit führende Auslegung begründet ablehnen zu können, unternimmt Petrus von Auvergne drei große Gedankenschritte, die selbst wiederum aus mehreren kleineren Gegenargumenten bestehen:
Zunächst prüft er kritischen Blicks Arnalds Argumentation. Dabei sucht der Weltgeistliche deutlich zu machen, daß die „von einigen", sprich von Arnald, vorgebrachten Belege und vorgestellten Komputationsprinzipien von der Sache, vom biblischen Text wie von der Tradition her nicht hinreichen, um zu der oben vorgestellten Interpretation zu gelangen. Dabei holt er weit aus. Er meint zunächst auf das eingehen zu müssen, was der Antichrist seinem Wesen nach ist, was eigentlich gesagt werden will, sofern von *antichristus* die Rede ist:
„Ad huius dissolationem primo intelligendum est quod antichristus dicitur ab ‚anti', quod est ‚contra', et ‚Christus', eo quod contrarius sit Christo."
Petrus geht also zunächst von der Wortbedeutung aus: Der Antichrist ist der, der gegen Christus ist, also ein Gegner Christi sei. Sodann aber stellt er in Anlehnung an Johannes von Damaskus zweierlei fest:

[28] Ebenda.
[29] Ebenda fol. 160 rb; im Text steht „anno domini 1395", was aber am Rand in 1365 korrigiert wurde. Beide Zahlen stimmen nicht mit der tatsächlich von Arnald genannten Zahl überein: 1376 bzw. 1378.

Erstens, daß im weiteren Wortsinn jeder ein Antichrist sei, der Jesus Christus nicht als den Sohn Gottes bekennt, der also leugnet, daß Gott Mensch geworden, dabei aber auch stets Gott geblieben sei: wahrer Gott und wahrer Mensch;

zweitens – und im eigentlichen und engeren Sinn des Wortes (*proprie et precipue*) – nur derjenige Antichrist genannt wird, der am Ende der Zeit, „in" der Vollendung der Welt, kommen wird, um seine, gegen die *ecclesia Christi* gerichtete Herrschaft aufzurichten und anzutreten.[30]

Petrus von Auvergne betont es schließlich ausdrücklich: Wenn im folgenden vom Antichrist die Rede sei, so ist darunter einzig und allein diese zweite, aber eigentliche Wortbedeutung von *anti-christus* zu verstehen. Es gehe klarerweise um die Frage nach dem Kommen dieses am Ende der Zeit auftretenden widerchristlichen Herrschers, und damit auch, wenn auch indirekt, um die Frage nach dem Zeitpunkt des Weltendes überhaupt.[31]

Diese Feststellung darf nicht überraschen. Petrus von Auvergne kommt es darauf an, möglichst genau das Thema seiner *Quaestio* anzugeben. Dabei will er Arnalds These widerlegen. Die einleitenden Ausführungen haben dieses Bestreben des Autors in progredienter Dichte signiert, die weiteren werden es eindeutig belegen. Wenige Zeilen später nennt Petrus gar das Werk Arnalds selbst: „[. . .] qui hoc anno publicavit libellum *de adventu antichristi*."[32]

Obwohl Petrus wiederum keinen Autor anführt, geht doch aus dem Vorhergesagten wie aus den sodann zitierten Passagen unzweideutig hervor, daß er Arnalds Antichrist-Traktat im Blick hat. Dabei zitiert er geradezu modern, nennt gar das Erscheinungsjahr und gibt damit seinen Zuhörern unaufdringlich zwar, aber deutlich genug den aktuellen Bezug seiner *Quaestio* zu erkennen. Um Arnald zu widerlegen, definiert er zunächst das Thema und stellt fest, daß beide – er und Arnald – über das Kommen dessen sprechen, der nicht in einem allgemeinen, sondern im konkreten Sinne *Antichrist* genannt wird, über den also, der am Ende der Tage kommen wird, um gegen die Kirche Christi vorzugehen.

Diese Aussage bedeutet zunächst eine zweifache Zustimmung zu dem, was Arnald ausführte: *erstens* und positiv formuliert, daß Petrus von Auvergne mit Arnald von Villanova der Ansicht ist, daß der Antichrist kommen wird. Zweitens führt Petrus noch einmal aus, daß, sofern von dem am Ende der Zeit kommenden Antichrist die Rede ist, dieses

---

[30] „Verum proprie et precipue antichristus dicitur qui in consummatione seculi veniet maximam facturus persecutionem contra ecclesiam Christi." Petrus von Auvergne: Quodlibet V, q. 15 (Vat. lat. 932, fol. 160 rb).

[31] Ebenda: „Et de antichristo secundum hanc rationem est questio presens."

[32] Ebenda fol. 160 vb.

Ende der Zeit, diese *consummatio saeculi*, ein reiner Akt Gottes ist, der sich menschlicherseits in der Tat nicht berechnen oder mittels Vernunftbeweis datieren läßt, sondern höchstens von Gott selbst – dank seiner Offenbarung – dem Menschen mitgeteilt wird. Erst von dieser Feststellung aus kann jetzt die Frage nach der Möglichkeit des Vorauswissens dieses Zeitpunktes antichristlichen Kommens beantwortet werden.

Dabei rekurriert Petrus noch einmal auf Arnalds Auslegung der genannten Danielstelle. Doch jetzt liest er sie synoptisch mit Daniel 9 und den einschlägigen Kommentaren der *Glossa ordinaria*:

Sofern die im zwölften Kapitel des Danielbuches erwähnte Rede von der Abschaffung des *iuge sacrificium* mit den geschichtlichen Ereignissen zur Zeiten Titus' und Vespasians in jenen dargelegten Zusammenhang gebracht werde, impliziere solch eine Interpretation, daß hier vom Opfer des Alten Bundes die Rede sei: „[. . .] verum est quantum ad iuge sacrificium Legis Veteris, quo circa fiebat solum in Hierusalem, de quibus Daniel, nono capitulo, facit mentionem."[33]

Petrus von Auvergne bringt das zwölfte und neunte Kapitel des Buches Daniel derart zusammen, daß jenes nur auf dem Hintergrund dieses zu verstehen sei. Dabei sei wiederum nur en passant daran zu erinnern, daß dieses synoptische Procedere auch Arnald von Villanova vorschlug; allerdings in konträrer Absicht: Ihm ging es darum, seine „Komputations"-Prinzipien nicht zu entkräftigen, sondern zu bestätigen. Petrus indes sucht an dieser Stelle mit Hilfe der *Glossa* zu beweisen, daß

– erstens – durchaus zwischen Opfer des Alten und Neuen Bundes bereits bei Daniel zu differenzieren, und daß

– zweitens – methodisch stringent zu verfahren sei, d. h. die einmal gewählte Interpretation durchgehalten werden müsse. Keineswegs dürfe also das *iuge sacrificium* wechsel- oder gar wahlweise ausgelegt werden: hier verstanden als Opfer des Alten, dort als Meßopfer des Neuen Bundes.

In Kapitel 9 des Danielbuches sei aber klarerweise und erwiesenermaßen von dem Opfer des Neuen Bundes die Rede, das schließlich durch die *abhominatio*, die Greueltat des Antichrist, abgeschafft werde. Von diesem Augenblick an beherrscht der Antichrist den Erdkreis. Die Gottesverehrung verbietet er und ordnet statt dessen die Verehrung seiner selbst an, den *cultus antichristi*, und zwar bis zu seinem Lebensende.

Diese Zeit des Antichrist ist für Petrus nichts anderes als Wüstenzeit, ist die Zeit der völligen Gesetzlosigkeit, der Abkehr vom göttlichen Ge-

---

[33] Ebenda; Dn 9,27.

setz, die Abwesenheit des Heiligen wie die Isolierung der Heiligen. Und genau das hatte Petrus von Auvergne ja bereits dem Antichrist zugetraut, ja als das Un-Wesen des Antichrist selbst bestimmt: Der Antichrist ist der *anti*-christus. Das antichristliche Sein bestimmt sein Handeln, während wiederum sein Handeln die Zeit bestimmt, sie zur Zeit des Antichrist – *tempus antichristi* – pervertiert, sie zum antichristlichen Drama nicht erfüllt, sondern entleert, beendet. So richtet der *antichristus* sich nicht nur gegen Christen, sondern explicite gegen Christus selbst: gegen den im Sakrament der Eucharistie, den im Meßopfer, dem Opfer des Neuen Bundes, wahrhaft Gegenwärtigen und sich opfernden Opfer. Dieses zu feiern, wird in antichristlicher Zeit nicht nur verboten, sondern es wird darüber hinaus der antichristliche Kult geboten, der *cultus antichristi* verordnet.

Petrus von Auvergne geht es hier also auch darum, noch einmal das Hauptverbrechen als die „Hauptfunktion" des Antichrist bloßzulegen: das *iuge sacrificium*. Das Opfer des Neuen Bundes ist nichts weniger als „das Sakrament des Leibes und Blutes Christi" und als solches zugleich das „Sakrament der Liebe" und des Friedens. Kraft dessen sind die „vielen eins in Christus". Dieses Opfer also aufheben und abschaffen zu wollen, heißt, gegen den innersten Kern und äußersten Stern des Christentums, gegen Christus selbst aufzutreten. Gerade deswegen, von der Bestimmung dessen her, was der Antichrist seinem (Un-)Wesen nach ist, kann bei Daniel in diesem antichristlichen Konnex gar nicht vom alttestamentlichen Opfer, sondern muß – aus sachlich-immanenten Gründen – vom Opfer des Neuen Bundes die Rede sein.

Die antichristliche Hoch-Zeit beginnt also für Petrus von Auvergne erwiesenermaßen mit der Abschaffung des Meßopfers. Doch ist sie, was im Blick auf die von Arnald angestellten Berechnungen wichtig zu bedenken ist, für den Weltgeistlichen klarerweise nicht nur qualitäts-, sondern auch quantitätsmäßig im Buche Daniel definiert. Hier ist eben jener Teilvers von Dn 12,11 anzuführen, den Arnald als eine Angabe jener Zeitdauer interpretierte, die seit der Abschaffung des alttestamentlichen Opfers noch verstreichen wird bis daß der Antichrist kommt: „[. . .] *dies mille ducenti nonaginta novem* [. . .], glossa, id est tres anni et semis. Glossa marginalis dicit: ‚Unde patet tres istos et semis annos de antichristo dici, qui tribus et semis annis, id est, mille ducentis nonaginta diebus, sanctos persequetur et postea corruet in monte sancto'."[34]

Eintausendzweihundertundneunzig Tage lang wird der Antichrist sein Unwesen treiben, also dreieinhalb Jahre lang. Diese Erkenntnis ist für

---

[34] Ebenda; *Glossa ordinaria et interlinearis* ed. Venedig 1603, Bd. 4, 1671f. mit dem Kommentar des Nikolaus von Lyra.

Petrus von Auvergne zweifellos aus dem Danieltext herauszulesen. Diese und nur diese Interpretation hat überdies die Tradition für sich, steht in Einklang mit den einschlägigen biblischen Kommentaren, der *Glossa ordinaria*, der *Glossa interlinearis et marginalis*. Und darin besteht, wie Petrus von Auvergne ausdrücklich betont, der eklatanteste Fehler derer, die – wie Arnald von Villanova (der, wie bereits gesagt, nicht genannt, aber gemeint ist) – annehmen, hier sei die Rede von einer Zeit, die bereits seit der Abschaffung des alttestamentlichen Opfers laufe: „non autem intelligendum est esse dictum a Daniele de sacrificio Veteris Legis, quod hic dicitur, sicut ille arbitrabatur. Propter quod, dies non pro annis, sed pro diebus ad litteram accipiuntur. Et ideo ratio allegata non probat."[35]

Damit steht das Ergebnis der ersten Prüfung fest: Die von Arnald von Villanova vorgebrachte Argumentation ist für Petrus von Auvergne alles andere als trefflich. Sie verfehlt ihren sachlichen Bezug gerade im Blick auf das gar nicht voneinander abweichend gesehene Wesen des Antichrist, verkennt ferner die biblische Aussage und mißachtet schließlich die einschlägigen Interpretationen der exegetischen Tradition. Die Heilige Schrift gibt keine Auskunft über die Ankunft des Antichrist. Arnalds berechnender Auslegungsversuch gilt somit als völlig inakzeptabel, als durchaus nicht *probat*.[36]

5.1.2.2 Ein unnützes Wissen?

Der zweite größere Gedankenschritt innerhalb der von Petrus von Auvergne an dieser Stelle durchgeführten Untersuchungsreihe besteht darin, zu überprüfen, ob die von Arnald vielfältig begründete Behauptung stichhaltig sei, es nütze dem Menschen zu wissen, wann genau der Antichrist kommt: „[...] quod expediens sit homini scire determinatum tempus adventus antichristi, quoniam previdere pericula expediens est ad cautelam ipsorum, non enim evitatur malum, nisi cognitum."[37]

Damit ist auch bereits ein wesentlicher Teil des *argumentum pro* resümiert worden, das Arnald von Villanova für die pastorale Nützlichkeit seiner exegetischen Komputationsversuche ins Feld führte. Zugleich signiert Petrus von Auvergne seinen Hörern und Lesern deutlich genug,

---

[35] Petrus von Auvergne: Quodlibet V, q. 15 (Vat. lat. 932, fol. 160 vb).

[36] Ebenda fol. 160 va: „Ex hoc autem quod sacra scriptura sub incerto reliquit, quo tempore determinato venturus sit nec tamen negat ipsum venturum in aliquo futuro determinato sive decimo anno sive LX sive centesimo vel quocumque anno futuro, apparet quod si aliqua rationum predictarum concluderet secundum veritatem, non esset contra illud quod tenet sacra scriptura et sacri expositores. Quia tamen nulla probat, dicendum est ad illas."

[37] Ebenda q. 16 (Vat. lat. 932, fol. 160 vb).

daß er immer noch die Argumentation des Arnald im Visier hat. Dieser hatte ja, wie erinnerlich, bereits seinen Traktat über die Ankunft des Antichrist genau mit jenem Gedanken der Vor- und Fürsorge Gottes im Blick auf das Heil der Menschen eingeleitet. Weil der liebendsorgende Gott das Heil der Menschen will, teilt er ihnen mittels *speculatores* rechtzeitig mit, daß und wann der Antichrist kommt. Gott will, daß die Menschen sich auf diese letzte, alles entscheidende Prüfung vorbereiten und entsprechende Vorsichtsmaßnahmen treffen können. Einer Gefahr, die vorher nicht zu erkennen ist, vermag der Mensch kaum zu entkommen. Petrus von Auvergne repetiert in nuce recht genau Arnalds weiteres Argument, wenn er schließlich konstatiert: „Sed in adventu antichristi exsurgent pericula magna et gravia et igitur expedit ea previdere. Sed non previdentur, ignorato adventu ipsius. Expedit igitur scire tempus adventus eius determinatum."[38]

Die Gefahr, die mit dem Kommen des Antichrist für das Heil des Menschen, seine Vollendung in Gott, verbunden ist, fürchtet Arnald von Villanova tatsächlich als die alles entscheidende Gefahr für den Menschen als einzelnen wie für die Menschheit insgesamt. Es trifft auch zu, daß die Größe dieser Gefahr zum Argument für die Behauptung genommen wird, daß es für den Menschen von Nutzen sei, diese Gefahr im voraus zu kennen und entsprechend zu reagieren. So erhalte der Mensch die Chance, der ungeheuren Gefahr zu entrinnen. All diese heilsgeschichtlichen Zusammenhänge werden in der Tat lang und breit von Arnald erörtert. Doch Petrus von Auvergne erwähnt gleichsam nur einen Strang des *argumentum pro*, bringt gleichsam nur die menschlich-geschöpfliche Saite zum Klingen. Die theologisch-schöpferische läßt er unberührt, die oben erwähnte göttliche Fürsorge blendet er aus. Sie aber ist es, die für Arnald der erste und vornehmste Grund dafür war, zu behaupten, daß dem Menschen die antichristliche Gefahr am Ende der Tage vorher warnend und mahnend angezeigt werde.

Petrus von Auvergne führt zunächst in *oppositum* Apg 1,7 und den entsprechenden Kommentar der *Glossa ordinaria* an: Derjenige, der alles „weiß, was des Vaters ist", hält es gerade nicht für nützlich, daß die Seinen den Zeitpunkt des Kommens kennen. Statt dessen fordert er sie auf, so zu leben, daß sie alle Tage gerichtet werden können.[39]

---

[38] Ebenda.

[39] Ebenda: „In oppositum, argutum fuit per glossam, super illo verbo Actuum primo: *Non est vestrum nosse tempora vel momenta, que Patre posuit in sua potestate*, dicentem: ,Oportet quod ipse unus sciat omnia, que sunt Patris, sed eis non expedit nosse, sed ita vivant, quasi cotidie iudicandi.'" *Glossa ordinaria et interlinearis* ed. Venedig 1603, Bd. 6, 974f.

Damit aber will Petrus lediglich den Problemkreis in typisch scholastischer Form eines die *quaestio* einleitenden Pro-et-contra-Arguments umrissen, das Problem selbst aber nicht gelöst haben. Um eine Antwort finden zu können, geht er wieder vom Wort aus. Es müsse zunächst geklärt werden, was denn überhaupt unter *expediens* zu verstehen sei. Es gelte, den Begriff der Nützlichkeit zu klären: „Ad huius solutionem premittendum est quid sit expediens et quedam de eo distinctio. Deinde dicendum est ad illud quod queritur."[40] Petrus von Auvergne sieht in der Klärung des Begriffs *expediens* den Lösungsansatz. Da mit diesem Procedere wesentlich die Originalität seiner Antwort dargestellt werden kann, ist es unumgänglich, diese seine Wort-Erklärung genauer zu betrachten.

Petrus nennt – sorgfältig formuliert wie didaktisch reduziert – eine erste recht abstrakte Deskription (nicht Definition!) des Begriffs, die er aber sogleich mittels mehrerer Beispiele geschickt konkretisiert. Erst in einem zweiten Ansatz führt er seine Gedanken wieder zu jener Abstraktheit, die ihm schließlich gestattet, das zur Disposition stehende Problem selbst zu lösen und eine hinreichende Antwort auf die aufgeworfene Frage zu geben. Schon aus diesem nur kurz skizzierten, sorgfältig durchdachten Procedere ist der hohe Wert zu erahnen, den Petrus diesem Klärungsversuch für seine gesamte Darlegung beimißt:

Expediens scheint das zu sein, was nützlich im Blick auf etwas ist, ohne das dieses „etwas" überhaupt nicht, nicht gut oder zumindest nicht hinreichend vollzogen werden kann: „Expediens autem videtur esse quod utile est ad aliquid, sine quo illud / aut non potest haberi aut non bene aut non de facili communiter."[41] Der weltgeistliche Gelehrte nennt drei Beispiele aus dem praktischen Leben:

1. Der Schlaf nützt dem Menschen im Blick auf seine Wachsamkeit. Ohne ausreichend geschlafen zu haben, vermag der Mensch überhaupt nicht gut oder wenigstens nicht leicht wachsam zu sein.

2. Ein weiteres Beispiel stammt ebenfalls aus dem sensitiven Erfahrungsbereich des Menschen; nur daß hier nicht auf den gesunden, sondern auf den kranken Menschen appliziert wird. Dabei wird keineswegs von ungefähr ein Beispiel aus dem medizinischen Bereich gewählt. Offensichtlich will Petrus an das oben herausgearbeitete medizinische Vorstellungsmodell des Arnald von Villanova erinnern, um es in seinen späteren Ausführungen zu korrigieren:

---

[40] Rekurs von Auvergne: Quodlibet V, q. 16 (Vat. lat. 932, fol. 160 vb).
[41] Ebenda fol. 160 vb–161 ra.

Das Einnehmen von Medizin nützt dem Kranken; weil und sofern ohne
dieses der Patient entweder überhaupt nicht geheilt, der Gesundungsprozeß nicht gut oder nicht hinreichend voranschreitet.[42]
Gerade an dieses Beispiel aus der Medizin knüpft Petrus eine weitere
Differenzierung an: die des *secundum se* und des *ad alterum*, wozu auch
die auf eine Sache einwirkenden Umstände sowie die sich und/oder
anderes verwandelnden Verhältnisse gehören.[43] Dabei sind die verschiedenen Kombinationen der genannten Grundunterscheidungen zu
beobachten:
Es gibt dasjenige, das *an sich* sowie *für ein anderes* (res) gut und nützlich
ist. So ist die gesunde und gute Kost an sich gut und nützlich für die
Gesundheit. Es gibt aber auch das, was *an sich* schlecht, für den einen
oder anderen aber unter gewissen Umständen gut sein kann. Wieder
nimmt Petrus von Auvergne hier ein Beispiel aus der Medizin. Gebe es
doch Arzneien, die an sich schlecht, giftig für den menschlichen Körper seien, die aber für einen Kranken unter Umständen gut sein könnten, sofern man mittels ihrer die Gesundheit wiederherzustellen vermag.[44]
Diese Beispiele werden nun auf die Frage nach dem Wortverständnis
von *expediens* appliziert, und zwar so, daß sich die Doppelgesichtigkeit
des Begriffs entsprechend ihres Bezugspunktes exemplifiziert.[45] Damit
hat Petrus von Auvergne die für ihn wichtigen Begriffe *expediens simpliciter* und *expediens non simpliciter* ins Gespräch eingeführt. Er zögert
nicht, diese Unterscheidung sogleich auf die hier zur Disposition stehende Frage anzuwenden und entsprechend differenziert zu beantworten: Es ist „nicht einfachhin nützlich" für den Gläubigen, genau zu wissen, wann der Antichrist kommt: „Quibus suppositis dicendum est ad

---

[42] Ebenda fol. 161 ra: „Similiter dicimus quod sumere medicinam expediens est egroto,
  quia sine ea aut non sanatur aut non bene aut non convenienter."
[43] Diese Differenzierung ist der mittelalterliche Logik selbstverständlich. Sie fußt letztlich
  aber auf der später sogenannten Transzendentalienlehre, auf der Lehre vom Seienden
  als Seiendem, wie sie Thomas von Aquin im ersten *articulus* seiner *Quaestiones disputatae de veritate* luzid darstellte. Auch hier gibt es die Unterscheidung zwischen dem, was
  dem Seienden als Seiendes an und in sich selbst zukommt (ens, res, unum), und der
  Bezogenheit des Seienden als Seiendes auf ein anderes Seiendes (aliquid, verum, bonum). Vgl. Jan A. Aertsen, The Medieval Doctrine of the Transcendentals. The Current State of Research. *Bulletin de Philosophie Médievale* 33 (1991) 130–147.
[44] Petrus de Auvergne: Quaestio V, q. 16 (Vat. lat. 932, fol. 161 ra).
[45] Ebenda: „[. . .] est aliquid expediens simpliciter sicut in predictis exemplis patet. Aliquid autem secundum quid et alicui sicut usus cibi minus sani expediens est egroto,
  non autem est simpliciter expediens. Secundum hoc potest esse aliquid expediens
  simpliciter et non esse expediens alicui, sicut potus vini est expediens simpliciter, non
  tamen expedit febricitanti, aliquid autem e contrario, sicut usus cibi minus sani simpliciter febricitanti expedit, simpliciter autem non expedit."

questionem quod scire tempus determinatum adventus antichristi non expedit simpliciter fidelibus."[46]
Ohne in mikrologische Erörterungen zu verfallen, ist Petrus' von Auvergne Argumentationsgang doch insoweit zu untersuchen, als hier maßgebliche Kriterien formuliert werden, die für seine kritisch differenzierte Stellungnahme speziell Arnald gegenüber relevant sind und in der Auseinandersetzung um das Kommen des Antichrist generell virulent werden.
Zwei Gedankenschritte Petrus' sind es, mit denen er seine differenzierende These im Blick auf die Frage nach der Nützlichkeit menschlichen Vorherwissens begründet. Sie gilt es im folgenden zunächst namhaft zu machen:
Erstens argumentiert Petrus von Auvergne psychologisch-erfahrungsmäßig, sich der induktiven Methode des Aristoteles bedienend, ja geradezu an den Beginn der Metaphysik e contrario erinnernd. Heißt es dort doch: „Alle Menschen streben von Natur aus [...]", hier aber: „Alle Menschen fürchten von Natur aus [...]." Das Akkusativobjekt ist dort das Wissen, das sich später als die Glücks- und Freudenquelle erweisen wird, als die *eudaimonia*. Hier ist das Akkusativobjekt die *tribulatio*, die notvolle Bedrängnis, das zugefügte Leiden, die Verfolgung und vor allem der Tod, der, und hier führt Petrus von Auvergne explicite Aristoteles an, als das schrecklichste Übel in diesem Leben bezeichnet wird.[47]
Was die Menschen lieben und wonach sie streben, sind die gegenteiligen Werte: ein Leben ohne Bedrängnis, also ein ruhiges, angenehmes und friedvolles Leben: „vitam quietam, commoda et pacem".[48] Die Botschaft aber vom Kommen des Antichrist ist eine Schreckensmeldung, ist die bestürzende Ankündigung gerade von dem, was die Menschen von Natur aus fürchten, von Verfolgung, Bedrängnissen gerade der Gläubigen und von riesigen Verwüstungen.
Petrus von Auvergne stellt nun die psychologische Wirkung dar, die solch eine Horrorbotschaft auf den nach Glück und friedvoller Ruhe sich sehnenden Menschen hat: Die Menschen geraten in Panik, sie werden, ausgedrückt in zeitgenössischer Terminologie, „zu ungeordneter Angst bewegt": „[...] moveri ad inordinatum timorem". Gleichzeitig gehen sie jenen auf den Leim, vor denen in der Heiligen Schrift

---

[46] Ebenda.
[47] Ebenda: „[...] homines naturaliter timent tribulationes, persecutiones et maxime mortem; est enim mors ultimum terribilium in vita presenti secundum philosophum."
[48] Ebenda.

ausdrücklich gewarnt wird: den „falschen Propheten und Heuchlern".[49]

Obgleich Petrus von Auvergne zwischen der Gefahr der ungeordneten
Angst und der, den Heuchlern und falschen Propheten anzuhangen,
lediglich die Konjunktion *et* benutzt, nicht aber ausdrücklich einen Begründungszusammenhang zwischen beiden Gefahren artikuliert, etwa
durch eine adverbiale Bestimmung des Grundes, ergibt sich aus dem
Gesagten doch klarerweise folgender Argumentationskonnex:

Petrus von Auvergne glaubt, daß die Botschaft von der bald anbrechenden Terrorherrschaft des Antichrist in doppelter, nicht zweifacher
Hinsicht gefährlich wirken könnte:

Die innerseelische Struktur des Menschen könnte gerade durch die
Angst vor dem Antichrist so sehr aus den Fugen geraten, daß sie den
Menschen ausgerechnet dafür disponabel werden läßt, wovor dieser
so Verängstigte sich am meisten fürchtet: für die böse Absicht des Antichrist, ihn, den Menschen, der Herrschaft Christi aus- und seiner diabolischen Herrschaft einzugliedern. Der Mensch, so argumentiert Petrus, gerät in Angst und Schrecken, er verliert sein seelisches Gleichgewicht. Diese seelische Instabilität (*inordinatum*) ist aber gerade die beste Voraussetzung dafür, willfähriges Opfer jener zu werden, die zum
Antichrist gehören und die, wie dieser selbst, für das Ende der Zeit
angekündigt worden sind: zum Opfer also von falschen Propheten und
Heuchlern, die letztlich nichts anderes im Sinn führen, als die Menschen von Christus abzubringen.

Damit aber übt Petrus von Auvergne entscheidende Kritik nicht nur an
Arnald von Villanova, sondern an all denjenigen, die die Angst vor der
Zukunft bewußt oder unbewußt schüren. Wenn sie die psychische Disposition ihrer Ansprechpartner mißachten, könnte es ihnen passieren,
daß sie, die die Menschen warnen und mahnen möchten, selbst plötzlich als erfolgreiche Handlanger des Antichrist figurieren, als „falsche
Propheten" und „Heuchler". Möglicherweise bewirken sie durch ihre
Botschaft vom Kommen des Antichrist jenen *inordinatum timor*, der
den inneren Blick des Menschen für Gottes Zukunft versperrt, ihn
Christus, das Heil der Welt, aus dem Blick geraten und ihn so hoffnungslos verzweifeln läßt. „Igitur non expedit simpliciter scire tempus
determinatum adventus antichristi."[50]

---

[49] Ebenda: „[. . .] et ad credendum falsis prophetis et hypocritis, tamquam inimicus mittendus a Christo circa finem mundi, sicut apparet manifeste ex verbis Apostoli, II
Thess., secundo, dicentis: *Rogamus vos, fratres*, etc., *ut non cito moveamini a sensu vestro
neque terreamini neque per spiritum neque per sermonem neque per epistolam tamquam per nos
missam, quasi instet dies domini.*" Cf. II Thess 2,1–2.

[50] Ebenda, fol. 161 ra. Die hoffnungslose Verzweiflung gehört für die zeitgenössischen
Theologen zu den großen tödlichen Sünden, und zwar deswegen, weil sie hier eine

Zweitens führt Petrus von Auvergne theologische, genauer gesagt, christologische Gründe an, um zu beweisen, daß es dem Menschen nicht einfachhin nützt – *non expedit simpliciter* –, genau zu wissen, wann der Antichrist kommt. Dabei fügt sich dieser Argumentationsgang insofern organisch dem ersten an und ein, als auch dort schließlich vom Heil des Menschen die Rede war.

Die Frage nach dem „simplen" Nutzeffekt des Vorauswissens ist auf das Heil des Menschen zu beziehen. Dabei stellt Petrus von Auvergne nicht die damals deutlich genug konturierte Gerechtigkeit, sondern klarerweise die Liebe Gottes als Grundmotiv der Erlösung des Menschen heraus. Der Sohn Gottes wurde deswegen Mensch, weil er das menschliche Geschlecht liebt! Er wählte den Tod zum Heil und zur Erlösung der Menschen.

Wir dürfen diese Textstellen nicht überlesen oder gar als theologische (Leer-)Formeln abtun, so als ob sie den Menschen damals im Ernst nichts angingen. Tatsächlich wird hier Entscheidendes über den Menschen und die Haltung zum Menschen ausgesagt, das überdies für die gesamte Disputation über das Kommen des Antichrist von exponierter Bedeutung ist. Wie erinnerlich: Arnald von Villanova verwendete in seinem Antichristtraktat viel Mühe darauf, zu betonen, daß seine Botschaft vom baldigen Kommen des Antichrist nicht als eine Schreckens- und Drohbotschaft zu verstehen sei, sondern zunächst und zuerst als Ausdruck der liebenden Für- und Vorsorge Gottes zu deuten sei, eines Gottes, der nicht das Unheil, die ewige Verdammnis, sondern das Heil des Menschen will. Die Liebe und Fürsorge des Schöpfers zu seiner

gesteigerte Aktivität im Bösen ausmachen. Die Verzweiflung in ihrer eigentlich schlimmsten Form besagt: Es wird und es soll letztlich schlecht enden mit uns und mit mir. Dazu Gerwing 1986, 197f.; ders. 1991, 69. Der *inordinatus timor* ist gerade jene Angst, die des Menschen Blick von Christus ablenkt und die Furcht des Herrn gar nicht erst zum Zuge kommen läßt. Der *timor*, häufig auch beschrieben als „fliehende Liebe", hat als *timor inordinatus* den Menschen bereits so weit von Gott entfernt, daß selbst der *timor servilis*, die „der Knechtschaft gemäße" Furcht des Herrn, nicht einmal mehr verwirklicht werden kann. Der „Herr" ist es gerade, den der Mensch aufgrund dieses *timor inordinatus* aus dem Blick verloren hat. In diesem Kontakt- und Blickverlust auf Seiten des Menschen besteht ja gerade das „Unordentliche" dieser Furcht, das Nicht-in-rechter-Ordnung-Seiende des Menschen, der von dieser Furcht gepackt wurde. Vgl. dazu etwa Thomas von Aquin STh II–II, 19. Thomas bezeichnet den *timor servilis* durchaus als etwas Gutes, wenngleich noch Unvollkommenes. Hier hält der Mensch den Blick immerhin noch auf Gott, seinen Herrn, gerichtet. Allerdings wird die „knechtliche" Furcht allererst dank der eigentlichen Gottesfreundschaft, die das *summum bonum* um ihrer selbst willen liebt, aufgehoben und in die „der Sohnschaft gemäße" hineingestaltet, wird erst durch die *caritas* (die eigentliche Gottesliebe) zur vollkommen geordneten, zur „keuschen" Furcht: *timor filialis* oder *timor castus*. Georg M. Cserto: De timore Dei iuxta doctrinam scholasticorum a Petro Lombardo usque ad S. Thomam. Disquisitio historico-theologica. Rom 1940; Gerwing, Manfred: Gottesfreundschaft. In: LexMA IV, 1989, 1587 (mit. Lit.).

Schöpfung übertrifft noch die Sorge einer Mutter zu ihren Kinder, wie Arnald mit biblischer Sprache formulierte.

Diesen Grundgedanken Arnalds vom liebenden Gott, der das Heil des Menschen will, nimmt Petrus von Auvergne auf, bringt ihn aber in direkte Verbindung mit der Erlösungstat Jesu Christi und zieht schließlich – im Blick auf die pastorale Praxis – die im Gegensatz zu Arnalds Argumentationsgang stehende Konsequenz. Peters Advantage dabei ist es, daß er in diesem Punkt nicht auf eigenes Gutdünken zu setzen braucht, sondern schlicht biblisch argumentieren, ja einfachhin auf das Verhalten dessen verweisen kann, der das *salus mundi* selbst ist, auf Christus.

Christus selbst, der ausschließlich zum Heil der Menschen in die Welt gekommen und selbst den Tod auf sich genommen habe, hat den ausdrücklich danach Fragenden nichts über das Wann des Weltendes geoffenbart. Mehr noch: Er hat ihnen deutlich genug erklärt, daß es ihnen nicht zustehe, darüber Bescheid zu wissen.

Diese Erklärung Christi, des Heilandes, kann nur unter dem Aspekt des Heils verstanden werden. Der Mensch kann Gottes Entscheidung nicht vereiteln, zumal in Jesus Christus der alles Vertrauen verdienende lebendige Wille Gottes zu Wort kommt. In diesem christologisch-soteriologischen Bezug sieht – deutlicher als alle anderen bisher genannten Theologen – Petrus von Auvergne Apg 1,7 in der Interpretation von 2 Thess 2,1–2 gestellt. Weil Gott in Jesus Christus auf den Plan seiner Geschichte getreten ist, um das Heil des Menschen anzuzeigen und durchzusetzen, muß vom Menschen genau das bedacht, befolgt und getan werden, was Christus gesagt hat, aber auch das, was er ausdrücklich zu sagen sich weigerte. Gegen Lug und Trug in der Geschichte gilt es, das wahre, heilschaffende Wort Gottes zu stellen. Denn in diesem Bedenken und Befolgen geht es um nichts Geringeres als um Leben und Tod, geht es um die gesamte Existenz des Menschen, geht es um Heil oder Unheil. Gegen das selbstherrliche Alles-Wissen-Wollen des Menschen gilt es immer wieder, die Frage nach dem Heilsnutzen zu stellen. Was nützt dieses Wissen dem Menschen im Blick auf sein Heil und seine Vollendung in Christus, wenn Christus, das Heil des Menschen in persona, selbst dieses Wissen als dem Menschen nicht zukommendes signierte? Peters ebenso nüchterne wie kurze Antwort: „scire illud non est simpliciter expediens".[51]

Allerdings, so könnte eingewendet werden, und wurde ja tatsächlich von Arnald von Villanova eingewandt, spricht Christus gerade an dieser Stelle durchaus nicht von der Ankunft des Antichrist, sondern von seiner eigenen Wiederkunft. Genauer, es geht um die Frage, ob der

---

[51] Petrus de Auvergne: Quaestio V, q. 16 (Vat. lat. 932, fol. 161 ra).

Auferstandene „in dieser Zeit das Reich Israel wiederherstellen wird",
wie die vorausgehende Frage der Apostel belegt.
Um aber zu beweisen, daß Apg 1,7 dennoch mit der Frage nach dem
Kommen des Antichrist zu tun hat, hier also durchaus keine Antwort
auf eine gar nicht zur Debatte stehende Frage gegeben werde, führt
Petrus von Auvergne jene maßgebliche Persönlichkeit an, die auch Arnald auf seiner Seite glaubte: den heiligen Augustinus. Dieser erkläre
in *De civitate Dei* mit Blick auf die „letzte Verfolgung", die vom Antichrist ausgehe, ausdrücklich, daß die in diesem Zusammenhang „gern
gestellte Frage", wann das alles geschehe, „völlig verfehlt" – *importune
omnino* – sei, und zwar deswegen, weil eben diese Frage zu beantworten, der Herr ausdrücklich abgelehnt habe. Zum Beweis zitiere Augustinus explicite Apg 1,7: „Si enim hoc nobis nosse profecerit, a quo
melius quam ab ipso deo magistro discipulis interrogantibus diceretur?
Non enim siluerunt inde apud eum, sed a presente quesierunt, dicentes: *Domine, si hoc tempore restitues regnum Israel.* Ac ille: *Non est vestrum
nosse tempora,* etc. Et parum post: Frustra igitur annos, qui remanent
huic seculo computare ad diffinire conamur, cum hoc scire non esse
nostrum ab ore veritatis audiamus."[52]
Mit anderen Worten und in Abbreviatur gesprochen: Augustinus
selbst sieht und zieht den Zusammenhang von der Frage nach dem
Kommen des Antichrist und der nach der Ankunft des Herrn zur Wie-
dererrichtung des Reiches. Beide Fragen beziehen sich auf Prozesse
und Ereignisse, die zu den *novissima* gehören und gerade als solche zusammengehören. Augustinus stellt es – das nämliche Kapitel in seinem
Gottesstaat einleitend – dezidiert fest: Die Verfolgung des Antichrist
wird Jesus selbst durch sein Erscheinen niederschlagen, so daß das
Ende der Herrschaft des Antichrist zugleich den Beginn der zweiten
Wiederkunft Christi am Jüngsten Tag signiert und dieser Vorgang insgesamt die *restitutio regni* initiiert, was auch immer im Sinne Augustins
näherhin darunter zu verstehen sei.[53]
Auch kommt Augustins in diesem Kontext schon mehrfach zitierte
Epistola ad Hesychium zu Wort, die zugleich eine Interpretation von 1
Thess 5,2 darstellt: „Dies domini sicut fur in nocte ita veniet." Hier
sucht Petrus von Auvergne zu belegen, daß Augustinus sich nicht für
das Wann all dieser zukünftigen Ereignisse interessierte, ja, daß der
Bischof von Hippo allein die Frage danach bereits für gänzlich über-
flüssig und also nutzlos hielt, daß er vielmehr alle Acht- und Aufmerksamkeit der Christgläubigen auf das *Daß* und das *Was*, auf die Struktur
und das *Wie* dieser *novissima*, dieser zukünftigen End- und Vollendungs-

---

[52] Ebenda; vgl. Augustinus: De civitate Dei 18, 53 (CCL 48, 652).
[53] Ebenda.

ereignisse zu lenken beabsichtigte: „„Nec post quantum tempus hoc futurum sit, sed quomodo futurum sit opus est scire, ut curent filii lucis esse et parato corde vigilare, qui nolunt ab hora illa sicut a fure nocturno comprehendi.'"⁵⁴

Der leibhaftige Mensch muß also in jedem Augenblick seines Lebens auf die Wiederkunft des Herrn zum Endgericht vorbereitet sein. Er muß stets seine ganze Konzentration auf Christus lenken und ihm anhangen. Nur so ist er davor gewappnet, den Fallstricken des Bösen zu entkommen und dem Antichrist ernsthaft zu trotzen.

Um es noch deutlicher und im Zusammenhang mit dem Vorherigen zu sagen: Petrus von Auvergne artikuliert zunächst die Gefahr, daß die permanente Beschäftigung und penetrante Warnung vor dem Kommen des Antichrist zu sehr die psychischen Kräfte des Menschen absorbiere, ablenke und außer Bahn werfen könnte. Die Gefährlichkeit dieses Procedere, so Petrus, bestehe näherhin darin, daß die kontingente Konzentrationsfähigkeit des Menschen nicht auf Christus gelenkt, sondern auf den Antichrist abgelenkt werde, und daß, bedingt durch die genau dadurch freigesetzte „ungeordnete Furcht", immer mehr seelische Kräfte des Menschen in Beschlag genommen werden, und zwar so sehr, daß der solchermaßen geängstigte Mensch gar nicht mehr in der Lage ist, sich auf das Wesentliche und Heile, auf Gott und den Heiland, auf Christus, zu konzentrieren. Als Gefangener seiner Angst vor dem Kommen des Antichrist ist der Mensch ausgerechnet auf das und den ganz und gar fixiert, das und der den Menschen vom Heil und Heiligen, von Christus abzubringen sucht: auf die letztlich vom Antichrist in Szene gesetzten Ereignisse, auf die Schreckensherrschaft des Antichrist wie auf den Antichrist selbst. Der Mensch schwebt bei solch einem Vorgehen in der ständigen Gefahr, genau das zu werden, was er krampfhaft-ängstlich zu vermeiden trachtet: ein Opfer und schließlich gar – durch seine Angstverbreitung – ein Helfershelfer des Antichrist.

Sodann differenziert Petrus noch einmal: Nicht nur die Konzentration auf das Kommen des Antichrist könne für den Menschen schädlich und gefährlich sein, sei jedenfalls nicht einfachhin nützlich (*non expedit simpliciter*), sondern auch das ständige, die ganze Acht- und Aufmerksamkeit absorbierende Kreisen des Menschen um die Frage nach dem *Kommen* Christi zum Ende der Welt, zum Jüngsten Gericht sei nicht immer und in jedem Fall zu empfehlen. Soll sich doch der Mensch nicht auf das Kommen Christi in seinem Wann, sondern auf das heilschaffende Wesentliche, auf Christus selbst konzentrieren. „Sic igitur

---

⁵⁴ Petrus de Auvergne: Quaestio V, q. 16 (Vat. lat. 932, fol. 161 ra); vgl. Augustinus: Epistula 199 *de fine saeculi* ad Hesychium 3,9 (CSEL 57, 251).

scire tempus determinatum adventus antichristi vel etiam tempus adventus ipsius Christi, quia eadem ratio est de utroque, simpliciter non expedit fidelibus."[55]

Trotz dieser massiven Argumentationsdichte beteuert Petrus, daß das Vorauswissen des Kommens des Antichrist zwar klarerweise nicht *simpliciter expediens*, wohl aber *secundum quid et alicui expediens* im Sinne der oben vorgestellten Unterscheidung sein könnte. Dabei bringt er ein Beispiel:

„Si enim aliquis esset ita dispositus ut previdens ipsum sic preparet se ad non consentiendum doctrine ipsius et permanet constanter contra persecutiones ipsius et propter ipsas non recederet a rectitudine legis divine, huic expediret nosse tempus determinatum adventus antichristi."[56]

Der Ton des Irrealis ist dabei nicht zu überhören. Aber immerhin: Petrus will diese Möglichkeit durchaus zugestehen, wenngleich er sie offensichtlich selbst für recht unwahrscheinlich hält. Doch ändert das alles am Ergebnis nichts. Dieses faßt er, didaktisch geschickt, aber allzu formalisiert, dreifach gestaffelt zusammen:

Erstens: Es muß konzediert werden, daß es nützlich ist, Gefahren im voraus zu kennen, damit man sich vor ihnen schützen kann.

Zweitens: Es muß ferner zugestanden werden, daß es von Nutzen ist, a limine die in der Zeit des Antichrist auf den Menschen zukommenden zahlreich und äußerst schweren Gefahren zu kennen.

Drittens: Dasjenige kann vernünftigerweise nicht einfach als nützlich bezeichnet werden, was im voraus gar nicht erkannt wird. Die einfache Nützlichkeit ergibt sich aus dem, was ist bzw. sich zeigt, nicht aber aus dem, was einfachhin nicht als gegeben angenommen werden darf, sondern sich im Gegenteil, als etwas erwiesen hat, das sich gerade nicht einfachhin zeigt.

In diesem letzten Punkt greift Petrus von Auvergne klarerweise auf das Ergebnis seines ersten Argumentationsgangs zurück, darauf, daß eben überhaupt nicht erwiesen sei, daß wir wissen, wann der Antichrist kommt. Falls es einfachhin nützlich sei, dies zu wissen, dann hätte Christus es den Seinen offenbart. Da er es aber nicht getan habe, weil, möglicherweise, die Gläubigen dadurch nur in Panik, d. h. „ungeordnete Furcht" gerieten, soll man äußerst mißtrauisch gegenüber jenen sein, die dennoch behaupten, sie wüßten, wann der Antichrist komme. Schließlich warne schon der heilige Paulus in seinem Thessalonicherbrief vor den falschen Propheten.

---

[55] Petrus von Auvergne: Quaestio V, q. 16 (Vat. lat. 932, fol. 161 ra).
[56] Ebenda.

Geschickt leitet Petrus damit aber auch zu seinem dritten Untersuchungsgegenstand über, zu der Frage, wie überhaupt das beurteilt werden kann, was zwar behauptet, aber aus der Schrift nicht erwiesen werden könne.

5.1.3 Die Schriftauslegung Arnalds – ein gewaltiger Irrtum?

Es steht somit die abschließende Beurteilung jener komplexen These an, die Petrus von Auvergne im Zuge der hier behandelten Frage kritisch untersucht und der er in auffallend wissenschaftlicher Weise widersprochen hatte. Daß hier wiederum die computative Interpretation des Arnald von Villanova auf dem Prüfstand steht, wird vom Autor zwar nicht gesagt, liegt aber auf der Hand. Es geht ihm um die Frage, wie die von Arnald vorgestellte Interpretation zu qualifizieren und zu zensurieren ist. Handelt es sich hier bereits um einen Irrtum (error) im strengen Sinn des Wortes? „Tercia questio de antichristo fuit utrum asserere ipsum esse venturum futuro determinato sit error in sacra scriptura."[57]

Daß es sich hierbei um eine Frage handelt, die auch unter dem Aspekt der noch unzulänglich erforschten, aber gerade um die Jahrhundertwende in ein wichtiges Stadium getretenen Entwicklungsgeschichte theologischer Qualifikations- und Zensurentechnik alle Beachtung verdient, sei nur en passant erwähnt.[58] Doch sticht dieser Aspekt sofort ins Auge, wenn im folgenden die Modalität zu Sprache kommt, mit der Petrus von Auvergne diese Frage beantwortet, ein Problem überdies, das sich auch die Pariser Theologen stellten, dabei allerdings zu einem Ergebnis kamen, das wiederum den Zorn des Arnald von Villanova hervorrief. Hielten sie doch das von Arnald Gesagte für *temeraria*; und zwar deswegen, weil hier, so der dezidierte Vorwurf, mit frecher Verwegenheit den Autoritäten der Kirche widersprochen werde.[59]

Petrus von Auvergne geht indes ruhig-sachlich vor. Er folgt der kunstvoll arrangierten Quaestio-Gliederung, wie sie sich seit dem 13. Jahrhundert allenthalben durchsetzte: Nachdem die Frage präzis formuliert wurde, sind die Argumente für und wider die These zu artikulieren, um anschließend erst das *respondeo*, die eigene Antwort auf die gestellte Frage, geben zu können. Zum Schluß wird noch einmal auf das Pro- und Contra-Argument rekurriert und versucht, sie in ihrem Widerspruch aufzulösen.

---

[57] Petrus von Auvergne: Quaestio V, q. 17 (Vat. lat. 932, fol. 161 rb).

[58] Kolping, Adolf: Qualifikationen, theologische. In: LThK² VIII, 1963, 914–920; Koch, Josef: Philosophische und theologische Irrtumslisten von 1270–1329. Ein Beitrag zur Entwicklung der theologischen Zensuren. In: Kleine Schriften, Bd. 2. Rom 1973, 423–450 (= SeL 128).

[59] Dazu oben Kap. 3.3.1.

Die Frage ist formuliert, das *argumentum pro* lautet:
„Et argumentum fuit quod non. Quia illud, cuius contrarium non potest probari ex sacra scriptura esse falsum, non videtur in ipsa esse error. Sed antichristum esse venturum determinato tempore non potest probari esse falsum ex sacra scriptura. Igitur non est erroneum."[60]

Damit ist, formal betrachtet, das hier formulierte *argumentum pro* lediglich hinsichtlich der von Arnald aufgestellten These das *argumentum pro*. Im Blick auf der von Petrus von Auvergne an dritter Stelle seines Argumentationsgangs erörterten und formulierten Quaestion aber ist es das *argumentum contra*, das Argument, das klarerweise gegen die in der Frage formulierte These spricht.

Inhaltlich wird von einer bestimmten Bedeutungsdichte des Begriffs *error* ausgegangen. Mit dem *error* behaftet, also *erroneum*, kann nur etwas sein, das dieser Bedeutungsdichte entspricht. Diese Entsprechung muß theologisch, näherhin biblisch begründet und einsichtig gemacht werden. Dabei darf allerdings die philosophische Lehre von den Arten der Gegensätze nicht nur nicht vergessen, sie muß vielmehr angewandt werden. Gerade bei der hier zur Disputation stehenden Frage, ob etwas „irrig" sei oder nicht, gewinnt die Lehre von den Arten der Gegensätze,[61] wie sie Aristoteles in seiner „Metaphysik" formulierte und die Scholastik vielfach reflektierte, eine exponierte Bedeutung: Von einem Irrtum, *error*, kann demnach nur dann gesprochen werden, sofern die als irrig bezeichnete Aussage in einem nachweisbaren und noch näher zu bestimmenden Gegensatz zur biblischen Botschaft steht und also als falsch bezeichnet werden muß. Das aber, so das *argumentum*, könne in diesem Fall nicht behauptet werden: Die Aussage, daß der Antichrist zu einem bestimmten Zeitpunkt kommen werde, steht nicht im Gegensatz zur biblischen Aussage. Sie kann aus der Heiligen Schrift eben nicht als Falschaussage entlarvt werden.

Das *argumentum contra* – im Blick auf die Hauptthese (hinsichtlich der Detailfrage ist es das *argumentum pro*) folgt unmittelbar:

Der Gegensatz der These steht klarerweise zur biblischen Botschaft, zu dem nämlich, was im ersten Kapitel der Apostelgeschichte artikuliert werde: *„Non est vestrum nosse tempora. Igitur est erroneum."*[62] Petrus von

---

[60] Petrus von Auvergne: Quaestio V, q. 17 (Vat. lat. 932, fol. 161 rb).

[61] Aristoteles: Metaphysik V, 10 (1018a–1018b); X, 3–4 (1054a–1055b); Menne, Albert: Zur Kontraposition in der Scholastik. In: Ecclesia et regnum. Beiträge zur Geschichte von Kirche, Recht und Staat im Mittelalter. Festschrift für Franz-Josef Schmale zu seinem 65. Geburtstag. Hrsg. von Dieter Berg und Hans Werner Goetz. Bochum 1989, 235–239.

[62] Petrus von Auvergne: Quaestio V, q. 17 (Vat. lat. 932, fol. 161 rb); vgl. Act 1,7. Der Anfang des Arguments lautet: „Contra esse: Dictum contra sacram scripturam est erroneum. Et hoc dictum est contra sacram scripturam, Actuum primo."

Auvergne wählt nach dieser determinierten Vorlage wiederum den Weg des exakten Distinguierens: „primo accipiendum est quid sit error et quot modis contingit errare in genere; secundo, ex hiis dicendum est ad ipsam".[63]

5.1.3.1 Error – was ist das?

Es geht also jetzt darum, zu prüfen, wie das, was bislang als weder biblisch korrekt interpretiert noch einfachhin nützlich festgestellt wurde, genauer zu qualifizieren ist. Handelt es sich bei all dem um einen Irrtum, um einen *error* in des Wortes eigentlichem Sinn? Oder im direkten Blick auf den gesagt, dem die vorgestellten Aussagen unausgesprochen, aber doch deutlich spürbar gelten: Ist das, was Arnald von Villanova über das Kommen des Antichrist sagte, ein Irrtum, eine irrige Auslegung der Heiligen Schrift? Was aber ist überhaupt ein Irrtum?

„Irrtum" ist etwas, das seinen Ort im Intellekt hat, das also eine geistige Struktur aufweist und auf Unkenntnis beruht oder diese zumindest unfaßt. Augustins Diktum wird zitiert, wonach nur die Unkenntnis in die Irre zu führen vermag, aber nicht jeder, der von etwas keine Kenntnis hat, sich notwendig irren muß. „[. . .] dicendum est quod error, principaliter dictus in intellectu, supponit vel includit ignorantiam, quoniam secundum Augustinum in Hesychium, capitulo decimo quinto: ‚Nonnisi ignorantia potest errare, non tamen omnis ignorans aliquid vel nesciens, eo quod ignorat vel nescit, errat.'"[64]

Der Irrtum scheint demnach, wie Petrus vorsichtig formuliert, ein Akt des Intellekts, ein intellektualer Prozeß (*actus intellectus*) zu sein, der darin besteht, daß jemand etwas zu wissen glaubt, das er tatsächlich nicht kennt.[65] Der Irrtum also: nichts mehr als eine vermeintliche Erkenntnis?

Doch Petrus von Auvergne denkt weiter. Entsprechend seiner keineswegs lediglich auf Thomas von Aquin rekurrierenden Psychologie vermag er weitere erkenntnishafte Akt-Stufen zu deduzieren: Ausgangspunkt seiner Überlegungen dabei ist allerdings jenes thomanische Prinzip, das als erste Voraussetzung für jedes Wirksamwerden des Willens

---

[63] Petrus von Auvergne: Quaestio V, q. 17 (Vat. lat. 932, fol. 161 rb).

[64] Ebenda; Augustinus: Epistula 199 *de fine saeculi* ad Hesychium 13, 52 (CSEL 57, 289). Mit dem Bischof von Hippo, der ein Beispiel anführt, fährt Petrus auch fort: „[. . .] dicente eodem Augustino: ‚Non est consequens ut continue erret, si quis aliquid nescit vel ignorat. Ignorat enim aliquis quadraturam circuli et tamen non dicimus quod erret.'"

[65] „Et ideo videtur, quod error sit actus intellectus, quo quis estimat vel opinatur se scire quod ignorat." Dabei führt Petrus sicherheitshalber noch einmal Augustinus an: „Propter quod ubi prius dicit illud Augustinus: ‚Errat quisquis estimat se scire quod nescit, pro vero quippe approbat falsum, quod ex erroris est proposito.'" Ebenda.

den Akt der Erkenntnis setzt.[66] Erst durch die Erkenntnis kommt ein zu
Verwirklichendes in den Bereich und in die Reichweite des wirkenden
Menschen. Die theoretische Vernunft wird allererst durch die Ausweitung auf das Wollen hin praktisch; es ist die erkennende, das Entge-
genstehende (ob-iectum) wahrnehmende Vernunft, die als „praktische
Vernunft", den Willen in*formiert* und also in Form (in forma) bringt
und schließlich nach außen hin wendet, zur Tat drängt und praktisch
wird. Diese letzte Folgerung wird eigens begründet; und zwar autoritativ: mit Augustinus. Was Petrus von Auvergne bei all dem letztlich artikulieren und festgehalten wissen will, ist, kurz formuliert, folgendes:
Das Wort „Irrtum" bezeichnet nicht nur eine vermeintliche Erkenntnis,
sondern wird auch im Blick auf die Tat angewandt, wird „transferiert"
auf die praktische Folgerung, die aus dieser vermeintlich richtigen, tatsächlich aber falschen Erkenntnis gezogen wird.[67]
Doch unabhängig von diesem durchaus zu akzeptierenden Begriffs-
„Transfer" will Petrus den Irrtum zunächst und vor allem als *actus intellectus* zur Geltung bringen, also als ein vermeintlich richtiges Erkennen verstanden wissen. Dabei differenziert er vier Arten des Irrtums,
die er bereits bei Augustinus vorfindet. Sie korrespondieren freilich
auch dem *actus rationis* menschlicher Handlungen, wie sie verschiedentlich Thomas von Aquin darstellte und insgesamt als zwar noch
verbesserungswürdige und auszudifferenzierende, aber immerhin in
der durch die *artes* geschulten Gelehrtenwelt zunächst einmal als *opinio
communis* gelten durften.[68] Dabei ist für die jeweilige Spezifizierung des
Irrtums die Art und Weise der Relation zwischen dem Erkennenden
und dem vermeintlich Erkannten ausschlaggebend. Diese Relation
kann wiederum nur recht beurteilt werden, sofern der tatsächliche,
wirklich-wahre Sachverhalt erkannt wird, genauer noch: sofern sich
die „Wahrheit des Dinges" zeigt.[69]

---

[66] Ebenda: „[...] et hec quidem ratio convenit et actui intellectus et voluntatis et exte-
riori, sed primo actui intellectus, deinde aliis."

[67] „Et quia actum intellectus sequitur actus voluntatis et actum voluntatis actus exterior,
rationaliter nomen erroris ab actu intellectus translatum est ad actum aliquem notitie
vel exteriorem. Et ideo beatus Augustinus, secundo *de libero arbitrio* capitulo te ratio,
convenientiorem rationem ponit de errore, dicens quod errorem consequimur illud
quod non ducit ad hoc, quod volumus, pervenire." Ebenda; Augustinus: De libero arbitrio 2, 3.5 (CCL 29, 236f.); vgl. Thomas von Aquin: De veritate 22, 15; STh I–II, 12, 2.

[68] Thomas von Aquin: Quaestiones disputatae de malo 14,4: „Sunt autem quatuor actus
rationis, secundum quod dirigit humanos actus: quorum primus est intellectus quidam, quo aliquis recte existimat de fine, qui est sicut principium in operativis [...]".

[69] *Omne ens est verum*, dieser Satz gehört wie der Satz *omne ens est bonum* zweifellos zum
Grundbestand klassisch-abendländischer Metaphysik. Dazu Elders, Leo: Die Metaphysik des Thomas von Aquin in historischer Perspektive. Salzburg-München 1985,
75–95.

Auffällig jedoch, daß Petrus von Auvergne hier keineswegs auf zeitgenössische oder zu seiner Zeit vielfach disputierte und kommentierte
Philosophen rekurriert, die er ja allesamt kannte und durchaus kritisch
zu beurteilen wie zur Geltung zu bringen wußte, ja, daß er hier nicht
einmal auf „den Philosophen", Aristoteles, zurückgreift, sondern
schlicht und zum wiederholten Male Augustinus erwähnt. Auch darin
mag eine Anspielung auf seinen „Gesprächspartner", auf Arnald von
Villanova, zu sehen sein, der ja ebenfalls als die dominierende *auctoritas* seiner Überlegungen und Interpretationen niemand anderen als
den Bischof von Hippo zitierte. Dieser habe insgesamt vier Weisen des
Irrens unterschieden, die untereinander wiederum zwei Gruppen bilden. Der zweite Modus ist jeweils die umgekehrte Möglichkeit der
ersteren:
Von „irren" sei *erstens* und vor allem dann angemessen – *convenienter* –
die Rede, sofern jemand etwas Falsches für wahr hält; *zweitens* auch
dort, wo jemand – umgekehrt – das Wahre für falsch hält; *drittens*
sofern jemand das sicher Wahre für unsicher hinsichtlich seines Wahr-
heitsgehaltes einschätze; *viertens* – und schließlich – sobald der zum
zuvor Gesagten umgekehrte Fall eintritt, sofern also jemand das
sicherlich Falsche für „sicher wahr" taxiere.[70]
Damit ist die Frage, was ein Irrtum sei, wie auch die damit verbundene Frage nach den verschiedenen Modalitäten des Irrens für Petrus
beantwortet. Doch ließe Petrus von Auvergne den Leser-Hörer recht
ratlos zurück, wenn er es dabei bewenden ließe. Tatsächlich aber
bringt er das Ausgeführte sogleich im Blick auf die eigentliche und
eingangs formulierte Frage zur Geltung: „Utrum asserere antichristum
esse venturum tempore futuro determinato sit error?"[71]

5.1.3.2 Das Urteil: Arnalds Schriftauslegung – ein gefährlicher Irrweg

Die Anwendung der vorgenannten und zuvor erklärten Prinzipien erfolgt unmittelbar. Petrus von Auvergne appliziert dabei die dritte
Weise des Irrens, auf die Behauptung nämlich, daß etwas für sicher
gehalten werde, was tatsächlich, d.h. was die Heilige Schrift selbst, für
unsicher erkläre. Hält es doch die Heilige Schrift für sicher, daß der
Antichrist komme, für unsicher aber, wann genau mit der Ankunft des

---

[70] „[. . .] ubi prius, convenit errare, scilicet putando verum quod falsum est, falsum quod
verum vel certum habendo pro incerto sive verum sit sive falsum." Petrus von Auvergne: Quaestio V, q. 17 (Vat. lat. 932, fol. 161 rb).

[71] Ebenda; tatsächlich wiederholt Petrus diese bereits eingangs formulierte Frage.
Er signiert damit unmißverständlich, daß es ihm genau um diese konkrete Frage
geht.

Antichrist zu rechnen sei: „ob bald, noch lange nicht oder zu welcher Zeit auch immer."[72]

Genau dieses hatte Petrus von Auvergne ja in seinem ersten Frageteil nachdrücklich betont wie ausführlich begründet: Die Bibel gibt keinerlei sichere Auskünfte über das „Wann" der Ankunft des Antichrist, geschweige denn über die Wiederkunft des Herrn zum Jüngsten Gericht. Aus dieser dezidierten Feststellung zieht Petrus jetzt – in gleichzeitiger Anwendung seiner Darlegungen über den Irrtum – die Konsequenz: „Igitur asserere ipsum esse venturum tempore determinato errat in sacra scriptura."[73]

Damit ist zugleich der Vorwurf gegen Arnald von Villanova formuliert. Nach allem, *was* Petrus ausführte und *wie* er es artikulierte, kann zweifellos nur der katalanische Arzt gemeint sein, gegen den sich dieses Urteil wendet. Allerdings: Bei der Beantwortung einer wissenschaftlichen Frage geht es nicht um die Person, sondern um die getroffene Sachaussage: Diese gilt es zu analysieren und zu beurteilen. Auch in diesem Procedere unterscheidet Petrus sich grundlegend von dem des Arnald. Dieser polemisierte, wie erinnerlich, mit starken Worten gegen die „Pariser Theologen". Doch ist das Ergebnis, das Petrus kühlsachlich präsentiert, für die Person Arnalds (obwohl oder gerade weil nicht *ad personam* formuliert) zweifellos niederschmetternd, ja geradezu gefährlich. Denn, genau betrachtet, besteht das hier formulierte „Sachurteil" aus zwei Momenten, die Petrus raffiniert-geschickt miteinander verknüpft:

Erstens: Arnalds Behauptung vom in Kürze kommenden Antichrist geht in die Irre. Seine These ist irrig. *Zweitens*: Seine These verstößt gegen das Zeugnis der Heiligen Schrift.

Damit geht nach Auskunft Petri Arnald mit seinem Antichrist-Traktat – und alle, die ihm folgen – radikal in die Irre. Dabei kann die Qualität des Irrens kaum noch überboten werden: Der eingeschlagene Irrweg nimmt seinen Verlauf gegen den ausgesprochenen und grundlegenden Wegweis der Bibel. Die im Antichrist-Traktat des Arnald von Villanova aufgestellte *assertio* weist einen Weg, der, wie möglichst wörtlich zu übersetzen ist, „gegen die Heilige Schrift in die Irre" führt.

Und genau das, nicht mehr und nicht weniger, will Petrus von Auvergne festgestellt wissen. Sein Schweigen über Arnald darf nicht nur als die respektvoll-vornehme Einhaltung akademischen Reglements

---

[72] „Primo quoniam asserens pro certo illud, quod sacra scriptura sicut incertum tenet, errorem in ipsa sicut apparet per dictum Augustini iam positum prius. Sed sacra scriptura, quamvis pro certo teneat antichristum esse venturum, verum tamen quo futuro determinato sit venturus an propinquo vel remoto vel quocumque alio, incertum reputat, sicut ex tercia questione precedenti declaratum fuit." Ebenda.

[73] Ebenda.

verstanden werden. Vielmehr handelt es sich hier um ein beredtes
Schweigen, das den konkreten „Fall Arnald" ins Allgemein-Abstrakte
erhebt und somit allererst für „die vielen", wie Johannes Quidort von
Paris formuliert, relevant werden läßt. Mit seinem Verdikt warnt er
begründend andere davor, genannter *assertio* zuzustimmen. Sie beschreiten einen gefährlichen Weg, einen Irrweg, der in die Häresie zu
führen vermag.

Petrus von Auvergne weiß, um was es bei diesem Urteil geht: *errat in
sacra scriptura*. Der Häresieverdacht liegt auf der Hand, ja er drängt
sich geradezu auf. Petrus weicht ihm nicht aus. Er kommt wenig später
darauf zu sprechen. Allerdings bereitet er seine Antwort geschickt vor;
und zwar bereits dort, wo sich die Frage selbst noch gar nicht explicite
gestellt hat, und so, daß seine schließlich gegebene Antwort unmittelbar einleuchtet:

„Secundo, quoniam qui separat se ab unitate ecclesie catholice errat in
eis que ad fidem pertinent. Veritas enim ipsius est articulus fidei, sicut
apparet in Symbolo Niceno: *Credo in unam sanctam catholicam ecclesiam*."[74]

Petrus von Auvergne zeigt sich hier um die Einheit der Kirche besorgt.
Sie zu wahren, ist für ihn eine Frage der Wahrheit. Es gilt, die Wahrheit eines Glaubensartikels lebensmäßig-praktisch zu bewahren und so
allererst das den Christen verpflichtende Bekenntnis zu bewahrheiten:
den Glauben an die eine heilige katholische Kirche.[75]

Damit spricht aber Petrus von Auvergne ein Thema an, das, wie erinnerlich, im Antichrist-Traktat des Arnald von Villanova ebenfalls einen
breiten Raum einnimmt; allerdings in genau jenem Teil der Darle-

---

[74] Ebenda; das *secundo* bezieht sich dabei auf den zweiten Gedanken, den Petrus im Blick
auf die Qualifizierung dessen, was die analysierte und kritisierte *assertio*, also die These
Arnalds, artikulierte.

[75] Dabei handelt es sich nicht um einen Glaubensartikel aus dem Symbolum von Nizäa
vom 19. Juni 325, wie es bei Petrus abkürzend heißt, sondern um ein Bekenntnis aus
dem Nizäno-Konstantinopolitanischen Credo, aus dem sogenannten Großen Glaubensbekenntnis. Jenes endete mit dem Bekenntnis zum Heiligen Geist, in der lateinischen Fassung: „ [. . .] et in Spiritum Sanctum." DH 125. Dieses stellt gerade eine
Antwort auf die Irrlehre dar, die die Gottheit des Heiligen Geistes leugnete. Der Geist
wird „Herr" und „Lebensspender" genannt, der zugleich die Quelle dessen ist, der zur
Kirche gehört und die Einheit der Kirche garantiert. So folgt aus dem Bekenntnis zum
Heiligen Geist das Bekenntnis zur „einen, heiligen, katholischen und apostolischen Kirche". DH 150. Dieser relationale Zusammenhang von Geist und Kirche artikuliert das
Apostolische Glaubensbekenntnis dadurch, daß es im dritten Glaubensartikel „Credo
in Sanctum Spiritum" heißt, dieses *in* aber nicht mehr aufnimmt, sondern lediglich
mit „sanctam Ecclesiam catholicam" fortfährt. DH 30. Das Apostolicum war seit dem
9. Jahrhundert das meistverbreitete Glaubensbekenntnis, nicht zuletzt deswegen, weil
Karl der Große es dem Reichsgesetz eingegliedert hatte. John Norman Davidson
Kelly: Altchristliche Glaubensbekenntnisse. Stuttgart ⁵1972, 411–418; Beinert 1973,
231–234.

gung, der sich in mehrfacher Hinsicht bereits als eine Erweiterung des ursprünglichen Textes herausstellte, nicht zuletzt deswegen, weil hier offensichtlich bereits die Argumente und Reaktionen der „Pariser Gegner" auf den ersten Hauptteil des Traktates reflektiert und rejiziert werden. Offensichtlich rührt Petrus jetzt einen weiteren Themenkomplex an, auf den Arnald, wie gesehen, nicht bloß verteidigend und ableugnend reagieren wird, sondern – gleichsam aus der Not eine Tugend machend – gerade dieses Anliegen der *unitas ecclesiae* zu jenen Motiven deklariert, die – wie der unhörbare Notenschlüssel die Melodie – zwar selbst im ersten, ursprünglichen Teil seines Traktates nicht explicite artikuliert werden, aber doch den Grundton des gesamten Traktates bestimmen.[76]

Ebenso wie Arnalds Ausführungen zu dieser *unitas ecclesiae* im „Entgegnungsteil" seines Antichrist-Traktates alle Beachtung verdienten, so müssen jetzt auch die Deskriptionen und Definitionen des Petrus von Auvergne zu diesem Thema aufmerksam bedacht werden. Scheint hier doch ein wichtiges Motiv für die Faktizität wie Modalität seiner Darlegungen artikuliert zu werden, ein Motiv überdies, das uns gleichsam en passant exemplarischen Einblick in die Auffassung eines Theologen zu Beginn jenes Jahrhunderts über das gibt, was tatsächlich dann am Ende des 14. Jahrhunderts vor aller Augen stand und nur andeutungsweise mit der Rede vom „Großen Abendländischen Schisma" signiert werden kann. Dieses keineswegs nur kirchengeschichtlich relevante vieldimensionale „Ereignis" wirft seine Schatten voraus, genauer, es beginnt sich im mental-religiösen, wie machtpolitisch-gesellschaftlichen, soziokulturellen Bereich lange vorher abzuzeichnen. Dabei stellt es selbst wiederum nur einen der Exponenten dar, die insgesamt jene End-„Phase" des europäischen Mittelalters inaugurieren, die mit einiger Plausibilität als Zeitalter der „Krise" zu bezeichnen ist.[77]

Das Auseinanderbrechen der *„unitas ecclesiae"* ist ein signifikantes Krisenphänomen der mittelalterlichen Gesellschaft, das um die Jahrhundertwende zum 14. Säkulum massiv und massenweise gefürchtet wurde. Arnald von Villanova rezipiert die Gründe dieser Befürchtungen und artikuliert sie als Bestätigung seiner These vom baldigen Kommen des Antichrist: Die Einheit der Kirche ist für ihn deswegen und insofern in Gefahr, als sich diverse Gruppen formieren, die sich aus-

---

[76] Dazu vgl. die obigen Ausführungen zu Arnalds Antichristtraktat, bes. Kap. 3.3.8.

[77] Seibt, Ferdinand: Die Krise der Frömmigkeit – die Frömmigkeit aus der Krise. Zur Religiosität des späteren Mittelalters. In: 500 Jahre Rosenkranz 1475–1975. Köln 1975, 11–29, bes. 11ff.; einen zusammenfassenden Überblick bietet ders.: Zu einem neuen Begriff von der Krise des Spätmittelalters. In: Europa 1400. Die Krise des Spätmittelalters. Hrsg. von dems. und Winfried Eberhard. Stuttgart 1984, 7–23, bes. 12–15.

drücklich oder subtil versteckt, bewußt oder unbewußt entweder gegen die höchste Autorität in der sichtbaren Kirche, den Papst, stellen
oder diese übergehen, jedenfalls nicht genügend respektieren. Petrus
von Auvergne legt den Akzent für den Garant der Einheit der Kirche
nicht auf das Papsttum, das er in diesem Zusammenhang überhaupt
nicht erwähnt, sondern auf den Glaubensinhalt. Für ihn gefährdet derjenige die Einheit der Kirche, der als etwas in der Heiligen Schrift stehend behauptet, was dort gar nicht zu finden ist und was überdies der
gesamten autoritativ verbürgten Auslegungstradition widerspricht.
Der implicite, aber dennoch deutlich vernehmbare Vorwurf, den Petrus an dieser Stelle gegen Arnald erhebt, besteht nämlich exakt darin,
daß er, Arnald, mit seiner Behauptung vom determinierbaren Kommen des Antichrist einen interpretatorischen „Alleingang" unter-
nehme. Dieser entspreche, wie Petrus es in den ersten Teilen seiner
Quaestio ausführlich begründet, weder den Aussagen der Heiligen
Schrift selbst noch den exegetischen Anstrengungen der kirchlichen
Autoritäten, ja widerspreche diesen meistenteils sogar. Damit stellt
sich Arnald – und alle, die solches behaupten – außerhalb der von der
Kirche tradierten und durch den einzelnen im Glauben zu rezipieren-
den und respondierenden Glaubenswahrheit, seine Bindung an die Kirche aufkündigend, weil sich von der einigenden Wahrheit der katholischen Kirche abspaltend: „Sed asserens antichristum esse venturum
tempore futuro determinato per certitudinem dividit se a veritate ecclesie catholice."[78] Wer sich aber gegen die Wahrheit des Glaubens
stellt, so Petrus weiter, erfüllt im theologischen Sinne den Tatbestand
des Irrtums: der irrt.[79]
Damit kommt Petrus von Auvergne auf seine eingangs gestellte Frage
nach der Qualifizierung dessen zurück, was Arnald von Villanova verkündete; jetzt allerdings nicht unter philosophischem, sondern, deutlich davon abgehoben, unter theologischem Aspekt. Auch diese Abhe-
bung des theologischen Fragens von dem philosophischen Forschen
kennzeichnet Petrus' methodisches Procedere. Es wird noch ein wenig
vorangetrieben: Theologische Überlegungen und Urteile führen zu
Wertungen mit Konsequenzen. Der Irrtum im Blick auf eine Glaubenswahrheit kann gefährlich werden; nicht zuletzt für den, der sich irrt
und damit sich und die Einheit der Kirche gefährdet. Wer sich irrt,
trägt im Blick auf die Glaubensgemeinschaft, die Kirche, den Keim der
Spaltung in sich. Petrus von Auvergne legt Wert auf diesen Zusammenhang zwischen dem Einzelnen, der ohne das Leben in der Einheit
des Glaubens zum vereinzelten Gläubigen wird und schließlich zum

---

[78] Petrus von Auvergne: Quaestio V, q. 17 (Vat. lat. 932, fol. 161 rb).
[79] Ebenda.

Häretiker pervertiert. Wie Petrus diese Linie vom Gläubigen in der Kirche, über den Gläubigen außerhalb der Gemeinschaft der Kirche bis zum Häretiker genauerhin koloriert, ist wert, dargestellt zu werden:

„Assumpta probatur, quia unitas ecclesie consistit primo in unitate fidei vel sensus et caritatis."[80]

Petrus von Auvergne legt von vornherein den Akzent nicht auf die rein äußerliche Zugehörigkeit des einzelnen zur Kirche, sondern auf das innerste Wesen dieser Einheit in der Kirche selbst: auf den Glauben und die Liebe. Er knüpft damit implizit an jenes vielzitierte und spätestens seit Gerhoch von Reichersberg häufig interpretierte Psalmwort an, das, auf die Kirche appliziert, ihre Einheit im Glauben an und der Liebe zu dem einen Herrn und Gott artikuliert: „Sis eis una fides, una caritas, sicut vocati sunt in una spe vocationis suae ad serviendum uni domino in una domo, quae est ecclesia."[81]

Explizit kommt Petrus aber sogleich auf die Mahnrede des Völkerapostels Paulus zu sprechen, der die „Gemeinde Gottes in Korinth" eindringlich bittet, nur ja „einig im Wort" zu sein und „keine Spaltung aufkommen" zu lassen. Dabei fügt Petrus von Auvergne noch die Glossa an, wodurch er jetzt ausdrücklich den im Wort von der Einheit des Glaubens und der Liebe nur angedeuteten Grund dieser *unitas* zur Sprache bringt: den einen Herrn und Gott, Jesus Christus, von dem die Christen ihren Namen haben: „si vultis esse eius, a quo nominamini christiani."[82]

Damit ist die ekklesiale Einheit bestimmt durch den einen Glauben an und die eine und einigende Liebe zu Christus. Aus ihnen ergibt sich die Adhortation Pauli, des Apostels, und die des Petrus, des Pariser Welt-

---

[80] Ebenda.

[81] Gerhoch von Reichersberg: Commentarius in Psalmos 36. Wolfgang Beinert zitiert diesen Satz als zusammenfassenden und weiterwirkenden Schlußsatz des Kapitels über „die Einheit der Kirche" 1973, 234.

[82] Petrus von Auvergne: Quaestio V, q. 17 (Vat. lat. 932, fol. 161 rb); I Cor 1,10 und dazu *Glossa ordinaria et interlinearis* ed. Venedig 1603, Bd. 6, 198f. Mit dieser ausdrücklichen Rekurrierung auf die Glossa will Petrus von Auvergne offensichtlich das betonen, was oben in dem Zitat von Gerhoch von Reichersberg bereits anklang, und wo in der traditionell-kirchlichen Auslegung die Einheit der Kirche tatsächlich ihren Grund sieht: in dem *einen* Herrn und Gott, Jesus Christus. Er eint die Menschen mit Gott und ist damit das „Prinzip" einer Vereinigung, die geschichtlich noch eingeholt, besser: vollendet werden muß, und zwar genau am Ende der Zeit, das zugleich die Vollendung der Welt ist. Der Prozeß der Vereinigung des Menschen mit Gott durch Jesus Christus im Heiligen Geist geschieht in Raum und Zeit dank der Kirche. Die Einheit der Kirche ist, in diesem Sinne verstanden, aufs engste verknüpft mit der eschatologischen Hoffnung der Christen überhaupt und wird daher alles andere als zufällig zusammen mit der Frage nach dem Kommen des Antichrist und des Weltendes angesprochen.

geistlichen, zum *idipsum dicens* und *idipsum sapiens*, zur Einheit der Lehre und des Lebens, des Erkennens, Fühlens und Liebens, des Gleichklangs von Sinn und Verstand. Ausführlich zitiert Petrus von Auvergne in diesem Zusammenhang den Brief an die Philipper. Er will diese spirituelle, geistig-geistliche Modalität christlicher Einheit nicht unerwähnt lassen: „Macht meine Freude dadurch voll, daß ihr dasselbe schmeckt, dieselbe Liebe hegt und einmütig auf dasselbe sinnt"; eine Einheit, die bei den ersten Christen laut der Apostelgeschichte tatsächlich ganzheitlich vorgelebt wurde: „Die vielen Christ-Gläubigen waren ein Herz und eine Seele."[83]

Petrus fordert damit das *sentire Ecclesiam*, nicht nur an das Gesetz des „idipsum dicens" erinnernd, sondern – darüberhinaus – an den Willen zur Einheit der *unanimitas* appellierend. Auffallend: Beide Pole bringt er zur Sprache, und zwar in Analogie zum Anfangs- und Endpunkt einer allererst sich verwirklichenden Bewegung, nicht als Moment ein und desselben Phänomens, das lediglich unter verschiedenen Perspektiven betrachtet wurde und also divers zu benennen sei. Beides muß beim Tatbestand der Häresie konstatiert werden: nicht nur der Irrtum, sondern auch die innere Abneigung gegen die einheitsstiftende Glaubenswahrheit. Die falsche, im oben dargelegten Sinn „irrige" Behauptung (*assertio*), der *error*, muß allererst zum Ausdruck der genannten inneren Ablehnung der einheitsbewirkenden und -bewahrenden Glaubenswahrheit avancieren. Diese äußert sich allerdings erst dann vor aller Augen, sofern der Irrende sich hartnäckig und trotz mancher Belehrung und Zurechtweisung weiterhin der richtigen Lehre versperre. „Dicit enim Augustinus decimo octavo de civitate Dei capitulo tertio: ‚Qui in ecclesia Dei morbidi aliquid pravumque sentiunt vel sapiunt, si correcti ut sanum rectumque sapiant, resistunt contumaciter suaque pestifera et mortifera dogmata emendare nolunt, sed defensantes persistunt, heretici sunt.'"[84]

---

[83] Petrus von Auvergne: Quaestio V, q. 17 (Vat. lat. 932, fol. 161 rb–va): „Et ad idem hortatur Philippenses secundo dicens: *Implete gaudium meum, ut idem sapiatis, eandem caritatem habentes, unanimes / idipsum sapientes.* Et eiusdem tertio: "*Idem sapiamus et in eadem permaneamus regula.* Et Actuum quarto: „*Multitudinis credentium erat cor unum et anima una.*" Vgl. Phil 2,2; 3,16; Act 4,32.

[84] Ebenda fol. 161 va; Augustinus führt diesen Satz allerdings nicht im dritten, sondern erst im 51. Kapitel des 18. Buches seines Werkes *De civitate Dei* an (CCL 48, 648–650). Im nächsten, von Petrus von Auvergne interessanterweise nicht mehr angeführten Satz spricht Augustin von der positiven Rolle des Häretikers für die Kirche. Sie nützen den „wahren, katholischen Gliedern Christi durch ihr übles Verhalten, indem Gott auch der Bösen sich zum Guten bedient und *den ihn Liebenden alles zum Guten gereicht"* (Rm 8,28). Zur Rolle Augustins beim Umgang mit Häretikern s. Kötting, Bernhard: Mit staatlicher Macht gegen Häresien? In: Ders.: Ecclesia peregrinans. Das Gottesvolk

In diesem Augustinus-Zitat glaubt Petrus von Auvergne eine Bestätigung seiner zweifach gegliederten Differenzierung des Häretiker-Begriffs zu finden. Um jemanden der Häresie bezichtigen zu können, müsse dem potentiellen Häretiker nicht nur nachgewiesen werden, daß er im dargelegten Sinn irrt, sondern darüber hinaus, daß er irren *will*, daß er sich außerhalb der Kirche bewegen *will*. Er findet Gefallen am Irrtum und empfindet tiefe Abneigung gegen die Wahrheit. „sentit et asserit oppositum eius, quod ecclesia tenet et sancti expositores."[85] Der häretische Dissens besteht somit in einer falschen Behauptung und in einem falschen Streben, das sich wiederum in der hartnäckigen Widersetzung der richtigen Lehre äußert. Arnald von Villanova ist damit in den Augen des Weltgeistlichen auf dem besten Wege, ein Häretiker zu werden. Die abschließende Bewertung wird es deutlich genug belegen.

5.1.4 Abschließende Bewertung

Bislang vermochten drei Problemfelder beschritten zu werden: Petrus von Auvergne hatte zunächst die Frage untersucht, ob es im Sinne der Heiligen Schrift, speziell des alttestamentlichen Buches Daniel, überhaupt rechtens sei, zu behaupten, hier werden genaue Zeitangaben über das Kommen des Antichrist artikuliert. Dabei konnte konstatiert werden, daß die sodann vorgebrachte Argumentation wie das diesen Teil abschließende Urteil auf Arnald von Villanova abzielten, der in seinem gerade erschienenen Traktat *De tempore adventus antichristi* vornehmlich aufgrund des Buches Daniel das Kommen des Antichrist für die siebziger Jahre des 14. Jahrhunderts voraussagen zu müssen glaubte. Petrus von Auvergne legte dar, daß und warum solch eine Interpretation der einschlägigen Danielverse keineswegs *probat* zu nennen sei („ratio allegata non probat"): Sie sei, insgesamt wie en detail betrachtet, zu wenig überzeugend, weise allzu viele Widersprüchlichkeiten zu maßgeblichen, autoritativen Auslegungen auf und sei selbst in sich alles andere als schlüssig.

Sodann wies Petrus entsprechend den Regeln scholastischer Dialektik nach, daß die Behauptung, es sei für den Menschen nützlich zu wissen, wann genau der Antichrist komme, ebenfalls nicht stimmig sei. Dabei konnte wiederum unzweideutig Arnald von Villanova als Adressat und Widerpart all dieser Darlegungen und Argumente festgestellt werden. In seinem gerade genannten Antichrist-Traktat wie auch in seinem später erschienenen Werk *De mysterio cymbalorum* unterstreicht der ka-

---

unterwegs. Gesammelte Aufsätze. Bd 1. Hrsg. von Maria-Barbara von Stritzky. Münster 1988, 107–121, bes. 115ff. (= Münstersche Beiträge zur Theologie, 54,1); zum Häresiebegriff (mit Lit.) Schindler, Alfred: Häresie. In: TRE XIV, 1985, 318–341.

[85] Petrus von Auvergne: Quaestio V, q. 17 (Vat. lat. 932, fol. 161 va).

talanische Arzt gerade diesen heilsamen Nutzen des Vorauswissens für
die Menschen, ja sucht ihn als heilsnotwendig und in göttlich liebender
Vor- und Fürsoge gegründet zu qualifizieren. Dem widerspricht, wie
dargelegt, Petrus von Auvergne mittels kühl-nüchterner, logisch-syllogistisch sezierender Begriffsanalyse.

Schließlich aber geht Petrus von Auvergne dazu über, das generell zu
beurteilen, wogegen er bislang lediglich punktuell argumentierte. Dabei arbeitet er mittels einer Begriffsanalyse, deren Ergebnis Petrus von
Auvergne nun auf das anwendet, was er bislang als falsche *assertio* zum
Thema „Kommen des Antichrist" konstatieren mußte, was, um es
deutlicher als Petrus von Auvergne zu sagen, Arnald von Villanova in
seinem Antichristtraktat voraussagen zu müssen glaubte. Den Anwen-
dungsmaßstab bilden dabei die zwei untersuchten Begriffe *asserere* und
sentire: „Asserens autem antichristum esse venturum futuro tempore et
signato per certitudinem, sentit et asserit oppositum eius, quod ecclesia tenet et sancti expositores. Ecclesia enim et sancti tenentes antichristum esse venturum et certum tenent esse ignotum in quo futuro
determinate."[86]

Damit scheint das Urteil über Arnald von Villanova gefällt und kein
Ausweg mehr möglich: Arnald von Villanova ist ein Häretiker. Der
Katalane stellt sich mit seiner Behauptung vom Kommen des Antichrist in Gegensatz zu dem, was die Kirche und die „heiligen Schrift-
ausleger" in dieser Sache für gesichertes Wissen erklären. Dieses sichere Wissen der Kirche in der Frage nach dem Kommen des Antichrist kann, den Gedankengang des Weltgeistlichen zusammenfassend, wie folgt kurz wiedergegeben werden:

1. Der Antichrist wird kommen. Doch die Ankunft des Antichrist als
ein geschichtliches Ereignis, ein Geschehen in Zeit und Raum, ist abhängig vom weisen Willen Gottes. Es kann nicht *more mathematico*
noch *more philosophico* erschlossen, sondern muß aufgrund und laut
des Offenbarungszeugnisses jederzeit erwartet werden.

2. Auf das Zeugnis der Heilige Schrift sowie auf seine maßgeblichen
Interpreten, die *sancti auctoritates*, rekurrierend, läßt sich konstatieren,
daß hier keinerlei Angaben über den genauen Zeitpunkt zu finden
sind, wann der Antichrist kommt. Die Heilige Schrift determiniert die
Zeit der Ankunft des Antichrist mit keinem Wort.

3. Da Christus selbst, das Heil der Welt, den Menschen nicht mitgeteilt
habe, wann der Antichrist komme und das Weltende hereinbreche, ist
es nicht „einfachhin" nützlich, d. h. im christlichen Sinne heilsam für
die Menschen, im voraus zu wissen, wann der Antichrist komme.

---

[86] Ebenda.

4. Wer behauptet, man könne aus der Heiligen Schrift eruieren, wann genau der Antichrist kommt, der irrt. Kein Mensch kennt die Ankunft des Antichrist.

Mit dieser letzten Feststellung verbindet Petrus von Auvergne schließlich noch einen Rekurs auf das eingangs erwähnte Contra-Argument. Auch den dort angedeuteten und von Arnald von Villanova, wie erinnerlich, tatsächlich artikulierten Denkweg von der Unmöglichkeit, etwas als irrig zu deklarieren, was noch gar nicht ist, sondern allererst sein wird, über etwas also, was sich erst noch zu bewahrheiten hat oder eben als irrig herausstellen wird, lehnt Petrus von Auvergne klarerweise ab. Um auch darüber keinerlei Zweifel bestehen zu lassen, bündelt der Weltgeistliche noch einmal seine Antwort:

„Ad eam, que est in oppositum, cum dicitur quod illud, cuius contrarium in theologia non potest probari esse falsum nec est erroneum, dicendum quod immo, quod non errat tantum ille qui, quod falsum est, asserit esse verum vel e contrario, sed etiam quid quod incertum est in ea asserit certum esse, ut apparet ex dictis."[87]

Aufgrund seines oben streng syllogistisch gewonnenen *error*-Begriffs vermag Petrus von Auvergne somit diese Möglichkeit strikte auszuschließen: Wer etwas Unsicheres für sicher erklärt: auch der irrt!

Räumt Petrus von Auvergne also mit diesem Urteil Arnald von Villanova keinerlei „Fluchtweg" ein? Entpuppt sich sein ruhig-sachliches Urteil über das, was Arnald in seinem Antichrist-Traktat zu Wort brachte, letztlich als die kalt-kalkulierte und subtil-sezierende Präparierung einer hieb- und stichfesten Verurteilung Arnalds zum Häretiker?

Nur scheinbar, nur auf den ersten Blick. Beim näheren Betracht zeigt sich vielmehr, daß Petrus von Auvergne dem katalanischen Arzt zwei „Auswege" ebnet. Beide bringt er ausdrücklich zur Sprache, den ersten mehr, den zweiten weniger explizit:

„Sequitur igitur, ut videtur, quod sic asserentes errant. Et quia pertinacia in errore hereticum facit, verendum est quod talis, si pertinaciter asserat et correctus emendare noluerit, in heresim labatur."[88]

Jetzt wird auch offensichtlich, warum Petrus von Auvergne so stark die Zweipoligkeit der Häresie betonte: Er beabsichtigt damit, Arnald von Villanova eine Chance zu geben, die Möglichkeit nämlich, eben nicht hartnäckig und widerspenstig auf seinem Irrtum zu beharren, sondern sich bereitwillig korrigieren zu lassen. Macht doch nicht der Irrtum den Häretiker schon zum Häretiker, sondern die *pertinacia*, die zuvor

---

[87] Ebenda.
[88] Ebenda.

als *der* Ausdruck des nicht mehr mit der Kirche gemeinsam unterwegs sein Wollens definiert wurde.[89]

Der zweite „Fluchtweg", den das Urteil des Petrus von Auvergne gestattet, aber weniger deutlich markiert, liegt in dem erwähnten *per certitudinem.* Dank seiner Feststellung, daß allererst jene Behauptung über die Ankunft des Antichrist den „Tatbestand" des Irrens erfüllt, die besagt, der Antichrist komme zu einem festen, mit Sicherheit – *per certitudinem* – vorauszusagenden und vorausgesagten Zeitpunkt, ist die Möglichkeit gegeben, dieses *per certitudinem* in ein „mit Wahrscheinlichkeit" oder in ein „möglicherweise" umzuändern; und zwar ohne daß dann noch der Häresievorwurf laut zu werden vermag.

Beide hier gebotenen Möglichkeiten, sich des Häresieverdachts zu erwehren, wird Arnald von Villanova wahrnehmen. Doch, wie wir bereits wissen, nicht im Sinne eines Rückzugs, eines widerrufenden und sich korrigierenden Erklärens, sondern im Sinne einer vertieften, aggressiveren und sendungsbewußten Klarstellung. Gerade das, was Petrus von Auvergne als fehlend moniert, wird Arnald von Villanova nicht nur als tatsächlich vorhanden erklären, geschweige denn kleinlaut nachtragen. Vielmehr wird er *erstens* gerade das scheinbare Manko als das eigentliche Motiv seines Antichrist-Traktates herausstreichen. *Zweitens* wirft er den ihn kritisierenden Theologen genau das vor, was sie bei ihm vermissen: mangelnde Bereitschaft, sich ehrlichen Herzens mit den Texten der Bibel, mit der Offenbarung und der Tradition auseinanderzusetzen, genau hinzuhören, was etwa Augustinus zum Thema gesagt und was er nicht gesagt habe, und nur die Interpretationen zuzulassen, die ihnen, den Theologen, ins Konzept passen. Ein solches Verhalten sei eben arrogant, anmaßend und superb. Die originären Rechte des Papstes würden beschnitten und so gerade das gefährdet, was sie ihm vorzuwerfen sich erdreisten: die Einheit der Kirche.[90]

Petrus von Auvergne hingegen argumentiert sachlich differenziert. Er trennt deutlich genug zwischen philosophischer und theologischer Argumentation. Nur mittels dieser ist ein theologisches Urteil zu fällen und der Häresieverdacht zu äußern. Im Blick auf philosophische wie theologische Konjekturen zum genannten Thema zeigt er sich indulgent. Die Ausführungen des Johannes Quidort von Paris zum Thema könnte er ohne weiteres tolerieren. Doch anders als dieser bleibt er theologisch exakter und läßt sich auf keinerlei Spekulationen ein. Ähnlich wie dieser ist es aber auch ihm darum zu tun, Arnald von Villanova sachlich zu korrigieren und Wege zu eröffnen, die ihn aus der

[89] Dazu auch Thomas von Aquin STh II-II, 11, 2 ad 3.
[90] Dazu s. das Kapitel über Arnald von Villanova und seine Polemik gegen die Pariser Professoren, bes. Kap. 3.3.

drohenden Isolierung von der Einheit der Kirche zurückführen und ihn so vor der Häresie bewahren. Jene Charakteristik aber, die – wie erinnerlich – Arnald von Villanova im Blick auf jene Pariser Theologen artikulierte, die seinen Traktat verurteilten, trifft auf Petrus nicht zu. Zwar verwirft dieser durchaus Arnalds Thesen, wählt dabei allerdings den maßvollen Ton und die wissenschaftliche Argumentation. Um es noch deutlicher zu sagen: der Vorwurf Arnalds, hier ergriffen plötzlich Magistri das Wort, die sich weder durch ordentliche *lectio, commentatio* noch *praedicatio* auszeichneten, findet auch im Blick auf Petrus du Croc de Alvernia keinerlei Bestätigung. Die Polemik Arnalds wird weder dem wissenschaftlichen Werk allgemein noch der hier vorgestellten *quaestio* speziell gerecht. Als Arnalds Warnungen und Mahnungen vor dem nahen Kommen des Antichrist sich im Verlauf des ersten Jahrzehnts des 14. Jahrhunderts dahingehend verdichteten, daß dieser Antichrist bereits geboren sei, ergriff selbst Nikolaus von Lyra das Wort.

5.2 Nikolaus von Lyra

Geboren wurde dieser bekannte Mendikant und bedeutende Exeget des 14. Jahrhunderts um 1270 in dem heutigen La-Neuve-Lyre bei Evreux in der Normandie.[91] Gerade zu dem Zeitpunkt, zu dem Arnald von Villanova in Paris durch seine Ankündigung vom nahenden Antichrist für Aufsehen sorgte, trat Nikolaus den Franziskanern von Verneuil bei. Vermutlich hatte er bereits zuvor – noch in der jüdischen Schule von Evreux – beachtliche Kenntnisse in der hebräischen Sprache erworben, die er zeitlebens besser beherrschte als die griechische. Kurz nach 1300 sehen wir ihn in der Stadt an der Seine als Studiosus und von 1308 bis 1319 als Magister der Theologie wirken. In die Anfangsphase seiner Lehre fällt seine Beschäftigung mit der von Arnald vorgegebenen Antichristproblematik. Hier zeigt sich seine später auch vielfach belegbare Freude daran, gerade aktuelle Themen im Rückgriff auf die Heilige Schrift und die Väter zu behandeln. Seine intellektuelle Kompetenz wie seine zum Kompromiß neigende Verbindlichkeit werden ab 1319 in der Leitung seines Ordens benötigt. In diesem Jahr verläßt der *Doctor utilis* wenigstens für einige Jahre das Katheder der Universität und avanciert zum Provinzialminister der Franziskaner von Nord-Frankreich.

Dies heißt aber nicht, daß er auch innerlich der theologischen Wissenschaft den Rücken gekehrt und sich ausschließlich der Administration und der ihm anvertrauten, praktischen Seelsorge zugewandt hätte. Der Zusammenhang von Wissenschaft und praktischem Leben, von

---

[91] Peppermüller, Rolf: Nikolaus von Lyra. In: LexMA VI, 1993, 1185.

Wissenschaft und Weisheit war noch längst nicht aufgelöst. Die Seel-sorgstätigkeit befruchtete die Wissenschaft wie umgekehrt. Der Wis-senschaftstransfer vermochte direkter und rascher seinen Adressaten zu erlangen und die Praxis und das Gemeindeleben vor Ort mitzuge-stalten. Zwar darf nicht verkannt werden, daß zu Beginn des 14. Jahr-hunderts dieser Auflösungsprozeß im Zuge der wissenschaftlichen Spe-zialisierung und Ausdifferenzierung einerseits und dem sich davon re-lativ unabhängig entwickelnden „Leben vor Ort" andererseits, dem komplexer werdenden Stadt- und Gemeindeleben, bereits im vollen Gange war. Aber auch hier ist vor allzu grobkörnigen, weil das kon-krete geschichtliche Leben nur unzureichend wiedergebenden Urteilen zu warnen. Nikolaus von Lyra jedenfalls war gerade nicht der *in actu* lehrende Professor der Theologie, sondern der Provinzialminister sei-nes mit vielerlei weltlich-profanen Problemen beschäftigten Ordens als er jenes umfangreiche Werk schrieb, das zu den bedeutendsten und einflußreichsten mittelalterlichen Kommentaren der Heiligen Schrift überhaupt zählte: die *Postillae perpetuae in Veterum et Novum Testamen-tum*.[92] Diesem Werk maß man schließlich einen Einfluß zu, der einsei-tig formuliert und insofern die Wirklichkeit nicht trifft, aber eben doch eine bedeutende Wirkungsgeschichte anzeigt, die mit dazu beitrug, die Heilige Schrift in den Mittelpunkt theologischer Reflexion und christli-cher Glaubenspraxis zu setzen. In polemischer Übertreibung glaubte man gar, Nikolaus von Lyra als Wegbereiter Luthers und seines „Sola-scriptura-Prinzip" entlarven zu können: „Si Lyra non lyrasset, Lutherus non saltasset."[93] Ein Fehlurteil, sicherlich; aber doch schlagender Beleg dafür, daß der umfangreiche Bibelkommentar des *Doctor planus* von vielen als Neuerung angesehen wurde. Tatsächlich ergänzte und korri-gierte er seine Vorläufer vor allem dadurch, daß hier dem Literalsinn und speziell auch der jüdischen exegetischen Tradition ungewöhnlich große Beachtung geschenkt wurde.[94]

---

[92] Ich benutze die von J. Dadraeum und J. Cuilly hrsg. Ausgabe Venedig 1603: Bibliorum Sacrorum cum *glossa ordinaria* [. . .] et postilla Nicolai Lyrani.

[93] Der Vers ist bei Augustinus von Dänemark nachzulesen: „Si Lyra non lyrasset, Luthe-rus non saltasset." Dazu intensiv Wood, Rega: Nicolaus of Lyra and Lutherian Views on Ecclesiastical Office. *Journal of Ecclesiastical History* 29 (1978) 451–462; Schmitt, Clément: Nicolas de Lyre. *DSAM* 11, 1982, 291f., hier 291: Que Luther y ait abondam-ment puisé ne signifie pas que Nicolas de Lyre ait été un précurseur de la Réforme; on ne trouvera dans son oeuvre théologique aucune thèse défendue par l'école prote-stante. Son commentaire a inspiré, comme on l'a démontré récemment, jusque Mi-chel-Ange dans ses fresques de la chapelle Sixtine."

[94] Vgl. dazu auch den „Tractatus de differentia translationis nostrae et hebraica littera veteris testamenti". *RBMA* 5977; Hailperin, Herman: Rashi and the Christian Scholars. Pittsburg 1963, 135–246, 282–357.

Drei Jahre später nimmt er am Generalkapitel seines Ordens in Perugia teil und wird schließlich im Jahre 1326 Ordensprovinzial von Burgund. Gleichzeitig nimmt er die Möglichkeit wahr, in Paris wieder als theologischer Magister zu lehren. Offensichtlich reizte es ihn, die wichtigen theologischen Fragen seiner Zeit mit gründlichem Rekurs auf die Heilige Schrift zu bedenken und so vor allem exegetisch zu beantworten. In der Tat hat er als Magister an der Pariser Universität „an den wichtigsten theologischen Ereignissen seiner Zeit mitgewirkt".[95] Sein beachtliches Werk ist allerdings noch längst nicht genügend erforscht. Der überwiegende Teil seiner Schriften ist nicht einmal kritisch ediert, so daß wir immer noch auf handschriftliches Material angewiesen sind. Zu erwähnen sind hier die 259 *sermones*, die J. B. Schneyer in seinem Repertorium der lateinischen Predigten auflistet, aber eben auch die Quodlibeta, die Quaestiones, Orationes und die Fragmente seines Sentenzenkommentars.[96] Im Oktober 1349 starb Nikolaus im Franziskanerkloster zu Paris.

5.2.1 Eine bedrängende Frage

Die uns interessierende Frage stellt Nikolaus von Lyra im Jahre 1310 im ersten seiner drei Quodlibeta des Vat. lat. 982: „Können wir wissen, ob der Antichrist bereits geboren ist oder nicht?"[97]
Allein diese Frage zeigt, daß er bestimmte „Naherwartungen" seiner Zeitgenossen wie auch die seiner unmittelbar vorangehenden Generation nicht nur kennt, sondern zumindest insofern ernstnimmt, als er sie explizit in seinen Fragehorizont integriert und nach den genauen Regeln schulmäßiger Kunst disputiert.[98]
Dabei ist im Blick auf seine Antwort auffallend, daß Nikolaus exakt die biblischen Stellen anführt, die schon bei Arnald von Villanova eine entscheidende Rolle spielten, von Johannes von Paris aufgenommen und zum Teil verteidigt wurden, von Heinrich von Harclay aber süffisant-ironisch negiert werden. Zunächst differenziert auch er im Blick auf 2 Thess 2,8 und 1 Joh 2,18 den Antichrist im eigentlichen Sinne von den nur sogenannten Antichristen. Diese sind die schon jetzt agierenden Anhänger jenes, der am Ende der Tage kommen wird. Wann dieses Ende genau sein wird, noch genauer: ob der am Ende der Tage

---

[95] Aràcíc, Dinco: Nikolaus von Lyra. In: Marienlexikon IV, 1992, 627f., hier 627.

[96] Gosselin, Edward A.: A listing of the printed editions of Nicolaus de Lyra. *Tr.* 26 (1970) 399–426. Copeland Klepper, Deeana 1993, 297–312.

[97] Nicolaus von Lyra: Utrum possimus scire an antichristus sit natus vel non natus adhuc. Vat. lat. 982, fol. 86 r–87 r; genaue Beschreibung der Hs. bei Pelzer, Auguste: Codices Vaticani latini. Bd. 2: codices 679–1134. Rom 1931, 445–450 (= Bibliothecae Apostolicae Vaticanae codices manu scripti recensiti); Pelster 1951, 951–973.

[98] Nicolaus von Lyra: Quodl. I, q. 15. Vat. lat. 982, fol. 86 ra.

kommende Antichrist zum gegenwärtigen Zeitpunkt bereits geboren sei, kann aus der Heiligen Schrift nicht eruiert werden.[99] Da sich die gestellte Frage nur auf den Antichrist im eigentlichen Sinne bezieht, muß festgehalten werden, daß sie nicht beantwortet werden kann. Weder aus dem Alten noch aus dem Neuen Testament läßt sich mit Sicherheit erschließen (*secundum certitudinem*), ob er heute bereits geboren sei.

Dabei rekurriert Nikolaus vor allem und zunächst auf Daniel 12,11, also auf genau jene Stelle, die auch Arnald von Villanova zu Wort brachte und im Sinne seiner bangen Befürchtung interpretierte: „Hanc enim quidam sic exponit, quod a tempore ablationis iugis sacrificii usque ad positionem abominationis, per quam intelligit Antichristum, sint anni mille ducenti nonaginta, iuxta expositionem factam *Ezechielis*, quarto: *Diem pro anno dedi tibi*."[100]

Bei Nikolaus von Lyra wird somit die Rede von der Abschaffung des immerwährenden Opfers zunächst als Rede von der Aufhebung des alttestamentlichen Opfers gedeutet, einer „Aufhebung", die, in theologischer Manier, als Aufhebung durch das Opfer des Neuen Bundes, durch Jesus Christus selbst in die Wege geleitet wurde. Das theologische Interpretament der Aufhebung des alttestamentlichen Opferkultes durch Jesus Christus wird aber gleichzeitig historisch-faktisch, genauer: *datumsmäßig* verstanden: Mit und *seit* der Inkarnation Christi sei der Alte Bund, das „alte Opfer", aufgehoben und der Neue Bund in Zeit und Raum realisiert. „Et ideo dixerunt quod Antichristus regnaret anno millesimo ducentesimo nonagesimo."[101]

An diesem Punkt aber wird deutlich, daß Nikolaus von Lyra die Argumentation des Arnald von Villanova nicht trifft. Für den Katalanen avancierte ja, in Abbreviatur gesprochen, nicht das Jahr 1290 zum entscheidenden Datum der Herrschaftsübernahme durch den Antichrist. Vielmehr sind die Jahre, die nach Arnalds Ansicht den Antichrist groß und mächtig werden lassen, die siebziger Jahre des 14. Säkulums. Dabei basierte die *computatio* des Katalanen, wie erinnerlich, auf der „axiomatisch" eingesetzten, synkretistisch gebildeten Interpretation des erwähnten Danielverses. Dieser wurde, wiederum kurz gesagt, nicht als Aussage über ein und denselben „Gegenstand" genommen, sondern als Andeutung zweier zeitlich auseinanderliegender Ereignisse geltend gemacht. Erst dadurch erhielt dieser biblische Satz für Arnald ja sein spezifisches Gewicht, seine gesamte Spannkraft und jene Offenheit, die es ihm ermöglichte, dem gemeinten geschichtlichen Prozeß noch einmal zwei Geschehnisse gleichsam zu implantieren: die *ascensio*

---

[99] Ebenda fol. 86 rb: „Ad hanc autem questionem simpliciter dico quod nescio."
[100] Ebenda fol. 86 rb.
[101] Ebenda fol. 86 va.

Iesu sowie die faktisch-historische Abschaffung des alttestamentlichen Opfers im Zuge der die Zerstörung des Tempels in Jerusalems durch die Römer im Jahre 70 n. Chr. Warum aber bringt Nikolaus von Lyra diese Interpretation Arnalds (noch) nicht vollständig zur Sprache? Warum simplifiziert er den „Komputationsansatz" des Katalanen bis zur Verfälschung?

Offensichtlich keineswegs deswegen, weil er von Arnalds Argumentation nur defizitäre Kenntnis besaß, sondern deshalb, weil seinerzeit diese einfach-naive Interpretation des genannten Danielverses tatsächlich kursierte; zwar nicht in theologisch gebildeten, exegetisch versierten Kreisen, aber doch in jenen breiten Volksschichten, die in den Quellen häufig als „Ungebildete" und „simpliciores" bezeichnet und die ja tatsächlich im wachsendem Maße gerade in dieser Zeit, infiziert von vulgär-joachimitischem Gedankengut, von der Furcht vor dem Antichrist gepackt wurden.[102] Von daher wird ja allererst verständlich, warum Nikolaus von Lyra die Frage so stellt, wie er sie stellt. Die thematische Frage lautet ja nicht mehr, ob man wissen könne, wann der Antichrist geboren werde, und dabei möglicherweise auch disputiere und ernsthaft erwäge, daß das Kommen des Antichrist unmittelbar bevorstehe. Vielmehr wird sie geradezu „existentiell", jedermann extrem bedrängend, jedenfalls unmittelbar tangierend formuliert. Die Frage lautet jetzt, ob der Antichrist bereits geboren, also schon präsent und möglicherweise am Werke sei!

Und genau diese Frage drängt sich durch die genannte simple Deutung des Danielverses auf. Sofern die Abschaffung des alttestamentlichen Opfers mit der Inkarnation Christi nicht nur theologisch, sondern zeitlich-faktisch koinzidiert, sofern überdies die *positio abominationis* mit dem Antichrist persönlich identifiziert wird und diese „Aufstellung" 1290 Jahre nach der Aufhebung des jüdischen Opfers, also *anno domini* 1290 zum Zuge kommt, ist es nur logisch, wenn gefragt wird, ob denn das nicht heiße, daß der Antichrist *in persona* bereits geboren sei. Denn er müßte demnach ja bereits seit dem Jahre 1290 auf der Welt sein. Doch genau diese Überlegung will Nikolaus von Lyra klarerweise verneinen und als Täuschung (*decepti sunt*) entlarven.. „Sed isti, ut evidenter apparet, decepti sunt, quia iam transierunt terminum illum anni viginti, cum simus in millesimo tercentesimo decimo."[103]

Erst dann, in einem zweiten Schritt, bringt Nikolaus von Lyra die im Vergleich dazu doch differenziertere Auslegung Arnalds zur Sprache. Allerdings kennzeichnet er sie mit keinem Wort als von Arnald stammende noch bringt er sie in einem Atemzug und gleichsam geschlos-

---

[102] Seibt 1984, 30f.
[103] Nicolaus von Lyra: Quodl. I, q. 15. Vat. lat. 982, fol. 86 va.

sen zur Sprache, sondern entwickelt sie dialektisch prozessual: im Verlauf der zur präziseren Auslegung zwingenden Disputation. Dabei bleibt Nikolaus grundsätzlich in der Spur Arnalds: Die Ankunft des Antichrist sei deswegen nicht sicher zu bestimmen, weil auch der Zeitpunkt, wann das Lamm- und Rauchopfer des Alten Bundes aufgehoben worden sei, das heißt also, der *terminus a quo* der *computatio* unsicher sei. Es bliebe also jedem Ausleger des genannten Danielverses selbst unter den genannten Prämissen nur übrig, recht willkürlich (*irrationabiliter*) den Beginn seiner „Rechnung" festzusetzen.[104]
Eine Besonderheit in der Argumentation des Nikolaus von Lyra ist überdies, daß er zwischen *usus* und *efficacia* der Abschaffung des alttestamentlichen Opfers differenziert. Seine Absicht dabei ist es offensichtlich, den Spannungsbogen zwischen historischem Faktum und tatsächlicher Wirkung dieses Faktums möglichst groß wie unbestimmbar erscheinen zu lassen. Das Erlöschen des eigentlichen israelitischen Priestertums nach der Zerstörung des steinernen Tempels in Jerusalem durch die Römer und das damit korrespondierende Aufhören des Lamm- und Rauchopfers wird in einen kausalontologischen Konnex zu dem „leibhaftigen Tempel" und dem „ewigen Opfer", zu Christus, gebracht. Das Opfer des Neuen Bundes löst das Opfer des Alten Bundes ab und auf, überholt und überhöht es, hebt es auf. Doch dieser das alte Opfer letztlich exekutierende Aufhebungsprozeß, verursacht nicht eigentlich durch die Römer (die gar nicht wußten, was sie *eigentlich* taten und *innerlichst* wirkten, sondern nur blindes „Werkzeug" in der Hand einer neuen Heilsrealität waren), ist für Nikolaus von Lyra klarerweise ein Prozeß mit fließenden Grenzen sowie mit einer nicht deckungsgleichen Binnen- und Außenstruktur. Verlauf und Ziel, *usus* und *efficacia* sind ebenso zu unterscheiden wie das Wodurch und Wie vom (inneren wie äußeren) Wozu und Woraufhin.

5.2.2 Eine genaue Unterscheidung

Was diese Differenzierung für die Frage nach dem *terminus a quo* jener erwähnten 1290 Jahre besagt, führt Nikolaus von Lyra nur exemplarisch im Blick auf den Vollzug – *quoad usum* – des Opfers Christi, also der *causa prima* aus: Da das Leben Christi erst durch Tod und Auferstehung zur Entscheidung kam, müßte doch angenommen werden, daß das Opfer des Alten Bundes allererst durch den Christus am Kreuz vollzogen worden sei, mithin also rund dreiunddreißig Jahre nach Chri-

---

[104] Ebenda: „Quia, dato quod prophetia illa velit predicto modo, ut exponunt, insinuare tempus adventus Antichristi, quod tamen mihi incertum est, irrationabiliter acceperunt terminum, a quo debebant incipere numerare, pro eo quod sacrificium vetus non cessavit statim incarnato Christo, nec quoad usum nec quoad efficaciam."

sti Geburt. „Et ideo convenientior terminus fuisset tempus passionis, a quo remanerent nobis adhuc tredecim anni."[105]

Damit hat Nikolaus von Lyra sogleich eine Rechnung aufgestellt, die dem erwähnten axiomatischen Komputationsargument Arnalds von Villanova wiederum einen Schritt näher kommt: Dreiunddreißig Jahre müssen den 1290 mit Ezechiel als Jahre verstandenen „Tagen" addiert, die Summe aber von dem gegenwärtig laufendem Jahr subtrahiert werden. Das Ergebnis dieses Rechenexempels sind einerseits jene dreizehn Jahre, von denen im Zitat die Rede war, andererseits die These, daß der Antichrist demnach nicht im Jahre 1290, sondern im Jahre 1323 komme.

Doch sogleich wird auch dieser These widersprochen. Die Kraft zur Negation, die den dialektisch sich vollziehenden Argumentationsgang voranbringt, gewinnt Nikolaus von Lyra immer wieder aus der Schrift, hier konkret im Blick auf das fünfzehnte Kapitel der Apostelgeschichte. Angeführt wird die von den Aposteln in Jerusalem behandelte Streitfrage nach der Bedeutung des Gesetzes für die an Christus Glaubenden. Erst die Entscheidung der Apostel – *determinatio apostolorum* –, den „Brüdern heidnischer Abkunft" keinerlei „weitere Last" aufzubürden, als sich von „Götzenopfern, von Blut, von Ersticktem und von der Unzucht" zu enthalten,[106] habe das alttestamentliche Opfer in der Praxis – *usque ad usum* – aufgehoben. Die Zählebigkeit der mehr als tausendjährigen jüdischen Glaubenstradition verliert erst auf diesem „Apostelkonzil" des Jahres 48 – „ut puto, quintodecimo anno post passionem Christi"[107] – ihre praxisrelevante Zugkraft. Daß in Christus das Heil für alle Menschen in die Welt gekommen sei, das bezweifelte von den Judenchristen niemand. Der Streit ging darum, wie diese „Universalität des Heils" lebendig realisiert werde. Die Auffassung, der Weg zu Christus müsse nicht nur über den monotheistischen Glauben des Judentums, sondern auch über dessen Kult führen, war tief verwurzelt, war für viele eine Selbstverständlichkeit. Es dauerte lange, bis die aus dem Judentum stammenden Christen wirklich verstanden, daß weder das eine noch das andere erforderlich ist, um Christ zu werden, daß von *jeder* menschlichen Position und Situation her der Weg zu ihm, Christus, möglich ist.

Nikolaus von Lyra will also im Blick auf die Praxis (*quoad usum*) der ersten Christengemeinden behaupten, daß das alttestamentliche Kultgeschehen, von dem bei Daniel die Rede ist, nicht schon mit Christi Geburt, auch nicht mit Christi Tod und Auferstehung von dem subjektiven Gemeindeleben der Christen her überwunden war, sondern daß

---

[105] Nikolaus von Lyra: Quodl. I, q. 15. Vat. lat. 982, fol. 86 va.
[106] Cf. Act 15,5.28–29; Nicolaus von Lyra: Quodl. I, q. 15. Vat. lat. 982, fol. 86 va.
[107] Nicolaus von Lyra: Quodl. I, q. 15. Vat. lat. 982, fol. 86 va.

in dieser Hinsicht das „Apostelkonzil" allererst einen wichtigen Er-
kenntnisschritt leistete und in gewisser Weise einen Durchbruch bedeutete. Es müßten also wenigstens diese 15 Jahre nach der Passion
Christi ebenfalls bei Fixierung des *terminus a quo* berücksichtigt werden. Kurz resümierend und auf den Punkt gebracht, heißt das: Der
Antichrist kommt nicht im Jahre 1290, auch nicht im Jahre 1323, sondern – neueste These – im Jahre 1338.

Doch auch diese These wird noch einmal korrigiert. Nikolaus' Argumentation: Der Einspruch jener „zum Glauben" an Christus gekomme-
ner Pharisäer[108] zeige, daß die Anziehungskraft des alttestamentlichen
Opferkultes und die tatsächliche Befolgung des „Gesetzes" noch keineswegs im Jahre 48 nach Christi Geburt annuliert worden war, sondern
selbst bei den führenden Männern der Judenchristen immer noch in
hohem Ansehen stand und, vor allem, *praktiziert* wurde. Die Heiden-
christen wurde zwar von der Befolgung des „Gesetzes" dispensiert, das
Opfern im Tempel wurde ihnen jedoch nicht untersagt, von den an
Christus glaubenden Juden oder überhaupt den Juden ganz zu schweigen. Von einer *ablatio iugis sacrificii* kann also zu diesem Zeitpunkt noch
gar nicht die Rede sein.[109]

Abgeschafft wurde das Opfer des Alten Bundes allererst nach der Zerstörung des Tempels in Jerusalems durch die Römer, laut Nikolaus
von Lyra, rund 42 Jahre nach der Passion des Herrn, also um das
Jahre 75 n. Chr.: „Et ideo puto quod convenientior terminus est tempus destructionis templi, que facta fuit circa quadragesimum secundum annum a passione Christi, cui, si addantur triginta tres anni vite
Christi, fiunt septuaginta quinque."[110] Wenn überhaupt („secundum
istam rationem"[111]), so fungiere das Jahr 75 als *terminus a quo*. Gemäß
dieser *ratio* sagt Nikolaus von Lyra das Kommen des Antichrist für das
Jahr 1365 (75 Jahre + 1290 = 1365) voraus.

Damit folgt er der Auslegungstradition Arnalds von Villanova. Daß er
dennoch nicht zu dem nämlichen Komputationsergebnis kommt, liegt
nicht daran, daß er etwa prinzipiell von dem Berechnungsmodus abge-
wichen wäre, sondern gerade umgekehrt, daß er diesen strikt befolgt,
strikter und konsequenter jedenfalls als der Katalane selbst. Hatte Arnald von Villanova noch einen Berechnungs-„Spielraum" von einigen

---

[108] Act 15,5: „Surrexerunt autem quidam de haeresi pharisaeorum, qui crediderunt, dicentes: Quia oportet circumcidi eos, praecipere quoque servare legem Moysi."
[109] Nicolaus von Lyra: Quodl. I, q. 15. Vat. lat. 982, fol. 86 va: „Sed quid per illa determinationem ita liberantur gentes ab observatione legalium, quod tamen non interdi-
citur iudeis, ideo, licet possit dici tunc cessasse quantum ad efficaciam, ut dictum est,
non tamen potest dici ablatum."
[110] Ebenda.
[111] Ebenda.

Jahren zugelassen, – einen Spielraum, den er vornehmlich dadurch gewann, daß er den *terminus a quo* eben nicht exakt mit dem historischen
Ereignis der Zerstörung des Tempels in Jerusalem koinzidieren ließ,
sondern auf die relative Ungewißheit der damit zusammenhängenden
und entsprechend interpretierten *ablatio iugis sacrificii* setzte – so korrigiert und präzisiert Nikolaus von Lyra dieses Berechnungsaxiom.
Allerdings hebt Nikolaus auch dieses Ergebnis gleichsam wieder auf;
und zwar mit kurzem, aber um so intensiverem Blick auf das Neue
Testament. Das Untersuchungsergebnis des alttestamentlichen Verses
kommt damit selbst noch einmal in jenen Relationsprozeß hinein, den,
wie festgestellt, Nikolaus von Lyra generell zur Methode erhob. „In
Novo vero Testamento non occurrit mihi locus, unde melius possimus
scire tempus adventus eius, quam illud *Secunde Thessalonicensium*, secundo: *Tantum ut qui tenet nunc, teneat, donec de medio fiat. Et tunc revelabitur ille iniquus.*"[112]
Auf diesen zweiten Brief an die Thessalonicher rekurrierte auch Arnald von Villanova. Er sah ihn als Bestätigung für seine Mahnung und
Warnung vor dem Antichrist an. Auch er ging wie die gesamte exegetische Tradition davon aus, daß hier fraglos vom Antichrist die Rede
sei.[113] Welche Macht allerdings den Antichrist am Ende der Zeit und
damit das Ende selbst aufhalte, das konnte auch Arnald nicht genau
sagen. Schon Augustinus hatte es ja in diesem Zusammenhang bedauert, daß zwar die angesprochene Gemeinde der Thessalonicher den
Grund der Verzögerung des Endes wußte, aber leider nicht mehr der
Zeitgenosse.[114] Nikolaus von Lyra erinnert nun an dieses von Augustinus bereits festgestellte Nichtwissen, an das Rätselhafte gerade dieser
Schriftstelle. „Sed hec ita obscure dicuntur, ut quid velit apostolus dicere, non solum ego, sed etiam Augustinus se fateatur ignorare."[115]
Fest steht also nur, *daß* sich das Ende verzögern wird. Wir wissen nicht
wodurch und weswegen. Doch gerade dieses Wissen unseres Nichtwissens ist der Grund dafür, daß jedes erklärte Wissen über das Ende als
ein scheinbares Wissen entlarvt wird, als ein Wissen, das biblisch nicht
gedeckt und neutestamentlich als ein vorgegebenes, aber längst überholtes, also ungültiges Wissen, kurz als ein Nichtwissen zu deklarieren
ist: „Et ideo ex illo loco nihil est mihi super hoc certum."[116]
Und genau darin besteht für Nikolaus von Lyra das Ergebnis seiner
Untersuchung und die Beantwortung der leitenden Frage seiner Dispu

---

[112] Ebenda; 2 Thess 2,7–8.
[113] Rauh 1979, 55–71.
[114] Augustinus: De civitate Dei 20, 19 (CCL 48,731): „Ego prorsus quid dixerit me fateor
    ignorare."
[115] Nicolaus von Lyra: Quodl. I, q. 15. Vat. lat. 982, fol. 86 va.
[116] Ebenda.

tation. Wir vermögen eben nicht zu wissen, was das Verzögern des Weltendes, was die Wiederkunft Christi zum Jüngsten Tag verursacht. Wir wissen nur unser Nichtwissen, unser nicht sicheres, unser „unsicheres Wissen" in diesem Belang: „an Antichristus sit natus vel non natus adhuc".

5.2.3 Ergebnis und Ergänzung

Zusammenfassend ist festzuhalten, daß Nikolaus von Lyra nicht das Anliegen Arnalds zur Sprache bringt. Er sieht nicht, was Arnald „eigentlich" sagen will, was in seinem Traktat aus der Sicht des Autors das Wichtige und Wesentliche ist. Vielmehr zeigte es sich, daß er das als die Kernaussage Arnalds nimmt, was erklärtermaßen für den Katalanen nur das Beiläufige, das Beispielhafte, das Akzidentielle ist. Wann genau der Antichrist kommt, ob im Jahre 1365, 1376 oder 1378 ist dem theologisierenden Arzt doch letztlich gleichgültig. Wichtig ist ihm lediglich, den Zeitgenossen warnend und mahnend mitzuteilen, daß der Antichrist nicht mehr lange auf sich warten läßt, daß das Ende der Welt unmittelbar bevorstehe und daß die Menschen, namentlich die Christgläubigen ihren Lebensstil daraufhin kritisch überprüfen sollten. Es kommt ihm darauf an, seinen Zeitgenossen die notwendige Therapie zu verschreiben, damit der rasant voranschreitende Krankheitsprozeß aufgehalten, gestoppt und schließlich der Gesundungsprozeß eingeleitet werden kann. Es ist ihm darum zu tun, seine Zeitgenossen seelisch zu heilen, zu therapieren. Sie sollen den Blick vom Irdisch-Vergänglichen, vom nichtigen Eigenen wieder auf das Ewige und Wesentliche, gültig Beständige lenken. Arnald will, daß sie das permanente Kreisen um sich selbst durchbrechen, durchkreuzen und so den Blick wieder freibekommen für Gott.

Arnalds *computatio* ist lediglich geeignetes Mittel zum Zweck, ist Formel eines, in der Sprache der Medizin ausgedrückt, Heil-Mittels, eines Therapeutikum, das den Krankheitskeim töten, die gesunden Kräfte im Menschen aktivieren und so die Genesung inaugurieren soll.

Nikolaus von Lyra konzentriert sich indes auf die Formel dieses Mittels, isoliert diese nicht nur von der gerade Arnald so wichtig erscheinenden Diagnose, sondern läßt diese überhaupt nicht mehr zu Wort kommen und bringt so auch die Heilformel um ihre therapeutische Kraft.

Daß Nikolaus Arnald nicht verstanden habe, darf bei diesem fähigen Exegeten ausgeschlossen werden. Vielmehr ist zu vermuten, daß der Franziskaner ganz bewußt Arnalds These in der Weise wiedergibt, wie sie, vermengt mit pseudojoachimitischen Berechnungen und Voraussagen, in seiner Zeit allgemein kursierten. Jedenfalls kommt er mehrfach auf Joachims angebliche Berechnungen zu sprechen, die von ihm

selbst nur als Vermutung, von anderen aber mehrfach wiederholt und als wahres Wissen genommen werden.[117] Überdies werde hier offensichtlich von zwei *antichristi* gesprochen. Der eine verführe die Gläubigen, der andere die Ungläubigen, der eine sei Kleriker, der andere Laie. Mit den Thesen Joachims von Fiore selbst geht Nikolaus sehr vorsichtig um. Joachim habe sich um das Verständnis der Schrift bemüht, dabei vieles aber nur als Vermutung geäußert und insgesamt einen breiten Interpretationsspielraum gewährt. Schon gar nicht sei auf jene „Häretiker" zu hören, die behaupten, man dürfe Propheten keinen Glauben schenken, habe niemandem zu gehorchen, sondern solle frei und nach eigenem Gustus (nach dem eigenem Fleisch) leben.[118] Diese selbst seien Anhänger des Antichrist und verführen in diabolischer Absicht die Menschen. Der Papst selbst sei gegen diese vorgegangen. Sie verbergen ihre böse Absicht und ihre gefährliche Verdorbenheit mit dem Schleier der Frömmigkeit.[119]
Hier zeigen sich – im Vergleich zu Arnald – durchaus wieder gewisse Parallelitäten in der Polemik gegenüber den „Scheinheiligen" und jenen, die selbstherrlich, ohne den Blick auf das Katholische und für das Ganze, ihre Ansichten durchzusetzen bestrebt sind. Arnald hatte dabei das Prinzip der Universalität deutlich unterstrichen. Nikolaus von Lyra erwähnt den Zusammenhang von römischem Reich und Antichrist in kritischer Absicht.[120] Dennoch: der Franziskaner scheint bei all dem nicht so sehr Arnald von Villanova, sondern vielmehr das im Visier zu haben, was von Arnald und von Joachim von Fiore in grobkörniger Version seinerzeit kursierte. Er hält all das für biblisch unbegründbar, genauer noch für ein Nichtwissen, das aber als sicheres Wissen ausgegeben werde und deswegen gefährlich sei.

5.3 Guido Terrena von Perpignan: Karmelit, Bischof und Inquisitor

Über Guido Terrena, mitunter auch kurz Guy Terreni oder auch *Doctor breviloquus* genannt, wissen wir nicht viel. Er war Karmelit und gehörte zweifellos zu den bedeutenden Theologen seines Ordens. In Paris hatte er studiert und dort Gottfried von Fontaines († 1306/9) gehört, der in der berühmten Universitätsstadt von 1285 bis 1303/4 lehrte und vor allem durch die Verwerfung der Realdistinktion von Sein und Wesen

---

[117] So wird auf *De seminibus scripturarum* rekurriert. Hier werde behauptet, jedem Buchstaben des Alphabets entspreche ein Jahrhundert. Der Anfang der Rechnung bilde die Gründung Roms. Seit dem Jahre 1300 sei man beim Buchstaben X. Es bleiben also noch 190 Jahre. Dazu s. oben bes. Kap. 4.7.1.3. Nicolaus von Lyra argumentiert mittels des vierfachen Schriftsinns und stellt dabei ausführlich den mystischen Schriftsinn dar. Nicolaus von Lyra: Quodl. I, q. 15. Vat. lat. 982, fol. 86 ra.
[118] Nicolaus von Lyra: Quodl. I, q. 15. Vat. lat. 982, fol. 86 va.
[119] Ebenda.
[120] Ebenda.

und dank seiner Verteidigung der Einheit substantialer Form von sich Reden machte.[121] Noch vor 1313 wurde Guido in Paris zum Magister der Theologie promoviert, disputierte sechs Quodlibeta[122] und suchte in der Auseinandersetzung um die Erkenntnistheorie thomistischer oder scotistischer Prägung eine „zwischen realistischer und terministischer Logik vermittelnde Position" einzunehmen.[123] Ein vollkommen mißglückter Versuch, wie Wilhelm von Ockham kritisch befand.
Möglicherweise dozierte Guy Terreni von Perpignan in Avignon. Sein berühmtester Schüler war Johannes Baconthorpe, der mit Duns Scotus verglichen und *Doctor resolutus* genannt wurde.[124]
Überdies hinterließ Guy Terreni Werke, die – neben dem bereits erwähnten Quodlibeta – noch nicht kritisch ediert sind: einen Sentenzenkommentar, *Quaestiones ordinariae de Verbo*, *Quaestiones disputatae*, geistvolle Erörterungen zum Thema „Seele", Darlegungen zu metaphysischen, moral-theologischen und politischen Fragestellungen, einen *Commentarium super Decretum* und eine 1528 in Paris und 1631 in Köln gedruckte *Summa de haeresibus*.
Guido Terrena machte Karriere. Allerdings nicht so sehr in der Wissenschaft als vielmehr in der kirchlichen Administration, als Ordensoberer und schließlich als Episcopus: Rasch wurde er Provinzial der Provence und 1318 gar Generalprior seines Ordens. Knapp drei Jahre später – 1321 – avanciert er zum Bischof, zunächst von Mallorca, dann – 1332 – von Elne im Roussillon. Er starb am 21. August 1342.
Als Bischof setzte er sich energisch für das repräsentative Ansehen seiner Kirche sowie für die regulative Ausbreitung der Orthodoxie ein. Daß die Kathedrale seines Geburtsortes Perpignan vollendet wurde, ist ihm zu verdanken. Immer wieder wußte er seine Interessen gegenüber König Sancho von Mallorca (1311–1325) ebenso nachdrücklich zu artikulieren wie gegenüber König Jakob II. von Aragonien (1291–1327). Allerdings vertrat Guido auch recht geschickt deren Belange beim päpstlichen Hof, was wiederum nicht ohne positive Auswirkungen auf seinen Kirchensprengel blieb.
Hier kam es ihm vornehmlich darauf an, gestützt auf regelmäßig abzuhaltende Synoden, das Bildungsniveau seiner Geistlichen zu fördern

---

[121] Wippel, John F.: Gottfried von Fontaines. In: LexMA IV, 1989, 1603; ders.: The Metaphysical Thought of Godfrey of Fontaines. A Study in Late Thirteenth-Century Philosophy. Washington 1981 (mit Lit.); Flasch 1989, 269–276.

[122] Glorieux, Litt. quodl. I, 1935, 169–174.

[123] Macken, Raymond: Guido Terrena (Terreni) von Perpignan. In: LexMA IV, 1989, 1776.

[124] Gerwing, Manfred: John Bacon (Johannes Baconthorpe). In: LexMA V, 1991, 617 (Lit.); Smet, Joachim/Dobhan, Ulrich: Die Karmeliten. Eine Geschichte der Brüder U. L. Frau vom Berge Karmel. Von den Anfängen bis zum Konzil von Trient. Freiburg/Basel/Wien 1980, 84.

und gleichsam ein innerdiözesanes Kommunikationsnetz zu errichten, mittels dessen er häretische Strömungen ausmachen, pastorale Problemkreise sichten sowie geistig-geistliche Schwerpunkte setzen konnte.[125] Seine oft erwähnte rege Inquisitionstätigkeit war keineswegs vom blanken Zynismus der Macht, sondern eher von der wachsenden Sorge um den rechten Glauben geprägt. Es galt, die Christen vor häretischer Ansteckung zu bewahren und die Orthodoxie auszubreiten. Allerdings ging er dabei unerbittlich vor. Der Schneider Pedro, der Adelige Adhemar de Mosset, und die Franziskaner Bartolomé Peregrin, Bernardo Laurent und Bernardo Fuster und andere haben es gleichermaßen erfahren müssen.[126]

Im unvermindert heftig tobenden Armutsstreit ergriff Guido die gemäßigte Position: Er verteidigte die Lehre des Aquinaten und betonte in seiner Schrift *De perfectione vitae*, daß der Besitz zeitlicher Güter der evangelischen Vollkommenheit durchaus nicht hinderlich sei. Gegen diese Auffassung erhob der Ordensprokurator der Franziskaner, Bonagratia von Bergamo, 1328 seine scharfe Stimme, obgleich dieser selbst fast zehn Jahre lang die Spiritualen bekämpft hatte: von 1309 bis 1318. In dem Jahr aber, in dem er gegen Guy Terreni polemisierte, hatte er sich längst auf ihre Seite gestellt, seinen Traktat *De paupertate Christi* verfaßt und – keineswegs ungestraft – gegen die Bulle Johannes' XXII. *Ad conditorem canonum* vom 8. 12. 1322 kritisch Stellung bezogen. Gerade in dem Jahr, in dem er gegen Guys Ansicht polemisierte, floh er zusammen mit seinem Ordensgeneral Michael von Cesena und dem berühmten englischen Bakkalaureus der Theologie, Wilhelm von Ockham, aus der Machtsphäre des Papstes zu dem gerade in Pisa weilenden Ludwig IV. dem Bayern.[127] Guy Terreni seinerseits glaubte sich gegen die Angriffe des mittlerweile Gebannten mittels einer Gegenschrift zur Wehr setzen zu müssen: In *Defensio tractatus de perfectione*

---

[125] Aubert, R.: Guy Terreni. In: DHGE XXII, 1988, 1291f.; Lohr, Charles H.: Medieval Latin Aristotle Commentaries. Tr. 24 (1968) 149–245, hier 190f.; Turley, Thomas: Guido Terreni and the Decretum. *Bulletin of Medieval Canon Law. N. S.* 8 (1978) 29–34; Marcuzzi, Peter G.: Una soluzione teologico-giuridica al problema dell'usura in una questione „de quolibet" inedita di Guido Terreni (1260?–1324). *Salesianum* 41 (1979) 647–684; Xiberta, Bartomeu: Guiu Terrena. Carmelita de Perpinyà. Barcelona 1932, 265–271 (= Estudis Universitaris Catalans. Sèrie monogràfica II); Melsen, Iacobus: Guido Terreni (1260?–1342) Ord. Carm., iurista. Rom 1939, 5–14; Burke, Anselm: The Analogy of Being in the Writings of Guido Terreni OCarm. Rom 1951 (unveröff. Diss.).

[126] Saénz de Aguirre, José: Collectio maxima conciliorum omnium Hispaniae et novi orbis. 6 Bde. Rom 1753–1755, hier B. 5, 271–279. Dahan, Gilbert: Les Juifs dans le commentaire du décret de Gui Terré. *Séfarad* 52 (1992) 393–405.

[127] Benker, Gertrud: Ludwig der Bayer. Ein Wittelsbacher auf dem Kaiserthron 1282–1347. München 1980, 147–153.

vitae[128] wandte er sich massiv gegen die Ansicht der Spiritualen und rechtfertigte die Verurteilung durch Papst Johannes XXII. aus dem Jahre 1317.

Dieser schätzte Guidos Urteil sehr. Nicht von ungefähr forderte er dieses ein, als es darum ging, jene sechzig als irrig bezeichneten Sätze noch einmal zu überprüfen, die der Kardinal Nikolaus Albertus OP. aus der *Postilla in Apocalypsim* des Petrus Johannis Olivi herausgeschrieben hatte. Schon längst hatte sich nämlich Guy Terreni nicht nur als Vertreter der gemäßigten Armutsauffassung, sondern – bereits zu Beginn seines theologischen Denkwegs – eben auch als Experte gerade jenes apokalyptischen Problemkreises erwiesen, der nicht selten mit der Frage nach der evangelischen Vollkommenheit und dem *status perfectionis* verknüpft wurde:[129] mit der Frage nach dem Weltende und den apokalyptischen Ereignissen. Denn genau diese Frage hatte er in seiner oben bereits erwähnten ersten, 1313 gehaltenen quodlibetalen Disputation behandelt. Was Wunder, daß der katalanische Kamelit dabei nicht auf irgendwas oder irgendwen rekurrierte, sondern deutlich genug den Antichrist-Traktat seines Landsmanns Arnald von Villanova vor Augen hatte, dessen Thesen offensichtlich immer noch – nach weit über einem Jahrzehnt – von wissenschaftlichem Interesse, eben disputationswürdig waren.[130]

5.3.1 Formulierung der Frage

Entsprechend dem Quaestio-Verständnis der Zeit und gemäß scholastischer Manier läßt Guido Terreni die gestellte Frage nicht als bloßes Nachfragen erscheinen,[131] sondern als augenfälligen Problemkreis er-

---

[128] Perarnau, Josep: Una altra carta de Guiu Terrena sobre el procés inquisitorial contra el franciscà fra Bernat Fuster. *EF* 82 (1981) 383–392.

[129] Zu dem gesamten Fragekomplex äußert sich detailliert die leider unveröffentl. Dissertation von Snyder, Joachim: Guido Terreni OCarm. His Literary Participation in the Early 14th Century Poverty Disputes. Rom 1950; zum Armutsstreit ist die Lit. kaum mehr zu überblicken, vgl. Schlageter 1980, 984–987; Gerwing, Malogranatum 1986, 173–182; Hödl, Ludwig: Einleitung zu Henricus Gandavensis. Opera omnia XVII: Tractatus super facto praelatorum et fratrum. Ediert von dems. und Marcel Haverals. Löwen/Leiden 1989, VII–CXVII (= Quodlibet XII, quaestio 31).

[130] Guido Terrena von Perpignan: Qaestio utrum per notitiam Sacrae Scripturae possit determinate sciri tempus antichristi. Ediert von Josep Perarnau i Espelt. *ATCA* 7/8 (1988/1989) 171–211. Da diese nicht leicht zugängliche Transkription nach Vat. Burgh. 39 erst spät eingesehen werden konnte, wird nach Vat. Burgh. 39, fol. 52 rb–55 rb zitiert, dabei aber immer auch Perarnaus Edition im Blick behalten und bei abweichender Lesart diese Variante ausdrücklich angezeigt.

[131] Darauf wies bereits Franz Pelster im Zuge seiner Edition der Quaestio Heinrichs von Harclay hin, Rom 1948, 45; Etzwiler, Josef P.: Six Questions of Guido Terreni O. Carm. (m. 1342). Vat. lat. 901, fol. 140 r–145 r. *Carmelus* 35 (1988) 138–177. Anzumerken sei, daß die *disputatio de quolibet* an der Pariser Universität nichts anderes als eine „freie Diskussion" war, deren Thema in der Regel von den Zuhörern bestimmt

wachsen: als eine Aporie, die durch einen deutlich artikulierten Widerspruch entsteht.[132] Dabei wird aber sofort deutlich, daß er den Antichrist-Traktat des Arnald von Villanova gut kannte: Als Argumentum *pro* weist er ohne Umschweife exakt auf jene Autorität hin, mit der auch Arnald seine Interpretation vornehmlich stützte: auf Augustinus.[133]

Das Contra-Argument folgt unmittelbar. Es ist wiederum genau jenes, das auch Arnald von Villanova zu Wort brachte und das dieser kolumnenlang als Einwand gegen seine *computatio* zu entkräftigen suchte: Das Wort Jesu nämlich, das zu Beginn der Apostelgeschichte überliefert ist.[134]

Vor die *determinatio* ist die *dubitatio* getreten, die allererst die dynamisierenden Spannungspole der *quaestio* artikuliert: „Utrum per notitiam sacrae scripturae possit determinate sciri tempus antichristi". Das *respondeo* kann formuliert werden.[135]

Die Definition der vom Widerspruch signierten *quaestio* legt einen Fragekomplex frei, der bestimmte Momente der Argumentation Arnalds von vornherein ausblendet. So läßt Guido jenen bei seinem katalanischen Landsmann lang und breit dargelegten Problemkreis unerwähnt, der sich mit der Möglichkeit natürlicher Erkenntnis zukünfti-

---

wurde. Zu den Disputationen ‚über alles Mögliche' Schönberger, Rolf: Was ist Scholastik? Mit einem Geleitwort von Peter Koslowski. Hildesheim 1991, 52–80 (= Philosophie und Religion Bd. 2). Hier wird deutlich, daß die Fragestellung möglicherweise gar nicht ursprünglich von Guido stammen muß, sondern daß sie vom Publikum selbst gestellt wurde; was noch einmal die Aktualität der Frage gerade beim größeren Publikum, bei den Studenten wie in der Pariser Öffentlichkeit unterstreicht.

[132] Rentsch, Thomas: Die Kultur der *quaestio*. In: Literarische Formen der Philosophie. Hrsg. von Gottfried Gabriel und Christiane Schildknecht. Stuttgart 1990, 73–91; Marenbon, John: Later Medieval Philosophy (1150–1350). An Introduction. London-New York 1987, 27ff.

[133] „Nam Augustinus XX. De civitate dei, cap. septimo, videtur nuntiare quod post illud millenarium erit persecutio antichristi, quod non faceret nisi esset possibile eius tempus determinate sciri per scripturam." Guido Terrena: Utrum per notitiam sacrae scripturae possit determinate sciri tempus antichristi. Vat. Burgh. 39, fol. 52 b. (im weiteren abkürzend zitiert: Guido Terrena: Tempus antichristi. Vat. Burgh. 39, fol. 52 va); Augustinus: De civitate Dei 20, 7 (CCL 48, 708–712).

[134] Guido Terrena: Tempus antichristi. Vat. Burgh. 39, fol. 52 va: „In oppositum arguitur Actuum primo: ‚Non est vestrum [. . .] tempora vel momenta', etc." Cf. Act 1,7. Bei Arnald von Villanova s. oben Kap. 3.3.3.

[135] „Respondeo. Titulus questionis declarat intellectum eius, quia querit de notitia antichristi per scripturam non per naturalis rationis investigationem, per quam nec futurum esse antichristum nec tempus eius declarari possibile esse patet nec circa hoc insisto. Sed utrum per scripturam sacram determinate possit sciri est investigandum." Guido Terrena: Tempus antichristi. Vat. Burgh. 39, fol. 52 va (ed. Perarnau 1989, 183). Daß aufgrund dieser Präzisierung der Fragestellung aber auch eine erhebliche Blickverengung gegeben ist, die zu gefährlichen (Vor)-Urteilen führt, wird sich im Verlauf der Darstellung immer deutlicher herauskristallisieren.

gen Geschehens generell wie des antichristlichen Kommens speziell beschäftigt. Diese grundsätzlichere Frage stehe hier eben nicht zur Debatte. Vielmehr gelte es, die konkrete Frage zu beantworten, ob dank
der Heiligen Schrift – nicht mittels natürlicher Vernunft – das *tempus
antichristi* terminiert werden könne.[136] Guidos Vorgehen zeigt insgesamt, daß er nicht nur rasch auf den Punkt zu kommen vermag, sondern den vorausgehenden Diskussionsstand genauestens kannte. Handelt es sich doch hier um exakt die Punkte, die in der Frage um das
Wissen des genauen Termins antichristlichen Kommens bereits bei Arnald von Villanova selbst, dann aber auch in der sich daran entzünden-
den Auseinandersetzung virulent wurden. Im konkreten Blick auf Arnald zeigt es sich überdies, daß Guido nicht nur den Antichrist-Traktat,
sondern auch *De mysterio cymbalorum* kannte. Denn während die einleitenden Pro- und Contra-Argumente primär, wenn auch nicht ausschließlich, im Antichrist-Traktat diskutiert werden, ist nur im „Geheimnis der Zymbeln" diese entschiedene Differenzierung nach der Möglichkeit und not-wendigen Zuträglichkeit überhaupt auszumachen. Diese
aber bringt der katalanische Karmelit recht detailliert und im deutlichen Bezug zu Arnald in einem ersten Doppel-Schritt zur Sprache.
Guido konzentriert jene Argumente, die für eine Bejahung der gestellten Frage sprechen. Er bemüht sich augenscheinlich um das in der
disputatio legitima dieser Zeit schon keineswegs mehr selbstverständlich
gepflegte Procedere, den Beweis- bzw. Beleggang des anderen, des
„Gesprächspartners", möglichst exakt und in seiner ungeschmälerten
argumentativen Wucht wiederzugeben und diesem erst dann, in einem späteren Argumentationsschritt, zu be- und entgegnen: Die Möglichkeit, die Zeit des Antichrist *per notitiam sacrae scripturae* zu determinieren, werde erstens mittels augustinischem Argument belegt. Dieses
fundiert wiederum auf das zwanzigste Kapitel der Geheimen Offenbarung, auf die Vision vom Engel, der den Satan für tausend Jahre gefesselt hat. Dabei repetiert Guido deutlich genug Arnalds Folgerung aus
der genannten Augustinusinterpretation:[137]

---

[136] Ebenda. Auch werden noch weitere Themeneinschränkungen gleich zu Beginn der
responsio in rascher Folge vorgenommen. „Circa quod dixerunt quidam quod hec scire
est possibile, secundo quod est expediens, tertio respondent ad ea, que prima facie
videntur contra eos."

[137] Guido Terrena: Tempus antichristi, Vat. Burgh. 39, fol. 52 va (ed. Perarnau 1989,
184): „Tempore Augustini ultima spatia sexti millenarii, ut dicit, volvebantur, ita
quod tempore, quo hec dixit Augustinus, erant plus quam quinque milia annorum a
creatione mundi; et ab illo tempore, quo hec dixit Augustinus, usque nunc fluxerunt
nongenti et plures, et ita, quasi a sex milibus annorum a creatione non desinunt
centum anni. Sequitur quod in primo centenario erit persecutio antichristi." Augustinus: De civitate Dei 20, 7 (CCL 48, 710); vgl. oben Arnald von Villanova bes. Kap.
3.3.3.

„Neunhundert und mehr Jahre" seien seit der Zeit Augustins bereits verflossen; und das, obwohl bereits der Bischof von Hippo wähnte, im sechsten Jahrtausend, d. h. in dem Jahrtausend zu leben, an dessen Ende „für kurze Zeit" (Apc 20,3) die hemmungslose Entfesselung teuflischer Mächte stehe.[138]
Die eigentlichen Gründe für die Terminierung des antichristlichen Kommens liefert – laut Arnald von Villanova – aber keineswegs Augustinus. Dieser wird – genau genommen – nur deswegen angeführt, um zu exemplifizieren, daß seine – also Arnalds – These vom *tempus antichristi* nicht gegen die Auffassung der alten Autoritäten verstößt, sondern, im Gegenteil, ihnen zu neuem Glanz verhilft: Unter veränderter Perspektive gelesen, sind unerwartet aktuelle Aussagen zu entdecken, Aussagen, die die Zukunft betreffen, in der Vergangenheit aber allzu lange übersehen wurden.
Viel bedeutsamer für den Argumentationsgang Arnalds war seine Danielinterpretation.[139] Guido Terreni weiß das. Er kommt unmittelbar

---

[138] „Et vidi angelum descendentem de caelo, habentem clavem abyssi et catenam magnam in manu sua. Et apprehendit draconem, serpentem antiquum, qui est diabolus et satanas, et ligavit eum per annos mille, et misit eum in abyssum et clausit et signavit super illum ut non seducat amplius gentes, donec consummentur mille anni et post haec oportet illum solvi modico tempore." Apc 20,1–3. Hier wird die endgültige Vernichtung des Satans szenisch eingeleitet und – durch die Auferstehung der Märtyrer zum Leben – ausgeweitet: bis hin zum neuen Jerusalem, das, wie eine Braut geschmückt, vom Himmel herabkommt und – nach all dem Krampf und Kampf, dem Blut und der Wut – als ein Geschenk Gottes auf den Menschen zukommt (Apc 21). Dabei ist der in der Apokalypse zuvor geschilderte Kampf nicht eigentlich als Kampf zwischen den *civitates* Jerusalem und Babylon zu verstehen, so als sei dieser „Städtekampf" der theologische Kern der Geschichte. Gemeint ist vielmehr „ein noch tieferes, zäheres, entscheidungsvolleres Ringen: *Babylon in uns* ist das, was unbedingt niedergerungen werden muß." Balthasar, Hans Urs von: Theologie der Geschichte. Neue Fassung. Einsiedeln 1959, 111.

[139] Arnald von Villanova: De tempore adventu antichristi. Vat. lat. 3824, fol. 72 vb. In *De mysterio cymbalorum* geht Arnald auf diese Problematik ebenfalls ausführlich ein. Dabei wird jedoch noch einmal deutlich, daß die Rekurrierung auf Augustinus keineswegs das grundlegende Argument für seine *computatio* bildet, sondern innerhalb des argumentativ vorgebrachten Gesamtgefüges bekräftigende Funktion hat. Arnald sieht seine *computatio*, wie schon in seinem Antichristtraktat dargelegt, von Augustins Aetates-Lehre bestätigt, nicht begründet. Allerdings wird ihm diese Bestätigung in der Auseinandersetzung mit den Pariser Theologen immer bedeutsamer, wie oben bereits festgestellt werden konnte. Doch sei textvergleichend die entsprechende Passage in *De mysterio cymbalorum* (Ed. Perarnau 1989, 88f.) eigens genannt: „Nec iam esset ei difficile invenire introitum ad annuntiandum sub aliquo determinato numero ultima tempora seculi probabilitate scripture. Nam si verum est, quod asserit Augustinus, scilicet quod finietur in sexto millenario et quod suo tempore volvebantur posteriora spatia illius millenarii, probabili estimatione potest cognosci quod duratio huius seculi iam decurrit sub duobus ultimis centenariis. Credibile enim est quod per

nach der Repetition der Augustinusinterpretation darauf zu sprechen. Sogleich gelingt es ihm, auch die für Arnald entscheidende Stelle namhaft zu machen: „Cum ablatum fuerit iuge sacrificium et posita fuerit abhominatio in desolationem, dies mille ducenti nonaginta."[140] Doch dabei bleibt es nicht. Daniel 12,11 wird ergänzt durch Dn 12,12 und den für Arnalds Zeitgefüge tatsächlich wichtigen Rekurs auf Dn 9,26ff. Sodann sucht Guido Arnalds Gedankengang in aller gestrafften Kürze zu resümieren:

Von der Zerstörung des Tempels in Jerusalem im Jahre 78 n. Chr. (nämlich 33 Jahre Leben Jesu Christi + 42 Jahre bis zur Zerstörung Jerusalems unter Titus + dreieinhalb Jahre bis zu der Zerstörung durch Elius) bis zur Gegenwart sind 1234 Jahre verstrichen, da wir jetzt im Jahre 1313 leben.[141]

Da aber nach Daniel von der Zeit der Abschaffung des *iuge sacrificium* bis zu der des Antichrist 1290 Jahre verstreichen werden, wird die große Verfolgung, so die Folgerung, in diesem Jahrhundert, ja innerhalb von 70 Jahren stattfinden: „sequitur, quod primo centenario, immo infra septuagesimum annum erit persecutio."[142]

Guido gibt damit die Argumentation des Arnalds präzise wieder. Im Vergleich zu den recht umständlich formulierten und keineswegs sofort nachvollziehbaren Ausführungen seines katalanischen Landsmannes im Antichrist-Traktat und in *De mysterio cymbalorum* gewinnt man

spatia millenarii partes eius intelligat, ex quibus consurgit secundum communem computandi acceptationem, que sunt centum et decem, nam millenarius numerus constat ex centum denariis vel ex decem centenariis. Ponamus igitur ad maiorem evidentiam quod tempore, quo Augustinus asseruit illud, fluxisset prima pars millenarii, scilicet centum aut decem anni, et recolligantur anni, qui fluxerunt ex tunc: apparebit quod sub ultimis centenariis millenarii, quod dicit esse ultimum, currimus, nam ipse florebat tempore, quo gens Vandalorum Africam devastavit, quod fuisse legitur in vita ipsius et ipse refert XX *de civitate dei*, quadringentesimo quadragesimo anno a Christi nativitate. Si quis ergo / preconum niti voluerit assertionibus Augustini fundatis supra sacra eloquia, ut supra patuit, motivum habet catholicum ut annuntiet probabiliter quod iam seculum non est duobus centenariis duraturum."

[140] Guido Terrena: Tempus antichristi, Vat. Burgh. 39, fol. 52 va (ed. Perarnau 1989, 184); Dn 12,11.
[141] Ebenda. fol. 52 vb (ed. Perarnau 1989, 185): „Item verificata fuit prophetia Daniel IX, ubi dicitur: *Et in medio hebdomadis deficiet hostia et sacrificium.* Ab illo igitur ultime destructionis tempore, quod precessit Christi nativitas per septuaginta octo annos cum dimidio, videlicet per triginta tres, quibus Christus vixit, et per quadraginta duos, usque ad Titi destructionem, et per tres cum dimidio, usque ad destructionem factam per Elium, ab illo, inquam, tempore usque nunc sunt mille ducenti triginta quatuor, quia a nativitate Christi usque nunc sunt mille trecenti tredecim, quia computamus mille trecentos trecedim ab incarnatione Domini, a quibus demantur septuaginta octo cum dimidio, qui fuerunt inter Christi nativitatem et ultimam templi destructionem, restant mille ducenti triginta quatuor."
[142] Ebenda.

gar den Eindruck, daß es Guido nicht nur nicht darauf ankommt, Arnalds Argumentation im vorhinein als irrig zu erweisen oder auch nur als abenteuerliche, dreiste oder lächerliche Spekulation erscheinen zu lassen (was ja keineswegs viel Mühe bedeutet hätte), sondern daß es Guido darum zu tun ist, die volle Argumentationskraft Arnalds zu Gesicht zu bringen.[143] Ja, er scheut sich nicht, im Sinne Arnalds weiterzudenken und das Konkrete der *computatio*, die Einbeziehung des eigenen Zeit- und Standpunktes, deutlich genug zu artikulieren und zu aktualisieren: Nach Arnald von Villanova müssen die Heutigen des Jahres 1313 damit rechnen, daß die große, letzte Verfolgung, die *persecutio antichristi*, noch innerhalb der nächsten siebzig Jahre stattfinden wird.[144]

Damit schließt Guido die Darlegung jener Argumente ab, die die Möglichkeit einer Bejahung der genannten Quaestion belegen sollen. Er geht sodann dazu über, die Nützlichkeit einer positiven Beantwortung nämlicher Frage dergestalt wiederzugeben, wie sie *quidam* formulieren:

„Secundo, probant quod expediat, quia per hoc quod a doctoribus tempus antichristi predicatur fidelibus, premuniuntur fideles ut sint firmi nec persecutione terreantur."[145]

Auch hier zeigt sich sofort, daß wiederum auf Arnald von Villanova rekurriert wird. Denn genau das war sein Argument wie seine ständige Forderung an all jene, die Verantwortung in der Kirche tragen: Die Gläubigen vor der Zeit des Antichrist zu warnen, sie zu mahnen, sich vor dieser gefährlichen Verfolgung durch den Antichrist zu schützen. Darin genau sah er die Nützlichkeit seiner biblisch begründeten Berechnung: „ad cautelam fidelium".

Dabei berief sich, wie erinnerlich, Arnald allerdings nicht nur auf seine Intuition, sondern auf biblische Tradition, das Alte Testament mit dem Neuen verbindend, jenes durch dieses auslegend. Seine wichtigste Stelle und sein schlagkräftigster Beleg für die Wichtigkeit der Daniel-

---

[143] Dazu siehe die obigen Ausführungen zu Arnald von Villanova bes. Kap. 3.2.7.3.

[144] Es wird sich allerdings im Verlauf der weiteren Darstellung zeigen, daß dieser erste Eindruck bewußt von Guido erzeugt wird. Er läßt den Leser-Hörer zunächst im Glauben, hier werde klar und deutlich genau das artikuliert, was Arnald von Villanova etwas umständlich und verklausuliert gesagt, was dieser jedenfalls gemeint habe. Es wird sich erst in der späteren Kritik Guidos zeigen, daß er sehr wohl seine Worte zu wählen wußte, wußte, was er zu Beginn der Quaestion sagen durfte, was er betonen mußte und was er zu verschweigen hatte.

[145] Guido Terrena: Tempus antichristi. Vat. Burgh. 39, fol. 52 vb (ed. Perarnau 1989, 185). Zu den entsprechenden Passagen bei Arnald vgl. oben bes. Kap. 3.2.8.

stelle wie für die Richtigkeit seiner Interpretation war Matthäus 24,15.[146]

Guido unterschlägt dieses Argument nicht. Vielmehr unterstreicht er dessen Bedeutung, indem er es in jener das Alte wie Neue Testament verbindenden Positionierung beläßt, gleichzeitig aber dessen Funktion als Beleg für die Nützlichkeit des Vorauswissens antichristlicher Zeit akzentuiert: Der Herr selbst verweist auf Daniels Rede vom Greuel der Verwüstung, der *abhominatio desolationis*; eine Tatsache, die zweifellos alle Beachtung verdient.[147]

Das neutestamentliche Argument führt schließlich zum dritten Beleg-punkt, den Guido ebenfalls in aller präzisen Prägnanz wiedergibt. Hier handelt es sich um jene biblischen Verse, die zu Beginn des Traktates als Contra-, jetzt aber als Pro-Argument angeführt werden: Die Rekur-rierung auf Apg 1,7.

Christus, so wiederholt Guido Arnalds Gedankengang, wollte den Sei-nen die Zeit des Endes deswegen nicht offenbaren, weil sie derzeit noch nicht vom Heiligen Geist erfüllt waren. Er wollte ihnen keines-wegs zu verstehen geben, daß sie niemals in die Lage versetzt werden würden, die End-Zeiten zu kennen, sondern lediglich artikulieren, daß sie es aus sich selbst heraus, aufgrund ihres menschlichen Intellekts nicht vermögen, daß sie dazu vielmehr stets Gottes Geist benötigen. So drücke das *nosse* in Act 1,7 eine bis in die Gegenwart hineinreichende Vergangenheit aus, gelte keineswegs für alle Zukunft: „Unde deus non dixit quod in futurum non erant cognituri, quod in preterito non cognovissent, ut *nosse* stet pro preterito, ut scilicet *novisse* et non pro futuro."[148]

Guido zieht redlicherweise, nämlich getreu seiner arnaldschen Vor-lage, noch einmal die Verbindung dieses biblischen Verses mit dem berühmten vierundzwanzigsten Matthäuskapitel (Mt 24,36): „Den Tag und die Stunde kennt niemand."

Auch dieser Vers wird zunächst im Blick auf die Vergangenheit hin ausgelegt: Den genauen, exakt terminierten Tag hat bislang niemand gekannt, wohl aber das *tempus quando erit.* Sodann wird konstatiert, daß auch das Wissen um dieses Tempus nicht das Ergebnis eigener Forschungsanstrengung, sondern Frucht biblischer Offenbarung ist:

---

[146] Ebenda; Mt 24,15; Dn 9,27; 11,31; 12,11. Dn 9,27 heißt es: „[. . .] et erit in templo abominatio desolationis et usque ad consummationem et finem perseverabit desola-tio."

[147] Guido Terrena: Tempus antichristi. Vat. Burgh. 39, fol. 52 vb (ed. Perarnau 1989, 186). „Sed Christus predixit ipsum ad cautelam fidelium, quod nuntiatum est Daniel IX, ut patet Matthei XXIV, ubi Dominus discipulis de fine seculi querentibus respon-dit sic: *Cum videritis abhominationem desolationis, que dicta sunt a Daniele,* etc. Ergo scire tempus antichristi est utile et expediens."

[148] Ebenda.

„[. . .] nemo novit ex propriis viribus aut naturali inquisitione, sed scripture revelatione. Et sic exponunt omnes auctoritates, que videntur hec sonare."[149]

Soweit die von Guido in aller Kürze, aber in redlichem Bemühen um Wahrhaftigkeit vorgetragenen Belege für eine positive Antwort. Seine eigene Stellungnahme hat er bislang zurückgehalten, obgleich diese Ausführungen bereits zum *respondeo* gehören.

Was er wollte, ist offenkundig: seinen Gesprächspartner zu Wort kommen lassen, ihn nicht unterbrechen oder gar die Argumentation des anderen bereits mit seiner Sichtweise belasten. Es geht Guido um das Sachargument, um den von Arnald geleisteten Beitrag zur *recherche collective de la verité*.[150] Er will die Position des „Gegners" darstellen, nicht entstellen. Er will ihn widerlegen, ihn und die Mitdenkenden nicht hereinlegen. Noch zeigt nichts an, wie Guido diesen Thesen entgegnen will und wie er die vorgebrachten Argumente im Blick auf die alles beherrschende Frage selbst beurteilt.

5.3.2 Beurteilende Antwort

Doch der Mitdenkende wird über die eigene Stellungnahme Guidos keineswegs im Unklaren gelassen. Sein Contra kommt plötzlich, ohne Umschweife, in klarer Kontur: „Sed hec fictio et varia superstitio curiosa est et plane / contra doctrinam sanctorum."[151]

Zwei Autoritäten führt er an, um dieses Urteil zu begründen: Gregor den Großen und Augustinus. Dabei auffallend: Die vorgenannte, von Arnald von Villanova stammende Systematik behält er bei. Es geht Guido Terreni erstens darum, zu widerlegen, daß der Mensch mit Hilfe der Heiligen Schrift das Kommen des Antichrist voraussagen kann. Zweitens liegt ihm offensichtlich daran, auch die von seinem Landsmann behauptete Nützlichkeit dieser Prophezeiung, dieser sich angeblich auf die Auskünfte der Heiligen Schrift stützenden Voraussage, zu kontradizieren.

Gregor der Große und – vor allem – Augustinus widersprechen, so Guido, all denen, die behaupten, man könne mittels der Heiligen Schrift die Zeit des Antichrist im voraus terminieren.

---

[149] Ebenda.

[150] Eine von Chenu stammende Wendung, die genau den Sinn der „Spielregel" wiederzugeben scheint, die in der *disputatio legitima* herrschte, und die auf das, was Guido bislang artikulierte, durchaus noch zutrifft. Nähere Differenzierungen der Motive werden allerdings im Verlauf der Darstellung noch folgen. Chenu, Marie-Dominique: Introduction à l' étude de St. Thomas d'Aquin. Paris-Montreal 1950, 291.

[151] Guido Terrena: Tempus antichristi. Vat. Burgh. 39, fol. 52 vb–53 ra (ed. Perarnau 1989, 186).

Mittels des Hiob-Kommentars des Papstes „in apokalyptischen Zeitläu-
fen"[152] wird kurz belegt, daß der Mensch den Zeitpunkt des Weltendes
nicht nur nicht kennt, sondern tatsächlich nicht wissen darf. Hiob
konnte und durfte den zeitlichen Endpunkt seiner Leiden nicht wissen,
also kann und darf die Kirche das Ende ihrer Leiden nicht kennen;
denn jene sind nichts anderes als das Vorausbild dieser.[153]
Ausführlicher und überzeugender läßt Guido dann aber den Bischof
von Hippo zu Wort kommen. Dabei wird kritisch auf Arnalds Augusti-
nus-Interpretation rekurriert, freilich stets ohne den katalanischen Arzt
oder auch nur eines seiner Werke beim Namen zu nennen. Doch wird
ein bedeutendes Glied aus der Argumentationskette Arnalds herausge-
griffen, näher analysiert und schließlich vor aller Augen als Gegenargument umfunktioniert. Mit anderen Worten: Guido gelingt ein Kunst-
stück mittelalterlichen Disputierens: ein bedeutendes Argument seines
Gegners nicht nur zu widerlegen, sondern zu isolieren und schließlich
in seinen eigenen Argumentationsgang zu transferieren.
Es geht um die rechte Interpretation jener *aetates*, die im letzten Kapitel des zweiundzwanzigsten Buches von *De civitate Dei* artikuliert werden. Augustins Periodisierungsversuch der Weltgeschichte in Analogie
zur Schöpfungsgeschichte steht zur Debatte. Das Sechstagewerk konturiert die Weltgeschichte nicht nur im Blick auf die Vergangenheit,
sondern auch auf die Gegenwart und, nicht zuletzt, auf die Zukunft.
Einiges steht fest, vieles ist unklar:
Mit der Geburt Christi ist der „sechste Tag" angebrochen und die
Weltgeschichte in ihr letztes Zeitalter (*aetas*) getreten. Doch wie lang
dauert es? Währen die einzelnen *aetates* gleich lang? Wie lang ist der
letzte Tag der Weltgeschichte? Diese Fragen, so Guido, dürfen laut

---

[152] Jenal, Gregor: Gregor I., der Große. In: Das Papsttum I. Von den Anfängen bis zu
den Päpsten in Avignon. Hrsg. von Martin Greschat. Stuttgart-Berlin-Köln-Mainz
1985, 83–99, hier 98 (= Gestalten der Kirchengeschichte Bd. 11).

[153] Guido Terrena: Tempus antichristi. Vat. Burgh. 39, fol. 53 ra (ed. Perarnau 1989,
186f.): „Primo contra Gregorium, qui querit primo Moralium, cum scriptura mentionem faciat de singulis que Iob passus fuit, quare scriptura non exprimit quanto tempore duraverunt passiones. Ad quod sic respondet, dicit: ‚Recte quidem passio beati
Iob dicitur, sed quantitas temporis in eius passione recitetur, quia sancte ecclesie in
hac vita tribulatio cernitur, sed quanto tempore hec conterenda atque differenda sit,
ignoratur. Unde, ore veritatis dicitur: *Non est vestrum scire*, etc. Per hoc, ergo, quod
beati Iob passio dicitur, docemur quod experiendo novimus, per hoc, vero, quod
quantitas temporis in passione recitetur, docemur quid nescire debeamus." Gregorius
Magnus: Moralia in Iob: Praefatio, X, 21 (CCL 143, 23–24). Das Ergebnis, das Guido
Terrena aus dieser Interpretation Gregors zieht, lautet wörtlich: „Vult ergo beatus
Gregorius quod ex revelatione scripture non possumus scire ultimum tempus quietis
ecclesie sancte, cum ipse loquatur testimonio scripture sacre et fidelis expositionis,
cum ipse dicit: *Tempus illud non solum nos nescire, sed pernescire debere.*"

Augustinus zwar gestellt werden, können aber nur mittels der Heiligen Schrift und in den Sprachgrenzen der Schrift beantwortet werden. Daß der erste Tag, also die erste *aetas*, von Adam bis zu Noah reicht, wissen wir aus der Bibel. Wir kennen die Zahl der Generationen dieser Zeit. Es sind zehn. Zehn Generationen zählt auch das zweite weltgeschichtliche Zeitalter, „das bis Abraham reicht". Beide *aetates* sind gleich an der Zahl der Geschlechtsfolgen, „nicht an Zeitdauer". Augustinus betont diesen Sachverhalt ebenso ausdrücklich wie er ein weiteres menschliches Unvermögen offen bekennt: Im dritten (von Abraham bis David), vierten (von David bis zur babylonischen Gefangenschaft) und fünften (von der babylonischen Gefangenschaft bis zur Inkarnation Christi) Zeitalter der Weltgeschichte wechselt gar die Anzahl der Generationenfolge. Diese wird uns mitgeteilt vom Evangelisten Matthäus. Hier sind nicht mehr zehn, sondern jeweils vierzehn auszumachen. Ob sie zeitlich übereinstimmen, ist mehr als fraglich. Doch abgesehen von dieser Schwierigkeit: Ein Analogieschluß verbietet sich auch deswegen, weil wir heute im sechsten Weltalter leben, das mit den vorherigen nicht zu vergleichen ist, wie Augustinus ausdrücklich betont: „Es läßt sich nicht nach einer bestimmten Zahl von Geschlechtsfolgen abgrenzen." Und dieses Unvermögen hat – immer noch laut Augustinus – seinen göttlichen bestimmten Grund: „Non est vestrum etc."[154] Guido zieht daraus den eindeutigen Schluß: „Ergo per scripturam non potest sciri tempus ultimum tribulationis antichristi."[155]

Doch damit nicht genug. Er greift auch das „Komputations"-Moment auf, das Arnald aus dem zwölften Kapitel des Buches Daniel zu gewinnen trachtete und das, wie er behauptete, ebenfalls nicht dem widersprach, was Augustinus über dieses Thema ausführte.[156]

Guido rekurriert geschickterweise wiederum auf das Buch Augustins, auf das sich auch Arnald von Villanova mit Vorliebe berief, und zwar auf das zwanzigste von *De civitate Dei*: Auch der Bischof von Hippo habe erklärtermaßen nicht gewußt, wann der Antichrist komme, ja, er habe deutlich genug expliziert, daß wir sein Kommen aus dem, was uns die Heilige Schrift überliefert, gar nicht eruieren können, von der Unfähigkeit des menschlichen Intellekts, über diese Zeit Auskunft zu geben, ganz zu schweigen. Was wir von Daniel erfahren, sei schlicht dieses: Die Verfolgung durch den Antichrist werde dreieinhalb Jahre dauern: „*per tempus et tempora et dimidium temporis, hoc est per tres an-*

---

[154] Augustinus: De civitate Dei 22, 30 (CCL 48, 856–866). Guido Terrena: Tempus antichristi. Vat. Burgh. 39, fol. 53 ra (ed. Perarnau 1989, 187).

[155] Guido Terrena: Tempus antichristi. Vat. Burgh. 39, fol. 53 ra (ed. Perarnau 1989, 187).

[156] Dazu oben bes. Kap. 3.3.3.

nos cum dimidio, ut exponit Augustinus, XX De civitate dei, capitulo vigesimo tertio." Was wir nicht wissen, ist, wann diese Zeit der Verfolgung kommt.[157]
Darüber hinaus erhalten wir Auskunft über die Zeit nach der *persecutio antichristi*. Das Buch Daniel berichtet uns am Ende des zwölften Kapitels davon. Es spricht von 1290 und 1335 Tagen. Daran sei vor allem die Differenz von fünfundvierzig *dies* bemerkenswert: Hier werde nämlich der knappe Zeitraum artikuliert, der dem Menschen bis zur Wiederkunft Christi zum Jüngsten Gericht nach der Vernichtung des Antichrist durch Gottes Geist-Wort (cf. 2 Thess 2,8) verbleibe: zur Buße den in der Zeit der Verfolgung von Christus Abgefallenen, zur Erholung den erwählten Treuen. Hieronymus, den Augustinus zur Lektüre namentlich empfiehlt, weise darauf hin.[158]
Damit zieht Guido sein vorläufiges Resümee: Laut Augustinus vermögen wir selbst mit der Heiligen Schrift nicht zu sagen, wann die sechste und letzte Weltzeit beendet ist, noch gelingt es uns auf diesem Wege, geschweige denn, aufgrund menschlichen Erforschens, das Kommen des Antichrist termingerecht vorauszusagen.[159]
Doch Guido geht noch weiter ins Detail. Er will das Unvermögen, die Zeit des Antichrist aufgrund der Heiligen Schrift im voraus eruieren zu können, nicht nur mittels der einschlägigen, gerade von Arnald von Villanova angeführten *auctoritates* belegen. Es geht ihm vielmehr darum, auch einige sachimmanente Gründe gleichsam exemplarisch anzuführen: Wesentliche Implikate der von Arnald vorgestellten *computatio* werden kritisiert und als Gegenargumente artikuliert. Mehr noch: Guido geht daran, die Gegenrechnung zu eröffnen und seine grundsätzliche Gegnerschaft zum Argument Arnalds bloßzulegen.

5.3.2.1 Gegenrechnung

Aus der Sicht Guidos geht die Rechnung Arnalds klarerweise nicht auf.[160] Sofern jemand behaupte, daß die Verfolgung durch den Antichrist im sechsten Jahrtausend der Weltgeschichte, ja noch im laufen-

---

[157] Guido Terrena: Tempus antichristi. Vat. Burgh. 39, fol. 53 ra–rb (ed. Perarnau 1989, 187).

[158] Ebenda. fol. 53 rb (ed. Perarnau 1989, 188); Augustinus: De civitate Dei 20,13.

[159] Ebenda. fol. 53 rb (ed. Perarnau 1989, 189): „Ergo, secundum Augustinum non potest sciri tempus ultimum persecutionis nec finis mundi. Unde, hanc conclusiones ibi concludens, dixit: ‚Etas igitur generis humani, que incipit a domini adventu usque ad finem seculi, quibus generationibus computetur, incertum est'.“

[160] Ebenda: „Item cum isti dicunt quod in sexto millenario annorum et isto centenario erit persecutio antichristi aut computant secundum translationem septuaginta interpretum, quos sequitur Augustinus, in quo se fundant, aut secundum translationem Hieronymi, que nunc currit. Et utroque modo est falsum, quod dicunt.“ Dazu oben

den Jahrhundert erfolge, kann er durchaus nicht biblische Zeitangaben für sich reklamieren. Sie stimmen allesamt nicht mit Arnalds Berechnung überein: weder die der von Augustinus benutzten Septuaginta noch die der Vulgata des Hieronymus.

Guidos Gegenrechnung unterstellt, daß Arnald zumindest implicite von einer sechstausendjährigen Weltzeit ausgeht, die sich nunmehr in ihrem letzten Stadium, genauer in ihrem letzten Jahrhundert befindet. Diese Implikation aber sei nicht nur falsch, sondern häretisch, weil glaubensschädigend, denn hier werde die Geschichtszeit gegen den biblischen Aussagegehalt gestellt und damit die Aussagen der Heilige Schrift entleert und ihre Glaubwürdigkeit untergraben.[161]

Es sei doch offensichtlich: Die Zeit von der Erschaffung der Welt bis zur Geburt Christi betrage „secundum translationem Septuaginta" 5300 Jahre, gemäß der von Hieronymus aufgestellten Volks-Chroniken – „secundum chronicas gentium, quas refert Hieronymus" – noch achtzig Jahre mehr:[162] Von der Erschaffung der Welt bis zum ersten Regierungsjahr des Königs Darius 4820 und seit dessen Regierungsantritt bis zur *nativitas Christi* noch einmal 560 Jahre. Da jetzt, zur der Zeit, da die Quaestio behandelt werde, das Jahr 1313 nach Christi Geburt zu schreiben sei, käme man bereits auf 6693 Jahre. Demnach wären bereits seit gut 690 Jahren die Verfolgung durch den Antichrist wie auch das Jüngste Gericht überfällig: „Et ita, iam sunt sexcenti nonaginta anni quod hec persecutio fieri debuisset et generale iudicium / iam fieri debuisset."[163]

Wer aber unter genannter Bedingung „secundum veritatem hebraicam" rechne, sich also auf die hebräische Schrifttradition bei seiner *computatio* stütze, werde ebenfalls der Aporie nicht entgehen können: Demnach seien nämlich seit der Erschaffung der Welt bis heute nur 5306 Jahre verstrichen: von Adam bis zur Sintflut im Vergleich zu den oben erwähnten Angaben 606 Jahre weniger, von Noah bis zu Abraham 780 Jahre weniger, was zusammen 1386 Jahre weniger als jene Gesamtzahl ausmacht, die oben errechnet wurde, nämlich 6693 Jahre. Dabei bleibt es dem Zuhörer bzw. Leser überlassen, die fehlenden Angaben so zu ergänzen, daß sich durch Addition mit 1313, dem Jahr Guidos, schließlich jene eingangs erwähnte Gesamtjahreszahl ergibt: 5306. Demnach müsse die Welt vor Christi Geburt 3993 Jahre Bestand gehabt haben.

Arnald von Villanova Kap. 3.3.5; Augustinus: De civitate Dei 20, 7 (CCL 48, 709); Hieronymus: Commentariorum in Danielem prophetam liber unus, 5, 6 und 9 (PL 25, 518, 522f., 526 und 542–553); vgl. ebenda auch 12, 12 (PL 25, 579 B).

[161] Guido Terrena: Tempus antichristi. Vat. Burgh. 39, fol. 53 rb (ed. Perarnau 1989, 189).

[162] Ebenda.

[163] Ebenda. fol. 53 rb–va (ed. Perarnau 1989, 189).

Doch darauf legt Guido kaum Wert. Was er hier artikuliert, ist eine Kombinationsrechnung aus den Zahlenangaben der Septuaginta und der sogenannten „hebräischen Version". Zieht er doch von der zuerst genannten Gesamtzahl 6693 die durch Addition errechneten 1386 defizitären Jahre ab und erhält so 5307 Jahre, also mit einem Jahr Differenz jene Jahreszahl, die er zuvor als Gesamtzahl angegeben hatte. Tatsächlich kommt es jetzt auf ein Jahr nicht an. Fest steht, daß nach dieser Rechnung das 14. Jahrhundert noch längst nicht das letzte des sechsten Jahrtausends ist, daß bis dahin vielmehr noch rund 690 Jahre verstreichen dürfen. Damit liegt das Ergebnis Guidos Gegenrechnung auf der Hand: „Igitur falsum dicunt quod isto centenario erit, quia secundum hanc computationem non complebitur sextum millenarium in isto centenario, quia adhuc restant sexcenti nonaginta anni fere ante sextum millenarium. Ergo nullus aditus fugiendi patet huic errori."[164]

Als gefährlichen *error* bezeichnet Guidos diese *computatio*, als einen „Fehler", der den Glauben selbst gefährde, weil hier grundsätzlich die Glaubwürdigkeit der Heiligen Schrift ausgehöhlt werde. Guido schreckt deshalb nicht davor zurück, die Rede von einer sechstausendjährigen Weltzeit, welche noch in diesem Jahrhundert ihre Vollendung erlange, als biblische oder auch nur biblisch begründete Rede auszugeben, mit deren Hilfe der Mensch überdies noch die Endzeit generell und das Kommen des Antichrist speziell berechnen könne, insgesamt als häretisch zu bezeichnen. Wer so rede, untergrabe die Autorität der Schrift und handle extrem glaubensschädigend: „Hec autem dicere est manifeste hereticum [. . .]."[165]

Zu diesen sich gefährlich der Sprache eines Inquisitors annähernden Invektiven gelangt Guido einzig aufgrund seiner Gegenrechnung. Diese ist ihm nur Mittel zum Zweck. Geht es ihm doch darum, dank dieser die Aporie gewisser Implikationen bloßzulegen, die er – Guido Terreni –, raffiniert unausgesprochen zwar, aber doch in jeder Zeile deutlich spürbar, in der *computatio* Arnalds zu entdecken glaubt. Tatsächlich spielen ja die genannten Überlegungen beim katalanischen Arzt eine gewisse, keineswegs aber entscheidende Rolle. Wie erinnerlich stützt sich Arnalds computatio entscheidend auf Daniel 12, nicht auf die Sechs-Weltzeitenlehre. Diese erwähnt er nur, wie gezeigt, im Wortzusammenhang mit der Autorität Augustins, den er wiederum

---

[164] Ebenda. fol. 53 va (ed. Perarnau 1989, 189).

[165] Ebenda (ed. Perarnau 1989, 190): „[. . .] quia per hec scriptura falsificatur et fides de universali iudicio et ratione evacuatur [. . .]. Illa ergo scriptura in hoc esset falsa et, per consequens, non restat fides ut scripture credatur in hiis que dicit, quia, ut dicit Augustinus, primo De doctrina christiana: ,Titubat fides, si sanctarum litterarum vacillet auctoritas.'" Vgl. Augustinus: De doctrina christiana I, 37, 44 (CCL 32, 30).

nur deswegen ins Gespräch bringt, um jenen zu widersprechen, die behaupten, seine *computatio* stünde im eklatanten Gegensatz zur gesamten Tradition.[166]

So kommt es durchaus nicht von ungefähr, wenn Guido Terrena von Perpignan genau auf diesen Versuch Arnalds im weiteren Verlauf seiner *responsio* den Finger legt. Er versucht die alles beherrschende Frage, ob es überhaupt möglich sei, mittels der Heiligen Schrift das Kommen des Antichrist termingerecht vorauszusagen, ausgerechnet mit jener Autorität zu verneinen, die Arnald für sich und seine These glaubte in Anspruch nehmen zu können: vornehmlich mittels der des heiligen Augustinus.

5.3.2.2 Augustins Aussagen und Auslegungen

Guido führt geschickterweise zunächst Augustins Kommentar zum Zweiten Thessalonicherbrief an. Warnt ja bereits der neutestamentliche Text selbst vor jenen Personen, die vorzeitig vom Weltende – dem „Tag des Herrn" – reden und so die Menschen in Angst und Schrecken versetzen. Paulus akzentuiert bekanntlich das retardierende Moment innerhalb des Geschichtsverlaufs, darauf hinweisend, daß zunächst „der Abfall kommt und der Mensch der Gesetzlosigkeit offenbart werde".[167] Das war exakt jene paulinische Aussage, die Arnald von Villanova und, wie erinnerlich, auch Johannes von Paris ans Denken brachte, wenn auch zu jenen diversen Interpretationen veranlaßte, die sich wiederum innerhalb ihrer differenzierten Gesamtargumentation zu wesentlichen Aussageelementen verdichteten.

Auffallend aber ist, daß Guido im Verlauf seiner Darstellung immer stärker und ausführlicher Augustinus zu Wort kommen läßt. Er ist die Autorität, mit der auch andere Bibelstellen zu interpretieren sind, Bibelstellen, die schon Arnald von Villanova nicht nur anführte, sondern innerhalb seines *Tractatus de tempore antichristi* eine zentrale Rolle spielten. Guidos Absicht dabei ist offensichtlich: Er will biblisch begründen, daß Arnalds Vorhersage über den Termin des antichristlichen Kommens wie des Weltendes überhaupt nicht möglich ist. Diese biblische Begründung will er überdies mit Augustinus absichern, mehr noch: er will sie als vornehmlich augustinische Bibelinterpretation darstellen. Es geht ihm darum, ein überzeugendes Junktim zwischen biblischer Aussage und augustinischer *auctoritas* zu errichten, gegen das Arnalds Argumente keinerlei Überzeugungskraft mehr besitzen.

---

[166] Dazu die obigen Ausführungen zu der Argumentationsstruktur und den besonders von Dn 12,11 beeinflußten *Prinzipien* der *computatio* Arnalds von Villanova s. bes. oben Kap. 3.2.

[167] 2 Thess 2.

Gleich zu Beginn dieses Argumentationsgangs zitiert Guido gerade diese für die Antichristproblematik bedeutende Thessalonicherstelle, um sofort Augustins Interpretation anzufügen: Der Bischof von Hippo betone, so Guido, daß das *mysterium iniquitatis*, von dem Paulus spreche, und das der Völkerapostel bereits zu seiner Zeit deutlich am Werk sah, verborgen sei und bleibe, und zwar so lange, bis derjenige, der das Mysterium hält, selbst beseitigt wurde: „ut qui tenet tenat donec de medio fiat", wie Guido die Thessalonicherstelle zitiert. „Dann wird der Böse („iniquus") offenbart werden, den der Herr Jesus mit dem Hauch seines Mundes töten wird."[168]

Augustinus interpretiere die Rede vom *mysterium iniquitatis* klarerweise als biblische Bestätigung des Geheimnischarakters nicht nur des Bösen an sich, in seinen Werken und Wirkmächten, sondern auch in seinen Zeiten. Wann der Sohn des Verderbens, *filius perditionis*, der Antichrist, kommen und wann er offenbart werden wird, ist und bleibt für Augustinus ein Geheimnis; und zwar deswegen, weil die Zeitfrage ebenfalls für ihn zum biblisch verbürgten *mysterium iniquitatis* gehört.[169]

Das *mysterium iniquitatis*, wie auch immer es zu interpretieren ist, „ab alio sic, ab alio autem sic", handelt verborgen und ist verborgen, bleibt *mysterium*. Auch für Paulus gilt das Wort des Auferstandenen: „Nos est vestrum scire."[170] Immer wieder führt Guido diese kurz vor der *ascensio Christi* gesprochenen Worte an. Er legt dieses Herrenwort – implicite gegen Arnald und explicite mit Augustinus – nicht nur als generelles Unvermögen des Menschen, sondern geradezu als seitens des Menschen zu tolerierendes und akzeptierendes Ergebnis des bewußten Schweigens auf göttlicher Seite aus: Der Herr habe zwar vorausgesagt, *daß*, aber nicht *wann* er wiederkommen werde: „Dicendum ergo quod per scripturam non potest sciri quando antichristus veniet nec tempus iudicii."[171]

Doch Guido gibt sich nicht mit einem schlichten Rekurs auf jene augustinischen Gedanken zufrieden, die auch Arnald bereits anführte. Er bemüht sich vielmehr in einem letzten Schritt, Augustinus selbst ausführlicher zu Wort kommen zu lassen, dabei den „Gegnern" vorwer-

---

[168] Guido Terrena: Tempus antichristi. Vat. Burgh. 39, fol. 53 va (ed. Perarnau 1989, 190).

[169] Ebenda: „Ista sane, inquit, obscura sunt et mystice dicta, ut tamen appareat eum nihil dixisse de statutis temporibus ullumque intervallum spatiumque ait: ,ut reveletur in tempore suo, nec dixit post quam temporis hoc futurum sit'." Vgl. Augustinus: Epistula 199 *de fine saeculi* ad Hesychium, 3, 10–11 (CSEL 57, 252).

[170] „Quamvis enim nondum inter eos erat quando eis hoc dictum est, ad eorum tamen collegium et societatem etiam ipsum non ambigimus pertinere". Ebenda. fol. 53 vb (ed. Perarnau 1989, 192).

[171] Guido Terrena: Tempus antichristi. Vat. Burgh. 39, fol. 53 vb (ed. Perarnau 1989, 192).

fend, daß sie überhaupt nicht verstanden hätten, was der Bischof von Hippo eigentlich und letztlich in dieser Sache gedacht habe: „Nec valent contra hec que pro se inducunt, quia intellectum Augustini non habent."[172]

Subtil-raffiniert verbindet der katalanische Karmelit zwei Stellen aus dem opus Augustini, die Arnald von Villanova zwar ebenfalls anführte, die er aber – so wenigstens der implicite und doch deutlich vernehmbare Vorwurf Guidos – in ihrer Gesamtaussage zu wenig bedachte. Kommen doch die zitierten Augustinusstellen so zu Wort, daß sie einerseits weit über das hinausgehen, was Arnald von ihnen preiszugeben und also zu bedenken für notwendig hielt, andererseits vermag er beide so zu verbinden, daß sie sich gegenseitig erhellen und zusammen erst die letztlich gültige Gesamtansicht Augustins in der nämlichen Frage artikulieren:

a) Das originäre Verständnis der neutestamentlichen Rede von den tausend Jahren, von denen in der Geheimen Offenbarung, Kapitel 20, gesprochen wird, kommt für Augustinus in seinem mehrfach zitierten Buch *De civitate Dei* nicht zuletzt darin zum Ausdruck, daß hier eine Redefigur signiert werde, die symptomatisch symbolische Funktion übernimmt. Konstatiert der Bischof von Hippo doch, daß häufig in der Schrift von „tausend Jahren" gesprochen werde, sofern es gelte, eine bestimmte Gesamtheit, gleichsam eine Epoche zu signieren, über deren Länge – ausgedrückt in Jahr und Tag – eben keine Aussagen getroffen werden könnten. Es soll schlicht eine unbestimmt „große Menge von Jahren", „magnam annorum multitudinem", bezeichnet werden.[173]

b) Die *Epistola ad Hesychium* wird zitiert. Sie hatte auch Arnald angeführt, doch längst nicht in jener Ausführlichkeit, geschweige denn in jener Absicht, wie sie jetzt Guido zu Wort bringt. Für ihn spricht jeder gegen die Wahrheit des Evangeliums, der das Kommen des Antichrist zu berechnen oder gar genau zu datieren wagt.

Augustinus berichtet von drei Sklaven, die vorgeben, über die Ankunft des Herrn – mehr oder weniger genau – Bescheid zu wissen. Sie forderten allesamt zur Wachsamkeit und zum Gebet auf. „Vigilemus et oremus!" Einig waren sie sich auch darüber, daß der Herr am Jüngsten Tag wiederkommen werde. Doch lieferten sie unterschiedliche Begründungen für die vorgenannte Aufforderung:

---

[172] Ebenda fol. 54 ra (ed. Perarnau 1989, 192).

[173] Ebenda: „Ut enim ibi patet, Augustinus ponit duo: unum, quod post mille annos, id est, post magnam annorum multitudinem nobis incertam et istam amplectitur, ut patet in fine XXII de civitate dei." Ebenda. Augustinus: De civitate Dei 20, 8 (CCL 48, 710f.), 22, 30 (CCL 48, 865f.).

Der erste unterstrich seine Aufforderung mit der Botschaft vom raschen Kommen des Herrn: „quia citius veniet dominus." Der andere begründete sie vermöge des Hinweises auf die gerade verzögerte Wiederkunft Christi, während der dritte eindeutig biblisch erklärte, daß wir es nicht wissen, wann der Herr komme.[174]

Augustinus fragt didaktisch-rhetorisch weiter: „Quid audivimus dicere?" Die Auswirkungen dieser Reden interessieren ihn vor allem. Sie seien zunächst auszuloten und im Blick auf die Beurteilung und anschließende Handlungsanweisung kritisch zu bedenken:

Sofern das einträfe, was der erste sagte, werden sich der zweite und dritte freuen. Alle drei erwarten ja sehnsüchtig die Wiederkunft des Herrn.

Wenn das aber nicht einträfe, was der erste sagte, sondern sich genau das abzeichnet, was der zweite behauptete, dann sei zu fürchten, daß die, die dem ersten geglaubt haben, in der Zwischen- und Wartezeit nicht nur anfangen, dem zweiten Glauben zu schenken, sondern grundsätzlich an dem Wahrheitsgehalt der Botschaft von der Wiederkunft Christi zu zweifeln. „[. . .] et incipiant Domini adventum non iam tardum, sed nullum. Videsne quantus sit interitus animarum?"[175]

Aber selbst dann, wenn diese vom Glauben nicht abfallen, werden sie zum Gespött der Gegner und verlieren allgemein ihre Attraktivität und Glaubwürdigkeit. Gerade in den Augen der Glaubensschwachen und –schwankenden verliert die Botschaft des Christentums an Überzeugungskraft. Sie halten schließlich das versprochene Reich Gottes ebenso für verfehlt wie die Vermutung seines raschen Kommens: „dicendo tam fallaciter regnum eis esse promissum, quam fallaciter eis dicebatur citius esse venturum."[176]

Wenn aber das eintrete, was der erste sagt, irrt der zweite, der Akt des Glaubens aber wird nicht erschwert, der Glaubende selbst nicht verwirrt. Insofern also, d. h. im Blick auf die Wirkungsgeschichte der Begründung für den Glauben, erscheint es schon günstiger, weil für den Glauben gefahrloser zu sein, eher dem zweiten als dem ersten zu folgen; denn: falls der zweite irrt, so hat der Irrtum zumindest keine negativen Auswirkungen für den Glauben und den Glaubenden selbst.

Daß damit aber keineswegs die Option für das Gegenteil dessen artikuliert ist, was Arnald von Villanova meinte, ist offenkundig. Denn mit Augustinus spricht Guido sich für jenes Nichtwissen aus, das der dritte

---

[174] Guido Terrena: Tempus antichristi. Vat. Burgh. 39, fol. 53 ra (ed. Perarnau 1989, 194); Augustinus: Epistula 199 *de fine saeculi* ad Hesychium 13, 52–54 (CSEL 57, 290). „Nescimus quando venturus sit dominus. Evangelium dicit: *Vigilate et orate, quia nescitis quando tempus est* [. . .]."

[175] Ebenda.

[176] Ebenda.

Sklave in der Erzählung zur Anschauung brachte. Denn dieser dritte bekennt schlicht und einfach, daß er nicht wisse, ob die Wiederkunft des Herrn kurz bevorstehe oder noch lange auf sich warten lasse, daß er also nicht wisse, ob der erste oder der zweite recht bekommen werde. Er sehnt sich nach dem, was der erste verspricht, er erduldet das, was der zweite vorhersagt und irrt sich selbst in keinem Punkt. Kurz formuliert in augustinischer Prägnanz wie Eleganz: „Illud optat, illud tolerat, in nullo errat."[177]
Beide Ergebnisse augustinischer Provenienz faßt Guido zusammen. Das Nichtwissen des dritten ist für ihn biblisch begründet. Alle anderen, die mehr zu sagen beabsichtigen, indem sie über das Wann der Endereignisse Aussagen zu treffen wagen, sagen effektiv weniger. Vor allem aber haben sie nicht das Wort Gottes auf ihrer Seite, nicht die Wahrheit des Evangeliums für sich: „Patet ergo secundum Augustinum, quod ille solus tenet veritatem evangelii, qui dicit se nescire tempus. Quod non esset verum, si per scripturam sciri posset."[178]
Daraus zieht der katalanische Karmelit das die augustinischen Argumente seines Landsmanns vernichtende Resümee: In der Synthetisierung des Biblischen und des im Blick auf die Patristik, auf Augustinus, gewonnenen Vernünftig-Verständigen kann, ja muß der Mensch aufgefordert werden, „zu wachen und zu beten". Diese bleibende Forderung ist aber Frucht eines Wissen, das zugleich als Nichtwissen daherkommt und sich gleichermaßen biblisch gewinnen läßt, sich also als Glaubens-Wissen und Glaubens-Nichtwissen darstellt. Positiv freilich läßt sich nur das eine biblisch begründen und erhoffen: der Herr wird am Jüngsten Tag wiederkommen. Über das Wann dieses Kommens läßt sich biblisch nichts aussagen. Aber selbst dieses Nichtwissen ist kein bloß Negatives, sondern wiederum Ergebnis exegetischen Befundes von augustinischer Prägung. Gerade darin liegt sein bestimmender Aussagewert und seine den Vordersatz begründende Funktion: „Dicamus igitur concorditer Evangelio: *Vigilemus et oremus, quia nescimus quando veniet dominus*, an cito an tarde, certi tamen quod veniet indubitanter."[179]

5.3.2.3 Zu Arnalds Danielinterpretation

Erst im Anschluß an dieses mit der Autorität des heiligen Augustinus artikulierte Resümee wendet Guido sich dem zwölften Danielkapitel zu. Offensichtlich geht es ihm darum, gerade dieses eigentlich die *computatio* und die Aussage Arnalds über das unmittelbar bevorstehende Kommen des Antichrist und des Weltendes begründende Argument zu

---

[177] Ebenda.
[178] Ebenda.
[179] Ebenda.; cf. Mc 13,35.

entkräftigen, und zwar dadurch, daß er es jetzt gleichsam als exemplarischen Testfall seines genannten Ergebnisses vorführt. Doch auch hier bleibt Guido seinem exegetischen Procedere treu: Das biblische Wort kommt nicht im Alleingang daher, sondern tritt in scheinbar unauflöslicher Begleitung der Kirchenväter auf, hier Hieronymus, aber auch wieder Augustinus.

„Et prophetia illa Daniel XII male applicatur ab istis, quia ille numerus dierum non est annorum, sed dierum, quibus durabit persecutio antichristi."[180]

Die Begründung für diese gegen Arnalds These gewendete Auslegung der Tage als Tage findet er nicht nur im Literalsinn, sondern auch bei Hieronymus.[181] Dieser interpretiere überdies die Rede von der *abhominatio in desolationem* (Dn 12,11) als Rede vom Antichrist, dessen Erscheinen eine Zeit der Tyrannei (*tempus tyrannis*) auslöse.[182] Diese Zeit werde, so heißt es ausdrücklich bei Daniel, 1290 Tage währen, also dreieinhalb Jahre.[183]

Die Wucht dieses Argumentes kann kaum überschätzt werden. Hatte doch Arnald von Villanova den Vers: „Et a tempore cum ablatum fuerit iuge sacrificum et posita fuerit abhominatio in desolationem dies mille ducenti nonaginta" so interpretiert, als ob hier die Rede von zwei zeitlich auseinanderliegenden Ereignissen die Rede sei, von Ereignissen, die eben 1290 Jahre auseinanderliegen. „Si enim illi dies essent tempus fluens inter ablationem sacrifii, tunc diceretur. ‚Cum ablatum fuerit iuge sacrificium mille ducenti nonaginta, ut ponatur abhominatio.'"[184] Doch gerade so laute die biblische Aussage eben nicht. Vielmehr fasse der Inhalt des Vordersatzes beide Ereignisse zusammen: „ponatur sub uno contextu". Erst dann folge die Angabe der Dauer dieser Ereignisse: 1290 Tage, „[...] et sequatur numerus dierum".[185] Mit anderen Worten: „liquido patet, quod tempus dierum presupponit adventum antichristi, unde omnes sancti exponunt illos, dies dominabitur antichristus".[186]

Damit hat Guido Terrena von Perpignan mittels Synthetisierung biblischer Aussage und traditioneller Auslegung – „omnes sancti exponunt"

---

[180] Guido Terrena: Tempus antichristi. Vat. Burgh. 39, fol. 53 ra (ed. Perarnau 1989, 194f.).

[181] Ebenda. fol. 54 ra; Hieronymus: Commentariorum in Danielem prophetam liber unus 12,11 (PL 25, 579 AB).

[182] Guido Terrena: Tempus antichristi. Vat. Burgh. 39, fol. 54 rb (ed. Perarnau 1989, 195).

[183] Ebenda.

[184] Ebenda.

[185] Guido Terrena: Tempus antichristi. Vat. Burgh. 39, fol. 54 rb (ed. Perarnau 1989, 195).

[186] Ebenda.

– Arnalds analytisch begründeter *computatio* widersprochen und als von falscher Voraussetzung, nämlich von einer verkehrten Danielinterpretation ausgehendes Gedankenkonstrukt hingestellt: „Et sic, isti procedunt ex perverso intellectu prophetie Danielis."[187] Nur en passant glaubt Guido jetzt noch auf das neunte Kapitel des Danielbuches eingehen zu müssen. Gerade dies spielte aber, wie erinnerlich, bei Arnald von Villanova eine entscheidende Rolle. Gewann er doch von dorther jenen zeitlichen *ordo*, der ihm gleichsam die Matrix der „Komputationsgrößen" lieferte. Da aber Guido mit seiner kurzen, appendixhaften Replik diese Funktion des Danielbuches innerhalb des arnaldschen Argumentationsganges verkennt, gehen seine Ausführungen zumindest im Blick auf Arnald von Villanova ins Leere. Unterstellt Guy doch, daß Arnald anhand dieses Kapitel noch einmal seine terminierte Voraussage vom nahen Weltende bestätigt findet, was ja durchaus nicht der Fall ist. Insofern inszeniert Guido nichts weiter als Spiegelfechterei, wenn er ausführt: „Nec, ut Augustinus dicit, per numerum hebdomade Danielis IX potest haberi tempus secundi adventus, quia tempus illud quadringenti nonaginta anni; et a Christi nativitate usque nunc computantur mille trecenti tredecim anni."[188] Solch eine Behauptung hat Arnald niemals aufgestellt. Er sieht im neunten Kapitel lediglich einen ihn bestätigenden Hinweis, ein Indiz für die Richtigkeit seiner interpretatorischen Identifizierung der biblischen Rede von der Abschaffung des *iuge sacrificium* mit jenem geschichtlichen Ereignis, das im Zuge der Tempelzerstörung unter Titus stattfand und ihn, Arnald, dazu veranlaßte, damit den *terminus a quo* seiner *computatio* anzusetzen. Konkret, in *De mysterio cymbalorum* heißt es kurz und knapp:
„Ex quibus verbis expresse patet quod in hoc numero ponit pro initio computationis tempus illud, in quo fuit ablatum iuge sacrificium. Quod autem fuerit illud tempus ipsemet declarat in fine noni capituli, quando dicit: ‚Post hebdomadas sexaginta duas occidetur Christus', sequitur paulo post: ‚Et civitatem et sanctuarium dissipabit populus cum duce venturo et finis eius vastitas et post finem belli statuta desolatio. Confirmabit autem pactum multis hebdomada una et in dimidio hebdomadis deficiet hosti et sacrificium.'"[189]

---

[187] Ebenda.
[188] Ebenda (ed. Perarnau 1989, 196).
[189] Arnald von Villanova: De mysterio cymbalorum. (Ed. Perarnau 1989, 90f.); ders.: De tempore adventu antichristi. Vat. lat. 3824, fol. 62 rb–va: „Et ideo per abhominationem desolationis non solum antichristus personaliter intelligitur, sed etiam omnes imitatores ipsius. Propter quod, duodecimo capitulo, cum dixit: *A tempore, cum ablatum fuerit iuge sacrificium*, non dixit: ‚usque ad tempus, quo posita fuerit', sed dixit: *et posita fuerit* coniugendo vel copulando abominationem desolationis cum ablatione

Die sodann von Guido artikulierte Konklusion trifft somit gar nicht
den Gedanken Arnalds, verfehlt also ihre Wirkung; zumindest bei denjenigen, die Arnalds Argumentation kennen. Allerdings: dem um die
genaue Aussage Arnalds Unwissenden müssen diese letzten Ausführungen Guidos zur Frage nach der Möglichkeit biblisch begründeter
Terminierung des antichristlichen Kommens wie des Weltendes, zur
Behandlung des ersten Hauptpunktes also, recht überzeugend geklun-
gen haben. Da es sich hier um eine quodlibetale Disputation handelt,
also um eine akademische Veranstaltung zwar, an der eben nicht nur
Theologen aus Profession, sondern gerade Interessierte aus Passion
teilnahmen,[190] darf davon ausgegangen werden, daß nur wenige aus
dem Publikum überhaupt in der Lage waren, diese konkrete Verfeh-
lung des Arguments zu durchschauen. Aufgrund der Argumentations-
folge mußten sie annehmen, daß hier nichts Appendixhaftes, sondern
eminent Wichtiges, gleichsam der Schluß- und Höhepunkt des ersten
Hauptteils für jedermann plausibel artikuliert werde: Werde die Zeit
der Wiederkunft Christi aufgrund der Wochenangaben des neunten
Kapitels berechnet, so hätte das Letzte Gericht schon längst stattfinden müssen: „Et ita, diu est quod universale iudicium fuisset, si numerus hebdomade ad adventum ad iudicium pertineret."[191]
Wer vermag solch einer Argumentation zu widerstehen? Guido versucht hier, den „Gegner", genauer: die Argumentation des Arnald von
Villanova lächerlich zu machen und ad absurdum zu führen. Dies gelingt ihm aber nur im Blick auf jene, die Arnalds *computatio* gar nicht
oder nicht genau genug kannten. Wer hingegen um Arnalds Ausführungen zum neunten Buch wußte, sieht sich allerhöchsten darin bestätigt, daß hier ein eigenwilliger Interpretationsansatz gewählt wurde,
der von den maßgeblichen *auctoritates*, Hieronymus und Augustinus
vor allem, bislang nicht zur Sprache gekommen war. Guido jedenfalls
konstatiert mit Hilfe dieser Heiligen die Unmöglichkeit, aufgrund biblischer Angaben den Ankunftstermin des Antichrist wie Christi zum
Jüngsten Tage erschließen zu können. Neben dieser Unmöglichkeit unterstreicht er die Nutzlosigkeit solcher Vorhersagen.

---

iugis sacrificii enumerat, esset in templo reprobe Hierusalem cultus abominabilis deo,
propter dominium, quod ibidem est habiturus per totum illud tempus, ut plurimum,
populus sceleratus usque ad ultimum principem talis populi, scilicet antichristum.
Quod autem in fine noni capituli dicit, scilicet: *Et usque ad consummationem*, scilicet
eorum, que prophetata sunt, *et finem*, scilicet mundi, *perseverabit desolatio*, referendum
est ad eversionem templi et civitatis, que nunquam reparabuntur sicut antea fuerant,
cuius oppositum iudei falso expectant."
[190] Flasch 1987, 260f.
[191] Guido Terrena: Tempus antichristi. Vat. Burgh. 39, fol. 54 rb (ed. Perarnau 1989,
196).

5.3.2.4 Die Ineffizienz datierter Ankündigung

Daß es unnütz sei, die Zeit des Antichrist vorauszusagen, betont Guido gleich zu Beginn seines zweiten Hauptabschnittes. Er widerspricht damit Arnalds Bemühen, die Effizienz seiner Voraussage hinsichtlich des Seelenheils und der positiven Verhaltensänderung seiner Zeitgenossen zu unterstreichen. Mehr noch: Guido betont, daß, wer den Nutzen behauptet, sich gegen die ausdrückliche Lehre der Heiligen wende.[192] Auch hier wird – geschickterweise – zunächst wieder genau jene Autorität ins Feld geführt, auf die auch Arnald von Villanova sich in der Regel zu stützen pflegte: auf Augustinus. Dieser kommt zweimal zu Wort. Zitiert wird aus *de diversis quaestionibus octoginta tribus*, einer Schrift aus dem Jahre 396, und aus dem so häufig bereits angeführten Werk *de civitate dei*, das erst zwanzig Jahre später vorlag. Sodann kommt aber auch die *glossa ordinaria* zu Wort sowie Hieronymus, Johannes Chrysostomus und schließlich Theophilos, der berühmte Bischof von Antiocheia aus dem zweiten Jahrhundert.

Gott wollte, so Guido zunächst mit Augustinus, daß das Ende des seit der „Ankunft des Herrn" laufenden sechsten *aetas* unbestimmt sei; und zwar deshalb, weil er, Gott, genau diese Unsicherheit im Blick auf das Weltende für nützlich hält. Gott wollte, daß der Tag des Herrn kommt „wie ein Dieb in der Nacht".[193] Aus dem „Gottesstaat" wird noch das Diktum Augustins hinzugefügt, das die Frage nach dem Kommen des Antichrist ausdrücklich als „gänzlich unpassend" qualifiziert. Falls die Antwort dem Menschen von Nutzen sei, hätte sie doch der göttliche Lehrer selbst den Jüngern auf ihre Frage mitgeteilt: „Si enim nosse nobis prodesset, a quo melius quam a deo, magistro nostro, interrogantibus discipulis, diceretur?"[194]

Doch dieser augustinische Gedanke wird nicht weiter verfolgt. In rascher Folge werden die *Glossa ordinaria*, Hieronymus und die genannten anderen *auctoritates* angeführt. Dabei ist es Guido offensichtlich darum zu tun, im Blick auf Arnald gerade den umgekehrten Argumentationsweg zu wählen: Er ist bemüht, nicht nur die Nutzlosigkeit des Vorauswissens, sondern gerade die Nützlichkeit des Nicht-Bescheidwis-

---

[192] Ebenda: „Ulterius. Quod dicunt quod tempus antichristi est expediens, est expresse contra doctrinam sanctorum."

[193] Ebenda.: „Dicit enim Augustinus, octoginta trium questionum, questione quinquagesima octava: ‚Sexta etas generis humani, que incipit a domini adventu usque in finem seculi, quibus generationibus computetur incertum est et hec utiliter Deus latere voluit, sicut in evangelio scriptum est et Apostolus dicit: Dies domini tamquam fur in nocte veniet.'" Vgl. Augustinus: De diversis quaestionibus LXXXIII, q. 58, 2 (CCL 44 A, 107); cf. Mt 24, 43, vor allem aber 1 Thess 5,2.

[194] Guido Terrena: Tempus antichristi. Vat. Burgh. 39, fol. 54 rb (ed. Perarnau 1989, 196); Augustinus: De civitate Dei 18, 53 (CCL 48, 652).

sens des Menschen um den Endtermin dieses Weltbestandes zu artikulieren. „Expedit nos nescire, ut sic semper vivamus, quasi semper iudicandi."[195]

Deswegen also ist es für den Menschen nützlich, das „Wann" des Jüngsten Gerichts nicht zu kennen, weil er so gezwungen sei, ständig und nicht nur hinsichtlich eines bestimmten Zeitmomentes mit der letzten Stunde zu rechnen.

Diese Ausführungen der *glossa* werden unterstützt durch Hieronymus, der jene Aufforderung „Wachet, denn ihr kennt nicht die Stunde [. . .]" (Mt 24,42–43) mit den Worten kommentiert: „Ostendit dominus quod supra dicit: De die illa nemo novit [. . .] nisi pater solus, quia scilicet non expediebat apostolis ut pensione expectationis interioris semper credant eum venturum, quem ignorant quando venturus sit."[196]

Gott will also gerade, daß der Mensch ständig im Ungewissen lebt, sich ständig sorgt, wie Guido mit Chrysostomos bestätigt. Die Sorge soll den Menschen antreiben, so der Gedankengang auch des Papstes Gregor des Großen, sich ständig in Acht und in Zucht zu nehmen, um für die überraschend einbrechende Stunde des Weltgerichtes parat zu sein: daß das Urteil im Letzten Gericht nicht zur Ver- und Aburteilung führt. Mit anderen Worten: Gott hält aus pädagogisch-erzieherischen Gründen sein Wissen um die Endereignisse dem Menschen gegenüber zurück. Genau darin erkennt Guido den Nutzen des Nichtwissens, den er sogleich – mit Gregor dem Großen – imperativisch formuliert: Weil Gott will, daß der Mensch ständig so lebt, daß dieser jederzeit das Jüngste Gericht besteht, deswegen soll der Mensch auch ständig so leben, daß er es jederzeit besteht. Erst dadurch kommt der Nutzen des Nichtwissens zur Geltung, daß der Mensch aus der göttlich begründeten Tatsache dieses seines Nichtwissens die entsprechenden gottgewollten Konsequenzen zieht.[197]

Damit hat Guido Terrena die Frage nach der zur Disputation stehenden Nützlichkeit grundsätzlich negiert. Doch scheut er nicht davor zurück, entsprechend dem Quaestionenaufbau scholastischer Qualität

---

[195] Guido Terrena: Tempus antichristi. Vat. Burgh. 39, fol. 54 va (ed. Perarnau 1989, 197). vgl. Mt 24,42–43 und dazu *Glossa ordinaria et interlinearis* ed. Venedig 1603, Bd. 5, 406.

[196] Guido Terrena: Tempus antichristi. Vat. Burgh. 39, fol. 54 va (ed. Perarnau 1989, 197); Hieronymus: Commentariorum in Evangelium Matthaei ad Eusebium libri quatuor 4, 24 (PL 26, 182 C).

[197] Guido Terrena: Tempus antichristi. Vat. Burgh. 39, fol. 54 va (ed. Perarnau 1989, 197f.). Überdies zitiert Guido ebenda fol. 54 rb–va Chrysostomus: „Item ibi dicit: ,Vult eos semper esse in / sollicitudine. Propter hoc dicit: Vigilate.'" Johannes Chrysostomus: Homiliae XC in Matthaeum 77, 2 (PG 58, 705).

noch auf die eingangs genannten Begründungen der positiven Antwort einzugehen.

Arnald hatte ja betont, daß das Vorherwissen des Zeitpunktes der Endereignisse deswegen von Nutzen sei, weil der Mensch sich dann besonders zu schützen vermag: feststehend im Glauben an Christus und so den Nachstellungen des Antichrist widerstehend. Den letzten und entscheidenden Grund für dieses Vorherwissen sah der katalanische Arzt dabei in der liebenden Fürsorge des Gottes um seine Kinder. Gott will nicht die Verdammung, sondern das Heil der Menschen. Deswegen läßt er ihnen durch bibelkundige *speculatores* rechtzeitig mitteilen, wann der Antichrist kommt und daß das Weltende unmittelbar bevorsteht.

Guido hatte – wie erinnerlich – dieses Pro-Argument kurz mittels des Hinweises auf bestimmte *doctores* wiedergegeben, die den Gläubigen die Zeit des Antichrist voraussagen, damit sich die Gläubigen vorher wappnen und sich nicht durch die letzte große antichristliche Verfolgung terrorisieren lassen. Der für Arnald von Villanova grundlegende und letztlich seine *computatio* rechtfertigende, weil motivierende Gedanke von dem vor- und fürsorgenden Gott kommt indes bei Guido an keiner Stelle zur Sprache.

Zum Ende seines Traktates geht er noch einmal auf Arnalds Argumentation ein, sie ablehnend mit konkreter Begründung:

„Quia ad munimen et cautelam fidelium contra antichristum sufficit scire per scripturam quod antichristus veniet in potentia, in signis et prestigiis, ut, si possibile sit, electi inducantur in errorem."[198]

Wieder die bereits namhaft gemachte Argumentationsstruktur bei Guido; wieder die Akzentuierung des „Daß", nicht des „Wann" der Endereignisse. Daß der Antichrist kommt, allenfalls noch wie er kommt, ist biblisch bezeugt: „in Macht, mit Zeichen und Wundern" (vgl. 2 Thess 2,9), um, womöglich, selbst noch die Erwählten in Irrtum zu stürzen (vgl. Mt 24,24). Mit diesen biblischen Voraussagen warnt und mahnt Gott den Menschen bereits zur Genüge, wie Guido meint. Danach wird der Herr kommen, zu richten: großzügig die Erwählten und Vorbereiteten zu belohnen, die Bösen aber und die, die nicht vorbereitet sind, ewig zu bestrafen.[199]

Daß Guido aber tatsächlich Arnalds Argumentation im Auge hat, wird dadurch vollends deutlich, daß er jetzt, gegen Ende der Quaestio, ebenfalls die Sorge des Herrn, *sollicitudo domini*, um das Heil des gesamten Menschengeschlechts, zwar nicht gerade betont, aber immer-

---

[198] Guido Terrena: Tempus antichristi. Vat. Burgh. 39, fol. 54 va (ed. Perarnau 1989, 198).
[199] Ebenda.

hin artikuliert, wenn auch im Nebensatz: „Unde dominus, qui multum sollicitus fuit circa salutem generis humani [. . .]"[200]
Mit diesem orientierenden Exkurs im Nebensatz ist diskret, aber deutlich genug noch einmal Arnald als Adressat angesprochen. Guido kann den Hauptsatz mit der Sicherheit des Zielgerichteten fortsetzen: Gerade weil der Herr das Heil der Menschen will, legt er größten Wert darauf, den Menschen den Zeitpunkt der in ihrem „Daß" und in ihrem „Wie" angekündigten Endereignisse zu verschweigen. Dieses Verschweigen erhöht die ständige Bereitschaft des Menschen, die ganze Acht- und Aufmerksamkeit nicht nur punktuell auf ein bestimmtes und zu einem bestimmten Zeitpunkt hereinbrechendes Ereignis zu konzentrieren, sondern ständig die Haltung des Bereitseins und der vollen Achtung zu üben, sein ganzes Leben also auf Gott hin auszurichten.[201]
Guido dreht also in gewisser Weise das Argument Arnalds um. Das, was für diesen Grund für die Nützlichkeit des Vorherwissens war, ist jenem Grund für den klaren Nutzen des Nichtwissens seitens des Menschen und des Verschweigens seitens Gottes. Beiden Argumentationsgängen ist die Ausrichtung auf die religiöse Effizienz gemeinsam, die „Expedienz" für die radikale Hinwendung des Menschen zu Gott. Doch während Arnald für die notwendige „Be-kehrung" des Menschen das biblisch begründete Glaubens-Wissen reklamiert, geht Guido einen

---

[200] Ebenda. Dazu s. die Ausführungen zu den *speculatores* bei Arnald von Villanova (Kap. 3.2.3): Arnald von Villanova: De tempore adventus antichristi. Vat. lat. 3824, fol. 51 ra–rb: „Speculatores enim officium est, previsis imminentibus adversitatibus, clangere buccina vel tubam sonare taliter, inquam, ut previsa terribili voce significent. / Audientibus vero convenit ad evasionem periculi se preparare, partim fugiendo, partim ad armorum tuitionem currendo. Cum enim voce speculatoris terribilis eventus instare vel emergere pronosticatur, fugiendus est arcus vel gladius divine damnationis et muniendus est animus taliter armis virtutum quod pressura tentationis aut persecutionis particularis vel universalis absque spirituali ruina vel lesione toleretur. In signum enim huius est data nobis a deo vox ipsorum speculatorum. Propterea dicebat psalmista: *Dedisti metuentibus te significationem, ut fugiant a facie arcus.*" Das, was Arnald hier ankündigt, wird er selbst wenig später in *De mysterio cymbalorum* ausführen. Schon der Name seines Traktates wird ja hier angekündigt und die spezifische Aufgabe umrissen. Arnald läßt „das Horn erklingen" und „die Posaune erschallen", – warnend und mahnend, hörbar für jedermann: „Sed tempore antichristi specialiter expedit prehabere notitiam, preconibus quidem ratione officii, ut evadant flagellum divine damnationis, nam eis iniunctum est ut future persecutionis gladium precideant et quasi clangendo buccina denuntient populo vel ut fugiat vel se preparet [. . .]. Et ideo dicitur eis in persona Isaie: *Clama, necesses, exalta vocem tuam.*" Ders.: De mysterio cymbalorum. Ed. Perarnau, 1989, 83f.
[201] „[. . .] sed quando hec erunt voluit eos latere, ut ex incertitudine temporis vigilantes, attentius bonis operibus insudarent, sicut premisse sanctorum auctoritates testantur." Guido Terrena: Tempus antichristi. Vat. Burgh. 39, fol. 54 va (ed. Perarnau 1989, 198).

Schritt weiter und ist so in bestimmter Hinsicht konsequenter als Arnald. Er argumentiert für das Unsichtbare und Ungreifbare nicht mittels des fest Datierten. Für Guido kann das die Hinkehr des Menschen zum Unsichtbaren und Ungreifbaren nicht das Sichtbare und genau Gewußte, nicht die fixierte und fixierende Datenanzeige sein. Er plädiert für das ständige Wagnis des Glaubens, für die bleibende Unsicherheit. Sie ist ihm Grund und Boden für die Hinkehr zum Unsichtbaren und Ungreifbaren, für das, was „oben" ist.

Die *auctoritates* für seine Option sind zweifellos wiederum im Blick auf Arnald von Villanova ausgesucht. Augustinus kommt zu Wort, und zwar mittels jenes Briefes, den auch sein Landsmann zitierte: mittels der *Epistula ad Hesychium*.[202]

Im Mittelpunkt steht wiederum die Antwort des Auferstandenen, die er den Seinen unmittelbar vor seiner *ascensio* gegeben hat. Es ist auffällig, welch zentrale Rolle gerade dieser Satz aus dem Anfangskapitel der Apostelgeschichte für Guido spielt. Im Grunde kreisen seine Gedanken fast ausschließlich um diesen biblischen Vers. Ob er ihn selbst interpretiert oder mittels *auctoritates* zur Geltung bringt, wie auch immer: Von ihm aus nimmt die Argumentation ihren Weg, zu ihm kehrt sie stets wieder zurück: „Es steht euch nicht zu [. . .]"

Diesen Vers schleudert Guido Arnald und all jenen, die sich von Arnalds Argumentation haben überzeugen lassen, mit stets wechselnden Variationen und doch gleichbleibender schonungsloser Wucht entgegen. Jetzt, gegen Ende der *quaestio*, geht Guido sogar zum Angriff über: Wer sich über diesen biblischen Vers, genauer: über das letzte Wort des Herrn hinwegsetzt und glaubt, daß es ihm dennoch zusteht, die Zeiten zu wissen, der gehört zu jenen, vor denen der Herr warnt, der gehört zu den falschen Propheten.[203]

---

[202] Guido Terrena: Tempus antichristi. Vat. Burgh. 39, fol. 54 va (ed. Perarnau 1989, 198): „Quare dictum est apostolis: *non est vestrum nosse* etc.? Quod si dicatur quod ideo dictum, quia sunt prohibit scire et docere, tunc arguit Augustinus: ,Quis vestrum docere audeat vel scire presumat quod ille magister deus nec eos discipulos docuit, de quibus presens est interrogatus, nec illi tam sancti magnique doctores docere potuerunt ecclesiam [. . .], unde, credibilius est deum noluisse sciri, quod videbat inutiliter sciri.' ,Monet ergo dominus non ut bonus servus cognoscat temporum finem.'" Augustinus: Epistula 199 *de fine saeculi* ad Hesychium II, 4–6 (CSEL 57, 247; 248; 249); vgl. Nicolaus von Lyra: Glossa in Actus Apostolorum I, 7: „Quasi dicat: non pertinet ad vos hoc scire nec querere." *Glossa ordinaria et interlinearis* ed. Venedig 1603, Bd. 6, 974f.

[203] Guido Terrena: Tempus antichristi. Vat. Burgh. 39, fol. 54 va–vb (ed. Perarnau 1989, 198f.): „E quibus patet quod isti falsum assumunt, quia numquam dominus hoc tempus predixit. Immo, tales prenoscicatores docet cavere ut pseudoprophetas, Matthei XXIV, ubi dicit: *Surgent pseudoprophete* [. . .]. *Si predixerint vobis: Ecce, in deserto est, nolite exire, ecce, in penetralibus / nolite, credere*, et loquitur de adventu in iudicium, ut ibi Chrysostomus dicit."

5.3.2.5 Verbum Domini

Doch bleibt noch jenes Argument Arnalds kritisch zu betrachten, das jenen Konnex von Daniel und dem Herrn im Blick auf die Endereignisse akzentuierte. Wie erinnerlich betonte Arnald, daß der Herr selbst die Autorität des Buches Daniel hinsichtlich des antichristlichen Kommens unterstrich. Laut Mt 24,15 rekurriert Jesus ausdrücklich auf Daniel, als er ebenfalls vom „Greuel der Verwüstung" sprach, vor dem auch der Prophet Daniel gewarnt habe.[204]

Guido entgegnet, daß hier das Beziehungsgeflecht vollkommen mißverstanden werde. Es sei durchaus nicht von der Ankunft des Antichrist oder dem Ende der Welt, sondern von der Zerstörung des Tempels die Rede. Dabei führt Guido wiederum Augustinus, *Epistula ad Hesychium* an. Er bestätigt, daß Daniel durchaus kraft des Heiligen Geistes *vel ministro eius* in die Zukunft blicken konnte, genauer: Zukünftiges wissen konnte. Doch dieses Zukünftige bezieht sich auf den Untergang der Stadt, ihrer Ankunft im Fleisch, d. h. der Kirche, und bezieht sich auf das Haupt, auf Christus selbst.[205]

Mit anderen Worten: Arnald von Villanova hat das komplex-komplizierte Beziehungsgefüge dieser biblischen Verse nicht nur nicht erkannt, sondern – überdies – verwechselt. Die Stellen, die von der Zerstörung Jerusalems sprechen, werden als Stellen genommen, die vom Ende der Welt reden. Damit disqualifiziert Guido Arnald als ernstzunehmenden Gesprächspartner. Wer die Grundlage jeglicher theologischer Aussage nicht recht wahrnimmt, vermag auch die Auslegungstradition nicht angemessen zu interpretieren. Denn genau das ist der zweite Fehler, den Guido Arnald vorwerfen zu müssen glaubt: Nicht nur die Heilige Schrift kommt zu kurz, wird falsch ausgelegt, auch die

---

[204] Das Argument Arnalds lautet im Traktat *De tempore adventus antichristi*: „Patet igitur quod per revelationem factam Danieli potest certa computatione prenosci tempus antichristi. Nec istud negat aliquis sacrorum expositorum. Alias frustra diceret beatus Hieronymus in *prolog super genesim* quod Daniel fuit conscius temporum futurorum. Frustra etiam Christus remitteret filios ecclesie Danieli, cum dicit: *Cum videritis abhominationem dictam ad Danielem*, vel *dictam a Daniele*. Si enim ad litteram dixit: *Dictam ad Danielem*, ut in quibusdam codicibus invenitur, ideo sic locutus est, ut expresse innueret quod a spiritu sancto vel ministro eius fuerat ei dicta vel revelata." Fol. 67 rb–va. Dazu bes. oben Kap. 3.2.8.2.

[205] Guido Terrena: Tempus antichristi. Vat. Burgh. 39, fol. 54 vb (ed. Perarnau 1989, 199): „Unde isti procedunt ex ignorantia signorum ibi positorum, que ad tria pertinent, scilicet ad excidium illius civitatis, ad adventum eius in corpore, quod est ecclesia, et ad adventum eius in capite, quod est ipse. Quod tamen horum ad quid horum trium referendum sit, diligenti consideratione cernendum est, ne forte quod pertinet ad eversionem Hierusalem, ad finem seculi referendum putemus et e converso." Vgl. Augustinus: Epistula 199 *de fine saeculi* ad Hesychium IX, 26 (CSEL 57, 266).

auctoritates werden gegensinnig, ja verkehrt-verdreht interpretiert. „Auctoritates contra se non bene, immo perverse exponunt."[206] Guido versucht diese Kardinalfehler jener (gemeint ist immer noch Arnald von Villanova) anhand eines Beispiels deutlich zu machen. Das Exempel ist keineswegs von ungefähr gewählt. Geht es dabei doch um die rechte Exegetisierung jenes biblischen Wortes, das, wie gezeigt, für Guido selbst die entscheidende Aussage zu dem behandelten Thema trifft, auf das Guido im Verlauf seiner Ausführungen immer wieder rekurriert und das eben völlig irrig ausgelegt zu haben, er Arnald vorwerfen zu müssen meint. Es ist die Antwort des Herrn, auf die Frage der Jünger nach der Wiederkunft Christi, wie sie zu Beginn der Apostelgeschichte überliefert ist: „Es kommt euch nicht zu [. . .]" (Apg 1,7).

Die Auslegung dieses Verses ist für Guido entscheidend. Er geht dabei selbst in drei Schritten vor, die je für sich wie allesamt im konträren Widerspruch zu dem vollzogen werden, was Arnald dazu ausführte:

Zuerst geht es um die Frage, was denn überhaupt die eigentliche Aussageabsicht des Auferstandenen gewesen sei? Was wollte er den Seinen mit dieser Antwort sagen?

Sodann geht es darum, die Qualität dieser Aussage zu prüfen, näherhin ihre Gültigkeit zu untersuchen. Bezieht der Aussagegehalt sich nur auf die Vergangenheit und die damalige Gegenwart oder gar auch auf die Zukunft? Gilt er womöglich zeitlich unbegrenzt?

Und schließlich: Was ist mit *tempora vel momenta* gemeint? Dürfen diese Termini in diesem Konnex dergestalt interpretiert werden, daß sie als Definitiva im strengen Wortsinn zu Gehör kommen, die gleichzeitig das von ihnen nicht „Definierte" freigeben? Mit anderen Worten: Erlaubt es der Satz, wenn nicht den genauen Moment der Wiederkunft Christi, so doch das ungefähre Jahr im voraus zu kennen?

Drei Fragen, die sukzessive zwar beantwortet werden, aber doch – sich gleichsam verdichtend – insgesamt eine Einheit bilden.

5.3.2.5.1 Die Aussageabsicht

„Exponunt enim primo illud: *Non est vestrum*, etc., dicentes quod apostoli curiose quesiverunt, tamquam ex propriis viribus possent hec scire."[207]

Damit greift Guido zugleich auf jenen zu Beginn der *Quaestio* unter Punkt drei angeführten Auslegungsmodus dieser biblischen Stelle zu-

---

[206] Guido Terrena: Tempus antichristi. Vat. Burgh. 39, fol. 54 vb (ed. Perarnau 1989, 199).

[207] Guido Terrena: Tempus antichristi. Vat. Burgh. 39, fol. 54 vb (ed. Perarnau 1989, 199f.); vgl. Arnald von Villanova: De tempore adventu antichristi. Vat. lat. 3824, fol. 67 rb–va.

rück, den er a limine für völlig falsch hielt und als „fictio et varia superstitio curiosa" abqualifizierte.[208]

Christus, so lautet diese von Guido als irrig abgelehnte Interpretation von Apg 1,7, wollte den Seinen deswegen nicht die Zeit seiner Wiederkunft und damit den Termin des Jüngsten Gerichts mitteilen, weil sie noch nicht den Heiligen Geist empfangen hatten. Sobald diese Bedingung aber erfüllt sei, nach Pfingsten also, dürften sie es wissen. Tatsächlich hatte Arnald sowohl in seinem Antichristtraktat wie auch in *De mysterio cymbalorum* mehrfach dieses letzte Wort des Auferstandenen, gesprochen unmittelbar vor seiner *ascensio*, in der Weise interpretiert, daß Christus die Frage der Jünger durchaus nicht zurückgewiesen und als unnütz und vergeblich – *frustra* – disqualifiziert, sondern als berechtigt zugelassen habe. Seine Antwort weise lediglich darauf hin, daß er den übernatürlichen Charakter ihrer Beantwortung betonen wolle. „Nicht aus eigener Denk- und Forschungsanstrengung" vermögen sie (= die Seinen, die Christen) die Frage zu beantworten, sondern nur sofern Gott es ihnen mitteile.[209]

Diese Ansicht Arnalds lehnt Guido entschieden ab und zwar deswegen, weil in dieser Interpretation implicite das Wissen der Apostel unterschätzt werde. Besage doch Arnalds Auslegung zugleich, daß die Apostel zum Zeitpunkt der *ascensio Christi* tatsächlich der Meinung gewesen wären, sie könnten aus eigenen Kräften, *ex propriis viribus*, Zukünftiges erkennen. Doch die Tatsache ihrer an Christus gerichteten Frage allein schon widerspreche dieser Implikation. Die Apostel blikken auf den Auferstandenen, den sie als jenen erkennen, der sie nicht mehr Sklaven, sondern seine Freunde nennt. Ihnen zu unterstellen, sie wären der Meinung gewesen, daß sie selbst Zukünftiges erkennen könnten, heiße, sie zu unterschätzen. So töricht konnten die Apostel nicht mehr sein.[210]

Entscheidend für Guido ist in diesem Zusammenhang zweierlei: Erstens die Tatsache, daß dieser Ausspruch Jesu vor dem Pfingstereignis fiel, nämlich bereits beim Abschiedsmahl in der Nacht vor dem Kreuzestod. Damit werde deutlich, daß bereits hier und nicht erst vor dem ausdrücklichen und sichtbaren Kommen des Heiligen Geistes im

---

[208] Guido Terrena: Tempus antichristi. Vat. Burgh. 39, fol. 52 vb (ed. Perarnau 1989, 186).

[209] Guido Terrena: Tempus antichristi. Vat. Burgh. 39, fol. 54 vb (ed. Perarnau 1989, 200).

[210] „Dicere autem apostolos sic dementes et ignorantes, non est bonum fidei, cum Ioannis XV dicat veritas ipsis: *Iam non dicam vos servos, sed amicos, quia omnia quecumque audivi a patre* – glossa: ‚utilia ad salutem' – *nota feci vobis.*" Guido Terrena: Tempus antichristi. Vat. Burgh. 39, fol. 54 vb (ed. Perarnau 1989, 200); Io 15,15; *Glossa ordinaria et interlinearis* ed. Venedig 1603, Bd. 5, 1265f.

Pfingstsaal die Apostel eingeweiht worden seien, informiert waren, über alles, was ihr Meister selbst vom Vater empfangen hatte. Dieses „alles", sei – und das ist das Zweite, was Guido betonen möchte – gleichzusetzen mit all jenem, was wichtig und nützlich für das Heil der Menschen ist. Insofern gäbe es nichts, was das Pfingstwunder noch als neues Heilswissen den Aposteln hinzugefügt hätte.[211] Wenn also die Jünger nach der Auferstehung Christi etwas über die Zukunft wissen wollten, was für sie heilsnotwendig, ja nützlich-förderlich für das Heil der Menschen gewesen wäre, dann hätte es ihnen Christus mitgeteilt. Seine tatsächlich gegebene Antwort kurz vor der *ascensio* kann also nicht als ein Hinweis darauf verstanden werden, daß ihnen die Frage allererst Pfingsten mitgeteilt werde, sondern ist dergestalt zu interpretieren, daß Gott selbst, die Mitteilung darüber, wann das Weltende sein werde, eben nicht für „heilsam" – ad salutem – und deswegen auch nicht für mitteilungswert halte. Durch Augustinus sieht Guido sich schließlich in seiner Argumentation bestätigt und Arnald widerlegt.[212]

Das punctum saliens besteht also für Guido darin, daß Arnald die Antwort des Auferstandenen in ihrem eigentlichen Aussagekern nicht erkennt. Dieser liegt nicht in der Betonung des übernatürlichen Charakters der gewünschten Auskunft, da dieser den Apostel per se offenkundig gewesen war. Der eigentliche Sinn dieses Antwortsatzes werde ebenfalls verfehlt, sofern er als Versuch des Herrn gedeutet werde, die Seinen „bis Pfingsten" zu vertrösten. Die im Pfingstsaal Versammelten erhalten keinerlei Wissenszugabe, sondern die „Kraft des Geistes", von der Wahrheit Zeugnis abzulegen.[213] Die wesentliche Aussageabsicht des Herrn liege vielmehr darin, die Heilsnützlichkeit (*utilis ad salutem*) des Vorherwissens seiner Wiederkunft zum Jüngsten Gericht den Sei-

---

[211] Guido Terrena: Tempus antichristi. Vat. Burgh. 39, fol. 54 vb (ed. Perarnau 1989, 200): „Nec valet – si non reciperant Spiritum Sanctum – quia, licet sic visibili specie non recepissent, ut receperunt die Pentecostes, tamen invisibili specie receperant. Dicit: Christus insufflavit in eos post resurrectionem, unde tunc erant magis idonei ad quecumque arcana dei suscipienda, quam quicumque istius temporis."

[212] Ebenda: „Et ideo Augustinus dicit: ‚Si nobis prodesset nosse, a quo melius quam a domino interrogantibus discipulis diceretur' – supple: tamquam magis idoneis. Quare propter hoc est dicendum: Quod apostoli non / receperant spiritum sanctum noluit eos scire, si aliquem secundum istius temporis noluit postea scire." Augustinus: De civitate Dei 18, 53 (CCL 48, 652).

[213] „Sed accipietis virtutem supervenientis spiritus sancti in vos et eritis mihi testes in Ierusalem et in omni Iudaea et Samaria et usque ad ultimum terrae." Act 1,8. Mit dieser Auslegung hat also Guido Terrena durchaus den biblischen Wortlaut – es ist ja dort von *virtus*, nicht von einer wie auch immer gearteten neuen *revelatio* die Rede – wie auch die einschlägigen Kommentare seiner Zeit auf seiner Seite, vgl. *Glossa ordinaria et interlinearis* ed. Venedig 1603, Bd. 6, 975f.

nen gegenüber zu negieren. Zugespitzt und in Abbreviatur formuliert,
will Guido also sagen: Alles, was zum Heile führt, alles, was den Menschen voranbringt, hat der Herr den Seinen bereits mitgeteilt. Da er
aber den Termin seiner Wiederkunft verschwiegen hat, will er nichts
anderes sagen, als daß dieses Wissen um den Termin nicht zum Heile
führt und somit den zum Heil bestimmten Menschen nicht offenbart
werde.

5.3.2.5.2 Die Gültigkeit der Aussage

Die Frage aber, ob diese Aussage des sich unmittelbar auf den Weg
zum Vater begebenden und sich von den Seinen verabschiedenden
Christus (*ascensio*) nur für einen bestimmten Zeitraum gilt, wurde zwar
von Guido hinsichtlich des Pfingstereignisses verneint, muß aber noch
im generellen Blick auf die Zukunft erörtert werden. Hatte doch, wie
erinnerlich, Arnald von Villanova ebenfalls dieser Frage einige Aufmerksamkeit geschenkt und schließlich konstatiert, daß das Nichtwissen des Menschen sich durchaus in Wissen verwandeln werde, sobald
Gott, der Herr, dieses Vorherwissen aus liebender Sorge um die
Menschheit allgemein wie um den einzelnen speziell für *not*-wendig er-
achtet.[214]

Guido argumentiert mittels der Autorität der Jünger Christi, die durch
ihre Nähe zu Christus sogar tiefer in die göttlichen Geheimnisse eingeweiht gewesen seien als die Jünger des Johannes. „Ergo apostolis magis
perfectis minus mysterium, scilicet adventus in iudicium querentibus
tradidisset, si expediens et utile fuisset.“[215] Hier ist die Form des irrea-
len Bedingungssatzes entscheidend. Positiv gewendet heißt das: Die
Weigerung Christi über seine Wiederkunft Auskunft zu geben, gilt
nicht nur im Blick auf die Vergangenheit, sondern auch für die Zukunft. „Unde li *nosse* non tantum stat pro preterito, sed etiam pro futuro.“[216]

Als Bestätigung seiner Theorie von dem zeitlosen, stets gültigen Gehalt
dieser biblischen Aussage führt Guido wieder einmal Augustinus an.
Dieser habe bei der Zitation dieses Verses stets den Infinitiv Präsens

---

[214] Zur Not-wendigkeit siehe Kapitel 3.2.6. Konkret bezogen auf Apg 1,7 führte Arnald in
De mysterio cymbalorum aus: „Et ideo Doctor ille, in cuius verbis nihil potest impro-
prium cadere, notabiliter dixit: *Non est vestrum nosse*, quia per modum interrogandi
videbantur innuere quod iam nossent. Nec dixit: *Non cognoscetis*, sed: *Non est vestrum
nosse*, quia id quod nemo ex se potuit nosse, potest in futuro per alium cognoscere.“
Arnald von Villanova: De mysterio cymbalorum. Ed. Perarnau 1989, 73.

[215] Guido Terrena: Tempus antichristi. Vat. Burgh. 39, fol. 55 ra (ed. Perarnau 1989,
201).

[216] Ebenda.

gelesen: „Quod etiam patet per Augustinum, qui semper dicit: ‚Non est vestrum scire‘, etc."[217]
Doch wie um die Brüchigkeit dieses Arguments zu retuschieren, fügt Guido rasch hinzu, daß, selbst wenn den Aposteln später – *post receptionem spiritus sancti* – ihre Frage nach der Wiederkunft des Herrn beantwortet worden wäre, sie doch dieses Wissen den Gläubigen niemals mitgeteilt hätten. Von der Zeit des Gerichts und des Antichrist sprechen sie stets nur in der Form des Unbestimmt-Ungefähren, niemals in der des exakt Terminierten.

Aus diesem Befund und im Rückgriff auf die beherrschende Frage nach der Nützlichkeit solcher Art Vorherwissens konstatiert Guido, daß, wenn den Aposteln ihre Frage beantwortet worden wäre, man annehmen müßte, sie hätten sich dennoch dazu entschieden, dieses ihr mitgeteilte Wissen den anderen Christgläubigen nicht zu überliefern. Damit hätten sie aber anderen ihr göttlich überliefertes Wissen vorenthalten, was im Ernst niemand glauben kann. Hieße es doch, so die Argumentation Guidos, sie wären zu der Überzeugung gekommen, daß das, was ihnen mitgeteilt wurde, den Menschen nicht zum Heile gereiche. Doch diese Annahme ist deswegen von der Hand zu weisen, weil sie ja nichts anderes bedeute, als daß Gott selbst etwas mitgeteilt habe, was den Menschen eben nicht zum Heil diene. Solch eine Annahme aber ist absurd. Sie widerspricht dem, was Gott selbst ist und will: das Heil der Menschen.

Guidos Argumentationsstruktur ist damit offenkundig: Weil die *praemissa maior* falsch definiert war, mußte die gesamte hier vorgestellte *conclusio* in die Irre gehen. Der Obersatz muß also korrigiert werden: „Ergo apostoli sicut nec in preterito, sic nec in futuro noverunt."[218]
Was aber für die Apostel gilt, hat auch für ihre Nachfolger Gültigkeit. Diese können nicht mehr wissen als jene. Gilt doch die Offenbarung als abgeschlossen.[219] Mit anderen Worten: Die biblische Aussage besitzt zeitlose Gültigkeit. Sie bezieht sich auf die Vergangenheit und Gegenwart ebenso wie auf die Zukunft: „Es steht uns nicht zu, es hat uns nicht zugestanden, und es wird uns nicht zustehen [...]"

---

[217] Ebenda; cf. Augustinus: Epistula 199 *de fine saeculi* ad Hesychium 1, 1; 2,4; 3,10 (CSEL 57, 244; 247; 253); cf. dens.: De civitate Dei 18, 53 und 22 (CCL 48, 652, 865f.).

[218] Guido Terrena: Tempus antichristi. Vat. Burgh. 39, fol. 55 ra (ed. Perarnau 1989, 201).

[219] Daß diese Offenbarung interpretiert und exegesiert werden muß, war den Magistri selbstverständlich. Als maßgebliche Exegeten der Heiligen Schrift bleiben aber gerade die Väter das gesamte Mittelalter über im Blick. So bilden die *patres* die maßgeblichen *auctoritates* für die *disputatio* ebenso wie für die *praedicatio*. Zum Offenbarungsbegriff und seinem Verhältnis zur Prophetie vgl. Torrell 1990, 171–195, bes. 192f.

5.3.2.5.3 Was bedeuten *tempora vel momenta?*

Nachdem die Aussageintention und die zeitlose Gültigkeit der Aussage
selbst jeweils im Gegensatz zu bestimmten interpretatorischen Positionen Arnalds von Villanova festgestellt wurden, ist noch – grammatika-
lisch formuliert – die Frage nach der exakten Bedeutung des Akkusa-
tivobjektes des nämlichen Satzes zu stellen. Was ist unter *tempora vel
momenta* zu verstehen? Daß aber Guido hier keineswegs abstrakt-for-
mal, sondern konkret-intentional fragt, wird sogleich offenkundig,
wenn daran erinnert wird, daß auch Arnald diese Frage gestellt und
sie sowohl in seinem Antichristtraktat wie auch in *De mysterio cymbalorum* beantwortet hat:
Der Mensch vermag nicht den Tag und die Stunde, wohl aber die Endzeit auf bestimmte Jahre hin genau zu kennen, exakter gesagt, aus den
Angaben des Danielbuches zu erschließen. Gerade das ist ja die erklärte *via regia* in Arnalds Antichristtraktat. Allerdings betont er dabei
immer wieder, daß der Mensch dieses Wissen um den Termin nicht
aus sich selbst schöpft, sondern allenfalls von Gott her zu empfangen
vermag. In *De mysterio cymbalorum* wird noch einmal deutlich, wie sehr
er bemüht ist, hier zunächst einmal dem biblischen Satz und der Auslegungstradition, vornehmlich der Augustins, Geltung zu verschaffen,
um schließlich doch seiner *computatio* Raum zu geben.[220]
Dabei führt Arnald genau jene Passagen aus den „Briefen" Augustins
an, auf die auch Guido rekurriert. „Nam Augustinus contra istam sententiam in Epistola predicta directe dicit, quod sicut nec potest sciri
dies, sic nec tempus."[221]

---

[220] Arnald von Villanova: De mysterio cymbalorum. Ed. Perarnau 1989, 75: „[. . .] videtur sanare quod, etsi homo non possit prescire diem et horam iudicii, potest saltem
prescire mensem aut annum vel decadam aut centenarium aut quemvis maiorem vel
minorem numerum, iuxta quem cadet vel includetur dies iudicii." Doch lehnt Arnald
dieses Ansinnen mit Augustinus entschieden ab: „Illi ergo, qui sic posset obviare Augustino, dicenti quod non potest haberi per hominem certitudo de mense vel decada
aut anno vel centenario vel de quolibet alio numero consummationis seculi [. . .]."

[221] Guido Terrena: Tempus antichristi. Vat. Burgh. 39, fol. 55 ra (ed. Perarnau 1989,
202); vgl. Augustinus: Epistula 197, 1–3 (CSEL 57, 231); vgl. dens.: Epistula 199 *de
fine saeculi* ad Hesychium 6, 16; 6,18 (CSEL 57, 256f.; 259). Dazu vergleichend und
belegend die Passage bei Arnald von Villanova: De mysterio cymbalorum. Ed. Perarnau 1989, 74: „Quantum igitur illorum temporum notitia dependet a coniectura humana, tantum asserit Augustinus esse impossibilem homini, non solum in passu preallegato, sed in multis etiam aliis et specialiter in Epistola ad (Hesychium) de die
iudicii, ubi asserit quod nec de mense nec de anno vel decada vel centenario vel
quovis alio numero annorum consummationis seculi potest haberi certitudo, scilicet
per coniecturas humanas, dato etiam quod ille coniecture procederent per considerationem signorum precedentium diem iudicii, que in sacro canone sunt expressa."
Guido hingegen sieht sich im Rekurs auf diese Augustinus-Stelle und auf den Ersten
Johannesbrief (1 Io 2,18) in seinem Ergebnis bestätigt (fol. 55 ra–rb): „Unde Johannes, qui in canonica sua dicit: *Novissima hora est*, non dicit: *Novissimum tempus* aut *annos*

Guido beweist in diesem Fall somit wenig Differenzierungsfähigkeit. Offensichtlich ist jedenfalls, daß er mit diesem Zitat Arnald treffen und widerlegen will. Sieht er nicht, daß Arnald genau dieses Gegenargument bereits in seinen Überlegungen aufgenommen, verarbeitet und entschärft hatte? Wäre es Arnald möglich gewesen, bei dieser quodlibetalen Quaestio zugegen zu sein, hätte er ihm sicherlich recht gegeben. Zugleich aber hätte er darauf hingewiesen, daß die Zeiten und die Momente zu kennen, Gottes Sache sei. Gott habe aber dieses sein Wissen durchaus mitteilen können und auch in gewisser Weise und gewisser Hinsicht tatsächlich mitgeteilt, und zwar im Buche Daniel, nicht im direkten Blick auf das Jüngste Gericht, wohl aber im Hinblick auf das Kommen des „persönlichen Antichrist". Dieses Kommen werde aber sogleich abgelöst durch die Wiederkunft Christi am Ende der Zeiten. Mitgeteiltes Wissen ist auch für Arnald stets Wissen aus zweiter Hand, das in diesem Falle überdies noch exegetisch zu eruieren war und insofern keineswegs „Wissen" im absolut strengen Sinne, sondern „Konjektur", menschliche Überlegung ist, die stets mit „unreinen" Ingredienzien versetzt, aber dennoch probabel zu sein beansprucht.[222]
Gerade gegen diese Wertung aber erhebt Guido seine Stimme. Dabei verzichtet er auf nähere Differenzierungen der Position Arnalds. Diese vergröbernd und deswegen unkorrekt darstellend, legt Guido seinem Landsmann die „schlechte Auslegung" („male exponunt") des genannten biblischen Verses in den Mund, die davon ausgeht, daß *tempus* nicht im Sinne von „genauem Augenblick" – *vel momenta* –, von „Tag und Stunde", wohl aber im Sinne einer größeren Zeitspanne zu verstehen sei. Undifferenziert und vergröbernd falsch legt er also Arnald jene leicht durch die Tradition und die maßgeblichen „Autoritäten" zu widerlegende Auslegung in den Mund, die in dem Akkusativobjekt des nämlichen Satzes lediglich eine aufs Ganze der Weltgeschichte betrachtete, irrelevante Einschränkung des termingenauen Vorauswissens des Weltendes seitens des Menschen sieht.
Entsprechend vernichtend mußte Guidos Urteil über solch eine Auslegung ausfallen. Entsprechend überzeugend auch mußte diese Verurteilung auf jene wirken, die Arnalds Thesen lediglich aus zweiter Hand schöpften, lediglich seine Vorhersagen für das Jahre 1376/78 kannten, kaum aber etwas von seinen genauen Begründungen und Argumenten, geschweige denn seinen differenzierten Motiven, Absichten, struk-

---

aut *mensis*, sed *novissima hora*, que ut Augustinus dicit / ‚quam longa sit ignoramus, quia non est nostrum nosse tempora vel momenta, que pater posuit in sua potestate'. Unde convenientius creditur ille apostolus horam pro tempore possuisse et ideo sicut nescimus tempus sic neque diem."
[222] Zur „Probabilität" der Aussagenwertung bei Arnald siehe oben Kapitel 3.2.8.

turellen Beleg- und Beweisgängen, seinen genauen Zielen, seinen aus-
wie unausgesprochenen Hoffnungen, virulenten Befürchtungen und
latenten Ängsten wußten.

Guido stellt Arnalds Auslegung und damit zugleich die gesamte Aussage über das baldige Kommen des Antichrist und des Weltendes als
wider die Aussage der Heiligen Schrift und gegen die gesamte, vornehmlich von Augustinus geprägte Auslegungstradition dar.[223]

Guido hält damit noch einmal seinem Landsmann gerade jene Autorität vor Augen, auf die dieser selbst nahezu ausschließlich rekurrierte,
sofern es galt, entsprechende *auctoritates* für seine Argumente anzuführen. Die Absicht dabei ist offensichtlich: Guido bemüht sich klarzustellen, daß Arnalds Antwort auf die zur Disputation stehende Frage weder biblisch noch im Sinne namhafter biblischer Ausleger gestützt werden kann, ja, daß sich Arnald von Villanova – insgesamt betrachtet –
außerhalb dessen, teilweise gar in Kontraposition zu dem stellt, was die
Heilige Schrift und die breite und weite Auslegungstradition artikuliert.

Damit präzisiert Guido sein zunächst noch recht schwammig formuliertes Urteil über Arnalds Auslegungsversuche: Das *male exponunt*
wird zum „contra scripturam et contra auctoritates". Entsprechend negativ fällt Guidos abschließendes Urteil über Arnald aus. Es ist kurz
und knapp, aber um so wirkungsvoller: „Exinde patet temeritas magna
istorum, qui predictam auctoritatem, scilicet: *Non est vestrum.* etc. exponunt contra istam sententiam, cum sancti omnes in ipsa maxime se
fundent, ut ex dictis patet."[224]

Temeritas magna, eine „große Verwegenheit"; Guidos Ergebnis stimmt
mit dem Urteil der Pariser Professoren überein, das diese bereits im
Jahre 1300 im Blick auf Arnalds Antichristtraktat formulierten und
dem Papst schließlich insinuierten.[225] Da diese Kondemnation aber am
Ende vorliegender Disputation formuliert wird, darf sie keineswegs als
blanke Wiederholung von längst Gesagtem verstanden werden, sondern muß als unmittelbarer Reflex, als resümierender Ertrag all dessen gewertet werden, was Guido lang und breit zu der hier gestellten

---

[223] Guido Terrena: Tempus antichristi. Vat. Burgh. 39, fol. 55 rb (ed. Perarnau 1989,
202): „Et ideo dicendum quod per scripturam nullo modo possumus scire tempus
quando veniet antichristus. Unde Augustinus XVIII de civitate dei, capitulo quinquagesimo tertio: ‚Frustra, inquit, annos, qui remanent huic seculo, computare ac diffinire conantur, cum scire hec non est vestrum ex ore Veritatis audiamus'. Et subdit,
capitulo quinquagesimo quarto: ‚Omnium de hac re calculantium digitos resolvit et
quiescere iubet ille, qui dixit. *Non est vestrum nosse tempora.*'" Vgl. Augustinus: De civitate Dei 18, 53 (CCL 48, 652).

[224] Guido Terrena: Tempus antichristi. Vat. Burgh. 39, fol. 55 rb (ed. Perarnau 1989,
202).

[225] Siehe oben Kap. 3.3.1.

Frage ausführte. Dabei stellt sich heraus, daß sein Ergebnis nicht nur mehr als die Summe der dargelegten Einzelantworten, sondern zugleich eigentlicher Grund der Frage selbst ist.

5.3.3 Ergebnis oder: Der eigentliche Grund der Frage

Guido Terrena von Perpignan setzt sich in seiner Quaestio deutlich genug mit den Thesen und Argumenten Arnalds von Villanova auseinander, die dieser in seinem Antichristtraktat wie auch in *de mysterio cymbalorum* dargelegt hatte. Dabei zentriert der katalanische Karmelit seine Aufmerksamkeit auf zwei Fragen:

– auf die Frage, ob es für den Menschen überhaupt möglich ist, aufgrund genauer Schriftkenntnis (*per notitiam sacrae scripturae*) die Zeit des Antichrist und des Weltendes, genauer: der Wiederkunft Christi zum Jüngsten Gericht, vorauszuwissen, sowie

– auf die Frage nach der Nützlichkeit dieses Vorherwissens für das Heil der Menschen.

Die erste Frage verneint Guido klarerweise. „Dicendum ergo quod per scripturam non potest sciri quando antichristus veniet nec tempus iudicii.“[226] Das zweite Problem beantwortet er nicht nur negativ, sondern zugleich dergestalt, daß er gerade umgekehrt formulieren kann: nicht das Bescheidwissen um den genauen Termin, sondern das Nichtwissen um das Datum der genannten Endereignisse ist im Blick auf das Heil und damit das Endziel des Menschen von Nutzen. Dabei glaubt Guido, aus der Heiligen Schrift ein absichtsvolles Schweigen eruieren zu können, ein Schweigen Gottes jedenfalls, das den Menschen nicht von ungefähr den Termin für das Kommen des Antichrist und des sich rasch daran an- wie es abschließenden Jüngsten Gerichts vorenthält. Den Grund glaubt Guido darin zu erkennen, daß er, der Mensch, wie sie, die Menschheit, nur so noch am ehesten zeitlebens und ständig mit der Wiederkunft rechnen und die ganze Acht- und Aufmerksamkeit auf Gott und Christi Wiederkunft lenken und entsprechend „achtsam“ und gottesfürchtig handeln können.

Daß Guido dabei ausgerechnet die Schriftstellen heranzieht, auf die auch Arnald von Villanova rekurrierte, ist ein ebensowenig zufällig und unwillkürliches Phänomen wie die immer wieder zitierten Worte Augustins, die in der Regel aus den Werken *De civitate Dei* und den „Briefen" stammen, also aus jenen Quellen, aus denen Arnald von Villanova ebenfalls vorwiegend (bis auf wenige unbedeutende, oben genannte Ausnahmen) schöpfte. Guido hält seinem katalanischen Landsmann gerade diese seine eigenen Quellen vor Augen, um deutlich zu

---

[226] Guido Terrena: Tempus antichristi. Vat. Burgh. 39, fol. 53 vb (ed. Perarnau 1989, 192).

machen, daß er, Arnald von Villanova, keinerlei *auctoritates* auf seiner Seite hat, selbst und schon gar nicht die, die er mit einigem Recht anzuführen glaubte. So wird deutlich, was Guido mit seinem Procedere überhaupt beabsichtigt: Er sucht Arnald zu isolieren, ihn außerhalb des für den mittelalterlichen *ordo* und die scholastische Wahrheitsfindung so bedeutenden Traditionszusammenhangs zu stellen. Der Neuerer und originelle, einsame Denker ist zu Beginn des 14. Jahrhunderts noch nicht derjenige, der die Bewunderung seiner Mitwelt verdient, sondern ist der sich außerhalb der oder gar über die Überlieferung stehende und stellende, ist der sich außerhalb des Wahrheitsstromes befindliche und in diesem Sinne frech-dreiste Un-Gelehrte.

Und hier zeigt sich schließlich, worauf Guido letztlich hinaus will, ja, was von Anfang an seine Absicht war: Es ist ihm darum zu tun, jenes bereits 1300 seitens der Pariser Professoren ausgesprochene und von Papst Bonifaz VIII. wiederholte Urteil zu verteidigen und inhaltlich möglichst exakt zu bestimmen, das die genannten Werke Arnalds von Villanova als „temeritate magna" charakterisierte.

Denn jetzt ist deutlich, um was es sich bei diesem Urteil – zumindest in der Sicht Guidos – inhaltlich handelte: nicht um eine gewissermaßen bloß der Selbstachtung dienende Entrüstung bestimmter intellektueller Kreise, die sich gleichsam von einem *outsider* nur ungern belehren lassen. Wie erinnerlich, hatte Arnald selbst in seinem Antichristtraktat versucht, die genannte Schelte wie das in seinen Augen ungerechtfertigte Procedere der Pariser Professoren auf eben diese – modern gesprochen – „psychologisch-subjektive" Ebene der verletzten Eitelkeiten zu reduzieren und den gesamten professoralen Widerspruch als Ausgeburt hybrider, für die Wahrheit blind gewordener, weil nur noch um sich selbst kreisender, höchst egozentrischer Intellektualität zu entlarven.

Nach Ansicht Guidos geht es gerade umgekehrt bei dem genannten Urteil um eine präzis-prägnante Deskription der intellektuellen Topographie derer, deren Werke als „von großer Frechheit" buchstabiert hingestellt werden: Es ist der Standort außerhalb dessen und gegen das, was schrift- und traditionsgemäß gedacht und gelehrt wird. Es ist der Standort derer, die nicht nur im Abseits der, sondern in erklärter Kontraposition zur Orthodoxie stehen, derer also, die sich selbst außerhalb des biblischen Offenbarungs- und anerkannten Überlieferungsstromes manövrieren, sich so selbst isolieren und sich nurmehr gefährlich kontraproduktiv verhalten.[227] Gerade das ist ja das Ergebnis wie das Motiv der hier behandelten *quaestio*: Sie belegt gerade, daß sich diese Frech-Dreisten auf einem gefährlichen Weg befinden, auf dem

---

[227] Lohr, Charles H.: Lehre, Lehramt. In: LexMA V, 1991, 1826f.

Weg in die Häresie. Denn sie verkünden erstens etwas, was überhaupt nicht zum Offenbarungsgut des katholischen Glaubens gehört, etwas, was weder von der Heiligen Schrift her noch der Tradition nach behauptet und gewußt werden kann, und – zweitens – etwas, was dem Menschen nicht nur nicht auf seinem Weg zum Heil voranbringt, sondern – im Gegenteil – zum Unheil gereicht: zur zerstreuten Leichtfertigkeit und heillosen Unachtsamkeit gegenüber dem verführt, der – wie ein Dieb in der Nacht – kommen wird, zu richten die Lebenden und die Toten.

Im selben Jahr, in dem Guido von Terrena diese Stellungnahme zum Thema abgab, publiziert der Kanzler der Universität Oxford, Heinrich von Harclay, eine Quaestio, in der er so umfassend wie detailliert distinguierend zu den genannten Ausführungen Arnalds von Villanova wie auch Johannes' von Paris Stellung bezieht. Daß diese Fragestellung immer noch interessierte, mag mit einer der oben genannten Berechnungen im Werk des Petrus von Auvergne zusammenhängen, derzufolge der Antichrist im nächsten oder übernächsten Jahr, also 1314 oder 1315, kommen werde.

5.4 Heinrich von Harclay

Über das Leben und Werk Heinrichs von Harclay weiß die moderne Forschung relativ gut Bescheid; relativ, d. h. im vergleichenden Blick auf andere mittelalterliche Gelehrte, von denen wir ja oft nicht mehr als den Namen und einige Reste irgendeiner Mitschrift von irgendwelchen Vorlesungen und Disputationen (quodlibeta) besitzen.[228] Im Falle Harclays aber konnten zahlreiche Informationspartikel gesammelt und schließlich zu einem recht anschaulich-scharfen Bild zusammengestellt werden. Da dieses bereits mehrfach dargestellt wurde,[229] kann ich mich hier kurz fassen:

Heinrich wurde um 1270 in England geboren. Vermutlich gehört er zu jenem Rittergeschlecht der Herren von Harclay (Harcley oder Harcla, all diese Schreibweisen sind in den Quellen zu finden), das sich in den kriegerischen Auseinandersetzungen zwischen England und Schottland

---

[228] Flasch 1987, bes. 11–20; dazu kritisch aber R. Schönbergers 1991 formulierter Einwand, den er gleichsam zu einem ganzen „opusculum" ausarbeitete.

[229] Laarmann, Matthias: Heinrich von Harclay. In: LexMA IV, 1989, 2092f. (mit Lit.); zu Harclay auch die Einleitung von Rega Wood in: Adam de Wodeham: Tractatus de indivisibilibus. A Critical Edition with Introduction, Translation and Textual Notes by Rega Wood. Dordrecht/Boston/London 1988, 4f. (= Synthesis Historical Library, Texts and Studies in The History of Logic and Philosophy Bd. 31); immer auch noch Zilleßen, Dietrich: Grundlagen und Darstellungen der philosophischen Gotteslehre und Quästionen des Heinrich von Harclay. Masch. Diss. Köln 1965, mit einer genauen Tabelle der Quästionen des Heinrich von Harclay. 191–195; zur Bio- und Bibliographie Harclays 10–27.

zu Beginn des ersten Jahrzehnts des 14. Säkulums einen gewissen Namen machen konnte und entscheidend dazu beitrug, daß Eduard II. zum Earl of Carlisle erhoben wurde.[230] Dort, in Carlisle, im nordwestlichen Anrainergebiet Englands gelegen, befand sich auch das Stammgut derer von Harclay.

Doch Heinrich selbst hatte zeitlebens nicht zum Schwert, sondern zur Feder gegriffen. Im Jahre 1296 war er bereits Magister artium, ließ sich zum Subdiakon weihen und fungierte – ein Jahr später – als *rector ecclesiae* in Dacre. Die Priesterweihe (*sacramentum ordinis*) erhielt er erst ein Jahr später, 1297. Daß er kurz darauf in Paris war, um dort Theologie zu studieren, darf heute als gesicherte Erkenntnis angesehen werden. Vor 1308 war er jedenfalls Baccalaureus der Theologie.[231] Hier muß er Johannes Quidort von Paris über den Antichrist sprechen gehört haben, wie Heinrich selbst in seinem Traktat über die zweite Ankunft Christi erwähnt.[232] Möglicherweise war Harclay sogar Augenzeuge jenes Streites um das Kommen des Antichrist, den Arnald von Villanova in Paris ausgelöst hatte; was ja nichts anderes hieße, als daß jener bereits im Jahre 1300 in Paris weilte. Doch genau dafür fehlen die klaren Beweise. Allerdings weiß er über die Vorkommnisse in Paris 1300 gut Bescheid. So beteuert er, daß er Johannes von Paris – den er nur „solempnis" nennt – häufig zum Thema „Kommen des Antichrist" gehört hat, und weiß, daß Arnald von Villanova im Jahre 1300 seine Ansicht zum nämlichen Thema in der Stadt an der Seine selbst veröffentlicht hat.

Wann Harclay wieder nach Oxford zurückkehrte, wissen wir nicht. Sicheren Boden betritt der Historiker im Blick auf die Vita Heinrichs erst wieder mit dem Datum vom 11. 12. 1312. An diesem Tag nämlich wird die Wahl Harclays zum Kanzler der Oxforder Universität vom Bischof von Lincoln bestätigt. In dieses Amt des „Master of the Oxford Schools", das einst auch Robert Grosseteste innehatte, wurden in der Regel nur erfahrene und hochangesehene Gelehrte zugelassen. Daher

---

[230] Pelster, Franz: Heinrich von Harclay, Kanzler von Oxford und seine Quästionen. In: Miscellanea Francesco Ehrle Rom 1924. Bd. 1, 307–356, bes. 308f.

[231] Balič, Karl: Heinrich von Harclay. In: LThK² V, 1960, 190.

[232] Die zuerst von Pelster 1924 artikulierte Vermutung, Heinrich von Harclay habe Johannes von Paris in Oxford gehört, ist aufgrund der mittlerweile feststehenden biographischen Daten über Quidort (s. oben) klarerweise zu negieren. Pelster selbst hielt sie später bereits für „nicht mehr wahrscheinlich". Pelster, Franz: Die Quaestio Heinrichs von Harclay ueber die zweite Ankunft Christi und die Erwartung des baldigen Weltendes zu Anfang des XIV. Jahrhunderts. In: Textes Franciscains. Hrsg. von Ferdinand-M. Delorme. Rom 1948, 29, Anm. 4; dazu Hirsch-Reich, Beatrice: Heinrichs von Harclay Polemik gegen die Berechnung der zweiten Ankunft Christi. *RThAM* 20 (1953) 144–149.

muß tatsächlich mit Pelster vermutet werden, daß Heinrich „schon mehrere Jahre zuvor die Doktorwürde in der Theologie" erlangt hatte.[233] In dieser Zeit trat er gegen den beherrschenden Einfluß eines einzigen Ordens, nämlich den der Dominikaner, an und setzte sich geschickt für die Rechte der Universität ein. Doch konnte er damit den sich bereits deutlich genug abzeichnenden Prozeß intellektueller Frontstellung, wenn überhaupt, höchstens zeitlich ein wenig behindern, keinesfalls aber grundsätzlich verhindern. Am Ende dieses geistigen Ringens schrieb, wie so häufig, der Sieger die Geschichte. Er vermittelte ein Bild vom Denken im Mittelalter, das kaum noch etwas von seiner lebendig-bunten Vielfältigkeit erkennen ließ, sondern von langweilig-matter Uniformität geprägt zu sein schien. Die Orden legten sich mit einigem Grund auf bestimmte Autoritäten fest, von denen abzuweichen, unter Amtsverlust und Haftstrafe verboten war. So wurden für die Dominikaner Thomas von Aquin, für die Franziskaner Bonaventura und Duns Scotus zur norma normans erhoben. Gefährlich für das Selbstverständnis der Universität wurde diese Festlegung aber erst, sobald sie einherging mit bestimmten Privilegien der Ordensangehörigen, die ihnen etliche Hürden auf der akademischen Laufbahn ersparten und den Ordensleuten somit erhebliche Vorteile bei der Besetzung von Lehrstühlen verschaffte. So brauchten die Dominikaner nicht erst ordnungsgemäß Philosophie studiert zu haben, bevor sie mit der theologischen Sentenzenvorlesung beginnen konnten. Und genau diese Ungleichbehandlung wollte Heinrich von Harclay verhindert. Harclay setzte sich dafür ein, daß die Angehörigen des Predigerordens wenigstens das Bakkalaureat in den *artes* nachzuweisen hätten. Auch sollten sie – wie in Oxford für Nicht-Ordensangehörige seit langem üblich – zunächst die Sentenzen erklären müssen, erst dann die Heilige Schrift kommentieren dürfen. Ein Jahr später, 1313, ist Harclay in dieser Sache an der Kurie zu Avignon tätig und bringt, nach erbitterten Kämpfen und nervenaufreibenden Streitereien noch zum Ende des Jahres einen Vergleich in London zustande. Die Rechte der Universität hatte er im Auge. Für sie setzte er sich unermüdlich ein. Das wissenschaftliche, philosophisch-theologisch fundierte Urteil war seine Sache, nicht die Parteiung oder gar der Komplott. Seine Predigt vom 29. Dezember 1314 auf den Martyrerbischof Thomas Becket signiert diese Haltung symbolisch.[234] Sein Einsatz für die wissenschaftliche Freiheit zeitigte in

---

[233] Pelster 1948, 30.

[234] „[. . .] praedicavit hunc sermonem sollemniter in universitate Oxoniae. *Cecidit corona capitis nostri* (Tren. 5, 12) – Ista verba possunt ad sanctum Thomam Cantuar., cuius corona ad litteram cecidit amputata [. . .] corona justitiae, quam reddet tibi in illa die

den fähigsten Köpfen des intellektuellen Nachwuchses Erfolg: Im selben Jahr, in dem der Streit zwischen den Dominikanern und der Universität gegen Ende seines Lebens wieder aufflammte und Harclay sich ein letztes Mal aufraffte, um als Vertreter der Hohen Schule wieder einmal an die Kurie zu Avignon zu reisen, dort aber am 26. 6. 1317 starb, machte sich an „seiner" Universität inzwischen ein junger Franziskaner daran, die Sentenzen des Petrus Lombardus in einer Weise zu erklären, die mit keiner der üblichen Ordensrichtungen korrespondierte, sondern den Prozeß der intellektuellen Frontstellung noch einmal durchkreuzte: Thomas von Aquin ebenso kritisierend wie den Franziskaner Duns Scotus nicht schonend. Gut zehn Jahre später war der Name dieses Nonkonformisten in aller Munde, nicht zuletzt deshalb, weil er angefangen hatte, sich von einem stillen Denker zum politischen Schriftsteller zu wandeln: Wilhelm von Ockham.[235]

Harclay selbst hatte sich zeitlebens in seinen Schriften stark an Duns Scotus orientiert. Sein Sentenzenkommentar sowie seine Quaestiones bringen immer wieder den *Doctor subtilis* zur Geltung, dessen hauptsächlichste Thesen erläuternd, seine *conclusiones* nicht selten adaptierend. Dennoch ist es nicht zutreffend, ihn einfachhin als Scotisten zu bezeichnen. Allzu oft kritisierte er diesen und wendet gegen ihn wie auch gegen Thomas von Aquin vor allem ein, daß sie den Worten und Abstraktionen zu viel, der sinnlichen Erfahrung, dem Einzelnen und den Einzeldingen zu wenig Gewicht beimaßen: im wahrsten Sinne des Wortes zu wenig zutrauten. Insofern läßt sein Denken die Nähe Ockhams spüren, aber noch längst nicht – es gleichsam antizipiert – nachweisen. Die Entmachtung der menschlichen Vernunft, die kritische Reflexion über das, was der Mensch wissen kann, und die Formulierung dessen, was er warum nicht erkennen kann, kommt zum Ausdruck. Das gesteigerte Bewußtsein von der Kontingenz der Welt, das sich innerphilosophisch durch die Kritik an den maßgeblichen und sich zu „Schulen" und „Systemen" formierenden Metaphysikentwürfen äußerte, ist auch in den Schriften Harclays herauszulesen. Ihn allerdings als Eklektizisten zu bezeichnen, wäre zu wenig. Sein „Eklektizismus" ist Ausdruck jenes angestrengten Bemühens, die Formierung jedweder „Schulrichtung" zu stören und die Vielfältigkeit, ja mehr noch das Fragmentarisch-Gebrochene, vielfach Bedingte und Unabgeschlossene des menschlichen Wissens wie der Welt-Wirklichkeit überhaupt kritisch geltend zu machen.

---

justus judex. London, Lambeth, Pal. 61f. 143 ra." Schneyer, Johann Baptist: Repertorium der lateinischen Sermones des Mittelalters. Für die Zeit von 1150–1350 (Autoren: E-H). Münster 1970, 674 (= BGPhThMA 43/2).

[235] Imbach, Ruedi: Wilhelm Ockham. In: Klassiker der Philosophie. Hrsg. von Otfried Höffe. Bd. 1, München 1981, 220–244.

Diese sich zu Beginn des 14. Jahrhunderts immer stärker breitmachende Geisteshaltung des logisch geschulten, eklektisch einherkommenden Kritizismus muß – wie das plötzliche Interesse an dem Ende der Welt – zusammen mit den Ereignissen in der physischen Welt gesehen werden. Stichwortartig sei daran erinnert, was oben bereits dargelegt wurden: In dieser Zeit gerieten Grenz-Erlebnisse allgemein wieder stärker in das Blickfeld und in die Lebenswelt des Zeitgenossen. Jetzt traten wieder Hungersnöte nicht nur regional-vereinzelt, sondern flächendeckend und langandauernd auf, ein Phänomen, das man seit dem Ende des 11. Jahrhunderts überwunden zu haben meinte. Eine allgemeine wirtschaftliche Rezession setzte ein, die seit dem 12. Säkulum intensiv rollenden Rodungswellen verebbten, die Bevölkerungszahl stagnierte oder ging mancherorts gar zurück. Das Ende einer rund zweihundertjährigen europäischen Expansionsphase zeichnete sich gerade in den Zentrallandschaften ab; und zwar bereits ein, zwei Generationen bevor der Schwarze Tod seine unbarmherzig scharfe Sense schwang.[236]

Die Antwort Heinrichs von Harclay auf die Ausführungen Arnalds von Villanova und Johannes’ von Paris zum Kommen des Antichrist ist jedenfalls von einer deutlichen Skepsis gegenüber dem menschlichen Wissen und von philosophisch geschulter Kritik durchsetzt. Ja, beim genauen Hinsehen ist festzustellen, daß Heinrich und Arnald gerade darin übereinstimmen, daß sie von der Kontingenz der Welt und allen geschöpflichen Lebens nicht nur überzeugt sind, sondern aus dieser Überzeugung heraus gedacht, argumentiert und gehandelt haben. Arnald, indem er vor dem Ende der Welt warnte und das baldige Kommen des Antichrist verkündete, Heinrich von Harclay, indem er – als bestens geschulter, kritischer Philosoph und analytisch wie syllogistisch argumentierender Theologe – das zu Wort gebrachte Wissen darüber und die Art der Argumentation wiederum in Frage stellte und letztlich als falsches Wissen entlarvte.

5.5 Einwände

Franz Pelster hat im Vorspann seiner 1948 vorgelegten Edition der Quaestio Heinrichs von Harclay über die zweite Ankunft Christi bereits dargelegt, daß und warum der Titel dieser Fragestellung irreführend sei. Lautet dieser doch im konkreten Wortlaut:
„Utrum astrologi vel quicumque calculatores possint probare 2m adventum Christi.“[237]

---

[236] Seibt: Von der Konsolidierung 1987, 34–37 (mit Lit.).
[237] Pelster 1948, 46, Anm. 2.

Von dem, wovon dann tatsächlich im Text lang und breit die Rede ist, wird nichts verlautet: vom Antichrist. Hat der Autor all das, was er darlegt, wohl durchdacht, aber ausgerechnet die Überschrift einer tieferen Reflexion für nicht würdig genug gehalten? Keineswegs: Heinrich von Harclay begründet ausdrücklich die Diskrepanz zwischen dem Titel und dem Inhalt seiner Quaestio:

„Quia inmediate ante Christi adventum secundum veniet Antichristus, dicendum est de adventu Antichristi; nam hoc ostenso iam patebit adventus Christi secundus, quo venturus est ad iudicium."[238]

Der Engländer bezeichnet die Ankunft des Antichrist – entsprechend kirchlicher Lehre – als ein der Wiederkunft Christi zum Jüngsten Gericht unmittelbar vorausgehendes Geschehen. Es sei so sehr mit dem Ereignis vom Jüngsten Gericht verknüpft, daß es sich im Grunde um ein und denselben Vorgang handle und dieser lediglich der antipodische „Auftakt" zu jenem sei.

Dieser von Harclay akzentuierte Zusammenhang der Endereignisse darf nicht überlesen werden. Bedeutet er doch im Blick auf die Argumentation Arnalds wie im Blick auf die des Johann (Quidort) von Paris bereits die erste Korrektur. Beide haben zwar den mehrdimensionalen Konnex zwischen Ankunft des Antichrist und Wiederkunft Christi nicht geleugnet, aber doch sehr stark die Differenz beider Vorgänge betont. Arnald von Villanova sieht ja gerade in dieser logisch-theologischen wie sachlich-zeitlichen Trennung eine entscheidende Möglichkeit, sich dem Vorwurf zu entziehen, er verstoße mit seinen „computationshaften" Überlegungen und exegetisch gewonnenen Auskünften über den Ankunftstermin des Antichrist gegen das in der Apostelgeschichte 1,7 ausgesprochene Herrenwort.

Johannes von Paris stimmte dieser Unterscheidung ausdrücklich und der damit verknüpften Argumentation, menschlicherseits über die Ankunft des Antichrist spekulieren zu können und zu dürfen, bedingt zu. Heinrich von Harclay aber lehnt sie a limine, bereits mittels Titelwahl, entschieden ab. Zu sehr hängen für ihn Ankunft des Antichrist und Wiederkunft Christi zum Jüngsten Gericht zusammen.

Wenn nicht irreführend, so doch zumindest undifferenziert ist der Titel aber vor allem in einer anderen Hinsicht gewählt. Er erweckt den Eindruck, hier werde lediglich geprüft, ob Astrologen oder irgendwel-

---

[238] Henricus de Herkeley: Utrum astrologi vel quicumque calculatores possint probare 2 adventum Christi. Ediert von Franz Pelster 1948, 53. Weiterhin zitiert als Heinrich von Harclay: Utrum astrologi. Ed. Pelster 1948, 53. Selbstredend werden Pelsters Editionsmodalitäten beachtet, die sich von meinen bisherigen unterscheiden. So schreibt Pelster *Antichristus* stets groß; Bibelzitate setzt er in Anführungsstriche und Bibelstellen und andere von ihm stammende Angaben, bes. auch Kommata, fügt er in den laufenden Text hinein.

che *calculatores* die zweite Ankunft Christi beweisen könnten. Nun muß *calculator* nicht zwingend im engen Sinne als „Rechenmeister", es kann durchaus auch als „Denker" übersetzt werden. Allerdings schwingt in der Wortbedeutung die Vorstellung des Addierens und Kombinierens mit „Steinchen" stets mit. Typologisch gesprochen, wird also durchaus der bloß diskursive Denker angesprochen.[239] Zu diesen Denkern, die sodann tatsächlich in dem vorliegenden Traktat befragt und auf ihre Aussagefähigkeit kritisch geprüft werden, gehören aber auch Theologen, Dichter und Philosophen. Insgesamt betrachtet und der Reihenfolge nach gesagt, wird eine Dreiteilung vorgenommen:
„Primo enim inquiretur utrum 2[us] adventus christi possit probari per theologiam; secundo utrum per poetriam vel carmina poetarum; 3[o] utrum per philosophiam vel dicta astrologorum."[240]
Die entsprechend scholastischer Quaestionenform vorangestellten Argumente beziehen sich aber offensichtlich nur auf die Astrologie: Mit Hinweis auf Mk 13,24 wird die kosmologische Katastrophe „in jenen Tagen nach jener Drangsal" angesprochen, namentlich die Sonnen- und Mondfinsternis sowie der Sternenfall. Die Astrologen müßten gültig Auskunft darüber geben können, wann genau die Himmel zusammenbrechen werden.[241] Mit nochmaligem Hinweis auf das 13. Kapitel des Markusevangeliums wird das *oppositum* artikuliert, damit den direkten Bezug auf das *argumentum pro* signierend: „Niemand kennt den Tag noch die Stunde, nicht die Engel noch der Sohn." (Mk 13,32).
Da *probatio* wie *oppositum* biblisch argumentieren, ahnt der Leser, daß er durchaus exegetisch-theologische Überlegungen vorgeführt bekommt und hier keineswegs nur der Astrologie das Argumentationsfeld überlassen bleibt.
Tatsächlich läßt Harclay den Leser nicht lange im Ungewissen. Er macht bereits einleitend klar, auf welche theologischen Gedankenschritte er sich einzustellen hat:
Erstens wird theologisch bewiesen, daß der Antichrist kommt. Zweitens wird die Frage untersucht, ob es aufgrund der Aussagen der Hei-

---

[239] Dazu „computatio" und „computo" in: Mittellateinisches Wörterbuch bis zum ausgehenden 13. Jahrhundert. Hrsg. von der Bayerischen Akademie der Wissenschaften und der Akademie der Wissenschaften der DDR. Bd. 2., München 1985, 1128–1132. Dazu auch Sylla, Edith: The Oxford Calculators. In: Cambridge History of Later Medieval Philosophy. Hrsg. von Normann Kretzmann u. a. Cambridge 1982, 540–563.

[240] Heinrich von Harclay: Utrum astrologi. Ed. Pelster 1948, 53 (hier allerdings alles in Großbuchstaben).

[241] Ebenda: „*Quod sic*. Probacio. *Marci* 13, ‹24 sq.› predicit Salvator diem iudicii dicens: In diebus istis sol contenebrabitur et luna non dabit splendorem suum, et stelle de celo erunt decidentes. Sed huiusmodi signa sunt effectus stellarum. Ergo possunt presciri ab astrologis."

ligen Schrift möglich ist, einen Termin für die Ankunft des Antichrist zu erkundschaften.

Sodann führt Harclay unter dem erstgenannten Punkt systematisch geordnet zunächst neutestamentliche und – in einem zweiten Schritt – alttestamentliche Schriftstellen und deren rechtgläubige Interpreten an.

Das Kernstück der Untersuchung aber bildet der zweite Punkt, die Frage nach dem zeitlichen Kommen des Antichrist:

„Sed restat *pro questione scire quando veniet, si sciri potest per Scripturam Sacram et auctoritatem sanctorum.*"[242]

Dabei werden fünf Antworten vorgestellt und kritisch besprochen:

- Erstens die Antwort des Apollinaris im Wortlaut des Hieronymus, „una opinio viri catholici";
- zweitens die des Methodius des Martyrers (Pseudo-Methodius, de regnis gentium et novissimis temporibus);
- drittens die des Arnald von Villanova;
- viertens die der Juden;
- fünftens die „alicuius solempnis, quem non nomino, licet ipsum de hac materia frequenter loquentem audiverim", womit zweifellos kein anderer als Johannes Quidort von Paris gemeint ist.

Es wird sich zeigen, daß Heinrich von Harclay vornehmlich im Blick auf die fünfte Antwort seine einleitend angekündigte dreifache Prüfung anbringt, während er im Blick auf die anderen hauptsächlich philosophisch, vor allem aber theologisch-exegetisch argumentiert.

5.6 Der Antichrist kommt

Gleich zu Beginn seiner Ausführungen zum ersten Punkt, der Frage, ob der Antichrist überhaupt kommt, argumentiert Harclay *per auctoritatem scripturae sacrae*. Die Frage ist für ihn klarerweise positiv zu beantworten: Der Antichrist kommt. Die Antwort ist ihm schrift- wie traditionsbezeugt.

Anhand 2 Thess 2,3–4 und der Autorität des Augustinus wird zunächst bewiesen, daß die Rede vom Kommen des Antichrist biblisch begründet und theologisch reflektiert ist. Darüber, daß der Antichrist mit dem im biblischen Brief sogenannten *homo peccati*, dem *filius perditionis*, identisch ist, kann kein Zweifel bestehen. Ist doch diese Identität für Harclay so selbstverständlich, daß er sie in keinerlei Hinsicht einschränkt oder auch nur in Frage stellt. Was er vielmehr betont wissen will, ist die gegen Arnald von Villanova und Johannes von Paris gleichermaßen gewendete These vom sachlich-zeitlichen Zusammenhang

---

[242] Ebenda 56.

der Ankunft des Antichrist wie der Wiederkunft Christi. Anders als bei den zuletzt genannten, die ja ebenfalls diese biblischen Verse zu Wort bringen und klarerweise auf den Antichrist applizieren, kommt es Harclay hier nicht auf die bloße Betonung der Reihenfolge an – zuerst der Antichrist, sodann die Wiederkunft Christi –, sondern auf die Tatsache, daß beide Ereignisse engstens zusammengehören: *„Augustinus 20 De civitate Dei* capitulo 19 dicit quod ‹nulli dubium Apostolum ita dixisse de adventu Antichristi et de die iudicii›."[243]

Insofern ist es verständlich, daß Harclay unmittelbar mit der Wiedergabe dessen fortfährt, was Augustinus im nämlichen Kapitel des „Gottesstaates" als „absonderliche und abenteuerliche Interpretation" dieser Thessalonicherstelle ablehnt: Die Identifizierung des Antichrist mit Kaiser Nero.[244] Diese klare Ablehnung Augustins gewinnt im Kontext vorliegender Quaestio Belegfunktion dafür, daß der Zeitraum zwischen Antichrist und wiederkehrendem Christus nicht zu groß sein darf, wie verschiedentlich angenommen wurde, was aber bereits Augustinus ausdrücklich als Irrtum bezeichnet habe. Zwar habe es viele *antichristi* zur Zeit des Apostels Paulus gegeben und sich gerade darin gezeigt, daß das *mysterium iniquitatis* am Werk sei, daß aber das Haupt all dieser vielen Antichristi erst dann offenbar werde, wenn „der Herr Jesus diesen mit dem Hauch seines Mundes tötet". Harclay zieht daraus seine bereits formulierte Konsequenz: „Ergo de Antichristo futuro parum ante iudicium intelligit Apostolus."[245]

Doch neben dem Thessalonicherbrief legt Harclay wert darauf, die Apokalypse sowie das Johannesevangelium über den Antichrist zu befragen. Dabei kommen biblische Verse zur Sprache, die bereits bei Arnald von Villanova wie auch bei Johannes Quidort artikuliert wurden: Apc 11,3–9 und 13,11. Überdies aber bringt der Engländer Joh 5,43 in der Interpretation Augustins zu Wort:

---

[243] Ebenda; vgl. Augustinus: De civitate Dei 20, 19 (CCL 48, 731).

[244] Heinrich von Harclay: Utrum astrologi. Ed. Pelster 1948, 54; Augustinus: De civitate Dei 20,19.

[245] Heinrich von Harclay: Utrum astrologi. Ed. Pelster 1948, 54; zuvor wird 1 Io 2,18 sowie 2 Thess 2,8 zitiert, und zwar in deutlicher Paraphrasierung der Interpretation Augustins: „Filioli mei, novissima hora est. Et sicut auditis quia Antichristus venit, nunc autem multi antichristi sunt. Multi, et illi operabantur misterium iniquitatis tempore Apostoli, sed postea revelabitur capud eorum, quem interficiet Dominus Jesus spiritu oris sui." Gerade der Vergleich mit Augustinus: De civitate Dei 20, 19 zeigt hier, wie sehr Harclay streng seine Argumentationslinie verfolgt. Ihm kommt es einzig und allein darauf an, zu belegen, daß das Kommen des „antichristus futurus" und die Wiederkunft Christi zusammengehören. Dort, wo dieser Argumentationsgang durch andere Gedanken abgelenkt, aufgehoben oder durchkreuzt wird, verläßt Harclay souverän seine Vorlage.

Die „zwei Zeugen", die „zwölfhundertsechzig Tage lang in Sackzeug ge-
hüllt weissagen", werden traditionellerweise als Enoch und Elias gedeutet. Erst wenn diese ihr Zeugnis vollendet haben, wird „das Tier,
das aus dem Abgrund heraufsteigt", gegen diese Krieg führen, sie be-
siegen und schließlich töten. „Und sie werfen deren Leiber auf den
Marktplatz jener großen Stadt, in der auch ihr Herr gekreuzigt worden
ist."[246]

Dabei ist es für Harclay selbstverständlich, daß das „Tier" (bestia) der
Antichrist ist. Dieser ist „das Tier, das aus der Erde aufsteigt, und mit
zwei Hörnern ausgerüstet ist", wie es in Offb 13,11 und an vielen anderen Stellen – „multis aliis locis" – geschaut werde.[247]

Joh 5,43 spricht von der Enttäuschung des Herrn angesichts der Ablehnung, die dieser durch die Schriftgelehrten erfuhr: „Ego veni in nomine Patris mei, et non accepistis. Si alius venerit in nomine suo, illum
accipietis." Nachdem Harclay diese Stelle zitiert, führt er Augustinus
an, der dieses Herrenwort als Ankündigung des Antichrist deutete:
Der, der kommen und im eigenen Namen auftreten werde und eigene
Ehre suche, sei niemand anderes als der Antichrist. Diesen, nicht Christus, wollten die Juden. Die antijüdische Einstellung Harclays wird hier
erstmals deutlich.[248]

In einem weiteren Schritt werden Stellen aus dem Alten Testament
genannt, die angeblich auf den Antichrist hinweisen. Zunächst Gen
49,17, ein Vers, der bereits von Johannes von Paris angeführt und auf
den Antichrist appliziert wurde.

Dennoch darf diese Stelle nicht nur als Anspielung auf Johannes Quidort verstanden werden. Sie ist vielmehr ein Hinweis darauf, aus welchen Quellen sich die Antichrist-Vorstellung in theologisch-biblischer
Sicht der damaligen Zeit überhaupt speiste. Hier ist es die Weissagung
Jakobs, die er Dan im Rahmen der Segnung seiner Söhne zuspricht:
„«Fiat Dan sicud coluber in via, cerastes in semita mordens ungulas
equi, ut cadat eius ascensor retro. Salutare tuum expectabo, Domine.»"[249]

Dieser eigenartig weissagende Segensspruch werde von dem „Historiker" (Magister historiarum), wie Harclay sagt, auf den Antichrist wie auf
die Wiederkunft Christi gedeutet. Gemeint ist Petrus Comestor, der an

---

[246] Heinrich von Harclay: Utrum astrologi. Ed. Pelster 1948, 54; Apc 11,7–8.

[247] Heinrich von Harclay: Utrum astrologi. Ed. Pelster 1948, 54.

[248] Ebenda: „Nam Iudei Christum noluerunt recipere, qui venit in nomine Patris; quer-
ebatur nomen proprium. Ideo recipient antichristum, qui veniet nomine proprio et
propriam gloriam suam queret. Unde merito qui nolebant credere veritati credent
mendacio." Vgl. Augustinus: Enarrationes in Psalmos 105, 37 (CCL 40, 1568).

[249] Heinrich von Harclay: Utrum astrologi. Ed. Pelster 1948, 55; Gn 49,17.

der Kathedralschule in Troyes groß gewordene, einflußreiche Vertreter der historisch-praktischen Theologie.[250] Es zeigt sich hier, daß sein Wissen über den Antichrist noch zu Beginn des 14. Jahrhunderts päsent wie virulent ist, ja von den Intellektuellen der Zeit gleichsam selbstverständlich und fraglos vorausgesetzt wird.[251]
Gerade die schlimme Rede von und über Dan bringt als Erwartung den Gruß an den Herrn zur Sprache. So ist die gefährliche „Schlange am Wege" Symbol für das Böse in der Welt, das wiederum im Antichrist seinen konkret-menschlichen, aber überaus fähigen „Sklaven" erhält, der alles daran setzt, den „Menschen auf dieser Welt", den *homo viatoris*, denjenigen also, der noch unter den Bedingungen von Zeit und Raum lebt, daran zu hindern, sein Endziel (*finis*) zu erreichen. Dan, die Viper am Wege, wird zur Gefahr für all diejenigen, die noch „unterwegs" sind, die ihr Ziel, theologisch gesprochen, ihre „Heilsvollendung", noch nicht erreicht haben, sich also im recht verstandenen metaphysischen Wortsinn noch „auf dem Wege" (*in statu viatoris*) befinden.
Aus dem Stamme Dan erhebt sich der Antichrist. Dieser wird zur Gefahr für den leibhaftigen Menschen als einzelnen wie für die Menschheit insgesamt. Er ist die gefährliche Schlange, die am Weg ist und den Menschen zu Fall zu bringen versucht: „ut cadat retro".
Diese „Herkunftsgeschichte" des Antichrist ist nicht neu. Quidort hat sie mit ähnlichen Worten beschrieben. Bereits Adsos Antichristschrift weiß, daß der Antichrist Jude ist und aus dem Stamme Dan kommt.[252] Doch weil der Gruß an den Herrn unmittelbar folgt, ist Harclay dieser Bibelvers in der Interpretation des Petrus Comestor so wichtig. Kommt es ihm doch darauf an, die Endereignisse als ein einziges, zusammenhängendes Geschehen darzustellen: als ein Geschehen mit gleichsam doppelt gefügtem Boden. Der Blick ist ihm nicht bloß auf die „giftige Schlange", auf das „Tier aus der Erde", auf den Antichrist gerichtet, sondern ebenfalls und gleichzeitig auf denjenigen, der den Menschen schließlich vor dem „Gift der Schlange" und den Lügen des Antichrist rettet und – um im Wortbild der Bibel zu bleiben – der den

---

[250] Hödl, Ludwig: Petrus Comestor. In: LThK² VIII, 1963, 357f.
[251] Heinrich von Harclay: Utrum astrologi. Ed. Pelster 1948, 55: „Quantum ad aliud exponitur, ut dixit *Magister historiarum*, de Antichristo, qui descensurus est de tribu Dan, qui contra sanctos morsu pestifere predicacionis et cornu potestatis armabit multos, et qui ascenderant ad culmen virtutum deiciet retro." Petrus Comestor: Historia scholastica. Lib. Gen. 108 (PL 198, 1138); Lib. Dan. 6 (PL 198, 1454). Vgl. Epistola Adsonis Monachi ad Gerbergam reginam de ortu et tempore Antichristi: Descriptio de antichristo (CChr.CM 45, 43); Aichele 1974, 25. Auch Johannes von Paris zitierte ihn in seinem Traktat öfter.
[252] Dazu Aichele 1974, 25.

gefallenen Menschen wieder auf die Füße stellt, ja den Antichrist ein für allemal besiegt: ist gerichtet auf Christus. „Salutare tuum expectabo, Domine!"

Die Hoffnung auf das Heil in und durch Christus hebt so für Harclay die Angst vor dem Antichrist und die damit verbundene Furcht vor dem endgültigen Scheitern des Menschen auf. Im Blick auf die damit verknüpften menschlich-ambivalenten Erwartungen läßt sich feststellen, daß es Harclay gerade um diese Konzentrierung divergierender Haltungen geht: um die Akzeptierung banger Befürchtungen einerund der unmittelbar sich daran anschließenden hoffnungsfreudigen Erwartung andererseits. Der Blick auf das Letzte mindert die Angst vor dem Vorletzten. Das Schlimme dessen, was sich mit dem Kommen des Antichrist verbindet, wird überstrahlt durch die Hoffnung auf den endlich doch siegenden Christus.

Damit kann schon an dieser Stelle der Untersuchung eine These formuliert werden, die allerdings noch weiterhin zu belegen ist:

Heinrich von Harclay ist es – im Unterschied zu Arnald von Villanova – keineswegs darum zu tun, den durch eine lange Zeit wirtschaftlichen Wohlstands verwöhnten Zeitgenossen durch eine Angst und Schrecken verbreitende Botschaft vom Kommen des Antichrist wieder die gottesfürchtige Haltung beizubringen. Vielmehr geht es ihm darum, den Bannkreis der Angst dadurch aufzubrechen, daß er den Blick auf den rettenden und letztlich siegenden Christus lenkt. Der *homo religiosus* gewinnt nicht dadurch an Tiefe, daß er sich auf das Unheil, sondern auf das Heil in Christus konzentriert.[253]

Heinrich von Harclay führt drei Danielstellen an, die zwar den Blick auf den Antichrist lenken, zugleich aber deutlich das gerade skizzierte Bemühen unterstreichen, stets dabei auch die Hoffnung auf den rettenden Christus zur Sprache zu bringen: Dan 7,19–26; Dan 11,45; Dan 12,11.

---

[253] Dieser hoffnungsfreudige Blick auf den endgültigen Sieg über die antichristlichen Mächte durch Christus wird im Text unmittelbar noch einmal dadurch unterstrichen, daß sogleich auf Offb 7 und damit auf die „von und in Gott bewahrten Diener gerichtet wird", auf die „hundertvierundvierzigtausend Gesiegelten". Heinrich von Harclay: Utrum astrologi. Ed. Pelster 1948, 55: „Et hec estimatur causa, quare tribus Dan non numeratur in *Apocalipsi* 7 capitulo sicut tribus Effraym ibi numeratur, quia de Effraym descendet Ieroboam filius Naboth, qui primo fecit cisma in Israel et introduxit ydolatriam in populo, 3 *Regum* 12." Es ist bezeichnend, daß Johannes von Paris ebenfalls diese Stelle anführt, sie aber bei ihm eine andere Funktion hat. Bei ihm soll dieser Hinweis auf die Apokalypse lediglich belegen, daß das Geschlecht Dan mit Recht als Herkunftsfamilie des Antichrist anzusehen ist. Die bei Harclay gleichzeitig damit ausgesagte, oben dargelegte Hoffnungsperspektive wird bei Johannes nicht tangiert.

Die erste dieser Danielstellen spricht von den „vier großen Tieren", die „vier Könige" bedeuten. Diese werden „sich auf der Erde erheben", also mächtig sein.[254] Mit dem vierten Tier sei, so Harclay, der Antichrist gemeint. Doch werde dieses durch das *regnum sancti dei* unmittelbar abgelöst.[255] Schon die Hebräer hätten diese zehnfach gehörnte *bestia* als das römische Reich verstanden,[256] das, wie jetzt wiederum mit Petrus Comestor ausgeführt wird, am Ende in zehn Königreiche geteilt werde. Diese zehn Reiche werden biblisch durch die zehn Hörner dieses letzten Tieres symbolisiert. Doch die Erhebung des vierten Tieres ist ein bereits bei Daniel selbst komplizierter geschichtlicher Prozeß.[257] Sofern diese *quarta bestia* überdies noch mit dem römischen Reich identifiziert wird, bleibt nicht nur die zehnfache Reichsteilung des einen *regnum romanorum* vorausgesetzt, sondern auch die Translation der Macht auf ihre jeweiligen Könige.[258] Jedenfalls erweist das vierte Reich erst in jenem Herrscher seine ganze Gefährlichkeit, der nach den zehn Königen „sich erheben und von diesen völlig verschieden sein wird." Dieser Herrscher ist allererst der Antichrist: „Hic est Antichristus ignobilis in obscuro loco nasciturus. Ex semine quidem parentum concipietur, sed post conceptum spiritus malignus in uterum matris descendet, cuius virtute deinceps puer aletur, nascetur et adolescet."[259] Die Aussagen über den Antichrist, daß er aus dem Stamme Dan kommt, daß er an einem unbekannten Ort und als „ignobilis" geboren wird, daß er gezeugt zwar von menschlichen Eltern, aber bereits vom Mutterleib an vom Diabolus heimgesucht und in Besitz genommen wird und so – in dessen böser Kraft, in der *virtus* des *malignus spiritus* – ein Junge wird, zur Welt kommt und heranwächst; all diese Aussagen finden sich in dem reichhaltigen wie traditionsreichen Material, das

---

[254] Dn 7,16f.

[255] Dn 7,18.

[256] Heinrich von Harclay: Utrum astrologi. Ed. Pelster 1948, 55: „Tamen Hebrei dicunt quod fuit similis apro, per quem aprum deiecta fuit lex istorum; quod exponunt de romanis imperatoribus, precipue de Tito et Vespasiano."

[257] Dn 7,15–28, dazu immer noch lesenswert Noth, Martin: Das Geschichtsverständnis der alttestamentlichen Apokalyptik. In: Gesammelte Studien zum Alten Testament. München 1966, 257–264 (= Theologische Bücherei Bd. 6). Noth weist nach, daß die Vision von den vier Tieren sich in Anlehnung an tatsächliche geschichtliche Erfahrungen entfaltet hat.

[258] Im Bildwort vom zehnfach gehörnten Tier wird die Vorstellung einer synchronen Macht der zehn Könige nahegelegt, in der wenige Verse später erfolgten Ausdeutung jedoch eher die Vorstellung eines zeitlichen Nacheinanders erweckt. „Porro cornua decem ipsius regni, decem reges erunt; et alius consurget post eos et ipse potentior erit prioribus et tres reges humiliabit." Dn 7,24. Dazu *Glossa ordinaria et interlinearis* ed. Venedig 1603, Bd. 4, 1584–1586.

[259] Heinrich von Harclay: Utrum astrologi. Ed. Pelster 1948, 55.

552 Die konzisen Kontrapositionen

von Petrus Comestor in dem genannten Werk zur Sprache kommt und das fraglos von Harclay übernommen wird.[260] Gerade darin – in dieser fraglosen Übernahme – zeigt sich gerade die Wirkmächtigkeit der genannten Antichristimagination bis in die Zeit des beginnenden 14. Jahrhunderts hinein.

Die zweite Danielstelle – Dn 11,45 – soll die skizzierte Sicherheit, mit der vom Antichrist theologisch gesprochen werden kann, einerseits unterstreichen, andererseits den letztlich rettenden Heilsaspekt nicht unterschlagen. Derjenige, der seinen Thron „zwischen den Meeren" aufschlägt, ist der Antichrist. Doch genau dann, wenn er seine höchsten Triumphe feiert, „ereilt ihn sein Ende, und niemand bringt ihm Hilfe." Deutlich nennt Harclay das Subjekt dieser den Antichrist erledigenden Tat: Gott selbst.[261]

Was Wunder, wenn Harclay sodann – als dritte Danielstelle – Dn 12,11 anführt, also jenen Vers, auf den vornehmlich Arnald von Villanova rekurrierte und mit dem er primär seinen Berechnungsansatz biblisch fundierte. Der Engländer läßt dabei ebenfalls nicht Mt 24,15 aus, sondern bringt – auch in deutlicher Analogie zu Arnald – den Rekurs des Herrn auf die nämliche Danielstelle zu Wort. Doch während der katalanische Arzt diesen Zusammenhang als Beweis für seine den Danielsatz sachlich aufteilende Interpretation anführt (Abschaffung des Opfers dort und Errichtung des Greuels in der Wüste hier), deutet Harclay dieses Wort des „Heilandes" („salvator", wie es bezeichnenderweise, weil hoffnungsvoll im Text heißt) zwar ebenfalls als eine Bestätigung dafür, daß bei Daniel vom Antichrist gesprochen wird. Deutlicher betont er aber, daß vor allem der Antichrist selbst unter dem ihn besiegenden, weil heilschaffenden Wort Christi steht. So wird die Rede vom Antichrist für Harclay a limine durch die Rede von Christus überholt und gleichsam aufgehoben. Nur in dieser heilsgeschichtlichen Perspektive, die nicht bloß auf den im Antichrist am Werk seienden *spiritus malignus* angstvoll starrt, sondern zugleich und vor allem auf den die Menschen rettenden Christus erwartungsvoll blickt, kann allererst konstatiert und in der Tat entsprechend biblischem Befund konzediert werden, daß zum Ende der Welt hin der Antichrist kommen werde. „Unde dicit sic: *„Cum videritis abhominacionem dissolucionis, que dicta est a Daniele propheta stantem ‹in loco› sancto"* etc. *Sic igitur patet quod antichristus veniet in fine mundi."*[262]

---

[260] Petrus Comestor: Historia scholastica. Lib. Gen. 108 (PL 198, 1150–1722, hier 1138); Aichele 1974, 25.

[261] Heinrich von Harclay: Utrum astrologi. Ed. Pelster 1948, 55: „unde Deus ascendet et nemo auxiliabitur ei, quia audietur vox in aere: Morere et statim fulminabitur." Cf. Petrus Comestor: Historia scholastica. Lib. Dan. 12 (PL 198, 1465).

[262] Heinrich von Harclay: Utrum astrologi. Ed. Pelster 1948, 56.

5.7 Wann kommt der Antichrist?

Die Frage nach dem Kommen des Antichrist ist damit im Blick auf die Frage nach dem Wann seines Kommens zu präzisieren. Während die Frage, ob der Antichrist überhaupt kommt, klarerweise positiv beantwortet werden konnte, und zwar „positiv" im wahrsten Wortverstand, als positiv überstrahlt von der Wiederkunft Christi, wendet Heinrich von Harclay sich jetzt der Frage zu, ob man über den Zeitpunkt dieses Kommens Bescheid wissen könne: „*si sciri potest per Scripturam Sacram et auctoritatem sanctorum.*"[263] Dabei macht er sogleich zu Beginn der Überlegungen deutlich, daß diese Frage alles andere als leicht zu beantworten sei. Es gebe darüber „einen riesigen Wald von Meinungen".[264] Dabei erinnert er an genau jenen Danielvers, mit dem auch Johannes Quidort von Paris in seinem Antichristtraktat die Untersuchung der Frage nach dem Zeitpunkt des antichristlichen Kommens eröffnete, mit Daniel 12,4: „multiplex erit sententia."[265]

Fünf Meinungen – *opiniones* – führt Harclay an, die er der Reihe nach kritisch bespricht, während er – nicht ungeschickt – gleichzeitig die Frage selbst stets enger umkreist und tiefer durchleuchtet.

5.7.1 Die Antwort des Apollinaris

Zunächst will der Engländer die „Meinung eines katholischen Mannes" („opinio viri catholici") zu bedenken geben, eine Meinung, die bereits Hieronymus im Blick auf Daniel 9,24 repetierte. Sei doch hier von den siebzig Wochen die Rede, die dem Volk bestimmt seien „bevor dem Frevel ein Ende gemacht werde". Falls, wie – laut Hieronymus – Apollinaris behauptet, die als siebzig Jahrwochen gedeutete Zeitspanne allererst mit der Geburt Christi begann, dann wäre bereits im Jahre 490 der Antichrist gekommen. Diese Ansicht aber, die, wie besonders betont wird, überhaupt nur Apollinaris vertrete,[266] sei bereits durch den Geschichtsgang selbst widerlegt: „Sed iam *constat istam opinionem falsum esse* experimento temporis."[267] Der leicht ironische Unterton dieses Satz ist herauszuhören. Er durchzieht feinstimmig, aber doch unüberhörbar

---

[263] Ebenda.

[264] Ebenda: „Et hic est silva magna opinionum et varia allegacio auctoritatum."

[265] Ebenda: „[...] quod multiplex esset sentencia". Vgl. Johannes von Paris: De antichristo et fine mundi. Oxford, fol. 14 rb; ed. Venedig 1518, fol. XLIIII rb; Dn 12,4.

[266] Andere deuteten diesen Vers ohnehin als Aussage über eine Zeitspanne, die weit vor Christi Geburt beginnt, aber mit ihr endet. „Et cum omnes isti expositores fere istas ebdomadas 70 id est 490 annos lunares inchoent longe ante Christi incarnacionem et deducant eas usque ad Christi incarnacionem et passionem, solus Apollinaris secundum *Ieronimum* incipit conputacionem illorum annorum 490 id est 70 ebdomadarum ab incarnacione Verbi et deducit ulterius usque ad finem mundi." Heinrich von Harclay: Utrum astrologi. Ed. Pelster 1948, 56.

[267] Ebenda.

den gesamten Duktus dieser die Antwort des Apollinaris repetieren-
den wie zensierenden Passage. Sie endet schließlich mit der spitzen
Feststellung, daß, obwohl seit dem Jahre 490 mehr als doppelt soviel
Zeit verstrichen sei, nichts vom Antichrist zu hören war: „[. . .] non
audivimus rumorem de Antichristo."[268]
Diese zuletzt unverholen vorgebrachte Ironisierung des dem genannten Lehrer des Hieronymus in den Mund gelegten Interpretationsver-
suches ist keineswegs von Harclay spontan-unbedacht artikuliert worden. Sachlich gesehen, redet er nämlich damit der Auslegung dieses
Danielverses durch Arnald von Villanova das Wort. Durch seinen spöttischen Zungenschlag aber demonstriert der Engländer zugleich, daß
diese hier dem Arnald punktuell rechtgebende Argumentation keineswegs vom Leser überinterpretiert werden darf: so als stünde Heinrich
von Harclay zumindest ab und an auf der Seite des Katalanen, als sei
Harclay also zu gewissen theologisch-exegetischen Zugeständnissen bereit. Die Ironisierung jener Interpretation, die auch Arnald, allerdings
im ernsten Ton und mit keineswegs leichter Hand zu widerlegen
sucht, macht ja gerade deutlich, daß es sich hier in den Augen Harclays überhaupt nicht um eine ernstzunehmende Argumentation handelt, die, um widerlegt zu werden, allererst der hochgespannten theologischen Reflexion bedürfe, sondern lediglich um eine längst schon
überholte, durch den planen Geschichtsverlauf ad absurdum geführte
Ansicht: um eine schlichtweg *falsa opinio*. Das einzugestehen, heißt
nicht den Argumentationsstandpunkt Arnalds zu übernehmen, sondern möglichst gelassen-heiter von untragbaren Interpretationsfeldern
Abschied zu nehmen.[269]

5.7.2 Die Antwort des Methodius Martyr

Auch die Antwort des Methodius Martyr gilt es zu bedenken, sofern es
darum geht, die Frage nach dem Kommen des Antichrist zu lösen.
Kommentierte doch, wie Heinrich meint, Hieronymus selbst die *opinio*

---

[268] Ebenda.

[269] Arnald von Villanova: De tempore adventus antichristi. Vat. lat. 3824, fol. 61 vb–62
ra. Daß Heinrich von Harclay überdies seinen spöttischen Ton gegenüber der Ansicht dann schließlich doch wieder ernsthaft „untermauert", wird aus seinem sichtlichen Bemühen deutlich, den ironischen Hinweis auf den Antagonismus dieser Interpretation mit der Autorität des Hieronymus zu belegen und damit gleichsam seine
Methode abzusichern. Hieronymus zitierend, führt er aus: „*Apollinaris* Laodicenus de
omni preteritorum temporum se liberans questione, vota extendit in futurum et pe-
riculose de incertis profert sentenciam. Que si forte hii qui post nos victuri sunt sta-
tuto tempore completa non viderint, aliam solucionem querere compellentur et magistrum erroris arguere.' Hec *Ieronimus*. Et ista sunt modo manifesta. Ergo *possumus
magistrum erroris arguere*." Heinrich von Harclay: Utrum astrologi. Ed. Pelster 1948,
56f.

Methodii martyris. Für uns heute stellt sich aber heraus, daß hier nicht die Ansicht des um 311 als Märtyrer gestorbenen theologisch hochgebildeten Bischofs zur Disputation steht, sondern die des Ps.-Methodius, in dessen *revelationes*, wie Rauh elegant formulierte, „künstliche Apokalyptik [...] sich selbst zum Thema geworden" sei.[270] Zweifellos aber handelt es sich hier um eine der einflußreichsten Quellen, die sich mit dem Kommen des Antichrist beschäftigten, um eine Tradition zumal, die im gesamten Mittelalter virulent blieb und die die viel zitierte Mentalität des Mittelalters nicht wenig beeinflußte. Selbst die Spiritualen glaubten ihre spezielle Form der Geschichtssicht und eschatologischen Erwartung nicht selten mit Hinweisen auf die *Revelationes* des Methodius belegen zu können.[271] Auch Johannes Quidort von Paris rekurrierte, wie erinnerlich, häufig genug in seinem Antichristtraktat auf Methodius Martyr. Mit anderen Worten: Daß Heinrich von Harclay gerade bei der Behandlung der anstehenden Frage Ps.-Methodius zur Sprache bringt, kommt keineswegs von ungefähr. Es hat seinen zweifachen Grund, der einerseits mit der ungeheuren Wirkungsgeschichte der *Revelationes* generell[272] wie mit dem aktuellen Disputationsniveau speziell zusammenhängt.

Auf die Wirkungsgeschichte dessen, was Methodius über das Kommen des Antichrist und das Ende der Welt sagte, weist Heinrich von Harclay selbst hin. Hieronymus empfehle, die dem Bischof im Kerker und während des Gebets vom Heiligen Geist empfangenen Offenbarungen über den Anfang und das Weltende zu studieren. Petrus Comestor führe ihn in seiner *Historia* ebenfalls an. Auch der *Magister historiarum* sei schließlich davon überzeugt gewesen, daß die *Revelationes* geistinspiriert seien. Und genau das sei der Grund, warum er, Harclay, dieses Werk selbst in die Hand genommen und nachgelesen habe, was dort zum Thema ausgeführt werde. Die ihn vor allem interessierende Aussage faßt er sodann in einem Satz zusammen:

„Dicit igitur *Methodius* quod in 6to millenario ab origine veniet Antichristus et finis mundi."[273]

---

[270] Rauh 1979, 145.

[271] Vgl. Töpfer 1964, 15f. Aber schon Pelster 1948, 48, weist in diesem Zusammenhang auf die Chronik Salimbenes hin (MGH SS 32, 512).

[272] Bei Rauh ²1979, 152 heißt es treffend: „Mochte ein orthodoxer Symbolismus von dieser künstlichen Apokalyptik sich fernhalten, so haben die *Revelationes*, wie die Karlssage zeigt, auf die Phantasie des Mittelalters kräftig eingewirkt. An der Inspiration des Verfassers hat man keinerlei Zweifel gehegt; Petrus Comestor in seiner Historia scholastica schreibt: ‚Revelatum est ei a Spiritu de principio et fine mundi.' Durch tausend Kanäle strömend, haben Visionen aus Pseudo-Methodius die populäre Eschatologie weithin befruchtet, aus brachem Feld üppige Blüten treibend."

[273] Heinrich von Harclay: Utrum astrologi. Ed. Pelster 1948, 57. Auch: „Dicit enim in libro suo, quem edidit de fine mundi, quem et ego vidi."

Doch dieses angesagte Kommen des Antichrist im sechsten Jahrtausend nach Erschaffung der Welt wird, so Heinrich von Harclay, von Methodius noch näherhin bestimmt. Dabei destilliert jener drei Ereignisse heraus, die dieser allesamt unmittelbar vor dem Weltende terminiert, und zwar so, daß diese Geschehen am Ende das Ende der Welt selbst signieren, also auch hinsichtlich ihrer Qualität Endgeschehen sind.

Zunächst sieht Methodius die „Söhne Ismaels" am Ende des letzten Millenariums, wie sie die Wüste verlassen und maßloses Leid über die Völker bringen. Dabei werden die *filii Ysmael* fraglos mit den „Tataren", also den Sarazenen, identifiziert. Doch wiederum läßt Harclay den rettenden Aspekt nicht unerwähnt. Es ist ihm wichtig, zu erwähnen, daß Methodius prophezeite, die Sarazenen würden durch die Herrschaft der Griechen besiegt. Sobald aber der „Imperator Graecorum" sieben Jahre lang in Jerusalem residiert hat, beginnt, gleichsam als dritte Stufe der Entwicklung, von neuem das Negativ-Böse, jetzt aber in verdichteter Form und entschiedener Person auf den Plan der Geschichte zu treten: Der „Sohn des Verderbens", der Antichrist, wird geboren. Er wächst in Chorazim, in Bethsaida und in Kafarnaum auf, wird also gerade in den Städten groß, in denen einst auch Jesus Christus heranwuchs und „zu Hause" war, die aber nicht zum Glauben an ihn fanden und deswegen, namentlich Karfarnaum, von Jesus „in die Hölle" verflucht wurden.[274] Auch wird der Antichrist, in auffälliger Parallele zu Jesus, „hinaufziehen nach Jerusalem". Doch gibt jener nur vor, was dieser tatsächlich war: Christus.[275] Damit ist das Scheitern des Antichrist unvermeidlich. Gerade das ist es, was Harclay offensichtlich bei allem Reden über den Antichrist nicht aus dem Auge verlieren, ja was er seinen Zeitgenossen gleichsam ins Gedächtnis zurückrufen will: Der Antichrist gibt vor, etwas zu sein, was er tatsächlich nicht ist. Er ist trotz aller Macht der Unterlegene, ja von vornherein bereits ein Besiegter, jemand jedenfalls, auf dem jener Fluch liegt, den einst Jesus über die gesamte Stadt gerade mit Blick auf das Jüngste Gericht gesprochen hatte. „Ja, das sage ich, dem Gebiet von Sodom wird es am Tag des Gerichtes nicht so schlimm ergehen wie dir." Harclay brauchte diesen Vers nicht mehr zu zitieren. Zweifellos hatten seine Gesprächspartner bereits mittels des Hinweises auf Mt 11,21–23 die gesamte Rede vom Gericht über die galiläischen Städte vor ihrem geistigen Auge.

---

[274] Mt 11,20–24.

[275] „Ingredietur Ierusalem et sedebit in templo Dei putans quod sit Deus. Erit exaltatum cor eius nimis, cum sit ex viri semine filius mulieris ex tribu Dan. Hec iste *Methodius* et multa alia de fine mundi." Heinrich von Harclay: Utrum astrologi. Ed. Pelster 1948, 57.

All das hier über den Antichrist Gesagte zieht Heinrich von Harclay keineswegs in Zweifel. Er scheint es – im Gegenteil – eher bestätigen zu wollen. Was er allerdings energisch zu widerlegen sucht, ist die zeitliche Fixierung dieser Endereignisse: *„Ergo secundum ipsum ad minus ante 6 mille annos post mundi originem veniet Antichristus.“*[276] Er macht im Wortsinn die Probe aufs Exempel. Er exzerpiert die von Methodius selbst und dem *Magister historiarum* gemachten zeitlichen Angaben und rechnet sie zusammen. Dabei kommt er zu dem Ergebnis, daß, legt man die Zahlen der Septuaginta zu Grunde, von der Erschaffung der Welt bis zur Geburt Jesu bereits fünftausend Jahre, also mittlerweile längst mehr als sechstausend Jahre vergangen seien. Das Ende der Welt sei aber immer noch nicht eingetreten: „Ergo per 1000 annos post incarnacionem debuit mundus finire, quod constat esse falsum.“[277] Dabei betont Harclay ausdrücklich, sich auf Beda und Haimo berufend,[278] daß auch nach jüdisch-hebräischer Rechnung diese sechstausend Jahre längst überschritten seien, und zwar bis zum gegenwärtigen Zeitpunkt im Jahre 1313 um genau 264 Jahre.

5.7.3 Die Antwort des Arnald von Villanova

Ausdrücklich kommt der Engländer sodann auf den katalanischen Arzt zu sprechen. Er nennt ihn zwar fälschlicherweise Arnald von Novavilla. Aber es besteht kein Zweifel darüber, wer und was genau hier gemeint ist: *„Aliam opinionem* de adventu Antichristi, invenit nuper magister *Arnaldus de Novavilla*, medicus de Montepessulano.“[279] Ins Visier nimmt er ausdrücklich die These, die Arnald in Paris publiziert hatte, die Behauptung nämlich, daß der Antichrist innerhalb der nächsten sechsundsiebzig Jahre kommen werde. Dabei gelte das Jahr 1300 als Beginn der Zählung: *„Ipse enim asseruit Antichristum futurum infra annos 76 ab anno incarnacionis 1300,* quo anno fuit Parisius et istam opinionem vulgavit.“[280]

---

[276] Ebenda 57.

[277] Ebenda.

[278] Ebenda: „invenimus secundum *Bedam* in libro *De temporibus* et *Haymonem* in *Cronicis* suis libro primo in fine quod Hebrei ponunt ab origine mundi ad Christum 4951 annos.“ Heinrichs Angaben stimmen mit dem, was die von ihm selbst angeführten Quellen sagen, nicht völlig überein. Vgl. Beda Venerabilis: De temporibus liber c. 16 (PL 90, 288), spricht von 3952 Jahren. Haimo von Auxerre: Historiae sacrae epitome sive de christianarum rerum memoria. l. 1, c.1 (PL 118, 818–874, 819) erwähnt überhaupt keine Jahreszahl, sondern spricht nur generell von sechstausend Jahren. Sein Werk wurde lange Zeit fälschlich Haimo von Halberstadt zugeschrieben. Dazu Gansweidt, Birgit: Haimo von Auxerre sowie Heimo von Halberstadt. In: LexMA IV, 1989, 1864.

[279] Heinrich von Harclay: Utrum astrologi. Ed. Pelster 1948, 58.

[280] Ebenda.

Eindeutig ist damit, daß hier auf Arnalds Schrift *de tempore adventus antichristi* rekurriert wird. Als Kernbegründung der dort artikulierten *assertio* glaubt Heinrich die in der Tat ungewöhnliche Interpretation von Daniel 12,11 ausmachen zu können.[281] Er faßt präzis-prägnant den ersten Teil der von Arnald vorgeschlagenen Interpretation der erwähnten Danielstelle zusammen. Er erkennt deutlich, daß exakt in dieser Teilung des Danielverses das Axiom der sich daran anschließenden „Komputation" zu Tage tritt. So spricht der biblische Vers einerseits von der Abschaffung des immerwährenden Opfers, vom *iuge sacrificium*, sowie – andererseits – von der aufgerichteten *abhominatio in desolationem*. Das darin zu Wort Gebrachte versteht Arnald fraglos als näher zu bestimmende Signierung zweier verschiedener und jedenfalls historisch datierbarer Ereignisse, die, bei Daniel zwar durch *et* verbunden, und insofern für Arnald auch in gewisser Hinsicht „innerlich" zusammengehörend vorzustellen sind, die aber doch zeitlich weit auseinanderliegen. Harclay erwähnt den auch bei Arnald durchaus gesehenen und deutlich genug artikulierten Konnex beider Ereignisse nicht. Ihm kommt es einzig und allein darauf an, den Finger auf das durch die eigenartige Schriftinterpretation gerechtfertigte Komputationsprinzip zu legen. Und für dieses ist zuerst und zunächst nicht die Identität, sondern die Differenz beider Ereignisse ausschlaggebend. Nur insofern also versteht er Arnald von Villanova durchaus richtig, wenn er schließlich konstatiert, daß die temporäre Erstreckung zwischen diesen beiden historisch zu unterscheidenen Geschehnissen in den Augen Arnalds ebenfalls bei Daniel zu finden sei, und zwar in eben dem genannten Vers. Mit der dort erwähnten Zahl „1290" sieht Arnald die „Berechnungsgrundlage" für das Kommen des Antichrist gegeben: „Ab isto igitur loco et tempore conputentur dies 1290 secundum Danielem usque ad finem mundi."[282]

Noch zweierlei sieht Harclay sich genötigt zu erklären, zumindest in groben Zügen: *Erstens*, warum Arnald die biblische Rede von den 1290 *Tagen* als Datenanzeige von 1290 *Jahren* zu lesen vermag, und – *zweitens* – weswegen der katalanische Arzt trotzdem nicht auf das Jahr 1365, sondern letztlich auf 1376 komme. Zu Wort kommt also die Begründung, die – aus der (Ab-)Sicht Harclays – Arnald für seine genannte These vom terminierten Kommen des Antichrist gibt. Dabei

---

[281] Ebenda: „Hoc exponit iste magister sic: Iuge sacrificium fuit ablatum per Titum et Vespasianum 42 anno post passionem Domini, et Christus vixit antequam pateretur 33 annis, qui cum 42 faciunt 75 annos ab incarnatione Domini usque ad destruccionem templi factam per Titum et Vespasianum; et tunc fuit ablatum iuge sacrificium."

[282] Ebenda.

wird zunächst die biblisch-historische Begründung in den Blick genommen.

5.7.3.1 Zu Arnalds angeblicher Auslegungsmethode

Hier weist Harclay mit gutem Grund auf den biblisch-immanenten Begründungsversuch Arnalds hin. Er nennt die tatsächlich von Arnald von Villanova angeführte Ezechielstelle, in der in offensichtlich einmalig „prophetischer Weise" Tage als Jahre zu verstehen seien: „diem, inquam, pro anno dedi tibi."[283]
Doch bei genauerem Lesen ist – wiederum – der subtile Ton der Ironie Harclays nicht zu überhören. Daß biblische Termini mit biblischen Termini zu interpretieren sind, gehört fraglos zum Bestand methodologischer Erkenntnisse, war also durchaus nichts Neues oder gar Kurioses. Den Zug ins Lächerliche bekommt aber der zu spüren, der diese textimmanente Auslegungsmethode auf die Spitze treibt, sie stets und überall anwendet. Und genau das unterstellt Harclay Arnald: Für Arnald von Villanova seien beispielsweise 22 Tage stets identisch mit 22 Jahren! Allererst aufgrund dieses Axioms sei der Katalane überhaupt in die Lage gekommen, die Rede bei Daniel von den 1290 Tagen schlichtweg als Rede von 1290 Jahren zu interpretieren. „Ergo anno 1290 a tempore ablati iugis sacrificii per Titum et Vaspasianum (!) erit et finis mundi et adventus Antichristi."[284]
Doch dieser durchaus ironisierend vorgetragenen Erkenntnis folgt die Darstellung einer zweiten Merkwürdigkeit, die sich in der Begründung der These Arnalds aus der Sicht Harclays findet: Arnalds Argumentation mit historischen Fakten und biblischen Aussagen.
Obwohl Arnald von Villanova die Abschaffung des alten Opfers mit der Zerstörung Jerusalems und der Deportation der Juden aus ihrem Land unter Kaiser Titus korrespondieren läßt, plädiere dieser dafür, nicht einfach den 1290 Jahren 75 zu addieren, sondern noch weitere zehn Jahre in Rechnung zu stellen. Dabei versucht er den Gedankengang Arnalds wie folgt zu rekapitulieren:
„Sed addit huic numero 10 annos, quia iuge sacrificium non fuit statim ablatum post destruccionem factam per Titum et Vespasianum sed ultimata (?) destruccio fuit postea per Elieum Aduanum per 6 vel 10 annos post, quando non fuit relictus lapis super lapidem, secundum

---

[283] Ebenda; Ez 4,6. Bei Arnald von Villanova heißt es genau: „[. . .] per diem autem intelligit annum [. . .]. Sed quod ibi Spiritus Sanctus per diem intelligat annum patet ex duobus. Primo per exposicionem, quam ipsemet dat quarto *Ezechielis*, cum dicit: *Diem pro anno dedi tibi*; secundo per declarationem visionis, quam angelus in eodem capitulo subiungit post illa verba." Vat. lat. 3824, fol. 60 vb.
[284] Heinrich von Harclay: Utrum astrologi. Ed. Pelster 1948, 58.

quod probatum fuit in *Ewangelio* a Salvatore. Et illi 10 anni cum precedentibus faciunt 1375 ab incarnacione ad finem mundi."[285]
Wie der vergleichende Blick zeigt, ist die Begründung, die Heinrich
anführt, nicht nur ausführlicher, sondern auf den ersten Blick auch
einsehbarer als die, die Arnald von Villanova selbst artikulierte. Der
Grund dafür liegt auf der Hand: Der Engländer versucht Arnalds Argumentation als zu sehr konstruiert und damit als um so unwahr-
scheinlicher, jedenfalls als willkürliche Interpretation darzustellen: als
eine Auslegung, die denkbar ist, aber eben nicht von der Tradition,
von den maßgeblichen Interpreten, den *sancti expositores*, gedeckt und
begründet werden kann. Es kommt ihm hier nicht darauf an, Arnald
logische Fehlschlüsse nachzuweisen, die möglicherweise ein anderer
hätte vermeiden können, um dann gleichfalls zum nämlichen Ergebnis
zu kommen. Heinrich von Harclay geht es darum, den eigentlichen
Kern der Arnaldschen Argumentation bloßzulegen und seine Unmöglichkeit aufzuzeigen. Dieses Bloßlegen changiert zur Bloßstellung, die
zwar das von Arnald vorgebrachte Argument noch deutlicher und auf
den ersten Blick überzeugender darstellt, dann sich aber als das zeigt,
als was es in der Absicht Harclays sich zeigen soll und in der Sicht
Harclays auch tatsächlich ist: als skurrile Interpretation und Argumentation einer insgesamt ridikül-grotesken These.
Dieses geschickte Procedere Harclays wird auch darin deutlich, daß er
Arnald auch gegenüber jenen Vorwürfen „freispricht", die meinen,
man könne dem Katalanen mit Verweis auf die rechtgläubige Auslegungstradition beikommen. Weist der Engländer doch nachdrücklich
darauf hin, daß Arnald die Belege für seine zur Disputation stehende
These durchaus mittels maßgeblicher Autoritäten zu Wort bringt.[286] Er
weiche doch schließlich lediglich in einem Punkt von der exegetischen
Tradition der Kirche insofern ab, als er eines ihrer Argumente sachlich, kritisch befrage:
Diese hätten nämlich die biblische Angabe 1290 als Umschreibung von
dreieinhalb Jahren interpretiert und damit die Implikation verbunden,
daß hier zwar tatsächlich eine Zeitangabe im Blick auf den Antichrist
vorliege, aber eine, die nicht die Frage nach dem Wann des antichristlichen Kommens, sondern die Frage nach dem Wie seines Verbleibens

---

[285] Ebenda. Bei Arnald von Villanova lautet die entsprechende Passage: „Quod cessavit
omnino quando Iudei omnino amiserunt regnare et habitare in terra promissionis, in
qua solum licebat eis ex precepto legis sacrificare. Constat autem quod omnino amiserunt possessionem illius terre post eversionem Hierusalem, quod, secundum *Danielem*, videtur contigisse IIII anno post in eo, quod dicit: *Confirmabit autem pactum multis
hebdomada una.*" Vat. lat. 3824, fol. 62 ra.

[286] Heinrich von Harclay: Utrum astrologi. Ed. Pelster 1948, 59: „Alias auctoritates Scripture allegavit pro se."

beantworte. Arnald von Villanova, so Harclay, werfe also der traditionellen Auslegung von Daniel 12,11 vor, daß sie hier keine weiterführenden Aussagen gemacht habe. Sie sähe in Daniel 12,11 lediglich eine
Bestätigung von Daniel 12,7. Hier werde aber – auch für Arnald übrigens – tatsächlich von der Dauer des Verbleibens, keineswegs von
dem Zeitpunkt des Kommens des Antichrist gesprochen. Es ist aber zu
bezweifeln, ob die Rede von den 1290 Tagen mit der als eine Zeitangabe von dreieinhalb Jahren gedeuteten Formulierung von „der einen
Zeit, den zwei Zeiten und der halben Zeit" zu identifizieren sei. Schließlich markierten doch 1290 Tage eine Zeitspanne, die länger als dreieinhalb Jahre währt, diese „präzis" um die Dauer von dreizehn Tagen
überschreite: „quod dato quod dies ibi sumantur pro die usuali, tamen
totidem dies non faciunt 3 annos cum dimidio precise, sed plus per 13
dies, sicud apparet calculanti."[287]
Auch hier ist schließlich doch wieder der ironische Unterton Harclays
nicht zu überhören. Er macht seinen Zuhörern bzw. Lesern auf leicht
lächelnde Weise klar, daß ausgerechnet Arnald von Villanova seine
Antichristberechnung glaubt erstellen zu dürfen, weil er festgestellt
habe, daß die inhaltliche Korrespondenz von Daniel 12,7 mit Daniel
12,11, wie sie traditionell geltend gemacht werde, zu bezweifeln sei.
Der Antichristberechner, dem es auf ein genaueres Jahr nicht ankommt, mokiert sich über die „erhebliche" Abweichung von dreizehn
Tagen! Doch damit nicht genug. Der ironisierende Ton Harclays wird
penetrant, wenn er schließlich noch einmal herausstellt, daß Arnald
tatsächlich nicht gegen die Tradition, sondern mit der Heiligen Schrift,
ja sogar mit sibyllinischen Orakelsprüchen und Weissagungen auf-
warte und sie auf „seiner Seite" zu wissen glaubt.[288]
Interessant ist, wie ruhig-sachlich Harclay auch hier wieder die Argumentation Arnalds zunächst zusammenfaßt. Dann aber gerade mittels
dieser Zusammenfassung jene geballte Groteske erzeugt, mit der er
Arnald a limine disqualifiziert, zumindest dem Leser von vornherein,
d. h. noch ehe auch nur ein einziges sachliches Gegenargument artikuliert wurde, geschickt genug suggeriert, daß man es hier mit einem
äußerst skurril argumentierenden „Gesprächspartner" zu tun habe.
Arnald erkläre, daß die Sibylle im Blick auf jene sechsundsiebzig Jahre,
die ab anno 1300 zu zählen seien, die *expeditio Cecilie*, die Vereinigung
der griechisch-morgenländischen mit der römisch-abendländischen
Kirche (*coniunccio Latinorum et Grecorum*), die Vertreibung der barba-
risch-heidnischen Völker (*exterminacio barbarorum*) und die Ankunft des

---

[287] Heinrich von Harclay: Utrum astrologi. Ed. Pelster 1948, 58. Die dieser Überlegung
zugrunde liegende Rechnung sieht dabei wie folgt aus: 3 x 365 + 182 = 1277;
1290–1277 = *13*.
[288] Ebenda 59.

Antichrist und die Wiederkunft Christi prophezeit habe. Mehr noch: Diese ekstatische Seherin weissagte – laut Arnald – nicht bloß diese fünf Ereignisse in loser Folge, sondern nenne zugleich die Reihenfolge sowie den zeitlichen Intervall dieser künftigen Geschehnisse: Während das erstgenannte Ereignis sich im Jahre 1303 zutragen werde, sollten die anderen vier in nämlicher Reihenfolge und in einem Abstand von jeweils vierundzwanzig Jahren realisiert werden. „*Ergo post 75 annos ab anno Domini 1300 veniet Antichristus.*"[289]

DIE PROPHEZEIUNG DER SIBYLLE BEI ARNALD VON VILLANOVA NACH HEINRICH VON HARCLAY		
FUTURA	*ORDO INTERVALLI*	*ANNO*
1. expeditio Cecilie		*1303*
	post 24 annos	
2. coniunccio Latinorum et Grecorum		*1327*
	post 24 annos	
3. exterminacio barbarorum		*1351*
	post 24 annos	
4. adventus antichristi		*1375*
5. adventus CHRISTI		

Solch eine Übersicht zu erstellen, wäre im Blick auf die Interpretation des sibyllinischen Spruches, wie sie Arnald von Villanova in seinem Antichristtraktat vorlegte, schlechthin unmöglich gewesen. Sie hätte der eigentlichen Intention des Autors Gewalt angetan. Und gerade darin zeigt sich der Unterschied: Wie erinnerlich, war Arnald von Villanova bei seiner Interpretation der Sibylle zwar tatsächlich zu einem ähnlichen Ergebnis gekommen, doch hatte er dies weitaus vorsichtiger formuliert, ja hatte die gesamte Aussage in einen anderen Sinnzusammenhang gestellt. Arnald sah in dem Spruch der Sibylle lediglich einen weiteren Beleg dafür, daß der Antichrist keine hundert Jahre mehr auf sich warten lasse. Bewußt hatte er es vermieden, eine definitive Jahreszahl zu nennen. Ihm kam es gerade darauf an, mit Hinweis auf den

---

[289] Ebenda.

Spruch der erythräischen Sibylle einerseits darzulegen, daß eine auf
den Tag und das Jahr genaue *computatio* des Kommens des Antichrist
überhaupt nicht möglich sei und daß bei all dem Berechnen und Über-
legen doch auch jenes Moment nicht übersehen werden dürfe, für das
gerade die ekstatische Sibylle stehe: für das inspiratorische Erkenntnismoment. Arnalds Bemühungen gingen ja gerade in die Richtung, daß
seine Aussagen über das Kommen des Antichrist nicht bloß Ergebnis
menschlichen Kalküls, sondern letztlich und eigentlich Ertrag einer die
menschliche Leistung übersteigenden Inspiration seien.
Harclay artikuliert diese eigentliche Aussageintention Arnalds mit keinem Wort. Er stellt Arnalds Interpretation der sibyllinischen Rede
lediglich als ein weiteres auf der blanken Berechnungsebene liegendes
Argument dar, ja zieht sie auf diese Ebene mittels durchgeführter Addition allererst herunter. Die jenseits der *computatio* liegende, von Arnald aber gerade anvisierte Dimension wird verschwiegen.

5.7.3.2 Zu „gewissen Überlegungen" Arnalds

Insofern nimmt es nicht Wunder, wenn Harclay auch die bibeltheolo-
gischen wie pastoralen Überlegungen Arnalds nicht zu würdigen weiß,
sondern lediglich en passant als „gewisse Überlegungen" bezeichnet.
„*Praeterea iste magister* cum hac auctoritate adiunxit *quasdam raciones*,
quarum una talis."[290]
Die erste *ratio*, die dabei zur Sprache kommt, bezieht sich auf die keineswegs eindimensionalen Ausführungen Arnalds zum Thema Weissagungen. Diese sind, wie erinnerlich, für den katalanischen Arzt biblisch
bezeugt und können deswegen vom orthodoxen, biblisch begründeten
Glaubensstandpunkt her gar nicht außer Acht gelassen werden. Sie
sind – Arnalds Ansicht nach – vielmehr theologisch sorgfältig zu bedenken, sorgfältiger jedenfalls als es die etablierten Professoren in Paris bislang zu tun pflegten.
Doch auch diese kritische Feststellung Arnalds wird auffallend verkürzt von Harclay repetiert. Sie wird wiederum nur als ein Argument
des reinen Kalküls, nicht als Plädoyer für eine Erkenntnisquelle jenseits
menschlicher Eigenleistung vorgestellt: Aufgrund biblischer Aussagen
konnte die Ankunft Christi vorhergewußt werden, und zwar aufgrund
der Prophezeiung Daniels, wie sie im neunten Kapitel zu Wort
kommt.[291] Ergo, so schlußfolgere Arnald, könne „in gleicher Weise"
auch die Wiederkunft Christi aufgrund des Danielbuches, näherhin
Daniel 12, erkannt werden.[292]

---

[290] Heinrich von Harclay: Utrum astrologi. Ed. Pelster 1948, 59.
[291] Dn 9,21–27.
[292] Dn 12,7–13; Heinrich von Harclay: Utrum astrologi. Ed. Pelster 1948, 59.

Arnalds Ausführungen klingen in dieser Wiedergabe banal und kaum
der Rede wert. Harclay geht auch nicht weiter darauf ein. Seine Leser-
Hörer werden das vernichtende Stillschweigen verstanden haben.
Bleibt nur noch zu erwähnen, daß Arnald überdies „Nützlichkeitserwägungen" für seine These ins Feld führt. „Et praeterea adiunxit quod
utile est scire adventum Antichristi, ut per hoc homines terreantur."[293]
Was hier Arnald vorgeworfen wird, ist wieder das, was verschwiegen
wird, ist das im Gesagten Ungesagte, aber dennoch deutlich Vernehmbare: Wer, wie Arnald, den blanken Nutzen verfolgt, d. h. „Nützlichkeitserwägungen" anstellt, blickt nicht auf die Wahrheit, sondern auf
den Erfolg, hat nicht das „Sein", sondern die „Wirkung" und „Veränderung" im Auge, nicht das Wesentliche, sondern Periphere.
Tatsächlich mußte, wie erinnerlich, im Blick auf Arnald von Villanova
diese pastorale „Nützlichkeitserwägung" konstatiert werden. Sie werden aber nicht geltend gemacht, um seine *computatio* zu rechtfertigen.
Diese stehen vielmehr umgekehrt im Dienste jener. Dabei sind die Uti-
litätsgründe selbst wiederum nicht der eigentliche und letzte Impetus
des Antichristtraktates. Sie werden selbst nur veranlaßt, umfangen
und ausgerichtet von dem und durch den gottgebundenen, *sorgenvollen*
Blick auf dasjenige, wozu der „mütterlich" besorgte Gott den Menschen geschaffen hat, und auf das, was die Menschen nach Ansicht
Arnalds im wachsenden Maße verwirken: ihr Heil. Die starke Diesseitsverhaftetheit seiner Zeitgenossen läßt nur noch das Sichtbare und
Handgreifliche, das Irdische und Vergängliche sehen. Verfangen im
weltlichen Wirrwarr, versäumen sie das Wesentliche, verpassen sie
ihre eigene und eigentliche Zukunft in Gott. Selbst hohe Prälaten sieht
Arnald in dieser Gefahr, selbst bei ihnen konstatiert er jenes Schwer-
gewicht, das nur den Blick nach „unten", nicht aber nach „oben" zum
Himmlischen und Ewigen öffnet.[294]
Doch verfehlt Harclay das *punctum saliens*, wenn er meint, hier handle
es sich lediglich um eine Quisquilie, um eine Konstatierung auf der
Ebene des Feststellens von dem und jenem. Das Gegenteil ist der Fall:
Für Arnald steht hier die christliche Grundform, sich zum Sein, zur
Wirklichkeit insgesamt zu *verhalten*, auf dem Spiel. Sein alle Ausführungen beherrschender kritischer Grundgedanke ist eine Option für das
nicht zu Sehende und doch eigentlich Wirkliche, für das alle Wirklich-
keiten insgesamt Ermöglichende und Tragende. Es als „Nützlichkeitser-

---

[293] Heinrich von Harclay: Utrum astrologi. Ed. Pelster 1948, 59.

[294] Ebenda: „Unde amare celestia et contempnere temporalia necesse est, quod tamen
modo, ut dicit, non faciunt, immo e contrario, omnes et maiores prelati." Dazu auch
Arnald selbst im Kapitel 3.2.1.

wägung" eines einzelnen gleichsam „unter ferner liefen" („praeterea"!)
darzustellen, blendet das entscheidende *movens* aus: Arnald bindet ja
seine *Sorge* noch einmal an die göttliche Sorgfalt, läßt sie von daher
begründet sein und den sich so sorgenden Menschen wiederum als
von göttlicher Sorge Bewegten und gleichsam Legitimierten erscheinen.
Doch von all dem spricht Harclay mit keinem Wort. Sein Bemühen ist
es, Arnalds Argumentation a limine als einen Versuch darzustellen, die
Voraussage vom terminierten Kommen des Antichrist zu belegen.
Fälschlicherweise sieht hierin Harclay die Hauptthese Arnalds. Allem
anderen, was Arnald darüber hinaus in seinem Antichristtraktat zur
Sprache bringt, mißt Harclay lediglich Dienstfunktion bei, es schließlich gar als subalternes Gerede von „gewisser Rationalität" bezeichnend.
Deutlich wird dieses Bemühen Harclays auch in der Art und Weise,
wie er Arnalds Interpretation von Act 1,6–7, von Mt 24,36 und Dn
12,9–10 wiedergibt. Hier stellt Heinrich von Harclay zunächst seine
Auslegungsvariante als die fraglos richtige voran, um so deutlicher – in
einem zweiten Schritt – Arnalds Position kontrastieren, ja karikieren zu
können. Dabei wird die Frage der Jünger nach der Wiederherstellung
des Reiches Israel[295] von Harclay fraglos als Frage nach der Wiederkunft Christi am Ende der Zeiten verstanden. Diese Frage aber werde
vom Herrn selbst nicht nur nicht beantwortet, sondern ausdrücklich
als unzulässig, weil als den Jüngern nicht zustehende Frage zurückgewiesen. Die subtile Interpretation Arnalds gerade dieses Verses, mit
der sich ja auch Johannes von Paris redlich auseinandergesetzt hatte,
erwähnt Harclay mit keinem Wort. Er fährt vielmehr fort, Mt 24,36
und Mk 13,32 zu zitieren, Bibelstellen also, die eindeutig besagen, daß
„der Tag und die Stunde" des Weltendes weder „den Engeln" noch
dem „Sohne", sondern nur dem „Vater" und, wie Harclay schließlich
ironisierend hinzufügt, offensichtlich auch Arnald von Villanova bekannt seien: „Sed iste magister fuit inspiratus, ut dixit, et bene novit."[296]
Wiederum bleibt Arnalds dezidiert vorgebrachte Interpretation dieser
synoptischen Verse völlig unerwähnt. Wie erinnerlich, bemühte sich ja
der Katalane nicht nur kolumnenlang um den vollen Wortsinn gerade
dieser Stellen, sondern auch um die adäquate Konsequenz dieser Sätze
für seine Warnung vor dem Kommen des Antichrist. Dabei arbeitete
er gerade an diesem Punkt der Erörterung die für seine gesamte Argu-

---

[295] Act 1,6–7; Heinrich von Harclay: Utrum astrologi. Ed. Pelster 1948, 59.
[296] Heinrich von Harclay: Utrum astrologi. Ed. Pelster 1948, 59.

mentation konstituierende Unterscheidung zwischen Wiederkunft Christi am Ende der Zeit und der Ankunft des Antichrist heraus. Er betonte, daß das erstere Ereignis durch das letztere erschlossen werden könnte, daß aber beide Geschehnisse eben nicht auf „den Tag und die Stunde" genau, sondern nur indirekt und von ungefähr vorauszusagen seien. Doch auch diese interpretatorische Perspektive Arnalds verschweigt Harclay geflissentlich. Statt dessen persifliert er ausgerechnet jenes Argument, das er bei seinem Rekurs auf den sibyllinischen Spruch in der Auslegung Arnalds völlig unerwähnt ließ: das der Inspiration. Der durchaus berechtigte Hinweis Arnalds darauf, daß die angesprochenen Verse aus dem Prolog der Apostelgeschichte nicht ohne den Hinweis auf die Verheißung des Heiligen Geistes, also nicht ohne Vers 8 ausgelegt werden dürfen, wird aus dem Kontext gerissen, überbetont und in gefährlicher Weise auf die Person Arnalds von Villanova selbst übertragen: stilisiert als Kennzeichen seines Selbstverständnisses.

5.7.3.3 Zwischenergebnis oder: Die Absicht Harclays

Die Absicht Harclays liegt auf der Hand: Es ist ihm offensichtlich darum zu tun, Arnald als jemand zu „entlarven", der selbst von sich behauptet habe, ein „Inspirierter" und „Wissender" zu sein. Es geht ihm also darum, Arnald mit genau jenen Etiketten zu versehen, die den katalanischen Arzt ins Abseits der Häresie katapultieren: in den noch nicht näher definierten Dunstkreis jener, die von der Kirche längst verdammt worden sind, zu den radikal inspirierten Mystikern welcher Couleur auch immer: den gerade in Südfrankreich, aber nicht nur dort, verbreiteten joachimitisch beeinflußten Spiritualen gar oder den „Häretikern vom Freien Geist".[297]

Diese sich hier deutlich abzeichnende Tendenz der Häretisierung verdichtet sich zum klar artikulierten Urteil, wenn Harclay schließlich noch einmal auf das Buch Daniel zu sprechen kommt, genauer auf Daniel 12,9–10. Hier heiße es doch ausdrücklich, daß der nach den Endereignissen fragende Daniel weggeschickt werde, verbunden mit dem unmißverständlichen Hinweis auf den Geheimnischarakter dieser Geschehnisse: „quia clausi sunt et signati sermones usque ad tempus prefinitum".[298]

---

[297] Patschovsky, Alexander: Was sind Ketzer? Über den geschichtlichen Ort der Häresien im Mittelalter. In: „. . . eine finstere und fast unglaubliche Geschichte?" Mediävistische Notizen zu Umberto Ecos Mönchsroman *Der Name der Rose.* Hrsg. von Max Kerner. Darmstadt 1987, 169–190, hier 169; dazu auch ders.: Häresie. In: LexMA IV, 1989, 1933–1937.

[298] Heinrich von Harclay: Utrum astrologi. Ed. Pelster 1948, 59; cf. Dn 12,9.

Harclay zieht auch sogleich die Konsequenz aus diesem Vers: „igitur sciri non poterit". Wiederum konstruiert er den Kontrast. Dem eindeutig-klaren Nicht-wissen-Können setzt er – rhetorisch geschickt – unmittelbar das eigenwillig-verquerte Besser-wissen-Wollen Arnalds gegenüber: „respondet [gemeint ist Arnald – Ergänzung M. G.] quod statim sequitur: ‚Impii ipsi agent neque intelligent omnes impii'. Porro docti intelligent."[299]

Hier kommt es Harclay gar nicht mehr darauf an, die inhaltliche Berechtigung eines solchen Einwurfs zu überprüfen. Die Vorverurteilung ist schon im vollen Gange. Noch ehe die vorgebrachten Argumente Arnalds näherhin geprüft werden, werden bereits dort, wo nach den Regeln scholastischen Disputierens lediglich die möglichst wertfreie Nennung diverser Argumente artikuliert werden soll, negative, den Gegner verunglimpfende Urteile ausgesprochen.[300] Was Heinrich von Harclay hier versucht, ist nichts anderes, als Arnald von Villanova genau mit jenem Makel zu zeichnen, der nicht nur innerhalb des von der traditionellen Schultheologie erstellten Lasterschemas den ersten Platz einnimmt, sondern zugleich und vor allem die Quelle aller Häresie darstellt: mit dem Makel der *superbia*, der Hoffart.[301] „Ergo saltem docti vel edocti, cuiusmodi erat iste magister, ut asseruit, possunt intelligere."[302]

Damit wird deutlich genug Arnald von Villanova als derjenige hingestellt, der von sich behauptet habe, inspiriert und informiert zu sein, mehr zu erkennen und zu wissen als die Engel und der Sohn selbst, von den Aposteln zur Zeit Jesu und dem alttestamentlichen Propheten Daniel ganz zu schweigen. Harclays Urteil steht fest, noch eher er auf die Argumente regelrecht antwortet: „*Hec fuit opinio*, quam posuerat in quodam libello, ‹quo› alia absurda et heretica continebantur."[303]

Arnald von Villanova ist – laut Heinrich von Harclay – also klarerweise jemand, der Absurdes und Häretisches geschrieben hat. Dabei verkennt der Engländer bereits in der Wiedergabe der Argumentation

---

[299] Ebenda.

[300] Die *disputatio* ist gerade die Kunst, ein echtes Streitgespräch zu führen, ein Gespräch, das gerade deswegen Gespräch bleibt, weil die Streitpunkte offen ausgesprochen und sachlich-nüchtern beim Namen genannt werden. Die *disputatio* ist – etwa bei Thomas von Aquin – geprägt von dem Geist des wohlwollenden Zuhörens und der polemikfreien und um Verständnis bemühten Wiedergabe der gegnerischen Argumente. Die Disputation ist eine geordnete Gegnerschaft. Ansonsten spricht man, wie es sich gerade trifft, aber nicht mit Kunst(-Sach)verstand: „non disputatur arte, sed casu", wie Johannes von Salisbury bemerkt, Metalogicus 3,10. Flasch 1987, 260f.

[301] Patschovsky: Ketzer 1987, 174.

[302] Heinrich von Harclay: Utrum astrologi. Ed. Pelster 1948, 59.

[303] Ebenda.

Arnalds spezifische Akzentsetzung, ja dessen Perspektive insgesamt. Dort, wo dieser die Betonung auf das göttlich Geschenkte legt, stellt jener das menschliche Leistungsvermögen in den Vordergrund. Dort, wo dieser die Grundform christlichen Lebens in Gefahr sieht, spricht jener lediglich von Obrigkeitskritik. Harclay blendet damit gerade jene Aspekte und Motive aus, die wie ein roter Faden Arnalds Antichristtraktat durchziehen. Es ist also völlig verfehlt zu behaupten, Heinrich von Harclay bemühe sich, die Argumente Arnalds möglichst korrekt darzustellen. Auf den ersten Blick mag dies so scheinen. Gelingt es ihm doch scheinbar, den oft komplex-komplizierten Argumentationsgedanken didaktisch geschickt zu reduzieren und gleichsam auf den Punkt zu bringen. Die genauere Analyse hat jedoch gezeigt, daß der Engländer wichtige Aspekte der Argumentationsstruktur Arnalds nicht zu Wort kommen läßt: entweder weil er sie tatsächlich als solche nicht erkannt oder weil er sie bewußt übersehen und ausgeblendet hat. Letzteres ist deswegen anzunehmen, weil sich herausstellt, daß Harclay gar nicht gewillt ist, das Ganze des Traktates zu resümieren noch die einzelnen exemplarisch herausgegriffenen Argumente so vorzustellen, daß das Ganze und Eigentliche der Aussageabsicht Arnalds zu Wort kommt. Im Gegenteil: Es läßt sich eine geschickt aufgebaute dreifache Stufenfolge des pejorativen Urteils erkennen:

Erstens werden die einzelnen Momente der Argumentation Arnalds in ihrer Stellung und Beziehung zur Gesamtaussage des Antichristtraktates nicht recht artikuliert, was zur Folge hat, daß die Detailaussagen wie die vorgestellte Gesamtaussage dem Leser-Hörer merkwürdig schief und verflacht erscheinen. Arnald von Villanova wird hier als simpler Ignorant, genauer, als jemand vorgestellt, der gar nicht merkt, wie sehr seine Ausführungen gegen die maßgebliche Auslegungstradition verstößt.

Auf der *zweiten* Verdichtungsstufe des pejorativen Urteilens wird der simple Ignorant zum skurrilen Außenseiter gestempelt. Seine Vorstellungen und Aussagen, zunächst noch subtil ironisierend vorgetragen, werden schließlich offen persifliert und unüberhörbar lächerlich gemacht.

Drittens gelingt es Harclay, den simplen Ignorant von lächerlicher Marginalexistenz in einen gefährlichen, weil von frevelhafter Selbstüberhebung gekennzeichneten Häretiker zu verwandeln.

Die Absicht Heinrichs von Harclay war es demnach nicht, sich ernsthaft, das heißt disputationsgerecht und sachlich-fachlich mit den Argumenten Arnalds von Villanova zu beschäftigen. Vielmehr geht es ihm darum, den katalanischen Arzt von vornherein und raffiniert geschickt – in allmählicher Steigerung des Vor-Verurteilens – als Gesprächspartner zu disqualifizieren, Arnalds Ansichten a limine als simpel, skurril und schließlich hybrid-häretisch vorzustellen. All das sind alles andere als gute Voraussetzungen für eine angemessene Auseinandersetzung mit den Argumenten Arnalds.

5.7.4 Die Erwiderung des Engländers

Die Entgegnung Heinrich von Harclays auf das von ihm dargestellte und, wie gezeigt, keineswegs kongenial wiedergegebene, ja schließlich sogar als häretisch bezeichnete Argument Arnalds weist insgesamt vier Schritte auf:

Erstens wird apodiktisch konstatiert, daß jeder, der auch nur versucht, die Ankunft Christi zeitlich zu determinieren, einer häretischen Ansicht anheimfallen wird, schließlich also eine *opinio haeretica* vertritt.

Zweitens wird der auf der Annahme einer Parallele von der Ankunft Christi „im Fleisch" und der Wiederkunft Christi am Jüngsten Tag beruhende Analogieschluß als Bedingung der Möglichkeit, das Weltende aus den Aussagen der Heiligen Schrift zu eruieren, als unerlaubtes Procedere abgelehnt.

Drittens wird das „Nützlichkeitsargument" Arnalds als völlig verfehlt bezeichnet, als Argument deklariert, das das genaue Gegenteil von dem bewirkt, was es entsprechend der erklärten Intention seines Autors bewirken soll. Es führt die Menschen nicht zum Guten, sondern verleitet sie zum Bösen.

Viertens bettet Heinrich die Ansicht Arnalds über den Antichrist in einen weitgespannten heterodoxen Rahmen. Dabei zeigt es sich, daß der bereits geäußerte Häresievorwurf gegen Arnald von Villanova en detail bestätigt, genauer definiert und schließlich von seinen Wurzeln aus beleuchtet und näherhin konturiert und kontextuiert wird. Beim genaueren Analysieren der Darlegungen, der polemischen Vorwürfe und schattierenden Verzeichnungen fällt helles Licht nicht nur auf Heinrichs Argumentationsstruktur, sondern ebenfalls auf die darin zum Ausdruck kommende, oft aber eben unausgesprochene und doch alles bestimmende eigentliche Aussageintention. Diese wiederum läßt Rückschlüsse auf das zu, was man, recht verstanden, als „intellektuelle Mentalität" Heinrichs bezeichnen könnte.[304]

Die ersten drei Schritte erfolgen in rascher Folge und knappen Worten. Sie können ineins dargestellt werden. Der vierte ist komplexerer Natur und von komplizierterer Struktur. Er bedarf intensiver Aufmerksamkeit und extensiverer Untersuchung.

---

[304] Dazu im speziellen Blick auf die Mediävistik erhellend Seibt: Gesellschaftsgeschichte 1988, 16–28; allgemein: Wunder, Heide: Kulturgeschichte, Mentalitätsgeschichte, Historische Anthropologie. In: Geschichte. Hrsg. von Richard van Dülmen. Frankfurt a. M. 1990, 65–86, bes. 72–80, 429f. (Lit.).

5.7.4.1 Harclays trimorphe Replik

Die erste Stellungnahme innerhalb der Replik Harclays auf Arnald bezieht sich auf das, was zuvor als eigentliche Kernthese Arnalds bezeichnet wurde: auf die Ankündigung, daß der Antichrist innerhalb der siebziger Jahre des 14. Jahrhunderts kommen werde. Die zwei weiteren Gedankenschritte Harclays beziehen sich auf die Begründung dieser These und stehen insofern in direktem Bezug zueinander. Sie bilden gleichsam eine einzige Replik von trimorpher Struktur.

Die vermeintliche Kernaussage Arnalds wird kategorisch abgelehnt, mehr noch: bereits der Versuch, das *certum tempus adventus Christi* zu asserieren, wird als häretisch bezeichnet.[305] Eine weitere Begründung dieser Behauptung erfolgt nicht. Auch kommt nicht zur Sprache, daß Arnald von Villanova keineswegs behauptet, das genaue Datum der Wiederkunft Christi zu kennen, wohl aber vor dem im 14. Jahrhundert kommenden Antichrist mahnt, damit indirekt auf das Kommen des Herrn und auf das Weltende verweist. Doch mit dieser Differenzierung hält sich Harclay nicht auf. Für ihn steht fest, daß Arnald von Villanova behauptet, das *certum tempus*, die sichere Zeit der Wiederkunft Christi, zu verkünden. Und genau darin, im Vertreten dieser Ansicht, das heißt, in der Behauptung, etwas zu können, was kein Mensch kann, wird jedermann, auch Arnald von Villanova, zum Häretiker, wird, um noch einmal den genauen Wortlaut Harclays aufzunehmen, eine *opinio haeretica* vertreten.

Der häretische Charakter dieser Ansicht falle nun bei Arnald besonders stark ins Auge, und zwar aufgrund der exponiert widersinnigen Begründung seiner These. Allein die Methode, die Arnald von Villanova bei seinem Begründungsversuch artikuliere, entbehre, so der Engländer weiter, jeglicher Vernunft und sei deswegen in besonderer Weise töricht: „Sed ista maxime est *irracionabilis multipliciter*."[306] Hier werde ja nicht nur die biblische Rede von den 1290 Tagen als eine Zeitspanne von 1290 Jahren verstanden, was an sich schon höchst fragwürdig sei. Vielmehr werde die alttestamentliche Aussage selbst durch Aufspaltung verändert, und eben dadurch zerstört. Die gesamte heilige Auslegungstradition, namentlich die des heiligen Hieronymus, begreife diesen Vers vernünftigerweise als eine einzige Aussage über die Zeit des Antichrist, nicht aber, wie Arnald, als eine Zeitspanne zwischen der Abschaffung des Opfers im Zuge der Zerstörung Jerusalems

---

[305] Heinrich von Harclay: Utrum astrologi. Ed. Pelster 1948, 59f.
[306] Ebenda 60.

durch die Römer einerseits und der Ankunft des Antichrist andererseits.[307]

Wiederholt hier Heinrich von Harclay nicht im Grunde das, was er bereits in der Darstellung zuvor kritisierte? Auf den ersten Blick scheint dies der Fall zu sein. Dennoch darf die gravierende Differenz nicht übersehen werden, die gerade darin besteht, daß inzwischen eine andere Argumentationsebene erreicht worden ist. Der Leser-Hörer weiß jetzt, daß es längst nicht mehr um eine *opinio* geht, die zu diskutieren ist, auf die man sich einlassen, die man akzeptieren, die man aber auch ablehnen kann. Dem Leser-Hörer ist vielmehr mittlerweile klargemacht worden, daß es sich hier insgesamt um eine *opinio haeretica* handelt und daß es jetzt nur noch darum geht, diese punktuell und exemplarisch in ihrem gefährlich-falschen, häretischen Charakter zu durchschauen.

In diesen Kontext gehört auch die an zweiter Stelle angeführte Erwiderung Heinrichs. Sie antwortet auf die von Arnald vorgebrachte Überlegung, daß die zweite Ankunft Christi wie die erste, die Inkarnation, biblisch vorauszusagen sei. Für Heinrich von Harclay werden hier zwei Ereignisse miteinander verglichen, deren *tertium comparationis* für Harclay keineswegs gegeben ist. Die Tatsache, daß Arnald es allerdings als gegeben annimmt, belegt nur dessen irrationale Sichtweise. Heinrich braucht sich nicht lange mit diesem Argument Arnalds auseinanderzusetzen. Er konstatiert nur mit knappen, aber um so wirkungsvolleren Worten, daß Gott den Menschen jene erste Ankunft Christi ankündigen wollte, die zweite aber, seine Wiederkunft zum Jüngsten Gericht zu verheimlichen gedachte. Ausdrücklich habe er selbst das Fragen danach verboten: „immo dixit esse ignotum et prohibet inquirere".[308]

Woher Heinrich von Harclay seinerseits diese Erkenntnis gewinnt, erwähnt er an dieser Stelle nicht mehr. Doch offensichtlich ist das die Konsequenz aus seiner oben klar vorgestellten Interpretation der genannten neutestamentlichen Schriftstellen: Matthäus 24,36, Markus 13,32 und Apostelgeschichte 1,6–7.

Doch was bedeutsamer ist: Heinrich von Harclay wirft hier Arnald von Villanova vor, Gottes Verbot zu mißachten; und zwar aufgrund seines superben Wissenwollens, aufgrund seiner Hoffart. Mit anderen Worten: Der Grundfrevel aller Häresie, die Hybris, trieb den Katalanen dazu, ein ausdrückliches Herrenverbot zu mißachten, nämlich die bereits zurückgewiesene Frage nach der Wiederkunft Christi nochmals zu stellen und einer vermeintlichen Antwort zuzuführen.

---

[307] „Quia *Ieronimus* et omnes sancti dicunt totum debere intelligi de tempore persecucionis Antichristi et magis est adhibenda illis fides quam nostro magistro". Ebenda.
[308] Ebenda.

Damit erhält die Stellungnahme Harclays zu der Behauptung Arnalds,
daß es für den Christgläubigen nützlich sei, zu wissen, wann der An-
tichrist komme, seine besondere Schärfe. Wird doch diese Behauptung
Arnalds nicht nur abgelehnt und gegenteilig beantwortet, sondern darüberhinaus als gegen das Wort Christi gerichtet und von daher noch
einmal als „anti-christlich" deklariert.[309]
So nennt Heinrich von Harclay zahlreiche Autoritäten, die genau das
Gegenteil von dem behaupten, was Arnald von Villanova ausführte.
Mit Hilfe Gregors des Großen, des Hieronymus, Chrysostomus, Beda
Venerabilis und schließlich des Augustinus legt er gerade umgekehrt
dar[310], daß es den Menschen im Blick auf seine Heilsvollendung nützt,
die genaue Zeit der Wiederkunft Christi *nicht* zu kennen; denn die Unsicherheit über dieses Datum fordere ja die ständige Acht- und Aufmerksamkeit des Menschen. Darin stimmt er mit der Ansicht Johannes' von Paris überein. Sodann aber geht Heinrich noch einen Schritt
weiter: Die Behauptung Arnalds, daß nicht die Apostel, sondern er
inspiriert sei, zeuge nur davon, wes Geistes Kind der Katalane sei: inspiriert nicht vom Geist Gottes, der Weisheit und der Klugheit, des
Rates und der Tapferkeit, sondern vom Geist der Lüge. „Nam iste erat
propheta Achab, de quibus dictum est 3 *Regnum* ultimo ‹22,22› *‚Ero
spiritus mendax in ore omnium prophetarum.'*"[311]
Damit reiht Heinrich von Harclay seinen Gegner, der vom Kommen
des Antichrist spricht, selbst in die Reihe der „falschen Messiasse und
falschen Propheten" ein, vor denen Jesus die Seinen gewarnt hatte.[312]
Arnald von Villanova wird als einer von jenen bezeichnet, die sich
selbst in frecher Arroganz als Anwälte des Heils ausgäben, tatsächlich
aber dem „Geist der Lüge" hörig seien. Sie widersprechen dem Geist
Gottes, der in den maßgeblichen Autoritäten zu Wort kommt. Was
Wunder also, wenn Arnald etwa für seine Interpretation von Daniel
12,11, näherhin für sein Verständnis der Tageszahlen als Jahreszahlen,
nicht nur keine einzige Autorität anführen könne, sondern klarerweise

---

[309] Ebenda.
[310] „Ergo secundum *Gregorium* magis expedit ad salutem nescire horam adventus quam
scire, dum tamen certum est quod venturus sit. Hoc idem *Ieronimus* super *Matheum,
Crisostomus, Beda* dicunt." Zuvor hatte er aus den Homilien Gregors zitiert, *Gregorius*:
Homiliae in ev. 1. hom. 1 (PL 76, 1078). Sodann läßt er längere Passagen aus dem
Werk *Augustinus*: Epistola 199 ad Hesychium (CSEL 57, 252f) folgen. Heinrich von
Harclay rekurriert also vornehmlich auf jene Autoren, die auch Arnald von Villanova
zu Wort brachte. Jener stellt schließlich fest: „Igitur concludit oppositum, quod magis
necessarium est finem mundi esse incertum, ut caveatur malum futurum." Heinrich
von Harclay: Utrum astrologi. Ed. Pelster 1948, 60.
[311] Heinrich von Harclay: Utrum astrologi. Ed. Pelster 1948, 60f.
[312] Mt 24,24.

gegen jegliche *auctoritas* verstoße.[313] Insofern entspricht das, was Arnald ausführe, nicht nur nicht dem Geist Gottes, sondern widerspricht ihm klarerweise.

Heinrichs Position steht also am Ende dieses trimorphen Widerspruchs gegen Arnald von Villanova unmißverständlich fest: Arnald von Villanova vertritt nicht nur eine häretische Meinung, die in vielfacher Hinsicht irrational ist, sondern er stellt sich mit dieser *opinio haeretica* in den Dienst des Diabolus, des „*spiritus mendacii*." Wenn der Katalane überdies meine, daß seine Behauptung, die sich inzwischen als häretische Ansicht entpuppt habe, dem Menschen helfe, das Heil zu erlangen, obwohl die *auctoritates sancti* konstatierten, daß dieses Vorauswissen gerade schädlich hinsichtlich der Heilserlangung sei, und obwohl Christus selbst es ausdrücklich ablehnte, die Frage zu beantworten, ja den Seinen verbot, solch eine Frage überhaupt zu stellen, geschweige denn, einer Antwort zuzuführen, dann ist es offensichtlich, daß Arnald sich selbst – gegen Christus – als nützlicher Helfer des falschen „Heilsbringers" versteht. Mit anderen Worten: Heinrich von Harclay suggeriert hier geschickt, weil unausgesprochen und doch für jedermann vernehmbar, daß Arnald von Villanova selbst antichristliche Züge trägt, mehr noch: daß er als Hörer des Lügenwortes zu jenen gehört, die traditionellerweise als Vorläufer des Antichrist, als „*antichristi*" bezeichnet werden.

Der Engländer konkretisiert damit eigens seinen bereits geäußerten Häresievorwurf. Arnald von Villanova ist nicht nur jemand, der eine *opinio haeretica* geäußert hat, sondern ein Denken artikulierte, das insgesamt vom „Geist der Lüge" geprägt und als ausgesprochen widerchristlich zu bezeichnen ist.

5.7.4.2 Harclays Erwiderung im Vergleich

In seiner Einleitung zu der Edition des Antichristtraktates des Heinrich von Harclay glaubt Franz Pelster in den folgenden Ausführungen einen Themenwechsel zu erkennen. Jetzt setze Heinrich sich nicht weiter mit dem Ansichten Arnalds auseinander, sondern mit denen der Juden.[314] Beim genauen Zusehen erweist es sich aber, daß exakt das Gegenteil der Fall ist. Zwar leitet Heinrich von Harclay die weiteren Ausführungen mit dem Hinweis ein, daß jetzt eine „andere Ansicht über die Ankunft des Antichrist" zur Sprache komme.[315] Doch wird im Ver-

---

[313] „Ideo sine omni auctoritate, immo contra omnem auctoritatem est sua exposicio. *Eadem igitur facilitate contempnatur, qua approbatur.*" Heinrich von Harclay: Utrum astrologi. Ed. Pelster 1948, 61.

[314] Pelster 1948, 48.

[315] „Sequitur *alia opinio* de adventu Antichristi et est *opinio Iudeorum.*" Heinrich von Harclay: Utrum astrologi. Ed. Pelster 1948, 61.

lauf seiner Ausführungen deutlich, daß er dabei nicht nur stets an die Argumentation des Arnald von Villanova denkt, sondern ausdrücklich darauf rekurriert, Vergleiche anstellt, Parallelen zieht und damit insgesamt Arnalds Antichristtraktat in einen heterodoxen Kontext bettet, um auf dessen Hintergrund zahlreiche Einzelaussagen Arnalds deutlicher zu konturieren und den Häresievorwurf klarer zu umreißen.

Es sei jüdische Auffassung, so Harclay, die *computatio* mit der Auslegung des nämlichen Danielverses von der Abschaffung des Opfers unter Titus und Vespasian beginnen zu lassen, also die Rechnung in jener Weise aufzumachen, wie es „iste magister" getan habe, womit, was Pelster offensichtlich übersieht, nach wie vor Arnald von Villanova gemeint ist.[316] Das heißt aber, daß der von Pelster in seinem Vorspann überhaupt nicht erwähnte, aber im Blick auf die Einschätzung Harclays höchst informative eingeschobene Nebensatz sich ebenfalls auf niemand anderen als auf Arnald bezieht: „Et credo quod iste *magister* fuit de professione illorum, occulte tamen propter metum christianorum."[317] Harclay ist also allen Ernstes der Meinung, daß Arnald von Villanova heimlich Jude gewesen sei und lediglich aus Furcht vor den Christen sich dazu nicht öffentlich bekannte.[318]

Genau diese These vom heimlichen Juden will Heinrich von Harclay im folgenden näherhin belegen: Dabei meint Harclay sogleich auf einen bedeutsamen Unterschied zwischen jüdischer Messiaserwartung und christlicher Warnung vor dem Antichrist hinweisen zu müssen: „Est igitur intelligendum quod Iudei expectant adventum Messie. Qui Messias expectatus ab eis in rei veritate erit Antichristus."[319]

Da die Juden Jesus Christus nicht als ihren erwarteten Messias angenommen hätte, warten sie bis heute auf einen „anderen" Messias. Wie dieser „andere" Messias aufzutreten habe, um von ihnen als der Messias geglaubt zu werden, sucht Harclay mit Johannes 5,43 näher auszuführen: Es ist ein Messias, der eben nicht im Namen des Vaters Jesu Christi, sondern „in seinem eigenen Namen" auftreten, der also nicht

---

[316] Während der gesamten Auseinandersetzung mit Arnald von Villanova wird dieser von Harclay entweder beim Namen genannt oder aber, was weitaus häufiger geschieht und die Regel ist, als „iste magister" bezeichnet. Gerade diese Bezeichnung greift Harclay bei seiner Darstellung der „opinio Iudeorum" wieder auf, so daß der Leser-Hörer doch sogleich an Arnald von Villanova denken muß, zumal ein anderer überhaupt noch nicht genannt wurde. Wenige Zeilen später heißt es „sicud incepit", wobei, wie aus der grammatikalischen Konstruktion zweifelsfrei ersichtlich ist, nur „iste magister" als Prädikatssubjekt in Frage kommt. Inhaltlich wird dabei die Position Arnalds von Villanova repetiert, so daß Harclay offensichtlich weiterhin von niemand anderem als von diesem katalanischen Arzt spricht. Ebenda 61.

[317] Ebenda.

[318] Dazu Carreras i Artau 1947, 49–61 und 1949, 75–105.

[319] Heinrich von Harclay: Utrum astrologi. Ed. Pelster 1948, 61.

die „Sache Gottes", sondern sich selbst zur Geltung bringen wolle, der egozentrisch und widerchristlich gegen das Sein-vom-Vater sich erhebt und gerade so der Antichrist selbst ist.[320] Das Kommen dieses ihren „falschen" Messias, der in Wirklichkeit der Antichrist ist, suchen die Juden ebenfalls – wie Arnald von Villanova – mit Daniel 12 zu berechnen. Dabei setzten sie bei der Frage an, die Daniel dem „in Linnen gekleideten Mann" stellte: „Usque quo finis horum miraculorum?" Die Antwort auf genau diese Frage sei zu bedenken: „Eine Zeit und eine Zeit und die Hälfte der Zeit." Die „Hebräer" aber, so Harclay im gelehrten Ton weiter, hätten in ihren „heiligen Büchern" („in sanctis codibus") unterschiedliche Antworten verzeichnet, so heiße es dort etwa: „lo mohleth moehthim iaefi, id est terminum et termonos et dimidium", aber auch „et tempus et tempora" wobei nicht von der Hälfte der Zeit, sondern lediglich von der Hälfte, „dimidium solum" die Rede sei.[321] Bei ihrer Berechnung des Kommens des Messias nun gehen sie davon aus, daß hinter „dimidium" jenes Wort mit jenem Numerus zu ergänzen sei, das zuletzt genannt wurde, nicht „temporis", Singular, sondern „temporum", Plural.[322] Der Plural läßt somit von vornherein nicht an einzelne Jahre, sondern an größere Zeitspannen, an Epochen und Ereignisse innerhalb der Geschichte denken. So werde schließlich von den Juden der Auszug der Israeliten aus Ägypten bis zur Errichtung des Tempels unter König Salomon als *primum tempus* verstanden, eine Zeit, die immerhin 480 Jahre umfasse. Da sie das *tempus secundum* mit der Zeitspanne von der Errichtung des Tempels bis zu seiner Zerstörung unter Nabogodon identifizieren, eine Zeitspanne, die 410 Jahre umfasse, dividierten sie nunmehr die Summe dieser *tempora* durch zwei, um dem *dimidium* Rechnung zu tragen, und addierten diese wiederum mit dem zuvor berechneten Quotienten. So erhielten sie schließlich die Zahl 1335, die sie als jene Zeitspanne interpretierten, die nach Daniel 12 noch verstreichen wird bis „das Ende dieser wunderbaren Dinge" hereinbreche: „[. . .] faciunt 1335 annos, que sunt tempus et tempora et dimidium, scilicet duorum terminorum et temporum et tunc ista deducunt usque ad finem mundi."[323] Die jüdische Ansicht rechnet also im Blick auf das Ende der Welt mit 1335 Jahren, mit einer Zeitspanne also, die der von Arnald veranschlagten sehr nahekommt. Heinrich von Harclay weist darauf nachdrücklich hin.

---

[320] Ebenda; vgl. dazu *Glossa ordinaria et interlinearis* ed. Venedig 1603, Bd. 5, 1111f.

[321] Heinrich von Harclay: Utrum astrologi. Ed. Pelster 1948, 61.

[322] Ebenda: „Et exponunt dimidium non dimidium temporis in singulari, sed terminorum vel temporum in plurali. Unde exponunt per tempus et tempora et dimidio (!) duorum temporum."

[323] Ebenda.

Doch damit nicht genug: Er macht überdies auf Parallelen aufmerksam, die er zwischen der jüdischen Auffassung und der Darlegung Arnalds von Villanova zu erkennen glaubt, Parallelen, die, wie sich immer deutlicher herausstellt, sich schließlich als weitgehende Übereinstimmung der *opiniones* und *computationes* erweisen: In nuce und geordnet zusammengefaßt, lautet die Argumentation des Engländers:[324]

OPINIO IUDAEORUM DE ADVENTU ANTICHRISTI **nach Heinrich von Harclay** **Dn 12,7**		
Primum tempus:	„a transitu filiorum Israel de Egypto usque ad edificationem templi per Salomonem"	*480 anni*
Secundum tempus:	„tempus duracionis templi usque ad eius destruccionem per Nabogodon"	*410 anni*
Dimidium duorum temporum:	medietas 890 (480 + 410) annorum	*445 anni*
	Ergo: 480 + 410 + 445 =	*1335 anni*
„que medietas addita suo toti faciunt 1335 annos", que sunt tempus (480) et tempora (410) et dimidium (445)		

1. Die opinio Iudeorum kommt hinsichtlich ihres Computationsergebnis der Rechnung Arnalds von Villanova recht nahe.
2. Diese Annäherung wird dank bestimmter Modifikationen innerhalb der jüdischen Rechnung in fast völliger Übereinstimmung mit der Ansicht Arnalds verwandelt, und zwar konkret dadurch, daß
a) behauptet wird, die jüdische Interpretation von Daniel 12,11 stimme mit der des Arnald von Villanova grundsätzlich überein. Wie diese gehe auch jene davon aus, daß der *terminus a quo* der Rechnung die Abschaffung des „täglichen Opfers" sei, die wiederum im zeitlichen wie faktischen Zusammenhang mit der Zerstörung Jerusalems unter Titus und Vespasian stehe;
b) die 1335 Jahre, die sich aus der oben vorgestellten und auf Dn 12,7 sich stützenden Rechnung der *tempora* ergeben, jüdischerseits identifiziert werden mit jenen „tausenddreihundertfünfunddreißig Tagen",

[324] Ebenda 61f.

von denen in Dn 12,12 die Rede ist; daß also auch die Juden wie „magister Arnaldus" die hier erwähnten Tage irriger- und völlig willkürlicherweise als Jahre interpretieren;

c) die 1290 Tage, von denen in Dn 12,11 die Rede ist und die Arnald von Villanova ebenfalls wieder als Jahre interpretiert und dem Jahr addiert, in dem der Tempel von Jerusalem zerstört und das Lamm- und Rauchopfer ausgeschlossen und aufgehoben, das *iuge sacrificium* einfach abgeschafft wurde, daß also diese 1290 Jahre der jüdischen Rechnung inhärent sind. Bleibt doch nach ihrer *computatio* der kommende Messias zunächst noch eine Zeit lang, genau gesprochen, 45 Jahre lang, verborgen anwesend: „Sed antea per 45 annos veniet, id est post 1290 annos a tempore predicto. Si enim addas 45 ad 1290, fiunt 1335. *Ista est opinio Iudeorum et concordat cum magistro Arnaldo*"[325];

d) konstatiert wird, die computatio Arnalds sei auch im Ergebnis nahezu deckungsgleich mit der jüdischen. Sie differieren lediglich um ein Jahr voneinander. Denn merkwürdigerweise sähen die Juden bereits die Abschaffung des sacrificium im Jahre 42 nach christlicher Zeitrechnung als gegeben an, addierten folglich die 1335 Jahre mit 42 und erhielten somit „annus Messiae" 1377.[326]

Im Jahre 1377 komme demnach der Messias, der, wie oben bereits von Harclay ausgeführt, in Wirklichkeit aber kein anderer als der Antichrist sei. Harclay stellt geradezu genüßlich fest: „Et patet quod *isti Iudei concordant de tempore cum magistro Arnaldo* ponente Antichristum futurum post 76 annos ab anno Domini 1300."[327]

Im Resümee dieses Vergleiches findet Heinrich von Harclay die Bestätigung seines bereits dem Leser-Hörer geschickt suggerierten Verdachts: Arnald von Villanova ist ein heimlicher Jude, [. . .] „qui, ut credo, equipollebat Iudeo. Et ista prima est derisione digna."[328]

Allerdings bleibt Harclay nicht dabei, über die Ansicht Arnalds zu lachen, sondern verdichtet gerade durch seinen Vorwurf, der Katalane vertrete und verkündige, „pseudo-christlich verpackt", jüdisches Gedankengut, die bereits massiv geäußerte Häresiebeschuldigung. Mit anderen Worten: Jetzt heißt es nicht nur allgemein, daß Arnald von Villanova eine häretische Ansicht vertreten habe, sondern konkreter, daß diese *haeretica opinio* letztlich und eigentlich jüdischer Provenienz und eine Blasphemie sei. Die irrige, sich von der christlich-katholischen Glaubenstradition abwendende und sich also absondernde Ansicht über das Kommen des Antichrist erweist sich beim näheren Betracht

---

[325] Ebenda 62.
[326] Arnald von Villanova glaubte das Jahr 1378 oder 1376 (Rasur) angeben zu dürfen, siehe dazu ausführlich das Kapitel 3.2.7.1.
[327] Heinrich von Harclay: Utrum astrologi. Ed. Pelster 1948, 62.
[328] Ebenda.

als eine Äußerung, die sich letztlich gegen Christus, den Gott-Menschen wendet, als die Übernahme einer Denk- und Glaubenstradition, die die Messianität Jesu leugnet und auf denjenigen setzt, den die Juden für den wahren Messias halten, der aber in Wirklichkeit der Antichrist selbst sei. Heinrich von Harclay rechnet den Katalanen zu jenen, die in London noch wenige Jahrzehnte zuvor massenweise hingerichtet und – ab 1290 – aus ganz England vertrieben wurden: zu den Juden.[329]

Überdies wirft Harclay Arnald vor, die durch das Hoffen auf den falschen Messias entstandene „Blasphemie" der Juden noch zu übertreffen: „*Item* magister *Arnaldus* peius videtur blasphemare quam *Iudei*."[330] Diese Übersteigerung sieht er darin begründet, daß Arnald von Villanova den Aposteln Nichtwissen und völligen Mangel an Inspiration, also Geistlosigkeit unterstellt. Offensichtlich rekurriert Harclay hier auf Arnalds Interpretation des Verses aus der Apostelgeschichte, in dem der Auferstandene die Frage der Jünger nach dem Zeitpunkt der *restitutio regni* zurückweist, gleichzeitig ihnen aber die Kraft des Heiligen Geistes verheißt.[331] Arnald hatte, wie erinnerlich, beide Aussagen konkordieren lassen, verbunden mit dem Hinweis, daß das Pfingstwunder, also die Herabkunft des Heiligen Geistes auf die Seinen, zum Zeitpunkt der *ascensio Christi* noch nicht geschehen war. Dagegen behauptet Heinrich von Harclay, daß die Apostel zu diesem Zeitpunkt bereits alles wußten, was zu wissen heilsnotwendig ist: „Certum est enim quod omnia sciverunt, que erant necessaria ad sciendum pro salute."[332] Er beruft sich dabei ausdrücklich auf das 15. Kapitel des Johannesevangeliums, auf jene ergreifende Abschiedsrede Jesu, in der er seine Jünger nicht *servi*, sondern *amici* nennt. Die Begründung Jesu für diesen hohen Ausdruck gegenseitigen Vertrauens und des Einander-Vertrautseins interessiert Harclay: „Ich nenne euch nicht mehr Sklaven; denn der Sklave weiß nicht, was sein Herr tut. Ich heiße euch Freunde, weil ich all das, was ich von meinem Vater gehört habe, euch bekannt gemacht habe."[333]

---

[329] „Judenvertreibungen aus den großen Herrschafts- und Rechtsbereichen des Abendlandes begannen zunächst in England 1290, 1394 in Frankreich, 1492 in Spanien und 1496 in Portugal. In dieser Zeit erschien Mitteleuropa als Zufluchtsort." Seibt: Von der Konsolidierung 1978, 156; Keller, Werner: Und wurden zerstreut unter alle Völker. Die nachbiblische Geschichte des jüdischen Volkes. München/Zürich 1966, 267f.; Fohrer 1977, 256; Ben-Sasson, Haim Hillel: Geschichte des jüdischen Volkes. Von den Anfängen bis zur Gegenwart. München 1992, 473–883, bes. 583f.

[330] Ebenda.

[331] Apg 1,6.

[332] Heinrich von Harclay: Utrum astrologi. Ed. Pelster 1948, 62.

[333] Ebenda; Joh 15,15.

Was Heinrich von Harclay damit Arnald von Villanova vorwirft, übersteigt tatsächlich alles bisher Artikulierte. Er wirft ihm vor, gerade
diese Abschiedsrede Jesu, gehalten beim Letzten Abendmahl, der
Nacht vor seinem Tod, einer Rede, die sich jeder Christ ins Herz und
Hirn zu schreiben hat,[334] schlechthin zu ignorieren, ja mehr noch: als
Lüge zu behandeln. Arnalds These stellt eine Leugnung der Tatsache
dar, daß Jesus seine Jünger tatsächlich bereits vor der Geistsendung
alles gelehrt habe, was er „von seinem Vater" gehört habe, was also
heilsnotwendig sei.[335] Zu diesem „alles" gehört eben nicht das Wissen
um die Wiederkunft Christi, es gehört auch nicht zu dem, was der
Gott-Mensch Jesus Christus wußte; denn dieser hatte ja den Seinen
alles mitgeteilt, was er wußte. Sofern also Arnald von Villanova behauptet, die Fragen nach den *tempora vel momenta* zu kennen, „die der
Vater in seiner Macht festgesetzt hat", behauptet er, mehr zu wissen
als die von Christus „über alles" unterrichteten Apostel, mehr zu wissen als Christus selbst, mehr zu wissen, als dem Heil der Menschen,
Christus selbst, „vom Vater" zugetragen wurde und also für das Heil
der Menschen zuträglich sei. Harclays Gedankengang schließt sich damit:
Die Apostel wurden vom Gott-Menschen Jesus Christus zeitlebens über
all das zum Heile Notwendige unterrichtet, aber eben *genau* über das
und im genauen Maße: nicht weniger und nicht mehr. Weniger nicht,
weil das mit dem Erlösungswillen Gottes inkompatibel wäre, und
mehr auch nicht, weil das entweder die geist-seelische Kapazität des
Menschen überstiegen, oder aber das Essentielle kuvriert und kollu-
diert hätte. Gerade letzteres zu versuchen, wirft der Engländer dem
Katalanen vor. Erschwerend kommt hinzu, daß dabei Arnald bewußt
das Herrenwort überhöre, das dieser den Aposteln noch kurz vor seiner *ascensio* mit auf den Weg gegeben habe: Daß es ihnen nicht zukomme; und das heißt aus dem Munde des Erlösers stets: daß es dem
Heil nicht zuträglich ist, solch eine Frage überhaupt zu stellen.
Dadurch also, daß Heinrich von Harclay zu konstatieren glaubt, Arnald behaupte, mehr zu wissen als die mit dem Gott-Menschen Umgang pflegenden und von diesem über alles Heilsnotwendige unterrichteten Apostel, ja sich gar erdreiste,[336] die Frage beantworten zu

---

[334] Dazu *Glossa ordinaria et interlinearis* ed. Venedig 1603, 1264f.

[335] Dieser Gleichsetzung von „Heilsnotwendigkeit" und „allem, was der Sohn vom Vater
gehört hat" liegt das christliche Selbstverständnis zugrunde, das den Inhalt des Evangeliums letztlich und eigentlich mit dem fleischgewordenen Logos selbst identifiziert,
der wiederum nichts anderes verkündet hat als das, was er selbst ist: Wort Gottes
und als Wort Gottes Heil des Menschen, ja *salus mundi*. Vgl. etwa Rm 1,1–5; dazu
auch den Kommentar des Thomas von Aquin, cap. 1 lec. 2 (Opera omnia 13, 50).

[336] So der Vorwurf der Pariser Theologenkommission, s. oben Kap. 3.3.1.

können, die allein zu stellen, geschweige denn einer Antwort zuzuführen, der Erlöser den Seinigen verboten hat; dadurch also wird Arnald von Villanova nichts anderes vorgeworfen, als daß er nicht das Heil, sondern das Unheil des Menschen im Auge habe, ja selbst am Unheil des Menschen mitwirke. Ist doch das, was dem Heil des Menschen nicht zuträglich ist, keineswegs Genus neutrum. Vielmehr ist es, weil gegen das Ein und Alles des Geoffenbarten und Offenbarenden gerichtet, gegen Christus gewendet: „anti-christus".

Arnald von Villanova ist für Heinrich von Harclay nicht nur ein lächerlicher Sonderling, dessen Thesen zum allgemeinen Amüsement vorgestellt, geschweige denn ernsthaft disputiert werden könnten, auch nicht bloß ein stark vom jüdischen Denken geprägter und offensichtlich die rabbinische, nicht aber die autoritativ-christliche Schriftauslegung rezipierender Christ. Vielmehr ist Arnald für Harclay klarerweise ein Pseudo-Christ, jemand, der sich nur zum Schein Christ nennt und dabei eine Ansicht verkündet, die zwar von der göttlichen Sorge spricht, sich aber hybrid gegen das Wort Gottes stellt und dessen Träger, erfüllt vom „Geist der Lüge", gegen die ausdrückliche Weisung Christi verstößt. Arnald wird als jemand dargestellt, der im Dienste dessen steht, dessen Kommen er verkündet: im Dienste des Antichrist.

5.7.5 Zu Johannes Quidort von Paris

Die harte Auseinandersetzung mit Arnald von Villanova scheint zu ihrem Schlußpunkt gekommen zu sein. Harclay wendet sich nämlich im folgenden einer Auffassung zu, die von jemandem geäußert wurde, dessen Namen er aber nicht preisgeben möchte. Beim genauen Zusehen ist aber unschwer zu erkennen, zu wessen Auffassung über das Kommen des Antichrist Heinrich von Harclay hier kritisch Stellung nimmt: zweifellos zu den Überlegungen des Johannes Quidort von Paris: „Est forte *alia opinio alicuius solempnis*, quem non nomino, licet ipsum de hac materia frequenter loquentem audiverim, nomen tamen subticeo."[337]

Heinrich von Harclay hat also Johannes von Paris selbst noch gehört; wo und bei welcher Gelegenheit, sagt er leider nicht.[338] Aber immerhin: Er erkennt in ihm den Kollegen, denjenigen, den zu hören und mit dem „cum arte" zu disputieren, es sich lohnt. Dazu gehört auch, nicht persönlich zu werden, sondern sachlich zu bleiben. Deswegen verschweigt er den Namen seines „Gegners". Er will sich mit den Argu-

---

[337] Heinrich von Harclay: Utrum astrologi. Ed. Pelster 1948, 62.
[338] Wahrscheinlich während seines Aufenthalts in Paris im Jahre 1300; vgl. oben Harclays Biographie.

menten des Quidort befassen, nicht mit dem Menschen, der dieses Argument zur Sprache bringt. Und darin besteht bereits ein wesentlicher Unterschied zu dem Modus procedendi, den wir bei Harclay im Blick auf Arnald von Villanova feststellten. Hier war es, wie gesehen, nicht mehr nur das Argument, sondern die Herkunft des Argumentes und schließlich die häretische, ja antichristliche Haltung dessen, der solch eine Irrmeinung vertrat, die Heinrich von Harclay interessierte und artikulierte. Hinter Arnalds Argument glaubte er, den *spiritus maligni et mendacii* zu erkennen, auf den Quidort, der noch darzulegenden Ansicht Harclays nach, allerdings hereingefallen sei. Insofern läßt Heinrich von Harclay auch nur scheinbar Arnald von Villanova aus dem Blickfeld, wenn er sich jetzt dem Pariser Dominikaner zuwendet. Beim näheren Hinsehen zeigt es sich, daß der Engländer auch hier, in seiner kritischen Antwort indirekt, aber doch deutlich vernehmbar, den katalanischen Arzt durchaus noch vor Augen hat und in nicht wenigen Feststellungen und Bemerkungen gerade auf ihn abzielt.

5.7.5.1 Zu Quidorts These

Heinrich von Harclay versucht zunächst das, was der Pariser Theologe zum Thema ausführte, in nuce und sachlich geordnet wiederzugeben. Seine kompakte Darlegung wiederum läßt sich in fünf Argumentationsschritten schwerpunktmäßig repetieren:

Erstens kommt Quidorts extravagante Interpretation von Apg 1,7 zur Sprache, seine Akzentuierung des genauen biblischen Wortlautes hinsichtlich dessen, was menschlicherseits nicht vorauszuwissen ist.[339] Der verklärte, aber noch leibhaftig anwesende Christus habe seinen Jüngern *expressis verbis* lediglich klargemacht, daß sie weder den genauen Tag noch die exakte Stunde wissen werden, an dem bzw. in der er, der Herr, wiederkommen werde. Das heißt, diese Bibelstelle markiert keineswegs die völlige Unmöglichkeit des Menschen, auch nur einen ungefähren Zeitraum dieser Endereignisse vorauszukennen. Von Jahren oder Jahrhunderten sei eben nicht die Rede! Insofern scheine es doch möglich zu sein, wenn nicht den Tag und die Stunde, so doch das Jahrhundert vorauszusagen, in dem der Antichrist bzw. Christus zum Jüngsten Gericht komme: „[. . .] quantum ad millenarium annorum certum videtur quod posset dici quod Antichristus veniet et Christus ad iudicium."[340]

Zweitens weist Heinrich von Harclay darauf hin, daß es wesentlicher Bestandteil dieser These *alicuius solempnis* sei, „gewisse Berechnungen",

---

[339] Heinrich von Harclay: Utrum astrologi. Ed. Pelster 1948, 63.
[340] Ebenda.

die im Verlauf der Tradition zur Sprache gekommen seien, dergestalt
geltend zu machen, daß das Ende der Welt ungefähr, das heißt unter
Angabe von Jahrhunderten, also annäherungsweise durchaus zu bestimmen sei.[341]

Drittens sieht Harclay in der Konzentration auf bestimmte Äußerungen
des Augustinus den Argumentationskern der sodann angestellten Berechnung: Entscheidend sei das augustinische Muster der Zeitgliederung, genauer: der Gliederung der Weltgeschichte in universale Zeitalter. Äußerer Ausgangspunkt dieser Zeitartikulation sei zwar die Heilige
Schrift, näherhin der Genesisbericht von der Erschaffung der Welt in
sechs Tagen. Doch werde diese Schriftstelle auf den Ablauf der Weltgeschichte insgesamt ausgelegt, und zwar so, daß hier die Dauer der
Weltzeit durch jeden Schöpfungstag vorgezeichnet sei. Dabei entsprechen tausend Jahre einem Schöpfungstag. Die gesamte Weltzeit betrage demnach 6000 Jahre. Diese Gleichsetzung von Tagen mit Jahrtausenden werde wiederum mit Psalm 89,4, mit dem heiligen Petrus
und schließlich mit der Apokalypse belegt.[342]

Um herauszufinden, wann das Ende der Zeit komme, sei nichts weiter
zu tun, als festzustellen, in welchem *millenium* der Mensch „zur Zeit"
lebe, mit anderen Worten: in welchem *status mundi* Gegenwart statt-
finde.

Viertens macht Harclay klar, daß diese These in der Geheimen Offenbarung des Johannes weiteres Material für ihre Berechnung des Weltendes findet. In der Apokalypse sei ja schließlich von der Zeit des Antichrist die Rede. Es heißt dort, daß „der Drache, die alte Schlange, die
der Teufel und der Satan ist, tausend Jahre lang gebunden" werde:
„per annos mille". Dann aber werde er auf kurze Zeit losgelassen und
verführe die Völker: „et solvetur et seducet gentes modico tempore, id
est tempore persecucionis Antichristi".[343]

Aus dieser Angabe der Apokalypse sei klarerweise der gegenwärtige
Zeitpunkt innerhalb der gesamten Weltzeit zu erschließen. Dabei werden folgende Überlegungen angestellt:[344]

a) Die „kurze Zeit", von der im 20. Kapitel der Geheimen Offenbarung
(Apc 20,3) die Rede ist und in der der „Drache" losgelassen wird, ist
die „kurze Zeit", in der der Antichrist herrscht, ist also die Zeit des
Antichrist (*tempus antichristi*). Diese Zeit ist zugleich erste Phase der
Endzeit, ist die Zeit, die unmittelbar in die Zeit des Gerichts und der

---

[341] Dazu oben die Ausführungen zu Quidort im Kapitel 4.7.5.
[342] Heinrich von Harclay: Utrum astrologi. Ed. Pelster 1948, 63; Psalm 90 (89),4; 2 Petr
3,8; Offb 20,2–3.
[343] Heinrich von Harclay: Utrum astrologi. Ed. Pelster 1948, 63.
[344] Ebenda.

endgültigen Überwindung der satanischen Mächte übergehen wird.[345]
b) Die Fesselung des Satan-Drachens ist aber spätestens seit der Erlösungstat Christi, die in seiner *passio*, in Kreuz und Auferstehung, ihren Höhepunkt findet, geschehenes und bis in die Gegenwart hineinwirkendes Faktum. Die sich in der Apokalypse anschließende Rede von der Auferstehung der Märtyrer bezeugt diese Realität. Insofern ergibt sich daraus der *terminus a quo* dieses letzten, bereits laufenden *millenium*: „a tempore passionis Christi usque ad finem".[346]
Die Folgerung aus dieser Überlegung für die konkrete Berechnung liegt damit auf der Hand: „Ergo iste numerus annorum erit 1000 et illud ultimum tempus gracie continet 6 dies creacionis, in quo Deus conplevit omne opus quod patraverat."[347]
Das *ultimum tempus* läuft bereits seit der Passion Jesu Christi. Es beträgt eintausend Jahre. Demnach aber wäre, genau genommen, das Ende der Welt längst fällig gewesen. Es müßte im Jahre 1313, dem Jahr, in dem Harclay diese Gedanken ausführte, längst ein Ereignis der Vergangenheit, genauer: der vollendeten Gegenwart gewesen sein.
Ergibt sich also nicht ein erheblicher Widerspruch zur Wirklichkeit? Widerspricht die angestellte Berechnung nicht der tatsächlichen Jahreszählung? Wenn das letzte Jahrtausend seit der Passion Christi im Jahre 33 bereits „läuft", hätte es nicht anno 1300 bereits seit 267 Jahren überfällig sein müssen?[348] Dabei darf aber nicht einmal die *passio Christi* auf die konkrete Leidensgeschichte, auf Jesu Sterben und Leiden begrenzt, sondern muß mit der Erlösungstat insgesamt identifiziert werden. Ist doch das Leiden und Sterben Jesu nur das zur Entscheidung kommende Leben Jesu, das in Tod und Auferstehung seine Vollendung findet. Auf die hier zur Debatte stehende *computatio* konkret angewandt, heißt das, daß nicht erst seit dem Jahre 33, sondern bereits seit der Geburt Christi mit dem sich vollziehenden *tempus ultimum* gerechnet werden muß. Mit anderen Worten: im Jahre des Herrn 1300 ist das Weltende bereits seit dreihundert Jahren überfällig.
Doch auch diesen offensichtlichen Widerspruch weiß der Kollege aus Paris, so will Harclay seinen Leser-Hörern offensichtlich klarmachen,

---

[345] Davon ist ja im nächsten Vers sofort die Rede, vgl. Offb 20,4: „Et vidi sedes et sederunt super eas et iudicum datum est illis."
[346] Heinrich von Harclay: Utrum astrologi. Ed. Pelster 1948, 63.
[347] Ebenda.
[348] 300 Jahre (der Überhang des bereits laufenden Jahrtausends, des „tempus ultimum")
– 33 Jahre (Leben Jesu) = 267.

mit leichter Hand aufzulösen, mit dem Verweis nämlich auf den von
mir an fünfter Stelle plazierten Argumentationsschritt:
5. Die in Rechnung gestellten 6000 Jahre Weltgeschichte müssen im
Sinne des Mehr, nicht des Weniger verstanden werden; das heißt in
concreto: Die 6000 Jahre dürfen überschritten werden, aber nur ein
wenig, keineswegs mehr als die Hälfte von 1000 Jahren, keineswegs
also soweit, daß die endliche Gesamtzahl der Weltenjahre entsprechend mathematischer Gepflogenheit des Schätzens und Wägens auf
7000 Jahre hin aufzurunden wären.[349] Noch exakter gesprochen: die
Weltzeit wird nicht länger als 6500 Jahre dauern; denn jedes Jahr über
6500 tendiert bereits stärker zur 7000 hin:
„Cum ergo secundum eum nullus sanctorum ponat 7 mille etatis
mundi, quod mundus non durat ultra 6500 annos et ideo sub anno
Domini 1300, in quo iste *magister* scripsit, ad 200 annos credidit
mundum finire."[350]
Da im Jahre 1300 damit gerechnet werden mußte, daß die letzte Weltzeit sich bereits seit 300 Jahren im überfließenden, aber immer noch
zu ihr gehörigen Strombett befindet, konnte allerdings auch die
Höchstgrenze dieses Mehr des *ultimum tempus* definiert werden: keine
200 Jahre mehr. Denn alles darüber hinausgehende müßte bereits
dem nächsten *millenium* zugerechnet werden, das aber bereits das
„Jahrtausend" der Sabbatruhe und der Vollendung ist.
Damit trifft Harclay in der Tat exakt die Hauptthese des Johannes
Quidort von Paris, keineswegs aber sein Hauptanliegen, keineswegs
das, was Quidort eigentlich mit seinem Traktat beabsichtigte. Doch
davon später.
Harclay verschweigt nicht, wie derjenige selbst, der diese Überlegungen vortrug, diese seine Überlegungen hinsichtlich ihrer Sicherheit
und Zuverlässigkeit einstufte: im Sinne und mit den Worten Augustins
als *probabilis* und *tolerabilis*. Der Vorwurf des Chiliasmus sei dieser *opinio* nicht zu machen. Denn die Chiliasten gingen, laut Augustinus, davon aus, daß die Sabbatruhe nicht gleichzusetzen sei mit der Weltvoll-

---

[349] Heinrich von Harclay: Utrum astrologi. Ed. Pelster 1948, 63f.: „Dicit enim quod mos
    est Scripture et sanctorum quod quando ultra numerum magnum, puta 100 vel 1000
    excrescunt alique minucie, aut iste minucie excrescunt ultra medietatem integri, et
    tunc conputatur de millenario vel centenario sequente; aut non crescunt medietatem
    integri, et tunc conprehenduntur in integro precedente, puta millenario vel centena-
    rio. Et istum modum quantum ad aliqua habent astronomi in Sacra Scriptura, sicud
    dicit. Unde *Beda* dicit in *oracione prime dominice* 4ome: Mos est Scripture Sancte minores
    minucias infra maiorem concludere. Si ergo ultra 6tum millenarium excrescant dies
    vel anni citra medietatem mille, conputandi sunt de precedenti millenario." Diese
    Argumentation läßt sich allerdings nicht bei Beda, sondern bei Augustinus selbst fin-
    den: *De civitate Dei* 20,7 (CCL 48, 709).
[350] Ebenda 64.

endung und der Menschheitsvollendung, die ja darin bestehe, Gott von Angesicht zu Angesicht zu sehen und zu lieben, sich also an der permanenten Gegenwart des Herrn zu erfreuen. Vielmehr sei es Inhalt chiliastischer Vorstellungen, vor dem Weltende ein irdisches Reich des Messias von tausendjähriger Dauer und „maßloser körperlicher Tafelfreuden", „in qua homines fruentur deliciis corporalibus" zu erwarten.[351]
Harclay äußert sich an dieser Stelle noch nicht zu dieser Einschätzung Quidorts. Er will jetzt nur die „Hauptberechnungsgrundlage" seines französischen Kollegen korrekt wiedergeben. Johannes von Paris greift ja tatsächlich den im zwanzigsten Buch von Augustins „Gottesstaat" zu lesenden Gedanken von den sechs Jahrtausenden Weltgeschichte auf und kombiniert ihn mit den vorgestellten, ebenfalls beim Bischof von Hippo zu findenden „Auf- bzw. Abrundungsgedanken".[352] Gerade diese Kombination von allgemein bekannter Weltzeittheorie und mathematischer Gepflogenheit des Ab- bzw. Aufrundens von Zahleneinheiten kam Quidort zu Hilfe, die Ansicht Arnalds von Villanova zumindest als „tolerable", weil *denkbare* und als den *auctoritates* zumindest nicht widersprechende Überlegung zu bezeichnen.
Denkbar ist Quidorts *computatio* gerade aufgrund der dargelegten fünf Argumentationsschritte. Um sie auch als mit den *auctoritates* nicht im Widerspruch, ja als *kompatibel* darzustellen, scheint Heinrich von Harclay sich um eine korrekte, wenn auch erheblich gekürzte Wiedergabe der von Johannes von Paris angeführten Schrift- und Traditionsbeweise zu bemühen. Doch gilt es hier genau zuzusehen.

5.7.5.2 Zu Quidorts Belegen

Es geht im folgenden darum, die eigentliche Absicht Harclays immer deutlicher herauszuarbeiten. Dabei ist es offensichtlich, daß es dem Engländer darum zu tun ist, den Beweisgang des Pariser Dominikaners kritisch zu überprüfen. Daß Harclay dabei nicht in den polemischen, ja persönlich verunglimpfenden und verächtlich machenden Ton verfällt, den er im Blick auf Arnald von Villanova anschlug, sondern hier ausgesprochen ruhig-sachlich argumentiert, ist auffällig und muß hinsichtlich der damit verbundenen Absicht festgehalten werden. Zu überprüfen ist aber im folgenden die Art und Weise, wie Harclay hier die Argumente Quidorts zusammenfaßt, wie er sie seinen Leser-Hörern darstellt. Zu fragen ist auch, *welche* Argumente aus dem Antichristtraktat des Pariser Theologen *warum* überhaupt zur Sprache gebracht und welche schlichtweg übergangen werden. Bei all dem ist überdies

---

[351] Ebenda 63; Augustinus: De civitate Dei 20, 7 (CCL 48, 709–712).
[352] Augustinus: De civitate Dei 20, 7 (CCL 48, 709–712).

präsentzuhalten, daß jedes Argument, das für das baldige Kommen des Antichrist spricht, letztlich wiederum der Ansicht Arnalds von Villanova das Wort redet, was aber, wie bereits festgestellt, Harclay unter allen Umständen zu vermeiden sucht.

Heinrich von Harclay fängt bei seiner Aufzählung der von Quidort genannten *auctoritates* vorsichtig-zurückhaltend an. Augustinus wurde bereits erwähnt. Gleichsam en passant findet (Pseudo)-Methodius Gehör. Er werde nämlich gerade durch die genannte Kombination von den jeweils eintausend Jahre während sechs weltgeschichtlichen Zeitaltern mit der mathematischen Auf- bzw. Abrundung geradezu rehabilitiert: Erst wenn die Weltzeit nach den 6500 Jahren immer noch bestehe, könne seine Auffassung vom Kommen des Weltendes 1000 Jahre nach Christi als falsch bezeichnet werden.[353]

Vor allem aber spielt – nach Meinung Harclays – für den namenlosen Gelehrten wohl der *Magister historiarum*, also Petrus Comestor, eine entscheidende Rolle.[354] Dieser berufe sich in seiner *Historia scholastica* ebenfalls auf Methodius, führe aber auch den „Abt Dionysius" an.[355] Dieser gliedere die Zeit nach Christi Geburt dreifach, wobei jeweils ein Zyklus aus 532 Jahren entsteht. „Cum ergo ista tabula continet ter 532 annos, id est 1596, qui complebuntur ante finem mundi post tabulam *Dyonisii* inchoatam."[356] Wie aber der genannte Mönch diese Einteilung begründe, sei nicht mehr auszumachen. „Sed unde ista auctoritas venerit, omnino ignoro. In libro *Bede* non vidi nec credo quod alico loco poterit reperiri."[357]

Mit anderen Worten: Petrus Comestor führt mehrere Auffassungen an, die zwar irgendwann einmal gedacht worden seien, die sich aber inzwischen als „unbegründet", ja als unbegründbar disqualifiziert haben. Wer aus dem Werk des Magisters für Geschichte schöpft, muß schon genau prüfen, ob das, was dort aus der Vergangenheit aufgezählt wird, heute noch gültig ist.

---

[353] Heinrich von Harclay: Utrum astrologi. Ed. Pelster 1948, 64.

[354] Siehe oben bes. Kap. 4.7.1.6.

[355] Petrus Comestor: Historia scholastica. Lib. Gen. 30 (PL 198, 1081).

[356] Heinrich von Harclay: Utrum astrologi. Ed. Pelster 1948, 64; gemeint ist der skythische Mönch Dionysius Exiguus († um 550 in Rom), der im Jahre 525 von Papst Johannes I. beauftragt wurde, den richtigen Ostertermin zu berechnen. Dionysius rekurrierte dabei auf den Osterfestkalender des Cyrill von Alexandrien, übernahm aber nicht die bis dahin übliche Jahreszählung nach der Diokletianischen Verfolgung, sondern kritisierte diese Zählung als anstößig und führte statt dessen die bis heute gültige Inkarnationszählung ein, verrechnete sich dabei aber um 4 bis 7 Jahre. Liber de paschate. PL 67, 483–498, bes. 494–498 (zu den von Harclay angeführten „cicli"). Zur Bio- und Bibliographie des Dionysius sehr gut Mordek, Hubert: Dionysius Exiguus. In: LexMA III, 1986, 1088–1092.

[357] Heinrich von Harclay: Utrum astrologi. Ed. Pelster 1948, 64; vgl. Beda Venerabilis: De temporum ratione 47 (CCL 123 B, 427–433).

Erwähnt wird ebenfalls Isidor von Sevilla, genauer, des Kirchenlehrers Genesiskommentar. Auch in diesem gebe es bestimmte Ausführungen, die sich dergestalt interpretieren ließen, als ob ihr Autor ebenfalls der Meinung gewesen sei, diese Welt werde nicht länger als sechstausend Jahre Bestand haben. „Videtur ergo dicere *Ysidorus* quod mundus non durabit ultra 6000 annos, quod potest intelligi modo supradicto."[358]

„Es scheint so, als ob [. . .]" Das *videtur ergo* darf nicht übersehen werden. Heinrich von Harclay läßt es offen, ob solch eine Interpretation bestimmter Textpassagen Isidors richtig, das heißt sachgemäß verstanden werde.

Was bereits an dieser Stelle auffällt, ist, daß hier Namen genannt werden, *auctoritates*, die zwar die vorgestellte These des Johannes von Paris zu stützen scheinen, die dieser aber selbst nicht zur Stützung seiner Auffassung artikuliert hat. Isidor von Sevilla wie auch Dionysius Exiguus finden im gesamten Antichristtraktat des Quidort durchaus keinerlei Erwähnung. Warum also bringt Harclay sie in diesem Zusammenhang zur Sprache? Versucht er wiederum die gleiche Argumentationsmethode geltend zu machen, die er bereits bei seiner kritischen Auseinandersetzung mit der *computatio* des Arnald von Villanova anführte: den Gedanken des Gegners aufgreifend, zunächst scheinbar zustimmend, dann aber durch Überspitzung und Überbietung bis ins Extreme weiterdenkend und gerade dadurch lächerlich machend, sodann den so aus- und langgezogenen Gedanken des Gegners schließlich „fallenlassend", ironisierend, hart argumentierend und schließlich als irrig-irre, ja gefährlich-häretisch entlarvend?

All das kann an dieser Stelle der Untersuchung noch nicht beantwortet werden. Doch müssen die Fragen bereits gestellt und festgehalten werden. Was aber bereits konstatiert werden kann, ist, daß es Harclay offensichtlich darum zu tun ist nachzuweisen, daß Johannes von Paris seine Ansicht über das Kommen des Antichrist nicht, wie es auf den ersten Blick scheinen mag, auf der überragenden Autorität des heiligen Augustinus gründet, sondern auf eine mögliche Denk- und Interpretationsvariante des Petrus Comestor stützt. Dieser stand am Ende des 13. und beginnenden 14. Jahrhunderts keineswegs mehr wegen seines hohen intellektuellen Niveaus, sondern aufgrund seiner reichhaltigen Quellen- und Theoriesammlung hoch im Kurs.[359] So nimmt es nicht Wunder, daß Harclay dem Leser-Hörer geradezu genüßlich darlegt, daß letztlich nicht einmal Petrus Comestor selbst diese Theorie

---

[358] Heinrich von Harclay: Utrum astrologi. Ed. Pelster 1948, 64; Isidor von Sevilla: Quaestiones in Vet. Test. c. 6. (PL 83, 228); vgl. Petrus Comestor: Historia scholastica. Lib. Gen. 30 (PL 198, 1081).

[359] Quinto, Riccardo: Petrus Comestor. In: LexMA VI, 1993, 1967f.

vertrat, sondern diese *opinio* nur der Vollständigkeit halber erwähnt, eine Ansicht überdies, die nicht einmal direkt auf die genannten Autoren selbst, also auf Dionysius Exiguus und Isidor von Sevilla, sondern auf bestimmte Interpretationen bestimmter Passagen der von diesen stammenden Texte zurückgehe. Heinrich von Harclay versucht also durch den Nachweis der Provenienz dieser Auffassung diese selbst nicht etwa zu stärken, sondern insgesamt zu relativieren und als subalterne, höchst fragliche Interpretationsmöglichkeit zu dekuvrieren.

Die Frage nach dem Sinn dieses Procedere, das Heinrich von Harclay im Blick auf die bekannte These Quidorts wählt, kann hinreichend nur beantwortet werden, wenn die gerade artikulierte These nicht vergessen wird. Sie muß vielmehr mittels der aufgezählten Interpretations- und Denkmöglichkeiten, die Harclay verschiedenen *auctoritates* zuzuweisen vermag, näherhin betrachtet und gegebenenfalls präzisierend verifiziert oder modifizierend korrigiert werden.

5.7.5.3 Mehr als nur „Praeterea-Argumente"

Nachdem der Engländer also Petrus Comestor und all die, die von diesem erwähnt werden, als die eigentlichen Initiatoren für die von Johannes von Paris geäußerte Theorie namhaft zu machen suchte, kommt er noch einmal auf eine Reihe von *auctoritates* zu sprechen, die auf den ersten Blick schwer in einen irgendwie gearteten Zusammenhang zu bringen sind. Sie erscheinen wie ein Konglomerat von Praeterea-Argumenten, deren einziger gemeinsamer Bezugspunkt die These vom Vorauswissen des Zeitpunktes jener Endereignisse ist, um die es hier geht: um das Kommen des Antichrist, des Loslassens des apokalyptischen Unwesens, um den Einbruch des Weltendes und die Wiederkunft Christi.

Zunächst kommt wieder Augustinus zu Wort, sodann wird Ephräm der Syrer[360] erwähnt, abgelöst von Stellen aus dem Alten Testament in der Interpretation des Petrus Comestor. Ferner wird auf den aus Spanien stammenden Priester und zu Beginn des 5. Jahrhunderts schriftstellerisch wirkenden und die mittelalterliche Geschichtstheologie stark beeinflussenden Orosius[361] rekurriert, dann wieder auf den recht wenig bekannten Pseudo-Aethicus,[362] auf dessen phantastische Nach-

---

[360] Immer noch unverzichtbar Beck, Edmund: Ephräm der Syrer. In: LThK² III, 1959, 926–929; Altaner, Berthold/Stuiber, Alfred: Patrologie. Leben, Schriften und Lehre der Kirchenväter. ⁸1978 Freiburg, 343–346, 644f.; neuere Lit. bei Cramer, Winfrid: Ephräm der Syrer. In: LThK³ III, 1995, 708ff. der Wirkungsgeschichte im Mittelalter geht nach Schmidt, Margot: Ephraem Syrus. In: LexMA III, 1986, 2052f.

[361] Goetz, Hans-Werner: Die Geschichtstheologie des Orosius. Darmstadt 1980, 148–165 (= Impulse der Forschung Bd. 32).

[362] Die Kosmographie des Aethicus Ister, vorgeblich das Werk eines „heidnischen Philosophen", wurde vom hl. Hieronymus ediert und zensuriert. Es besteht aus einer selt-

richt vom Einschluß der zehn Tribus am Kaspischen Meer, bei dem auch Alexander der Große eine Rolle spielte, auf Hieronymus, der die Ansicht des Aethicus angeblich stützte, auf den alttestamentlichen Propheten Micha, den jüdischen Geschichtsschreiber Josephus Flavius, wiederum auf Petrus Comestor, auf die Apokalypse nach Johannes und den zweiten Thessalonicherbrief, beide neutestamentlichen Stellen in der Interpretation des heiligen Hieronymus und des Bischofs von Hippo und – wiederum – auf den *Magister Historiarum*. Erst dann, wenn Heinrich von Harclay all diese *auctoritates* zur Sprache gebracht hat, fängt er an, Johannes von Paris ausdrücklich zu widerlegen. Er beginnt aber – subtil-kritisch –, bereits mit diesem breitgestreuten Rekurs auf die Tradition der Antichrist- und Endzeitvoraussagen die These Quidorts zu entkräften. Nur sofern diese eigentliche, aber leicht zu überlesende Intention Harclays gesehen wird, ist es möglich, nicht von wahllos zusammengewürfelten *Praeterea-Auctoritates* zu sprechen, sondern einen wohlkombinierten Argumentationsgang zu erkennen, der sich, in progredienter Manier, allmählich zum schlagenden Gegenargument verdichtet.

Da ist zunächst der Bischof von Hippo, der scheinbar die *opinio* des „Meisters", gemeint ist zweifellos immer noch Johannes Quidort von Paris, ausdrücklich unterstützt. Dabei führt Harclay namentlich die Interpretation Augustins des Matthäusverses 24,36 an. Augustinus betone angeblich, daß hier lediglich die menschliche Unmöglichkeit festgestellt werde, *den Tag* und *die Stunde* vorauszuwissen, an dem bzw. in der der Antichrist komme. Nichts aber stehe der Annahme entgegen, daß das Jahrhundert, das Jahrtausend, das Septenar oder das Jahrzehnt gewußt zu werden vermag, in dem der Antichrist komme.[363]

Diese Augustinusinterpretation spielt in der Tat, wie erinnerlich, für die gesamte Theoriestützung sowohl bei Johannes von Paris wie auch bei Arnald von Villanova eine exponierte Rolle.

Heinrich von Harclay behauptet nun, daß der *solemnis* keineswegs die Textstelle Augustins selbst nachgesehen, sondern lediglich das übernommen habe, was der Aquinate in seinem Matthäuskommentar einst zu Wort brachte:

„Et notandum quod istam auctoritatem *Augustini* allegat *Thomas de Alquino* (sic!) in Glosa Mathei 24. Sed non dicit, ubi *Augustinus* dicit hoc,

---

samen Mischung von echtem Wissen und geographischen Fabeln. E. Bieler hat recht, wenn er feststellt: „Die gelehrte Mystifikation hat ihren Zweck nur allzugut erreicht: jahrhundertelang hat man sie für bare Münze genommen." LThK² X, 1965, 806.

[363] Heinrich von Harclay: Utrum astrologi. Ed. Pelster 1948, 65. „Ergo plane vult *Augustinus* quod nichil obstat, quin sciri poterat, quo centenario vel millenario vel septenario venturus sit Antichristus." Vgl. Augustinus: Epistola 199 ad Hesychium 6 (CSEL 57, 256f).

quia in rei veritate nusquam dixit hoc, immo semper oppositum in omni loco, ubi loquitur de ista materia, sicud infra patebit."[364] Unüberhörbar ist hier die Kritik Heinrichs von Harclay an Thomas von Aquin wie an Quidort. Diesem wirft er vor, ein Zitat ungeprüft übernommen zu haben, etwas dem Augustinus zu unterstellen, was dieser „in Wahrheit" gar nicht gesagt habe, geschweige denn inhaltlich auch nur behaupten wollte. Damit wird Thomas von Aquin als Urheber einer gefährlichen Fehlinterpretation dargestellt, eines Irrtums, der dazu führt, genau das Gegenteil von dem anzunehmen, wovon der Bischof von Hippo überzeugt war; und zwar ohne daß ein Gelehrter wie Johannes von Paris, von Harclay, wie erinnerlich, nur *alicuius solemnis* genannt, diesen Irrtum bemerkt, ja aufgrund dieses Irrtums glaubt, seine *opinio* autoritativ rechtfertigen zu können.

Der sich sodann scheinbar rein additiv anschließende Rekurs auf die pseudo-patristische Schrift *De exhortationibus*, die Harclay fälschlicherweise Ephräm dem Syrer zuweist,[365] ist nur von diesem kritischen Hintergrund aus zu verstehen. Nur dann sind die feinen Zwischentöne zu vernehmen, wenn bereits der Notenschlüssel erkannt wurde, der die von Harclay hier angeschlagene Melodie bestimmt.

In concreto: Der Engländer nennt das angeblich Johannes von Paris unterstützende Argument. Er führt „den Diakon Ephräm" an. Aus den zahlreichen *auctoritates* könnte sich doch der *Magister solemnis* auch mit diesem verbinden: „*Preterea* multe auctoritates possunt allegari pro isto."[366] Schließlich habe dieser, der immerhin zu den „katholischen Doctores" zählt („inter catholicos doctores") im Blick auf das 24. Kapitel des Matthäusevangeliums[367] konstatiert, daß das Ende der Welt ebenso kommen werde, wie die Sintflut in den Tagen Noachs: angekündigt und doch für die meisten plötzlich und überraschend, zu einer Zeit des sittlich-moralischen Verfalls und des allgemeinen Niedergangs. Das Ende der Welt werde dann kommen, wenn auch das römische Reich aufgehört habe zu existieren. „Nota: in explecione romani regni consummabitur seculum. Sed nunc videtur regnum romanum expletum, quia non est rex neque imperator."[368]

---

[364] Heinrich von Harclay: Utrum astrologi. Ed. Pelster 1948, 65. Daß Harclay hier Unrecht hat, geht aus der letzten Anmerkung hervor. Vgl. Thomas von Aquin: Catena aurea. In Matth. c. 24, 11. In: Opera omnia 16, 1876, 418f.

[365] Heinrich von Harclay: Utrum astrologi. Ed. Pelster 1948, 65: „*Effraym dyaconus* in libro suo *De exortacionibus*, qui numeratur inter catholicos doctores [. . .]." E. Sackur 1898, 93 Anm. 3. Von Harclay erfahren wir übrigens, daß diese Predigt auf Mt 24,37–39 rekurriert. Dazu auch Pelster 1948, 49.

[366] Heinrich von Harclay: Utrum astrologi. Ed. Pelster 1948, 65.

[367] Mt 24,37–39.

[368] Heinrich von Harclay: Utrum astrologi. Ed. Pelster 1948, 65.

Im Kontext klingen diese Ausführungen Harclays dann aber dergestalt, als ob er noch ironisierend hinzufügen wollte: Seht, so einfach ist das: Keinen König, keinen Kaiser, das Reich ist am Ende, der Antichrist kommt!

Damit ist auch der Zusammenhang mit dem Vorherigen offensichtlich. Auch hier war es ja die Leichtfertigkeit, das unkritische Abschreiben eines Zitates, das die Ansicht eines Autors, hier die des heiligen Augustinus, völlig falsch, ja gegensätzlich zu all dem versteht, was eigentlich Autormeinung ist. Leichtfertigkeit, unkritisches Übernehmen von Zitaten, die, einmal aus dem Kontext gerissen, falsche Vorstellungen suggerieren und irrig-irre Theorien provozieren, das ist es, was Harclay Johannes von Paris an dieser Stelle seiner Ausführungen vorzuwerfen scheint.

Aber bemerkenswert: so deutlich formuliert der Engländer nicht, noch nicht. Er spart sich die öffentliche, jedermann vernehmbare Kritik für einen späteren Zeitpunkt auf. Was er hier unternimmt, ist wiederum eine feinsinnige, sich allmählich steigernde Ironisierung der Theorie und der Argumentationsweise Quidorts. Offensichtlich hat der Engländer ein Publikum vor sich, daß diesen subtilen, sich allmählich erst deutlicher artikulierenden Unterton seiner Ausführungen versteht, ja dadurch gerade allererst begreift, um was für einen Nonsens es sich hier handelt, einen Unsinn, der allerdings im feierlichen Ton vorgetragen wird. Möglicherweise liegt hier auch der Grund dafür, warum er Johannes von Paris nicht beim Namen, sondern mit dem bloßen Adjektiv *solemnis* bezeichnet. Dennoch wird Harclay im Verlauf seiner Darbietung der angeblich die „opinio cuius solemnis" unterstützenden *Praeterea-Argumente* noch deutlicher, die dargelegte Einschätzung insgesamt bestätigend:

Der Untergang des römischen Reiches ist ihm Stichwort für weitere *auctoritates*, die man für die vorgestellte Theorie „feierlich" anführen könnte: „Confirmatur ista auctoritas".[369] Angeführt wird der Prophet Bileam aus dem alttestamentlichen Buch Numeri: „dicit sic: ‚Venient de Ytalia in trieribus, superabunt Assyrios, vastabunt Hebreos et ad extremum ipsi peribunt.'" Dieses „ad extremum" wird zweifelsfrei als das Ende der Zeit ausgelegt und die, die mit Schiffen aus Italien kommen, sind – selbstverständlich – die Römer. Mit anderen Worten: Die von Petrus von Comestor stammende Auslegung dieser Bibelstelle: Hat sie nicht einiges für sich?

---

[369] Ebenda.

„‹Monarchiam predicit hic Romanorum et in fine temporum destruccionem eorundem.› Ergo cum modo deficit monarchia Romanorum,
sequitur quod est prope finis temporum."[370]
Auch hier ist es erst der Kontext dieses Ergo-Satzes, der die Ironisierung zum Klingen und zu Gehör bringt: der vorausgehende, schon vorgestellte, wie auch der nachgestellte Zusammenhang des Textes:
Im direkten Anschluß kommt nämlich Orosius zusammen mit Pseudo-
Aethicus zur Sprache. Dieser wird zwar als „Astronom oder Sophist"
vorgestellt, doch wurden seine Texte immerhin von Hieronymus übersetzt und kommentiert. Insofern muß Aethicus zweifellos zu den theologischen Autoritäten gerechnet werden.[371]
Die aus diesem Gegensatzpaar konstruierte Ironie Harclays ist nicht zu
überhören. Sie wird noch deutlicher, wenn er sogleich die phantastische Geschichte vorstellt, die die Argumentation des Johannes von Paris unterstützen könnte: die sagenhafte Nachricht vom Einschluß der
zehn Schiffe am Kaspischen Meer. Der aus Spanien stammende Priester liefert in seinem dritten Buch *De cronesta mundi* dazu nur das Stichwort, der Astronom malt es zum sagenhaften Szenarium aus, Flavius
Josephus und Petrus Comestor liefern angeblich die historische Konkretisierung, in der auch Alexander der Große seinen gebührenden,
gottinnigen Platz findet.[372] Doch selbst er, der „zum Typus des gottge-
sandten Heros" stilisierte Alexander,[373] vermag die tobenden Völker
kaum zu bändigen. Er betet: „Tunc Alexander videns quod non potuit
prevalere viribus, fudit oracionem ad Deum, ut saltem generis humani
apponeret remedium."[374] Wie auch immer, feststeht, daß diese „wilden
Völker" sich am Ende der Zeit austoben und erheben ja, sich mit dem
Antichrist verbinden und diesen zum „Gott der Götter" ausrufen werden.[375]

---

[370] Ebenda 66; vgl. Nm 24,24; Petrus Comestor: Historia scholastica. Lib. Nm c. 33 (PL 198, 1239).

[371] Ebenda: „*Preterea ad idem est auctoritas Ethici astronomi* vel sophiste, cuius auctoritates hic allego ut auctoritates theologorum, quia beatus *Ieronimus* transtulit istum
librum et commendat auctorem. Ideo reputanda est auctoritas istius libri auctoritas
Ieronimi. Dicit ergo *Ethicus* et confirmat *Ieronimus*."

[372] „*Preterea Iosephus* 2 libro *Antiquitatum* et *Magister historiarum* post historiam de Hester
dicit Alexandrum inclusisse 10 tribus Israel ad montes Caspie. Et *Magister* dicit quod
egredientes ante finem mundi magnam stragem hominum facturi ‹sunt›." Ebenda 67;
vgl. Flavius Josephus: Antiquitates Judaicae XI, 7, der hier aber nur die Geschichte
des Artaxerxes und der Esther erzählt; Petrus Comestor: Historia scholastica. Lib.
Esther 5. (PL 198, 1498), der sich dabei ausdrücklich auf Josephus bezieht.

[373] Rauh 1979, 147.

[374] Heinrich von Harclay: Utrum astrologi. Ed. Pelster 1948, 66.

[375] Ebenda: „Modo ad proposito dicit *Ethicus* et confirmat *Ieronymus* quod illi sunt exituri circa finem mundi et obviabunt Antichristo et vocabunt eum deum deorum."

Der Gedankengang, den Heinrich von Harclay hier also leicht ironisierend vorstellen will, ist, in Abbreviatur gesprochen, folgender: Diese
fremden, gefährlichen Völker werden den Untergang des römischen
Reiches herbeiführen. Dieser Untergang ist wiederum sichtbares Zeichen des unmittelbar bevorstehenden Endes der Welt und die sicher-
wahre Ankündigung, daß der sich mit diesen Völkern verbindende Antichrist nicht mehr lange auf sich warten läßt.
Auffällig dabei ist, daß nicht nur der Hinweis auf Alexander den Großen, sondern zahlreiche Momente dieser sagenhaften Komposition der
gefährlich-tobenden wilden Völker am Ende der Zeit tatsächlich im
gesamten Mittelalter bekannt und, wenn auch en detail variierend,
gleichsam opinio communis war.[376] Heinrich von Harclay bringt hier
also durchaus nicht irgendwelche unbekannten und skurrilen *auctoritates* zu Gehör, die eventuell die Rede vom Vorherwissen des Termins
antichristlicher End-Zeit bestätigen, sondern Ansichten zur Sprache,
die tatsächlich in aller Munde waren. Die Nachricht von der „Einschlie-
ßung der Völker" am Kaspischen Meer beispielsweise findet sich in
den vielgelesenen *Historiae*[377] wie auch in dem ebenfalls einflußreichen
Werk des Pseudo-Methodius.[378] Auch die mit diesen Bildern von fremden, sich gefährlich ausbreitenden Völkern verknüpften und allzu bekannten Versuche, die vielen Fremden zu dämonisieren, genauer: zu
Gehilfen des Satan-Drachens, des Antichrist, zu stilisieren, stehen hier
zur Debatte. Kein Wunder, wenn Heinrich von Harclay sofort auch
den Gegenwartsbezug findet: Heute sind es die Tataren, die ausgebro-
chen sind,[379] bemerkt er kurz. Diese werden wiederum mit den Gog
und Magog der Apokalypse identifiziert, die in lebendiger Tradition zu
jenen Völkern stehen, die, einst gebunden und eingeschlossen, am
Ende der Tage loskommen, mächtig werden und schließlich zu Partei-
gängern des Satans und zu willigen Handlangern des Antichrist gehören werden:
„Preterea certum est quod due gentes, scilicet Gog et Magog, exituri
sunt obviam Antichristo secundum quod habet expresse *Apocalipsis*

[376] Rauh 1979, 147f.
[377] [Anon.]: Historiae III, 7 (PL 31, 811).
[378] Sackur 1898, 26ff., der den Einfluß der Alexandersage auf Pseudo-Methodius darstellt.
[379] Heinrich von Harclay: Utrum astrologi. Ed. Pelster 1948, diese sagenhafte Geschichte
einleitend, vgl. S. 66, und diese abrundend, vgl. S. 67. Dabei ist die Schreibweise
„Tartari" zu beachten. Sie findet sich im lateinischen Westen häufig und ist offensichtlich Ergebnis einer Assoziation mit dem *tartarus*, der „Hölle" der Antike. Stökl,
Günther: Rußland von 1054 bis 1462. In: Europa im Hoch- und Spätmittelalter. Hrsg.
von Ferdinand Seibt. Stuttgart 1987, 1009–1041, bes. 1027–1030.

‹20,7›. Sed iste gentes infra portas Caspie sunt Gog et Magog, cuius probacio *Ieronimus* XI libro super *Ezechielem*."[380]
Dabei rekurriert Harclay auf die zweite eschatologische Schlacht, die in der Geheimen Offenbarung des Johannes zur Sprache kommt. Wiederum werden die tausend Jahre erwähnt, die der Satan-Drachen in seinem „Kerker" darben muß, ehe er für kurze Zeit losgelassen wird. Sodann zieht er aus, „um die Völker zu verführen, die an den vier Ecken der Erde sind, den Gog und Magog, um sie zum Krieg zu sammeln".[381]
Selbstredend unterläßt Harclay im Blick auf die biblischen Texte jede Ironisierung. Die Frage, wer oder was denn unter „Gog und Magog" zu verstehen sei, war ja tatsächlich eine ernstzunehmende Frage, die immer wieder disputiert wurde.[382] Harclay nennt zwei grundsätzlich sich widerstreitende Positionen seiner Zeit, wobei er die eine allerdings als überholt darstellt: die des Hieronymus. Von vornherein bezeichnet er sie als bloße *probatio*, also als Interpretationsvariante, die zwar denkbar und begründbar ist, die per se aber bereits keinerlei Anspruch auf Verbindlichkeit erhebt. Für ihn ist Gog, jenes Volk, „trans Caucasum et Meotim et Caspium mare ad Indiam usque tenduntur" und „a principe Gog omnes qui subditi sunt, Magog appellantur".[383]
Die „Ansicht" des Hieronymus war aber für das Mittelalter maßgeblich, wie Rauh, sich auf Arno Borst stützend, bereits deutlich genug herausstellte.[384] Nur wird sie hier von Harclay unvollständig wiedergegeben: Hieronymus bezog Gog und Magog historisch auf die Skythen oder Hunnen, eschatologisch aber auf den Antichrist. Harclays Absicht ist dabei offensichtlich. Er will einen Gegensatz zwischen Hieronymus und Augustinus konstruieren, der aber in der von ihm dargestellten scharfen Gegensätzlichkeit durchaus nicht besteht. Bereits Hieronymus übersetzt „Gog" mit „Dach", so daß „Magog" „vom Dache" bedeutet.[385] Diese Interpretation des 410/12 verfaßten Ezechiel-Kom-

---

[380] Heinrich von Harclay: Utrum astrologi. Ed. Pelster 1948, 67; vgl. Hieronymus: In Ezech. 11, 38 (PL 25, 356).

[381] „Gog et Magog et congregabit eos in praelium, quorum numerus est sicut arena maris." Apc 20,7.

[382] Bis heute ist es fraglich, ob „Gog" aus dem assyrischen „gaga", der Bezeichnung der Steppen im nördlichen Mesopotamien, oder aus „gug" stammt, was „Finsternis" und „Dunkelheit" bedeutet. Gog wäre dann das personifizierte Dunkle, der Feind aus dem Norden, Magog aber dessen Reich. Der Prophet Ezechiel, auf den die Apokalypse an der zitierten Stelle offensichtlich rekurriert, hatte zweifellos mit Gog „jene Mächte im Sinn, die außerhalb des gottgesetzten Kosmos – dessen Mitte Jerusalem ist – zur eschatologischen Opposition sich formieren." Rauh 1979, 29.

[383] Heinrich von Harclay: Utrum astrologi. Ed. Pelster 1948, 67; vgl. Hieronymus: In Ezech. 11, 38 (CCL 75, 527).

[384] Rauh ²1979, 131f.

[385] Hieronymus: In Ezech. 11, 38 (CCL 75, 527).

mentars greift Augustinus in seinem 426 vollendeten „Gottesstaat"
auf. Allerdings lehnt er ausdrücklich jede Interpretation ab, die „Gog"
und „Magog" mit bestimmten namhaft zu machenden Völkern identifizieren will. Und diese augustinische Ablehnung streicht Heinrich von
Harclay dergestalt heraus, daß die von Hieronymus geäußerte Ansicht
lediglich im Sinne einer unmaßgeblichen Denkmöglichkeit, einer *opinio*
zu verstehen sei, der längst, nämlich bereits von Augustinus energisch
widersprochen worden sei, und deswegen als überholt anzusehen ist:
„‹Gog et Magog non sunt alique gentes determinate in orbe sicut Gete
et Messegete, sed sunt in 4 angulis terre›, ut dicitur *Apocalypsis* ‹20,7›,
secundum *Augustinum* ‹in omni parte mundi› et obviabunt Antichristo,
cum venerit."[386]
Jene alle Aufmerksamkeit verdienende Differenzierung Augustins
kommt dabei nicht mehr zu Wort, die das Wesen, genauer das Woher
und Wovon des Antichrist beleuchteten. Für den Bischof von Hippo
gibt es zwei Interpretationsmöglichkeiten:
Erstens: „Gog" vermag auf die Völker der Erde und „Magog" auf den in
diesen Völkern verborgen lebenden dämonischen Widersacher angewandt zu werden, auf den Teufel. Am Ende der Zeit, eben in der Zeit
des Antichrist, wird dieser sich zu erkennen geben als der, der „vom
Dache kommt", getragen wird vom Volk. Der Antichrist ist demnach
derjenige, dem es endlich – gegen Ende der Zeit – gelingen wird, nicht
als einer zu erscheinen, der gegen die Völker der Erde agiert, sondern
im Gegenteil: als jemand, der sich für das Volk einsetzt, die Interessen
der Erdenvölker vertritt, kurz: ein Volksheld ist, der sich vom Volk der
Erde *getragen* und beauf*tragt* weiß. Er tritt nun offen und ungedeckt,
d. h. mit Wissen und Zustimmung der Völker gegen alles Heilige und
gegen die Heiligen und den Heiligen auf.
Zweitens: Beide Termini, „Gog" und „Magog", werden auf die Völker
der Erde appliziert. Dabei ist „Gog" Bezeichnung für die gegenwärtigen
Völker der Erde, in denen „der alte Feind" nur verborgen und ver*deckt*,
„unter dem Dach", agieren darf, „Magog" aber Name jener Völker, die
seinerzeit, nämlich in der antichristlichen Zeit kurz vor dem Weltende,
un*verdeckt*-offen ihr wahres Gesicht zeigen werden. Aus dem verhaltenen Zorn der Völker wird offener, ungehemmter Haß auf das Göttliche, auf Gott, auf Christus und die Seinen.
Harclay rekurriert lediglich auf diese zweite Interpretationsvariante
Augustins.[387] Er bevorzugt also jene Auslegung, die nicht den Anti-

---

[386] Heinrich von Harclay: Utrum astrologi. Ed. Pelster 1948, 67; Augustinus: De civitate
Dei 20, 11 (CCL 48, 720f.).

[387] Ebenda: „Sed tempore Antichristi erunt detecti, et tunc dicuntur Magog, quando de
odio operto et occulto in odium manifestum erumpturi sunt." Augustinus: De civitate
Dei 20,11 (CCL 48, 720).

christ als Person so sehr in den Vordergrund rückt, sondern das offene
antichristliche Verhalten der durch „den alten Feind" versuchten Völker betont. Eine Beobachtung nur en passant und gleichsam zwischen
den Zeilen gelesen; und doch symptomatisch, ja exemplarisch für die
retardierende, mitunter geradezu aufgeklärt und aufklärerisch wirkende Argumentation des Engländers in dieser Frage: Nicht, daß er
die Person des Antichrist leugnete, aber er vermeidet es in auffälliger
Weise und solange es ihm irgend möglich ist, von ihr zu sprechen. So
wundert es auch nicht, daß Harclay in diesem Zusammenhang sogleich auch den bereits mehrfach zitierten Vers aus dem zweiten Thessalonicherbrief (2 Thess 2,7) anführt, wo von dem „Geheimnis des Bösen" – *mysterium iniquitatis* –, keineswegs aber von der Person des Antichrist die Rede ist. Am Ende der Tage, zu seiner Zeit – „suo tempore" –, werde dieses Geheimnis offenbar: „[...] quando persecuntur
manifeste."[388]
Aus dem Dargelegten zieht Harclay seine Konsequenz. Die konkrete,
auf ein bestimmtes, namentlich zu nennendes Volk bezogene Identifizierung mit den antichristlichen Mächten stellt er entschieden in
Frage. „*Patet ergo quod Augustinus et Ieronimus non concordant in ista materia.*"[389] Da aber mit dieser Identifizierung eines bestimmten Volkes
oder auch mehrerer, jedenfalls namhaft zu machender Völker die zuletzt aufgezeigte Möglichkeit der Voraussage vom unmittelbar bevorstehenden Anbruch der Herrschaft des Antichrist steht und fällt, ent-
zieht er all diesen „prophetischen" Versuchen mit seinem radikalen In-
fragestellen den Boden. Selbst wenn Harclay der Meinung ist – was er
nicht sagt –, daß das Ende des römischen Reiches das Ende der Welt
inauguriert, so muß dieses kaiserlose, aber noch bestehende Imperium
Romanum allererst durch bestimmte Völker lebensgefährlich bedroht
werden. Das wiederum heißt nach der Logik der hier vorgestellten Gedankenführung, daß andere Mächte an die Stelle des römischen Reiches treten müßten. Da diese Mächte aber nicht eindeutig benennbar
und damit identifizierbar sind, vermögen auch die sich auf sie stützenden Voraussagen nicht konkret genug zu sein.
Mit anderen Worten: Heinrich von Harclay lehnt jene bei den diversen
Verfassern in stets variierender Form artikulierten Belege für die Möglichkeit einer kalendarischen Voraussage des antichristlichen Kommens und des Weltendes ab, die – bei aller Verschiedenheit – sich
doch stets auf bestimmte mächtiger und dem römisch-christlichen Imperium gefährlich werdende Völkerscharen stützen. Um diese seine
Ablehnung dem Leser-Hörer so deutlich wie möglich vor Augen zu

---

[388] Heinrich von Harclay: Utrum astrologi. Ed. Pelster 1948, 67.
[389] Ebenda.

stellen, konstruiert Harclay einen künstlichen Gegensatz zwischen Hieronymus und Augustinus.

Seine *Praeterea-Argumentation* abschließend, meint Harclay eine weitere *auctoritas* ins Visier nehmen zu müssen, die ebenfalls für die Möglichkeit einer termingerechten Voraussage des baldigen Kommens des Antichrist zu sprechen scheine: das zwölfte Kapitel der Apokalypse, das auch von Johannes Quidort von Paris, wie Harclay geschickt unterstellt, angeführt werde.[390] Er appliziert jene Vision, der innerhalb der Geheimen Offenbarung eine merkwürdige Stellung zukommt: der Vision von der gebärenden Frau und dem Drachen.[391] Harclay konzentriert sich auf jene apokalyptische Szene, in der der „große, feuerrote Drache mit sieben Köpfen und zehn Hörnern und auf seinen Köpfen sieben Kronen" vor der „mit der Sonne umkleideten" Frau steht. Diese ist dabei, ein Kind zu gebären, das der Drache verschlingen will. Die Frau, das ist die Kirche. Der Drache, das ist der Diabolus, wie Harclay sachlich-nüchtern feststellt. Das Kind, das geboren wird, ist Christus, der zuerst von der Jungfrau Maria geboren wurde und täglich in den Herzen der Gläubigen zur Welt kommt. Die Jungfrau gebar einen kräftigen Sohn: „id est fortem et virtuosum non femineum", wie Harclay wohl auch mit Blick auf die *Glossa ordinaria* exegetisiert.[392] Der Sohn wird fähig sein, „alle Völker mit eisernem Stab zu regieren", das heißt: „inflexibili potencia vel iusticia, misericordie tamen coniuncta",[393] und, wie es in der Apokalypse weiter heißt, „er wird entrückt zu Gott und seinem Thron". Auch im Anschluß daran, ruft Harclay noch einmal seinen Zeitgenossen die orthodoxe Auslegung in Erinnerung: Hier ist von Christus die Rede, der, wie es im Apostolischen Symbolum heißt, aufgefahren ist in den Himmel und

---

[390] Ebenda; cf. Apc 12,4.

[391] Apc 12,1–7. Der variierende Fluß der Deskription, der Bilder- und Symbolreichtum machen aus Offb 12 einen der schwierigsten Texte des Neuen Testaments, wie Feuillet, Albert: Der Sieg der Frau nach dem Protoevangelium. *IKZ* 7 (1978) 26–35, bes. 33 betont. Dazu auch Bornkamm, Günther: Die Komposition der apokalyptischen Visionen in der Offenbarung Johannis. In: Studien zu Antike und Urchristentum. München 1959, 204–222 (= Beiträge zur evangelischen Theologie Bd. 28). Für ihn gehört die Vision von der gebärenden Frau und dem Drachen eigentlich gar nicht in den Text, ist Nachtragswerk, mythologischer Herkunft, das sich nicht in das Siebenerschema integrieren läßt. Für Eugen Drewermann [5]1989, 568–580, gehört umgekehrt gerade diese Vision zu den zentralsten und aussagekräftigsten Versen der gesamten Apokalypse.

[392] Heinrich von Harclay: Utrum astrologi. Ed. Pelster 1948, 67; *Glossa ordinaria et interlinearis* ed. Venedig 1603, Bd. 6, 1579f.

[393] Heinrich von Harclay: Utrum astrologi. Ed. Pelster 1948, 67f.; zur Verdeutlichung dieser Regierungsweise des von der Jungfrau geborenen Kindes wird Ps 88,33 angeführt.

nun zu Rechten des Vaters sitzt: „ut cum Patre iudicet et regnet".[394] Die
Frau aber ist jetzt nicht allein mit der konkreten Person der Jungfrau
Maria in Übereinstimmung zu bringen, sondern entfaltet sich zur per-
sonifizierten Kirche: „et mulier" id est Ecclesia".[395] Diese wird verfolgt
und muß fliehen. Doch der Schutz Gottes ist ihr sicher: „Die Frau aber
floh in die Wüste, wo sie eine von Gott bereitete Stätte hatte; dort wird
man sie mit Nahrung versorgen, zwölfhundertsechzig Tage lang."[396] Die
Nahrung der Kirche, das ist das Brot der Lehre und der Eucharistie.
Was aber ist mit den zwölfhundertsechzig Tagen gemeint?
Für den „Magister", wie Harclay jetzt mit Blick auf Johannes von Paris
meint, sind es 1260 Jahre. Für ihn sei hier also eine konkrete Datenanzeige für eine Zeitdauer artikuliert, die die Kirche geschützt von Gott
vor dem Drachen und gestärkt mit der Orthodoxie und der Eucharistie in der Welt zubringt. Doch dabei ergibt sich wieder die Frage nach
dem *terminus a quo*. Textgemäß liegt es nahe, von jenem heilsgeschichtlichen Ereignis auszugehen, das die Apokalypse unmittelbar zuvor klarerweise anspricht: von der *ascensio Christi*.
„Modo dicit *magister* quod dies ponitur pro anno, sicud solet dici: per
tria natalicia vel 3ᵃ pascata, 3 annos. Ergo Ecclesia pascetur eukaristia
usque ad 1260 annos ab ascensione, id est 1294 ab incarnacione."[397]
Doch unter dieser Annahme hätte sich die Interpretation als irrig erwiesen. Da das aber nicht sein darf, lege sich der „Magister" eine andere Theorie zurecht.
Hier ist wieder der ironische Unterton Harclays deutlich zu vernehmen, der im Blick auf die Bibelverse verstummte. Sobald es aber um
Auslegungsversuche seitens bestimmter *magistri* geht, kommt Harclays
subtil-bissiger Humor wieder zu Wort: „Sed quia illud iam apparet falsum, fingit *magister* alium modum conputandi."
Diese fingierte Berechnung geht aus von dem Datum der Niederschrift
der Geheimen Offenbarung. Die Absicht dabei ist für Harclay leicht
durchschaubar: Johannes von Paris und alle, die ihm in dieser Hinsicht
folgen, wollen Zeit gewinnen, um so die Speisung der Kirche in der
Ruhe der Wüste noch als gegenwärtiges, aber sich recht bald dem
Ende zuneigendes Geschehen zu erweisen. Da nach Auskunft des Euse-
bios von Kaisareia die Geheime Offenbarung im Jahre 96 n. Chr. verfaßt wurde,[398] müssen diesem Datum 1260 Jahre addiert werden:
96 + 1260 = 1356.

[394] Heinrich von Harclay: Utrum astrologi. Ed. Pelster 1948, 68.
[395] Ebenda.
[396] Ebenda; Apc 12,6.
[397] Heinrich von Harclay: Utrum astrologi. Ed. Pelster 1948, 68.
[398] Ebenda; vgl. zur Tradition der Verfasserschaft auch Rauh 1979, 72 Anm. 1 (mit
Lit.).

Im Jahre 1356 wird also der Befürchtung des Johannes Quidort von Paris nach das Sakrament der Eucharistie abgeschafft werden und das Ende der Welt hereinbrechen.[399] Und noch einmal der ironisch-bissige Kommentar Harclays: „Ego credo quod, si iste *magister* viveret in anno predicto 1356 ab incarnatione et videret quod istud non esset impletum, ipse adhuc fingeret novam calculacionem annorum, ut ulterius differret hoc negocium, ne posset deprehendi de menda-cio."[400]

Das wiederkehrende Stichwort heißt also „fingere". Und darin besteht der Vorwurf Heinrichs von Harclay gegenüber Quidort: Denker seines Schlages werden eher neue Kalkulationen „fingieren", als schlicht und einfach zu konzedieren, daß ihre auf bestimmten exegetischen Positionen beruhenden Berechnungen im Ansatz, nämlich exakt in ihren interpretatorischen Prämissen, irrig gewesen seien. Statt dessen beharrten sie auf ihren Auslegungsaxiomen und nähmen in ihrer Berechnung lediglich akzidentelle Modifikationen vor, die ihre *computatio* aber *essentiell* nicht verändern. Tatsächlich aber seien ihre Aussagen von rein fiktiver Natur, eben „fingiert", ausgedacht, künstlich gebildet und stimmten insofern nicht nur nicht mit der Wirklichkeit überein, sondern kämen gerade deswegen zustande, um der Wirklichkeit, der historischen Realität, letztlich auszuweichen.

Um diesen Vorwurf näherhin zu belegen, geht es dem Engländer in dem letzten großen Abschnitt seines Traktates. Hier analysiert er die *auctoritates*, die Johannes von Paris explizit zur Bildung seiner „Komputationsprämissen" anführt.

5.7.5.4 Prüfung der Argumente

Um die von Johannes von Paris zur Prämissenbildung seiner Vorhersage über das Kommen des Antichrist angeführten *auctoritates* zu prüfen, genauer gesagt, zu widerlegen, lassen sich im Traktat Harclays zwei „Rubriken" ausmachen. Die erste kann mit der Frage „Was sagt

---

[399] Heinrich von Harclay: Utrum astrologi. Ed. Pelster 1948, 68. Daß Johannes von Paris tatsächlich so rechnete, wurde oben dargestellt. Seine angestrengte Reflexion um das Sakrament der Eucharistie kurz vor seinem Tode erhält unter diesem Aspekt noch einmal eine besondere Note. Er witterte die Gefahr, daß offensichtlich auf dem Wege des mangelnden Eucharistieverständnisses dem Antichrist Tür und Tor geöffnet werden, dieses Sakrament mit leichter Hand abzuschaffen. Dieser *möglichen* Entwicklung, die für Johannes von Paris ja zwar denkbar, aber nicht mit absoluter Notwendigkeit eintreten mußte, wollte er Einhalt gebieten, indem er sich für das Sakrament der Eucharistie theologisch-reflexiv einsetzte. Es war also gerade nicht seine Absicht, die Eucharistie in Frage zu stellen, wie man ihm vorzuwerfen glaubte. Vielmehr wollte er sie theologisch absichern.

[400] Heinrich von Harclay: Utrum astrologi. Ed. Pelster 1948, 68.

Augustinus wirklich?", die zweite mit „Die Zeugnisse der Poeten" stichwortartig überschrieben werden.

5.7.5.4.1 Was sagt Augustin wirklich?

Tatsächlich stellt, wie erinnerlich, der Bischof von Hippo für Quidort,
aber auch für Arnald von Villanova eine maßgebliche und immer wieder zu Wort kommende Autorität dar. Sofern der Engländer also diesen *magistri* widersprechen will, ist es für ihn geradezu notwendig, immer wieder auf diesen einflußreichen Afrikaner zu rekurrieren und
vornehmlich von dieser gerade in seiner Zeit wieder bei den philosophisch wie theologisch Gebildeten, aber auch bei den spirituell wie pa-
storal Wirkenden in hohem Ansehen stehenden Autorität her zu argumentieren.[401] Harclays gleich zu Beginn dieses Abschnitts aufgestellte
These ist tatsächlich unmißverständlich: All jene, die die vorgenannte
opinio vertreten, dürfen sich redlicherweise nicht nur nicht auf Augustinus berufen, sondern werden durch diesen Lügen gestraft:
„Ostendo tamen contra istam opinionem, quam nititur confirmare per
Augustinum, quod *Augustinus ipsam redarguat*.[402]
Das 18. Buch des „Gottesstaates" wird aufgeschlagen, jene Stelle, die
von den diversen Befürwortern eines Vorauswissens des Endes der
Welt ins Feld geführt wird, dergestalt, als ob hier ihnen der Bischof
von Hippo Recht gegeben hätte. Zwar könne nicht der Tag und die
Stunde, wohl aber das Jahr oder das Jahrzehnt, das Jahrhundert oder
Jahrtausend vorausgesagt werden.[403] Wenn *das* herausgelesen wird,
muß man Augustinus, so Harclay, schon gewaltig mißverstehen. Sagt
er doch ausdrücklich, daß derjenige „all den Rechnern das Handwerk
legt" und „Ruhe gebietet", der gesagt hat, „es steht euch nicht zu, die
Zeiten zu wissen, die der Vater in eigener Macht festgelegt hat".[404] Der
Bischof von Hippo selbst habe sich in dieser Frage diese „Ruhe", diese
ruhig-demütige Zurückhaltung auferlegt. Das zeige sich bei der Beantwortung der Frage nach der Anzahl der bisherigen und noch kommenden Christenverfolgungen, wo er wiederum ausdrücklich „warnt vor
dreister Sicherheit."[405] Das zeige sich aber vor allem dort, wo er deutlich genug feststellt, daß den Jüngern verwehrt sei, nicht nur die
Stunde und den Tag, sondern alle Zeiten, jegliche Zeiteinheit im Blick
auf die Wiederkunft Christi vorauszuwissen. Der Beginn des dreiund-
fünfzigsten Kapitels des genannten Buches wird nochmals ausführlich

---

[401] Gerwing 1986, 141ff.
[402] Heinrich von Harclay: Utrum astrologi. Ed. Pelster 1948, 68.
[403] Heinrich von Harclay: Utrum astrologi. Ed. Pelster 1948, 68; Augustinus: De civitate
Dei 18, 53 (CCL 48, 652).
[404] Ebenda; Act 1,6f.
[405] Augustinus: De civitate Dei 18, 53 (CCL 48, 652).

von Harclay zitiert. Er betont vor allem die Beobachtung des Bischofs, daß „die Seinen Christus gar nicht nach der Stunde, dem Tag oder Jahr gefragt haben, sondern nur generell nach der Zeit; und doch wurde ihnen eine abweisende Antwort zuteil".[406] Harclays erstes, aber doppeltes Resümee seiner kritischen Nachlese: „Ergo *manifestum quod nec dies nec hora nec mensis nec annus nec decada nec centenarius nec millenarius sciri potest.* Ergo plane auctoritas allegata falsa est."[407] Dieses Fehlurteil begründet Harclay überdies noch mit einer weiteren Quelle Augustins, mit der *Epistola ad Hesychium de fine mundi*; selbstredend nicht von ungefähr. Denn auch dieser Brief ist von denen angeführt worden, die mit der Autorität Augustins das Weltende a posteriori zu wissen, weil vorausberechnen zu können meinten: namentlich Arnald von Villanova und Johannes von Paris.

Damit ist zugleich erwiesen, daß es dem Engländer nicht bloß um eine generelle Widerlegung der *auctoritates* durch die *auctoritates* geht, sondern um ein spezifisches und detailliertes *Nach*lesen genau jener Hauptquellen, die von Arnald von Villanova und Johannes Quidort von Paris angeführt wurden und die auch von zahlreichen Namenlosen der Zeit mehr oder weniger stark akzeptiert und rezipiert worden sind.

Daß Harclay dabei nicht nur die Theologen aus Profession, sondern auch die „Vielen" aus Passion anzusprechen gewillt ist, die von dem Vorausberechnenkönnen des Kommens des Antichrist und des Weltendes offensichtlich wie von etwas Exklusivem fasziniert und vindiziert waren, wird weiter unten noch evident. Hier ist es ihm jedenfalls darum zu tun, festzustellen, daß man sich bei all den Versuchen, mehr zu wissen als es dem Menschen zukommt, nicht nur nicht auf die Heilige Schrift und auf Augustinus stützen kann, sondern daß diese *auctoritates* ausdrücklich solch eine Möglichkeit ausgeschlossen haben. Hier geht es Harclay also um eine wissenschaftliche Überprüfung der von den „Gegnern" angeführten Argumente. Dabei stellt er sein kritisches Können und sprachliches Wissen keineswegs unter den Scheffel: Zunächst gelingt es ihm, in dem zitierten Brief Augustins eine Stelle ausfindig zu machen, die seine oben dargelegte Auslegung der einschlägigen Kapitel aus dem „Gottesstaat" bestätigt: Auch hier betont Augustinus, daß zu Beginn der Apostelgeschichte der Herr den Seinen ausdrücklich klarmacht, daß es ihnen nicht nur nicht zukommt, die Stunde und den Tag, sondern überhaupt irgendeine Zeitspanne seiner Wiederkunft im voraus zu kennen. Sodann bestätigt Heinrich von Harclay Augustins Blick auf den griechischen Urtext. „Nostri hoc ver-

---

[406] Heinrich von Harclay: Utrum astrologi. Ed. Pelster 1948, 69; Augustinus: De civitate Dei 18, 53 (CCL 48, 652).

[407] Heinrich von Harclay: Utrum astrologi. Ed. Pelster 1948, 69.

bum tempora appellant scilicet cronos et kayros, cum tamen hec duo
habeant inter se non negligendam differenciam."[408]
Dieser nicht zu übersehende Unterschied der beiden im griechischen
Urtext genannten Termini besteht darin, daß mit *kairos* jene „Zeit" gemeint ist, die ein Ereignis mit Recht in Anspruch nimmt. Es ist die
rechte und gefüllte, die in Anspruch genommene und nehmende Zeit
der Entscheidung, der rechte Augenblick. Es ist nicht eine unerfüllte
Zeitspanne, nicht *chronos*, gewährt vom Gotte Kronos, der immer von
neuem seine Kinder frißt, um sich selbst durch sie am Leben zu erhalten.[409] Es ist nicht die belanglose, gleichgültige Zeit des bloßen Sich-
Erstreckens, des Andauerns, sondern es ist die Zeit, die als Zeit „in re,
que habet ad aliquid" zur Geltung kommt.[410] Doch beide Zeiten, *chronos*
wie *kairos*, stehen in Apg 1,7 zur Debatte, werden vom Herrn als von
den Menschen im Blick auf die Wiederherstellung des Reiches nicht
vorhergewußte und vorherzuwissende *tempora vel momenta* qualifiziert.
„Et tunc audierunt: ‚Nemo potest noscere tempora et croynos et kairos' [. . .]. Ergo conputare hoc est croinos, ut sciamus, quando sit finis
huius seculi vel adventus Domini, nichil michi videtur aliud quam scire
velle quod Christus scit neminem scire posse."[411]
Daraus zieht Heinrich von Harclay seinen für die kritische Auseinandersetzung belangvollen Schluß, der auf der Hand liegt und im Grunde
– unter rein sachlicher Hinsicht – hätte gar nicht mehr extra artikuliert zu werden brauchen: „Igitur nec decada nec 100 nec millenarius
annorum."[412]
Doch bleibt noch ein weiteres Argument Augustins der kritischen Relecture überlassen. Es spielt bei den Anwälten der Zeitbestimmung
ebenfalls eine bedeutende Rolle und konnte a limine auf breite Zustimmung hoffen, weil es mit diesem Argument gleichzeitig das Geschichtsverständnis des Mittelalters überhaupt verknüpfte: das Argument, das sich auf die damals weitverbreitete Zeitgliederung stützte.[413]
Auch hier spielt Augustinus wiederum eine exzeptionelle Rolle. Harclay führt Isidor, Methodius und – vor allem – Augustinus an, das
zwanzigste Buch von *De civitate Dei*. „Que dicunt quod mundus comple-

---

[408] Ebenda; Augustinus: Epistola 197 (CSEL 57, 231–235).
[409] Kerényi, Karl: Die Mythologie der Griechen. Bd. 1: Die Götter- und Menschheitsgeschichten. München 1966, 25 (Nachdr. der Ausgabe von 1958) (dtv 1345).
[410] Dazu sachlich Hahn, Hans-Christoph: Zeit. In: Theologisches Begriffslexikon zum
Neuen Testament. Hrsg. von Lothar Coenen, Erich Beyreuther und Hans Bietenhard.
Bd. 2, Wuppertal ⁴1977, 1466–1478; Delling, Gerhard: Chronos. In: ThWNT IX,
1973, 576–589; auch immer noch Schnackenburg, Rudolf: Kairos. In LThK² V, 1960,
1242f.
[411] Heinrich von Harclay: Utrum astrologi. Ed. Pelster 1948, 69f.
[412] Ebenda 70.
[413] Schmale 1985, 34f.

bitur in 6. millenario: dico quod per 6. millenarium intelligunt 6. mundi etatem, que etas incepit a Christo."[414] Dabei repetiert Harclay noch einmal die Periodisierung der Weltgeschichte, setzt jedoch seine eigenen Akzente. Das Axiom ist bekannt: Jedem Schöpfungstag entspricht ein weltgeschichtliches Zeitalter, eine *aetas mundi*. Für Harclay ergibt sich aus dem, was die genannten *auctoritates* ausführen, die weiter unten folgende Gliederung der Weltgeschichte.

Dank dieser hier in einer resümierenden Übersicht vorgestellten Darlegung soll dem Leser klargemacht werden, daß die entsprechend dem Sechstagewerk des Schöpfergottes ausgelegten „Weltzeitalter" sich nicht nur ihrem Inhalt, sondern auch ihrer Zeitdauer nach unterscheiden. Schon gar nicht währten die *aetates* jeweils tausend Jahre lang: „Nam prima etas ab Adam ad diluvium fuit 2000 annorum et 2ª a Noe ad Habram fuit 2000 vel circiter." Und das letzte Zeitalter, das bereits seit Christi Geburt laufe, wird sicher länger dauern als alle anderen: „Ideo 6ª etas, que adhuc durat, forte erit maior omnibus aliis."[415]

GLIEDERUNG DER WELTGESCHICHTE nach Heinrich von Harclay	
Sechs verschiedene Weltzeitalter (AETATES MUNDI), von denen das sechste das letzte und längste ist.	
1. aetas:	ab Adam usque ad Noe.
2. aetas:	a Noe usque ad Habram.
3. aetas:	ab Habram usque ad David.
4. aetas:	a David usque ad transmigrationem Babylonis.
5. aetas:	a transmigratione usque ad Christum.
6. aetas:	a Christo usque ad finem mundi.

Diese seine These von der alles überragenden Dauer des letzten Weltzeitalters sucht Heinrich mit dem englischen Chronisten Heinrich von Huntingdon zu belegen.[416] Dabei geht die Argumentation von einer Korrelation zwischen Quantität und Qualität aus, näherhin davon, daß

---

[414] Heinrich von Harclay: Utrum astrologi. Ed. Pelster 1948, 69f.; vgl. Augustinus: De civitate Dei 20,7 (CCL 48, 710).

[415] Heinrich von Harclay: Utrum astrologi. Ed. Pelster 1948, 70.

[416] Dazu Schnith, Karl: Heinrich von Huntingdon. In: LexMA IV, 1989, 2094.

die Zeit, die von Christus erfüllt und unter dem Zeichen des Erlösers
steht, auch länger dauert als jene Zeiten, die lediglich auf den Erlöser
hinweisen, ähnlich der Relation von Bezeichnetem und Zeichen. Jenem
gebührt längere Dauer als diesem: „[. . .] quomodo multo amplius durabit veritas quam figura, lux quam umbra, significatum quam signum, tempus gracie quam legis. Quod si figura et umbra precedentes
et presignantes Christi graciam 5000 annis extensi sunt, quanto magis
ipsa lux et Christi gratia!"[417]
Es hieße aber die analytische Intelligenz Heinrichs von Harclay zu verkennen, wollte man ihm unterstellen, daß er sich über die Fragwürdigkeit, ja Brüchigkeit solch eines undifferenzierten, Qualität und Quantität in eine unerlaubte, weil kurzschlüssige Korrelation bringenden Arguments nicht im klaren gewesen sei. Es stellt sich nämlich beim
genauen Zusehen heraus, daß Harclay durchaus nicht das gerade vom
englischen Chronisten angeführte Ergebnis der Überlegung Herberts
von Norwich akzeptieren will. Er möchte es lediglich zu Gehör bringen
und zu bedenken geben. Worauf es ihm allerdings ankommt, ist, einen
Beleg dafür zu liefern, daß das letzte Jahrtausend keineswegs als Quan-
titäts-, sondern als reine Qualitätsangabe zu verstehen sei. Daß es also
hier keineswegs um ein kalendarisch auszumachendes Wielange, sondern um ein wesenhaft zu signierendes Was geht: „Ergo manifeste patet quod *ultimus millenarius non significat tempus determinatum,* sed tantum creatum etatem incerti temporis existentem."[418]
Dieses Ergebnis bietet ihm die Möglichkeit, nahtlos zu seiner Augustinusinterpretation zurückzukehren. Ja, es zeigt sich, daß der Exkurs in
die englischen Geschichte lediglich das konkret exemplifizieren sollte,
was Augustinus laut Harclay immer schon lehrte: Es ist nicht möglich,
die Endzeit kalendarisch zu determinieren. Die Rede vom sechsten
Jahrtausend bedeutet nichts anderes, als daß seit der Erlösungstat Jesu
Christi das letzte Zeitalter angebrochen sei.
Dabei beruft sich, wie Harclay immer wieder konstatiert, der Bischof
von Hippo auf die Heilige Schrift, vor allem auf die Schriften des
Neuen Bundes, so etwa auf das vielzitierte zwanzigste Kapitel in der
Geheimen Offenbarung. Hier sei von dem Engel die Rede, der vom
Himmel niedersteigt und den Schlüssel des Abgrunds (clavem abissi)
sowie eine Kette in der Hand hält. „Dieser packte den Drachen, die

---

[417] Heinrich von Harclay: Utrum astrologi. Ed. Pelster 1948, 70; Henrici archidianconi
    Huntendunensis historia Angelorum: The history of the English by Henry, archde-
    acon of Huntingdon, from A.C. 55 to A.D. 1154 in eight books. Ediert von Thomas
    Arnold. London 1879, Nachwort. Identisch mit dem Prolog zum Liber de summitati-
    bus (= Rerum Britannicarum medii aevi scriptores or Chronicles and memorials of
    Great Britain and Ireland during the Middle Ages 74).
[418] Heinrich von Harclay: Utrum astrologi. Ed. Pelster 1948, 70f.

alte Schlange, die benannt ist Teufel und Satan, und hat ihn gebunden auf tausend Jahre."[419]
Harclay betont, daß Augustin diese von Arnald wie von dem Pariser Gelehrten Johannes angeführte Bibelstelle im Blick auf die Rede von den tausend Jahren zweifach zu interpretieren erlaubte: Einmal könne theoretisch tatsächlich mit den hier erwähnten tausend Jahren das letzte Jahrtausend – „pro ultimo millenario annorum" – gemeint sein, also ausgesagt werden, daß das letzte und sechste Weltzeitalter tausend Jahre bestehe. Zweitens aber könne man die tausend Jahre als eine Redefigur verstehen, die das Ganze der Zeitenfülle signiere und damit nichts anders besage, als daß der Satansdrachen während der seit der Erlösungstat Jesu Christi angebrochenen sechsten und letzten Weltzeit gepackt und gefesselt sei und nur für eine kurze Zeit freigelassen werde, wie es in Apc 20,3 heißt. Dabei suggeriert Harclay seinen Lesern (Hörern), daß Augustinus allein dieser zweiten Interpretationsvariante das Wort rede. Nur diese sei jene Variante, die glaubwürdig vertreten werde: „Et quod hoc sit possibile probat."[420]
Allerdings verschweigt Harclay nicht, daß es im Verlauf der Geschichte durchaus Heilige, also *auctoritates* gegeben habe, die sich nicht nur eindeutig für die erste Auslegungsvariante Augustins ausgesprochen, sondern die ernsthaft gemeint hätten, daß das Ende der Welt kalendarisch vorherzusagen sei.[421] Wieder führt der Engländer ein konkretes Beispiel aus der Geschichte seines eigenen Landes an: Eduard den Heiligen († 1066), Sohn Ethelreds II. und Emmas von der Normandie.[422] Dieser habe bereits zu seiner Zeit geglaubt, daß der Antichrist nur noch wenige Jahrzehnte auf sich warten lassen, zumal die Araber und Tataren in den folgenden dreiundsiebzig Jahren viele Gegenden verwüstet hätten. Doch historisches Faktum bleibe es, daß sich der Heilige klarerweise geirrt habe: der Antichrist ist nicht erschienen.
Doch hier wird deutlich, warum Harclay ausgerechnet seinen Landsleuten einen Landsmann als Negativbeispiel vor Augen führt. Dies hätte er sicherlich nicht getan, wenn er sich nicht dazu genötigt gesehen hätten: veranlaßt durch Johannes Quidort von Paris. Wie erinnerlich, erzählte dieser lang und breit – ausführlicher noch als die Acta selbst – die Geschichte von den Siebenschläfern. Daß hier Harclay tatsächlich auf den Text des Johannes von Paris, nicht aber auf die von ihm zitierte Vita S. Eduardi zurückgreift, zeigt augenfällig folgender Textvergleich:

---

[419] Ebenda 71; Apc 20,2; Augustinus: De civitate Dei 20,7 (CCL 48, 710f.).
[420] Ebenda; Harclay zitiert auch die von Augustinus zur Bekräftigung dieser Interpretationsmöglichkeit angeführten Bibelstellen: 2 Cor 6,10; Ps 104,8.
[421] Heinrich von Harclay: Utrum astrologi. Ed. Pelster 1948, 71.
[422] Brooks, Nicholas P.: Eduard der Bekenner. In: LexMA III, 1986, 1583f. (mit Lit.).

Heinrich von Harclay:

„Nam *in vita sua* legitur de sedeti in mensa die sancte pasche apud West‹minster›, cum aliquando diu precogitasset, subito effusus est in risum. Post prandium 3 optimates, scilicet Haraldus comes, episcopus unus et abbas unus, sciscitati sunt cur riserit, et ipse dixit, quia 7 dormientes, qui in monte Celion requiescunt et iam 200 annis in dextro iacentes latere, in ipsa hora verterunt ‹in› latus sinistrum. Futurum est autem, ut 73 annis ita iaceant, mirum nimirum mortalibus omen. Nam in illis 73 annis futura sunt omnia, que dixit Dominus futura circa finem mundi, gentem scilicet contra gentem surrecturam et ‚regnum[423] adversus regnum et terre motus et pestilencia et fames‘ et terrores de celo, Mathei 24, ‹7›. Statim ergo comes militem, abbas monachum, episcopus clericum unum miserunt ex parte regis domini sui ad imperatorem Constantinopolita num, ut de hoc inquirerent. Imperator accepit litteras regis Anglorum, misit eos ad episcopum Ephesicum ‹cum› litteris suis, ut predictus episcopus ostenderet legatis regis Anglorum corpora dormiencium in monte Celion. Quibus ostensis inventi sunt iacentes super latus sinistrum, cum tamen omnes Greci perhibuerunt testimonium quod ipsi viderunt et a patribus suis acceperunt eos iacuisse super latus dextrum, item et tunc primo vidisse eos super sinistrum iacuisse. Postea sequta (sic!) sunt omnia, que predixerat rex futura in illis 73 annis. Nam Arabes, Tartari, Agareni depopulati sunt multas regiones: Siriam, Asiam Maiorem et Minorem et multas urbes: Ephesum et Ierosolimam. Et ista predixit sanctus Edwardus, futurum autem finem mundi ‹non›. Ipse autem regnavit circiter annum Domini millesimi 41^m. Et si illis anni addantur 73, in quibus predixit omnia predicta futura post tempus suum, fient anni ab incarnatione 1115, quando debuit fuisse finis mundi. Ecce, ergo, quomodo sanctus predixit."[424]

Johannes Quidort von Paris:

„**Die sancto Pasche sedens** ad **mensam apud Vuest** monasterium dyademate coronatus et optimatum turma valatus. Ceteris avidius comedentibus, advocato a terrenis animo, divinum quoddam speculatus **effusus est in risum.** Remotis mensis, **tres optimates** eum prosequuti **sciscitantur cur riserit.** Cunctatus multum denique respondit: **Septem dormientes in monte Celyo requiescunt, et iam II^c annis in dextro iacentes latere,** tunc **in ipsa hora** risus mei **latus inverterunt sinistrum futurum**que **est ut 74 annis ita iaceant, mirum nimirum moratibus omen. Nam in illis** annis 74 **omnia ventura** sunt **que Dominus circa finem mundi** ventura predixit, **gentem scilicet contra gentem surrecturam et regnum adversus regnum; et terre motus et pestilencia et fames et terrores de celo,** et gentilium in Christianos **bella et Christianorum in eosdem** victorias. Talia vero ipsis mirantibus inculcans, VII dormiencium passionem et habitudines singulorum, quod nulla docet litera, ita eis diseruit ac si cum eis victitaret. Erat autem tres optimates qui eum sciscitabantur: Aroldus comes, Abbas unus, et Episcopus unus. Et hiis auditis, comes Aroldus misit ad veritatem inquirendum **militem unum, Abbas monachum, episcopus clericum ad Imperatorem Constantinopolita num,** adiectis **regis** sui **literis** et muneribus, quos ille secum benigne habitos, **ad episcopum Ephesi** destinavit, epistola comittante quam sacram vocant **ut ostenderetur legatis regis Anglie VII dormiencium corpora.** Factumque est secundum prophetyam regis Eduardi. Nam **Greci omnes** tunc iurabant se **accepisse a patribus** illos VII **super latus dextrum** quiescere, sed post introitum Anglorum in speluncam **super sinistrum** eos invenisse. Nec mora **omnia** illa **sequta** (sic!) **sunt que predixerat. Agareni** enim **et Arabes,** et Turchi **Siriam,** Ciliciam **et Minorem Asiam** et **Maioris multas urbes** inter quas **Ephesum et Ierosolimam** depopulati sunt. **Ecce ergo, quod** iste rex **Eduardus predixit,** que ante annum **ab incarnatione** domini **MCXVI** futura erant que Dominus circa **finem mundi** predixit ventura, de bellis gencium et regnorum eu huiusmodi, postque in proximo pronunciat scriptura venturum antichristum, aliquo forte tempore interiecto."[425]

„De S. Eduardo confessore angeliae rege", cap. 9

„In die Dominicae resurrectionis, cum Rex ad mensam sederet, arctius solito se colligit ad se et ponens prae oculis Deum, omnia ista mundana arbitrabatur ut stercora. Et ecce subito vultus eius plus solito serenabatur, interiorque laetitia labia soluebat in risum; rusumque solita gravitate resumpta, obscuriorem faciem praeferebat. Mirabantur qui adstabant: nemo tamen audebat eum interrogare quid accidisset. Mensis tandem sublatis, secutus est ad thalamum Regem arctius et cum uno Episcopo et Abbate uno, simulque Regem super hoc sermone conveniunt. Tunc ille ait: Quantum se quisque vanis subtraxerit, tantum veris arctius adhaerebit. Ecce enim ego inter fecundos calices, et pinguia fercula, ac radiantis metalli splendorem, recordatus sum Domini Dei mei, et effudi in me animam meam; dilatatoque mentis sinu oculus interior spirituali perfusus lumine, radios profecto usque ad illam Ephesiorum civitatem mira celeritate porrexit, et usque in montem Celion progressus, Sanctorum quidem Septem Dormientium, quiescentium in spelunca, proprietatem vultuum, necnon membrorum quantitatem, ac qualitatem vestium expressione manifestissima contemplatus est. Haec dum, interiorem risu significante laetitiam, corde luminoso conspicerem, subito, me cernente, a latere dextro, super quod multis quieverant annis, in sinistrum se latus virtute divina vertentes, dirum mortalibus omen hac laterum suorum mutatione signarunt. Ecce hinc enim surget gens contra gentem, et regnum adversus regnum, et erunt pestilentiae, et fames, et terrae motus magni per loca. His enim septuaginta annis (tantum enim tempus in sinistro latere repausabunt) visitabit Dominus iniquitatem plebis suae, tradens eos in manus gentium, ut dominentur eis qui oderunt illos. Inimici namque nominis Christi insurgent in Christianos, servi dominis rebellabunt, Reges insidiabuntur Regibus, et Principibus Principes, et in omnibus finibus terrae ultor iniuriae Christi mucro desaeviet. Et exposuit eis Rex vitam illorum, et nomina, et passionem, et dormitionis modum. Quibus auditis, initio consilio, ut fidem posteris facerent, ad explorandam sermonis veritatem Dux militem, Clericum Pontifex, Abbas monachum cum litteris Regiis ad Imperatorem Constantinopolita num direxerunt. Qui omnia vera reprientes, incolumes ad Regem regressi sunt."[426]

---

[423] Die Edition läßt hier versehentlich das Anführungszeichen aus, nach „fames" erscheint es. Heinrich von Harclay: Utrum astrologi. Ed. Pelster 1948, 71.

[424] Heinrich von Harclay: Utrum astrologi. Ed. Pelster 1948, 71f.

Der Textvergleich zeigt, daß Heinrich von Harclay offensichtlich die Version von den Siebenschläfern nicht so sehr aus der von Aelred von Rievaulx[427] stammenden Heiligenvita Eduards, sondern vornehmlich von Johannes Quidort übernommen hat. Dessen Argumentation ist maßgeblich. Sie gilt es zu widerlegen, nicht aber König Eduard und seinen Biographen zu kritisieren.

Vor allem aber gilt es, *einerseits* zuzugestehen, daß es Heilige gab, die mit dem unmittelbar bevorstehenden Kommen des Weltendes rechneten, seinen Einbruch für sehr wahrscheinlich hielten, *andererseits* aber diese Ansichten nicht als „autoritativ" anzuerkennen. So betont Harclay klarerweise, daß all diese Voraussagen sich als unzutreffend erwiesen haben, vermeidet aber auffälligerweise in diesem Zusammenhang von Irrtum zu sprechen. All diese Heiligen hätte lediglich eine Ansicht geäußert, ohne Anspruch auf Bestimmtheit, eine *sine certitudine* vorgetragene *opinio*. Gregor der Große und Beda Venerabilis werden als Beispiele nur kurz erwähnt.[428] Auch sie *meinten* bereits zu ihrer Zeit, daß das Ende der Welt unmittelbar bevorstehe. Doch die Zeit hat all diese längst widerlegt: „Unde ipse estimavit mundum finiendum valde prope tempus suum, et iam fluxerunt 600 anni post mortem *istius necdum finis nec probabilis coniectura, minus nunc quam tunc fuit.*"[429]

Damit sind für Heinrich von Harclay die „autoritativen" Beweise Quidorts wie auch Arnalds von Villanova entkräftet. Sein Fazit lautet zusammenfassend und in Abbreviatur gesprochen:

Augustinus wird von diesen *computatores* höchst einseitig, ja falsch, weil gegen seine eigentliche wie erklärte Aussageabsicht interpretiert. Andere Autoritäten, vor allem seinen englischen Landsleuten bekannte Heilige wie Eduard der Bekenner, Gregor der Große oder Beda Venerabilis dürfen in diesem Fall nicht als *auctoritates* angeführt werden, weil ihre Antwort auf diese Frage *erstens* nicht zu den Zentralaussagen dessen gehört, was sie ihren Zeitgenossen und der Nachwelt mitzuteilen hatten, und weil sie, *zweitens,* in diesem Punkte längst von der Ge-

---

[425] Johannes von Paris: De antichristo et fine mundi. Oxford fol. 20 rb; s. oben Kap. 4.7.1.1; die wörtlichen Übereinstimmungen mit Harclay wurden fett gedruckt. Daraus ist ersichtlich, wie stark der Engländer den Text des Franzosen kürzte, aber doch das Wesentliche mitteilte.

[426] Vita S. Eduardi confessore Angeliae Rege. In: Acta Sanctorum. Ed. Johannes Ballandus S.J. Bd. 1: Jan. 1., Antwerpen 1643, fol. 290 va–304 vb, hier 300 va: c. 9, 30; vgl. Aelredi von Rievaulx: Vita S. Edwardi Regis (PL 195, 767f.).

[427] Vita Aedwardi Regis. Hrsg. von Frank Barlow. London 1962; gute Übersicht zum Leben und Werk Aelreds bei dems.: Eduard the Confessor. London 1970; Hallier, Amedee: The Monastic Theology of Aelred of Rievaulx. Irish Univers. Press 1969 (= Cistercian Studies 2).

[428] Heinrich von Harclay: Utrum astrologi. Ed. Pelster 1948, 72.

[429] Ebenda 72.

schichte korrigiert wurden. Jene, die trotzdem daran festhalten, scheinen eher zu jenen Menschen zu gehören, vor denen der Völkerapostel ausdrücklich warnte, zu jenen falschen Propheten nämlich, die am Ende der Zeit *in novissimis* massenhaft auftreten werden und egoistisch und aus Habsucht und Geldgier nur um sich selbst kreisen.[430]
Doch genau an dieser Stelle seiner Kritik muß Harclay sich abrupt und fast gewaltsam zurücknehmen, um nicht selbst zum Propheten eines unmittelbar bevorstehenden Weltendes zu werden. Quittiert er doch seiner Zeit, daß sie jenen Zuständen gleicht, die im zweiten Timotheusbrief beschrieben und als untrügliches Kennzeichen der Endzeit qualifiziert werden. „*Probabilius* indicium quod habeo de fine mundi propinquo est prophetia *Apostoli Pauli 2 Timothei 3. capitulo* ‹3,16›.“[431]
Wen Harclay dabei besonders im Auge hatte, geht aus dem Kontext hervor: Arnald von Villanova und Gelehrte wie Johannes Quidort von Paris. Was er ihnen vorwirft, ist ein gefährlicher Mangel an Realitätssinn, an nüchterner, objektiver Wahrnehmungsfähigkeit aufgrund eines klebrigen Verfangenseins im eigenen Gedankenkonstrukt. Damit schlägt Harclay kurz, aber deutlich vernehmbar eines seiner großen erkenntnistheoretischen Themen an: die aristotelisches Gedankengut rezipierende Frage nämlich nach dem Sein und dem tatsächlichen Erfassen von Wirklichkeit. Ging es Harclay doch vielfach um die Frage, ob und wie das Objekt des Wissens vor den Richterstuhl der menschlich-geistigen Erkenntnis gelangt.[432] Die Art und Weise, wie diese Fragen bei Arnald von Villanova und Johannes von Paris beantwortet werden, welche erkenntnistheoretischen (philosophischen) und offenbarungsmäßigen (theologischen) Implikationen solche „Prophezeiungen" und „Berechnungen" des Weltendes in jeder Zeile enthalten, wird hier von Harclay mit biblischen und moral-theologischen Kategorien kritisiert. Der Engländer will damit den Blick seiner Zeitgenossen auf diese inwendigen, mentalen „Gedankendinge" lenken, auf den inneren und eigentlichen Ansatz, mit dem jedes Wort der „falschen Propheten" und irrigen Berechnungsversuche artikuliert wird. Dabei stellt er eine gefährliche Egozentrik und maßlose Selbstüberschätzung des Menschen

---

[430] Ebenda 73; 2 Tim 3,1–6.
[431] Ebenda.
[432] Harclays philosophische Position ist ja gerade dadurch gekennzeichnet, daß er den Universalien wie den eigentlichen Gedankendingen im erkennenden Intellekt objektives Sein zuspricht, gleichzeitig aber die radikale Kontingenz der menschlichen Geist-Seele betont, der allein dank der Gnade des allmächtigen Gottes Unsterblichkeit zukommt. Den erkenntnistheoretischen wie theologischen Diskussionsstand in England im Übergang vom 13. zum 14. Jahrhundert stellt anschaulich, präzis wie prägnant jetzt Fritz Hoffmann da: Die „Conferentiae" des Robert Holcot O.P. und die akademischen Auseinandersetzungen an der Universität Oxford 1330–1332. Münster 1992, bes. 57–64 (= BGPhThMA NF 36).

fest, des Menschen, der etwas zu erkennen trachtet, was er aufgrund seiner radikalen Begrenztheit unmöglich zu erkennen vermag und das zu erkennen, allein Gott zusteht. Ihnen fehle die Wahrhaftigkeit, der Mut zur Realität und Selbstbeschränkung.[433]

Heinrich von Harclay führt diesen Gedanken nicht weiter aus. Er ist jedenfalls davon überzeugt, daß hinter den Berechnungsversuchen und Vorausankündigungen eine falsche Philosophie wie Theologie steckt, genauer: Er wittert hinter all dem eine irrige philosophisch–theologische Anthropologie, ein Menschen-, Welt- und Wirklichkeitsverständnis, das, um einen Terminus aus dem zweiten Timotheusbrief aufzunehmen, „verräterisch" und auf jeden Fall zu „verabscheuen" ist. Er sieht es letztlich durchsetzt von „Lieblosigkeit", von Hochmut und absoluter Selbstüberschätzung. Diese innere und alles verformende wie verformte Befindlichkeit des Menschen *in novissimis,* nicht das äußere Schicksal irgendwelcher asiatischen Völker sollten man im Auge behalten und, wenn überhaupt, als Indizien für das herannahende Weltende werten.

Doch da Harclay grundsätzlich der Ansicht ist, daß in der Frage nach dem Kommen des Antichrist und des Weltendes der Mensch überfordert sei, nimmt er nicht die damit gelegte Spur ins Innere des Menschen auf. Vielmehr begnügt er sich, die Zeugnisse jener „Dichter", wie er sie nennt, zu überprüfen, die neben Augustinus und den bereits genannten Denkern immer wieder als *auctoritates* für das unmittelbar bevorstehende Weltende angeführt werden: als Gewährsmänner dafür auch, daß das Ende der Zeit menschlicherseits durchaus vorausgesagt werden kann. Auch hier sind es wieder gerade jene Autoritäten, die auch Johannes von Paris anführen zu können meinte. Harclay nimmt hier ebenfalls gleichsam eine kritische Relecture vor, die wiederum dem Befund Quidorts widerspricht.

5.7.5.4.2 Die Auskünfte des „Dichters" Joachim von Fiore

Heinrich von Harclay stellt von vornherein fest: Wenn schon die Apostel und Propheten die Wiederkunft Christi nicht wissen konnten, dann erst recht nicht die „Dichter".[434]

Wen er mit „Dichter" näherhin meint, sagt er ebenfalls unumwunden: Joachim von Fiore, die erythräische Sibylle, aber auch die „Prophetin" Hildegard von Bingen und den zur Zeit des Kaisers Augustus lebenden

---

[433] Insofern kommt Act 1,7 tatsächlich eine erkenntnistheoretische sowie moral-theologische Position zu. „Non est vestrum nosse tempora vel momenta, que Pater posuit in sua potestate."

[434] „Si enim Apostoli et prophete hoc scire non poterant, multo minus poete." Heinrich von Harclay: Utrum astrologi. Ed. Pelster 1948, 73.

Ovidius Naso.[435] All das Namen, die, wie erinnerlich, uns bereits bei Quidort begegneten.

Im Blick auf den Kalabreser konstatiert Harclay zunächst, daß dieser verschiedene Überlegungen anstellte, um über das Ende der Welt und die Ankunft des Antichrist gültige Aussagen zu treffen: „[. . .] quod ipse multis modis intendit describere finem mundi et adventum Antichristi."[436] Dabei zitiert der Engländer aus *De seminibus scripturarum,* einem Werk, von dem wir nicht sicher wissen, ob es echt ist, einer Schrift auch, zu der Arnald von Villanova eine geistvolle Einleitung schrieb.[437] Ferner führt er *De concordia duorum testamentorum* an, eine Schrift, in der Joachim sich stark von Pseudo-Methodius beeindruckt zeigt. Zudem schlägt Heinrich Joachims berühmten Apokalypsenkommentar auf und nennt und kennt auch den fälschlicherweise unter Joachims Namen laufenden Jesaiaskommentar *De oneribus prophetarum.*[438]

Im erstgenannten Werk werde von den dreiundzwanzig Buchstaben des lateinischen Alphabets ausgegangen. Sie bedeuten jeweils einhundert Jahre und kennzeichnen insgesamt die Zeitdauer von der Gründung der Stadt Rom im Jahre 752 vor Christi Geburt bis zum Weltende. Es werden also 752 Jahre von 2300 Jahren subtrahiert und von diesem Ergebnis noch einmal die Jahre abgezogen, die seit der christlichen Zeitrechnung bereits vergangen sind, um so die noch zu verbleibende Zeit bis zur zweiten Ankunft Christi angeben zu können: Es sind nach dieser Rechnung noch 235 Jahre.

Doch Heinrich von Harclay weiß noch mehr von Joachim. Offensichtlich will er demonstrieren, daß er die Schriften des Kalabreser Abtes gut kennt, besser jedenfalls als Johannes von Paris. So serviert Heinrich seinen Lesern noch einige Kostproben aus dem Buch des „Poeten": In dem Jahrhundert, das mit dem Buchstaben „V" gekennzeichnet ist, stehe, laut Joachim, die Eroberung Jerusalems durch die Heidenvölker an. Im gegenwärtigen Jahrhundert, das unter „X" firmiert, soll die Heilige Stadt zurückerobert werden. Außerdem solle unter Friedrich II. das Reich als ganzes aufhören zu existieren, was ja tatsächlich, wie Harclay kurz kommentiert, Wirklichkeit geworden sei.

---

[435] Tatsächlich kommt aber Pseudo-Ovid, *De vetula* zur Sprache. Ebenda 76; ausdrücklich sagt er im kritischen Blick auf die heilige Hildegard, daß er diese „eher zu den Dichterinnen als zu den Prophetinnen" zählt.

[436] Heinrich von Harclay: Utrum astrologi. Ed. Pelster 1948, 73.

[437] Arnald von Villanova: Introductio in librum Ioachim de semine scripturarum seu de prophetis dormientibus. Vat. lat. 3824, fol. 1-13; ed. Manselli 1951, 43-59; s. bes. oben Kap. 2.1.4.

[438] Dazu immer noch Töpfer 1964, 131-135; insgesamt Manselli, Raoul: Un bilancio attuale sull'opera di Gioacchino da Fiore. *Florensia* 1 (1987) 101-104; Saranyana, Josep I./Zaballa, Ana de: Joaquín de Fiore y América. Pamplona 1992, bes. 101ff.

Doch wie um nur ja nicht den Verdacht einer Zustimmung seinerseits aufkommen zu lassen, fügt er sogleich hinzu, daß Joachims Angaben und Auslegungen reichlich diffus klingen.[439] Der Blick in das Buch *De concordia duorum testamentorum* eröffnet eine weitere Berechnungs- und Gliederungsweise der Weltzeit: die der Generationenfolge, per *generationes*.[440] Hier wird von dem Gedanken ausgegangen, daß die Generationenzahl, die von Jakob, Sohn des Isaak, der wiederum der Sohn des Abraham war, bis zu Jesus jener Generationenzahl entspricht, die nach Christi Geburt kommen wird.[441] Da Joachim insgesamt 42 alttestamentliche Generationen zählt und die Dauer jeder neutestamentlichen Generation, also der 42 Generationen nach Christi Geburt, rechnerisch auf dreißig Jahre beschränkt, vermag er das Jahr 1260 als das Jahr anzugeben, indem die Zeit dieser Postincarnationem-Generation sich dem Ende zuneigt und die Zeit des Antichrist anbricht. Den vulgär-joachimitischen Merkvers, den schon Johannes von Paris zitierte, bringt auch Harclay in diesem Zusammenhang zu Wort; nicht ohne darauf hinzuweisen, daß dieser häufig falsch zitiert werde:

„Wenn 1200 Jahre sind und zehn mal sechs nach der hehren Jungfrau Niederkunft, dann wird geboren der Antichrist voll des bösen Geistes. Dies hat verkündet Joachim, der Floretaner, in dem Jahr, in dem Saladin eroberte die Heilige Stadt."[442]

[439] Heinrich von Harclay: Utrum astrologi. Ed. Pelster 1948, 74.

[440] Ebenda; Joachim von Fiore: Liber de Concordia Novi ac Veteris Testamenti. Ediert von E. Randolph: Daniel. Philadelphia 1983 (= Transactions of the American Philosophical Society 73, 8).

[441] Dabei wird vom Stammbaum Jesu nach Mt 1,2–16 ausgegangen.

[442] Die Synopse belegt die weitgehende Übereinstimmung zwischen dem von Quidort und dem von Harclay zitierten joachimitischen Merkvers. Die unterschiedlichen Schreibweisen der verschiedenen Handschriften sind der klaren Sicht wegen hier außer Acht gelassen:

Johannes von Paris:
„Cum fuerint anni transacti Mille ducenti /
et decies deni / Post partum Virginis alme, /
tunc Antichristus nascetur demone plenus.
Hic Cisterciensis Ioachim predixit in anno /
quo Saladinus sanctam sibi subdidit urbem."

Heinrich von Harclay:
„Cum fuerint anni conpleti Mille ducenti /
et decies seni / Post partum Virginis alme, /
tunc Antichristus nascetur demone plenus.
Hec Floretensis Ioachim predixit in anno /
quo Soladinus armis sanctam cipit urbem."
Zu Johannes von Paris siehe oben Kapitel 4.7.1.3; Heinrich von Harclay: Utrum astrologi. Ed. Pelster 1948, 74. Saladin eroberte Jerusalem zu Lebzeiten Joachims von Fiore (um 1130–1202), nämlich am 2. 10. 1187.

Die sachliche Diskrepanz liegt darin, daß „viele" hier nicht von zehn mal sechs, sondern von zehn mal zehn sprechen. Unausgesprochen, aber für jeden Kenner der Auseinandersetzung deutlich vernehmbar, hat Heinrich wieder Johannes von Paris vor dem kritischen Blick. Es muß 1200 und zehn mal sechs, also sechzig heißen, weil nämlich damit das bestätigt werde, was Joachim in seiner Berechnung *per generationes* aufstellte: das Jahr 1260. „Unde non debet esse decies deni, ut multi dicunt, sed decies seni, id est 60."[443]

Im Blick auf Joachim von Fiore stellt Harclay fest, daß die zwei von ihm vorgestellten voneinander differenzierenden Berechnungsweisen des Kalabresers ebenfalls zu zwei unterschiedlichen Ergebnissen führen: Immerhin sei eine Abweichung von fast dreihundert Jahren auszumachen.[444] Diese Feststellung soll über sich hinausweisen. Sie soll die Glaubwürdigkeit Joachims in Frage stellen und ihm ein wenig jene weitverbreitete Faszination nehmen, die nicht zuletzt durch verschiedene Flügel der franziskanischen Bewegung immer wieder neuen Aufwind bekam. Was Heinrich von Harclay will, ist die nüchtern-prosaische Auseinandersetzung, nicht die „poetische", assoziativ-symbolische Ver-*dichtung*.

Eine weitere Schrift Joachims wird eingesehen: seine *Expositio in Apocalypsim* zum fünften bis achten Kapitel.[445] Wie erinnerlich, spricht hier der Autor der Geheimen Offenbarung von der „Buchrolle" dessen, der auf „dem Thron sitzt", einer Buchrolle, die mit sieben Siegeln versiegelt ist. Niemand ist würdig, diese sieben Siegel zu öffnen, nur das „Lamm", das „wie geschlachtet" aussieht und sieben Hörner und sieben Augen hat. Diese werden sogleich, noch in der Apokalypse selbst, als die sieben auf „die ganze Erde" ausgesandten „Geister Gottes" gedeutet. Dieses Gotteslamm öffnet die sieben Siegel des Buches der Reihe nach, wobei jeweils bestimmte Ereignisse zu sehen sind, die Joachim als Ereignisse der Heils- bzw. Unheilsgeschichte deutet. „[. . .] et

---

[443] Heinrich von Harclay: Utrum astrologi. Ed. Pelster 1948, 74.

[444] Daß Heinrich mit dieser Kritik an Joachim von Fiore den Kern des Anliegens Joachims keineswegs trifft, kann hier nur angemerkt werden. Die Generationenlehre Joachims besagt lediglich, daß die „Zeit der Kirche" im Jahre 1260 vorüber ist. Die trinitarische Auslegung, die nach der Zeit des Vaters und der Zeit des Sohnes noch eine Zeit des Heiligen Geistes in Aussicht stellt, muß mitgedacht werden. Gerwing 1986, 176f.; ders.: Ecclesia spiritualis. LexMA III, 1986, 1536; insgesamt zur Antichristproblematik bei Joachim s. Robert E. Lerner: Antichrists and Antichrist in Joachim of Fiore. *Speculum* 60 (1985) 553–570.

[445] Ed. Venedig 1527.

de apericione istorum septem sigillorum dicit *abbas* qualiter ista sigilla significant tempus Veteris Testamenti et similiter Novi."[446] Die Siebenzeitenlehre des Abtes bringt Heinrich hier also kurz zu Wort. Diese Lehre geht von einem siebenteiligen Gliederungsschema der alttestamentlichen Zeit und einer ebenfalls siebenfältigen Periodisierung der Zeit des Neuen Testaments aus. Im Blick auf diese, also auf die Zeit nach der Geburt Christi, läßt er die Öffnung des ersten Siegels mit der Zeit von der Auferstehung des Herrn bis zum Tode des Evangelisten Johannes korrespondieren, die des zweiten Siegels mit der Zeit, die seit dem Tode Johannis bis zu Kaiser Konstantin lief, die des dritten mit der von Konstantin bis zu Kaiser Justinian, die des vierten bis zu Kaiser Karl dem Großen, die des fünften bis zu seiner, des Abtes Gegenwart. Die Öffnung des sechsten Siegels indes signiert jene Zeit, die „neulich" begonnen habe und „in wenigen Jahren oder Tagen vollendet sein werde".[447]

---

[446] Heinrich von Harclay: Utrum astrologi. Ed. Pelster 1948, 75; Joachim von Fiore: Expositio in Apocalypsim, pars 2, c. 6, fol. 114 ra; ders.: Enchiridion super Apocalypsim. Ediert von Edward Kilian Burger. Toronto 1986, 34–37 (= STPIMS 78). Das Enchiridion wurde später der Expositio inkorporiert, war aber ursprünglich ein separates Werk.

[447] Der synoptische Vergleich zeigt auf einen Blick, daß Heinrich von Harclay zwar nicht exakt, aber durchaus korrekt die Deutung Joachims wiedergibt:

Joachim von Fiore:	*Heinrich von Harclay:*
„In novo autem sic: apertio primi sigilli, ab incarnatione Domini usque ad dormitionem sancti Joannis Evangelistae. Apertio secundi, ex eo usque ad Constantinum Augustum. Apertio tertii, ex eo usque ad Justinianum. Apertio quarti, ex eo usque ad Karolum. Apertio quinti, ex eo usque ad dies istos, post quos incohata sexta percutienda est Babylon nova sicut in prophetis ostenditur et liber iste Apocalypsis manifeste demonstrat."	„Unde in Novo tunc ‹appericio primi sigilli a resurreccione Domini usque ad obitum sancti Iohannis ewangeliste; appericio 2ⁱ ex isto tempore usque ad Constantinum Augustum, appericio 3ⁱ ex eo usque ad Iustinianum, appericio 4ⁱ ex eo usque ad Karolum; appericio 5ⁱ ex eo usque ad presentes dies›, appericio 6 sigilli nuper inchoata in paucis annis vel diebus consummacionem accipiet."

Joachim von Fiore: Enchiridion, ed. 1986, 33; Heinrich von Harclay: Utrum astrologi. Ed. Pelster 1948, 75. Auffallend sind zwei Abweichungen: Heinrich läßt die Zeit des ersten Siegels erst mit Ostern, Joachim aber bereits mit der Geburt des Herrn beginnen. Für diesen ist der Evangelist Johannes nicht gestorben, sondern „entschlafen". Die Abweichungen im Blick auf die Eröffnung des sechsten Siegels ergibt sich aus der zeitlichen Verschiedenheit. Für Joachim ist sie noch Zukunft, wenngleich auch eine, die nicht mehr lange auf sich warten läßt, für Heinrich ist sie schon fast wieder Vergangenheit. Der Unterschied von „apertio" und „appericio" ist offensichtlich, fällt aber sachlich nicht ins Gewicht. Er beruht aber nicht auf einen Lesefehler!

Diese Zeit wird also recht bald abgelöst werden durch die Zeit des geöffneten siebten Siegels: „erit Domini sacrum, de quo Apostolus *Hebreorum* 4, ‹9›: ‚relinquitur sabatismus Domini populo'.“[448] Obwohl also nach den Voraussagen Joachims von Fiore die Zeit des geöffneten siebten Siegels hätte präsent sein müssen, haben wir, so Heinrich kurz und doch beredt, „bis jetzt nichts davon gehört“.[449] Schließlich rezitiert Harclay noch eine ähnlich Stelle aus dem pseudojoachimitischen Jesajakommentar *De oneribus prophetarum*.[450] Auch hier kommen die sieben Siegel aus der Apokalypse zur Deutung und als siebenfältige Periodisierung der Zeit nach Christi Geburt zur Geltung. Auffallend ist dabei, daß Heinrich von Harclay hier jegliche, an anderer Stelle ausgemachte Ironisierung vermeidet, ja sogar konzediert, daß der Kalabreser Abt in manchem Zutreffendes vorausgesagt habe: Vieles, was er „über die beiden Orden“, gemeint sind die Gemeinschaften der Franziskaner und der Dominikaner, was er über Kaiser Friedrich II., seine Absetzung und „über vieles mehr“ prophezeit habe,[451] sei, wie sich mittlerweile gezeigt habe, wahr. „Verum est autem quod idem Ioachim verum prophetavit de multis sicud de duobus ordinibus post tempus suum venientibus, de Frederico imperatore et eius deposicione et de multis aliis.“[452]

---

[448] Heinrich von Harclay: Utrum astrologi. Ed. Pelster 1948, 75; Joachim von Fiore: Enchiridion, ed. 1986, 52.

[449] Ebenda: „Modo Ioachim fuit anno Domini M°CC°quinto, ut ipsemet dicit, et tunc inchoata fuit appericio 6 sigilli, sicud dicit, et paucis diebus durabit. Nichil audivimus de hoc dahuc.“

[450] Ebenda: „*Preterea* idem *Ioachim* libro *De honoribus prophetarum* dicit 2 capitulo et distinguit tempus apericionis 7 sigillorum et dicit: ‹Appericio primi signaculi sub Paulo et Barnaba, 2m sub Iohanne ewangelista, 3m sub beato Silvestro, 4m sub Antonio (!), 5m sub papa Gregorio Magno vel sub Eugenio et beato Bernardo, 6m sub duobus ordinibus post annos 1200 velud in generacione 41 ac si in die Parasceve et Iordanis transitu quantocius in mundo revelandis, 7m sub angelo septimo tuba canente, [...] ut Antichristi persecucio subsequatur, que etsi temporis brevitate clauditur, tamen penarum inmanitate solvetur.› Per duos ordines intelligit predicatores et minores. Nam non surrexerunt postea aliqui nisi isti, scilicet post annum Domini 1200.“

[451] Töpfer 1964, 131–135. Treffend beobachtet er (hier 132): „Ein beherrschendes Thema des Liber de oneribus ist [...] das Ringen Friedrichs II. mit der Kirche. Der wenige Jahre nach dem Tod des Kaisers schreibende Verfasser steht offensichtlich noch völlig unter dem Eindruck dieser gewaltigen Auseinandersetzung.“ In dieser Schrift wird Friedrich II. mit dem siebten Haupt des Drachens aus der Apokalypse identifiziert. „Da dieser 7. Verfolgerkönig an anderer Stelle ausdrücklich als Antichrist bezeichnet wird, ergibt sich eindeutig, daß Friedrich II. hier in Übereinstimmung mit der in joachimitischen Franziskanerkreisen verbreiteten Meinung als die Verkörperung des Antichrist aufgefaßt wird.“

[452] Heinrich von Harclay: Utrum astrologi. Ed. Pelster 1948, 75.

DIE VORANKÜNDIGUNGEN DES WELTENDES DURCH JOACHIM VON FIORE AUS DER SICHT HEINRICHS VON HARCLAY

1. in: De seminibus scripturarum

Prämisse	Rechnung	Ergo
23 Buchstaben des römischen Alphabets bezeichnen die verbleibenden Jahre seit der Gründung Roms bis zum Weltende, sofern für jeden Buchstaben hundert Jahre gesetzt werden.	2300 Jahre – 752 Jahre = 1548 Jahre. 1548 Jahre – 1313 Jahre = 235 Jahre.	Das Ende der Welt kommt im Jahre 1548. Die hiesige Welt wird also noch 235 Jahre bestehen.

2. in: Liber de Concordia Novi et Veteris Testamenti

Prämisse	Rechnung	Ergo
Christus ist die Mitte der Menschheitsgeschichte, auch im chronologisch-genealogischen Sinne: Die 42 Generationen von Jakob bis Christus entsprechen jener Generationenzahl, die von Christus bis zur Wiederkunft Christi am Jüngsten Tag auf der Erde leben werden.	42 x 30 Jahre (Dauer einer Generation = 30 Jahre) = 1260 Jahre.	Das Ende der Welt kommt im Jahre 1260. Es hätte demnach zur Zeit Heinrichs von Harclay längst Vergangenheit sein müssen.

Diese auffallende Zurückhaltung in der Kritik an Joachim ist offensichtlich Frucht einer aus Unkenntnis geborenen Unsicherheit über das, was der Kalabreser tatsächlich gesagt hat. Diese Unsicherheit deutete sich bei Harclay bereits dadurch an, daß er auf bestimmte Widersprüche in den Schriften des Abtes aufmerksam machte, die aufzulösen, ihm nicht möglich waren. Diese Unsicherheit wird im folgenden noch deutlicher: Er konstatiert, daß Joachim von Fiore sich geirrt habe, *sofern* er die Zeit des Weltendes sicher determinieren wollte. Doch konzediert Harclay, daß er eben nicht genau wisse, ob Joachim tatsächlich das Ende der Welt im Sinne eines kalendarischen Datums anzeigen wollte. „Nescio tamen si voluit vel non voluit."[453] Denn es gibt andere Stellen im Werk des einflußreichen Abtes, die nicht nur besagen, daß das genau nicht seine Absicht gewesen sei, sondern expressis verbis betonen, daß die Zeit des Endes überhaupt nicht „sicher", also auf den Tag, das Jahr, das Jahrzehnt oder auch nur Jahrhundert genau prophezeit werden könne. Dabei zitiert Heinrich von Harclay aus dem *Psalterium decem chordarum:* „versus finem libri secundi dicit expresse tempus esse incertum secundi adventus Domini ad iudicium. Unde ibi, cum descripsisset tempus, 50 generacionem, in qua 50. generacione erit annus iubileus et Ecclesia a servitute liberabitur, concludit sic: ‹Queris diem et horam›, respondet: ‹Non est tuum neque meum scire›. Ecce *hic tenet communem opinionem fidelium.*"[454]

Der Modus procedendi dieser Argumentation ist für die Harclay-, aber auch für die Joachim-Forschung aufschlußreich. Der Engländer kennt etliche Schriften des Kalabreser Abtes; ein Zeichen dafür, daß sie in dieser Zeit bereits sehr verbreitet waren und von den Intellektuellen intensiv studiert wurden. Harclay bemüht sich, aus den Quellen zu zitieren und sich so ein eigenes, fundiertes Bild von der Lehre des Joachim zu machen. Doch besitzt er lediglich – um im Bild zu bleiben – einige Puzzleteile dieses Bildes, dabei einige, die gar nicht von Joachim selbst stammen, ihm aber von anderen zugeschrieben wurden. Zwischen unechten und echten Schriften Joachims vermag Heinrich nicht zu differenzieren. Wie sollte er auch? Allerdings ist er mißtrauisch-kritisch und deswegen zurückhaltend-vorsichtig in seinem Urteil. Was er feststellt ist, daß die einzelnen Puzzleteile, wie er sie auch drehen und wenden mag, nicht voll und ganz zusammenpassen. Sie ergeben kein Gesamtbild.

Eine Aussage, die allgemein als auf Joachims Lehre zurückgehend eingestuft wurde, vermag Harclay aus seiner Quellenkenntnis zu korrigieren. Die Korrektur führt er nicht ohne Stolz an. Gleichzeitig kritisiert er jene, die sich zu wenig um die Unterscheidung von unechten und echten Schriften Joachims kümmern. Doch gleichzeitig muß auch er, gerade weil er viel von Joachim gelesen hat, sein Nichtwissen eingestehen. Er beschämt dadurch aber nur die, die die Werke des Abtes nur ungenügend kennen, aber meinen, ihre abenteuerlichen Theorien mit dessen Autorität stützen zu können.

Heinrich von Harclay ironisiert keineswegs das, was Joachim von Fiore sagt. Er hält sich in seiner Kritik auffällig zurück. Was er kritisiert und ironisiert, sind bestimmte Auswüchse des Joachimismus, ist das, was

---

[453] Ebenda.
[454] Ebenda; Joachim von Fiore: Psalterium decem chordarum. Venedig 1527, fol. 276 vb.

zur Wirkungsgeschichte des Abtes gehört. Selbstredend kann er nicht
so tun, als ob ihm die Meinungen anderer über Joachim nicht zu Ohren gekommen seien. Dabei spricht er gar nicht von den kirchlichen
Verurteilungen, weder von der recht vorsichtig formulierten Mißbilli-
gung von 1215 noch von der Verurteilung 1255, die den *Liber introductorius ad Evangelium aeternum* betraf, der aber gar nicht von Joachim,
sondern von dem Joachimit Gerardo Di Borgo San Donnino
stammte.[455]
Auffällig ist auch, daß Harclay gerade die Ausführungen Joachims
meidet, die ihn verdächtig gemacht hatten und die ihm vor aller Welt
kirchliche Kritik einbrachten: seine Aussagen über die Trinität,
genauer: seinen Versuch, die Trinitätslehre des Lombarden als *quater-
nitas* zu kritisieren und selbst die Dreifaltigkeitslehre geschichtlich zu
deuten. Gerade das ist ja Joachims Ansatzpunkt innerhalb der eschatologischen Geschichtsdeutung, die Harclay hier interessiert und zur Debatte steht. Joachims trinitarische Auslegung ist der Grund und Boden
für seine „Prophezeiung", für „seinen Vorverweis auf das *Dritte
Reich*".[456] Dieses löst nach der Zeit des Vaters, der erwähnten alttestamentlichen Zeit, die Zeit des Sohnes ab, die Zeit also, die Harclay als
neutestamentliche Zeit zur Sprache bringt, und selbst die Zeit des Heiligen Geistes darstellt.
Harclay erwähnt den siebenteiligen Verlauf des Alten Testamentes,
der dem des Neuen Testamentes entspreche. Der Engländer nennt ferner die im Anschluß an das Matthäusevangelium entworfene Genera-
tionslehre des Joachim. Warum aber erwähnt er die doch grundlegende und all diese doch allererst verständlich machende geschichtliche Deutung der Trinitätslehre nicht? Gerade hier hätte er doch Angriffspunkte en mas zur Verfügung gehabt, Angriffspunkte zumal, die
seitens der Orthodoxie doch nur auf offene Ohren hätten stoßen können. Die Frage kann nur im Blick auf Heinrich selbst beantwortet werden. Offensichtlich wollte Heinrich Joachims Schriften nicht kritisieren, sondern nur deutlich machen, daß die Schriften Joachims deswegen mit äußerster Vorsicht anzuführen seien, weil nicht klar sei, was
Joachim wirklich gesagt und gemeint habe. Vieles werde verstellt und
widersprüchlich wiedergegeben. Zu unterscheiden sei zwischen Joachim selbst und dem, was von anderen Joachim zugeschrieben werde,
in der Tat aber entweder gar nicht oder nur teilweise von ihm
stamme.

---

[455] Mit Recht wies bereits Denifle nachdrücklich auf diesen Sachverhalt hin, der in jüng-
ster Zeit wieder in Vergessenheit zu geraten scheint. Didaktisch reduziert, faßt den
Forschungsstand zusammen Mottu 1983, 249–266, hier 254ff.
[456] Flasch 1987, 240.

Möglicherweise liegt in dieser von Harclay erkannten Vermischung von echten und unechten Aussagen Joachims auch der Grund, warum er diesen nicht, wie er es im Blick auf die zuerst genannten „Gegner" getan hatte, Lehrer *(magister),* sondern „Poet" nennt. Auch wird gerade Harclay aufgefallen sein, daß Joachim noch nicht den strengen Wissenschaftsbegriff kannte, wie er sich im Verlauf des 13. Jahrhunderts allererst durchsetzen sollte. Seine Argumente mußten Harclay methodenlos ausgedacht, visionär erdichtet, kurz: „poetisch" anmuten.

Doch gleichzeitig ist, bei genauem Zusehen, auch eine gewisse, geradezu faszinierende Ratlosigkeit des Engländers vor den Schriften Joachims deutlich festzustellen; und nicht nur vor dem, was er vom Kalabreser gelesen, sondern auch vor dem, was er von anderen über ihn gehört hat. Es darf ja nicht vergessen werden, was Töpfer bereits 1964 durchaus richtig erkannte: daß Joachim von Fiore um die Mitte des 13. Jahrhunderts immer stärker als Prophet des Antichrist gehandelt wurde, als jemand, der ständig von der unmittelbar bevorstehenden Ankunft des Antichrist geredet und vor dem Verfall der Frömmigkeit, der Zerstörung der Kirche und anderen Katastrophen apokalyptischen Ausmaßes geredet habe. Seine Drei-Status-Lehre wurde weitgehend verkannt, gleichzeitig zogen pseudo-joachimitische Schriften immer größere Kreise, gewannen immer stärker an Einfluß und bildeten schließlich ein kaum zu entwirrendes, rätselhaftes Gedankenknäuel, das kirchen- wie gesellschaftspolitisch aufgegriffen, vulgarisiert und schließlich funktionalisiert wurde.[457]

Insgesamt ist festzustellen, daß Harclays Umgang mit joachimitischem Gedankengut in dieser Quaestio als Versuch gewertet werden muß, einerseits dieses rätselhafte Gemisch von klaren Aussagen und doppel- oder gar mehrfach deutbaren „Datenanzeigen" zu entschärfen, andererseits es aber gerade in seiner Rätselhaftigkeit und letzten „Unklarheit", ja Widersprüchlichkeit darzustellen. Dabei bleibt der Engländer sich – methodologisch gesehen – treu: Auch hier geht er den steinigen Weg intensiver Quellenarbeit, des mühsamen Sammelns und Sichtens der verschiedenen Schriften und des ständigen Fragens nach dem inhaltlichen Sinn des scheinbar Ungereimten und nach dem Gemeinsamen des Verschiedenen. Harclay will im wohlverstandenen Sinne aufklären, er will wissen, was Joachim geschrieben und warum er es geschrieben hat. Darin liegt Harclays Ehre, aber auch, wie er selbst konzediert, seine Beschränkung.

Es ist ihm nicht möglich, eindeutige Auskunft über die ihn interessierende Frage aus den Schriften herauszufiltern. Was er vor allem nicht

---

[457] Töpfer 106ff.

erkennt oder nicht erkennen will, ist die Bedeutung der Drei-Status-Lehre, ist die damit zugleich ausgesagte radikale Relativierung nicht nur des bestehenden Welt- und Wirklichkeitsgefüges, sondern die „Aufhebung" des gesamten mittelalterlichen *ordo*. Wesentliches Element dieser „Ordnung" war die *ecclesia* in ihrer bestehenden Struktur. Auch sie wird sich verändern, auch sie gerät in den von Joachim verheißenen, göttlich-dynamischen Veränderungsprozeß. Diese vorausgesagten Veränderungen gehen auch nach Joachim nicht ohne Untergänge katastrophalen Ausmaßes vor sich: mit Vernichtung von alten, den Menschen scheinbare Sicherheit gebenden Traditionen, mit Zerstörung von liebgewonnenen Strukturen und Lösungsprozessen von für endgültig gehaltenen Bindungen.

Doch was Harclay ebenfalls nicht sah, offensichtlich aber aus den ihm bekannten Schriften Joachims herauszuhören meinte, war der dennoch immer wieder optimistische Grundton all dieser Voraussagen, die jede Ankündigung eines Untergangs in eine Verheißung von Neuem und Besserem verwandelte. Joachim prophezeite tatsächlich ja nicht den Weltuntergang, sondern hoffte auf das Kommen des „Lebensspenders", des Geistes, der alle Heiligung vollendet, hoffte auf die Etablierung eines Reiches voll des Heiligen Geistes. Den Finger legte der Kalabreser nicht so sehr auf die Negativität dieses sich notwendig vollziehenden Prozesses, sondern auf das sich daraus ergebende und sich bereits darin anfanghaft zeigende „Ergebnis" dieses Untergangs. Der Untergang ist ihm Verheißung des Aufgangs, das Dunkle Anfang des Hellen.

Joachims Optimismus korrespondierte einer gesellschaftlichen Realität, die sich insgesamt in einem geschichtlichen Übergangsprozeß befand, an der Nahtstelle nämlich der sogenannten europäischen Intensivierungs- und der diese immer deutlicher ablösende Expandierungsphase. Diese gewann im Verlauf des 12. zum 13. Jahrhundert immer deutlicher an Kontur. Daß im Verlauf des 13. Jahrhunderts die pessimistische Seite der Lehre Joachims herausgestrichen wurde, nicht mehr die Zukunftshoffnung, sondern eher die Zukunftsangst in den Schriften des Kalabresers hineingelesen und – diese modifizierend oder gar verfälschend – hineingeschrieben wurde, hat zahlreiche, nicht zuletzt soziokulturelle Gründe, die hier nicht erörtert zu werden brauchen. Die Untersuchungen vor allem von Bloomfield und Reeves belegen und beweisen diese Tendenz zur Genüge. Nur so viel: Offensichtlich hängt der angedeutete Perspektivenwandel mit der sich verändernden gesamtgesellschaftlichen Situation Europas zusammen, mit dem, was als „Zeit der Krise" bezeichnet wird. Harclay indes sieht diese einseitige Betonung negativer Weltsicht in den Schriften Joachims nicht, wie sein Protest gegen die Ankündigung vom unmittelbar bevorstehenden Kommen des Antichrist zeigt. Ja, er lehnt sie generell ab und opponiert dagegen argumentativ-intellektuell. Er trägt so dem positiv-optimistischen Anliegen Joachims von Fiore eher Rechnung als zahlreiche seiner Vorgänger und Zeitgenossen, auch und gerade derjenigen, die sich ausdrücklich auf Joachim berufen. So exemplifiziert Harclays Ansicht im Verhältnis zu seinen kontinentalen Kollegen bei aller gebotenen Zurückhaltung doch die Berechtigung von bestimmten europäischen Entwicklungsphasen, hier von der Zeit der Krise, zu sprechen, die, von kontinentalen Zentrallandschaften ausgehend, erst allmählich – in langem Wellenschlag und gehörigem zeitlichen Abstand – die europäische Peripherie erfaßten.[458]

5.7.5.4.3 Andere „Poeten"

An erster Stelle nach Joachim von Fiore wird der Dichter Ovid genannt. Rekurriert wird auf *De vetula,* einem Pseudo-Ovidius, das die Unbeständigkeit und radikale Vergänglichkeit allen Irdisch-Weltlichen thematisiert.[459] Die von Heinrich zitierten Verse gewähren uns tiefen Einblick in das, was landläufig vom Antichrist geglaubt wurde. Demnach kommt der Antichrist am Ende der Tage „wie ein König", wie einer, der gewaltsam die Macht an sich gerissen hat. Er läßt sich als Gott verehren und unterdrückt alle, ja tötet jeden, der sich ihm entgegenstellt und sich nicht beugt. Die Terrormacht dauert aber nur kurze Zeit, „quia luna figure, / Motus et lucis est mutativa frequenter."[460]

Die Frage aber, wann der Antichrist kommt, wird im Gedicht lediglich mittels der zitierten Bewegungen am Sternenhimmel beantwortet. Um diese zu deuten, bedarf es fachkundiger Auskunft, bedarf es, wie Harclay berichtet, des Albumasar, genauer, bestimmter Passagen aus seinem, den Astrologen der Zeit bekannten Buch *De coniunctionibus plane-*

---

[458] Seibt 1987, 13–16.
[459] Heinrich von Harclay: Utrum astrologi. Ed. Pelster 1948, 76f.:
   „Fides erit hic, quam rex in fine dierum
   Sive potens aliquis violenter et abque colore
   Est inducturus. Qui divinum sibi cultum
   Usurpare volens occidet et opprimet omnes
   Contradictores. Nec tanta occisio tanto
   Tempore pro turpi causa precessit unquam,
   Sed durare potest parum, quia luna figure,
   Motus et lucis est mutativa frequenter."
   Pseudo-Ovid: De vetula 1,3 XXXI. Hrsg. von Paul Klopsch: Pseudo-Ovidis de Vetula. *Mal. Stud. und Texte* 2 (1967) 193–290. Kugler, Hartmut: Ovidius Naso, P. In: VerfLex² VII, 1989, 247–274, bes. 248ff.
[460] Heinrich von Harclay: Utrum astrologi. Ed. Pelster 1948, 76.

tarum:[461] Demnach kommt der Antichrist, sobald die Gesetze Mohammeds vernichtet sind „post destruccionem legis Machometi."[462] Mit anderen Worten: der seit Jahrhunderten tobende Kampf der Christen gegen die Moslems und der Moslems gegen die Christen ist ein Vorgang, an dessen Ende zwar der Sieg der Christen, nicht aber die friedvolle Feierlichkeit, sondern der Antichrist selbst steht. Die alte Gefahr wird also durch eine weitaus größere Gefahr für das Christentum abgelöst werden. Eine Prognose, die bestimmt nicht dazu angetan war, die Kampfmoral der christlichen Ritter noch den hoffnungsvollen Eifer der christlichen Missionare zu stärken. Um gerade das herauszustreichen, geht es Harclay. Er will möglichst deutlich konturieren, daß diejenigen, die sich bei ihrer Antichristprognose auf Ovid stützen, den auf die Bekehrung der Moslems gerichteten missionarischen Eifer der Christen als das Kommen des Antichrist beschleunigende Tat deklarieren und somit boykottieren. Arnald von Villanova sah sich diesen Vorwürfen bereits ausgesetzt und mußte sich entsprechend wehren. Harclay scheint daran erinnern zu wollen, erwähnt diese Prophezeiung aber nur en passant. Er hält sich nicht lange damit auf, sondern geht sogleich zu einer anderen „wunderbaren" Erzählung über: „*Notandum preterea mirabile, quod narrat Alexander Nequam in libro De naturis rerum,* capitulo 2."[463] Laut Alexander von Neckham, dem Abt von Cirencester († 1217),[464] soll Aristoteles all seine Schriften in sein eigenes Grab gelegt haben, um der Nachwelt nur ja nicht von dem, was er alles entdeckt habe, Kenntnis zu geben. Das Motiv dabei war nicht der Eigennutz, sondern die Gefährlichkeit dessen, was er geschrieben hatte. Der Antichrist am Ende der Zeit werde allerdings das Grab finden, es öffnen und die Schriften lesen. Er werde dadurch Erkenntnisse erhalten, die ihn in die Lage versetzen, „Wunderbares" zu vollbringen.[465]

---

[461] Kunitzsch, Paul: Abu Ma'sar. In: LexMA I, 1980, 69; Albumasar: De coniunctionibus planetarum tr. 1 differentia 4. Ed. Wien 1489 (zitiert nach Pelster 1948, 76).

[462] Heinrich von Harclay: Utrum astrologi. Ed. Pelster 1948, 77.

[463] Ebenda; Alexander von Neckham: De naturis rerum. De laudibus divinae sapientiae. Hrsg. von Thomas Wright. London 1967, 337 (= Rerum Britannicarum medii aevi sriptores 34; Nachdruck der Ausgabe von 1863).

[464] Über Leben und Werk (mit Lit.) Düchting, Reinhard: Alexander von Neckham (Nequam). In: LexMA I, 1980, 378f.; Alexander Nequam: Speculum Speculationum. Hrsg. von Rodney M. Thomson. New York 1988, IX–XXIII, bes. XVII (= Auctores Britannici Medii Aevi XI).

[465] Heinrich von Harclay: Utrum astrologi. Ed. Pelster 1948, 77. Dem heutigen Leser mag die Lektüre dieser Passage anmuten wie ein nur scheinbar nach rückwärts gekehrter, tatsächlich aber außerordentlich weitsichtiger Blick in die Zukunft. Stehen hier nicht die „per ingenia subtilia" gekennzeichneten Schriften des Aristoteles für eine Vorahnung einer Wissenschaftsentwicklung, die den Menschen zwar ungeheures, „wunderbares" Wissen entdecken läßt, das aber, je näher man ihm kommt, den

Was sich hier artikuliert, ist der situationsbedingte Protest einer bestimmten monastisch-mystischen Theologie,[466] die sich zu Beginn des
13. Jahrhunderts energisch gegen das sich etablierende neue Wissens-
gefüge zu Wort meldete, gegen eine neuartige Methodologie auch, die
mit wissenschaftlichem Anspruch auftrat, obwohl sie nicht mehr von
der Perspektive des Glaubens-Wissens, also nicht mehr stark deduktiv
von Offenbarungsgeheimnissen aus dachte, sondern, immer stärker
fasziniert von den „Dingen dieser Welt", induktiv voranging und tatsächlich zu passablen Ergebnissen kam.
Die artikulierte Warnung des zitierten Abtes vor den Schriften des Aristoteles war somit retardierendes Moment eines sich im Europa des
beginnenden 13. Jahrhunderts in vollem Gange befindlichen Ablö-
sungsprozesses einer stärker offenbarungstheologisch ausgerichteten
Reflexion durch das, was grobkörnig als Scholastik bezeichnet wird,
tatsächlich aber einen erheblich veränderten intellektuellen Gesamtzu-
stand meint. Dieser neuartige Denkraum formierte und forcierte Wis-
sensgebiete, die vornehmlich von der allenthalben zunehmenden Rezeption der aristotelisch-arabischen Philosophie, weniger von der
christlichen Offenbarung lebten. Und genau das machte sie verdächtig, „wunderbar", unheimlich. Der englische Abt warnte davor, warnte
vor dem Wissen des Aristoteles, vor dem von der Offenbarung losge-
lösten Welt-Wissen.[467]
Heinrich von Harclay wußte selbstredend, wie lächerlich solch eine,
vor hundert Jahren geäußerte Warnung auf seine intellektuellen Zeit-

---

penetranten Geruch des Todes verbreitet, eben „aus dem Grab" kommt, und das, in
die Hände von „Mächtigen" geratend, tatsächlich den Untergang der gesamten
Menschheit provoziert? Doch solch eine Deutung blendet den „Sitz im Leben" dieser
Warnung aus. Sie überspringt den historischen Befund und geht deswegen ins
Leere.

[466] Hödl, Ludwig: Monastisch-mystische Theologie. In: LexMA VI, 1994, 731f.

[467] Um diese abenteuerlichen, für jeden philosophisch geschulten und an Aristoteles kritisch orientierten Magister grotesk, ja skandalös klingenden Zusammenhänge zwischen Aristoteles und Antichrist, zwischen Naturwissenschaft und Endzeiterwartung
möglichst deutlich werden zu lassen, zitiert Harclay noch einmal den englischen Abt
des beginnenden 12. Jahrhunderts: „Dicit ergo *Alexander* sic: ‹Invitus autem scripto
commendarem quod Aristoteles peste tam letali invidie laboravit, nisi proposuissem
monstrum tam perniciosum sugillare. Viam ergo universe carnis ingressurus dictus
philosophus subtilissima scripta sua iussit in sepulcro suo secum recondi, ne utilitati
posteritatis sue deservirent. Sed et nescio qua vi nature aut artis potencia, ne dicam
magice artis prodigio, locum suo sepulcro vicinum circumquaque adeo sibi 10 ap-
propriavit, ut illum nemo et diebus isti intrare possit. Ferunt nonnulli Antichristi ver-
suciis locum dictum cessurum et scripta ibidem reposita ipsum putant inspecturum.
Afferent namque, ut aiunt, nuncii ipsius secreta Aristotelis conspectui illius, qui ydolum abhominacionis et desolacionis erit›." Heinrich von Harclay: Utrum astrologi. Ed.
Pelster 1948, 77. Dazu Alexander Neckham: De naturis rerum. 2, 189 (ed. 1967,
337f.).

genossen wirken mußte. Gerade das ist ja zumindest eines der Motive, warum er diese *narratio* überhaupt zu Gehör bringt. Gleichzeitig aber und vor allem sucht er den popularistischen und wissenschaftsfeindlichen Untergrund der weitverbreiteten und recht handgreiflichen Antichristvorstellungen zu artikulieren und diese gerade durch eine unverblümte Schilderung bloßzustellen. Es geht ihm darum, der akademischen Welt punktuell und exemplarisch das vor Augen zu führen, was von den Unwissenden geglaubt wird: „putatur ab insipientibus", wie er selbst – gerade in diesem Zusammenhang – formuliert.[468] So wird es überdies verständlich, warum er auch noch den so plastisch-drastischen Schluß dieser „Geschichte" seinen Lesern zumutet: Wenn man nämlich heutigentags entdeckte, daß das Grab des Aristoteles bereits geöffnet worden sei, könne man davon ausgehen, daß der Antichrist dabei ist, sein Unwesen zu treiben, und nun, ausgerüstet mit dem geheimen Wissen des Aristoteles, die Welt in einem nie gekannten Ausmaße blenden, täuschen und terrorisieren werde.[469] Aristoteles und der Antichrist bilden am Ende der Tage ein gefährliches Junktim. Deutlicher konnte Heinrich von Harclay seine Leser (Zuhörer) nicht auf die mit der entschiedenen Rede vom baldigen Kommen des Antichrist zusammenhängende Wissenschaftsfeindlichkeit aufmerksam machen.

Zu den „Poeten" zählt Heinrich von Harclay auch die erythräische Sibylle: „Sibilla Ezichea", wie es im Text heißt. Doch sie erwähnt er offensichtlich nur, weil seine „Gegner" sie ebenfalls ins Gespräch brachten und Augustinus sie im achtzehnten Buch seines „Gottesstaates" als eine Person vorgestellt hatte, die die Gabe der Weissagung besaß. Es geht Harclay darum exakt zu definieren, was die Prophezeiung der Sibylle beinhaltet und, vor allem, was nicht. Dabei rekurriert der Engländer auf das, was der Bischof von Hippo bereits konstatierte: Die zur Zeit des trojanischen Krieges oder zur Zeit des Stadtgründers Romulus lebende Sibylle hat das Kommen Christi am Ende der Tage mittels eines Akrostichons beschrieben. Sie hat aber keinerlei Angaben über den Zeitpunkt dieser Endereignisse geliefert: „Et sic describit secundum Christi adventum et formam (?) ad iudicandum. *Tamen de certo tempore adventus nichil dicit, omnino bene.*"[470] Ausführlicher bringt Heinrich sodann Hildegard von Bingen zu Wort. Sie stellt er zunächst einmal seinen Lesern vor, nennt sie eine deutsche

---

[468] Heinrich von Harclay: Utrum astrologi. Ed. Pelster 1948, 77.

[469] Ebenda: „Et tunc, si quis nosset sepulcrum Aristotelis et videns apertum sepulcrum, posset arguere adventum Antichristi, si hec sunt vera."

[470] Ebenda; Augustinus: De civitate Dei 18,23 (CCL 48, 613f.); zum Akrostichon Gruber, Joachim/Jacobsen, Peter Ch.: Akrostichon. In: LexMA I, 1980, 255–257.

Nonne, „monialis teutonica",[471] die viele Bücher und Briefe verfaßt habe, mit aller Welt kommunizierte, mit zahlreichen Zisterziensern und selbst mit dem heiligen Bernhard von Clairvaux korrespondierte. Ausdrücklich erwähnt wird ihre Scivias-Schrift, die Bernhard von Clairvaux so sehr schätzte, daß er dieses drei Bücher umfassende Werk in seine Bibliothek aufnahm: „Inter alios librum scripsit unum magnum propheticum et doctrinalem continentem 3es libros vel 3 partes, quem librum, ut dicit, Bernardus iussit reponi in archivis Clarevallensibus, quod non esset, nisi esset magne utilitatis."[472]

Dieses Buch beinhalte, nach den Worten der Autorin selbst, „non secundum adinvencionem cordis sui aut ullius hominis, sed ut est in celestibus, vidi et audivi et percepi et perfecta misteria Dei, et tum audivi vocem de celo michi dicentem: Clama ergo et scribe sic."[473]

Heinrich von Harclay zitiert also Hildegards zu Beginn ihres Buches artikulierte Beteuerung, daß sie selbst nicht im eigentlichen Sinn des Wortes Autor dieser Schrift sei, sondern Überbringerin. Sie stellt sich als Botin einer Botschaft vor, die selbst nicht von ihr stamme, nicht als Produkt ihres Verstandes oder gar ihrer Phantasie genommen werden dürfe, ja, daß es sich überhaupt nicht um menschliches Gut handle, sondern um eine himmlische Botschaft. Diese Botschaft aber besteht nicht nur aus Worten, nicht nur aus Gehörtem, sondern wesentlich aus Geschautem.

Warum erwähnt Heinrich das alles? Offensichtlich will er zunächst wieder zeigen, daß er die Werke Hildegards sowie ihre Bedeutung bestens kenne, daß er jedenfalls besser über Hildegard informiert sei, als Quidort, der, wie erinnerlich, von Hildegard fälschlicherweise als „sancta Hildegardis sanctimonialis ordinis Cisterciensis in Brabantia" sprach. Überdies geht es ihm offensichtlich darum, Hildegards demütige Selbsteinschätzung herauszustellen, die Bescheidenheit dieser großen Frau jenem Selbstbewußtsein kontrastreich gegenüberzustellen, das andere, selbsternannte „Propheten" der Gegenwart an den Tag legen. Diese Bescheidenheit zeigt sich nämlich auch in dem, was diese berühmte und vielgeschätzte Seherin über den Antichrist zu berichten weiß:

Heinrich rekurriert auf das *capitulum in fine,* auf liber 3, *visio* 11. Hildegard schaut fünf wilde Tiere und interpretiert sie als die „dahineilenden fünf weltlichen Reiche in den fleischlichen Begierden, denen der

---

[471] Heinrich von Harclay: Utrum astrologi. Ed. Pelster 1948, 77f.
[472] Ebenda.
[473] Ebenda; Hildegard von Bingen: Scivias. Prologus (CChr.CM 43, 6): „Et dixi et scripsi haec non secundum adinuentionem cordis mei aut ullius hominis, sed ut ea in caelibus uidi, audiui et percepi per secreta mysteria Dei. Et iterum audiui uocem de caelo mihi dicentem: ‚Clama ergo et scribe sic'."

Makel der Sünde anhaftet: wild wüten sie gegeneinander".[474] Diese
Weltreiche vergehen ebenso wie die Welt insgesamt.
Harclay stellt fest: Eine genaue Zeitangabe des Weltendes liefert Hildegard nicht. Was sie vorhersagt, ist eine sich auf die Qualität, nicht auf
die temporäre Quantität der Endzeit beziehende Aussage. Sie konstatiert lediglich, daß bereits zu ihrer Zeit, also im Jahre der Abfassung
vorliegender Schrift, im Jahre 1141,[475] sechs Zeitalter vergangen seien.
Wir befinden uns im siebten: „Jetzt aber steht die Welt im siebten Zeitalter vor dem Jüngsten Tag, gleichsam am siebten Tag."[476]
Wenngleich Hildegard also überzeugt war, daß diese Weltzeit unmittelbar vor ihrem Ende steht, wagte sie keine konkrete Zeitangabe zu
artikulieren. Daraus zieht Harclay sein diesen zweiten Teil abschließendes Resümee:
Die kritische Relecture der Zeugnisse der „Poeten", namentlich der einschlägigen Schriften Joachims von Fiore, der erythreischen Sibylle, der
heiligen Hildegard von Bingen sowie Pseudo-Ovids haben zweierlei
ergeben:
Erstens, die Schriften der „Dichter" sind keineswegs einfachhin von der
Hand zu weisen, sondern bedürfen der intensiven und genauen Analyse. Der sie auszeichnende prophetische Charakter soll keineswegs geleugnet, er muß aber sorgfältig auf seine Stimmigkeit hin bewertet
und von den tatsächlichen geschichtlichen Ereignissen her überprüft
werden. Dabei stellt sich heraus, daß die Poeten dort, wo sie vom nahen, ja unmittelbar bevorstehenden Kommen des Antichrist sprechen,
entweder äußerst vorsichtig-zurückhaltend argumentieren oder aber
offensichtlich, d. h. betrachtet unter dem historischen Wahrheitsgehalt ihrer Aussagen, geirrt haben. Doch gerade hier zögert Heinrich
von Harclay mit seinem Urteil. Er stellt statt dessen die von anderen
immer wieder behauptete eigentliche Aussageabsicht dieser „Poeten"
in Frage. Zu klären sei schließlich, ob die genannten Autoren überhaupt einen kalendarisch determinierten „jour fixe" vom Kommen des
Antichrist, dem Einbruch des Weltendes oder der Wiederkunft Christi
zum Jüngsten Gericht intendierten. Es ist offensichtlich, daß Harclay
selbst diese Frage negativ beantwortet.
Zweitens konstatiert der Engländer, daß die genannten „Dichter", namentlich Hildegard von Bingen und Joachim von Fiore im Vergleich

---

[474] Bei der Translation stütze ich mich auf die kritische Edition des lateinischen Textes,
   besorgt von Adelgundis Führkötter, Turnhout 1978, sowie auf die ausgezeichnete
   Übersetzung von Walburga Storch, Augsburg 1990, 555.
[475] Darauf verweist Hildegard von Bingen zu Beginn von Scivias, Prologus (CChr.CM 43,
   3f.) wie Heinrich richtig bemerkt: Utrum astrologi. Ed. Pelster 1948, 78.
[476] Ebenda; Hildegard von Bingen: Scivias 3, vis. 11, 23 (Chr. CM 43 A, 588); Führkötter
   1990, 561; Heinrich von Harclay: Utrum astrologi. Ed. Pelster 1948, 78.

zu den „modernen Propheten" generell ihre „Vorhersagen" äußerst vorsichtig-zurückhaltend artikulieren. Sie seien weitaus demütig-bescheidener in ihren prophetischen Reden und ihren Darstellungen von Visionen als die arrogant-dreisten „modernen Vernünftler".[477]
Worauf Harclay also aufmerksam macht, ist der Sprachunterschied: die „unklare" Sprache dort, die präzise, sich um das kalendarische Datum bemühende „moderne" Rede hier. Das zunächst dabei verwunderliche ist, daß Harclay jener unklaren Ausdrucksweise den Vorzug gibt, sie als demütig-bescheidene lobt, diese aber als stolz-überhebliche schilt. Tatsächlich macht Heinrich von Harclay damit auf einen bedeutenden Unterschied aufmerksam, der kaum hoch genug einzuschätzen ist. Hildegard von Bingen und Joachim von Fiore haben versucht, in ihren Werken das Ganze der Geschichte und das Gesamt des Heils zur Sprache zu bringen, also über das zu reden, was „Gott" genannt wird. Gottes Handeln in der Geschichte und am Menschen ist für sie „unklar", das heißt, *offen* für das Ganze der menschlichen Existenz und das Alles der Welt-Wirklichkeit. Gott ist ihnen ein und alles, ist der Ganze und der absolut Heile, der Heilige. Er ist ihnen, wie Hildegard von Bingen immer wieder formuliert, das helle Licht, das jede Klarheit noch einmal überstrahlt, und den Menschen in jene „Unklarheit" setzt, die nicht Ergebnis von Dunkelheit, von fehlender oder mangelnder Helligkeit, sondern von Überstrahlung und Überhelle ist. Der Glanz Gottes bedarf, um überhaupt als solcher vom Menschen in hiesiger Existenz erkannt und aufgenommen zu werden, allererst der unzähligen Brechungen in „Visionen", Bildern und Symbolen. Die „Unklarheit" ihrer dichterischen Sprache ist somit adäquater menschlicher Ausdruck, die unausschöpfliche, weil göttliche Klarheit zu artikulieren. Sie ist offen für Gott und die durch ihn gefüllte Raum und Zeit umspannende Verheißung. Sie nimmt nichts vorweg, sondern läßt die Zukunft auf Gott hin offen. Sie wagt in aller Demut keine kalendarische Platzanweisung innerhalb eines „klaren" Koordinatensystems vorzunehmen, sondern übergibt sich Gottes präsentischem Futur, sich und andere für die Zukunft öffnend und freihaltend.

5.7.5.4.4 Die Auskünfte der Astronomen

Johannes Quidort von Paris hatte auch die Auskünfte der Astronomen über das Kommen des Antichrist vorgestellt. Harclay läßt es sich

---

[477] Heinrich von Harclay: Utrum astrologi. Ed. Pelster 1948, 78: „Videtur michi quod moderni racionatores multo magis increpandi sunt quam vel Ioachim vel Hildegardis." Und schließlich einige Zeilen weiter: „*Patet ergo quod non diffinit aliquod certum tempus adventus Antichristi. Magis ergo presumptuose loquuntur moderni de adventu Christi primo et secundo quam isti, scilicet Hildegardis et Ioachim et alii.*"

schon allein deswegen nicht nehmen, das, was die Sternenkundigen zu diesem Thema zu sagen haben, zu überprüfen, kritisch gegenzulesen und grundsätzlich in Frage zu stellen.

Dabei stützt er sich vornehmlich auf Albumasar.[478] Dieser deutet die verschiedenen Konjunktionen Jupiters mit anderen Himmelskörpern als Zeichen für das Auftreten diverser religiöser Gruppen, „Sekten" genannt. Dabei steht die Konjunktion Jupiters mit Merkur für das Auftreten der Christen, mit dem Mond für die Geburt der Antichristen. All diese „Sekten" seien, so stellt Harclay fest, längst geschichtliche Wirklichkeit geworden: bis auf die *secta antichristianorum:* „Modo omnes secte iam inchoate sunt preter sectam Lune, que significat adventum legislatoris nefandi, scilicet Antichristi."[479]

Diese *secta antichristianorum* werde nach der Deutung des berühmten Albumasars dann auftreten, wenn die „Sekte Mohammeds" ausgestorben sei: „post destruccionem secte Agarenorum, scilicet Macometi".[480] Die Frage lautet also: Wann werden die Moslems aussterben?

Albumasar gibt die scheinbar eindeutige Antwort: Die Sekte Mohammeds wird überhaupt nur 693 Jahre lang existieren. Das ergibt sich aus der Planetenkonjunktion. Sie wird nicht länger als ein Jahr das Jahr des Herrn 1313 überdauern. Mit anderen Worten: im Jahre 1314 wird es keine Moslems mehr geben. „Quod faciliter probatur, quia Machometus inchoavit legem suam anno Domini 621."[481] Dafür aber wird sich noch im selben Jahr der Antichrist und seine „Sekte" auf der Erde ausbreiten und seine Schreckensherrschaft errichten.

Heinrich von Harclay kritisiert aber bereits die Fragestellung, aus deren Beantwortung sich scheinbar das Kommen des Antichrist ergebe. Dabei betont er, daß, wie aus der genauen Lektüre der genannten Schrift Albumasars festgestellt werden könne, lediglich behauptet werde, daß die Mondsekte, also die Anhänger des Antichrist, sich *nach* jener Mohammeds etablieren werden. Wann aber genau der Antichrist kommen werde, wird überhaupt nicht gesagt: „tamen tempus adventus secte Lune non diffinit, sed tantum quod parum durabit, cum venerit".[482]

Er wirft also all jenen, die sich bei ihrer Prognose, daß der Antichrist im Jahre 1314 kommen werde, auf Albumasar stützen, eine aus mangelnder Textkenntnis geborene Fehlinterpretation vor. Offensichtlich

---

[478] Ebenda 79; er rekurriert auf Albumasar: De magnis coniunctionibus tr. 1, differentia 4. Ed. Wien 1490. Dazu Pelster 1948, 79, Anm. 13.

[479] Heinrich von Harclay: Utrum astrologi. Ed. Pelster 1948, 79.

[480] Ebenda.

[481] Ebenda; dazu s. Arnald von Villanova bes. Kap. 3.3.6.

[482] Ebenda.

hat er dabei Johannes von Paris vor Augen, der, wie erinnerlich, im Blick auf Arnald in Erwägung zog, daß der Antichrist sogar noch in der ersten Hälfte des 14. Jahrhunderts kommen könnte.[483]
Doch Harclay geht in seiner kritischen Stellungnahme noch weiter. Er hält es für biblisch nicht gerechtfertigt, wenn überdies die in der Geheimen Offenbarung des Johannes genannte „Zahl des Tieres" – Apc 13,18 – als Bestätigung für die vorausgesagte Dauer der *secta Machometi* figuriert. Hier werde etwas zusammengebracht, was von der biblischen Aussage her überhaupt nicht in einen Zusammenhang gebracht werden dürfe. Die Zahl des Tieres beziehe sich klarerweise auf den Antichrist, keineswegs aber auf die „Sekte Mohammeds".
Um diese These zu bestätigen, geht Heinrich von Harclay ausführlich auf die verschiedenen Namen des Antichrist ein. Dabei kommt es ihm darauf an, die Zahl des Tieres mit dem Namen des Antichrist korrespondieren zu lassen und also zu determinieren. Er lehnt damit zugleich jene Deutungen der Zahl ab, aus denen eine wie auch immer im einzelnen interpretierte kalendarische Datenanzeige für das Kommen oder auch nur für die Dauer des Antichrist abgeleitet wird. Harclay versucht den Nachweis zu erbringen, daß diese Zahl einzig und allein vom Namen her und auf den Namen des Antichrist hin zu verstehen sei. Dabei scheut er sich nicht, jene Erklärung in fast wörtlicher Übereinstimmung heranzuziehen, die sein erklärter „Gegner" Johannes Quidort von Paris bereits anführte. Allerdings nennt er wiederum den Pariser Dominikaner mit keinem Wort.[484]
Der erste Name des Tieres lautet „Antemos": „Antemos est primum nomen". An diesem Beispiel erklärt Harclay ausführlich das schon bei Johannes von Paris zu findende „Übertragungssystem": Nach griechischer wie hebräischer Sitte besitzen die Buchstaben des Alphabetes auch einen Zahlenwert: Der Buchstabe Alpha wird zugleich als 1 verstanden, Beta als 2 usf. bis zum Buchstaben Iota, der den Zahlenwert 10 trägt. Kappa bedeutet sodann 20, Lambda 30 usf. bis zum Zahlenwert 100, der durch den Buchstaben Rho signiert wird und damit die Reihe der Hunderter eröffnet.
„Antemos" nun bedeutet „gegen Christus".[485] Das Wort besteht aus sieben Buchstaben und erbringt nach dem vorgestellten System einen Zahlenwert von genau 666.
Der zweite Name des Antichrist lautet Arnoyne: „Secundum nomen grecum et arnoyne (!)." Das Rufzeichen stammt aus der Edition von

---

[483] Dazu oben bes. die Kapitel 4.7.2 und 4.7.3 mit ihren Unterpunkten.
[484] Vgl. Johannes von Paris, oben Kap. 4.7.1.
[485] „Accipiamus igitur primum nomen grecum, quod significat contra Christum." Heinrich von Harclay: Utrum astrologi. Ed. Pelster 1948, 80.

Franz Pelster. Offensichtlich erkennt er nicht, daß diese Schreibweise exakt mit der Schreibweise des Namens übereinstimmt, den auch Johannes von Paris zu Wort bringt. Dieser hatte seine Namenserklärung, wie erinnerlich, mit Hilfe von Angaben getroffen, die Albertus Magnus geliefert hatte. Der Name bedeutet jedenfalls „ich leugne", *nego;* und zwar, wie Harclay in Anlehnung an Quidort erklärend hinzufügt, den Glauben an Christus: Der zweite Name des Antichrist wird also treffend wiedergegeben mit: „Ich leugne Christus." Addiert man wiederum den Zahlenwert der einzelnen Buchstaben dieses Namens, so kommt abermals die Zahl 666 zustande.[486]

Der dritte Name des Antichrist lautet „Titan": „Tertium nomen est Teytan", was nichts anderes bedeutet, als daß der Antichrist tatsächlich ein Titan sei, ein in seiner Ungerechtigkeit Mächtiger und Gefährlicher, einer auch, der von sich behauptet, der Größte und die „Sonne der Gerechtigkeit" zu sein: „Teytan interpretatur sol, quia ipse dicet se solem iusticie."

Der vierte Name ist lateinischer Provenienz und wird deswegen auch entsprechend seinem lateinischen Ziffernwert, nicht aber nach der Stellung seiner Buchstaben innerhalb des Alphabets berechnet. „Item nomen latinum est Diclux" und bedeutet nichts anderes als das, was bereits „Titan" aussagte. Beide Namen, Titan wie Diclux, weisen je für sich einen Zahlenwert von 666 auf.

DIE BEDEUTUNG DER ZAHL 666 ALS NAMENSBEZEICHNUNG DES ANTICHRIST NACH HEINRICH VON HARCLAY							
A	=	1	A	=	1	T	=	300	D	=	500

A	=	1	A	=	1	T	=	300	D	=	500
N	=	50	R	=	100	E	=	5	I	=	1
T	=	300	N	=	50	I	=	10	C	=	100
E	=	5	O	=	70	T	=	300	L	=	50
M	=	40	Y	=	400	A	=	1	V	=	5
O	=	70	M	=	40	N	=	50	X	=	10
S	=	200	E	=	5						
		666			*666*			*666*			*666*

---

[486] „Que simul collecta sunt 666, sicud patet." Ebenda.

Worauf es bei all diesen den Namen des Antichrist entschlüsselnden „Berechnungen" Heinrich von Harclay ankommt, ist, zu demonstrieren, daß hier einzig und allein das Beziehungsgeflecht von „Zahl des Tieres" und „Namen des Antichrist", keineswegs aber die Dauer der „Sekte Mohammeds" zur Diskussion steht. Hier werden falsche Relationen errichtet, die weder vom biblischen Kontext noch von der traditionellen Exegese gerechtfertigt sind, ja der sachlich-fachlichen Auslegung widersprechen. „Quod totum de Antichristo, *sic et totum capitulum de Machometo exponi ‹non› debet secundum omnes. Ideo male allegabatur pro Machometo.*"[487]

Doch dieser Vorwurf trifft Quidort nicht. Im Gegenteil: Wie gezeigt, stimmen die Angaben mit dem überein, was Johannes von Paris im Blick auf die Zahl des Tieres ausführte. Dabei wird freilich die breite, alles zusammenfassende Aussageintention Quidorts keineswegs getroffen, ja nicht einmal erwähnt.

Doch Harclay ist noch nicht am Ende. Jetzt wendet er sich den Angaben des Ptolemäus zu. Dieser spielte ja ebenfalls bei Arnald von Villanova wie auch im Werk des Quidort eine gewisse, oben näher umschriebene Rolle.[488] Ptolemäus habe behauptet, die Welt währe insgesamt 36 000 Jahre: „Nam secundum *Tholomeum* debuit durare per 36 000 annos."[489]

Da überdies davon ausgegangen werden müsse, daß bei der Erschaffung der Welt der Abstand wie der Winkel der Erde von der Sonne paradiesisch-optimal gewesen sein müsse, könne man anhand dieses fixierten günstigsten Abstandes genau berechnen, wie lange bereits die Welt bestehe: „Manifestum est igitur centenaria annorum ab origine mundi, id est 6300." Diese Annahme muß richtig sein, wie Heinrich von Harclay ausdrücklich mit Hinweis auf die auch von anderer Seite bestätigten 5000 Jahre vor Christi Geburt erklärt: „Et hoc est verum, quia quasi 5000 anni transierant ante incarnacionem."[490] Mit anderen Worten: Die Erde wird noch rund 3000 Jahre bestehen: „Multo minus secundum alios ponuntur de tempore / [minus] correspondere uni gradui in celo."[491]

Diese Behauptung des Ptolemäus will Harclay festgehalten wissen. Nur diejenigen, die permanent von der unmittelbar bevorstehenden Ankunft des Antichrist redeten, wehrten sich gegen diese Überlegun-

---

[487] Ebenda 81.
[488] Siehe bes. die Kapitel 3.2.5 und 4.7.1.7.
[489] Heinrich von Harclay: Utrum astrologi. Ed. Pelster 1948, 81; vgl. dazu Ptolemäus: Almagestum, 7, 3; auch Albumasar: De magnis coniunctionibus tr. 1, diff. 1; dazu Johannes von Paris s. bes. 4.7.3.2.
[490] Heinrich von Harclay: Utrum astrologi. Ed. Pelster 1948, 81.
[491] Ebenda.

gen und Berechnungen der Astronomen. Sie paßten nicht ins apokalyptische Konzept. Dennoch müßten sie sich selbstredend mit diesen Aussagen auseinandersetzen und sähen sich so gezwungen, diese Auskünfte der maßgeblichen Astronomen in der Weise (fehl) zu interpretieren, daß deren Aussagegehalt scheinbar festgehalten, faktisch aber aufgehoben und für nichtig erklärt werde.[492] So behaupteten sie, das Firmament müsse zwar tatsächlich diese von Ptolemäus beschriebene Drehbewegung durchlaufen, aber es sei doch denkbar, daß die Laufgeschwindigkeit der Himmelskörper gegen Ende der vorgegebenen Wegstrecke zunähme. „Dicunt enim sic quod mundo appropinquante ad finem velocius movebitur quam solito tempore et semper augebitur velocitas eius usque ‹ad› finem."[493]

Auch hier wird sogleich deutlich, wessen Argumentation Harclay konkret vor Augen hat: die des Johannes Quidort von Paris. Dieser hatte ja in der Tat das ptolemäische Argument mit Hinweis auf die möglicherweise zunehmende Drehbewegung des Firmaments insofern außer Kraft zu setzen versucht, als er es für eine Voraussicht der Weltdauer nicht mehr gelten ließ.[494]

Harclay hält diesen Einwurf für lächerlich, absolut nichtig. „Ista sunt vanissima; non indigemus inprobacione." Zwar ist es richtig, daß diese Berechnungen des Ptolemäus mittlerweile einige Male korrigiert und vor allem durch die Epizyklentheorie modifiziert worden sei, daß sie ansonsten aber grundsätzlich Geltung besitze. Der Einwurf selbst verfehle sein Ziel, zumal er auf der nämlichen Begründungsebene bleibe. Es werde in beiden Fällen von einem natürlichen, „naturgesetzlichen" Standpunkt aus argumentiert. Diese Weise der Argumentation ziele aber im Blick auf das gestellte Thema in jedem Fall ins Leere. „Et tunc primus modus ponendi est vanus sicud omnes modi ponendi vani sunt."[495] Nicht die Frage nach dem natürlichen Verlauf der Gestirne stehe zur Debatte, sondern das Ende der Welt. Dieses Ereignis sei aber keine Frage der Himmelskunde, sondern grundsätzlich (prinzipiell) eine Frage, die zwar auf diese Welt bezogen, jedoch nicht von dieser Weltordnung sei. Nochmals bezogen auf die zuletzt angesprochene Frage, heißt das konkret: „dicendum quod tale signum erit miraculosum ante finem mundi, non naturalis eclipsis".[496]

---

[492] Dieser Aussagegehalt wird von Harclay in der Weise dargestellt, wie wir ihn bereits im Werk des Johannes von Paris vorfanden. Ausgegangen wird von der 360-Grad-Bewegung des Firmamentes und der Erschaffung der Welt im denkbar besten Winkel: „in 15. gradu arietis." Ebenda.

[493] Heinrich von Harclay: Utrum astrologi. Ed. Pelster 1948, 81.

[494] Dazu oben Kap. 4.7.3.3.

[495] Heinrich von Harclay: Utrum astrologi. Ed. Pelster 1948, 82.

[496] Ebenda.

5.8 Resümee oder: Kritische Relecture

Es ist offensichtlich, daß Heinrich von Harclay vor allem Johannes Quidort von Paris im Visier hat. Mit dem Argument des Pariser Gelehrten setzt er sich am intensivsten wie ausführlichsten auseinander. Nicht von ungefähr beginnt er den Hauptteil seiner Quaestio ebenfalls mit jenen Worten aus dem Buch Daniel, mit denen auch Johannes von Paris seinen Traktat über den Antichrist einleitete: „Transibunt plurimi et multiplex erit sententia." Schließlich habe er den „magister solempnis" noch selbst über den Antichrist sprechen gehört. Arnald von Villanova indes kannte der Engländer kaum. Nicht einmal den Namen weiß er korrekt zu schreiben. Allerdings bekommt auch er – gleich im ersten Teil der Quaestio – seine kritische Antwort.

Zunächst aber konzediert Harclay, daß es überhaupt keine Frage sei, ob der Antichrist komme. Diese Frage sei in der Heiligen Schrift positiv beantwortet worden und jedermann hinreichend bekannt. Die entscheidende Frage sei vielmehr, wann der Antichrist komme und ob es menschlicherseits tatsächlich möglich sei, hierüber gültige Auskunft zu geben. Heinrich geht streng theologisch vor: Er untersucht unter diesem Aspekt die Schrift und die Tradition: 2 Thess 2,3–4, Verse aus dem 11. und 13. Kapitel der Apokalypse sowie die Interpretation Augustins von Johannes 5,43, aber auch Dn 7,7–8; 12,11 und schließlich Mt 24,15 werden bedacht. Es kommen also Bibelstellen zur Sprache, die schon in der Argumentation Arnalds von Villanova und Quidorts eine exponierte Rolle spielten.

Die auctoritas, die Harclay dabei anführt, sind vor allem die, die auch von Arnald von Villanova und von Quidort immer wieder zitiert wurden: Hieronymus, Augustinus, Methodius der Märtyrer und Petrus Comestor. Zum Schluß kommen ebenfalls jene zeitgenössisch „Aktuellen" zu Wort, die seinerzeit in aller Munde waren: Joachim von Fiore, „andere Poeten" und die vermeindlichen „Auskünfte der Astronomen".

Bevor Harclay sich aber ausdrücklich mit Arnald von Villanova und Johannes von Paris auseinandersetzt, weist er in nüchternen Worten nach, daß die bisherigen Versuche, das zeitliche Kommen aufgrund bestimmter Bibelstellen vorauszusagen, von dem Lauf der Geschichte selbst widerlegt und also fehlgeschlagen seien. Nach Apollinaris hätte der Antichrist im Jahre 490, nach Methodius dem Märtyrer 6000 Jahre nach der Erschaffung der Welt kommen müssen.

So vorbereitet, wendet er sich gewissen Überlegungen Arnalds zu. Zunächst subtil ironisierend, dann aber offen polemisierend, versteht er es, den Katalanen ins Abseits der Obskurität und Häresie zu stellen. Für den Engländer ist der Katalane jemand, der hybrid von sich behauptet habe, göttlich inspiriert zu sein, und wider alle vernünftige

Argumentation und theologisch korrekte Schriftauslegung hartnäckig
und unbelehrbar das zu wissen vorgibt, was niemand zu wissen vermag.

Dabei zeigte aber die genaue Textanalyse, daß es nicht die Absicht
Harclays war, sich ernsthaft mit den Argumenten Arnalds von Villanova zu beschäftigen. Vielmehr ging es ihm darum, den katalanischen
Arzt von vornherein und raffiniert geschickt – in allmählicher, trimorpher Steigerung des Vor-Verurteilens – als Gesprächspartner zu disqualifizieren. Seine Interpretation von Dn 12,11 und die sich darauf
stützende Kalkulation vom Kommen des Antichrist (spätestens im
Jahre 1376) sei vollkommen willkürlich, widerspreche der gesamten
christlichen Auslegungstradition, ja weise Parallelen zu gewissen jüdischen Berechnungen auf. Diese beziehen sich allerdings nicht auf das
Kommen des Antichrist, sondern auf die Erscheinung des jüdischerseits noch erwarteten Messias. Ihr Messias, so Harclay, werde in Wahrheit der Antichrist sein. Damit sucht Heinrich von Harclay Arnald von
Villanova als verkappten Juden zu desavouieren, und das in einer Zeit,
in der zahlreiche Landsleute Harclays seit 1290 angefangen haben, die
Juden von der Insel zu vertreiben. Harclay unterstellt dem Katalanen,
daß dieser im Grunde nicht mit der Wiederkunft Christi rechnet, sondern auf das Kommen des Antichrist setze. Das, was Arnald von Villanova in seinem Antichristtraktat vertrete, sei nicht nur eine *haeretica
opinio,* sondern eine Blasphemie großen Stils. Überdies stelle Arnalds
These eine Leugnung dessen dar, was Jesus beim letzten Abendmahl
zu den Aposteln gesagt habe: daß er nämlich den Seinen „alles kundgetan habe", was er von seinem Vater gehört hat (Joh 15,15). Sofern
also Arnald von Villanova behauptet, die Fragen nach den *tempora vel
momenta* zu kennen, „die der Vater in seiner Macht festgesetzt hat",
behauptet er, mehr zu wissen als die von Christus „über alles" unterrichteten Apostel, mehr zu wissen als der Sohn selbst, mehr zu wissen
auch, als es dem Heil des Menschen zuträglich ist: Habe doch der Herr
selbst klar und deutlich gesagt, daß ein solches Wissen ihnen nicht
zukomme; und das heißt aus dem Munde des Erlösers stets: daß es
dem Heil nicht zuträglich sei. Heinrich von Harclay, so wurde festgestellt, wirft damit Arnald von Villanova nichts anderes vor, als daß er
nicht das Heil, sondern das Unheil des Menschen im Auge habe, ja
selbst am Unheil des Menschen mitwirke. Arnald von Villanova steht
für Heinrich von Harclay damit klarerweise im Dienste dessen, vor
dessen Kommen er zu warnen vorgibt: im Dienste des Antichrist.

Im Blick auf Johannes von Paris verfällt Harclay keineswegs in den
polemisch polternden Ton oder in die persönlich verunglimpfende
und verächtlich machende Argumentation. Er versucht vielmehr, seinen „Gegner" in seiner Gelehrsamkeit noch einmal zu übertreffen und

so dessen Aussagen insgesamt zu dekuvrieren und zu relativieren. Dies gelingt ihm vor allem dadurch, daß er Petrus Comestor als Hauptquelle für Quidorts Thesen ausmachen kann und sodann feststellt, daß die zahlreichen Ansichten und Meinungen zu diesem Thema, die der *Magister historiarum* in seinem umfangreichen Werk sorgfältig gesammelt hat, nicht unbedingt die Ansicht des Autors widerspiegeln. Mit anderen Worten: Harclay wirft Johannes von Paris vor, zu unkritisch mit den im umfangreichen Geschichtswerk gesammelten Ansichten umgegangen zu sein. Er habe weder geprüft, ob all das in der Vergangenheit Gesagte vom Autor selbst vertreten worden sei, noch darüber reflektiert, ob all das Aufgezählte noch heute ernsthaft geltend gemacht werden könne.

Mit der Aufzählung von und der kritischen Stellungnahme zu den „Praeterea-Argumenten" verliert Harclay keineswegs Arnald von Villanova und Quidort aus den Augen. Beim näheren Betracht erweisen sich diese Passagen als wohlkombinierter Argumentationsgang, der sich – in progredienter Manier – allmählich zum schlagenden Gegenargument verdichtet. Er richtet sich vor allem gegen die These Quidorts, aber auch Arnalds, daß das Ende der Welt zwar nicht auf den Tag und die Stunde genau, wohl aber ungefähr, auf das Jahrhundert etwa, vorauszusagen sei.

Dabei argumentiert Harclay streng rational, genauer: quellenkritisch-geschichtlich. Zunächst stellt er fest, daß, wer solches behauptet, falsch zitiert und vor allem Augustinus nicht recht interpretiert. Überprüfe man zum Beispiel das vom afrikanischen Bischof Gesagte, so stellt jedermann leicht fest, daß dieser jede Möglichkeit einer kalendarischen Voraussage des antichristlichen Kommens und des Weltendes abgelehnt habe. Auch verneine er es, daß man bestimmte politische Ereignisse, konkrete Völker oder gar konkrete historische Personen mit dem Kommen des Antichrist in Verbindung bringen könne. Der Blick in die Geschichte des Versuchs, das Kommen des Antichrist zu berechnen oder aufgrund von bestimmten personalen Identifikationen oder historischen Konnexionen vorauszusagen, zeige vielmehr, daß solche Überlegungen und Kombinationen, auch wenn sie von Heiligen und *auctoritates* angestellt wurden, immer wieder in die Irre geführt haben und im nachhinein korrigiert werden mußten. Diese Versuchsgeschichte demonstriere anschaulich genug, daß jede Berechnung und jeder Konnexionsversuch als a limine vergebliches Bemühen zu unterbleiben habe. Gerade diese Irrtumsgeschichte bestätige das, was bereits Augustinus im Blick auf Act 1,7 betont habe: daß der Herr uns weder den Zeitplan seiner Wiederkunft zum Jüngsten Gericht noch den Zeitpunkt des diesem Endereignis unmittelbar vorausgehenden Kommens des Antichrist mitteilen wollte.

Die kritische Befragung des „Dichters" Joachim von Fiore und der anderen „Poeten" bestätigt ebenso wie die sorgfältige Überprüfung der Auskünfte der Astronomen dieses menschliche Unvermögen. Daß Harclay sie überhaupt noch zu Wort kommen läßt, unterstreicht nur sein Bemühen, auf die von Arnald von Villanova und Johannes von Quidort angeführten Autoritäten zu antworten. Dabei geht er wiederum nicht nur auf die angeführten Quellen selbst zurück, sondern führt darüber hinaus noch weitere an. Es geht ihm darum, die gesamte Spannweite dessen, was die Angeführten zum Thema artikulierten, dem Leser vorzustellen. So erkennt er z. B. im Blick auf Joachim von Fiore, daß dieser verschiedene Berechnungen angestellt habe. Nach *De seminibus scripturarum* blieben bis zum Weltende noch 235 Jahre, nach *De concordia duorum testamentorum* hätte der Antichrist bereits im Jahre 1260 kommen müssen, während der Apokalypsenkommentar wie die nicht von Joachim stammende Schrift *De oneribus prophetarum* das Ende der Welt als unmittelbar bevorstehend bezeichnet. Harclay scheint die Schriften Joachims gut zu kennen, so gut, daß er Unechtes, Nicht-Authentisches unter ihnen vermutet. Jedenfalls unterstreicht er, daß nicht alle Aussagen zusammenpassen und man nicht wüßte, was Joachim genau gesagt und was er nicht gesagt habe. Überhaupt sei zu bezweifeln, ob Joachim das Kommen des Antichrist oder gar die Endzeit insgesamt kalendarisch voraussagen wollte. Seine Botschaft liege eher auf der Ebene des poetisch Verdichteten als auf der des konkret Fixierten. Auch Pseudo-Ovid und Alexander Neckham, der die Gefährlichkeit des Antichrist gerade darin zu erkennen glaubte, daß dieser sich des aristotelischen Wissens bemächtigen werde, weigerten sich ebenso wie die vielzitierte Sibylle und die heilige Hildegard beharrlich, die Frage nach dem zeitlichen Kommen des Antichrist kalendarisch konkret zu beantworten. Und genau das ist es, was Harclay bei seiner sorgfältigen Überprüfung der Poeten feststellte: Sie äußern sich zu der Frage, wann der Antichrist komme, zurückhaltend-offen, bedeutend vorsichtiger jedenfalls als die Modernen.

Auch die von Johannes von Paris angeführten Berechnungen der Astronomen und Astrologen geben Harclay die Chance, noch gründlicher deren Auskünfte zu prüfen. Auch hier demonstriert der Engländer, daß er aufgrund seiner guten Textkenntnisse noch einmal mehr weiß als seine „Gegner". Quidorts bereits angedeutete Erwartung des Antichrist im Jahre 1314 entlarvt er zum Beispiel als Fehlinterpretation bestimmter Angaben aus Albumasars *De coniunctionibus planetarum*. Dabei stellt er nüchtern fest, daß sich Albumasar über den zeitlichen Anfang der Mondsekte überhaupt nicht geäußert habe, und drückt seine ironisierende Verwunderung darüber aus, daß ansonsten doch intelligente Männer die Heilige Schrift heranzögen, um die Überlebensdauer der von Mohammed ausgehenden Lehre zu bestimmen. Auch sei die immer wieder zitierte Theorie des Ptolemäus doch längst durch die Epizyklentheorie Thebits ersetzt worden. Gleichwohl amüsierte es Harclay, wie sehr es den Befürwortern eines baldigen Kommens des Antichrist verwirrt, daß nach Ptolemäus die Welt noch 36 000 Jahre bestehen werde. Ihre Theorie, daß am Ende die Planeten rascher ihre Bahn ziehen werden, kann er nur kopfschüttelnd belächeln.

Ungerecht und voreingenommen, offensichtlich auch nur einseitig, ja falsch informiert, zeigt sich der ansonsten nüchterne, kritisch die Quellen studierende und penibel auf den genauen Wortlaut achtende Harclay allerdings gegenüber Arnald von Villanova. Hier schlägt auch seine anfängliche Ironie schließlich in Gehässigkeit um. Er verkennt die guten Absichten Arnalds völlig und stellt ihn als Häretiker und verkappten Juden dar. Überhaupt zeigt Harclay sich von einer Judenfeindlichkeit, die irritiert. Sie kann auch nicht mit dem Hinweis erklärt oder gar entschuldigt werden, daß er in einem Lande wohnte, das kurz zuvor alle Juden vertrieben hatte, daß Harclay sich also nur als „Kind seiner Zeit" erwies. Gerade Harclay hat ja auf anderem Terrain, vor allem in seiner Metaphysikkritik, immer wieder bewiesen, daß er durchaus die intellektuelle Kraft aufbringen konnte, sich über Vor- und Fehlurteile seiner Zeitgenossen hinwegzusetzen. Das, was er Johannes von Quidort etwa vorzuwerfen meint – dieser verwechsle zu sehr das nur Mögliche mit dem tatsächlich Realen –, muß auch Heinrich von Harclay im Blick auf sein hartes Urteil über Arnald, über die Juden und über Quidort vorgehalten werden. Der Engländer nimmt nicht zur Kenntnis, daß vieles von dem, was er diesen vorwirft, einfach nicht den Tatsachen entspricht. So übersieht er etwa, daß Arnald von Villanova wie auch Johannes von Paris mehrfach betonten, daß sie sich bei all ihren erwähnten Überlegungen und Kalkulationen selbstverständlich dem Urteil der kirchlichen Entscheidung unterwerfen werden und daß sie vieles nur unter ausdrücklichem Vorbehalt gesagt und als reine Denkmöglichkeit artikuliert haben. Dennoch: Harclays zum Teil vernichtende Kritik alles Spekulierens über das Kommen des Antichrist muß als hervorragendes Zeugnis jenes skeptizistischen Geistes gewertet werden, der sein eigenes Wissen aus theoretischen Gründen ständig selbst einschränkte, der sich aber an den Hohen Schulen immer mehr ausbreitete und damit genau jene Entwicklung signierte, gegen die Arnald von Villanova um die Jahrhundertwende gerade seine warnend-mahnende Stimme erhob.

SCHLUSS

6. Summa

Arnald von Villanova war praktizierender Arzt. Zu seinen Aufgaben
gehörte es, Diagnosen zu stellen, Therapien anzuwenden und die Gesundheit seines Patienten wiederherzustellen. Im Notfall ging es um
Leben oder Tod. Der hier analysierte Traktat über die Zeit des Antichrist kann die helfen- und heilenwollende Hand seines Autors nicht
verleugnen. Auch hier steht er gleichsam am Krankenbett. Sterbens-
krank, so die Diagnose, liegt der Zeitgenosse. Sein Leben ist in tödli-
cher Gefahr. Um ihm wieder auf die Beine zu helfen und die richtige
Richtung zu weisen, bedarf es möglichst vieler Mitarbeiter, bedarf es
der *speculatores*. Diese stehen im Dienst des göttlichen Arztes. Es sind
all diejenigen, die an der göttlichen Sorge partizipieren, die gerufen
sind, Wächter zu sein. Angesprochen sind dabei nicht nur in die Verantwortung gerufene Prälaten und ordinierte Seelsorger, sondern auch
verantwortungsbewußte Laien. Gott will das Heil aller Menschen und
lädt sie zur Mitarbeit an der Heiligung der Welt ein. Arnald betont
gerade zu Beginn seines Traktates diese Heilsuniversalität, diesen Gott,
der sich „wie eine Mutter" um alle und jeden kümmert, niemanden
ausgrenzt, sondern alle zur liebenden Mitsorge und zum Dienst am
Heil bewegen möchte. Gott ist für Arnald nicht der strafend-rächende
Gott, sondern der vor- und fürsorgende Schöpfer-Gott mit ausgesprochen mütterlichen Zügen. Dieser liebend sorgende Gott will nicht den
Tod seiner Kinder, sondern ihre Rettung, das Heil. Gerade deswegen
schickt er *speculatores*, die, ordiniert oder nicht ordiniert, in Sorge um
das Heil der Menschheit insgesamt wie um das des einzelnen zur Abkehr von den vielfältigen Variationen des Vergänglich-Vordergründigen mahnen und zur Um- und Hinkehr zum einen, heilenden und heiligen Gott bewegen wollen.
So stehen die *speculatores* innerhalb der Sichtweite göttlicher Sorge um
den Menschen. Sie schauen auf Gott, suchen seinen Blick und sein
Wort, blicken in und mit diesem Blick auf den kranken Menschen und
suchen ihn mit diesem geoffenbarten Wort zu heilen und zu stärken.
Sie erforschen die Heilige Schrift, nehmen das geoffenbarte Wort Gottes ernst und teilen all das den Gläubigen mit, was Gott den Menschen durch erwählte Sprecher, durch Propheten, Apostel, Evangelisten, durch Engel und durch Heilige, schließlich durch Christus selbst

und seine Kirche kundgetan hat und kundtut. Dazu gehört auch das, was über des Menschen endgültige Zukunft, über das Weltende, genauer: *de ultimis temporibus saeculi* geschrieben und geoffenbart wurde. Die *speculatores* haben stets das Wohl des „Patienten" vor Augen, trachten danach, daß dieser das „verheißene Land", seine „Heimat" im „Himmel oben" erlangt. Denn gerade daran kranken nach Ansicht Arnalds die meisten seiner Zeitgenossen, daß sie ihre Bestimmung, ihr eigentliches göttliches Ziel aus den Augen verloren haben. Zu viele sieht er bereits nicht mehr *in statu gratiae*, sondern bereits *in statu culpae* leben. Zu viele seiner Mitmenschen betrachtet Arnald als vom Weltlich-Irdischen Gefesselte. Das Ewig-Gültige, Überzeitliche, das, was hinter den zahlreichen Facetten des Partikulären und Fragmentarischen als umgreifendes Ganzes steht, ist ihnen außer Sicht- und Hörweite geraten. Ja, im Verlauf seines Traktates diagnostiziert der Katalane nicht nur eine Blickverengung auf das rein Irdische, sondern geradezu eine vollkommen pervertierte Welt- und Wirklichkeitssicht, aus der eine ebenso verkehrte Wertvorstellung und Lebenseinstellung bei seinen Zeitgenossen resultiert. Das, was das Zweite und Nachgeordnete ist, wird als das Erste und Vorgeordnete genommen. Das Vordergründige und Verhüllende erscheint als das Wesentliche und Eigentliche.

Um die Koätanen von dieser pervertierten Welt- und Wirklichkeitssicht und den daraus resultierenden Folgen zu befreien, müssen ihnen für das Göttliche und Ewig-Gültige Augen und Ohren geöffnet werden. Dazu bedarf es bitterer Medizin, bedarf es eines stark und sofort wirkenden „Gegengiftes". Dieses besteht vornehmlich aus zweierlei: *Erstens* aus der den Zeitgenossen mitzuteilenden, damals keineswegs banal klingenden Einsicht, daß sie durchaus nicht ewig leben, sondern daß ihr Leben wie die Welt-Wirklichkeit insgesamt ein Leben und eine Welt-Wirklichkeit auf Abruf sind; *zweitens* aus der doppelseitigen Kunde, daß das derzeitige Jahrhundert zu den letzten Säkula der Weltgeschichte gehört und daß die Menschen ernsthaft damit rechnen müssen, daß alles – der kritische Blick in die Bibel wie auch die sorgfältige Diagnose der Gegenwart – auf das unmittelbar bevorstehende Ende der Zeit hinweise.

Um die konkrete Ernsthaftigkeit seiner Aussage zu unterstreichen und damit die Wirkung seiner „Arznei" zu forcieren, stellte Arnald von Villanova seine *computatio* vor. Diese ist ihm also Mittel zum Zweck; nicht eigentliches Sinn-Ziel dessen, was er auszusagen und zu erreichen sucht. Sie ist eine Art „Schocktherapie", die er seinen so sehr im perpetuierten Wendekreis reiner Diesseitigkeit und penetranten Teufelsbann blanker Egoismen verhafteten Zeitgenossen verabreichen zu müssen glaubte. So verkündete er, daß der Antichrist im 14. Jahrhun-

dert, näherhin um das Jahr 1378 komme. Im primären Blick auf das Buch Daniel suchte Arnald seinen Zeitgenossen klarzumachen, daß diese seine Prognose zwar nicht die *claritas certitudinis aut necessitatis*, wohl aber die *claritas possibilitatis* für sich beanspruchen könne, mehr noch, daß sie „wahrscheinlich" (*probabilis*), mit dem katholischen Glauben gut vereinbar (*decens*) und insgesamt nützlich (*expedit*) sei. Es war zweifellos die Option Arnalds, zunächst die kritisch-positive Aufmerksamkeit der Pariser Theologen zu erregen, um sodann mit ihrer Hilfe und ihren Möglichkeiten der Information und Kommunikation seine Warnungen und Mahnungen an die Christenheit möglichst rasch, intensiv wie extensiv zu propagieren. Doch die Pariser Gelehrtenwelt reagierte in einer Weise, die der katalanische Arzt nicht vermutet hatte: Sie agierte nicht ruhig-akademisch, sondern repressiv-administrativ, schließlich seine These als „verwegen" (*temerarie*) bezeichnend. Daraufhin sah sich Arnald gezwungen, die ursprünglich sich bereits abzeichnende Funktionsbestimmung seiner „computationsmäßig" begründeten Warnung und Mahnung vor dem baldigen Kommen des Antichrist als „therapeutisches Mittel" zu akzentuieren und noch genauer zu konturieren. Dabei betonte er nicht nur die Probabilität, Katholizität und Utilität seiner Ankündigung, sondern machte deutlich, daß es sich bei all dem nicht so sehr um ein Ergebnis eigenen Forschens, sondern letztlich um ein Ereignis göttlicher Rede handelt. Weder aufgrund der *naturales rationes* noch aufgrund menschlicher Naturforschung, geschweige denn astronomisch-astrologischer Berechnungen kann die Frage nach dem Weltende und dem Kommen des Antichrist gültig beantwortet werden. Arnald legte die Grenzen der menschlichen *ratio* frei und schenkte der göttlichen Inspiration, der freien Selbstmitteilung Gottes Gehör.
Er suchte damit die Glaubwürdigkeit seiner Botschaft vom baldigen Kommen des Antichrist zu erhöhen. Seine Aussage über das baldige Ende der Zeit sei nicht so sehr Frucht menschlicher Erkenntniskraft, sondern zunächst und eigentlich Mitteilung Gottes, sei Offenbarungsgut, das seit langem darauf warte, aber auch seine Zeit brauche, recht gelesen und öffentlich mitgeteilt zu werden. Arnald widerspricht damit all denjenigen, die – wie Roger Bacon – gerade umgekehrt argumentieren, dergestalt nämlich, daß man Gültiges über das Ende der Zeit allgemein und über das Kommen des Antichrist speziell nur dann sagen könne, sofern das gesamte Wissen der Zeit daraufhin untersucht worden sei. Arnald indes erinnerte lieber an die Übermächtigung des Menschen durch Offenbarung und Inspiration. Der Mensch sei so in seinen Daseinsraum hineingestellt, daß er wesentlich offen ist für die Sphäre des Göttlichen. Es gilt, diese Sphäre wieder stärker in den Blick zu nehmen, sich davon anziehen und ansprechen zu lassen und die

Möglichkeit in Betracht zu ziehen, vom Göttlichen überwältigt und so zur Vollendung und dem „Ende der Welt" geführt zu werden. Es geht darum, umzudenken, sich umzuorientieren und, wie Arnald immer wieder betonte, nach dem „Himmlischen oben" zu streben. Sofern die Pariser Gelehrten nur darauf fixiert seien, ihr eigenes Ansehen zu verteidigen und sich selbst wirkungsvoll zu vertreten, dabei aber Gott, das Ganze und das Heil der Menschen insgesamt wie das Anliegen der universalen Christenheit aus den Augen verlieren, bestätigten sie nur die weitverbreitete Tendenz, die Arnald im kritischen Blick auf die Gegenwart allenthalben festzustellen meinte: das Ganze, Heile und Heilige zu vergessen und nur noch – oder zumindest allzu sehr – um das Partikuläre, Fragmentarische und das vom Gesamtkörper losgelöste Einzelne und Vereinzelte zu kreisen. Hier in diesen das Ganze auf- und vom Ganzen sich ablösenden Bestrebungen glaubte Arnald vor allem die *persecutio antichristi*, ja den Antichrist selbst erkennen zu können.
Für Arnald stand der Lebensfluß der seinshaften Gotteskindschaft auf dem Spiel, der sakramental in der Kirche als dem mystischen Leib Christi jeden Getauften am christlichen Leben erhält und alle Glieder dieses Leibes untereinander geschwisterlich verbindet und gleichsam geistlich-blutsverwandt sein läßt. Nicht von ungefähr bemühte Arnald in diesem Konnex ebenfalls mehrfach das biblische Bild-Wort vom Weinstock und den Reben: Losgelöst vom Weinstock verlieren die Reben ihren Saft und ihre Kraft, vertrocknen und verdorren sie.
Aber nicht nur die Ausrottung des Weinstocks und Austrocknung der Reben, sondern die Errichtung einer „Gegenordnung", die Pflanzung eines anderen „Weinstocks" mit anderen „Reben", sah Arnald kommen. Auch das: untrügliches Kennzeichen des Antichrist. Dieser greift nicht nur den universalen *ordo* an, um ihn zu ruinieren, sondern stellt selbst eine „neue Ordnung", einen *anti-ordo* auf, der gegen das gerichtet ist, wofür das Papsttum steht: gegen das Ganze wie gegen das Einigende und Heile, das göttlich verbürgte Heil in Christus.
Dem *pontifex* sprach Arnald „brückenbauende", synthetisch wirkende und einheitsstiftende Funktion zu. Damit aber der sichtbare, weltweite Kirchen-Körper universaler Kompetenz und transzendentaler Konvergenz nicht noch mehr durch rein irdische, partikuläre und egozentrische Instanzen vergiftet, geschwächt und schließlich vaporisiert werde, wollte Arnald das Papsttum als Bollwerk gegen die divergierenden, alles fraktionierenden und zentrifugalen Kräfte in Kirche und Gesellschaft akzentuiert und gesichert wissen. Tatsächlich gliederte ja die um die Wende zum 14. Jahrhundert mächtig vorangeschrittene und voranschreitende europäische Partikularphase mit ihren sich aus dem Drang zur Expansion speisenden Kämpfen und Krämpfen den Gesellschaftskörper immer weiter auf. Das Universale, Gemeinschaftliche

und Gemeinsame ging nicht zuletzt auf Kosten der universal ausgerichteten *ecclesia* zurück.

Arnald erkannte diese gewaltigen gesellschaftlichen Umwälzungen am Ende des 13. Jahrhunderts und glaubte darin antichristliche Mächte am Werk zu sehen, die das *tempus antichristi* selbst, ja das Weltende unmittelbar ankündigten. Für Arnald wird die Zeit knapp, die einengend-ängstigende Wirknähe zum Antichrist immer spür- und erkennbarer. Allerorten, selbst innerhalb der Kirche, dazu noch von *doctores in theologia*, werde versucht, das Eine und Einheitsstiftende, Heile und Heilige, kurz das Universale aufzulösen und zu zerstückeln und an deren Stelle eigene und eigenwillige, aus der Hochmutshaltung geborene partikuläre Instanzen, Organisationen und Machtzentren zu etablieren.

Nicht von ungefähr ist es daher ausgerechnet Johannes Quidort von Paris, der gegen das Konzept und die *computatio* Arnalds ausführlichen Einspruch erhebt. Ist er bislang doch vor allem wegen seines Protestes gegen die universalistischen Bestrebungen Bonifaz' VIII. der Nachwelt in Erinnerung. Im Blick auf den Antichristtraktat Arnalds war er allerdings sichtlich bemüht, die Frage nach dem Kommen des Antichrist und dem Hereinbrechen des Weltendes sowie die vornehmlich von Arnald von Villanova gegebene Antwort durchaus wohlwollend zu bedenken und insgesamt tolerabel zu lösen.

Das zur Disputation stehende Problem wird zunächst auf seine Intelligibilität hin kritisch geprüft, sachgerecht wie bibel-theologisch in seiner komplexen Kompliziertheit dargestellt und für den Menschen aufgrund seiner geschöpflichen Begrenztheit und geschichtlichen Bedingtheit letztlich als nur unzureichend beantwortbar qualifiziert. So nahm Quidort einerseits Arnalds warnende und mahnende Prognose vom Kommen des Antichrist auf, charakterisierte sie aber andererseits als vorläufige, weil stets revisionsbedürftige und äußerst unsichere Mutmaßung. Seine Stellungnahme ist vorsichtig-tolerabel. Doch ließen die Vorgänge von 1277 und die Rede von der *duplex veritas* ihn und seine Pariser Kollegen von 1299/1300 zwangsläufig kritischer sein als die Dominikaner von Montpellier. Jedenfalls zeigt Quidorts differenzierte Stellungnahme, daß die Theologen vornehmlich an der gnoseologischen, weniger an der heilsgeschichtlichen Problematik prophetischer Rede interessiert waren. Jene wurde gerade im Blick auf die sich ausbreitende prophetische Literatur des 13./14. Jahrhunderts auf breiter Ebene disputiert, diese nur unzureichend wahrgenommen. Quidort demonstrierte seine ganze Gelehrsamkeit, seine exponierte Quellenkenntnis sowie sein interpretatorisches Geschick, um Arnald klarzumachen, auf welch hochkompliziertem und theologisch subtilem Terrain er sich mit seiner Prognose vom Kommen des Antichrist bewege. Er nannte exegetische Schwierigkeiten und führte, modern gesprochen, literarkritische Probleme vor. So wiesen überlieferte Quellen oft falsche Varianten auf, Versionen, fingiert von geistlosen Ungläubigen, die die ursprüngliche Aussage der vorgenannten Geistbegabten und Heiligen durch Beifügungen und Unterstellungen korrumpierten. Er untersuchte eine Reihe berühmter Prophezeiungen aus der gesamten Menschheitsgeschichte und erinnerte in diesem Zusammenhang daran, daß es Ungläubige gegeben habe, die Orakelsprüche ersannen, diese als göttliche Rede ausgaben, in Wirklichkeit aber nur damit das Christentum diffamieren wollten.

Überhaupt erhob Quidort Einspruch gegen Arnalds einseitige Betonung des göttlich Inspirierten. Auch die Inspiration verzichte ja keineswegs auf die menschliche *ratio*. Mit Hilfe des menschlichen Intellekts müsse schließlich die Unterscheidung der Geister getroffen werden. Selbst Heilige seien, so betonte Johannes von Paris, auf diesem Gebiet in die Irre gegangen und hätten sich bei der Interpretation der ihnen geschenkten Visionen getäuscht, zwar nicht grundsätzlich, aber hinsichtlich bestimmter Teilelemente durchaus. Es liegt in der Macht des Bösen, der Wahrheit einige unreine Ingredienzen, *aliquae falsitates*, beizumischen. Mit der List des Bösen müsse man gerade dann rechnen, wenn es dabei um Fragen gehe, die die Zukunft des Menschen und die Macht des Satans betreffen.

Während Quidort die Kompetenz des göttlich Inspirierten in diesem Falle eher zu relativieren suchte, war er gleichzeitig bemüht, die Bedeutung des menschlichen Intellekts generell sowie das naturwissenschaftliche Wissen speziell auch in dieser Frage zu unterstreichen. Die Ergebnisse der Astronomie, namentlich ihrer Erkenntnisse bezüglich der *revolutio planetarum,* dürfe man keineswegs bei der Frage nach dem Einbruch des Weltendes und damit auch bei Frage nach dem Kommen des Antichrist unbeachtet lassen. Johannes von Paris stimmte somit Roger Bacon zu: Um Gültiges über das Ende der Welt aussagen zu können, müsse man nicht nur biblisch-theologisch argumentieren, sondern müsse auch naturwissenschaftliche Erkenntnisse, ja das gesamte menschliche Wissen darüber heranziehen und kritisch bedenken. Erst in der Kombination beider Erkenntnisquellen gelange man, so Quidorts Aussageabsicht, unweigerlich zu dem Ergebnis, daß die Frage, wann der Antichrist komme oder das Ende der Welt hereinbreche, pünktlich und genau eben nicht beantwortet werden kann. Dennoch, ja gerade deswegen vermag Johannes von Paris die Kunde Arnalds zu tolerieren: Da es sich um eine offene Frage handle, dürfe man ebenfalls nicht verneinen, daß der Antichrist möglicherweise um das Jahr 1378 komme. Vielmehr müsse man damit rechnen, daß der Antichrist

jederzeit, also auch innerhalb der nächsten hundert Jahre seine Herrschaft antreten werde.

Was er allerdings klarerweise gegen Arnald ausführte, war, daß sich
nicht in der Bildung von partikulären, pluralen und insgesamt zentrifugal wirkenden Bestrebungen, divergierenden Gebilden und diversen
Substrukturen der Antichrist bemerkbar mache, sondern es wohl eher
umgekehrt sei: daß nämlich der Antichrist alles daran setze, die universalen, zentripedalen und konvergierenden gesellschaftlichen Kräfte zu
binden, zu fördern und diese für seine diabolischen, antichristlichen
Ziele auszunutzen. Gerade die Kirche, die Braut Christi, sei ja bevor-
zugtes Opfer des Antichrist. Sie stehe in der Gefahr, sich zu verkaufen
und so zur Hure zu werden, sofern sie, wie Quidort in seiner wenig
später verfaßten Schrift *De potestate regia et papali* darlegen wird, den
von Bonifaz VIII. erhobenen universalen Machtanspruch durchsetzen
wolle.

Petrus von Auvergne stellte indes in Frage, ob das, was Arnald von
Villanova in seinem Antichristtraktat angekündigt hatte, überhaupt
„wahrscheinlich" (*probabilis*), mit dem katholischen Glauben gut vereinbar (*decens*) und insgesamt nützlich (*expedit*) sei. Mittels kühl-nüchterner, logisch-syllogistisch sezierender Begrifflichkeit, vornehmlich
auf die einschlägigen Danielverse konzentrierter Interpretationskunst
und dank souveräner Kenntnis der kirchlichen Auslegungstradition
konstatierte er vielmehr, daß der Katalane sich mit seiner Behauptung
vom Kommen des Antichrist im Gegensatz zu dem befinde, was die
Kirche samt ihrer *sancti auctoritates* in dieser Sache für gesichertes Wissen erkläre. Was feststehe und verkündet werden dürfe, sei lediglich,
daß, aber nicht *wann* der Antichrist komme. Wer etwas anderes behaupte, der irre. In diesem Zusammenhang analysierte Petrus von Auvergne den Error-Begriff und betonte, daß „Irrtum" auch dann vorliege, wenn jemand etwas, was seinem Wahrheitsgehalt nach menschlicherseits „unsicher", also kein gesichertes Wissen sei, als „sicher richtig" qualifiziere. Schließlich glaubte Petrus daran erinnern zu müssen,
daß, wer hartnäckig und unbelehrbar einen Irrtum vertrete und verkünde, sich bewußt von der Einheit der an Christus Glaubenden, von
der Einheit der Kirche, entferne und so von sich aus und gleichsam
zwangsläufig der Häresie verfalle.

Diesen eindeutigen Hinweis Petri hat Arnald von Villanova zweifellos
verstanden und in seiner Überarbeitung aufmerksam bedacht und kritisch rezipiert. Im überarbeiteten zweiten Teil seines Antichristtraktats
sowie auch später in seiner Schrift *De mysterio cymbalorum* bemühte er
sich jedenfalls klarzustellen, daß seine Ankündigung vom Kommen des
Antichrist lediglich die *claritas possibilitatis*, keineswegs aber die *claritas
certitudinis aut necessitatis* beanspruche.

Der berühmte Exeget Nikolaus von Lyra konzentrierte sich lediglich auf die *computatio* Arnalds und verkannte mithin dessen eigentliche Aussageabsicht. Es zeigte sich, daß er gar nicht so sehr Arnald, sondern nur mit Hilfe seines Antichristtraktats (pseudo-)joachimitische Auffassungen widerlegen wollte, die offensichtlich im Jahre 1310 immer noch kursierten und seine Zeitgenossen beunruhigten. Dabei arbeitete er konzentriert den biblischen Befund dieser Frage heraus und konstatierte, daß jede terminliche Festlegung exegetisch unhaltbar sei. Dabei zeigte er sich allerdings sehr zurückhaltend in der Bewertung jener Berechnungen, die angeblich von Joachim von Fiore stammten. Er betonte, daß sich der Floriazenser sehr um das Verständnis der Schrift bemüht und insgesamt einen breiten Interpretationsspielraum gewährt habe. Die von ihm stammenden Berechnungen seien von Joachim selbst jedoch nur als Vermutung, von anderen aber, mehrfach wiederholt und vulgarisiert, als wahres Wissen genommen worden. Eindeutiges Nichtwissen dürfe man aber nicht als sicheres Wissen ausgeben. Wer das dennoch wage, mißachte den exegetischen Befund, verstoße gegen die katholische Wahrheit und gefährde die orthodoxe Glaubenstradition. Sofern er mit dieser Kritik Arnald von Villanova meinte, verkannte auch Nikolaus von Lyra das oben dargelegte eigentliche Anliegen Arnalds.

Ausdrücklicher und ausführlicher setzte sich drei Jahre später Guido Terrena von Perpignan mit Arnalds Thesen vom Kommen des Antichrist auseinander. Deutlich ist seine Option spürbar, die Zeitgenossen zu beruhigen. Offensichtlich waren doch einige durch jene Berechnungen des Petrus von Auvergne irritiert, die dieser im Zuge seiner Auseinandersetzung mit der *computatio* Arnalds von Villanova als mögliche Zeit des Antichrist aufstellte, derzufolge der *homo peccati* im nächsten oder übernächsten Jahre komme. Guido machte jedenfalls a limine deutlich, daß es menschlicherseits überhaupt nicht möglich sei, die Zeit des Antichrist und des Weltendes, genauer: der Wiederkunft Christi zum Jüngsten Gericht, vorauszuwissen. Die Heilige Schrift sage darüber nichts. Mehr noch, aufgrund genauer Schriftkenntnis müsse man zu dem Ergebnis kommen, daß es sich hier um ein absichtsvolles Schweigen handle. Es besage, daß es nicht gut und nützlich für den Menschen sei, die Zeit der Wiederkunft Christi bzw. die Ankunft des Antichrist im voraus zu wissen. Alles weise darauf hin, daß es besser für den Menschen sei, ständig, in jedem Augenblick seines Lebens und der Menschheitsgeschichte, mit der Wiederkunft des Herrn zu rechnen.

Dabei rekurrierte Guido immer wieder auf jene *auctoritates*, die auch Arnald von Villanova heranzog, legte sie aber in konträrer Weise zu seinem Landsmann aus. So machte er deutlich, daß Arnald die Kunst des Interpretierens nicht beherrsche und keinerlei plausible Argumente für seine Behauptung erbringen könne. Seine These vom Kommen des Antichrist sei also frech-dreist. Es war ihm darum zu tun, jenes bereits 1300 seitens der Pariser Professoren artikulierte und später von Papst Bonifaz VIII. repetierte Urteil von der *temeritate magna* zu verteidigen und inhaltlich möglichst exakt zu bestimmen. Er qualifizierte deswegen Arnalds Aussagen im Antichristtraktat näherhin als die Artikulation eines Standpunktes, der sich außerhalb dessen befinde, was schrift- und traditionsgemäß gedacht und gelehrt werde. Es sei der Standpunkt derer, die in klarer Kontraposition zur Orthodoxie stehen, sich zum biblischen Offenbarungs- und anerkannten Überlieferungsstrom gefährlich kontraproduktiv verhalten und sich insgesamt auf einem gefährlichen Weg befinden: auf dem Weg in die Häresie. Überdies bringen solche Thesen den Menschen leicht von seinem Heilsweg ab, weil sie ihn auffordern, zu einem bestimmten Zeitpunkt, nicht aber jederzeit die Wiederkunft Christi zu erwarten. Sie verführen somit die Vielen zu zerstreuter Leichtfertigkeit und heilloser Unachtsamkeit gegenüber den Eschata.

Im gleichen Jahr schrieb auch Heinrich von Harclay seine Quaestio. In ihr nahm er ebenso umfassend wie detailliert zu den genannten Ausführungen Arnalds von Villanova, mehr aber noch zu den des Johannes von Paris Stellung. Es setzte damit insgesamt einen originären Schlußpunkt zu der akademisch geführten Debatte um das Kommen des Antichrist. Zunächst betonte auch Harclay, daß überhaupt nicht daran zu zweifeln sei, *daß* der Antichrist kommen werde. Die Frage sei aber, *wann* er komme und ob es menschlicherseits tatsächlich möglich sei, hierüber gültige Auskunft zu geben. Dabei ging Heinrich streng theologisch vor, wobei wiederum auffallend ist, daß die von ihm angeführten *auctoritates* vor allem jene waren, die auch Arnald von Villanova und Quidort anführten: vornehmlich Hieronymus, Augustinus, (Pseudo-)Methodius und Petrus Comestor. Zum Schluß kommen ebenfalls jene zeitgenössisch „Aktuellen" zu Wort, die seinerzeit in aller Munde waren: Joachim von Fiore, „andere Poeten" und die vermeindlichen „Auskünfte der Astronomen". Arnalds *computatio* wendet er sich dabei zunächst subtil ironisierend, dann aber offen polemisierend zu. Für den Engländer war der Katalane jemand, der hybrid von sich behauptet habe, göttlich inspiriert zu sein, und wider alle vernünftige Argumentation und theologisch korrekte Schriftauslegung hartnäckig und unbelehrbar das zu wissen vorgab, was niemand zu wissen vermag.

Dabei zeigte aber die genaue Textanalyse, daß es nicht die Absicht Harclays war, sich ernsthaft mit den Argumenten Arnalds von Villanova zu beschäftigen, sondern ihn raffiniert geschickt – in allmähli-

cher, trimorpher Steigerung des Vor-Verurteilens – als Gesprächspartner zu disqualifizieren und ihn schließlich als verkappten Juden zu desavouieren. Das, was Arnald von Villanova in seinem Antichristtraktat
vertrete, sei nicht nur eine *haeretica opinio*, sondern eine Blasphemie
großen Stils. Er unterstellte Arnald von Villanova nichts anderes, als
daß dieser nicht das Heil, sondern das Unheil des Menschen im Auge
habe, ja selbst am Unheil des Menschen mitwirke. Arnald von Villanova stand für Heinrich von Harclay damit klarerweise im Dienste
dessen, vor dem er zu warnen vorgab: im Dienste des Antichrist.
In der Auseinandersetzung mit Johannes von Paris war Harclay zu-
rückhaltender. Quidort wird nicht der Lächerlichkeit preisgegeben,
sondern ihm wird ernsthaft argumentierend widersprochen. Der Engländer versuchte, ihn in seiner Gelehrsamkeit noch einmal zu übertreffen und so dessen Aussagen insgesamt zu dekuvrieren und zu relativieren. Dabei führt er dem Leser sämtliche Autoritäten vor, die sich zu
diesem Thema kompetent geäußert haben. Es kam Harclay darauf an,
Johannes von Paris als jemanden zu erweisen, der allzu unkritisch mit
den Quellen und den *auctoritates* umgehe, entweder zu wenig oder gar
nicht prüfe, ob all das in der Vergangenheit Gesagte nach heutigem
Wissensstand noch ernsthaft geltend gemacht werden könne.
In einem wohlkombinierten Argumentationsgang, der sich sowohl gegen Arnald wie gegen Quidort wandte, richtete er sich wider die
These, daß das Ende der Welt zwar nicht auf den Tag und die Stunde
genau, wohl aber ungefähr, auf das Jahrhundert etwa, vorauszusagen
sei. Er stellte fest, daß, wer solches behaupte, falsch zitiert und vor
allem Augustinus nicht recht interpretiert habe. Auch negierte Harclay energisch die Möglichkeit, daß man bestimmte politische Ereignisse, konkrete Völker oder gar konkrete historische Personen mit
dem Kommen des Antichrist in Verbindung bringen könne. Der Blick
in die Geschichte des Versuchs, das Kommen des Antichrist zu berechnen oder aufgrund von bestimmten personalen Identifikationen oder
historischen Konnexionen vorauszusagen, zeige vielmehr, daß solche
Überlegungen und Kombinationen immer wieder in die Irre geführt
hätten und a posteriori – oft peinlich genug – korrigiert werden mußten. Ja, der Blick in die Geschichte zeige, daß jede Berechnung und
jeder Konnexionsversuch stets vergebliches Bemühen gewesen seien
und sich insgesamt als gewaltige Irrtumsgeschichte entpuppt haben.
Es bestätige sich damit nur das, was bereits Augustinus im Blick auf
Act 1,7 betont habe: „Frustra igitur annos, qui remanent huic saeculo,
computare ad definire conamur, cum hoc scire non esse nostrum ex
ore Veritatis audiamus.“[1]

---

[1] Augustinus: De civitate Dei 18, 53 (CCL 48, 652).

Trotz des vehement und vielfach erhobenen Einspruchs gegen Arnalds Antichristtraktat bleiben doch auch in theologischer, näherhin geschichtstheologisch-eschatologischer Hinsicht bedenkenswerte Übereinstimmungen. So ist allen der Versuch gemein, die Universalgeschichte zu periodisieren und dabei die Geschichte des *tempus* in ihrer unmittelbaren positiven wie negativen Bedeutung für den einzelnen Menschen, für die Christ-Gläubigen wie für die ganze menschliche Gemeinschaft zu unterstreichen. Bei der Periodisierung der Weltgeschichte wurde zwar längst nicht mehr nur auf Augustinus zurückgegriffen, obwohl sein Verständnis der sieben Schöpfungstage als *typoi* von sieben Weltaltern immer noch zum selbstverständlich gewußten Interpretament gehörte, sondern es wurde fraglos daran festgehalten, Geschichte als Geschichte Gottes für die Menschen und mit den Menschen zu begreifen. Alle hier zu Wort Gekommenen sahen Gott in der Geschichte am Werk, sahen eine Geschichte, die von Gott ihren Ausgang genommen hatte und die in Gott ihr göttlich vorausgesetztes und vorausgewußtes Ende, ihre Vollendung, finden werde, eine Geschichte auch, in die Gott eingreift und – vor allem – in der Gott sich geoffenbart hatte. Die Tatsache, daß Gott in der Geschichte handelt und all das den Menschen geoffenbart hat, was für den Menschen heilsnotwendig ist, und daß dieser Gott der Schöpfergott, der Gott Jesu Christi war, machte diese Offenbarungsgeschichte zum entscheidenden Teil der Geschichte der gesamten Menschheit, machte sie zur konkreten, datierbaren, funktionalen Heils-Geschichte. Insofern also Gott als dieser geschichtliche Gott geglaubt und gewußt wurde, bildeten historisches Welt-Wissen und geistvoller Gottes-Glauben durchaus noch eine Einheit. Immer noch wird die Intention deutlich, die zeitliche Dimension dieser Geschichte wie die Geschichte selbst auf Gott zu beziehen und so deutlich werden zu lassen, daß Gott selbst diese Geschichte gewirkt hat, wirkt und bis zur ihrer endgültigen Vollendung hin wirken wird.

Doch dieser Gottes-Glaube implizierte an der Wende zum 14. Jahrhundert längst nicht mehr den naiven Glauben an eine innerweltliche Fortschrittsgeschichte, wie sie noch das Geschichtsbild des mehr von Orosius als von Augustinus beeinflußten Otto von Freising, ja selbst noch die theologische Geschichtsdeutung des Rupert von Deutz und des Joachim von Fiore durchziehen konnte.

Vielmehr zeigt sich hier das angestrengt-ernsthafte Bemühen, jenen ebenfalls von altersher theologisch bedachten Gedanken zu akzentuieren, daß die Heilshoffnung der Christen gerade angesichts der Leiden der Geschichte, mehr noch: angesichts eines möglicherweise zu erwartenden katastrophischen Endes der Zeit nicht ihre Widerlegung, sondern ihre Bewährungsprobe finde. Gleichwohl der ewige Heilswille

Gottes in Jesus Christus zu Wort und zur Erfüllung kam, darf doch
nicht für den Menschen dieser Zeit der Wandel in der Neuheit des
Lebens kurzschlüssig und eilfertig als ein „perfektes" Datum menschlichen Selbstverständnisses geltend gemacht werden. Dieser neue Wandel muß vom Menschen her gläubig an- und hoffend in Anspruch genommen werden. Er bedarf der ganzen Acht- und Aufmerksamkeit
des Menschen *in statu viatoris*, und zwar dergestalt, daß in ihm und
durch ihn die Liebe Gottes zum Durchbruch gelangt und sich sein geisterfülltes Wandeln mit Gott in Christus in und vor der Welt, im
menschlichen Mit- und Füreinander bezeugt. Denn genau darin zeig-
ten sich sämtliche im dargestellten Streit um das Kommen des Antichrist Beteiligte mit Arnald von Villanova einig: erstens, daß die Herrschaft des Antichrist kommen werde; zweitens, daß die Rede vom
Kommen des Antichrist wesentlich nichts anderes als das apokalyp-
tisch-katastrophische Moment dieses innerzeitlichen Endzustands be-
zeichne und drittens, daß sich in diesem negativen Moment der Apokalypse das enthüllt (apokalypsis!), was das Thema der Weltgeschichte letzten Grundes ausmacht: der Kampf um Christus, nicht, wie
Goethe später formulieren wird, einfachhin der Glaube und Unglaube
und der Kampf zwischen beiden.

Wie schon Gerhoch von Reichersberg radikal mit dem allegorischen
Verständnis vom Antichrist aufräumte,[2] so wird auch hier das Kommen des Antichrist im Raum der Geschichte, eben als historische
Wirklichkeit interpretiert. Der Antichrist selbst kommt dabei umstän-
dehalber als ein Mensch zu Gesicht, der sich in den Dienst von dämonischen Geschichtsmächten stellt und sich so, im Dienst des *mysterium
iniquitatis* stehend, als jener *homo peccati* und *filius perditionis* erweist,
von dem im zweiten Brief an die Thessalonicher die Rede ist.

Dabei wird zwar festgehalten, daß jeder Antichrist ist, der sich der
Heilsordnung Gottes entgegenstellt und das Unheil der Sünde betreibt, der also den *ordo* boykottiert und die *confusio* provoziert. Gleichzeitig aber wird betont, daß es bei der Frage nach dem Kommen des
Antichrist um jenen End-Antichrist gehe, der gegen Ende der Tage
kommen, seine gesamte antichristliche Macht und pseudo-wunderbare
Herrschaft entfalten und konzentriert gegen Christus wenden wird.
Der *antichristus novissimus* entpuppt sich als eine eindeutig auf Christus
bezogene Figur, als ein ausgesprochener Gegner Christi. Im Blick auf
diesen Gegner des Verbum Dei figurieren alle anderen *antichristi* nur
gleichsam als dessen Vorausbilder und Vorläufer, sind sie, wie Quidort
mit Thomas formuliert, *quasi figurae antichristi*. Insgesamt bilden sie in
der Vielheit ihrer geschichtlichen Erscheinungen eine *familia*, so daß

---

[2] Beinert 1973, 347; Rauh [2]1979, 464f.

jener ohne diese ebenso wenig zu denken ist, wie jene vielen ohne diesen recht beurteilt werden können.

Überdies ist der Antichrist nicht bloß von innerkirchlichem Belang. Er ist nicht nur – wenngleich auch – so etwas wie ein Häretiker, ein im geistig-geistlichen Bereich in die Irre Gehender und den Glauben an Christus hartnäckig Bekämpfender. Sein eigentliches Instrument, um gegen Christus und die Seinen anzugehen, ist nicht nur die Verbreitung von falschen Lehren, sondern der gesamte Einsatz weltlich-irdischer Verführungsmacht. Der Antichrist und die Seinen vermögen „blendend" in der Welt zurechtzukommen und sich komfortabel einzurichten. Doch bleibt ihr Blick im Diesseitig-Vergänglichen gefangen, geht nicht – unbefangen – über die innerweltlichen Gegebenheiten hinaus, bricht sich nicht freie Bahn zum transzendenten Gott, sondern höchstens zum „transzendenten Unten", zum *diabolus*. Für Quidort wie auch für Arnald tragen der Antichrist und die Seinen merkantile Züge. Die Strukturen des Habens und Herrschens, nicht die des Seins, des Lassens und des gelassenen Dienens sind ihnen eigen. Die Herrschaft des Antichrist ist eine Weltmacht, die alles daran setzt, Menschen herauszubilden, die nicht mehr ihren Blick auf die durch Christus im Heiligen Geist geoffenbarte Wirklichkeit des dreifaltigen Gottes richten, sondern nur noch sich selbst sehen und zur Geltung zu bringen suchen. Der Antichrist setzt alles daran, daß viele, möglichst alle Menschen der Erde ihre göttliche Berufung verkennen, nicht mehr „im Bilde Christi" sind und ihr End-Ziel, Christus, überhaupt aus dem Blick verlieren. Der Antichrist, *purus homo* und doch eng verbunden mit dem *diabolus* (wenn auch nicht im Sinne einer hypostatischen Union, wie Quidort ausführlich darlegte), deformiert sein Menschsein und wird immer unwesentlicher, wird zum gefährlichen, menschenfeindlichen Un-Wesen. Der Antichrist und die Seinen nehmen ihr kontingent-geschöpfliches, gnadenhaft-beschenktes und göttlich-verbürgtes Werde-Sein nicht an, weil und sofern sie sich nicht Gott anheimgeben, weil und sofern sie dieses ihr gottgegebenes und göttlich begrenztes und also definiertes, abhängiges Sein nicht sehen und bejahen wollen. So versucht der Antichrist den freien Blick des Menschen auf das Richtbild, auf Christus, zu verhindern. Der Antichrist und seine „Familie" gehen nicht auf- und vorwärts, sondern ab- und rückwärts. Sie sind in sich selbst verkrümmt und allesamt „Erdenmenschen", „nach unten blickende", auf sich und „auf die Erde" starrende Existenzen. Die Menschen der Erde sollen und wollen im Sinne des Antichrist nur noch „das Tier aus der Erde" vor Augen und verehrend im Sinne haben, nicht aber mehr Christus als ihr Ur-, Vor- und Überbild erkennen und liebend anerkennen. So richtet die antichristliche Familie sich in dieser Welt ein, breitet sich in ihr aus, extensiv wie intensiv: machtgierig terrorisierend, haßerfüllt herrschend und verlogen-scheinheilig.

Bei all dem darf freilich der gesellschaftskritische Konsonant nicht überhört werden. Während Arnald von Villanova gerade in den partikulären und zentrifugalen gesellschaftlichen Kräften und Tendenzen des zur Neige gehenden 13. Jahrhunderts die Gegen-Macht des Bösen und die kommende Herrschaft des Antichrist heraufziehen sah, glaubte Quidort gerade in den universalen und zentripedalen gesellschaftlichen Phänomenen die Herrschaft des Antichrist erkennen zu müssen. Ist für diesen jeder, nicht zuletzt der kirchliche Zentralismus verdächtig, so ist für jenen gerade umgekehrt jede Auflösung des Gesamtgefüges und jede Neubildung von Substrukturen und Etablierung von auch nur relativ autarken gesellschaftlichen Gruppen letztlich Abfall vom göttlich Einen und Heilen, ist somit insgesamt befallen vom Modergeruch des Antichrist.

Beiden gemeinsam aber ist die Sorge um den Menschen. Dieser steht in jenem vor- und fürsorgenden Blick Gottes, der den Menschen nicht fixiert, sondern durch Glaube und Liebe dynamisiert und so allererst zum radikalen und totalen Ein- und Aufgehen in der Liebe Gottes und zum Nächsten befähigt und in Stand setzt. Diese „Instandsetzung" des Menschen durch Gott hat ihre Geschichte. Sie kennt einen kreatianischen Anfang, einen heilshaften Fortgang und findet ihre eschatologische Vollendung. Doch diese Erfüllung und Vollendung ist nicht notwendig sich vollziehende „Entwicklung" zum Höheren und Höchsten, sondern frei geschenkte Gnade Gottes. Die Rede von der Zeit des Antichrist erweist sich so als der Protest gegen einen heilsgeschichtlichen Triumphalismus und Automatismus, als eine Rede von der Hoch-Zeit christlicher Hoffnung, die darauf gefaßt ist, sich notfalls im Blutzeugnis für den Gekreuzigt-Auferstandenen bewähren zu müssen. In jedem Fall handelt es sich um aktualisierte „positive Apokalyptik". Das Weltende wird nicht schlechthin als „Metapher der Katastrophalität", sondern stets als Appell zur Aktivierung „resistenter Hoffnung und bestärkender Solidarität" ausgesagt. Die Rede vom Antichrist erwies sich im Blick auf das Christusbekenntnis stets als asymmetrische Aussage. Jener steht nicht gleichartig und gleichrangig gegen Christus. Vielmehr ist der Antichrist bereits ein Besiegter. Dennoch ist der Kampf zwischen beiden nicht irreal. Er ist eine Schlacht, in die, wie besonders Arnald betonte, der Mensch auf Leben und Tod involviert ist, die aber letztlich Menschenkraft übersteigt und nur von der Wehrlosigkeit des Lammes „stillgelegt" wird. Nicht der Antichrist, sondern Christus hat das letzte Wort. Es gibt keine endgültige Zukunft des Bösen. Das Eschaton ist letzten Grundes ausschließlich positiv.

Abkürzungen

A. Quellen-, Sammelwerke, Serien, Zeitschriften, Handbücher, Lexika

AAS	Acta Apostolicae Sedis.
AFH	Archivum Franciscanum Historicum.
AFP	Archivum Fratrum Praedicatorum.
AGM	Archiv für Geschichte der Medizin.
AGPh	Archiv für Geschichte der Philosophie (und Soziologie).
AHAW.PH	Abhandlungen der Heidelberger Akademie der Wissenschaften. Philosophisch-historische Klasse.
AHDLMA	Archives d'histoire doctrinale et littéraire du moyen-âge.
AIHMAM	Archivo Iberoamericano de Historia de la Medicina y Antropologica Medica.
AKuG	Archiv für Kulturgeschichte.
ALKGMA	Archiv für Litteratur- (sic!) und Kirchengeschichte des Mittelalters.
AST	Analecta Sacra Tarraconesia.
ATCA	Arxiu de textos catalans antics.
AugL	Augustinus-Lexikon Bd. I. Hrsg. von C. Mayer. Basel 1986ff.
BASB	Bulletin de l'académie r. des sciences, des lettres et des beauxarts de Belgique.
BGPhMA	Beiträge zur Geschichte der Philosophie (ab 27, 1928–30:) und Theologie des Mittelalters.
BGPhThMA NF	Beiträge zur Geschichte der Philosophie und Theologie des Mittelalters. Neue Folge.
BRHE	Bibliothèque de la Revue d'histoires ecclésiastique.
BThAM	Bulletin de théologie ancienne et médiévale.
CChr.CM	Corpus Christianorum. Continuatio Mediaevalis.
CCL	Corpus Christianorum. Series Latina.
Com(D)	Communio. Internationale Katholische Zeitschrift.
Chart. Univ. Paris.	Chartularium Universitatis Parisiensis I–IV. Hrsg. von H. Denifle und E. Chatelain. Brüssel 1964 (= Paris 1891–1899).
CSEL	Corpus scriptorum ecclesiasticorum latinorum.
CSIC	Consejo Superior de Investigaciones Científicas.
DA	Deutsches Archiv für Forschung des Mittelalters.
DBF	Dictionnaire de biographie française. Hrsg. von J. Balteau, M. Barroux und M. Prevost, Paris 1923ff.
DH	Heinrich Denzinger. Enchiridion symbolorum definitionum et declarationum de rebus fidei et morum. Kompendium der Glaubensbekenntnisse und kirchlichen Lehrentscheidungen. Lateinisch – deutsch. Hrsg. von Peter Hünermann. Freiburg/Basel/Rom/Wien [37]1991.
DHGE	Dictionnaire d'histoire et de géographie ecclésiastique. Hrsg. von A. Baudrillart u. a., Paris 1912ff.
DMA	Dictionary of the Middle Ages. Hrsg. von J. R. Strayer. 13 Bde. New York 1982–1989.

DSB	Dictionary of Scientific Biography. Hrsg. von Ch. C. Gillispie. New York 1970.
DSp	Dictionnaire de spiritualité, ascétique et mystique. Doctrine et Histoire. Hrsg. von M. Viller u. a. Paris 1932ff.
DTh	Divus Thomas (Freiburg/Schw.).
DThC	Dictionnaire de théologie catholique. Hrsg. von A. Vacant und E. Mangenot fortgesetzt von E. Amann. 15 Bde. Paris 1903–1950, 3 Register-Bde. Paris 1951–1972.
EF	Estudio Franciscanos/Estudis Franciscans.
EvKomm	Evangelische Kommentare.
FrS	Franciscan Studies.
FStud	Franziskanische Studien.
FStud. B	Franziskanische Studie. Beiheft
FZPhTh	Freiburger Zeitschrift für Philosophie und Theologie.
GCS	Die griechischen christlichen Schriftsteller der ersten drei Jahrhunderte.
GEC	Gran Enciclopèdia Catalana.
GWU	Geschichte in Wissenschaft und Unterricht
HAW	Handbuch der Altertumswissenschaft. Hrsg. von I. V. Müller, erw. v. W. Otto, fortg. v. H. Bengston. München 1922ff, 1925ff, 1955ff.
HDG	Handbuch der Dogmengeschichte. Hrsg. von M. Schmaus, J. Geiselmann, A. Grillmeier, L. Scheffczyk u. M. Seybold. Freiburg i. Br. u. a. 1951ff.
HJ(B)	Historisches Jahrbuch der Görres-Gesellschaft.
HKG(J)	Handbuch der Kirchengeschichte. Hrsg. von H. Jedin. 6 Bde. Freiburg i. Br. u. a. 1962–1974; 1985 (Sonderausgabe).
HNT	Handbuch zum Neuen Testament.
HThG	Handbuch theologischer Grundbegriffe. Hrsg. von H. Fries. 4 Bde. München (1962f.) ²1973–1974 (dtv wr 4050–4058).
HWP	Historisches Wörterbuch der Philosophie. Hrsg. von Joachim Ritter/Karlfried Gründer u. a. Basel 1971ff.
HZ	Historische Zeitschrift.
JHM	Journal of the History of Medicine.
KKD	Kleine katholische Dogmatik. Hrsg. von J. Auer und J. Ratzinger. Regensburg 1970–1988.
LexMA	Lexikon des Mittelalters. München/Zürich 1980ff.
LThK²	Lexikon für Theologie und Kirche. Hrsg. von J. Höfer und K. Rahner, 10 Bde. 1 Reg.Bd., 3 Erg.Bde. Freiburg u. a. 1957–1968, 1986 (Sonderausgabe).
LThK³	Lexikon für Theologie und Kirche, völlig neu bearbeitet und neu hrsg. von W. Kasper mit K. Baumgartner, H. Bürkle, K. Ganzer, K. Kertelge, W. Korff, P. Walter. Freiburg/Basel/Rom/Wien 1993ff.
MF	Miscellanea francescana.
MGH	Monumenta Germaniae historica.
MGH ldl	Monumenta Germaniae historica. Libelli de lite.
MGH.SS	Monumenta Germaniae historica. Inde ab a.C. 500 usque ad a. 1500 Scriptores.
MGI	Mitteilungen des Grabmann-Instituts der Universität München.
MS	Mediaeval Studies.
NHThG	Neues Handbuch theologischer Grundbegriffe. Hrsg. von P. Eicher, 4 Bde. München 1984f.

NJKA	Neue Jahrbücher für das klassische Altertum, Geschichte, deutsche Literatur und für Pädagogik.
PG	Patrologiae cursus completus. Series Graeca. Accurante Jacques-Paul Migne. Paris 1857–1866 (Reg. 1928–1936).
PhJ	Philosophisches Jahrbuch der Görresgesellschaft.
PhMed	Philosophes Médiévaux.
PL	Patrologiae cursus completus. Series Latina. Accurante Jaques-Paul Migne. Paris 1841–1849, 1850–1855 (Indices 1862–1864).
PLS	Patrologiae latinae supplementum. 5 Bde. Hrsg. von A. Hamman. Paris 1958–1970.
QFIAB	Quellen und Forschungen aus italienischen Archiven und Bibliotheken.
QSGP	Quellen und Studien zur Geschichte der Philosophie.
RAC	Reallexikon für Antike und Christentum. Hrsg. von Th. Klauser u. a. Stuttgart 1941ff.
RGG	Die Religion der Geschichte und Gegenwart. Tübingen 1909–1913; ²1927–1932; ³1956–1962.
RH	Revue historique.
RQu	Römische Quartalschrift für Christliche Altertumskunde und für Kirchengeschichte.
RThAM	Recherches de théologie ancienne et médiévale.
SBAW.PPH	Sitzungsberichte der Bayerischen Akademie der Wissenschaften in München. Philosophisch-philologische und historische Klasse.
SC	Sources chrétiennes.
Schol.	Scholastik. Vierteljahresschrift für Theologie und Philosophie.
SeL	Storia e letteratura. Raccolta di studi e testi.
SF	Studia Friburgensia.
SpiciBon	Spicilegium Bonaventurianum.
STPIMS	Studies and Texts. Pontifical Institute of Medieval Studies.
ThGl	Theologie und Glaube.
ThPQ	Theologisch-praktische Quartalschrift.
ThQ	Theologische Quartalschrift
ThWNT	Theologisches Wörterbuch zum Neuen Testament. Begr. von G. Kittel, hrsg. von G. Friedrich. 10 Bde. Stuttgart 1933–1979.
ThZ	Theologische Zeitschrift
Tr.	Traditio. Studies in ancient and medieval history, thought and religion.
TRE	Theologische Realenzyklopädie. Hrsg. von G. Krause und G. Müller. Berlin/New York 1976ff.
VerfLex²	Die deutsche Literatur des Mittelalters. Verfasserlexikon. Hrsg. von K. Ruh u. a. Berlin 1978ff.
VF	Vorträge und Forschungen. Hrsg. vom Konstanzer Arbeitskreis für mittelalterliche Geschichte.
WiWei	Wissenschaft und Weisheit. Zeitschrift für augustinisch-franziskanische Theologie und Philosophie in der Gegenwart.
ZKG	Zeitschrift für Kirchengeschichte.
ZKTh	Zeitschrift für katholische Theologie.
ZRGG	Zeitschrift für Religions- und Geistesgeschichte.
ZSRG.K	Zeitschrift der Savigny-Stiftung für Rechtsgeschichte. Kanonistische Abteilung.

B. Häufige lateinische und andere Abkürzungen

Act	Actus Apostolorum
add.	addidit
Apc	Apocalypsis
cap.	capitulum
cf.	confer
Cod.	codex
cod. lat.	codex latinus
Ct	Canticum Canticourm
Dn	Danihel
del.	delevit, deleatur
dist.	distictio
Dt	Deuteronomium
Ecl	Ecclesiastes
Ex	Exodus
Ez	Hiezecihel
fol.	folium
Gn	Genesis
HS(S)	Handschrift(en)
Prv	Proverbia
Ps	Psalmi
Ps-	pseudo . . .
q.	quaestio
Quaest.	quaestio, quaestiones
Quodl.	quaestiones quodlibetales
r	Recto-Seite
Sap	Sapientia
Sent.	Libri IV Sententiarum (Petrus Lombardus)
serm.	sermon(es)
STh	Summa Theologiae (Thomas von Aquin)
Thess	Thessalonicenses
tom.	tomus
v	Verso-Seite
Vol.	Volumen

Literatur

A. Quellen

Adam de Wodeham: Tractatus de indivisibilibus. A Critical Edition with Introduction. Translation and Textual Notes by Rega Wood. Dordrecht/Boston/London 1988 (= Synthes Historical Library, Texts and Studies in the History of Logic and Philosophy Bd. 31).

Adso Dervensis: De ortu et tempore antichristi. Ediert von Daniel Verhelst. Turnhout 1976, 20–30 (= CChr.CM 45).

Aelred von Rievaulx: Vita S. Edwardi Regis. PL 195, 739–790.

Ders.: Vita Aedwardi Regis. Ediert von Frank Barlow. London 1962.

Africanus, Sextus Iulius: Reliquae Sacrae. Ediert von Martin J. Routh. Oxford ²1846, 238–309.

Alexander Neckham: De laudibus divinae sapientiae. Ediert von Thomas Wright. London 1967, 357–503 (= Rerum Britannicarum medii aevi scriptores 34; Nachdruck der Ausg. London 1863).

Ders.: De naturis rerum. Ediert von Thomas Wright. London 1967, 1–354 (= Rerum Britannicarum medii aevi scriptores 34; Nachdruck der Ausg. London 1863).

Ders.: Speculum speculationum. Ediert von Rodney M. Thomson. New York 1988 (= Auctores Britannici medii aevi XI).

Alexander von Roes: Schriften. Ediert von Herbert Grundmann und Hermann Heimpel. Stuttgart 1958 (= MGH Staatsschriften des späteren Mittelalters Bd. 1).

(Ps.-) Albertus Magnus: In Apocalypsim S. B. Joannis Apostoli luculenta expositio. In: B. Alberti Magni Ratisbonensis Episcopi Ordinis Praedicatorum opera omnia. Bd. 38, ediert von August und Emil Borgnet. Paris 1899.

Ambrosiaster: Commentaria in Epistulas Paulinas. Ediert von Heinrich J. Vogels. 3 Bde. Wien 1966–1969 (= CSEL 81/1–3).

Ders.: Commentaria in Epistolam ad Thessalonicenses secundam. PL 17, 453–462.

Ambrosius von Mailand: Epistolae. PL 16, 875–1286.

Anonymus: Commendatio fratris Johannis de Parisius, quando habuit vesperas suas. Ediert von Michael Grabmann. In: Ders., Studien zu Johannes Quidort von Paris O. Pr. München 1922, 58–60 (= SBAW.PPH 1922, 3. Abhandlung). Wiederabdruck in ders.: Gesammelte Akademieabhandlungen. Hrsg. vom Grabmann-Institut der Universität München. Eingeleitet von Michael Schmaus. Paderborn/München/Wien/Zürich 1979, 69–128, Edition: 126–128 (= VGI 25/I).

Anonymus: Endkrist. Inc.: Hie hebt sich an von dem Endkrist [. . .]. Exp.: Vnd also hat diz puch ein ende, das vns vnser hergot sein gotliche gnad zuwende. Amen. Transkription und Übertragung Georg Schübel. In: Der Antichrist und die fünfzehn Zeichen. Faksimile-Ausgabe des aus der Fürstlich Oettingen-Wallensteinschen Bibliothek stammenden chiroxylografischen Blockbuches eines unbekannten Straßburger Druckers um 1480 in der Bibliothek Otto Schäfer in Schweinfurt. Hrsg. von Christoph Peter Burger. Hamburg 1979, 18–78.

Anonymus: Ludus de antichristo: Das Spiel vom Antichrist. Lateinisch und deutsch von Rolf Engelsing. Stuttgart 1981 (= Reclam Universalbibliothek 8561).

Anselm von Havelberg: Dialogi. PL 188, 1139–1248.

Aristoteles: Metaphysica. Ediert von W. Jaeger. Oxford ⁵1973 (= Scriptorum Classicorum Bibliotheca Oxoniensis).

Arnaldus de Cervara: Sentència de condemna. Transkribiert von Jaime Villanueva. In: Viage literario a las iglesias de España. XIX. Viage a Barcelona y Tarragona. Madrid 1851, 320–329, Nr. 51. Wiederabdruck in: Santi, Francesco: Arnau de Vilanova. L'obra espiritual. Valencia 1986, 283–289 (= Història i societat 5).

Arnald von Villanova: Abbati et conventui Sancti Victoris Parisius. Cod. vat. lat. 3824, fol. 103 ra–104 vb. Ediert von Joachim Carreras i Artau In: Ders., Del epistolario espiritual d'Arnau de Vilanova. EF 49 (1948) 397–399.

Ders.: Informatio Beguinorum seu Lectio Narbone. Ediert von Miguel Battlori. In: Ders., Arnau de Vilanova. Obres Catalanes. Bd. 1. Barcelona 1947, 149–169.

Ders.: Allocutio christiani. Vat. lat. 3824, fol. 217 vb–226 ra. Ediert von Josep Perarnau i Espelt. In: Ders., L' Allocutio christiani d' Arnau de Vilanova. Edició i estudi del text. ATCA 11 (1992) 7–135.

Ders.: Allocutio super significatione nominis tetragrammaton. Vat. lat. 3824, fol. 13 ra–28 vb. Ediert von Joachim Carreras i Artau. In: Ders., La „Allocutio super Tetragrammaton". Sefarad 9 (1949) 75–105.

Ders.: Angelo Altisidorensis ecclesiae. Vat. lat. 3824, 108 vb–109 rb. Ediert von Joachim Carreras i Artau. In: Ders., Del epistolario espiritual d'Arnau de Vilanova. EF 49 (1948) 404–405.

Ders.: Angelo Ebredunensis ecclesiae. Vat. lat. 3824, fol. 108 ra–va. Ediert von Joachim Carreras i Artau. In: Ders., Del epistolario espiritual d'Arnau de Vilanova. EF 49 (1948) 403–404.

Ders.: Angelo ecclesiae Valentinae. Vat. lat. 3824, fol. 107 va–108 ra. Ediert von Joachim Carreras i Artau. In: Ders., Del epistolario espiritual d'Arnau de Vilanova. EF 49 (1948) 403.

Ders.: Antidotum contra venenum effusum per fratrem Martinum Atheca, Praedicatorem, adversus denunciationes finalium temporum. Vat. lat. 3824, fol. 238 va–254 va.

Ders.: Apologia de versutiis et perversitatibus pseudotheologorum et religiosorum. Vat. lat. 3824, fol. 135 vb–160 ra. Teilweise transkribiert von Heinrich Finke. In: Ders., Aus den Tagen Bonifaz VIII. Funde und Forschungen. Münster 1902, CLXIII–CLXXII (= Vorreformationsgeschichtliche Forschungen Bd. 2).

Ders.: Appellatio ad apostolicam sedem contra cancellarium et collegium theologorum Parisiensium. Ediert in: Chart. Univ. Paris. II, 87–90, Nr. 616.

Ders.: Carpinatio poetrie theologi deviantis. Vat. lat. 3824, fol. 193 va–202 ra. Teilweise transkribiert von Heinrich Finke. In: Ders., Aus den Tagen Bonifaz VIII. Funde und Forschungen. Münster 1902, CXXIII–CXXIV (= Vorreformationsgeschichtliche Forschungen Bd. 2).

Ders.: Confessió de Barcelona. Ediert von Ramon d' Alós Moner: „Confessio de Barcelona. Quaderns d'Estudie 13 (1921) 46–64.

Ders.: Confessio Ilerdensis de spurcitiis pseudo-religiosorum. Vat. lat. 3824, fol. 175 ra–180 ra.

Ders.: Collegio dominorum cardinalium. Vat. lat. 3824, fol. 231 vb–232 vb. Transkribiert von Heinrich Finke. In: Ders., Aus den Tagen Bonifaz VIII. Funde und Forschungen. Münster 1902, CLXII–CLXIII. (= Vorreformationsgeschichtliche Forschungen Bd. 2).

Ders.: De morte Bonifatii VIII. Vat. lat. 3824, fol. 204 va–214 ra. Transkribiert von Josep Perarnau i Espelt. ATCA 10 (1991) 201–214.

Ders.: De zona pellicea. Vat. lat. 3824, fol. 262 ra–263 vb (incompleta). Ediert von Josep Perarnau i Espelt. In: Ders., Troballa de tractats espirituals perduts d'Arnau de Vilanova. Revista Catalana de Teologia 1 (1976) 489–512, hier 508–512.

Ders.: Denunciatio prima facta Massiliae. Vat. lat. 3824, fol. 180 rb–181 rb.

Ders.: Denunciatio secunda facta Massiliae. Vat. lat. 3824, fol. 193 va–202 ra.

Ders.: Denunciatio tertia facta Massiliae. Vat. lat. 3824, fol. 202 rb–204 rb.

Ders.: Dominis Auxitano et Burdegalensi. Vat. lat. 3824, fol. 105 ra–107 va. Ediert von Joachim Carreras i Artau. In: Ders., Del epistolario espiritual d'Arnau de Vilanova. *EF* 49 (1948) 400–403.

Ders.: Domino Bonifacio summo pontifici. Vat. lat. 3824, fol. 230 va–231 vb. Transkribiert von Finke, Heinrich. In: Ders., Aus den Tagen Bonifaz VIII. Funde und Forschungen. Münster 1902, CLX–CLXII. (= Vorreformationsgeschichtliche Forschungen Bd. 2); Josep Perarnau i Espelt. *ATCA* 10 (1991) 197f.

Ders.: Dyalogus de elementis catholicae fidei seu Alphabetum catholicorum ad inclitum dominum regem Aragoniae pro filiis erudiendis in elementis catholicae fidei. Vat. lat. 3824, fol. 29 ra–43 rb. Transkribiert von Wilhelm Burger.In: Ders., Beiträge zur Geschichte der Katechese im Mittelalter. *RQu* 4 (1907) 163–197.

Ders.: Epistola ad Clementem papam V. Transkribiert von Heinrich Finke. In: Ders., Papsttum und Untergang des Templerordens. Bd. 2. Münster 1907, 93–94.

Ders.: Epistola ad Iacobum regem II. (verfaßt 1308) Transkribiert von Heinrich Finke. In: Ders., Papsttum und Untergang des Templerordens. Bd. 2. Münster 1907, 94–98.

Ders.: Epistola ad Iacobum II. (verfaßt 1310). Transkribiert von Heinrich Finke. In: Ders.: Acta Aragonensia. Quellen zur deutschen, italienischen, französischen, spanischen, zur Kirchen- und Kulturgeschichte aus der diplomatischen Korrespondenz Jaymes II (1291–1327). Berlin/Leipzig. 1922, Bd. II, 701f.

Ders.: Epistola Bartholomee Montanerii. Vat. lat. 3824, 233 vb–234 vb. Ediert von Joachim Carreras i Artau. In: Ders., L'epistolari d'Arnau de Vilanova. Barcelona 1960, 26f.

Ders.: Epistola domino Bremundo, domino Montisferrarii. Vat. lat. 3824, fol. 232 rb–233 va. Ediert von Joachim Carreras i Artau. In: Ders., L'epistolari d'Arnau de Vilanova. Barcelona 1960, 25f.

Ders.: Eulogium de notitia verorum et pseudo-apostolorum. Vat. lat. 3824, fol. 160 rb–166 rb. Ediert von Joachim Carreras i Artau. In: Ders., La polémica gerundense sobre el Antichristo entre Arnau de Vilanova y los dominicos. *Anales del Instituto de Estudios Gerundenses* 5 (1950) 33–44.

Ders.: Expositio super Apocalypsi. Cura et studio Ioachimi Carreras I Artau unter Mitarbeit von Olga Marinelli Mercacci und Josepho M. Morató I Thomàs. Barcelona 1971 (= Corpus Philosophorum Medii Aevi, Arnaldi de Villanova Scripta spiritualia 1).

Ders.: Expositio super 24⁰ capitulum Mathei. Cod. lat. Rom. Arch. Car, A. O. III. 556 A, fol. 70 ra–90 rb. Der Beginn ediert von Miquel Batllori. In: Ders., Dos nous escrits espirituals d'Arnau de Vilanova. *Analecta Sacra Tarraconensia* 28 (1955) 45–70, bes. 70 (Echtheit umstritten).

Ders.: Expositio vitae christianae. Ediert von Raoul Manselli: La religiosità d'Arnaldo da Villanova. *Bulletino dell' Istituto Storico Italiano per il Medioevo e Archivio Muratoriano* 63 (1951) 92–100.

Ders.: Fratribus minoribus Montispesulani. Vat. lat. 3824, 101 vb–102 vb. Ediert von Joachim Carreras i Artau. In: Ders., Del epistolario espiritual d'Arnau de Vilanova. *EF* 49 (1948) 396–397.

Ders.: Fratribus minoribus Parisius. Vat. lat. 3824, fol. 101 va–101 vb. Ediert von Joachim Carreras i Artau. In: Ders., Del epistolario espiritual d'Arnau de Vilanova. *EF* 49 (1948) 395–396.

Ders.: Fratribus ordinis praedicatorum qui sunt Parisius. Vat. lat. 3824, fol. 98 rb–100 va. Ediert von Joachim Carreras i Artau. In: Ders., Del epistolario espiritual d'Arnau de Vilanova. *EF* 49 (1948) 392–394.

Ders.: Fratribus praedicatoribus Montispesulani. Vat. lat. 3824, fol. 100 vb–101 va. Ediert von Joachim Carreras i Artau. In: Ders., Del epistolario espiritual d'Arnau de Vilanova. *EF* 49 (1948) 395.

Ders.: Fratribus Vallis Magnae. Vat. lat. 3824, fol. 104 va–105 ra. Ediert von von Joachim Carreras i Artau. In: Ders., Del epistolario espiritual d'Arnau de Vilanova. *EF* 49 (1948) 399–400.

Ders.: Gladius iugulans thomatistas. Vat. lat. 3824, fol. 181 va–192 rb.

Ders.: Inclito domino regi Aragonum. Vat. lat. 3824, fol. 110 rb–110 va. Ediert von Joachim Carreras i Artau. In: Ders., Del epistolario espiritual d'Arnau de Vilanova. *EF* 49 (1948) 406.

Ders.: Inclito domino regi Francorum. Vat. lat. 3824, fol. 109 rb–100 rb. Ediert von Joachim Carreras i Artau. In: Ders., Del epistolario espiritual d'Arnau de Vilanova. *EF* 49 (1948) 405–406.

Ders.: Interpretatio de visionibus in somniis dominorum Iacobo secundi regis Aragonum et Friderici tertii regis Siciliae eius fratris. Ediert von Matthias Flacius Illiricus: Catalogus testium veritatis. Straßburg 1562, 357–376. Auch: Marcelino Menéndez y Pelayo: Historia de los heterodoxos españoles. Bd. 3. Madrid ²1918, XLIX–LXVIII.

Ders.: Introductio in librum Joachim de semine scripturarum seu de prophetis dormientibus. Vat. lat. 3824, fol. 1 ra–12 vb. Transkribiert von Raoul Manselli. In: Ders., La religiosità d'Arnaldo da Villanova. *Bulletino dell'Istituto Storico Italiano per il Medioevo e Archivio Muratoriano* 63 (1951) 43–59.

Ders.: Ars catholicae philosophiae. Vat. lat. 3824, fol. 110 vb–135 va. Ediert von Josep Perarnau i Espelt. In: Ders., L'Ars catholicae philosophiae (primera redacció de la philosophia catholica et divina) d'Arnau de Vilanova. En apèndix, les dues lletrs que acompanyaven les còpies destinades a Bonifaci VIII i al Col·legi Cardenalici i les requestes a Benet XI i al cambrer papal en seu vacant. Edició i estudi del text. *ATCA* 10 (1991) 57–195.

Ders.: Presentatio facta Burdegaliis coram summo pontifice domino Clemente V. Vat. lat. 3824, fol. 254 vb–261 vb. Teilweise transkribiert von Heinrich Finke. In: Ders., Aus den Tagen Bonifaz VIII. Funde und Forschungen. Münster 1902, CCI–CCXI (= Vorreformationsgeschichtliche Forschungen Bd. 2).

Ders.: Prima denunciatio Gerundensis. Vat. lat. 3824, fol. 166 va–170 vb. Ediert von Joachim Careras i Artau: La polémica gerundense sobre el Antichristo entre Arnau de Vilanova y los dominicos. *Anales del Instituto de Estudios Gerundenses* 5 (1950) 44–52.

Ders.: Protestatio facta coram domino rege Francorum. Ediert von Marcelino Menéndez y Pelayo. In: Ders., Historia de los heterodoxos españoles. Bd. 3. Madrid ²1918, LXXIV–LXXVIII.

Ders.: Protestatio facta Perusii coram domino camerario summi pontificis. Vat. lat. 3824, fol. 214 vb–217 va. Transkribiert von Heinrich Finke. In: Ders., Aus den Tagen Bonifaz VIII. Funde und Forschungen. Münster 1902, CXCII–CXCVII (= Vorreformationsgeschichtliche Forschungen Bd. 2). Josep Perarnau i Espelt. *ATCA* 10 (1991) 215–218.

Ders.: Secunda denunciatio Gerundensis. Vat. lat. 3824, fol. 170 vb–172 va. Transkribiert von Joachim Careras i Artau. In: Ders., La polémica gerundense sobre el Antichristo entre Arnau de Vilanova y los dominicos. *Anales del Instituto de Estudios Gerundenses* 5 (1950) 52–54.

Ders.: Tertia denunciatio Gerundensis. Vat. lat. 3824, fol. 172 va–174 vb. Transkribiert von Joachim Careras i Artau. In: Ders., La polémica gerundense sobre el Antichristo entre Arnau de Vilanova y los dominicos. *Anales del Instituto de Estudios Gerundenses* 5 (1950) 54–58.

Ders.: Testamentum Arnaldi de Villanova. Ediert von Roque Chabás: El testamento de Arnaldo de Vilanova. *Boletín de la Real Academia de la Historia* 28 (1896) 87–90.

Ders.: Tractatus de caritate. Ediert von Raoul Manselli. In: Ders., La religiosità d'Arnaldo da Villanova. *Bulletino dell' Istituto Storico Italiano per il Medioevo e Archivio Muratoriano* 63 (1951) 60–76.

Ders.: Tractatus de esu carnium pro substentatione ordine Carthusiensis contra Jacobitas. Vat. lat. 3824, fol. 226 rb–230 rb. Ediert von Dianne M. Bazell. In: Dies., Christian Diet: A Case Study Using Arnald of Villanova's „De esu carnium". Maschinenschriftl. Diss., Harvald Univ. 1991, 190–213.

Ders.: Tractatus de mysterio cymbalorum. Vat. lat. 3824, fol. 78 vb–98 ra. Ediert von Josep Peranau i Espelt. In: Ders., El text primitiu del de mystero cymbalorum ecclesiae d'Arnau de Vilanova. *ATCA* 7/8 (1988/1989) 53–133.

Ders.: Tractatus de fine mundi. Traducció catalana. Fragmenta. Transkribiert von Josep Perarnau i Espelt. In: Ders., Fragments en català de tractat perdut d'Arnau de Vilanova *de fine mundi* en una disputa entorn de les previsions escatològiques (Vilafranca del Penedès i Barcelona, 1316–1317). *ATCA* 7/8 (1988/1989) 282–287.

Ders.: Tractatus de prudentia catholicorum scholarium. Vat. lat. 3824, fol. 43 va–50 rb. Ediert von Candido Mesini: Il *tractatus de prudentia catholicorum scholarium* di Arnaldo de Villanova. *Apoll* 52 (1979) 305–328.

Ders.: Tractatus de tempore adventus antichristi. Vat. lat. 3824, fol. 50 va–78 va. Transkribiert von Josep Peranau i Espelt: El text primitiu del de mystero cymbalorum ecclesiae d'Arnau de Vilanova. *ATCA* 7/8 (1988/1989) 134–169; teilweise transkribiert von Heinrich Finke. In: Ders., Aus den Tagen Bonifaz VIII. Funde und Forschungen. Münster 1902, CXXIX–CLIX (= Vorreformationsgeschichtliche Forschungen Bd. 2).

Ders.: Tractatus introductorius ad iudicia astrologiae quantum pertinet ad medicum. Ms. Soest, Wiss. Stadtbibl. 33, fol. 100–107 (14. Jh.).

Augustinus: De civitate Dei libri XXII. Ediert von Bernard Dombart und Alfons Kalb. Turnhout 1955 (= CCL 47–48).

Ders.: Confessiones/Bekenntnisse. Lateinisch-deutsch. Eingeleitet, übersetzt und erläutert von Joseph Bernhart. München ³1966.

Ders.: De diversis quaestionibus octoginta tribus. Ediert von Almut Mutzenbecher. Turnhout 1975, 11–249 (= CCL 44 A).

Ders.: De Genesi ad litteram. Ediert von Josef Zucha. Prag/Wien/Leipzig 1894 (CSEL 28,1).

Ders.: De Genesi contra Manichaeos. PL 34, 173–220.

Ders.: Enarrationes in Psalmos. Ediert von Eligius Dekkers und Jean Fraipont. Turnhout 1956 (= CCL 38–40).

Ders.: Epistulae 1–30. Ediert von Alois Goldbacher. Prag/Wien/Leipzig 1895 (= CSEL 34,1).

Ders.: Epistulae 31–123. Ediert von Alois Goldbacher. Prag/Wien/Leipzig 1898 (= CSEL 34,2).

Ders.: Epistulae 124–184. Ediert von Alois Goldbacher. Wien/Leipzig 1904 (= CSEL 44).

Ders.: Epistulae 185–270. Ediert von Alois Goldbacher. Wien/Leipzig 1911 (= CSEL 57).

Ders.: De libero arbitrio. PL 32, 1221–1310. Buch II bis III ediert von William McAllen Green. Turnhout 1970, 205–321 (= CCL 29).

Ders.: De Trinitate. Ediert von W. J. Montain und F. Glorie. Turnhout 1968 (= CCL 50–50 A).

Ders.: Soliloquia. Ediert von Wolfgang Hörmann. Wien (= CSEL 89, 3–98).

Augustinus Triumphus von Ancona: Tractatus contra divinatores et sompniatores. Ediert von Pierangela Giglioni. In: Ders., Il „Tractatus contra divinatores et sompniatores" di Agostino d'Ancona: Introduzione e edizione del testo. *Analecta Augustiniana* 48 (1985) 4–111.

Balland, Jean (Hrsg.): Acta Sanctorum martii, tom 1. Antwerpen 1643.

Bartholomaeus von Lucca: Historia ecclesiastica nova. Ediert von Luigi A. Muratori. Città di Castello 1733, 753–1216 (= Rerum Italicarum scriptores 11).

Beda Venerabilis: Explanatio apocalypsis. PL 93, 130–206.

Ders.: De temporum ratione liber. Ediert von Theodor Mommsen und Charles Williams Jones. Turnhout 1977 (= CCL 123 b).

Bernhard von Clairvaux: Opera omnia 1–8 (9). Ediert von J. Leclercq / C. H. Talbot / H. M. Rochais. Rom 1957–1977.

Glossa ordinaria et interlinearis: Bibliorum Sacrorum cum glossa ordinaria iam ante quidem a Strabo Fulgensi collecta: nunc autem novis, cum graecorum, tam latinorum patrum explicationibus locupletata: Annotatis etiam ijs, quae confuse antea citabantur, locis: et Postilla Nicolai Lyrani: Additionibus Pauli Burgensis ad ipsum Lyranum: ac ad easdem Matthiae Toringi Replicis. Hrsg. von J. Dadraeum und J. Cuilly. 6 Bde. Venedig 1603.

Bonaventura: Opera omnia. Ediert von den Patres Collegii S. Bonaventurae. 10 Bde. Quaracchi 1882–1902.

Cânovas, Elena/Piñero, Felix (Hrsg.): Escritos condenados por la inquisitión. Madrid 1976.

Cassius Dio Cocceianus: Historia Romana. 9 Bde. Ediert und ins Englische übersetzt von Earnest Cary. London 1914–1926.

Clemens, Richard (Hrsg.): Die sibyllinischen Orakel. Aus alten Schriften in deutscher Übertragung mit einer Einleitung und erläuternden Anmerkungen versehen. Wiesbaden ²1985.

Denifle, Heinrich/Chatelain, Emile (Hrsg.): Chartularium Universitatis Parisiensis. I–IV, Brüssel 1964 (= Paris 1891–1899).

Denzinger, Heinrich (Hrsg.): Enchiridion symbolorum definitionum et declarationum de rebus fidei et morum. Kompendium der Glaubensbekenntnisse und kirchlichen Lehrentscheidungen. Lateinisch - deutsch. Hrsg. von Peter Hünermann. Freiburg/ Basel/Rom/Wien ³⁷1991.

Firmicus Maternus: De errore profanarum religionum XXII. Ediert von Konrad Ziegler. Leipzig 1908.

Friedberg, Emil (Hrsg.): Corpus iuris canonici. 2 Bde. Hrsg. von dems. Editio lipsiensis secunda post A. L. Richter. Graz 1959.

G. de Albalato: Brief an König Jakob II. Transkribiert von Heinrich Finke. In: Ders., Aus den Tagen Bonifaz VIII. Funde und Forschungen. Münster 1902, L–LVIII (= Vorreformationsgeschichtliche Forschungen Bd. 2).

Gerhoch von Reichersberg: De investigatione antichristi. Ediert von Ernst Sackur. Hannover/Berlin 1897, 305–395 (= MGH Ldl 3).

Ders.: Commentarius in Psalmos. PL 193, 621–1814; PL 194, 9–998.

Gregorius Magnus: Moralia in Iob. Ediert von Marc Adriaen. 3 Bde. Turnhout 1979 (= CCL 143, 143 A, 143 B).

Ders.: Homiliae in evangelia. PL 76, 1075–1314.

Gregorius Turonensis: Passio VII dormientium apud Ephesum. Hrsg. von Bruno Krusch. Analecta Bollandiana 12 (1893) 371–387.

Guido Terrena von Perpignan: Quaestio utrum per notitiam sacrae scripturae possit determinate sciri tempus antichristi. Bibl. Vaticana, Burgh. 39, fol. 52 r–55 r. Ediert von Josep Perarnau i Espelt. In: Ders., Guiu Terrena critica Arnau de Vilanova edicío de la „quaestio utrum per notitiam sacrae scripturae possit determinate sciri tempus antichristi. *ATCA* 7/8 (1988/1989) 183–212.

Haimo von Auxerre: Expositio in Apocalypsim. PL 117, 937–1220.

Ders.: Expositio in epistolam II ad Thessalonicenses. PL 117, 777–784.

Ders.: Historiae sacrae epitome sive de christianarum rerum memoria. PL 118, 818–874.

Heinrich von Gent: Tractatus super facto praelatorum et fratrum. Quodlibet XII, quaestio 31. Ediert von Ludwig Hödl und Marcel Haverals. Löwen/Leiden 1989 (= Ancient and medieval philosophy. De Wulf-Mansion Centre ser. 2: Henrici de Gandavo opera omnia XVII).

Ders.: Quodlibet X. Ediert von Raymond Macken. Löwen/Leiden 1981 (= Ancient and medieval philosophy. De Wulf-Mansion Centre ser. 2: Henrici de Gandavo opera omnia XIV).

Heinrich von Huntingdon: Historia Angelorum. The History of the English by Henry, Archdeacon of Huntingdon, from A.C. 55 to A.D. 1154 in Eight Books. Ediert von Thomas Arnold. London 1879.

Heinrich von Harclay: Utrum astrologi vel quicumque calculatores possint probare secundum adventum Christi. Ediert von Franz Pelster. In: Ders., Die Quaestio Heinrichs von Harclay ueber die zweite Ankunft Christi und die Erwartung des baldigen Weltenendes zu Anfang des XIV Jahrhunderts. In: Textes Franciscains. Hrsg. von Ferdinand-Marie Delorme. Rom 1948, 54–82.

Ders.: Utrum mundus potuit fieri ab aeterno. Ediert von Richard C. Dales. *AHDLMA* 51 (1983) 223–255.

Hieronymus: De viris illustribus. PL 23, 602–720.

Ders.: Epistolae. PL 22, 235–1182.

Ders.: In Danielem libri III (IV). Ediert von F. Glorie. Turnhout 1964 (= CCL 75 A).

Ders.: Commentariorum in Matheum libri IV. Ediert von David Hurst und Marc Adriaen. Turnhout 1969 (= CCL 77).

Ders.: Commentariorum In Hiezechielem libri XIV. Ediert von F. Glorie. Turnhout 1964 (= CCL 75).

Hildegard von Bingen: Epistolae. Ediert von Lieven van Acker. Turnhout 1991–1993 (= CChr.CM 91–91 A).

Dies.: Liber vitae meritorum. Das Buch der Lebensverdienste. Übersetzt von Heinrich Schipperges. In: Ders., Hildegard von Bingen. Der Mensch in der Verantwortung. Salzburg 1972.

Dies.: Liber divinorum operum. PL 197, 741–1038. Übersetzt und erläutert von Heinrich Schipperges. In: Ders., De operatione Dei. Welt und Mensch. Salzburg 1965.

Dies.: Scivias. Ediert von Adelgundis Führkötter und Angela Carlevaris. Turnhout 1978 (= CChr. CM 43–43 A). Übersetzt von Walburga Storch. In: Hildegard von Bingen. Scivias. Wisse die Wege. Eine Schau von Gott und Mensch in Schöpfung und Zeit. Augsburg 1990.

Hippolyt von Rom: In Danielem. Ediert von G. Nathanael Bonwetsch. Berlin/Leipzig 1897, 2–338 (= GCS I,1).

Hugo de Novocastro: De Victoria Christi contra Antichristum. Nürnberg 1471.

Hugo von St.-Cher: Postillae in Bibliam. Lyon 1669.

Isidor von Sevilla: Etymologiarum sive Originum libri XX. Ediert von W. M. Lindsay. 2 Bde. Oxford 1962 (Nachdr. der Ausgabe 1911).

Ders.: Quaestiones in Vetus Testamentum. PL 83, 207–424.

Joachim von Fiore: Enchiridion super Apocalypsim. Ediert von Edward Kilian Burger. Toronto 1986, 34–37 (= STPIMS 78).

Ders.: Expositio in Apocalypsim. Frankfurt a. M. 1964 (Nachdruck der Ausg. Venedig 1527).

Ders.: Liber de concordantia Novi ac Veteris Testamenti. Ediert von E. Randolph: Daniel. Philadelphia 1983 (= Transactions of the American Philosophical Society 73,8).

Ders.: Psalterium decem chordarum. Frankfurt a. M. 1964 (Nachdruck der Ausg. Venedig 1527).

(Pseudo-)Joachim von Fiore: Vaticinium Sibillae Erithreae. Ediert von Oswald Holder-Egger: Italienische Prophetien des 13. Jahrhunderts I. *Neues Archiv der Gesellschaft für ältere deutsche Geschichtskunde* 15 (1889) 143–178.

Johannes Chrysostomus: Homiliae XC in Matthaeum. PG 57–58.

Johannes von Paris: De causa individuationis. Ediert von Johannes P. Müller. In: Ders., Eine Quästion über das Individuationsprinzip des Johannes von Paris O.P. (Quidort). In: Virtus politica. Festgabe zum 75. Geburtstag von Alfons Hufnagel. Hrsg. von Joseph Möller in Verbindung mit Helmut Kohlenberger. Stuttgart 1974, 343–356.

Ders.: Correctorium *Circa*. Ediert von Jean-Pierre Muller. In: Ders., Le correctorium corruptorii *Circa* de Jean Quidort de Paris. Rom 1941 (= Studia Anselmiana 12/13).

Ders.: De regia potestate et papali. Ediert und übersetzt von Jean Leclercq. In: Ders., Jean de Paris et l'ecclésiologie du XIIIᵉ siècle. Paris 1942, 168–260. Übersetzt von Fritz Bleienstein. In: Ders., Johannnes Quidort von Paris. Über königliche und päpstliche Gewalt. Stuttgart 1969 (= Frankfurter Studien zur Wissenschaft von der Politik Bd. 4).

Ders.: Determinatio de confessionibus fratrum. Ediert von Ludwig Hödl. In: Ders., Johannes Quidort von Paris († 1306): De confessionibus audiendis (Quaestio disputata Parisius de potestate papae). München 1962 (= MGI 6).

Ders.: Determinatio fratris Praedicatoris Johannis de Parisius de modo existendi corpus Christi in sacramento altaris alio quam sit ille quem tenet ecclesia. Ediert von Adriaan Pattin, O.M.I. *Angelicum* 54 (1977) 190–206.

Ders.: Quodlibetum I. Ediert von Ambrose J. Heiman. In: Ders., The First Quodlibet of Jean Quidort. In: Nine Medieval Thinkers. A Collection of Hitherto Unedited Texts. Hrsg. von James Reginald O'Donnell. Toronto 1956, 271–291 (= STPIMS 1).

Ders.: Responsum ad articulos sibi impositos. Ediert von Jean-Pierre Muller. In: Ders., A propos du mémoire justificatif de Jean Quidort. L'article sur le rapport entre l'essence et l'existence. *RThAM* 19 (1952) 344f.

Ders.: Commentaire sur les sentences. Reportation. Livre I/II. Ediert von Jean-Pierre Muller. Rom 1961/62 (= Studia Anselmiana 47/52).

Ders.: Tractatus de antichristo. Oxford, Bodl. Libr., Can. Pat. Lat. 19, fol. 14 rb–35 va. Weitere HSS und (fehlerh.) Editionen s. Kap.4.

Johannes von Salisbury: Metalogicon libri III. Ediert von Clemens Wepp. Oxford 1929.

Josephus Flavius: Antiquitates Judaicae. In: Josephus in nine volumes IV: Jewish Antiquities, books 9–11 with an English translation by Ralf Marcus. Cambridge/Massachusetts/London ⁴1987, 402–482.

Justinus: Apologia. Ediert von Edgar J. Goodspeed. Die ältesten Apologeten. Leipzig 1914, 26–89 (Nachdruck Göttingen 1984).

Lactantius Caecilius Firmianus: De mortibus persecutorum. Ediert von Samuel Brandt und Georg Laubmann. Wien 1897, 171–238 (= CSEL 27,2).

Mansi, Joannes Dominicus (Hrsg.): Sacrorum consiliorum nova et amplissima collecta. Bde 1–53. Hrsg. von Jean B. Martin und Louis Petit (ab Bd. 36 A). Paris (ab Bd. 49 Arnheim/Leipzig) ²1901–1927 (Nachdruck Graz 1960–1961).

Matthaeus von Paris: Chronica Maiora. Ediert von Henry Richards Luard. 7 Bde. London 1872–1883 (= Rerum Britannicarum medii aevi scriptores 57).

(Pseudo-)Methodius: Epistola de antichristi. Ediert von Daniel Verhelst. Turnhout 1976, 146–152 (= CChr.CM 45).

(Pseudo-)Methodius: Revelationes. Ediert von Ernst Sackur. In: Sibyllinische Texte und Forschungen. Pseudomethodius, Adso und die Tiburtinische Sibylle. Hrsg. von dems. Halle 1898, 59–96.

Moses Maimonides: Dux Dubiorum. Ediert von Augustinus Justinianus. Frankfurt a. M. 1964 (= Nachdruck der Ausg. Paris 1520).

Nicolaus Oresme: Tractatus de commensurabilitate vel incommensurabilitate motuum celi. Ediert von Edward Grant. In: Ders., Nicole Oresme Kinematics of Circular Motion. Madison, Wisc. 1971.

Nicolaus von Lyra: Quodlibet I, quaestio 1. Vat. lat. 982, fol. 81 ra–118 ra. Teilweise transkribiert von Josep Perarnau i Espelt: Guiu Terrena critica Arnau de Vilanova edició de la „quaestio utrum per notitiam sacrae scripturae possit determinate sciri tempus antichristi". En apèndix, tres fragments de teòlegs contemporanis relatius a la tesi escatològica arnaldiana. ATCA 7/8 (1988/1989) 221–222.

Oracula Sibyllina. Ediert von Alfons Kurfess. In: Sibyllinische Weissagungen. Urtext und Übersetzung. München 1951 (Tusculum Bücherei).

Otto von Freising: Chronica sive historia de duabus civitatibus. Ediert von Adolf Hofmeister, übersetzt von Adolf Schmidt. Hrsg. von Walther Lammers. Darmstadt 1961 (= FSGA, A., Bd. 16).

Pseudo-Ovid: De vetula. Ediert von Paul Klopsch. *Mittelalterliche Studien und Texte 2* (1967) 193–290.

Petrus Comestor: Historia scholastica. PL 198, 1053–1644.

Petrus Lombardus: Glossa in epistolas b. Pauli. PL 191, 1297–1696; PL 192, 9–520.

Ders.: Sententiae in IV libros distinctae. Editio tertia. 2 Bde. Grottaferrata 1971/81 (= SpicBon 4 und 5).

Petrus von Auvergne: Quodlibeta V–VI. Vat. lat. 932, fol. 152 vb–161 va; 161 va–170 ra. Fragmente transkribiert von Josep Perarnau i Espelt: Guiu Terrena critica Arnau de Vilanova edició de la „quaestio utrum per notitiam sacrae scripturae possit determinate sciri tempus antichristi". ATCA 7/8 (1988/1989) 213–218.

Ders.: Quaestiones supra librum Ethicorum. Ediert von Anthony J. Celano. In: Ders., Peter of Auvergne's Quaestions on Books I and II of the Nicomachean Ethics. A Study and Critical Edition. MS 48 (1986) 1–110.

Ders.: The Commentary of Peter of Auvergne on Aristotle's Politics. The Inedited Part: Book III, less. I–VI. Ediert von Gundisalvus M. Grech. Rom 1967.

Petrus Iohannis Olivi: Lectura supra Apocalypsim. Maschinenschriftl. Edition von Warren Lewis. Tübingen 1972.

Proclus: Hypotyposis astronomicarum positionum. In: Claudii Ptolemaei Pelusiensis Alexandrini omnia quae extant opera. Basel 1541, 377–428. Ediert von Carolus Manitius. Leipzig 1909.

Ptolemaeus, Claudius: Opera Omnia. Almagestum. Basel 1551.

Raimundus Lullus: El Llibre contra Anticrist. Ediert von Josep Perarnau i Espelt. ATCA 9 (1990) 7–182.

Remigius von Florenz: Contra falsos ecclesie professores. Ediert von Filippo Tamburini. Rom 1981 (= Utrumque ius 6).

Richard von St. Victor: In Apocalypsim Ioannis libri septem. PL 196, 683–888.

Roger Bacon: Compotus. Ediert von Robert Steele. In: Opera hactenus inedita Rogeri Baconi. Fasc. VI. Oxford 1926.

Ders.: Opus maius. Ediert von John Henry Bridges. 2 Bde. Frankfurt a. M. 1964 (= Nachdruck der Ausg. Oxford 1897–1900).

Ders.: Opus tertium. Opus Minus. Compendium studii philosophiae. Ediert von J. S. Brewer. In: Fratris Rogeri Bacon opera quaedam hactenus inedita. Bd. 1. London 1859 (= Rerum Britannicarum medii aevi scriptores 15).

Rupert von Deutz: Commentariorum in Apocalypsim libri XII. PL 169, 827–1214.

Salimbene de Adam: Cronica fratris Salimbene de Adam ordinis minorum. Ediert von Oswald Holder-Egger. Hannover 1905–1913 (MGH SS 5, XXXII).

Sibyllinische Texte und Forschungen. Pseudomethodius, Adso und die tiburtinische Sibylle. Hrsg. von Ernst Sackur. Turin 1963 (= Nachdr. der Ausg. Halle a. d. S. 1898).

Stamser Katalog: In ista tabula nominantur omnia scripta sive opuscula FF. magistrorum sive bacul. de Ordine Predicatorum. Ediert von Heinrich Denifle. In: Ders., Quellen zur Gelehrtengeschichte des Predigerordens im 13. und 14. Jahrhundert. *ALKGMA* II (1886) 226–240 (= Neudruck Graz 1956).

C. Suetonius Tranquillus: Opera. Ediert von Maximilian Ihm. Stuttgart 1961 (= Nachdruck der Ausg. Leipzig 1901).

Sulpicius Severus: Dialogi. Ediert von Karl Halm. Wien 1866 (= CSEL 1).

Tacitus, P. Cornelius: Historien. Lateinisch-deutsch von Joseph Borst, Hemut Hross und Helmut Borst. ²1969 München (Tusculum Bücherei).

Tempier, Stephanus: Condemnatio 219 articulorum, anno 1277 facta. In: Chart. Univ. Paris. I. Paris 1899 (Nachdruck Brüssel 1964) 543–555. Lat.-deutscher Text bei Kurt Flasch: Aufklärung im Mittelalter. Die Verurteilung von 1277. Das Dokument des Bischofs von Paris übersetzt und erklärt. Mainz 1989 (= excerpta classica Bd. 6).

Thabit Ibn Qurra: De motu octavae sphaerae. In: The Astronomical Works of Thabit B. Qurra. Ediert von Francis James Carmody. Berkeley 1960.

Theodoretus: Interpretatio Epistolae II ad Thessalonicenses. PG 82, 658–674.

Thomas von Aquin: Catena aurea super quattuor Evangelia. Ediert von Angelicus Guarienti. Editio Marietti. Turin/Rom 1953.

Ders.: Compendium theologiae. Grundriß der Glaubenslehre, deutsch–lateinisch. Hrsg. von Rudolf Tannhof, übersetzt von Hans Louis Fäh. Heidelberg 1963.

Ders.: De ente et essentia. Übersetzt und hrsg. von Franz Leo Beeretz. Stuttgart 1979.

Ders.: Super Evangelium S. Ioannis Lectura. Ediert von Raphael Cai. Turin/Rom 1952.

Ders.: Expositio in epistolam I ad Thessalonicenses. In: A. D. Thomae Aquinatis S.O. F.F. P. Opera omnia. Bd. 21. Ediert von Stanislaus E. Fretté. Paris 1876, 413–435.

Ders.: Expositio in epistolam II ad Thessalonicenses. In: A. D. Thomae Aquinatis S.O.F.F. P. Opera omnia. Bd. 21. Ediert von Stanislaus E. Fretté. Paris 1876, 436–451.

Ders.: Scriptum super Sententias Magistri Petri Lombardi Episcopi Parisiensis I–II. Ediert von Pierre Mandonnet. Paris 1929.

Ders.: Scriptum super Sententias Magistri Petri Lombardi III–IV. Ediert von Marie-Fabien Moos. Paris 1947–1956.

Ders.: Summa theologiae. 3 Bde. Rom/Turin 1956 (= 1952).

(Pseudo-)Thomas von Aquin: Expositio in Danielem prophetam. In: Thomae Aquinatis Opera omnia. Bd. 31. Ediert von Stanislaus E. Fretté. Paris 1876, 195–281.

Ders.: Expositio in librum Geneseos. In: Thomae Aquinatis Opera omnia. Bd. 31. Ediert von Stanislaus E. Fretté. Paris 1876, 1–194.

Ders.: Expositio in septem epistolas Canonicas. In: Thomae Aquinatis Opera omnia. Bd. 31. Ediert von Stanislaus E. Fretté. Paris 1876, 332–468.

Ders.: Expositio I. super Apocalypsim. In: Thomae Aquinatis Opera omnia. Bd. 31. Ediert von Stanislaus E. Fretté. Paris 1876, 469–661; Bd. 32, Paris 1879, 1–86.

Ders.: Expositio II. super Apocalypsim. In: Thomae Aquinatis Opera omnia. Bd. 32. Ediert von Stanislaus E. Fretté. Paris 1879, 104–424.

Thomas von Aquin: Quaestiones disputatae. 2 Bde. Ediert von Raymund Spiazzi. Turin/Rom 1949.

Thomas Malvenda: De antichristo libri XI. Rom 1604.

Victorinus von Pettau: Fragmentum de fabrica mundi. PL 5 301–316.

Ders.: Scholia in Apocalypsim. Ediert von Adalbert Hamman. PL Suppl. 1, 103–172.

Villani, Giovanni: Cronica. Ediert von Francesco G. Dragomanni. Frankfurt a. M. 1969 (= Nachdruck der Ausg. Florenz 1844).

Vinzenz von Beauvais: Speculum quadruplex sive speculum maius. 4 Bde. Graz 1964–1965 (= Nachdr. der Ausgabe von Douai 1624).

P. Vergilius Maro: Opera. Ediert von R. A. B. Mynors. Oxford 1969 (= Scriptorum Classicorum Bibliotheca Oxoniensis).

Weber, Robert (Hrsg.): Biblia sacra iuxta vulgatam versionem. 2 Bde. Stuttgart ²1975.

Wilhelm von Malmesbury: De gestis regum Anglorum libri quinque. Ediert von William Stubbs. London 1887–1889 (= Rerum Britannicarum medii aevi scriptores 90).

Wilhelm von St-Amour: Liber de antichristo et eiusdem ministris. Ediert von Edmond Martène und Ursin Durand. New York 1968, 1273–1446 (= Veterum scriptorum et monumentorum ecclesiasticorum et dogmaticorum amplissima collectio 9; Nachdruck der Ausg. Paris 1724–1733).

Ders.: Tractatus de periculis novissimorum temporum. Ediert von Max Bierbaum. In: Ders., Bettelorden und Weltgeistlichkeit an der Universität Paris. Texte und Untersuchungen zum literarischen Armuts- und Exemptionsstreit des 13. Jahrhunderts (1255–1272). Münster 1920 (= FStud. B 2).

B. Darstellungen

Abel, Armand: Les Eschatologies comme elements interpretatifs dans l'histoire des religions. In: Eschatologie et Cosmologie. Annales du Centre d' Étude des Religions. Bd. 3. Brüssel 1969, 11–38 (= Éditions de l'Institut de Sociologie Université Libre de Bruxelles).

Adamek, Josef: Vom römischen Endreich in der mittelalterlichen Bibelerklärung. München 1938.

Aertsen, Jan A.: The Medieval Doctrine of the Transcendentals. The Current State of Research. *Bulletin de Philosophie Médiévale* 33 (1991) 130–147.

Aichele, Klaus: Das Antichristdrama des Mittelalters, der Reformation und Gegenreformation. Den Haag 1974.

Alexander, Paul J.: Byzantium and the Migration of Literary Works and Motifs. The Legend of the Last Roman Emperor. *Mediaevalia et Humanistica. NS* 2 (1971) 47–82.

Ders.: Medieval Apocalypses as Historical Sources. *American Historical Review* 73 (1967) 997–1018.

Alòs i Moner, Ramon de: Collecció de documents relatius a Arnaldo de Vilanova. *Estudios Universitaris Catalans* III (1909) 47–53.

Alphandéry, Peter: De quelques faits du prophétis means les sectes latines antérieures au joachinisme. *Revue de l'histoire des religions* 52 (1931) 177–218.

Altaner, Berthold/Stuiber, Alfred: Patrologie. Leben, Schriften und Lehre der Kirchenväter. Freiburg/Basel/Wien ⁸1980.

Altner, Günter: Bewahrung der Schöpfung und Weltende. In: Ökologische Theologie. Perspektiven zur Orientierung. Hrsg. von dems. Stuttgart 1989, 409–423.

Ders.: Die Überlebenskrise der Gegenwart. Ansätze zum Dialog mit der Natur in Naturwissenschaft und Theologie. Darmstadt 1987.

Amari, Michele: La guerra del Vespro Siciliano. Mazara 1947.

Anderson, Andrew R.: Alexander's Gate: Gog and Magog and the Enclosed Nations. Cambridge, Mass. 1932 (= Monographs of the Mediaeval Academy of America 5).

Anderson, Perry: Zum Ende der Geschichte. Berlin 1993 (= Rotbuch Rationen).

Angenendt, Arnold: Das Frühmittelalter. Stuttgart/Berlin/Köln/Mainz 1990.

Aràcíc, Dinco: Nikolaus von Lyra. In: Marienlexikon. Hrsg. von Remigius Bäumer und Leo Scheffczyk. Bd. 4. St. Ottilien 1992, 627f.

Arcelus Ulibarrena, Juana M.: La esperanza milenaria de Joaquin de Fiore y el Nuevo Mundo. Trayectoria de una utopía. *Florensia* 1 (1987) 47–75.

Ariès, Philippe: Studien zur Geschichte des Todes im Abendland. München 1981 (= dtv 4369 Wissenschaft).

Arnold, Klaus: Das „finstere" Mittelalter. Zur Genese und Phänomenologie eines Fehlurteils. *Saeculum* 32 (1981) 287–300.

Arsendorf, Ulrich: Eschatologie bei Luther. Göttingen 1967.

Artau, Ioachim: Arnaldo de Vilanova, apologista antijudiaco. *Sefarad* 7 (1947) 49–61; ebenda 9 (1949) 75–105.

Astruc, Jean: Mémoires pour servir à l'histoire de la Faculté de médicine de Montpellier. Anno 1295. Paris 1776.

Aubert, R.: Guy Terreni. In: DHGE XXII, 1988, 1291f.

Auer, Johann: Das Evangelium der Gnade. Die neue Heilsordnung durch die Gnade Christi in seiner Kirche. Regensburg ²1972 (= KKD V).

Ders.: Das Mysterium der Sünde. In: Weisheit Gottes–Weisheit der Welt. Festschrift für Joseph Kardinal Ratzinger zum 60. Geburtstag. Hrsg. von Walter Baier, Stephan O. Horn, Vinzenz Pfnür u. a. St. Ottilien 1987, Bd. 1, 293–308.

Auerbach, Erich: Typologische Motive in der mittelalterlichen Literatur. Krefeld 1935.

Bachmann, Michael: Die apokalyptischen Reiter. Dürers Holzschnitt und die Auslegungsgeschichte von Apk 6,1–8. *ZThK* 86 (1989) 33–58.

Backman, Clifford R.: Arnau de Vilanova and the Franciscan Spirituals in Sicily. *FS* 50 (1993) 3–29.

Baethgen, Friedrich: Deutschland und Europa im Spätmittelalter. Frankfurt a. M./Berlin/Wien ²1978 (= Deutsche Geschichte. Ereignisse und Probleme 1,2) (Ullstein Buch 3849).

Baeumker, Clemens: Witelo. Ein Philosoph und Naturforscher des XIII. Jahrhunderts. Münster ²1991 (= BGPhMA Bd. 3,2).

Balič, Karl: Heinrich von Harcley. In: LThK² V, 1960, 190.

Ball, Brain W.: A Great Expectation. Leyden 1975.

Balthasar, Hans Urs von: Herrlichkeit. Eine theologische Ästhetik. Bd. 2: Fächer der Stile. Teil 2: Laikale Stile. Einsiedeln 1962.

Ders.: Theologie der Geschichte. Ein Grundriss. Neue Fassung. Einsiedeln ⁵1959 (= Christ heute I/8).

Bannach, Klaus: Visionen von Gericht und Endzeit. Zur Aktualität des apokalyptischen Denkens. Stuttgart 1988 (= Kleine Hohenheimer Reihe).

Ders.: Eduard the Confessor. London 1970.

Barret, Pierre/Gurgand, Jean-N.: Der König der letzten Tage. Die grauenvolle und exemplarische Geschichte der Wiedertäufer zu Münster 1534–1535. Herrsching 1987 (franz. Originalausgabe: Le Roi Des Derniers Jours, Paris 1981).

Batllori, Miquel: Arnau de Vilanova, Joan de Rocatalhada i António Vieira. In: Studi di Iberistica. In memoria di Guiseppe Carlo Rossi. Hrsg. vom Instituto Universitario Orientale. Neapel 1986, 22–30.

Ders.: Arnau de Vilanova. Obres Catalanes. 2 Bde. Barcelona 1947.

Ders.: Dos nous escrits espirituels d'Arnau de Vilanova. El ms. joaquimític. A.O.III. 556. A del'Arxiu Carmelità de Roma. *AST* 28 (1955) 45–71.

Ders.: Elements comuns de cultura i d'espiritualitat. In: Estratto da IX Congresso di Storia della Corona d'Aragona. 11–15 IV 1973. Hrsg. von dems. Neapel 1978, 233–249.

Ders.: Els textos espirituals d'Arnau de Vilanova en llengua grega. *Quaderni ibero-americani* 14 (1953) 358–361.

Ders.: Entorn de les fonts dels *Regiments de sanitat* d'Arnau de Vilanova. In: Congrés internacional d'història de la medicina catalana. Llibre d'actes vol. 1. Hrsg. von der Càtedra d'història de la Medicina de Barcelona u. a. Barcelona/Montpeller 1970, 253–254.

Ders.: La cultura catalano-aragonesa durant la dinastia de Barcelona 1162–1410. In: Ponencias. VII congresso de Historia de la Corona de Aragón. 1–6 VIII 1962. Hrsg. von dems. Barcelona 1962, 329–407.

Ders.: Orientaciones bibliográficas para el estudio de Arnaldo de Villanova. *Pensamiento* 10 (1954) 311–323.

Ders.: Repercussions culturales i sócio-religioses del cisma d'occident en les terres de la corona catalano-aragonesa. In: Jornades sobre el cisma d'occident a Catalunya, les illes i el país Valencia. Barcelona/Peníscola, 19–21 d'april de 1979. Hrsg. vom Institut d'estudis catalans. Barcelona 1986, 74–82.

Ders.: Una versiò grega de nou escrits d'Arnau de Vilanova. *AST* 5 (1932) 127–134.

Ders.: Vilanova, Arnau (?1228/40–Gènova 1311). In: GEC XXIV, ²1989, 152f.

Bazell, Dianne M.: Christian Diet. A Case Study Using Arnald of Villanova's *De esu carnium*. Ms. Diss. Harvard University, Cambridge, Massachusetts 1991.

Beck, Edmund: Ephräm der Syrer. LThK² III, 1959, 926–929.

Becker, Friedrich: Geschichte der Astronomie. Mannheim/Zürich ³1968.

Beinert, Wolfgang: Die Kirche. Gottes Heil in der Welt. Die Lehre von der Kirche nach den Schriften des Rupert von Deutz, Honorius Augustodunensis und Gerhoch von Reichersberg. Ein Beitrag zur Ekklesiologie des 12. Jahrhunderts. Münster 1973 (= BGThPhMA NF 13).

Ders.: Offenbarung. In: Lexikon der katholischen Dogmatik. Hrsg. von dems. Freiburg/Basel/Wien ³1991, 399–403.

Beiting, Christopher J.: The Last World Emperor and the Angelic Pope: Eschatological Figures as Representative of the Medieval Struggle of *Sacerdotium* and *Imperium*. Magisterarbeit (M.A.), Western Michigan University 1990.

Bendemann, Reinhard von: Heinrich Schlier. Eine kritische Analyse seiner Interpretation paulinischer Texte. Gütersloh 1995 (= Beiträge zur evangelischen Theologie. Theologische Abhandlungen 115).

Ben-Sasson, Haim Hillel: Geschichte des jüdischen Volkes. Von den Anfängen bis zur Gegenwart. München 1992.

Bengtson, Hermann: Römische Geschichte. Republik und Kaiserzeit bis 284 n. Chr. München 1973.

Benko, Stephen: Virgil's Fourth Eclogue in Christian Interpretation. In: Aufstieg und Niedergang der Römischen Welt. Hrsg. von Wolfgang Haase. Bd. II. 31/1. Berlin/New York 1980, 646–705.

Benton, John F.: Arnald of Villanova. In: DMA I, 1982, 537f.

Ders.: New Light on the Patria of Arnald of Villanova. The Case for Villanova de Jiloca near Daroca. *AST* 51–52 (1978–79) 215–227.

Ders.: The Birthplace of Arnau de Vilanova: A Case for Villanueva de Jiloca near Daroca. *Viator* 13 (1982) 245–257.

Benz, Ernst: Die Geschichtstheologie der Franziskanerspiritualen des 13. und 14. Jahrhunderts nach neuen Quellen. *ZKG* 52 (1933) 90–121.

Ders.: Die Kategorien des eschatologischen Zeitbewußtseins. Studien zur Geschichtstheologie der Franziskanerspiritualen. In: Endzeiterwartung zwischen Ost und West. Hrsg. von dems. Studien zurchristlichen Eschatologie. Freiburg 1973 (= Sammlung Rombach NF. Bd. 20).

Ders.: Ecclesia spiritualis. Kirchenidee und Geschichtstheologie der franziskanischen Reformation. Stuttgart 1934.

Ders. (Hrsg.): Endzeiterwartung zwischen Ost und West. Studien zur christlichen Eschatologie. Freiburg 1973 (= Sammlung Rombach NF. Bd. 20).

Ders.: Joachimstudien I–III. *ZKG* 50 (1931) 24–111; 51 (1932) 415–455; 53 (1934) 52–116.

Bergdolt, Klaus: Der Schwarze Tod in Europa. Die Große Pest und das Ende des Mittelalters. München 1994.

Ders.: Zur antischolastischen Arztkritik des 13. Jahrhunderts. *Medizinhistorisches Journal* 27 (1992) 264–282.

Berges, Wilhelm: Anselm von Havelberg in der Geistesgeschichte des 12. Jahrhunderts. *Jahrbuch für Geschichte Mittel- und Ostdeutschlands* 5 (1956) 39–57.

Berglar, Peter: Europa und die deutsche Nation – gestern, heute, morgen. In: Ders.: Geschichte als Tradition. Geschichte als Fortschritt. Graz/Köln/Wien 1984, 31–46.

Bernhart, Josef: Hildegard von Bingen. *AKG* 20 (1930) 249–260.

Bernheim, Ernst: Mittelalterliche Zeitanschauungen in ihrem Einfluß auf Politik und Geschichtsschreibung. Tübingen 1918.

Betí Bonfill, Manuel: Notícies de dos manuscrits de l'Arxiu Arxiprestal de Morella. *Bulletí de la Biblioteca de Catalunya* 4 (1917) 46–67.

Beumer, Johannes: Die Inspiration der Hl. Schrift. Freiburg/Basel/Wien 1968 (= HDG I/36).

Bezold, Friedrich von: Astrologische Geschichtskonstruktion im Mittelalter. *Deutsche Zeitschrift für Geschichtswissenschaft* 8 (1892) 29–72.

Bielefeldt, Heiner: Von der päpstlichen Universalherrschaft zur autonomen Bürgerrepublik. Aegidius Romanus, Johannes Quidort von Paris, Dante Alighieri und Marsilius von Padua im Vergleich. ZSRG.K Abt. 73 (1987) 70–130.

Bing, Gertrude: The Apocalypse Block-Books and Their Manuscript Models. *Journal of the Warburg and Courtauld Institutes* 5 (1942) 143–158.

Bischoff, Bernhard: Die lateinischen Übersetzungen und Bearbeitungen aus den Oracula Sibyllina. *Mittelalterliche Studien* 1 (1966) 150–171.

Blanch, Josep: Arcxiepiscopologi de la Santa Església metropolitana de Tarragona. Tarragona 1951.

Blanco, Arturo: La revelatión como „locutio Dei". Estudio del tema en las obras de Santo Tomas de Aquino. *Scripta theologica* 13 (1981) 9–61.

Ders.: Word and Truth in Divine Revelation. A Study of the Commentary of S. Thomas on John 14,6. In: La doctrine de la révélation divine de saint Thomas d'Aquin. Actes du symposium sur la pensee de saint Thomas d'Aquin tenu à Rolduc, les 4 et 5 Novembre 1989. Hrsg. von Leo Elders. Vatikanstadt 1990, 27–48 (= Studi Tomistici Bd. 37).

Bleienstein, Fritz: Johannes Quidort von Paris. Über königliche und päpstliche Gewalt (De regia potestate et papali). Textkritische Edition mit deutscher Übersetzung. Stuttgart 1969 (= Frankfurter Studien zur Wissenschaft von der Politik Bd. 4).

Bloomfield, Morton W.: Joachim of Flora. A Critical Survey of his Canon, Teachings, Sources, Biography and Influence. *Tr.* 13 (1957) 249–311.

Ders.: Piers Plowman as a Fourteenth Century Apocalypse. New Brunswick, N.J. 1961.

Ders./Reeves, Marjorie E.: The Penetration of Joachim into Northern Europe. *Speculum* 29 (1954) 772–793.

Bochenski, Joseph M.: Formale Logik. Freiburg/München 1956 (= Orbis academicus. Problemgeschichten der Wissenschaft in Dokumenten und Darstellungen III/2).

Bodmann, Gertrud: Gibt es zwei christliche Zeitrechnungen? In: Von Aufbruch und Utopie. Perspektiven einer neuen Gesellschaftsgeschichte des Mittelalters. Für und mit Ferdinand Seibt aus Anlaß seines 65. Geburtstages. Hrsg. von Bea Lundt und Helma Reimöller. Köln/Weimar/Wien 1992, 31–55.

Böhme, Gernot (Hrsg.): Die Klassiker der Naturphilosophie. Von den Vorsokratikern bis zur Kopenhagener Schule. München 1989.

Bordier, Jean-Pieree: L'Antéchrist au Quartier latin selon Rutebeuf. In: Milieux universitaires et mentalité urbaine au moyen âge. Colloque du Département d'études médievales de Paris-Sorbonne et de l'Université de Bonn, 12–13 juin 1986. Textes réunis par Daniel Poirion. Paris 1987, 9–21 (= Cahiers et civilisations médiévales 6).

Bornkamm, Günther: Die Komposition der apokalyptischen Visionen in der Offenbarung Johannis. In: Studien zu Antike und Urchristentum. München 1959, 204–222 (= Beiträge zur evangelischen Theologie Bd. 28).

Borst, Arno: Der Turmbau von Babel. 6 Bde. Stuttgart 1957–1963.

Ders.: Die Katharer. Stuttgart 1953.

Ders.: Lebensformen im Mittelalter. Frankfurt a. M./Berlin/Wien 1979 (= Ullstein Sachbuch 34004).

Bosl, Karl: Die „familia" als Grundstruktur der mittelalterlichen Gesellschaft. *Zeitschrift für bayerische Landesgeschichte* 38 (1975) 403–444.

Ders.: Europa im Mittelalter. Weltgeschichte eines Jahrtausends. Wien ²1978.

Ders.: Staat, Gesellschaft, Wirtschaft im deutschen Mittelalter. Stuttgart ⁴1978 (Gebhardt, Handbuch der deutschen Geschichte Bd. 7, dtv wr 4207).

Bousset, Wilhelm: Der Antichrist in der Überlieferung des Judentums, des Neuen Testaments und der alten Kirche. Göttingen 1895.

Ders.: Die Offenbarung Johannis. Göttingen ⁶1906 (Nachdr. Göttingen 1966).

Ders.: Die Religion des Judentums im späthellenistischen Zeitalter. Hrsg. von Hugo Gressmann. Tübingen ³1926 (= HNT 21).

Boyle, Leonard E.: The „De regno" and the Two Powers. In: Essays in Honour of Anton Charles Pegis. Hrsg. von J. Reginald O'Donell. Toronto 1974, 237–247.

Brandt, Hans-Jürgen: Universität, Gesellschaft, Politik und Pfründen am Beispiel Konrad von Soltau († 1407). In: Les universités à la fin du moyen âge. Actes du Congrès international de Louvain 26–30 mai 1975. Hrsg. von der Kath. Universität Löwen. Louvain 1978, 614–627 (= Université catholique de Louvain. Publications de l'institut d'études mediévales 2,2).

Braunstein, Philippe: Die französische Wirtschaft am Ende des Mittelalters: ein Überblick. In: Europa 1400. Die Krise des Spätmittelalters. Hrsg. von Ferdinand Seibt und Winfried Eberhard. Stuttgart 1984, 7–23.

Brenk, Beat: Tradition und Neuerung in der christlichen Kunst des ersten Jahrtausends. Studien zur Geschichte des Weltgerichtsbildes. Wien 1966 (= Wiener Byzantinische Studien 3).

Brieskorn, Norbert: Finsteres Mittelalter? Über das Lebensgefühl einer Epoche. Mainz 1991.

Brooke, Rosalind und Christopher: Popular Religion in the Middle Ages. Western Europe 1000–1300. London 1984.

Brooks, Nicholas P.: Eduard der Bekenner. In: LexMA III, 1986, 1583f.

Brown, Richard Allen: Die Normannen. München 1988.

Bruce, F. F.: New Testament History. Bristol 1969.

Brück, Anton Ph. (Hrsg.): Hildegard von Bingen 1179–1979. Festschrift zum 800. Todestag der Heiligen. Mainz 1979 (= Quellen und Abhandlungen zur mittelrheinischen Kirchengeschichte Bd. 33).

Budge, E. A. Wallis: The History of Alexander the Great. Cambridge 1889.

Bulst-Thiele, Marie Luise: Das Reich vor dem Investiturstreit. In: Gebhardt Handbuch der deutschen Geschichte Bd 3. Hrsg. von Herbert Grundmann. Stuttgart ⁹1978 (= 1970), 121–181 (= dtv wr 4203).

Burger, Christoph Peter: Endzeiterwartung im späten Mittelalter. In: Der Antichrist und *Die Fünfzehn Zeichen* vor dem Jüngsten Gericht. Kommentarband zum Faksimile der ersten typographischen Ausgabe eines unbekannten Straßburger Druckers, um 1480. Hamburg 1979, 18-78.

Burger, Wilhlem: Römische Beiträge zur Geschichte der Katechese im Mittelalter. *RQu* 4 (1907) 159-197.

Burr, David: Apokalyptische Erwartung und die Entstehung der Usus-pauper-Kontroverse. *WiWei* 47 (1984) 84-99.

Ders.: Bonaventure, Olivi and Franciscan Eschatology. *Collectanea Franciscana* 53 (1983) 23-40.

Ders.: The *Correctorium* Controversy and the Origins of the *Usus Pauper* Controversy. *Speculum* 60 (1985) 331-342.

Ders.: Eucharistic Presence and Conversion in Late Thirteenth-Century Franciscan Thought. Philadelphia 1984 (= Middle Ages Series).

Ders.: Olivi and Franciscan Poverty. The Origins of the Usus Pauper Controversy. Philadelphia 1989 (= Middle Ages Series).

Burke, Anselm: The Analogy of Being in the Writings of Guido Terreni OCarm. Rom 1951 (unv. Diss.).

Bylina, Stanislaw: Krisen–Reformen–Enwicklungen. Kirche und Geistesleben im 14./ 15. Jahrundert in den neueren tschechischen und polnischen Forschungen. In: Europa 1400. Die Krise des Spätmittelalter. Hrsg. von Ferdinand Seibt und Winfried Eberhard. Stuttgart 1984, 82-94.

Cabassut, André: Discrétion. In: DSp III, 1957, 1311-1330.

Cánovas, Elena/Piñero, Felix: Arnaldo de Vilanova. Escritos Condenados por la Inquisitión. Madrid 1976.

Carmody, Francis J.: Arabic Astronomical and Astrological Sciences in Latin Translation. A Critical Bibliography. Berkeley 1956.

Carreras y Artau, Joaquim: L'Allocutio super Tetragrammaton de Arnau de Vilanova. *Sefrad* 9 (1949) 75-105.

Ders.: Les obres teològiques d'Arnau de Vilanova. *AST* 12 (1936) 217-229.

Ders.: Relationes de Arnau de Vilanova con los reyes de las casa de Aragón. Barcelona 1955.

Ders./Batllori, Miguel: La patria y familia de Arnau de Vilanova. *AST* 20 (1947) 5-75.

Cartellieri, Otto: Peter von Aragon und die Sizilianische Vesper. Heidelberg 1904 (= Heidelberger Abhandlungen zur Mittleren und Neueren Geschichte Bd. 7).

Cartulaire de l'Universite de Montpellier. Bd. 1: 1181-1400. Hrsg. von Conseil Général des Facultés de Montpellier. Montpellier 1890.

Cary, George: The Medieval Alexander. Cambridge 1967.

Celano, Anthony J.: Peter of Auvergne's Quaestiones super libros Ethicorum. Diss. Toronto 1979.

Ders.: Peter of Auvergne's Quaestions on Books I and II of the Nicomachean Ethics: A Study and Critical Edition. *MS* 48 (1986) 1-110.

Ders.: The „finis hominis" in the Thirteenth-Century Commentaries on Aristotle's Nicomachean Ethics. *AHDLMA* 53 (1986) 23-53.

Chabás, Roques: Inventario de los libros, ropas y demás efectos de Arnaldo de Vilanova. *Revista de Archivos, Bibliotecas y Museos. Tercera Epoca* 9 (1903) 189-203.

Chamberlin, Eric Russell: Antichrist and the Millennium. New York 1970.

Chastel, André: L'Antéchrist à la Renaissance. In: L'Umanesimo e li demoniaco. Atti del II Congresso Internazionale di Studi Umanistici. Hrsg. von Enrico Castelli. Rom 1952, 1000-1050.

Chélini, Jean: Histoire Religiouse de l'Occident Médiéval. Paris 1968.

Chenu, Marie-Dominique: Introduction à l'étude de St. Thomas d' Aquin. Paris/Montreal 1950.

Ders.: La Théologie au douzième siécle. Paris ²1966 (= Etudes de philosophie médiévale 45).

Ders.: Nature, Man, and Society in the Twelfth Century. Essays on New Theological Perspectives in the Latin West. Chicago 1968.

Ders.: Théologie symbolique et exégèse scolastique au XIIᵉ et XIIIᵉ siècles. In: Mélanges Joseph de Ghellinck. Bd. II, Gembloux 1951, 509–526.

Chevalier, Bernard: Corporations, conflits politiques et paix sociale en France aux XIVᵉ et XVᵉ siècles. RH 268 (1983) 18–44.

Chocheyras, Jacques: Fin des terres et fin des temps d'Hésychius (Vᵉ siècle) à Béatus (VIIIᵉ siècle). In: The Use and Abuse of Eschatology in the Middle Ages. Hrsg. von Werner Verbeke, Daniel Verhelst, Andries Welkenhuysen. Löwen 1988, 72–81 (= Mediaevalia Lovaniensia. Series 1: Studia 15).

Christianson, Paul: Reformers and Babylon. English Apocalyptic Visions from Reformation to the Eve of the Civil War. Toronto 1978.

Claret, Bernd J.: Antichrist (systematisch-theologisch). In: LThK³ I, 1993, 746f.

Clark, Sara Beth Peters: The „Tractatus de Antichristo" of John of Paris: A critical Edition, Translation, and Commentary. Masch. Diss. Cornell University 1981.

Cohn, Norman: Das Ringen um das Tausendjährige Reich. Bern 1961.

Coleman, Janet: Ratio and dominium according to John of Paris and Marsilius of Padua. Preuve et raisons 32 (1985) 7–26.

Collins, John J.: Apocalypse. The Morphology of a Genre. Missoula 1979.

Congar, Yves M.: Aspects ecclésiologiques de la querelle entre mendicants et séculiers. AHDLMA 28 (1961) 35–151.

Ders.: Die allzuberüchtigte Zweischwertertheorie. In: Heilige Kirche. Hrsg. von dems. Stuttgart 1966, 428–433.

Ders.: Die Lehre von der Kirche. Von Augustinus bis zum Abendländischen Schisma. Freiburg/Basel/Wien 1971 (= HDG III/3c).

Ders.: Katholizität und Romanität der Kirche. In: Die Römisch-Katholische Kirche. Hrsg. von Werner Löser. Frankfurt a. M. 1986 (= Kirche der Welt Bd. 20).

Cook, William R./Herzman, Ronald B.: Simon the Magician and the Medieval Tradition. Journal of Magic History 2 (1980) 28–43.

Copeland Klepper Deeana: The Dating of Nicolas of Lyra's Quaéstio de Adventu Christi. AFH 86 (1993) 297–312.

Coreth, Emerich: Scholastische Philosophie in der Gegenwart. ThQ 172 (1992) 162–177.

Cortabarria, Antoni: Originalidad y significación de los ‚studia linguarum' de los dominicos españoles de los siglos XIII y XIV. Pensamiento 25 (1979) 71–92.

Courbière, Volker von: Visionen vom Ende. Apokalypse '92. Köln 1992.

Cramer, Winfrid: Ephräm der Syrer. In: LThk³ III, 1995, 708–710.

Creytens, Raymond: Autour de la littérature des Correctoires. AFP 12 (1942) 313–330.

Crisciani, Chiara: Exemplum Christi e Sapere. Sull'epistemologia di Arnaldo de Villanova. Archives internationales d'histoire de sciences 28 (1978) 245–292.

Crocco, Antonio (Hrsg.): L'età dello Spirito e la fine dei tempi in Gioacchino da Fiore e nel Gioachimismo medievale. Atti del II Congresso internazionale di studi Gioachimiti. S. Giovanni in Fiore 1986.

Crombie, Alistair C.: Augustine to Galileo. The History of Science A. D. 400–1650. London 1952.

Csertó, Georg M.: De timore Dei iuxta doctrinam scholasticorum a Petro Lombardo usque ad S. Thomam. Disquisitio historico–theologica. Rom 1940.

Cunningham, F. A.: The „Real Distinction" in John Quidort. Journal of the History of Philosophy 8 (1970) 9–29.

Dahan, Gilbert: Les Juifs dans le Commentaire du décret de Gui Terré. Séfarad 52 (1992) 393–405.

Dales, Richard C.: Medieval Discussions of the Eternity of the World. Leiden 1990 (= Brill's Studies in Intellectual History 18).

Daniel, E. Randolph: A Re-Examination of the Origins of Franciscan Joachitism. *Speculum* 43 (1968) 671–676.

Daniélou, Jean: Das Geheimnis vom Kommen des Herrn. Frankfurt a. M. 1951.

Ders.: La typologie millenariste de la semaine dans le Christinanisme primitif. *Vigiliae Christianae* 2 (1948) 1–16.

Ders.: Vom Geheimnis der Geschichte. Stuttgart 1956.

Dante Alighieri: Le epistole politiche. Hrsg. von Angelo Jacomuzzi. Turin 1974.

Decker, Bruno: Die Entwicklung der Lehre von der prophetischen Offenbarung von Wilhelm von Auxerre bis zu Thomas von Aquin. Breslau 1940 (= Breslauer Studien zur historischen Theologie, NF. Bd. VII).

De Fraja, Valeria: Gioacchino da Fiore: Bibliografia 1969–1988. *Florensia* 2 (1988) 7–59.

Delhaye, Philippe: Morale révélé et morale naturelle dans l'Epître aux Romains. In: La doctrine de la révélation divine de saint Thomas d'Aquin. Actes du symposium sur la pensee de saint Thomas d'Aquin tenu à Rolduc, les 4 et 5 Novembre 1989. Hrsg. von Leo Elders. Vatikanstadt 1990, 69–103 (= Studi Tomistici Bd. 37).

Delling, Gerhard: Chronos. In: ThWbNT IX, 1973, 576–589.

Delort, Robert: La vie au Moyen Age. Paris 1982.

Delumeau, Jean: Angst im Abendland. Die Geschichte kollektiver Ängste im Europa des 14. bis 18. Jahrhunderts. 2 Bde. Reinbeck b. Hamburg 1985 (= Kulturen und Ideen rororo 7919) (Originalausg.: La Peur en Occident XIVᵉ–XVIIIᵉ siècles, une citè assiégée).

Ders.: Le péché et la peur. La culpabilisation en Occident (XIIIᵉ–XVIIIᵉ siècles). Paris 1983.

Demaître, Luke: Theory and Practice in Medical Education at the University of Montpellier in the Thirteenth and Fourteenth Centuries. *JHM* 30/2 (1975) 109.

Demandt, Alexander: Endzeit? Die Zukunft der Geschichte. Berlin 1993.

Dempf, Alois: Sacrum Imperium. Geschichts- und Staatsphilosophie des Mittelalters. Darmstadt ²1954 (= München/Berlin 1929).

Denifle, Heinrich: Die Entstehung der Universitäten des Mittelalters bis 1400. Berlin 1885.

Ders.: Der Plagiator Nicolaus von Straßburg. *ALKGMA* 4 (1885) 312–339.

Ders.: Quellen zur Gelehrtengeschichte des Predigerordens im 13. und 14. Jahrhundert. *ALKGMA* 2 (1886) 165–248.

Dhondt, Jan: Das frühe Mittelalter. Frankfurt 1968 (= Fischer Weltgeschichte Bd. 10).

Dickson, Gary: Joachism and the Amalricians. *Florensia* 1 (1987) 35–45.

Diepgen, Paul: Arnald von Villanova als Politiker und Laientheologe. Berlin/Leipzig 1909 (= Abhandlungen zur Mittleren und Neueren Geschichte, Heft 9).

Ders.: Die Weltanschauung Arnalds von Villanova und seine Medizin. *Scientia* 61 (1937) 38–47.

Ders.: Studien zu Arnald von Villanova: Arnalds Stellung zur Magie, Astrologie und Oneiromantie. *AGM* 5 (1912) 88–120.

Ders.: Studien zu Arnald von Villanova I–II: Sein Lebens- und Bildungsgang. *AGM* 3 (1909) 115–130; 188–196.

Ders.: Studien zu Arnald von Villanova III: Arnald und die Alchemie. *AGM* 3 (1909) 369–396.

Diers, Michaela: Bernhard von Clairvaux. Elitäre Frömmigkeit und begnadetes Wirken. Münster 1991 (= BGPhThMA NF 34).

Dinzelbacher, Peter: Christliche Mystik im Abendland. Ihre Geschichte von den Anfängen bis zum Ende des Mittelalters. Paderborn 1994.

Ders.: Mittelalterliche Visionsliteratur. Eine Anthologie. Ausgewählt, übersetzt, eingeleitet und kommentiert von dems. Darmstadt 1989.

Ders. (Hrsg.): Sachwörterbuch der Mediävistik. Stuttgart 1992 (= Kröners Taschenausgabe Bd. 477).

Dolch, Josef: Lehrplan des Abendlandes. Zweieinhalb Jahrtausende seiner Geschichte. Darmstadt 1982 (= Nachdruck der Auflage Ratingen/Wuppertal/Kastellaun ³1971).

Drews, Jörg: ‚Wer noch leben will, der beeile sich!‘ Weltuntergangsphantasien bei Arno Schmidt (1949–1959). Hrsg. von Gunter E. Grimm, Werner Faulstich und Peter Kuon. Frankfurt 1986, 14–34.

Dreyer, J. L. E.: A History of Astronomy from Thales to Kepler. New York ²1953.

Dubois, Horst: Die Darstellung des Judenhutes im Hochmittelalter. AKuG 74 (1992) 277–301.

Duby, Georges: L'An mil. Paris 1967.

Ders.: Le temps des cathédrales. Paris 1976.

Ders.: Mâle moyen âge. De l'amour et autres essais. Paris 1988.

Ders./Braunstein, Philippe: Der Auftritt des Individuums. In: Geschichte des privaten Lebens. Bd. 2: Vom Feudalzeitalter zur Renaissance. Frankfurt a. M. 1990 (Originalausg.: De l'Europe féodale à la Renaissance. Paris 1985).

DuCange, Charles Du Fresne Sieur: Glossarium mediae et infirmae latinitatis. 10 Bde., bearbeitet von L. Favre. Graz 1954 (= Niort ⁵1883–1887).

Düchting, Reinhard: Alexander von Neckham (Nequam). In: LexMA I, 1980, 378f.

Dufeil, M.-M.: Guillaume de Saint-Amour et la polémique universitaire parisienne 1250–1259. Paris 1972.

Dulieu, Louis: Arnauld de Villeneuve et la médecine de son temps. Montpellier Médical 63 (1963) 29–49.

Ders.: Arnauld de Villeneuve et les doctrines mèdicales au moyen age. In: Congrés international d'història de la medicina catalana, Bd. 1. Hrsg. von Càtedra d'Història de la Medicina de la Facultat de Medicina de Barcelona u. a. Barcelona/Montpellier 1970, 204–210.

Dunphy, William: The Quinque viae and Some Parisian Professors of Philosophy. In: St. Thomas Aquinas 1274–1974. Commemorative Studies. Bd. 2. Toronto 1974, 73–104.

Durant, Will: Das hohe Mittelalter und die Frührenaissance. Köln 1985 (Sonderausgabe) (= Kulturgeschichte der Menschheit Bd. 7) (Originalausg.: The Story of Civilization New York 1957).

Eberhard, Winfried: Die Krise des Spätmittelalters: Versuch einer Zusammenfassung. In: Europa 1400. Die Krise des Spätmittelalters. Hrsg. von Ferdinand Seibt und dems., Stuttgart 1984, 303–319.

Ders.: „Gemeiner Nutzen" als oppositionelle Leitvorstellung im Spätmittelalter. In: Renovatio et Reformatio. Wider das Bild vom ‚finsteren' Mittelalter. Festschrift für Ludwig Hödl. Hrsg. von Manfred Gerwing und Godehard Ruppert. Münster 1985, 195–214.

Ders.: Kommunalismus und Gemeinnutz im 13. Jahrhundert. In: Gesellschaftsgeschichte. Festschrift für Karl Bosl. Bd. 1. Hrsg. im Auftrag des Collegium Carolinum von Ferdinand Seibt. München 1988, 271–294.

Eco, Umberto: Der Name der Rose. München/Wien 1982.

Ders.: Zur kritischen Theorie der Massenkultur. Aus dem Italienischen von Max Looser. Frankfurt 1986.

Ders./Zorzoli, G. B.: Histoire illustrée des inventions de la pierre taillée aux satellites artificiels. Paris 1961.

Ehlers, Joachim: Geschichte Frankreichs im Mittelalter. Stuttgart/Berlin/Köln/Mainz ²1990.

Ehrle, Franz: Arnoldo de Villanova ed i Thomatiste. *Gregorianum* 1 (1920) 475–501.

Ders.: Der Kampf um die Lehre des hl. Thomas von Aquin in den ersten fünfzig Jahren nach seinem Tod. *ZKTh* 37 (1913) 266–318.

Ders.: Die Spiritualen, ihr Verhältnis zum Franziskanerorden und zu den Fraticellen. *ALKGMA* 2 (1886) 107–164; 4 (1888) 1–190.

Ders.: Die *Historia septem tribulationum ordinis minorum* des fr. Angelus des Clarino. *ALKGMA* 2 (1886) 249–336.

Ekschmitt, Werner: Weltmodelle. Griechische Weltbilder von Thales bis Ptolemäus. Mainz 1989 (= Kulturgeschichte der Antiken Welt Bd. 43).

Elders, Leo: Aquinas on Holy Scripture as the Medium of Divine Revelation. In: La doctrine de la révélation divine de saint Thomas d'Aquin. Actes du symposium sur als pensee de saint Thomas d'Aquin tenu à Rolduc, les 4 et 5 Novembre 1989. Hrsg. von dems. Vatikanstadt 1990, 132–152 (= Studi Tomistici Bd. 37).

Ders.: Die Metaphysik des Thomas von Aquin in historischer Perspektive. Salzburg/ München 1985.

Ders. (Hrsg.): La doctrine de la révélation divine de saint Thomas d'Aquin. Actes du symposium sur als pensee de saint Thomas d'Aquin tenu à Rolduc, les 4 et 5 Novembre 1989. Vatikanstadt 1990 (= Studi Tomistici Bd. 37).

Emmerson, Richard Kenneth: Antichrist a Anti-Saint. The Significance of Abbot Adso's Libellus de Antichristo. *American Benedictine Review* 30 (1979) 175–190.

Ders.: Antichrist in the Middle Ages. A Study of Medieval Apocalypticism, Art, and Literature. Seattle ²1984.

Engels, Odilo: Der Vertrag von Corbeil (1258). *Spanische Forschungen der Görres-Gesellschaft (Reihe 1)* 19 (1962) 114–146.

Ders.: Die iberische Halbinsel von der Auflösung des Kalifats bis zur politischen Einigung. In: Europa im Hoch- und Spätmittelalter. Hrsg. von Ferdinand Seibt. Stuttgart 1987, 918–998 (= Handbuch der europäischen Geschichte Bd. 2).

Ders.: Die Zeit der hl. Hildegard. In: Hildegard von Bingen 1179–1979. Festschrift zum 800. Todestag der Heiligen. Hrsg. von Anton Ph. Brück. Mainz 1979, 1–29 (= Quellen und Abhandlungen zur mittelrheinischen Kirchengeschichte Bd. 33).

Ders.: Von den Staufern zu den Anjou. Von Honorius III. bis Nikolaus IV. In: Das Papsttum Bd. I.: Von den Anfängen bis zu den Päpsten in Avignon. Hrsg. von Martin Greschat. Stuttgart/Berlin/Köln/Mainz 1985, 208–228 (= Gestalten der Kirchengeschichte Bd. 11).

Ennen, Edith: Deutsche Stadtwirtschaft vom frühen Mittelalter bis 1350. In: Europäische Wirtschafts- und Sozialgeschichte im Mittelalter. Hrsg. von Jan A. van Houtte. Stuttgart 1980, 552–584 (= Handbuch der europäischen Wirtschafts- und Sozialgeschichte Bd. 2).

Dies.: Die europäische Stadt des Mittelalters. Göttingen ²1975.

Dies.: Frauen im Mittelalter. München ²1985.

Erdmann, Carl: Endkaiserglaube und Kreuzzugsgedanken im 11. Jahrhundert. *ZKG* 51 (1932) 384–414.

Ernst, Germana: From the watery Trigon to the fiery Trigon: Celestial Signs, Prophecies and History. In: Astrologie hallucinati. Stars and the End of the World in Luther's Time. Hrsg. von Paola Zambelli. Berlin/New York 1986, 265–280.

Ernst, Josef: Die eschatologischen Gegenspieler in den Schriften des Neuen Testaments. Regensburg 1967.

Erzgräber, Willi (Hrsg.): Europäisches Spätmittelalter. Neues Handbuch der Literaturwissenschaft. Heidelberg/Wiesbaden o. J.

Etzwiler, Josef P.: Six Questions of Guido Terreni O. Carm. (m. 1342). Vat. lat. 901, fol. 140 r–145 r. *Carmelus* 35 (1988) 138–177.

Fabricius, Johann A.: Bibliotheca latina mediae et infirmae aetatis. 6 Vol. in 3 Bdn. Graz 1962 (Nachdr. der Ausgabe Florenz 1858).

Fernández, Luis Suárez: Spanien vom 11. bis 14. Jahrhundert. In: Europäische Wirtschafts- und Sozialgeschichte im Mittelalter. Hrsg. von Jan A. van Houtte. Stuttgart 1980, 350–370 (= Handbuch der europäischen Wirtschafts- und Sozialgeschichte Bd. 2).

Fink, Karl August: Das große Schisma bis zum Konzil von Pisa. In: HKG(J) III/2, 490–516.

Finke, Heinrich: Acta Aragonensia. Quellen zur deutschen, italienischen, französischen, spanischen, zur Kirchen- und zur Kulturgeschichte aus der diplomatischen Korrespondenz Jaymes II. (1291–1327). 2 Bde. Berlin 1908/1922.

Ders.: Aus den Tagen Bonifaz VIII. Funde und Forschungen. Münster 1902 (= Vorreformationsgeschichtliche Forschungen II).

Ders.: Papsttum und Untergang des Templerordens. 2 Bde. Münster 1907.

Finkenzeller, Josef: Antichrist. In: Lexikon der katholischen Dogmatik. Hrsg. von Wolfgang Beinert. Freiburg/Basel/Wien ³1991, 18f.

Fioravanti, Grazia: „Servi, rustici, barbari": Interpretazioni medievali della *Politica* aristotelica. *Annali della Scuola normale superiore di Pisa cl. lett. filos. III ser.* 11 (1981) 399–429.

Flasch, Kurt: Aufklärung im Mittelalter? Die Verurteilung von 1277. Das Dokument des Bischofs von Paris übersetzt und erklärt von dems. Mainz 1989 (= Excerpta classica Bd. 6).

Ders.: Augustin. Einführung in sein Denken. Stuttgart 1980 (= Reclam Universalbibliothek 9962).

Ders.: Das philosophische Denken im Mittelalter von Augustin zu Machiavelli. Stuttgart 1987 (= Reclam Universalbibliothek 8342).

Ders.: Was ist Zeit? Augustinus von Hippo. Das XI. Buch der *Confessiones*. Historischphilosophische Studie. Text–Übersetzung–Kommentar. Frankfurt a. M. 1993.

Fleming, John V.: An Introduction to the Franciscan Literature of the Middle Ages. Chicago 1977.

Foerster, Werner: Neutestamentliche Zeitgeschichte. Hamburg 1968.

Fohrer, Georg: Ezechiel. Tübingen 1955.

Ders.: Geschichte Israels. Von den Anfängen bis zur Gegenwart. Heidelberg 1977 (= UTB 708).

Folz, Robert: Frankreich von der Mitte des 11. bis zum Ende des 15. Jahrhunderts. In: Europa im Hoch- und Spätmittelalter. Hrsg. von Ferdinand Seibt. Stuttgart 1987, 682–777 (= Handbuch der europäischen Geschichte Bd. 2).

Freese, Peter: Zwischen Dresden und Tralfamadore. Visionen des Weltuntergangs in Kurt Vonneguts Romanen von ‚Das höllische System' bis ‚Schlachthof 5' (1967–1970). In: Apokalypse. Weltuntergangsvisionen in der Literatur. Hrsg. von Gunter E. Grimm, Werner Faulstich und Peter Kuon. Frankfurt 1986, 88–109.

Freyer, Johannes-B.: Der demütige und geduldige Gott. Franziskus und sein Gottesbild – ein Vergleich mit der Tradition. Rom 1989 (= Pontificium Athenaeum Antonianum, Diss. Nr. 318).

Freyhan, Robert: Joachism and the English Apocalypse. *Journal of the Warburg and Courtauld Institutes* 18 (1955) 211–244.

Fries, Heinrich: Weltgeschichte und Gottesreich. Zu Augustins *De civitate Dei*. In: Virtus politica. Festgabe zum 75. Geburtstag von Alfons Hufnagel. Hrsg. von Joseph Möller in Verbindung mit Helmut Kohlenberger. Stuttgart-Bad Cannstatt 1974.

Fromm, Erich: Sein oder Haben. Die seelischen Grundlagen einer neuen Gesellschaft. Berlin/Darmstadt/Wien 1976.

Fuchs, Walther P.: Was heißt das: „bloß zeigen, wie es eigentlich gewesen"? *GWU* 30 (1979) 655–667.

Führkötter, Adelgundis: Hildegard von Bingen. Leben und Werk. In: Hildegard von Bingen 1179–1979. Festschrift zum 800. Todestag der Heiligen. Hrsg. von Anton Ph. Brück. Mainz 1979, 31–54 (= Quellen und Abhandlungen zur mittelrheinischen Kirchengeschichte Bd. 33).

Dies. (Hrsg.): Das Leben der heiligen Hildegard von Bingen. Herausgegeben, eingeleitet und übersetzt von ders. Düsseldorf 1968.

Fuhrmann, Horst: Einladung ins Mittelalter. München 1987.

Ders.: Umberto Eco und sein Roman „Der Name der Rose". Eine kritische Einführung. In: „. . . eine finstere und fast unglaubliche Geschichte?" Mediävistische Notizen zu Umberto Ecos Mönchsroman „Der Name der Rose". Hrsg. von Max Kerner. Darmstadt 1987, 1–20.

Funkenstein, Amos: Heilsplan und natürliche Entwicklung. Formen der Gegenwartsbestimmung im Geschichtsdenken des hohen Mittelalters. München 1965 (= sammlung dialog Bd. 5).

Gansweidt, Birigt: Heimo von Auxerre sowie Heimo von Halberstadt. In: LexMA IV, 1989, 1864.

Gardiner, Harold C.: Mysteries' End. An Investigation of the Last Days of Medieval Religious Stage. New Haven 1946 (= Yale Studies in English 103).

Garfagnini, Gian Carlo: Il Tractatus de potestate regia et papali di Giovanni da Parigi e la disputa tra Bonifacio VIII et Filippo il Bello: In: Conciliarismo, stati nazionali e inizi dell'ùmanesimo. Atti del XXV Convegno storico internazionale, Todi 9–12 ottobre 1988. Spolète 1990, 147–180.

Gassen, Richard W./Holeczek, Bernhard (Hrsg.): Apokalypse. Ein Prinzip Hoffnung? Ernst Bloch zum 100. Geburtstag. Heidelberg 1985.

Gaugué, Pierre: Jean de Saint-Gilles. In: DSp VIII, 1974, 700f.

Geerlings, Wilhelm: Antichristus. In: AugL I, Fasc. 3, 1988, 377f.

Ders.: Vom Prinzip Bewährung zum Prinzip Offenbarung. *ThPh* 64 (1989) 87–95.

George, Martin: Die Fälschung der Wahrheit und des Guten. Gestalt und Wesen des Antichrist im 19. Jahrhundert. *ZKG* 102 (1991) 76–103.

Gerken, Alexander: „Wissenschaft und Weisheit" im fünfzigsten Jahrgang. *WiWei* 50 (1987) 2f.

Gerl, Hanna-Barbara: Einführung in die Philosophie der Renaissance. Darmstadt 1989.

Gerland, Ernst/Traunüller, Friedrich.: Geschichte der physikalischen Experimentierkunst. Hildesheim 1965 (= Nachdr. der Ausg. Leipzig 1899).

George, Martin: Die Fälschung der Wahrheit und des Guten–Gestalt und Wesen des Antichrist im 19. Jahrhundert. *ZKG* 102 (1991) 76–103.

Gerwing, Manfred/Ruppert, Godehard (Hrsg.): Renovatio et Reformatio. Wider das Bild vom „finsteren" Mittelalter. Festschrift für Ludwig Hödl. Münster 1985.

Gerwing, Manfred: Cappenberg unter Tage. Zur Bedeutung Cappenbergs im Mittelalter. Köln 1990 (= Programme, Analysen, Tatbestände Bd. 10).

Ders.: Ecclesia spiritualis. In: LexMA III, 1986, 1536.

Ders.: Gottesfreundschaft. In: LexMA IV, 1989, 1587.

Ders.: Hoffnung. In: LexMA V, 1991, 69.

Ders.: Hugo von St.-Cher. In: LexMA V, 1991, 176f.

Ders.: Johannes von Paris. In: LexMA V, 1991, 592.

Ders.: John Bacon (Johannes Baconthorpe). In: LexMA V, 1991, 617.

Ders.: Malogranatum oder der dreifache Weg zur Vollkommenheit. Ein Beitrag zur Spiritualität des Spätmittelalters. München 1986 (= Veröffentlichungen des Collegium Carolinum Bd. 57).

Ders.: Menschenwürde. In: LexMA VI, 1994, 525f.

Ders.: Toleranz im Streit um den Antichrist. Bemerkungen zum Antichrist-Traktat des Johannes von Paris († 1306). In: Universalität und Toleranz. Der Anspruch des christlichen Glaubens. Festschrift für Georg Bernhard Langemeyer zur Vollendung des 60. Lebensjahres. Hrsg. von Nicolaus Klimek. Essen 1989, 49–68.

Ders. (Hrsg.): Welt-Wissen und Gottes-Glaube in Geschichte und Gegenwart. Festschrift für Ludwig Hödl. St. Ottilien 1990.

Glorieux, Palémon: Bernard de Trilia ou Jean de Paris? Revue des Sciences Philosophiques et Théologiques 19 (1930) 469–474.

Ders.: Jean Quidort et la distinction réelle de l'essence et de l'existence. RThAM 18 (1951) 151–157.

Ders.: L'enseignement au moyen âge. Techniques et méthodes en usage à la faculté de théologie de Paris au XIIIᵉ siècle. AHDLMA 43 (1968) 65–186.

Ders.: La faculté des arts et ses Maîtres au XIIIᵉ siècle. Paris 1971.

Ders.: La littérature Quodlibétique. 2 Bde. Paris 1925/1935.

Ders.: Notices sur quelques théologiens de Paris de la fin du XIII siècle. AHDLMA 3 (1928) 201–238.

Ders.: Répertoire des maîtres en théologie de Paris au 13 siècle. 2 Bde. Paris 1933/1944.

Goetz, Hans-Werner: Das Mittelalter – eine „endliche Geschichte"? Ein Essay über den Stellenwert und die Ausrichtung der Mediävistik in Geschichtswissenschaft und Gesellschaft. In: Von Aufbruch und Utopie. Perspektiven einer neuen Gesellschaftsgeschichte des Mittelalters. Für und mit Ferdinand Seibt aus Anlaß seines 65. Geburtstages. Hrsg. von Bea Lundt und Helma Reimöller. Köln/Weimar/Wien 1992, 3–16.

Ders.: Die Geschichte im Wissenschaftssystem des Mittelalters. In: Funktion und Formen mittelalterlicher Geschichtsschreibung. Eine Einführung. Hrsg. von Franz-Josef Schmale. Darmstadt 1985, 165–213 (= Geschichtswissenschaft).

Ders.: Die Geschichtstheologie des Orosius. Darmstadt 1980 (= Impulse der Forschung Bd. 32).

Ders.: Endzeiterwartung und Endzeitvorstellung im Rahmen des Geschichtsbildes des früheren 12. Jahrhunderts. In: The Use and Abuse of Eschatology in the Middle Ages. Hrsg. von Werner Verbeke, Daniel Verhelst, Andries Welkenhuysen. Löwen 1988, 306–332 (= Mediaevalia Lovaniensia. Series 1: Studia 15).

Ders.: Leben im Mittelalter vom 7. bis zum 13. Jahrhundert. München ²1986.

Gosselin, Edward A.: A listing of the printed editions of Nicolaus de Lyra. Tr. 26 (1970) 399–426.

Gössmann, Elisabeth: Hildegard von Bingen. In: Mittelalter I. Hrsg. von Martin Greschat. Stuttgart/Berlin/Köln/Mainz 1983, 224–237 (= Gestalten der Kirchengeschichte Bd. 3).

Grabmann, Martin: Die Werke des Hl. Thomas von Aquin. Eine literarhistorische Untersuchung und Einführung. Münster ³1948 (= 1967) (= BGPhThMA 22, 1/2).

Ders.: Geschichte der scholastischen Methode. 2 Bde. Freiburg im Br. 1909/11.

Ders.: Le „Correptorium corruptorii" du dominicain Johannes Quidort de Paris. Revue Néoscolastique de Philosophie 19 (1912) 404–418.

Ders.: Mittelalterliches Geistesleben. Abhandlungen zur Geschichte der Scholastik und Mystik. 3 Bde. München 1926-1956.

Ders.: Neu aufgefundene lateinische Werke deutscher Mystiker. München 1921 (= SBAW.PPH 1921, 3).

Ders.: Studien zu Johannes Quidort von Paris O. Pr. München 1922 (= SBAW.PPH 1922, 3). Wiederabdruck in ders.: Gesammelte Akademieabhandlungen. Hrsg. vom Grabmann-Institut der Universität München. Eingeleitet von Michael Schmaus. Paderborn/München/Wien/Zürich 1979 (= VGI 25/I).

Ders.: Studien zu Johannes Quidort von Paris O. Pr. In: Martin Grabmann. Gesammelte Akademieabhandlungen. Hrsg. vom Grabmann-Institut der Universität München. Eingeleitet von Michael Schmaus. Paderborn/München/Wien/Zürich 1979, 69–128 (= VGI 25/I).

Ders.: Welchen Teil der aristotelischen Politik hat der hl. Thomas von Aquin selbst kommentiert? PhJ 28 (1915) 373–379.

Grant, Edward (Hrsg.): A Source Book in Medieval Science. Cambridge, Mass. 1974.

Grant, Michael: Die Geschichte Roms. Von den Etruskern bis zum Untergang des Römischen Reiches. Gütersloh 1986.

Grau, Gustav: Quellen und Verwandtschaften der älteren germanischen Darstellungen des Jüngsten Gerichts. Halle 1908 (= Studien zur englichen Philologie).

Graus, František: Verfassungsgeschichte des Mittelalters. HZ 243 (1986) 529–589.

Ders. (Hrsg.): Mentalitäten im Mittelalter. Methodische und inhaltliche Probleme. Sigmaringen 1986 (= VF Bd. 35).

Greschat, Martin (Hrsg.): Mittelalter I. Stuttgart/Berlin/Köln/Mainz 1983 (= Gestalten der Kirchengeschichte Bd. 3).

Ders.: Mittelater II. Stuttgart/Berlin/Köln/Mainz 1983 (= Gestalten der Kirchengeschichte Bd. 4).

Ders.: Das Papsttum I: Von den Anfängen bis zu den Päpsten in Avignon. Stuttgart/ Berlin/Köln/Mainz 1985 (= Gestalten der Kirchengeschichte Bd. 11).

Ders.: Das Papsttum II. Vom Großen Abendländischen Schisma bis zur Gegenwart. Stuttgart/Berlin/Köln/Mainz 1985 (= Gestalten der Kirchengeschichte Bd. 12).

Griesbach, Marc F.: John of Paris as a Representative of Thomistic Political Philosophy. In: Étienne Gilson Tribute. Hrsg. von Charles J. O'Neil. Milwaukee 1959, 33–50.

Grillmeier, Alois: Die sieben Stufen zur Weisheit. Die Lehre Augustins von den sieben geistlichen Lebensaltern. In: Weisheit Gottes – Weisheit der Welt. Festschrift für Joseph Kardinal Ratzinger zum 60. Geburtstag. Hrsg. von Walter Baier, Stefan Otto Horn, Vinzenz Pfnür u. a. St. Ottilien 1987, Bd. 2, 1355–1373.

Grimm, Gunter E./Faulstich, Werner/Kuon, Peter (Hrsg.): Apokalypse. Weltuntergangsvisionen in der Literatur. Frankfurt 1986.

Grmek, Mirko D.: Arnaud de Villeneuve et la médecine du travail. Yperman 8 (1961) 1–3.

Gronau, Eduard: Hildegard von Bingen – Prophetische Lehrerin der Kirche an der Schwelle und am Ende der Neuzeit. Stein am Rhein 1985.

Gruber, Joachim/Jacobsen, Peter Ch.: Akrostichon. In: LexMA I, 1980, 255–257.

Grumel, Venance: Du nombre des persécutions painnes dans les anciennes chroniques. Revue des Études Augustiniennes 2 (1956) 59–66.

Ders.: Traité dè études byzantines 1: La chronologie. Paris 1958 (= Bibliotheque byzantine).

Grundmann, Herbert: Ausgewählte Aufsätze. Teil 1: Religiöse Bewegungen. Stuttgart 1976 (= MGH Schriften 25).

Ders.: Geschichtsschreibung im Mittelalter. Gattungen–Epochen–Eigenart. Göttingen 1965 (= DPhA III, 1962, 2221–2286).

Ders.: Religiöse Bewegungen im Mittelalter. Untersuchungen über die geschichtlichen Zusammenhänge zwischen der Ketzerei, den Bettelorden und der religiösen Frauenbewegung im 12. und 13. Jahrhundert und über die geschichtlichen Grundlagen der deutschen Mystik. Anhang: Neue Beiträge zur Geschichte der religiösen Bewegungen im Mittelalter. Darmstadt ³1970.

Ders.: Studien über Joachim von Fiore. Darmstadt 1966 (= Berlin 1927).

Gry, Léon: Le millénarisme dans ses origines et son dévelopment. Paris 1904 (= Thèse Angers).

Guardini, Romano: Vom Ende der Neuzeit. Würzburg ³1951.

Guntermann, Friedrich: Die Eschatologie des hl. Paulus. Münster 1932 (= Neutestamentliche Abhandlungen 13, 4/5).

Guy, Alain: Histoire de la philosophie espagnole. Toulouse ²1985.

Guyot, Bertrand Georges: Pierre d'Auvergne: Quodlibet I, q. 17. *AHDLMA* 36 (1961) 153–158.

Hahn, Hans-Christoph: Zeit. In: Theologisches Begriffslexikon zum Neuen Testament. Hrsg. von Lothar Coenen, Erich Beyreuther und Hans Bietenhard. Bd. 2. Wuppertal ⁴1977, 1466–1478.

Haeusler, Martin: Antichrist (historisch-theologisch). In: LThK³ I, 1993, 745f.

Hailperin, Herman: Rashi and the Christian Scholars. Pittsburg 1963.

Hallier, Amedee: The Monastic Theology of Aelred of Rievaulx. Irish Univers. Press 1969 (= Cistercian Studies 2).

Hanson, Paul D.: The Dawn of Apocalyptic. Philadelphia 1975.

Hardtwig, Wolfgang (Hrsg.): Über das Studium der Geschichte. München 1990 (= dtv 4546).

Hauser, Linus: Apokalyptische Strömungen der Gegenwart. In: LThK³ I, 1993, 819.

Haven, Marc: Oeuvres d'Arnaud de Villeneuve. *Montpellier Médical* 63 (1963) 44–49.

Haverkamp, Alfred: Italien im hohen und späten Mittelalter 1056–1454. In: Europa im Hoch- und Spätmittelalter. Hrsg. von Ferdinand Seibt. Stuttgart 1987, 549–681 (= Handbuch der europäischen Geschichte Bd. 2).

Hedwig, Klaus: Über die Theorie der Praxis bei Thomas von Aquin. *PhJ* 99 (1992) 245–261.

Heer, Friedrich: Das Wagnis der schöpferischen Vernunft. Stuttgart/Berlin/Köln/Mainz 1977.

Heid, Stephan: Apokalyptik. In: LThK³ I, 1993, 817–819.

Heidegger, Martin: Die Frage nach der Technik. In: Ders.: Vorträge und Aufsätze. Pfullingen 1959.

Ders.: Platons Lehre von der Wahrheit. Mit einem Brief über den Humanismus. Bern ²1954 (= 1947).

Ders.: Sein und Zeit. Tübingen ¹²1972.

Ders.: Was ist das – die Philosophie? Pfullingen 1956.

Heiman, Ambrose J.: Essence and Esse according to Jean Quidort. *MS* 15 (1953) 137–146.

Ders.: The First Quodlibet of Jean Quidort. In: Nine Medieval Thinkers. A Collection of Hitherto Unedited Texts. Hrsg. von James Reginald O'Donnell. Toronto 1956, 271–291 (= STPIMS 1).

Ders.: Two Questions Concerning the Esse of Creatures in the Doctrine of Jean Quidort. In: Étienne Gilson Tribute. Hrsg. von Charles J. O'Neil. Milwaukee 1959, 51–67.

Heimann, Heinz-Dieter: Akzente und Aspekte in der deutschen Forschungsdiskussion zu spätmittelalterlichen Krisenerscheinungen, insbesondere im Bereich des geistigen Lebens. In: Europa 1400. Die Krise des Spätmittelalters. Hrsg. von dems. und Winfried Eberhard, Stuttgart 1984, 53–64.

Ders.: Antichristvorstellungen im Wandel der mittelalterlichen Gesellschaft. Zum Umgang mit einer Angst- und Hoffnungssignatur zwischen theologischer Formalisierung und beginnender politischer Propaganda. *ZRGG* 47 (1995) 99–113.

Ders.: Über Alltag und Ansehen der Frau im späten Mittelalter – Oder: Vom Lob der Frau im Angesicht der Hexe. In: Frau und spätmittelalterlicher Alltag. Internationaler Kongress Krems an der Donau 2. bis 5. Oktober 1984. Wien 1986, 243–282 (= Veröffentlichungen des Instituts für mittelalterliche Realienkunde Österreichs).

Heinz, Hanspeter: Der Gott des Jemehr. Der christologische Ansatz Hans Urs von Balthasars. Bern/Frankfurt 1975.

Heist, William: The Fifteen Signs Before Doomsday. East Lansing 1952.

Heller, August: Geschichte der Physik von Aristoteles bis auf die neueste Zeit. Bd. 1: Von Aristoteles bis Galilei. Wiesbaden. 1965 (= Nachdr. der Ausg. 1882).

Heller, Dagmar: Schriftauslegung und geistliche Erfahrung bei Bernhard von Clairvaux. Würzburg 1990 (= Studien zur systematischen und spirituellen Theologie Bd. 2).

Hemmerle, Klaus: Wandlungen des Gottesbildes seit dem II. Vaticanum, in italienischer Übersetzung erschienen in: Correnti theologici posconciliari. Hrsg. von Alfredo Marranzini. Rom 1974, 235–252.

Henkel, Kathryn: The Apocalypse. College Park, Md. 1973.

Henten, Jan Willem van: Antiochus IV as a Typhonic Figure in Daniel 7. In: The Book of Daniel in the Light of New Findings. Hrsg. von Adam S. van der Woude. Löwen 1993, 223–243 (= Bibliotheca Ephemeridum Theologicarum Lovaniensium 106).

Herde, Peter: Karl I. von Anjou. Stuttgart/Berlin/Köln//Mainz 1979 (= Urban-TB Bd. 305).

Herrmann, Erwin: Spätmittelalterliche englische Pseudoprophetien. *AKuG* 57 (1975) 87–116.

Heuyer, George: Psychoses collectives et suicides collectifs. Paris 1973.

Hillenbrand, Eugen: Nikolaus von Straßburg. Freiburg i. Br. 1968.

Hilsch, Peter: Die Juden in Böhmen und Mähren im Mittelalter und die ersten Privilegien. In: Die Juden in den böhmischen Ländern. Vorträge der Tagung des Collegium Carolinum in Bad Wiessee vom 27. bis 29 November 1981. Hrsg. von Ferdinand Seibt. Wien 1983, 13–26 (= Bad Wiesseer Tagungen des Collegium Carolinum).

Hinnebusch, William A.: The History of the Dominican Order. Bd. 1: Origins and Growth to 1500. New York 1966.

Hissette, Roland: Enquête sur les 219 articles condamnés à Paris le 7 mars 1277. Löwen 1977 (= PhMed 22).

Hitzfeld, Karl L.: Studien zu den religiösen und politischen Anschauungen Friedrichs III. von Sizilien. Vaduz 1965 (= Historische Studien 193; Nachdruck der Ausg. Berlin 1930).

Hocedez, Edgar: La théologie de Pierre d'Auvergne. *Gregorianum* 11 (1930) 526–552.

Ders.: La vie et les oeuvres de Pierre d'Auvergne. *Gregorianum* 14 (1933) 3–36.

Hödl, Ludwig: Albert der Große und die Wende der lateinischen Philosophie im 13. Jahrhundert. In: Virtus politica. Festgabe zum 75. Geburtstag von Alfons Hufnagel. Hrsg. von Joseph Möller in Verbindung mit Helmut Kohlenberger. Stuttgart-Bad Cannstatt 1974, 251–275.

Ders.: Berthold von Saint-Denys († 1307), ein weltgeistlicher Anwalt der Mendikanten in der Auseinandersetzung mit Heinrich von Gent. In: Ecclesia et Regnum. Beiträge zur Geschichte von Kirche, Recht und Staat im Mittelalter. Festschrift für Franz-Josef Schmale zu seinem 65. Geburtstag. Hrsg. von Dieter Berg und Hans-Werner Goetz. Bochum 1989, 241–260.

Ders.: Das „intelligibile" in der scholastischen Erkenntnislehre des 13. Jahrhunderts. *FZPhTh* 30 (1983) 345–372.

Ders.: Propheten, Prophetie. A. Christliches Abendland. II. Der Prophetenbegriff. In: LexMA VII, 1995, 254f.

Ders.: Die Disputation Hiobs mit seinen Freunden als Zeugnis der theologischen Toleranz nach des Thomas von Aquin Iob-Kommentar. In: Unversalität und Toleranz.

Der Anspruch des christlichen Glaubens. Festschrift für Georg Bernhard Langemeyer zur Vollendung des 60. Lebensjahres. Hrsg. von Nicolaus Klimek. Essen 1989,
69–84.

Ders.: Die Entdivinisierung des menschlichen Intellekts in der mittelalterlichen Philosophie und Theologie. In: Zusammenhänge, Einflüsse, Wirkungen. Kongressakten zum
ersten Symposium des Mediävistenverbandes in Tübingen. Hrsg. von Heinz Göller
und Bernhard Schimmelpfennig, Berlin 1986, 57–70.

Ders.: Die Lehre des Petrus Johannis Olivi O.F.M. von der Universalgewalt des Papstes.
Eine dogmengeschichtliche Abhandlung auf Grund von edierten und unedierten
Texten. München 1958 (= MGI 1).

Ders.: Die „Veritates fidei catholicae" und die Analogie der Wahrheit im mittelalterlichen Streit der Fakultäten. In: La doctrine de la révélation divine de saint Thomas
d'Aquin. Actes du symposium sur als pensee de saint Thomas d'Aquin tenu à Rolduc, les 4 et 5 Novembre 1989. Hrsg. von Leo Elders. Vatikanstadt 1990, 49–68
(= Studi Tomistici Bd. 37).

Ders.: Distinktion. In: LexMA III, 1986, 1127–1128.

Ders.: Dr. theol. Fritz Hoffmann, emeritierter Professor am philosophisch-theologischen
Studium in Erfurt. ThGl 83 (1993) 1–5.

Ders.: Geistesgeschichtliche und literarkritische Erhebungen zum Korrektorienstreit
(1277–1287). RThAM 33 (1966) 81–114.

Ders.: Gerechtigkeit. In: TRE XII, 1984, 424–432.

Ders.: Hypostatische Union. In: LexMA V, 1991, 251.

Ders.: Johannes Quidort von Paris († 1306): De confessionibus audiendis (Quaestio disputata Parisius de potestate papae). München 1962 (= MGI 6).

Ders.: Korrektorienstreit. In: HWPh IV, 1976, 1138f.

Ders.: Monastisch-mystische Theologie. In: LexMA VI, 1994, 731f.

Ders.: Neue Nachrichten über die Pariser Verurteilungen der thomasischen Formlehre.
Schol. 39 (1964) 178–196.

Ders.: Petrus Comestor. In: LThK² VIII, 1963, 357f.

Ders.: „. . . sie reden, als ob es zwei gegensätzliche Wahrheiten gäbe." Legende und
Wirklichkeit von der doppelten Wahrheit. In: Welt-Wissen und Gottes-Glaube. Hrsg.
von Manfred Gerwing. St. Ottilien 1990, 46–68.

Ders.: Theologiegeschichtliche Einführung. In: Henricus de Gandavo: Tractatus super
facto praelatorum et fratrum. Quodlibet XII, quaestio 31. Ediert von dems. und
Marcel Haverals. Löwen/Leiden 1989, VII–CXVII (= Ancient and medieval philosophy. De Wulf-Mansion Centre ser. 2).

Ders.: Von den korrekten, korrigierten Ausgaben der Quodlibeta des Heinrich von Gent
(† 1293) zur kritischen Neuausgabe. AGPh 63 (1981) 289–304.

Ders.: Welt-Wissen und Gottes-Glaube in der Synthese des Thomas von Aquin. In: Welt-
Wissen und Gottes-Glaube in Geschichte und Gegenwart. Festschrift für Ludwig
Hödl. Hrsg. von Manfred Gerwing. St. Ottilien 1990, 11–17.

Hoffmann, Fritz: Die „Conferentiae" des Robert Holcot O.P. und die akademischen
Auseinandersetzungen an der Universität Oxford. 1330–1332. Münster 1993
(= BGPhThMA NF 36).

Holder-Egger, Oswald: Die sibyllinischen Orakel. Aus alten Schriften in deutscher Übertragung mit einer Einleitung und erläuternden Anmerkungen versehen. Hrsg. von
Richard Clemens. Wiesbaden ²1985.

Horst, Ulrich: Autorität und Immunität des Papstes. Raphael de Pornassio OP und Juli-
anus Tallada OP in der Auseinandersetzung mit dem Basler Konziliarismus. Pader-
born/München/Wien/Zürich 1991 (= VG 36).

Ders.: Evangelische Armut und Kirche. Thomas von Aquin und die Armutskontroverse des 13. und beginnenden 14. Jahrhunderts. Berlin 1992 (= Quellen und Forschungen zur Geschichte des Dominikanerordens NF Bd. 1).

Houtte, Jan A. van: Europäische Wirtschaft und Gesellschaft von den großen Wanderungen bis zum Schwarzen Tod. In: Europäische Wirtschafts- und Sozialgeschichte im Mittelalter. Hrsg. von dems. Stuttgart 1980, 1-149 (= Handbuch der europäischen Wirtschafts- und Sozialgeschichte Bd. 2).

Hund, Friedrich: Geschichte der physikalischen Begriffe. Teil 1: Die Entstehung der mechanischen Naturbilder. Wien/Zürich ²1978 (= B.I.-Hochschultaschenbücher Bd. 543).

Imbach, Ruedi: Interesse am Mittelalter. Beobachtungen zur Historiographie der mittelalterlichen Philosophie in den letzten hundertfünfzig Jahren. ThQu 172 (1992) 196-207.

Ders.: Laien in der Philosophie des Mittelalters. Hinweise und Anregungen zu einem vernachlässigten Thema. Amsterdam 1989 (= Bochumer Studien zur Philosophie Bd. 14).

Ders.: Wilhelm Ockham. In: Klassiker der Philosophie. Hrsg. von Otfried Höffe. Bd. 1. München 1981, 220-244.

Jacquart, Danielle: Arnaldi opera medica omnia. Hrsg. von Lluís García Ballester, Juan A. Paniagua, Michael McVaugh. ATCA 9 (1990) 380-384.

Jeanroy, André: Bibliographie sommaire des chansonniers provençaux. Manuscrits et Editions. Paris 1916 (= Les Classiques français du moyen âge, ser. 2).

Jedin, Hubert: Kleine Konzilsgeschichte. Freiburg/Basel/Wien 1979.

Jenal, Gregor: Gregor I., der Große. In: Das Papsttum. Bd. 1: Von den Anfängen bis zu den Päpsten in Avignon. Hrsg. von Martin Greschat. Stuttgart/Berlin/Köln/Mainz 1985, 83-99 (= Gestalten der Kirchengeschichte Bd. 11).

Jenschke, Georg: Untersuchungen zur Stoffgeschichte, Form und Funktion mittelalterlicher Antichristspiele. Diss. Münster 1971.

Jonas, Hans: Das Prinzip Verantwortung. Versuch einer Ethik für die technische Zivilisation. Frankfurt a. M. 1984.

Jürgensmeier, Friedhelm: St. Hildegard „Prophetissa teutonica". In: Hildegard von Bingen 1179-1979. Festschrift zum 800. Todestag der Heiligen. Hrsg. von Anton Ph. Brück. Mainz 1979, 273-293 (= Quellen und Abhandlungen zur mittelrheinischen Kirchengeschichte Bd. 33).

Jüttner, Guido: Arnaldus (medizinische und pharmazeutische Leistung). In: LexMA I, 1980, 995f.

Kaeppeli, Thomas O.P.: Praedicator Monoculus. Sermons Parisiens de la fin du XIIIe siècle. AFP 27 (1975) 120-167.

Ders.: Scriptores Ordinis Praedicatorum Medii Aevi. Vol. 2: G-I. Rom 1975.

Kamlah, Wilhelm: Apokalypse und Geschichtstheologie. Die mittelalterliche Auslegung der Apokalypse vor Joachim von Fiore. Historische Studien. Berlin 1935 (= Vaduz 1965).

Kampers, Franz: Alexander der Große und die Idee des Weltimperiums in Prophetie und Sage. Freiburg i. Br. 1901.

Ders.: Die deutsche Kaiseridee in Prophetie und Sage. München 1896 (Neudruck: Aalen 1969).

Kantorowicz, Ernst H.: Die zwei Körper des Königs. „The King's Two Bodies". Eine Studie zur politischen Theologie des Mittelalters. München 1990 (= dtv 4465).

Kehl, Medard: Aktualisierte Apokalyptik: K. Rahner, J. B. Metz, E. Drewermann. ThPh 64 (1989) 1-22.

Ders.: Apokalyptik (systematisch-theologisch). In: LThK³ I, 1993, 819f.

Keil, Gundolf: Arnald von Villanova. In: VerfLex² I, 1978, 455-458.

Keller, C. A.: Gog und Magog. In: RGG³ II, 1958, 1683f.

Keller, Joseph R.: The Triumph of Vice. A Formal Approach to the Medieval Complaint Against the Times. *Annuale Medievale* 10 (1968) 3–58.

Keller, Werner: Und wurden zerstreut unter alle Völker. Die nachbiblische Geschichte des jüdischen Volkes. München/Zürich 1966.

Kelly, John N. D.: Altchristliche Glaubensbekenntnisse. Stuttgart ³1972.

Kerényi, Karl: Die Mythologie der Griechen. Bd. 1: Die Götter- und Menschheitsgeschichten. München 1966 (dtv 1345) (= München 1958).

Kettler, Wilfried: Das Jüngste Gericht. Philologische Studien zu den Eschatologie-Vorstellungen in den alt- und frümittelhochdeutschen Denkmälern. Berlin/New York 1977 (= Quellen und Forschungen zur Sprach- und Kulturgeschichte der germanischen Völker NF 70).

Kirschbaum, Engelbert (Hrsg.): Lexikon der christlichen Ikonographie. 8 Bde. Freiburg/Basel/Wien 1968–1976.

Kleber, Hermann: Glück als Lebensziel. Untersuchungen zur Philosophie des Glücks bei Thomas von Aquin. Münster 1987 (= BGPhThMA NF 31).

Kluxen, Wolfgang: Thomas von Aquin: Das Seiende und seine Prinzipien. In: Philosophie des Altertums und des Mittelalters. Hrsg. von Josef Speck. Göttingen ²1978, 177–220 (= UTB 146).

Knoch, Peter: Die letztwillige Verfügung Peters III. von Aragón und die Sizilienfrage. *DA* 24 (1968) 78–117.

Knoch, Wendelin: Die Frühscholastik und ihre Ekklesiologie. Eine Einführung. Paderborn 1992.

Knowles, David: The Evolution of Medieval Thought. London 1962.

Kobusch, Theo: Die Entwicklung der Person. Metaphysik der Freiheit und modernes Menschenbild. Freiburg/Basel/Wien 1993.

Koch, Johannes: Die Siebenschläferlegende. Ihr Ursprung und ihre Verbreitung. Eine mythologisch-literaturgeschichtliche Studie. Leipzig 1883.

Koch, Josef: Philosophische und theologische Irrtumslisten von 1270–1329. Ein Beitrag zur Entwicklung der theologischen Zensuren. In: Ders.: Kleine Schriften. Bd. 2. Rom 1973, 423–450 (= SeL 128).

Koch, Klaus: Spätisraelitisches Geschichtsdenken am Beispiel des Buches Daniel. *HZ* 193 (1961) 1–32.

Koehler, Theodor: Maria, Mater Ecclesiae. In: *Etudes Mariales* 11 (1953) 133–157.

Kölmel, Wilhelm: Regimen Christianum. Weg und Ergebnisse des Gewaltenverhältnisses und des Gewaltenverständnisses vom 8. bis zum 14. Jahrhundert. Berlin 1970.

Kolping, Adolf: Qualifikationen, theologische. In: LThK² VIII, 1963, 914–920.

Komosko, Michael: Das Rätsel des Pseudomethodius. *Byzantion* 6 (1931) 273–296.

Konrad, Robert: Apokalyptik. In: TRE III, 1978, 257–280.

Ders.: De ortu et tempore Antichristi. Antichristvorstellung und Geschichtsbild des Abtes Adso von Montier-en-Der. Kallmünz 1964 (= Münchener historische Studien. Abteilung mittelalterliche Geschichte).

Körtner, Ulrich H. J.: Weltangst und Weltende. Eine theologische Interpretation der Apokalyptik. Göttingen 1988.

Ders.: Weltzeit, Weltangst und Weltende. Zum Daseins- und Zeitverständnis der Apokalypse. *ThZ* 45 (1989) 32–52.

Köster, Heinrich: Urstand, Fall und Erbsünde in der Scholastik. Freiburg/Basel/Wien 1979 (= HDG II, fasc. 3b).

Kötting, Bernhard: Mit staatlicher Macht gegen Häresien? In: Ders.: Ecclesia peregrinans. Das Gottesvolk unterwegs. Gesammelte Aufsätze. Bd 1. Hrsg. von Maria-Barbara von Stritzky. Münster 1988, 107–121 (= Münstersche Beiträge zur Theologie, 54,1).

Kraft, Heinrich: Die Offenbarung des Johannes. Tübingen 1974 (= HNT 16a).

Kretschmar, Georg: Die Offenbarung des Johannes. Die Geschichte ihrer Auslegung im 1. Jahrhundert. Stuttgart 1985 (= Calwer Theologische Monographien Reihe B, Bd. 9).

Kugler, Hartmut: Ovidius Naso, P. In: VerfLex² VII, 1989, 247–274.

Kunitzsch, Paul: Abu Ma'sar. In: LexMA I, 1980, 69.

Kurze, Dietrich: Popular Astrology and Prophecy in the Fifteenth and Sixteenth Centuries. Johannes Lichtenberger. In: Astrologi hallucinati. Stars and the End of the World in Luther's Time. Hrsg. von Paola Zambelli. Berlin/New York 1986, 177–193.

Laarmann, Matthias: Heinrich von Harclay. In: LexMA IV, 1989, 2092f.

Ders.: Propheten, Prophetie. A. Christliches Abendland. III. Prophetie als erkenntnistheoretisches Problem. In: LexMA VII, 1995, 255f.

Lajard, Félix: Jean de Paris, Dominicain. HLF 25 (1869) 244–270.

Ders.: Pierre d'Auvergne, Chanoine de Notre Dame, Recteur de l'Université de Paris. Histoire littéraire de la France 25 (1869) 93–118.

Lambert, Malcolm: Ketzerei im Mittelalter. Eine Geschichte von Gewalt und Scheitern. Freiburg/Basel/Wien 1991, 272–280 (= Herder/Spektrum Bd. 4047).

Landes, Richard: Lest the Millennium be fulfilled: Apocalyptic Expectations and the Pattern of Western Chronography 100–800 CE. In: The Use and Abuse of Eschatology in The Middle Ages. Hrsg. von Werner Verbeke, Daniel Verhelst, Andries Welkenhuysen. Löwen 1988, 137–211 (= Mediaevalia Lovaniensia. Series 1: Studia 15).

Langholm, Odd: Economics in the Medieval Schools. Wealth, Exchange, Value, Money and Usury according to the Paris Theological Tradition 1200–1350. Leiden/New York/Köln 1992 (= Studien und Texte zur Geistesgeschichte des Mittelalters. 29).

Laureys, Marc/Verhelst, Daniel: Pseudo-Methodius, Revelationes: Textgeschichte und kritische Edition. Ein Leuven-Groninger Forschungsobjekt. In: The Use and Abuse of Eschatology in the Middle Ages. Hrsg. von Werner Verbeke, Daniel Verhelst, Andries Welkenhuysen. Löwen 1988, 112–136 (= Mediaevalia Lovaniensia. Series 1: Studia 15).

Lechner, Martin/Squarr, Christel: Siebenschläfer (Sieben Kinder) von Ephesus. In: LCI 8, 1976, 344–348.

Leclercq, Jean: Jean de Paris et l'Ecclésilogie du XIIIᵉ siècle. Paris 1949.

Ledos, E.-G.: Arnaud de Villeneuve. In: DBF III, 1939, 843–847.

Lee, Harold/Reeves, Marjorie: The School of Joachim of Fiore. In: Western Mediterranean Prophecy. The School of Joachim of Fiore and the Fourtheenth-Century. Breviloquium. Hrsg. von dens. und Giulio Siano. Toronto 1989, 3–147 (= STPIMS 88).

Lee, Harold: Scrutamini Scripturas. Joachimist Themes and Figurae in the Early Religious Writings of Arnold of Villanova. Journal of the Warburg and Courtauld Institutes 37 (1974) 33–54.

Leff, Gordon: Heresy in the Later Middle Ages. The Relation of Heterodoxy to Dissent c. 1250–1450. 2 Bde. New York 1967.

Ders.: Paris and Oxford Universities in the XIIIth and XIVth Centuries. New York 1968.

Le Goff, Jacques: Das Hochmittelalter. Frankfurt a. M. 1965 (= Fischer Weltgeschichte Bd. 11).

Ders.: Die Geburt des Fegefeuers. Vom Wandel des Weltbildes im Mittelalter. München 1990 (= dtv 4532).

Ders.: Kultur des europäischen Mittelalters. München/Zürich 1970.

Lerner, Robert E.: Antichrists and Antichrist in Joachim of Fiore. Speculum 60 (1985) 553–570.

Ders.: Frederick II, Alive, Aloft, and Allayed, In Franciscan-Joachite Eschatology. In: The Use and Abuse of Eschatology in the Middle Ages. Hrsg. von Werner Verbeke, Daniel Verhelst, Andries Welkenhuysen. Löwen 1988, 359-384 (= Mediaevalia Lovaniensia. Series 1: Studia 15).

Ders.: Medieval Prophecy and Religious Dissent. *Past and Present* 72 (1976) 3-24.

Ders.: Poverty, Preaching and Eschatology in the Revelation Commentaries of Hugo of St. Cher. In: The Bible in the Medieval World. Essays in Memory of Beryl Smalley. Hrsg. von Katherine Walsh und Diana Wood. Oxford 1985, 157-189 (= Studies in Church History, Subsidia 4).

Ders.: Refreshment of the Saints. The Time After Antichrist as a Station for Earthly Progress in Medieval Thought. *Tr.* 32 (1976) 97-144.

Leroy, Beatrice: Navarra. In: LexMA VI, 1994, 1058-1061.

Liebeschütz, Hans: Synagoge und Ecclesia. Religionsgeschichtliche Studien über die Auseinandersetzung der Kirche mit dem Judentum im Hochmittelalter. Hrsg. und mit einer Einleitung, einem Nachwort und einer Bibliographie Hans' Liebeschütz versehen von Alexander Patschovsky mit einem Geleitwort von Fritz Martini und Peter de Mendelssohn. Heidelberg 1983, 210-236.

Lindberg, David C.: On the Applicability of Mathematics to Nature. Roger Bacon and his Predecessors. *The British Journal for the History of Science* 15 (1982) 3-25.

List, Günther: Chiliastische Utopie und radikale Reformation. Die Erneuerung der Idee vom Tausendjährigen Reich im 16. Jahrhundert. München 1973.

Lobrichon, Guy: L'ordre de ce temps et les désordres de la fin: apocalypse et société, du IXᵉ à la fin du XIᵉ siècle. In: The Use and Abuse of Eschatology in the Middle Ages. Hrsg. von Werner Verbeke, Daniel Verhelst, Andries Welkenhuysen. Löwen 1988, 221-241 (= Mediaevalia Lovaniensia. Series 1: Studia 15).

Lohr, Charles H.: Arnald von Villanova. In: LThK³ I, 1993, 1015f.

Ders.: Commentateurs d'Aristotle au moyen-age latin. Bibliographie de la littérature secondaire récente. Freiburg/Paris 1988 (= Vestigia 2).

Ders.: Medieval Latin Aristotle Commentaries. *Tr.* 24 (1968) 149-245.

Lohse, Eduard: Die Offenbarung des Johannes. Übers. und erkl. Göttingen ⁴1976 (= Das Neue Testament Deutsch Bd. 11).

Lortz, Joseph: Geschichte der Kirche in ideengeschichtlicher Betrachtung. Eine geschichtliche Sinndeutung der christlichen Vergangenheit. Münster ¹⁰1941.

Louis, François: Das Hochmittelalter. In: Islam. Die Entstehung Europas. Hrsg. von Golo Mann und August Nitschke. Frankfurt a. M. 1991 (Sonderausgabe), 395-488. (Propyläen Weltgeschichte. Eine Universalgeschichte Bd. 5).

Löwe, Heinz: Deutschland im fränkischen Reich. Stuttgart ⁴1978 (= Gebhardt, Handbuch der deutschen Geschichte. Bd. 2, dtv wr 4202).

Löwith, Karl: Weltgeschichte und Heilsgeschehen. Die theologischen Voraussetzungen der Geschichtsphilosophie. Stuttgart ⁴1961.

Lubac, Henri de: Corpus mysticum. Paris ²1949.

Ders.: Der geistige Sinn der Schrift. Mit einem Geleitwort von Hans Urs von Balthasar. Einsiedeln 1952 (= Christ heute II/5).

Ders.: Exégèse Médiévale. Les quatre sens de l'écriture. 2 Bde., in 4 Teilbänden. Paris 1959-1964 (= Théologie 41/1-2-42-59).

Ders.: La postérité spirituelle de Joachim de Flore. Tome 1: De Joachim à Schelling. Paris/Namur 1979.

Ludolphy, Ingetraut: Luther und die Astrologie. In: Astrologi hallucinati. Star and the End of the Word in Luther's Time. Hrsg. von Paola Zambelli. Berlin/New York 1986, 101-107.

Lübbe, Hermann: Neue Apokalyptik und alte Konstellationen. In: Ders: Fortschrittsreaktionen. Über konservative und destruktive Modernität. Graz/Wien/Köln 1987, 93–98.

Luneau, Auguste: L'Histoire du salut chez les pères du l'Église: La doctrine des âges du monde. Paris 1964.

Macken, Raymond: Guido Terrena (Terreni) von Perpignan. In: LexMA IV, 1989, 1776.

Maier, Anneliese: Handschriftliches zu Arnaldus de Villanova und Petrus Ioannis Olivi. AST 21 (1948) 53–74, Abdruck in dies.: Ausgehendes Mittelalter. Gesammelte Aufsätze zur Geistesgeschichte des 14. Jahrhunderts. Hrsg. von A. P. Bagliani. Bd. 2. Rom 1967, 215–237 (= Storia e letteratura 105).

Dies.: Codices Burghesiani Bibliothecae Vaticanae. Vatikanstadt 1952 (= Studi e Testi 170).

Maloney, Thomas S.: Roger Bacon: Compendium of the Study of Theology. Edition and Translation with Introduction and Notes. Leiden/New York/Kopenhagen/Köln 1988 (= Studien und Texte zur Geistesgeschichte des Mittelalters Bd. 20).

Manselli, Raoul/Wolter, Hans: Arnald von Villanova. In: LexMA I, 1980, 994–996.

Manselli, Raoul: Arnaldo da Villanova e i papi del suo Tempo. Tra religione e politica. Studi Romani 7 (1959) 146–161.

Ders.: Franziskus. Der solidarische Bruder. Zürich/Einsiedeln/Köln 1984.

Ders.: Il problema del doppio anticristo in Gioacchino da Fiore. In: Geschichtsschreibung und geistiges Leben im Mittelalter. Festschrift für Heinz Löwe zum 65. Geburtstag. Hrsg. von Karl Hauck und Hubert Mordek. Köln 1978, 427–449.

Ders.: L'Anticristo mistico Pietro di Giovanni Olivi, Ubertino da Casale e i Papi del loro tempo. Collectanea franciscana 47 (1977) 5–25.

Ders.: L'Apocalisse e l'interpretazione francescana della storia. In: The Bible and Medieval Culture. Hrsg. von Willem Lourdaux und Daniel Verhelst. Löwen 1979, 157–170 (= Mediaevalia Lovaniensia. Series 1: Studia 7).

Ders.: La religiosità d'Arnaldo da Villanova. Bulletino dell' Istituto Storica Italiano per il Medioevo e Archivio Muratoriano 63 (1951) 43–59.

Ders.: Spirituels et Béguins du Midi. Traduction de Jean Duvernoy. Toulouse 1989 (= Bibliothèque historique Privat).

Ders.: Un bilancio attuale sull'opera di Gioacchino da Fiore. Florensia. Bollettino del Centro Internazionale di Studi Gioachimiti 1 (1987) 101–104.

Mansi, Giovanni D.: Sacrorum Conciliorum Nova et Amplissima Collectio. 53 vol. in 58 Bden. Florenz 1759–1798.

Marcuzzi, Peter G.: Una soluzione teologico-giuridica al problema dell'usura in una questione „de quolibet" inedita di Guido Terreni (1260?–1324). Salesianum 41 (1979) 647–684.

Marenbon, John: Later Medieval Philosophy (1150–1350). An Introduction. London/New York 1987.

Martin de Barcelona, O.F.M.Cap.: Nous documents per a la biografia d'Arnau de Vilanova. AST 11 (1935) 85–128.

Martin, John Hillary: John of Paris. In: DMA VII, 1986, 136f.

Martin, Leslie H.: Comic Eschatology in the Chester Coming of Antichrist. Comparative Drama 5 (1971) 163–176.

Matthiesen, D./Haidyl, W.: Astrologie. Die vier Bücher des Claudius Ptolemäus. Den Haag o. J.

Mayer, Hans Eberhard: Geschichte der Kreuzzüge. Stuttgart ⁷1989 (= Urban Tb 86).

McCready, William D.: Papalists and Antipapalists. Aspects of the Church. State Controversy in the Later Middle Ages. Viator 6 (1975) 246–252.

McGinn, Bernard: Angel Pope and Papal Antichrist. Church History 47 (1978) 155–173.

Ders.: Apocalypticism in the Middle Ages. An Historiographical Sketch. *Mediaeval Studies* 37 (1975) 252–286.

Ders.: Joachim and the Sibyl. An Early Work of Joachim of Fiore from Ms. 322 of the Biblioteca Antoniana in Padua. *Cîteaux. Commentarii Cistercienses* 24 (1973) 97–138.

Ders.: Joachim of Fiore's Tertius Status: Some Theological Appraisals. In: L'età dello Spirito e la fine dei tempi in Gioacchino da Fiore e nel Gioachimismo medievale. Atti del II Congresso internazionale di studi Gioachimiti. Hrsg. von Antonio Crocco. S. Giovanni in Fiore 1986, 217–236.

Ders.: Portraying Antichrist in the Middle Ages. In: The Use and Abuse of Eschatology in the Middle Ages. Hrsg. von Werner Verbeke, Daniel Verhelst, Andries Welkenhuysen. Löwen 1988, 1–48 (= Mediaevalia Lovaniensia ser. 1, studia XV).

Ders.: The Abbot and the Doctors. Scholastic Reactions to the Radical Eschatology of Joachim of Fiore. *Church History* 40 (1971) 30–47.

Ders.: The Calabrian Abbot Joachim of Fiore in the History of Western Thought. New York 1985.

Ders.: Visions of the End. Apocalyptic Traditions in the Middle Ages. New York 1979.

McNamara, Jo Ann: Gilles Aycelin. The Servant of two Masters. New York 1973.

McVaugh, Michael: Aphorismi de gradibus. Arnaldi de Villanova opera medica omnia. Bd. 2. Granada 1975.

Ders.: Arnald of Villanova. In: DSB I, 1970, 289–291.

Ders.: Further documents for the biography of Arnaldus de Villanova. *Dynamis* 2 (1982) 362–372.

Ders.: The Experimenta of Arnald of Villanova. *Journal of Medieval and Renaissance Studies* 1 (1971) 107–118.

Meer, Fritz van der: Apokalypse. Die Visionen des Johannes in der europäischen Kunst. Freiburg/Basel/Wien 1978.

Meier, Christel: Hildegard von Bingen. In: VerfLex² III, 1981, 1257–1280.

Melsen, Iacobus: Guido Terreni (1260?–1342) Ord. Carm., iurista. Rom 1939.

Menéndez y Pelayo, Marcelino: Arnaldo de Villanova, médico catalán del siglo XIII. Madrid 1879.

Ders.: Historia de los heterodoxos españoles. Bd. 1. Madrid ³1978 (= Biblioteca de Autores Cristianos 150).

Ders.: Historia de los heterodoxos españoles. Bd. 3. Madrid ²1981.

Menne, Albert: Zur Kontraposition in der Scholastik. In: Ecclesia et regnum. Beiträge zur Geschichte von Kirche, Recht und Staat im Mittelalter. Festschrift für Franz-Josef Schmale zu seinem 65. Geburtstag. Hrsg. von Dieter Berg und Hans Werner Goetz. Bochum 1989, 235–239.

Mensa i Valls. Jaume: Arnau de Vilanova, espiritual: guia bibliogràfica. Barcelona 1994 (= Institut d'estudis catalans 17).

Ders.: La polèmica escatològica entre Arnau de Vilanova i els filòsofs i els teòlegs professionals (1297–1305). Anàlisi dels arguments i de les argumentacions. Universitat Autònoma de Barcelona 1993.

Metz, Johann Baptist: Glaube in Geschichte und Gesellschaft. Studien zu einer praktischen Fundamentaltheologie. Mainz 1977.

Ders.: Kampf um die verlorene Zeit. *EvKomm* 11 (1978) 39–41.

Meyer, Egbert: Gerhard von Cremona. In: LexMA IV, 1989, 1317f.

Meyer, Martin: Ende der Geschichte? München 1993.

Mittellateinisches Wörterbuch bis zum ausgehenden 13. Jahrhundert. Hrsg. von der Bayerischen Akademie der Wissenschaften und der Akademie der Wissenschaften der DDR. Bd. 2. München 1985.

Mollat, Guillaume: Arnaud de Villeneuve. In: DHGE I, 1925, 440–442.

Mollat, Michel: Die Armen im Mittelalter. München 1984 (orig. Ausgabe: Les Pauvres au Moyen Age. Étude sociale. Paris 1978).

Molnár, Amedo: Die Waldenser. Geschichte und Ausmaß einer europäischen Ketzerbewegung. Freiburg/Basel/Wien 1993 (= Herder/Spektrum Bd. 4233).

Moltmann, Jürgen: Der Weg Jesu Christi. Christologie in messianischen Dimensionen. München 1989.

Mordek, Hubert: Dionysius Exiguus. In: LexMA III, 1986, 1088–1092.

Moreau, Jacques: Die Christenverfolgung im Römischen Reich. Berlin 1961.

Morris, Colin: The Papal Monarchy. The Western Church from 1050–1250. Oxford 1989.

Mottu, Henry: Joachim von Fiore. In: Mittelater I. Hrsg. von Martin Greschat. Stuttgart/Berlin/Köln/Mainz 1983, 249–266 (= Gestalten der Kirchengeschichte Bd. 3).

Müller, Gerhard: Die heilige Hildegard im Kampf mit Häresien ihrer Zeit. Zur Auseinandersetzung mit den Katharern. In: Hildegard von Bingen 1179–1979. Festschrift zum 800. Todestag der Heiligen. Mainz 1979, 182–188 (= Quellen und Abhandlungen zur mittelrheinischen Kirchengeschichte Bd. 33).

Müller, Karlheinz: Antichrist (im AT und NT). In: LThK³ I, 1993, 744f.

Muller, Jean-Pierre: A propos du Mémoire justificatif de Jean Quidort. L'article sur le rapport entre l'essence et l'existence. RThAM 19 (1952) 343–351.

Ders.: Der Tractatus de Formis des Johannes Quidort von Paris. DTh 19 (1941) 195–210.

Ders.: Eine Quästion über das Individuationsprinzip des Johannes von Paris O.P. (Quidort). In: Virtus politica. Festgabe zum 75 Geburtstag von Alfons Hufnagel. Hrsg. von Joseph Möller in Verbindung mit Helmut Kohlenberger. Stuttgart-Bad Cannstatt 1974, 335–356.

Ders.: Johannes von Paris. In: LThK² V, 1960, 1068.

Ders.: La date de la lecture sur les Sentences de Jean Quidort. Angelicum 36 (1959) 129–162.

Ders.: Le Correctorium corruptorii „Circa" de Jean Quidort de Paris. Rom 1941 (= Studia Anselmiana 12/13).

Ders.: Les critiques de la thèse de Jean Quidort sur la béatitude formelle. RThAM 15 (1948) 152–170.

Ders.: Les reportations des deux premiers livres du commentaire sur les Sentences de Jean Quidort de Paris OP. Angelicum 33 (1956) 361–414.

Musper, H. Th. (Hrsg.): Der Antichrist und die fünfzehn Zeichen. Faksimile–Ausgabe des einzigen erhaltenen chiroxylographischen Blockbuches. 2 Bde. München 1970.

Musurillo, Herbert A.: Méthode d'Olympe (saint). In: DSp X, 1980, 1109–1117.

Mußner, Franz: Kennzeichen des nahen Endes nach dem Neuen Testament. In: Weisheit Gottes – Weisheit der Welt. Festschrift für Joseph Kardinal Ratzinger zum 60. Geburtstag. Hrsg. von Walter Baier, Stephan O. Horn, W. Vinzenz Pfnür u. a. St. Ottilien 1987, Bd. 2, 1295–1308.

Neugebauer, Otto: Thabit ibn Qurra „On the Solar Year" and „On the Motion of the Eighth Sphere". Proceedings of the American Philosophican Society 106 (1962) 264–299.

Ders.: The Transmission of Planetary Theories in Ancient and Medieval Astronomy Scripta Mathematica 22 (1956) 165–192.

Neuss, Wilhelm: Die Apokalypse des Heiligen Johannes in der altspanischen und altchristlichen Bibelillustration. 2 Bde. Münster 1931.

Nipperdey, Thomas: Wo aber Einheit ist, wächst das Spaltende auch. FAZ, Nr. 252 (29. 10. 1991), 35f.

Ders.: Wozu noch Geschichte? In: Über das Studium der Geschichte. Hrsg. von Wolfgang Hardtwig. Nördlingen 1990, 366–388 (= dtv 4546).

Nitschke, August: Der sizilianische Adel unter Karl von Anjou und Peter von Aragón. *QFIAB* 45 (1965) 241–273.

Ders.: Karl von Anjou und Peter von Aragón. Ihre Stellung zur sizilianischen Bevölkerung. In: Festschrift für Percy Ernst Schramm zu seinem siebzigsten Geburtstag von Schülern und Freunden zugeeignet. Hrsg. von Peter Classen und Peter Scheibert. Wiesbaden 1964, Bd. 1, 322–333.

Nölle, Georg: Die Legende von den Fünfzehn Zeichen vor dem Jüngsten Gerichte. *Beiträge zur Geschichte der deutschen Sprache und Literatur* 6 (1879) 413–476.

Nolan, Barbara: The Gothic Visionary Perspective. Princeton 1977.

North, John D.: Celestial Influence – The Major Premiss of Astrology. In: Astrologi hallucinati. Stars and the End of the World in Luther's Time. Hrsg. von Paola Zambelli. Berlin/New York 1986, 45–100.

Noth, Martin: Das Geschichtsverständnis der alttestamentlichen Apokalyptik. In: Gesammelte Studien zum Alten Testament. München ³1966, 257–264 (= Theologische Bücherei Bd. 6).

Oberman, Heiko A.: Fourteenth Century Religious Thought. A Premature Profile. *Speculum* 53 (1978) 80–93.

Oexle, Otto Gerhard: Das entzweite Mittelalter. In: Die Deutschen und ihr Mittelalter. Themen und Funktionen moderner Geschichtsbilder vom Mittelalter. Hrsg. von Gerd Althoff. Darmstadt 1992, 7–28.

Ogle, M. B.: Petrus Comestor, Methodius, and the Saracens. *Speculum* 21 (1946) 318–324.

Orlando, Thomas A.: Roger Bacon and the „Testimonia Gentilium de Secta Christiana". *RThAM* 43 (1976) 202–218.

Oswald, Josef: Siebenschläfer. LThK² IX, 1964, 737f.

Paniagua, Juan Antonio: Abstinencia de carnes y medicina (El Tractatus de esu carnium de Arnau de Vilanova). *Scripta theologia* 16 (1984) 323–346.

Ders.: Arnau de Vilanova, médico escolástico. *Asclepio* 18/19 (1966/7) 517–532.

Ders.: Cronologia de los hechos de la vida der Arnau de Vilanova. *AIHMAM* 11/4 (1959) 420–432.

Ders.: El Maestro Arnau de Vilanova médico. Valencia 1969.

Ders.: Estudios y notas sobre Arnau de Vilanova. *AIHMAM* 11 (1959) 351–437.

Ders.: Maître Arnau de Vilanova, paradigme de la Médicine Universitaire médiévale. In: Colloque international d'histoire de la médicine médiévale. Bd. 1. Hrsg. von der Société Orléannaise d'Histoire de la Médicine. Centre Jeanne d'Arc. Orléans 1985, 64–73.

Ders.: Vida de Arnaldo de Vilanova. *AIHMAM* 3 (1951) 3–83.

Ders.: Arnald von Villanova. In: LexMA I, 1980, 995.

Paniagua, Juan A./Batllori, Miguel: La patria y familia de Arnau de Vilanova. *AST* 20 (1947) 5–75.

Pasztor, Edith: Ideale del monachesimo ed „età dello Spirito" come realtà spirituale e forma d' utopia. In: L'età dello Spirito e la fine dei tempi in Gioacchino da Fiore e nel Gioachimismo medievale. Atti del II Congresso internazionale di studi Gioachimiti. Hrsg. von Antonio Crocco. S. Giovanni in Fiore 1986, 55–124.

Patschovsky, Alexander: Häresie. In: LexMA IV, 1989, 1933–1937.

Ders.: Was sind Ketzer? Über den geschichtlichen Ort der Häresien im Mittelalter. In: „. . . eine finstere und fast unglaubliche Geschichte?". Mediävistische Notizen zu Umberto Ecos Mönchsroman *Der Name der Rose.* Hrsg. von Max Kerner. Darmstadt 1987, 169–190.

Pattin, Adriaan: Jean de Paris († 1306) et son traité sur l'impanation. *Angelicum* 54 (1977) 184–206.

Paulus, Camill: Welt- und Ordensklerus beim Ausgang des XIII. Jahrhunderts im Kampfe um die Pfarr-Rechte. Essen 1900.

Pedersen, Olaf: A Survey of the Almagest. Odense 1974 (= Acta Historica Scientiarum Naturalium et Medicinalium Bd. 30).

Ders./Pihl, Mogans: Early Physics and Astronomy. A Historical Introduction. London 1974.

Ders.: The Theorica Planetarum-Literature of the Middle Ages. *Classica et Mediaevalia* 23 (1962) 225–232.

Pelster, Franz: Die Quaestio Heinrichs von Harclay ueber die zweite Ankunft Christi und die Erwartung des baldigen Weltendes zu Anfang des XIV. Jahrhunderts. In: Textes Franciscains. Hrsg. von Ferdinand-M. Delorme. Rom 1948, 27–82.

Ders.: Ein anonymer Traktat des Johannes von Paris O.P. über das Formenproblem in Cod. Vat. 862. *DTh* 24 (1946) 3–28.

Ders.: Forschungen zur Quaestionenliteratur in der Zeit des Alexander von Hales. *Schol.* 6 (1931) 321–353.

Ders.: Heinrich von Harclay, Kanzler von Oxford und seine Quästionen. In: Miscellanea Francesco Ehrle. Rom 1924. Bd. 1, 307–356.

Ders.: Quodlibeta und Quaestiones des Nikolaus von Lyra O.F.M. († 1349). In: Mélanges Joseph de Ghellinck. Gembloux 1951, Bd. 2, 950–973.

Ders.: Zur Datierung der Correctoria und der Schriften des Johannes von Paris O.P. *DTh* 30 (1952) 413–438.

Ders./Little, A. G.: Oxford Theology and Theologians c. A. D. 1282–1302. Oxford 1934.

Pelzer, Auguste: Codices Vaticani latini. Bd. 2: Codices 679–1134. Rom 1931, 445–450 (= Bibliothecae Apostolicae Vaticanae codices manu scripti recensiti).

Peppermüller, Rolf: Inspiration. In: LexMA V, 1991, 450.

Ders.: Nikolaus von Lyra. In: LexMA VI, 1993, 1185.

Perarnau i Espelt, Josep: El text primitiu del *De mysterio cymbalorum ecclesiae* d'Arnau de Vilanova. *ATCA* 7/8 (1988/1989) 7–169.

Ders.: Fragments en català del tractat perdut d'Arnau de Vilanova *De fine mundi* en una disputa entorn de les previsions escatològiques (Vilafranca del Penedès i Barcelona, 1316–1317). *ATCA* 7/8 (1988/1989) 282–287.

Ders.: Francesco Santi, Arnau de Vilanova. L'obra espiritual (Rezension). *ATCA* 6 (1987) 345–348.

Ders.: Harold Lee/Marjoree Reeves (Hrsg.): Western Mediterranean Prophecy. Toronto 1989 (Rezension). *ATCA* 10 (1991) 402–404.

Ders.: Guiu Terrena critica Arnau de Vilanova. Edició de la Quaestio utrum per noticiam Sacrae Scripturae possit determinate sciri tempus Antichristi. En apèndix, tres fragments de teòlegs contemporanis relatius a la tesi escatològica arnaldiana. *ATCA* 7/8 (1988/1989) 171–222.

Ders.: L'Ars catholicae philosophiae (primera redacció de la Philosophia catholica et divina) d' Arnau de Vilanova. En apèndix, les dues lletres que acompanyaven les còpies destinades a Bonifaci VIII i al Col·legi Cardenalici i les requestes a Benet XI i al cambrer papal en seu vacant. Edició i estudi del text. *ATCA* 10 (1991) 7–223.

Ders.: L'exemplar del 'De mysterio cimbalorum' d'Arnau de Vilanova ofert a Bonifaci VIII. *ATCA* 6 (1987) 299–303.

Ders.: Noves Dades Biogràfices de mestre Arnau de Vilanova. *ATCA* 7/8 (1988/1989) 276–282.

Ders.: ‚Tractatus de mysterio cymbalorum ecclesiae' d'Arnau de Vilanova. *ATCA* 7/8 (1988/1989) 53–133.

Ders.: Una altra carta de Guiu Terrena sobre el procés inquisitorial contra el franciscà fra Bernat Fuster. *EF* 82 (1981) 383–392.

Pieper, Josef: Über das Ende der Zeit. Eine geschichtsphilosophische Betrachtung. München ³1980.

Ders.: Wahrheit der Dinge. Eine Untersuchung zur Anthropologie des Hochmittelalters. München ⁴1966.

Ders.: Was heißt „christliches Abendland"? In: Ders.: Erkenntnis und Freiheit. München 1964, 30–36 (= dtv 234).

Pines, Shlomo: The Semantic Distinction Between the Terms Astromomy and Astrology According to Al-Biruni. Isis 55 (1964) 343–349.

Pirenne, Henri: Sozial- und Wirtschaftsgeschichte Europas im Mittelalter. München ³1974 (= UTB 33).

Plöger, Otto: Das Buch Daniel. Stuttgart 1965.

Poesch, Jessie: The Beasts from Job in the „Liber Floridus" Manuscripts. Journal of the Warburg and Courtauld Institutes 33 (1970) 42–51.

Pomian, Krzystof: Astrology as a Naturalistic Theology of History. In: Astrologi hallucinati. Stars and the End of the World in Luther's Time. Hrsg. von Paola Zambelli. Berlin/New York 1986, 29–43.

Poole, Reginald L.: Medieval Reckonings of Time. London 1918.

Potestà, Gian Luca: Propheten, Prophetie. A. Christliches Abendland. I. Prophetische Literatur.In: LexMA VII, 1995, 252–254.

Pou y Martí, José: Visionarios, beguinos y fraticelos catalanes (siglos XIII–XV). Vichy 1930 (Erstveröffentlichung unter dem Titel: Visionarios, beguinos y fraticellos catalanes. Archivo Ibero-Americana XI [1919] 142–231).

Prantl, Carl: Geschichte der Logik im Abendlande. 4 Bde. Graz 1955 (Leipzig 1855–1867).

Preuß, Hans: Die Vorstellungen vom Antichrist im späteren Mittelalter, bei Luther und in der konfessionellen Polemik. Ein Beitrag zur Theologie Luthers und zur Geschichte der christlichen Frömmigkeit. Leipzig 1906.

Puig i Oliver de, Jaume: Cronìca de la I Trobada Internacional d'Etudis sobre Arnau de Vilanova. ATCA 13 (1994) 9–24.

Punt, Jozef: Die Idee der Menschenrechte. Ihre geschichtliche Entwicklung und ihre Rezeption durch die moderne katholische Sozialverkündigung. Paderborn 1992.

Puza, Richard: Laie. In: LexMA V, 1991, 1616f.

Quasten, J.: Victorinus, LThK² X, 1965, 775.

Quétif, Jacques/Echard, Jacques: Scriptores Ordinis Praedicatorum. 2 Bde. Paris 1719–1721.

Quinto, Riccardo: Petrus Comestor. In: LexMA VI, 1993, 1967f.

Raby, Frederic J. E.: A History of Christian-Latin Poetry. From the Beginnings to the Close of the Middle Ages. Oxford ²1953.

Rahner, Hugo: Symbole der Kirche. Ekklesiologie der Väter. Salzburg 1964.

Rahner, Karl: Antichrist. In: LThK² I, 1957, 635f.

Ders.: Grundkurs des Glaubens. Einführung in den Begriff des Christentums. Freiburg/Basel/Wien 1976.

Ders.: Kirchliche Frömmigkeit. In: Ders.: Praxis des Glaubens. Geistliches Lesebuch. Hrsg. von Karl Lehmann und Albert Raffelt. Zürich/Köln/Freiburg/Basel/Wien ³1985, 89–95.

Ders.: Visionen und Prophezeiungen. Zur Mystik und Transzendenzerfahrung. Freiburg ²1989.

Rangheri, Maurizio: La Epistola ad Gerbergam reginam de ortu et tempore Antichristi di Adsone di Montier-en-Der e le sue fonti. Studi Medievali 14 (1973) 677–732.

Ders.: Herkunft und Sinn der Civitas-Lehre Augustins. Begegnung und Auseinandersetzung mit W. Kamlah. In: Augustins Magister II, Paris 1954, 965–979 (Wiederabdruck in: Geschichtsdenken und Geschichtsbild im Mittelalter. Hrsg. von W. Lammers. Darmstadt 1961, 55–75).

Ranke, Leopold von: Geschichten der romanischen und germanischen Völker um 1494 bis 1514. Vorrede. Bd. 1. Leipzig/Berlin 1824.

Rashdall, Hastings: The Universities of Europe in the Middle Ages. Neu hrsg. von F. M. Powicke und A. B. Emden. 3 Bde. Oxford 1951 (= Oxford 1936).

Ratzinger, Joseph: Abbruch und Aufbruch. Die Antwort des Glaubens auf die Krise der Werte. München 1988.

Ders.: Die Bedeutung religiöser und sittlicher Werte in der pluralistischen Gesellschaft. Com(D) 21 (1992) 500–512.

Ders.: Die Geschichtstheologie des heiligen Bonaventura. München 1959 (= St. Ottilien 1992).

Ders.: Eschatologie–Tod und ewiges Leben. Regensburg ³1978 (= KKD IX).

Ders.: Eine deutsche Ausgabe der Franziskuslegende. WiWei 26 (1963) 87–93.

Ders.: Réponse. In: Installation du Cardinal Joseph Ratzinger comme associé étranger. Hrsg. von der Académie des sciences morales et politiques. Paris 1992, 19–23 (= Institut de France 11).

Rauh, Horst Dieter: Das Bild des Antichrist im Mittelalter. Von Tyconius zum Deutschen Symbolismus. Münster ²1979 (= BGPhThMA NF 9).

Reeves, Marjorie: History and Eschatology. Medieval an Early Protestant Thought in Some English and Scottish Writings. Medievalia et Humanistica 4 (1973) 99–123.

Dies.: History and Prophecy in Medieval Thought. Medievalia et Humanistica 5 (1974) 51–75.

Dies.: Joachim of Fiore and the Prophetic Future. London 1976.

Dies.: Joachimist Influences on the Idea of a Last World Emperor. Tr. 17 (1961) 323–370.

Dies.: Some Popular Prophecies from the Fourteenth to the Seventeenth Centuries. In: Popular Belief and Practice. Hrsg. von G. J. Cuming and Derek Baker. Cambridge 1972 (= Studies in Church History 8).

Dies.: The Influence of Prophecy in the Later Middle Ages. A Study in Joachimism. Oxford 1969.

Dies.: The Originality and Influence of Joachim of Fiore. Tr. 36 (1980) 269–316.

Dies./Hirsch-Reich, Beatrice: The Figure of Joachim of Fiore. Oxford 1972.

Dies./Hirsch-Reich, Beatrice: The Seven Seals in the Writings of Joachim of Fiore. RThAM 21 (1954) 211–247.

Reglà Campistol, Juan: Francia, la Corona de Aragón y la frontera pirenaica. La lucha por el Valle de Arán (siglos XIII–XIV). Madrid 1951 (= CSIC. Escuela de Estudios Medievales. Publicationes de la Sección de Barcelona No. 13).

Reho, Cosimo: L'ideale conoscitivo secondo dell'uomo spirituale secondo Arnaldo da Villanova (1238–1311). EF 87 (1986) 993–1012.

Reinink, G. J.: Pseudo-Methodius und die Legende vom römischen Endkaiser. In: The Use and Abuse of Eschatology in the Middle Ages. Hrsg. von Werner Verbeke, Daniel Verhelst, Andries Welkenhuysen. Löwen 1988, 82–111 (= Mediaevalia Lovaniensia. Series 1: Studia 15).

Rentsch, Thomas: Die Kultur der quaestio. In: Literarische Formen der Philosophie. Hrsg. von Gottfried Gabriel und Christiane Schildknecht. Stuttgart 1990, 73–91.

Reventlow, Henning Graf: Epochen der Bibelauslegung. Bd. 2: Von der Spätantike bis zum ausgehenden Mittelalter. München 1994.

Riché, Pierre: Die Karolinger. Eine Familie formt Europa. Stuttgart 1987, 419–423 (frz. Originalausgabe: Les Carolingiens. Une famille qui fit Europe. Paris 1983).

Ders./Lobrichon, Guy: Le Moyen Age et la Bible. Paris 1984 (= Bible de tous les temps 4).

Ricke, Joseph M.: The Antichrist Vita at the End of the Middle Ages: An Edition of the *byrthe and lyfe of the moorst false and deceyfull antechryst*. K.U. Leuven (= UMI Ann Arbor, Mich. 1983).

Ricoeur, Paul: Hermeneutik und Strukturalismus. München 1973.

Riedlinger, Helmut: Apokalypse. In: LexMA I, 1980, 748–750.

Ders.: Zum gegenwärtigen Verständnis der Geburt Jesu aus der Jungfrau Maria. *ThGl* 69 (1979) 22–61.

Ritt, Hubert: Offenbarung des Johannes. Würzburg 1986 (Die Neue Echter Bibel Bd. 21).

Rodrigo Lizondo, Mateu: La protesta de Valencia de 1318 y otros documentos inéditos referentes a Arnau de Vilanova. *Dynamis* 1 (1981) 241–273.

Roensch, Frederick J.: Early Thomistic School. Dubuque, Iowa 1964.

Rohde, Hans Eduard: Der Kampf um Sizilien in den Jahren 1291–1302. Berlin/Leipzig 1913.

Rösener, Werner: Bauern im Mittelalter. München 1985.

Rosenberger, Ferdinand: Die Geschichte der Physik in Grundzügen mit synchronistischen Tabellen der Mathematik, der Chemie und beschreibender Naturwissenschaften sowie der allgemeinen Geschichte. Bd. 1: Geschichte der Physik im Altertum und im Mittelalter. Hildesheim 1965 (= Nachdr. der Ausg. 1882).

Roth, Gottfried: Christus Medicus. *Arzt und Christ* 31 (1985) 7–12.

Roth, Noraman: Seis edades durará el mundo. Temas de la polémica judía española. *La Ciudad de Dios* 199 (1986) 45–65.

Rüsen, Jörn: Rekonstruktion der Vergangenheit. Grundlinien einer Historik II: Die Prinzipien der historischen Forschungen. Göttingen 1986.

Ders./Jäger, Friedrich: Historische Methode. In: Fischer Lexikon Geschichte. Hrsg. von Richard van Dülmen. Frankfurt a. M. 1990, 13–32.

Runciman, Steven: Die Sizilianische Vesper. Eine Geschichte der Mittelmeerwelt im Ausgang des 13. Jahrhunderts. München 1959.

Ruppert, Lothar: Gottes befreiendes Handeln in der Geschichtstheologie des Alten Testamentes. In: Das Heil und die Utopien. Eine Orientierungshilfe für die Praxis. Hrsg. von Ludwig Hödl, Gisbert Kaufmann, Lothar Ruppert u. a. Paderborn 1977, 67–81.

Russell, Jeffrey B.: Lucifer, The Devil in the Middle Ages. Ithaca/London ²1988.

Sackur, Ernst: Sibyllinische Texte und Forschungen. Pseudomethodius, Adso und die tiburtinische Sibylle. Turin 1963 (= Halle 1898).

Saénz de Aguirre, José: Collectio maxima conciliorum omnium Hispaniae et novi orbis. 6 Bde. Rom 1753–1755.

Santi, Francesco: Arnau de Vilanova. L'obra espiritual. València 1987 (= Història i societat 5).

Ders.: Note sulla fisionomia di un autore. Contributo allo studio dell' „Expositio super Apocalypsi". *ATCA* 13 (1994) 345–376.

Ders.: Perlo studio di Arnau de Vilanova: nota sul manoscritto C 279 della Biblioteca Marucelliana di Firenze. *EF* 87 (1986) 967–978.

Ders.: *Scripta spiritualia* di Arnau di Vilanova. *Studi medievali* 26 (1985) 977–1014.

Saranyana, Josep I./Zaballa, Ana de: Joaquín de Fiore y América. Pamplona 1992.

Sattler, Rolf-Joachim: Europa. Geschichte und Aktualität des Begriffs. Braunschweig 1971.

Saxl, Fritz: A Spiritual Encyclopedia of the Later Middle Ages. *Journal of the Warburg and Courtauld Institutes* 5 (1942) 82–142.

Schachten, Winfried H. J.: Ordo Salutis. Das Gesetz als Weise der Heilsvermittlung. Zur Kritik des heiligen Thomas von Aquin an Joachim von Fiore. Münster 1980 (= BGPhThMA NF 20).

Schäfer, Peter: Geschichte der Juden in der Antike. Die Juden Palästinas von Alexander dem Großen bis zur arabischen Eroberung. Stuttgart 1983.

Schaller, Hans-Martin: Endzeit-Erwartung und Antichristvorstellungen in der Politik des 13. Jahrhunderts. Festschrift für Hermann Heimpel. Zum 70. Geburtstag am 19. September 1971. Hrsg. von den Mitarbeitern des Max-Planck-Instituts für Geschichte. Göttingen 1972, Bd. 2, 924–947 (= Veröffentlichungen des Max-Planck-Instituts für Geschichte 36/II).

Schalück, Hermann F.: Armut und Heil. Eine Untersuchung über den Armutsgedanken in der Theologie Bonaventuras. München/Paderborn/Wien 1971 (= VGI 14).

Schenk, Richard: Omnis Christi actio nostra est instructio. The Deeds and Sayings of Jesus as Revelation in the View of Aquinas. In: La doctrine de la révélation divine de saint Thomas d' Aquin. Actes du Symposium sur la pensee de saint Thomas d'Aquin. Actes du Symposium sur la pensee de saint Thomas d'Aquin tenu à Rolduc, les 4 et 5 Novembre 1989, Hrsg. von Leo Elders. Vatikanstadt 1990, 104–131 (= Studi Thomistici 38).

Schillebeeckx, Edward: Menschen. Die Geschichte von Gott. Freiburg/Basel/Wien 1990.

Schimmelpfennig, Bernhard: Das Papsttum. Grundzüge seiner Geschichte von der Antike bis zur Renaissance. Darmstadt 1984 (= Grundzüge Bd. 56).

Schipperges, Heinrich: Der Garten der Gesundheit. Medizin im Mittelalter. München/ Zürich 1985.

Ders.: Hildegard von Bingen. Der Mensch in der Verantwortung. Das Buch der Lebensverdienste. Salzburg 1972.

Ders.: Hildegard von Bingen. Ein Zeichen für unsere Zeit. Frankfurt a. M. 1981.

Ders.: Hildegard von Bingen. Welt und Mensch. Das Buch „De operatione Dei". Aus dem Genter Kodex übersetzt und erläutert. Salzburg 1965.

Ders.: Medizin. In: LexMA VI, 1994, 452–459.

Ders.: Zur Tradition des „Christus Medicus" im frühen Christentum und in der älteren Heilkunde. *Arzt und Christ* 11 (1965) 12–20.

Schlageter, Johannes: Apokalyptisches Denken bei Petrus Johannis Olivi. Versuch einer fundamentaltheologischen Wertung. *WiWei* 50 (1987) 13–27.

Ders.: Armut. In: LexMA I, 1980, 984–987.

Ders.: Das Heil der Armen und das Verderben der Reichen. Petrus Johannis Olivi OFM. Die Frage nach der höchsten Armut. Werl in Westfalen 1989 (= Franziskanische Forschungen Bd. 34).

Schlier, Heinrich: Die Beurteilung des Staates im Neuen Testament. In: Die Zeit der Kirche. Hrsg. von Heinrich Schlier. Freiburg ²1958, 1–6. (Erstmals veröffentlicht 1932).

Schmale, Franz-Josef: Funktion und Formen mittelalterlicher Geschichtsschreibung. Eine Einführung. Mit einem Beitrag von Hans-Werner Goetz. Darmstadt 1985.

Schmaus, Michael: Katholische Dogmatik. Bd. 4/2: Von den Letzten Dingen. München ⁵1959.

Schmidt, Margot: Ephraem Syrus. In: LexMA III, 1986, 2052f.

Dies.: Hildegard von Bingen als Lehrerin des Glaubens. Speculum als Symbol des Transzendentalen. In: Hildegard von Bingen 1179–1979. Festschrift zum 800. Todestag der Heiligen. Hrsg. von Anton Ph. Brück. Mainz 1979, 95–156.

Schmidt, Roderich: Aetates mundi. Die Weltalter als Gliederungsprinzip der Geschichte. *ZKG* 67 (1957/58) 288–317.

Schmidt, Tilmann: Bonifaz VIII. In: Das Papsttum I: Von den Anfängen bis zu den Päpsten in Avignon. Hrsg. von Martin Greschat. Stuttgart/Berlin/Köln/ Mainz 1985, 248–257 (= Gestalten der Kirchengeschichte Bd. 11).

Ders.: Bonifaz VIII. In: LexMA II, 1983, 414ff.

Schmitt, Jean-Claude: La raison des gestes dans l'Occident médiéval. Paris 1990 (= Bibliothèque des Histoires).

Schmitt, Otto (Hrsg.): Reallexikon zur deutschen Kunstgeschichte. Bd. 1ff. Stuttgart 1937ff.

Schnackenburg, Rudolf: Kairos. In: LThK² V, 1960, 1242f.

Schneider, Notker: Die Kosmologie des Franciscus de Marchia. Texte, Quellen und Untersuchungen zur Naturphilosophie des 14. Jahrhunderts. Leiden/New York/Kopenhagen/Köln 1991 (= Studien und Texte zur Geistesgeschichte des Mittelalters 28).

Schneider, Richard: Die Trinitätslehre in den Quodlibeta und Quaestiones disputatae des Johannes von Neapel O.P. († 1336). München/Paderborn/Wien 1972 (= VGI 16).

Schneider, Theodor: Die Einheit des Menschen. Die anthropologische Formel „anima forma corporis" im sogenannten Korrektorienstreit und bei Petrus Johannis Olivi. Beitrag zur Vorgeschichte des Konzils von Vienne. Münster (1972) ²1988 (= BGPhThMA NF 8).

Schneyer, Johann Baptist: Eine Sermonesreihe des Mgr. Alexander von Hales in der Hs. Pavias Univ. Aldini 479f. 128 ra–180 vb. AFH 58 (1965) 2–16.

Ders.: Repertorium der lateinischen Sermones des Mittelalters. Für die Zeit von 1150–1350. 11 Bde. Münster ²1973–1990 (= BGPhThMA 43/1–11).

Schnith, Karl: Heinrich von Huntingdon. In: LexMA IV, 1989, 2094.

Schönstädt, Hans-Jürgen: Antichrist, Weltheilsgeschehen und Gottes Werkzeug. Römische Kirche, Reformation und Luther im Spiegel des Reformationsjubiläums. Wiesbaden 1978 (= Veröffentlichungen des Instituts für europäische Geschichte Bd. 88).

Scholz, Richard: Die Publizistik zur Zeit Philipps des Schönen und Bonifaz' VIII. Ein Beitrag zur Geschichte der politischen Anschauungen des Mittelalters. Amsterdam 1962 (= Stuttgart 1903) (= Kirchenrechtliche Abhandlungen Heft 6/8).

Schönberger, Rolf: Was ist Scholastik? Mit einem Geleitwort von Peter Koslowski. Hildesheim 1991 (= Philosophie und Religion Bd. 2).

Schrader, Marianna/Führkötter, Adelgundis: Die Echtheit des Schrifttums der hl. Hildegard von Bingen. Quellenkritische Untersuchungen. Köln/Graz 1956.

Schreiner, Peter: Begegnungen in einem Jahrtausend der Trennung. In: Kaiserin Theophanu. Begegnung des Ostens und Westens um die Wende des ersten Jahrtausends. Gedenkschrift des Kölner Schnütgen-Museums zum 1000. Todesjahr des Kaiserin. Hrsg. von Anton von Euw und Peter Schreiner. Köln 1991, Bd. 1, 9–12.

Schulz, Knut: Ministerialität und Bürgertum in Trier. Untersuchungen zur rechtlichen und sozialen Gliederung der Trierer Bürgerschaft vom ausgehenden 11. bis zum Ende des 14. Jahrhunderts. Bonn 1968 (= Rheinisches Archiv 66).

Schulze, Gerhard: Die Erlebnisgesellschaft. Kultursoziologie der Gegenwart. Frankfurt/New York ²1992.

Schwarz, Hans: Jenseits von Utopie und Resignation. Einführung in die christliche Eschatologie. Wuppertal/Zürich 1991.

Schwinges, Rainer Ch.: Die Kreuzzugsbewegung. In: Europa im Hoch- und Spätmittelalter. Hrsg. von Ferdinand Seibt. Stuttgart 1987, 174–198 (= Handbuch der europäischen Geschichte Bd. 2).

Segl, Peter: Ketzer in Österreich. Untersuchungen über Häresie und Inquisition im Herzogtum Österreich im 13. und beginnenden 14. Jahrundert. Paderborn/München/Wien/Zürich 1984 (= Quellen und Forschungen aus dem Gebiet der Geschichte NF 5).

Seibt, Ferdinand: Deutschland und die Tschechen. Geschichte einer Nachbarschaft in der Mitte Europas. München/Zürich ²1995.

Ders.: Die Krise der Frömmigkeit–die Frömmigkeit aus der Krise. Zur Religiosität des späteren Mittelalters. In: 500 Jahre Rosenkranz 1475–1975. Hrsg. vom Erzbischöflichen Diözesan-Museum Köln 1975, 11–29.

Ders.: Die Zeit als Kategorie der Geschichte und als Kondition des historischen Sinns. In: Mittelalter und Gegenwart. Ausgewählte Aufsätze. Festgabe zu Ferdinand Seibts 60. Geburtstag. Hrsg. von Winfried Eberhard und Heinz-Dieter Heimann. Sigmaringen 1987, 3–46.

Ders. (Hrsg.): Europa im Hoch- und Spätmittelalter. Stuttgart 1987 (= Handbuch der europäischen Geschichte Bd. 2).

Ders.: Europa und die Luxemburger. In: Die Parler und der Schöne Stil 1350–1400. Europäische Kunst unter den Luxemburgern. Bd. 1. Hrsg. von Anton Legner. Köln 1987, 1–8.

Ders.: Geleitwort. In: Gerwing, Manfred: Cappenberg unter Tage. Zur Bedeutung Cappenbergs im Mittelalter. Köln 1990, V–VII (= Programme, Analysen, Tatbestände Bd. 10).

Ders. (Hrsg.): Gesellschaftsgeschichte. Festschrift für Karl Bosl. Hrsg. im Auftrag des Collegium Carolinum. München 1988.

Ders.: Glanz und Elend des Mittelalters. Eine endliche Geschichte. Berlin 1987.

Ders.: Karl IV. Ein Kaiser in Europa. 1346–1378. München 1978.

Ders.: Karl V. Der Kaiser und die Reformation. Berlin 1990.

Ders.: Krise und Verwandlung des lateinischen Abendlands in das christliche Europa. In: Europa im Hoch- und Spätmittelalter. Hrsg. von dems., Stuttgart 1987, 137–174 (= Handbuch der europäischen Geschichte Bd. 2).

Ders.: Mittelalter und Gegenwart. Ausgewählte Aufsätze. Festgabe zu seinem 60. Geburtstag. Hrsg. von Winfried Eberhard und Heinz-Dieter Heimann. Sigmaringen 1987.

Ders.: Revolution in Europa. Ursprung und Wege innerer Gewalt. Strukturen, Elemente, Exempel. München 1984.

Ders.: Utopica. Modelle totaler Sozialplanung. Düsseldorf 1972.

Ders.: Von der Konsolidierung unserer Kultur zur Entfaltung Europas. In: Europa im Hoch- und Spätmittelalter. Hrsg. von dems. Stuttgart 1987, 6–174 (= Handbuch der europäischen Geschichte Bd. 2).

Ders.: Vorwort des Bandherausgebers. In: Europa im Hoch- und Spätmittelalter. Hrsg. von dems. Stuttgart 1987, IXf. (= Handbuch der europäischen Geschichte Bd. 2).

Ders.: Zu einem neuen Begriff von der „Krise des Spätmittelalters". In: Europa 1400. Die Krise des Spätmittelalters. Hrsg. von dems. und Winfried Eberhard. Stuttgart 1984, 7–23.

Ders./Eberhard, Winfried (Hrsg.): Europa 1400. Die Krise des Spätmittelalters. Stuttgart 1984.

Selge, Kurt-Victor: Joachim von Fiore in der Geschichtsschreibung der letzten sechzig Jahre (von Grundmann bis zur Gegenwart). Ergebnisse und offene Fragen. In: L'età dello Spirito e la fine dei tempi in Gioacchino da Fiore e nel Gioachimismo medievale. Atti del II Congresso internazionale di Studi Gioachimiti. Hrsg. von Antonio Crocco. S. Giovanni in Fiore 1986, 29–53.

Ders.: Ein Traktat Joachims von Fiore über die Drangsale der Endzeit: „De ultimis tribulationibus". *Florensia* 7 (1993) 7–38.

Smalley, Beryl: The Bible in the Medieval Schools. In: The Cambridge History of the Bible. The West from the Fathers to the Reformation. Hrsg. von G. W. H. Lampe. Cambridge 1969, 197–220.

Dies.: The Study of the Bible in the Middle Ages. Oxford 1952 (Neudr. 1970).

Smet, Joachim/Dobhan, Ulrich: Die Karmeliten. Eine Geschichte der Brüder U. L. Frau vom Berge Karmel. Von den Anfängen bis zum Konzil von Trient. Freiburg/Basel/ Wien 1980.

Snyder, Joachim: Guido Terreni OCarm. His Literary Participation in the Early 14th Century Poverty Disputes. Rom 1950.

Söhngen, Gottlieb: Thomas von Aquin über Teilhabe durch Berührung. In: Die Einheit in der Theologie. Gesammelte Abhandlungen, Aufsätze, Vorträge. München 1952, 107-139.

Sommer, Herbert W.: The Muspilli-Apocalypse. *Germanic Review* 35 (1960) 157-163.

Southern, R. W.: Western Views of Islam in the Middle Ages. Cambridge. Mass. 1962.

Speer, Andreas/Schneider, Jakob Hans J.: Das Mittelalter im Spiegel neuerer Literatur. *ThQ* 172 (1992) 221-236.

Spieß, Karl Heinz: Zur Landflucht im Mittelalter. In: Die Grundherrschaft im späten Mittelalter Bd. 1. Hrsg. von Hans Patze. Sigmaringen 1983, 157-204 (= VF 27).

Spörl, Johannes: Grundformen hochmittelalterlicher Geschichtsanschauung. München 1935.

Stahl, R.: „Eine Zeit, Zeiten und die Hälfte einer Zeit". Die Versuche der Eingrenzung der bösen Macht im Danielbuch. In: The Book of Daniel in the Light of New Findings. Hrsg. von Adam S. van der Woude. Löwen 1993, 480-494 (= Bibliotheca Ephemeridum Theologicarum Lovaniensium 106).

Steenberghen, Ferdinand van: Die Philosophie im 13. Jahrhundert. Hrsg. von Max A. Roesle. München/Paderborn/Wien 1977.

Ders.: Introduction à l'Étude de la Philosophie Médiévale. Recueil de travaux offer à l'auteur par ses collègues, ses étudiants et ses amis. Louvain 1974 (= PhMed 18).

Ders.: Le XIIIe siècle. In: Le mouvement doctrinal du XIe au XIVe siècle depuis les origines jusqu' à nos jours. Hrsg. von A. Fliche und V. Martin. Paris 1951, 289-322 (= Histoire de l'Eglise. Bd. 13).

Ders.: Une lé gende tenace: la théorie de la touble vérité. *BASB* 56 (1970) 179-196.

Stökl, Günther: Rußland von 1054 bis 1462. In: Europa im Hoch- und Spätmittelalter. Hrsg. von Ferdinand Seibt. Stuttgart 1987, 1009-1041 (= Handbuch der europäischen Geschichte. Bd. 2.).

Strayer, Joseph R. (Hrsg.): Dictionary of the Middle Ages. New York 1982-1989.

Strecker, Georg: Christentum und Judentum in den ersten beiden Jahrhunderten. In: Eschaton und Historie. Hrsg. von dems. Göttingen 1979, 291-310.

Struve, Tilman: Heinrich III. In: LexMA IV, 1989, 2039-2041.

Stürner, Wolfgang: Peccatum et Potestas. Der Sündenfall und die Entstehung herrscherlicher Gewalt im mittelalterlichen Staatsdenken. Sigmaringen 1987 (= Beiträge zu Geschichte und Quellenkunde Bd. 11).

Sylla, Edith: The Oxford Calculators. In: Cambridge History of Later Medieval Philosophy. Hrsg. von Norman Kretzmann u. a. Cambridge 1982, 540-563.

Tanz, Sabine/Werner, Ernst: Spätmittelalterliche Laienmentalitäten im Spiegel von Visionen, Offenbarungen und Prophezeiungen. Frankfurt a. M./Berlin/Bern/ New York/Paris/Wien 1993 (= Beiträge zur Mentalitätsgeschichte Bd. 1).

Tenenti, Alberto: Die christlichen Anschauungen. In: Die Grundlegung der moderen Welt. Spätmittelalter, Renaissance, Reformation. Hrsg. von Ruggiero Romano und Alberto Tenenti. Frankfurt a. M. 1967, 80-115 (= Fischer Weltgeschichte Bd. 12).

Thomas, Keith V.: Religion and the Decline of Magic. New York 1971.

Tierney, Brian: Origins of Papal Infallibility, 1150-1350. A Study on the Concepts of Infallibility, Sovereignty and Tradition in the Middle Ages. Leiden 1972 (= Studies in the History of Christians Thought 4).

Töpfer, Bernhard: Das kommende Reich des Friedens. Zur Entwicklung chiliastischer Zukunftshoffnungen im Hochmittelalter. Berlin 1964 (= Forschungen zur mittelalterlichen Geschichte Bd. 11).

Ders.: Zur Wirksamkeit ideologischer Vorstellungen in der mittelalterlichen Gesellschaft. Ockhams und Wyclifs Position zur kirchlichen und weltlichen Ordnung. In: Von Aufbruch und Utopie. Perspektiven einer neuen Gesellschaftsgeschichte des Mittelalters. Für und mit Ferdinand Seibt aus Anlaß seines 65. Geburtstages. Hrsg. von Bea Lundt und Helma Reimöller. Köln/Weimar/Wien 1992, 265–284.

Torrell, Jean-Pierre: Le traité de la prophétie de S. Thomas d'Aquin de la théologie de la révélation. In: La doctrine de la révélation divine de saint Thomas d' Aquin. Actes du Symposium sur la pensee de saint Thomas d'Aquin tenu à Rolduc, les 4 et 5 Novembre 1989, Hrsg. von Leo Elders. Vatikanstadt 1990, 171–195 (= Studi Thomistici 38).

Toynbee, Arnold: Menschheit und Mutter Erde. Die Geschichte der großen Zivilisationen. Düsseldorf 1979 (Originalausg.: Mankind and Mother Earth – A Narrative History of the World. Oxford 1976).

Trabold, Cyrill: Esse und essentia nach Johannes Quidort von Paris im Vergleich mit Thomas von Aquin. Rom 1958.

Trümpy, Hans (Hrsg.): Kontinuität–Diskontinuität in den Geisteswissenschaften. Darmstadt 1973.

Trystram, Florence: Le Millénaire de l'Apocalypse. Paris 1980.

Tuchman, Barbara W.: Der ferne Spiegel. Das dramatische 14. Jahrhundert. Düsseldorf 1980 (engl. Originalausgabe: A Distant Mirror – The Calamitous 14th Century. New York 1978).

Türk, Hans Joachim: Postmoderne. Mainz/Stuttgart 1990 (= Unterscheidung 2).

Turley, Thomas: Guido Terreni and the Decretum. *Bulletin of Medieval Canon Law.* N. S. 8 (1978) 29–34.

Ulibarrena, Juana M. Arcelus: La esperanza milenaria de Joachin de Fiore y el Nuevo Mundo: trayectoria de una utopia. *Florensia* 1 (1987) 47–75.

Ullmann, Walter: Die Bulle Unam sanctam. Rückblick und Ausblick. *Römisches Historische Mitteilungen* 16 (1974) 45–77.

Vauchez, André: Les laics au Moyen Age. Pratiques et expériences religieuses. Paris 1987.

Verhelst, Daniel: Les textes eschatologiques das le *Liber Floridus.* In: The Use and Abuse of Eschatology in the Middle Ages. Hrsg. von Werner Verbeke, Daniel Verhelst, Andries Welkenhuysen. Löwen 1988, 299–305 (= Mediaevalia Lovaniensia. Series 1: Studia 15).

Vincke, Johannes: Krone, Kardinalat und Kirchenpfründe in Aragón zu Beginn des 14. Jahrhunderts. *RQu* 51 (1956) 34–53.

Viola, Coloman: Jugements de Dieu et jugement dernier: Saint Augustin et la scolastique naissante (fin XIe–milieu XIIIe siécles). In: The Use and Abuse of Eschatology in the Middle Ages. Hrsg. von Werner Verbeke, Daniel Verhelst, Andries Welkenhuysen. Löwen 1988, 242–298 (= Mediaevalia Lovaniensia. Series I: Studia 15).

Virilio, Paul: Rasender Stillstand. Essay. München/Wien 1992.

Wadstein, Ernst: Die eschatologische Ideengruppe: Antichrist–Weltsabbat–Weltende und Weltgericht, in den Hauptmomenten ihrer christlich-mittelalterlichen Gesamtentwickung. Leipzig 1896.

Wald, Berthold: Genetrix virtutum. Zum Wandel des aristotelischen Begriffs praktischer Vernunft. Münster 1986.

Wang, Andreas: *Vom Antichrist.* In: VerfLex² I, 1978, 397ff.

Wakefield, Walter L./Evans, Austin P.: Heresies of the High Middle Ages. Records of Civilization. New York 1969 (= Sources and Studies 81).

Wéber, Edouard-Henri: Les discussions de 1270 à l'université de Paris et leur influence sur la pensée philosophique de S. Thomas d' Aquin. In: Die Auseinandersetzungen an der Pariser Universität im XIII. Jahrhundert. Hrsg. von Albert Zimmermann. Berlin/New York 1976, 285-316 (= MM Bd. 10).

Weimer, A: König und Schmerzensmann: Das Bild Christi von der frühen Kirche bis zur Reformation. Düsseldorf 1982.

Weisheipl, James A.: Albert der Große. Leben und Werke. In: Albertus Magnus. Sein Leben und seine Bedeutung. Hrsg. von Manfred Entrich. Graz/Wien/Köln 1982.

Ders.: Thomas von Aquin. Sein Leben und seine Theologie. Graz/Wien/Köln 1980.

Werner, Ernst/Erbstößer, Martin: Kleriker, Mönche, Ketzer. Das religiöse Leben im Hochmittelalter. Freiburg/Basel/Wien 1994 (= Herder/Spektrum Bd. 4284).

West, Delno C.: Joachim of Fiore in Christian Thought. Essays on the Influence of the Calabrian Prophet. 2 Bde. New York 1975.

White, Lynn: Die mittelalterliche Technik und der Wandel der Gesellschaft. München 1968.

Widmer, Bertha: Heilsordnung und Zeitgeschehen in der Mystik Hildegards von Bingen. Stuttgart 1955.

Wildiers, Max: Kosmologie in de westerse Cultuur. Historisch-kritisch essay. Kapellen/Kampen 1988.

Willemsen, Karl A.: Der Kampf um das Val d'Aran. Ein Beitrag zur Geschichte der diplomatischen Beziehungen zwischen Aragon und Frankreich um die Wende vom 13. zum 14. Jahrhundert. *Gesammelte Aufsätze zur Kulturgeschichte Spaniens* 6 (1937) 142-224.

Winkler, Gerhard B.: Chiliastische Ideen und christliche Wirklichkeit. *ThQ* 137 (1989) 360-368.

Winter, Eduard: Ketzerschicksale. Zürich 1980.

Wippel, John F.: Godfrey of Fontaines, Peter of Auvergne, John Baconthorpe, and the Principle of Individuation. In: Essays honoring Allan B. Wolter. Hrsg. von William A. Frank und Girard J. Etzkorn. St. Bonaventure (New York) 1985, 309-349.

Ders.: Gottfried von Fontaines. In: LexMA IV, 1989, 1603.

Ders.: The Metaphysical Thought of Godfrey of Fontaines. A Study in Late Thirteenth-Century Philosophy. Washington 1981.

Wissink, J. B. M. (Hrsg.): The Eternity of the World in the Thought of Thomas Aquinas and his Contemporaries. Leiden 1990 (= Studien und Texte zur Geistesgeschichte des Mittelalters 27).

Wolter, Hans: Das Papsttum auf der Höhe seiner Macht (1198-1216). In: Die mittelalterliche Kirche. Zweiter Halbband: Vom kirchlichen Hochmittelalter bis zum Vorabend der Reformation. Hrsg. von Hubert Jedin. Freiburg/Basel/Wien 1985 (Sonderausgabe), 158-236 (= Handbuch der Kirchengeschichte Bd. 3).

Ders.: Der Kampf der Kurie um die Führung im Abendland (1216 bis 1274). In: HKG(J) III/2, 237-296.

Ders.: Die Krise des Papsttums und der Kirche im Ausgang des 13. Jahrunderts (1274-1303). In: HKG(J) III/2, 297-362.

Wood, Rega: Nicolaus of Lyra and Lutherian Views on Ecclesiastical Office. *Journal of Ecclesiastical History* 29 (1978) 451-462.

Wunder, Heide: Kulturgeschichte, Mentalitätsgeschichte, Historische Anthropologie. In: Geschichte. Hrsg. von Richard van Dülmen. Frankfurt a. M. 1990, 65-86.

Xiberta, Bartomeu: Guiu Terrena. Carmelita de Perpinyà. Barcelona 1932, 265-271 (= Estudis Universitaris Catalans. Sèrie monogràfica II).

Zahlten, Johannes: Creatio Mundi. Darstellungen der sechs Schöpfungstage und naturwissenschaftliches Weltbild im Mittelalter. Stuttgart 1979.

Zambelli, Paola: Astrologers' Theory of History. In: Astrologi hallucinati. Stars and the End of the World in Luther's Time. Hrsg. von ders. Berlin/New York 1986, 1–28.

Dies. (Hrsg.): Astrologi hallucinati. Stars and the End of the World in Luther's Time. Berlin/New York 1986.

Zilleßen, Dietrich: Grundlagen und Darstellungen der philosophischen Gotteslehre und Quästionen des Heinrich von Harclay. Masch. Diss. Köln 1965.

REGISTER[1]

---

[1] Um das Register handhabbar zu gestalten, wurden nur die Personennamen aus der Antike und dem Mittelalter aufgenommen. Auch wurde auf solche Begriffe verzichtet, die, thematisch bedingt, nahezu auf jeder Seite artikuliert werden, wie z.B. Antichrist und antichristlich, Zeit, zeitlich und Zeitenberechnung.

Beiträge zur Geschichte der Philosophie und Theologie des Mittelalters – Neue Folge

Ausführliche Prospekte auf Wunsch. Verlag Aschendorff, Postanschrift: D-48135 Münster.

Aschendorff

GENERAL THEOLOGICAL SEMINARY
NEW YORK

DATE DUE

			Printed in USA